Guttentagsche Sammlung
Nr. 18. Preußischer Gesetze. Nr. 18.
Textausgaben mit Anmerkungen.

# Preußisches Stempelsteuergesetz

mit den gesamten Ausführungsbestimmungen.

Unter besonderer Berücksichtigung
der Entscheidungen der Verwaltungsbehörden und der Gerichte

herausgegeben von

Geheimen Regierungsrat **P. Loeck.**

Achte, neubearbeitete Auflage

von

Regierungsrat **W. Seyffarth,**
Justitiar der Oberzolldirektion in Hannover.

Berlin 1914.
**J. Guttentag, Verlagsbuchhandlung,**
G. m. b. H.

# Vorbemerkung zur fünften Auflage.

Die vorliegende Arbeit bezweckt an erster Stelle, die praktische Anwendung des Gesetzes und Tarifes auf den gerade vorliegenden Fall zu erleichtern und die Steuerpflichtigen erkennen zu lassen, welche Auslegung Gesetz und Tarif bisher seitens der Verwaltungsbehörden und Gerichte erfahren haben. Die von den genannten Behörden ausgegangenen Erlasse und Entscheidungen, deren große Zahl auch einen Rückschluß auf die Schwierigkeit der Materie zuläßt, sind deshalb unter Weglassung jeden überflüssigen Beiwerks verarbeitet und in knappem, aber doch zum vollen Verständnis hinreichenden Auszuge überall da wiedergegeben, wo ihre Anwendung nach Maßgabe der gesetzlichen Vorschriften nur in Frage kommen kann. Da es bei dem dem Buche zu gebenden Umfange nicht angezeigt, auch unpraktisch erschien, die umfangreichen Ausführungsbestimmungen denjenigen Gesetzesvorschriften unmittelbar im Wortlaut anzuhängen, zu denen sie gerade erlassen sind, ist auf sie im Text des Gesetzes und Tarifes stets verwiesen, während sie im vollständigen Wortlaut hinter dem Tarif als besonderer Abschnitt unter Beifügung der auch in bezug auf sie ergangenen Erlasse und Entscheidungen abgedruckt sind.

Ist auch das bürgerliche Recht, soweit es die Anwendung der stempelrechtlichen Vorschriften beeinflußt, nicht zum Gegenstand b e s o n d e r e r eingehender Bearbeitung gemacht, so ist doch, dem Zweck des Werkes folgend, an allen Stellen des Gesetzes und Tarifes, bei deren Anwendung die Kenntnis des bürgerlichen Rechts wesentlich ist, auf die bezüglichen Bestimmungen des Bürger=

lichen Gesetzbuches, seiner Nebengesetze und der preußischen Ausführungsgesetze verwiesen, auch ist, soweit unmittelbare Abänderungen, insbesondere durch das jüngste Reichsstempelgesetz und das Preußische Verwaltungsstrafgesetz eingetreten sind, dies berücksichtigt.

Diejenigen, die zu einem tieferen Eindringen genötigt sind, vorzüglich also in zweifelhaften Fragen die mit der Verwaltung des Gesetzes betrauten Behörden und die zur Entscheidung angerufenen Gerichte, mögen auf die auf breiter wissenschaftlicher Grundlage angelegten Kommentare von Hummel und Specht und von Heinitz hingewiesen sein; der Allgemeinheit aber, insbesondere den mit Einziehung der Gerichtskostenstempel betrauten Gerichten und sonstigen Behörden, den Notaren, Rechtsanwälten und kaufmännischen Instituten wird die vorliegende Bearbeitung in allen im bürgerlichen Leben vorkommenden Stempelfragen ein zuverlässiger Ratgeber sein; für mit dem Gesetz nicht genügend Vertraute erleichtert ein ausführliches Sachregister den Gebrauch des Buches.

Berlin, im März 1901.

**Loeck.**

---

# Vorbemerkung zur achten Auflage.

Herr Geheimrat Loeck hat die weitere Bearbeitung des preußischen Stempelsteuergesetzes niedergelegt, weil er als Reichsbevollmächtigter auf diesem Gebiet nicht mehr in der Praxis steht. Im Einvernehmen mit ihm habe ich die Herausgabe der neuen Auflage übernommen. Die bewährten Grundlagen des Buches sind beibehalten worden. Bei der Neubearbeitung war jedoch dem Umstande Rechnung zu tragen, daß die Novelle von 1909 nunmehr fünf Jahre in Kraft ist und die alten Bestimmungen nach Ablauf der Übergangszeit an praktischer Bedeutung verloren haben. Wesentliche Änderungen wurden auch durch die Novelle zum

Reichsstempelgesetz vom 3. Juli 1913 veranlaßt, welche Gesellschaftsstempel und Versicherungsabgabe der Landesgesetzgebung zum wesentlichen Teile entzogen hat.

Das Buch will hauptsächlich der praktischen Anwendung des Gesetzes dienen: daraus ergibt sich, daß Rechtsprechung und Verwaltungsentscheidungen vor der Literatur in den Vordergrund treten müssen. Immerhin bin ich bemüht gewesen, das Buch nicht zu einer Spruchsammlung werden zu lassen, sondern habe an besonders wichtigen Stellen in beschränktem Umfange verbindenden Text hinzugefügt.

Hannover, im Juli 1914.

**Seyffarth.**

# Abkürzungen.

A. u. Anm. = Anmerkung.

AA. = Anderer Ansicht.

AB. (AB.) = Ausführungsbestimmungen vom 16. August 1910.

Abs. = Absatz.

AG. = Ausführungsgesetz.

AH. = Verhandlungen des Hauses der Abgeordneten. 18. Legisl. II. Session 1895.

ALR. = Allgemeines Landrecht.

Arch. = Goltdammer, Archiv für Preuß. Strafrecht.

Art. = Artikel.

Bd. = Band.

Begr. = Begründung.

BergGes. = Allgemeines Berggesetz für die Preußischen Staaten.

Beschl. = Beschluß.

BGB. = Bürgerliches Gesetzbuch.

d. G. = dieses Gesetzes.

DGKG. = Deutsches Gerichtskostengesetz.

DGVG. = Deutsches Gerichtsverfassungsgesetz.

DJZ. = Deutsche Juristen-Zeitung.

DNotV. = Zeitschrift des deutschen Notar-Vereins.

EG. = Einführungsgesetz.

Entsch. = Entscheidungen.

EStG. = Preuß. Erbschaftssteuergesetz vom 30. Mai 1873.

Erl. = Erlaß.

FG. = Reichsgesetz über die Angelegenheiten der freiwilligen Gerichtsbarkeit.

FM. = Finanzministerialerlaß.

G. (Ges.) = Gesetz.

Geb. = Gebauer, Lehrbuch des preußischen Stempelsteuerrechts 1912.

GewO. = Gewerbeordnung.

GewStG. = Gewerbesteuergesetz.

GKG. = Gerichtskostengesetz.
Goltd. = Goltdammer, Archiv für Preuß. Strafrecht.
Gruch. = Gruchot, Beiträge zur Erläuterung des deutschen Rechts.
GS. = Preußische Gesetzsammlung.
HGB. = Handelsgesetzbuch.
HH. = Stenographische Berichte über die Verhandlungen des Herrenhauses 1895.
Holdh. = Holdheims Monatsschrift für Handelsrecht usw.
HSp. = Hummel-Specht, Das Stempelsteuergesetz vom 31. Juli 1895.
Hz. = Heinitz, Kommentar zum Preußischen Stempelsteuergesetz vom 31. Juli 1895, III. Auflage.
JMBl. = Justizministerialblatt.
JM. = Justizministerialerlaß.
Joh. = Jahrbuch der Entscheidungen des Kammergerichts, herausgegeben von Johow und Ring.
JW. = Juristische Wochenschrift.
KO. = Konkursordnung.
KabO. = Kabinettsorder.
KaisV. = Kaiserliche Verordnung.
KG. = Kammergerichtsentscheidung.
KB. = Bericht der IX. Kommission über den Entwurf eines Stempelsteuergesetzes. — Nr. 35, A. zu Nr. 35 und B. zu Nr. 35 der Drucksachen.
KB. (09) = Bericht der XV. Kommission über den Gesetzentwurf betr. die Abänderung des StStGes. v. 31. 7. 95 Nr. 560 A—F der Drucksachen.
KS. = Kommissionssitzung.
KZ. = Zeitschrift für Zollwesen und Reichssteuern, begründet von Kunckel, herausgegeben von Trautvetter.
LG. = Landgericht.
LStG. = Landesstempelgesetz: Stempelsteuergesetz vom 31. Juli 1895 und vom 30. Juni 1909.
LStV. = Allgemeine Verfügung des Justizministers und des Finanzministers über gerichtliche Landesstempelsachen vom 28. Juli 1910.
m. b. H. = mit beschränkter Haftung.
Min. d. J. = Minister des Innern.
Min. f. H. u. G. = Minister für Handel und Gewerbe.
MBl. d. i. V. = Ministerialblatt für die preußische innere Verwaltung.
Mot. = Begründung zum Entwurf eines Stempelsteuergesetzes. B. zu Nr. 35 der Drucksachen 18. Legisl. II. Session 1895.
PFG. = Preußisches Gesetz über die freiwillige Gerichtsbarkeit.

PrGKG. = Preußisches Gerichtskostengesetz.

ReichsMilGes. = Reichsmilitärgesetz.

RESt G. = Reichserbschaftssteuergesetz.

RG. = Entscheidungen des Reichsgerichts in Zivilsachen.

RG. = Entscheidungen des Reichsgerichts in Strafsachen.

RGBl. = Reichs-Gesetzblatt.

RGBO. = Reichsgrundbuchordnung.

RGewO. = Reichsgewerbeordnung.

RStG. = Reichsstempelgesetz.

RStGB. = Reichsstrafgesetzbuch.

RStPO. = Reichsstrafprozeßordnung.

RZBl. = Zentralblatt für das Deutsche Reich.

S. = Seite.

St. = Stempel.

T. = Tarifstelle.*)

V. = Verordnung.

Vgl. = Vergleiche.

vorl. = vorletzter.

VStG. = Gesetz, betreffend das Verwaltungsstrafverfahren.

v. T. = vom Tausend.

WO. = Wechselordnung vom 3. Juni 1908 (RGBl. S. 327).

WStG. = Wechselstempelgesetz vom 15. Juli 1909 (RGBl. S. 825).

z. B. = zum Beispiel.

ZBl. = Zentralblatt der Preußischen Abgaben- usw. Verwaltung, seit 1. Januar 1913 der Preußischen Verwaltung der Zölle und indirekten Steuern.

ZPO. = Zivilprozeßordnung.

ZVG. = Gesetz über die Zwangsversteigerung und die Zwangsverwaltung.

---

*) Anschließend an die Preußischen Ausführungsvorschriften zum Reichsstempelgesetz vom 3. Juli 1913. Es empfiehlt sich die lateinische Schrift, da die deutsche zu Verwechselungen mit der Zahl 7 führen kann.

# Inhaltsübersicht.

| | | Seite |
|---|---|---|
| Vorbemerkungen | | 5 |
| Abkürzungen | | 8 |
| Einleitung | | 13 |
| Bekanntmachung, betreffend die abgeänderte Fassung des Stempelsteuergesetzes | | 14 |

## Stempelsteuergesetz (Landesstempelgesetz).

### I. Abschnitt. Von der Pflicht zur Entrichtung der Stempelsteuer.

| | | |
|---|---|---|
| § 1. | Gegenstand der Stempelsteuer | 14 |
| § 2. | Verhältnis des Auslandes zum Inlande | 20 |
| § 3. | Allgemeine Grundsätze über die Stempelpflichtigkeit | 22 |
| § 4. | Sachliche Stempelsteuerbefreiungen | 24 |
| § 5. | Persönliche Stempelsteuerbefreiungen | 28 |
| § 6. | Wertermittelung | 36 |
| § 7. | Verpflichtung der Privatpersonen, Behörden und Beamten zur Auskunfterteilung; amtliches Ermittelungsverfahren | 40 |
| § 8. | Unbestimmtheit des Wertes des Gegenstandes | 42 |
| § 9. | Versteuerung mehrerer über denselben Gegenstand ausgestellter Urkunden | 42 |
| § 10. | Versteuerung mehrerer in derselben Urkunde enthaltener Gegenstände | 44 |
| § 11. | Mindestbetrag der Stempelsteuer und Abstufungen derselben | 48 |
| § 12. | Verpflichtung zur Zahlung der Stempelsteuer | 48 |
| § 13. | Haftbarkeit für die Stempelsteuer | 50 |

### II. Abschnitt. Von der Erfüllung der Stempelpflicht und den Folgen der Nichterfüllung.

| | | |
|---|---|---|
| § 14. | Art der Erfüllung der Stempelpflicht | 53 |
| § 15. | Zeit der Stempelverwendung bei den von Behörden und Beamten aufgenommenen Verhandlungen | 54 |
| § 16. | Zeit der Stempelverwendung bei Verhandlungen der Privatpersonen | 56 |

Seite
§ 17. Festsetzung von Geldstrafen gegen Privatpersonen . . . . . 60
§ 18. Festsetzung von Ordnungsstrafen gegen Privatpersonen . . . 62
§ 19. Festsetzung von Ordnungsstrafen gegen Beamte einschließlich Notare . . . . . . . . . . . . . . . . . . . . 63
§ 20. Straffreiheit . . . . . . . . . . . . . . . . . . . 64
§ 21. Strafverfahren . . . . . . . . . . . . . . . . . . 64
§ 22. Strafvollstreckung . . . . . . . . . . . . . . . . 65
§ 23. Verjährung der Strafverfolgung und der Strafvollstreckung . 65

**III. Abschnitt.** Besondere Bestimmungen.

§ 24. Ersatz für die vor dem Verbrauche verdorbenen Stempelzeichen . . . . . . . . . . . . . . . . . . . . 66
§ 25. Erstattung bereits verwendeter Stempel . . . . . . . . . 66
§ 26. Rechtsweg . . . . . . . . . . . . . . . . . . . 74
§ 27. Verjährung der Stempelsteuer . . . . . . . . . . . . 77
§ 28. Berechnung der Fristen . . . . . . . . . . . . . . 78
§ 29. Kosten . . . . . . . . . . . . . . . . . . . . 79
§ 30. Verwaltung der Stempelsteuer . . . . . . . . . . . . 79
§ 31. Aufsichtsführung . . . . . . . . . . . . . . . . . 81
§ 32. Anfertigung, Verkauf und Verwendung von Stempelzeichen und Anlegung von Verzeichnissen . . . . . . . . . . . 82
§ 33. Unbefugter Handel mit Stempelzeichen . . . . . . . . . 83
§ 34. Übergangsbestimmungen . . . . . . . . . . . . . . 83
§ 35. Aufrechterhaltung und Aufhebung älterer Bestimmungen . . 84
§ 36. Schlußbestimmung . . . . . . . . . . . . . . . . 88

Stempeltarif . . . . . . . . . . . . . . . . . . . . 89

Anlagen zum Stempelsteuergesetz:
Tarif und Hilfstabelle . . . . . . . . . . . . . . . 320

Ausführungsbestimmungen zum Landesstempelgesetz. Vom 16. August 1910 . . . . . . . . . . . . . . . . . . 321

Allgemeine Verfügung des Justizministers und Finanzministers über gerichtliche Landesstempelsachen. Vom 28. Juli 1910 . . . . . . . . . . . . . . . . . . . 468

Verwaltungsordnung für die Königlich Preußischen Zollbehörden. Vom 15. Januar 1908 . . . . . . . . . . . 502

Tabellen . . . . . . . . . . . . . . . . . . . . . 508

Sachregister . . . . . . . . . . . . . . . . . . . . 516

# Einleitung.

Für die sog. alten preußischen Provinzen war das Stempelwesen durch das Gesetz vom 7. März 1822 einheitlich geregelt. In den Landesteilen, welche im Jahre 1866 mit Preußen vereinigt worden waren, galten die Stempelsteuerverordnungen vom 19. Juli und 7. August 1867, deren Inhalt sich im wesentlichen dem Gesetz von 1822 anschloß.

Das Stempelsteuergesetz vom 31. Juli 1895, in Kraft seit 1. April 1896 (Landesstempelgesetz, LStG.) brachte sodann ein einheitliches Stempelrecht für die ganze Monarchie mit Ausnahme nur noch der Hohenzollernschen Lande und der Insel Helgoland. Zur Deckung eines Teils der Kosten der Gehaltserhöhungen des Jahres 1909 erging die Novelle vom $\frac{26.}{30.}$ Juni 1909 mit Wirkung vom 1. Juli 1909, welche teils weitere steuerpflichtige Urkunden schuf und die Steuerpflicht ausdehnte, teils die vorhandenen Steuersätze erhöhte. Auf der anderen Seite entzog das Reichserbschaftssteuergesetz vom 3. Juni 1906, in Kraft seit 1. Juli 1906, dem Schenkungsstempel aus T. 56 im wesentlichen die weitere Gültigkeit. Eine einschneidende Änderung brachte das Gesetz wegen Änderung des Reichsstempelgesetzes vom 3. Juli 1913 dadurch, daß es die Versteuerung der Gesellschaftsverträge, soweit nicht der Grundstücksstempel in Frage kommt, und der Versicherungen vollständig der Landesstempelabgabe entzogen hat. Mit Wirkung vom 1. Oktober 1913 sind also die Tarifstellen 25 — zu einem wesentlichen Teile — und 70 völlig außer Kraft gesetzt worden. Näheres vgl. Anm. 1 zu T. 25 und Anm. 1 zu T. 70.

# Bekanntmachung, betreffend die abgeänderte Fassung des Stempelsteuergesetzes.

Vom 30. Juni 1909 (GS. S. 535).

Auf Grund des Artikel V des Gesetzes vom 26. Juni 1909, betreffend die Abänderung des Stempelsteuergesetzes vom 31. Juli 1895, wird der Text des Stempelsteuergesetzes und des Stempeltarifs in der vom 1. Juli 1909 an geltenden Fassung nachstehend bekanntgemacht.

Berlin, den 30. Juni 1909.

**Der Finanzminister.**

Frhr. v. Rheinbaben.

# Stempelsteuergesetz.

Wir Wilhelm, von Gottes Gnaden König von Preußen ꝛc., verordnen, mit Zustimmung der beiden Häuser des Landtags, für den Umfang der Monarchie mit Ausschluß der Hohenzollernschen Lande und der Insel Helgoland, was folgt:

## I. Abschnitt.

## Von der Pflicht zur Entrichtung der Stempelsteuer.

### § 1.

### Gegenstand der Stempelsteuer.

(1) [1] Die in dem anliegenden Tarif aufgeführten Urkunden und die in der Tarifstelle 48 I erwähnten mündlichen Verträge unterliegen den darin bezeichneten Stempelabgaben.[2]

(2) Stempelpflichtig sind Urkunden, welche mit dem Namen[3] oder der Firma[4] des Ausstellers unterzeichnet sind, insoweit nicht dieses

Gesetz oder der Tarif entgegenstehende Bestimmungen enthält. Den unterschriftlich vollzogenen Urkunden stehen diejenigen gleich, unter welchen der Name oder die Firma des Ausstellers in seinem Auftrag[5] unterschrieben oder mit seinem Wissen oder Willen durch Stempelaufdruck, Lithographie oder in irgend einer anderen Art mechanisch hergestellt ist.

(3) [6–10] Ergibt sich die Einigung über ein Geschäft aus einem Briefwechsel oder einem Austausche sonstiger schriftlicher Mitteilungen, so wird in der Regel ein Stempel hierfür nicht erhoben. [7] In einem solchen Falle tritt aber die Verpflichtung zur Entrichtung des betreffenden Stempels dann ein, wenn nach der Verkehrssitte [11–12] über das Geschäft ein förmlicher schriftlicher Vertrag errichtet zu werden pflegt, diese Errichtung indessen nicht stattgefunden hat und von den Beteiligten beabsichtigt ist, durch den Briefwechsel oder den Austausch der sonstigen schriftlichen Mitteilungen die Aufnahme eines solchen Vertrags zu ersetzen.

**1.** a) Die StPflichtigkeit hängt in materieller Hinsicht vom Vorhandensein eines im StTarif bezeichneten Gegenstandes und formell von einer vom Aussteller mit seinem Namen oder seiner Firma unterzeichneten Urkunde ab. Mot. S. 9. — Vgl. jetzt aber T. 48 (1), 11 a, 58 I Erm. b (6).

b) Die wiederholte Beurkundung desselben Geschäfts bringt, abgesehen von dem Falle des § 9 d. Ges. auch die Stempelpflicht wiederholt zur Entstehung. FM. 12. 12. 10 III 18975. Bezüglich der von denselben Personen über den nämlichen Gegenstand ausgestellten Verhandlungen wird nach einer milden Verwaltungsübung jedoch zur Vermeidung einer Doppelversteuerung der Stempel nur einmal erhoben. Diese Praxis erstreckte sich ursprünglich nicht auf die festen und die nach Wertklassen abgestuften Stempel. HSp. S. 7/8, doch ist diese Einschränkung in neuerer Zeit wohl nicht mehr aufrecht erhalten worden.

c) Nach der Verwaltungsübung bedürfen einseitige Erklärungen keines Stempels, wenn sie von dem Aussteller vernichtet werden, ehe sie aus seiner Verfügungsgewalt getreten sind. HSp. S. 335. Als Aushändigung der Urkunde kann es aber nicht angesehen werden, wenn eine Urkunde einem Notar zur Beglaubigung vorgelegt wird. HSp. S. 1029. Vgl. T. 58 A. 12.

d) Wenn die Urkunde, um deren Stempelpflicht es sich handelt, mit einer andern durch Bezugnahme dergestalt in Verbindung gesetzt wird, daß diese als ein Teil der zuerst gedachten anzusehen ist, so muß auf den Inhalt der in Bezug genommenen Rücksicht genommen werden. RG. 9. 5. 92, JW. S. 344 — FM. 29. 5. 97 III 6397. Wenn mehrere Urkunden inhaltlich miteinander in untrennbarem Zusammenhange stehen, sind sie bezüglich der StPflichtigkeit als eine einheitliche Urkunde anzusehen. RG. 21. 6. 97.

**2.** a) Eine gültige Namensunterschrift i. S. des § 126 Abs. 1 BGB. liegt auch dann vor, wenn der Aussteller der Urkunde, der die Willenserklärung in Vertretung eines andern abgibt, mit dem Namen allein des

Vertretenen unterzeichnet. RG. 7. 12. 01, JW. S. 123. Die Namensunterschrift wird nicht ersetzt durch einen Vermerk, wie z. B. „ein Tierfreund". FM. 21. 10. 04 III 13633.

b) Der Unterschrift des Ausstellers steht die Unterzeichnung mittels gerichtlich oder notariell beglaubigter Handzeichen gleich (§ 381, jetzt 416 ZPO.), Mot. S. 10. Über Handzeichen und deren Beglaubigung s. § 126 BGB., §§ 177, 183 FG.

c) Die Unterschrift deckt begrifflich nur das darüber Stehende, nicht sonst noch beurkundete, aber nicht unterschriebene Erklärungen. FM. 29. 4. 97 III 1942.

d) Der Aufdruck auf Briefbogen, die eine urkundliche Erklärung enthalten (wie die auf Briefbogen übliche Angabe der Firma und des Geschäfts), liegt außerhalb der eigentlichen Urkunde. RG. 10. 3. 05, Holdh. S. 101 v. 07.

3. Über Name der rechtsfähigen Vereine und Firma der Kaufleute und Handelsgesellschaften s. §§ 64, 65 BGB., §§ 17, 19, 20 HGB. sowie die Ges. v. 1. 5. 89 und 20. 4. 92 über die Erwerbs- und Wirtschaftsgenossenschaften, bzw. Gesellschaften m. b. H. in der Fassung v. 20. 5. 98.

4. Wenn der Prokurist einer Firma diese zeichnet, so ist es für die Entstehung der StPflicht unerheblich, ob der Prokurist der Firma seinen Namen beifügt -- § 51 HGB. -- oder nicht. Ebenso hat das RG. die vielfach verbreitete Meinung für unrichtig erklärt, daß zur Stempelpflicht der von einer G. m. b. H. ausgestellten Urkunde die Namen der Geschäftsführer in der Zeichnung vorkommen müssen, da die Vorschrift in § 35 Ges. betr. die G. m. b. H. über die Zeichnung für die G. m. b. H. nur Ordnungsvorschrift ist. RG. 26. 9. 13, ZBl. S. 484. Bei der Gleichheit der maßgebenden Bestimmungen in den §§ 231, 233 HGB., § 24 Ges. betr. die Erwerbs- und Wirtschaftsgenossenschaften ist dasselbe auch für die Firmenzeichnung bei Aktiengesellschaften und Genossenschaften anzunehmen.

5. Ein formell gültiger Vertrag liegt auch dann vor, wenn auch nur ein mündlicher, genereller oder spezieller Auftrag zum Abschluß gegeben ist. FM. 10. 8. 03 III 10026, HSp. S. 22 A. 11.

6. a) Der Abs. 3 hat Verträge im Auge, die durch Briefwechsel oder Austausch sonstiger schriftlicher Mitteilungen zustande gekommen sind, für deren urkundliche Feststellung daher der Inhalt der beiderseitigen Schreiben maßgebend ist und bei denen Rechte und Pflichten des einen und andern Teiles demgemäß auch nur auf Grund und nach Maßgabe der beiderseitigen schriftlichen Erklärungen geltend gemacht werden können, sog. Korrespondenzverträge. RG. 16. 9. 02 und 7. 4. 05, ZBl. S. 736, auch 9. 6. 99, Entsch. Bd. 44 S. 234.

Dem Zustandekommen eines Vertrags durch Briefwechsel oder Austausch sonstiger schriftlicher Mitteilungen steht es gleich, wenn ein mündlich oder telegraphisch abgeschlossenes Geschäft brieflich bestätigt wird. FM. 25. 6. 00 III 6232. — Verhandl. des AH. Bd. 5 S. 2707.

b) Von den Korrespondenzverträgen sind zu unterscheiden — und fallen nicht unter § 1 Abs. 3 von den Parteien nach Vertragsabschluß ausgetauschte, dem wesentlichen Inhalt nach gleichlautende Schriftstücke, „von denen jedes in geschlossener, räumlich abgegrenzter Form die Essentialien des Vertrags enthält". HSp. S. 26 A. 14. Hier liegen förmliche Vertragsurkunden vor. Bei einem Korrespondenzvertrag handelt es sich um gegenseitige als Erkenntnisquelle des Willens des Erklärenden dienende Mitteilungen, die sich gegenseitig ergänzend erst in ihrem Zusammenhange die Einigung der beiden Vertragsteile über das zustande gekommene Geschäft dartun. Förmliche Vertragsurkunden werden dagegen angenommen, wenn jeder Vertragsteil in Erfüllung ausdrücklicher oder stillschweigender Vereinbarung den beiderseitigen, gegenseitig bereits erklärten Vertragswillen in bestimmter Fassung dem andern schriftlich erklärt. RG. 11. 7. 98, ZBl. S. 393, Entsch. Bd. 42 S. 184 und 17. 4. 00 Gruch. Jahrg. 45 S. 619. Diese von Hz. S. 20 c bekämpfte Auffassung hat das RG. noch in dem Urteil v. 10. 7. 09, Entsch. Bd. 71 S. 372 aufrecht erhalten. Ein Beispiel solcher förmlichen Vertragsurkunden bietet der häufige Fall, daß die Parteien beim Kaufe, nachdem die mündliche Einigung vorausgegangen ist, in Briefform abgefaßte Schriftstücke austauschen, in denen die Vertragsbedingungen angegeben sind, und die bis auf die Adresse, die Unterschrift und die der Vertragsrolle entsprechende Bezeichnung als kaufender oder verkaufender Teil übereinstimmen. Vgl. jedoch T. 32 (5).

c) Förmliche schriftliche Verträge, die ebenfalls von Abs. 3 des § 1 nicht betroffen werden, liegen ferner vor, wenn über den Vertrag mehrere gleichlautende Urkunden aufgenommen werden und jede Partei die für die andere Partei bestimmte Urkunde unterzeichnet. Vgl. § 126 Abs. 2 BGB.

7. Für die Korrespondenzverträge sind drei Voraussetzungen zu erfüllen, wenn — ausnahmsweise — die StPflicht eintreten soll:

a) Nach der Verkehrssitte muß der Abschluß eines förmlichen schriftlichen Vertrags üblich sein.
b) Ein solcher darf nicht errichtet worden sein, und
c) beide Parteien müssen beabsichtigt haben, durch den Briefwechsel oder den Austausch der sonstigen schriftlichen Mitteilungen die Aufnahme eines förmlichen schriftlichen Vertrags zu ersetzen. Es genügt nicht, daß diese Absicht nur bei einer der Parteien vorhanden gewesen ist.

8. Beispiele:

a) für einen Korrespondenzvertrag (A. 6 a):

Das Bankhaus A schreibt an B: Wir übersenden Ihnen in der Anlage unsere „Allgemeinen Geschäftsbedingungen", von denen Sie gefälligst genehmigend Kenntnis nehmen wollen. Unterschrift.

B antwortet: Von Ihren „Allgemeinen Geschäftsbedingungen" habe ich Kenntnis genommen und erkenne sie für mich als bindend an. Unterschrift.

b) für eine förmliche Vertragsurkunde, zustandegekommen durch Austausch wesentlich gleichlautender Mitteilungen nach Vertragsschluß (A. 6 b):

B und das Bankhaus A haben sich über die Bedingungen eines zwischen ihnen einzurichtenden Darlehnsverkehrs geeinigt. Sie händigen sich darüber in Briefform abgefaßte Schriftstücke aus, in denen die Vertragsbedingungen dem wesentlichen Inhalt nach wiedergegeben sind.

c) für einen förmlichen schriftlichen Vertrag gemäß § 126 Abs. 2 BGB. (A. 6c):

„Zwischen der Firma N N und dem Ingenieur A ist heute folgender Vertrag abgeschlossen worden:

§ 1. A tritt in den Dienst der Firma N N und verpflichtet sich ihr seine ganze Arbeitskraft zu widmen.

§§ 2 ff. folgen die übrigen Vertragsbedingungen.

Dieser Vertrag ist zweimal ausgefertigt worden. Jede Partei unterzeichnet das für die andere bestimmte Stück."

Unterschrift auf dem einen Stück. Unterschrift auf dem anderen Stück.
N N. A.

Ebenso ist folgender Fall zu behandeln:

Das Bankhaus A schreibt an B: Wir übersenden Ihnen anliegend unsere „Allgemeinen Geschäftsbedingungen" in zwei Exemplaren und ersuchen Sie höflichst, davon Kenntnis zu nehmen und das eine Exemplar als Zeichen Ihres Einverständnisses mit Ihrer Unterschrift versehen zurückzusenden. Unterschrift.

B vollzieht die Unterschrift und schickt das unterschriebene Stück der Bedingungen ohne Anschreiben an die Bank zurück. (Da die Geschäftsbedingungen in dem Anschreiben der Bank in Bezug genommen worden sind, gelten sie als ein Teil des Anschreibens; und die Unterschrift der Bank unter dem Anschreiben gilt als deren Unterschrift unter dem einen Stück der Geschäftsbedingungen.)

Während im ersten Falle der Vertragsstempel (T. 71 [2]) nicht erhoben werden kann, weil die Voraussetzungen für die Steuerpflicht der Korrespondenzverträge nicht vorliegen, tritt in den Fällen b und c Stempelpflicht ein, in den Fällen zu c, sobald beide Vertragsexemplare in den Händen je der Gegenseite sind.

**9.** Besonderer Erwähnung bedürfen noch einseitige, selbständige Verpflichtungserklärungen, wie Schuldverschreibungen, Vollmachten, Abtretungen, welche auch, soweit ihnen vertragliche Verhältnisse zugrunde liegen, hiervon in dem Sinne losgelöst sind, daß die Verpflichtung des Ausstellers urkundlich allein und selbständig durch seine einseitige Erklärung begründet wird. Hier genügt die Unterschrift des Ausstellers unter seiner Erklärung, um diese steuerpflichtig zu machen, sei es, daß sie in einer besonderen Urkunde erfolgt, sei es in einem von dem Verpflichteten an den Berechtigten gesandten Brief. Die Vorschrift des § 1 Abs. 3 findet auf solche einseitigen Verpflichtungserklärungen keine Anwendung. RG. 9. 6. 99, ZBl. S. 205, Entsch. Bd. 44 S. 234. Vgl. A. 3 a bei T. 58.

Deshalb ist auch im Beispielsfall a der Vollmachtstempel und der Sicherstellungsstempel erforderlich, wenn die Geschäftsbedingungen die Merkmale einer Vollmacht und einer Sicherstellung enthalten, RG. 7. 4. 05, ZBl. S. 736. Denn die Geschäftsbedingungen sind im Schreiben des B in Bezug genommen und gelten deshalb als Teil seiner schriftlichen Willenserklärung und von ihm als mitunterzeichnet. Vgl. A. 18 zu T. 73.

**10.** Zur Begründung der Stempelpflicht einer Urkunde ist es unter Umständen nicht erforderlich, daß sich die Beteiligten ausdrücklich mit ihrem

Inhalt einverstanden erklären oder ihn förmlich genehmigen. Das RG. hat im Urt. v. 11. 11. 13 — JW. 159 v. 14 — die Abgabe aus T. 59 in einem Falle für erforderlich erklärt, in dem das Schreiben eines Kunden an die Bank folgendermaßen lautete: „Ich bestätige Ihnen den Empfang Ihres Schreibens vom . . . nebst einem Abdruck Ihrer allgemeinen Geschäftsbedingungen, — Formular 290 — von denen ich Kenntnis genommen habe.“ Es handelte sich um Einführung neuer Geschäftsbedingungen; der Kunde hatte bei der Bank ein Konto und ein Depot. Bei dieser Sachlage wurde die Kenntnisnahme als Einverständniserklärung angesehen.

**11.** a) Die „Verkehrssitte“ stellt keine Rechtsnorm dar, sie ist vielmehr die den Verkehr beherrschende tatsächliche Übung. Ob diese Übung eine genügende rechtliche Grundlage hat und geeignet ist, denjenigen, der ihr im Rechtsleben folgt, vor Schaden zu bewahren, ist ohne Bedeutung. RG. 16. 10. 03, Entsch. Bd. 55 S. 375.

b) Auch für den Abschluß mit Staatsbehörden ist die Frage nach dem Vorhandensein einer Verkehrssitte, förmliche Verträge zu errichten, nicht ohne weiteres zu bejahen. FM. 25. 2. 04 III 2615. Vgl. A. 13 unten.

**12.** Nach der Verkehrssitte pflegen förmliche schriftliche Urkunden nicht errichtet zu werden:

bei Anstellung von Agenten für Versicherungsgesellschaften — FM. 27. 6. 00 III 7284,

bei Vergebung von Neubauten oder bei Vergebung einzelner Arbeiten einschließlich der Lieferung von Materialien. Gutachten der Handelskammer zu Berlin v. 23. 11. 06.

**13.** Für das Verfahren im Bereich der Staatsbahnverwaltung gelten folgende Vorschriften:

Wenn eine Eisenbahnbehörde jemandem eine Lieferung oder Leistung in der Art überträgt, daß sie ihm auf sein mündliches oder schriftliches Angebot unter Abstandnahme von der Errichtung eines förmlichen Vertrags schriftlich den Zuschlag erteilt, ist ein Lieferungs- oder Leistungsvertragsstempel nicht zu verwenden, sofern die Vereinbarung in der Art des Briefwechsels oder des Austausches von Schriftstücken, wie sie im privaten Geschäftsverkehr üblich sind, zustande kommt (§ 1 Abs. 3 LStG.). Anders aber liegt die Sache, wenn der Lieferungsübernehmer das Zuschlagsschreiben der Eisenbahnbehörde an diese zurücksendet, nachdem er darauf den Vermerk hinzugefügt hat: „Einverstanden“ („Anerkannt“ od. dgl.). Denn das Zuschlagschreiben der Eisenbahnbehörde, das von dem Übernehmer mit seinem Einverständnis- oder Anerkennungsvermerk versehen ist, bildet eine Vertragsurkunde i. S. des § 1 Abs. 1 LStG. und unterliegt daher, falls nicht ein gesetzlicher StBefreiungsgrund vorliegt, dem für Lieferungs- oder Leistungsverträge in T. 32, 38 und $71^2$ LStG. vorgeschriebenen St. FM. 29. 10. 08 III 18503. — Bei Vergebung von Lieferungen und Leistungen ist die stfreie Form (§ 1 Abs. 3 LStG.) nur anzuwenden, wenn es sich um Werte bis zum Betrage von 1000 ℳ handelt. Min. d. öff. Arb. v. 30. 9. 11 VK. 6. 209 III 1847 C. FM. 23. 10. 11 III 16668.

Den Bestellzetteln und -schreiben ist in der Regel auch bei Werten von mehr als 1000 ℳ die stfreie Form zu geben. Min. d. öff. Arb. v. 11. 1. 13 — VD. 17454, 2. Ang. — III 2651 C., FM. III 4010 v. 14. 3. 13.

## § 2.

### Verhältnis des Auslandes zum Inlande.

(1) Der Stempelsteuer unterliegen auch[1-2] die von Inländern[3] oder von Ausländern[3] im Ausland errichteten Urkunden über Geschäfte,[4] welche im Inlande befindliche Gegenstände[5] betreffen oder welche im Inlande zu erfüllen sind.[6-7]

(2) Inland im Sinne dieses Gesetzes und des Tarifs ist der Geltungsbereich dieses Gesetzes.[8]

(3) Auf die nach Abs. 1 zu entrichtende Stempelsteuer kann der in einem anderen Bundesstaate für die Urkunden entrichtete Stempel angerechnet werden, wenn von dem anderen Bundesstaate Preußen gegenüber die gleiche Rücksicht geübt wird.[9]

AB. 1 Abs. 1. LStV. § 5 Ziff. 4.

**1.** Grundsätzlich unterliegen alle im Inlande beurkundeten Geschäfte dem Preußischen St., mögen sie auch im Ausland befindliche Gegenstände betreffen oder im Ausland zu erfüllen sein. Stpflichtig ist z. B. ein im Inland abgeschlossener Kaufvertrag über im Ausland befindliche bewegliche Sachen oder eine im Inland ausgestellte Vollmacht zur Vertretung vor einer außerpreußischen Behörde.

2. Darüber hinaus unterliegen der pr. StAbgabe auch die von Inländern oder von Ausländern im Auslande errichteten Urkunden über Geschäfte,

a) welche im Inlande befindliche Gegenstände betreffen oder

b) im Inlande zu erfüllen sind.

**3.** Ob jemand Inländer oder Ausländer ist, richtet sich für diese Vorschriften lediglich nach dem Wohnsitz, nicht nach der Staatsangehörigkeit. FM. 18. 12. 96 III 16944.

**4.** Die Urkunden müssen über Geschäfte, d. h. rechtsgeschäftliche Willenserklärungen ausgestellt sein, sie müssen eine Privatwillenserklärung enthalten.

Im Ausland ausgestellte Zeugnisse sind im Inlande stfrei. Das gilt auch für Lebensbescheinigungen und Beglaubigungen von Unterschriften unter Quittungen, selbst wenn von ihrer Beibringung die Auszahlung von Versicherungssummen abhängig gemacht war und die Zahlung policenmäßig im Inland zu erfolgen hatte. RG. 7. 5. 01. ZBl. S. 176, Entsch. Bd. 49 S. 226.

5. a) Ein zwischen einer inländischen und einer ausländischen Gesellschaft im Ausland abgeschlossener Kaufvertrag unterliegt der preußischen Ststeuer, soweit die veräußerten Immobilien und Mobilien sich im Inland befinden. Soweit aber die Veräußerung von Patenten und die Abtretung von Forderungen (auch Briefhypotheken) in Frage kommt, ist der Preußische St. nicht fällig, weil Patente und Forderungen kein örtliches und räumliches Dasein haben, deshalb nicht als im Inland befindliche Gegenstände angesehen werden können, auch der Vertrag bezüglich ihrer im Aus-

land zu erfüllen ist. FM. 25. 9. 01 III 9394. Wegen Buchhypotheken s. A. 6 d.

b) Die gleichen Grundsätze sind auch unter der Geltungsdauer der T. 25 zur Anwendung gebracht worden. FM. 12. 9. 02 III 11168. Sie gelten deshalb noch, soweit T. 25 nicht durch das Gesetz vom 3. 7. 13 wegen Änderung des Reichsstempelgesetzes hinfällig geworden ist. Vgl. A. 1 zu T. 25.

**6.** a) Über den Erfüllungsort der Leistung des Schuldners s. §§ 241 ff., 269, 270, 697, 700, 811 BGB.

b) Bei gegenseitigen Verträgen ist als Erfüllungsort des Geschäfts i. S. des § 2 der Ort zu betrachten, wo die Verpflichtung zu erfüllen ist, der nach dem Inhalt des Vertrages die größere Bedeutung innewohnt, die dem Vertrage das wesentliche Gepräge gibt. Übernimmt der inländische Vertragsteilnehmer eine Individualleistung, z. B. die Lieferung einer Maschine, und war die Lieferungspflicht im Inlande zu erfüllen, während die ausländische Partei nur die Zahlung einer Geldsumme versprach, so tritt Stpflicht ein. RG. 6. 3. 08, Entsch. Bd. 68 S. 76.

c) Die von dem im Ausland wohnenden Schuldner etwa übernommene Verpflichtung, dem im Inland wohnhaften Verkäufer die Preise für die verkaufte Ware in das Inland zu senden, entspricht der im § 270 BGB. für Geldschulden getroffenen Vorschrift, die indessen nach Abs. 4. a. a. O. auf den Leistungsort keinen Einfluß haben soll.

d) Werden auf inländischen Grundstücken eingetragene Buchhypotheken in einer im Ausland errichteten Urkunde abgetreten und demnächst im Grundbuch auf den neuen Gläubiger umgeschrieben, so ist die Abtretungsurkunde, weil sie im Inlande zu erfüllen, stpflichtig. § 1154 Abs. 3 BGB. KG. 17. 1. 07, Joh. Bd. 33 S. B 24. Wegen Abtretung von Briefhypotheken s. A. 5 a.

e) Eine von einem Ausländer im Auslande ausgestellte Vollmacht unterliegt der preußischen Ststeuer, wenn das Geschäft, zu welchem der Bevollmächtigte durch die Vollmacht ermächtigt wird, von ihm im Inlande ausgeführt und dabei von der Vollmacht Gebrauch gemacht wird. Die Ausübung einer durch Rechtsgeschäft erteilten Vertretungsmacht ist als „Erfüllung eines Geschäfts" i. S. dieser Vorschrift aufzufassen. Erfüllung liegt auch vor, wenn der Erfüllende zur Vornahme nicht verpflichtet, sondern nur berechtigt ist. RG. 23. 10. 06, JW. S. 61 v. 07.

f) Wegen der im Auslande von Ausländern ausgestellten Prozeßvollmacht gelten zufolge § 2 DGKG. besondere Vorschriften. Vgl. A. 23 b bei T. 73.

g) Über im Ausland ausgestellte Anträge auf Umschreibung vor dem 1. 10. 1881 ausgestellter Namenaktien — s. A. 15 b bei T. 2.

h) Urkunden über zweiseitige Rechtsgeschäfte, zu deren Vollendung mehrere Unterschriften gehören, sind dort als errichtet anzusehen, wo die letzte, zum Zustandekommen des Vertrages erforderliche Unterschrift bewirkt worden ist. Bedarf ein Vertrag der Genehmigung eines Dritten und erfolgt dessen Unterschrift im Inland, so wird der Vertrag gleichfalls der inländischen Abgabe unterworfen.

7. Zu den Voraussetzungen des § 2 Abs. 1 muß nach § 16 Abs. 1 f hinzukommen

a) bei im Auslande errichteten Urkunden, an denen Inländer beteiligt sind,
die Rückkehr der Inländer ins Stempelinland,
b) bei sonstigen im Ausland errichteten Urkunden
Gebrauch der Urkunde im Inlande.
Erst dann ist der stempelpflichtige Tatbestand erfüllt. RG. 4. 4. 05, ZBl. S. 643. Näheres s. A. 7—8 bei § 16.

8. Geltungsbereich des Gesetzes ist Preußen mit Ausnahme der Hohenzollernschen Lande und der Insel Helgoland. Siehe den Eingang des Ges.

9. Ein solches Abkommen ist bisher nur mit dem Königreich Sachsen zustande gekommen. Vgl. FM. 22. 9. 10 III 17085, ZBl. S. 521.

## § 3.

## Allgemeine Grundsätze über die Stempelpflichtigkeit.

(1) Die Stempelpflichtigkeit einer Urkunde richtet sich nach ihrem Inhalte.[1–4]

(2) Für die Stempelpflichtigkeit ist die Hinzufügung von Bedingungen,[5] die Wiederaufhebung und die unterbliebene Ausführung des Geschäfts[6] — vorbehaltlich entgegenstehender Bestimmungen des Gesetzes oder des Tarifs[7] — sowie die Vernichtung der Urkunde ohne Bedeutung.

AB. 2, 15 Abs. 4.

(3) Urkunden, in denen ein Geschäft nur in der Form der Verdeutlichung oder Begründung einer anderen Erklärung erwähnt wird, sind in Ansehung jenes Geschäfts stempelpflichtig, wenn die Absicht auf die Beurkundung desselben gerichtet gewesen ist.

1. a) Zum Zweck der Übung oder zum Scherz entworfene Urkunden sind nicht stpflichtig. RG. 13. 7. 97, JW. S. 493.

b) Neben dem urkundlich festgestellten Vertragsinhalt kommen mündliche Nebenabreden für die Frage nach der StPflicht nicht in Betracht. RG. 29. 5. 99, Entsch. Bd. 32 S. 192.

c) Ebenso dürfen außerhalb der Urkunde liegende Tatsachen in der Regel nicht verwertet werden; keineswegs ist aber damit ausgesprochen, daß Willenserklärungen, die nach ihrer Wortbeutung nur einen klaren und bestimmten Sinn ergeben, nicht dennoch auf Grund ihres Zusammenhanges mit dem übrigen Inhalt der Urkunde und ihres daraus ersichtlichen Zweckes in einem von dem Wortlaut abweichenden Sinne verstanden werden können und müssen. RG. 10. 1. 05, JW. S. 191.

d) Bestehen Zweifel über den eigentlichen Sinn, den rechtlichen Gehalt der urkundlichen Erklärungen, so ist das Gericht berechtigt, wie verpflichtet, zur Gewinnung eines richtigen Verständnisses Beweise zu erheben. Damit wird erst dem § 3 seine richtige Anwendung ermöglicht. RG. 5. 2. 07, Holdh. S. 140 v. 08.

2. Urkunden über von Anfang an nichtige Geschäfte, sind, wie aus § 25 d. G. folgt, nicht stpflichtig. Das trifft nicht nur dann zu, wenn die Nichtigkeit ohne weiteres ersichtlich ist, sondern auch dann, wenn sie nachweisbar ist, z. B., wenn über eine echte Unterschrift eine nicht gewollte Erklärung gesetzt würde, sog. Blankettfälschung. RG. 30.10.09, Entsch. Bd. 43 S. 21.

3. a) Ist ein Vertrag irrtümlicherweise in einem seiner Bestandteile entgegen dem tatsächlich erklärten Willen der Kontrahenten unrichtig beurkundet, so ist der StBerechnung nicht das im Vertrage irrig als gewollt Bezeichnete, sondern das in Wahrheit als gewollt Erklärte zugrunde zu legen. FM. 11. 5. 97 III 5817.

b) Erhält eine Erklärung durch Mißverständnis des Notars eine der Absicht der Beteiligten widersprechende Fassung und erfolgt demnächst Berichtigung, so ist der St. nur für das zu erheben, was von vornherein hat festgestellt werden sollen. FM. 22. 5. 97 III 6032.

c) Es hat dieselbe Person an demselben Tage vor demselben Notar zwei Schuldverschreibungen über verschiedene Beträge ausgestellt. Der Notar hat die Versteuerung beider verwechselt und die geringere mit dem höheren StBetrag, die höhere mit dem geringeren StBetrag versehen. Da die St. nur an unrichtiger Stelle entwertet waren, ist von der Nachforderung zu der zu wenig versteuerten Urkunde abgesehen, der Sachverhalt aber auf den zurückbehaltenen Urschriften und beglaubigten Abschriften vermerkt. FM. 11. 9. 01 III 11364.

d) Der Umstand, daß ein Kontrahent minderjährig gewesen, steht der StPflichtigkeit nicht entgegen, wenn dies aus der Urkunde nicht hervorgeht. RG. 5. 5. 98, JW. S. 405. — Der Minderjährige ist ebenfalls für den St. verhaftet; seine Klage auf Rückzahlung ist abgewiesen.

c) Ergibt der Vertrag nicht, unter welchem ehelichen Güterrecht eine als Frau N N bezeichnete Verkäuferin, die allein den Vertrag abgeschlossen hat, lebt, so ist nicht erkennbar, ob die Einwilligung des Ehemannes erforderlich ist oder nicht; eine Ungültigkeit läßt also die Urkunde nicht erkennen. FM. 30. 10. 00 III 12955.

4. Da sich die StPflichtigkeit einer Urkunde nach ihrem Inhalte richtet, so müssen die Erfordernisse von Befreiungsvorschriften aus dem Urkundeninhalt hervorgehen. Eine Ausnahme bilden Befreiungsvorschriften, die im öffentlichen Interesse gegeben sind. Hier genügt es, daß sich ihre Erfordernisse objektiv feststellen lassen, mag sich auch ihr Vorhandensein nicht unmittelbar aus der Urkunde, sondern nur aus den tatsächlichen Umständen ergeben, unter denen sie errichtet sind. RG. 5. 3. 12, Entsch. Bd. 79 S. 34. Vgl. A. 17 zu T. 71.

5. Über Bedingungen s. §§ 158 ff. BGB.

Es sollen Resolutiv- wie Suspensivbedingungen, überhaupt Bedingungen jeder Art getroffen werden. KB. S. 97 f. — AH. S. 2372.

Das Gesetz begreift auch uneigentliche Bedingungen, d. h. solche, bei denen die Wirkung des Rechtsgeschäfts nicht von einem zukünftigen ungewissen Ereignis abhängig gemacht ist, sondern von einem in die Gegenwart fallenden, wegen dessen die Beteiligten in Unkenntnis sich befinden. RG. 3. 5. 01, Entsch. Bd. 49 S. 223.

6. Wegen Versteuerung bedingter Rechtsgeschäfte vgl. die wichtige AB. 2.

7. Beispiele:

1. Der St. für den Antrag auf Eintragung der Abtretung einer Hypothek oder Grundschuld (T. 2 Abs. 5), der Auflassungsst. (T. 8 Abs. 2), der St. für den Antrag auf Eintragung einer Hypothek oder Grundschuld (T. 58 III, Abs. 2) werden nur erhoben, falls die beantragte Eintragung in das Grundbuch erfolgt ist.
2. Der Mietst. (T. 48 I, Abs. 17) wird nur für die wirkliche Mietsdauer erhoben.

## § 4.

## Sachliche Stempelsteuerbefreiungen.

(1) Von der Stempelsteuer sind befreit:

a) Urkunden über Gegenstände, deren Wert nach Geld geschätzt[1] werden kann, wenn dieser Wert 150 Mark nicht übersteigt,[2] insoweit nicht der Tarif entgegenstehende Bestimmungen[3] enthält;

b) [4]Urkunden, welche wegen Bestimmung des Betrages öffentlicher Abgaben und Einziehung derselben und überhaupt wegen Leistungen an den Fiskus des Deutschen Reichs oder des Preußischen Staates infolge allgemeiner Vorschriften aufgenommen oder beigebracht werden müssen, sofern sie allein zu diesem Zwecke dienen;

c) die auf die Heeresergänzung und die Befreiung von dem Heeresdienste sowie von den Reserve- und Landwehrübungen bezüglichen amtlichen Urkunden;[5]

d) [6]die von der Auseinandersetzungsbehörde und deren Abgeordneten oder im Auftrag und auf Ersuchen derselben von anderen Behörden wie auch in den vorgesetzten Instanzen gepflogenen Verhandlungen, und zwar sowohl über den Hauptgegenstand der Auseinandersetzung als auch über die damit verbundenen Nebenpunkte, einschließlich aller hierzu gehöriger Urkunden, desgleichen Urkunden, die von anderen Behörden auf Antrag der Parteien ausgestellt werden, sofern sich letztere über die ihnen von der Auseinandersetzungsbehörde oder einem Abgeordneten derselben gemachte Auflage zur Beibringung solcher Urkunden ausweisen;

e) [7–9]Urkunden wegen Besitzveränderungen, denen sich die Beteiligten aus Gründen des öffentlichen Wohles zu unterwerfen gesetzlich verpflichtet sind (Enteignungen), ohne Unterschied, ob die Besitzveränderung selbst durch Enteignungsbeschluß oder durch freiwillige Veräußerungsgeschäfte bewirkt wird;

f) Abschriften, Auszüge und Bescheinigungen jeder Art aus den bei der Katasterverwaltung geführten beziehungsweise aufbewahrten Karten und sonstigen Schriftstücken; [10]

g) Verfügungen und Verhandlungen der Schiedsmänner, soweit die Stempelpflichtigkeit derselben in der Tarifstelle „Vergleiche" nicht ausdrücklich angeordnet ist (vergleiche auch § 13 Buchstaben a*) und § 15);

h) alle Urkunden über Gegenstände, denen durch frühere Gesetze oder landesherrliche Privilegien Stempelfreiheit bewilligt worden ist.

(2) Die Befreiung zu a findet auch auf diejenigen Vollmachten Anwendung, aus deren Inhalt der Wert des Gegenstandes nicht ersichtlich ist, sofern nachgewiesen wird, daß der Wert den Betrag von 150 Mark nicht übersteigt.[11]

LStV. § 5.

**1.** a) Die Schätzbarkeit im strechtlichen Sinne setzt voraus, daß die Wertermittelung nach § 6 d. G. möglich ist, und zwar wird eine sichere Abschätzung nach Geld verlangt, so daß diejenigen vermögensrechtlichen Gegenstände, die eine solche nicht gestatten, als unschätzbar anzusehen sind. RG. 11. 7. 98, Entsch. Bd. 42 S. 180. — FM. 11. 5. 04 III 4875. — Vgl. A. 1b zu § 6.

b) So kann eine Vollmacht zur Anmeldung von Patenten und Warenzeichen nicht dadurch steuerfrei gemacht werden, daß ihr Wert auf unter 150 ℳ angegeben wird. Solche Vollmachten sind vielmehr als unschätzbar anzusehen und unterliegen daher dem St. von 1,50 ℳ nach T. 73 (3). Siehe allgem. Verfg. d. J. M. vom 10. Mai 1913 JMBl. S. 164. Vgl. A. 17d zu T. 73.

**2.** a) Der § 4a greift ferner nicht schon Platz, wenn der Wert des Gegenstandes tatsächlich 150 ℳ oder weniger beträgt, sondern nur dann, wenn der maßgebende Urkundeninhalt dies ersehen läßt. KG. 11. 11. 01, Joh. Bd. 24 S. 23, FM. 14. 6. 05 III 7372. Ausnahme s. § 4 Abs. 2.

b) Ist in einer Erbschaftsausschlagungserklärung wahrheitsgemäß angegeben, daß der betreffende Nachlaß überschuldet sei, so unterliegt die Beglaubigung der Unterschrift des Ausschlagenden keinem St. KG. 18. 4. 07, Joh. Bd. 36 S. B 48.

**3.** Entgegenstehende Bestimmungen über die Wertsgrenze s. bei T. 48: Miet- und Pachtverträge, 62: Strafbescheide der Verwaltungsbehörden, 71 (3) Befr. b: Dienst- und Arbeitsverträge.

**4.** a) Buchstabe b findet auch Anwendung, wenn die Urkunden dem Zwecke dienen, festzustellen, daß eine Abgabe nicht zu entrichten ist. FM. 21. 4. 10 III 8061. Vgl. A. 5d zu T. 77.

b) Vollmachten zur Stellung eines Antrages auf Erstattung von St. aus Billigkeitsgründen sind stpflichtig; ebenso Vollmachten zur

---

*) Jetzt § 13 Abs. 2.

Abgabe von Vermögensanzeigen, sowie zur Einlegung von Rechtsmitteln gegen die Veranlagung zur Staatseinkommensteuer und Ergänzungssteuer; Objekt ist der sich nach der Deklaration ergebende Steuersatz bzw. bei Vollmachten zur Einlegung von Rechtsmitteln der streitige Steuerunterschied; stfrei aber sind die Vollmachten zur Abgabe von Steuererklärungen, wenn der Pflichtige abwesend oder sonst verhindert ist. FM. 15. 3. 00 III 1671, ZBl. S. 212.

c) Die bei der Gewährung von Steuer- und Zollkrediten von den Wechsel- und sonstigen Bürgen auszustellenden Reverse sind stfrei. FM. 25. 11. 99 III 11734 u. 12. 4. 93, ZBl. S. 152 u. v. 1894 S. 10. — Vgl. A. 12a bei T. 59. Weitere Fälle ähnlicher Art s. bei HSp. S. 60ff.

5. a) Die Vorschrift bezieht sich auch auf die von Polizeibehörden, Landratsämtern, Gemeindevorstehern usw. erteilten Beglaubigungen von Zeugnissen, sowie Nachweisungen über die Familien- und Erwerbsverhältnisse, die den Gesuchen von Personen des Beurlaubtenstandes um Befreiung von den militärischen Kontrollversammlungen beizufügen sind. FM. 13. 12. 96 III 1460, ZBl. 1897 S. 10.

Steuerfrei sind namentlich auch die Beglaubigungen der Sustentationserklärungen für Einj.-Freiwillige, vgl. sonst T. 77 A. 4f.

b) Die Unteroffiziersvorschulen bilden nicht, wie die Unteroffizierschulen, einen Teil des stehenden Heeres; die Schüler der ersteren leisten nicht, wie die der letzteren, bei ihrer Aufnahme den Fahneneid, und sind nicht behindert, demnächst einen anderen Beruf zu ergreifen. Der Unteroffiziervorschule steht in dieser Hinsicht die Schiffsjungen-Division gleich. FM. 14. 3. 07 III 4530. Den bez. Zeugnissen steht also die Befreiungsvorschrift nicht zur Seite.

c) Da sich die „Heeresergänzung" nicht auf die Gewinnung der nötigen Kräfte zur Besetzung der Stellen der Offiziere erstreckt (§§ 9—37 des ReichsMilGes. vom 2. 5. 74), sind die Beglaubigungen der Sustentationserklärungen für Reserveoffiziersaspiranten abgabepflichtig. FM. 23. 1. 14 III 20019 v. 13. Vgl. wegen der Sustentationserklärungen selbst: T. 58 A. 4b.

6. Aus den Urkunden muß sich jedoch ergeben, daß sie auf Ersuchen der Auseinandersetzungsbehörde ausgestellt sind. HSp. S. 63.

7. a) Die Befreiung unter e ist davon abhängig, daß das Enteignungsrecht entweder gesetzlich ein für allemal gewährt, wie bei Abtretungen zu Straßenbauzwecken nach § 11 des pr. Fluchtliniengesetzes v. 2. 7. 75, oder im einzelnen Falle tatsächlich bereits verliehen ist (Ges. vom 11. 6. 74). Mot. S. 12, KB. S. 100. Insbesondere kann eine behördliche Bescheinigung über das Vorliegen der die Verleihung des Enteignungsrechts rechtfertigenden Umstände für die Gewährung der Kostenfreiheit nach dem StGes. v. 31. 7. 95 der Verleihung des Enteignungsrechts nicht mehr gleich geachtet werden. $\frac{\text{JM. 14. 2. 06}}{\text{FM. 27. 4. 06 III 6368}}$. Die Befreiungsvorschrift greift nur Platz, wenn die Beteiligten aus Gründen des öffentlichen Wohles sich der Besitzveränderung zu unterwerfen gesetzlich verpflichtet waren. FM. 21. 7. 97 III 8883.

b) Diese Verpflichtung entsteht im Rahmen des Enteignungsgesetzes vom 11. 6. 74 mit der vorläufigen Planfeststellung. An deren Stelle tritt bei Eisenbahnunternehmungen gemäß § 4 Ges. vom

3. 11. 38 in Verb. mit Art. II Ges. v. 13. 3. 79 die Prüfung und Entscheidung des Mininisters für öffentliche Arbeiten. Im Bereich des von dem Fluchtliniengesetz geordneten Verfahrens beginnt das Enteignungsrecht, sobald die vom Gemeindevorstand im Einverständnisse mit der Gemeindevertretung vorgenommene vorläufige Planfeststellung die Genehmigung der Ortspolizeibehörde gefunden hat. KG. 5. 2. 09, Joh. Bd. 38 S. B 11, RG. 20. 3. 08, ZBl. S. 395, Entsch. Bd. 69 S. 68.

8. a) Die Stfreiheit umfaßt Kauf- und Tauschverträge. FM. III 9166 v. 24. 7. 76. Sie erstreckt sich auch auf die Eintragung einer Vormerkung zur Sicherung des Anspruches aus einem freiwilligen Veräußerungsgeschäft auf Übertragung des Eigentums sowie auf die Bewilligung dieser Eintragung. Sie ist davon nicht abhängig, daß gerade der Unternehmer und keine andere Person zahlungspflichtig wäre. KG. 2. 5. 04, Joh. Bd. 28 S. B 49.

b) Ein Vertrag, durch den ein der Enteignung unterworfenes Grundstück von dem Eigentümer nicht an den Unternehmer, sondern an einen Dritten veräußert wird, genießt St.- oder Gebührenfreiheit selbst dann nicht, wenn der Dritte zur Beschaffung des Grundstücks für die Zwecke des Unternehmens verpflichtet war und in derselben Urkunde den Auflassungsanspruch an den Unternehmer abtritt. KG. 30. 11. 05, Joh. Bd. 32 S. B 28 $\frac{\text{JM. 17. 4. 06}}{\text{FM. 20. 4. 06 III 6029}}$. — Ebenso RG. 15. 1. 07, Entsch. Bd. 65 S. 94, ZBl. S. 139. Wegen Befreiung der in den §§ 16 und 17 des EnteignGes. bezeichneten Grunderwerbsverträge von der Formvorschrift des § 313 BGB. s. Art. 12 § 1 Abs. 2 AG. z. BGB. Vgl. noch A. 13c zu T. 32.

c) Prozeßvollmachten zu Rechtsstreitigkeiten wegen Enteignungsentschädigung gemäß § 30 EnteignGes. v. 11. 6. 74 gehören nicht zu denjenigen „Verhandlungen vor Gerichten", hinsichtlich deren Abs. 4 im § 43 eod. Stfreiheit anordnet. RG. 2. 3. 00, JW. S. 328.

9. Auf die bergrechtliche Grundbuchabtretung aus §§ 135ff. des BergGes. finden die Gebühren und Stbefreiungsvorschriften für Enteignungen aus Gründen des öffentlichen Wohles keine Anwendung. Vgl. §§ 54 Abs. 2 und 43 EnteignGes. v. 11. 6. 74, KG. 8. 2. 04, Joh. Bd. 27 S. B 51.

10. Die gemäß § 5 der Katasteranw. I v. 21. 2. 96 nach vorhandenem Muster ausgestellten Vollmachten, in denen Grundeigentümer einen vereideten Landmesser ermächtigen, die in ihrem Auftrage ausgeführte Fortschreibungsvermessung ihrer Grundstücke dem zuständigen Katasteramt einzureichen und den Antrag auf Übernahme der Veränderung in das Kataster zu stellen, sind als auf die Fortschreibung bezügliche Verhandlungen nach § 38 Abs. 2 Ges. v. 8. 2. 67 stfrei. FM. 6. 6. 04 III 5538.

11. § 4 Abs. 2 ist auf andere Urkunden als Vollmachten nicht ausdehnbar. FM. 27. 6. 99 III 7049.

12. Zahlreiche Steuerbefreiungen sind noch für besondere Materien in preußischen und Reichsgesetzen enthalten. Ein ausführliches Verzeichnis s. bei Hz. S. 55ff. Von preußischen Gesetzen sei hier genannt das Ges. betr. die Beförderung deutscher Ansiedelungen in den Provinzen Westpreußen und Posen vom 26. 4. 1886 (§ 10); von Reichsgesetzen kommen namentlich

die soz. Versicherungsgesetze in Betracht, beginnend mit dem Ges. betr. die Invaliditäts- und Altersversicherung v. 22. 6. 1889 bis zur Reichsversicherungsordnung v. 19. 7. 11 (§§ 137, 138) und dem Versicherungsgesetz für Angestellte v. 20. 12. 11 (§§ 337 u. 338).

## § 5.

## Persönliche[1] Stempelsteuerbefreiungen.

(1) Von der Entrichtung der Stempelsteuer sind befreit:

a) [2]der König, die Königin und die Königlichen Witwen;

b) der Fiskus des Deutschen Reichs[3] und des Preußischen Staates[4] und alle öffentlichen Anstalten[5] und Kassen, welche für Rechnung des Reichs oder des Preußischen Staates verwaltet werden oder diesen gleichgestellt sind;

c) deutsche Kirchen[6] und andere deutsche Religionsgesellschaften,[7] denen die Rechte juristischer Personen zustehen;

d) öffentliche[8] Armen-, Kranken-, Arbeits- und Besserungsanstalten,[9] ferner öffentliche Waisenhäuser,[10] vom Staate genehmigte Hospitäler und andere Versorgungsanstalten,[11] ferner vom Staate genehmigte Vereine[12] für die Kleinkinderbewahranstalten[13] sowie Stiftungen,[14-17] welche als milde ausdrücklich anerkannt sind;[18]

AB. 1 Abs. 3. LStV. § 5 Ziff. 2.

e) öffentliche Schulen[19] und Universitäten;

f) Gemeinden (Gutsbezirke) und Verbände von solchen in Armen-, Schul- und Kirchenangelegenheiten;[20]

g) [21-22]Aktiengesellschaften, Genossenschaften und Gesellschaften mit beschränkter Haftung, deren durch Statut bestimmter Zweck ausschließlich darauf gerichtet ist, minderbemittelten Familien oder Personen gesunde und zweckmäßig eingerichtete Wohnungen in eigens erbauten oder angekauften Häusern zu billigen Preisen zu verschaffen, und deren Statut die an die Gesellschafter zu verteilende Dividende auf höchstens vier Prozent ihrer Anteile beschränkt, auch den Gesellschaftern für den Fall der Auflösung der Gesellschaft nicht mehr als den Nennwert ihrer Anteile zusichert, den etwaigen Rest des Gesellschaftsvermögens aber für gemeinnützige Zwecke bestimmt.

Sofern eine dieser Gesellschaften oder Genossenschaften ihr Statut und damit zugleich ihren Zweck in der Weise ändert, daß die vorstehend angegebenen Voraussetzungen nicht mehr zutreffen, können alle Stempelbeträge, die mangels einer Befreiung fällig geworden sein würden, nachträglich binnen Jahresfrist eingefordert werden.[23]

AB. 1 Abs. 2. LStV. § 5 Ziff. 3.

(2) Dem Staatsoberhaupt und dem Fiskus anderer Staaten als des Deutschen Reichs und des Preußischen Staates sowie den öffentlichen Anstalten und Kassen, die für Rechnung eines solchen anderen Staates verwaltet werden oder diesen gleichgestellt sind, und den Chefs der bei dem Deutschen Reiche oder bei Preußen beglaubigten Missionen kann die Stempelsteuerbefreiung gewährt werden,[24] wenn der betreffende Staat Preußen gegenüber die gleiche Rücksicht übt.

LStV. § 5 Ziff. 4.

(3) In den Fällen zu d bis g erstreckt sich die Stempelsteuerbefreiung nur auf inländische Anstalten, Stiftungen, Vereine usw. Diese Befreiung kann jedoch auch ausländischen Anstalten, Stiftungen, Vereinen usw. gewährt werden, wenn der auswärtige Staat Preußen gegenüber die gleiche Rücksicht übt.

AB. 1 Abs. 1. LStV. § 5 Ziff. 4.

(4) Die außerdem gewissen Personen, Behörden, Gesellschaften, Anstalten, Stiftungen, Vereinen usw. durch frühere Gesetze oder landesherrliche Privilegien bewilligten Steuerbefreiungen bleiben auch fernerhin in Kraft.

(5) Die nach den vorstehenden Bestimmungen von der Stempelsteuer befreiten Personen, Behörden, Gesellschaften, Anstalten, Stiftungen, Vereine usw. sind nicht befugt, diese Befreiung den Privatpersonen, mit welchen sie Verträge eingehen, einzuräumen, wenn diese Personen an sich nach gesetzlicher Vorschrift zur Entrichtung des Stempels verbunden sind.[25]

(6) Bei allen zweiseitigen Verträgen mit solchen Personen muß für den Vertrag die Hälfte des Stempels und für die Nebenausfertigungen außerdem der vorgeschriebene Stempel (§ 9) entrichtet werden.[26]

(7) Bei Verträgen über Lieferungen an[27] den Fiskus des Deutschen Reichs oder des Preußischen Staates und alle öffentlichen Anstalten und Kassen, welche für Rechnung des Reichs oder des Preußischen Staates verwaltet werden oder diesen gleichgestellt sind,[28] hat der Lieferungsübernehmer den vollen Betrag des Stempels zu entrichten.

1. Für die Frage, ob der an sich nach dem Inhalt der Urkunde erforderliche St. infolge der persönlichen StFreiheit eines Beteiligten nicht zu erheben ist, sind nicht die Angaben in der Urkunde, sondern die

tatsächlichen Verhältnisse maßgebend, so daß die Unterlassung der Angabe der für die StFreiheit erheblichen Umstände in der Urkunde der Anerkennung der StFreiheit nicht entgegensteht. FM. 2. 7. 03 III 8884. Siehe jetzt allgemein § 3 Anm. 1b.

Ruht der Stempel auf der einseitigen Verpflichtungserklärung des Ausstellers, wie bei Abtretungen, Schuldverschreibungen, so kommt es für die Steuerfreiheit auf die Person des Ausstellers an, nicht desjenigen, zugunsten dessen die Urkunde ausgestellt wird. Die Abtretung einer Forderung an eine steuerfreie Person, eine Schuldverschreibung zugunsten einer steuerfreien Person sind steuerpflichtig. Vgl. FM. 6. 5. 97 III 5596. Dagegen unterliegen die Abtretung einer Forderung von einer steuerfreien Person an eine steuerpflichtige, die Schuldverschreibung einer steuerfreien Person zugunsten einer steuerpflichtigen, nicht der Abgabe. In diesen Fällen ist es gleichgültig, ob die Verpflichtungserklärung in Vertragsform beurkundet wird oder nicht.

Bei den durch einen Vertreter abgeschlossenen Geschäften kommt es auf die Person des Vertretenen, nicht auf die des Vertreters an. FM. 16. 6. 05 III 7681. Die persönlichen StBefreiungen greifen auch dann Platz, wenn das Rechtsgeschäft durch eine oder mehrere Mittelspersonen abgeschlossen wird. FM. 21. 9. 06 III 15276. Vgl. auch Geb. S. 40.

2. a) Für die Königl. Prinzen und die Mitglieder des Königl. Hauses besteht beschränkte StFreiheit gemäß besonderer KabO. 15 KS. S. 13. — Vgl. KabO. 7. 3. 45, auch RG. 1. 6. 96, JW. S. 381.

b) Rechtsakte, durch die das Königl. Hausfideikommiß erweitert wird und also allodiale Gegenstände in den Fideikommißverband aufgenommen werden, sind stfrei. KabO. 7. 3. 45. — KG. 30. 10. 99, Joh. Bd. 19 S. 170. Mit der Königl. Hofverwaltung abgeschlossene Lieferungsverträge erfordern nur den halben WertSt. HSp. S. 79.

3. Der Fiskus der Schutzgebiete — vgl. Reichsges. v. 30. 3. 92 — steht ststeuerlich dem Reichsfiskus gleich. FM. 13. 2. 07 III 2304.

4. Durch die im § 10 Ges. v. 26. 4. 96 der Ansiedelungskommission für Westpreußen und Posen gewährte besondere Gebühren- und StFreiheit wird die ihr als einem Organe des Fiskus nach sonstigen Vorschriften zustehende allgemeine Kosten- und StFreiheit nicht berührt. KG. 7. 6. 03, Joh. Bd. 26 S. B 3.

5. Die Charité in Berlin gehört zu denjenigen Anstalten, die für Rechnung des Preußischen Staates verwaltet werden. FM. 18. 5. 06 III 7512. Ebenso die Elementarlehrer-Witwen- und Waisenkassen der einzelnen Regierungsbezirke — FM. 19. 11. 98 III 15408 — und die Pensionsanstalt des Königl. Theaters in Cassel, da sie Zuschüsse aus dem Kronfideikommißfonds erfordert. FM. 28. 11. 99 III 14727.

Dagegen ist die Preußische Zentral-Genossenschaftskasse weder von der preußischen StSteuer, noch von den Gerichtskosten befreit. Gutachten des KG. I. ZS. v. 5. 10. 05 und FM. 22. 11. 05 III 14475.

6. a) Die Bedeutung des Wortes „Kirche“ ist aus der Deklaration v. 25. 5. 1810, 27. 6. 1811 und der KabO. v. 16. 1. 1827 zu erläutern. Die StFreiheit bezieht sich auf alle Organe und Einrichtungen, welche notwendige Bestandteile der Kirchen und zugleich selbständige Träger rein kirchlichen, d. h. lediglich kirchlichen Zwecken gewidmeten Vermögens sind. Danach gebührt auch

dem Erzbischöflichen Stuhle StFreiheit, RG. 5. 1. 97, JW. S. 98, FM. 22. 12. 97 III 16003, ZBl. 98 S. 59, KG. 4. 7. 98, JMBl. S. 588 v. 99.

b) Auf Grund der Rechtsausführungen in dem RG. v. 5. 1. 97 ist die Steuerfreiheit eines zur Vorbildung der Geistlichen dienenden Konvikts, das eine zwar selbständige, aber immerhin kirchliche Anstalt darstellt, anerkannt. FM. $\frac{3.\ 12.\ 98\ III\ 16249}{30.\ 7.\ 01\ III\ 9453}$.

7. a) Über Religionsgesellschaften s. § 11 ALR. II 11.

b) Der Bund der Baptistengemeinden in Deutschland genießt nicht StFreiheit, da die StFreiheit aus § 5 lit. c nur denjenigen Baptistengemeinden zusteht, welche nach dem Ges. v. 7. 7. 75 — GS. S. 374 — Korporationsrechte erlangt haben. FM. 25. 6. 06 III 9351.

c) Also auch die Synagogengemeinden. Mot. S. 12.

d) Den Kreissynodalverbänden gebührt StFreiheit, insbesondere in Angelegenheiten der christlichen Liebestätigkeit. KG. 4. 7. 98, JMBl. S. 588 v. 99.

8. Einer besonderen Anerkennung des öffentlichen Charakters bedarf es nicht, weil die unter der Verwaltung des Staates, der Provinzen, der Kreise, Gemeinden und dergleichen Korporationen stehenden Anstalten als öffentliche allgemein anerkannt sind. KB. S. 100.

9. Öffentliche Anstalten zur unentgeltlichen Verpflegung i. S. § 50 T. II Tit. 19 ALR. sind nicht bloß Anstalten, die im Eigentum des Staates oder der Kommunalverbände stehen, sondern auch milde Stiftungen Privater, welche Rechtspersönlichkeit besitzen und auf unentgeltliche Verpflegung Unbemittelter gerichtet sind, sofern nur die Aufnahme nicht von der Zugehörigkeit zu bestimmten Familien abhängt, sondern, wenn auch unter gewissen Bedingungen, für unbestimmt welche Personen zulässig ist. KG. 11. 2. 01, Joh. Bd. 21 S. A 230.

Erziehungsanstalten für verwahrloste Kinder (Rettungsanstalten) sind als öffentliche Anstalten anzusehen. 15. KS. S. 13. Dagegen nicht die Lazarette der Knappschaftsvereine. KG. 4. 7. 04, Joh. Bd. 28 S. B 55.

10. a) Über den Begriff der Waisenhäuser s. §§ 32 ff. ALR. II 19.

b) Auch für ein erst in der Entwicklung begriffenes von einer Stadtgemeinde zu errichtendes Waisenhaus, das demnächst ein öffentliches werden soll, kann Gebühren- und StFreiheit beansprucht werden. KG. 23. 12. 01, Joh. Bd. 23 S. B 33.

11. Waisenhäuser und Versorgungsanstalten gehören zu den Einrichtungen der Armenpflege. Hiernach ist der Begriff der Versorgungsanstalten auf das Gebiet der Armenpflege eingeschränkt; verfolgt eine Anstalt wohltätige und gemeinnützige Zwecke, so ist sie keine Versorgungsanstalt mehr.

12. Über Rechtsfähigkeit der Vereine s. §§ 21 ff. BGB.

13. Die StBefreiung steht Kleinkinderbewahranstalten zu, ohne daß es auf die besondere Anerkennung dieser Vereine als mildtätiger ankommt. Die Voraussetzung der StFreiheit ist allein die staatliche Genehmigung, die aber nach § 42 ALR. II 19 auch stillschweigend erteilt werden kann. Nachdem nunmehr die Vereine für Kleinkinderbewahranstalten die Rechtsfähigkeit gemäß § 22 BGB. durch die Eintragung in das Vereinsregister erlangen, ist für eine besondere staatliche Genehmigung kein Raum. Die Eintragung in das Vereinsregister ist aber als ein die staatliche Genehmigung in sich schließender Rechtsakt anzusehen. $\frac{\text{Min. d. J. 22. 2. 02 IV c 442}}{\text{FM. 27. 2. 02 III 2499}}$. Die Aufgaben der Klein-

kinderbewahranstalten müssen sich auf nicht schulpflichtige Kinder erstrecken. FM. 5. 12. 05 III 15067.

**14.** a) Über Stiftungen s. §§ 81 ff. BGB.

b) Der Begriff der milden Stiftung deckt sich nicht mit dem umfassenderen gemeinrechtlichen der pia causa oder des pium corpus, deren entscheidendes Merkmal der fromme Zweck ist. Als milde Stiftung ist auch nicht schon jede wohltätige oder gemeinnützige Stiftung anzusehen, sondern nur eine solche, bei welcher der Hauptzweck darauf gerichtet ist, hilfsbedürftigen Personen durch unentgeltliche Zuwendungen Unterstützung zu gewähren, also der Not zu steuern. RG. v. 4. 10. 12, — JMBl. S. 153.

Jedoch steht der Annahme einer milden Stiftung nicht unbedingt entgegen, daß die zu Unterstützenden statutenmäßig Beiträge zahlen; nur müssen im allgemeinen die Beiträge im Verhältnis zu den Unterstützungen so geringfügig sein, daß die letzteren den Charakter der Unentgeltlichkeit haben; darauf, ob im einzelnen Falle die von einem Mitgliede entrichteten Beiträge im Verhältnis zu der dem Mitgliede gewährten Unterstützung geringfügig sind, kommt es überhaupt nicht an. RG. 21. 12. 00.

In feststehender, mit der reichsgerichtlichen Rechtsprechung übereinstimmender Verwaltungsübung wird ferner daran festgehalten, daß die Begriffsmerkmale der milden Stiftung sich aus den Satzungen ergeben müssen. (RG. 8. 1. 01, JW. S. 96[43], FM. 23. 10. 12 III 16622, 16. 12. 12 III 19114.) In Zweifelsfällen ist verwaltungsseitig mehrfach nachgelassen worden, bei neuen Stiftungen zunächst einige Jahre der Entwicklung abzuwarten, um alsdann nach den Geschäftsberichten zu prüfen, ob die Voraussetzungen einer milden Stiftung vorliegen und gegebenenfalls nach entsprechender Satzungsänderung die Anerkennung auszusprechen. Bis dahin wurden die Stempel- und Gerichtsgebühren gestundet.

c) Nur Stiftungen mit selbständiger Rechtspersönlichkeit können als milde anerkannt werden. FM. 14. 8. 03 III 11163.

d) Ein Unternehmen, das als Ganzes nicht milde Stiftung ist, z. B. weil die Voraussetzung dafür, die juristische Persönlichkeit, fehlt, kann hinsichtlich einzelner Geschäftszweige als milde Stiftung nicht behandelt werden, wenn auch in dem gerade in Frage kommenden Fall milde Zwecke verfolgt werden sollten. FM. 16. 10. 01 III 12998.

e) Vereine, die statutengemäß ihren Mitgliedern oder deren Hinterbliebenen ohne Rücksicht auf Hilfsbedürftigkeit gewisse Vorteile gewähren, sind keine milden Stiftungen. RG. 21. 2. 95, JW. S. 212. — FM. 14. 2. 00 III 1107. Auch ist Pflege religiös-patriotischer Zwecke hierfür nicht begründend. FM. 10. 1. 98 III 16375 u. 16. 10. 01 III 12998. Ebensowenig erfüllen Stipendienstiftungen die Voraussetzungen milder Stiftungen. FM. 10. 2. 98 III 958.

Knappschaftsvereine als solche genießen StFreiheit nicht. KG. 20. 3. 00, Joh. N. F. Bd. I S. B 17, FM. 19. 5. 00 III 4695. Auch nicht Missionsgesellschaften, da sie in der Hauptsache religiöse und gemeinnützige Zwecke, aber nicht mildtätige verfolgen. FM. 23. 9. 98 III 11404.

Familienstiftungen können nicht als milde Stiftungen anerkannt werden. FM. 15. 3. 05 III 2124.

Der Arbeiter- und Handwerkerstand ist als solcher allgemein nicht hilfsbedürftig. Herbergen zur Heimat, die Nachtlager, Kost und auch unentgeltlichen Arbeitsnachweis den Handwerksgesellen und sonstigen Arbeitnehmern ohne Rücksicht auf ihre Vermögenslage gewähren, sind daher keine milden Stiftungen. KG. 1. 10. 08, Joh. Bd. 37 S. B 1.

f) Steht die Entscheidung über die Frage der Hilfsbedürftigkeit lediglich im freien Ermessen einer Privatperson, so besteht keine Gewähr dafür, daß die dabei angewandten Grundsätze sich innerhalb desjenigen Rahmens halten werden, in welchem Rechtsprechung und Verwaltungsübung eine Hilfsbedürftigkeit für vorliegend erachten. Die Eigenschaft der Zuwendung als einer milden würde daher nicht in ausreichender Weise dargetan erscheinen. Vgl. FM. 15. 9. 05 III 11478.

**15.** a) Folgende Einzelentscheidungen mögen weiter die Verwaltungsübung darlegen:

Ein Verein ist als milde anerkannt, weil er neben der Unterhaltung einer Kinderbewahranstalt ausschließlich die Verpflegung von armen Kranken und die Unterstützung von Armen in der Gemeinde bezweckte. FM. 26. 8. 01 III 10786.

Ebenso ein Verein, der arme Mädchen unentgeltlich aufnimmt, um sie zu dienstlichen Stellungen zu erziehen. (Anders wäre es, wenn der Verein die Absicht hätte, die Mädchen zu besseren Lebensstellungen auszubilden.) FM. 2. 7. 01 III 7085.

Weiter ein Verein, der die Erziehung und Besserung sittlich verwahrloster Kinder bezweckt. Unterricht und Verpflegung werden in diesem Verein in der Regel unentgeltlich gewährt. Daß die Tätigkeit auf einen bestimmten Bezirk begrenzt ist, und daß in Ausnahmefällen von vermögenden Eltern Beihilfen verlangt werden können, steht der Anerkennung als milde Stiftung nicht entgegen. FM. 26. 9. 01 III 12023.

Auch ein Verein mit der Zweckbestimmung, der heranwachsenden bedürftigen Jugend bis zur Schulentlassung durch Beaufsichtigung usw. Fürsorge zu erweisen, um sie vor Verwahrlosung zu schützen, wurde als milde anerkannt. FM. 27. 7. 01 III 8605.

Ebenso ein Verein, der die Errichtung und Unterhaltung eines Säuglings- und Mutterheims bezweckt, in welchem Säuglingen und deren Müttern Aufnahme und Unterhalt gewährt wird. Die Aufnahme erfolgt z. T. unentgeltlich, z. T. zu Pflegesätzen, die aber regelmäßig zur Deckung der Vereinsausgaben nicht ausreichen. Nach Vereinbarung mit der Ortsarmenverwaltung werden in dem Heim auch Personen, die der öffentlichen Armenpflege anheimgefallen sind, gegen Zahlung der ortsüblichen Pflegesätze untergebracht. Die Gesamtausgaben des Vereins haben seine Einnahmen stets überstiegen. FM. 1. 6. 11 III 9041 u. 27. 2. 12 III 2281 u. a.

Milde Stiftung ist auch angenommen, wenn die Nutzungen eines Vermögens dazu dienen sollen, Töchtern armer und hilfloser Familien, namentlich aus arbeitenden Klassen, Unterweisung in den notwendigsten häuslichen Arbeiten erteilen zu lassen. FM. 5. 6. 96 III 6418.

b) Mildtätigen Zwecken dient dagegen eine Stiftung nicht, aus welcher die Mittel gewährt werden sollen, durch Besuch einer Handels- oder Fachschule im Handwerk oder technischen Beruf besser fortzukommen. FM. 23. 7. 01 III 9211.

**16.** Diejenigen Korporationen, welche die Benefizien als milde Stiftungen neu genießen wollen, müssen von dem Finanzminister bzw. von den beteiligten Ministern als solche anerkannt werden.

Wird eine Stiftung als milde anerkannt, so kommt die StFreiheit schon derjenigen Urkunde zugute, deren Aufnahme den Anerkennungsantrag veranlaßt hat. FM. 28. 8. 03 III 12075, vgl. A. 6c zu § 25.

**17.** Über den Rechtszustand vor dem 1. 4. 96 vgl. RG. 4. 10. 12, ZBl. S. 362.

**18.** Sehr viel weiter gehen die Steuervergünstigungen nach § 12 Abs. 1 Z. 2 und 3 REStG. vom 3. 6. 06. Enger dagegen ist der Begriff der Mildtätigkeit im Reichsstempelgesetz gefaßt, z. B. T. 5 Abgabenfreiheit gewisser Lotterien, die ausschließlich mildtätige Zwecke verfolgen.

**19.** a) „Öffentliche Schulen" sind solche, die unter der Verwaltung des Staates oder einer Gemeinde stehen und in denen die Zulassung zum Unterricht von jedermann beansprucht werden kann. RG. 22. 11. 81, JW. 82 S. 315. — Vgl. §§ 1, 9 ALR. II 12.

b) Die der Landwirtschaftskammer für die Provinz Brandenburg unterstehende Ackerbauschule und landwirtschaftliche Winterschule zu Wittstock a. D. ist als öffentliche Schule zu betrachten. FM. 27. 11. 01 III 14732.

c) Desgleichen die Provinzial-Hebammen-Lehranstalten. FM. 2. 12. 02 III 14731.

**20.** a) Alle Angelegenheiten der Gemeinden genießen StFreiheit, sofern sie nur Armensachen, d. h. die Unterstützung dauernd oder vorübergehend Hilfsbedürftiger, betreffen. KG. 17. 4. 99, Hz. S. 71.

b) StFreiheit steht auch den Gemeinden zu, falls sie für Schulzwecke Grundstücke erwerben, — JM. 10. 4. 97, FM. 21. 4. 97 — z. B. beim Ankauf von Terrain zur Errichtung eines städtischen Gymnasiums. RG. 7. 5. 09, Entsch. Bd. 71 S. 137.

c) Gemeinden sind in Hospitalangelegenheiten, namentlich bei der Verwaltung eines von ihnen eingerichteten Hospitalfonds, von der Entrichtung der StSteuer nicht befreit. KG. 26. 3. 09, Joh. Bd. 38 S. B 50. Eine Armenangelegenheit liegt nicht vor, weil es sich nicht um Unterstützung dauernd oder vorübergehend infolge Verarmung Hilfsbedürftiger handelt.

d) Die Anlegung eines Kommunalfriedhofs gehört zu den Kirchenangelegenheiten, für welche den Gemeinden StFreiheit zusteht. KG. 27. 6. 04, Joh. Bd. 29 S. B 40.

**21.** a) Die Frage, ob eine Genossenschaft auf Grund des § 5 Abs. 1g LStG. StFreiheit genießt, ist nach dem gesamten Inhalt ihrer Satzung zu beurteilen. Auf die tatsächliche Beobachtung der Satzung im Einzelfalle kommt es nicht an. (Wenn die Genossenschaft nicht den im Statut versprochenen Zweck verfolgt, kann sie nach § 81 des Genossenschaftsgesetzes aufgelöst werden, und die Vorstandsmitglieder machen sich nach § 149 desselben Gesetzes strafbar, wenn ihre Handlungen auf andere als die satzungsmäßigen Zwecke gerichtet sind. KG. 6. 12. 12, ZBl. S. 153/13.)

b) Die formelle Anerkennung der St.- und Gerichtsgebührenfreiheit der gemeinnützigen Gesellschaften und Genossenschaften wird nicht mehr ausgesprochen. Letzteren bleibt überlassen, die Befreiung von der Zahlung der LStAbgabe und der Gerichtsgebühren in jedem einzelnen Falle geltend zu machen und durch die Berufung auf die Satzungen den Gerichten und den Behörden der Zollverwaltung nachzuweisen. FM. 29. 5. 11 III 8890.

22. a) Genossenschaften und Gesellschaften m. b. H., die neben dem Hauptzweck, minderbemittelten Familien in gekauften oder eigens gebauten Häusern Wohnungen zu billigen Preisen zu verschaffen, zugleich Kreditgeschäfte betreiben, genießen St.- und Gerichtskostenfreiheit, solange der Kreditverkehr nur einen Nebenzweck bildet. FM. 19. 4. 00 III 4231, ZBl. S. 223, JMBl. S. 410.

b) Die Tatsache, daß ein Verein seine Häuser an Unbemittelte nicht allein vermietet, sondern auch verkauft, steht der Anerkennung der StFreiheit nicht entgegen, wenngleich auch nicht ausgeschlossen ist, daß später durch Vererbung oder Weiterverkauf die Häuser auch in den Besitz Bemittelter gelangen können. Ebensowenig steht der Anerkennung der StFreiheit der Umstand entgegen, daß der Verein nur aus Katholiken besteht und demgemäß beim Verkauf oder Vermieten katholische Bewerber das Vorzugsrecht haben. FM. 3. 7. 99 III 8580.

23. Die St. können nur insoweit gefordert werden, als eine Verjährung noch nicht eingetreten ist. Da es sich um WertSt. handelt, greift die Verjährung erst in 10 Jahren Platz. Tritt die Veränderung erst nach Ablauf von 10 Jahren ein, so würde der St. verjährt sein. AH. 09 S. 7113, 7230.

24. Wie dies geschehen ist, z. B. hinsichtlich der Ottomanischen Regierung. FM. 15. 4. 98 III 5315;

des Badischen Fiskus, FM. 27. 6. 99 III 7892 und der Badischen Anstalten. FM. 30. 9. 02 III 12170, ZBl. S. 256, JMBl. S. 296;

des Großherzogs von Hessen und des Fiskus des Hessischen Staates, sowie der öffentlichen Anstalten und Kassen, die für Rechnung Hessens verwaltet werden oder diesen gleichgestellt sind. FM. 6. 6. 02 III 6961, ZBl. S. 118, JMBl. S. 294, 02 und S. 271, 03;

des Fürsten von Waldeck und Pyrmont und des Fiskus der Fürstentümer Waldeck und Pyrmont, sowie derjenigen Anstalten und Kassen, welche für dessen Rechnung verwaltet werden oder diesen gleichgestellt sind. Diese Befreiung kommt auch dem unter der Verwaltung der Fürstlich Waldeckschen Domänenkammer zu Arolsen stehenden Fürstlich Waldeckschen Domanialvermögen zugute. FM. 13. 10. 06 III 16602, ZBl. S. 1457, JMBl. S. 483 und 15. 3. 13 III 2129;

des chinesischen Reiches. FM. 5. 5. 04 III 6006;

des außerordentlichen Gesandten und bevollmächtigten Ministers der Hansestädte Dr. K. FM. 26. 7. 06 III 9292;

des Königs von Württemberg und des Fiskus des württembergischen Staates. FM. 22. 3. 07 III 4651, ZBl. S. 103;

des elsaß-lothringischen Fiskus. FM. 6. 7. 08 III 12004, ZBl. S. 335;

des Fürsten zu Schwarzburg-Sondershausen und des Fürstlich Schwarzburg-Sondershausenschen Staatsfiskus. JMBl. S. 425 v. 08, ZBl. S. 415 v. 08;

der Freien und Hansestadt Hamburg, JME. v. 17. 10. 13. JMBl. S. 411;

aber nicht hinsichtlich des Kgl. Sächsischen Fiskus. FM. 11. 5. 98 III 6636.

25. a) Falls die Haftung des Fiskus für Kosten der freiwilligen Gerichtsbarkeit auf gesetzlicher Vorschrift beruht, ist von der Einziehung

der Kosten auch von einer beteiligten Privatperson insoweit abzusehen, als der Fiskus kraft Gesetzes dieser gegenüber zur Tragung der Kosten verpflichtet ist. So z. B. bei der gerichtlichen Aufnahme eines Kaufvertrages nach § 449 BGB. In anderen Fällen der gerichtlichen Aufnahme eines Vertrages bei Mitbeteiligung des Fiskus sind die Vertragskosten zur Hälfte außer Ansatz zu lassen (§§ 1, 2, 8 Abs. 5 PrGKG., § 426 BGB.). Im gleichen Umfange sind auch die Auslagen außer Ansatz zu lassen.

Beruht die Haftung des Fiskus für die bezeichneten Kosten auf freiwilliger Übernahme, so sind sie ungeachtet dieser Übernahme von der beteiligten Privatperson insoweit einzuziehen, als diese nach dem Gesetz der Gerichtskasse gegenüber zur Zahlung der Kosten verpflichtet ist. Der Grundsatz des § 5 Abs. 5 LStG. ist also auch hinsichtlich der Gerichtskosten zur Anwendung zu bringen. JM. 23. 9. 05, JM. Ia 1592a, FM. 9. 10. 05 III 13041.

b) Hat in Eisenbahn-Verstaatlichungsverträgen der Staat die Schulden der betreffenden Eisenbahngesellschaft übernommen, so ist von der Einziehung früher entstandener StForderungen, zu deren Zahlung der Fiskus verpflichtet ist, ebenso abzusehen, wie von StForderungen zu den Verstaatlichungsverträgen selbst; desgleichen ist ein LieferungsSt. dann nicht nachzufordern, wenn der Lieferungsübernehmer wegen des LieferungsSt. seinen Rückgriff gegen die beteiligte Staatsbehörde nehmen kann. FM. 17. 11. 03 III 14605.

26. a) Welche Parteirolle die steuerfreie Person hat, ist ohne Bedeutung. Bei Kaufverträgen z. B. ist der halbe Stempel zu verwenden sowohl in dem Falle, daß die steuerfreie Person Käuferin wie Verkäuferin ist.

b) Steht beiden Vertragsparteien Steuerfreiheit zu, so ist ein Stempel nicht zu erheben.

c) Der vorgeschriebene Stempel für Nebenausfertigungen beträgt an sich 3 ℳ. Ist jedoch zu der Hauptausfertigung ein geringerer Stempel erforderlich, so ermäßigt sich auch der Stempel der Nebenausfertigung auf diesen Betrag. Vgl. T. 16.

d) Die darstellbare Hälfte beträgt bei 1,50 ℳ gemäß § 11 des Ges. 1 ℳ. Vgl. Anm. 2 zu § 11.

27. Also der Fiskus muß Lieferungsempfänger sein. FM. 25. 4. 00 III 4910.

28. Zu Verträgen über Lieferung an Universitäten, die im allgemeinen als Anstalten anzusehen sind, die für Rechnung des Preußischen Staates verwaltet werden, ist in der Regel der volle LieferungsSt. zu verwenden; bei Verträgen über Lieferungen an Gymnasien staatlichen Patronats der halbe LieferungsSt. FM. 30. 4. 08 III 7344.

## § 6.

## Wertermittelung.

(1) Die Ermittelung des Wertes[1] eines Gegenstandes zum Zwecke der Berechnung der Stempelsteuer ist auf den gemeinen Wert desselben zur Zeit der Beurkundung des Geschäfts zu richten.

(2) Ist einem der Vertragschließenden ein Wahlrecht oder die Befugnis eingeräumt, innerhalb bestimmter Grenzen den Umfang der Leistung zu bestimmen,[2a] so wird die Stempelsteuer nach dem höchstmöglichen Werte des Gegenstandes des Geschäfts berechnet. Ist die Leistung nicht bis zu den bestimmten Grenzen erfolgt, so wird nach Ausführung des Geschäfts die gezahlte Stempelsteuer bis auf den der wirklichen Leistung entsprechenden Betrag erstattet.[2b]

AB. 3 Abs. 1; 28 Abs. 1. LStV. § 9 Ziff. 2.

(3) Bei Geldforderungen[3] ist der aus der stempelpflichtigen Urkunde ersichtliche Geldbetrag, bei Kurs habenden Wertpapieren der Tageskurs als Wert anzusehen.

(4) Die Umrechnung der in anderer als Reichswährung angegebenen Summen erfolgt nach den für die Erhebung des Wechselstempels vom Bundesrate festgesetzten Mittelwerten und, insoweit solche nicht bestimmt worden sind, nach dem laufenden Kurse.

AB. 3 Abs. 2.

(5) Der Wert des Besitzes einer Sache ist in der Regel dem Werte der Sache gleich zu achten.

(6) Der Wert eines Pfandrechts[4] oder der Sicherstellung einer Forderung richtet sich nach dem Betrage der Forderung; hat der Gegenstand des Pfandrechts einen geringeren Wert, so ist dieser maßgebend.

(7) Der Wert einer Grunddienstbarkeit[4] wird durch den Wert, welchen dieselbe für das herrschende Grundstück hat, und wenn der Betrag, um welchen sich der Wert des dienenden Grundstücks durch die Dienstbarkeit mindert, größer ist, durch diesen Betrag bestimmt.

(8) Der einjährige Wert von Nutzungen[4] wird, wenn nicht aus der Urkunde ein höherer oder niederer Prozentsatz hervorgeht oder sonst festgestellt werden kann, zu vier vom Hundert des Wertes des Gegenstandes, welcher die Nutzung gewährt, angenommen.

(9) Bei immerwährenden[5] Nutzungen und Leistungen ist das Fünfundzwanzigfache ihres einjährigen Betrages, bei Nutzungen und Leistungen von unbestimmter Dauer,[6, 7] sofern nicht die Vorschriften in den beiden nächstfolgenden Absätzen Anwendung finden oder anderweite die längste Dauer begrenzende Umstände[8] in der Urkunde angegeben sind, das Zwölfeinhalbfache des einjährigen Betrages als Wert anzusehen.

(10) Der Wert von Nutzungen oder Leistungen auf Lebenszeit[7] bestimmt sich nach dem zur Zeit ihres Anfanges erreichten Lebens-

alter der Person, bei deren Tode die Nutzung oder Leistung erlischt, und wird bei einem Lebensalter derselben

| | | | | | | | | | | |
|---|---|---|---|---|---|---|---|---|---|---|
| von | 15 | Jahren | oder | weniger | | auf | das | | 18fache | |
| über | 15 | Jahre | bis | zu | 25 | Jahren | auf | das | 17fache | |
| „ | 25 | „ | „ | „ | 35 | „ | „ | „ | 16 | „ |
| „ | 35 | „ | „ | „ | 45 | „ | „ | „ | 14 | „ |
| „ | 45 | „ | „ | „ | 55 | „ | „ | „ | 12 | „ |
| „ | 55 | „ | „ | „ | 65 | „ | „ | „ | 8½ | „ |
| „ | 65 | „ | „ | „ | 75 | „ | „ | „ | 5 | „ |
| „ | 75 | „ | „ | „ | 80 | „ | „ | „ | 3 | „ |
| „ | 80 | „ | auf das . . . . . . . | | | | | | 2 | „ |

des Wertes der einjährigen Nutzung oder Leistung angenommen.

LStV. § 6 Ziff. 4.

(11) Ist die Dauer der Nutzungen oder Leistungen von der Lebenszeit mehrerer Personen dergestalt abhängig, daß beim Tode der zuerst versterbenden die Nutzung oder Leistung erlischt, so ist für die nach den Bestimmungen im vorigen Absatze vorzunehmende Wertermittelung das Lebensalter der ältesten Person maßgebend. Wenn die Nutzung oder Leistung bis zum Tode der letztversterbenden Person fortdauert, erfolgt die Berechnung nach dem Lebensalter der jüngsten Person.[9,10]

(12) Der Gesamtwert der auf bestimmte Zeit eingeschränkten Nutzungen oder Leistungen ist unter Zugrundelegung eines vierprozentigen Zinsfußes nach der beigefügten Hilfstabelle zu ermitteln.[11] Ist jedoch die Dauer der Nutzung oder Leistung noch außerdem durch die Lebenszeit einer oder mehrerer Personen bedingt, so darf der nach den Bestimmungen der beiden vorhergehenden Absätze zu berechnende Wert nicht überschritten werden.

LStV. §§ 6, 9.

1. a) Unter dem „Wert“ ist der objektive gemeine Wert zu verstehen. Dieser bemißt sich ausschließlich nach dem Substanzwert des Gegenstandes ohne jede Rücksicht auf die darauf ruhende Belastung und deren Art, bei Grundstücken also ohne Rücksicht darauf, ob sie mit einer Hypothek oder einer Rentenbankrente oder sonstwie belastet sind. RG. 18. 10. 07, Holdh. S. 144 v. 08.

b) Wenn die Vorschriften des § 6 nicht anwendbar sind, ist der Wert des Gegenstandes nicht schätzbar. KG. 12. 7. 97, Joh. Bd. 17 S. 136. — Vgl. Anm. 1a zu § 4 und FM. 20. 4. 04 III 4875. Die Vorschriften der Zivilprozeßordnung und der Gerichtskostengesetze, welche eine Festsetzung des Wertes nach freiem Ermessen des Gerichts vorsehen, greifen nicht Platz.

2. a) Einräumung eines Wahlrechts geschieht häufig bei Kauf- und Lieferungsverträgen. Ein Beispiel bietet RG. 20. 10. 03, ZBl. S. 19 v. 04:

Die Gegenleistung eines Patentkäufers bestand darin, daß Verkäuferin 100000 ℳ und 25 Prozent Gewinnanteil erhalten, dem Käufer aber innerhalb dreier Jahre das Recht zustehen sollte, diese Gewinnbeteiligung durch Zahlung von 200000 ℳ abzulösen, ohne jedoch die bis dahin für die Verkäuferin bereits fällig gewordenen Gewinnanteile zurückfordern oder einbehalten zu dürfen. Es ist sogleich 1/3 Prozent St. von 300000 ℳ fällig. Wegen der Gewinnanteile ist die Versteuerung auszusetzen. — Vgl. Anm. 27 zu T. 32.

b) Die zweijährige Stempelerstattungsfrist des § 25 d. Ges. läuft im Falle des § 6 Abs. 2 erst von dem Tage, an dem die wirkliche Leistung feststeht. AB. 3 (1).

3. Zwischen bedingten und unbedingten Geldforderungen ist hier nicht unterschieden. FM. 28. 9. 06 III 15782.

4. Über Gegenstände des Pfandrechts s. §§ 1204ff. und 1273ff. BGB., über Grunddienstbarkeiten § 1018 eod., über Nutzungen § 100 eod., über Leistungen §§ 241ff. eod. Zu beachten für T. 59.

5. Immerwährende Nutzungen und Leistungen sind solche, deren Aufhören nach dem gewöhnlichen Lauf der Dinge für absehbare Zeit nicht zu erwarten ist, z. B. Grundgerechtigkeiten und Reallasten.

6. a) Nutzungen und Leistungen von unbestimmter Dauer sind solche, bei denen der künftige Wegfall gewiß, der Zeitpunkt des Wegfalls aber ungewiß ist, z. B. die Nutzung eines Steinbruchs.

b) Wenn es sich um eine Nutzung von unbestimmter, jedoch durch die Lebenszeit eines Menschen begrenzter Dauer handelt, die aber jedenfalls spätestens zu einem bestimmten Termin aufhören soll, ist eine doppelte Berechnung anzustellen: für die bestimmte Zeit nach Abs. 1 und für die unbestimmte (Lebens-) Zeit nach Abs. 10. Der geringere von beiden gefundenen Beträgen ist der Versteuerung zugrunde zu legen. HSp. S. 107.

7. Der Umstand, daß eine an sich immerwährende Leistung ablösbar ist, macht sie im stempelrechtlichen Sinne nicht zu einer Leistung von unbestimmter Dauer. KG. 20. 6. 04, Joh. Bd. 28 S. B 80.

8. Anhaltspunkte für die längste Dauer einer Nutzung oder Leistung liegen z. B. dann vor, wenn für die Zeit einer bestimmten Berufsstellung eine jährliche Rente ausgesetzt wird und deren Dauer zwar nicht absolut, aber doch regelmäßig auf einen sich gleichbleibenden Zeitraum begrenzt ist (z. B. Rente für die Dauer der Lehrzeit bei einem Handwerksmeister). Vgl. die Denkschrift zum preußischen Erbschaftssteuergesetz vom 30. Mai 1873 S. 60.

9. Ist eine Rente zwei Personen lebenslänglich dergestalt zu entrichten, daß sie sich beim Tode der Erstversterbenden verringert, so ist zur Feststellung ihres Kapitalwerts die ermäßigte Rente nach dem Lebensalter der Jüngsten der Berechtigten, der Mehrbetrag der Rente nach dem der älteren zu kapitalisieren und beide Beträge zusammenzuzählen. Ein Beispiel s. im FM. III 6077 v. 22. 5. 97: Inhaltlich eines Vertrages ist an den Verkäufer (68 Jahre alt) eine Rente von 1800 ℳ und nach dessen Tode an seine Ehefrau (43 Jahre alt) eine Rente von 1000 ℳ zu entrichten; in Höhe von 800 ℳ erlischt also die Rente mit dem Tode des Mannes, und sie ist alsdann in Höhe von 1000 ℳ bis zum Tode der Frau weiter zu gewähren. Der Kapitalbetrag

berechnet sich auf 800 ℳ × 5 = 4000 ℳ und 1000 ℳ × 14 = 14000 ℳ, zusammen 18000 ℳ.

**10.** Ist eine Nutzung mehreren Personen auf Lebenszeit nacheinander zugedacht, so berechnet sich der St. zunächst nach dem Alter der zuerst in den Genuß der Nutzung tretenden Person, während die Versteuerung der weiteren Nutzungen auszusetzen ist. FM. 7. 9. 00 III 5055.

**11.** Wenn das Gesetz bestimmt, daß der Gesamtwert der auf bestimmte Zeit eingeschränkten Leistungen nach der Hilfstabelle zu berechnen ist, so muß diese auch maßgebend sein, wenn es sich umgekehrt darum handelt, den unbekannten Jahreswert solcher Leistungen aus dem bekannten Gesamtwerte zu ermitteln. RG. v. 21. 6. 12. Entsch. Bd. 79 S. 424 f. T. 48 Anm. 14b.

## § 7.

## Verpflichtung der Privatpersonen, Behörden und Beamten zur Auskunfterteilung; amtliches Ermittelungsverfahren.

(1) Die Steuerpflichtigen[1] sind zur Erteilung der von den Zollbehörden oder den zur Einziehung oder Verwendung des Stempels noch sonst verpflichteten Behörden oder Beamten erforderten Auskunft über den Wert[2] des Gegenstandes, soweit dazu nicht die Kenntnisse eines Sachverständigen oder besondere Ermittelungen erforderlich sind, verbunden.[3]

AB. 4 Abs. 1.

(2) Wird in den vorgedachten Fällen der Aufforderung der Behörden oder Beamten nicht genügt, so kann die Zollbehörde die Säumigen durch Festsetzung und Einziehung von Ordnungsstrafen[4] bis zu einem Gesamtbetrage von 60 Mark zur Befolgung der getroffenen Anordnungen anhalten, auch das zur Erledigung derselben Nötige auf Kosten der Säumigen beschaffen. Der Festsetzung einer Ordnungsstrafe hat die Androhung derselben vorherzugehen.

AB. 4 Abs. 2.

(3) Tragen die Behörden oder Beamten Bedenken, die Angaben der Steuerpflichtigen als richtig anzunehmen,[5] und findet eine Einigung mit den letzteren nicht statt, so sind die Behörden oder Beamten befugt, unter Zuziehung Sachverständiger, bei deren Auswahl etwaige Vorschläge der Steuerpflichtigen mit zu berücksichtigen sind, die für die Berechnung der Steuer erforderlichen Grundlagen zu ermitteln und danach die Steuer zu erheben. Die Kosten der Ermittelung fallen dem Steuerpflichtigen zur Last, wenn der ermittelte Wert den von dem Steuerpflichtigen angegebenen Wert um 10 Prozent oder mehr übersteigt. Die gezahlten Kosten werden erstattet, wenn im Verwaltungsweg oder im Rechtswege die Ermäßigung des

Wertes auf einen nicht zum Kostenersatze verpflichtenden Betrag erfolgt.

AB. 4 Abs. 3.

(4) Wird von den Steuerpflichtigen gegen die Entscheidung der Zollbehörde der Rechtsweg beschritten, so bleibt die Zahlung des streitig gebliebenen Stempels bis zur Rechtskraft des Urteils ausgesetzt.[6]

AB. 4 Abs. 4.

(5) [7]Alle unmittelbaren und mittelbaren Behörden und Beamten sind verbunden, der Zollbehörde oder den zur Einziehung oder Verwendung des Stempels noch sonst verpflichteten Behörden oder Beamten Auskunft über die für die Festsetzung der Stempelsteuer in Betracht kommenden tatsächlichen Verhältnisse zu erteilen.[8]

LStV. § 1 Ziff. 4; § 17 Ziff. 5.

1. Unter Steuerpflichtigen sind die nach § 12 des Ges. zur Zahlung des Stempels verpflichteten Personen zu verstehen. Auf die nach § 13 das. für den Stempel „haftbaren" ist die Auskunftspflicht nicht auszudehnen. HSp. S. 117.

2. Die Auskunftspflicht der Privatpersonen erstreckt sich nur auf Wertangaben, kommt also nur in Betracht, soweit die Stempelpflicht einer Urkunde sich nach dem Werte richtet, wie es z. B. bei Sicherstellung von Rechten, Vollmachten der Fall ist. Auch die Vorlegung von Urkunden darf verweigert werden. Weiter geht die Verpflichtung der Behörden und Beamten nach Abs. 5. Diese haben über alle für die Festsetzung der Stempelsteuer in Betracht kommenden *tatsächlichen* Verhältnisse Auskunft zu geben.

3. Über die Verpflichtung zur Auskunftserteilung ist der Rechtsweg nicht zugelassen — s. § 26 Satz 1 —. Dagegen kann Beschwerde im Verwaltungswege erhoben werden. Wegen des Instanzenzuges s. AB. 31 (2).

4. *Ordnungsstrafen* können im Weigerungsfalle öfter erhoben werden, jedoch nicht über den Gesamtbetrag von 60 ℳ hinaus. 20. KS. S. 14.

5. a) Es ist nur die Beanstandung von *Wertangaben* zugelassen; die Anfechtung von *Preisangaben* widerspricht dem Urkundenprinzip des Gesetzes. So übereinstimmend HSp. S. 139[4], Hz. S. 109 Anm. 5. Eine Abrede in einem Grundstückskaufvertrage: „der Kaufpreis beträgt für das Grundstück 20000 ℳ, für das Inventar 10000 ℳ" ist nicht anfechtbar. Gleicher Ansicht auch Geb. S. 33.

b) Die Frist zur Beanstandung beträgt drei Jahre, s. § 27 (3) d. Ges.

6. Wie die Ausführungsbestimmung 4 (4) zeigt, ist dies keine allgemeine Bestimmung für Prozesse um Stempelsteuer, sondern gilt nur für Wertsstreitigkeiten. Aus der Fassung ergibt sich ferner, daß der *unstreitige* Betrag alsbald einzuziehen ist.

7. Eine Aufzählung unmittelbarer Behörden und Beamten s. HSp. S. 266ff. An sich unterstehen der Auskunftsverpflichtung hiernach auch öffentliche Sparkassen. Doch sollen sie zur Auskunftserteilung nicht herangezogen werden, s. HSp. S. 122.

8. a) Was die Erteilung einer Auskunft aus dem Grundbuch oder den Grundakten anlangt, so statuiert die Grundbuchordnung für den Grundbuchrichter zwar kein Verbot, aber auch keine Verpflichtung. Dagegen kann vom Standpunkt des in Preußen geltenden öffentlichen Rechts die Verpflichtung des Grundbuchamts zur Auskunfterteilung an Behörden auch hinsichtlich des Inhalts der Grundbücher und Grundakten grundsätzlich nicht verneint werden. Ob und inwieweit im öffentlichen Interesse diese Pflicht besteht, darüber entscheiden im Weigerungsfalle die Aufsichtsbehörden. KG. 13. 1. 02, JMBl. S. 82, Joh. Bd. 23 S. A 213.

b) Wird von einem zur Grundbucheinsicht Berechtigten, insbesondere von einer öffentlichen Behörde, die Erteilung auszugsweiser Grundbuchblattsabschriften über bestimmt bezeichnete Eintragungen beantragt und das Nichtvorhandensein solcher Eintragungen festgestellt, so hat der Grundbuchrichter dem Antragsteller hierüber Mitteilung zu machen. Um eine Auskunft über den positiven Inhalt des Grundbuchs i. S. des Beschlusses vom 13. Januar 1902 handelt es sich hierbei nicht. KG. 12. 2. 02, Joh. Bd. 23 S. A 217.

## § 8.

## Unbestimmtheit des Wertes des Gegenstandes.

(1) Wenn bei einem Geschäft der Wert des Gegenstandes dergestalt unbestimmt ist, daß er von vornherein nicht festgestellt oder geschätzt werden kann, so hat der zur Entrichtung der Abgabe Verpflichtete die Urkunde innerhalb der in den §§ 15 und 16 angegebenen Fristen der Zollbehörde vorzulegen, welche das Erforderliche wegen der Überwachung, Sicherstellung und nachträglichen Zahlung der Stempelsteuer anordnen wird.

(2) Diese Bestimmung findet auch auf diejenigen Urkunden Anwendung, zu welchen Privatpersonen ohne amtliche Überwachung Stempelmarken verwenden dürfen.

AB. 5; 23 Abs. 3. LStV. § 11 A, § 12.

## § 9.

## Versteuerung mehrerer über denselben Gegenstand ausgestellter Urkunden.

(1) Werden über denselben Gegenstand mehrere Urkunden [1] gleichen Inhalts ausgefertigt, so wird die auf dem Gegenstande ruhende Steuer nur zu einer derselben, und zwar in der Regel zu derjenigen Urkunde, welche als Hauptausfertigung bezeichnet ist, verwendet; die übrigen Ausfertigungen sind mit demjenigen Stempel zu versehen, welcher nach der Tarifstelle „Duplikate" beizubringen ist. Eine Aus-

fertigung einer Verhandlung darf nur dann als Nebenausfertigung versteuert werden, wenn das Vorhandensein einer als Hauptausfertigung versteuerten Urkunde nachgewiesen wird.[2]

AB. 6 Abs. 1.

(2) [3]Bei Notariatsverhandlungen ist der Stempel zu der Urschrift[4] zu verwenden. Die erste Ausfertigung ist stempelfrei,[5] wenn die Ausfertigung als erste bezeichnet und auf derselben bescheinigt ist, welcher Stempel zu der Urschrift verwendet worden ist.

AB. 17. LStV. § 2 Ziff. 1b.

(3) Auf jeder zweiten und weiteren Ausfertigung oder amtlich beglaubigten Abschrift oder jedem amtlich beglaubigten Auszug aus einer stempelpflichtigen Urkunde muß bescheinigt[6] werden, welcher Stempel zu der Hauptausfertigung oder Urschrift verwendet worden ist. Alle unmittelbaren und mittelbaren Beamten sind verpflichtet, auch die von ihnen gefertigten einfachen Abschriften stempelpflichtiger Urkunden mit dieser Bescheinigung zu versehen.[7]

AB. 6 Abs. 2ff.; 37. LStV. § 10 Ziff. 1, 4.

1. Ob die Haupt- und Nebenausfertigungen gleichzeitig oder zu verschiedenen Zeiten errichtet oder versteuert werden, ist gleichgültig. FM. 26. 5. 96 III 7487.

2. Da vom Gesetz eine Doppelbesteuerung desselben Rechtsgeschäfts nicht gewollt ist, ist genehmigt, daß zu einem notariellen Kaufvertrage der St. abzüglich des Duplikatstempels erstattet wurde, weil bereits früher zwischen denselben Personen über den nämlichen Gegenstand unter im wesentlichen gleichen Bedingungen ein anderer notarieller Vertrag geschlossen und gehörig versteuert war. FM. 12. 12. 01 III 15422. Ist im zweiten Vertrag eine Erhöhung des Preises verabredet, so erfolgt nur eine Versteuerung des Mehr. Vgl. A. 1b zu § 1.

3. Die Vorschrift des § 9 Abs. 2 bezieht sich nur auf Notariatsverhandlungen und darf als Ausnahmevorschrift auf andere Fälle nicht ausgedehnt werden, sie findet daher keine Anwendung, wenn der Vertrag von einem nach Art. 12 §§ 2 u. 4 PrAG. z. BGB. dazu bestellten Beamten aufgenommen ist. FM. 6. 1. 05 III 104. Die St. zu derartigen Verhandlungen sind zu der die stpflichtige Urkunde darstellenden Urschrift der Verhandlung des Urkundsbeamten zu verwenden. Wird eine Urkunde der in Rede stehenden Art in mehreren gleichlautenden Exemplaren aufgenommen, so kommt für die Versteuerung die Bestimmung des § 9 Abs. 1 in Betracht. FM. 27. 11. 01 III 14845. RG. v. 14. 11. 13 JW. S. 158 v. 14: In den Rechtsverkehr treten hier die Urschriften; es fehlt also, wenn man überhaupt den § 9 (2) entsprechend für anwendbar hält, an dem Grunde, der für die erste Ausfertigung von Not.-Verhandlungen Steuerfreiheit angebracht erscheinen ließ. — Vgl. A. 2e bei T. 10.

4. Vgl. §§ 42, 44, 61, 62 PFG.

5. Diese StFreiheit der ersten Ausfertigung ist davon nicht abhängig, ob die Urschrift der Notariatsverhandlung richtig und genügend versteuert ist. RG. 5. 10. 06, Holdh. S. 103 v. 07.

6. a) Abs. 3 ist bei gerichtlichen Urkunden dahin zu verstehen, daß nicht die Bezahlung, sondern die Berechnung des St. von den Gerichten zu bescheinigen ist. JM. 30. 9. 98, FM. 14. 10. 98 III 13857. Vgl. wegen des Verfahrens im einzelnen LStV. § 10.

b) Da Rechtsanwälte zu einer Bescheinigung über den verwendeten St. nicht verpflichtet sind, kann aus dem Fehlen dieser Bescheinigung auch nicht auf die Nichtverwendung des zur Urschrift erforderlichen St. geschlossen werden. Hiernach sind auch Gerichtsvollzieher zu einer Anzeige nicht verpflichtet, wenn die beglaubigte Abschrift die Verwendung des zur Urschrift erforderlichen St. nicht ergibt. FM. 18. 4. 05 III 5005.

7. Auf diese Vorschrift sind die Regierungen durch Erl. d. Min. d. J. und d. FM. v. 31. 10. 07 $\frac{\text{I b 1925}}{\text{III 17926}}$ erneut hingewiesen.

## § 10.

### Versteuerung mehrerer in derselben Urkunde enthaltener Gegenstände.

(1)[1] Wenn bei Rechtsgeschäften über mehrere, verschiedenen Steuersätzen unterliegende Gegenstände das Entgelt ohne Angabe der Einzelwerte[2–5] ungetrennt in einer Summe oder Leistung verabredet ist, so kommt für die Berechnung des Stempels der höchste Steuersatz zur Anwendung, sofern nicht von den Ausstellern der Urkunde auf derselben die Werte für die einzelnen Gegenstände innerhalb der im § 16 angegebenen Fristen[6] noch nachträglich angegeben werden. Trägt die Zollbehörde Bedenken, die ursprünglichen oder nachträglichen Angaben der Steuerpflichtigen über die Einzelwerte als richtig anzunehmen, so kommen die Vorschriften des dritten Absatzes des § 7 zur Anwendung.[7]

AB. 7. LStV. § 20.

(2) Enthält eine Urkunde verschiedene steuerpflichtige Geschäfte, so ist der Betrag des Stempels für jedes Geschäft besonders zu berechnen und die Urkunde mit der Summe dieser Stempelbeträge zu belegen.[8–9]

(3) Sofern die einzelnen in einer Urkunde enthaltenen Geschäfte sich als Bestandteile eines einheitlichen, nach dem Tarife steuerpflichtigen Rechtsgeschäfts darstellen, ist nur der für das letztere vorgesehene Stempelbetrag zu entrichten.[10–14]

1. Es behandelt Abs. 1 die Versteuerung von Rechtsgeschäften über mehrere, verschiedenen Steuersätzen unterliegende Gegenstände,

Abs. 2 die Versteuerung verschiedener in einer Urkunde enthaltenen steuerpflichtigen Geschäfte,

Abs. 3 die Versteuerung mehrerer Geschäfte, die sich als Bestandteile eines einheitlichen, nach dem Tarif steuerpflichtigen Geschäfts darstellen.

2. Das Schulbeispiel zu § 10 Abs. 1 ist der Verkauf eines Gastwirtschaftsgrundstücks mit Inventar. Wird der Kaufpreis ungetrennt in einer Summe angegeben, so ist der Stempel mit 1 v. H. zu berechnen. Werden dagegen im Vertrage für Grundstück und Inventar getrennte Werte oder Preise angegeben, so sind 1 v. H. vom Grundstücks- und 1/3 v. H. vom Inventarpreis zu verwenden. (T. 32a und c.) Jedoch bezieht sich Abs. 1 im Gegensatz zu dem Ges. von 1822 und den StVerordnungen von 1867 nicht nur auf Grundstücksverkäufe, sondern enthält eine ganz allgemeine Bestimmung. RG. 16. 3. 00. Die Preis- oder Werttrennung kann innerhalb der gesetzlichen StLösungsfrist (§ 16 d. Ges.) nachgeholt werden. Sie muß dann von den Urkundenausstellern [oder einem von ihnen oder den von ihnen Bevollmächtigten, AB. 7 (2)] auf der Urkunde vermerkt und unterschrieben werden. Bei gerichtlichen und notariellen Urkunden genügt die Erklärung zu Protokoll oder die Anzeige zu den Akten des Gerichts oder Notars [AB. 7 (2)].

3. Von großer Bedeutung ist hier die in AB. Nr. 7 angeordnete Pflicht der die Versteuerung der Urkunden bewirkenden Behörden und Beamten, einschließlich der Notare, die Steuerpflichtigen über die Höhe der Einzelwerte zu vernehmen und über die Rechtslage zu belehren. Siehe das Nähere in Nr. 7. Ein Verstoß gegen diese Vorschriften entzieht der vorgenommenen Versteuerung die Rechtsgrundlage. Ist ein Kaufvertrag über Grundstücke und bewegliches Inventar ohne urkundliche Preistrennung und ohne ersichtliche Beachtung der Vorschrift der Nr. 7 AB. mit 1 v. H. und 1/3 v. H. versteuert, so wird die Verwendung des Immobiliarwertstempels vom ganzen Preis nicht gefordert werden können, ehe nicht den AB. genüge getan ist. (Vgl. die Entsch. d. KG. zu der früheren T. 8 Abs. 3, Ziff. 30c der früheren AB. JMBl. 1900 S. 588, Joh. Bd. 18 S. 101 u. a.)

Für Zuschlagsbeschlüsse s. die besonderen Vorschriften in LStB. § 20.

4. Der Wortlaut des § 10 Abs. 1 trifft zwar nur den Fall, daß das beurkundete Rechtsgeschäft mehrere, verschiedenen Steuersätzen unterliegende Gegenstände betrifft. Das RG. hat aber schon wiederholt entschieden, daß der Grundsatz des § 10 Abs. 1 auch für die Fälle gilt, in denen ein bestimmter Steuersatz mit einer Steuerbefreiung zusammentrifft. RG. Bd. 65 S. 353ff., Gruch. Bd. 51 S. 1178, JW. 06 S. 726.

5. a) Der höchste Steuersatz kommt nur dann zur Anwendung, wenn für sämtliche Gegenstände, für die ein ungetrenntes Entgelt vereinbart ist, die Einzelwerte nicht angegeben sind; wenn nur für einzelne dieser Gegenstände die Wertangabe erfolgt ist, so ist insoweit die Anwendung jener Vorschrift ausgeschlossen. RG. 23. 11. 06, Holdh. S. 103 v. 07.

b) Die Angabe der Einzelwerte soll zu einer Erhöhung des St. nicht führen; es ist also bei Angabe der Einzelwerte höchstens der St. zu entrichten, der vom Gesamtwerte nach dem höchsten Steuersatz zu zahlen wäre. FM. 28. 7. 69 III 14841, HSp. S. 142. Andererseits ist § 4 Abs. 1a nicht anwendbar, wenn bei einem Rechtsgeschäft über mehrere, verschiedenen

Steuersätzen unterliegende Gegenstände der steuerpflichtige Betrag im einzelnen 150 ℳ nicht übersteigt, sobald nur der Gesamtpreis darüber hinausgeht. Bei einem Kaufvertrag mit einem Preise von je 125 ℳ für Grundstück und Mobilien sind 1,50 + 0,50 ℳ St. erforderlich. Betragen die Preise 6000 ℳ und 100 ℳ, beläuft sich die Abgabe auf 60 + 0,50 ℳ, HSp. S. 141.

c) Eine durch mißverständliche Auffassung des Gesetzes veranlaßte unrichtige Wertangabe kann nicht zur Folge haben, daß nunmehr der WertSt. von dem Gesamtpreise zu erheben ist, sondern berechtigt die Steuerbehörde gemäß § 10 Abs. 1, § 7 Abs. 3 LStG. nur, die wirklichen Werte zu ermitteln und danach den St. zu berechnen. — Vgl. RG. VII 10. 7. 03 u. A. 3 zu § 27, AB. 7 (3).

6. a) Kann eine nach § 30 Abs. 2 d. G. etwa erbetene Auskunft von der Amtsstelle nicht innerhalb der StLösungsfrist erteilt werden und wird die StVerwendungsfrist entsprechend verlängert, so muß es als in der Absicht des Gesetzes liegend erachtet werden, daß die Werttrennung noch innerhalb der anderweit bestimmten StLösungsfrist vorgenommen werden kann. FM. 31. 1. 02 III 1037.

b) Eine nachträgliche Preistrennung ist auch in einem Falle zugelassen worden, wo ein Werkverdingungsvertrag, unrichtigerweise nur als Arbeitsvertrag versteuert, innerhalb der StLösungsfrist einer Steuerstelle vorgelegt war, und diese nicht auf die unrichtige Versteuerung aufmerksam gemacht hatte. FM. 8. 4. 05 III 4325.

c) Ist der Wert des Gegenstandes zur Zeit des Vertragsabschlusses dergestalt unbestimmt, daß der St. sich erst später berechnen läßt, so beginnt die Frist zur Preistrennung erst von dem Tage ab, an dem sich die Möglichkeit zur Berechnung des St. ergibt. FM. 16. 7. 04 III 9271.

7. Die in Abs. 1 Satz 2 vorgesehene Beanstandung der gemäß Satz 1 von den Steuerpflichtigen gemachten Angaben über die Einzelwerte untersteht dem § 27 Abs. 3 d. G. jedoch nicht, wenn sich die Beanstandung auf die Behauptung gründet, daß aus Rechtsirrtum unbewegliche Sachen zu den beweglichen gerechnet seien. Vgl. des näheren A. 3a bei § 27. Anfechtbar sind nur Wertsangaben, nicht Preisangaben. Vgl. § 7 A. 5a.

8. Die Verschiedenheit der Geschäfte im Sinne des § 10 Abs. 2 d. Ges. kann sich schon dadurch kennzeichnen, daß die Parteien verschieden sind, z. B. Kauf mit Bürgschaft. Häufig sind aber in derselben Urkunde Abreden derselben Parteien vorhanden, bei denen Zweifel entstehen können, ob sie als verschiedene Geschäfte oder als Bestandteile eines einheitlichen Geschäfts anzusehen sind. Hierzu ist folgendes auszuführen: Im Gegensatz zum Zivilrecht erkennt das LStG. die wirtschaftliche Einheit mehrerer in einer Urkunde enthaltenen Geschäfte nicht an. Für die Versteuerung ist der Inhalt einer Urkunde in diejenigen einzelnen Rechtsgeschäfte aufzulösen, welche der StTarif als Einheit behandelt. Nur solche Geschäfte sind stempelrechtlich als Bestandteile des Hauptgeschäfts und daher mit diesem als einheitliches Geschäft anzusehen, die zur näheren Bestimmung des Inhalts des seiner Natur nach unverändert bleibenden Hauptgeschäfts dienen. RG. 30. 6. 03, IW. S. 349, IMBl. S. 276.

9. a) So bilden die Geschäftsbedingungen der Banken und Bankiers stempelrechtlich nicht einen einheitlichen Vertrag („Bankiervertrag"), sondern sind nach den einzelnen darin enthaltenen, einer besonderen Tarifstelle unterliegenden

Geschäften zu versteuern, so daß z. B. für Pfandbestellungen und Vollmachtserteilungen ein besonderer St. zu verwenden ist. RG. 22. 10. 07, Holdh. S. 144 v. 08, ZBl. 08 S. 216; A. 9 zu § 1. Vgl. noch RG. v. 24. 1. 02, JW. S. 195; v. 6. 5. 04, Entsch. Bd. 58 S. 125: Ein Kreis hatte in einem mit dem Eisenbahnfiskus geschlossenen Vertrage sich verpflichtet, zum Bau einer Eisenbahn den erforderlichen Grund und Boden unentgeltlich zur Verfügung zu stellen und einen Zuschuß von 5000 ℳ zu den Baukosten zu leisten: Das RG. erkannte an, daß neben dem allg. VertragsSt. auch noch der SchuldverschreibungsSt. fällig war. Vgl. A. 5f zu T. 58.

b) Ebenso ist die Abtretung von Forderungen in Kaufverträgen zur Belegung des Kaufpreises besonders dem St. der T. 2 unterworfen, da sie nicht Bestandteil des Kaufvertrags im Sinne des § 10 Abs. 3 ist. Dagegen wird bei Erbrezessen neben dem RezeßSt. nicht auch noch der AbtretungsSt. erhoben, wenn in Ausführung des Rezesses einem Miterben eine Forderung abgetreten wird. RG. 5. 7. 12, ZBl. S. 323, JW. S. 927[29], vgl. A. 7a zu T. 2.

**10.** Als Beispiele eines einheitlichen Rechtsgeschäfts im Sinne von § 10 Abs. 3 d. Ges. mögen angeführt werden: Kaufvertrag mit Vereinbarungen über Ratenzahlungen, Konventionalstrafe bei Nichterfüllung, Eintritt des Käufers in die Rechte und Pflichten des Verkäufers aus bestehenden Miet- und Pachtverträgen oder Dienstverträgen.

**11.** Enthält ein einheitlicher Vertrag die Merkmale eines bestimmten, benannten Vertrages, so kann ihm dieser Charakter durch willkürliche, eine sachliche Änderung der Leistungen nicht bewirkende Erklärungen der Vertragsparteien nicht genommen werden. So kann ein Mietvertrag über Kühlräume nicht in einen Vertrag über Raummiete und einen solchen über Lieferung von kalter Luft geteilt werden. RG. 25. 2. 13, ZBl. S. 183, vgl. A. 8a zu T. 48.

**12.** Viel umstritten ist die Frage, wie weit neben dem St. für das Hauptgeschäft noch ein St. für Nebenabreden zu verwenden ist (z. B. Gerichtsstandsabrede im Kauf- oder Mietvertrag, Leihvertrag bei der Sicherungsübereignung); hierüber vgl. T. 71 A. 10ff.

**13.** Wegen der Versteuerung von Nachträgen vgl. FM. 12. 12. 10 III 18975: Zu früher beurkundeten Dienstverträgen waren Nachträge abgeschlossen, durch die teils die Weiterzahlung der Besoldung für gewisse Fälle vereinbart, teils festgestellt wurde, daß der erste Vertrag als Dienstvertrag i. S. der §§ 611ff. BGB. anzusehen sei, und daß dadurch weder Aussicht auf Anstellung im Staatsdienste, noch Pensionsansprüche eröffnet würden, teils wurde darin eine Erhöhung der Besoldung vereinbart. Die Nachträge, deren Rechtsgültigkeit nicht bestritten worden ist, sind von beiden Vertragsteilnehmern vollzogen und daher Urkunden im Sinne des § 1 Abs. 2 LStG. Dagegen kann nicht eingewendet werden, daß die Nachträge nicht besondere Urkunden, sondern Bestandteil der Hauptverträge seien. Bestandteil eines Vertrages kann nicht eine Vereinbarung sein, die erst nach dessen rechtswirksamem Abschluß getroffen ist; vielmehr bildet der in einem Nachtragsvertrag in Bezug genommene Hauptvertrag einen Bestandteil des Nachtragsvertrages.

Der Umstand, daß es sich nur um geringfügige Abänderungen handelt, begründet nach § 3 Abs. 1, § 4 Abs. 1a LStG. nur dann einen Anspruch auf Befreiung von der St., wenn der Wert des Gegenstandes nach Geld abgeschätzt werden kann und nach Inhalt der Urkunde 150 ℳ nicht übersteigt. Diese Voraussetzung trifft hier aber nicht zu. Daß der Hauptvertrag bereits

Abreden ähnlichen Inhalts enthält, wie der Nachtragsvertrag und nur eine Erläuterung der ursprünglichen Vereinbarungen beabsichtigt war, ist unerheblich, da die wiederholte Beurkundung desselben Geschäfts auch die StPflicht wiederholt zur Entstehung bringt. Belanglos ist es ferner, daß die Erhöhung der Besoldung in dem Hauptvertrag bereits in Aussicht gestellt war; denn ein Rechtsanspruch auf die erhöhte Besoldung wurde erst durch den Nachtragsvertrag gewährt und erworben.

**14.** Wegen des Einflusses des § 7 RStG. auf die LSt.-Verwendung vgl. A. 15 zu T. 71.

## § 11.

## Mindestbetrag der Stempelsteuer und Abstufungen derselben.

Die Stempelabgabe beträgt, insoweit dieses Gesetz und der Tarif nicht abweichende Bestimmungen enthalten, mindestens 0,50 Mark und steigt in Abstufungen von je 0,50 Mark, wobei überschießende Stempelbeträge auf 0,50 Mark abgerundet werden.[1-2]

**1.** Abweichungen finden sich

a) insofern die Steuer auf einen höheren Mindestbetrag bemessen ist, u. a. T. 2 . . . . . . . . 1,50 M
T. 57 . . . . . . 2,— „
T. 45, 53 . . . . 3,— „ u. a.

b) insofern die Abstufungen auf geringere Beträge bemessen sind und dementsprechend auch der Mindestbetrag geringer ist:
in T. 58, 59 (3) . . . . . . . . 0,20 M.

**2.** Die Hälfte des St. im Falle des § 5 Abs. 6 d. Ges. beträgt bei 1,50 M (NebenvertragsSt.) also 1,— M. Sog. darstellbare Hälfte.

## § 12.

## Verpflichtung zur Zahlung der Stempelsteuer.

(1) Zur Zahlung der Stempelsteuer sind verpflichtet:

a) bei den von Behörden und Beamten, einschließlich der Notare, aufgenommenen Verhandlungen oder erteilten Ausfertigungen, Abschriften, Bescheinigungen, Auszügen und Genehmigungen aller Art diejenigen, auf deren Veranlassung[1-2] die Schriftstücke aufgenommen oder erteilt sind;

b) bei einseitigen Verpflichtungen und Erklärungen diejenigen, welche die Schriftstücke ausgestellt haben;[3-4]

c) bei Verträgen, einschließlich Punktationen, alle Teilnehmer,[5-6] insoweit der Tarif nicht abweichende Bestimmungen enthält.[7]

(2) Von mehreren zur Zahlung der Stempelsteuer verpflichteten Personen haftet jede einzelne als Gesamtschuldner.[8]

LStV. § 4.

**1.** Die Tragweite des § 12 gegenüber Vollmachtgebern und Bevollmächtigten ist außerordentlich umstritten. Vgl. Hz. S. 125 ff., HSp. S. 22 ff. und 178 ff.

**2.** a) Veranlasser ist, wer durch sein Ansuchen die Tätigkeit des Beamten in Bewegung setzt, ihn zu ihr bestimmt. Ein ausdrücklicher Antrag auf Aufnahme der Urkunde oder Erteilung des Schriftstücks ist nicht erforderlich.

Wird jemand mit einem Titel bedacht, so gilt er, auch wenn das betr. Patent ohne sein Zutun ausgestellt ist, als dessen Veranlasser, sobald er es angenommen hat. RG. 10. 7. 00, JW. S. 680. Vgl. jedoch A. 3 bei T. 60.

b) Wer als Bevollmächtigter im Namen seines Machtgebers einen notariell beurkundeten Vertrag abgeschlossen hat, ist zur Zahlung des St. verpflichtet, da er zu denjenigen gehört, auf deren Veranlassung das Schriftstück aufgenommen ist. RG. 24. 3. 11, Entsch. Bd. 76 S. 30, JW. S. 496[29].

c) Einen besonderen Fall: Auflassung bei Veräußerung eines Grundstücks durch einen Bevollmächtigten für dessen Rechnung s. bei T. 8 A. 18a Abs. 2.

d) Fehlt es an einer „Veranlassung" und werden amtliche Schriftstücke ohne Wissen und Willen der Privatpersonen von Behörden und Beamten ausgefertigt, wie dies insbesondere nicht selten bei amtlichen Zeugnissen der Fall ist, so ist es nicht gerechtfertigt, die Privatpersonen für die Entrichtung von StAbgaben zu den ohne ihr Zutun zustande gekommenen Urkunden verantwortlich zu machen. Mot. S. 16.

e) Ebenso fehlt es an einem Veranlassenden, wenn durch Irrtum einer Behörde eine Urkunde mit unrichtigem Inhalt ausgestellt worden ist. Geb. S. 34.

**3.** Über „einseitige Verpflichtungen und Erklärungen" vgl. § 1 A. 9. Steuerpflichtig ist nur der die Verpflichtung oder Erklärung Abgebende, nicht der Empfänger. Vgl. Rundschr. des RSchatzamts v. 15. 11. 13, JMBl. S. 520 v. 14.

**4.** a) Unterzeichnet ein Bevollmächtigter oder Vertreter eine Urkunde mit seinem eigenen Namen, so ist er als Aussteller im Sinne des § 12 Abs. 1b anzusehen. Unerheblich ist, ob er ausdrücklich mit dem Zusatze „als Bevollmächtigter" unterzeichnet. Vgl. KG. 18. 4. 98 u. 9. 11. 03, Joh. Bd. 26 S. C 68.

b) Hat der Vertreter den Namen des Vertretenen unterzeichnet, so wird der Vertretene als der Aussteller in Anspruch zu nehmen sein. S. § 1 Abs. 2 des Ges. Für die Vertretungsbefugnis ist der Fiskus beweispflichtig.

Der Vertreter wird auch nicht zahlungspflichtig, wenn er dem Namen des Vertretenen den seinen unter Kenntlichmachung des Vertretungsverhältnisses zufügt, z. B. Ernst Meyer, i. A. Ch. Schulze.

c) Wegen der Zeichnung des Prokuristen und der Vertreter von Gesellschaften und Genossenschaften s. § 1 A. 4.

**5.** Bei Verträgen und Punktationen sind alle Teilnehmer zahlungspflichtig. Abweichende Bestimmungen sind im Tarif nicht enthalten, s. HSp. S. 181.

**6.** a) Teilnehmer eines Vertrages ist derjenige, der an dessen Abschluß und an der Errichtung der ausgestellten Urkunde dergestalt teilnimmt, daß er, sei es für sich oder andere, durch den Vertrag Rechte erwirbt oder Verbindlichkeiten begründet. HSp. S. 180.

b) Ob diese Voraussetzung vorliegt, bestimmt sich lediglich nach dem beurkundeten Inhalt des Vertrages. Das RG. hat sich in einem Falle, in welchem sich unter einem Grundstückstauschvertrage außer der Unterschrift der beiden Kontrahenten noch die der Ehefrau des einen befand, dahin ausgesprochen, daß diese nicht als Teilnehmerin an dem Vertrage angesehen werden könne, da die Vertragsurkunde sie als Kontrahentin nicht erkenntlich mache, vielmehr nur ihren Ehemann und den zweiten Tauschinteressenten aufführe. Die bloße Unterschrift der Ehefrau, die nach dem Vertragsinhalt in gar keinen rechtlichen Beziehungen zu den im Vertrage niedergelegten Vereinbarungen steht, hat für die StPflicht keinerlei Bedeutung. RG. I 19. 4. 94.

c) Nach § 12 Abs. 1c ist auch der Zwangsverwalter zur Zahlung des St. für Verträge verpflichtet, die er als solcher abschließt, da er auf Grund der ihm vom Gesetz verliehenen Machtbefugnis handelt, nicht etwa als Vertreter des betreibenden Gläubigers oder aller Gläubiger oder des Schuldners. RG. 22. 4. 13, DJZ. S. 979. Bei früher abgeschlossenen Verträgen ist er insoweit zahlungspflichtig, als das Mietverhältnis in die Dauer der Zwangsverwaltung fällt, vorausgesetzt, daß die Verwaltung des Grundstückes ausreichende Erträge gegeben hat. RG. 10. 2. 14, ZBl. S. 157. Vgl. A. 24b zu T. 48.

7. Was die Zahlungspflicht des Vertretenen anlangt, so ist für Abs. 1a anzunehmen, daß auch er für den St. zahlungspflichtig ist. Denn auch er veranlaßt im weiteren Sinne die Aufnahme der Urkunde. Eine weite Auslegung der Bestimmung, welche den Fiskus vor Steuerausfällen schützen soll, entspricht aber der Absicht des Gesetzes; und der Wortlaut des § 12 Abs. 1 steht nicht entgegen.

Dagegen muß für die Bestimmungen zu b und c, wenn der Vertreter mit seinem eigenen Namen unterzeichnet (A. 4a), die Zahlungspflicht des Vertretenen verneint werden. Denn es ist nicht zulässig, die Grundsätze des Zivilrechts über die unmittelbare Stellvertretung allgemein auf das Stempelrecht zu übertragen. Vgl. RG. bei A. 1b.

8. Die gesamtschuldnerische Haftung der Zahlungspflichtigen bedeutet, daß jeder Pflichtige dem Fiskus für den ganzen Betrag zahlungspflichtig ist. Zahlung durch einen Schuldner befreit aber die anderen. §§ 421 ff. BGB. Entgegenstehende Abreden der Parteien oder Übungen der betr. Kreise, z. B. Gebrauch kaufmännischer Kreise bei Anstellungsverträgen, sind dem Fiskus gegenüber ohne Bedeutung, s. AB. 22.

## § 13.

## Haftbarkeit für die Stempelsteuer.

(1) Für die Entrichtung der Stempelsteuer haften unter Vorbehalt des Rückgriffs gegen die eigentlich Verpflichteten:

a) Aktiengesellschaften, Kommanditgesellschaften auf Aktien, eingetragene Genossenschaften, Gewerkschaften und Gesellschaften mit beschränkter Haftung für die Stempel, welchen die von ihren

Vorständen oder Geschäftsführern in ihrem Auftrag oder Namen errichteten Verhandlungen unterliegen;[2]

b) bei Auktionen diejenigen, für deren Rechnung oder auf deren Veranlassung die Versteigerung stattgefunden hat, und die von diesen Personen zur Abhaltung der Auktionen Beauftragten;[2]

c) jeder Inhaber[3–5] oder Vorzeiger einer mit dem gesetzlichen Stempel nicht oder nicht ausreichend versehenen Urkunde, welcher ein rechtliches Interesse an dem Gegenstande derselben hat.

(2) Ist die Stempelsteuer von den eigentlich Verpflichteten und denjenigen, die nach Abs. 1 haften, nicht zu erlangen, so haften hierfür einschließlich der Notare, jedoch ausschließlich der Schiedsmänner, diejenigen Beamten, welche die von ihnen aufgenommenen Urkunden vor erfolgter oder nicht ausreichend erfolgter Stempelverwendung aushändigen oder Ausfertigungen oder Abschriften erteilen oder wegen der Einziehung des Stempels die ihnen nach § 15 obliegenden Pflichten verabsäumen, insoweit ihnen ein Verschulden zur Last fällt,[6] unter Vorbehalt des Rückgriffs gegen die eigentlich Verpflichteten und diejenigen, die nach Abs. 1 haften.

AB. 8, 22 Abs. 4.

(3) Diese Bestimmung kommt auch dann zur Anwendung, wenn ein Notar den Entwurf einer Urkunde anfertigt und nach Vollziehung durch die Beteiligten die Unterschriften oder Handzeichen beglaubigt.

AB. 12 Abs. 3. LStV. § 4.

**1.** Die Haftpflicht nach § 13 Abs. 1 setzt eine Person voraus, welche für die Urkunde ststeuerpflichtig ist. RG. v. 29. 5. 00, Entsch. Bd. 46 S. 274. Doch unterscheidet sie sich im Ergebnis kaum von der Zahlungspflicht der im § 12 Genannten. Die Haftpflichtigen können von vornherein in Anspruch genommen werden. Eine wirklich subsidiäre Haftung ist nur im Abs. 2 für die beurkundenden Beamten festgestellt worden.

**2.** Die Bestimmungen zu a und b berühren sich vielfach mit der Zahlungspflicht nach § 1 Abs. 2, § 12 des Ges., namentlich nach dem RG. v. 26. 9. 13, ZBl. S. 484, vgl. § 1 Anm 4.

**3.** a) Zu den I n h a b e r n zählen auch die P r o z e ß b e v o l l m ä c h t i g t e n hinsichtlich der Prozeßvollmacht, doch muß der Prozeßbevollmächtigte die V o l l m a c h t i m I n l a n d e i n n e g e h a b t oder vorgezeigt haben. Es haften deshalb nicht ausländische Prozeßbevollmächtigte für die von ihnen im Auslande vorgelegten, im Inlande ausgestellten Prozeßvollmachten, wobei unerheblich ist, ob der im Ausland wohnhafte Prozeßbevollmächtigte die preußische Staatsangehörigkeit besitzt oder nicht. RG. 13. 3. 99, JW. S. 742 v. 01, Joh. Bd. 19 S. 208.

b) Wie Prozeßbevollmächtigte haften auch Verteidiger für den St. zu der ihnen zu ihrem Ausweise im Strafverfahren erteilten Vollmacht; da sie aber für die Entrichtung des Vollmachtsstempels nur als Inhaber oder Vorzeiger haftbar sind, können sie für den St. zu der von den Angeklagten unmittelbar dem Gericht eingereichten Vollmacht nicht ohne weiteres in Anspruch genommen werden. RG. 15. 2. 08, Joh. Bd. 36 S. B 64.

**4.** a) Der Armenanwalt haftet vermöge der Steuerfreiheit der armen Partei nach § 115 ZPO., § 419 StPO. nicht für den St., wenn er dem Gericht eine Prozeßvollmacht einreicht; und diese Haftung entsteht auch dann nicht, wenn das Armenrecht nachträglich entzogen wird. RG. 25. 1. 97 und 26. 10. 96, Joh. Bd. 16 S. 262 u. 264. Vgl. A. 22 bei T. 73.

b) Das Armenrecht deckt nur die Prozeßvollmacht und auch nur insoweit ist der Anwalt für den St. nicht haftbar. RG. 14. 4. 03, Entsch. Bd. 54 S. 275. Geht die Vollmacht für den Armenanwalt über den Rahmen der Prozeßvollmacht hinaus, so ist die Einziehung des VollmachtSt. von den Rechtsanwälten gerechtfertigt. FM. 15. 4. 04 III 5084. Vgl. JMBl. 01 S. 47, 02 S. 50, 03 S. 230. — Vgl. A. 22 bei T. 73.

c) Ist einer armen Partei zur Anfechtung des amtsgerichtlichen Entmündigungsbeschlusses nach § 668 ZPO. ein Rechtsanwalt beigeordnet, gleichzeitig aber die Bewilligung des Armenrechts wegen Aussichtslosigkeit der beabsichtigten Rechtsverfolgung abgelehnt, so kann der Rechtsanwalt für den St. zu der von ihm überreichten Prozeßvollmacht aus § 13 lit. c nicht haftbar gemacht werden. KG. 21. 12. 06, Joh. Bd. 33 S. B 33.

**5.** Es ist nicht zulässig, den Inhaber oder Vorzeiger der ersten Ausfertigung einer nicht mit dem gehörigen St. versehenen Notariatsurkunde auf Grund des § 13c für den fehlenden St. in Anspruch zu nehmen. Ist den Bestimmungen des § 9 Abs. 2 d. G. genügt, so kann man von dem Inhaber oder Vorzeiger der ersten Ausfertigung nicht sagen, daß er Inhaber oder Vorzeiger einer mit dem gesetzlichen St. nicht oder nicht ausreichend versehenen Urkunde sei. RG. 5. 10. 06, ZBl. S. 9 v. 07, JW. S. 727 v. 06.

**6.** a) Beamte und Notare haften nur subsidiär und nur insoweit, als sie ein Verschulden trifft. Die Voraussetzungen für die Haftung des Notars sind stets zunächst von der Steuerbehörde festzustellen, so daß der Fiskus nicht genötigt ist, von vornherein bei den ordentlichen Gerichten Klage zu erheben. KB. S. 7, 8 (09).

b) Die Haftbarkeit des Notars, welcher gegen die ihm nach § 15 Ges. obliegenden Pflichten verstoßen hat, setzt voraus, daß durch die unterlassene rechtzeitige Nachsuchung der zwangsweisen Einziehung des St. ein Nachteil für die Staatskasse entstanden ist. Dies ist dann nicht der Fall, wenn der St. von den Vertragschließenden auch dann nicht zu erlangen gewesen wäre, wenn der Antrag des Notars auf zwangsweise Einziehung des St. rechtzeitig gestellt worden wäre. Der Notar hat in solchen Fällen nur eine Ordnungsstrafe verwirkt. FM. 22. 2. 06 III 2555.

# II. Abschnitt.

# Von der Erfüllung der Stempelpflicht und den Folgen der Nichterfüllung.

## § 14.

### Art der Erfüllung der Stempelpflicht.

(1) Die Stempelpflicht wird erfüllt durch:

a) Niederschreiben der stempelpflichtigen Erklärung auf gestempeltes Papier;[1]

AB. 9ff.

b) Verwendung von Stempelmarken auf denjenigen Schriftstücken, zu welchen Stempelmarken ohne amtliche Überwachung verwendet werden dürfen;

AB. 10, 20.

c) Einreichung der stempelpflichtigen Urkunde oder, wenn diese nicht vorgelegt werden kann, einer den wesentlichen Inhalt der Urkunde enthaltenden Anzeige[1] und Einzahlung des erforderlichen Geldbetrages bei einer zur Entwertung von Stempelzeichen befugten Amtsstelle;

AB. 11.

d) Verwendung von Stempelmarken durch zur Entwertung derselben befugte Amtsstellen;

AB. 12, 13ff.

e) Barzahlung der Stempelabgabe in denjenigen Fällen, in welchen dieselbe nach den Bestimmungen des Preußischen Gerichtskostengesetzes bei den Gerichtskosten zu vereinnahmen ist.[2]

AB. 2ff. LStV. §§ 1, 2.

(2) Der Finanzminister ist ermächtigt, für den Verkehr bestimmter Personen statt der Erhebung des Stempels im einzelnen die Zahlung einer jährlichen Abfindungssumme zu gestatten. Die in diesem Verkehr errichteten Urkunden sind mit einem Hinweise darüber zu versehen, daß die Stempelpflicht durch die Vereinbarung einer Abfindungssumme erfüllt ist.

AB. 21; 44 Abs. 3; 45.

1. Über die Erfüllung der StPflicht bringen, soweit es sich um Naturalstempel handelt, die AB. 9ff., soweit der St. zu den Gerichtskosten zu vereinnahmen ist, die §§ 1 und 2 LStV. eingehende Bestimmungen. Auf diese im Gesetzestext angeführten Vorschriften wird hier des Näheren verwiesen.

Hervorgehoben sei nur folgendes:

Zu 1a des § 14: Einer Entwertung des in der linken oberen Ecke des StBogens befindlichen StZeichens bedarf es nicht.

Zu 1c: Es kann den Steuerpflichtigen daher nicht entlasten, wenn er sich darauf beruft, die Urkunde sei vernichtet oder abhanden gekommen oder werde von einem anderen zurückbehalten. Mot. S. 17/18, KG. 14. 12. 99, Joh. Bd. 19 S. 258.

## § 15.

## Zeit der Stempelverwendung bei den von Behörden und Beamten aufgenommenen Verhandlungen.

(1) Behörden[1] und Beamte, einschließlich der Notare, jedoch ausschließlich der Schiedsmänner, haben zu allen von ihnen aufgenommenen Verhandlungen[2] oder erteilten Ausfertigungen, Abschriften, Bescheinigungen, Auszügen und Genehmigungen aller Art den Stempel vor deren Aushändigung[3], spätestens aber binnen zwei Wochen nach dem Tage der Ausstellung der Urkunden, zu verwenden. Ist der Stempel innerhalb dieser Frist von den Verpflichteten nicht beigebracht, so ist die zwangsweise Einziehung des Stempels binnen einer Woche bei der zuständigen Zollstelle von den vorbezeichneten Behörden und Beamten zu beantragen oder, wenn sie selbst zur zwangsweisen Einziehung von Geldern befugt sind, die zwangsweise Einziehung innerhalb der gleichen Frist anzuordnen.[4] Dieser Bestimmung unterliegen auch diejenigen Urkunden, bei denen ein Notar den Entwurf anfertigt und nach Vollziehung durch die Beteiligten die Unterschriften oder Handzeichen beglaubigt.[5–7]

AB. 5 Abs. 3ff.; 6 Abs. 3; 12; 22; 28 Abs. 2; 32 Abs. 3.

(2) Insoweit die in der Tarifstelle „Erlaubniserteilungen" unter c, f und l aufgeführten Urkunden einen den Betrag von 1 Mark 50 Pf. beziehungsweise 3 Mark übersteigenden Stempel erfordern, ist der Mehrbetrag von den Steuerpflichtigen erst binnen zwei Wochen nach dem Tage der Rechtskraft der Zuschrift über das Ergebnis der Veranlagung zur Gewerbesteuer oder der auf das eingelegte Rechtsmittel ergangenen Entscheidung beizubringen (§§ 32 und 35 ff. des Gewerbesteuergesetzes vom 24. Juni 1891*) — Gesetzsamml. S. 205 —).

---

*) Die betreffenden Bestimmungen des GewStG. lauten:

**§ 32.** Das Ergebnis der Veranlagung hat der Vorsitzende des Steuerausschusses jedem Steuerpflichtigen mittels einer, zugleich eine Belehrung über die Rechtsmittel enthaltenden Zuschrift bekannt zu machen.

Auf die von dem Vorsitzenden des Steuerausschusses zu bewirkenden Zu-

(3) Für die Versteuerung der stempelpflichtigen Verhandlungen der Schiedsmänner haben die Parteien den Stempel binnen zwei Wochen nach dem Tage der Aufnahme zu der Urschrift der Verhandlung beizubringen und dem Schiedsmanne zuzustellen. Die Schiedsmänner haben auf jeder von ihnen erteilten Vergleichsausfertigung zu vermerken, welcher Stempel zu der Urschrift verwendet oder daß ein solcher nicht beigebracht worden ist.

AB. 18, 22 Abs. 4.

1. Unter den zur StVerwendung verpflichteten Behörden und Beamten sind nur preußische Behörden und Beamten zu verstehen. Den in Preußen domizilierten Reichsbehörden (z. B. den zahlreichen Marinebehörden in Kiel und Wilhelmshaven) liegt die Verpflichtung zur StVerwendung nicht ob. FM. III 14720 v. 25. 9. 12. Der St. zu steuerpflichtigen Urkunden, an denen Reichsbehörden beteiligt sind, ist vielmehr von den Zollstellen und StVerteilern zu entwerten.

2. Zu den „Verhandlungen" rechnen die AB. 12 (2) auch Verträge der Behörden mit Privatpersonen. Vgl. A. 1 zu § 16.

3. Da die Urkunden vor der Aushändigung zu versteuern sind, ist die Meinung irrtümlich, daß sich der Notar durch Einreichung der Urkunden

---

stellungen an Steuerpflichtige finden die Bestimmungen im § 53 des Einkommensteuergesetzes Anwendung.

**§ 35.** Gegen das Ergebnis der Veranlagung steht dem Steuerpflichtigen das Rechtsmittel des Einspruchs bei dem Steuerausschusse zu. Dasselbe ist bei dem Vorsitzenden des Ausschusses binnen einer Ausschlußfrist von 4 Wochen einzulegen, welche von dem auf die Zustellung der Steuerzuschrift (§§ 32 und 34) folgenden Tage ab läuft

**§ 36.** Gegen die Entscheidung des Steuerausschusses über den Einspruch steht sowohl dem Vorsitzenden als dem Steuerpflichtigen binnen der im § 35 bestimmten Ausschlußfrist das Rechtsmittel der Berufung an die Bezirksregierung (§§ 29 und 30) zu. Der Steuerpflichtige hat das Rechtsmittel beim Vorsitzenden des Steuerausschusses einzulegen.

Für den Vorsitzenden läuft diese Frist vom Tage der Entscheidung.

**§ 37.** Gegen die Entscheidung über die Berufung steht dem Steuerpflichtigen die Beschwerde an das Oberverwaltungsgericht zu, welche innerhalb der im § 35 bestimmten Ausschlußfrist bei der Bezirksregierung (§§ 29 und 30) einzulegen ist, und nur darauf gestutzt werden kann:

1. daß die angefochtene Entscheidung auf der Nichtanwendung oder auf der unrichtigen Anwendung des bestehenden Rechts, insbesondere auch der von den Behorden innerhalb ihrer Zuständigkeit erlassenen Verordnungen beruhe;
2. daß das Verfahren an wesentlichen Mängeln leide.

In der Beschwerde ist anzugeben, worin die behauptete Nichtanwendung oder unrichtige Anwendung des bestehenden Rechts, oder worin die behaupteten Mängel des Verfahrens gefunden werden.

Die Bestimmungen in §§ 45 bis 49 des Einkommensteuergesetzes finden sinngemäße Anwendung.

beim Gericht innerhalb der StVerwendungsfrist von der eigenen Versteuerungspflicht befreien könne.

4. Eine Verlängerung der StLösungsfrist tritt tatsächlich dadurch ein, daß die zuständigen Behörden eine Woche Frist zur Stellung des Einziehungsantrags haben.

5. a) Von der Einziehung dem Staate zustehender Einnahmen darf nur im einzelnen Falle und, abgesehen von der Unmöglichkeit der Einziehung, nur auf Grund einer durch gesetzliche oder durch königliche Bestimmung erteilten Ermächtigung abgesehen werden. Nur unter gleicher Voraussetzung dürfen auch zur Staatskasse vereinnahmte Beträge zurückerstattet werden (§ 18 des Staatshaushaltsges. v. 11. 5. 98).

b) Die Ressortchefs sind jedoch unter gleichzeitiger Beilegung der Delegationsbefugnis ermächtigt, im einzelnen Falle von der Einziehung dem Staate zustehender Einnahmebeträge abzusehen und auch Defekte niederzuschlagen, wenn die Einziehung mit Kosten und Weiterungen für die Staatskasse verknüpft ist, die in keinem Verhältnis zu der Höhe der Einnahme stehen. Allerh. Erl. v. 24. 7. 06.

c) Diese Niederschlagungsbefugnis ist durch FM. v. 19. 2. 07 III 2377 widerruflich auf die Oberzolldirektionen delegiert mit der Direktive, daß Weiterungen und Kosten (Schreibwerk, Porto usw.) außer Verhältnis zum Objekt stehen müssen, dann aber der Verzicht auf Einziehung des Betrages eintreten kann unabhängig davon, ob zugleich Billigkeitsrücksichten vorliegen, und ob der Schuldner zahlungswillig und zahlungsfähig ist. Voraussetzung des Verzichts ist im übrigen, daß er nach Lage der Verhältnisse des Einzelfalles auch sachlich unbedenklich erscheint. Jetzt § 11 Z. 5 der Etatsvorschriften für die Verwaltung der Zölle und indirekten Steuern.

d) Eine gleiche Befugnis steht nach § 13 ihrer Geschäftsanweisung den Vorständen der StSteuerämter im StPrüfungsverfahren hinsichtlich nachgeforderter StBeträge zu.

6. Nach § 11 Ziff. 4 der erwähnten Etatsvorschriften sind die Oberzolldirektionen befugt, rückständige Einnahmebeträge als niedergeschlagen in Abgang zu stellen, wenn entweder die Uneinziehbarkeit durch fruchtlose Zwangsvollstreckung dargetan, oder die Pfändung überhaupt nicht, z. B. gegen einen im Auslande wohnenden Zahlungspflichtigen, ausführbar gewesen, und die sonst ausreichend unternommenen Versuche zur Einziehung der rückständigen Einnahmebeträge ohne Erfolg geblieben sind, auch festgestellt ist, daß ein vertretungspflichtiges Verschulden oder Versehen eines Beamten unbedingt ausgeschlossen ist, oder daß auch von den für haftpflichtig erklärten Beamten der Betrag aus tatsächlichen Gründen nicht eingezogen werden kann.

7. Ist die Beitreibung erfolglos versucht, so haben daher die verwendungspflichtigen Behörden usw. die Niederschlagung bei der Oberzolldirektion zu beantragen. AB. 12 (1).

## § 16.

## Zeit der Stempelverwendung bei Verhandlungen der Privatpersonen.

(1) Bei den nicht auf Stempelpapier niedergeschriebenen Verhandlungen[1] der Privatpersonen muß[2] die Versteuerung bewirkt sein:

a) bei Urkunden, zu welchen die Aussteller Stempelmarken ohne amtliche Überwachung verwenden dürfen, vor der Aushändigung, spätestens aber binnen zwei Wochen nach dem Tage der Ausstellung, vorbehaltlich der Bestimmung im § 14 Abs. 2;

AB. 5 Abs. 9.

b) bei Schriftstücken über die Übertragung eines Kuxes (vgl. Tarifstelle „Kuxe") vom Aussteller vor der Umschreibung im Gewerkenbuche, spätestens aber binnen zwei Wochen nach dem Tage der Ausstellung;[3]

c) bei Pacht- und Mietverträgen über unbewegliche Sachen innerhalb der in der Tarifstelle „Pacht- und Mietverträge" angegebenen Frist;[4]

d) bei Gesellschaftsverträgen, die der Eintragung in das Handels- oder Genossenschaftsregister bedürfen, vor der Eintragung in die Register, spätestens aber binnen zwei Wochen nach dem Tage der Errichtung;[5]

e) bei den von der Heeresverwaltung mit Privatpersonen abgeschlossenen Verträgen und Verhandlungen über Lieferungen, Werkverdingungen und sonstige Leistungen, die erst im Falle einer Mobilmachung zur Ausführung kommen sollen, binnen zwei Wochen nach Eintritt der Mobilmachung;[6]

f) bei im Ausland errichteten Urkunden, bei denen Inländer beteiligt sind, binnen zwei Wochen nach dem Tage der Rückkehr der Inländer[7] in das Inland, bei sonstigen im Ausland errichteten Urkunden, von denen im Inlande Gebrauch[8] gemacht werden soll, vor dem Gebrauch;

g) in allen übrigen Fällen vom Aussteller binnen zwei Wochen nach dem Tage der Ausstellung.[9]

AB. 5 Abs. 5; 23.

(2) Von jedem Inhaber oder Vorzeiger[10] einer stempelpflichtigen Urkunde, welcher ein rechtliches Interesse an dem Gegenstande derselben hat, ist die Versteuerung der Urkunde binnen zwei Wochen nach dem Tage des Empfanges zu bewirken.

(3) Bei Urkunden über Rechtsgeschäfte, welche erst durch die Genehmigung[11] oder den Beitritt einer Behörde oder eines Dritten Rechtswirksamkeit erlangen, beginnt den Ausstellern gegenüber die Frist für die Verwendung des Stempels mit dem Ablaufe desjenigen Tages, an welchem sie von der Genehmigung oder dem Beitritte Kenntnis erhalten haben.[12, 13]

AB. 23 Abs. 5. LStV. § 2 Ziff. 1f., 2, 3.

1. Das Wort „Verhandlungen“ ist gleichbedeutend mit Urkunden über Rechtsgeschäfte. AH. S. 2387.

2. Faktische Unmöglichkeit rechtzeitiger Versteuerung befreit von der Strafe. HSp. S. 253.

3. Veraltet, vgl. A. 1 bei T. 34.

4. Vgl. T. 48 (9). Im Laufe des Januars, welcher dem Jahre folgt, in dem der Pacht- oder Mietvertrag in Geltung gewesen ist. Vorausversteuerung zulässig.

5. Durch T. 1 A. RStG. v. 3. 7. 13 veraltet.

6. Diese Bestimmung findet auch Anwendung auf die vom Berliner Verein vom Roten Kreuz abgeschlossenen Verträge über Lieferungen, Werkverdingungen und sonstige Leistungen, die erst im Falle einer Mobilmachung zur Ausführung kommen sollen. Soll die Ausführung nur im Bedarfsfalle während eines Krieges erfolgen, so ist die Versteuerung erst bei Erteilung des Auftrages zur Ausführung erforderlich. FM. 5. 8. 03 III 11066.

7. Vgl. § 2, A. 3, 7.

8. a) „Gebrauch“ bedeutet jedes Verwenden der Urkunde zu dem bestimmten Zweck, z. B. Einreichung bei Gericht, und zwar ist der Moment des Eingangs bei Gericht entscheidend. KG. 3. 1. 98, Arch. Bd. 6. S. 454.

b) Gebrauch liegt aber schon vor, wenn der Gläubiger von der Urkunde, die in seinem Interesse errichtet ist und eine Forderung oder einen Anspruch auf Sicherung dieser Forderung dartun soll, Besitz ergreift und sie behält; es bedarf nicht einer Benutzung als Beweismittel nach außen. (Entsch. Bd. 46 S. 273.) Anders verhält es sich bei Vollmachten oder ähnlichen Ausweisurkunden, bei denen nur ein Gebrauch Dritten gegenüber denkbar ist, so z. B., wenn die Vollmacht nur in den Akten des Anwalts verwahrt wird. RG. 29. 5. 00. Auch liegt ein Gebrauch dann nicht vor, wenn die Urkunde vom Ausländer in das Inland nur mitgebracht oder einem andern dort zur Aufbewahrung gegeben ist —, sofern der andere nicht der Gläubiger ist. RG. 4. 4. 05, ZBl. S. 643, Entsch. Bd. 60 S. 342. — Vgl. A. 7 bei § 2 u. A. 24 zu T. 73. Vom Ausland in das Inland im Wege der Rechtshilfe gelangende Urkunden erfordern einen St. nicht. § 165 Abs. 4 GVG.

9. a) Liegt der Auflassung ein privatschriftlicher Grundstückskaufvertrag zugrunde und wird dieser bei der Auflassung nicht vorgelegt, so läuft die Frist zur Versteuerung des privatschriftlichen Vertrages seit dem Tage der Kenntnis von der Eintragung bzw. — bei Verzicht auf die Benachrichtigung — seit dem Tage der Eintragung. FM. 12. 2. 00 III 1539, ZBl. S. 97, JMBl. S. 63. — Vgl. A. 10e zu T. 8 u. A. 13b zu T. 32.

b) Einreichung der Urkunde bei Gericht zum Zwecke der Beglaubigung der Unterschrift befreit die Interessenten nicht von der Pflicht zur rechtzeitigen Versteuerung. HSp. S. 228. Die Gerichte sind jedoch zur Erhebung des UrkundenSt. — im Gegensatz zu dem zu den Gerichtskosten von Amtswegen einzuziehenden BeglaubigungsSt. — berechtigt, wenn die Beteiligten damit einverstanden sind, daß das Gericht von dem Inhalt der beglaubigten Urkunde Kenntnis nimmt. § 2 Abs. 1e LStV.

10. Über die Frage, ob der gemäß § 2259 BGB. ein privatschriftliches unversteuertes Testament Überreichende als Inhaber anzusehen, s. bei T. 66 A. 8b.

11. a) Über die Genehmigung eines Dritten s. §§ 182 ff., 1643, 1690, 1821, 1828 BGB.

b) Zu Urkunden, die zur vormundschaftsgerichtlichen Genehmigung eingereicht sind, sind die St. als Gerichtskosten mit der Beendigung des Geschäfts, also alsbald nach Erteilung der Genehmigung, ohne Rücksicht auf die Mitteilung der Genehmigung an den andern Teil — § 1829 BGB. — einzuziehen. Falls das Rechtsgeschäft nicht zur Wirksamkeit gelangt, sei es durch Nichtmitteilung der Genehmigung an den andern Teil, sei es durch Zurücknahme der Genehmigung vor dieser Mitteilung, ist der St. niederzuschlagen oder zu erstatten. JM. 3. 10. 04, JMBl. S. 265.

Wenn ein Rechtsgeschäft von mehreren Vormundschaftsgerichten, insbesondere auch von außerpreußischen, zu genehmigen ist, so ist der St. bei demjenigen Gericht anzusetzen, welches zuletzt seine Genehmigung ausspricht. Wird die letzte Genehmigung von einem außerpreußischen Gericht erteilt, so muß die Vorschrift des § 31 PrGKG. außer Anwendung bleiben, und es ist der St. in Natur zu verwenden; für den Beginn der Verwendungsfrist ist in diesen Fällen die Vorschrift des § 16 Abs. 3 LStG. maßgebend. JM. 21. 9. 06, JMBl. S. 291, ZBl. S. 1533. — Jetzt § 2 (2 u. 3) LStV.

c) Bei notarieller Aufnahme eines die Genehmigung bedürfenden Akts haben die Notare zwar nicht den GeschäftsSt., aber wohl den NotariatsurkundenSt. sofort zu verwenden — JM. 29. 12. 99, JMBl. 00 S. 3 —, der auf den später fällig werdenden St. anzurechnen ist. Vgl. A. 3 bei T. 45.

Bei getrennter notarieller Beurkundung des Kaufangebots und der Annahme ist dagegen der zu dem Angebote verwendete Notariatsurkunden-St. auf den zu der Annahmeerklärung erforderlichen St. nicht anzurechnen. FM. 14. 11 02 III 14323. — Vgl. A. 3 bei T. 45.

**12.** Die Steuerbehörden haben, soweit es sich nicht um gerichtliche Genehmigungen oder Bestätigungen handelt, den Eintritt der Genehmigung zu überwachen und die Urkunde ev. mit einem Vermerk zu versehen. Wird die Genehmigung nach zu früh erfolgter StVerwendung versagt, so ist der St. zu erstatten. Ist NaturalSt. verwendet, wo GerichtskostenSt. fällig war, und umgekehrt, so behält es dabei zwar sein Bewenden, doch ist auf das Vorschriftswidrige aufmerksam zu machen. FM. 15. 1. 00 III 203, ZBl. S. 14, JM. 29. 12. 99, JMBl. S. 3 v. 00.

**13.** Verträge, die vom Geschäftsführer einer Gesellschaft m. b. H. oder dessen Bevollmächtigten abgeschlossen werden, werden mit dem Zeitpunkt des Abschlusses rechtswirksam, weil nach § 37 Ges. über die Gesellschaften m. b. H. die Geschäftsführer zur Vertretung der Gesellschaft in der Art berechtigt sind, daß etwaige Beschränkungen ihrer Vertretungsbefugnis Dritten gegenüber keine rechtliche Wirkung haben. Voraussetzung ist hierbei natürlich, daß urkundlich nicht die Genehmigung der Gesellschaftsorgane vorbehalten ist.

Für die von dem Vorstande einer Aktiengesellschaft abgeschlossenen Verträge gilt derselbe Grundsatz. § 235 HGB.

Es ist deshalb ein im Auslande durch den Bevollmächtigten einer inländischen Gesellschaft mit einem Ausländer abgeschlossener, die Veräußerung eines dieser Gesellschaft gehörigen ausländischen Patents betreffender Vertrag stfrei, obwohl satzungsmäßig und tatsächlich die Zustimmung des Aufsichtsrats erst nach dem Abschluß im Inlande erfolgt. FM. 23. 9. 04 III 12393.

## § 17.

### Festsetzung von Geldstrafen gegen Privatpersonen.

(1) Wer den Vorschriften bezüglich der Verpflichtung zur Entrichtung der Stempelsteuer zuwiderhandelt, [1–4] hat eine Geldstrafe verwirkt, welche dem vierfachen Betrage des hinterzogenen Stempels gleichkommt, mindestens aber drei Mark beträgt.

(2) Betreffen die gedachten Zuwiderhandlungen die in der Tarifstelle „Pacht- und Mietverträge" aufgeführten Verzeichnisse oder Urkunden, zu welchen Privatpersonen Stempelmarken ohne amtliche Überwachung verwenden dürfen, so ist eine Geldstrafe verwirkt, welche dem zehnfachen Betrage des hinterzogenen Stempels gleichkommt, mindestens aber dreißig Mark beträgt.

(3) Die gleiche Geldstrafe tritt ein, wenn

a) bei Auflassungserklärungen und Umschreibungsanträgen ein geringerer Wert angegeben wird, als der nach den Vorschriften der Tarifstelle „Kauf- und Tauschverträge" bei der Versteuerung der Kaufverträge berechnete Betrag der von dem Erwerber übernommenen Lasten und Leistungen, mit Einschluß des Preises und unter Zurechnung der vorbehaltenen Nutzungen [5];

b) bei Auflassungserklärungen und Umschreibungsanträgen eine Urkunde [6–7] über das Rechtsgeschäft vorgelegt wird, welche dasselbe nicht so enthält, wie es unter den Beteiligten hinsichtlich des Wertes der Gegenleistung verabredet ist, und einem geringeren Stempel unterliegt, als die Beurkundung des wirklich verabredeten Rechtsgeschäfts erfordern würde.

LStV. § 14 Ziff. 4.

(4) Kann der Betrag des hinterzogenen Stempels nicht festgestellt werden, so tritt eine Geldstrafe bis zu dreitausend Mark ein.

(5) Die verwirkten Geldstrafen treffen jeden Unterzeichner oder Aussteller einer Urkunde besonders und in vollem Betrage.

(6) Bei Genossenschaften und Aktiengesellschaften sind die Geldstrafen gegen die Vorstandsmitglieder, bei Kommanditgesellschaften gegen die persönlich haftenden Gesellschafter, bei offenen Handelsgesellschaften gegen die Gesellschafter, bei Gesellschaften mit beschränkter Haftung gegen die Geschäftsführer, bei Gewerkschaften gegen die Repräsentanten oder Grubenvorstände nur im einmaligen Betrage, jedoch unter Haftbarkeit jedes einzelnen als Gesamtschuldners, festzusetzen.[8] Ebenso ist zu verfahren, wenn mehrere Urkundenaussteller bei einem Geschäft als gemeinschaftliche Kontrahenten beteiligt sind

(7) Bei Zuwiderhandlungen gegen die Vorschriften bezüglich der Verpflichtung zur Entrichtung der Stempelsteuer unter I der Tarifstelle „Pacht- und Mietverträge" trifft die Geldstrafe nur den Verpächter oder Vermieter.

1. Der Tatbestand der strafbaren Steuerhinterziehung erfordert weder Vorsatz noch Fahrlässigkeit. Es genügt zur Anwendung des § 17 die tatsächliche Feststellung, daß den Vorschriften bezüglich der Verpflichtung zur Versteuerung zuwidergehandelt ist. Wenn sich indes aus den Umständen ergibt, daß eine Steuerhinterziehung nicht beabsichtigt war, so tritt nur Ordnungsstrafe, nicht aber Freisprechung ein. KG. 9. 11. 03 u. 25. 3. 09, Joh. Bd. 26 S. C 69 u. Bd. 37 S. C 25. — Vgl. A. 2a zu § 18.

2. Bei den von mittelbaren oder unmittelbaren Staatsbeamten einschließlich der Notare aufgenommenen Verhandlungen sind die beteiligten Privatpersonen von Strafe frei, es sei denn, daß der § 16 Abs. 3 vorliegt. FM. 26. 3. 97 III 830.

3. Die Nichtversteuerung der mehreren Exemplare des nämlichen Vertrages wird als **eine** strafbare Handlung angesehen, wegen welcher gegen jeden der Teilnehmer eine Strafe in Höhe des Vierfachen des Gesamtbetrages der zu den verschiedenen Vertragsexemplaren erforderlichen St. festzusetzen ist. FM. 23. 4. 94 III 5135, HSp. S. 252.

4. a) Das Vergehen des Inhabers (§ 16 Abs. 2 d. Ges.) ist ein delictum sui generis und kann gleichzeitig neben dem Vergehen des Ausstellers gerügt werden. So ist der Rechtsanwalt als Inhaber oder Vorzeiger einer Vollmacht strafbar, wenn er nicht rechtzeitig für deren Versteuerung sorgt. KG. 26. 8. 97. Selbst bei verspäteter Einziehung des Vollmachtstempels ist er für den Fehlbetrag haftbar. JM. 27. 2. 99, FM. 5. 3. 99 III 2838. — Vgl. A. 3a zu § 13.

b) Der Inhaber oder Vorzeiger einer außerhalb Preußens ausgestellten Vollmacht zur Prozeßführung (der Bevollmächtigte) ist straffrei, wenn er die Vollmacht binnen zwei Wochen nach dem Tage des Empfanges dem Gericht überreicht. Auch gegen die Aussteller solcher Vollmachten soll, insoweit nicht etwa vor dem Gebrauch der Vollmacht in das Inland zurückgekehrte Inländer in Frage kommen (§ 16 litt. f), strafrechtlich nicht vorgegangen werden, weil solche Vollmachtgeber nur ausnahmsweise die Versteuerung werden bewirken können. FM. 11. 2. 98 III 1225.

5. Buchstabe a hat nur die Angabe eines geringeren als des aus den stattgehabten Verabredungen, insbesondere den Preisvereinbarungen, sich ergebenden Wertes des aufzulassenden Grundstücks im Auge. Ist der Kaufpreis richtig angegeben, der Wert jedoch höher, so kann nur ein Fehlstempel gemäß T. 8 nachgefordert werden. Eine strafbare Handlung liegt nicht vor.

6. a) Als hinterzogen ist der volle AuflassungsSt. ohne Berücksichtigung des zu der Urkunde verwendeten Betrages anzusehen.

b) Ist z. B. der Kaufpreis auf 2475 M verabredet, aber zur Ersparung von StKosten im Vertrage nur auf 2400 M angegeben worden, so gilt als hinterzogen der volle AuflassungsSt. von 25 M, nicht nur 1 M. Die Geldstrafe beträgt also 250 M. KG. 18. 5. 03, Joh.

Bd. 26 S. C 17 und mehrfache neuere RG. bezüglich der entsprechenden Bestimmung des RStG.

7. Bei der Auflassung ist nach § 17 Abs. 3 LStG. der Erwerbspreis auch dann anzugeben, wenn eine Abtretung des Rechts auf Auflassung stattgefunden hat, unmittelbar obligatorische Beziehungen also zwischen dem Auflassungsgeber und dem Auflassungsnehmer nicht bestehen. Voraussetzung aber ist, daß der Gegenstand der Auflassung sich mit dem Gegenstand des letzten Erwerbsgeschäfts deckt. KG. 25. 11. 01, Joh. Bd. 23 S. C 32. Zu § 17 Abs. 3 vgl. T. 8.

8. Tritt zwischen strafbarer Handlung und Bestrafung ein Wechsel in den Personen ein, gegen welche nach Abs. 6 die Strafe festzusetzen ist, so trifft die Strafe diejenigen, welche zur Zeit der Begehung der Tat Vorstandsmitglieder usw. waren. Denn sie repräsentierten in diesem Augenblick die Gesellschaft usw., gegen welche als nicht physische Person eine Straffestsetzung unzulässig ist. Übereinstimmend Greiff, Wechselstempelgesetz II. Aufl. S. 132 AA. Hz. S. 173b.

## § 18.

### Festsetzung von Ordnungsstrafen gegen Privatpersonen.

(1) Wenn in den Fällen des vorhergehenden Paragraphen aus den Umständen sich ergibt, daß eine Steuerhinterziehung nicht hat verübt werden können oder nicht beabsichtigt worden ist, so tritt statt der vorgedachten Geldstrafen eine Ordnungsstrafe bis zu dreihundert Mark ein.[1–3]

(2) Diese Strafe haben auch Repräsentanten oder Grubenvorstände von Gewerkschaften verwirkt, wenn sie die Umschreibung von Kuxen im Gewerkenbuche vor erfolgter Versteuerung der Übertragungsurkunden vornehmen.[4]

(3) Dieselbe Strafe ziehen Zuwiderhandlungen gegen die Vorschriften dieses Gesetzes oder gegen die zu dessen Ausführung erlassenen Vorschriften, die im Gesetze mit keiner besonderen Strafe belegt sind, nach sich.[5]

1. Als Mindestbetrag der Strafe gilt stets 1 *M*. FM. 22. 7. 98 III 10221.

2. a) Liegt objektiv keine StHinterziehung nach § 17 vor, so kann auch keine Ordnungsstrafe verhängt werden. KG. 21. 2. 98, Arch. Jahrg. 46 S. 73. — Vgl. A. 1 zu § 17.

b) Es bedarf im Urteil der Feststellung bestimmter Tatsachen, aus denen sich ergibt, daß eine StHinterziehung nicht hat verübt werden können oder nicht beabsichtigt worden ist, wenn an Stelle der Strafe des § 17 die des § 18 treten soll. Die Anwendung des § 18 wird schon durch die Annahme, daß der Angeklagte möglicherweise der StPflichtigkeit der Urkunde sich bewußt gewesen ist, ausgeschlossen. Man soll sich über die gesetzlichen Bestimmungen unterrichten und kann sich dann, wenn man dies unterlassen, nicht auf seinen Irrtum berufen. RG. 29. 5. 99, Strafs. Bd. 32 S. 191, ZBl. S. 297. Etwaige Zweifel an der Absicht der Hinterziehung rechtfertigen die Anwendung des § 18 nicht. Die Verurteilung aus § 17 muß erfolgen, wenn die Negativfeststellung, daß sich aus den Umständen ergibt, daß der Angeklagte eine StHinterziehung nicht beabsichtigt habe, nicht erfolgen kann. RG. 11. 5. 03, DJZ. S. 347.

3. Wenn eine Mehrzahl von Marken vorschriftswidrig entwertet ist, so liegt eine fortgesetzte strafbare Handlung vor. KG. 18. 4. 98, JMBl. S. 368.

4. Abs. 2 ist hinfällig. Siehe A. 1 zu T. 34.

5. Hauptanwendungsfall in der Praxis ist die Nichteinreichung des Mietverzeichnisses durch den gemäß § 31 (3) aufgeforderten Vermieter oder Nichterteilung der gemäß T. 48 (13) erforderten Auskunft.

## § 19.

### Festsetzung von Ordnungsstrafen gegen Beamte einschließlich Notare.

(1) Unmittelbare oder mittelbare Staatsbeamte, einschließlich der Notare, welche bei ihren amtlichen Verhandlungen oder bei den im Auftrag oder namens einer unmittelbaren oder mittelbaren Staatsbehörde mit Privatpersonen abgeschlossenen Verträgen die ihnen durch dieses Gesetz oder die zu dessen Ausführung erlassenen Vorschriften hinsichtlich der Versteuerung auferlegten Pflichten versäumen, sind, sofern nicht nach der Art des Vergehens wegen verletzter Amtspflicht eine höhere Strafe eintritt, mit einer Ordnungsstrafe bis zum Betrage des nicht verwendeten Stempels, jedoch nicht über einhundertfünfzig Mark, zu belegen.

AB. 24.

(2) Die Privatpersonen, mit welchen die Verträge abgeschlossen sind, desgleichen die Inhaber oder Vorzeiger bleiben von Strafe frei.

(3) Bezüglich der Festsetzung der Strafen gegen Beamte, einschließlich Notare, kommt der § 60 des Verwaltungsstrafgesetzes vom 26. Juli 1897*) (Gesetzsamml. 1897 S. 237) zur Anwendung;[1] die Ermäßigung oder Niederschlagung der Strafe kann durch dasjenige

---

*) Dieser lautet:

Die auf die Festsetzung der Landesstempelstrafen gegen Beamte und Notare durch die ihnen vorgesetzte Aufsichtsbehörde bezüglichen Bestimmungen, insbesondere die Vorschriften des § 19 des Stempelsteuergesetzes vom 31. Juli 1895 (Gesetzsamml. S. 413), bleiben mit folgenden Maßgaben in Kraft:

a) Die Untersuchung und Festsetzung der Strafe erfolgt gegen Gerichtsbeamte und Notare durch den Präsidenten des Landgerichts, gegen sonstige unmittelbare Staatsbeamte durch den Vorsteher der für den Verwaltungszweig bestellten Provinzialbehörde und gegen mittelbare Staatsbeamte durch den Präsidenten der Regierung, in Berlin durch den Polizeipräsi-

Ministerium angeordnet werden, zu dessen Verwaltung der Beamte gehört. LStV. § 24.

1. a) Gegen Notare und Gerichtsvollzieher setzen wohl die Landgerichtspräsidenten die Ordnungsstrafe fest; wegen Nachbringung der StAbgabe aber hat die Steuerbehörde, nachdem ihr der Landgerichtspräsident gemäß § 30 Abs. 3 d. G. Mitteilung gemacht hat, das Erforderliche zu veranlassen und den Landgerichtspräsidenten und den Notar davon zu benachrichtigen. FM. 5. 3. 97 III 2429, ZBl. S. 92.

b) Gegen Landräte setzt die StStrafe nach § 60a VStG. der Regierungspräsident fest. FM. 17. 2. 98 III 1906, ZBl. S. 114.

## § 20.

## Straffreiheit.

Wenn der Stempel entsprechend der Auskunft der zur Verwaltung des Stempelwesens bestellten Behörde[1] verwendet worden ist, so treten die Strafen der §§ 17 bis 19 nicht ein.

1. Vgl. § 30 d. G.

## § 21.

## Strafverfahren.

Bei Zuwiderhandlungen gegen dieses Gesetz kommen hinsichtlich des Verwaltungsstrafverfahrens und der Voraussetzungen für die Zulässigkeit des gerichtlichen Strafverfahrens die Vorschriften des Verwaltungsstrafgesetzes vom 26. Juli 1897[3] (Gesetzsamml. 1897 S. 237) zur Anwendung.[1, 2]

1. Die Straffestsetzung erfolgt durch die Hauptzollämter und die Oberzolldirektionen. (VStG. § 5.) Die Befugnis der StSteuerämter erstreckt sich nur auf die Festsetzung von Ordnungsstrafen gemäß § 7 Abs. 2 d. G.

2. Die Strafverfolgungsbefugnis der Steuerbehörde bezieht sich nur auf das Steuervergehen, umfaßt also nicht die damit in Idealkonkurrenz begangenen nach anderen Gesetzen strafbaren Handlungen. RG. 23. 1. 03, JW. S. 220.

3. Erläutert von Bonnenberg II. Auflage 99 u. Katzenstein 1907, auch von HSp. S. 275ff.

---

denten, insoweit nicht eine den hiernach zur Entscheidung berufenen Beamten vorgesetzte Behörde nach diesen Bestimmungen zuständig ist.

b) Gegen unmittelbare Staatsbeamte eines Verwaltungszweiges, für welchen eine Provinzialbehörde nicht besteht, erfolgt die Untersuchung und Festsetzung durch den Vorsteher der zunächst vorgesetzten Dienstbehörde.

Über die Beschwerde entscheidet derjenige Minister, welcher der straffestsetzenden Behörde für den Verwaltungszweig, dem der Beamte angehört, vorgesetzt ist.

Im übrigen sind die Vorschriften dieses Gesetzes maßgebend.

## § 22.

### Strafvollstreckung.

Die Umwandlung einer Geldstrafe, zu deren Zahlung der Verpflichtete unvermögend ist, in eine Freiheitsstrafe findet nicht statt. Hinsichtlich der Beitreibung von Geldstrafen durch Versteigerung von Grundstücken und der zwangsweisen Eintragung der Geldstrafen im Grund- oder Hypothekenbuche kommt die Vorschrift des § 54 Abs. 2 des Verwaltungsstrafgesetzes vom 26. Juli 1897*) (Gesetzsamml. 1897 S. 237) zur Anwendung.

AB. 26. LStV. § 25.

## § 23.

### Verjährung der Strafverfolgung und der Strafvollstreckung.

Die Strafverfolgung von Zuwiderhandlungen gegen die Vorschriften dieses Gesetzes und die zu dessen Ausführung erlassenen Bestimmungen sowie die Vollstreckung der dieserhalb rechtskräftig festgesetzten und rechtskräftig erkannten Strafen verjährt in fünf Jahren.[1,2]

1. Im Verwaltungsstrafverfahren unterbricht schon der Erlaß des Strafbescheides, nicht aber erst dessen Zustellung die Verjährung der Strafverfolgung; es ist also das Datum der zu den Akten gebrachten Niederschrift maßgebend. RG. 5. 7. 02, ZBl. S. 254 und FM. 6. 11. 02 III 12760, ZBl. S. 293.

2. Durch den Allerhöchsten Erlaß vom 26. 9. 97 ist die Befugnis zur Milderung und Niederschlagung von Strafen in Zoll- und Steuersachen auf den FM. übertragen worden mit der Ermächtigung zur Weiterübertragung auf die ihm unterstellten Behörden und Beamten. Von dieser Ermächtigung hat der FM. im Erlaß v. 6. 10. 97 ZBl. S. 408 Gebrauch gemacht, an dessen Stelle später der Erlaß v. 7. 10. 13 III 11826 ZBl. S. 418 getreten ist. Text s. bei AB. 25. Erläuterungen des FM. dazu ZBl. S. 416.

---

*) Die hier in Betracht kommenden Bestimmungen des VStG. lauten im Auszuge:

**§ 52.** Strafbescheide werden, wenn auf die Einlegung der zulässigen Rechtsmittel verzichtet oder die formgerechte Einlegung innerhalb der gesetzlichen Frist unterlassen oder das angebrachte Rechtsmittel zurückgenommen ist, vollstreckbar.

Beschwerdebescheide sind ohne weiteres vollstreckbar.

**§ 54.** Die Vollstreckung liegt den Hauptämtern ob.

Zur Beitreibung von Geldstrafen darf ohne Zustimmung des Bestraften, insofern dieser ein Deutscher ist, kein Grundstück versteigert werden.

# III. Abschnitt.
# Besondere Bestimmungen.

## § 24.

### Ersatz für die vor dem Verbrauche verdorbenen Stempelzeichen.

Für Stempelzeichen,[1] welche vor dem Verbrauche[2] durch Zufall oder Versehen verdorben worden sind, kann Ersatz beansprucht werden.[3–5]

AB. 27; 64 Abs. 3; 65 Abs. 8; 68 Abs. 7.

1. Hierzu gehören auch die in Nr. 9 Abs. 5 u. 6 der AB. aufgeführten gestempelten Vordrucke. AB. 27.

2. Wegen der Ausdehnung des Begriffs: „vor dem Verbrauch verdorben" in der Verwaltungsübung vgl. ebenfalls AB. 27.

3. Zuständig das Hauptzollamt. AB. 27 (2). Daselbst die näheren Vorschriften über das Verfahren.

4. Für verlorene StMaterialien kann Ersatz nur erfolgen, wenn sich die Vernichtung in zweifelsfreier Weise feststellen läßt. AB. 27 (3). Zuständig die Oberzolldirektionen.

5. Für Erstattung des Werts unverdorbener StMaterialien oder deren Umtausch gegen andere zu anderen Werten bedarf es der Ermächtigung des FM. FM. 22. 1. 00 III 698 und 17. 3. 03 III 3437. Der Antrag ist zweckmäßig beim Hauptzollamt oder der Oberzolldirektion anzubringen.

## § 25.

### Erstattung bereits verwendeter Stempel.

(1) Die entrichtete Stempelsteuer wird erstattet:[1–5]

a) wenn ein gesetzlich nicht erforderlicher Stempel verwendet und der Erstattungsantrag innerhalb zweier Jahre[6–9] nach der Entrichtung des Stempels angebracht worden ist;
AB. 28.

b) [10] wenn der von Behörden oder Beamten, einschließlich der Notare, in der Erwartung der Zahlung verwendete Stempel von den zur Entrichtung desselben Verpflichteten nicht beigetrieben werden kann;

c) wenn ein beurkundetes Geschäft nichtig oder infolge einer Anfechtung als von Anfang an nichtig anzusehen ist und die Erstattung innerhalb zweier Jahre nach der Beurkundung oder, falls die Nichtigkeit durch rechtskräftiges Urteil festgestellt ist, binnen Jahresfrist nach Eintritt der Rechtskraft nachgesucht wird.[11-13]

AB. 28.

(2) Außerdem kann die Erstattung bereits verwendeter Stempel aus Billigkeitsgründen angeordnet werden, wenn die Ausführung eines Geschäfts[14-16] unterblieben oder ein Geschäft auf Grund der Wandelung[18] rückgängig gemacht ist. Die Erstattung muß innerhalb zweier Jahre[17] nach der Beurkundung des Geschäfts beantragt werden; wird der Antrag auf Tatsachen gestützt, die erst nach der Beurkundung eingetreten sind, so beginnt die zweijährige Frist mit dem Tage, an dem der Antragsteller von diesen Tatsachen Kenntnis erhalten hat. In den Fällen der Wandelung[18] durch rechtskräftiges Urteil muß die Erstattung binnen Jahresfrist nach Eintritt der Rechskraft nachgesucht werden.[19]

AB. 2; 28 Abs. 9ff.; 68 Abs. 7.

(3) [20]Der Zollverwaltung bleibt jedoch im Falle zu c und im Falle des vorhergehenden Absatzes das Recht vorbehalten, den Stempel von demjenigen Vertragschließenden wieder einzuziehen, welcher bei der Beurkundung des Geschäfts von den die Nichtigkeit oder Ungültigkeit desselben bedingenden Umständen Kenntnis gehabt oder die unterbliebene Ausführung des Geschäfts oder die Wandelung verschuldet hat.[20-23]

AB. 28 Abs. 7. LStV. § 9 Ziff. 2.

1. Im § 25 sind im ersten Absatz die Voraussetzungen niedergelegt, bei deren Vorliegen ein Anspruch des StZahlers gegen den Staat auf Rückzahlung besteht, im zweiten Absatz diejenigen, unter denen der St. aus Billigkeitsgründen erstattet werden kann.

2. Wegen des Verfahrens s. AB. 28 für § 25 Abs. 1, AB. 29 für Abs. 2 a. a. O.

3. Zuständig sind, wie hervorgehoben sei, im ersten Falle die StSteuerämter, im zweiten Falle die Oberzolldirektionen. Die Erstattung der zu den Gerichtskosten erhobenen StBeträge erfolgt durch die Gerichtsbehörden, s. LStV. § 9².

4. Zur Rückforderung des zu Unrecht geforderten St. ist regelmäßig derjenige befugt, der die Abgabe selbst oder durch einen anderen entrichtet hat, der für ihn gehandelt hat. RG. 26. 4. 10 JW. S. 720.

5. Einer Erstattung aus § 25 Abs. 1 steht nicht der Umstand entgegen, daß der Antrag auf § 25 Abs. 2 gestützt wird. FM. 2. 3. 03 III 12861.

6. a) Die Frist des § 25 ist gewahrt, wenn der Antrag rechtzeitig an eine unzuständige Steuerstelle gerichtet ist, oder wenn der Antrag von einem Rechtsanwalt gestellt wird, der erst nachträglich Vollmacht einreicht. Der Grundsatz des § 184 Abs. 1 BGB. ist auch nach dem LStG. anzuwenden. FM. 24. 7. 08 III 13023. Vgl. jetzt AB. 28 (2).

b) Aus der vorläufigen Versteuerung auf Grund des in Werkverträgen angegebenen — auf Schätzung beruhenden — Werts der Lieferungen und Arbeitsleistungen und aus der vorläufigen Versteuerung der Grundstückskaufverträge, in denen die Höhe des Kaufpreises von einer Vermessung der Grundstücke abhängig gemacht ist, ergibt sich, daß, wenn bei der endgültigen Feststellung sich eine Überhebung herausstellt, der überhobene Betrag nach § 25 Abs. 1 zu erstatten ist. Die zweijährige Antragsfrist findet dabei keine Anwendung, es ist vielmehr die Richtigstellung der vorläufigen StBerechnung von Amts wegen herbeizuführen. FM. 19. 2. 07 III 2936.

Im Falle des § 6 Abs. 2 d. Ges. läuft die Frist zur Erstattung erst von dem Tage ab, an dem die wirkliche Leistung feststeht. AB. 3 (1), s. Anm. 2b zu § 6.

c) Die zweijährige Frist seit der Entrichtung des St. beginnt nur dann zu laufen, wenn schon zur Zeit der StEntrichtung der St. sich als gesetzlich nicht erforderlich erwies. FM. 11. 3. 05 III 2768.

Im vorliegenden Falle handelte es sich um die Erstattung eines am 15. 8. 01 zu einer Stiftungsurkunde verwendeten St. Das Gesuch um Anerkennung der betr. Stiftung als milde, das den Antrag auf StErstattung in sich schließt, datierte vom 21. Juli 1902. Die Stiftung wurde im Juli 1904 als milde anerkannt, und es ist auch erst von diesem Zeitpunkte ab die Befreiung der Urkunde vom St. eingetreten. Vgl. Anm. 16 zu § 5.

d) Bei Miet- und Pachtverträgen beginnt die Erstattungsfrist bezüglich im voraus verwendeter St. erst mit der Beendigung des Miet- oder Pachtverhältnisses, wenn die Erstattung wegen vorzeitigen Ablaufs des Mietsvertrags beantragt wird. AB. 71 (3). Wird die Erstattung wegen unrichtiger Berechnung erbeten, so läuft die Frist vom Entrichtungstage. Es ist unerheblich, ob der St. erst später hätte entrichtet zu werden brauchen.

e) Unterbrechung der zweijährigen Frist tritt nicht durch Klage des Käufers gegen den Verkäufer ein. FM. 12. 7. 99 III 8939.

f) Ein gesetzlich nicht erforderlicher, als Gerichtsgebühr erhobener St. kann nur binnen zwei Jahren nach seiner Bezahlung mittels Erinnerung zurückverlangt werden. RG. 21. 11. 04, Joh. Bd. 29 S. B 88. Nach der im Einvernehmen mit dem FM. ergangenen allgemeinen Verfügung des JM. vom 20. 6. 1912 — JMBl. 1913 S. 149 — ist es jedoch zulässig, irrtümlich erhobene St., soweit sie zu den Gerichtskosten berechnet sind, innerhalb der zweijährigen Frist auch ohne Antrag von Amts wegen zu erstatten.

g) Von allgemeinerem Interesse ist auch der folgende in einem Einzelfall ergangene FM. v. 22. 4. 12 III 6170: Eine Stadtgemeinde hatte im Jahre 1905 die Genehmigung zum Bau eines Schlachthauses erhalten. Da sich der Bau infolge von Meinungsverschiedenheiten innerhalb der städtischen Körperschaften verzögerte, erwirkte sich der Magistrat in den Jahren 1906, 1907, 1908 und 1909 Fristverlängerungen und beantragte, als im Jahre 1910 die Bauausführung endgültig aufgegeben worden war, die Erstattung der zu der Genehmigungsurkunde und den Fristverlängerungen verwendeten St. aus T. 22d. Erstattung ist angeordnet. Maßgebend sind für die Höhe der St. zu den vorbezeichneten Urkunden die Kosten der genehmigten Anlage. Wird die Anlage nicht errichtet, so daß Kosten überhaupt nicht entstehen, so sind die Urkunden auch nicht stpflichtig. Hieraus folgt, daß zu der Genehmigungsurkunde von 1908 der entsprechend dem mutmaßlichen Kostenbetrage „vorläufig" entrichtete St., da der Bau des Schlachthauses unterblieben ist, als gesetzlich nicht erforderlich nach § 25 Abs. 1a auf rechtzeitig gestellten Antrag hin erstattet werden konnte. Der im Jahre 1910 gestellte Erstattungsantrag ist aber als rechtzeitig anzusehen, da er innerhalb zweier Jahre von dem Zeitpunkte ab gestellt ist, zu dem feststand, daß die genehmigte Anlage nicht zur Ausführung kommt.

h) Ist zur Zeit der StVerwendung der Anspruch der Staatskasse auf den St. bereits verjährt und aus der voraussetzlich ohne Kenntnis der Verjährung geleisteten Zahlung nicht zu schließen, daß auf den Verjährungseinwand verzichtet werden sollte, so ist unter Umständen dennoch Erstattung zulässig. FM. 16. 9. 96 III 12543, HSp. S. 335.

7. Die Rückzahlung einer StAbgabe seitens der Verwaltungsbehörde steht der späteren Wiedereinforderung derselben Abgabe nicht entgegen. RG. VII 1. 2. 07.

8. Es entspricht der ständigen Verwaltungsübung, daß ein Aufgeben der bisherigen Gesetzesauslegung rückwirkende Kraft auf bereits erledigte Fälle nicht hat, wenn mit Rücksicht auf die reichsgerichtliche Rechtsprechung von einem die Steuerpflicht verneinenden Auslegungsgrundsatze zu einem sie bejahenden übergegangen wird oder umgekehrt. Ebenso wie in Fällen der ersteren Art im allgemeinen eine StNachforderung nicht stattfindet, erfolgt in Fällen der letzteren Art keine Erstattung, sofern auch die Frist zur Beschreitung des Rechtswegs aus § 26 des Gesetzes bereits abgelaufen ist. FM. 18. 2. 13 III 2280.

9. Neben dem Verwaltungserstattungsverfahren ist für die Fälle des § 25 Abs. 1a auch der Rechtsweg nach § 26 zulässig.

10. Der Erstattungsanspruch aus § 25 lit. b ist einer Ausschlußfrist nicht unterworfen.

11. Bei den der Rechtswirksamkeit ermangelnden Rechtsgeschäften spricht das Bürgerliche Gesetzbuch von:

a) Nichtigkeit, wenn das Geschäft von vornherein der Rechtswirksamkeit entbehrt. Hierher gehören vorzugsweise Willenserklärungen Geschäftsunfähiger (§ 105 Abs. 1), geistig Gestörter (§ 105 Abs. 2), nicht ernstlich gemeinte oder Scheingeschäfte (§§ 117, 118), der gesetzlichen Form ermangelnde Geschäfte (§ 125), gesetzlich verbotene oder gegen die guten Sitten verstoßende Willenserklärungen (§§ 134, 138);

b) Anfechtbarkeit, wenn das Rechtsgeschäft zunächst gültig ist und es auch bleibt, wenn der Anfechtungsberechtigte von dem Anfechtungsrechte keinen Gebrauch macht. Werden solche Geschäfte aber mit Erfolg angefochten, so sind sie nach § 142 Abs. 1 BGB. von Anfang an als nichtig anzusehen. Es sind dies die wegen Irrtums, Betrugs oder Zwanges anfechtbaren Geschäfte (§§ 119, 123).

In der Verwaltungspraxis wurde der § 25 Abs. 1 zu c des Gesetzes, der unter der Geltung des Preußischen Landrechts entstanden ist und dem Sprachgebrauch dieses Rechts folgt, auf die unter b erörterten Fälle nicht angewendet. Die Novelle von 1909 beseitigte diese Übung zugunsten der Steuerpflichtigen dahin, daß die Erstattungspflicht auf die nach § 142 Abs. 1 BGB. als nichtig anzusehenden Rechtsgeschäfte ausgedehnt wurde. Begr. S. 2 (09).

**12.** Wegen der Erstattungsansprüche aus § 25 Abs. 1c ist der Rechtsweg auf Grund des § 26 nicht zulässig. Letzterer Paragraph hat nur die Fälle im Auge, in denen es sich um die Frage handelt, ob nach den zur Zeit der Einforderung, Zahlung oder Beitreibung des St. vorhandenen Voraussetzungen eine Verpflichtung zu dessen Entrichtung bestand oder nicht; der § 25 Abs. 1c enthält lediglich eine im Verwaltungswege zur Durchführung zu bringende gesetzliche Anweisung an die StSteuerbehörde, entrichtete StBeträge unter gewissen Voraussetzungen zu erstatten. Vgl. RG. 4. 4. 05, ZBl. S. 500, Entsch. Bd. 60 S. 349; 18. 10. 07, Holdh. S. 146 v. 08, auch 21. 10. 13 ZBl. S. 80 v. 14.

**13.** Die Rückzahlung des St. findet bei Notariatsurkunden sowohl im Falle des Abs. 1a wie des Abs. 1c nur bis auf den NotariatsurkundenSt. der T. 45 statt, da dieser St. durch die Form der Beurkundung begründet wird. Nur wenn eine Notariatsverhandlung aus formellen Gründen nichtig ist, bedarf sie auch des St. aus T. 45 nicht. §§ 169ff. FG. HSp. S. 901, DNotV. S. 441 v. 1913.

**14.** Für die StPflichtigkeit eines Geschäfts ist nach § 3 Abs. 2 d. Ges. die Wiederaufhebung und die unterbliebene Ausführung des Geschäfts im allgemeinen ohne Bedeutung. Die Durchführung dieses Grundsatzes würde, namentlich im Grundstücksverkehr, große Härten mit sich bringen. Deshalb kann nach § 25 Abs. 2 die Erstattung bereits verwendeter St. aus Billigkeitsgründen angeordnet werden, wenn die Ausführung eines Geschäfts unterblieben, oder ein Geschäft auf Grund der Wandlung rückgängig gemacht worden ist.

**15.** a) Unter „Ausführung eines Geschäfts" ist nicht nur solche unter denselben Vertragschließenden zu verstehen, vielmehr liegt Geschäftsausführung auch schon dann vor, wenn der Verpflichtete nicht unmittelbar an den Berechtigten selbst, sondern an einen Dritten geleistet hat, der an die Stelle des Berechtigten getreten ist, bei einem Grundstückskaufvertrag z. B. an einen Vorkaufsberechtigten, FM. 23. 11. 05 III 15028, oder an jemand, dem der Käufer seine Rechte aus dem Kaufvertrag abgetreten hat.

Ein Grundstückskaufvertrag gilt dann als in der Hauptsache erfüllt, wenn der Erwerber nach bewirkter Auflassung im Grundbuch als neuer Eigentümer eingetragen worden ist. FM. 27. 11. 12 III 18863.

Bei Übertragung der Rechte aus einem Grundstücksveräußerungsvertrage seitens des Erwerbers an einen Dritten ist daher das Geschäft erst dann als ausgeführt zu erachten, wenn auch die Auflassung des Grundstücks seitens des Veräußerers an den Erwerber und die Eintragung im Grundbuch stattgefunden hat. Vgl. FM. 3. 8. 07 III 13881.

b) Eine unterbliebene Geschäftsausführung kommt überhaupt nicht in Frage, wenn die Beurkundung und die Ausführung des Geschäfts zeitlich zusammentrifft, z. B. bei der Beurkundung der Abtretung von Forderungen, ferner wenn Urkunden nicht unmittelbar Rechtsgeschäfte zum Gegenstand haben (z. B. Inventarien, Taxen usw.), oder wenn in öffentlichen Urkunden tatsächliche Vorgänge bescheinigt werden (hierher gehören Auszüge, Beglaubigungen von Abschriften und Unterschriften, ferner andere amtliche Zeugnisse aller Art, Wechselproteste und andere Proteste usw.) oder wenn die Erhebung des St. lediglich durch die Form der Beurkundung bedingt wird (z. B. AusfertigungsSt. oder die festen St. bei Notariatsurkunden und Protokollen). Bei Notariatsurkunden kann daher der St. zu den Urschriften nur bis auf den Betrag von 3 ℳ und zu den Duplikaten überhaupt nicht erstattet werden. Dagegen ist bei privatschriftlichen Urkunden die Erstattung des DuplikatSt. zulässig; ferner können St. erstattet werden zu öffentlichen Urkunden dispositiver Natur, z. B. zu Naturalisationsurkunden oder zu Erlaubniserteilungen in gewerbepolizeilichen Angelegenheiten, wenn der Konzessionar den Betrieb des Gewerbes nicht angefangen, also von der Urkunde keinen Gebrauch gemacht hat. FM. 2. 3. 03 III 12861.

c) Bei Abtretungserklärungen ist jedoch zu unterscheiden zwischen Abtretung persönlicher und hypothekarischer Forderungen, da es zur Abtretung der letzteren nach § 1154 BGB. neben der Abtretungserklärung noch der Übergabe des Hypothekenbriefes oder bei Buchhypotheken der Eintragung in das Grundbuch bedarf. Während bei Abtretung persönlicher Forderungen Beurkundung und Ausführung des Geschäfts zeitlich zusammenfallen und deshalb die Erstattung unzulässig ist, kann sie bei Abtretung von Hypothekenforderungen, wenn die Voraussetzungen sonst gegeben sind, bewilligt werden. FM. 13. 4. 08 III 6803.

d) Wenn das Geschäft nicht in der im Vertrage beurkundeten Weise ausgeführt ist, ist eine Erstattung des Kaufwertstempels aus Billigkeitsgründen an sich nicht für unzulässig zu erachten. FM. 14. 7. 09 III 11281, 17. 8. 10 III 14075.

e) Ist in einem nicht zur Ausführung gekommenen Kaufvertrage über ein Grundstück nebst Inventar auf das letztere ein besonderer Preis gerechnet, so kann nur der ImmobiliarkaufSt. erstattet werden, wenn das Inventar dem Käufer bereits überliefert worden war. FM. 12. 5. 02 III 6044.

Da jedoch die zur Übertragung des Eigentums an beweglichen Sachen nach § 929 BGB. erforderliche Einigung unter einer Bedingung vorgenommen werden kann und die rechtlichen Wirkungen solcher bedingten Eigentumsübertragungen sich nach den §§ 158ff. BGB. bestimmen, so bleibt der Veräußerer, wenn die Übergabe unter einer aufschiebenden Bedingung erfolgt, gemäß § 158 Abs. 1 BGB. und § 161 a. a. O. bis zum Eintritt der Bedingung Eigentümer und erst mit diesem Zeitpunkt geht das Eigentum auf den Erwerber über, auch wenn er den Besitz schon vorher erlangt hat. Bei Verträgen über die Veräußerung von Schankgrundstücken ist daher die Erstattung des BeilaßSt. auf Grund des § 25 Abs. 2 LStG. trotz erfolgter Übergabe des Beilasses zulässig, wenn die Gültigkeit des Vertrages von der üblichen Bedingung der Erteilung der Genehmigung zum Schankwirtschaftsbetriebe abhängig gemacht ist und die Bedingung infolge der Versagung der Genehmigung ausfällt. Liegt dagegen eine auflösend bedingte Eigentumsübertragung vor, wie es namentlich bei Nichtzahlung des bedungenen Kaufpreises der Fall ist, so wird der Erwerber bereits mit der Besitzübergabe nach § 158 Abs. 2 BGB. Eigentümer, und das Eigentum fällt mit Eintritt der Bedingung an den Veräußerer zurück. In diesem Fall ist nach Übergabe des beweglichen Beilasses eine Erstattung nicht mehr zulässig. — Nach den gleichen Gesichtspunkten regelt sich die StPflicht bei Abtretungen von Forderungen. Es wird z. B. in dem vorerwähnten Falle auch der St. zu den seitens der Veräußerer beurkundeten Abtretungen des Kaufpreises zurückgewährt werden können, wenn infolge Versagung der Konzession das Hauptgeschäft hinfällig wird. FM. 19. 10. 05 III 10904.

f) Ist der Inhaber einer Konzession zum Betriebe einer Apotheke vor Eröffnung der Apotheke gestorben, so kann der zur Konzessionsurkunde verwendete St. erstattet werden. FM. 7. 6. 98 III 7989.

g) Dagegen ist bei Standeserhöhungen die Erstattung dann versagt, wenn kurz nach Aushändigung des Patents der Inhaber gestorben war. FM. 6. 7. 98 III 9576, HSp. S. 340.

h) Werden Ursprungszeugnisse wegen Formmangels durch andere ersetzt oder als nicht erforderlich nicht benutzt, so ist eine Erstattung des verwendeten St. nicht zulässig, weil bei Zeugnissen von einem nicht ausgeführten Geschäft i. S. des § 25 Abs. 2 d. G. nicht die Rede sein kann. — Vgl. A. 47 und 50 bei T. 77.

i) Gelangt eine ausgestellte Postvollmacht nicht zur Verwendung, weil der Vollmachtauftrag nicht zur Ausführung kommt, so erfolgt die Herbeiführung der ev. Erstattung auf Grund § 25 Abs. 2. FM. 5. 12. 03 III 16207.

In Fällen, in denen Postvollmachten von den Postbehörden wegen formeller Mängel zurückgewiesen werden, weil z. B. der zu der Vollmacht erforderliche St. von dem hierzu nicht zuständigen Polizeirevierbeamten oder Stadtbezirksvorsteher entwertet ist, der die Unterschrift unter der Vollmacht beglaubigt hat, hat nach Anfertigung einer neuen Vollmacht die Erstattung des zu der ersten Urkunde verwendeten St. gleichfalls aus Billigkeitsrücksichten zu erfolgen; ebenso in ähnlichen Fällen z. B. bezüglich der den Spediteuren erteilten und von den Güterabfertigungsstellen aus gleichen Gründen zurückgewiesenen Vollmachten. FM. 21. 11. 10 III 20388. — Vgl. A. 17h zu T. 73, A. 45 bei T. 77.

**16.** a) Erstattung ist nur zulässig aus besonderen Billigkeitsgründen. Die Rückzahlung des St. wird daher versagt, wenn der Antragsteller die unterbliebene Ausführung verschuldet hat, oder wenn der Rücktritt ohne äußere zwingende Veranlassung erfolgt, etwa geschäftlicher Vorteile wegen, oder wenn beim Vertragsschluß arglistig zu Werke gegangen ist, oder wenn in besonders guter Vermögenslage Befindliche die erforderliche Sorgfalt außer acht gelassen haben, oder der Verkäufer sich nicht oder in ganz ungenügender Weise um die Zahlungsfähigkeit des Käufers gekümmert hat, oder wenn der Antragsteller durch die Nichtausführung keinen vermögensrechtlichen Nachteil erlitten hat. Hierbei ist die Frage, ob eine Erstattung zu gewähren ist, nur nach den persönlichen Verhältnissen desjenigen zu beurteilen, der die Abgabe bezahlt hat. Ist letzterer etwa von dem Gegenkontrahenten für die StZahlung oder sonst entschädigt und hat in die Auszahlung des St. an den Gegenkontrahenten gewilligt, so kann dieser Umstand nicht dazu führen, die persönlichen Verhältnisse des letzteren für die Gewährung von Billigkeitsrücksichten zugrunde zu legen. FM. 19. 12. 00 III 14941, 2. 3. 03 III 12861 aus 02. Die Frage, ob der Antragsteller die seinem Stande nach erforderliche Sorgfalt beobachtet hat, wird in der Verwaltungsübung unter Zugrundelegung der Zeit des Vertragsschlusses geprüft. Es genügt nicht, daß der Antragsteller sich durch die Vereinbarungen über die Auflassung oder Zahlung des Kaufpreises vor Übervorteilung geschützt hat. Vgl. A. 4 zu T. 71.

b) Steht dem die Erstattung Nachsuchenden gegen seinen Vertragsgenossen nach den Bestimmungen des Vertrages oder des bürgerlichen Rechts ein Rückgriffsrecht zu, so ist ihm zunächst zu überlassen, dieses Recht geltend zu machen, und erst dann Erstattung zu gewähren, wenn er zu seiner Befriedigung nicht gelangen kann, z. B. weil der Verpflichtete kein Vermögen besitzt. FM. 2. 3. 03 III 12861.

c) Der Umstand, daß der Käufer dem Verkäufer als Entschädigung für die diesem entstandenen Nachteile die Hälfte des St. für den Fall der Rückzahlung zugesichert hat, ist nicht geeignet, die sonst zuzulassende Erstattung auszuschließen, da es Sache des Käufers ist, in welcher Weise er den erstatteten St. in seinem Interesse zu verwenden glaubt. FM. 17. 9. 01 III 11591.

d) Eine Erstattung pflegt abgelehnt zu werden, wenn der Vertrag zu Spekulationszwecken abgeschlossen war. Greiff RStG. S. 431 A. 6.

**17.** a) Das Ges. von 1895, welches die zweijährige Erstattungsfrist unterschiedslos nach dem Tage der Beurkundung des Geschäfts beginnen ließ, führte zu Unbilligkeiten, wenn die Erstattung durch Tatsachen gerechtfertigt wird, die erst nach der Beurkundung eingetreten sind, z. B. durch den Nichteintritt aufschiebender Bedingungen. (Nichterteilung der Gastwirtschaftskonzession.) In der Novelle von 1909 wurde deshalb bestimmt, daß in solchen Fällen die zweijährige Frist erst mit dem Tage beginnen soll, an dem der Erstattungsberechtigte von den Tatsachen Kenntnis erlangt hat. Begr. S. 3 (09).

b) Die Wiederaufhebung des Kaufvertrags ist für sich allein keine solche „Tatsache", welche die Erstattung des Stempels begründen könnte, da sie nur die endgültige Feststellung enthält, daß die Ausführung unterbleibt. FM. III 13009 v. 20. 8. 13.

**18.** Ebenso schien eine gewisse Berücksichtigung der Wandelung geboten, aber nicht im Abs. 1, nach welchem der St. erstattet werden muß, sondern im Abs. 2, nach welchem der St. erstattet werden kann.

Hierbei war die Erwägung maßgebend, daß, wenn die Wandelung unter diejenigen Geschäfte aufgenommen werde, bei denen der St. erstattet werden müsse, dann der StHinterziehung Tür und Tor geöffnet werde. Wenn bei einem Kaufgeschäft den Kontrahenten nachträglich einfällt, die Sache wieder rückgängig zu machen aus irgendwelchen ganz außerhalb des Geschäfts liegenden Gründen, so könnten sie die Wandelung verabreden und den St. ersparen. Dadurch, daß bei der Wandelung nicht ein Erstattungsanspruch gewährt worden ist, bleibt der Steuerbehörde die Möglichkeit offen, zu prüfen, ob tatsächlich nach den wirtschaftlichen Verhältnissen des Falles ein Anlaß zur Berücksichtigung gegeben ist. KB. S. 11 (09).

Für das Vorliegen einer Wandelung sind die Bestimmungen der §§ 462ff. BGB. maßgebend.

**19.** Die abgeänderten Bestimmungen des § 25 Abs. 2 finden keine Anwendung auf Geschäfte, die vor dem 1. Juli 1909 beurkundet worden sind. FM. 15. 9. 10 III 17409.

**20.** Dem nach § 25 Abs. 3 in Anspruch genommenen Kontrahenten steht der Rechtsweg offen. Das Gericht entscheidet materiell, ob die Voraussetzung für Abs. 3 zutrifft. KG. 16. 6. 99.

Für die entsprechende Bestimmung des ReichsStempelrechts (§ 170 AB. z. RStG. v. 15. 7. 09) bejaht die Zulässigkeit des Rechtswegs RG. v. 10. 10. 13 KZ. S. 90 v. 1914.

**21.** Besondere Fälle einer Herabsetzung des St. aus Billigkeitsgründen s. T. 32 (8) Schlußsatz: Abtretung von Rechten aus Kaufverträgen, T. 71 Ziffer 1 Abs. 3: Wiederaufhebung eines Vertrags durch einen neuen stpflichtigen.

22. Was die Pfändbarkeit der zu erstattenden Beträge anlangt, so ist folgendes zu bemerken: Die Pfändbarkeit des Anspruchs nach Abs. 1 ist unbestritten. Dagegen bestanden Zweifel, ob im Falle des Abs. 2 eine Pfändung gesetzlich zulässig ist, da die Erstattung in der freien Entschließung der Verwaltung steht. Nachdem das RG. im Urteil v. 1. 10. 07 JW. S. 707 die Pfändbarkeit künftiger Forderungen, deren Entstehung nur als möglich vorausgesetzt wird, bei genügender Bestimmtheit und Bestimmbarkeit anerkannt hat, wird auch die Pfändung eines etwa aus § 25 Abs. 2 zu erstattenden Betrags zulässig sein. Solange jedoch die Entscheidung der Zollbehörde dem Antragsteller noch nicht zugegangen ist, muß die Verwaltung zur Abänderung ihrer eigenen Verfügungen als berechtigt angesehen werden. Die Mitteilung der Erstattung an den Notar gemäß AB. 28 Abs. 6 und 9 schafft für den Pfandgläubiger noch keinen endgültigen Rechtszustand.

23. Hinsichtlich des rechnungsmäßigen Nachweises der StErstattungen sind in Einverständnis mit dem Finanzminister zu den AusfBest. Ziff. 27 Abs. 1 u. 2 und Ziff. 28 Abs. 5, 6, 7, 9 u. 10 seitens der Kgl. Ober-Rechnungskammer in der Allg.V. v. 27. 9. 10 Nr. Z. 1124 Anordnungen getroffen, auf welche hingewiesen wird. ZBl. S. 478.

## § 26.

### Rechtsweg.

In Beziehung auf die Verpflichtung zur Entrichtung einer Stempelabgabe ist der Rechtsweg[1–2] zulässig. Die Klage ist bei Verlust des Klagerechts binnen sechs Monaten[3] nach erfolgter Beitreibung oder geleisteter Zahlung gegen diejenige Oberzolldirektion zu richten, in deren Verwaltungsbezirk die Steuer erfordert worden ist.[4–11] Wenn es sich um Stempelbeträge handelt, welche nach den für Gerichtskosten geltenden Vorschriften einzuziehen sind, ist die Klage gegen die zur Vertretung des Fiskus in Angelegenheiten der Justizverwaltung bestimmte Behörde zu richten.[12]

AB. 29. LStV. § 7.

1. Unter Rechtsweg ist im Gegensatz zum Verwaltungsweg, welcher im § 25 geregelt ist, der Weg der Klage beim ordentlichen Gericht zu verstehen.

2. a) Dem früheren StRecht war der Rechtsweg fremd. Er ist erst durch das pr. Ges. vom 24. 5. 1861 betr. die Erweiterung des Rechtswegs in weiterem Umfange zugelassen und durch das LStG. vollständig freigegeben worden. Vgl. wegen Rückforderung von Steuern allgemein RG. 20. 2. 12, ZBl. S. 233.

b) Der Rechtsweg ist jetzt für alle Arten von St. zugelassen (Wert- und FestSt., Vertrags- und GebührenSt.). Auch ist die Klage, entgegen z. B. dem ReichsStGes. § 110, nicht von einer mit Vorbehalt geleisteten Zahlung abhängig. Sie betrifft die Frage, ob nach den zur Zeit der Einforderung, Zahlung oder Beitreibung des St. vorhandenen Voraussetzungen eine Verpflichtung zu dessen Entrichtung bestand. Der Rechtsweg ist nicht gegeben, wenn geltend gemacht wird, daß die ursprünglich begründete Verpflichtung zur Steuerzahlung später wieder fortgefallen ist. Vgl. A. 12 zu § 25.

c) Die Zulassung der Klage ist nicht durch die vorherige Beschreitung oder Erschöpfung des Beschwerdeweges bedingt. RG. 4. 2. 08, Entsch. Bd. 68 S. 59, ZBl. S. 251.

Selbst eine Aufforderung an die Verwaltungsbehörde zur Rückzahlung braucht der Klage nicht voranzugehen. KS. 17 S. 7 u. 8.

d) Die Frage der StPflicht wird vom Steuerpflichtigen meist im Wege der Leistungsklage (Klage auf Rückzahlung des entrichteten StBetrags) zum Austrag zu bringen sein. Doch ist auch Feststellungsklage möglich, wenn deren allgemeine Voraussetzungen nach der ZPO. im einzelnen Falle gegeben sind.

e) Dem Fiskus steht eine Leistungsklage nicht zu, denn er kann die Steuer im Verwaltungszwangsverfahren beitreiben. Wohl aber wird ihm die Widerklage als Leistungs- und Feststellungsklage gegeben sein, wenn er im Prozeß geltend macht, daß ihm ein StBetrag geschuldet würde, der den vom Kläger verweigerten Betrag noch übersteige. Auch die Möglichkeit, daß die Voraussetzungen einer Feststellungsklage (nicht lediglich als Widerklage) vorliegen, wird nicht ein für allemal von der Hand zu weisen sein. RG. 4 4. 05, ZBl. S. 500, 5. 11. 09, ZBl. S. 164 v. 10; 21. 10. 13 ZBl. S. 80 v. 14.

f) Übergang von einer Leistungsklage zu einer Feststellungsklage ist zulässig; Klageänderung liegt darin nicht. RG. 11. 11. 02, JW. S. 19 v. 03.

g) Die Klage ist gegen die Oberzolldirektion, nicht gegen deren Präsidenten zu richten. § 5 Abs. 3 der Verwaltungsordnung für d. Kgl. Pr. Zollbehörden v. 15. 1. 08, GS. S. 66 unten S. 502.

h) Dem Gerichte, bei welchem die Klage auf Feststellung der Nichtverpflichtung zur Zahlung eines St. erhoben ist, steht nicht die Befugnis zu, die Einstellung des zur Beitreibung des St. anhängigen Verwaltungszwangsverfahrens durch einstweilige Verfügung anzuordnen. RG. 20. 3. 90, Entsch. Bd. 25 S. 406.

**3.** a) Die Frist zur Klageerhebung rechnet vom Tage der wirklichen Verwendung des St., nicht etwa vom Tage einer Hinterlegung. RG. 20. 5. 97, JW. S. 371; 29. 5. 00, Ressow und Küntzel Jahrg. 44 S. 1015.

b) Der Lauf der sechsmonatigen Klagefrist wird durch die Gerichtsferien nicht gehemmt. RG. 4. 2. 08, Entsch. Bd. 68 S. 55, FM. 4. 5. 08 III 7970, ZBl. S. 251.

c) Die Zustellung der Klage an einen nicht legitimierten Vertreter des Fiskus ist dergestalt wirkungslos, daß durch sie die Frist zur Klageerhebung nicht unterbrochen wird. RG. 12. 11. 07, JW. S. 838.

d) Der Monat kommt als ein Zeitraum von 30 Tagen in Betracht. RG. 16. 5. 99, JW. S. 460.

e) Die Einrede wegen Ablaufs der Klagefrist ist als Einrede der Verjährung anzusehen. Deshalb ist die Frist keine Präklusivfrist und die Einrede ist nicht von Amts wegen zu berücksichtigen, sondern sie muß erhoben werden. RG. 10. 5. 97, JW. S. 376 und neuerdings 4. 7. 13, KZ. S. 87. Ebenso § 110 RStG., anders § 57 RGStG.

4. Die Grundsätze für Zulässigkeit usw. der Klage gelten auch für den Anspruch auf Zinsen, falls diese allein geltend gemacht werden. RG. 13. 6. 02, JW. S. 450.

5. a) Bei Rückforderung von St. können gegen den Fiskus nur 4 Prozent Verzugszinsen berechnet werden. RG. 5. 1. 99, JW. S. 118. § 352 HGB., §§ 246, 288 BGB.

b) Verzugszinsen können nach §§ 818, 819, 291 BGB. nicht schon vom Tage der geleisteten Zahlung, sondern erst vom Tage der Klagezustellung verlangt werden, sofern nicht der beklagte Fiskus bei Empfang des Geldes den Mangel des rechtlichen Grundes gekannt oder ihn später erfahren hat. RG. 17. 2. 03, Entsch. Bd. 54 S. 25 und 29. 10. 09, Entsch. Bd. 72 S. 152.

6. Dadurch, daß der Fiskus berechtigt ist, auf administrativem Wege die Steuer beizutreiben, verändern sich nicht die Grundsätze über die Darlegungspflicht und die Beweislast, falls die Frage der Steuerpflichtigkeit im Prozeßwege zur Erörterung gelangt. Sache des Fiskus ist es vielmehr, wenn im Wege der Klage eine unter Vorbehalt gezahlte oder im administrativen Verfahren beigetriebene StAbgabe zurückgefordert wird, darzulegen und event. zu beweisen, daß die tatsächlichen Voraussetzungen der StPflichtigkeit vorgelegen haben. RG. 30. 5. 90, Entsch. Bd. 26 S. 56, und 6. 10. 99, JW. S. 735.

7. a) Dem Klageanspruch auf Rückzahlung einer Steuer kann vom Fiskus eine nicht auf derselben tatsächlichen Unterlage ruhende StForderung entgegengestellt werden. Vom RG. 6. 11. 00, JMBl. S. 40 v. 02 und 18. 12. 00, ZBl. S. 78 von 01 anerkannt für preußische Erbschaftssteuer und LandesSt., wird aber auch für das Verhältnis von LSt. und Reichsabgaben anzunehmen sein, da letztere von Preußen, nicht vom Reich, erhoben werden. Art. 36 der Reichsverfassung.

b) Der StPflichtige dagegen kann gegen den StAnspruch des StFiskus nicht aufrechnen mit einer ihm gegen eine andere Kasse des Staates z. B. Eisenbahnfiskus, zustehenden Forderung, und zwar selbst nicht mit einer solchen, die auf vertragsmäßige anteilige Tragung des erforderten St. gerichtet ist (§ 395 BGB.). RG. 6. 5. 04, Holdh. S. 273.

8. Ausschließlich zuständig für die Klage ist das Landgericht am Sitze der Oberzolldirektion, in deren Verwaltungsbezirk der St. erfordert worden ist. § 39 Abs. 1 Z. 4 AG. z. GVG. Auch die Revision ist ohne Rücksicht auf den Wert des Streitgegenstandes zulässig und geht an das Reichsgericht. ZPO. § 547, GVG. § 135.

9. Über Zulässigkeit einer Zwangsvollstreckung gegen den Fiskus im fr. Gebiete der Allgem. Gerichtsordnung s. JM. v. 24. 3. 82, JMBl. S. 59, im Gebiete des gem. Rechts JM. v. 18. 7. 81, JMBl. S. 160, § 15 Ziffer 3 EG. z. ZPO.

10. Der Steuerfiskus ist für ein einem Notar als seinem Hilfsorgan zur Last fallendes Versehen nicht verantwortlich und haftbar, weil dem Notar keine allgemeine Vertretungsbefugnis für den Steuerfiskus beigelegt ist; bei Erhebung der anläßlich seiner dienstlichen Tätigkeit zu erhebenden St. ist der Notar als Zahlungsnehmer für den Fiskus anzusehen, jedoch nicht als Vertreter des Fiskus, so daß etwaige Willensfehler des Notars dem Fiskus nicht schädlich sein können. RG. 7. 2. 01, JW. S. 177.

**11.** Nach Loeck RStG. XII. Aufl. S. 418 sei schließlich noch ein FM. vom 1. 10. 12 — III 15490 — wiedergegeben, der sich mit der Einklagung von Teilbeträgen, statt des vollen Steuerbetrages befaßt:

Besondere Gründe lassen es wünschenswert erscheinen, für die Folge die Frage des Einverständnisses mit der Einklagung von Teilbeträgen einer sorgfältigen Prüfung zu unterwerfen und hierauf gerichteten Anträgen der Prozeßgegner nur dann zu entsprechen, wenn besonders im fiskalischen Interesse liegende Gründe dieses Verfahren zu rechtfertigen vermögen. In Fällen, wo wegen eines Teilbetrages Klagen erhoben worden sind, ohne daß vorher mit dem Steuerfiskus eine Vereinbarung herbeigeführt ist, empfiehlt es sich, die Kläger rechtzeitig darauf hinzuweisen, daß seitens des Fiskus die ergehende Entscheidung nur hinsichtlich des eingeklagten Betrages, nicht aber auch hinsichtlich des nicht zum Gegenstande des Prozesses gemachten Restbetrages für verbindlich angesehen werden kann.

**12.** Die Klage auf Rückzahlung von GerichtskostenSt. ist gegen die Staatsanwaltschaft bei demjenigen Oberlandesgericht zu richten, in dessen Bezirke der St. angesetzt ist.

## § 27.

## Verjährung der Stempelsteuer.

(1) [1-2]Die Stempelsteuer verjährt, wenn sie auf einen Bruchteil des Wertes des Gegenstandes zu bemessen ist, in zehn, sonst in fünf Jahren nach Ablauf des Kalenderjahres, in welchem die Zahlung der Abgabe hätte erfolgen müssen.

AB. 61 Abs. 4.

(2) Die Verjährung wird unterbrochen durch eine an den Zahlungspflichtigen erlassene Aufforderung zur Zahlung, durch Handlungen der Zwangsvollstreckung oder durch Bewilligung einer Stundung. Mit dem Ablaufe desjenigen Kalenderjahres, in welchem die letzte Aufforderung zugestellt, die letzte Vollstreckungshandlung vorgenommen oder die bewilligte Frist abgelaufen ist, beginnt eine neue Verjährung.

(3) Die Beanstandung der Angaben der Steuerpflichtigen über den Wert des Gegenstandes eines Geschäfts ist binnen einer dreijährigen Frist nach der Beurkundung zulässig.[3]

LStV. § 6 Ziff. 5, § 17.

(4) Die Fristen des ersten und dritten Absatzes beginnen bezüglich der nach der Tarifstelle 66 zu entrichtenden Stempel erst nach Ablauf des Kalenderjahres, in welchem die Eröffnung der Verfügung erfolgt. LStV. § 1 Ziff. 4.

**1.** Auf die Verjährung einer vor dem 1. April 1896 eingetretenen StPflicht finden die Grundsätze des sonst geltenden allgemeinen Rechts Anwendung. Diese gehen dahin, daß die kürzere Verjährung des neuen Rechts Anwendung findet, so zwar, daß ihr Lauf erst mit der Geltung des neuen Gesetzes beginnt, daß aber, wenn die ältere, längere, vor dem Gesetz bereits begonnene Verjährung eher ablaufen würde, dieses dem Verpflichteten günstigere Ergebnis, obwohl der teilweise Ablauf der Frist des älteren Rechts kein wohlerworbenes Recht, sondern nur eine rechtliche Aussicht begründete, ungeachtet des Eintritts des neuen Gesetzes dem Schuldner erhalten bleiben soll. RG. 25. 4. 02, Entsch. Bd. 51 S. 226 und 20. 4. 09, Entsch. Bd. 71 S. 82.

2. Nach HSp. S. 363 sollen verjährte Steuern nicht eingefordert werden. Wegen Erstattung von St., der ohne Kenntnis der Verjährung gezahlt ist, vgl. Anm. 6h zu § 25.

3. a) Durch § 27 Abs. 3 soll nicht allen Beanstandungen von Wertangaben der Steuerpflichtigen eine Grenze gesetzt werden. Die Vorschrift bezieht sich vielmehr nur auf solche Fälle, wo ohne eine Angabe des Steuerpflichtigen die Vernehmung von Sachverständigen oder die Anstellung sonstiger Ermittelungen erforderlich werden würde. Hat die Steuerbehörde eine Wertangabe, deren es nicht bedurfte, und die mit dem Gesetz in Widerspruch stand, irrtümlich berücksichtigt, so ist sie nicht behindert, innerhalb der Verjährungsfrist den Irrtum zu berichtigen. RG. 21. 6. 12, JW. S. 883, Entsch. Bd. 79 S. 424. Vgl. Anm. 7 zu § 10.

b) Die Beanstandungsfrist ist ferner auf reine Wertangaben beschränkt; sie greift nicht Platz, wenn unrichtige Charakterisierung der Rechtseigenschaft der Veräußerungsgegenstände gerügt wird, so FM. 22. 2. 04 III 2536, a. A. KG. 6. 4. 04 Joh. Bd. 28 S. B 23, vgl. Anm. 5c bei § 10.

## § 28.

### Berechnung der Fristen.

**Für die Berechnung der in diesem Gesetz und dem Tarif erwähnten Fristen sind die Bestimmungen der Deutschen Zivilprozeßordnung*) maßgebend.**

---

*) Zivilprozeßordnung:

**§ 222.** Fur die Berechnung der Fristen gelten die Vorschriften des Bürgerlichen Gesetzbuchs.**)

Fällt das Ende einer Frist auf einen Sonntag oder allgemeinen Feiertag, so endigt die Frist mit Ablauf des nächstfolgenden Werktages.

Bei der Berechnung einer Frist, welche nach Stunden bestimmt ist, werden Sonntage und allgemeine Feiertage nicht mitgerechnet.

**) Bürgerliches Gesetzbuch:

**§ 187.** Ist fur den Anfang einer Frist ein Ereignis oder ein in den Lauf eines Tages fallender Zeitpunkt maßgebend, so wird bei der Berechnung der Frist der Tag nicht mitgerechnet, in welchen das Ereignis oder der Zeitpunkt fällt.

Ist der Beginn eines Tages der fur den Anfang einer Frist maßgebende Zeitpunkt, so wird dieser Tag bei der Berechnung der Frist mitgerechnet. Das gleiche gilt von dem Tage der Geburt bei der Berechnung des Lebensaters.

## § 29.

### Kosten.

(1) Die Verhandlungen in Stempelsteuerangelegenheiten — mit Ausnahme derjenigen im Strafverfahren, hinsichtlich deren die Vorschriften des Verwaltungsstrafgesetzes vom 26. Juli 1897 (Gesetzsamml. 1897 S. 237) zur Anwendung kommen — sind kostenfrei.[1]

(2) Die Steuerpflichtigen sind zur Tragung des durch die Verhandlungen mit ihnen erwachsenden Portos verbunden.

AB. 30.

1. Von dem die portofreie Beförderung bedingenden Aversionierungsvermerk dürfen auch einzelne Beamte, die eine Staatsbehörde nicht vertreten, sowie die auf Dienstreisen oder auf Urlaub befindlichen Beamten Gebrauch machen. Auch die Portokosten für die Dienstsendungen der StVerteiler sind in das Aversionierungs-Abkommen einbezogen. FM. 13. 7. 95 III 10119 und 12. 7. 98 III 8341, HSp. S. 372.

Vgl. die Bestimmungen über die geschäftliche Behandlung der Postsendungen in Staatsdienstangelegenheiten v. 7. 2. 94, ZBl. S. 129.

## § 30.

### Verwaltung der Stempelsteuer.

(1) Die Verwaltung des gesamten Stempelwesens wird unter Leitung des Finanzministers von den Oberzolldirektionen durch die Stempelsteuerämter und Zollbehörden geführt.[1]

AB. 31.

(2) [2]Die Hauptzollämter sowie Stempelsteuerämter sind verpflichtet, gegen Erstattung der ihnen an Schreibgebühren und Porto[2] erwachsenden Kosten den zur Verwendung des Stempels verpflichteten Personen Auskunft über die Höhe des Stempels zu erteilen.

AB. 32.

---

**§ 188.** Eine nach Tagen bestimmte Frist endigt mit dem Ablaufe des letzten Tages der Frist.

Eine Frist, die nach Wochen, nach Monaten oder nach einem mehrere Monate umfassenden Zeitraume — Jahr, halbes Jahr, Vierteljahr — bestimmt ist, endigt im Falle des § 187 Abs. 1 mit dem Ablaufe desjenigen Tages der letzten Woche oder des letzten Monats, welcher durch seine Benennung oder seine Zahl dem Tage entspricht, in den das Ereignis oder der Zeitpunkt fällt, im Falle des § 187 Abs. 2 mit dem Ablaufe desjenigen Tages der letzten Woche oder des letzten Monats, welcher dem Tage vorhergeht, der durch seine Benennung oder seine Zahl dem Anfangstage der Frist entspricht.

Fehlt bei einer nach Monaten bestimmten Frist in dem letzten Monate der für ihren Ablauf maßgebende Tag, so endigt die Frist mit dem Ablaufe des letzten Tages dieses Monats.

(3) Außer den Zollbehörden haben alle diejenigen Staats- oder Kommunalbehörden und Beamten,[4] welchen eine richterliche oder Polizeigewalt anvertraut ist, die besondere Verpflichtung, auf Befolgung der Stempelgesetze zu halten und alle bei ihrer Amtsverwaltung zu ihrer Kenntnis kommenden Zuwiderhandlungen gegen dieses Gesetz behufs Einleitung des Strafverfahrens von Amts wegen zur Anzeige zu bringen.[5]

AB. 33; 77. LStV. §§ 22, 23.

1. a) Vgl. die „Verwaltungsordnung für die Königlich Preußischen Zollbehörden" v. 15. 1. 08. GS. S. 66 unten S.

b) Die höhere Behörde ist berechtigt, auf Beschwerde des Steuerpflichtigen den St. noch zu erhöhen. Der Grundsatz reformatio in pejus non datur gilt als Ausfluß der Dispositionsmaxime wohl für den Parteiprozeß, aber nicht für Angelegenheiten, in welchen sowohl die unteren als auch die oberen Behörden von Amts wegen einschreiten können, und wo die ergangenen Entscheidungen nicht rechtskräftig werden. RG. 21. 6. 12, Entsch. Bd. 79 S. 424.

2. a) Nach dem Gesetze sind nicht die Zollämter und StVerteiler, sondern nur die Hauptzollämter und die StSteuerämter zur Auskunfterteilung verpflichtet. Zollämter und StVerteiler sind zur Auskunft nach der Verwaltungsauffassung auch nicht berechtigt — soweit nicht die Auskunfterteilung mit der StVerwendung zusammenfällt. HSp. S. 381 A. 10. Straffreiheit gemäß § 20 LStG. könnte hiernach nicht eintreten, wenn der St. entsprechend der Auskunft einer dazu nicht berechtigten Behörde verwendet worden ist. Doch wird hier nur Ordnungswidrigkeit (§ 18) anzunehmen und nach den Umständen des Falles vielfach Straflosigkeit gerechtfertigt sein.

b) Der § 30 Abs. 2 setzt eine schon bestehende Verpflichtung zur Verwendung eines St. voraus, die erst mit der unterschriftlichen Vollziehung einer Urkunde entsteht. Es ist deshalb eine gesetzliche Verpflichtung zur Auskunfterteilung bei Vorlegung von bloßen Entwürfen nicht vorhanden. FM. 16. 11. 01 III 13128.

3. a) Zur Erstattung von Schreibgebühren und Porto sind auch mittelbare Behörden und Beamte, insbesondere nicht von Kgl. Behörden geführte Polizeiverwaltungen und Amtsvorsteher verpflichtet. Befreiung genießen nur unmittelbare Staatsbehörden und Beamte. FM. 29. 3. 97 III 3656, ZBl. S. 116.

b) Auch Notare haben Schreibgebühren zu zahlen. Kreisphysiker dagegen nicht. Vgl. jedoch wegen der Ermächtigung der Auskunftsbehörden, geringfügige Gebühren niederzuschlagen AB. Nr. 32 (1).

c) Erstattungsgesuche, in denen gleichzeitig um Auskunft über die StPflichtigkeit gebeten wird, sind schreibgebührenfrei zu erledigen. FM. 2. 2. 98 III 1054.

4. Der Abs. 3 trifft auch auf die Verwaltungsgerichte zu. FM. 14. 7. 96 III 9438, ZBl. S. 535, desgleichen auf die Magistrate — Erl. d. M. d. J. 28. 1. 83, HSp. S. 385 — und auf die Regierungen. Vgl. A. 9f. zu T. 73.

5. Die Anzeigen sind an die Hauptzollämter zu richten.

## § 31.
### Aufsichtsführung.

(1) Die nähere Aufsicht über die gehörige Beobachtung dieses Gesetzes führen die Vorstände der Stempelsteuerämter, welche mit besonderer Anweisung vom Finanzminister versehen werden.

AB. 34 Abs. 1.

(2) Alle Behörden und Beamten,[1] einschließlich der Notare, ferner Aktiengesellschaften, Kommanditgesellschaften auf Aktien, eingetragene Genossenschaften, Gewerkschaften, Gesellschaften mit beschränkter Haftung, Versicherungsgesellschaften auf Gegenseitigkeit und diejenigen Personen, welche gewerbsmäßig Auktionen abhalten, sind verpflichtet, den vorbezeichneten Vorständen behufs Prüfung der gehörigen Abgabenentrichtung die Einsicht ihrer Akten, Bücher und Schriftstücke zu gestatten.[2]

AB. 34 Abs. 2ff.; 74.

(3) Ferner sind alle Verpächter und Vermieter verbunden, die von ihnen zu führenden Verzeichnisse den Vorständen auf Verlangen einzureichen. ([3])

AB. 34 Abs. 8; 77; 78 Abs. 6; Beil. 3 § 11.

(4) Privatpersonen sind auf Erfordern der Vorstände der Stempelsteuerämter verpflichtet, sich über die gehörige Beobachtung der Stempelgesetze auszuweisen, wenn Tatsachen vorliegen, welche den dringenden Verdacht rechtfertigen, daß von ihnen ein Stempelgesetz verletzt ist. Bei dringendem Verdacht einer Stempelsteuerhinterziehung hat auf einem durch Angabe und Glaubhaftmachung der vorliegenden Tatsachen zu begründenden Antrag des Vorstandes des Stempelsteueramts das Amtsgericht, in dessen Bezirke die Privatperson ihren Wohnsitz oder in Ermangelung dessen ihren gewöhnlichen Aufenthaltsort hat, über die Anordnung einer Beschlagnahme oder Durchsuchung Entscheidung zu treffen.[4] Der Ausführung der Beschlagnahme oder Durchsuchung hat eine Aufforderung zum Ausweis über die gehörige Beobachtung der Stempelsteuergesetze unmittelbar vorauszugehen. Auf das Verfahren finden im übrigen die Vorschriften der Strafprozeßordnung mit der Maßgabe entsprechende Anwendung, daß der Beschlagnahme oder Durchsuchung der Vorstand des Stempelsteueramts beziehungsweise ein mit seiner Vertretung beauftragter Beamter beiwohnen kann.

AB. 35; Beil. 3 § 10 u. 12. LStV. § 23 Ziff. 3—6.

1. Die Reichsbank und ihre Nebenstellen, die Zentralbehörden und das Heroldsamt und ebenso das Patentamt sollen einer Revision

nicht unterworfen werden — FM. 25. 3. 96 III 4229, wohl aber die Verwaltungsgerichte. FM. 14. 7. 96 III 9488. — Es erscheint jedoch unbedenklich, daß das Patentamt in besonderen Fällen, soweit das StSteuerinteresse in Frage steht, den Organen der Preußischen StVerwaltung die Akteneinsicht gestattet oder wenigstens entsprechende Auskunft erteilt. FM. 8. 8. 99 III 10241.

2. a) Sie sind berechtigt von allen Akten usw. Einsicht zu nehmen. FM. 19. 11. 96 III 15780.

b) Am Anfang des Geschäftsjahres machen die StSteuerämter den Landgerichtspräsidenten die Notare namhaft, deren Revision für das Geschäftsjahr in Aussicht genommen ist; die Landgerichtspräsidenten machen ihrerseits den Vorständen des StSteueramts von der Bewilligung eines Urlaubs an die betreffenden Notare Mitteilung. FM. 12. 2. 97 III 1093, JM. 19. 1. 97 I 7005.

3. a) Wegen der Verpflichtung zur Auskunfterteilung s. T. 48 (13).

b) Die Nichteinreichung des Mietverzeichnisses zieht die Strafe des § 18 Abs. 3 d. Ges. nach sich. Nur die tatsächliche Unmöglichkeit der Vorlage befreit von Strafe. Verlegen z. B. entschuldigt nicht.

4. a) Vgl. § 18 BStG., wonach es für Beschlagnahmen und Durchsuchungen bei § 31 LStG. sein Bewenden behalten soll.

b) Der Antrag der Steuerverwaltung über die Anordnung einer Beschlagnahme oder Durchsuchung unterliegt der freien Beweiswürdigung des Richters. KB. S. 112.

c) Der Antrag darf nur gestellt werden bei „dringendem Verdacht einer StSteuerhinterziehung.“ Nach den Erklärungen des FM. bei der Beratung des Gesetzes soll es sogar nur geschehen beim Verdacht systematischer Defraudation hoher Stempelbeträge. HSp. S. 400 A. 12.

## § 32.

## Anfertigung, Verkauf und Verwendung von Stempelzeichen und Anlegung von Verzeichnissen.

(1) Der Finanzminister erläßt die Anordnungen wegen der Anfertigung, des Verkaufs und der Verwendung des Stempelpapiers und der Stempelmarken, wegen der Zulässigkeit der Verwendung von Stempelmarken ohne amtliche Überwachung, wegen der im § 14 bezeichneten Abfindungen und wegen Anlegung der in der Tarifstelle „Pacht- und Mietverträge“ vorgeschriebenen Verzeichnisse.

(2) Stempelmarken, welche von Privatpersonen nicht in der vorgeschriebenen Weise verwendet worden sind, werden als nicht verwendet angesehen.[1]

AB. 27 Abs. 1; 36.

1. Die Bestimmung soll keine Doppelversteuerung zur Folge haben. Es liegt nur der Tatbestand einer StSteuerzuwiderhandlung vor, wohl immer

nur Ordnungswidrigkeit, die gemäß § 18 LStG. strafbar ist. Das Nähere siehe die AB. Die Marken sind seitens der Steuerbehörde nachträglich ordnungsmäßig zu entwerten.

## § 33.

### Unbefugter Handel mit Stempelzeichen.

Der unbefugte Handel mit Stempelzeichen wird unter Einziehung der Vorräte mit einer Geldstrafe bis zu einhundertfünfzig Mark bestraft.[1]

**1.** Unter Handel ist jede Tätigkeit zu verstehen, welche auf den Umsatz von StZeichen zur Erzielung von Gewinn gerichtet ist. Auf der einen Seite ist Gewerbsmäßigkeit nicht erforderlich. Immerhin muß aber die Erzielung eines Gewinnes beabsichtigt sein. Dieser braucht wieder nicht in Barverdienst bei der Veräußerung des StZeichens zu bestehen. Es genügt z. B., wenn ein Kaufmann Stzeichen seinen Kunden verkauft, um sie an sein Geschäft zu fesseln. Das Überlassen von StZeichen lediglich aus Gefälligkeit, ohne jede Absicht unmittelbaren oder mittelbaren Gewinns, macht nicht strafbar. (HSp. S. 405 A. 2.)

## § 34.

### Übergangsbestimmungen.

(1) Dieses Gesetz tritt mit dem 1. Juli 1909 in Kraft. Bezüglich derjenigen Urkunden, welche vor diesem Tage Stempelpflichtigkeit erlangt haben, kommen die bisherigen Bestimmungen zur Anwendung.[1]

(2) Bezüglich der vor dem 1. Juli 1909 errichteten schriftlichen Pacht- und Mietverträge der Tarifstelle 48 I finden die Vorschriften dieser Tarifstelle hinsichtlich der über den 30. Juni 1909 hinaus sich erstreckenden Pacht- und Mietdauer mit der Maßgabe Anwendung, daß ein Drittel des Stempelbetrages für die ursprüngliche Gültigkeitsdauer des Vertrages unerhoben bleibt.[2–4] Bezüglich der vor dem 1. April 1896 errichteten schriftlichen Pacht- und Mietverträge der Tarifstelle 48 I bleibt es bei den bisherigen Bestimmungen.[5]

(3) Für die am 1. Juli 1909 bereits im Gebrauche befindlichen in der Tarifstelle 11a bezeichneten Automaten und Musikwerke ist die Karte für die Zeit vom 1. Juli bis 31. Dezember 1909 innerhalb des Monats Juli 1909 zu lösen.

**1.** Wegen der Bedeutung des § 34 für die Versteuerung von Gesellschaftsverträgen s. T. 25 A. 12.

**2.** Unter der ursprünglichen Gültigkeitsdauer ist derjenige Zeitraum zu verstehen, für den die schriftlichen Pacht- und Mietverträge bereits vor dem 1. Juli 1909 in einer beide Vertragsteile bindenden Weise abgeschlossen sind, also nicht nur der von vornherein bei der Errichtung der Verträge vereinbarte, eine bestimmte Anzahl von Jahren, Monaten, Wochen oder Tagen umfassende Zeitraum, sondern auch derjenige Zeitraum dieser Art, währenddessen die Verträge infolge einer in dem Vertrage vorgesehenen, vor dem 1. Juli 1909 eingetretenen Verlängerung über den 30. Juni 1909 hinaus in Geltung geblieben sind. Dagegen fallen die erst nach dem 30. Juni 1909 rechtswirksam gewordenen Verlängerungen, bei denen mithin die unterlassene Kündigung oder der sonstige die Fortsetzung des Pacht- oder Mietverhältnisses bedingende Umstand erst nach diesem Zeitpunkt eingetreten ist, nicht unter den Begriff der ursprünglichen Geltungsdauer, so daß insoweit die Steuervergünstigung keine Anwendung findet. Für mündliche Pacht- und Mietverträge kommt die Außeransatzlassung eines Drittels des StBetrages nicht in Betracht. FM. 8. 12. 09 III 21101.

3. Ein vor dem 1. 7. 09 mündlich geschlossener Mietvertrag unterliegt von diesem Tage ab der Versteuerung nach den Vorschriften der Novelle von 1909. — Rechtskräftiges Urteil des KG. v. 16. 12. 10, FM. 10. 5. 11 III 7693.

4. Die Vorschrift wird nur noch in Ausnahmefällen angewendet werden. Denn vor dem 1. 4. 96 mußten Miet- und Pachtverträge an sich von vornherein für ihre ganze Gültigkeitsdauer verstempelt werden. Doch gibt es Fälle in der Praxis, wo auch jetzt noch eine StErhebung stattfinden muß, nämlich bei denjenigen Pacht- und Mietverträgen, die nur alljährlich versteuert werden können, weil der Jahresmiet- und Pachtzins nicht von vornherein sich ermitteln ließ, z. B. Straßenbahnpachtverträge, bei denen als Mietzins ein bestimmter Teil des Reingewinnes entrichtet wird. Hier muß jährlich der Reinertrag und danach der Pachtzins und St. berechnet werden. Solche Fälle kommen namentlich in Berlin und in den Großstädten vor und haben gewöhnlich eine sehr lange Vertragsdauer. KB. S. 20 (09).

## § 35.

### Aufrechterhaltung und Aufhebung älterer Bestimmungen.

(1) Vom 1. April 1896 ab sind alle auf die Stempelsteuer bezüglichen Gesetzesvorschriften, soweit sie nicht in diesem Gesetz und dem anliegenden Tarif aufrechterhalten sind, aufgehoben.

(2) Insbesondere treten außer Kraft:

die im Kreise Herzogtum Lauenburg geltende hannoversche Verordnung vom 31. Dezember 1813, betreffend die Erhebung der Stempelabgaben (Lauenburgische Verordnungen, Sammlung für 1813 S. 41);

das Gesetz wegen der Stempelsteuer vom 7. März 1822 (Gesetzsamml. S. 57);

die Kabinettsorder vom 4. September 1823 wegen der Stempelpflichtigkeit der Dispositionsscheine der Bankiers und Kaufleute (Gesetzsamml. S. 163);

die Kabinettsorder vom 13. November 1828 wegen des zu Verträgen über Angabe an Zahlungs Statt erforderlichen Kaufwertstempels (Gesetzsamml. 1829 S. 21);

die Kabinettsorder vom 14. April 1832 wegen Abänderung der Bestimmungen im § 5 lit. a und b des Stempelgesetzes vom 7. März 1822 (Gesetzsamml. S. 137);

die Kabinettsorder vom 13. April 1833, betreffend den Rekurs gegen Strafresolute in Stempelsachen (Gesetzsamml. S. 33);

die Kabinettsorder vom 19. Juni 1834, betreffend die Erläuterung der Vorschriften des Tarifs zum Stempelgesetze vom 7. März 1822 wegen Stempelpflichtigkeit der Punktationen (Gesetzsamml. S. 81);

die Ziffer 2 der Kabinettsorder vom 7. Februar 1835 in betreff des Kleinhandels mit Getränken auf dem Lande und des Gast- und Schankwirtschaftsbetriebes überhaupt für alle Teile der Monarchie (Gesetzsamml. S. 18);

die Kabinettsorder vom 28. Oktober 1836, betreffend die Abänderung des § 22 des Stempelgesetzes vom 7. März 1822 (Gesetzsamml. S. 308);

die Kabinettsorder vom 16. Januar 1840, die Ergänzung der Stempeltarifposition „Vergleiche" und die nähere Bestimmung der für die Vergleichsakte der Friedensrichter in der Rheinprovinz und für die Vergleichsverhandlungen der Schiedsmänner bewilligten Stempelfreiheit betreffend (Gesetzsamml. S. 18);

die Kabinettsorder vom 23. Dezember 1842, die Ausdehnung der mildernden Bestimmungen der Order vom 28. Oktober 1836 zu dem § 22 des Stempelgesetzes vom 7. März 1822 auf Verträge, welche zwischen einer unmittelbaren oder mittelbaren Staatsbehörde und einer Privatperson abgeschlossen sind, betreffend (Gesetzsamml. für 1843 S. 21);

die Kabinettsorder vom 21. Juni 1844, betreffend die Aufhebung des Wertstempels für die Übernahme von Nachlaßgegenständen bei Auseinandersetzungen zwischen mehreren Erben (Gesetzsamml. S. 253);

die Kabinettsorder vom 18. Juli 1845 in betreff der Stempelsteuer für die Errichtung von Fideikommiß- und Familienstiftungen (Gesetzsamml. S. 506);

die Kabinettsorder vom 3. Oktober 1845, den zu Lehrkontrakten erforderlichen Stempel betreffend (Gesetzsamml. S. 680);

der § 10 des Gesetzes, betreffend einige Abänderungen der Hypothekenordnung vom 20. Dezember 1783, vom 24. Mai 1853 (Gesetzsamml. S. 521);

das Gesetz vom 25. Mai 1857, betreffend die Revision der Aktiengesellschaften im Stempelinteresse (Gesetzsamml. S. 517);

die §§ 11 und 12 des Gesetzes, betreffend die Erweiterung des Rechtsweges, vom 24. Mai 1861 (Gesetzsamml. S. 241);

das Gesetz vom 22. Juli 1861, betreffend die Entrichtung des Stempels von Übertragsverträgen zwischen Aszendenten und Deszendenten (Gesetzsamml. S. 754);

das Gesetz vom 2. März 1867, betreffend die den gemeinnützigen Aktienbaugesellschaften bewilligte Sportel- und Stempelfreiheit (Gesetzsamml. S. 385), insoweit es sich auf die Stempelsteuer bezieht;

die Verordnung vom 19. Juli 1867, betreffend die Verwaltung des Stempelwesens und die Erhebung des Urkundenstempels in dem vormaligen Königreiche Hannover, dem vormaligen Kurfürstentume Hessen und Herzogtume Nassau sowie in den vormals bayerischen Gebietsteilen (Gesetzsamml. S. 1191);

die Verordnung vom 7. August 1867, betreffend die Erhebung der Stempelsteuer in den Herzogtümern Schleswig und Holstein (Gesetzsamml. S. 1277);

die Verordnung vom 16. August 1867, betreffend die Verwaltung des Stempelwesens und den Urkundenstempel in der ehemals freien Stadt Frankfurt a. M. (Gesetzsamml. S. 1346);

das Gesetz vom 5. März 1868 wegen Änderung der Stempelsteuer in den Regierungsbezirken Cassel und Wiesbaden mit Ausnahme der Stadt Frankfurt a. M. (Gesetzsamml. S. 185);

das Gesetz vom 24. Februar 1869 wegen Änderung der Stempelsteuer in der Provinz Hannover (Gesetzsamml. S. 366);

das Gesetz, betreffend die Stempelabgaben von gewissen bei dem Grundbuchamt anzubringenden Anträgen, vom 5. Mai 1872 (Gesetzsamml. S. 509);

das Gesetz, betreffend die Aufhebung beziehungsweise Ermäßigung gewisser Stempelabgaben vom 26. März 1873 (Gesetzsamml. S. 131);

das Gesetz vom 27. Juni 1875, betreffend die Verwaltung des Stempelwesens in Frankfurt a. M. (Gesetzsamml. S. 407);

der § 35 der Hinterlegungsordnung vom 14. März 1879 (Gesetzsamml. S. 249), insoweit er sich auf die Stempelsteuer bezieht;

die §§ 40 und 41 der Schiedsmannsordnung vom 29. März 1879 (Gesetzsamml. S. 321), insoweit sich dieselben auf die Stempelsteuer beziehen;

der § 2 des Gesetzes, enthaltend Bestimmungen über Gerichtskosten und über Gebühren der Gerichtsvollzieher, vom 21. März 1882 (Gesetzsamml. S. 129);

der § 3 des Gesetzes, betreffend die Gerichtskosten bei Zwangsversteigerungen und Zwangsverwaltungen von Gegenständen des unbeweglichen Vermögens, vom 18. Juli 1883 (Gesetzsamml. S. 189), insoweit sich derselbe auf die Stempelsteuer bezieht;

das Gesetz, betreffend die Stempelsteuer für Kauf- und Lieferungsverträge im kaufmännischen Verkehr und für Werkverdingungsverträge, vom 6. Juni 1884 (Gesetzsamml. S. 279);

der § 41 des Gesetzes über das Grundbuchwesen und die Zwangsvollstreckung in das unbewegliche Vermögen im Geltungsbereiche des rheinischen Rechtes vom 12. April 1888 (Gesetzsamml. S. 52);

das Gesetz, betreffend Abänderung mehrerer Bestimmungen der Gesetzgebung über die Stempelsteuer, vom 19. Mai 1889 (Gesetzsamml. S. 115);

der erste Absatz des § 9 des Gesetzes, enthaltend Bestimmungen über das Notariat und über die gerichtliche oder notarielle Beglaubigung von Unterschriften oder Handzeichen, vom 15. Juli 1890 (Gesetzsamml. S. 229);

die §§ 2 bis einschließlich 4 und 46 sowie die Anmerkung zu diesem Paragraphen des Gesetzes, betreffend die Erbschaftssteuer, vom $\frac{\text{30. Mai 1873}}{\text{19. Mai 1891}}$ (Gesetzsamml. für 1891 S. 78), insoweit diese Vorschriften nicht für die Hohenzollernschen Lande Geltung haben;

der § 5b des Artikel III des Gesetzes, betreffend die im Geltungsbereiche des rheinischen Rechtes außerhalb des vormaligen Herzogtums Berg bestehenden Pfandschaften sowie die Abänderung und Ergänzung des Gesetzes vom 12. April 1888 über das Grundbuchwesen und die Zwangsvollstreckung in das unbewegliche Vermögen im Geltungsbereiche des rheinischen Rechtes, vom 14. Juli 1893 (Gesetzsamml. S. 185);

das Gesetz, betreffend die Gleichstellung der Notare mit den anderen Beamten bezüglich der Strafen bei Nichtverwendung der tarifmäßigen Stempel, vom 28. Mai 1894 (Gesetzsamml. S. 105).

(3) Die in dem Preußischen Gerichtskostengesetz über das Stempelwesen getroffenen Bestimmungen bleiben unberührt.

(4) Soweit in anderen Gesetzen auf Bestimmungen der durch diesen Paragraphen aufgehobenen Gesetze verwiesen ist, treten die entsprechenden Vorschriften dieses Gesetzes an die Stelle.

## § 36.

### Schlußbestimmung.

Der Finanzminister ist mit der Ausführung[1] dieses Gesetzes beauftragt.

1. Die auf Grund des § 36 vom Finanz- und Justizminister zur Tarifstelle 8 Abs. 3 erlassene AllgV. vom 29. 2. 96 — jetzt 28. 7. 10 — ist ebenso wirksam, als wenn sie in das Gesetz selbst aufgenommen wäre, soweit die Vorschriften sich im Rahmen wirklicher Ausführungsvorschriften halten. RG. 17. 11. 05, Holdh. S. 111 v. 07 u. 22. 1. 04, Entsch. Bd. 56 S. 274, JMBl. S. 218 v. 05.

# Stempeltarif.

| Lfd. Nr. | Gegenstand der Besteuerung | Steuersatz v. H. | ℳ | ₰ | Berechnung der Stempelabgabe |
|---|---|---|---|---|---|
| 1. | (1) **Abschriften**, beglaubigte, unter denselben Voraussetzungen wie Zeugnisse, amtliche in Privatsachen, s. diese.[1–11] LStV. § 1 Ziff. 2c, d, § 22 Ziff. 4. (2) Befreit sind Beglaubigungen der Rechtsanwälte im Prozeßverfahren. AB. 37. | | | | |

**Zu Tarifnummer 1.**

**1.** Vgl. PFG. Art. 29, 56, 57, 31, 35, 29 Abs. 3 und Art. 7 AG. z. RGO.; ferner Art. 60 Abs. 2 u. 62 PFG., § 113 Abs. 2 PrGKG.

2. Die in T. 77 vorgesehenen Befreiungen kommen auch hier zur Anwendung, wie denn die beiden Tarifstellen, ebenso T. 11 vielfach ineinander übergehen. Vgl. KB. S. 4.

**3.** Der Antrag, gesetzlich festzulegen, daß die Beglaubigung der Abschrift niemals einen höheren St. tragen dürfe als die Urkunde selber, wurde in der Kommission abgelehnt — KB. S. 5 —, weshalb beglaubigte Abschriften auch dann eines St. bedürfen, wenn die Hauptschrift stfrei ist. FM. 6. 2. 97 III 275.

**4.** Wird ein Beglaubigungsvermerk hinter mehrere Abschriften gesetzt, so ist der St. nur einmal fällig. MBl. f. d. i. V. S. 201 v. 97, FM. 16. 8. 97 III 10250.

**5.** Eine vom Gemeindevorstand oder von einer Polizeibehörde abgegebene Bescheinigung der Übereinstimmung der Urschrift mit der Abschrift ist wegen Unzuständigkeit des beurkundenden Beamten nicht stpflichtig. FM. 26. 3. 97 III 3411. — Vgl. sonst über Zuständigkeit A. 1a u. 18a bei T. 77. Ebenso sind wegen Unzuständigkeit auch die von Schulanstalten erteilten beglaubigten Abschriften von Zeugnissen stfrei. FM. 3. 7. 98 III 8840, ZBl. S. 319. Dagegen ist eine von einem zuständigen Beamten gefertigte beglaubigte Abschrift, wenn auch zum Zweck einer Löschung, stpflichtig, denn T. 77 lit. e bezieht sich nur auf Unterschriftsbeglaubigungen. FM. 4. 5. 97 III 5431.

Stpflichtig sind u. a.:

a) bei der von Notaren bewirkten Anfertigung von Teilhypothekenbriefen — Verf. d. JM. v. 20. 11. 99, JMBl. S. 349, 372 —, wenn dabei eine beglaubigte Abschrift der Schuldurkunde dem

**Noch: Zu Tarifnummer 1.**

Teilhypothekenbrief angehängt wird, sowohl die beglaubigte Abschrift des Hypothekenbriefes, als auch die der Schuldurkunde. FM. 5. 3. 01 III 2613. — Vgl. KG. 13. 5. 01, JMBl. S. 146, wonach der Zweighypothekenbrief gesondert die beglaubigte Abschrift des Briefes selbst und der Schuldurkunde enthalten muß.

b) von Notaren gefertigte beglaubigte Abschriften von Bescheinigungen, welche das Gericht aus dem Handelsregister erteilt hat. JM. 3. 11. 97 I 5450, JMBl. S. 284 —, vgl. auch A. 4 bei T. 11.

c) die beglaubigte Abschrift einer Generalvollmacht selbst dann, wenn sie lediglich in einem Prozeß verwendet wird, dessen Gegenstand 150 ℳ nicht übersteigt. KG. 5. 12. 98, Hz. S. 251.

7. Stfrei sind dagegen:

a) Begl. Abschriften, welche von Notaren gefertigt werden, um an Stelle der nach § 70 PrGKG. vom Gericht zu fertigenden Abschriften bei den Grundakten zu bleiben — wegen des überwiegenden staatlichen Interesses. —

b) die von den Notaren gemäß Art. 60 Abs. 2 PFG. bei den Akten zurückzubehaltenden begl. Abschriften der von ihnen entworfenen und begl. Urkunden.

8. Vom Gericht im Verfahren der freiwilligen Gerichtsbarkeit erteilte begl. Abschriften von Urkunden sind stpflichtig,

a) wenn die Urkunde, von der die Abschrift entnommen ist, dem St. unterliegt, und

b) für die begl. Abschrift nur Schreibgebühren erhoben werden,

c) die begl. Abschrift lediglich in Folge eines Antrags gefertigt wird. § 113 Abs. 2 PrGKG.

9. Hiernach tritt u. a. StPflicht ein,

wenn infolge Rückforderung einer mit dem Antrage auf Erteilung eines Erbscheins eingereichten notariellen Urkunde eine begl. Abschrift zu den Gerichtsakten gefertigt werden muß. Joh. Bd. 29 S. B 85, JMBl. S. 343.

Dagegen ist StFreiheit anerkannt,

a) wenn wegen Rückforderung der zur Begründung einer Eintragung in das Grundbuch, das Handels- oder das Güterrechtsregister eingereichten Urkunden beglaubigte Abschriften zurückbehalten werden. KG. 4. 2. 01, Joh. Bd. 22 S. B 34. Hier überwiegt das staatliche Interesse am geordneten Geschäftsgang;

b) wenn zur Anfertigung von Teilhypothekenbriefen eine beglaubigte Abschrift des Hypothekenbriefes wie der Schuldurkunde hergestellt wird. Der Akt ist nach § 67 PrGKG. gebührenpflichtig. JM. v. 10. 7. 11, JMBl. S. 313. Bei Anfertigung durch den Notar vgl. A. 5a oben.

10. Bescheinigungen und begl. Abschriften aus gerichtlichen Registern sind stpflichtig, wenn für sie eine Gebühr nicht erhoben wird, sondern nur Schreibgebühren in Ansatz kommen. § 109 Abs. 2 PrGKG.

11. Die im Verfahren der streitigen Gerichtsbarkeit zum Zwecke der Zustellung erfolgenden Beglaubigungen (§ 170 ZPO.) sind nach § 2 DGKG. stfrei.

| Lfd. Nr. | Gegenstand der Besteuerung | Steuersatz v. H. | ℳ | ₰ | Berechnung der Stempelabgabe |
|---|---|---|---|---|---|
| 2. | **Abtretung von Rechten.** | | | | des Wertes der Gegenleistung oder, wenn eine solche in der Urkunde nicht enthalten ist, des Geldbetrages oder des Wertes des abgetretenen Rechtes,[19] |
| | (1) Beurkundungen über die Abtretung von Rechten[1–13] sowie Indossamente,[4] sofern nicht nach § 4 zweiter Absatz des Reichsstempelgesetzes*) Stempelfreiheit eintritt oder die Bestimmungen der Tarifstelle „Kauf- und Tauschverträge" sechster bis einschließlich neunter Absatz zur Anwendung kommen, . . . . . . | 1/20 | — | — | |
| | mindestens aber . . . . . . . . . . . . . . | — | 1 | 50 | |
| | ist der Wert des abgetretenen Rechtes nicht schätzbar . . . . . . . . . . . . . . . . . . . | — | 5 | — | |
| | (2) Befreit sind Beurkundungen der Übertragungen der Konnossemente der Seeschiffer, Ladescheine der Frachtführer und Auslieferungsscheine (Lagerscheine, warrants) über Waren oder andere bewegliche Sachen durch Indossament. | | | | |
| | (3) Schriftliche Benachrichtigungen an den Verpflichteten[14] über die erfolgte Abtretung eines Rechtes sind, wenn nicht eine mit dem tarifmäßigen Stempel versehene Abtretungsurkunde vorliegt, wie Beurkundungen der Abtretung zu versteuern, sofern nach der Verkehrssitte über die Abtretung eine förmliche Urkunde errichtet zu werden pflegt und beabsichtigt ist, durch die schriftliche Benachrichtigung die Aufnahme einer solchen Urkunde zu ersetzen. Dem Stempel für Abtretungen unterliegen auch Anträge auf Umschreibung vor dem 1. Oktober 1881 ausgestellter Namenaktien im Aktienbuche,[15] falls nicht eine mit | | | | |

*) Dieser lautet (jetzt § 13 RStG. v. 3. 7. 13):

Die der Reichsstempelsteuer nach T. 1 unter B, C bis 3 unterworfenen Wertpapiere unterliegen in den einzelnen Bundesstaaten keiner weiteren Stempelabgabe (Taxe, Sportel usw.).

Auch ist von der Umschreibung solcher Wertpapiere in den Büchern und Registern der Gesellschaft usw. sowie von den auf die Wertpapiere selbst gesetzten Übertragungsvermerken (Indossamenten, Zessionen usw.) eine Abgabe nicht zu entrichten.

Im übrigen, insbesondere hinsichtlich der Urkunden über Eintragungen in dem Hypothekenbuche (Grundbuch), bleiben die landesgesetzlichen Vorschriften unberührt.

| Lfd. Nr. | Gegenstand der Besteuerung | Steuersatz v. H. | M | ₰ | Berechnung der Stempelabgabe |
|---|---|---|---|---|---|
| (2.) | dem tarifmäßigen Stempel versehene Abtretungsurkunde errichtet ist. | | | | |
| | (4) Der Antrag auf Eintragung der Abtretung einer Hypothek oder Grundschuld im Grundbuch oder in einem für solche Eintragungen bestimmten öffentlichen Buche | 1/20 | — | — | des Betrages der Hypothek oder Grundschuld oder d. Ablösungssumme[20] der Rentenschuld, |
| | mindestens aber . . . . . . . . . . . . . . . . | - - | 1 | 50 | |
| | LStV. § 1 Ziff. 2b.<br>(5) Die Abgabe wird nur erhoben, falls die beantragte Eintragung in den Grund- oder öffentlichen Büchern vermerkt worden ist.[16]<br>(6) Der Stempel wird nicht erhoben oder erstattet, wenn die Urkunde über die dem Antrage zugrunde liegende Abtretung in an sich stempelpflichtiger Form in Urschrift, Ausfertigung oder beglaubigter Abschrift vorgelegt wird. So lange nicht die Urkunde vorgelegt ist, kann der Stempel vorbehaltlich seiner Erstattung eingezogen werden. Die Erstattung kann nur innerhalb zweier Jahre nach Entrichtung des Stempels beantragt werden. Als eine die Abtretung enthaltende Urkunde ist nur eine solche anzusehen, welche die Abtretung so enthält, wie sie unter den Beteiligten hinsichtlich des Wertes der Gegenleistung verabredet ist.<br>LStV. § 9 Ziff. 2.<br>(7) Betrifft der Antrag eine Hypothek oder Grundschuld, für welche mehrere Grundstücke haften, so wird die Abgabe nur einmal erhoben.<br>(8) Wird nach der Zahlung des Stempels für den Eintragungsantrag die Urkunde über das der Eintragung zugrunde liegende Geschäft errichtet, so ist auf den zu dieser Urkunde erforderlichen Wertstempel der für den Eintragungsantrag gezahlte Stempel anzurechnen.[17] Die Anrechnung ist innerhalb der im § 16 angegebenen Fristen auf der Urkunde amtlich zu vermerken. Soweit eine Anrechnung erfolgt, ist eine Erstattung des für den Eintragungsantrag gezahlten Stempels ausgeschlossen.<br>AB. 38. LStV. § 19 Ziff. 1. | | | | |

| Lfd. Nr. | Gegenstand der Besteuerung | Steuersatz v H. | ℳ | ₰ | Berechnung der Stempelabgabe |
|---|---|---|---|---|---|
| (2.) | (9) Befreit sind: Urkunden, wodurch eine Forderung einem Kommunalverband, einer Kommune oder einer Korporation ländlicher oder städtischer Grundbesitzer oder einer Grund-, Kredit- und Hypothekenbank abgetreten wird, falls auf Grund der Abtretung reichsstempelpflichtige Renten- oder Schuldverschreibungen demnächst ausgereicht werden.[18] AB. 38 Abs. 2. LStV. § 10 Ziff. 3. | | | | |

## Zu Tarifnummer 2.

**1.** Vgl. über Übertragung von Forderungen § 398 BGB., — über Anzeige des Gläubigers an den Schuldner von der Abtretung der Forderung § 409 BGB., — über Indossamente Art. 10, 11 WO., § 363 HGB., — über Antrag auf Eintragung einer Abtretung BGB. §§ 1132, 1154, 1192 und RGBO. §§ 13, 19, 29. — Vgl. auch Anm. 9, Anm. 38 u. Anm. 65e bei T. 32, Anm. 10b und 18a bei T. 59.

**2.** Gegenstand einer Abtretung können Rechte aus einem zukünftig erst abzuschließenden Vertrage, ebenso wie zukünftige und ungewisse Rechte sein; RG. 26. 5. 98, Joh. Bd. 14 S. 321; selbst künftige Forderungen, zu denen noch nicht einmal der Grund vorhanden, deren Entstehung vielmehr nur als möglich vorausgesetzt wird, bei genügender Bestimmtheit und Bestimmbarkeit. RG. 29. 9. 03, DJZ. Beil. Nr. 24, RG. 1. 10. 07, JW. S. 707. Jedoch ist die Abtretung aller künftigen Forderungen ganz allgemein nichtig.

**3.** a) Auch nach dem Inkrafttreten des BGB. ist die entgeltliche Übertragung von Forderungen nur dem St. aus T. 2 unterworfen, obwohl nach dem Sprachgebrauch des BGB. auch Rechte, insbesondere Forderungsrechte, zu den Gegenständen aller Art (§§ 433, 434 BGB.) gehören, deren entgeltliche Veräußerung T. 32c mit $^1/_3$ % belegt. RG. 16. 2. 09, Entsch. Bd. 70 S. 283.

b) Der St. ruht auf der Abtretungserklärung; der Abtretungsempfänger ist weder nach § 12 Abs. 1b noch c zahlungspflichtig. Vgl. Anm. 3 zu § 12.

c) Abtretungen, die nur zwecks Sicherstellung einer Schuldverpflichtung erfolgen, unterliegen wie unbeschränkte Abtretungen der T. 2, der wirtschaftliche Zweck des Geschäfts ist belanglos. Vgl. Anm. 18 zu T. 59.

**4.** Indossamente auf Namensaktien, die vor dem 1. Oktober 1881 ausgegeben sind, unterliegen dem LandesSt. für Abtretungen. RG. 14. 10. 02, ZBl. S. 27 v. 03, Entsch. Bd. 52 S. 318.

**5.** a) Urkunden, in welchen die Kautionssucher ihren Anspruch auf demnächstige Rückgabe einer mit Staatspapieren bestellten Amtskaution an eine Kautionsgesellschaft zum Eigentum abtreten, unterliegen dem in T. 2 vorgeschriebenen St. für Abtretung von Rechten, da das Gesetz

**Noch: Zu Tarifnummer 2.**

die frühere Vorschrift, nach welcher die Zessionen öffentlicher Papiere stfrei waren, nicht aufrechterhalten hat. Ferner erfordert die amtliche Beglaubigung der Unterschrift nach T. 77 den ZeugnisSt., wenn die beglaubigende Behörde zur Unterschriftsbeglaubigung zuständig ist, die Beglaubigung also insbesondere von Gerichten, Gerichtsschreibern oder Notaren erfolgt. Vgl. FM. 20. 8. 96 III 11 333.

b) Der Abtretungsstempel ist nicht erforderlich für eine Erklärung in den vom Kunden unterschriebenen Geschäftsbedingungen einer Bank, daß „mit Übergabe eines zur Diskontierung bestimmten Wechsels oder Schecks der Bank auch zessionsweise die Forderung des Kunden an den Bezogenen oder den Vormann übertragen würde, für welche bez. für deren Teil der Kunde den Wechsel oder Scheck ausgestellt oder empfangen hatte". Denn für den Regelfall ist nicht anzuerkennen, daß die Unterschrift der Geschäftsbedingungen den Abschluß eines selbständigen Vertrags darstellt; vielmehr sind jene Bedingungen nur bestimmt und geeignet, Bestandteile der demnächst abzuschließenden Verträge zu werden. Anders liegt die Sache für die in den Bedingungen üblichen Vollmachten zur Ausübung des Stimmrechts in Generalversammlungen und die Einräumung von Pfandrechten. RG. v. 17. 9. 12, zu vgl. Anm. 9a zu § 10.

6. Des mehrfachen AbtretungsSt. bedarf es (§ 10 Abs. 2 d. Ges.):

a) wenn jemand eine Forderung an mehrere Personen zu bestimmten Anteilen abtritt, sofern nicht Rechtsgemeinschaft besteht. FM. 18. 4. 03 III 5287;
b) bei Abtretung verschiedener Posten seitens eines Zedenten an verschiedene Zessionare. FM. 7. 11. 96 III 14 733;
c) wenn mehrere Gläubiger ihre Anteile an einer gemeinschaftlichen Forderung an einen Dritten abtreten.

Dagegen genügt der einmalige AbtretungsSt. (§ 10 Abs. 3):

a) bei Abtretung mehrerer demselben Zedenten zustehenden Forderungen an dieselbe Person. HSp. S. 147;
b) wenn mehrere Gläubiger eine ihnen gemeinschaftlich zustehende Forderung an einen Dritten abtreten;
c) bei Abtretung seitens des Eigentümers eines Kapitals und des daran Zinsberechtigten. FM. 7. 4. 98 III 3531;
d) wenn mehrere Zedenten ihre verschiedenen gegen denselben Schuldner ihnen zustehenden Forderungen an einen Zessionar abtreten;
e) wenn jemand für sich eine ihm zustehende Post und gleichzeitig in Vollmacht seiner Ehefrau eine dieser zustehende Post abtritt. FM. 21. 10. 99 III 13 257.

7. a) Abtretung zur Belegung des Kaufgeldes erfordert den besonderen AbtretungsSt. § 10 Abs. 3 ist nicht anwendbar: Bestandteil des Kaufvertrags ist zwar die schuldrechtliche Vereinbarung, wonach ein Teil des Kaufpreises durch Abtretung einer Forderung getilgt werden soll, nicht aber auch die Erfüllung dieser Vereinbarung, die Vollziehung der Abtretung als dinglicher Vertrag. RG. 5. 7. 12, ZBl. S. 323, JW. S. 927 [20], JMBl. S. 348, Entsch. Bd. 80 S. 42. Anders Abtretungen an einen Miterben in einem Erbrezeß zwecks Ausführung der Teilung, da der streitliche

**Noch: Zu Tarifnummer 2.**

Begriff des Erbrezesses weiter ist, als der zivilrechtliche und nicht bloß den obligatorischen Erbteilungsvertrag, sondern auch dessen Vollziehung in sich begreift, soweit sie im Vertrage selbst enthalten ist. RG. a. a. O. Näheres s. HSp. S. 588[8]. — Vgl. Anm. 9 bei § 10, Anm. 6 bei T. 20.

b) Der AbtretungsSt. ist nicht zu erheben, wenn in einem Grundstückskaufvertrage zwischen Verkäufer und Käufer vereinbart wird, daß der Kaufpreis ganz oder teilweise an einen Dritten gezahlt werden soll, auch wenn der wirtschaftliche Erfolg des Vertrages zugunsten des Dritten sich mit dem einer Abtretung des Kaufpreises an den Dritten deckt (§ 328 BGB.). Die Abrede wird durch den KaufSt. mit abgegolten. KG. 2. 4. 09, Joh. Bd. 38 S. B 53.

8. a) Ob und zu welchem Betrage Frachtbriefzessionen der Besteuerung unterliegen, hängt von der urkundlichen Fassung der einzelnen Zessionen ab. Zessionen folgender Art:

α) Behufs Reklamation der zuviel erhobenen Fracht, übertrage ich hiermit alle aus diesem Frachtbrief herzuleitenden Pflichten und Rechte usw. . . .

haben zum Gegenstand das Recht auf Erstattung der überhobenen Fracht; nicht die Gesamtfracht; deshalb ist der tatsächlich erstattete Frachtbetrag als Objekt anzusehen. Bei Nichtangabe des zu erstattenden Betrages ist dies nachträglich festzustellen. Kann der zurückzuzahlende Betrag auch nicht annähernd festgestellt werden, so ist nach § 8 LStG. zu verfahren.

β) Hierdurch zediere ich sämtliche Rechte aus beiliegendem Frachtbrief an . . ., welche ich auch ermächtige, die zuviel erhobene Fracht für mich einzukassieren und zu quittieren,

erfordern streng genommen den Zessions- und VollmachtsSt. Da aber angenommen werden kann, Zedent habe den Zessionar nur zum Erstattungsantrag ermächtigen wollen, bedürfen solche Urkunden bei einem zu erstattenden Betrage von 150 ℳ und weniger keines St.

γ) Diesen Frachtbrief zediere ich mit allen Rechten und Forderungen an N N.

haben den Wert des Frachtguts zum steuerpflichtigen Gegenstand. Der Umstand, daß die Anträge, denen die Zessionen beigefügt werden, sich nur auf die Rückerstattung eines Teiles der Fracht beziehen, hat für die StFrage keine Bedeutung. FM. 3. 11. 03 III 14326.

b) Vermerke wie: „zediere an die Handlung N N“ auf Begleitscheinen I und Ladeverzeichnisauszügen sind stpflichtig. Objekt ist der Wert der Waren selbst. Diese Papiere gehören auch nicht zu den Orderpapieren des Abs. 2. Erhellt aber aus den Vermerken, daß die Aussteller nicht haben ein Recht übereignen wollen, wie bei Vermerken: „zur Auslieferung an N N“, „zur zollamtlichen Abfertigung durch N N“, „zur Verzollung für N N“, „auf Konto des N N“, „extradiere an N N“ —, so sind sie stfrei, auch ist dann der VollmachtSt. nicht fällig. FM. 6. 12. 97 und 19. 5. 98 III 14791 und 5812, ZBl. S. 252. — Vgl. Anm. 27c bei T. 73.

9. Wenn bei Befriedigung des Gläubigers durch den Schuldner und dadurch erfolgter Umwandlung der Hypothek in eine Grundschuld der Grundstückseigentümer unter dem Bekenntnis des Empfanges eines Darlehns die Grundschuld in eine Hypothek umwandelt und die Hypothek sodann dem Darlehnsgeber zediert, ist neben dem SchuldverschreibungsSt.

**Noch: Zu Tarifnummer 2.**

auch der ZessionsSt. fällig, der auch durch § 10 Abs. 3 LStG. nicht ausgeschlossen wird. KG. 16. 6. 05, Joh. Bd. 31 S. B 34. FM. 5. 12. 05 III 15566. — Vgl. A. 5m bei T. 58.

**10.** Blankoabtretung einer verbrieften Grundschuld ist ungültig und auch nachträgliche Ausfüllung derselben unzulässig (§§ 1154, 1192 BGB.). RG. 25. 4. 06, DJZ. Nr. 14 Spruchbeilage.

**11.** Abtretung der Rechte an dem Reserve- u. Amortisationsfonds eines landschaftlichen Kreditverbandes bei Gelegenheit des Verkaufs des Gutes unterliegt dem ZessionsSt. RG. Bd. 12 S. 264. Falls jedoch das Amortisationsguthaben nach der Landschaftsordnung mit dem Grundstück auf den neuen Käufer übergeht, und der Käufer den Betrag des Guthabens vereinbarungsgemäß an den Verkäufer zu zahlen hat, so bildet der Betrag eine stpflichtige Erhöhung des Kaufpreises. Vgl. A. 35b zu T. 32.

**12.** Stpflichtig ist ferner:

a) Abtretung der Rechte aus Pachtverträgen, die vor dem 1. 4. 96 errichtet sind. FM. 27. 10. 96 und 28. 3. 99 III 12828 und 17280. Für Abtretungen der Rechte aus später abgeschlossenen Verträgen vgl. T. 48 (19) u. A. 26a das.

b) Abtretung der Rechte und Pflichten aus einer Feuerversicherungspolice seitens des Versicherten. Als Objekt gilt die Versicherungssumme, da das Recht übertragbar ist, im Falle eines Unterganges der versicherten Gegenstände die Versicherungssumme zu erheben. FM. 10. 1. 01 III 205.

Bei Abtretung einer Lebensversicherungspolice (über 100000 ℳ) und Nichtangabe des Wertes der Gegenleistung ist Objekt der „Geldbetrag oder Wert des abgetretenen Rechts". Dieser ist nach § 6 Abs. 3 des Ges. 100000 ℳ. Übernimmt der Abtretende noch die Verpflichtung zur Zahlung der Prämien, so könnte, streng genommen, dieserhalb noch der SchuldverschreibungsSt. verlangt werden, da dem Zessionar ev. ein Klagerecht gegen den Zedenten dieserhalb zusteht. FM. 28. 9. 06 III 15782.

**13.** a) Wenn ein Testamentsvollstrecker in dieser seiner Eigenschaft, nicht namens der Erben, einen Kaufvertrag abschließt und demnächst den Erben den Kaufpreis überweist, so ist der AbtretungsSt. für jede der Überweisungen zu erheben, da die Kaufpreisforderung erst Nachlaßbestandteil, d. h. Eigentum der mehreren Erben zur gesamten Hand geworden ist. RG. 13. 12. 04, Entsch. Bd. 59 S. 361. — Vgl. A. 65 bei T. 32.

b) Wenn aber Testamentsvollstrecker als solche ein Nachlaßgrundstück verkaufen und in der über den Verkauf errichteten Urkunde erklären, daß sie die Kaufgeldforderung an den alleinigen Erben abtreten, so ist diese Erklärung überflüssig und nicht stpflichtig. RG. 10. 4. 08, Entsch. Bd. 68 S. 257.

Über entgeltliche Abtretung der Rechte aus dem Vermächtnis eines zur Erbschaft gehörigen Grundstücks s. A. 55a bei T. 32.

**14.** Der an die Gesellschaft oder deren Vertreter gerichtete Antrag auf Umschreibung eines Anteilscheines über die Beteiligung an der Gesellschaft auf den Namen einer dritten Person im Gesellschaftsbuch (z. B. Gewerkenbuch) stellt sich als eine Benachrichtigung an den Verpflichteten i. S. dieser Vorschrift dar. FM. 14. 8. 96 III 10535, 5. 1. 97 III 17186.

| Lfd. Nr. | Gegenstand der Besteuerung | Steuersatz v. H. | Steuersatz ℳ | Steuersatz ₰ | Berechnung der Stempelabgabe |
|---|---|---|---|---|---|
| 3. | **Aftermiet- oder Afterpachtverträge**, s. Pachtverträge. | | | | |
| 4. | (1) **Annahme an Kindes Statt**,[1] Verträge darüber[2-3] . . . . . . . . . . . . . . . . (2) Bei nachgewiesener Bedürftigkeit[4 5] kann der Stempel auf 5 ℳ ermäßigt werden. AB. 39. LStV. § 2 Ziff. 1 f., § 9 Ziff. 2, 3. | — | 50 | — | |

**Noch: Zu Tarifnummer 2.**

**15.** a) Die Anträge auf Umschreibung von Namensaktien im Aktienbuch sind nicht schon als bloße Formalakte stpflichtig, sondern es muß außer den sonstigen Voraussetzungen auch die hinzukommen, daß dem Antrage eine Abtretung, die an sich steuerpflichtig sein würde, zugrunde liegt. RG. Bd. 43 S. 240, HSp. S. 467.

b) Außerhalb Preußens ausgestellte Anträge auf Umschreibung vor dem 1. Oktober 1881 ausgestellter Namenaktien im Aktienbuch unterliegen einem St. selbst dann nicht, wenn sie Aktien einer in Preußen bestehenden Aktiengesellschaft betreffen. FM. 14. 3. 98 III 1806. — Vgl. auch A. 6g zu § 2.

**16.** Der St. ist daher nicht schon bei Aufnahme oder Ausstellung der Abtretungsurkunde zu entwerten, sondern wird als GerichtskostenSt. erhoben, sobald der Antrag sich an ein preußisches Gericht wendet.

**17.** Die Anrechnung hat auch ohne Antrag der Parteien zu erfolgen, wenn die gesetzlichen Voraussetzungen vorliegen. KB. S. 12.

**18.** Im Zeitpunkt der Ausstellung der Abtretungsurkunde muß feststehen, daß die abgetretene Forderung bestimmt ist, als Grundlage für die Ausreichung reichsstpflichtiger Wertpapiere zu dienen. FM. 14. 11. 96 III 15567. — Vgl. A. 24 bei T. 58.

**19.** Der Berechnung des St. ist die Gegenleistung des Zessionars zugrunde zu legen, sobald sie in der Abtretungsurkunde enthalten ist. Beim Fehlen einer urkundlichen Angabe über das Entgelt wird der Geldbetrag oder der Wert des abgetretenen Rechts maßgebend. Die Fassung der Spalte 5 der T. 2 unterscheidet sich von der der T. 58: Bei der Schuldverschreibung ist der Kapitalbetrag der Schuldsumme maßgebend.

Werden Forderungen mit Zinsen abgetreten, so folgt aus der Fassung der Spalte 5, daß die Zinsen für die Zeit bis zur Beurkundung der Abtretung bei Berechnung des St. mit in Betracht zu ziehen sind, falls die Gegenleistung in der Urkunde nicht angegeben ist. — Vgl. A. 14 bei T. 59 und A. 27a bei T. 73. HSp. S. 267.

## Zu Tarifnummer 4.

**1.** Vgl. §§ 1741ff., 1754, 1768 BGB. und § 65 FG. — auch A. 1 bei T. 42.

| Lfd. Nr. | Gegenstand der Besteuerung | Steuersatz v. H. | Steuersatz M | Steuersatz Pf | Berechnung der Stempelabgabe |
|---|---|---|---|---|---|
| 5. | **Apotheken,** s. Erlaubniserteilungen, Buchstaben a. | | | | |
| 6. | **Approbationsscheine,** s. Erlaubniserteilungen, Buchstaben b. | | | | |
| 7. | **Atteste,** amtliche, wie Zeugnisse, amtliche in Privatsachen, s. diese. | | | | |
| 8. | (1)[1] **Auflassungen** von im Inlande gelegenen Grundstücken[2] und Anträge auf Eintragung der Begründung oder Übertragung von Erbbaurechten oder sonstigen Rechten, welche ein Grundbuchblatt erhalten können,[2] in Fällen der freiwilligen Veräußerung.[3–8] Der Antrag auf Umschreibung von Gesellschaftseigentum auf den Namen eines Gesellschafters unterliegt dem Auflassungsstempel auch dann, wenn nach den Vorschriften des bürgerlichen Rechtes eine Auflassung nicht erforderlich ist.[9] LStV. § 1 Ziff. 2b, 6, §§ 13, 15. (2) Die Abgabe wird nur erhoben, falls die beantragte Eintragung in das Grundbuch erfolgt ist. Einem anderen Stempel unter- | 1 | — | — | des Wertes des veräußerten Gegenstandes.[24–36] LStV. § 9 Ziff. 1a, § 18. AB. 40; 41. |

**Noch: Zu Tarifnummer 4.**

2. Der von Eheleuten gemeinschaftlich geschlossene Adoptionsvertrag ist ein einheitliches Rechtsgeschäft und für denselben der St. nur einmal zu erheben. KG. 19. 6. 99, Joh. 19 S. 174.

Wenn dagegen in einem Vertrag zwei Personen an Kindesstatt angenommen werden, liegen zwei mit je 50 M stpflichtige Annahmeverträge vor.

3. Der St. ist, falls der Vertrag durch ein preußisches Gericht zu bestätigen ist, GerichtskostenSt. § 2 f. LStG., § 1741 BGB.

4. Wenn auch der Begriff „Bedürftigkeit" hier, wie in T. 42, 43 und 49 als Ausnahmevorschrift eng auszulegen sein mag, so wird er doch nicht bloß Anwendung finden auf Personen, die Armenunterstützung beziehen, oder ein notdürftiges Einkommen haben, sondern auch dann, wenn die betreffende Person nur gerade so viel Einkommen besitzt, um bei zweckmäßiger, sparsamer Lebensführung den Betrag des St. nicht oder doch nur unter schweren Einschränkungen entbehren zu können.

5. Zum Nachweis der Bedürftigkeit hat der Annehmende ein von der obrigkeitlichen Behörde seines Wohnorts ausgestelltes — stfreies — Zeugnis beizubringen. (LStG. § 9 Abs. 3.) Wenn der Steuerpflichtige aber gegen den vollen StAnsatz Einwendungen erhebt, so ist der Nachweis der Bedürftigkeit an eine bestimmte Form nicht mehr gebunden. JM. Erl. v. 14. 12. 13, JMBl. S. 150.

| Lfd. Nr. | Gegenstand der Besteuerung | Steuersatz v. H. | ℳ | ₰ | Berechnung der Stempelabgabe |
|---|---|---|---|---|---|
| (8) | liegen die Auflassungserklärungen oder Eintragungsanträge nicht. LStV § 17.<br>(3) Der Auflassungsstempel wird nicht erhoben oder erstattet, wenn die das Veräußerungsgeschäft enthaltende,[10–14] in an sich stempelpflichtiger Form[15–16] ausgestellte Urkunde in Urschrift, Ausfertigung oder beglaubigter Abschrift vorgelegt wird. Solange nicht die Urkunde über das Veräußerungsgeschäft vorgelegt ist, kann der Auflassungsstempel vorbehaltlich seiner Erstattung eingezogen werden. Die Erstattung kann nur innerhalb zweier Jahre nach Entrichtung des Stempels beantragt werden.<br>LStV. § 2 Ziff. 1b, § 9 Ziff. 2, §§ 14, 16.<br>(4) Der Auflassungsstempel wird jedoch erhoben, wenn die Urkunde:<br>1. das Rechtsgeschäft nicht so enthält, wie es unter den Beteiligten hinsichtlich des Wertes der Gegenleistung verabredet ist;<br>2. auf Grund des § 21 des Reichsstempelgesetzes*) der in der Tarifstelle „Kauf- und Tauschverträge" verordneten Stempelabgabe nicht unterliegt, insoweit nicht die Voraussetzungen der Ziffern 1 und 2 der Ermäßigungen und Befreiungen der genannten Tarifstelle vorhanden sind;[17]<br>LStV. § 14 Ziff 5.<br>3. die Veräußerung eines Grundstücks durch einen Bevollmächtigten enthält, sofern die Veräußerung erweislich für Rechnung des Bevollmächtigten erfolgt ist. Bei der Beurteilung der Frage, ob die Veräußerung | | | | |

*) Jetzt § 30 des RStG. v. 3. 7. 13, welcher lautet:

Geschäfte, welche nach Tarifnummer 4 abgabepflichtig sind, oder auf welche die Vorschrift unter „Befreiungen" zu dieser Tarifnummer Anwendung findet, sowie Schriftstücke über solche Geschäfte sind in den einzelnen Bundesstaaten keinen Stempelabgaben (Taxen, Sporteln usw.) unterworfen. Werden diese Schriftstücke indessen gerichtlich oder notariell aufgenommen oder beglaubigt, so unterliegen sie, neben der in Tarifnummer 4 für das Geschäft vorgeschriebenen Abgabe, den in den Landesgesetzen für gerichtliche oder notarielle Aufnahmen und Beglaubigungen etwa vorgeschriebenen Stempeln (Taxen Sporteln usw.).

| Lfd. Nr. | Gegenstand der Besteuerung | Steuersatz v. H. | Steuersatz M | Steuersatz ₰ | Berechnung der Stempelabgabe |
|---|---|---|---|---|---|
| (8.) | für Rechnung des Bevollmächtigten erfolgt ist, sind auch solche Umstände in Betracht zu ziehen, welche aus der Urkunde nicht ersichtlich sind;[18–19]<br>LStV. § 14 Ziff. 6.<br>4. einen der in der Tarifstelle 25 d bezeichneten Verträge enthält, insoweit nicht ein Wertstempel von 1 vom Hundert zu entrichten oder der Vertrag nach der Ziffer 1 Abs. 2 oder der Ziffer 2 Abs. 3 der genannten Tarifstelle von dem Stempel befreit ist.[20]<br>LStV. § 14 Ziff. 7.<br>(5) Wird nach der Zahlung des Auflassungsstempels die Urkunde über das zugrunde liegende Veräußerungsgeschäft[21] errichtet, so ist auf den zu dieser Urkunde erforderlichen Wertstempel von 1 vom Hundert der gezahlte Auflassungsstempel anzurechnen.[22] Diese Bestimmung findet auch Anwendung auf die im vorhergehenden Absatz erwähnten Wertstempel der Tarifstelle 25 d. Die Anrechnung ist innerhalb der im § 16 angegebenen Fristen auf der Urkunde amtlich zu vermerken. Soweit eine Anrechnung erfolgt, ist eine Erstattung des Auflassungsstempels auf Grund des dritten Absatzes ausgeschlossen.[23]<br>LStV. § 16 Ziff. 6, § 18.<br>(6) Die Vorschriften über den Auflassungsstempel finden entsprechende Anwendung bei Anträgen auf Umschreibungen in öffentlichen Büchern, sofern das Grundbuch noch nicht als angelegt anzusehen ist. | | | | |

## Zu Tarifnummer 8.

1. Vgl. §§ 873, 925, 1017 BGB., Art. 143 Abs. 1, EG.BGB., Art. 26 AG.BGB., § 894 ZPO., § 7 RGBO.

Wegen des ReichsSt. von $^2/_3$ bezw. $^1/_3$ v. H., vgl. T. 11 b, § 96 RStG. Die Erhebungsgrundsätze sind durchweg dieselben wie für den LandesSt.

2. Den Gegenstand der Besteuerung bildet an erster Stelle die Auflassung von inländischen Grundstücken (§ 925 BGB.; § 20 GBO.). Daneben tritt die Begründung und Übertragung solcher Rechte, welche ein Grundbuchblatt

**Noch: Zu Tarifnummer 8.**

erhalten können, da diese Rechte den Grundstücken gleichstehen. Hierher gehören reichsrechtlich das Erbbaurecht (§ 1015 BGB.; §§ 7, 3 GBO.), landesrechtlich insbesondere das Bergwerkseigentum, selbständige Kohlenabbau-Gerechtigkeiten und andere selbständige Gerechtigkeiten (Art. 22 ff. AG.GBO.) sowie Bahneinheiten (§§ 1, 4, 16 des Gesetzes, betreffend das Pfandrecht an Privateisenbahnen und Kleinbahnen und die Zwangsvollstreckung in dieselben vom 19. August 1895, in der Fassung der Bekanntmachung vom 8. Juli 1902 [GS. S. 237]).

Für andere selbständige Gerechtigkeiten als Kohlenabbau-Gerechtigkeiten (Art. 40 Abs. 1 AB.BGB.) wird nur auf Antrag des Berechtigten ein Grundbuchblatt angelegt, soweit sich nicht aus den für die Anlegung der Grundbücher geltenden Vorschriften ein anderes ergibt (Art. 27 Abs. 2 AG.GBO.). Die Zweifel, ob die Übertragung derartiger selbständiger Gerechtigkeiten nur unter der Voraussetzung stpflichtig ist, daß sie ein Grundbuchblatt erhalten *haben*, sind durch die Novelle von 1909 dem wirtschaftlichen Zwecke einer Besteuerung des Güterumsatzes entsprechend dahin entschieden worden, daß es für die Steuerpflicht genügt, wann die Gerechtigkeit ein Blatt erhalten *kann*. Begr. S. 5 (09).

**3.** Während das BGB. unter Auflassung allgemein die erklärte „Einigung des Veräußerers und des Erwerbers über die Übertragung des Eigentums an einem Grundstücke" versteht, sind die Auflassungen *stpflichtig* nur in Fällen der freiwilligen Veräußerung. Voraussetzungen sind also nach StRecht:

a) daß ein *Eigentumswechsel* stattfindet;

b) daß eine *freiwillige Veräußerung* zugrunde liegt. Vgl. A. 5 zu T. 32.

**4.** Ein Eigentumswechsel findet statt beim Übergang von Vermögen von einem oder sämtlichen Gesellschaftern einer offenen Handelsgesellschaft an diese selbst oder umgekehrt. Denn die offene Handelsgesellschaft ist nach § 124 Abs. 1 HGB. mit einer gewissen Selbständigkeit des Gesellschaftsvermögens ausgestattet worden, die sie, d. h. die *Gesamtheit* der jeweils in ihr vereinigten Gesellschafter, nach außen hin als die Trägerin des Gesellschaftsvermögens erscheinen läßt. RG. v. 16. 1. 14, JW. S. 482. Ähnlich schon RG. 2. 11. 03, Entsch. Bd. 56 S. 96. Übereinstimmend Hz. S. 287 ff. AA. wegen der Entstehungsgeschichte der T. 8 HSp. S. 485 für den Übergang von Grundbesitz seitens der sämtlichen Mitglieder einer o. H. G. an diese.

Deshalb ist der Aufl.St. fällig:

a) wenn der Gesellschafter einer o. H. G. oder Kommanditgesellschaft das ihm gehörende Grundstück der Gesellschaft aufläßt, oder wenn eine o. H. G. ein zum Gesellschaftsvermögen gehöriges Grundstück an einen Gesellschafter aufläßt; ebenso wenn

b) die sämtlichen Gesellschafter einer o. H. G. das ihnen bisher gemeinschaftlich gehörige Grundstück der Gesellschaft auflassen oder umgekehrt die Gesellschaft ein ihr gehöriges Grundstück ihren Gesellschaftern zu persönlichem Eigentum überträgt. Was für die o. H. G. gilt, trifft für alle Gesellschaften des bürgerlichen Rechts zu (§§ 718 ff. BGB.).

**5.** Auch die Umwandlung einer Gesellschaft in eine andere *unter Wahrung ihrer Individualität* ist nur möglich, soweit sie vom Gesetz

**Noch: Zu Tarifnummer 8.**

ausdrücklich zugelassen wird. So bei Umwandlung einer o. H. G. in eine Kommanditgesellschaft (§ 173 HGB.) oder einer Kommanditgesellschaft a. A. in eine A.-G. (§§ 333ff., insbesondere § 333 Abs. 3 a. a. O.), einer Genossenschaft in eine solche mit veränderter Haft- oder Nachschußpflicht (§§ 143ff. des Gen.-Ges.). Sonst tritt Eigentumswechsel und bei Übertragung von Grundbesitz StPflicht ein. Vgl. einen Beschl. d. KG. v. 22. 12. 02, 1. J. 1439 v. 02, betr. Umwandlung einer Lebensversicherungsgesellschaft auf Gegenseitigkeit in eine Aktiengesellschaft.

6. Eigentumswechsel tritt dagegen nicht ein, wenn Eheleute ein auf den Namen der Frau eingetragenes Grundstück als Gesamtgut der Fahrnisgemeinschaft eintragen lassen. JM. 6. 2. 02, JMBl. S. 33.

7. a) Voraussetzung für die Erhebung des AuflassungsSt. ist ferner, daß eine freiwillige Veräußerung vorliegt. Vgl. A. 24c.

b) Der AuflassungsSt. ist also z. B. nicht fällig, bei rechtskräftiger Verurteilung zur Auflassung infolge Anfechtung durch den Konkursverwalter. FM. 17. 8. 97 III 10552 und 23. 6. 97 III 7681.

Es sind deshalb auch, wie das Kammergericht in dem an das Reichsgericht gelangten Urteil vom 26. 10. 00, JW. S. 814, JMBl. S. 40 von 1901 sich ausgesprochen hat, Rückauflassungen, die aus Anlaß eines Gewährsmangels nach rechtskräftiger Feststellung der Verpflichtung des Veräußerers zur Rücknahme des Grundstücks unter Vorlegung des Urteils stattfinden, ebenso vom AuflassungsSt. befreit — vgl. JM. 12. 6. 97 I 2870 —, wie Rückauflassungen, bei denen der Mangel zwar nicht rechtskräftig festgestellt ist, jedoch den Grund der Rückauflassung bildet. Ebenso RG. 28. 4. 05, JW. S. 376. Auch wenn im Wege eines beurkundeten Vergleichs wegen eines vom Verkäufer zu vertretenden Mangels die Rückgängigmachung des Kaufes vereinbart ist, tritt StFreiheit ein. — HSp. S. 492. Siehe unten A. 18. — Vgl. A. 2d bei T. 32.

Wenn jedoch die Auflassung nicht zur Ausführung eines bestehenden Anspruchs auf Rückgängigmachung dient, sondern diese Rückgängigmachung nur der wirtschaftliche Zweck eines von den Beteiligten vereinbarten Veräußerungsgeschäfts ist, liegt der Rückgabe des Grundstücks gegen Rückgabe des Kaufpreises ein Austausch gegenseitiger Leistungen zugrunde, der den Ansatz des St. der T. 8 rechtfertigt. Zu vgl. FM. 11. 3. 02 III 3096.

8. Eine freiwillige Veräußerung liegt ferner nicht vor; die Auflassung ist daher stfrei:

a) Wenn nach dem Beschlusse des Bezirksausschusses die aus dem Landkreis ausscheidende Stadtgemeinde ein dem bisherigen Landkreise gehöriges Grundstück hat übernehmen müssen. KG. 13. 9. 05, Joh. Bd. 30 S. B 40. Der Anspruch auf Übereignung hat seine Grundlage in gesetzlichen Vorschriften.

b) Bei der bergrechtlichen Grundbuchabtretung aus § 135ff. Allg. Berg Ges. KG. 8. 2. 04, Joh. Bd. 27 S. B 51.

c) Wenn der Erbe dem Vermächtnisnehmer das ihm letztwillig zugewendete Grundstück nach Maßgabe des Testaments aufläßt, § 2174 BGB. Vgl. A. 13 bei T. 2.

d) Wenn im Falle des Verkaufs des Grundstücks infolge Ausübung des Vorkaufsrechts an den Vorkaufsberechtigten aufgelassen

**Noch: Zu Tarifnummer 8.**

wird. JM. 11. 1. 00, Hz. S. 291. — Vgl. A. 5a bei T. 32, A. 14d bei T. 71.

e) Bei Rückgewähr eines in die Gütergemeinschaft eingebrachten Grundstückes an den Einbringenden zufolge Auseinandersetzung. KG. 2. 5. 07, Joh. Bd. 34 S. B 33.

9. Der Schlußsatz des Abs. 1 ist durch die Novelle von 1909 hinzugefügt worden, um der Umgehung des Immobiliarstempels durch Gründung von Gesellschaften und Übertragung von deren Anteilen vorzubeugen, s. des näh. Begr. Allg. S. 2—3 (09), ferner S. 8 und 9 das., aber auch Hz. S. 953.

**10.** a) Die das Veräußerungsgeschäft enthaltende Urkunde ist diejenige, die den Vertrag, durch den die Verpflichtung zur Übertragung und zum Erwerb des Eigentums an dem Grundstück begründet ist, enthält und zu dessen Erfüllung die Auflassung vorgenommen wird. RG. Bd. 21 S. 20. — Vgl. A. 57d bei T. 32.

b) Es können auch zwei oder mehrere Urkunden vorgelegt werden, die derartig rechtlich zusammenhängen und sich ergänzen, daß ihr Gesamtinhalt die Verpflichtung des Auflassenden zur Übertragung des Eigentums auf den neuen Erwerber begründet; der Erwerber muß die Auflassung von dem Auflassenden als ein ihm zustehendes Recht fordern können. RG. 30. 3. 00, Entsch. Bd. 46 S. 234.

Ebenso RG. v. 30. 9. 10, ZBl. S. 503, wo bemerkt ist, daß das Veräußerungsgeschäft die Urkunde enthält, wenn sich aus ihr die persönliche Verpflichtung des Eigentümers zur Auflassung des bestimmten in der Auflassungserklärung bezeichneten Grundstücks gegenüber dem Empfänger dieser Erklärung als dem Erwerber ergibt. Liegt der Auflassung nicht ein einzelnes Rechtsgeschäft zugrunde, sondern eine Reihe von Geschäften oder auch sonstigen rechtlichen Vorgängen, die erst in ihrer Gesamtheit jene Verpflichtung begründen, so sind die Urkunden über alle diese Vorgänge beizubringen, um den AuflassungsSt. zu beseitigen. Im übrigen sei auf den Tatbestand des Urteils verwiesen.

c) Auch ein zur Erledigung eines Rechtsstreites geschlossener Vergleich (§ 779 BGB.) kann als ein die Verpflichtung zur Übertragung des Eigentums an einem Grundstück begründender Vertrag i. S. § 313 BGB. gelten; namentlich dann, wenn i. S. der T. 67 durch den Vergleich ein anderweites Rechtsgeschäft neu begründet ist, und der Gegenstand eines solchen Rechtsgeschäfts die Überlassung eines Grundstücks bildet, ist der Vergleich das der Auflassung dieses Grundstücks zugrunde liegende Veräußerungsgeschäft. Ein etwaiger Mangel der in § 313 BGB. vorgeschriebenen Form würde durch die Auflassung geheilt werden. Über eine etwaige ungenügende Beglaubigung der vorgelegten einfachen Abschrift des Vergleiches, z. B. nur durch einen Rechtsanwalt (Beschl. d. RG. 22. 1. 04, JMBl. S. 218 v. 05), würde das Gericht mit den Beteiligten bei der Auflassung zu verhandeln haben. KG. 8. 6. 03, 1. J. 645 v. 03. — Vgl. oben A. 10b.

d) Im Falle der Auflassung eines Grundstücks an Ehegatten, die in allgemeiner Gütergemeinschaft leben, genügt zur Ausschließung des AuflassungsSt. der von einem der Ehegatten abgeschlossene Kaufvertrag. KG. 13. 6. 07, Joh. Bd. 37 S. B 66.

**Noch: Zu Tarifnummer 8.**

e) Für den Fall, daß bei der Auflassung ein nach dem 1. 1. 00 aufgenommener privatschriftlicher Vertrag vorgelegt wird s. FM. 12. 2. 00 — III 1539, JMBl. S. 63. Vgl. A. 9a zu § 16, A. 13b zu T. 32, LStG. § 14 Abs. 2.

**11.** In folgenden Fällen u. a. enthält die Urkunde nicht das der Auflassung zugrunde liegende Veräußerungsgeschäft:

a) Wenn beim Erwerb des gesamten Vermögens einer Aktiengesellschaft durch eine andere Aktiengesellschaft, welche die gesamten Aktien der ersteren Gesellschaft besitzt, nur der Generalversammlungsbeschluß der auflassenden Gesellschaft vorgelegt wird. RG. 17. 11. 05, Entsch. Bd. 62 S. 70. Dieser Beschluß ist keine Urkunde über ein Veräußerungsgeschäft. Es hätte ein von den zur Vertretung der Gesellschaften berufenen Vorstandsmitgliedern abgeschlossener Vertrag vorgelegt werden müssen.

b) Sind durch einen gehörig verstempelten Vertrag die sämtlichen Kuxe eines Bergwerks verkauft, so ist für die Auflassung des Bergwerks an den Erwerber der Kuxe gleichwohl der einprozentige WertSt. zu entrichten, da der Kaufvertrag über die Kuxe rechtlich nicht das Eigentum am Bergwerk selbst ergreift. KG. 29. 5. 99, Joh. Bd. 19 S. 190.

c) Erklären der Bergwerkseigentümer und eine andere Person vor dem Grundbuchamt ihre Einigung dahin, daß das Bergwerkseigentum auf die von ihnen zu bildende Gewerkschaft übergehen soll, so ist, wenn die Gewerkschaft als neue Eigentümerin in das Grundbuch eingetragen wird, der AuflassungsSt. von dem Werte des ganzen Bergwerks zu erheben.

Die Erhebung des AuflassungsSt. wird durch Vorlegung der Urkunde über den zwischen den beiden Beteiligten geschlossenen Vertrag betreffs Errichtung der Gewerkschaft und Einbringung des Bergwerks in diese ausgeschlossen. Dieser Vertrag ist, soweit der bisherige Bergwerkseigentümer für das Bergwerk Kuxe erhält, nach T. 71 Nr. 2, soweit Gegenleistungen anderer Art gewährt werden, nach T. 32 stpflichtig. KG. 4. 1. 06, Joh. Bd. 32 S. B 33. Vgl. jedoch jetzt T. 4a 2 RStG.

d) Wenn die zur Auflassung notwendige Erklärung durch ein rechtskräftiges Urteil ersetzt wird — § 894 ZPO. — so ist auch eine solche Auflassung stpflichtig, KG. 20. 11. 99, Hz. S. 284, ebenso dann, wenn der Auflassung ein Schiedsspruch zugrunde liegt, KG. 7. 2. 98, Hz. S. 305 —, weil diese Urkunden nicht die rechtsgeschäftlichen Vereinbarungen der bei der Auflassung beteiligten Personen enthalten. — Vgl. oben A. 7.

**12.** a) Die Vorlegung der Urkunde ist nur dann geeignet, den AuflassungsSt. auszuschließen, wenn sie das wirklich zwischen den Parteien abgeschlossene Rechtsgeschäft enthält. Ist in der vorgelegten Urkunde nur ein Scheingeschäft niedergeschrieben, so bleibt der AuflassungsSt. fällig. So RG. v. 30. 6. 09, JMBl. S. 163 v. 12: Für eine Grundstücksübertragung von Vater an Sohn und Schwiegertochter war ein Überlassungsvertrag zwischen Vater und Sohn und eine Schenkung zwischen den Eheleuten beurkundet, ob-

**Noch: Zu Tarifnummer 8.**

wohl eine solche weder subjektiv noch objektiv vorlag. Vgl. auch Hz. S. 483 β Abs. 2: A hatte sein Grundstück (mündlich) an B verkauft, B dieses Grundstück demnächst an C weiterverkauft. Bei der Auflassung wurde ein Kaufvertrag zwischen A und C vorgelegt. Dieser ist nicht geeignet, den AuflassungsSt. auszuschließen.

b) Wird bei der Auflassung eines bebauten Grundstücks ein Kaufvertrag über den Grund und Boden und ein Vertrag über dessen Bebauung vorgelegt, so wird der AuflassungsSt. doch erhoben, wenn der Auflassung in Wirklichkeit ein Kaufvertrag über das bebaute Grundstück zugrunde lag. Ob dies der Fall ist, oder wirklich zwei selbständige Verträge vorliegen, Kaufvertrag und Bebauungsvertrag, wird nach den Umständen des Einzelfalls zu entscheiden sein. Für die Annahme eines einheitlichen Kaufvertrages spricht es z. B., wenn der Verkäufer Bauunternehmer ist und nicht so am Verkauf der Baustelle wie des Hauses Interesse hat, oder die Auflassung erst nach Vollendung des Baus erfolgen soll, überhaupt die Bedingungen des Kauf- und des Bauvertrages sich als einheitliches Ganze darstellen. HSp. S. 769: Übereinstimmend Breme, DNotV. 1913 S. 21, RG. v. 18. 4. 13, a. a. O. S. 472. Vgl. A. 11a zu T. 32. Ein Beispiel im FM. 6. 1. 03 — III 133: Der Bauunternehmer A hat mit B einen Vertrag über Bebauung des Grundstücks X für 64000 ℳ am 9. Oktober 1900 geschlossen. Am 10. Oktober 1900 verkauft A das Grundstück X an B für 10000 ℳ. Übergabe und Auflassung waren für den 1. Juli 1901 vereinbart —, zu welchem Zeitpunkt vertragsmäßig auch der Bau fertiggestellt sein müßte. Am 12. Oktober 1901, nach Beendigung des Baues, ist das Grundstück unter Angabe eines Wertes von 10000 ℳ und Vorlegung des mit 100 ℳ versteuerten Kaufvertrages aufgelassen. Neben dem zum Kaufvertrage verwendeten St. von 100 ℳ und dem BauvertragsSt. von 213 ℳ 50 ₰ war für die Auflassung der AuflassungsSt. von dem ermittelten gemeinen Wert des Grundstücks von 86000 ℳ mit 860 ℳ ohne Anrechnung des zum Kaufvertrage verwendeten St. fällig, weil *Gegenstand der Auflassung* das mit einem *Gebäude versehene Grundstück* war und eine den Rechtsgrund der Übereignung des *bebauten Grundstücks* ergebende Urkunde nicht rechtzeitig vorgelegt ist.

**13.** a) Zur Ausschließung des AuflassungsSt. ist ferner erforderlich, daß die vorgelegte Urkunde die zwischen den Beteiligten verabredete *Gegenleistung richtig* enthält.

b) Ist in einem Kaufvertrage 90000 ℳ als Preis angegeben und ist das Grundstück noch mit einer für den Erwerber eingetragenen Hypothek von 10000 ℳ belastet, welche durch den Erwerb als getilgt gelten soll, so müssen die 10000 ℳ dem Kaufpreise hinzugerechnet werden, auch wenn sie im Werte des Grundstücks nicht Deckung finden. Durch Vorlegung einer Urkunde, in der der Kaufpreis nur auf 90000 ℳ angegeben ist, wird der AuflassungsSt. nicht ausgeschlossen. KG. 19. 12. 98, Hz. S. 311.

c) Wenn bei einer Auflassung ein über das Grundstück abgeschlossener *Kaufvertrag vorgelegt* wird, in dem der *Kaufpreis niedriger angegeben ist, als er in Wirklichkeit verabredet* war, so gilt als hinterzogen der volle AuflassungsSt. ohne Abzug des zu der Vertragsurkunde verwendeten St. RG. 26. 5. 03, ZBl. S. 485, Joh. Bd. 26 S. C 17: Ein Grundstück war für 81600 ℳ durch notariellen Vertrag verkauft, während

**Noch: Zu Tarifnummer 8.**

in Wirklichkeit 100000 *M* vereinbart waren. Es war zu erheben der volle AuflassungsSt. von 1000 *M* und als Strafe nach § 17 Abs. 3b LStG. festzusetzen 10000 *M*. — Vgl. A. 6a bei § 17.

d) Liegt der Auflassung ein Tauschvertrag zugrunde, so gilt als vertragsmäßige Abrede nur die Feststellung über das Wertverhältnis beider Grundstücke zueinander, also die Angabe darüber, ob der Tausch ohne Zugabe erfolgt oder ob und welche Zugabe gewährt wird, jedoch mit der Maßgabe, daß als Wert jedes Grundstücks mindestens der Betrag der auf ihm ruhenden und von dem Erwerber übernommenen Schulden als vertragsmäßig beredet anzusehen ist. FM. 4. 4. 03 III 4466. RG. v. 7. 11. 13, JW. S. 154 v. 14. Im übrigen ist die Angabe über den Wert eine bloße Schätzung, die von der Steuerbehörde nach § 7 LStG. berichtigt werden kann. Eine unzutreffende Schätzung hat, abgesehen von der Zahlung eines etwaigen FehlSt., für die Beteiligten keine weiteren nachteiligen Folgen, als daß sie unter Umständen die Kosten der Wertermittelung tragen müssen. § 7 Abs. 3 d. Ges.

Werden zwei gegeneinander vertauschte Grundstücke ohne Vorlegung des Tauschvertrages aufgelassen, so ist für jede der beiden Auflassungen der WertSt. zu erheben. FM. 13. 4. 99 III 4789. — Vgl. A. 36 bei T. 32.

**14.** Die Entscheidung, ob eine behufs Ausschließung des AuflassungsSt. vorgelegte Urkunde das Veräußerungsgeschäft so enthält, wie es unter den Beteiligten hinsichtlich des Wertes der Gegenleistung verabredet ist, liegt dem Gericht ob. Das Gericht hat auch in Fällen, in denen es eine von den Angaben der Steuerpflichtigen abweichende Auffassung von dem Werte des Gegenstandes hat, den der Berechnung des AuflassungsSt. zugrunde zu legenden Wert festzusetzen. Die Anfechtung dieser Festsetzungsverfügung kann nur nach Maßgabe der §§ 26, 27, 30 PrGKG. erfolgen. KG. 26. 9. 04, Joh. Bd. 29 S. B 43, JMBl. S. 223 v. 05. Die Zollbehörde ist nur befugt, die zu entrichtenden StBeträge, wenn sie die angegebenen Werte für zu niedrig erachtet, anderweit festzusetzen. LStB. § 17 Abs. 9.

**15.** In an sich stpflichtiger Form bedeutet in einer solchen Form, die eine Klage auf Erfüllung zuläßt, d. h. in rechtsverbindlicher Form. RG. 30. 9. 10, ZBl. S. 503. Vgl. oben A. 10c.

**16.** Weiter geht T. 11b Abs. 3 RStG. Danach tritt Steuerfreiheit ein, wenn das Veräußerungsgeschäft im Falle seiner Beurkundung nicht stpflichtig sein würde. Eine Auflassung von Vater an Sohn ist somit vom RSt. ohne weiteres befreit, während der LSt. nur durch Vorlage des zugrunde liegenden Vertrags ausgeschlossen wird.

**17.** Nach dem § 24 jetzt 30 des RStG. sind reichsstpflichtige Anschaffungsgeschäfte von jedem LandesSt. befreit, so daß die Veräußerung eines Gegenstandes, bei welcher die Gegenleistung durch Hingabe reichsstpflichtiger Wertpapiere ausbedungen ist, der LandesStAbgabe entzogen bleibt. Diese Vorschrift kann also die Folge haben, daß bei Veräußerungsgeschäften von Immobilien, sofern der Preis durch Aktien oder sonstige reichsstpflichtige Wertpapiere bezahlt wird, der StPflicht dadurch genügt wird, daß an Stelle des LandesSt. der AnschaffungsSt. tritt. Dieser in der Praxis schon hier und da bemerkbar gewordenen Umgehung des LandesSt. soll vorgebeugt werden. Für Kauf- und Tauschverträge zwischen Teilnehmern an einer Erbschaft, sowie für Veräußerungs-

**Noch: Zu Tarifnummer 8.**

verträge zwischen Aszendenten und Deszendenten wird eine Mehrbelastung nicht herbeigeführt, da auf die Ziffer 1 u. 2 der Ermäßigungen und Befreiungen zu T. 32 ausdrücklich Bezug genommen wird. KB. S. 14.

**18.** a) Abs. 4 Ziffer 3 bezieht sich auf die sogenannten Parzellierungsverträge. Wirtschaftlich betrachtet, sind diese Verträge, inhalts deren der Bevollmächtigte das Veräußerungsgeschäft mit dem Dritten für eigene Rechnung abschließt, doch nichts weiter als Kaufverträge, daher ist es billig, sie dem ImmobiliarSt. zu unterwerfen.

Bei Beurteilung der Frage, ob die Voraussetzungen der Tarifvorschrift vorliegen, kommt es deshalb auf den wirtschaftlichen Zweck des Geschäfts, nicht auf dessen urkundliche Ausgestaltung an. Der Grundbuchrichter ist durch das Gesetz ausdrücklich für befugt erklärt, außerhalb der Urkunde liegende Umstände zu berücksichtigen. Hierzu kann er Ermittelungen jeder Art anstellen. (KG. 4. 2. 10 Joh. Bd. 39 S. B 76.) Zweifelhaft ist, ob der Bevollmächtigte gemäß § 12 Abs. 1a d. Ges. steuerpflichtig ist, auch wenn er selbst bei der Auflassung nicht auftritt. Ich halte es nicht für unbedenklich, dem § 12 eine solche weite Ausdehnung zu geben. Das KG. (in der Überschrift des vorerwähnten Beschlusses) und das Oberlandesgericht in Marienwerder (Urteil v. 30. 10. 13, ZBl. S. 72ff.) haben die Frage bejaht. Dem Oberlandesgericht Marienwerder ist zuzugeben, daß das Gesetz den Verkaufsbevollmächtigten treffen will und diese Absicht nur unvollkommen erreicht würde, wenn er sich seiner Haftbarkeit für den St. dadurch entziehen könnte, daß er die Auflassung nicht selbst vornähme. Der Ansicht der Gerichte wird hiernach beigetreten werden können.

b) „Veräußerung für Rechnung des Bevollmächtigten" ist im folgenden Falle angenommen worden: der Bevollmächtigte sollte ermächtigt sein, das Grundstück des Machtgebers ganz oder geteilt an Dritte zu einem bestimmten Preis für den Hektar zu verkaufen, zu übergeben und aufzulassen. Die Vollmacht war für gewisse Zeit unwiderruflich. Derjenige Betrag, den der Bevollmächtigte über den vereinbarten Preis pro Hektar hinaus erzielte, sollte ihm als Entschädigung für seine Bemühungen zum Eigentum verbleiben. Die Veräußerung war auch der Vollmacht entsprechend erfolgt. RG. 7. 1. 13, JW. S. 390.

c) Eine Veräußerung für Rechnung des Bevollmächtigten im Sinne der T. liegt auch dann vor, wenn die Veräußerung nur bedingt, nämlich für den Fall der Erzielung eines Nettoüberschusses, und nur anteilig für Rechnung des Bevollmächtigten erfolgt. RG. 5. 12. 12, ZBl. S. 219.

d) Es macht ferner keinen Unterschied, ob der Bevollmächtigte und derjenige, für dessen Rechnung die Veräußerung geschieht, identisch sind, wenn nur letzterer seine Rechte in der einen oder anderen Weise von dem Bevollmächtigten herleitet. Oberlandesgericht Marienwerder v. 30. 10. 13, ZBl. S. 72.

**19.** Dagegen ergibt sich aus der Entstehungsgeschichte der Vorschrift, daß diese nur dann angewendet werden kann, wenn der Vollmachtsvertrag nicht selbst dem KaufSt. unterliegt; denn nur die Umgehung des VeräußerungsSt. durch einen Vollmachtsvertrag sollte getroffen werden. Es ist daher als Bevollmächtigter im Sinne der T. nur der anzusehen, der lediglich Vollmachtnehmer, nicht aber zugleich — wenn auch nur bedingt — Käufer ist. JM. v. 8. 1. 12. ZBl. S. 204, JMBl. S. 161. Vgl. A. 4 zu T. 32.

**20.** Wie Ziffer 3, so ist auch Ziffer 4 durch die Novelle von 1909 geschaffen, um Umgehungen des ImmobiliarSt. zu verhüten, die unter dem

**Noch: Zu Tarifnummer 8.**

LStG. v. 95 möglich waren. Wenn beispielsweise A sein Grundstück an B verkaufen wollte, so wurde zu diesem Zwecke von beiden eine offene Handelsgesellschaft gegründet, in welche A das Grundstück, B seine Arbeitskraft einbrachte. Alsdann wurde die Gesellschaft in das Handelsregister eingetragen und, nachdem das geschehen, setzten sich die Gesellschafter wieder auseinander. Bei dieser Auseinandersetzung erwarb B dann das ursprünglich von A eingebrachte Grundstück. Wenn sein Anteil an dem Gesellschaftsvermögen die Hälfte betrug, brauchte er nur die Hälfte des St. zu zahlen; legte er sodann bei der Auflassung den Auseinandersetzungsvertrag vor, so wurde ein weiterer St. nicht erhoben, die andere Hälfte des WertSt. von 1% also erspart. Jetzt wird diese andere Hälfte zur Auflassung erhoben.

Dem Einwand, daß dies zu großen Härten in denjenigen Fällen führen könne, wenn A das in die Gesellschaft von ihm eingebrachte Grundstück bei der Auseinandersetzung wieder zurückerwerbe, wurde regierungsseitig entgegengehalten, daß solche Härten nicht vorkommen könnten, weil nach der Befreiungsvorschrift T. 25d Ziff. 2 Abs. 3 die Rückgewähr eines von einem Gesellschafter eingebrachten Grundstückes stfrei sei und nach der ausdrücklichen Vorschrift T. 8 Abs. 4 Ziff. 4 die Vorlegung der über die Rückgewähr errichteten Vertragsurkunde den AuflassungsSt. ausschließe.

Der wesentlichste Zweck der Tarifvorschrift besteht darin, in denjenigen Fällen die Ersparung des ImmobiliarSt. zu verhüten, in denen bei der Auflösung von Gesellschaften m. b. H., Aktien-Gesellschaften und Gewerkschaften ein Gesellschafter die Anteile der sämtlichen übrigen Gesellschafter in seiner Hand vereinigt. KB. S. 10—11 (09), vgl. RG. 8. 3. 12, ZBl. S. 272, JMBl. S. 343.

**21.** Die nach der Auflassung errichtete Urkunde über das der Auflassung zugrunde liegende Geschäft ist nach ihrem Inhalt selbständig und unabhängig von dem Inhalt der Auflassungserklärung und den bei Gelegenheit derselben gemachten Angaben der Beteiligten strafrechtlich zu beurteilen. KG. 21. 4. 98, JW. S. 376.

**22.** Da für den nämlichen Eigentumsübergang der WertSt. nur einmal zu erheben ist, wird der AuflassungsSt. auf den WertSt. in Anrechnung gebracht. FM. 26. 6. 99 III 8072.

**23.** Lediglich zur Beseitigung von Mißverständnissen ist am Schlusse des Abs. 5 die keiner weiteren Begründung bedürfende Bestimmung hinzugefügt, daß der AuflassungsSt. auf Grund des 3. Absatzes insoweit nicht zurückgefordert werden kann, als er auf den zu einer nachträglich errichteten Urkunde erforderlichen WertSt. angerechnet worden ist.

**24.** a) Für die StBerechnung ist der gemeine Wert des Gegenstandes zur Zeit der Entgegennahme und Beurkundung der Auflassungserklärung maßgebend. KG. 15. 1. 00. Der Wert des beweglichen Beilasses ist außer Betracht zu lassen. Joh. Bd. 17 S. 144.

b) Bei der Übertragung von Grundbesitz einer Gemeinschaft zur gesamten Hand an einen Teilnehmer und umgekehrt ist der Wert des ganzen Grundstücks zugrunde zu legen, da das ganze Grundstück den Gegenstand der Eigentumsänderung bildet: so wenn eine offene Handelsgesellschaft Grundeigentum an einen Gesellschafter aufläßt. Vgl. Hz. S. 298 und die dort angeführten Entscheidungen.

| Lfd. Nr. | Gegenstand der Besteuerung | Steuersatz v. H. | ℳ | ₰ | Berechnung der Stempelabgabe |
|---|---|---|---|---|---|
| 9. | **Auktionen,**[1–7] d. h. Beurkundungen von Versteigerungen nicht zu den unbeweglichen Sachen gehöriger Gegenstände durch öffentliche Beamte, sofern diese nicht als Vertreter der Korporation, in deren Dienste sie angestellt sind, handeln, oder durch gewerbsmäßige Auktionatoren (§ 36 der Reichsgewerbeordnung)*) . . . . . . . . . . . . . . . . . . . . AB. 20. | 1/8 | — | — | des Gesamterlöses nach Abzug der Kosten.[8] |

**Noch: Zu Tarifnummer 8.**

c) Hat der Erwerber eines Grundstücks in der Zeit zwischen Kaufvertrag und Auflassung das Grundstück bebaut, so ist der AuflassungsSt. nach der Verwaltungsübung nur vom Werte des unbebauten Grundstücks zu erheben, weil nur insoweit eine freiwillige Veräußerung vorliegt. Vgl. oben A. 7a. Vgl. Grundsätze des Bundesrats zur Auslegung des RStG. v. 23. 5. 12 IX 9.

**25.** Verkauft der Eigentümer eines Grundstücks an einen anderen zunächst das auf dem Grundstück stehende Holz und erst später, jedoch noch vor der Trennung des Holzes den Grund und Boden selbst, so muß bei der Auflassungserklärung für die Berechnung der StAbgabe auch der Wert des Holzes angegeben werden. KG. 25. 3. 09, Joh. Bd. 37 S. C 25.

**26.** Besonders hervorgehoben sei, daß auf T. 8 auch die Befreiungsvorschriften zu §§ 4 und 5 anzuwenden sind. Auflassungen, an denen eine steuerfreie Person beteiligt ist, erfordern mithin nur den halben St.: eine Vorschrift, die namentlich, wenn der Veräußerer steuerfrei ist, oft übersehen wird. (LStW. § 13.)

---

*) Die betreffende Bestimmung der GewO. lautet:

**§ 36.** Das Gewerbe der . . . Auktionatoren . . . darf zwar frei betrieben werden, es bleiben jedoch die verfassungsmäßig dazu befugten Staats- oder Kommunalbehörden oder Korporationen auch ferner berechtigt, Personen, welche diese Gewerbe betreiben wollen, auf die Beobachtung der bestehenden Vorschriften zu beeidigen und öffentlich anzustellen.

Vom Minister des Innern sind am 10. Juli 1902 „Vorschriften über den Umfang der Befugnisse und Verpflichtungen sowie über den Geschäftsbetrieb der Versteigerer" auf Grund § 38 Abs. 1 GewO. erlassen. Beiblatt zu Nr. 15 des Ministerialblatts der Handels- und Gewerbe-Verwaltung.

Hieraus ist hervorzuheben, daß die Versteigerer Versteigerungen nur auf Grund eines schriftlichen Auftrags vornehmen dürfen. Über den Hergang haben sie eine Niederschrift aufzunehmen und unterschriftlich zu vollziehen. Eine genaue Berechnung der Gebühren und baren Auslagen des Versteigerers ist in das über die einzelnen Geschäfte zu führende Sammelheft aufzunehmen.

## Zu Tarifnummer 9.

1. Vgl. BGB. §§ 156, 456ff., 1239, ZPO. § 817.

2. Der innere Grund des AuktionsSt. ist der, daß zwischen Käufer und Verkäufer eine Mittelsperson tritt, welche die Parteien zur Einigung über das Rechtsgeschäft veranlaßt, die erfolgte Einigung niederschreibt und durch seine Unterschrift gewissermaßen beglaubigt. KB. S. 17, AH. S. 2267.

3. Die Bestimmung der T. 53 findet auf Auktionsprotokolle keine Anwendung, so daß, wenn der Reinerlös mehr als 150 ℳ, jedoch nicht über 300 ℳ beträgt, ein St. von 1 ℳ selbst dann genügend ist, wenn die Beurkundung in Form eines Protokolls geschieht. FM. 3. 3. 97 III 2854.

4. Beurkundungen von Versteigerungen von „Mengen" (T. 32 Befr. 3) fallen unter T. 9, sofern nicht § 30 und T. 4b RStG. entgegenstehen. FM. 20. 8. 96 III 10209. — Vgl. die folgenden A.

5. Die Versteigerungsprotokolle der Gerichtsvollzieher über Wertpapiere unterliegen dem ReichsSt., sowohl dann, wenn es sich um eine Zwangsversteigerung handelt, als auch dann, wenn die Versteigerung eine freiwillige ist. Daneben ist der LandesSt. dieser T. nicht zu erheben.

Die Gerichtsvollzieher haben für die Beibringung des St. zu sorgen:

a) als Vermittler, wenn bei einer freiwilligen Versteigerung der Auftraggeber sich den Zuschlag in der Art vorbehält, daß er nach außen hin als der den Zuschlag Erteilende erscheint, es sei denn, daß beide Kontrahenten zur Führung von Handelsbüchern nicht verpflichtet sind und eine beiderseits unterschriebene Vertragsurkunde errichtet ist,

b) bei allen Zwangsversteigerungen und in denjenigen Fällen der freiwilligen Versteigerung, in welchen der Gerichtsvollzieher den Zuschlag erteilt, es sei denn, daß der Kläger zur Führung von Handelsbüchern verpflichtet ist.

Liegt in dem Falle zu a eine beiderseits unterschriebene Vertragsurkunde vor und ist keiner der Kontrahenten eine zur Führung von Handelsbüchern verpflichtete Person, so haben nicht die Gerichtsvollzieher, sondern die Kontrahenten die Steuer zu entrichten. Ebenso liegt in dem Falle zu b nicht dem Gerichtsvollzieher, sondern dem Käufer die Verpflichtung zur Entrichtung der Abgaben ob, wenn der Käufer eine zur Führung von Handelsbüchern verpflichtete Person ist.

Zum Zwecke der Versteuerung ist in den zu a bezeichneten Fällen spätestens am dritten Tage nach dem Geschäftsschluß auf einem vorher gestempelten oder mit den erforderlichen StMarken zu versehenden Formular eine Schlußnote auszustellen. Das Gleiche gilt im Falle zu b, wenn keine beiderseits unterschriebene Vertragsurkunde errichtet ist; andernfalls ist die Vertragsurkunde binnen 14 Tagen nach dem Geschäftsabschlusse der Steuerbehörde vorzulegen. JM. 11. 10. 06, JMBl. S. 301, ZBl. S. 1520.

Über Auktionen von Altmaterialien der Eisenbahnverwaltung vgl. A. 29b bei T. 32.

6. Der St. zu den Protokollen der Gerichtsvollzieher ist in natura zu verwenden.

7. Auktionen für den Fiskus sind stfrei. § 5 Abs. 1b d. Ges. FM. 5. 3. 97 III 2159.

| Lfd. Nr. | Gegenstand der Besteuerung | Steuersatz v. H. | Steuersatz ℳ | Steuersatz ₰ | Berechnung der Stempelabgabe |
|---|---|---|---|---|---|
| 10. | (1) **Ausfertigungen**[1–6] von Schriftstücken der Behörden und Beamten, einschließlich der Notare, jedoch mit Ausnahme der Ausfertigungen der Schiedsmänner, sofern für die Schriftstücke nicht ein durch diesen Tarif bestimmter Stempel zu entrichten ist*) . . . AB. 42. LStV. § 2 Ziff. 2d. | — | 3 | — | |

**Noch: Zu Tarifnummer 9.**

8. a) Bleibt der Eigentümer bei der freiwilligen Versteigerung Meistbietender, so ist der Betrag seines Gebots von dem Gesamterlöse in Abzug zu bringen.

b) Die Kosten für die Aufbewahrung an dem Ort der Versteigerung für die Zeit von der Abholung bis zu dem bei dieser Abholung bestimmend gewesenen Termin der Versteigerung — § 808 Abs. 2 ZPO. — dürfen bei der Berechnung des St. von dem Gesamterlöse abgezogen werden; wenn aber die beabsichtigte Versteigerung z. B. wegen Fristbewilligung, Intervention, Einstellungsbeschlusses usw. ausgesetzt wird, so sind die Kosten für die weitere Aufbewahrung am Versteigerungsort bis zur schließlichen Versteigerung nicht abzugsfähig.

Wenn die Pfandstücke nicht lediglich zum Zwecke der Versteigerung, sondern schon aus dem Gesichtspunkte einer Sicherung der Befriedigung des Gläubigers aus dem Gewahrsam des Schuldners entfernt werden, so sind die Kosten für die dann erforderliche Aufbewahrung unterschiedslos nicht abzugsfähig.

Die Kosten des Transports zu dem Auktionslokal sind abzugsfähig.

c) Vgl. über Versteigerungsaufträge A. 4c bei T. 73.

## Zu Tarifnummer 10.

**1.** Vgl. FG. § 182, PFG. §§ 43ff., auch A. 2 bei T. 26.

**2.** a) Unter Ausfertigungen werden im Gegensatz zu bloßen Bescheiden die in einer feierlichen Form und unter ordnungsmäßiger Unterschrift von unmittelbaren und mittelbaren Staatsbehörden abgefaßten Erlasse, Entscheidungen und Urkunden angesehen. FM. 26. 12. 90 III 15391.

---

*) Die betreffende Bestimmung der, soweit sie sich auf die StSteuer bezieht, jetzt aufgehobenen Schiedsm.-O. v. 29. 3. 79 lautet:

**§ 40.** Die Verfügungen, Verhandlungen und Ausfertigungen des Schiedsmanns sind kosten- und stempelfrei.

Die Stempelfreiheit der Verhandlungen erstreckt sich nicht:

1. auf Rechtsgeschäfte, welche an sich stempelpflichtig sind und als ein Bestandteil des Vergleichs in den letzteren aufgenommen werden;
2. auf Vergleiche, durch welche ein unter den Parteien bisher nicht in stempelpflichtiger Form zustande gekommenes Rechtsgeschäft anerkannt oder im wesentlichen aufrecht erhalten wird.

| Lfd. Nr. | Gegenstand der Besteuerung | Steuersatz v. H. | Steuersatz M | Steuersatz Pf | Berechnung der Stempelabgabe |
|---|---|---|---|---|---|
| (10.) | (2) Befreit sind Ausfertigungen:<br>a) von Bescheiden auf Gesuche, Anfragen und Anträge in Privatangelegenheiten, sie mögen in Form eines Antwortschreibens, einer Verfügung, Verfügungsabschrift oder einer auf die zurückgehende Bittschrift selbst gesetzten Verfügung erlassen werden;<br>b) von Genehmigungen der zuständigen Behörden in Bausachen.<br>AB. 42 Abs. 2. | | | | |

**Noch: Zu Tarifnummer 10.**

b) Die Tarifvorschrift bezieht sich nur auf die Ausfertigung nicht stpflichtiger Schriftstücke.

Der juristische Sprachgebrauch begreift unter dem Ausdruck „Ausfertigung" zweierlei Arten: Die eine Art umfaßt die Fälle, in denen das zugrunde liegende Schriftstück, von dem die Ausfertigung entnommen ist, nach außen hin allein rechtliche Bedeutung hat, bei der es nur auf den Inhalt der Urschrift ankommt, während bei der zweiten Art die Willenserklärung nach außen hin erst in der Ausfertigung rechtlich hervortritt, wobei das zugrunde liegende Schriftstück nach außen hin rechtlich bedeutungslos ist. Der Ausdruck „Schriftstück" ist ganz allgemeinen Inhalts.

In Angelegenheiten der ordentlichen Gerichte, wie der sonstigen Gerichte, kann die Tarifstelle ebensowenig in Anwendung kommen, wie in Notariatssachen; sie findet ihr Anwendungsgebiet vielmehr allein in Angelegenheiten der Verwaltung.

Die Ausfertigung muß eine wirkliche Wiederholung des ihr zugrunde liegenden Schriftstückes bilden, dieses also schon das, was in der Ausfertigung enthalten ist, vollinhaltlich enthalten. Im Gegensatz hierzu stehen die Fälle, in denen die schriftliche Unterlage nur die kurze Anweisung enthält, eine Ausfertigung bestimmten Inhalts herzustellen. RG. 30. 11. 00, Entsch. Bd. 47 S. 343, ZBl. S. 85 v. 01.

c) T. 10 hat nur aushilfsweise Bedeutung; sie bleibt außer Anwendung, wenn nach einer andern Tarifstelle ein St. zu entrichten ist oder eine Befreiung besteht. FM. 17. 2. 98 III 886.

d) Die Bestimmung, daß alle Urkunden bis zum Werte von 150 M frei sind, bezieht sich auch auf Ausfertigungen. AH. S. 2269.

e) Eine Ausfertigung der nach Art. 12 §§ 2 u. 4 AG.BGB. von einem Urkundsbeamten aufgenommenen Urkunden mit der Wirkung, wie sie den Ausfertigungen gerichtlicher oder notarieller Urkunden innewohnt, ist durch die Gesetze nicht vorgesehen; eine Ausfertigung einer Urkunde der gedachten Art erscheint daher nicht geeignet, die Urschrift im Rechtsverkehr zu ersetzen. Es muß vielmehr davon ausgegangen werden, daß der Urkundsbeamte den Beteiligten die Urschrift zu verabfolgen hat. Zu der Urschrift sind auch

**Noch: Zu Tarifnummer 10.**

die erforderlichen St. zu verwenden unter Anwendung ev. von § 9 Abs. 1 d. Ges. FM. 27. 11. 01 III 14845. — Vgl. A. 3 bei § 9.

3. Ausschließlich im öffentlichen Interesse erteilte Ausfertigungen sind stfrei, wird aber zugleich das Privatinteresse berührt, so tritt StPflicht ein. FM. 25. 12. 96 III 14734 (MBl. d. i. V. S. 24 v. 97).

4. Stfrei sind insbesondere:

a) Genehmigungen der Steuerordnungen der Kommunalbehörden durch die zuständigen Behörden. FM. 16. 10. 96 III 13802, ZBl. S. 613.

Genehmigungen der Sparkassen-Satzungen kommunaler Verbände. FM. 25. 12. 96 III 14734.

b) Die von den Bezirksausschüssen zu erteilenden Genehmigungen zu den Besoldungsfestsetzungen für Bürgermeister, Beigeordnete und besoldete Magistratsmitglieder. Das Gleiche gilt für die entsprechenden Genehmigungen für die Stadt Berlin. FM. 7. 9. 04 III 11722.

c) Die von Bezirksausschüssen erteilten Genehmigungen zur Veräußerung städtischer Grundstücke, sofern nicht zu den Akten des Bezirksausschusses eine Urschrift zurückbehalten wird. FM. 14. 10. 97 III 12838.

d) Ausfertigungen der Beschlüsse der Bezirksausschüsse über streitige Erstattungsansprüche auf Grund des Fürsorge-Ges. v. 2. 7. 00. FM. 28. 10. 03 III 13797.

e) Die gemäß § 100 lit. h der GewO. gefällten Entscheidungen der Verwaltungsbehörden. FM. 4. 2. 03 III 88.

f) Die gemäß § 43 Abs. 3 der AusfAnw. zur GewO. v. 9. 8. 99 den Ortspolizeibehörden zu übersendenden zweiten Ausfertigungen der auf Grund §§ 33 und 33a erteilten Genehmigungsurkunden. FM. 18. 6. 00 III 3289, ZBl. S. 396. — Vgl. A. 5bb bei T. 77.

g) Die nach § 16 Abs. IV der Anw. betreffend die Genehmigung und Untersuchung der Dampfkessel v. 9. 3. 00 den Ortspolizeibehörden, Bergrevierbeamten und auch den zuständigen Dampfkesselüberwachungsvereinen zuzusendenden Ausfertigungen von Dampfkesselgenehmigungsurkunden. FM. 18. 8. 01 III 10356.

h) Die den Ortspolizeibehörden und Bergbehörden auszuhändigenden Abschriften der Bescheinigungen über Abnahme von Dampfkesseln sowie die zweiten Ausfertigungen von Genehmigungsurkunden der nach § 16 der Gewerbeordnung genehmigten Anlagen. FM. 21. 7. 99 III 9438. — Vgl. A. 5u bei T. 77.

i) Polizeiliche Erlaubniserteilungen zur Aufstellung beweglicher Dampfkessel — § 26 Nr. III Anw. v. 9. 3. 00 (MBl. f. d. i. V. S. 150).

k) Die Statuten der Innungen und Handwerkskammern — §§ 99, 103 Ges. v. 26. 7. 97 —, ebenso die Genehmigung solcher Statuten, wie die der Innungsausschüsse und Innungsverbände — §§ 84 Abs. 1, 101 Abs. 1, 104b Abs. 1 eod. — FM. 23. 4. 02 III 4972, ZBl. S. 102, FM. 7. 8. 99 III 9971, ZBl. S. 207.

l) Die Ausfertigung einer Urkunde, durch welche das von geschlossenen freien Innungen auf neu errichtete Zwangsinnungen über-

**Noch: Zu Tarifnummer 10.**

gehende Vermögen von dem Regierungspräsidenten festgestellt wird. FM. 7. 9. 99 III 10987, ZBl. S. 215.

m) Die Ausfertigungen von Genehmigungen zur Veranstaltung öffentlicher Aufzüge und Abhaltung von Versammlungen unter freiem Himmel nach § 7 des Reichsvereinsges. v. 19. 4. 08, FM. 10. 6. 09 III 6129, ZBl. S. 219 und 26. 8. 08 III 15112, ZBl. S. 369. Vgl. AB. 68 (4).

n) Das dem Wandergewerbeschein beigefügte, vom Bezirksausschuß genehmigte Bücherverzeichnis, wie der Wandergewerbeschein selbst. FM. 31. 3. 99 III 4216.

o) Erkenntnisse im Verwaltungsstreitverfahren.

p) Die Ausfertigungen von Schiedssprüchen der Gewerbegerichte nach § 67 des Ges. v. 29. 7. 90, weil in dem Streitverfahren vor den Gewerbegerichten keine St. erhoben werden sollen. FM. 23. 6. 96 III 8634, ZBl. S. 538. — Vgl. A. 2b zu T. 57.

q) Die Allerhöchst vollzogenen, und die in der Ministerial- und Provinzialinstanz erteilten Patente über Titel- und Charakterverleihungen an Beamte. FM. 31. 10. 96 III 13593 und 14. 10. 12 III 11547. — Vgl. A. 1 bei. T. 12.

r) Die Genehmigungen des Handelsministers zu Verträgen über Anstellung von Lehrern an öffentlichen Handwerkerschulen. FM. 14. 7. 97 III 8764.

s) Vormundschaftsgerichtlicher Heiratskonsens für den heiratenden Elternteil nach der Auseinandersetzung. Joh. Bd. 17 S. 191.

t) Der reine Vermerk „Bestätigt" nebst Siegel und Unterschrift unter der eingereichten Rechtsakte der Bergwerksbesitzer, falls keine Urschrift der Bestätigungsurkunde zu den Akten genommen wird. FM. 25. 7. 96 III 10310.

u) Die Bescheinigung über den Austritt aus der Landeskirche, die auf Antrag vom Gericht erteilt wird. Joh. Bd. 17 S. 303.

v) Die durch die Ausführungsbestimmungen zum Süßstoffges. v. 7. 7. 02 vorgeschriebenen Süßstoffbezugsscheine. FM. 11. 4. 03 III 4738.

w) Genehmigungen der Aufsichtsbehörde zu Beschlüssen der Deichverbände und Meliorationsgenossenschaften über die Aufnahme von Darlehen, es sei denn, daß die Genehmigung in urkundlicher Form ausgefertigt wird und den Verbänden, deren Privatinteresse hierbei in Betracht kommt, nicht Steuerfreiheit ausdrücklich zugestanden ist. FM. 18. 2. 97 III 2090.

x) Genehmigungen der Polizeibehörde über die Auszahlung von Brandentschädigungsgeldern, wenn sie in der im FME. v. 24. 9. 96 III 13434 angegebenen Form, d. h. in Form eines Erlaubnisscheines ohne Zurückbehaltung einer Urschrift und mit einem diesbezüglichen Vermerk versehen abgegeben werden. — Vgl. A. 5 lit. a bei T. 77.

y) Genehmigungen von Satzungen der Kriegervereine, sofern keine Urschrift des Bestätigungsvermerks zurückbleibt. FM. 9. 10. 96 III 13552.

z) Bestallungen der Stellvertreter von Kursmaklern, falls sie in der Form einfacher Verfügungen ausgestellt werden. FM. 20. 9. 97 III 11371.

**Noch: Zu Tarifnummer 10.**

5. a) Dagegen erfordern die in erster Instanz von einer kollegialischen Behörde erlassenen vorläufigen, durch rechtzeitigen Antrag auf mündliche Verhandlung außer Kraft tretenden Bescheide, wie sie jetzt gemäß Ziffer 26 Abs. 3 Satz 3 u. 4 der AusfAnw. zur GewO. v. 1. 5. 04 zu erteilen sind, wenn ihnen eine gleichlautende, vom Vorsitzenden der Behörde unterzeichnete Urschrift zugrunde liegt, den AusfertigungsSt. FM. 31. 8. 04 III 9540, ZBl. S. 218. Das Gleiche gilt für die von der Beschlußbehörde erlassenen Bescheide, durch welche die Genehmigung zur Anlegung eines Dampfkessels versagt oder unter von dem Unternehmer nicht genehmigten Bedingungen erteilt wird. FM. 4. 12. 08 III 19491.

b) Die auf Grund der GewO. erteilten Genehmigungen zur Über- und Sonntagsarbeit bedürfen dann keines AusfertigungsSt., wenn nach dem pflichtmäßigen Ermessen des Beamten, der die Genehmigung erteilt, deren Wert für den Arbeitgeber 150 ℳ nicht übersteigt. In diesem Falle ist in den Text der Urschrift wie in den Text jeder Ausfertigung der Genehmigung von vornherein der Vermerk aufzunehmen: „Stempelfrei, da der Wert 150 ℳ nicht übersteigt.“ Außerhalb des Urkundentextes befindliche Vermerke vermögen die StBefreiung nicht zu begründen. (MinBl. d. Handels- und GewVerw. S. 542), FM. 4. 1. 11 III 22281/10.

6. Über die ststeuerliche Behandlung der im Geschäftsverkehr der Zoll- und Steuerbehörden vorkommenden und von ihnen ausgestellten Erlaubnisscheine oder Genehmigungen und Bescheinigungen ist der FME. v. 22. 12. 97 III 11149. ergangen:

Die zur Anwendung kommenden T. 10 (für Erlaubnisscheine und Genehmigungen) und 77 (für Bescheinigungen) werden durch die allgemeinen Steuerbefreiungen des LStG. insbesondere § 4 Abs. 1 Buchst. a u. b, sodann aber auch durch die Gebührenfreiheit anordnenden Bestimmungen anderer Steuergesetze, z. B. § 49 BranntwStG. v. 8. 7. 68 und § 16 Abs. 2 BrauStG. ausgeschlossen.

Soweit derartige Steuer- oder Gebührenbefreiungen nicht Platz greifen, unterliegen Erlaubnisscheine oder Genehmigungen der StPflicht, wenn sie sich als Ausfertigungen i. S. der T. 10 darstellen, wenn sie also nicht in Form von einfachen Bescheiden oder Anschreiben, sondern in feierlicher Form abgefaßt sind und ihnen gleichlautende mit Namensunterschrift oder auch nur mit dem Anfangsbuchstaben der Namensunterschrift des ausfertigenden Beamten versehene Urschriften (Konzepte) zugrunde liegen.

Bescheinigungen i. S. der T. 77 sind stpflichtig, wobei es nicht darauf ankommt, ob eine Urschrift gefertigt wird oder nicht.

Unter Berücksichtigung der schon unter der Herrschaft der früheren gesetzlichen Bestimmungen getroffenen Einzelentscheidungen und unter Berücksichtigung des Umstandes, daß der AusfertigungsSt. weiter in der Form zu fordern ist, in der er schon nach den bisherigen Vorschriften hat entrichtet werden müssen, ist eine Zusammenstellung der am häufigsten vorkommenden Schriftstücke unter Angabe ihrer StPflichtigkeit oder StFreiheit gefertigt, auf die hier verwiesen wird. Die in der Zusammenstellung genannten Urkunden haben durch die Änderungen der Zoll- und Steuergesetzgebung inzwischen, was Inhalt und Notwendigkeit anlangt, erhebliche Änderungen erfahren. Vgl. den genannten Erlaß.

| Lfd. Nr. | Gegenstand der Besteuerung | Steuersatz v. H. | Steuersatz ℳ | Steuersatz ₰ | Berechnung der Stempelabgabe |
|---|---|---|---|---|---|
| 11. | (1) [1]**Auszüge** aus den Akten, öffentlichen Verhandlungen, amtlich geführten Büchern, Registern und Rechnungen,[2–4] wenn sie für Privatpersonen[5] auf ihr Ansuchen ausgefertigt werden . . . . . . . . . . . . . . . . . . . . | — | 3 | — | |
| | (2) Befreit sind die auf den Personenstand (Geburten, Heiraten, Sterbefälle usw.) bezüglichen Auszüge aus amtlich geführten Büchern und Standesregistern. | | | | |
| | AB. 43. | | | | |
| 11a. | **Automaten und Musikwerke.**[1] | | | | |
| | 1. Jahreskarten, auch nicht unterschriebene, für jeden auf Bahnhöfen oder anderen öffentlichen Orten[2] und Plätzen oder in Gast- und Schankwirtschaften zur Aufstellung[3] gelangenden[4] | | | | |
| | a) Warenautomaten | | | | |
| | mit einem Warenbehälter bis vier Warenbehältern . . . . . . . . . . . . . . | — | 1 | — | |
| | mit mehr als vier Warenbehältern . . | — | 2 | — | |
| | b) Stereoskop-, Schau- oder Scherzautomaten | — | 3 | — | |
| | c) Musikautomaten oder für jedes an den vorbezeichneten Stellen zur Aufstellung gelangende mechanische Musikwerk,[5] einschließlich der Grammophone, Phono- | | | | |

## Zu Tarifnummer 11.

1. Vgl. PFG. Art. 57 Abs. 3.

2. An dem bestehenden Zustande, nach welchem alle nicht besonders befreiten amtlichen Auszüge stpflichtig sind, ist nichts geändert; insbesondere sind auch alle Verhandlungen, die sich auf die Fortschreibung der Grundsteuer und Gebäudesteuer beziehen, und die Abschriften und Auszüge aus denselben stfrei. KB. S. 19, AH. S. 2270.

3. Eine beglaubigte Abschrift eines in den Akten einer Behörde befindlichen Gesuches ist ein stpflichtiger Auszug. FM. 5. 1. 97 III 41.

4. Auszüge aus dem Genossenschaftsregister über die Vorstands- und sonstigen Mitglieder der Genossenschaft sollen nur dann dem St. unterworfen sein, wenn sie beglaubigt sind. Mot. 18/19, 3. KS. S. 7. — Vgl. LStB. § 1c.

5. Die Handelskammern sind politische Körperschaften, haben daher einen öffentlich rechtlichen Charakter und können als „Privatpersonen" nicht gelten, weshalb die ihnen erteilten Auszüge aus den Gewerbesteuerlisten stfrei sind. FM. 30. 10. 96 III 14818, ZBl. S. 626.

| Lfd. Nr. | Gegenstand der Besteuerung | Steuersatz v. H. | Steuersatz ℳ | Steuersatz ₰ | Berechnung der Stempelabgabe |
|---|---|---|---|---|---|
| (11a.) | graphen und ähnlichen Apparate, wenn der Anschaffungspreis[6] oder in Ermangelung eines solchen der Wert des Automaten oder Musikwerkes beträgt: | | | | |
| | AB. 46 Abs. 3. | | | | |
| | nicht mehr als 100 ℳ . . . . . . . . . | — | 2 | — | |
| | mehr als 100 ℳ, aber nicht mehr als 300 ℳ . . . . . . . . . . . . . . . | — | 3 | — | |
| | mehr als 300 ℳ, aber nicht mehr als 500 ℳ . . . . . . . . . . . . . . . | — | 5 | — | |
| | mehr als 500 ℳ, aber nicht mehr als 1000 ℳ . . . . . . . . . . . . . . | — | 10 | — | |
| | mehr als 1000 ℳ, aber nicht mehr als 2000 ℳ . . . . . . . . . . . . . . | — | 20 | — | |
| | mehr als 2000 ℳ, aber nicht mehr als 3000 ℳ . . . . . . . . . . . . . . | — | 30 | — | |
| | mehr als 3000 ℳ, aber nicht mehr als 4000 ℳ . . . . . . . . . . . . . . | — | 40 | — | |
| | mehr als 4000 ℳ . . . . . . . . . . | — | 50 | — | |
| | AB. 46 Abs. 3. | | | | |
| | d) Automaten anderer Art als die unter a bis c aufgeführten[4] . . . . . . . . . . . | — | 1 | — | |
| | AB. 44 Abs. 2; Beil. § 7. | | | | |
| | 2. Entsteht die Abgabepflicht für die unter Ziffer 1 aufgeführten Gegenstände in der Zeit zwischen dem 1. Juli und 31. Dezember, so beträgt für diese Zeit der Stempel die Hälfte der vorstehenden Steuersätze.[7] | | | | |
| | 3. Befreit sind Automaten, | | | | |
| | a) die zu Betriebszwecken öffentlicher Behörden[8] aufgestellt werden, | | | | |
| | b) die zur Verabreichung von Speisen und Getränken[9] in Restaurationen und solche, die zur Abgabe von Gas und Elektrizität zu hauswirtschaftlichen und kleingewerblichen Zwecken dienen. | | | | |
| | 4. Der Eigentümer eines Automaten oder eines Musikwerkes oder, wenn der Automat oder das Musikwerk einem anderen zur Ausnützung[10–11] überlassen worden ist, dieser, hat spätestens innerhalb eines Monats nach dem Tage der Inbetriebsetzung des Automaten oder des Musikwerkes und für die | | | | |

| Lfd. Nr. | Gegenstand der Besteuerung | Steuersatz v. H | M | ₰ | Berechnung der Stempelabgabe |
|---|---|---|---|---|---|
| (11a.) | Folge spätestens innerhalb des Monats Januar jeden Kalenderjahres bei der zuständigen Behörde gegen Zahlung des Abgabenbetrages die hier bezeichnete Jahreskarte zu lösen.[12] AB. 44 Abs. 1ff; 45ff. 5. Die Vorschrift des § 4a findet keine Anwendung. | | | | |

## Zu Tarifnummer 11a.

**1.** a) Der AutomatenSt. ist durch die Novelle von 1909 eingeführt worden. Grund und Anlaß waren nach der Entstehungsgeschichte die Rentabilität der Automaten und die durch sie bewirkte Ersparung von menschlichen Arbeitskräften. Dazu kam der Umstand, daß sie oft dem Verkehr hinderlich sind, auch für Kinder schädlich und insbesondere auch unsittlich wirken können (wie z. B. Naschwerk- und Schauautomaten). Der Zweck des Ges. ist hiernach auch der, den Betrieb an solchen Orten, wo sie nachteilig wirken können, einzuschränken. Die Automatensteuer hat somit ihrem Wesen nach weniger die Natur einer UrkundenStsteuer, als vielmehr einer in das Gewand einer solchen eingekleideten Gewerbesteuer, die den Automatenbetrieb auch deshalb treffen soll, weil er mit dem gewöhnlichen, mit der Gewerbesteuer belasteten Geschäftsbetrieb in Läden in Wettbewerb tritt. Diese innere Natur der Abgabe zeigt sich schon darin, daß der eigentliche Gegenstand der Abgabe, die Jahreskarte, nicht auf Grund freier Willensbestimmung des Steuerpflichtigen in dessen Interesse zur Entstehung gebracht wird, sondern erst auf Grund der Verpflichtung zur Lösung der Jahreskarte, die lediglich durch die Nr. 4 derselben T. 11a demjenigen auferlegt ist, der durch die Aufstellung von Automaten sich eine dauernde Einnahmequelle verschafft. RG. 31. 1. 11 ZBl. 1911 S. 122, Entsch. Bd. 75 S. 176.

b) Der AutomatenSt. ist neben dem LustbarkeitsSt. zu erheben. FM. III 14369 v. 12. 9. 11.

c) Automaten, deren Betrieb als strafbare Glücksspielveranstaltung aufgefaßt wird, sind nicht abgabepflichtig, weil eine staatliche Abgabe von einer schlechthin strafbaren Handlung nicht erhoben werden kann. Bei solchen Automaten ist von einer Abgabenerhebung auch dann abzusehen, wenn ihre polizeiliche Einziehung erst nach dem 1. Juli 1909 erfolgt ist oder sie sich trotz der inzwischen ergangenen Verbote noch im Betriebe befinden. In Fällen der letzteren Art ist der Ortspolizeibehörde Anzeige zu erstatten. FM. 13. 12. 09 III 20757.

Nach dem im MBl. d. i. V. für 09 S. 213 veröffentlichten Erlaß des M. d. J. v. 2. 7. 09 sollen als Glücksspielautomaten insbesondere solche angesehen werden, an welchen sich mehrere Gewinnfächer befinden, die in der Reihenfolge mit Verlustfächern abwechseln, sofern die Möglichkeit besteht, daß das Wurfgeschoß beim Verfehlen eines Gewinnfaches durch Anprall an Stifte,

**Noch: Zu Tarifnummer 11a.**
Knöpfe, Einfassungsschienen oder in irgendeiner andern Form abgelenkt und dadurch in ein anderes Gewinnfach geleitet wird, also denjenigen Gewinn, den es vermöge Geschicklichkeit und Berechnung des Spielers nicht einbrachte, durch das Walten des Zufalls einbringen kann. FM. 30. 11. 09 III 16828.

2. a) Als „öffentliche Orte" i. S. der Nr. 1 sind in Anlehnung an den in der RGewO. mehrfach gebrauchten gleichartigen Ausdruck (§§ 42a u. b, 43 und 60a) nicht nur im öffentlichen Eigentum stehende Orte, Wege und Straßen, sondern auch solche Orte anzusehen, zu denen jedermann, oder den Angehörigen bestimmter Gesellschaftsklassen, sei es ohne weiteres, sei es gegen Erfüllung gewisser Bedingungen, z. B. gegen Zahlung eines Eintrittsgeldes, der Zutritt freisteht, also außer den in der T. besonders genannten Gast- und Schankwirtschaften alle öffentlichen Lokale (Cafés, Konditoreien, Hotels, Restaurants, Gartenwirtschaften usw.) Geschäftsläden, Konzerthallen, Museen u. dgl. Zu den öffentlichen Orten gehören aber nicht Kasinos und Kantinen in Kasernen und Fabrikräumen oder ähnliche Lokale innerhalb geschlossener Gebäude. Ob die Automaten in den den Geschäftszwecken unmittelbar dienenden Räumen und Orten oder ob sie in Nebenräumen und Nebenorten (Hausfluren, Korridoren, Gärten, Höfen usw.) aufgestellt sind, macht für die StPflichtigkeit keinen Unterschied, sofern nur diese Räume und Orte allgemein zugänglich sind und die in oder auf ihnen aufgestellten Automaten ebenso benutzt werden können, wie diejenigen in den Haupträumen. Automaten, die in von den Geschäftsräumen völlig abgeschlossenen Privatwohnungen der Geschäftsinhaber aufgestellt sind, unterliegen der Abgabe nicht. FM. 13. 12. 09 III 20757. Im wesentlichen übereinstimmend RG. bei A. 1a.

b) Ein Musikwerk gilt auch dann als an einem öffentlichen Orte aufgestellt, wenn es mit der einen Seite nach einem öffentlichen Platz zu steht, während die andere Seite, von der aus es allein in Betrieb gesetzt werden kann, im Innern eines Gebäudes sich befindet. RG. 26. 4. 12, ZBl. S. 224, Entsch. Bd. 79 S. 300.

3. Unter „Aufstellung" i. S. der T. ist nur eine solche von voraussichtlich längerer Dauer zu verstehen und sind in der Regel nur diejenigen Musikwerke als „zur Aufstellung gelangende" anzusehen, die in abgeschlossenen Zelten, Buden oder umfriedigten Räumen sich befinden oder selbst mit dem Erdboden in fester Weise und voraussichtlich für längere Dauer in Verbindung gebracht werden. Hiernach findet die T. keine Anwendung auf die Drehorgeln der von Haus zu Haus ziehenden und selbst derjenigen Orgelspieler, die ihr Gewerbe ständig oder wenigstens für längere Zeit an einer bestimmten Stelle einer Straße oder eines öffentlichen Platzes betreiben, z. B. Invaliden, Krüppel usw., da auch Gewerbetreibende dieser Art ihren Standort häufig zu wechseln und die nur lose aufgestellten Drehorgeln nach vollbrachtem Tagewerk wieder in ihre Behausung oder an einen anderen Aufbewahrungsort zu nehmen pflegen. Ebenso wird bei den kleinen Jahrmarktsbetrieben, in denen lose aufgestellte Schaustücke oder Seiltänzer- und andere Kunststücke und ähnliche Dinge bei Orgelbegleitung gezeigt werden, der AutomatenSt. meist nicht verlangt werden können, weil auch bei diesen Schaustellungen die Voraussetzung, daß die Aufstellung der Drehorgeln an einem bestimmten Ort für eine längere Dauer berechnet ist, nicht vorliegen wird. Im übrigen läßt sich eine für alle Fälle passende und scharf abgegrenzte Be-

**Noch: Zu Tarifnummer 11a.**

stimmung des Begriffs der „Aufstellung" i. S. der T. 11a nicht geben; es wird vielmehr die Entscheidung häufig von den Umständen des Einzelfalles abhängig sein.

Eine „Bezahlung" für die Benutzung der in Geschäftsräumen aufgestellten Automaten usw. bildet nicht die Vorbedingung für die StPflichtigkeit. Es bestehen in den größeren Städten vielfach offene Automaten-, Musikwerk- usw. Verkaufsgeschäfte, in denen die zum Verkauf gestellten Automaten zum Teil von Kauflustigen zu Probe- und Prüfungszwecken, zum Teil aber auch von anderen Personen gegen Einwurf von Geldstücken usw. in Benutzung genommen werden. Die Inhaber solcher Verkaufsgeschäfte waren in Zweifel, ob sie zur Versteuerung der Automaten usw. verpflichtet seien und wurden dahin beschieden, daß der Stempel der T. 11a zu entrichten sei. FM. 17. 5. 10 III 5252.

**4.** a) Für die Frage, welcher der in der Nr. 1 unter a, b, c und d aufgeführten Gattungen der einzelne Automat unterzuordnen ist, kommt es auf den Hauptzweck an, der durch die Benutzung des Automaten verfolgt wird:

*α*) bei Automaten, die für den Einwurf von Geld eine Ware verabfolgen, ist in der Regel der Hauptzweck die Erlangung der Ware, und es sind deshalb auch diejenigen Automaten zu den Warenautomaten zu rechnen, bei denen die Verabfolgung der Ware in einer scherzhaften Form geschieht, z. B. die bekannten, in der Form von Hennen aufgestellten Automaten, durch die gegen Einwurf eines Geldstücks Schokoladeneier dargeboten werden;

*β*) Scherzautomaten sind diejenigen, deren unmittelbarer Zweck der Erregung der Heiterkeit dient. Hierher gehören auch Wahrsageautomaten. Aus der Nebeneinanderstellung der Scherzautomaten mit den Stereoskop- und Schauautomaten ist die Absicht des Gesetzgebers erkennbar, im weiteren Sinne als Scherzautomaten auch alle diejenigen Automaten anzusehen, die der Kurzweil und der Unterhaltung des Publikums dienen (z. B. Schieß- und Kegelspielautomaten, Kraftmesser, Elektrisierapparate), im Gegensatz zu den unter d aufgeführten nur mit 1 ℳ belegten Automaten „anderer Art", bei denen es sich überwiegend um gemeinnützige und wirtschaftlich nützliche Zwecke handelt. FM. 13. 12. 09 III 20757.

b) Die Automaten zum Verkauf von Büchern aus der Reklambibliothek, in denen verschiedene Bände der genannten Bibliothek je in einem besonderen Fache so aufgestellt sind, daß ihre Aufschrift durch eine Glasscheibe erkennbar ist, sind als Automaten mit mehreren Warenbehältern anzusehen. Es ist belanglos, daß für sämtliche Fächer nur eine Öffnung für den Geldeinwurf vorhanden ist und nur eine Entnahmevorrichtung. Entscheidend ist vielmehr, daß der Automat verschiedene Waren, als welche die einzelnen Bände der Sammlung anzusehen sind, in je einem eigenen Behälter enthält, und daß der Käufer in der Lage ist, eine bestimmte Ware bei Benutzung der Automaten zu wählen. FM. 1. 8. 13 III 11609.

c) Elektrisierautomaten sind als Scherzautomaten nach Ziff. 1b zu versteuern. Sie dienen im allgemeinen nicht sowohl zur Heilung körperlicher Leiden, als zur Unterhaltung des Publikums und haben nur die Bedeutung einer Spielerei.

**Noch: Zu Tarifnummer 11a.**

Als Warenautomaten sind die Elektrisierautomaten nicht anzusehen, denn wenn auch der elektrische Strom rechtlich und im wirtschaftlichen Verkehr als Ware behandelt wird, so gilt er doch nicht als Ware i. S. der T. 11a Ziff. 1a. Dies ergibt sich ohne weiteres daraus, daß der Gesetzgeber die Steuersätze für Warenautomaten nach der Zahl der Warenbehälter bestimmt und damit klar zu erkennen gegeben hat, daß als Waren in der Bedeutung der vorbezeichneten Tarifstelle nur körperliche Sachen angesehen werden sollen. FM. 28. 2. 10 III 3619.

d) Die Mutoskope der Deutschen Mutoskop- und Biograph-Gesellschaft m. b. H. zu Berlin sind dem Steuersatz von 3 ℳ nach T. 11a Nr. 1 zu b unterworfen. Dem gleichen Steuersatz unterliegen auch die von dem Deutschen Flottenverein aufgestellten Mutoskope. FM. 13. 1. 10 III 22067.

e) Billards, die nach Einwurf eines 10-Pfennigstücks in eine am Rand eingebaute automatische Kasse die Billardbälle für eine Spielzeit von 15 Minuten zur Verfügung stellen, sind nach Ziff. 1d zu versteuern. FM. 21. 2. 12 III 1309.

5. Mechanische Musikwerke sind Musikstücke zum Gehör bringende, automatische Spielwerke, die ohne Aufwendung einer kunstfertigen Behandlung lediglich durch einen äußeren Vorgang (Einwurf eines Geldstücks, Anwendung eines Hebeldrucks oder von Schlüsseln, Drehen einer Kurbel u. dgl.) in Bewegung gesetzt werden. Abgabepflichtig nach der Ziff. 1c sind daher auch Kurbelklaviere, Drehorgeln usw., sofern sie an öffentlichen Orten, z. B. an Karussells im Betriebe sind, ferner Musikwerke der bezeichneten Art, die in Geschäftsräumen, die dem Publikum zum beliebigen Besuch offen stehen, zum Verkauf gestellt sind und sowohl von Kaufliebhabern, als auch von anderen Personen gegen Bezahlung in Betrieb gesetzt werden können. Vgl. A. 3, FM. 13. 12. 09 III 20757. Im gleichen Sinne OLG. in Celle v. 2. 12. 12, 2 U 355/11.

Das Wort „mechanisch" ist eingefügt, damit nur mechanische Musikwerke dem St. unterworfen sind, nicht auch solche, die unmittelbar von Menschenhand in Bewegung gesetzt werden, z. B. die in Wirtschaften aufgestellten Klaviere. Sten. Berichte 09 AbgH. S. 7035.

6. Wenn der Anschaffungspreis durch sog. Schiebungen herabgedrückt wird, wenn also ein Geschäft vorgenommen wird, das lediglich darauf abzielt, die Steuerbehörde hinsichtlich des Anschaffungspreises zu täuschen, so liegt kein ernstlich gewolltes Rechtsgeschäft, sondern ein nichtiges und deshalb auch für die Versteuerung nicht beachtliches Scheingeschäft vor, das unter Umständen ein Strafverfahren wegen Steuerhinterziehung zur Folge haben kann. FM. 10. 9. 09 III 13963.

7. Die Fassung der Tarifstelle schließt es aus, die Steuerermäßigung dann eintreten zu lassen, wenn der Automat jedesmal nicht länger als ein halbes Jahr ausgenutzt wird, z. B. wenn Automaten in Badeorten etwa nur vom Juni bis September aufgestellt werden.

8 a) Die Befreiungsvorschrift findet Anwendung auf die in den Betrieben öffentlicher Behörden aufgestellten Bedürfnisanstalten. Verh. d. AbgH. S. 7044/09. Sie kann nach der Fassung der Tarifstelle nicht allgemein den öffentlichen Bedürfnisanstalten zugebilligt werden. Wohl aber sind stfrei die

**Noch: Zu Tarifnummer 11a.**

in den Aborten der drei- und vierachsigen Abteilwagen 1. und 2. Klasse der Staatseisenbahn angebrachten Automaten zum Verkauf von Papier, Seife und Handtuch, weil die Einrichtung auf Veranlassung der Eisenbahnverwaltung aus Rücksicht auf den Reiseverkehr getroffen worden ist. FM. v. 24. 12. 12 III 19166.

b) Steuerpflichtig sind dagegen die Trinkbecherautomaten auf den Bahnhöfen, da sie lediglich den Zweck haben, Reisenden, die sich der an den Brunnen befindlichen Trinkbecher nicht bedienen mögen, Gelegenheit zur Benutzung besonderer Becher zu geben. FM. 22. 12. 09 III 21350.

c) Steuerpflichtig sind ferner z. B. die Billettverkaufsautomaten der Berliner Untergrundbahn als einer Privatgesellschaft. Dies ist bei der Kommissionsberatung von einem Kommissar der Finanzverwaltung ausdrücklich erklärt worden; und die Kommission hat, von einem Abgeordneten abgesehen, sich dieser Auffassung ausdrücklich angeschlossen. KB. S. 14 (09) Druckf. AbgH. S. 7044.

**9.** a) Durch Befreiungsvorschrift 3b soll das automatische Restaurant geschont werden, aber nur, soweit es die Abgabe der üblichen Speisen und Getränke vornimmt; es soll also nicht stfrei bleiben ein Automat, der innerhalb eines automatischen Restaurants Schokolade oder Zigarren abgibt.

b) Ebensowenig sind nach der Entstehungsgeschichte und der Absicht der Tarifstelle Automaten in anderen Restaurationen steuerfrei, die Naschwaren, z. B. Konfitüren, Schokoladentafeln u. a. verabreichen. FM. 14. 7. 09 — III 11483 —, ZBl. S. 269.

**10.** Für die Steuerpflicht genügt es nicht, daß jemand tatsächlich die Erträge vereinnahmt; erforderlich ist vielmehr, daß ihm der Automat zur Nutzung überlassen worden ist, d. h., daß er auf Grund irgendeines Rechtsgeschäfts befugt ist, durch bestimmungsmäßigen Gebrauch des Automaten einen Gewinn zu erzielen. Wird ein Automat unter Eigentumsvorbehalt derart verkauft, daß der Verkäufer den Schlüssel behält, die eingeworfenen Geldstücke dem Automaten entnimmt und auf den Kaufpreis verrechnet, so ist der Käufer nach § 446 BGB. zur Ausnutzung berechtigt und somit zur Versteuerung verpflichtet. Der Ertrag des Automaten fließt in das Vermögen des Käufers, wenn er auch zur Bezahlung seiner Schuld verwendet wird. RG. 3. 12. 12, FM. v. 29. 1. 13 III 1175.

**11.** Selbständige Ertragsfähigkeit ist ebensowenig Voraussetzung der Steuerpflicht, wie die Tatsache entgegensteht, daß eine Doppelversteuerung insofern vorliegt, als der Betrieb des Automaten regelmäßig durch Personen erfolgt, die noch ein anderes steuerpflichtiges Gewerbe allgemeiner Art betreiben. RG. 26. 4. 12, ZBl. S. 224, Entsch. Bd. 79 S. 300.

**12.** Über die Form der Versteuerung siehe die angeführten AB. 44ff.

## Zu Tarifnummer 12.

**1.** Unter Bestallungen sind nur diejenigen in feierlicher Form ausgestellten Urkunden zu verstehen, mittels deren einem Beamten eine neue, mit einem besonderen Dienstrange ausgestattete Amtsstellung gewährt wird. Den Gegensatz bilden Patente, bei denen es sich um bloße Titel- und Charakter-

| Lfd. Nr. | Gegenstand der Besteuerung | Steuersatz v. H. | Steuersatz ℳ | Steuersatz ₰ | Berechnung der Stempelabgabe |
|---|---|---|---|---|---|
| 12. | **Bestallungen**[1–5] für besoldete Beamte . . . . für unbesoldete Beamte . . . . . . . . frei. AB. 9 Abs. 6; 48. LStV. § 1 Ziff. 7. | — | 1 | 50 | |

**Noch: Zu Tarifnummer 12.**

verleihungen handelt, und auf der anderen Seite Urkunden, durch die den Beamten Amtsstellen in Form einfacher Verfügungen verliehen werden. FM. 14. 10. 12 III 11547, MBl. d. i. V. S. 322.

Dem BestallungsSt. unterliegen daher z. B. nicht die Patente, durch welche die Regierungsreferendare nach bestandener Prüfung zum Regierungsassessor ernannt werden, da durch diese Urkunden den Assessoren ein Amt im Sinne der T. nicht schon endgültig verliehen, sondern nur die Möglichkeit geschaffen wird, später in eine solche Amtsstellung zu gelangen.

Die Patente erfordern auch nicht den AusfertigungsSt. der T. 10, da die Urschriften in den Ministerien nicht mehr vollzogen werden. Dieses Verfahren beschränkt sich nicht auf die Assessorenpatente, sondern es ist auf alle anderen in der Ministerial- und Provinzialinstanz erteilten Patente über Titel- und Charakterverleihungen ausgedehnt.

2. Unter den in dieser T. erwähnten Beamten sind nur öffentliche Beamte zu verstehen, keineswegs aber hat die Bestimmung nur Staatsbeamte im Auge; deshalb können zu der fraglichen Kategorie auch Geistliche gerechnet werden. Dies muß geschehen, soweit solche im Dienst einer der anerkannten Kirchen stehen. RG. 28. 1. 03, Entsch. Bd. 53 S. 373. Die vom Bischof zu T. ausgegangenen Ausfertigungen zu Ernennungen von Pfarrern und Kaplänen wurden nach T. 12 für stpflichtig erklärt.

**3.** Die Bestallungen der unmittelbaren Reichsbeamten unterliegen nicht dem St. aus T. 12, weil sie in Ausübung eines Reichshoheitsrechts erteilt werden und aus dem verfassungsmäßigen Verhältnis des Reichs zu den Bundesstaaten sich ergibt, daß letzteren nicht das Recht zusteht, an einen Hoheitsakt des Reichs die Erhebung einer Steuer zu knüpfen.

Dagegen sind die Bestallungen der besoldeten sog. mittelbaren Reichsbeamten stpflichtig. FM. 9. 7. 10 III 12213.

**4.** a) Den mittleren und Kanzleibeamten sind bei Verleihung einer etatsmäßigen Stelle Anstellungsurkunden in der Form von Bestallungen auszuhändigen. Für die Unterbeamten ist auch bei unkündbarer Anstellung von der Ausfertigung einer förmlichen Bestallung abzusehen. FM. 22. 10. 02 I 10286, II 10130, III 12579. Diesen Beamten wird vielmehr nur eine Benachrichtigung in Form einer stfreien Verfügung zugestellt. Verf. d. JM. v. 8. 11. 02, JMBl. S. 264.

b) Im Eisenbahndienst ist der St. zu Bestallungen nur für unkündbar angestellte Beamte und bei deren Beförderung zu verwenden; alsdann sind aber förmliche Bestallungsurkunden auszufertigen. Bei Ernennung von Beamten zum Diätar oder bei Verleihung etatsmäßiger Stellen unter Vorbehalt der Kündigung ist T. 12 nicht anzuwenden. FM. 24. 12. 95 III 17944, ZBl. S. 29 v. 96.

| Lfd. Nr. | Gegenstand der Besteuerung | Steuersatz v. H. | Steuersatz ℳ | Steuersatz ₰ | Berechnung der Stempelabgabe |
|---|---|---|---|---|---|
| 13. | **Bürgschaften,** s. Sicherstellung von Rechten. | | | | |
| 14. | **Zessions-Instrumente,** s. Abtretung von Rechten. | | | | |
| 15. | [1]**Konsense** zur Übernahme einer Vormundschaft seitens eines Beamten oder einer Militärperson . . . . . . . . . . . . . frei. | | | | |
| 16. | (1)[1] **Duplikate** (Nebenausfertigungen) von stempelpflichtigen Urkunden[2] . . . . . . . . . | — | 3 | — | |
| | jedoch nicht über den zu der stempelpflichtigen Urkunde selbst erforderlichen Stempel hinaus. LStV. § 1 Ziff. 2a. | | | | |
| | (2) Befreit sind Duplikate von Jagdscheinen. AB. 6; 9 Abs. 5; 16 Abs. 4; 65 Abs. 6. | | | | |
| 17. | [1]**Eheversprechen** . . . . . . . . . . . . . . | — | 1 | 50 | |
| [18. | **Eheverträge**[1–6] . . . . . . . . . . . . . . | — | 5 | — | |
| | wird durch dieselben über Vermögensgegenstände von nicht mehr als 6000 ℳ verfügt[7] AB. 49. | — | 1 | 50 | |
| 19. | Fällt aus. | | | | |

**Noch: Zu Tarifnummer 12.**

c) Auch die im Kriegsministerium ausgefertigten Patente — nicht Bestallungen — für Oberzahlmeister unterliegen der Steuer nicht, weil Konzepte zu den Patenten nicht gefertigt werden sollen. FM. 22. 11. 06 III 20768. Diese Verf. ist veröffentlicht im Armeeverordnungsblatt.

5. Die Patente der Offiziere des Beurlaubtenstandes sind stfrei, weil diese Offiziere zu den besoldeten nicht gehören. FM. 28. 1. 01 III 1074.

## Zu Tarifnummer 15.

1. Vgl. AG. BGB. Art. 72, § 41 ReichsMilGes. v. 2. 5. 74, BGB. §§ 1888, 1792, 1915.

## Zu Tarifnummer 16.

1. Vgl. die Anmerkungen zu § 9 d. Ges.

2. Nebenausfertigungen von Pacht- und Mietverträgen sind wegen der besonderen Art der Verwendung des Pacht- pp. St. steuerfrei. Sind mit den Pacht- oder Mietverträgen jedoch noch besonders stpflichtige Verträge verbunden, (vgl. A. 6ff. zu T. 48), so ist der DuplikatSt. zu verwenden. (AB. 75 Abs. 4).

## Zu Tarifnummer 17.

1. Vgl. BGB. §§ 1297ff.

## Zu Tarifnummer 18.

1. Vgl. BGB. §§ 1432ff. und über ev. StFreiheit von Eheverträgen AG. BGB. Art. 60 Abs. 1, 61 § 3.

2. Als Eheverträge im Sinne des § 1432 BGB. sind nicht nur solche Verträge anzusehen, welche den gesetzlichen Güterstand ändern, sondern auch solche, die lediglich den gesetzlichen Güterstand, sei es ausdrücklich, sei es stillschweigend, aufrecht erhalten und dabei in irgendeiner Weise die Vermögensverhältnisse der Ehegatten regeln. FM. 13. 11. 13 III 17627 im Einverständnis mit JM. s. HSp. S. 579.

3. a) Zu den Gegenständen des Ehe- und Erbvertrages als einheitlichen Rechtsgeschäfts gehören auch vermögensrechtliche Zuwendungen, welche Brautleute einander unter der Bedingung der Eheschließung erklären, selbst dann, wenn sie in die Form eines lästigen Veräußerungsgeschäfts gekleidet werden. KG. 9. 10. 99, Joh. Bd. 19 S. 193.

b) Neben dem St. für Eheverträge ist ein besonderer St. nicht zu erheben für Anordnungen, die von den Brautleuten oder den Ehegatten über ihre gegenseitigen Erbrechte und die Erbrechte der in der Ehe zu erwartenden Kinder getroffen werden. Begnügen sich dagegen die Brautleute oder Ehegatten nicht mit Anordnungen dieser Art, sondern treffen sie in dem Ehevertrage auch letztwillige Bestimmungen zugunsten anderer Personen, so ist für diese Bestimmungen neben dem St. für den Ehevertrag auch der für Erbverträge vorgeschriebene St. zu entrichten.

Der obige, auch von dem Herrn JustMin. gebilligte Grundsatz hat durch die Verf. v. 14. 5. 07 III 6609 — s. u. A. 5 — die sich auf solche Eheverträge bezieht, in denen Ehegatten bei Änderung des Güterstandes zugleich Abmachungen wegen der Auseinandersetzung des bisherigen Gesamtgutes treffen, eine Änderung nicht erfahren. FM. 5. 9. 10 III 16471.

4. Sind durch einen Ehevertrag lediglich bestimmte, zum Gesamtgut gehörige Gegenstände zum Vorbehaltsgut erklärt, so ist der Vertrag auch dann nur als Ehevertrag zu versteuern, wenn die Zuwendung mit der Maßgabe erfolgt, daß der andere Ehegatte die auf dem zum Vorbehaltsgut bestimmten Grundstücke ruhenden Hypotheken als Alleinschuldner übernimmt. Auch ein AuflassungsSt. ist nicht fällig. KG. 5. 12. 07, Joh. Bd. 35 S. B 23. (FM. 15. 5. 13 III 18433/12.) Dieser Grundsatz greift auch bei Eheverträgen Platz, in denen Eheleute Errungenschaftsgemeinschaft vereinbaren und zugleich bestimmen, daß die bisher den einzelnen Ehegatten gehörenden Grundstücke Gesamtgut sein sollen, dem auch die bestehenden Verbindlichkeiten zur Last fallen. FM. 15. 5. 13 III 18433/12 JMBl. S. 253, durch welchen der entgegenstehende Erlaß vom 17. 8. 11 — III 13824 — aufgehoben worden ist.

5. Haben Eheleute in einer und derselben Urkunde zunächst die unter ihnen bestehende Gütergemeinschaft aufgehoben und Gütertrennung eingeführt und sodann sich wegen des bisherigen gütergemeinschaftlichen Vermögens auseinandergesetzt, so ist neben dem St. für den Ehevertrag noch ein besonderer St. für das Auseinandersetzungsabkommen zu erheben. Ein einheitliches Rechtsgeschäft liegt nicht vor. KG. 21. 12. 05, Joh. Bd. 32 S. B 45. FM. 14. 5. 07 III 6609.

| Lfd. Nr. | Gegenstand der Besteuerung | Steuersatz v. H. | ℳ | ₰ | Berechnung der Stempelabgabe |
|---|---|---|---|---|---|
| 20. | **Erbrezesse** (Erbteilungsverträge),[1–6] durch welche die Verteilung einer erbschaftssteuerpflichtigen Erbschaft beurkundet wird . . . . | 1/25 | — | — | des Wertes des Reinnachlasses,[8] soweit über denselben im Erbrezesse verfügt ist. |
| | jedoch mindestens . . . . . . . . . . . . . . | — | 1 | 50 | |
| | Erbrezesse über erbschaftssteuerfreie Erbschaften[7] | — | 1 | 50 | |
| 21. | **Erbverträge**, s. Verfügungen von Todes wegen. | | | | |

**Noch: Zu Tarifnummer 18.**

6. a) Die Höhe des zu verwendenden St. ist von dem zur Zeit des Vertragsschlusses vorhandenen Vermögen, soweit darüber im Vertrage Bestimmungen getroffen werden, abhängig zu machen und dies auch dann, wenn zugleich über künftiges Vermögen der Ehegatten Verfügung getroffen wird. FM. 1. 8. 01 III 9338.

b) Durch die Bestimmung, daß das gesetzliche Güterrecht des BGB. gelten soll, wird über das gesamte beiderseitige Vermögen verfügt. FM. 20. 11. 02 III 14549.

c) Gegenstandswert von Eheverträgen, die auf Einführung der allgemeinen Gütergemeinschaft gerichtet sind, ist ebenfalls mindestens der Gesamtwert aller Vermögensstücke, die den Eheleuten zur Zeit des Vertragsschlusses gehört haben; der Abzug von Schulden ist unzulässig. KG. 24. 9. 09, Joh. Bd. 39 S. B 22.

7. Wird ein Ehevertrag, durch welchen über Gegenstände von nicht mehr als 6000 ℳ verfügt wird, allein für sich in notarieller Form beurkundet, so beträgt der St. — vgl. T. 45 A. 8 — 3 ℳ. FM. 5. 7. 11 III 11112. Nach § 3 d. Ges. muß aus dem Vertrage selbst hervorgehen, daß das Objekt 6000 ℳ nicht übersteigt. Vermerke in den Kostenrechnungen genügen nicht. RG. 23. 5. 11. JW. S. 667. Vgl. A. 8 zu T. 45.

## Zu Tarifnummer 19.

1. T. 19 des Ges. v. 31. 7. 1895 betraf die Beurkundungen von Entlassungen aus der väterlichen Gewalt (Emanzipationserklärungen). Da eine Emanzipation dem BGB. unbekannt ist, hat die T. ihre Bedeutung verloren. Von ihrer Streichung wurde 1909 lediglich deshalb Abstand genommen, weil die Nummernfolge des T. nicht gestört werden sollte. KB. S. 14 (09).

## Zu Tarifnummer 20.

1. Vgl. BGB. §§ 2032 ff., 312, FG. §§ 86 ff., 93, PFG. Art. 21 ff.

2. Unter Erbrezeß ist ein Vertrag zu verstehen, durch den sich Miterben über den Nachlaß unter Aufhebung der Erbengemeinschaft auseinandersetzen. Es ist jedoch belanglos, daß einzelne Nachlaßgegenstände ausgeschlossen werden, wenn nur die Erbengemeinschaft in der Hauptsache aufgehoben wird. (Hz. S. 344.)

**Noch: Zu Tarifnummer 20.**

3. Für den auf das statutarische Erbrecht der märkischen Ehegatten sich gründenden Erbschaftserwerb hängt die Erlangung der Erbeneigenschaft nicht von einer Entschließung des überlebenden Ehegatten ab, sondern vollzieht sich kraft Gesetzes. Joh. Bd. 19 S. 34. Auch dann, wenn er von seinem Wahlrecht Gebrauch macht und den Nachlaß den Miterben überläßt, tut er dies als Miterbe. Bringt er weiter als entsagender Ehegatte den Nachlaß durch einen mit den Kindern geschlossenen Vertrag gegen Abfindung der übrigen Beteiligten an sich, so liegt auch dann nur eine Erbschaftsteilung vor, wie im Prinzip überhaupt anzunehmen ist, daß ein Vertrag, in welchem einem überlebenden märkischen Ehegatten auf der Grundlage seiner Erklärung, den Nachlaß des verstorbenen Ehegatten den übrigen Erben überlassen zu wollen, dieser Nachlaß von den übrigen Erben gegen eine Barabfindung überwiesen wird, nur den ErbrezeßSt. von 1 ℳ 50 ₰ bedingt. FM. 16. 11. 01 III 14473. — Vgl. A. 28 bei T. 32.

4. Wird in einem Erbrezeß ein nicht zum Nachlaß gehöriger Gegenstand einem Miterben zum Alleineigentum überwiesen, so hängt die StPflicht davon ab, ob diese Überlassung einen integrierenden Bestandteil der Erbauseinandersetzung bildet, d. h. ob der nicht zur Erbmasse gehörige Gegenstand dem Erben als Gegenleistung für eine von ihm in seiner Eigenschaft als Miterbe versprochene Leistung überwiesen wird. Ist diese Voraussetzung nach Inhalt der Urkunde nicht erfüllt, so liegt ein selbständiges neben dem Erbrezeß zu versteuerndes Geschäft vor. KG. 21. 9. 98, Hz. S. 345. — Siehe Beispiele bei HSp. S. 589[8].

5. Das in einem Erbrezeß von einem Erben abgegebene Versprechen, als Gegenleistung für Überlassung von Nachlaßgegenständen bestimmte Geldsummen zu zahlen, ist kein von der Erbteilung verschiedenes Geschäft. RG. 14. 1. 97, JW. 97 S. 160. — Vgl. A. 51 zu T. 58.

6. Abtretungen an einen Miterben in einem Erbrezeß zwecks Ausführung der Teilung sind stfrei. A. 7a bei T. 2.

7. Ist in einem Testament eine Quote des Nachlasses zu einer Familienstiftung ausgesetzt, so unterliegt die Zuweisung derselben an die Familienstiftung nicht der Erbschaftssteuer (vgl. jetzt § 11 Ziff. 5 RESt G.), sondern es darf nur der UrkundenSt. nach T. 23 und 24 von der Stiftungsurkunde erhoben werden. Zu dem Erbteilungsvertrag, in welchem der Familienstiftung bestimmte Stücke des Nachlasses zugeteilt werden, ist also nicht der in T. 20 vorgesehene St. von $^1/_{25}$ Prozent für die Beurkundung der Verteilung einer erbschaftssteuerpflichtigen Erbschaft zu verwenden. KG. 14. 1. 01, Joh. Bd. 21 S. B 28.

8. Bei der Berechnung des St. sollen diejenigen Teile des Reinnachlasses, über die in der Rezeßurkunde keine Bestimmung getroffen ist, außer Betracht bleiben; auch soll nur die reine zur Verteilung kommende Aktivmasse nach Abzug der vorhandenen Schulden zugrunde gelegt werden. KB. S. 22—23, 4. KS. S. 5. — Vgl. BGB. § 2047.

## Zu Tarifnummer 21.

1. Vgl. BGB. §§ 1941 Abs. 1, 2274ff.

| Lfd. Nr. | Gegenstand der Besteuerung | Steuersatz v. H. | Steuersatz ℳ | Steuersatz ₰ | Berechnung der Stempelabgabe |
|---|---|---|---|---|---|
| 22. | **Erlaubniserteilungen** (Approbationen, Konzessionen, Genehmigungen usw.) der Behörden in gewerbepolizeilichen Angelegenheiten: | | | | |
| | AB. 50. | | | | |
| | a) (1) Konzessionen | | | | |
| | zum Betrieb einer Apotheke,[1–3] | | | | des Wertes der Konzession, AB. 51. |
| | wenn die Konzession vererblich und veräußerlich ist . . . . . . . . . . . . . . . | 1/2 | — | — | |
| | mindestens aber . . . . . . . . . . . . | — | 150 | — | |
| | sonst . . . . . . . . . . . . . . . . . . | — | 150 | — | |
| | zur Errichtung einer Zweig- (Filial-) Apotheke[4] . . . . . . . . . . . . . . . . . | — | 10 | — | |
| | zur Verlegung einer Apotheke auf Antrag des Besitzers[5] . . . . . . . . . . . . . | — | 20 | — | |
| | (2) Befreit sind die vererblichen und veräußerlichen Konzessionen[3] für diejenigen, welche dieselben erbschaftssteuerfrei ererbt haben. | | | | |
| | (3) Außerdem findet die Bestimmung unter Ziffer 2 Ermäßigungen und Befreiungen der Tarifstelle „Kauf- und Tauschverträge" sinngemäße Anwendung. | | | | |
| | b) Approbationen für | | | | |
| | Apotheker . . . . . . . . . . . . . . . . . | — | 1 | 50 | |
| | diejenigen Personen, welche sich als Ärzte (Wundärzte, Augenärzte, Geburtshelfer, Zahnärzte und Tierärzte) oder mit gleichbedeutenden Titeln bezeichnen oder seitens des Staates oder einer Gemeinde als solche anerkannt oder mit amtlichen Funktionen betraut werden sollen[1] . . . | — | 1 | 50 | |
| | (§ 29 der Reichsgewerbeordnung);*) | | | | |
| | AB. 9 Abs. 6; 52. | | | | |
| | c) (1) Erlaubniserteilungen[1–2] | | | | |
| | für Unternehmer von Privat-Kranken-, Privat-Entbindungs- und Privat-Irren- | | | | |

*) Die betreffenden Bestimmungen der GewO. lauten:

**§ 29 Abs. 1 Satz 1.** Einer Approbation, welche auf Grund eines Nachweises der Befähigung erteilt wird, bedürfen Apotheker und diejenigen Personen, welche sich als Ärzte (Wundärzte, Augenärzte, Geburtshelfer, Zahnärzte und Tierärzte) oder mit gleichbedeutenden Titeln bezeichnen oder seitens des Staates oder einer Gemeinde als solche anerkannt oder mit amtlichen Funktionen betraut werden sollen.

| Lfd. Nr. | Gegenstand der Besteuerung | Steuersatz v. H. | ℳ | ₰ | Berechnung der Stempelabgabe |
|---|---|---|---|---|---|
| (22.) | anstalten[3–4] (§ 30 der Reichsgewerbeordnung);*) zum Betriebe des Gewerbes als Schauspielunternehmer (§ 32 der Reichsgewerbeordnung);**) zum ständigen[5] Betriebe[6] der Gastwirtschaft, Schankwirtschaft[5] oder des Kleinhandels mit Branntwein oder Spiritus (§ 33 der Reichsgewerbeordnung);***) zur gewerbsmäßigen öffentlichen Veranstaltung von Singspielen, Gesangs- und deklamatorischen Vorträgen, Schaustellungen von Personen oder theatralischen Vorstellungen ohne höheres Interesse der Kunst oder Wissenschaft in Wirtschafts- oder sonstigen Räumen oder zur Überlassung dieser Räume zu gewerbsmäßigen öffentlichen Veranstaltungen der bezeichneten Art (§ 33a der Reichsgewerbeordnung), †) wenn der Gewerbebetrieb wegen geringen Ertrages und Kapitals von der Gewerbesteuer††) frei ist . . | — | 5 | — | |

*) Die betreffenden Bestimmungen der GewO. lauten:

**§ 30 Abs. 1 Satz 1.** Unternehmer von Privat-Kranken-, Privat-Entbindungs- und Privat-Irrenanstalten bedürfen einer Konzession der höheren Verwaltungsbehörde.

**) **§ 32 Abs. 1 Satz 1.** Schauspielunternehmer bedürfen zum Betrieb ihres Gewerbes der Erlaubnis.

***) **§ 33 Abs. 1.** Wer Gastwirtschaft, Schankwirtschaft oder Kleinhandel mit Branntwein oder Spiritus betreiben will, bedarf dazu der Erlaubnis.

†) **§ 33a Abs. 1.** Wer gewerbsmäßig Singspiele, Gesangs- und deklamatorische Vorträge, Schaustellungen von Personen oder theatralische Vorstellungen, ohne daß ein höheres Interesse der Kunst oder Wissenschaft dabei obwaltet, in seinen Wirtschafts- oder sonstigen Räumen öffentlich veranstalten oder zu deren öffentlicher Veranstaltung seine Räume benutzen lassen will, bedarf zum Betriebe dieses Gewerbes der Erlaubnis ohne Rücksicht auf die etwa bereits erwirkte Erlaubnis zum Betriebe des Gewerbes als Schauspielunternehmer.

††) Die betreffenden Bestimmungen des GewStG. v. 24. 6. 91 lauten:

**§ 6.** Die Besteuerung erfolgt in vier Gewerbesteuerklassen.

In Klasse I sind diejenigen Betriebe zu besteuern, deren jährlicher Ertrag 50000 Mark oder mehr, oder bei denen der Wert des Anlage- und Betriebskapitals 1000000 Mark oder mehr beträgt.

| Lfd. Nr. | Gegenstand der Besteuerung | Steuersatz v. H. | ℳ | ₰ | Berechnung der Stempelabgabe |
|---|---|---|---|---|---|
| (22.) | in die vierte Gewerbesteuerklasse gehört | — | 15 | — | |
| | " " dritte " " | — | 50 | — | |
| | " " zweite " " | — | 200 | — | |
| | " " erste " " | — | 500 | — | |
| | (2) Bei Erlaubniserteilungen an Vertreter oder Bevollmächtigte juristischer Personen berechnet sich die Stempelabgabe nach der Veranlagung der juristischen Person zur Gewerbesteuer.[7] AB. 53. | | | | |
| | (3) Für Bewilligungen von Fristverlängerungen und Fristungen (§ 49 der Reichsgewerbeordnung)*) ein Viertel der vorstehenden Sätze. AB. 53 Abs. 5. | | | | |
| | (4) Befreit sind Erlaubniserteilungen für Unternehmer von Privat-Kranken-, Privat-Entbindungs- und Privat-Irrenanstalten, welche zu gemeinnützigen Zwecken dienen; AB. 53 Abs. 6. | | | | |

Die Gewerbesteuerklasse II umfaßt die Betriebe mit einem jährlichen Ertrage von 20000 bis ausschließlich 50000 Mark oder mit einem Anlage- und Betriebskapitale im Werte von 150000 bis ausschließlich 1000000 Mark.

Zur Gewerbesteuerklasse III gehören die Betriebe mit einem jährlichen Ertrage von 4000 bis ausschließlich 20000 Mark oder mit einem Anlage- und Betriebskapitale im Werte von 30000 bis ausschließlich 150000 Mark.

Zur Gewerbesteuerklasse IV gehören die Betriebe mit einem jährlichen Ertrage von 1500 bis ausschließlich 4000 Mark, oder mit einem Anlage- und Betriebskapitale von 3000 bis ausschließlich 30000 Mark.

**§ 7.** Betriebe, bei denen weder der jährliche Ertrag 1500 Mark noch das Anlage- und Betriebskapital 3000 Mark erreicht, bleiben von der Gewerbesteuer befreit.

Auf die Betriebssteuer (§§ 59ff. dieses Gesetzes) findet diese Bestimmung keine Anwendung.

*) Die Bestimmungen des § 49 der GewO. lauten:

Bei Erteilung der Genehmigung zu einer Anlage der in den §§ 16 und 24 bezeichneten Arten, imgleichen zur Anlegung von Privat-Kranken-, Privat-Entbindungs- und Privat-Irrenanstalten, zu Schauspielunternehmungen sowie zum Betriebe der im § 33 gedachten Gewerbe kann von der genehmigenden Behörde den Umständen nach eine Frist festgesetzt werden, binnen welcher die Anlage oder das Unternehmen bei Vermeidung des Erlöschens der Genehmigung begonnen und ausgeführt und der Gewerbebetrieb angefangen werden muß. Ist eine solche Frist nicht bestimmt, so erlischt die erteilte Genehmigung, wenn

| Lfd. Nr. | Gegenstand der Besteuerung | Steuersatz v. H. | ℳ | ₰ | Berechnung der Stempelabgabe |
|---|---|---|---|---|---|
| (22.) | d) (1) Genehmigungen zur Errichtung der im § 16 der Reichsgewerbeordnung*) und den dazu ergangenen und ferner ergehenden Beschlüssen des Bundesrats bezeichneten Anlagen,[1] wenn die Kosten[2] der Anlage | | | | |
| | 1000 ℳ nicht übersteigen . . . . . | — | 2 | 50 | |
| | 5000 „ „ „ . . . . . | — | 10 | — | |
| | 10 000 „ „ „ . . . . . | — | 20 | — | |
| | 20 000 „ „ „ . . . . . | — | 40 | — | |
| | 50 000 „ „ „ . . . . . | — | 100 | — | |
| | 75 000 „ „ „ . . . . . | — | 150 | — | |
| | 100 000 „ „ „ . . . . . | — | 200 | — | |
| | bei einem höheren Kostenbetrage für je 50 000 ℳ mehr 100 ℳ. | | | | |

der Inhaber nach Empfang derselben ein ganzes Jahr verstreichen läßt, ohne davon Gebrauch zu machen.

Eine Verlängerung der Frist kann von der Behörde bewilligt werden, sobald erhebliche Gründe nicht entgegenstehen.

Hat der Inhaber einer solchen Genehmigung seinen Gewerbebetrieb während eines Zeitraums von drei Jahren eingestellt, ohne eine Fristung nachgesucht und erhalten zu haben, so erlischt dieselbe.

Für die im § 16 aufgeführten Anlagen darf die nachgesuchte Fristung so lange nicht versagt werden, als wegen einer durch Erbfall oder Konkurserklärung entstandenen Ungewißheit über das Eigentum an einer Anlage oder, infolge höherer Gewalt, der Betrieb entweder gar nicht oder nur mit erheblichem Nachteile für den Inhaber oder Eigentümer der Anlage stattfinden kann.

Das Verfahren für die Fristung ist dasselbe wie für die Genehmigung neuer Anlagen.

*) Die betreffenden Bestimmungen der GewO. lauten:

**§ 16.** Zur Errichtung von Anlagen, welche durch die örtliche Lage oder die Beschaffenheit der Betriebsstätte für die Besitzer oder Bewohner der benachbarten Grundstücke oder für das Publikum überhaupt erhebliche Nachteile, Gefahren oder Belästigungen herbeiführen können, ist die Genehmigung der nach den Landesgesetzen zuständigen Behörde erforderlich.

Es gehören dahin:

Schießpulverfabriken, Anlagen zur Feuerwerkerei und zur Bereitung von Zündstoffen aller Art, Gasbereitungs- und Gasbewahrungsanstalten, Anstalten zur Destillation von Erdöl, Anlagen zur Bereitung von Braunkohlenteer, Steinkohlenteer und Koks, sofern sie außerhalb der Gewinnungsorte des Materials errichtet werden, Glas- und Rußhütten, Kalk-, Ziegel- und Gipsöfen, Anlagen zur Gewinnung roher Metalle, Röstöfen, Metallgießereien, sofern sie nicht bloße Tiegelgießereien sind, Hammerwerke, chemische Fabriken aller Art, Schnellbleichen, Firnissiedereien,

| Lfd. Nr. | Gegenstand der Besteuerung | Steuersatz v. H. | ℳ | ₰ | Berechnung der Stempelabgabe |
|---|---|---|---|---|---|
| (22.) | (2) Genehmigungen zu Veränderungen in der Betriebsstätte[3] oder zu wesentlichen Veränderungen in dem Betriebe der Anlagen (§ 25 der Reichsgewerbeordnung)*) die Hälfte der vorstehenden Sätze; | | | | |

Stärkefabriken, mit Ausnahme der Fabriken zur Bereitung von Kartoffelstärke, Stärkesirupfabriken, Wachstuch-, Darmsaiten-, Dachpappen- und Dachfilzfabriken, Leim-, Tran- und Seifensiedereien, Knochenbrennereien, Knochendarren, Knochenkochereien und Knochenbleichen, Zubereitungsanstalten für Tierhaare, Talgschmelzen, Schlächtereien, Gerbereien, Abdeckereien, Poudretten- und Düngpulverfabriken, Stauanlagen für Wassertriebwerke (§ 23), Hopfen-Schwefeldörren, Asphaltkochereien und Pechsiedereien, soweit sie außerhalb der Gewinnungsorte des Materials errichtet werden, Strohpapierstoffabriken, Darmzubereitungsanstalten, Fabriken, in welchen Dampfkessel oder andere Blechgefäße durch Vernieten hergestellt werden, Kalifabriken und Anstalten zum Imprägnieren von Holz mit erhitzten Teerölen, Kunstwollefabriken, Anlagen zur Herstellung von Zelluloid und Dégrasfabriken, die Fabriken, in welchen Röhren aus Blech durch Vernieten hergestellt werden, sowie die Anlagen zur Erbauung eiserner Schiffe, zur Herstellung eiserner Brücken oder sonstiger eiserner Baukonstruktionen, die Anlagen zur Destillation oder zur Verarbeitung von Teer und von Teerwasser, die Anlagen, in welchen aus Holz oder ähnlichem Fasermaterial auf chemischem Wege Papierstoff hergestellt wird (Zellulosefabriken), die Anlagen, in welchen Albuminpapier hergestellt wird, die Anstalten zum Trocknen und Einsalzen ungegerbter Tierfelle sowie die Verbleiungs-, Verzinnungs- und Verzinkungsanstalten, die Anlagen zur Herstellung von Gußstahlkugeln mittels Kugelschrotmühlen (Kugelfräsmaschinen), die Anlagen zur Herstellung von Zündschnüren und von elektrischen Zündern.

Das vorstehende Verzeichnis kann, je nach Eintritt oder Wegfall der im Eingange gedachten Voraussetzung, durch Beschluß des Bundesrats, vorbehaltlich der Genehmigung des nächstfolgenden Reichstags, abgeändert werden.

*) Die betreffenden Bestimmungen der GewO. lauten:

**§ 25.** Die Genehmigung zu einer der in den §§ 16 und 24 bezeichneten Anlagen bleibt so lange in Kraft, als keine Änderung in der Lage oder Beschaffenheit der Betriebsstätte vorgenommen wird, und bedarf unter dieser Voraussetzung auch dann, wenn die Anlage an einen neuen Erwerber übergeht, einer Erneuerung nicht. Sobald aber eine Veränderung der Betriebsstätte vorgenommen wird, ist dazu die Genehmigung der zuständigen Behörde nach Maßgabe der §§ 17 bis 23 einschließlich bzw des § 24 notwendig. Eine gleiche Genehmigung ist erforderlich bei wesentlichen Veränderungen in dem Betrieb einer der im § 16 genannten Anlagen. Die zuständige Behörde kann jedoch auf Antrag des Unternehmers von der Bekanntmachung (§ 17) Abstand nehmen,

| Lfd. Nr. | Gegenstand der Besteuerung | Steuersatz v. H. | Steuersatz ℳ | Steuersatz ₰ | Berechnung der Stempelabgabe |
|---|---|---|---|---|---|
| (22.) | (3) Bewilligungen von Fristverlängerungen und Fristungen (§ 49 der Reichsgewerbeordnung)*) ein Viertel der vorstehenden Sätze; AB. 54. | | | | |
| | e) Genehmigungen[1-3] zur Anlegung von Dampfkesseln (§ 24 der Reichsgewerbeordnung)**) oder Änderung der Dampfkesselanlagen sowie Bewilligungen von Fristverlängerungen und Fristungen, soweit nicht die Bestimmungen zu d zur Anwendung kommen (§§ 25 und 49 der Reichsgewerbeordnung)***) . . . . . . . . | — | 5 | — | |
| | f) (1) Erlaubniserteilungen zum Betriebe des Pfandleih-, Pfandvermittler-,[1] Gesindevermieter- oder Stellenvermittlergeschäfts[1] | | | | |

wenn sie die Überzeugung gewinnt, daß die beabsichtigte Veränderung für die Besitzer oder Bewohner benachbarter Grundstücke oder das Publikum überhaupt neue oder größere Nachteile, Gefahren oder Belästigungen, als mit der vorhandenen Anlage verbunden sind, nicht herbeiführen werde.

Diese Bestimmungen finden auch auf gewerbliche Anlagen (§§ 16 und 24) Anwendung, welche bereits vor Erlaß dieses Gesetzes bestanden haben.

*) § 49 der GewO. s. auf S. 130.

**) Die betreffende Bestimmung der GewO. lautet:

**§ 24.** Zur Anlegung von Dampfkesseln, dieselben mögen zum Maschinenbetriebe bestimmt sein oder nicht, ist die Genehmigung der nach den Landesgesetzen zuständigen Behörde erforderlich. Dem Gesuche sind die zur Erläuterung erforderlichen Zeichnungen und Beschreibungen beizufügen.

Die Behörde hat die Zulässigkeit der Anlage nach den bestehenden bau-, feuer- und gesundheitspolizeilichen Vorschriften sowie nach denjenigen allgemeinen polizeilichen Bestimmungen zu prüfen, welche von dem Bundesrat über die Anlegung von Dampfkesseln erlassen werden. Sie hat nach dem Befunde die Genehmigung entweder zu versagen oder unbedingt zu erteilen, oder endlich bei Erteilung derselben die erforderlichen Vorkehrungen und Einrichtungen vorzuschreiben.

Bevor der Kessel in Betrieb genommen wird, ist zu untersuchen, ob die Ausführung den Bestimmungen der erteilten Genehmigung entspricht. Wer vor dem Empfange der hierüber auszufertigenden Bescheinigung den Betrieb beginnt, hat die im § 147 angedrohte Strafe verwirkt.

Die vorstehenden Bestimmungen gelten auch für bewegliche Dampfkessel.

Für den Rekurs und das Verfahren über denselben gelten die Vorschriften der §§ 20 und 21.

***) §§ 25 und 49 der GewO. auf S. 132 bzw. 130.

| Lfd. Nr. | Gegenstand der Besteuerung | Steuersatz v. H. | Steuersatz M | Steuersatz Pf | Berechnung der Stempelabgabe |
|---|---|---|---|---|---|
| (22.) | (§ 34 Abs. 1 und 2 der Reichsgewerbeordnung),*) wenn der Gewerbebetrieb wegen geringen Ertrages und Kapitals von der Gewerbesteuer frei ist . . . | — | 50 | — | und zwar für ein jedes der drei Gewerbe besonders, wobei das Gewerbe der Gesinde- und Stellenvermittler als ein einheitliches Gewerbe gilt. |
| | in die vierte Gewerbesteuerklasse gehört | — | 100 | — | |
| | „ „ dritte „ „ | — | 200 | — | |
| | „ „ zweite „ „ | — | 350 | — | |
| | „ „ erste „ „ | — | 500 | — | |
| | AB. 56.<br>Bei den von der Gewerbesteuer befreiten Gesindevermietern kann bei nachgewiesener Bedürftigkeit der Stempel von 50 M bis auf die Hälfte ermäßigt werden.<br>AB. 56 Abs. 2.<br>(2) Erlaubniserteilungen**) der Ortspolizeibehörden an Gesinde- oder Stellenvermittler<br>zur Beherbergung von stellungsuchenden Personen<br>zwei Zehntel der vorstehenden Sätze;<br>zur Lieferung von Speisen und nicht geistigen Getränken an die beherbergten Personen<br>zwei Zehntel der vorstehenden Sätze;<br>zur Beherbergung von stellungsuchenden Personen und zur Lieferung von Speisen und nicht geistigen Getränken an die beherbergten Personen<br>vier Zehntel der vorstehenden Sätze;<br>(3) Erlaubniserteilungen an Vertreter oder Bevollmächtigte von Gemeinden oder anderen Kommunalverbänden, Handelskammern, Landwirtschaftskammern, Innungen, Innungsausschüssen, Innungsverbänden, Handwerkskammern, Berufsvereinen, Gewerbevereinen und sonstigen | | | | |

*) Die betreffende Bestimmung der GewO. lautet:

**§ 34 Abs. 1 u. 2.** Wer das Geschäft eines Pfandleihers, Pfandvermittlers, Gesindevermieters oder Stellenvermittlers betreiben will, bedarf dazu der Erlaubnis.

Als Pfandleihgewerbe gilt auch der gewerbsmäßige Ankauf beweglicher Sachen mit Gewährung des Rückkaufsrechts.

Die Bestimmungen des § 34 der GewO. sind so weit außer Kraft gesetzt, als sie sich auf die Gesindevermieter und Stellenvermittler beziehen. § 19 des Stellenvermittlergesetzes v. 2. 6. 1910, RGBl. S. 860. Stpflichtig ist jetzt die den Stellenvermittlern nach § 2 des Ges. zu erteilende Erlaubnis.

**) Diese Erlaubniserteilungen kommen vom 1. 10. 1910 ab nicht mehr vor, da die gewerbsmäßige Vermietung von Wohn- oder Schlafstellen den Stellenvermittlern verboten ist. § 3 des Stellenvermittlergesetzes.

| Lfd. Nr. | Gegenstand der Besteuerung | Steuersatz v. H. | ℳ | ₰ | Berechnung der Stempelabgabe |
|---|---|---|---|---|---|
| (22.) | Vereinen und Körperschaften zum Betriebe des Stellungsvermittlungs- und Arbeitsnachweisgeschäfts . . . . . . . . . . . . . . | — | 20 | — | |
| | g) (1) Genehmigungen für Unternehmer von Versicherungsanstalten, | | | | |
| | wenn ihr Geschäftsgebiet nicht über den Umfang einer Provinz hinausgeht . . | — | 40 | — | |
| | sonst . . . . . . . . . . . . . . . . . . | — | 200 | — | |
| | (2) Befreit sind Genehmigungen für Versicherungsanstalten, deren Geschäftsgebiet über den Umfang eines Kreises nicht hinausgeht, sowie über solche Anstalten, welche auf Gegenseitigkeit gegründet und deren Zwecke nicht auf die Erzielung von Gewinn gerichtet sind;[1] | | | | |
| | AB. 57. | | | | |
| | h)[1] Erlaubnisscheine zur Bestellung von Agenten im Inlande seitens ausländischer Unternehmer von Versicherungsanstalten | — | 200 | — | |
| | i)[1] Genehmigungen zum Gewerbebetriebe der Auswanderungsagenten . . . . . . . . . . | — | 200 | — | |
| | k) (1)[1] Genehmigungen zum Betriebe von Privatanschlußbahnen, wenn die Kosten[2] der Anlage | | | | |
| | 1 000 ℳ nicht übersteigen . . . . . | — | 2 | 50 | |
| | 5 000 „ „ „ . . . . . | — | 10 | — | |
| | 10 000 „ „ „ . . . . . | — | 20 | — | |
| | 20 000 „ „ „ . . . . . | — | 40 | — | |
| | 50 000 „ „ „ . . . . . | — | 100 | — | |
| | 75 000 „ „ „ . . . . . | — | 150 | — | |
| | 100 000 „ „ „ . . . . . | — | 200 | — | |
| | bei einem höheren Kostenbetrage für je 50 000 ℳ mehr 100 ℳ; | | | | |
| | (2) Genehmigungen zu Veränderungen in dem Betriebe | | | | |
| | die Hälfte der vorstehenden Sätze; | | | | |
| | AB. 58. | | | | |
| | l) (1)[1] Genehmigungen zum Betrieb eines Eisenbahnunternehmens[2] . . . . . . . . . | — | 200 | — | |
| | (2) Genehmigungen zum Betrieb eines Dampfschiffahrts- oder Kleinbahnunternehmens,[3] wenn der Gewerbebetrieb | | | | |
| | wegen geringen Ertrages und Kapitals von der Gewerbesteuer frei ist . . . . | — | 5 | — | |

| Lfd. Nr. | Gegenstand der Besteuerung | Steuersatz v. H. | ℳ | ₰ | Berechnung der Stempelabgabe |
|---|---|---|---|---|---|
| (22.) | in die vierte Gewerbesteuerklasse gehört | — | 20 | — | |
| | „ „ dritte „ „ | — | 50 | — | |
| | „ „ zweite „ „ | — | 75 | — | |
| | „ „ erste „ „ | — | 200 | — | |
| | (3) Genehmigungen zu Veränderungen in dem Betriebe[2] [4] die Hälfte der vorstehenden Sätze; | | | | |
| | (4) Bewilligungen von Fristverlängerungen und Fristungen[2] ein Viertel der vorstehenden Sätze. | | | | |
| | (5) Die Bewilligung von Fristverlängerungen und Fristungen, welche durch Naturereignisse oder andere unabwendbare Zufälle verursacht sind, ist stempelfrei; AB. 59. | | | | |
| | m) (1) Genehmigungen der Ortspolizeibehörden zum Betriebe von Gewerben, welche dem öffentlichen Personen- und Güterverkehr innerhalb der Orte durch sonstige Transportmittel aller Art (Wagen, Gondeln, Sänften, Pferde usw.) dienen (§ 37 der Reichsgewerbeordnung)*) . . . AB. 60. | — | 5 bis 40 | — | je nach der Bedeutung des Gewerbes. |
| | (2) Werden Genehmigungen der bezeichneten Art Personen erteilt, deren Gewerbebetrieb wegen geringen Ertrages und Kapitals von der Gewerbesteuer frei ist, so beträgt die Stempelabgabe . . . . . . AB. 50. | — | 1 | — | |

## Zu Tarifnummer 22a.

**1.** Vgl. KaisV. v. 27. 1. 90 (RGBl. S. 9), 31. 12. 94 (RGBl. von 1895 S. 1), 25. 11. 95 (RGBl. S. 455).

**2.** Die Apothekenberechtigungen beruhen in Preußen entweder auf einem dinglichen Privilegium, oder auf einer vererblichen und veräußerlichen oder aber einer unveräußerlichen Personalkonzession. Dingliche Privilegien, die mit dem Grund und Boden verbunden sind und wie

---

*) Die betreffende Bestimmung der GewO. lautet:

**§ 37.** Der Regelung durch die Ortspolizeibehörde unterliegt die Unterhaltung des öffentlichen Verkehrs innerhalb der Orte durch Wagen aller Art, Gondeln, Sänften, Pferde und andere Transportmittel sowie das Gewerbe derjenigen Personen, welche auf öffentlichen Straßen oder Plätzen ihre Dienste anbieten.

**Noch: Zu Tarifnummer 22a.**

Grundstücke behandelt werden, sind in den alten preußischen Provinzen seit dem Gewerbesteueredikt v. 2. 11. 1810 nicht verliehen worden. Vererblich und veräußerlich sind die bis zum 11. 7. 1894 errichteten, sog. konzessionierten Apotheken; diese sind insofern veräußerlich, als die Regierung verpflichtet ist, den ihr von Berechtigten präsentierten Nachfolger zu konzessionieren. Seit 11. 7. 1894 werden nur noch reine Personalkonzessionen, d. h. mit der Person des jedesmaligen Inhabers verbundene Konzessionen, verliehen.

3. Die Tarifvorschrift bezieht sich nur auf die beiden Arten der Personalkonzessionen. Bei den Apothekerprivilegien findet eine Konzessionserteilung nicht statt. Wird eine privilegierte Apotheke veräußert, so ist der 1%ige WertSt. zu dem Kaufvertrage zu verwenden. Werden beim Verkauf einer konzessionierten Apotheke im Vertrage Vereinbarungen wegen Übertragung der Konzession auf den Erwerber oder über den Verzicht des Verkäufers auf die Konzession getroffen, so ist insoweit zur Kaufurkunde nur der NebenvertragsSt. aus T. 71 zu verwenden. Die Erhebung des KonzessionsSt. aus T. 22 geschieht durch die Behörde, welche die Konzession erteilt. JM. v. 23. 11. 00, JMBl. S. 638. Über das Verfahren vgl. AB. 51. (Vgl. T. 32 A. 15b.)

4 a) Nur für die Erlaubnis der ersten Anlegung der Zweigapotheke ist der St. fällig, so daß für die von drei zu drei Jahren zu erteilende Erlaubnis der Fortführung der Zweigapotheke dieser St. nicht zu erheben ist, sondern ev. nur, bei Zurückbehaltung eines Konzepts, der AusfertigungsSt. $\frac{\text{JM. III 1072}}{\text{M. d. g. A. III 5457}}$ v. 2. 3. 01, ZBl. S. 76.

b) Selbständige Nebenapotheken sollen wie Filialapotheken behandelt werden; die einzelnen Ärzten erteilte Erlaubnis zur Führung von Hausapotheken ist stfrei. KB. S. 25, 4. KS. S. 8.

5. In den Fällen der Verlegung einer Apotheke auf Anordnung der Aufsichtsbehörde ist von einem St. abgesehen. Mot. S. 34.

## Zu Tarifnummer 22b.

1. Hebammen fallen nicht unter die Position. 4. KS. S. 11. Vgl. GewO. §§ 40, 53, 143.

## Zu Tarifnummer 22c.

1. Die Steuer ist Urkundensteuer. Nicht die Erlaubnis als solche, sondern die Erlaubnisurkunde bringt die StPflicht mit sich; daran ändert es nichts, daß die StAbgabe sich allerdings als eine sog. Gebühr darstellt, nämlich als die Gebühr für die der Behörde durch die erforderliche Prüfung entstehende Mühewaltung und für die auf Grund der Prüfung verliehene Berechtigung. Es muß deshalb, wenn einem Unternehmer für verschiedene Betriebsstätten in besonderen Urkunden die Erlaubnis erteilt wird, der St. der T. jedesmal besonders verwendet werden. RG. 15. 11. 12, Entsch. Bd. 80 S. 427, JW. 13 S. 222, vgl. auch RG. 12. 3. 12, Entsch. Bd. 79 S. 61.

2. Der St. berechnet sich nicht nach dem konzessionierten Einzelbetrieb, sondern nach der Veranlagung zu derjenigen Gewerbesteuerklasse, zu welcher der Gewerbetreibende nach seinem „Gesamtbetriebe“ gehört, da nach § 17 des

**Noch: Zu Tarifnummer 22 c.**

GewStG. v. 24. 6. 91 mehrere Betriebe derselben Person als ein steuerpflichtiges Gewerbe zur Steuer veranlagt werden. Dies gilt sowohl wenn einem Gewerbetreibenden mehrere Schankstätten konzessioniert werden, als auch im Falle des Zusammentreffens eines nicht konzessionspflichtigen Betriebes mit einem konzessionspflichtigen. RG. 18. 4. 02, ZBl. S. 182, Entsch. Bd. 51 S. 202, 12. 3. 12 Entsch. Bd. 79 S. 61. Entsprechend kommt für eine den Gesellschaftern einer offenen Handelsgesellschaft erteilte Schankerlaubnis hinsichtlich der Berechnung der StAbgabe auch derjenige Gewerbebetrieb als ein Teil des steuerpflichtigen Gesamtbetriebes in Betracht, zu dem die offene Handelsgesellschaft zur Gewerbesteuer veranlagt ist. RG. 22. 3. 12, ZBl. S. 222, Entsch. Bd. 79 S. 143.

3. Die Erlaubniserteilungen zum Betriebe einer Privatkranken- und Privatirrenanstalt sind besonders zu versteuern, da diese nach § 30 RGewO. unterschieden werden. FM. 27. 6. 01 III 8141.

4. Veränderungsgenehmigungen, zu denen z. B. die Erlaubnis gehört, in einer bereits genehmigten Privatirrenanstalt 7 Zimmer stärker zu belegen bzw. noch einige Zellen anzulegen, sind nach T. 22c nicht stpflichtig. RG. v. 19. 10. 00, JW. S. 794, ZBl. S. 255 von 02.

Diese Entscheidung wird auf Fälle zu beschränken sein, in denen Erlaubniserteilungen zum Betriebe einer Privat-Kranken- usw. Anstalt oder zum Betriebe der Gastwirtschaft usw. lediglich eine Ausdehnung in räumlicher Beziehung erfahren. Über diesen Kreis hinaus wird der Erlaß keine Anwendung finden, insbesondere nicht auf eine inhaltliche Erweiterung der Erlaubnis selbst, wie sich die Ausdehnung einer sog. beschränkten Schankerlaubnis für Wein, Bier und Kaffee auf den Ausschank von Branntwein darstellt. Übereinstimmend KG. 10. 5. 12, ZBl. S. 298: Wenn dem Bewerber um eine uneingeschränkte Schankerlaubnis mit seinem Einverständnis zunächst nur eine teilweise Schankerlaubnis unter Ablehnung seines weitergehenden Antrags erteilt, später aber nach Durchsetzung seines Gesuchs im Verwaltungsstreitverfahren die uneingeschränkte Schankerlaubnis gewährt wird, so ist jede der beiden Erlaubniserteilungen aus T. 22c stpflichtig.

5. T. 22c setzt ständigen Betrieb der Gastwirtschaft voraus. Vorübergehender Betrieb, etwa nur für die Dauer eines Schützenfestes, genügt nicht. Hier ist der AusfertigungsSt. aus T. 10 erforderlich, wenn dessen sonstige Voraussetzungen gegeben sind.

6. Liegt ein Gewerbebetrieb im Sinne des § 33 GewO. überhaupt nicht vor, z. B. wenn ein Fabrikbesitzer ohne Absicht der Gewinnerzielung in seinen Fabrikräumen eine Kantine für seine Arbeiter anlegt und hierfür vom Stadtausschuß die auf Veranlassung der Polizeibehörde nachgesuchte Schankerlaubnis erhält, so findet T. 22c nicht Anwendung. FM. 12. 12. 02 III 15965.

7. Diese durch die Novelle v. 30. 6. 09 eingefügte Bestimmung richtete sich gegen die Rechtsprechung des Oberverwaltungsgerichts und die sich hieran anschließende Übung der Konzessionsbehörden, die Erlaubnis nur physischen, nicht juristischen Personen zu erteilen. Sie ist hinfällig geworden, nachdem das Oberverwaltungsgericht diese Rechtsauffassung im Urteil v. 11. 7. 12 (MBl. d. i. V. S. 300) aufgegeben hat. Wenn die juristische Person die ihrem Vertreter erteilte Konzession auf sich selbst übertragen läßt, so ist der St. der T. nochmals erforderlich. War jedoch die Erlaubnisurkunde entgegen

**Noch: Zu Tarifnummer 22 c.**

der Verwaltungsübung z. B. schon auf die juristische Person ausgestellt, und es wird — etwa um Zweifel zu beseitigen — später eine neue Konzession für die juristische Person ausgestellt, so genügt der AusfertigungsSt. aus T. 10, auch wenn die ursprüngliche Erlaubnis nur mit diesem St. belegt war. RG. 9. 7. 12, Entsch. Bd. 80 S. 111.

## Zu Tarifnummer 22d.

**1.** Als Gegenstand der Wertbemessung soll nur der Teil der Anlage angesehen werden, für welche das Gesetz die Konzession vorschreibt, so daß z. B., wenn ein Wohnhaus und eine Kesselschmiede als Gesamtanlage errichtet werden, nur die letztere in Betracht kommt. Desgleichen soll bei Änderungen nur der Wert dieser, nicht der durch die Änderung erfolgte Mehrwert der ganzen Anlage in Rechnung gestellt werden. KB. S. 30.

2. Für die Höhe des Stempels sind die Kosten der genehmigten Anlage maßgebend. Wird die Anlage nicht errichtet, so daß Kosten überhaupt nicht entstehen, so sind die Urkunden auch nicht stpflichtig. FM. 22. 4. 12 III 6170. Vgl. A. 6 zu § 25.

3. „Betriebsstätte" ist nicht gleichbedeutend mit „Grundstück, auf dem sich die Anlage befindet", sondern begreift nur die dem Unternehmen unmittelbar zur Ausübung des Betriebes oder für sonstige Betriebszwecke dienenden Räume. Sächs. OberverwGer. 14. 5. 04, DJZ. S. 751 v. 05.

## Zu Tarifnummer 22e.

**1.** Turbinen sind nicht konzessionspflichtig und fallen deshalb nicht unter diese Position. 5. KS. S. 9.

2. In dem Falle, in welchem es sich um eine Änderung einer bereits genehmigten Anlage durch Errichtung einer Damfkesselanlage handelt, soll die Konzessionsurkunde maßgebend sein; wird aber die Anlegung eines Dampfkessels für einen schon bestehenden Betrieb genehmigt, so kommt Buchst. e zur Anwendung; ist aber mit der Dampfkesselanlage eine Änderung der schon früher konzessionierten Hauptanlage verbunden und wird diese Änderung genehmigt, so soll Buchst. d Abs. 2 Platz greifen, weil die Konzession für die Kesselanlage in der Hauptkonzession enthalten ist und nicht besonders ausgestellt wird. Es findet eine besondere Konzessionierung der Dampfkessel auch dann nicht statt, wenn eine an sich konzessionspflichtige Anlage der Behörde zur Genehmigung neu vorgelegt wird, sondern es wird auch in diesem Falle nur eine einzige Konzessionsurkunde über die gesamte Anlage ausgestellt. KB. S. 31.

3. Stpflichtig nach T. 22e sind die Einzelgenehmigungen beweglicher Dampfkessel, welche nach dem im § 17 Abs. II der Anw., betr. die Genehmigung und Untersuchung der Dampfkessel v. 16. 12. 09 angegebenen Verfahren von dem zuständigen Kesselprüfer als in Übereinstimmung mit der Sammel-(Jahres-) Genehmigung befindlich zu beglaubigen sind, wie letztere.

Die Anwendung der T. 1 in Verbindung mit T. 77 ist im vorliegenden Falle aus mehreren Gründen ausgeschlossen. Die von Behörden oder Beamten beglaubigten Abschriften sind nach den eben erwähnten Tarifstellen nur dann stpflichtig, wenn die Zuständigkeit dieser Stellen durch Gesetz oder rechtsgültige

**Noch: Zu Tarifnummer 22e.**

Verordnungen begründet wird. Reine Verwaltungsanordnungen der vorgesetzten Behörden an die nachgeordneten Dienststellen, die nur für diese verpflichtend sind, stellen solche allgemein gültige Verordnungen nicht dar (vgl. T. 77 A. 1a). Da über die Zuständigkeit zur Beglaubigung von Abschriften dieser und ähnlicher Art allgemein gültige Rechtsnormen fehlen, so würden die in Rede stehenden Einzelgenehmigungen an sich stfrei sein, wenn sie tatsächlich wörtlich übereinstimmende Abschriften darstellten, wie es z. B. bei den im § 19 Abs. 2 der allgemeinen polizeilichen Bestimmungen über die Anlegung von Landdampfkesseln v. 17. 12. 08 bezeichneten, von Kesselvereinen beglaubigten Abschriften, oder bei den in dem Erl. d. Min. f. H. u. G. v. 1. 12. 09 (MinBl. S. 526) behandelten, beglaubigten Abschriften von Materialprüfungsbescheinigungen zutrifft. Im vorliegenden Falle sind die zu beglaubigenden Einzelgenehmigungen jedoch keine wörtlich übereinstimmenden Abschriften; vielmehr sind in der Sammelgenehmigung entweder gar keine oder eine fortlaufende Zahl von Kesselnummern angegeben, während die danach herzustellende und zu beglaubigende Einzelgenehmigung nach den Beschlüssen des Bundesrats für einen einzelnen, mit einer bestimmten Kesselnummer bezeichneten Kessel gilt. Aus diesem Grunde kann auch T. 16 keine Anwendung finden. Daß zu den Einzelgenehmigungen derselbe St. zu entrichten ist, wie für die Sammelgenehmigung, schließt die Anwendung der T. 22e auf letztere nicht aus, denn die Steuersätze dieser Stelle belasten nicht die Erlaubniserteilungen als solche, sondern nach § 1 Abs. 1 d. G. die über die Erlaubniserteilungen errichteten Urkunden. Der ErlaubnisSt. ist deshalb so oft zu entrichten, als Genehmigungsurkunden ausgefertigt werden, sofern nicht etwa, was hier nicht zutrifft, T. 1 oder T. 16 Platz greifen. FM. 13.12.10 III 22746.

## Zu Tarifnummer 22f.

1. a) Zu den Pfandleihern gehören nach § 34 Abs. 2 GewO. auch die Rückkaufhändler;

b) Pfandvermittler sind Gewerbetreibende, welche die ihnen zur Pfandversetzung übergebenen Sachen auf ihre Namen in einem öffentlichen Leihhaus oder bei einem Pfandleiher verpfänden und die erhaltenen Darlehen an ihre Auftraggeber abführen.

## Zu Tarifnummer 22g.

1. Die behördliche Genehmigung, der die sich als Versicherungsvereine auf Gegenseitigkeit charakterisierenden Sterbe-, Aussteuer- u. dgl. Kassen bedürfen, stellt nach dem Reichsges. über die privaten Versicherungsunternehmungen vom 12. 5. 01, RGBl. S. 139 § 15 eine Erlaubnis zum Geschäftsbetriebe dar. Es findet somit auf die Genehmigung diese Befr.-Vorschr. Anwendung. Hiernach ist auch kein AusfertigungsSt. mehr zu erfordern. FM. 13. 9. 04 III 11970, ZBl. S. 219.

## Zu Tarifnummer 22h, i.

1. Vgl. Ges. v. 17. 5. 53 betreffend den Geschäftsverkehr der Versicherungsanstalten, jetzt Ges. über die privaten Versicherungsanstalten v. 12. 5. 01, RGBl. S. 139, und Reichsges. v. 9. 6. 97 über das Auswanderungswesen.

## Zu Tarifnummer 22k.

1. Vgl. §§ 43, 51 Ges. v. 28. 7. 92 über Kleinbahnen und Privatanschlußbahnen.

2. Für die Berechnung des St. entscheidet nicht der Wert der Anlage, sondern der tatsächlich für ihre Schaffung erforderlich gewesene Betrag; nicht bloß die unmittelbar auf den Bau der Anlage verwendeten Kosten, sondern auch alle Nebenkosten, insbesondere auch für Grunderwerb. RG. 13. 7. 05, ZBl. S. 694, Entsch. Bd. 61 S. 235.

## Zu Tarifnummer 22 l.

1. Vgl. Ges. v. 3. 11. 38 über Eisenbahnunternehmungen und 28. 7. 92 (s. o.).

2. Die T. 22 l betrifft nur diejenigen Genehmigungen, welche zu dem Unternehmen als solchem erteilt werden; im Gegensatz zu den Genehmigungen zu Veränderungen in dem Betriebe und Bewilligungen von Fristverlängerungen, auf welche die ermäßigten Steuersätze Anwendung finden, können unter den zunächst angegebenen Genehmigungen nur solche verstanden werden, durch welche das Unternehmen an sich gestattet wird. RG. 4. 10. 01, Entsch. Bd. 51 S. 17.

3. Die Ausstellung neuer Genehmigungsurkunden für die vor dem Inkrafttreten des Kleinbahngesetzes genehmigten Kleinbahnen, die sich den Bestimmungen des Ges. v. 28. 7. 92 § 53 Abs. 3 unterwerfen, erfolgt stfrei. FM. 21. 7. 99 III 9972, ZBl. S. 206.

Vorstehender Erl. v. 21. 7. 99 hat auch auf Privatanschlußbahnen Anwendung. Neue Genehmigungsurkunden für diejenigen vor dem Inkrafttreten des Kleinbahngesetzes genehmigten Privatanschlußbahnen, deren Unternehmer sich den sämtlichen Bestimmungen dieses Gesetzes unterworfen haben, bedürfen des St. der T. 22k nicht; bei wesentlichen Erweiterungen oder wesentlichen Änderungen im Fall der Unterwerfung ist der St. nach den Kosten der Erweiterung oder Änderung zu berechnen.

In Fällen, wo es sich um Erweiterung oder Änderung eines nur für den Pferdebetrieb genehmigten Anschlußgleises bei gleichzeitiger Einführung des Lokomotivbetriebes handelt, hat die Berechnung für die Genehmigungsurkunde nach den Kosten der Gesamtanlage stattzufinden, da durch die Genehmigung das Anschlußgleis tatsächlich erst eine Privatanschlußbahn i. S. des § 43 des Kleinbahngesetzes wird. FM. 30. 11. 00 III 12992, ZBl. S. 601 v. 00.

4. a) Die Genehmigung zur Verlängerung eines bestehenden Kleinbahnunternehmens durch Fortführung der Bahnlinien unterliegt als eine Genehmigung zu Veränderungen in dem Betriebe nur dem halben St., ebenso wie die infolge Veräußerung eines Kleinbahnunternehmens dem Rechtsnachfolger erteilte Genehmigung zum Betriebe. KG. 14. 3. 02.

b) Genehmigungen, welche sich auf die Erlaubniserteilung zur Verlegung einer Gleisanlage beschränken, sind nicht als Genehmigungen zu Veränderungen im Betriebe eines Kleinbahnunternehmens i. S. dieser T. anzusehen und erfordern daher ev. nur den AusfertigungsSt. FM. 28. 5. 01 III 4028.

| Lfd. Nr. | Gegenstand der Besteuerung | Steuersatz v. H. | Steuersatz ℳ | Steuersatz ₰ | Berechnung der Stempelabgabe |
|---|---|---|---|---|---|
| 23. | **Familienstiftungen,**[1–6] wie Fideikommißstiftungen, s. diese. AB. 61 Abs. 1. LStV. § 11 B. | | | | |
| 24. | (1) **Fideikommißstiftungen,**[7–12] d. h. alle von Todes wegen oder unter Lebenden getroffenen Anordnungen, kraft deren gewisse Vermögensgegenstände der Familie für immer oder für mehr als zwei Generationen[8] erhalten bleiben sollen . . . . . . . . . . . (2) Bei Stiftungen unter Lebenden ist der Stempel in der durch § 16 Buchstaben g dieses Gesetzes vorgeschriebenen Frist von zwei Wochen beizubringen, bei Stiftungen von Todes wegen binnen sechs Monaten nach dem Todesfalle. AB. 61 (2). (3) Wegen der Verhaftung für die Entrichtung des Stempels für Stiftungen von Todes wegen kommen die Bestimmungen | 3 | — | — | des Gesamtwertes der denselben gewidmeten Gegenstände ohne Abzug der Schulden.[14] |

**Noch: Zu Tarifnummer 22 l.**

**Zusatz:** Einen ähnlichen Charakter wie die Abgaben aus T. 22 LStG. haben die durch das preußische Wassergesetz v. 7. 4. 13 — GS. S. 53 — eingeführten StSteuern. In Betracht kommen

a) Verleihungsurkunden nach §§ 79, 203 des Ges., d. s. Beschlüsse des Bezirksausschusses über die Verleihung gewisser Eigentümerrechte und der Berechtigung zur Anlage größerer Wasserbauten an einem Wasserlauf oder einem Gewässer, das nicht zu den Wasserläufen gehört, für den Nichteigentümer oder den nicht berechtigten Eigentümer. §§ 40 Abs. 2, 46 d. Ges.

b) Beschlüsse des Bezirksausschusses über die Sicherstellung der vorgenannten Rechte für den Eigentümer nach Maßgabe der §§ 86, 203 d. Ges.

Die St. betragen im Falle a bei einem Werte des verliehenen Rechts

| | | | | |
|---|---|---|---|---|
| von nicht mehr als | | | 1000 ℳ . . . . . . . . . . . . . | 1,— ℳ |
| mehr als | 1000 ℳ | aber nicht mehr als | 5000 ℳ . . . . | 5,— „ |
| „ „ | 5000 „ | „ „ „ „ | 10000 „ . . . . | 10,— „ |
| „ „ | 10000 „ | „ „ „ „ | 20000 „ . . . . | 20,— „ |
| „ „ | 20000 „ | „ „ „ „ | 50000 „ . . . . | 50,— „ |
| „ „ | 50000 „ | „ „ „ „ | 75000 „ . . . . | 75,— „ |
| „ „ | 75000 „ | „ „ „ „ | 100000 „ . . . . | 100,— „ |

und bei einem höheren Werte in Abstufungen von je 50000 ℳ für jede angefangene Stufe 50 ℳ, im Falle zu b $^1/_4$ der vorgenannten Sätze, mindestens 1,— ℳ. Näheres s. § 80 d. Ges. Vgl. auch FM. III 6617 v. 17. 6. 14 ZBl. S. 197.

| Lfd. Nr. | Gegenstand der Besteuerung | Steuersatz v. H. | ℳ | ₰ | Berechnung der Stempelabgabe |
|---|---|---|---|---|---|
| (24.) | der §§ 29 und 30 des Gesetzes, betreffend die Erbschaftssteuer, vom $\frac{\text{30. Mai 1873*)}}{\text{19. Mai 1891}}$ zur Anwendung.<br>(4) Bei Fideikommißstiftungen, für welche von dem Stifter ein weiteres Anwachsen des Grundvermögens, sei es durch in Aussicht genommene Zuwendungen freigebiger Art, sei es durch eine angeordnete Zuschlagung von Zinsen zum Kapitale, vorgesehen worden ist, wird der Wertstempel rücksichtlich des sich nach und nach ansammelnden Teiles des Stiftungsvermögens nur allmählich von dem Zuwachse nach näherer Bestimmung der Oberzolldirektion oder, wenn der Stiftungsstempel bei den Gerichtskosten zu vereinnahmen ist, der zuständigen Gerichtsbehörde erhoben. LStV. § 11 B.<br>AB. 23 Abs. 3; 61 Abs. 3 u. 4.<br>(5) Fideikommißstiftungen, welche ausländische Grundstücke betreffen, sind dem Wertstempel nicht unterworfen.<br>(6) In betreff der Erhebung des Fideikommißstempels aus Anlaß der Auflösung der Lehnverbände bewendet es bei den bestehenden Bestimmungen.[13]<br>AB. 61 Abs. 2. | | | | |

*) Die betreffenden Bestimmungen des preußischen EStG. lauten:

**§ 29.** Die Erbschaftssteuer trifft den Erwerber des steuerpflichtigen Anfalles. Für dieselbe haftet die ganze steuerpflichtige Masse (§ 5), aus welcher auch auf Erfordern für die Versteuerung bedingter Anfälle Sicherheit bestellt werden muß (§§ 22 und 23).

Erben und Miterben sind bis auf Höhe des aus der Erbschaft Empfangenen für die von allen den Nachlaß betreffenden Anfällen zu entrichtende Erbschaftssteuer solidarisch verpflichtet.

Hinsichtlich der in diesem Gesetze den Erben und Miterben aufgelegten Verpflichtungen werden Erwerber eines Universalvermächtnisses oder eines Vermächtnisses unter einem Universaltitel den Erben und Miterben gleichgeachtet.

**§ 30.** Gesetzliche Vertreter und Bevollmächtigte der Erbinteressenten, Testamentsexekutoren und Nachlaßverwalter, sowie die Verwalter von Familienstiftungen, dürfen die Erbschaft, einzelne Erbteile, Vermächtnisse oder Schenkungen, beziehungsweise die Hebungen aus der Familienstiftung, nur nach Berichtigung oder Sicherstellung der darauf treffenden Erbschaftssteuer ausantworten und bleiben im entgegengesetzten Falle für die Steuer verhaftet.

## Zu Tarifnummer 24.

**1.** Vgl. Art. 59 EG.BGB., Art. 89 Ziff. 1c u. 10 AG.BGB., §§ 80ff. BGB., Art. 1 AG.BGB., ALR. II 4 §§ 23, 48, 72, 73.

Wegen der Reichsabgabe von 2/3 bzw. 1/3 v. H. für gebundenen Grundbesitz vgl. § 95 RStG.

**2.** a) Der 3%ige Wertstempel von Familien- und Fid.Komm.-Stiftungen beruht auf der Erwägung, daß das solchen Stiftungen gewidmete Vermögen aus dem freien Verkehr ausscheidet und daher dem Staate der Umsatzstempel entgeht. RG. v. 29. 9. 11, Entsch. Bd. 77 S. 77ff., ZBl. S. 430, JMBl. S. 426.

b) Die T. 23 ist durch § 60 RESt G. unberührt geblieben; letzterer hat nur die Vorschriften des PrESt G. und der T. 56 LStG. in Wegfall gebracht und damit für Preußen die bisherige Rechtslage aufrecht erhalten, nach der Familienstiftungen mit dem 3%igen St. belastet, im übrigen aber von der Erbsch.- und Schenkungssteuer befreit waren. RG. v. 29. 9. 11 s. oben. AB. v. 26. 6. 06 Ziff. 1, JMBl. S. 174 und 28. 7. 10 § 11, JMBl. S. 299.

**3.** Unter Familienstiftungen waren nach dem zur Zeit der Schaffung des LStG. geltenden allgemeinen Landrecht „Anordnungen zu verstehen, wodurch jemand gewisse Hebungen von bestimmten Grundstücken oder Kapitalien für eine Familie aussetzt und anweiset." § 21 ALR. II 4. Da das LStG. sich dem Sprachgebrauch des Landrechts anschließt, so wurde diese Begriffsbestimmung auch für T. 23 maßgebend. Nach § 29 a. a. O. in Verbindung mit § 26 AG.GVG. v. 24. 4. 78 sollten die Stiftungsurkunden vom Amtsgericht des Wohnsitzes des Stifters verlautbart und bestätigt werden.

Demgegenüber bestimmt § 1 Art. 1 AG.BGB. die Familienstiftung dahin, daß sie „nach der Stiftungsurkunde ausschließlich dem Interesse der Mitglieder einer bestimmten Familie oder mehrerer bestimmter Familien dient." Das Stiftungsgeschäft ist von dem zuständigen Amtsgericht zu genehmigen, in dessen Bezirk die Stiftung ihren Sitz haben soll. Die Verwaltungsübung hat zunächst an der landrechtlichen Begriffsbestimmung festgehalten, und noch der Erlaß v. 16. 12. 04 III 15272 sprach aus, daß im Sinne der Steuergesetze eine Stiftung als Familienstiftung zu behandeln sei, wenn sie überwiegend die Unterstützung der Mitglieder bestimmter Familien bezweckt. In derselben Richtung bewegte sich auch der Erlaß v. 30. 3. 06 III 4818. Übereinstimmend HSp. S. 643. Dagegen nehmen Hz. S. 370 und Geb. S. 228 die Begriffsbestimmung des AG.BGB. auch für das LStG. als maßgebend an. Dieser Auffassung wird beizutreten sein, da T. 23 keine selbständige Begriffsbestimmung für Familienstiftungen gibt und deshalb das jeweilig geltende Zivilrecht maßgebend ist. S. HSp. S. 430. Auch das RG. — Urteil v. 25. 4. 13, Entsch. Bd. 82 S. 201 — scheint derselben Meinung zu sein.

Da das RESt G. im § 11 Ziff. 5 den Begriff der Familienstiftung im Sinne der früheren preußischrechtlichen Praxis faßt („Stiftungen, die wesentlich im Interesse der Angehörigen einer oder bestimmter Familien gemacht werden", KommBer. S. 45), so ist für die nicht ausschließlich dem Interesse einer bestimmten Familie dienenden Stiftungen eine Lücke in der Besteuerung eingetreten.

**4.** Eine Familienstiftung i. S. des Art. 1 AG.BGB. liegt auch dann noch vor, wenn in der Stiftungsurkunde für den Fall des Aussterbens

**Noch: Zu Tarifnummer 24.**

der zunächst berechtigten Familie Bestimmung über andere Verwendung der Einkünfte der Stiftung getroffen ist. KG. 25. 3. 01, Joh. Bd. 21 S. A 214. Bei derartigen sukzessiven Stiftungen bedarf es bezüglich der Familienstiftung der Genehmigung des zuständigen Amtsgerichts, bezüglich der weiteren gewöhnlichen Stiftung der Königlichen Genehmigung.

Handelt es sich aber um eine gemischte Stiftung, bei welcher schon bei dem Bestehen der Familie die Erträge der Stiftungskapitalien nicht bloß Familienmitgliedern, sondern auch andern Personen zugewendet werden, dann ist eine Familienstiftung i. S. des Art. 1 PrAG. nicht mehr vorhanden; eine solche Stiftung unterliegt der landesherrlichen Genehmigung (Joh. Bd. 21 S. A 218).

5. Zur Begründung der StPflicht muß eine neue selbständige Stiftung ins Leben gerufen werden; ein Familienschluß, der die Verwendung der Revenuen eines Teiles des Stiftungsvermögens lediglich abändert, genügt nicht. (Eine Stiftung war nur für männliche Mitglieder einer Familie bestimmt; durch Familienschluß wurde die Verwendung eines Teils des Kapitals zu Unterstützungszwecken für die weiblichen Mitglieder beschlossen.) RG. 5. 1. 99, Gruch. Jahrg. 43 S. 1139.

6. Der St. ist als Gerichtsgebühr zu vereinnahmen, da die Stiftung erst mit der Genehmigung des Amtsgerichts rechtskräftig wird.

7. Für das Familienfideikommiß gibt das Gesetz in T. 24 (1) eine eigene Definition. Wegen der Entstehung, insbesondere wegen der Notwendigkeit der landesherrlichen Genehmigung, kommen in den früher landrechtlichen Provinzen die Bestimmungen Teil II Titel 4 des ALR. in Betracht. Für die Provinz Hannover gilt das Hannoversche Ges. v. 13. 4. 36 (Hann. GS. S. 33). Wegen der übrigen preußischen Gebietsteile vgl. HSp. S. 645f.

8. Bei Zählung der beiden Generationen wird der erste Fideikommißbesitzer nicht mitgerechnet. AH. S. 2288, 2292ff.

9. Der St. aus T. 24 ist zu erfordern sowohl für die Neuerrichtung des Fideikommisses wie für dessen Erweiterung. Dies folgt aus der Fassung der Tarifstelle. RG. 7. 4. 03, JW. S. 254.

Als Erweiterung ist es auch anzusehen, wenn zwar nicht neue Gegenstände dem Fideikommiß einverleibt, sondern die zum Fideikommiß gehörigen über den Begriff bloßer Erhaltung hinaus verbessert werden und hierüber eine urkundliche Willenserklärung errichtet wird.

Der FideikommißSt. ist auch dann zu entrichten, wenn die Werterhöhung durch Aufnahme von Schulden ausgeglichen wird.

In einem Familienschluß war bestimmt, daß zugunsten des Fideikommißbesitzers, der eine stiftungsgemäß an N. N. aus den Revenuen zu zahlende Fideikommißabfindungssumme von 120000 M dem Gläubiger bezahlt hatte, mit Rücksicht darauf, daß der Fideikommißbesitzer inzwischen einen noch größeren Betrag zur dauernden Verbesserung der Fideikommißgüter verwendet hatte, in Höhe von 120000 M eine wahre, auf der Substanz des Fideikommisses ruhende Fideikommißschuld konstituiert werden sollte, die dem jetzigen Besitzer als Allodium gehören sollte. Zur Sicherheit wurden die Güter verpfändet.

**Noch: Zu Tarifnummer 24.**

Zu dieser Erklärung ist der SchuldverschreibungsSt. und der FideikommißSt. gefordert worden. Das RG. hat im obigen Urteil vom 7. 4. 03 diese Forderung als gerechtfertigt erachtet und dabei betont,

daß der gesetzgeberische Grund des FideikommißSt. nicht der Umstand ist, daß bestimmte körperliche Gegenstände, sondern daß gewisse Vermögenswerte dem freien Verkehr entzogen werden, daß eine stpflichtige Erweiterung des Fideikommisses vorliegt, wenn seine Substanz nicht vermehrt, aber in ihrer Beschaffenheit mit dem Erfolge der Werterhöhung verbessert wird, ohne daß diese Verbesserung eine Erfüllung der Pflicht darstellt, die Substanz zu erhalten,

daß der St. nicht auf der tatsächlichen Widmung ruht, sondern auf der urkundlichen Willenserklärung, durch die der Gegenstand zum Fideikommiß „bestimmt" wird,

daß die durch die Verbesserungen des Fideikommisses bewirkte Erhöhung des Gesamtwertes hinsichtlich der StPflichtigkeit dieser Erhöhung nicht dadurch wieder beseitigt wird, daß etwa der Reinwert des ganzen Fideikommisses trotz der Verbesserungen derselbe geblieben ist, weil der Wert der Verbesserungen durch die Belastung des Fideikommisses mit der Substanzschuld wieder seine Ausgleichung gefunden hat; trotz dieses Ausgleiches verbleibe es dabei, daß mehr Vermögenswerte als früher an dem freien Verkehr teilnehmen können.

Der SchuldverschreibungsSt. ist neben dem FideikommißSt. für begründet erachtet, weil beide Erklärungen als einseitige rechtlich — wenn auch nicht wirtschaftlich — voneinander unabhängige Geschäfte nebeneinander stehen. ZBl. S. 231, Entsch. Bd. 54 S. 227.

**10.** Übereinstimmend folgende höchstinstanzliche Entscheidungen:

a) FM. 7. 11. 00 III 6055: Die Einverleibung von Verbesserungen in das Fideikommiß, durch welche das dem Besitzer nach § 211 LR. II 4, §§ 508 LR. I 18, 124 u. 130 LR. I 21 zustehende Recht der Wegnahme ausgeschlossen wird, ist auch dann als eine dem FideikommißSt. unterliegende Vermehrung des Fideikommißvermögens anzusehen, wenn das Entgelt für diese Einverleibung durch ein auf das Fideikommiß aufzunehmendes Pfandbriefdarlehn beschafft wird. Die gleichzeitige Belastung des Fideikommisses mit einer der Amortisation unterliegenden Schuld beseitigt die StPflicht nicht, weil auch bei Errichtung des Fideikommisses der Wert desselben ohne Abzug der Schulden dem St. unterliegt.

b) Die KG. vom 4. 5. 06: Stiftungsmäßige Aufwendungen zur Vermehrung einer zum Fideikommiß gehörigen Bibliothek sind dem FideikommißSt. unterworfen, auch wenn die Zuwendungen den Betrag nicht übersteigen, um den die Bibliothek durch Veraltung der Werke entwertet wird.

Beträgt auch der jährliche Fideikommißzuwachs nicht über 150 *M*, so tritt doch StPflicht ein, weil die Beträge der jährlichen Zuwendungen zusammenzurechnen sind.

c) FM. 5. 8. 98 III 11124: Ein Fideikommißbesitzer verwendet Versicherungsgelder zur Wiederherstellung von Gebäuden. Da

**Noch: Zu Tarifnummer 24.**

er diese Gelder dazu nach gesetzlicher Vorschrift verwenden mußte, liegt in der Ausführung der Verwendung keine fideikommiß-stpflichtige Zuwendung. Ev. könnte nur der Mehrwert, der dem Gute durch die die Versicherungssumme übersteigenden Aufwendungen zugeführt wird, zur Berechnung gezogen werden. Der Unterschied würde in der Weise zu ermitteln sein, daß zunächst festgestellt wird, welche Gebäude für die Versicherungssumme hätten errichtet werden können und um wieviel dadurch der Wert des Fideikommisses gegenüber dem Zustand ohne solche Gebäude erhöht sein würde, und daß alsdann geschätzt wird, um wieviel der Wert des Fideikommisses durch die tatsächlich von dem Fideikommißbesitzer ausgeführten Bauten zur Zeit ihrer Vollendung jenem Zustand gegenüber gestiegen sind. Vgl. RG. 22. 4. 03, ZBl. S. 234.

d) FM. 25. 10. 98, FM. 1. 11. 98 III 15006: Das zum Zweck der Melioration sowie behufs Vornahme von Reparaturen und Bewirkung von Ausstattungen, also für Zwecke, die das Fideikommißvermögen nicht vermehren, aufgenommene Darlehn von 120000 ℳ ist nur insoweit dem FideikommißSt. unterworfen, als dem Fideikommißvermögen ein Mehrwert zugefügt ist. Daß das Fideikommiß mit einer Schuld belastet ist, steht der StPflicht nicht entgegen.

**11.** Dagegen ist der FideikommißSt. in folgendem Fall nicht für erforderlich erklärt worden: Der jedesmalige Fideikommißbesitzer war zur Aufnahme eines amortisierbaren Darlehns von 100000 ℳ zu Bau- und Meliorationszwecken des Fideikommißguts stiftungsgemäß befugt: Der FideikommißSt. ist nicht fällig, weil diesem nur diejenigen beurkundeten Rechtsgeschäfte unterworfen sind, vermöge deren ein Gegenstand des allodialen Vermögens dem freien Verkehr entzogen und zum Gegenstande einer Fideikommißstiftung bestimmt wird; vorliegend handelte es sich aber nur um die Beurkundung eines Pfandbriefdarlehns, und die gewährten Pfandbriefe hatten nicht die Bestimmung, dauernde Bestandteile des Fideikommisses zu werden, sondern sollten als Allodialvermögen des Besitzers zum Besten des Fideikommisses verbraucht werden. RG. 16. 6. 99, JW. S. 548.

**12.** Wichtig ist die Frage, wie weit der Stempel vom Fideikommißzuwachs zu entrichten ist, wenn die den Zuwachs anordnende Urkunde vor Inkrafttreten des LStG. errichtet worden ist, der Zuwachs aber erst unter der Herrschaft des LStG. eintritt. Es handelt sich bei der preußischen Fideikommißsteuer um eine Urkundensteuer. Maßgebend ist daher der Zeitpunkt, zu welchem der Zuwachs angeordnet wurde. So kann z. B. in der Provinz Hannover, in welcher vor dem Inkrafttreten der Verordnung vom 19. 7. 1867 eine Fideikommißabgabe nicht bestand, ein Zuwachs nicht versteuert werden, der vorher urkundlich angeordnet ist.

**13.** Vgl. insbesondere die Ges. betreffend die erleichterte Umwandlung von Lehen in Fideikommisse v. 10. 6. 56, 4. 3. 67, 23. 7. 75, 19. 6. 76.

**14.** a) Ist das mit den Schulden belastete Vermögen der Stiftung gewidmet, so findet ein Abzug nicht statt; ist aber bei Errichtung einer Stiftung durch letztwillige Verfügung nach dem erkennbaren Willen des Stifters nur der reine Nachlaß der Stiftung gewidmet, sind also die Nachlaßschulden

| Lfd. Nr. | Gegenstand der Besteuerung | Steuersatz v. H. | ℳ | ₰ | Berechnung der Stempelabgabe |
|---|---|---|---|---|---|
| 25. | [1]**Gesellschaftsverträge,***) wenn sie betreffen: | | | | |
| | a) (1) die Errichtung | | | | |
| | 1. von Aktiengesellschaften oder Kommanditgesellschaften auf Aktien[2] sowie die Erhöhung[6] des Grundkapitals[3] solcher Gesellschaften in der Form von Verträgen oder Beschlüssen, wenn das Grundkapital beträgt | | | | |
| | nicht mehr als 5 000 000 ℳ . . . . . . . . . | 1 | — | — | des Grundkapitals oder des Betrages der Erhöhung dieses Kapitals;[10] |
| | mehr als 5 000 000 ℳ, aber nicht mehr als 10 000 000 ℳ . . . . . . . . . . | 1¼ | — | — | |
| | mehr als 10 000 000 ℳ . . . . . . . . . . | 1½ | — | — | |
| | 2. von Gesellschaften mit beschränkter Haftung[4] sowie die bei solchen Gesellschaften erfolgende Erhöhung[6] des Stammkapitals[5] und Einforderung von Nachschüssen[7] in der Form von Verträgen oder Beschlüssen, wenn das Stammkapital beträgt | | | | |

**Noch: Zu Tarifnummer 24.**

vorweg zu berichtigen, so sind sie bei der StBerechnung vom Werte des Nachlasses in Abzug zu bringen. Der Wille des Stifters ist aus der Stiftungsurkunde, bei Errichtung der Stiftung durch letztwillige Verfügung aus dieser zu entnehmen. In dem zur Entscheidung stehenden Falle hatte Frau A testamentarisch dem Frl. B eine lebenslängliche sicherzustellende Rente und an dem übrigen Vermögen ihrem Bruder den lebenslänglichen Nießbrauch zugewendet und sodann weiter gesagt: „dies vorausgeschickt bestimme ich mein Vermögen zu einer Familienstiftung". Das KG. hat in dem Beschluß v. 1. 12. 02 (Joh. Bd. 25 S. B 42) entschieden, daß die Rente als Schuld zu behandeln, die auf dem der Stiftung zugefallenen Nachlaß ruhe, daß also das Stiftungsvermögen, nicht um den Kapitalwert der darauf haftenden Rente gekürzt werden darf. Auch aus dem Gesichtspunkt einer etwaigen Doppelbesteuerung sei ein Abzug nicht zu rechtfertigen, weil das Stiftungsvermögen ohne Rücksicht auf etwaige Erbschaftssteuer zu verstempeln sei. Das Nießbrauchsrecht dagegen sei als ein den Wert der belasteten Sache mindernder Umstand bei der Wertermittelung zum Zwecke der StBerechnung zu berücksichtigen, und zwar auch in den Fällen, in denen ein Abzug der Schulden gesetzlich ausgeschlossen ist.

b) Im Fall der Umwandlung eines Lehngutes in ein Fideikommiß sind für Berechnung des St. die Vorschriften des Regulativs vom 3. 10. 68 maßgebend. FM. 14. 4. 98 u. 18. 4. 98 III 5487.

c) Für die Bewertung des Fideikommißvermögens ist weder AGO. § 13 II 6, noch die landwirtschaftliche Taxe maßgebend. RG. 2. 1. 00, JW. S. 142.

---

*) Die durch das RStG. v. 3. 7. 13 aufgehobenen Teile der Tarifstelle sind durch kleineren Druck gekennzeichnet. Im übrigen vgl. A. 1.

| Lfd. Nr. | Gegenstand der Besteuerung | Steuersatz v. H. | M | Pf | Berechnung der Stempelabgabe |
|---|---|---|---|---|---|
| (25.) | nicht mehr als 100 000 M . . . . . . . . | 1/4 | — | — | des Stammkapitals oder des Betrages der Erhöhung dieses Kapitals oder des Betrages der eingeforderten Nachschüsse. Bei Erhöhungen des Stammkapitals berechnet sich die Abgabe nach demjenigen Steuersatze, welcher dem Betrage des Stammkapitals unter Hinzurechnung des Betrages der Erhöhung entspricht. |
| | mehr als 100 000 M, aber nicht mehr als 300 000 M . . . . . . . . . . . . . . . | 1/2 | — | — | |
| | mehr als 300 000 M, aber nicht mehr als 500 000 M . . . . . . . . . . . . . . | 1 | — | — | |
| | mehr als 500 000 M . . . . . . . . . . . . | 1 1/2 | — | — | |
| | (2) Wenn aus der Zusammenrechnung des Grund- oder Stammkapitals und der Beträge späterer Erhöhungen sich höhere Steuersätze als die früher in Anwendung gebrachten ergeben, so sind die nach dieser Berechnung entstehenden Mehrbeträge der Stempelabgabe nachzuentrichten.[8] Die hiernach nachzuzahlenden Stempel sind zu dem die Pflicht zur Nachentrichtung begründenden Vertrag oder Beschlusse zu verwenden.[12] Die vor dem Inkrafttreten dieses Gesetzes beurkundeten Verträge oder Beschlüsse bleiben von dieser Vorschrift unberührt. | | | | |
| | (3) Wird das Kapital oder der Betrag der Nachschüsse nicht sofort voll eingezahlt,[9] so ist der Wertstempel von der jedesmaligen Teilzahlung zu entrichten.[6] | | | | |
| | LStV. § 11 C. AB. 23 Abs. 3; 62; Beil. 3 § 5. | | | | |
| | (4) Ermäßigung. Gesellschaften, die satzungsmäßig ausschließlich gemeinnützigen[11] Zwecken dienen und deren Satzung die an die Gesellschafter zu verteilende Dividende auf höchstens vier vom Hundert ihrer Anteile beschränkt, auch den Gesellschaftern bei der Auflösung der Gesellschaft nicht mehr als den Nennwert ihrer Anteile zusichert, den etwaigen Rest des Gesellschaftsvermögens aber für gemeinnützige Zwecke bestimmt . . . . . . . . . . . . . . . . . . | 2/10 | — | — | des Grund- oder Stammkapitals oder des Betrages der Erhöhung dieses Kapitals oder des Betrages der eingeforderten Nachschüsse. |
| | (5) Anmerkung.[12] Die vorstehenden Bestimmungen finden entsprechende Anwendung auf im Auslande geschlossene Gesellschaftsverträge, welche die Errichtung gleicher oder ähnlicher Gesellschaften zum Gegenstande haben, sofern die Gesellschaften ihren Sitz im Inlande nehmen oder im Inland eine Zweigniederlassung errichten. Dasselbe gilt bei Erhöhungen des Grund- oder Stammkapitals. Im Falle der Errichtung einer Zweigniederlassung berechnet sich der Stempel nach dem Werte des Anlage- und Betriebskapitals der inländischen Zweigniederlassung. Im Falle der Erhöhung des Grund- oder Stammkapitals berechnet sich der Stempel nach demjenigen Betrage, der zu dem Betrage der Erhöhung des Kapitals in demselben Verhältnisse steht wie der Wert des inländischen Anlage- und Betriebskapitals zu dem Werte des gesamten Anlage- und Betriebskapitals. Der Stempel wird nur erhoben, wenn | | | | |

| Lfd. Nr. | Gegenstand der Besteuerung | Steuersatz v. H. | Steuersatz M | Steuersatz Pf | Berechnung der Stempelabgabe |
|---|---|---|---|---|---|
| (25.) | die Eintragung in das Handelsregister erfolgt ist; auf die Einziehung des Stempels finden die Vorschriften des § 30 des Preußischen Gerichtskostengesetzes*) Anwendung.<br>LStV. § 2 Ziff. 1g, § 22 Ziff. 3.<br>AB. 62 Abs. 3. | | | | |
| | b) (1) die Errichtung<br>1. von offenen Handelsgesellschaften,[13] Kommanditgesellschaften und Kolonialgesellschaften, von Gesellschaften des bürgerlichen Rechtes, sofern diese Gesellschaften Erwerbszwecke verfolgen, und von Genossenschaften, deren Geschäftsbetrieb über den Kreis ihrer Mitglieder hinausgeht . . . . . . . . . . . . . . . . | $^1/_{20}$ | — | — | des Wertes der das Gesellschaftsvermögen bildenden Einlagen abzüglich der auf ihnen ruhenden Schulden.[14] |
| | mindestens aber . . . . . . . . . . . . . . | — | 20 | — | |
| | Gesellschaften des bürgerlichen Rechtes, welche lediglich vorübergehende Zwecke verfolgen (Gelegenheitsgesellschaften) . . . . . . . . . . | — | 10 | — | |
| | 2. von Gesellschaften des bürgerlichen Rechtes, welche andere als Erwerbszwecke verfolgen, und von Genossenschaften, deren Geschäftsbetrieb nicht über den Kreis ihrer Mitglieder hinausgeht . . . . . . . . . . . . . . . . .<br>LStV. § 2 Ziff. 1h. | — | 5 | — | |
| | (2) Anmerkung.<br>1. Den unter Ziffer 1 und 2 aufgeführten Verträgen steht die erstmalige Feststellung der Satzung (des Statutes) gleich. | | | | |

*) Der § 30 des PrGKG. v. 25. 7. 10 lautet:

**§ 30.** Eine Verwendung von Stempelmaterial findet bei den Gerichten nicht statt. Wenn Stempelabgaben neben den Gebühren zu erheben sind, werden sie nach den für Gerichtsgebühren geltenden Vorschriften eingezogen und auch sonst als Gerichtsgebühren behandelt. Die Vorschriften der §§ 1, 2, 7, 8, 12, 13, 16 Abs. 2, 19 Abs. 1 und 3, 20 bis 23, 25 bis 28 bleiben jedoch hinsichtlich der Stempelabgaben außer Anwendung. Über Beschwerden, welche die Festsetzung des für die Stempelberechnung maßgebenden Wertes oder den Ansatz von Stempelbeträgen betreffen, wird im Aufsichtsweg entschieden. Der Justizminister kann den Ansatz dieser Beträge in allen Fällen von Amts wegen berichtigen. Die Vorschriften über die Zulässigkeit des Rechtswegs werden durch die vorstehenden Bestimmungen nicht berührt. Bezüglich des Verfahrens bei der Beanstandung der im Falle einer Auflassung gemachten Wertangabe behält es bei den stempelgesetzlichen Vorschriften sein Bewenden. Soweit die Zollverwaltung nach stempelgesetzlichen Vorschriften befugt ist, die Rückerstattung von Stempelabgaben oder die Abstandnahme von der Einziehung derselben anzuordnen, steht diese Befugnis hinsichtlich der als Gerichtskosten zu erhebenden Stempelbeträge der Justizverwaltung zu.

Auf die nach stempelgesetzlichen Vorschriften zu stundenden Stempelbeträge finden die Bestimmungen des ersten Absatzes keine Anwendung. Diese Beträge werden durch die Behörden der Verwaltung der indirekten Steuern eingezogen.

| Lfd. Nr. | Gegenstand der Besteuerung | Steuersatz v. H. | Steuersatz ℳ | Steuersatz ₰ | Berechnung der Stempelabgabe |
|---|---|---|---|---|---|
| (25.) | | | | | des vorbezeichneten Wertes der Einlage des neuen Gesellschafters oder des Wertes, um den die Einlage erhöht wird, abzüglich der auf der Einlage ruhenden Schulden,[14] |
| | 2. Verträge über den Eintritt neuer Gesellschafter oder über die Erhöhung der Einlagen stehen den Verträgen über die Errichtung der Gesellschaften gleich.[13] Der Stempel beträgt . . . | 1/20 | — | — | |
| | mindestens aber . . . . . . . . . . . . . | — | 10 | — | |
| | 3. Die Anmerkung zum Buchstaben a findet entsprechende Anwendung.[15] AB. 6² Abs. 3. LStV. § 2 Ziff. 1g. | | | | |
| | c) (1) Das Einbringen[16–19] von nicht in Geld bestehendem Vermögen in eine Gesellschaft der unter a bezeichneten Art bei ihrer Errichtung oder in eine bereits bestehende Gesellschaft dieser Art, [20] insoweit zu dem eingebrachten Vermögen gehören: 1. im Inlande gelegene unbewegliche Sachen oder ihnen gleichgeachtete Rechte, 2. [21] Patentrechte, Gebrauchsmusterrechte und sonstige gewerbliche Schutzrechte sowie Urheberrechte aller Art, 3. Rechte aus Veräußerungsgeschäften der im Abs. 6 der Tarifstelle 32 bezeichneten Art über im Inlande gelegene unbewegliche Sachen oder ihnen gleichgeachtete Rechte,[22] 4. Rechte auf Auflassung von im Inlande gelegenen unbeweglichen Sachen oder ihnen gleichgeachteten Rechten[22] . . . . . | 1 | — | — | des Entgelts, einschließlich der auf der Einlage ruhenden, auf die Gesellschaft übergehenden Passiva[17] und des Wertes aller sonstigen ausbedungenen Leistungen und vorbehaltenen Nutzungen, oder, wenn das Entgelt aus dem Vertrage nicht hervorgeht, des Wertes des eingebrachten Vermögens; |
| | insoweit zu dem eingebrachten Vermögen außerhalb Landes gelegene unbewegliche Sachen | | | | |

| Lfd. Nr. | Gegenstand der Besteuerung | Steuersatz v. H. | Steuersatz M | Steuersatz Pf | Berechnung der Stempelabgabe |
|---|---|---|---|---|---|
| (25.) | und ebendaselbst befindliche bewegliche Sachen, welche Zubehör der ersteren sind, gehören . . | — | 3 | — | des Entgelts, einschließlich des Wertes der ausbedungenen Leistungen und vorbehaltenen Nutzungen, oder, wenn das Entgelt nicht aus dem Vertrage hervorgeht, des Wertes des eingebrachten Vermögens; |
| | insoweit das eingebrachte Vermögen aus sonstigen beweglichen Vermögensgegenständen besteht[23] . . . . . . . . . . . . . . . . . | 1/3 | — | — | |
| | insoweit das eingebrachte Vermögen aus anderen als den vorher bezeichneten Forderungsrechten besteht[24–26] . . . . . . . . . . . . . | 1/20 | — | — | des Wertes der Forderungen. |
| | (2) Befreit ist das Einbringen von Nachlaßgegenständen in eine ausschließlich von den Teilnehmern an einer Erbschaft gebildete Gesellschaft mit beschränkter Haftung.[27] Zu den Teilnehmern einer Erbschaft wird auch der überlebende Ehegatte gerechnet, welcher mit den Erben des verstorbenen Ehegatten gütergemeinschaftliches Vermögen zu teilen hat. | | | | |
| | d) Die Überlassung[28–29] <br> 1. (1) der Rechte an dem Gesellschaftsvermögen seitens eines Gesellschafters oder dessen Erben an einen anderen Gesellschafter, die Gesellschaft oder einen Dritten . . . . . . . . . . . . . | 2/10 | — | — | des Wertes der Gegenleistung oder, wenn eine solche in der Urkunde nicht enthalten ist, des Wertes der überlassenen Rechte; |
| | der Rechte an dem Gesellschaftsvermögen der unter b bezeichneten Gesellschaften . . . . . . | 1/20 | — | — | wie vor; |
| | (2) Befreit sind Verträge über Überlassung von Rechten an dem Gesellschaftsvermögen an Personen, welche nach den Vorschriften des Gesetzes, betreffend die Erbschaftssteuer, vom 30. Mai 1873*) / 19. Mai 1891 von der Zahlung der Erbschaftssteuer befreit sind; | | | | |

*) Die betreffenden Bestimmungen lauten:

Von der Erbschaftssteuer befreit ist:

2. jeder Anfall, welcher gelangt an:

a) Aszendenten,

b) Deszendenten, sofern dieselben aus gültigen Ehen abstammen oder legitimiert sind. Auch uneheliche Kinder haben von dem Nachlasse ihrer Mutter oder deren Aszendenten keine Erbschaftssteuer zu entrichten,

| Lfd. Nr. | Gegenstand der Besteuerung | Steuersatz v. H. | Steuersatz M | Steuersatz Pf | Berechnung der Stempelabgabe |
|---|---|---|---|---|---|
| (25.) | 2. (1) von Sachen oder Rechten seitens der Gesellschaft zum Sondereigentum an einen Gesellschafter oder dessen Erben,[30] insoweit zu dem überlassenen Gesellschaftsvermögen unbewegliche im Inlande gelegene Sachen oder ihnen gleichgeachtete Rechte oder Rechte der unter Buchstabe c Abs. 1 Ziffer 2 bis 4 bezeichneten Art gehören . . | 1 | — | — | des Entgelts, einschließlich des Wertes der ausbedungenen Leistungen und vorbehaltenen Nutzungen, oder, wenn das Entgelt nicht aus dem Vertrage hervorgeht, des Wertes der überlassenen Rechte, |
| | insoweit zu dem überlassenen Gesellschaftsvermögen außerhalb Landes gelegene unbewegliche Sachen und ebendaselbst befindliche bewegliche Sachen, welche Zubehör der ersteren sind, oder den unbeweglichen Sachen gleichgeachtete Rechte gehören . . . . . . . . . . | — | 3 | — | |
| | insoweit das überlassene Gesellschaftsvermögen aus beweglichen Vermögensgegenständen besteht | 1/3 | — | — | wie vor; |
| | insoweit das überlassene Gesellschaftsvermögen aus anderen als den vorher bezeichneten Forderungsrechten besteht . . . . . . . . . . . . | 1/20 | — | — | des Wertes der Forderungen. |
| | AB. 62 Abs. 4 u. 5. | | | | |
| | (2) Bei Berechnung des Stempels bleibt derjenige Teil der zum Sondereigentum überlassenen Vermögensgegenstände außer Betracht, welcher auf den erwerbenden Gesellschafter nach der Kopfzahl[31-32] der Gesellschafter entfällt. | | | | |
| | (3) Befreit ist die Rückgewähr der von einem Gesellschafter eingebrachten unbeweg- | | | | |

c) Ehegatten,

d) Personen, welche dem Hausstande des Erblassers angehört und in demselben in einem Dienstverhältnis gestanden haben, sofern der Anfall den Betrag von neunhundert Mark nicht übersteigt. Bei einem höheren Betrage ist die von dem ganzen Betrage zu berechnende Steuer nur soweit zu entrichten, als dieselbe aus dem die Summe von neunhundert Mark übersteigenden Betrage entnommen werden kann,

k) insoweit noch außerdem nach den bestehenden Bestimmungen subjektive Befreiungen vom Erbschaftsstempel, beziehungsweise von der Erbschaftsabgabe bestehen, welche nach den Landesgesetzen nur gegen Entschädigung aufgehoben werden können, oder auf besonderem landesherrlich verliehenen Privilegium beruhen, finden dieselben gleichmäßig auch auf die fernerhin zu entrichtende Erbschaftssteuer Anwendung.

| Lfd. Nr. | Gegenstand der Besteuerung | Steuersatz v. H. | M | Pf | Berechnung der Stempelabgabe |
|---|---|---|---|---|---|
| (25.) | lichen Sachen oder ihnen gleichgeachteten Rechte oder Rechte der unter Buchstaben c Abs. 1 Ziffer 2 bis 4 bezeichneten Art oder sonstigen beweglichen Vermögensgegenstände an diesen Gesellschafter oder dessen Erben oder dessen Ehefrau, welche mit ihm in Gütergemeinschaft gestanden hat. | | | | |
| | e) (1) [33–34] die erstmalige Feststellung der Satzung (des Statutes) | | | | |
| | 1. einer Gewerkschaft . . . . . . . . . . . . . . | — | 500 | — | |
| | Bei Gewerkschaften mit geringerem Vermögen oder, wenn sonstige Gründe die Anwendung eines geringeren Steuersatzes rechtfertigen, kann der Stempel bis auf . . . . . . . . . . . . | — | 100 | — | |
| | ermäßigt werden; | | | | |
| | AB. 63. | | | | |
| | 2. anderer als der unter Buchstaben b aufgeführten Gesellschaften, ferner der Körperschaften, Stiftungen, Vereine und Anstalten, soweit nicht nach den Bestimmungen dieser Tarifstelle ein höherer Stempel zu verwenden ist | — | 5 | — | |
| | (2) Befreit sind Kranken-, Unfall-, Alters- und Invaliditäts-Versicherungs- und Unterstützungskassen, denen die Versicherungsnehmer auf Grund gesetzlicher Bestimmungen beizutreten verpflichtet sind, und eingetragene Genossenschaften, welche die Gewinnverteilung ausgeschlossen haben. | | | | |
| | AB. 63. LStV. § 2 Ziff. 1 h. | | | | |

## Zu Tarifnummer 25.

**1.** T. 25 ist durch § 7 Abs. 1 RStG. v. 3. 7. 1913 mit Wirkung vom 1. 10. 1913 im wesentlichen aufgehoben worden. In Kraft bleibt nur die 1 %ige Abgabe

1. für das Einbringen
   a) von inländischen Grundstücken und Berechtigungen, für welche die sich auf Grundstücke beziehenden Vorschriften gelten,
   b) von Rechten aus Veräußerungsgeschäften der in Abs. 6 T. 32 bezeichneten Art über inländische Grundstücke und Berechtigungen, für welche die sich auf Grundstücke beziehenden Vorschriften gelten;
   c) von Rechten auf Auflassung inländischer Grundstücke und Berechtigungen, für welche die sich auf Grundstücke beziehenden Vorschriften gelten,

in eine inländische Aktiengesellschaft oder Kommanditgesellschaft auf Aktien oder Gesellschaft mit beschränkter Haftung (T. 25 c Abs. 1, 3 und 4),

2. für die Überlassung von Sachen oder Rechten seitens der Gesellschaft zum Sondereigentum an einen Gesellschafter oder dessen

**Noch: Zu Tarifnummer 25.**

Erben, insoweit zu dem überlassenen Gesellschaftsvermögen Grundstücke und Berechtigungen gehören, für welche die sich auf Grundstücke beziehenden Vorschriften gelten (enthalten in T. 25d 2 [1] Abs. 1 und 2).

Bestehen geblieben ist ferner m. E. der FestSt. von 3 *M* für die Überlassung außerhalb Landes gelegener unbeweglicher Sachen und ihnen gleichgeachteter Rechte (enthalten in T. 25d 2 [1] Abs. 3).

Brachvogel (DNotV. 13 S. 721) nimmt an, daß der 1%ige St. aus T. 25 allgemein aufrecht erhalten worden sei. Dem steht entgegen, daß § 7 RStG. wohl für die Fälle des Einbringens die Rechte aus Grundstücksveräußerungsgeschäften und die Auflassungsansprüche erwähnt, für die Fälle der Überlassung von Gesellschaftsvermögen zu Sondereigentum jedoch nur die Überlassung von Grundstücken und Berechtigungen nennt, für welche die sich auf Grundstücke beziehenden Vorschriften gelten.

Die Absicht des Gesetzes ist es allerdings nach der Begründung offenbar gewesen, den ImmobiliarwertSt. den Bundesstaaten im bisherigen Umfange zu erhalten, und es ist ein Grund für die verschiedenartige Behandlung des Einbringens und der Überlassung zu Sondereigentum nicht ersichtlich. Dem ist aber im Gesetz nicht Ausdruck gegeben. Denn es geht über den Rahmen zulässiger Gesetzesauslegung hinaus, mit Brachvogel den Satz 2 § 7 RStG. zu lesen: „soweit es sich um die Überlassung von im Inland gelegenen Grundstücken und Berechtigungen, für welche die sich auf Grundstücke beziehenden Vorschriften gelten, oder um Rechte der unter Buchstabe d Ziffer 3 und 4 bezeichneten Art handelt."

Große finanzielle Tragweite wird der Streitfrage nicht beizumessen sein. Wohl mit Rücksicht darauf haben die Preußischen Ausführungsvorschriften zum Reichsstempelgesetz vom 3. Juli 1913 Ziffer 2 (2) den St. für ausländische Grundstücke in T. 25d fallen lassen. Hinsichtlich des Überlassens der Rechte aus Grundstücksveräußerungsgeschäften und der Auflassungsansprüche ist die Stellung der Preußischen Verwaltung nicht klar zu ersehen, da nur der Wortlaut des § 7 wiedergegeben wird.

Mit Rücksicht darauf, daß die StSteuerämter bei ihren Prüfungen noch für längere Zeit mit den Bestimmungen des LStG. zu tun haben werden, auch die vorliegenden Bestimmungen die Grundlage des RStG. bilden, ist die ganze T. 25 wiedergegeben und erläutert worden. Der kleinere Druck kennzeichnet die aufgehobenen Stellen, wobei den pr. Ausführungsvorschriften Rechnung getragen ist.

**2.** Vgl. HGB. §§ 178ff., 200, 259; §§ 320ff.

**3.** Vgl. HGB. § 278.

**4.** Vgl. §§ 1ff. Ges. 20. 4. 92/20. 5. 98.

**5.** Vgl. § 53 Ges. 20. 4. 92/20. 5. 98.

**6.** Wenn die Errichtung des Gesellschaftsvertrages, sowie die Beurkundung über Kapitalserhöhungen und die Einforderung von Nachschüssen vor dem 1. Juli 1909 stattgefunden hat, die Teilzahlungen aber erst nach dem 30. Juni 1909 geleistet wurden, so sind für die Berechnung des WertSt. des Abs. 3 die erhöhten Sätze des neuen Gesetzes zugrunde zu legen, die StPflichtigkeit des Beschlusses ist nicht schon mit der Beurkundung, sondern erst mit der Entrichtung der zu versteuernden Einzahlung entstanden. RG. 26. 9. 11, JW. 11 S. 999, ZBl. S. 5ff. v. 12. Hat jedoch die Errichtung

**Noch: Zu Tarifnummer 25.**

des Gesellschaftsvertrages schon vor dem Inkrafttreten des LStG. v. 31. 7. 95 stattgefunden, so kommen die früheren StGesetze zur Anwendung. Im Bereich der Verordnung betr. die Erhebung der StSteuer in den Herzogtümern Schleswig und Holstein v. 7. 8. 67 (GS. S. 1277) ist nur der St. der T. „Verträge" von 15 Silbergroschen erforderlich. RG. 12. 11. 12, FM. v. 7. 1. 13 III 20843/12. Einzahlungen, die erst nach dem 1. 10. 13 erfolgen, unterliegen der Reichsabgabe. § 8 (2) RStG.

**7.** Unter Nachschüssen ist nicht jede beliebige, von den Gesellschaften an die Gesellschaft geleistete Zahlung zu verstehen, sondern nur solche Zahlungen, die als Nachschüsse im Sinne des Gesetzes vom 20. 4. 92/20. 5. 98 sich darstellen. Es ist indes nicht erforderlich, daß in dem Beschluß über die Nachzahlungen gerade der Ausdruck „Nachschüsse" gebraucht ist; es genügt vielmehr, wenn die eingeforderten Nachzahlungen ihrem Wesen nach den „Nachschüssen" des Ges. betr. die Gesellschaften m. b. H. entsprechen. RG. 18. 2. 13, ZBl. S. 143.

**8.** Für die Anwendung der, eine Nachversteuerung von Gesellschaftsverträgen und Erhöhungsbeschlüssen betreffenden Bestimmung im Abs. 2 der T. 25a LStG. in der Fassung der Novelle v. 26./30. 6. 09 sind die vor dem 1. 7. 09 steuerpflichtig gewordenen Gesellschaftsverträge und Beschlüsse außer Betracht zu lassen. Zur Bestimmung des Steuersatzes dürfen nur das Grund- oder Stammkapital und die Beträge derjenigen Erhöhungen zusammengerechnet werden, welche seit dem 1. 7. 09 Steuerpflicht erlangt haben. RG. v. 3. 5. 12, JW. S. 926[28], Entsch. Bd. 80 S. 9.

**9.** Vgl. § 195 Abs. 3 HGB., § 7 Abs. 2 Ges. 20. 4. 92/20. 5. 98.

**10.** Für die Beurkundung der Erhöhung des Grundkapitals von Aktiengesellschaften und Kommanditgesellschaften auf Aktien ist die Abgabe, abweichend von der für die Versteuerung der Erhöhung des Stammkapitals von Gesellschaften mit beschränkter Haftung gegebenen Vorschrift, nach dem Steuersatz zu berechnen, der dem Betrage des Grundkapitals unmittelbar vor der Erhöhung ohne Hinzurechnung des Betrages der beschlossenen Erhöhung entspricht.

**11.** Als gemeinnützigen Zwecken dienend, führt KB. 20 (09) Anstalten auf, die Sekundär- und Kleinbahnen, Kanäle, auch Badeanstalten zum Gegenstand haben.

**12.** a) Wenn eine ausländische Gesellschaft der in T. 25a oder b des Ges. bezeichneten Art, die vor dem Inkrafttreten der Novelle v. 30. 6. 09 durch einen im Ausland errichteten Vertrag begründet ist, ihren Sitz nach dem StInlande verlegt oder im StInland ein Zweiggeschäft errichtet, und dies erst nach dem 1. 7. 09 in das diesseitige Handelsregister eingetragen wird, so ist für den Gesellschaftsvertrag der St. der T. 25a oder b zu erheben. Die Bestimmung des § 34 (1) LStG. steht nicht entgegen, da der Vertrag erst durch die Eintragung in das preußische Handelsregister StPflichtigkeit erlangt. RG. Entsch. Bd. 79 S. 137, JM. v. 8. 1. 12, ZBl. S. 205, JMBl. S. 345. Vgl. A. 1 zu § 34.

b) Der Steuersatz bestimmt sich nach der Höhe des Grund- oder Stammkapitals der ausländischen Gesellschaft. RG. 22. 10. 12, Entsch. Bd. 80 S. 244, ZBl. S. 194.

**13.** a) Unter den „Gesellschaftsverträgen" sind, soweit offene Handelsgesellschaften in Frage kommen, solche Verträge zu verstehen,

**Noch: Zu Tarifnummer 25.**

welche das „Gesellschaftsverhältnis“ betreffen, d. h. die Errichtung, das Einbringen, Erhöhung der Einlage, Eintritt neuer Sozien, Ausscheiden einzelner Sozien bei Fortbestehen der Gesellschaft und Regelung des Verhältnisses der Sozien untereinander bei Auflösung der Gesellschaft. RG. 17. 11. 99, Entsch. Bd. 45 S. 222, ZBl. 00 S. 101. Jedoch ist hier nicht der Fall gemeint, daß jemand durch Abtretung eines Gesellschaftsanteiles neuer Gesellschafter wird. Wenn ein neuer Gesellschafter im Wege der Abtretung von Rechten am Gesellschaftsvermögen in die Gesellschaft eintritt, so ist vielmehr der unter Buchst. d Ziffer 1 Abs. 1 vorgesehene WertSt. erforderlich. Begr. S. 10, 11 (09).

b) Verträge über Errichtung einer stillen Gesellschaft fallen nicht unter die Tarifvorschrift. Sie unterliegen nur der Abgabe aus T. 71². RG. v. 21. 10. 13, ZBl. S. 24 v. 14.

**14.** In Höhe der Schulden liegt nicht etwa ein lästiges Veräußerungsgeschäft vor. Die Versteuerung des Gesellschaftsvertrages erfolgt nur nach T. 25 b.

**15.** Vgl. §§ 105, 130, 161, 173 HGB.

**16.** Vgl. §§ 186 Abs. 2, 320 Abs. 3, 322 HGB., § 7 Abs. 2 Ges. 20. 4. 92/20. 5. 98.

**17.** Unter Einbringen im Rechtssinne ist zwar nur die Übereignung gegen Gewährung von Gesellschaftsrechten zu verstehen. Wie aus Spalte „Berechnung der StAbgabe“ jedoch hervorgeht, ist für T. 25c das wirtschaftliche Moment ausschlaggebend. Handelt es sich nicht um eine reine Einbringung, sondern um ein mit der sog. Übernahme (Hingabe von Vermögenswerten gegen ein anderes Entgelt) gemischtes Geschäft, so ist deshalb das ganze Geschäft einheitlich lediglich nach T. 25c, nicht aber daneben zum Teil auch noch nach T. 32 zu versteuern. RG. 6. 5. 02, Entsch. Bd. 51 S. 391, 8. 2. 10, ZBl. S. 227, Entsch. Bd. 73 S. 121. Ein Beispiel: Bei Gründung der Gesellschaft A m. b. H. hat sich B mit einer Stammeinlage von 1625000 ℳ beteiligt; er bringt das Grundstück X. zum Werte von 2020000 ℳ ein; die darauf lastende Hypothek von 1200000 ℳ geht auf die neu gegründete Gesellschaft über, welche diese Hypothek als Selbstschuldnerin übernimmt; der Mehrwert von 820000 ℳ soll auf den Stammanteil des B verrechnet werden. Nach T. 25c sind 2020000 ℳ zu versteuern.

**18.** Die Voraussetzungen der T. 25c hat RG. 26. 6. 06, JW. S. 582 u. a. in folgendem Fall bejaht: Die Aktiengesellschaft A löst sich zum Zweck der Umwandlung in eine G. m. b. H. auf (§§ 80, 81 Ges. v. 20. 4. 92). Sämtliche Aktionäre gründen sodann die G. m. b. H. In dem Vertrage heißt es: Die Stammeinlagen sind durch Sacheinbringen voll eingezahlt, indem die Gesellschafter die ihrem Aktienbesitz entsprechenden Anteile an dem Vermögen der aufgelösten Gesellschaft, welche wiederum die Höhe der Stammeinlage jedes einzelnen Gesellschafters darstellen, in die Gesellschaft eingebracht haben.

**19.** Wird bei Umwandlung einer offenen Handelsgesellschaft in eine G. m. b. H. deren Stammkapital dadurch gedeckt, daß jeder der Gesellschafter seinen bilanzmäßig festgestellten Geschäftsanteil an der offenen Handelsgesellschaft in die G. m. b. H. einbringt, so bilden nicht die Geschäftsanteile der Gesellschafter den Gegenstand des Einbringens und damit der Versteuerung, sondern die einzelnen bisher zu dem Vermögen der offenen Handelsgesellschaft

**Noch: Zu Tarifnummer 25.**

gehörigen Vermögensstücke. Eine allgemeine Rechtsnachfolge findet nicht statt, das Vermögen geht vielmehr nur durch Übergabe, Auflassung und Abtretung der einzelnen Vermögensstücke und Rechte auf die neue Gesellschaft über. Die rechtlichen Träger der offenen Handelsgesellschaft, die keine selbständige Rechtsperson darstellt, sind natürliche Personen, nämlich die Gesellschafter, denen das Vermögen der Gesellschaft gemeinschaftlich zur gesamten Hand gehört. RG. 26. 4. 10, JW. S. 720.

**20.** Die T. 25c will die verschiedenen Arten der überhaupt durch Übertragung einbringbaren Vermögenswerte erschöpfen. Sie sind daher einer der Unterabteilungen der T. einzuordnen. Eine Lücke des Gesetzes besteht nicht. RG. 25. 4. 13, ZBl. S. 64 v. 14, JMBl. S. 444 v. 13.

**21.** a) Die Absicht des Gesetzgebers bei der Schaffung der Tarifvorschrift (1909) ging dahin, das Einbringen der sog. immateriellen Rechte, die zum Schaden anderer Personen oft unangemessen hoch bewertet werden, steuerlich kräftig zu erfassen. Gerade damit diese Rechte im weiteren Umfange von der erhöhten Abgabe getroffen werden, ist die allgemeine Fassung gewählt worden. FM. 13. 6. 13 III 6287.

b) Unter die Rechte der Ziff. 2 fallen deshalb z. B. Rechte aus einer Gebrauchsmusteranmeldung.

c) Ebenso ist der Steuersatz von 1% anwendbar, wenn die Mitausübung einer alleinigen und ausschließlichen Lizenzberechtigung für erteilte Patente für ein bestimmtes Lizenzgebiet und bis zu einer bestimmten Jahreserzeugung eingebracht wird. RG. 20. 6. 13, ZBl. S. 342.

d) Ausländische Patent- und Schutzrechte stehen den inländischen gleich.

**22.** a) Die Vorschrift soll eine Umgehung des ImmobiliarSt. dadurch verhüten, daß statt des Grundstücks der Anspruch auf Auflassung in die Gesellschaft eingebracht wird. Begr. S. 8 (09).

b) Übereinstimmend T. 32 Abs. 6. Vgl. das. A. 54.

**23.** Zu den „beweglichen Vermögensgegenständen" gehören auch:

Anteile an einer Gesellschaft mit beschränkter Haftung, RG. 25. 4. 13 bei Anm. 20;

Rechte aus Mutungen (das durch eine Mutung erworbene Recht ist das dingliche, absolute, dritte ausschließende Recht, die Verleihung des Bergwerkseigentums zu verlangen, RG. 8. 2. 10, Entsch. Bd. 73 S. 121);

Firmenrechte, RG. 28. 10. 10, JW. 11 S. 122.

**24.** a) Neben dem St. aus T. 25c ist der ReichsanschaffungsSt. aus T. 4a Abs. 2 RStG. zu erheben, wenn bei Errichtung einer Aktiengesellschaft ein Gründer sich verpflichtet, als Gegenleistung gegen seine nicht durch Barzahlung zu leistende Einlage Aktien der Gesellschaft zu übernehmen. Dasselbe gilt bei der Erhöhung des Aktienkapitals einer bestehenden Gesellschaft unter Ausgabe junger Aktien und Übernahme dieser Aktien durch einen Dritten. Wie das RG. mehrfach ausgesprochen, z. B. JW. 98 S. 80 Nr. 47, sind die rechtlichen Vorgänge bei der Ausreichung junger Aktien aus Anlaß einer Kapitalserhöhung nicht anders zu beurteilen, als diejenigen bei der Gründung einer Aktiengesellschaft. Auch im ersteren Falle waltet zwischen der Ausreichung der Aktien und der Sacheinlage kein Gegenseitigkeitsverhältnis ob, die Ausreichung der Aktien und die Sacheinlage

**Noch: Zu Tarifnummer 25.**

bilden nicht rechtlich die beiden Seiten eines entgeltlichen Veräußerungsgeschäfts, sondern sind wirtschaftlich miteinander verknüpft, aber rechtlich selbständige Geschäfte. Der landesgesetzlichen Besteuerung des Einbringungsgeschäfts steht also auch in diesem Falle das RStG. nicht entgegen. RG. 5. 1. 00 und 1. 2. 07.

b) Beispiele: Die Aktiengesellschaft L. bringt vertraglich in die Aktiengesellschaft M. inländische Grundstücke, inländische und ausländische Wertpapiere und sonstige Rechte ein. Als Gegenleistung erhält sie 6 Mille neuer Aktien der Gesellschaft M. Neben dem LandesSt. für das Einbringen der Grundstücke und sonstigen Rechte unterlag dem ReichsSt. aus T. 4a sowohl die Ausreichung der 6000000 ℳ junger Aktien (T. 4a Abs. 2) als auch das in der Einbringung der ausländischen Wertpapiere liegende Anschaffungsgeschäft (T. 4a Abs. 1). Vgl. RG. 27. 5. 02, Bd. 51 S. 351; ferner 6. 4. 06 VII 356/05 u. RG. 1. 2. 07.

c) Als Verträge, welche das Einbringen in eine Aktiengesellschaft zum Gegenstand haben, sind auch die Verträge über Verschmelzung von Aktiengesellschaften anzusehen. (§§ 306, 304 HGB.) RG. 10. 12. 07, JW. S. 85 v. 08 u. 26. 3. 09, JW. S. 329. Für die Berechnung des St. ist maßgebend das zur Zeit der Eintragung in das Handelsregister vorhandene Vermögen nach seinen einzelnen Bestandteilen. Denn beim Verschmelzungsvertrage ist der Wille der Vertragschließenden nicht auf die Übertragung der einzelnen zum Gesellschaftsvermögen gehörigen Stücke gerichtet, sondern auf die Übertragung des Vermögens, einschließlich der Schulden, als eines Ganzen in dem Zustand, in dem es sich zur Zeit der Vollendung der Verschmelzung, also der Eintragung in das Handelsregister, befinden wird. Es bedarf daher nicht der Aufführung der einzelnen Vermögensbestandteile im Verschmelzungsvertrage; und es ist ohne Einfluß auf die StPflicht, daß die aufzunehmende Gesellschaft in der Zeit zwischen Verschmelzungsvertrag und Eintragung in das Handelsregister ihr gehöriges Vermögen veräußert oder neues hinzuerwirbt. RG. 27. 9. 12, ZBl. S. 385.

**25.** Deckt sich der Wert des Einbringens nicht mit dem Entgelt, so ist der Mehrbetrag des letzteren, wenn § 10 Abs. 1 d. Ges. nicht entgegensteht, anteilig auf die Einbringungsgegenstände zu verteilen. Dabei ist jedoch zu prüfen, ob die Einbringungswerte eine Erhöhung zulassen. Das muß z. B. bei Geldforderungen (Sparkassenguthaben!) verneint werden, denn deren Wert wird durch ihre ziffernmäßige Höhe begrenzt. Das RG. 14. 3. 11, JW. S. 495 will den Mehrbetrag beim Einbringen eines Bankgeschäfts auf den „dauernden geschäftlichen Organismus und die ihm anhaftende Kundschaft" beziehen und mit $^1/_3$ % versteuern. Die Verteilung auf die Einbringungsgegenstände entspricht einer weitverbreiteten Verwaltungsübung.

**26.** Falls bei der Auflassung eine Urkunde i. S. der Vorschrift unter c vorgelegt wird, fällt der AuflassungsSt. fort. 8. KS. S. 2.

**27.** Zur Anwendung dieser Vorschrift genügt nicht, daß die in eine Gesellschaft m. b. H. eingebrachten Gegenstände aus einem Nachlaß oder gütergemeinschaftlichen Vermögen herrühren, dieselben müssen vielmehr noch zur Zeit des Einbringens die Eigenschaft von Nachlaßgegenständen haben. Dagegen erfordert diese Vorschrift nicht, daß sich sämtliche Teilnehmer an einer Erbschaft bzw. Gütergemeinschaft an der Bildung der

**Noch: Zu Tarifnummer 25.**

Gesellschaft beteiligen. Es kann daher die Bildung der Gesellschaft mit der Teilung des Nachlasses oder der Gütergemeinschaftsmasse Hand in Hand gehen. RG. 9. 7. 01, JW. S. 667.

**28.** Der Unterschied zwischen T. 25d Ziffer 1 und 2 besteht darin, daß nach Ziffer 1 die Überlassung von „Rechten am Gesellschaftsvermögen" (gesellschaftlichen Anteilen) versteuert wird, nach Ziffer 2 die Überlassung von „Gegenständen des Gesellschaftsvermögens" (s. den Inhalt der T.). Weinbach, RStG., II. Auflage S. 346. Der Hauptfall nach Ziffer 1 ist die Abtretung eines Geschäftsanteils durch den Gesellschafter einer G. m. b. H. (notarieller oder gerichtlicher Vertrag §§ 15, 17 G. m. b. HG.), der Hauptfall nach Ziffer 2 die Übernahme einer offenen Handelsgesellschaft mit Aktiven und Passiven durch einen Gesellschafter unter Abfindung der übrigen.

**29.** Die frühere Streitfrage, ob T. 25d Abs. 2 auf die Auflösung einer aus zwei Gesellschaftern bestehenden offenen Handelsgesellschaft anzuwenden sei, ist vom Reichsgericht in ständiger Rechtsprechung bejaht worden. RG. 24.11.99, Entsch. Bd. 45 S. 218, ZBl. S. 101 v. 00.

**30.** Wenn das für die Überlassung vereinbarte Entgelt in seinem Gesamtbetrage aus dem Vertrage nicht hervorgeht, ist der ProzentSt. nicht von dem für die Überlassung des Gesellschaftsvermögens gewährten Entgelt, sondern von dem Werte der überlassenen Sachen, Rechte und Forderungen zu berechnen. Eine ausbedungene Leistung ist auch die Übernahme der Gesellschaftsschulden, da aus ihr die Verpflichtung folgt, den andern Teil von der Haftung für diese zu befreien. RG. 27. 9. 10, FM. 28. 11. 10 III 21617.

**31.** Der Vorteil der Tarifvorschrift wird für Grundstücke dadurch wieder hinfällig gemacht, daß bei der Auflassung nach T. 8 Abs. 4 (4) ein gemäß T. 25d versteuerter Vertrag den AuflassungsSt. nur insoweit ausschließt, als der St. von 1 v. H. zum Vertrage erhoben worden ist. Vgl. A. 20 zu T. 8, Begr. S. 11 (09).

**32.** a) Die StBerechnung für T. 25d Z. 2 zeigt sich am besten an Beispielen. Zugrunde gelegt werden möge die Auflösung einer aus zwei Gesellschaftern bestehenden offenen Handelsgesellschaft nach einer im Auflösungsvertrage in Bezug genommenen Bilanz, wie es der geschäftlichen Übung entspricht. Dabei sei vorausgeschickt, daß sich zu der Abänderung der Novelle von 1909 in Abs. 2 der genannten Tarifvorschrift eine feste Verwaltungsübung noch nicht gebildet hat, mir auch höchstgerichtliche Entscheidungen bisher nicht bekannt geworden sind.

| I. Aktiva: | | Passiva: | |
|---|---|---|---|
| Grundstück | 75000 M | Hypotheken | 25000 M |
| Inventar | 4500 " | Geschäftsschulden | 8200 " |
| Warenlager | 62400 " | Kapitalanleihe: | |
| Kassenbestand | 1152 " | des Gesellschafters A | 127426 " |
| Forderungen | 145000 " | " " B | 127426 " |
| | 288052 M | | 288052 M |

A scheidet mit seinem Kapitalanteil von 127426 M aus. B führt das Geschäft mit Aktiven und Passiven weiter. Die Gegenleistungen des B (s. Spalte: Berechnung der StAbgabe zu der T.):

**Noch: Zu Tarifnummer 25.**

| | |
|---|---|
| Übernahme der halben Schulden . . . . . . . . | 16600 ℳ |
| Auszahlung des Geschäftsanteils . . . . . . . . | 127426 „ |
| | 144026 ℳ |

Da dieser Betrag bei der Gleichheit der Kapitalanteile der Hälfte der Aktiven (der seitens der Gesellschaft zum Sondereigentum an den Gesellschafter B überlassenen Gegenstände) entspricht, so ist der Vorschrift in Absatz 2 T. 25 d Z. 2 genügt, wenn dieser Betrag der StBerechnung zugrunde gelegt wird.

Es ergibt sich folgende Abgabe:

| | | |
|---|---|---|
| a) 1 v. H. von | 37500 ℳ | |
| b) $^1/_3$ v. H. von | 34026 „ | (Inventar, Warenlager, Kassenbestand) |
| c) $^1/_{20}$ v. H. von | 72500 „ | |
| | 144026 ℳ | |

Hervorzuheben ist, daß die Befreiungsvorschrift T. 32 (10) auf T. 25 nicht anzuwenden ist. Eine verbreitete Verwaltungsübung scheidet bei der Versteuerung den Kassenbestand überhaupt aus, da T. 25c ausdrücklich auf das Einbringen von nicht in Geld bestehendem Vermögen beschränkt und kein Grund für eine andere Regelung beim Überlassen des Gesellschaftsvermögens ersichtlich ist.

II.

| Aktiva: | | Passiva: | |
|---|---|---|---|
| Grundstücke . . . | 75000 ℳ | Hypotheken . . . . | 25000 ℳ |
| Inventar . . . . | 4500 „ | Geschäftsschulden . . | 8200 „ |
| Warenlager . . . | 62400 „ | Kapitalanteile: | |
| Kassenbestand . . . | 1152 „ | des Gesellschafters A . | 100000 „ |
| Forderungen . . . | 145000 „ | „ „ B . | 154852 „ |
| | 288052 ℳ | | 288052 ℳ |

A scheidet mit seinem Kapitalanteil von 100000 ℳ aus. Die Gegenleistungen des B betragen:

| | |
|---|---|
| Übernahme der halben Schulden . . . . . . . . | 16600 ℳ |
| Auszahlung des Kapitalanteils von . . . . . . | 100000 „ |
| | zus. 116600 ℳ |

Dem stehen gegenüber 144026 ℳ Aktiva T. 25 d Ziffer 2 (2). Die Gegenleistung ist auf Grundstücke, Inventar, Warenlager, sowie Forderungen zu verteilen. Das Bargeld von 576 ℳ kann an der Verteilung nicht teilnehmen, da es einen festen Wert hat. Bei der StBerechnung tritt es dem auf die beweglichen Sachen entfallenden Betrage wieder hinzu.

Eine verbreitete Verwaltungsübung behandelt auch die „Forderungen" als unbeweglichen Aktivposten.

III.

| Aktiva: | | Passiva: | |
|---|---|---|---|
| Grundstücke . . . | 75000 ℳ | Hypotheken . . . . | 25000 ℳ |
| Inventar . . . . | 4500 „ | Geschäftsschulden . . | 8200 „ |
| Warenlager . . . | 62400 „ | Kapitalanteile: | |
| Kassenbestand . . . | 1152 „ | des Gesellschafters A . | 100000 „ |
| Forderungen . . . | 145000 „ | „ „ B . | 154852 „ |
| | 288052 ℳ | | 288052 ℳ |

**Noch: Zu Tarifnummer 25.**

B scheidet mit seinem Kapitalanteil von 154852 ℳ aus. Die Gegenleistungen des A betragen:

| | |
|---|---|
| Übernahme der halben Schulden . . . . . . . . | 16600 ℳ |
| Auszahlung des Kapitalanteils von . . . . . . | 154852 „ |
| | 171452 ℳ |

Dem stehen gegenüber wieder 144026 ℳ Aktiva. Die Gegenleistung ist auf Grundstücke, Inventar und Warenlager zu verteilen, nachdem auf beiden Seiten Bargeld und die Forderungen abgesetzt worden sind, da das erstere einen festen Wert hat, die letzteren jedenfalls eine Höherbewertung nicht zulassen. S. RG. bei Anm. 25. Für die StBerechnung tritt das bare Geld dem Posten beweglicher Sachen hinzu. Die Forderungen sind für sich mit 72500 ℳ nach $^1/_{20}$ % zu versteuern.

IV.

| Aktiva: | | Passiva: | |
|---|---|---|---|
| Grundstücke . . . | 75000 ℳ | Hypotheken . . . | 25000 ℳ |
| Inventar . . . . | 4500 „ | Geschäftsschulden . . | 8200 „ |
| Warenlager . . . | 62400 „ | Kapitalanteile: | |
| Kassenbestand . . . | 1152 „ | des Gesellschafters A. | 127426 „ |
| Forderungen . . . | 145000 „ | „ „ B. | 127426 „ |
| | 288052 ℳ | | 288052 ℳ |

A scheidet aus und erhält neben seinem Kapitalanteil von 127426 ℳ noch eine Abfindung von 10000 ℳ. Die Gegenleistung des B besteht also in:

| | |
|---|---|
| Übernahme der halben Schulden . . . . . . . . | 16600 ℳ |
| Zahlung von . . . . . 127426 + 10000 = | 137426 „ |
| | 154026 ℳ |

Dem stehen wieder 144026 ℳ Aktiva gegenüber. Nachdem auf beiden Seiten 576 ℳ Bargeld und 72500 ℳ Forderungen gekürzt sind, wird der Rest auf Grundstücke, Inventar und Warenlager verteilt. Der Posten von 576 ℳ tritt zur StBerechnung wieder den beweglichen Sachen hinzu. Die Forderungen sind nach ihrem Wert von 72500 ℳ mit $^1/_{20}$ v. H. zu versteuern.

Mirre, DNotV. 1911 S. 399, insbes. S. 408 sieht in der besonderen Abfindung das Entgelt für das „Geschäft" und berechnet nach entsprechender Berichtigung der Bilanz einen St. von $^1/_3$ % für diesen Posten. Vgl. A. 25. Mit der hier aufgestellten Berechnung wohl übereinstimmend Weinbach RStG. II. Aufl. S. 359f. Bei Mirre und Weinbach a. a. O. weitere Beispiele.

b) Die Sondervorschriften zu 25d Ziff. 2 (2) und (3) greifen auch Platz, wenn Grundbesitz der Gesellschaft einem der bisherigen Gesellschafter in der zum Zwecke der Liquidation vorgenommenen Versteigerung durch den Liquidator der Gesellschaft zugeschlagen wird. $\frac{\text{JM. 28. 2. 02 I 1525.}}{\text{FM. 11. 3. 02 III 3144.}}$

c) Setzen sich die Gesellschafter über Grundstücke auseinander, die zwar als Gesellschaftseigentum gelten, rechtlich jedoch einem der Gesellschafter oder beiden gemeinschaftlich gehören, so ist T. 25d nicht anzuwenden. Vielmehr liegt ein Veräußerungsgeschäft vor, das nach T. 32 zu versteuern ist. RG. 5. 11. 09 ZBl. 10 S. 164. Hiervon zu unterscheiden ist der Fall, daß der Gesellschaft der Auflassungsanspruch rechtsgültig zustand. Dann kommt T. 25d Ziff. 2 (1) Abs. 2 zur Anwendung.

| Lfd. Nr. | Gegenstand der Besteuerung | Steuersatz v. H. | Steuersatz M | Steuersatz ₰ | Berechnung der Stempelabgabe |
|---|---|---|---|---|---|
| 26. | **Gewerbelegitimationskarten** [1–5] (§ 44a der Reichsgewerbeordnung)*) . . . . . . . . . . . AB. 9 Abs. 5; 19; 64. | — | 1 | — | |
| 27. | **Gnadenerweise,** s. Standeserhöhungen. | | | | |

**Noch: Zu Tarifnummer 25.**

**33.** Vgl. BGB. §§ 25, 705, BergGes. §§ 94ff., Genossenschaftsges. §§ 1, 2, 5.

**34.** Alle Satzungen der in T. 25e Abs. 1 Ziff. 2 bezeichneten Art, nicht nur die in der Form von Verträgen oder Beschlüssen errichteten Statuten unterliegen, sofern nicht etwa persönliche StBefreiungen Platz greifen, dem St. von 5 M, wenn sie von den zuständigen Organen (Vorstandsmitgliedern usw.) unterschrieben sind, und, falls eine Genehmigung erforderlich ist, diese erteilt ist. FM. 1. 6. 11 III 9506.

## Zu Tarifnummer 26.

**1.** Auf die in den bestehenden Zollvereins- und Handelsverträgen vorgesehenen Legitimationskarten findet die Tarifstelle keine Anwendung. Mot. S. 42.

**2.** Der AusfertigungsSt. wird neben T. 26 nicht außerdem erhoben. 9. KS. S. 2. — Vgl. auch A. 510 zu T. 77.

**3.** Hausiergewerbescheine sollen durch den St. nicht getroffen werden. KB. S. 49.

**4.** Diesen St. erfordern auch diejenigen Gewerbelegitimationskarten, die gemäß Art. 2 der am 2. 4. 03 in Kraft getretenen Vereinbarung zwischen dem Deutschen Reiche und Frankreich über die gegenseitige Behandlung der Handlungsreisenden v. 2. 7. 02 (RGBl. 03 S. 47) nach dem dieser Vereinbarung beigefügten Muster erteilt werden. Die Versteuerung hat durch Verwendung abgestempelter von den Steuerbehörden zu beziehender Formulare zu erfolgen. FM. 23. 5. 03 III 6882, ZBl. S. 183.

**5.** Wandergewerbescheine sind stfrei. FM. 31. 3. 99 III 4216.

---

*) Die betreffende Bestimmung der GewO. lautet:

**§ 44a Abs. 1 u. 6 Satz 1.** Wer in Gemäßheit des § 44 Warenbestellungen aufsucht oder Waren aufkauft, bedarf hierzu einer Legitimationskarte, welche auf den Antrag des Inhabers des stehenden Gewerbebetriebs von der für dessen Niederlassungsort zuständigen Verwaltungsbehörde für die Dauer des Kalenderjahrs und den Umfang des Reichs ausgestellt wird. Die Legitimationskarte enthält den Namen des Inhabers derselben, den Namen der Person oder der Firma, in deren Diensten er handelt, und die nähere Bezeichnung des Gewerbebetriebs.

Einer Legitimationskarte bedürfen diejenigen Gewerbetreibenden nicht, welche durch die in den Zollvereins- oder Handelsverträgen vorgesehene Gewerbelegitimationskarte bereits legitimiert sind.

| Lfd. Nr. | Gegenstand der Besteuerung | Steuersatz v. H. | Steuersatz ℳ | Steuersatz ₰ | Berechnung der Stempelabgabe |
|---|---|---|---|---|---|
| 28. | **Heiratsgenehmigungen** für Beamte und Militärpersonen[1] . . . . . . . . . . . . . frei | | | | |
| 29. | **Hingabe an Zahlungs Statt**, Verträge darüber, s. Kaufverträge. | | | | |
| 30. | **Inventarien**, welche zum Gebrauche bei stempelpflichtigen Urkunden dienen[1–4] . . . | — | 3 | — | |
| | LStV. § 2 Ziff. 1a. | | | | |
| 31. | (1) **Jagdscheine** | | | | |
| | für den Jahresjagdschein . . . . . . . . . . | — | 7 | 50 | |
| | „ „ Tagesjagdschein . . . . . . . . . . | — | 1 | 50 | |
| | „ „ Jahresjagdschein an Personen, welche weder Angehörige eines deutschen Bundesstaates sind, noch in Preußen einen Wohnsitz oder einen Grundbesitz mit einem Grundsteuerreinertrage von 150 ℳ haben . . . . . . . . . . . . . . | — | 50 | — | |
| | „ „ Tagesjagdschein an solche Personen | — | 10 | — | |
| | Nach näherer Anweisung des Finanzministers kann jedoch auch für diese Personen der Stempelsteuersatz für Jahres- und Tagesjagdscheine bis auf den Satz für Inländer ermäßigt werden. | | | | |
| | AB. 9 Abs. 5, 6; 19; 65. | | | | |
| | (2) Befreit sind Jagdscheine für die auf Grund des § 23 des Forstdiebstahlgesetzes vom 15. April 1878 (Gesetzsamml. S. 222)*) beeidigten, sowie diejenigen Personen, welche sich in der für den Staatsforstdienst vorgeschriebenen Ausbildung befinden.[1] | | | | |

**Zu Tarifnummer 28.**

1. Art. 42 AG.BGB., §§ 40, 60 Ziff. 4 ReichsMilGes. v. 2. 5. 74.

---

*) Die betreffende Bestimmung lautet:

**§ 23.** Personen, welche mit dem Forstschutze betraut sind, können, sofern dieselben eine Anzeigegebühr nicht empfangen, ein- für allemal gerichtlich beeidigt werden, wenn sie

1. Königliche Beamte sind, oder
2. vom Waldeigentümer auf Lebenszeit, oder nach einer vom Landrat (Amtshauptmann, Oberamtmann) bescheinigten dreijährigen tadellosen Forstdienstzeit auf mindestens drei Jahre mittels schriftlichen Vertrages angestellt sind, oder

## Zu Tarifnummer 30.

**1.** Vgl. Art. 108 PFG.

**2.** Inventarien sind Verzeichnisse aller zu einem Inbegriff gehörigen Gegenstände (§ 104 ALR. I 2), seien es Sachgesamtheiten (Warenlager) oder Rechtsgesamtheiten (Nachlaß). Ein Inventar im Sinne der Tarifstelle ist jedoch nicht schon anzunehmen, wenn eine Reihe von Gegenständen, z. B. Möbel, in einem Verzeichnis aufgeführt werden, ohne daß ihre Zusammengehörigkeit zu einem einheitlichen Zweck (Wohnungseinrichtung) irgendwie urkundlich zum Ausdruck kommt. (S. HSp. S. 714/5.)

**3.** Die Unterschrift ist nicht erforderlich. Wird jedoch ein nicht unterschriebenes Inventar einem Notariatsprotokoll als Anlage beigefügt, so ist es stfrei, da T. 30 voraussetzt, daß Inventar und die Urkunde, zu deren Gebrauch das Inventar dient, zwei verschiedene Urkunden sind. Das Inventar ist hier aber keine an sich selbständige Urkunde, sondern bildet nach § 176 Abs. 2 FG. einen Teil des Protokolls. Endlich ist auch nach § 10 Abs. 3 LStG. das als Teil des notariellen Protokolls anzusehende Inventar keinem SonderSt. unterworfen. — Ebenso FM. 10. 8. 07 III 14306. KG. 20. 4. 03, Joh. Bd. 26 S. B 40.

**4.** Die gemäß § 124 KO. zu den Konkursakten eingereichten Inventare unterliegen, solange sie nicht zu stpflichtigen Urkunden gebraucht werden, einem St. nicht.

## Zu Tarifnummer 31.

**1.** Die Befreiung von der Jagdscheinabgabe steht nach § 33 der Jagdordnung v. 15. 7. 07 (§ 5 des Jagdscheingeſ. v. 31. 7. 95) den auf Grund des § 23 des Forstdiebstahlges. v. 15. 4. 78 beeideten Personen zu; nach letzterer Gesetzesstelle können aber nur solche Personen beeidigt werden, welche mit dem Forstschutz betraut sind. Als notwendige Voraussetzung für die Befreiung ist daher die Betrauung mit dem Forstschutz anzusehen. Wie in der Ausführungsanweisung v. 15. 7. 07 zur Jagdordnung unter Nr. 25 Ziff. III ausgesprochen ist, erlischt die Befugnis zur Führung eines unentgeltlichen Jagdscheins, sobald die Voraussetzungen der Befreiung aufhören. Hiermit steht nicht im Widerspruch der Erlaß des Herrn Min. für Landw., Domänen und Forsten v. 5. 2. 96 III 17336/I. B 745, nach welchem Personen, auch wenn sie als Mitglied der Regierung in eine höhere Dienststellung als diejenige eines Forstschutzbeamten oder Oberförsters gelangen, im Genusse der Berechtigung auf Erlangung eines unentgeltlichen Jagdscheins bleiben, da die Wahrnehmung des Forstschutzes zum Geschäftsbereich der Kgl. Regierungen gehört und auch die Forsträte und Oberforstmeister in die Lage kommen können, den Forstschutz praktisch auszuüben. Insofern aber ein Beamter aus dem Forstschutzdienste ausscheidet, um das Amt eines Forstkassenrendanten zu übernehmen, womit

---

3. zu den für den Forstdienst bestimmten oder mit Forstversorgungsschein entlassenen Militarpersonen gehoren.

In den Fällen der No. 2 und 3 ist die Genehmigung des Bezirksrats erforderlich. In denjenigen Landesteilen, in welchen das Gesetz vom 26. Juli 1876 (GS. S. 297) nicht gilt, tritt an die Stelle des Bezirksrats die Regierung (Landdrostei).

| Lfd. Nr. | Gegenstand der Besteuerung | Steuersatz v. H. | ℳ | ₰ | Berechnung der Stempelabgabe |
|---|---|---|---|---|---|
| 32. | (1)[1] **Kauf- und Tauschverträge**[2–11] und andere lästige Veräußerungsgeschäfte[12–16] enthaltende Verträge einschließlich der gerichtlichen Zwangsversteigerungen, insoweit nicht besondere Tarifstellen[17] zur Anwendung kommen, wenn sie betreffen: | | | | |
| | a) im Inlande gelegene unbewegliche Sachen[18–22] oder ihnen gleichgeachtete Rechte[23–24] . . . . . . . . . . . . . . . | 1 | — | — | bei Kauf- und Lieferungsverträgen vom Kauf- oder Lieferungspreis unter Hinzurechnung des Wertes der ausbedungenen Leistungen[31–32] und vorbehaltenen Nutzungen;[33] bei anderen Verträgen vom Gesamtwerte der Gegenleistung unter Hinzurechnung des Wertes der vorbehaltenen Nutzungen oder, wenn der Wert der Gegenleistung aus dem Vertrage nicht hervorgeht, von dem Werte des veräußerten Gegenstandes;[34–36] |
| | b) außerhalb Landes gelegene unbewegliche Sachen und ebendaselbst befindliche bewegliche Sachen, insoweit sie Zubehör der ersteren sind[25] und mit diesen zusammen veräußert werden . . . . . . . . . . . . | — | 3 | — | |
| | c) andere Gegenstände aller Art,[26–29] falls die Verträge nicht auf Grund der Tarifnummer 4 des Reichsstempelgesetzes der Reichsstempelabgabe unterliegen oder von ihr befreit sind*)[30] . . . . . . . . . | $1/3$ | — | — | wie vor. |

**Noch: Zu Tarifnummer 30.**

eine Voraussetzung der Beeidigung, nämlich der Auftrag zur Ausübung des Forstschutzes, fortfällt, verliert er seinen Anspruch auf einen unentgeltlichen Jagdschein; er steht in dieser Hinsicht den verabschiedeten Forstschutzbeamten gleich, welche auch keinen Anspruch auf die Befreiung mehr haben. FM. 9. 2. 10 III 2359.

*) Die betreffenden Bestimmungen des Tarifs zum RStG. v. 3. 7. 13 lauten:

Kauf- und sonstige Anschaffungsgeschäfte.

4. a) Kauf- und sonstige Anschaffungsgeschäfte über:

1. Wertpapiere der unter 2a, 2b und 3 des Tarifs bezeichneten Art — $^{2}/_{10}$‰
2. Anteile von bergrechtlichen Gewerkschaften oder die darüber ausgestellten Urkunden (Kuxscheine, Bezugsscheine, Abtretungsscheine) — 1‰
3. inländische und ausländische Aktien und Aktienanteilscheine, Reichsbankanteilscheine, Anteilscheine von deutschen Kolonialgesellschaften und ihnen gleichgestellten deutschen Gesellschaften, Interimsscheine über Einzahlungen auf diese Wertpapiere, Wertpapiere der unter 2c des Tarifs bezeichneten Art und Genußscheine — $^{3}/_{10}$‰
4. ausländische Banknoten, ausländisches Papiergeld, ausländische Geldsorten — $^{2}/_{10}$‰

Den Kauf- und sonstigen Anschaffungsgeschäften steht gleich die bei Errichtung einer Aktiengesellschaft, einer Kommanditgesellschaft auf Aktien, einer Kolonialgesellschaft oder einer dieser gleichgestellten Gesellschaft erfolgende Zuteilung der Aktien oder Anteilscheine auf Grund vorhergehender Zeichnung, die bei Errichtung einer Aktiengesellschaft oder Kolonialgesellschaft oder einer dieser gleichgestellten Gesellschaft stattfindende Übernahme der Aktien oder Anteilscheine durch die Gründer und die Ausreichung von Wertpapieren an den ersten Erwerber.

b) Kauf- und sonstige Anschaffungsgeschäfte, welche unter Zugrundelegung von Usancen einer Börse geschlossen werden (Loko-, Zeit-, Fix-, Termin-, Prämien- usw. Geschäfte), über Mengen von Waren, die börsenmäßig gehandelt werden — $^{4}/_{10}$‰

Als börsenmäßig gehandelt gelten diejenigen Waren, für welche an der Börse, deren Usancen für das Geschäft maßgebend sind, Terminpreise notiert werden, und bei Waren, in denen der Börsenterminhandel untersagt ist, diejenigen, für welche an der in Betracht kommenden Börse Preise für Zeitgeschäfte notiert werden.

vom Werte des Gegenstandes des Geschäfts, und zwar in Abstufungen von

zu 4a 1 : 0,20 Mark,
„ 4a 2 : 1,00 „
„ 4a 3 : 0,30 „
„ 4a 4 : 0,20 „
„ 4b : 0,40 „

für je 1000 Mark oder einen Bruchteil dieses Betrags. Bei Berechnung der Abgabe im einzelnen Falle sind mindestens 10 Pfennig in Ansatz zu bringen und höhere Pfennigbeträge derart nach oben hin abzurunden, daß sie durch 10 teilbar sind.

Der Wert des Gegenstandes wird nach dem vereinbarten Kauf- oder Lieferungspreise, sonst durch den mittleren Börsen- oder Marktpreis am Tage des Abschlusses bestimmt. Die zu den Wertpapieren gehörigen Zins- und Gewinnanteilscheine bleiben bei Berechnung der Abgabe außer Betracht.

Ausländische Werte sind nach den Vorschriften wegen Erhebung des Wechselstempels umzurechnen.

| Lfd. Nr. | Gegenstand der Besteuerung | Steuersatz v. H. | ℳ | ₰ | Berechnung der Stempelabgabe |
|---|---|---|---|---|---|
| (32.) | (2) Der Stempel berechnet sich:<br>1. bei Tauschverträgen nach dem Werte der von einem der Vertragschließenden in Tausch gegebenen Gegenstände und zwar derjenigen, welche den höheren Wert haben, bei dem Tausche inländischer gegen ausländische Grundstücke nur nach dem Werte der ersteren;[37–43] LStV. § 16.<br>2. [44] bei gerichtlichen[45] Zwangsversteigerungen nach dem Betrage des Meistgebotes, zu dem der Zuschlag erteilt wird, unter Hinzurechnung der von dem Ersteher übernommenen Leistungen.[46] Erreicht das Meistgebot nicht den Wert[46] des Gegenstandes, so tritt dieser an die Stelle des Gebotes. Wenn der Ersteher zur Zeit der Einleitung der Zwangsversteigerung Hypotheken- oder Grundschuldgläubiger ist, so tritt an die Stelle des Meistgebotes, falls dieses hinter dem Gesamtbetrage der Hypotheken- oder Grundschuldforderungen des Erstehers und der diesen vorgehenden Forderungen[46] zurückbleibt, dieser Gesamtbetrag, sofern[46] er nicht den Wert des Gegenstandes übersteigt;[46, 47]<br>AB. 66 Abs. 1. LStV. § 6 Ziff. 3, § 20. | | | | |

Befreiungen.

Die vorbestimmte Abgabe wird nicht erhoben:

1 falls die Waren, welche Gegenstand eines nach Nummer 4b stempelpflichtigen Geschäfts sind, von einem der Vertragschließenden im Inland erzeugt oder hergestellt sind;

2 für die Ausreichung der von den Pfandbriefinstituten und Hypothekenbanken ausgegebenen, auf den Inhaber lautenden Schuldverschreibungen als Darlehnsvaluta an den kreditnehmenden Grundbesitzer;

3. für sogenannte Kontantgeschäfte über die unter Nummer 4a₄ bezeichneten Gegenstände sowie über ungemünztes Gold oder Silber.

Als Kontantgeschäfte gelten solche Geschäfte, welche vertragsmäßig durch Lieferung des Gegenstandes seitens des Verpflichteten an dem Tage des Geschäftsabschlusses zu erfüllen sind;

4 von den zur Versicherung von Wertpapieren gegen Verlosung geschlossenen Geschäften, unbeschadet der Stempelpflicht der nach erfolgter Verlosung stattfindenden Kauf- oder sonstigen Anschaffungsgeschäfte;

5. für Kauf- oder sonstige Anschaffungsgeschäfte über Renten- und Schuldverschreibungen des Reichs oder der Bundesstaaten, sowie Interimsscheine über Einzahlungen auf diese Wertpapiere.

| Lfd. Nr. | Gegenstand der Besteuerung | Steuersatz v. H. | ℳ | ₰ | Berechnung der Stempelabgabe |
|---|---|---|---|---|---|
| (32.) | 3. [48] bei Verträgen über Leistung an Erfüllungs Statt nach dem Werte, zu dem die Gegenstände an Erfüllungs Statt angenommen werden.[49] Wird in einem Kaufvertrage hinsichtlich des Kaufpreises eine Leistung an Erfüllungs Statt vereinbart, so ist der Vertrag wie ein Tauschvertrag zu versteuern; LStV. § 16.<br>4. [50]wenn auf dem veräußerten Gegenstand ein Nießbrauchsrecht lastet, zu dessen Beseitigung der Veräußerer nicht verpflichtet ist, von dem Werte des veräußerten Gegenstandes, sofern dieser Wert den nach dem ersten Absatze dieser Tarifstelle zu berechnenden Betrag der Gegenleistung übersteigt. LStV. § 6 Ziff. 2.<br>(3) Wird bei einer Versteigerung, welche zum Zwecke der Auseinandersetzung unter Miteigentümern[51] erfolgt, der Zuschlag einem Miteigentümer erteilt, so bleibt bei Berechnung des Stempels derjenige Teil des Meistgebotes außer Betracht, welcher auf den dem Ersteher bereits zustehenden Anteil an den versteigerten Gegenständen fällt. Im Falle der Gemeinschaft unter Miterben gilt im Sinne dieser Vorschrift jeder Miterbe als Miteigentümer nach Verhältnis seines ideellen Anteiles am Nachlasse.<br>(4) Wird ein Zuschlagsurteil aufgehoben, so werden die angesetzten Beträge nicht erhoben oder, wenn sie bezahlt sind, erstattet. LStV. § 9 Abs. 2.<br>(5) Beurkundungen von Veräußerungen beweglicher Sachen unterliegen dem Stempel dieser Tarifstelle auch dann, wenn sie nur von einem der Vertragschließenden im Sinne des zweiten Absatzes des § 1 dieses Gesetzes unterzeichnet und dem anderen Vertragschließenden ausgehändigt sind.[52] Ausgenommen sind Aufzeichnungen, welche im Handelsverkehr über Bestellungen gemacht und entgegengenommen werden (sogenannte Kommissionsnoten).[53] | | | | |

| Lfd. Nr. | Gegenstand der Besteuerung | Steuersatz v. H. | ℳ | ₰ | Berechnung der Stempelabgabe |
|---|---|---|---|---|---|
| (32.) | (6)[54] Beurkundungen von Übertragungen der Rechte der Erwerber aus Veräußerungsgeschäften über unbewegliche Sachen und ihnen gleichgeachtete Rechte oder über bewegliche Sachen sowie Beurkundungen nachträglicher Erklärungen der aus einem Veräußerungsgeschäfte der vorbezeichneten Art berechtigten Erwerber, die Rechte für einen Dritten erworben beziehungsweise die Pflichten für einen Dritten übernommen zu haben, werden in betreff der Stempelpflichtigkeit wie Beurkundungen der Veräußerungen der Sachen und Rechte behandelt.[55] Dasselbe gilt von Übertragungen der Rechte aus Anträgen zur Schließung eines lästigen Veräußerungsgeschäftes, die den Veräußerer binden, sowie aus Verträgen, durch die nur der Veräußerer zur Schließung eines lästigen Veräußerungsgeschäftes verpflichtet wird.[56] | | | | |
| | (7) Wenn jedoch der erste Erwerber das Veräußerungsgeschäft erweislich auf Grund eines Vollmachtsauftrages oder einer Geschäftsführung ohne Auftrag für einen Dritten abgeschlossen hat,[57] so bedürfen Beurkundungen von Übertragungen der Rechte dieses ersten Erwerbers an den Dritten nur eines Stempels von . . . . . . . . . . . . | — | 3 | — | |
| | (8) In den Fällen des vorhergehenden Absatzes ist die Erstattung des bereits verwendeten Wertstempels anzuordnen. Auch muß die Abstandnahme von der Einziehung des Wertstempels angeordnet werden, falls dies innerhalb zweier Wochen nach erfolgter Beurkundung der Übertragung beantragt wird.[58] Außerdem können bei sonstigen Beurkundungen der erwähnten Art in denjenigen Fällen die gleichen Anordnungen getroffen werden, in denen besondere Billigkeitsgründe vorhanden sind.[59] AB. 28 Abs. 10; 66 Abs. 2. LStV. § 9 Ziff. 2. | | | | |
| | (9) Beurkundungen der Abtretung der Rechte aus dem Meistgebote bei Zwangsversteigerungen oder die Erklärung des | | | | |

| Lfd. Nr. | Gegenstand der Besteuerung | Steuersatz v. H. | Steuersatz M | Steuersatz ₰ | Berechnung der Stempelabgabe |
|---|---|---|---|---|---|
| (32.) | Meistbietenden, daß er für einen anderen geboten habe,[60–62] . . . . . . . . . . . . . . | 1 | — | — | des Wertes der Gegenleistung oder, wenn eine solche in der Urkunde nicht enthalten ist, des Meistgebotes oder des nach Abs. 2 Ziffer 2 Satz 2 dieser Tarifstelle an dessen Stelle tretenden Wertes. |
| | Der Stempel ermäßigt sich auf . . . . . . | — | 3 | — | |
| | 1. wenn die Abtretung der Rechte aus dem Meistgebot oder die Erklärung, für einen anderen geboten zu haben, in dem Versteigerungstermin erfolgt; | | | | |
| | 2. wenn ein Gläubiger Meistbietender war, welchem eine durch ein geringeres Gebot nicht oder nicht völlig gedeckte Hypothek, Grundschuld oder Rentenschuld zustand. LStV. § 20 Ziff. 2. | | | | |
| | (10) Ermäßigungen und Befreiungen:[63] | | | | |
| | 1. Kauf- und Tauschverhandlungen zwischen Teilnehmern an einer Erbschaft zum Zwecke der Teilung der zu letzterer gehörigen Gegenstände[64–65] . . . . . . . . | — | 3 | — | |
| | Zu den Teilnehmern an einer Erbschaft wird auch der überlebende Ehegatte gerechnet, welcher mit den Erben des verstorbenen Ehegatten gütergemeinschaftliches Vermögen zu teilen hat. | | | | |
| | 2. Befreit sind Verträge, durch welche unbewegliche Sachen oder ihnen gleichgeachtete Rechte oder bewegliche Sachen allein oder im Zusammenhange mit anderem Vermögen von Aszendenten an Deszendenten oder eingekindschaftete Kinder übertragen werden.[66–67] | | | | |
| | Auf Beurkundungen von Übertragungen der Rechte des Erwerbers aus Verträgen der vorbezeichneten Art an andere Personen als an Deszendenten oder eingekindschaftete Kinder des ursprünglich übertragenden Aszendenten finden die Be- | | | | |

| Lfd. Nr. | Gegenstand der Besteuerung | Steuersatz v. H. | Steuersatz ℳ | Steuersatz ₰ | Berechnung der Stempelabgabe |
|---|---|---|---|---|---|
| (32.) | stimmungen des siebenten und achten Absatzes dieser Tarifstelle keine Anwendung. LStV. § 16.<br>3. [68–69] Befreit sind Kauf- und Lieferungsverträge über Mengen [69–71] von Sachen oder Waren, sofern dieselben [72] entweder zum unmittelbaren Verbrauch in einem Gewerbe [73–74] oder zur Wiederveräußerung [75] in derselben Beschaffenheit oder nach vorgängiger Bearbeitung oder Verarbeitung dienen sollen oder im Deutschen Reiche in dem Betrieb eines der Vertragschließenden erzeugt oder hergestellt sind. [76–79] AB. 7 Abs. 3.<br>4. Gerichtliche oder notarielle Aufnahmen oder Beglaubigungen der nach der Tarifnummer 4 des Reichsstempelgesetzes reichsstempelpflichtigen oder von der Reichsstempelsteuer befreiten Kauf- und Anschaffungsgeschäfte [80] . . . . . . . . . . . | — | 3 | — | |

## Zu Tarifnummer 32.

Wegen des ReichsSt. s. T. 11a, §§ 84ff. RStG.

1. Vgl. BGB. §§ 433, 311—313, 2033, 2371, § 515.

**§ 433.** Durch den Kaufvertrag wird der Verkäufer einer Sache verpflichtet, dem Käufer die Sache zu übergeben und das Eigentum an der Sache zu verschaffen. Der Verkäufer eines Rechtes ist verpflichtet, dem Käufer das Recht zu verschaffen und, wenn das Recht zum Besitz einer Sache berechtigt, die Sache zu übergeben.

Der Käufer ist verpflichtet, dem Verkäufer den vereinbarten Kaufpreis zu zahlen und die gekaufte Sache abzunehmen.

**§ 515.** Auf den Tausch finden die Vorschriften über den Kauf entsprechende Anwendung.

2. Voraussetzung der StPflichtigkeit ist ein beide Teile gleichmäßig verpflichtender und berechtigender Vertrag. RG. 11. 3. 98, JW. S. 271. Von diesem Gesichtspunkte gehen folgende Entscheidungen aus:

a) StPflicht bleibt ausgeschlossen, wenn der Empfänger einer Offerte den Vertragsschluß von irgendwelchen Änderungen der Offerte abhängig macht, so daß es an einer Willenseinigung zunächst überhaupt fehlt. RG. 11. 7. 99, JW. S. 586. S. § 150 BGB. StPflicht entsteht auch nicht durch spätere nicht urkundliche Zustimmung. § 3 Abs. 1.

b) Ein Vertrag, durch welchen sich jemand verpflichtet, einem andern ein Grundstück abzukaufen für den Fall, daß dieser es seinerseits

**Noch: Zu Tarifnummer 32.**

erwerben sollte, unterliegt nur dem allgemeinen VertragsSt., ist aber kein Kaufvertrag, wenn eine Verpflichtung des andern, das Grundstück auch an jenen zu verkaufen, in dem Vertrage nicht zum Ausdruck gebracht worden ist. RG. 21. 9. 06, JW. S. 724.

c) Hinkende Verträge, bei denen vorläufig nur der eine Teil für eine bestimmte Zeit gebunden ist, und die erst in endgültige Kaufverträge übergehen, wenn auch der andere Teil seine Zustimmung erteilt, wenn auch in der Weise, daß, falls der andere Teil den Vertrag nicht zum Abschluß bringt, der Verkäufer als Entschädigung für die Wartezeit und die dadurch inzwischen ihm verloren gegangene Gelegenheit zu anderweiten Verkäufen den bereits empfangenen Teil des Kaufpreises behält, sind nur mit dem allgemeinen VertragsSt. zu versehen. — Vgl. Joh. Bd. 17 S. 277 und Bd. 38 S. B 66. Es handelt sich in solchem Falle nicht um fest abgeschlossene Verträge, in denen dem einen Teile ein Rücktrittsrecht gegen Erlegung einer Vertragsstrafe vorbehalten ist (vgl. Joh. Bd. 16 S. 378), auch nicht um einen Kauf auf Probe, weil für den Käufer hauptsächlich die Verhältnisse des Grundstücksmarktes entscheidend sein werden. FM. 30. 7. 01 III 9601.

d) Ebenso begründet die Abrede, daß Verkäufer das Recht und auf Verlangen des Käufers die Pflicht habe, innerhalb bestimmter Frist die verkauften Gegenstände zu demselben Preise zurückzukaufen, nur einseitiges Recht und ist nicht Kaufvertrag. RG. 11. 3. 98, JW. S. 271, FM. 25. 2. 99 III 2353.

3. Eine Ausnahme des vorerwähnten Grundsatzes entsteht stempelrechtlich in gewisser Weise durch die Bestimmung des § 6 Abs. 2 des Ges., wonach die StSteuer von dem höchstmöglichen Werte des Geschäfts zu berechnen ist, wenn einem der Vertragschließenden ein Wahlrecht oder die Befugnis eingeräumt ist, innerhalb bestimmter Grenzen den Umfang der Leistung zu bestimmen.

4. Wie bedingte Kaufverträge sind die im Grundstücksverkehr üblichen sog. Vollmachtskaufverträge zu versteuern, Urkunden, nach deren Inhalt der Vollmachtgeber verpflichtet ist, die Grundstücke an die von dem Bevollmächtigten genannten Personen oder an diesen selbst gegen einen verabredeten Kaufpreis aufzulassen, der Bevollmächtigte nach seiner freien Wahl entweder Käufer zu beschaffen oder die Auflassung selbst entgegenzunehmen hat. Hier ist lediglich der KaufSt. zu verwenden: ein VollmachtSt. kommt nicht zur Hebung, da ein einheitliches Geschäft vorliegt. (§ 6 Abs. 2 Satz 1 des Ges.) Ist dagegen die Vollmacht so gefaßt, daß der Bevollmächtigte nur dann selbst zu kaufen hat, wenn er sonstige Käufer nicht findet, so ist neben dem KaufSt. noch der VollmachtSt. zu verwenden. (§ 10 Abs. 2 des Ges.) Nur der VollmachtSt. und der allgemeine VertragSt. sind zu verwenden, wenn eine beiderseitige Bindung zum Verkaufe überhaupt nicht vorliegt, z. B. weil der Bevollmächtigte zum eigenen Erwerb nur auf Verlangen des Vollmachtgebers verpflichtet ist. (S. HSp. S. 731.) Neben dem KaufSt. ist der AuflassungsSt. nicht zu erheben. A. 19 zu T. 8.

5. Aus der Zustammenstellung: Kauf- und Tauschverträge und andere lästige Veräußerungsgeschäfte folgt, daß die Tarifstelle sich nur

**Noch: Zu Tarifnummer 32.**

auf frei gewollte Veräußerungen bezieht. Vgl. A. 3 zu T. 8. Daraus ergeben sich folgende Entscheidungen:

a) Kommt ein Kauf zwischen dem Grundstückseigentümer und dem Vorkaufsberechtigten dadurch zustande, daß dieser nach Abschluß des Kaufvertrages zwischen dem Eigentümer und einem Dritten rechtzeitig erklärt, sein dingliches Vorkaufsrecht ausüben zu wollen, so liegt ein Veräußerungsgeschäft i. S. der T. 32 und eine freiwillige Veräußerung i. S. der T. 8 zwischen dem Eigentümer und dem Vorkaufsberechtigten nicht vor. Der AuflassungsSt. ist nicht zu erheben; die Erklärung des Vorkaufsberechtigten ist stfrei, und nur der Kaufvertrag mit dem Dritten ist nach T. 32 zu versteuern. KG. 23. 11. 05, Joh. Bd. 32 S. B 49. — Vgl. A. 8d bei T. 8 u. A. 14d bei T. 71.

Macht aber der Vorkaufsberechtigte sein Recht nach Auflassung an einen andern geltend und schließt mit diesem einen Vertrag, so ist der KaufSt. fällig. Erk. des LG. I Berlin 3. 1. 98. Ebenso ist der über die Ausübung des Rückkaufsrechts getätigte Akt als ein neuer stpflichtiger Kaufakt anzusehen. RG. 25. 11. 98, JW. 99 S. 19 für Landrecht ergangen, gilt aber auch für BGB.

b) Eine vertragsmäßig erklärte Anerkennung der aus dem Gesetz sich ergebenden Rechtsfolgen der Geltendmachung des Anspruchs der Wandelung fällt nicht unter T. 32, sondern unterliegt nur dem allgemeinen VertragsSt. FM. 2. 7. 97 III 8205. — Vgl. A. 7b bei T. 8, A. 2c bei T. 67, A. 5c bei T. 71.

Wird aber nicht auf Grund eines gesetzlichen Anspruchs, sondern rein vertragsmäßig die Wiederaufhebung eines vollzogenen Kaufgeschäfts und die Rückgewähr des Kaufgegenstandes vereinbart, so liegt ein lästiges Veräußerungsgeschäft vor. RG. 28. 4. 05, ZBl. S. 640 vgl. T. 71 (1) 2.

c) Die T. 32 findet ferner nicht Anwendung bei Teilung eines zu Miteigentum erworbenen Grundstücks, wenn schon bei dem Erwerbe verabredet war, daß das Grundstück alsbald in bestimmter Weise in Natur geteilt werden solle. Hier greift T. 71 Nr. 2 Platz, vorausgesetzt jedoch, daß die Urkunde die vertragsmäßige Anerkennung der Verpflichtung zur wechselseitigen Veräußerung enthält. KG. 15. 2. 06, Joh. Bd. 32 S. B 53. Die Notwendigkeit, daß diese Verpflichtung aus dem Urkundeninhalte hervorgeht, ist neuerdings im FM. 19. 9. 13 — III 14097 — betont worden, vgl. auch RG. 7. 10. 10, JMBl. S. 73 v. 11 und unten A. 39.

d) Ein frei gewolltes Veräußerungsgeschäft liegt endlich nicht vor bei der Rückübertragung gütergemeinschaftlichen Vermögens an den Ehegatten, der es in die Ehe gebracht hat. Denn nach § 1477 Abs. 2 BGB. kann jeder Ehegatte verlangen, daß ihm bei der Aufteilung der Gemeinschaft gegen Ersatz des Wertes diejenigen Gegenstände zum Alleineigentum überwiesen werden, die er in die Gütergemeinschaft eingebracht hat. Da der andere Ehegatte sich diesem Verlangen nicht entziehen kann, so liegt in der Erfüllung des Verlangens durch ihn kein freiwilliges und somit auch kein stpflichtiges Veräußerungsgeschäft. (KG. 2. 5. 07, Joh. Bd. 34 S. B 33), FM. 26. 2. 11 III 3145. Wenn

**Noch: Zu Tarifnummer 32.**

die Sondervorschrift des § 1477 Abs. 2 a. a. O. aber nicht Platz greift, kann bei der Übereignung des gütergemeinschaftlichen Vermögens an einen Ehegatten der St. gleichwohl nicht von dem vollen, sondern nur von dem halben Wert erhoben werden. Denn soweit das Entgelt in der Übernahme der Gesamtgutsverbindlichkeiten besteht, liegt eine Gegenleistung nur in dem Umfang vor, als die Verbindlichkeiten im Verhältnis der Ehegatten untereinander dem Übernehmer nicht bereits zur Last fielen, mithin in der Regel zur Hälfte. (§§ 1475, 1476 BGB.) Auch die weitere Gegenleistung richtet sich nach der wirtschaftlichen Beteiligung. Aufgegeben ist die Auffassung, daß bei Auseinandersetzungsverträgen zwischen gütergemeinschaftlichen Ehegatten der Wert des ganzen, den Gegenstand der Auseinandersetzung bildenden Gesamtguts den Abgaben für Veräußerungsgeschäfte unterliege (Joh. Bd. 33 S. B 35).

e) Kauf oder Schenkung unter einer Auflage? Es ist unzulässig, bei Schenkungen unter einer Auflage, auch wenn diese in einer Leistung an den Schenker besteht, ein Zusammentreffen einer eigentlichen Schenkung und eines entgeltlichen Geschäfts anzunehmen, weil die Schenkung unter einer Auflage sich von einem gegenseitigen entgeltlichen Vertrage wesentlich unterscheidet. Während bei dem gegenseitigen Vertrage die Leistungen beider Parteien in einem derartigen wechselseitigen Abhängigkeitsverhältnis stehen, daß jede Leistung das Entgelt für die andere bildet, und jede Leistung als gleichwertig gegen die andere ausgetauscht und ausgeglichen wird, besteht bei der Schenkung unter einer Auflage nur ein einseitiges Abhängigkeitsverhältnis, nämlich das der Leistung des Beschenkten von der des Schenkers, nicht umgekehrt, und es findet bei ihr nicht ein gegenseitiger Austausch und eine gegenseitige Ausgleichung zweier Leistungen statt; vielmehr erfolgen die Leistungen auf jeder Seite gesondert von der anderen selbständig für sich, so daß sie, in diesem Sinne verstanden, einseitige, nicht wechselseitige sind.

Beispiele:

α) M schenkt seiner Schwester N ein Grundstück zum Werte von 52000 ℳ mit der Auflage, die darauf lastenden Schulden von 49000 ℳ zu übernehmen. Es ist Schenkung von 3000 ℳ angenommen, da kein Grund für die Annahme vorhanden war, daß M und die N, soweit die Auflage reichte, einen lästigen Vertrag abschließen wollten. Denn M beabsichtigte, sich zu dauerndem Aufenthalte ins Ausland zu begeben, hatte also an der persönlichen Schuldübernahme kein Interesse, wohl aber an der unentgeltlichen Zuwendung an die N. RG. 7. 3. 05, Entsch. Bd. 60 S. 238. Schenkung unter einer Auflage ist in einem ähnlichen Fall angenommen worden, in welchem der Vertrag abgeschlossen war, um eine künftige Erbteilung zu vereinfachen. JM. 21. 10. 05, JMBl. S. 324ff.

β) Der Ehemann „schenkt" seiner Frau ein Grundstück im angegebenen Werte von 56710 ℳ. Die „Schenkung" erfolgt unter der Auflage, die auf dem Grundstück eingetragenen Schulden von 56830 ℳ zu übernehmen. Es liegt Kaufvertrag vor. Von einer Schenkung kann nicht die Rede sein, wenn der Empfänger der Zuwendung

**Noch: Zu Tarifnummer 32.**

oder beide Teile wußten oder doch überzeugt waren, daß die für die Auflage erforderlichen Leistungen den Wert der Zuwendung erschöpften oder gar überstiegen. Denn der wahre ernstliche Wille der Parteien kann nicht auf eine unentgeltliche Zuwendung gerichtet sein. Vielmehr weisen die begleitenden Umstände mit Notwendigkeit auf ein lästiges Geschäft hin. Vgl. Hz. S. 587, RG. v. 4. 11. 13, Recht Nr. 264/14.

6. Die auch nach BGB. zulässige Sicherungsübereignung und Sicherungszession stellt eine wirkliche Veräußerung dar, RG. 10. 10. 03. Zur StPflicht ist es erforderlich, daß das Entgelt aus dem Vertrage hervorgeht.

Enthält ein Vertrag lediglich die Abrede, daß zur Sicherung einer Schuld des Veräußerers an den Erwerber bewegliche Sachen übertragen werden, so ist der KaufSt. nicht erforderlich, sondern nur der allgemeine VertragsSt. aus T. 71 Ziff. 2. Der SicherungsSt. aus T. 59 kann nicht verlangt werden, weil nur wirtschaftlich, nicht auch rechtlich ein Sicherungsgeschäft vorliegt. Dagegen verlangt die Verwaltungsübung den Kaufstempel, wenn der Veräußerer dem Erwerber das Recht einräumt, die Sachen zu verkaufen, den Erlös auf seine Forderung zu verrechnen und einen etwaigen Überschuß an den Veräußerer herauszugeben. In diesen Abreden wird der Abschluß eines bedingten Kaufvertrags gesehen, wobei der bei einem etwaigen Verkauf zu erzielende Erlös den vom Veräußerer und Erwerber (Schuldner u. Gläubiger) verabredeten Kaufpreis darstellt. Da dieser zur Zeit des Vertragsschlusses nicht feststeht, ist der St. zunächst mit 1/3 % vom Betrage der Schuld, ist der Wert der Sachen geringer als die Schuld, vom Werte der Sachen zu berechnen. Die endgültige StBerechnung hat nach AB. 5 zu erfolgen. Ob die Forderung des KaufSt., welche sich auf den Entsch. des RG. v. 9. 1. und 10. 7. 00., JW. S. 162 und 680 aufbaute, dessen Billigung finden wird, steht nach dem Urt. v. 4. 7. 13, JW. S. 1048 dahin. Vgl. A. 6a, 14k zu T. 71.

7. Kauf auf Probe ist im Zweifel unter der aufschiebenden Bedingung der Billigung des Kaufgegenstandes angeschlossen (§ 495 BGB.), stellt also ein gemäß § 3 Abs. 2 d. Ges. stpflichtiges Geschäft dar. Dabei macht es keinen Unterschied, ob die verkaufte Sache selbst zur Probe übergeben wird oder ein ihre Verwertbarkeit bedingender anderer Gegenstand in bezug auf seine Gebrauchsfähigkeit und Tüchtigkeit erprobt wird. So ist in dem RGUrt. v. 20. 10. 03 (ZBl. S. 19 v. 04) die Erprobung einer Probepresse der Erprobung des Patentrechts selbst gleichgestellt.

8. Auch Verträge über den Austausch von Feldesteilen zwischen angrenzenden, verschiedenen Besitzern gehörenden Bergwerken unterliegen dem KaufSt. FM. 2. 7. 97 III 8255.

9. Bei der stempelrechtlichen Beurteilung beiderseits vollzogener Anerkenntnisse über den Wechsel im Schiffseigentum (ReichsGes. v. 15. 6. 95 u. JME. v. 2. 11. 95, JMBl. S. 327) wird bezüglich der Frage, ob ein Kaufvertrag vorliegt, auf § 3 Abs. 3 Rücksicht genommen werden müssen. In den meisten Fällen wird es den Beteiligten nur darauf ankommen, die Anmeldung zwecks Berichtigung des Schiffsregisters zu bewirken, ohne die Absicht den mündlich abgeschlossenen Kaufvertrag schriftlich zu beurkunden; ein KaufSt. wird also dann nicht fällig sein.

**Noch: Zu Tarifnummer 32.**

**10.** a) Ein Kaufvertrag über einen einem Dritten gehörigen Gegenstand ist stpflichtig auch dann, wenn die Kontrahenten das fremde Eigentum kannten. RG. 21. 4. 97, JW. S. 295.

b) Ebensowenig steht es der StPflichtigkeit eines Kaufvertrages entgegen, wenn darin den Kontrahenten die Befugnis erteilt ist, durch Erlegung einer Konventionalstrafe von der Verpflichtung, das Kaufgeschäft zu erfüllen, sich zu befreien. Joh. Bd. 16 S. 378. — Vgl. A. 12c zu T. 71 und A. 7c u. b zu T. 58.

**11.** a) Ein Vertrag, bei welchem ausgemacht ist, daß der eine Teil dem andern ein Grundstück nebst einem Hause liefern soll, das von dem ersteren mit dem von ihm angeschafften Material zu erbauen ist, ist nach den Grundsätzen vom Kauf zu beurteilen und T. 32 zu unterwerfen. (BGB. § 651.) KG. 18. 1. 04, Joh. Bd. 28 S. B 75. Vgl. Mirre DNotV. S. 415/11.

b) Ein einheitlicher Vertrag ist vom JM. auch in folgendem Falle angenommen worden: Die Baugesellschaft A hatte an B eine Baustelle für 5000 ℳ verkauft und sich zur Bebauung derselben für 10000 ℳ verpflichtet. Die Übergabe sollte nach Erteilung des Gebrauchsabnahmeattestes erfolgen, der Eigentumsübergang bis zur Zahlung des Kauf- und Baugeldes ausgesetzt sein und demgemäß das Grundstück nebst Gebäuden erst nach diesem Zeitpunkt aufgelassen werden. ZBl. S. 432/98.

Ebenso hat sich in einem ähnlichen Fall das KG. im Urteil v. 30. 9. 02 für einen einheitlichen Kaufvertrag entschieden: Kläger kaufte ein Grundstück „für den Preis von 240000 ℳ". Auf den „Kaufpreis" waren 30000 ℳ anzuzahlen. Wegen des Restes wurde vereinbart, daß Verkäufer das Grundstück „vor der Auflassung" zu bebauen habe und berechtigt sei, zu diesem Zwecke eine Hypothek von 210000 ℳ aufzunehmen. Zum Schluß hieß es: „Der Wert des übereigneten Terrains beträgt 70000 ℳ, der Wert der zu errichtenden Baulichkeiten 170000 ℳ." Vgl. A. 12b zu T. 8.

**12.** a) „Lästige Veräußerungsgeschäfte" stehen im Gegensatz zu den „freigebigen oder wohltätigen" Geschäften. Es sind darunter gegenseitig verpflichtende Verträge, synallagmatische Geschäfte, gemeint, bei denen Versprechen gegen Versprechen ausgetauscht wird, durch deren Erfüllung also der Veräußerer an Stelle des veräußerten Gegenstandes eine andere Leistung erhält.

b) Der Unterschied zum Kaufvertrage wird darin gesehen, daß bei diesem das Entgelt — wenn auch nur zur Hauptsache — in einer bestimmten Summe baren Geldes bestehen muß, während dies Erfordernis beim lästigen Veräußerungsgeschäft fehlen kann. Als Beispiel des letzteren sei KG. 28. 10. 01, Hz. S. 475 erwähnt, Überlassung eines Wehrs mit Wassermühle zu Eigentum gegen die Verpflichtung des Übernehmers zur Unterhaltung bzw. zur Ersetzung des Wehres.

c) Ein lästiges Veräußerungsgeschäft hat das RG. (77 S. 44ff.) in einem notariellen Gesellschaftsbeschluß erblickt, durch den die alleinigen beiden Gesellschafter einer Terraingesellschaft m. b. H. das baureife Gelände der Gesellschaft unter sich verteilten, die Hypotheken zu bestimmten Beträgen übernahmen, die Grundstücke sofort samt Nutzungen und Lasten übergaben, die Auflassung dagegen zu einem bestimmten Termin vereinbarten und bis dahin jeden Gesellschafter bevollmächtigten, die ihm überwiesenen Grundstücke an sich oder einen Dritten zu veräußern sowie zu belasten.

**Noch: Zu Tarifnummer 32.**

d) Einen weiteren Fall s. RG. v. 28. 4. 05, Entsch. Bd. 60 S. 398, ZBl. S. 640: Nach erfolgter Auflassung, die im Jahre 1901 auf Grund mündlichen Kaufvertrags stattgefunden hatte, kommen die Beteiligten im Jahre 1902 in einer privatschriftlichen Urkunde, in der der Inhalt des früheren mündlichen Abkommens wiedergegeben ist, überein, „den früheren Kaufvertrag aufzuheben. Sie verpflichten sich wechselseitig zur Rückauflassung“. Der Rückauflassung ist das Abkommen von 1902 zugrunde gelegt: die Urkunde von 1902, in der die Rückgewähr zum Gegenstand besonderer Vereinbarung gemacht ist, enthält ein lästiges Veräußerungsgeschäft. Auf sie ist nicht T. 71 Ziffer 1 Abs. 1, sondern T. 32 anzuwenden. Der Formmangel ist nach Vorlegung der Urkunde durch Auflassung und Eintragung geheilt. Vgl. A. 5b oben und A. 2a bei T. 71.

**13.** a) Nach dem 31. Dez. 1899 abgeschlossene privatschriftliche Grundstücksveräußerungsverträge — vgl. § 313 BGB. — bedürfen weder des 1 %igen, noch, wenn sie zugleich die Übertragung des Eigentums an beweglichen Sachen enthalten, des $^1/_3$ %igen St., selbst wenn für das bewegliche Vermögen besondere Werte angegeben sind, noch endlich des allgemeinen VertragsSt.

Verträge, die nur eine Verpflichtung zum Erwerbe von Grundbesitz zum Gegenstand haben, fallen nicht unter § 313 BGB. RG. v. 18. 12. 12, JW. S. 323/13.

b) Werden privatschriftliche Verträge anläßlich der Auflassung oder später bei Gericht vorgelegt, so ist der St. als KaufSt. zu den Gerichtskosten zu vereinnahmen. Unterbleibt die Vorlegung der Urkunden nach erfolgter Auflassung und Eintragung, so ist der St. in der Frist des § 16 Abs. 1 lit. g in natura beizubringen; für den Beginn dieser Frist ist der Ablauf desjenigen Tages anzunehmen, an dem die Beteiligten von der Eintragung Kenntnis erhalten, bei Verzicht der Beteiligten gemäß § 55 RGBO. der Ablauf des Tages der Eintragung. FM. 12. 2. 00 III 1539, ZBl. S. 97, JMBl. S. 63. — Vgl. A. 9a bei § 16 und A. 10e bei T. 8.

Auch das RG. hat im Urteil v. 28. 4. 05, ZBl. S. 640 einen privatschriftlichen Grundstücksveräußerungsvertrag dann für gültig und stpflichtig erklärt, wenn er zum Auflassungsprotokoll überreicht und derart in Bezug genommen wird, daß daraus das Verhältnis des Urkundeninhalts zur Auflassung erhellt. Der Fall, daß der Vertrag bei der Auflassung nicht vorgelegt wurde, ist offen gelassen.

c) Ausnahmen von der Vorschrift des § 313 BGB. bestehen nach Art. 12 AG.BGB. §§ 1—3.

**§ 1.** Für einen Vertrag, durch den sich der eine Teil verpflichtet, das Eigentum an einem Grundstücke gegen Übernahme einer festen Geldrente zu übertragen (Rentengutsvertrag), genügt bei den durch Vermittelung der Generalkommission begründeten und bei den vom Staate ausgegebenen Rentengütern die schriftliche Form.

Das Gleiche gilt für den in den §§ 16, 17 des Gesetzes über die Enteignung von Grundeigentum vom 11. 6. 1874 (GS. S. 221) bezeichneten Vertrag über die freiwillige Abtretung von Grundeigentum

**§ 2.** Wird bei einem Vertrage, durch den sich der eine Teil verpflichtet, das Eigentum an einem in Preußen liegenden Grundstücke zu übertragen, einer der Vertragschließenden durch eine öffentliche Behörde vertreten, so ist für die

**Noch: Zu Tarifnummer 32.**
Beurkundung des Vertrags außer den Gerichten und Notaren auch der Beamte zuständig, welcher von dem Vorstande der zur Vertretung berufenen Behörde oder von der vorgesetzten Behörde bestimmt ist.

**§ 3.** In dem vormaligen Herzogtum Nassau sind an Orten, die nicht Sitz eines Amtsgerichts sind, auch die Bürgermeister zuständig, Kauf- und Tauschverträge über Grundstücke ihres Amtsbezirkes zu beurkunden, wenn der Kaufpreis oder der Wert der eingetauschten Gegenstände nicht mehr als 500 Mark beträgt.

Die Bestimmung im § 1 Abs. 2 ist für das StRecht ohne Bedeutung, da diese Verträge nach § 4 Abs. 1e LStG. stfrei sind. Bei den im § 2 bezeichneten Verträgen ist darauf zu achten, daß es sich um wirklich vor Urkundspersonen abgeschlossene Verträge handelt. Die Urkundspersonen müssen die Stelle des Gerichts oder Notars vertreten haben. Es genügt nicht, daß die Behörden als Vertragsteilnehmer auftreten.

**14.** Kaufverträge sog. fraudulösen Charakters i. S. des § 31 RKO. und des § 3 Nr. 1 und 2 des Anf.Ges. sind ebenso wie die auf Grund solcher Kaufverträge erfolgten Auflassungen nicht nichtig, sondern gemäß § 29 bzw. § 1 a. a. O. nur anfechtbar. Die Vorschrift der §§ 135, 134 BGB. finden keine Anwendung. Daher sind auch Aufhebungsverträge, durch welche die in jenen Kaufverträgen beurkundeten fraudulösen Rechtsgeschäfte wieder rückgängig gemacht werden, stpflichtig, und wenn das Merkmal der Gegenleistung vorhanden ist, auch als lästige Rückveräußerungsgeschäfte gemäß T. 32 mit dem vollen KaufSt. zu belegen. RG. 28. 4. 08, JW. S. 444, Entsch. Bd. 69, S. 143, FM. 2. 7. 08 III 11260.

**15.** a) Streitig ist lange die Behandlung der Gastwirtschaftsgrundstücks-Kaufverträge gewesen, wenn darin ein besonderes Entgelt für den Verzicht des Verkäufers auf die Gastwirtschaftskonzession beurkundet ist. Das RG. hat im Urteil v. 19. 11. 01, JMBl. S. 54 v. 1902, Entsch. Bd. 49 S. 321 entschieden, daß diese Vergütung nicht die Eigenschaft des Kaufpreises habe, weil sie nicht für die Übertragung einer Sache festgesetzt wäre. Verkäufer verpflichte sich vielmehr nur gegen Vergütung zu einer Handlung. Auch werde mit dem Grundstück selbst der durch den Wirtschaftsbetrieb begründete höhere Wert desselben von dem auf die Konzession verzichtenden Verkäufer als Gegenstand des Kaufes nicht übertragen, denn der Verkäufer sei außerstande, den für seine Person durch die persönliche Konzession erhöhten Wert des Grundstücks durch einfachen Verkauf desselben zu übertragen; wirtschaftlich komme dieser Vorgang dem einer Übertragung nahe, rechtlich liege demselben eine neben dem Kaufvertrage über das Grundstück einhergehende Vereinbarung besonderer Natur zugrunde. — Dieser Entscheidung hat sich die Verwaltungsübung angeschlossen. FM. 28. 1. 02 III 602, ZBl. S. 46. — Es wird also nur der NebenvertragsSt. erhoben. Vgl. A. 14a bei T. 71.

Dagegen wurde nicht ohne Berechtigung geltend gemacht, daß der Verkehr ganz allgemein die Konzession als werterhöhende Eigenschaft des Grundstückes ansehe. Dies ergibt sich aus der hypothekarischen Belastung von Gastwirtschaftsgrundstücken, aus den Geboten bei der Zwangsversteigerung, aus der Feuerversicherung. In einem Schreiben des Reichsschatzamts v. 28. 7. 11 — II 9106 — (Weinbach S. 554) wurde für die StBerechnung darauf Gewicht gelegt, ob die Parteien die Konzession als einen den Wert des Grundstücks erhöhenden Umstand angesehen haben. In Preußen soll jedoch nach FM.

**Noch: Zu Tarifnummer 32.**

22. 3. 12 III 4509 (DNotV. 13 S. 565) bis auf weiteres an der bisherigen Verwaltungsübung festgehalten werden in den Fällen, wo es sich nach dem Urkundeninhalt lediglich um das Entgelt für den Verzicht auf die Konzession handelt. Es empfiehlt sich hierbei, nicht an dem Wortlaut des Vertrages zu haften, sondern den wahren Willen der Parteien zu erforschen. Der WertSt. wird z. B. nicht gefordert werden können, wenn die Parteien zunächst einen Gesamtpreis für das Grundstück mit Konzession vereinbart haben und erst bei der Preisverrechnung einen Teilbetrag „für die Konzession" auswerfen. Der gegenteiligen (von Geb. S. 96 selbst nicht ohne Bedenken wiedergegebenen) Auffassung des Kammergerichts (21. 4. 11) kann ich nicht beitreten.

b) Was für Verkauf von Gastwirtschaften gilt, ist auch für Apothekenkaufverträge maßgebend, wenn es sich nicht um eine dinglich privilegierte Apotheke handelt. Vgl. A. 2 und 3 zu T. 22a, AB. 51.

c) Bei Veräußerung eines Geschäfts nebst Kundschaft war die Praxis früher geneigt, einen Kaufvertrag abzulehnen und nur einen sog. allgemeinen Vertrag anzunehmen. So hat das KG. (15. 2. 06, Joh. Bd. 31 S. B 39) beim Verkauf eines Grundstückes nebst Zubehör und mit dem darin betriebenen Photographiegeschäft nebst Geschäftsinventar von dem Entgelt für das „Geschäft nebst Kundschaft" um den allgemeinen VertragsSt. in Ansatz gebracht.

Im Urt. des RG. v. 12. 3. 06, ZBl. S. 16 v. 07 ist jedoch die Überlassung eines in einem Mietraum betriebenen Handelsgewerbes nebst Kundschaft gegen Entgelt als Kaufvertrag angesehen. Es handelt sich hier, wie das RG. ausführt, weder um eine Sache, noch um ein Recht (§ 433 BGB.); es ist aber nicht richtig, daß ein Kauf nur an einer Sache oder an einem Recht anzunehmen sei, auch andere Werte können Gegenstand eines Kaufes sein. Jetzt kann es als Verwaltungsübung bezeichnet werden, die Übertragung eines Geschäfts oder ähnlichen wirtschaftlichen Begriffs als Kaufvertrag anzusehen und nach T. 32c zu versteuern. Vgl. nam. RG. 26. 1. 09, Entsch. Bd. 70 S. 220: A verkauft an B zwei Grundstücke für 45000 ℳ, ferner das Buchdruckereigeschäft mit Firma und den dem Betriebe dienenden Maschinen, Pressen, dem Kontormobiliar usw. für 48000 ℳ; A verzichtet endlich gegen eine Entschädigung von 197000 ℳ zugunsten des B auf das Verlagsrecht an einem Zeitungsunternehmen: Für den Verzicht war der MobiliarSt. nach T. 32e mit $^1/_3$ % von 197000 ℳ fällig. Die übrigen StFragen sind nicht mehr zur Entscheidung des RG. gelangt. Der Vorderrichter hatte außerdem 1 % von 93000 ℳ für erforderlich erklärt.

d) Wie Geschäft und Kundschaft ist auch nach der neueren Rechtsprechung des RG. das Recht zur Fortführung der Firma zu versteuern (RG. 28. 10. 10, Entsch. Bd. 74 S. 378).

**16.** Wenn ein Handelsgeschäft als Ganzes veräußert wird, so ist nicht ein abstrakter Begriff Gegenstand des Vertrages, sondern die Summe der zu dem Geschäft gehörigen Rechte und Verbindlichkeiten (Entsch. Bd. 46 S. 266), RG. 26. 11. 06, Holdh. S. 244 v. 07.

**17.** Unter „besondere" Tarifstellen sind solche gemeint, die sich auf die Veräußerung von Sachen beziehen, wie Auflassungen, Auktionen, Gesellschaftsverträge, Leibrentenverträge; in solchem Falle schließt die besondere Tarifstelle die T. 32 als lex generalis aus. RG. 9. 1. 00, JW. S. 162.

**Noch: Zu Tarifnummer 32.**

**18.** Die Frage, was unter unbeweglichen Sachen i. S. der T. 32a zu verstehen ist, entscheidet sich nach dem jeweiligen örtlichen und zeitlichen bürgerlichen Recht. RG. 23. 9. 04, Entsch. Bd. 59 S. 19.

**19.** Der Versteuerung nach T. 32a unterliegen mit den unbeweglichen Sachen (Grundstücken) ihre Bestandteile, insbesondere die wesentlichen Bestandteile (§ 93 BGB.). Als Bestandteile des Grundstücks nennt das BGB. (§ 96) die mit dem Eigentum an einem Grundstücke verbundenen Rechte, z. B. Grunddienstbarkeiten. Zu den wesentlichen Bestandteilen gehören die mit dem Grund und Boden fest verbundenen Sachen, insbesondere Gebäude, sowie die Erzeugnisse des Grundstücks, solange sie mit dem Boden zusammenhängen. Vgl. § 94 BGB. Den Bestandteilen gegenüber steht das Zubehör: bewegliche Sachen, die ohne Bestandteile der Hauptsache zu sein, deren wirtschaftlichem Zwecke zu dienen bestimmt sind und zu ihr in einem dieser Bestimmung entsprechenden räumlichen Verhältnisse stehen. Vgl. § 97 BGB. Zubehöreigenschaft können nach § 98 haben: bei einer Mühle, einer Schmiede, einem Brauhaus, einer Fabrik die zu dem Betriebe bestimmten Maschinen und sonstigen Gerätschaften u. a.

Die Abgrenzung zwischen Bestandteil und (beweglichem) Zubehör bereitet der Rechtsprechung und Praxis viele Schwierigkeiten. Namentlich die Frage, wie weit Maschinen als wesentliche Bestandteile einer Fabrik, also als unbeweglich, oder nur als Zubehör und als beweglich zu gelten haben, hat bei ihrer weittragenden Bedeutung für das Hypothekenrecht (vgl. § 1120 BGB.) das RG. lange Zeit beschäftigt. Eine Zeitlang überwogen die Entscheidungen, welche die Bestandteilseigenschaft bejahten. Jetzt sind folgende Grundlinien festzustellen.

Eine Fabrik ist nicht etwa mit allen Maschinen, mit der gesamten, auch der motorischen Einrichtung als eine einheitliche Sache anzusehen. Das mag wirtschaftlich richtig sein, trifft jedoch für die Rechtslage nicht zu. Durch die Wegnahme der Maschinen wird im allgemeinen wohl der Fabrikbetrieb, nicht aber das Fabrikgebäude berührt. Eine Sache (Maschine) ist vielmehr nur dann Bestandteil eines industriellen Unternehmens, wenn sie dergestalt in das Fabrikgebäude aufgegangen ist, daß sie nur noch als Sachteil des Gebäudes und mit diesem als eine einzige körperliche Sache erscheint. Dazu ist in der Regel eine feste Verbindung der Maschine mit dem Gebäude notwendig. Es genügt aber auch, wenn die Herrichtung und Einrichtung des Gebäudes eine solche ist, daß trotz der losen Verbindung alles zusammen doch nur als *eine* Sache gilt und als solche auch im Verkehr aufgefaßt wird. Wesentlich für die Bestandteilseigenschaft wird sprechen, daß die Maschinen individuell gerade für das betreffende gewerbliche Gebäude hergestellt sind, oder daß das Gebäude eigens um die Maschinen herumgebaut ist, nicht lediglich zum Schutze gegen Witterungseinflüsse. Bei Maschinen, die Katalog-(Markt-)Waren sind, werden die Voraussetzungen der Bestandteilseigenschaft selten zutreffen, da anzunehmen ist, daß sie auch für jeden anderen gleichartigen Fabrikbetrieb mit Vorteil benutzt werden können. Auf die Verkehrsauffassung ist das erheblichste Gewicht zu legen. RG. 2. 11. 07, JW. 3 v. 08; 29. 5. 08 Bd. 69 S. 150; 26. 6. 08, JW. S. 517 und 15. 1. 09, JW. S. 130; 3. 2. 11, JW. S. 317. Die Rechtsprechung des RG. ist jetzt der Annahme einer festen Verbindung offensichtlich wenig geneigt.

**Noch: Zu Tarifnummer 32.**

**20.** Als wesentlicher Bestandteil kann nach diesen Grundsätzen angesehen werden: der in ein Automatenrestaurationsgrundstück mit einem Kostenaufwand von 50000 ℳ eingebaute Automat. RG. 10. 7. 09, JW. S. 484. Die Stahlkammeranlage eines Bankgrundstücks, d. i. eines eigens für den Bankbetrieb ausgebauten Gebäudes (nicht die Stahlkammeranlage eines in Mietsräumen untergebrachten Bankgeschäfts). Fuchs, DJZ. S. 301 v. 1914. Der neueren Rechtsprechung des RG. wird auch noch das Urt. v. 28. 6. 04, DJZ. Nr. 20 Beilage entsprechen, wonach eine elektrische Beleuchtungsanlage ein wesentlicher Bestandteil eines Hotels ist. Vgl. jedoch schon RG. 12. 3. 14, JW. S. 680.

**21.** Dagegen sind als Zubehör behandelt worden:

a) eine Schnellpresse, die in einem zum Druckereibetriebe bestimmten Gebäude aufgestellt ist. RG. 4. 4. 08, JW. S. 322;

b) eine in einem Sägereianwesen befindliche Lokomobile. RG. 12. 1. 10, JW. S. 182;

c) das Leitungsnetz eines Elektrizitätswerks insoweit, als es sich über die räumlichen Grenzen des Grundstücks, auf dem sich die elektrische Beleuchtungsanlage befindet, hinaus erstreckt. RG. 8. 7. 13, JW. S. 1046;

d) die Tanks und Bottiche einer Brauerei. RG. 3. 12. 13, JW. S. 238 v. 14.

**22.** Lag es bisher im Interesse der Steuerpflichtigen, die Maschinen usw. als beweglich angesprochen zu sehen, so macht sich jetzt das entgegengesetzte Bestreben geltend, da der Versicherungsstempel T. 12 A RStG. die Feuerversicherung beweglicher Sachen einem höheren St. unterwirft als die der Gebäude. Vgl. über die Unterscheidung beweglicher und unbeweglicher Sachen die Ausführungen von Cuno, Die Reichsabgabe von Versicherungen nach dem RStG. v. 3. 7. 13 S. 121.

**23.** a) Von den „Rechten, welche den inländischen unbeweglichen Sachen gleichgeachtet werden", sind vor allem die dinglichen Apothekenprivilegien (s. T. 22a A. 2 u. 3), Kure alten Rechts, die selbständigen Kohlen- und Salzabbaugerechtigkeiten zu nennen. Ebenso ist die Bahneinheit nach dem Gesetze betr. das Pfandrecht an Privateisenbahnen und Kleinbahnen usw. v. 19. 8. 95 als unbewegliche Sache i. S. T. 32 lit. a anzusehen; es ist daher bei Kaufverträgen über eine Privateisenbahn oder Kleinbahn (eine Bahneinheit i. S. des Ges. v. 19. 8. 95) der ImmobiliarSt. von dem gesamten Kaufpreis einschließlich des auf die beweglichen Bestandteile des Bahnunternehmens entfallenden Teils zu entrichten. RG. 18. 3. 02, Entsch. Bd. 51 S. 101.

b) Ein Vertrag über die Bestellung eines Erbbaurechts gegen Entgelt ist gleichfalls als Veräußerungsgeschäft über eine unbewegliche Sache oder diesem gleich geachtetes Recht anzusehen. Mit dem Wesen des Erbbaurechts ist die Setzung einer zeitlichen Grenze an sich nicht unverträglich; das Gesetz schließt die Beifügung von Bedingungen, insbesondere kassatorischen Klauseln, nicht aus; unwesentlich für das Erbbaurecht ist die Regelung des Entgelts, dieser Punkt ist vielmehr lediglich dem Parteibelieben überlassen. Fällt ein lästiger Vertrag, der auf die Übertragung eines bereits bestehenden Erbbaurechts gerichtet ist, unbedenklich unter T. 32 (§ 1017

**Noch: Zu Tarifnummer 32.**

Abs. 2 BGB.), so ist dies auch mit dem obligatorischen auf Begründung des Erbbaurechts abzielenden Vertrage der Fall. FM. 12. 10. 05 III 12992, RG. 16. 5. 05, Entsch. Bd. 61 S. 1, ZBl. S. 739.

**24.** Dagegen gehören die einem Mitgliede des Rheinisch-Westfälischen Kohlensyndikats zustehenden sogenannten Beteiligungsanteile nicht zu den unbeweglichen Sachen oder diesen gleichgeachteten Rechten. RG. 16. 2. 09, JW. S. 238. Ebensowenig sind die Zündwarenkontingente mit dem Eigentum an den Fabrikgrundstücken verbunden. RG. 5. 7. 13, ZBl. S. 410.

**25.** a) Der ursprünglich nur für ausländische Grundstücke geltende Feststempel ist 1909 auf deren mitverkauftes Zubehör ausgedehnt worden, um Doppelversteuerungen zu vermeiden. Begr. S. 11/09. Das Schulbeispiel ist der Verkauf einer im Stempelausland belegenen Gastwirtschaft mit Inventar.

b) Der § 313 BGB. ist auf den Abschluß von Verträgen über ausländische Grundstücke, wenn er im Inland vorgenommen ist, nicht anwendbar. Hier entscheidet die lex rei sitae. RG. 3. 3. 06, DJZ. S. 543.

**26.** a) Zu den „anderen Gegenständen aller Art" gehören vor allem bewegliche Sachen, aber auch die sog. absoluten Rechte wie Mutungsrechte, Patentrechte, Rechte auf ausschließliche Benutzung und Verarbeitung eines noch zu erteilenden Patents. RG. 8. 2. 10, Entsch. Bd. 73 S. 121, der elektrische Strom. RG. 16. 12. 13, Recht 14 S. 175 6.

b) Als bewegliche Sachen sind ferner solche anzusehen, die nur zu einem vorübergehenden Zwecke mit dem Grund und Boden verbunden sind (§ 95 BGB.), z. B. die vom Pächter auf dem Pachtgrundstück für eigene Zwecke errichteten Gebäude. RG. 19. 9. 03, DJZ. Nr. 21 Beilage. Vgl. 23. 9. 04, Entsch. Bd. 59 S. 20.

c) Nach diesen Grundsätzen sind Verträge zwischen dem Domänenfiskus und dem Pächter über den Verkauf der von dem letzteren auf den Pachtgrundstücken errichteten superinventarischen Gebäude nur mit $^1/_3$ % zu versteuern. Dem Eigentumserwerb des Fiskus an den Gebäuden mit deren Einrichtung (§§ 94, 946 BGB.) steht die Bestimmung im § 95 BGB. entgegen. Der Pächter blieb verfügungsberechtigter Eigentümer. FM. 27. 10. 06, III 14 118.

d) Eine zu vorübergehenden Zwecken aufgestellte, wenn auch mit dem Grund und Boden bzw. dem Maschinenhause verbundene Lokomobile ist eine bewegliche Sache und nicht Bestandteil des Grundstücks. RG. 12. 4. 04, JW. S. 336.

e) Verkauf eines Gebäudes ohne den Grund und Boden zum Abbruch ist Mobiliarvertrag. RG. 7. 3. 99, JW. S. 250. Es handelt sich um den Verkauf zukünftiger Abbruchsmaterialien. Dabei muß geprüft werden, ob auf die veräußerten beweglichen Sachen, nämlich die Materialien, die Befreiungsvorschrift Abs. 10[3] angewendet werden kann. RG. 8. 12. 05, JW. S. 96 v. 06. Vgl. unten A. 69ff.

f) Die Übertragung des einer Buchhandlung bereits zustehenden Verlagsrechts an eine andere Buchhandlung gegen Entgelt unterliegt dem KaufSt. Vgl. FM. 7. 7. 00 III 8264 und A. 6d zu T. 71, oben A. 15c.

g) Kauf über bewegliche Sachen ist auch für folgenden Vertrag angenommen worden: A verpachtet an B eine Parzelle zum Zweck der Nutzung

**Noch: Zu Tarifnummer 32.**

durch Abholzung und Verwertung des darauf befindlichen Holzbestandes auf 5 Jahre. Der in einer Summe bestimmte „Pachtpreis" beträgt 125000 ℳ. Die abgeholzten Flächen sind einplaniert zurückzugeben, und zwar schon während der Pachtzeit, soweit die Abholzung bewirkt ist. Dem „Pächter" steht frei, das Grundstück schon vor der Abholzung anderweit, etwa durch Abweiden, zu benutzen: Diese Urkunde ist als Kaufvertrag mit $^1/_3$% von 125000 ℳ versteuert. FM. 25. 10. 01 III 13035. Über Vorliegen eines Pachtvertrages bei ähnlichem Tatbestand vgl. T. 48 A. 12c.

27. Den Unterschied zwischen Kauf und Lizenz stellt das RG. dahin fest, daß Kaufvertrag vorliegt, wenn es sich um die Übertragung des ausschließlichen Benutzungsrechts selbst, wenn auch vielleicht unter räumlicher und zeitlicher Einschränkung der Ausübung des Rechts und einer Produktionsbeschränkung, ein Lizenzvertrag, wenn es sich um die jemandem für seine Person erteilte Erlaubnis zur Benutzung des Patents handelt.

Ein Vertrag über die Überlassung des ausschließlichen Benutzungsrechts einer Erfindung, sowie des ausschließlichen Verwertungsrechts der für sie erteilten oder noch zu erteilenden Patente gegen ein bestimmtes Entgelt unterliegt daher T. 32c. RG. 20. 10. 03 und 10. 4. 06, ZBl. S. 19 v. 04 und S. 799 v. 06. Vgl. A. 2a zu § 6. Neuerdings Entsch. v. 5. 5. 11 ZBl. S. 233.

Lizenzvertrag würde nach T. 48 zu versteuern sein. FM. 13. 2. 04 III 1678 s. A. 29a bei T. 48.

Wenn der Inhaber von Patenten einem anderen die Verwertung der Patente durch Lizenzerteilung oder Verkauf in der Art überträgt, daß die dabei sich ergebenden Erlöse abzüglich der Kosten zwischen beiden Vertragsteilnehmern nach einem bestimmten Verhältnis geteilt werden, so liegt ein Gesellschaftsvertrag vor. RG. 12. 5. 11, FM. 22. 6. 11 III 10738.

28. a) Für einen den §§ 2371ff. BGB. unterfallenden Erbschaftskauf ist der St. nach Maßgabe des Kaufpreises zuzüglich der als ausbedungene Leistung zu behandelnden Pflicht zu Deckung bestimmt bezifferter Nachlaßschulden in der Weise zu berechnen, daß für inländische Immobilien 1%, für außerhalb Landes befindliche Immobilien 1 ℳ 50 ₰ — jetzt 3 ℳ — und für andere Nachlaßobjekte $^1/_3$% zum Ansatz kommen. Dabei sind Abs. 1 u. 2 des § 10 LStG. zu beachten. Geht der Wert der Gegenleistung des Erbschaftskäufers aus dem Vertrage nicht hervor, so sind die Werte der einzelnen Nachlaßobjekte nach T. 32 Abs. 1 Buchst. a—c zu versteuern. KG. 17. 9. 00, Joh. Bd. 20 S. B 36. Über ausbedungene Leistungen vgl. A. 31ff.

b) Der Verkauf von Erbteilen durch einzelne Miterben erfordert, auch wenn Grundstücke zum Nachlaß gehören, $^1/_3$% St. Der Betrag der übernommenen Nachlaßschulden ist dem Kaufpreise nicht hinzuzurechnen, da die Übernahme nicht aus dem Vertrage, sondern aus § 2378 BGB. folgt, eine ausbedungene Leistung sonach nicht vorliegt. KG. 22. 2. 04, Joh. Bd. 28 S. B 77.

c) Ein die Veräußerung eines Erbschaftsteiles bezweckender Vergleich bedarf als Erbschaftskauf der für diesen erforderlichen Form. RG. 19. 10. 05, JW. S. 721.

**Noch: Zu Tarifnummer 32.**

d) Ein Erbschaftskauf über einen Erbanspruch an einzelnen Teilen des Nachlasses ist nichtig, z. B. der Kauf des Erbanspruchs an dem gesamten Grundbesitz des Erblassers, weil nur ein Anspruch auf das Vermögen des Erblassers als Ganzes, das Aktiva und Passiva umfaßt, besteht. RG. 31. 5. 05, JW. S. 437.

e) Der Erbschaftskauf über eine nach Art. 213 EG. BGB. den Gesetzen vor 1900 unterworfene Erbschaft oder über Anteile an derselben bedarf der gerichtlichen oder notariellen Beurkundung nach § 2371 BGB. nicht. RG. 5. 4. 10, Entsch. Bd. 73 S. 291.

**29.** a) In einem von beiden Teilen unterzeichneten etwa folgendermaßen lautenden Nachtrage zu einem Lieferungsvertrage

„Vorstehender Vertrag wird auf das Etatsjahr . . . verlängert“

ist von neuem ein stpflichtiger Lieferungsvertrag zu erblicken. FM. 5. 1. 03 III 16373.

b) Bei der Kgl. Eisenbahndirektion in Berlin, deren Verfahren mit dem bei den übrigen Eisenbahndirektionen geübten im wesentlichen übereinstimmen dürfte, findet eine Beurkundung des Verkaufs von Altmaterialien u. dgl. auf folgende Arten statt:

α) Auf das — infolge Ausschreibung eingegangene — Angebot des Bewerbers erteilt ihm die Eisenbahndirektion unter Beifügung von „Bedingungen für den Verkauf $\frac{\text{alter Materialien“}}{\text{von Altpapier}}$ schriftlich den Zuschlag. Zuschlagsschreiben und Bedingungen werden vom Käufer mit dem Vermerk „Anerkannt“ versehen und unterschriftlich vollzogen an die Eisenbahndirektion zurückgesandt (Muster I u. II).

β) Auf ein Schreiben des Bewerbers, das anscheinend ein kurzerhand erfordertes Angebot enthält, erklärt die Eisenbahndirektion sich dem Käufer gegenüber schriftlich bereit, „die nachseitig bezeichneten alten unbrauchbaren $\frac{\text{Oberbau-}}{\text{Werkstatts-}}$ Materialien zu dem dabei angegebenen Preise zu verkaufen“. Der Bewerber wird ersucht „dieses Zuschlagsschreiben“ mit eigenhändiger Unterschrift des Anerkennungsvermerks versehen zurückzusenden. Das Schreiben enthält ferner den Hinweis, daß durch dessen Vollziehung gleichzeitig die beigefügten Bedingungen für den Verkauf alter Materialien als rechtsverbindlich anerkannt würden (Muster III, das bei Verkäufen zum Werte von über 1000 ℳ benutzt zu werden pflegt).

γ) Auf ein anscheinend kurzerhand erfordertes Angebot erklärt die Eisenbahndirektion sich dem Bewerber gegenüber schriftlich bereit, „die nachseitig bezeichneten alten unbrauchbaren Oberbau- (und Werkstatt-) Materialien zu dem dabei angegebenen Preise zu verkaufen“. Sie ersucht den Empfang des Schreibens zu bestätigen, mit dem Hinweis, daß mit dem Eingange des Bestätigungsschreibens bei ihr der Kauf als geschlossen gelte (Muster IV, das bei Verkäufen zum Werte von unter 1000 ℳ benutzt zu werden pflegt).

δ) Überzählige Güter und Fundsachen, sowie alte, verwaltungsseitig nicht mehr zu verwendende Inventargegenstände — auch Koksasche, ange-

**Noch: Zu Tarifnummer 32.**

sammelter Straßenkehricht und dgl. — werden von Beamten der Eisenbahnverwaltung öffentlich versteigert (Muster V u. VI).

$\varepsilon$) Der Käufer erkennt schriftlich an, daß ihm aus den Beständen der Eisenbahnverwaltung am . . . . ten . . . . . . . . die . . . . . . . . . Gegenstände für den Preis von . . . . . ℳ verkauft worden sind (Muster VII).

Was die stempelrechtliche Beurteilung dieser einzelnen Beurkundungsformen anlangt, so sind die zu $\alpha$ u. $\beta$ bezeichneten Urkunden — vorausgesetzt, daß die Schreiben von der Eisenbahndirektion (in der Form des § 1 Abs. 2 des Ges.) unterschriftlich vollzogen werden — als förmliche zweiseitige Verträge anzusehen. Die Verträge unterliegen daher, falls nicht ein gesetzlicher Befreiungsgrund vorliegt, dem St. der T. 32 Abs. 1c, der gemäß § 5 Abs. 1b daselbst nur zur Hälfte zu erheben ist.

Die Vereinbarung eines Schiedsgerichts in den, einen Bestandteil des Vertrages bildenden Bedingungen erfordert gemäß T. 71 Ziff. 2 Abs. 1 und § 5 Abs. 1b als Nebenvertrag einen St. — in der darstellbaren Hälfte — von 1 ℳ. Ist jedoch der Hauptvertrag stfrei, etwa weil es sich um einen Kaufvertrag i. S. der Befreiungsvorschrift zu 3 der T. 32 Abs. 10 handelt, so ist der Nebenvertrag stfrei, da zu ihm nicht mehr St. erhoben werden darf, als zu dem Hauptvertrage erforderlich ist (T. 71 Ziff. 2 Abs. 1 am Schlusse).

Die Verträge der zu $\gamma$ erwähnten Art sind als durch Briefwechsel zustande gekommen anzusehen. Sie werden gemäß § 1 Abs. 3 Satz 1 von der Steuerpflicht nicht erfaßt, da die Ausnahmebestimmungen des Satzes 2 nicht anwendbar erscheinen.

Die zu $\delta$ erwähnten Versteigerungsverhandlungen sind steuerfrei, da die versteigernden Eisenbahnbeamten als Vertreter des Eisenbahnfiskus handeln — T. 9.

Die zu $\varepsilon$ bezeichneten Anerkenntnisse sind nach Abs. 5 der T. 32 steuerpflichtig, sofern nicht ein besonderer Befreiungsgrund gegeben ist.

Soweit hiernach an sich stpflichtige Urkunden in Frage kommen, wird in der Regel die Befreiungsvorschrift Ziff. 3 der T. 32 Platz greifen, da es sich meist um Mengen von Sachen handeln wird, die zur Wiederveräußerung in derselben Beschaffenheit oder nach vorgängiger Bearbeitung oder Verarbeitung dienen sollen. FM. 16. 4. 10 III 1955, Nr. 23 des Eisenbahnnachrichtenblattes v. 21. 5. 10.

**30.** Werden als Gegenleistung Wertpapiere gewährt, deren Veräußerung unter T. 4 RStG. fällt, so ist zu unterscheiden, ob die Wertpapiere unmittelbar den Gegenwert bilden, oder ob für die Leistungen ein Geldbetrag als Preis bestimmt und lediglich verabredet wird, daß für diesen gewisse Wertpapiere an Erfüllungsstatt gegeben werden sollen. Nur im ersten Fall schließt der ReichsSt. den LandesSt. aus. Im zweiten Falle ist der LandesSt. zu erheben, daneben der ReichsanschaffungsSt., da die Hingabe an Erfüllungsstatt ein besonderes, selbständiges Geschäft darstellt. HSp. S. 750.

**31.** Ausbedungene Leistungen sind solche Gegenleistungen des Käufers, welche er auf Grund des Vertrages, nicht kraft gesetzlicher Bestimmung dem Verkäufer neben dem eigentlichen Kaufpreise zu gewähren hat.

Vorbehaltene Nutzungen sind solche, welche der Verkäufer über den Zeitpunkt des gesetzlichen Übergangs auf Käufer sich selbst vorbehält. (§ 446 BGB.).

**Noch: Zu Tarifnummer 32.**

Maßgebend ist, daß der Verkäufer nicht Kaufgegenstand und Kaufpreis gleichzeitig nutzt. (Vgl. Hz. S. 451.)

**32.** Beispiele für ausbedungene Leistungen:

a) Zu den ausbedungenen Leistungen, die bei Berechnung des Kauf- oder AuflassungsSt. dem Kaufpreise zuzuzählen sind, gehören nur Hypotheken, Grundschulden, Rentenschulden, Pfandrechte, nicht aber Altenteile, Rentenbankrenten oder sonstige dingliche Rechte irgendwelcher Art, auch wenn sie im Vertrage vom Käufer übernommen werden. KG. 10. 11. 02, Joh. Bd. 25 S. C 15, § 439 Abs. 1 BGB. Über Preisverteilung bei Übernahme einer Rentenschuld vgl. JM. 22. 2. 11, JMBl. S. 88: A verkauft an B ein Rentengut zum Preise von 20000 ℳ; B übernimmt in Anrechnung auf diesen Preis die auf dem Gute lastende Rente von 4000 ℳ. Auf beweglichen Beilaß werden 7000 ℳ gerechnet. Der nach Abzug des Werts der Rente verbleibende Kaufpreisteil ist in der Weise auf bewegliche und unbewegliche Sachen zu verteilen, wie es dem Verhältnisse des Gesamtentgelts zu den beiden Arten von Sachen entspricht. Es ist danach der stpflichtige Kaufpreisteil von (20000 — 4000 =) 16000 ℳ im Verhältnis von 20000 : 7000 zu verteilen. Erforderlich an St. 1% von 10400 ℳ und 1/3% von 5600 ℳ.

b) Der Wert eines übernommenen Altenteils ist dem Kaufpreise nicht hinzuzurechnen, gleichgültig, ob er vor oder nach dem 1. 1. 1900 eingetragen worden ist. KG. 2. 5. 04, Joh. Bd. 28 S. B 26. Anders liegt es, wenn etwa der Käufer auch die während der Besitzzeit des Verkäufers fällig gewordenen Altenteilsleistungen übernimmt oder ein Altenteil neu bestellt wird.

c) Ein Erbpachtskanon wird dadurch, daß der Käufer ihn im Kaufvertrage übernimmt, nicht zu einer ausbedungenen Leistung, ist also bei der StBerechnung nicht dem Kaufpreise hinzuzurechnen. Ist er dagegen im Zwangsversteigerungsverfahren ein Bestandteil des geringsten Gebotes, so ist er als Teil des Kaufpreises zu verstempeln. KG. 20. 6. 04, Joh. Bd. 28 S. B 80.

d) Die Verpflichtung zur Zahlung eines Beitrages zu den Pflasterkosten, wenn solche den Anliegern einer neuen zur Bebauung bestimmten Straße durch ein auf Grund des § 15 G. v. 2. 7. 75 erlassenes Ortsstatut auferlegt ist, ist als eine auf dem Grundstück ruhende gemeine Last anzusehen, die kraft Gesetzes auf den Besitznachfolger übergeht. Das Ausbedingen einer Leistung liegt nur vor, wenn z. Zt. des Vertragsschlusses die Fälligkeit der Pflasterkosten schon eingetreten war. RG. 23. 2. 99, JW. S. 251, Gruch. Jahrg. 43 S. 1076. Im vorliegenden Fall waren sie bei Beginn der Errichtung des Gebäudes zu zahlen; zur Zeit des Vertragsschlusses war aber mit dem Gebäude noch nicht begonnen, der Verkäufer von einer Verpflichtung der Stadtgemeinde gegenüber also noch frei.

e) Einräumung einer Wegegerechtigkeit seitens des **Verkäufers** an **Käufer** ist Kaufabrede und bildet einen Teil der Leistungen des Verkäufers. Das Entgelt hierfür liegt in dem Kaufpreis.

**Noch: Zu Tarifnummer 32.**

Bestellt der Käufer dem Verkäufer oder auf seine Veranlassung anderen Parzellenerwerbern eine Wegegerechtigkeit, so liegt hierin eine besondere Leistung des Käufers auf Grund des Kaufvertrags oder eine vom Verkäufer besonders vorbehaltene Nutzung. Das Beispiel zeigt, daß ausbedungene Leistung und vorbehaltene Nutzung ineinander übergehen. FM. 21. 12. 99 III 15690.

f) Verpflichtet sich der Käufer zur Zahlung der durch die freiwillige Versteigerung des Kaufobjekts bei dem Auktionator entstandenen Kosten, sowie zur Zahlung oder Erstattung einer etwaigen Provision, falls solche von einem Dritten gegen den Verkäufer erstritten werden sollte, so treten diese als ausbedungene Leistung bei Berechnung des St. dem Kaufpreise hinzu. KG. 29. 5. 99, Joh. Bd. 19 S. 186. — Vgl. FM. 13. 1. 99 III 268.

g) Eine etwaige Maklerprovision, deren Zahlung nach dem Vertrage der Käufer übernimmt, ohne weiteres dem Kaufpreise hinzuzurechnen, ist nicht zulässig. Nur wenn der Verkäufer aus seinen Vertragsbeziehungen zum Makler diesem die Provision schuldet, liegt in der Übernahme der Provision durch den Käufer eine ausbedungene Leistung. Gegen Hz. (S. 450) nehme ich jedoch an, daß dies Sachverhältnis nicht notwendig unmittelbar aus dem Vertrage hervorgehen muß: der Urkundeninhalt bedarf in diesem Falle der Ergänzung, da er unvollständig ist. A. 1c und d zu § 3.

Wird die Provision in einem Kaufvertrage übernommen, der verschiedenen Steuersätzen unterliegt, z. B. in einem Gastwirtschaftskaufvertrage, so ist die Provision auf die einzelnen Preise zu verteilen. Vgl. AB. 7.

h) Die vom Käufer übernommenen Vermessungs- und Kartierungskosten treten dem Kaufpreis hinzu. FM. 13. 1. 99 III 268.

i) Übernommene Schulden sind dem baren Kaufpreise als ausbedungene Leistung auch hinzuzurechnen, wenn ein Vermögensinbegriff, eine Rechtsgesamtheit, verkauft ist. RG. 22. 5. 00 Entsch. Bd. 46 S. 266: Gegenstand des Kaufes war die Berliner Zweigniederlassung einer auswärtigen Aktiengesellschaft mit allen Aktiven und Passiven und dem Recht der Firmenzeichnung. Der Kaufpreis betrug 100000 ℳ. Der Betrag der von der Käuferin übernommenen Passiva, der im Vertrage nicht angegeben war, wurde nachträglich auf 195119 ℳ festgestellt. Zu dem Vertrage war ein St. von 333,50 ℳ (1/3 %) von 100000 ℳ) verwendet. Die Steuerbehörde erforderte einen weiteren St. von 650,50 ℳ. Das RG. trat der Auffassung der Steuerbehörde bei. Ebenso RG. 23. 11. 06 Holdh. S. 245 v. 07.

k) Stehen auf dem erworbenen Grundstück für den Käufer selbst noch Hypotheken eingetragen, so sind sie im allgemeinen bei dem Kaufpreis zu berücksichtigen. Wenn sie aber schon zur Zeit des Kaufvertrages anerkanntermaßen nicht zu Recht bestanden, so kommt es für die StBerechnung nicht weiter in Frage, daß der Käufer im Kaufvertrage auf die Geltendmachung dinglicher und persönlicher Ansprüche daraus verzichtet hat. Diese Verzichtserklärung bildet zwar

**Noch: Zu Tarifnummer 32.**

nach dem Vertrage einen Teil der Gegenleistung, ist aber bei ihrer Wertlosigkeit für die Preisermittlung ohne Einfluß. RG. 5. 2. 07.

**33.** Beispiele für vorbehaltene Nutzungen:

a) Ein für Verkäufer über den Zeitpunkt der Übergabe oder der Eintragung der Eigentumsänderung vorbehaltenes Wohnungsrecht s. FM. 22. 1. 00 III 655 (§ 446 BGB.);

b) Das für Verkäufer über denselben Zeitpunkt hinaus vorbehaltene Recht der Abholzung und Nutzung der auf dem verkauften Grundstück stehenden Bäume.

**34.** Ausbedungene Leistungen liegen nicht vor:

a) wenn Käufer neben dem Kaufpreise noch eine Konventionalstrafe zu zahlen hat, falls er bis zu einem bestimmten Zeitpunkt mit dem Bau eines Hauses nicht begonnen hat. FM. 14. 7. 96 III 9090;

b) wenn Käufer sich zur Übernahme der Kosten des Vertrages, der Auflassung und der Hypothekenbestellung, sowie des WertSt. und der Umsatzsteuer verpflichtet. FM. 15. 10. 06 III 16745;

c) wenn Käufer die Verpflichtung übernimmt, die vom Verkäufer an einen Dritten bezahlte Abschlußprovision für ein Baugelddarlehn diesem wieder zu erstatten. RG. 14. 7. 99.

Zu a und b liegen Vertragsbedingungen vor, zu c ein Nebenvertrag.

**35.** a) Bedingte Erhöhung des Kaufpreises ist anzunehmen, wenn der Käufer die Verpflichtung übernimmt, bei einem Weiterverkauf einen Teil des Mehrerlöses an Verkäufer zu zahlen. FM. 7. 3. 98 III 3281.

b) Wenn in einem Grundstückskaufvertrage bestimmt ist, daß, falls das Amortisationsguthaben nach der Landschaftsordnung mit dem Grundstück auf den neuen Eigentümer übergeht, der Betrag dieses Guthabens von dem Käufer an den Verkäufer zu zahlen ist, so bildet dieser Betrag eine stpflichtige Erhöhung des Kaufpreises. RG. 15. 11. 10, ZBl. 1911 S. 43; 12. 3. 12, ZBl. S. 261. Vgl. auch T. 2 A. 11.

**36.** a) Wenn bei Grundstückskaufverträgen, in welchen der Kaufpreis auf einen bestimmten Betrag für das Quadratmeter festgesetzt und die Ermittlung der Größe des Grundstücks durch eine demnächst vorzunehmende Vermessung vorbehalten ist, die Umgrenzung des verkauften Grundstücks feststeht, so liegt ein Kaufgeschäft über eine bestimmte Sache vor, und ist auch der Kaufpreis in objektiv bestimmbarer Weise bedungen; nur dessen Berechnung ist vorbehalten. Der St. ist nach dem ungefähren Flächeninhalt sofort zu verwenden. Ist ein ungefährer Flächeninhalt nicht angegeben, so ist nach § 8 d. Ges. zur annähernden Schätzung aufzufordern. FM. 22. 9. 03 III 11976. Die endgültige Versteuerung geschieht, sobald der Preis in einer bestimmten Höhe festgesetzt werden kann. FM. 14. 12. 13 III 1972. Vgl. AB. 5 (1).

b) Für die bei Abzahlungsgeschäften übliche Abrede, daß die Vertragsgegenstände zunächst vermietet werden und der Mietvertrag sich nach pünktlicher Erfüllung in einen Kaufvertrag umwandelt, wird in der Verwaltungspraxis nur ein St. — der höhere KaufSt. — erfordert. Ist der LandesSt. durch das Reichsstempelgesetz ausgeschlossen, so steht der Forderung des MietSt.

**Noch: Zu Tarifnummer 32.**

nichts entgegen, da streng genommen der Miet- und KaufSt. nebeneinander zu verwenden wären. HSp. S. 159/160.

c) Ist in einem Kaufvertrag die Bezahlung in unverzinslichen Jahresraten verabredet, so berechtigt dies nicht bei der StBerechnung zu einem Abzug von Zwischenzins. Der Erwerb des Grundstücks bildet den Hauptgegenstand des Vertrages, nicht der Erwerb einer Rente; § 6 Abs. 1 und Abs. 12 d. Ges. findet keine Anwendung. RG. 12. 6. 08, Entsch. Bd. 69 S. 171.

d) Im Vertrag selbst angezogene Kostenanschläge gelten als Teile des Vertrags auch für die StBerechnung. FM. 26. 6. 99 III 8072.

**37.** a) Der Begriff des Tausches ist im BGB. kein anderer als nach dem gemeinen Recht und dem ALR. Der Kauf geht auf den Umsatz von Ware gegen Geld, der Tausch dagegen auf den Umsatz von Ware gegen Ware; die Gegenleistung besteht bei dem letzteren nicht in dem allgemeinen Tauschmittel des Geldes. RG. 11. 4. 05, JW. S. 349.

b) Der St. ist nicht nach der Höhe der vertragsmäßig festgesetzten Gegenleistung anzusetzen; vielmehr kommt dafür der objektive gemeine Wert der in Tausch gegebenen Gegenstände in Betracht. Hierzu sind aber nicht die zur Ausgleichung nebenher erfolgenden Leistungen zu rechnen. RG. 15. 5. 03, Entsch. Bd. 54 S. 376.

c) Der „Wert" bemißt sich ausschließlich nach dem Substanzwert des Gegenstandes ohne Rücksicht auf die rechtlichen Beziehungen, in welchen er steht, insbesondere ohne jede Rücksicht auf die darauf ruhende Belastung, mag diese beschaffen sein, wie sie will. Demgemäß ist es völlig gleichgültig, ob diese Belastung in einer Hypothek oder, wie bei der Rentenbankrente, in einer Reallast besteht. RG. 18. 10. 07, ZBl. S. 30 v. 08.

d) Für die StBerechnung ist der Wert derjenigen Tauschgegenstände maßgebend, welche die höhere StAbgabe erfordern. KG. 2. 5. 04, Joh. Bd. 28 S. B 84. Grundstücke im Werte von 42000 ℳ einschließlich 6000 ℳ Inventarwert waren gegen solche im Werte von 39000 ℳ einschließlich 1000 ℳ Inventarwert eingetauscht. An St. waren 1% von 38000 ℳ und 1/3% v. 1000 ℳ erforderlich.

**38.** Der Austausch von Forderungsrechten gehört i. S. des StRechts nicht zu den Tauschverträgen, denen gegenüber den Doppelkäufen durch den Abs. 2 eine steuerliche Vergünstigung gewährt ist. Denn dieser Absatz stellt nur eine für die StBerechnung gegebene Erläuterung des Abs. 1 dar, und der letztere unterwirft nur die lästigen Veräußerungsverträge über körperliche Sachen und dauernde Rechte dem WertSt., während die gesondert beurkundete Vereinbarung über die Abtretung einer Forderung nach T. 71 und die Abtretung selbst nach T. 2 zu versteuern sind. RG. 4. 11. 04 VII, Holdh. S. 150 v. 05, KG. 15. 2. 06, Joh. Bd. 32 S. B 53.

**39.** Teilungsverträge zwischen Miteigentümern von Grundstücken sind wie Tauschverträge zu versteuern. Bei der Wertberechnung ist der Miteigentumsanteil des einzelnen abzuziehen. RG. 8. 7. 04, ZBl. S. 29ff. v. 05, JMBl. S. 97 v. 05. Im Urteil wird der St. im Einzelfall berechnet, wenn zwei Personen zwei gleichwertige Grundstücke, die zu gleichen Bruchteilen in ihrem Miteigentum stehen, so unter sich teilen, daß jeder eines dieser Grundstücke erhält, ebenso bei gleicher Teilung von drei gleichwertigen

**Noch: Zu Tarifnummer 32.**

zu gleichen Bruchteilen im Miteigentum dreier Personen stehenden Grundstücken, endlich wenn drei zu gleichen Bruchteilen im Miteigentum dreier Personen stehende Grundstücke verschiedenwertig sind und trotzdem ohne Geldausgleichung jedem Miteigentümer eines dieser Grundstücke als Alleineigentum zugewiesen wird. Der St. berechnet sich bei zwei Teilnehmern zu gleichen Anteilen auf 1/4 des ganzen Grundstückswerts, bei dreien auf 1/3, bei vier auf 3/8 usw. Ergibt sich aus der Urkunde, daß die Teilung schon beim Erwerbe verabredet war, so kommt nur T. 71 Z. 2 zur Anwendung. Vgl. oben A. 5c.

**40.** Stempelrechtlich von großer Bedeutung ist der Unterschied zwischen Tausch und doppeltem Kaufvertrag. Die Merkmale eines Tauschvertrages liegen vor, wenn ein unmittelbarer Austausch von Gegenständen stattfindet oder bei ungleichwertigen Gegenständen eine Abrechnung der Werte der in Tausch gegebenen Gegenstände und eine Ausgleichung des Überschusses durch Barzahlung, Stundung, Abtretung usw. vorgenommen wird. Werden dagegen über die Berichtigung einer jeden der Wertsummen erschöpfende Bestimmungen in der Art getroffen, daß ein Ausgleich eines Teiles der Werte durch gegenseitige Aufrechnung nicht stattgefunden hat, so haben die festgesetzten Werte die Eigenschaft von Kaufpreisen, und es handelt sich um zwei selbständige Kaufverträge. FM. 30. 9. 05 III 12541.

Den Hauptfall des doppelten Kaufvertrages bilden die Grundstücks„tausch"verträge, in denen der Wert des einen oder beider Grundstücke durch die übernommenen Hypotheken vollständig erschöpft wird. Der sog. Tauschvertrag kann dann, ohne daß sein Inhalt berührt wird, in zwei selbständige Kaufverträge zerlegt werden. RG. 11. 4. 05, JW. S. 349.

**41.** Tauschvertrag ist u. a. in folgenden Fällen angenommen:

a) V und B vertauschen das Grundstück des V zum Preise von 650000 ℳ gegen zwei der B gehörige Parzellen im Werte von 437000 ℳ. Auf dem mit 650000 ℳ bewerteten Grundstück des V stehen 390000 ℳ eingetragen, welche die B zu übernehmen hat, so daß 260000 ℳ verbleiben; auf dem mit 437000 ℳ bewerteten Grundstück der B steht nichts eingetragen. Von diesen 437000 ℳ kommen die vorbezeichneten Resttauschgelder von 260000 ℳ in Abzug, so daß für Frau B ein Restkaufgeld von 177000 ℳ verbleibt, welches kreditiert wird.

RG. 15. 3. 04, Entsch. Bd. 57 S. 264, ZBl. S. 104, JMBl. S. 302. Wegen des SchuldverschreibungsSt. s. A. 43.

b) A tauscht vier ihm gehörige Grundstücke gegen ein Grundstück des B ein. Der Wert der Grundstücke des A beträgt 128000 ℳ, der desjenigen des B 400000 ℳ. Auf den Grundstücken des A ruhen 50000 ℳ Hypotheken, auf dem des B 338000 ℳ. Beide Erwerber übernehmen wechselseitig die Hypotheken. Das danach für B verbleibende Tauschguthaben von 62000 ℳ (62000 ℳ + 338000 ℳ = 400000 ℳ) wird gegen einen gleich hohen Betrag des dem A verbleibenden Tauschguthabens von 78000 ℳ (50000 ℳ + 78000 ℳ = 128000 ℳ) ausgeglichen, und zum weiteren Ausgleich hat B an A 16000 ℳ zu zahlen. RG. 28. 5. 04, Holdh. S. 275. Wegen des SchuldverschreibungsSt. s. A. 43.

**Noch: Zu Tarifnummer 32.**

c) A überläßt das Grundstück W. — Angenommener Wert 800000 ℳ
an B. Dieser übernimmt von den Hypotheken . . . 595000 „

so daß als Anspruch des A verbleiben . . . . . . . 205000 ℳ
B erklärt in dem Vertrage eine Schuldverschreibung über einen Resttauschpreis von . . . . . . . . . . 150000 „

verbleibt ein Restanspruch für A von . . . . . . 55000 ℳ

B überläßt das Grundstück Z an A. Angenommener Wert 295000 ℳ
hiervon ab der obige Restanspruch des A mit . . . 55000 „

bleiben . . 240000 ℳ

Über diesen Betrag beurkundet A eine Schuldverschreibung für B. RG. 4. 11. 04. Wegen des SchuldverschreibungsSt. s. A. 43.

d) Der festgesetzte Preis für das Grundstück A von 116000 ℳ wird gedeckt durch Übernahme einer Hypothek von 72000 ℳ, Barzahlung von 2000 ℳ, Bestellung einer Restkaufgeldhypothek von 30000 ℳ und „Aufrechnung" der Restforderung von 12000 ℳ gegen einen gleich hohen Teilbetrag des dem andern Vertragsteil geschuldeten Preises für die Überlassung des Grundstücks B. Die Deckung des für das Grundstück B vereinbarten Preises von 73000 ℳ erfolgt durch Übernahme von Hypotheken im Betrage von 61000 ℳ und „Aufrechnung" des Restes von 12000 ℳ gegen die vorbezeichnete gleich hohe Preisforderung des andern Vertragsteils: RG. v. 18. 1. 10, ZBl. S. 132, Entsch. Bd. 73 S. 88. Nach der Fassung der Urkunde würde bei strenger Anwendung des § 3 des Ges. in dem Falle zu d doppelter Kaufvertrag angenommen werden können.

42. Doppelter Kauf ist dagegen u. a. in folgenden Fällen angenommen:

a) A wird Eigentümer des Grundstücks X gegen Übernahme der darauf ruhenden Hypotheken, B Eigentümer des Grundstücks Z gegen Übernahme der Hypotheken und Zuzahlung von 10000 ℳ. RG. 11. 6. 01, JW. S. 543. — Ebenso entschieden in RG. 26./29. 11. 01, Entsch. Bd. 50 S. 285.

b) A „vertauscht" sein Grundstück X zum angenommenen Wert von 400000 ℳ an B. Dagegen vertauscht B sein Grundstück Z zum angenommenen Wert von 64500 ℳ an A. Die auf X eingetragenen 360000 ℳ übernimmt B, die auf Z eingetragenen 64500 ℳ übernimmt A. Der Rest des Tauschpreises von 40000 ℳ wird dem B gestundet. FM. 17. 5. 05 III 6245.

c) Für Grundstück K ist ein Wert von 292500 ℳ, für das Grundstück W ein solcher von 38300 ℳ festgesetzt. Der erstere Betrag wird durch Übernahme von Hypothekenschulden in Höhe von 280000 ℳ und Barzahlung von 12500 ℳ, der letztere durch Hypothekenübernahme von gleicher Höhe beglichen.

d) Ist in einem als Tauschvertrag bezeichneten Vertrage der Wert der wechselseitig hingegebenen Grundstücke nicht angegeben, die Angabe aber außerhalb der Urkunde nachgeholt und ergibt sich danach, daß der Wert des einen Grundstücks durch die übernommenen Hypotheken vollständig erschöpft wird, so ist der Vertrag als doppelter Kaufvertrag

**Noch: Zu Tarifnummer 32.**

zu versteuern. KG. 5. 10. 05, Joh. Led. 30 S. B 43: Es vertauschen A und B ihre Grundstücke miteinander und vereinbaren, daß A die auf dem Bschen Grundstück lastenden Hypotheken von 91600 ℳ übernimmt und 18400 ℳ zuzahlt und B die das Asche Grundstück belastenden Hypotheken von 112000 ℳ übernimmt.

**43.** Hat der Veräußerer des mehrwertigen Grundstücks wegen höherer Hypothekenbelastung zur Ausgleichung noch etwas an seinen Vertragsgegner herauszuzahlen, so ist für die Beurkundung des Zahlungsversprechens der SchuldverschreibungsSt. zu erheben, denn diese Abrede geht über den Rahmen des Tauschvertrages hinaus. RG. 12. 12. 98, JW. 99 S. 84. In den Fällen der Anmerkung 41 zu a und b würden SchuldverschreibungsSt. von 177000 ℳ und 16000 ℳ zu erheben sein. Vgl. A. 7a zu T. 58.

Im Falle Anmerkung 41 zu c ist die Beurkundung zweier stpflichtiger Schuldverschreibungen über je 150000 ℳ angenommen worden: Das Wesen des Tauschvertrags erschöpft sich in dem gegenseitigen Austausche der hinzugebenden Gegenstände und der Herbeiführung des erforderlichen Ausgleichs. Vgl. A. 7a bei T. 58. Die Fassung der Urkunde läßt hier m. E. einen SchuldverschreibungsSt. von 150000 ℳ und 240000 ℳ gerechtfertigt erscheinen.

**44.** Vgl. § 82 ZVG.

**45.** In der Novelle von 1909 ist in der ersten Zeile des Abs. 2 Ziffer 2 zwischen den Worten „bei" und „Zwangsversteigerungen" das Wort „gerichtlichen" eingeschaltet worden, um alle Zweifel darüber auszuschließen, daß der Abs. 2 auf Zwangsversteigerungen beweglicher Sachen keine Anwendung finde. KB. S. 39 (09).

**46.** a) Bei Zuschlagsbescheiden ist auch dann der WertSt. fällig, wenn der bisherige Eigentümer Ersteher ist. KG. 23. 11. 96, Joh. Bd. 16 S. 298.

b) Eine in das geringste Gebot aufgenommene Höchstbetragshypothek ist bei Berechnung des St. für den Zuschlagsbeschluß zum vollen eingetragenen Höchstbetrage zugrunde zu legen. KG. 4. 7. 04, Joh. Bd. 29 S. B 49.

c) Bei der Zwangsversteigerung eines Rentengutes ist zum Zwecke der StBerechnung der Kapitalwert der darauf lastenden Rente dem Meistgebot nicht hinzuzurechnen. — Vgl. JM. 11. 3. 97, JMBl. S. 62/63.

d) Altenteilsrechte und solche Grunddienstbarkeiten, die zur Erhaltung ihrer Wirksamkeit gegenüber dem öffentlichen Glauben des Grundbuchs der Eintragung nicht bedürfen, bleiben, wenn sie dem Rechte des betreibenden Gläubigers gleich- oder nachstehen, bei der Berechnung des stpflichtigen Wertes des Zuschlagsbescheides außer Ansatz, einerlei, ob ihr Übergang auf den Ersteher in den Versteigerungsbedingungen hervorgehoben wird oder nicht.

Gehen derartige Belastungen dem Rechte des betreibenden Gläubigers vor und werden sie bei der Feststellung des geringsten Gebotes berücksichtigt, so bleiben sie bei der Berechnung des stpflichtigen Wertes jedenfalls dann außer Ansatz, wenn die Verpflichtung des Erstehers, für den Fall ihrer Nichtexistenz einen Ersatzbetrag bar zu zahlen, im Zuschlagsbeschlusse nicht zum Ausdruck kommt. KG. 16. 4. 09, Joh. Bd. 38 S. B 44.

e) Über Erbpachtskanon vgl. oben A. 32c.

**Noch: Zu Tarifnummer 32.**

f) Unter dem „Wert" ist der gemeine Wert zu verstehen, nicht die Vervielfachung des Grundsteuerreinertrages und des Gebäudesteuernutzungswerts. KG. 18. 2. 10, JMBl. S. 290.

g) Es sind drei Faktoren zu ermitteln: Meistgebot, gemeiner Grundstückswert, Gesamtbetrag der Hypotheken- und Grundschuldforderungen des Erstehers, sowie der diesen vorgehenden Forderungen. Ist von diesen drei Faktoren das Meistgebot am höchsten, so ist der St. von ihm zu berechnen. Bleibt das Meistgebot hinter dem Grundstückswert zurück, so ist zu untersuchen, ob von den beiden anderen Faktoren der Grundstückswert oder der zu dritt genannte Gesamtbetrag höher ist. Der St. ist alsdann nach dem niedrigeren dieser beiden das Meistgebot übersteigenden Faktoren zu berechnen. KG. 18. 2. 10, JMBl. S. 290. Die Frage der StBerechnung erläutert eingehend ein Aufsatz von Greiff JW. 13 S. 725.

h) Bei Ermittelung des „Gesamtbetrages der Hypotheken . . . vorgehenden Forderungen" sind alle der Hypotheken- und Grundschuldforderung des Erstehers vorhergehenden (gleichstehende kommen also nicht in Betracht) Forderungen zu berücksichtigen, ohne daß zugunsten der etwa nicht zur Hebung gelangten Forderung eine Ausnahme zu machen ist. Unter vorgehenden Forderungen sind nicht nur die vorstehenden Hypotheken- und Grundschuldforderungen zu verstehen, sondern auch die sonstigen vorgehenden Ansprüche, wie Zinsen und Kosten des Verfahrens und Steuern. Die genaue Feststellung des „Gesamtbetrags" wird sich regelmäßig erst beim Kaufgelderbelegungstermin ermöglichen lassen. KG. 22. 4. 10, JMBl. S. 291; 10. 6. 10, JMBl. S. 372.

i) sofern „er" d. h. der Gesamtbetrag KG. 18. 2. 10, JMBl. S. 290.

**47.** Das von der Zwangsversteigerung betroffene Zubehör unterliegt einem St. von $1/3$ v. H. FM. 1. 7. 11. III 11544, JMBl. S. 395.

Über die Pflicht des Richters, auf die gesonderte Angabe des Werts von Grundstück und beweglichem Zubehör hinzuwirken s. LStG. § 20.

**48.** Vgl. BGB. § 364.

**49.** a) Eine Hingabe an Zahlungs Statt hat zur Voraussetzung, daß eine bereits bestehende Schuld nach der Absicht der Parteien dadurch getilgt werden soll, daß der Schuldner an Stelle des ursprünglich geschuldeten Gegenstands einen anderen leistet, den der Gläubiger als Erfüllung annimmt. FM. 27. 3. 97 III 3209.

b) A ist Inhaber eines Bankgeschäfts, B am Geschäftsgewinn und -verlust mit $1/3$ beteiligt. Der Anteil des B ist auf einen bestimmten Geldbetrag festgestellt: zur Tilgung dieses Anteils überläßt A an B ein Grundstück: Es ist damit eine Hingabe an Zahlungs Statt beurkundet. KG. 1. 3. 97.

c) Ist in einem formgerechten, gehörig versteuerten Kaufvertrage über ein Grundstück für den Käufer ein bar zu zahlendes Restkaufgeld bedungen und wird nachträglich von den Beteiligten in einer besonderen formgerechten Urkunde vereinbart, daß der Verkäufer statt der Barzahlung ein Grundstück des Käufers an Erfüllungs Statt annehmen solle, so ist zu dem letztgedachten Abkommen ohne Rücksicht auf die Versteuerung des Kaufvertrags der ProzentSt. nach dem Werte zu erheben, zu dem das Grundstück an Erfüllungs Statt angenommen ist. KG. 8. 6. 03, Joh. Bd. 27 S. B 65.

**50.** Der Abs. 2 Ziffer 4, welcher durch die Novelle von 1909 geschaffen ist, behandelt einen Fall der Umgehung des ImmobiliarSt., durch Bestellung

**Noch: Zu Tarifnummer 32.**

eines Nießbrauchsrechts und späteren Erwerb des Grundstückes durch den Nießbrauchsberechtigten. Bei der Beratung wurde regierungsseitig bemerkt, daß diese Umgehungen in der Form vorkämen, daß B, der von A ein Grundstück erwerben wolle, sich zunächst an dem Grundstück durch Vertrag den Nießbrauch bestellen lasse, wofür nach dem Gesetz von 1895 ein St. von 1,50 *M*, nach der Regierungsvorlage ein solcher von $^{3}/_{10}$ v. H. zu entrichten sei (T. 44). Alsdann verkaufe A an B in einem zweiten Vertrage das Grundstück, und in diesem Vertrage würde, da B sich schon im Besitze des Nießbrauchs befinde, nur das nackte Eigentum verkauft und hierfür ein geringer, mit dem Grundstückswerte in keinem Verhältnis stehender Preis ausbedungen. KB. S. 40 (09).

**51.** Vgl. §§ 180—184 ZVG., § 719 BGB.

**52.** Die ebenfalls durch die Novelle von 1909 eingeführte Tarifstelle will namentlich die sog. Möbelleihverträge der Abzahlungsgeschäfte treffen. (Begr. S. 12 (09). Voraussetzung ist aber nicht, daß die Abreden in Vertragsform niedergeschrieben sind und zum Vorliegen einer Kaufvertragsurkunde nur die zweite Unterschrift fehlt. Es kommt vielmehr lediglich darauf an, daß wirklich die Veräußerung, also der Abschluß des betreffenden Umsatzgeschäftes, und nicht etwa bloß ein Vertragsangebot schriftlich verlautbart ist. Die Tarifstelle ist daher auch anwendbar, wenn in der Urkunde nur die Erklärungen des Käufers niedergeschrieben sind. RG. v. 24. 10. 13, ZBl. S. 25 v. 14, JW. S. 108. Vgl. T. 58 A. 8 n.

**53.** Der Begriff der Kommissionsnote ist kein juristisch-technischer. Die Handelskammer in Berlin (Nr. 2885 v. 4. 4. 10) faßt ihn dahin: Schriftstücke, welche im Verkehre eines Kaufmanns mit anderen Kaufleuten oder mit Nichtkaufleuten bei Bestellungen beweglicher Sachen nach Abschluß des mündlich vereinbarten Vertrages zum Zwecke dessen Bestätigung oder zum Zwecke der Beweissicherung von einem der beiden Teile aufgenommen und dem anderen Teile sofort unter Anwesenden übergeben und nach Rückkehr in die Geschäftsniederlassung in dieser aufgesetzt und von dort aus dem anderen Teile übersandt werden. Enger RG. in A. 52: Die Bedeutung der Kommissionsnote liegt nicht sowohl darin, daß der Beweis aller einzelnen Bedingungen des Geschäftsschlusses für die Zukunft sichergestellt werden soll, als darin, daß überhaupt das Zustandekommen eines Geschäfts schriftlich bestätigt wird. Über den Rahmen der Kommissionsnote geht es daher hinaus, wenn die Beteiligten in ausführlicher Beurkundung alle einzelnen Vertragsabreden in der Absicht festlegen, sich damit ein Beweismittel für den gesamten Inhalt des Vertrags zu schaffen. Das gilt namentlich für die formularmäßigen Verträge der Abzahlungsgeschäfte, welche einen Eigentumsvorbehalt enthalten.

**54.** Beobachtung der Form des § 313 BGB. ist bei Abtretung der Rechte aus einem Grundstückskaufvertrage nicht erforderlich. RG. 23. 2. 07, JW. S. 303.

**55.** a) Die Tarifvorschrift hat im ersten Satz obligatorische Veräußerungsgeschäfte zur Voraussetzung. Dem St. von 1 % unterliegt nicht die Abtretung von Rechten aus einem Auftragsverhältnis oder Dienst- oder Werkvertrag (RG. 5. 2. 07, Entsch. Bd. 65 S. 318), auch nicht aus Vermächtnissen, KG. 21. 12. 05, Joh. Bd. 32 S. B 58, ebensowenig aus einem Aneignungs-

**Noch: Zu Tarifnummer 32.**

recht, RG. 8. 3. 13 DJZ. 13 S. 922, JMBl. S. 441. In diesen Fällen ist nur der AbtretungsSt. erforderlich.

b) In welcher Form die Übertragung stattfindet, ob durch Vertrag oder einseitige Abtretung, ist gleichgültig. FM. 7. 12. 99 III 16173. Es wird auch nicht nur die Übertragung seitens des ersten Erwerbers getroffen, sondern alle Beurkundungen von Übertragung der Rechte aus Erwerbsgeschäften. RG. 20. 10. 98, Entsch. Bd. 42 S. 243.

c) Bei Einbringung solcher Rechte in Aktiengesellschaften usw. s. T. 25c ($1^3$).

d) Die Übertragung der Erwerberrechte ist in den Fällen stfrei, in denen die Veräußerung der Sachen selbst vom St. befreit wäre, insbesondere finden die Vorschriften über Ermäßigungen und Befreiungen Abs. 10 dieser Tarifstelle Anwendung. RG. 16. 1. 03 Entsch. Bd. 53 S. 287.

**56.** a) Die Gleichstellung der Übertragung der Rechte aus Anträgen ... mit der Übertragung der Rechte aus fest abgeschlossenen Veräußerungsgeschäften ist 1909 erfolgt, um den spekulativen Grundstücksverkehr in höherem Maße, als unter dem Gesetz von 1895 möglich, zur Steuer heranzuziehen. Die Begründung S. 12, 13/09 läßt sich darüber folgendermaßen aus: Der spekulative Grundstücksverkehr hat es verstanden, im Laufe der Jahre Wege ausfindig zu machen, auf denen er sich der Entrichtung der einprozentigen StAbgabe entziehen kann. Die Formen, in denen die Umgehungen vorgenommen werden, sind mannigfache; die Fälle, die im Hinblick auf ihre häufige Wiederkehr als typische bezeichnet werden müssen, sind Umgehungen in der Form von Zwischenveräußerungen durch Abtretung der Ansprüche aus Vertragsanträgen, aus Angebotverträgen, oder aus den Verkäufer einseitig verpflichtenden Verträgen.

Bei Abtretungen aus Vertragsanträgen wird meist in der Art verfahren, daß der Grundstücksbesitzer A dem B die Schließung eines Kaufvertrages anträgt (§§ 145ff. BGB.), vielfach unter der Ermächtigung des B, die Rechte aus dem Angebote abzutreten. B macht hiervon Gebrauch und überträgt seine Rechte an C, dieser sie an D, D sie an E, und es erfolgt schließlich die Auflassung von A an E. Alle diese Abtretungen bedürfen nur des St. von $1/50$ v. H. der Tarifstelle 2. Die Umgehung vollzieht sich ferner, namentlich bei städtischen Grundstücken, durch Abtretungen aus Angebotverträgen. A schließt mit B einen notariellen Vertrag, durch den A dem B oder einem von B zu bezeichnenden Dritten den Abschluß eines Kaufvertrages über sein Grundstück anbietet. Zur Annahme des Angebots wird eine bestimmte Frist gesetzt. Noch vor Ablauf der Frist ist ein Teil des Kaufgeldes zu zahlen, der im Falle der Nichtannahme des Angebots als verfallen gilt. Hat B in C einen Erwerber gefunden, so schließen A, B und C einen weiteren Vertrag, in dem C den Vertragsantrag des A annimmt und an B eine Provision für die Zuführung des Grundstücks zahlt. Die Auflassung erfolgt unmittelbar von A an C. Hier liegen offensichtlich nach der wirtschaftlichen Seite hin zwei Veräußerungsgeschäfte vor, und die von C zu zahlende Provision ist weiter nichts als die Preissteigerung. Der einprozentige WertSt. ist aber dadurch umgangen, daß bei dem ersten Geschäft zwischen A und B an Stelle des Kaufgeschäfts ein Angebot- (Offert-)Vertrag getreten ist. Zur Verhütung der Umgehung der gesetzlichen Abgabe von 1 v. H. ist bei Abs. 6 des Entwurfs ein Zusatz gemacht, durch den Anträge und Angebot-

**Noch: Zu Tarifnummer 32.**

verträge den Veräußerungsgeschäften gleichgestellt werden. Dadurch wird erreicht, daß die Abtretungen aus Anträgen und Angebotverträgen künftig in gleicher Weise wie diejenigen aus den Veräußerungsgeschäften selbst — nämlich wie Sachveräußerungen — versteuert werden müssen. Dieser Vorschrift sollen weiter diejenigen Fälle unterworfen werden, in denen der Verkäufer sich zur Schließung eines lästigen Veräußerungsgeschäftes verpflichtet.

So ist durch FM. 19. 9. 13 III 14097 der WertSt. in doppelter Höhe in einem Fall für erforderlich erklärt, in welchem der Grundstückseigentümer einem Kaufliebhaber „oder einem von diesem zu benennenden Dritten" sein Grundstück zum Kauf anbot, jener in besonderer Urkunde den Dritten benannte, und der Dritte sodann die Annahme erklärte.

b) Der WertSt. für Übertragungen der Rechte aus Anträgen zur Schließung von Grundstücksveräußerungen ist auch in den Fällen zu erheben, wenn der Antragsempfänger die Rechte aus dem Angebot auf den Dritten nicht wirklich überträgt, sondern dem Dritten den Eintritt in den Antrag nur anbietet.

Durch den Vertragsantrag entsteht nach den §§ 145, 148 BGB. für den anderen Teil — den Antragsempfänger — ein aus der Gebundenheit des Antragenden sich ergebender Rechtsanspruch. Dieser Rechtsanspruch kann einem Dritten durch ein bloßes Angebot zum Eintritt in das erste Angebot überlassen werden; ob der Antragsempfänger diese Form wählt oder ob er einen ihm aus einem Kaufangebot zustehenden, auf Dritte übertragbaren Anspruch auf Gebundenheit des Antragenden dem Dritten unmittelbar überträgt, ist in bezug auf die entstehende Rechtswirkung genau dasselbe, denn in dem einen wie in dem andern Falle wird der Antragsempfänger dem Dritten gegenüber rechtlich gebunden, und der Dritte tritt, sobald er das Angebot annimmt, an die Stelle des Antragsempfängers, und zwar dergestalt, daß nunmehr der erste Antragende verpflichtet ist, ihm, dem Dritten, dasjenige zu leisten oder zu tun, was ihm nach Inhalt des Antrages zu leisten oder zu tun obliegt. Damit aber wird ein Forderungsrecht mit der im § 398 BGB. vorgesehenen Rechtswirkung übertragen, und es ist im Hinblick auf diese Wirkung bedeutungslos, in welche Worte und in welche Form die Übertragung gekleidet ist. Abtretungen sind nach den Vorschriften des BGB. formfrei, und auf die Rechtsform der Erklärung der Abtretung kann um so weniger Gewicht gelegt werden, als es überhaupt nach dem bürgerlichen Recht zweifelhaft ist, ob Rechte aus Kaufofferten abgetreten werden können. Als eine stpflichtige Übertragung der Rechte aus einem Kaufangebot sind alle Erklärungen anzusehen, durch die der Empfänger der Erklärung in die Lage versetzt wird, das Kaufangebot statt des Erklärenden anzunehmen.

In Fällen der vorliegenden Art wird in der Regel von einer Erstattung des St. abzusehen sein, weil die sonst ungewöhnliche Rechtsform, daß dem Dritten der Eintritt in das Kaufangebot angetragen wird, offensichtlich nur gewählt wird, um die gesetzlichen St. zu umgehen. FM. 12. 10. 09 III 16653.

c) Der ursprüngliche Antrag zur Schließung eines lästigen Veräußerungsgeschäfts wird von der Tarifvorschrift nicht getroffen. Er erfordert in notarieller Form den NotariatsurkundenSt. von 3 ℳ (T. 45).

57. a) Der Abs. 7 bezieht sich auf den Fall, wo jemand zwar als Vertreter eines andern handelt, aber im eigenen Namen. In diesem Falle hat

**Noch: Zu Tarifnummer 32.**

der Vertreter gemäß § 667 BGB. dem Vertretenen das in Ausführung der Vertretung Erlangte herauszugeben. Die Beurkundung dieser Übertragung unterliegt dem St. von 1 ℳ 50 ₰ — jetzt 3 ℳ — KG. 15. 2. 06, Joh. Bd. 32 S. B 55.

b) Die Bestimmungen sind auch auf diejenigen Fälle zu beziehen, in denen eine negotiorum gestio für noch nicht existierende juristische Personen vorgelegen hat, wie dies bei Erwerbung von Rechten für eine erst demnächst zu begründende Aktiengesellschaft, Stiftung usw. der Fall ist. KB. S. 51, FM. 31. 3. 99 III 4217. — Vgl. § 667 BGB.

c) Über die Frage, ob die Voraussetzungen für die Abstandnahme vom Wertstempel vorliegen, ist der Rechtsweg zulässig. RG. 21. 10. 13; ZBl. S. 80 v. 14. Den Nachweis für das Zutreffen dieses Absatzes hat der StPflichtige zu führen, andernfalls der Fiskus zur Erhebung des vollen St. berechtigt ist. Erkenntnis des LG. Berlin 5. 7. 00.

d) Die Anwendung von T. 32 Abs. 7 ist ausgeschlossen, wenn es sich nicht um die Abtretung der Rechte aus einem Kaufvertrage, sondern um die Weiterveräußerung eines durch Auflassung bereits in das Eigentum des ursprünglichen Käufers übergegangenen Grundstücks handelt. In einem solchen Falle kann aber der AuflassungsSt. vermieden werden, wenn eine das Sachverhältnis ergebende und nach T. 71 Nr. 2 verstempelte Urkunde vorgelegt wird. JM. 11. 10. 00 III 5179, I Gen. II 60. 1694. — A. 2a bei T. 71.

Ebenso KG. 30. 5. 04 Joh. Bd. 28 S. B 88: Läßt der Mann ein im eigenen Namen, aber für Rechnung des eingebrachten Gutes der Frau erworbenes Grundstück an die Frau auf, so kommt der AuflassungsSt. nicht zur Hebung, wenn rechtzeitig eine dieses Sachverhältnis ergebende Urkunde vorgelegt wird. Eine solche Urkunde unterliegt nur dem allgemeinen VertragsSt. Ferner FM. 13. 8. 97 III 4321: Wird bei der Auflassung eine gemäß Abs. 7 versteuerte Vereinbarung vorgelegt, in welcher der erste Erwerber erklärt, daß er das Grundstück seinerzeit als Beauftragter oder Geschäftsführer gekauft habe und in Ausführung des Auftrages nunmehr übertrage, so ist der AuflassungsSt. nicht zu entrichten.

e) Auch auf die Abtretung der Rechte aus dem Meistgebot sind die Abs. 7 und 8 T. 32 anzuwenden. FM. 14. 9. 11 III 15210, JMBl. S. 396, RG. 21. 10. 13, ZBl. S. 80 v. 14.

**58.** Der Notar darf nicht eigenmächtig von der Verwendung des St. absehen, ist vielmehr verpflichtet, wenn die Frist von 14 Tagen verstrichen ist, den St. zu verwenden, doch kann er sofort Erstattung beantragen. Für diese Erstattung ist die Frist des § 25 Abs. 1 lit. a d. G. maßgebend. Immerhin hat aber die Steuerverwaltung kein Interesse daran, zunächst die Verwendung des St. zu fordern und dann den StBetrag zu erstatten. FM. 22. 6. 01 III 7263.

**59.** Die Niederschlagungsbefugnis der OZD. in Satz 2 des Abs. 8 ist in weiten Kreisen unbekannt. Sie ermöglicht, Härten auszugleichen, die sich daraus ergeben, daß eine StErstattung abgelehnt werden muß, weil der Kaufvertrag durch Auflassung an einen Dritten zur Ausführung gekommen ist, an welchen der Käufer seine Rechte aus dem Vertrage abgetreten hat. § 25 A. 15a.

**60.** Vgl. jetzt ZVG. v. 24. 3. 97.

**Noch: Zu Tarifnummer 32.**

**§ 81 Abs. 2.** Hat der Meistbietende das Recht aus dem Meistgebot an einen anderen abgetreten und dieser die Verpflichtung aus dem Meistgebot übernommen, so ist, wenn die Erklärungen im Versteigerungstermin abgegeben oder nachträglich durch öffentlich beglaubigte Urkunden nachgewiesen werden, der Zuschlag nicht dem Meistbietenden, sondern dem Andern zu erteilen.

**Abs. 4.** Wird der Zuschlag erteilt, so haften der Meistbietende und der Ersteher als Gesamtschuldner.

**61.** Der „andere" muß namentlich genannt sein. RG. v. 21. 10. 13, ZBl. S. 80 v. 14.

**62.** Der Auffassung des KG., daß die StErmäßigung der Ziff. 2 Abs. 9 nicht nur die erstmalige Abtretung der Rechte aus dem Meistgebote durch den Meistbietenden, sondern auch fernere Abtretungen betreffen könne, ist der JM. nicht beigetreten.

Der neuen Fassung des LStG. liegt im Gegensatze zu den bisherigen Vorschriften die Absicht zugrunde, die Beurkundung von Abtretungen der Rechte aus dem Meistgebote grundsätzlich steuerlich ebenso zu behandeln wie sonstige Veräußerungsgeschäfte, und nur in ganz bestimmten Ausnahmefällen mit dem ermäßigten Steuersatze von 3 *M* zu belegen. Wie der Kommissionsbericht S. 42 ergibt, bezweckt die Ziff. 2 Abs. 9 lediglich, dem Hypothekengläubiger, der in die Zwangslage versetzt ist, das Grundstück zur Rettung seiner Hypothek zu erwerben, eine Weiterveräußerung zu erleichtern. Daraus ergibt sich, daß nur die von ihm selbst, nicht aber auch die von seinem Zessionar erfolgte Abtretung der Rechte aus dem Meistgebote von der Ermäßigungsvorschrift betroffen wird. Wenn demgegenüber das KG. darauf hinweist, der Hypothekengläubiger werde einen Käufer desto leichter finden, wenn dieser damit rechnen könne, sich des Grundstücks durch eine steuerlich bevorzugte Weiterveräußerung wieder zu entledigen, so mag dies im Einzelfalle richtig sein; weder der Wortlaut noch die aus dem Kommissionsberichte zu entnehmende Absicht des Gesetzes gewähren aber einen Anhalt dafür, daß auch diese doch immerhin recht weitgehende Vergünstigung dem Hypothekengläubiger gewährt werden sollte. JM. 6. 6. 10. Vgl. A. 46h oben.

**63.** Nach der neueren Rechtsprechung des Reichsgerichts, der sich die Verwaltungsübung angeschlossen hat, ist es zur Anwendung der „Ermäßigungen und Befreiungen" nicht notwendig, daß die Erfordernisse sich aus dem Urkundeninhalt ergeben. Es genügt, wenn sie objektiv festgestellt werden. HSp. S. 819. Vgl. AB. 7 Abs. 3. Nur bei der Befreiungsvorschrift für Mengen, die zum unmittelbaren Verbrauch oder zur Wiederveräußerung dienen sollen, hat die Verwaltung in Übereinstimmung mit RG. 21. 4. 11, ZBl. S. 308 an dem Urkundenprinzip festgehalten, da das Ges. die Befreiungsvorschrift an Umstände knüpft, die einen Bestandteil des Vertragswillens einer Partei enthalten. FM. 23. 1. 12 III 21250/11. Vgl. A. 75 und 80 unten.

**64.** Vgl. § 2032 BGB.

**65.** a) Im Fall des Abschlusses des Kaufvertrages zwischen Teilnehmern an einer Erbschaft zum Zwecke der Teilung wird zum Zweck der Anwendung dieser Befreiungsvorschrift kein Gewicht darauf gelegt, ob der Kaufvertrag freihändig oder im Wege öffentlicher Versteigerung zustande

**Noch: Zu Tarifnummer 32.**

kommt, wenn nur Ansteigerer und Versteigerer zu den Teilnehmern an der Erbschaft gehören. $\frac{\text{JM. 28. 2. 02 I 1525.}}{\text{FM. 11. 3. 02 III 3144.}}$

b) Die Ermäßigung erfordert ferner zu ihrer Anwendung nicht notwendig eine Eigentumsgemeinschaft zur gesamten Hand; sie greift vielmehr auch dann Platz, wenn eine Erben- oder aufgelöste Gütergemeinschaft des alten Rechts in einem Miteigentum nach Quoten besteht. KG. 2. 5. 04, Joh. Bd. 28 S. B 92.

c) Stfrei ist der Kauf auch dann, wenn der Nachlaßverwalter als solcher ein Nachlaßgrundstück an einen der Miterben verkauft. KG. 15. 11. 05, Joh. Bd. 32 S. B 61. Dasselbe gilt vom Testamentsvollstrecker.

d) Kauf- und Tauschverhandlungen zwischen Miterben und einer dritten Person sind dem WertSt. unterworfen. KG. 14. 3. 98, Hz. S. 491. Ebenso tritt die Ermäßigung nicht ein, wenn die Verhandlungen sich auf Vermögen erstrecken, über welches die Auseinandersetzung bereits stattgefunden hat. KG. 27. 6. 98, Hz. S. 493.

e) Der vom Testamentsvollstrecker zu Erbteilungszwecken vorgenommene Verkauf von Erbschaftsgegenständen an einen der Teilnehmer an der Erbschaft und die Abtretung von Teilen der Kaufpreisforderung an einzelne Miterben bilden kein einheitliches Geschäft im Sinne des § 10 Abs. 3 des Ges.; für die Abtretung ist vielmehr besonders der ZessionsSt. fällig. RG. 13. 12. 04, Entsch. Bd. 59 S. 361. — Vgl. A. 13a bei T. 2.

f) Der Vertrag des Anerben (Ges. betr. das Höferecht in der Provinz Hannover v. 28. 7. 09) mit einem anderen Erben über den Hof fällt nicht unter die Ermäßigungsvorschrift, denn der Hof vererbt kraft Gesetzes auf den Anerben, gehört also nicht zum Vermögen der Erbengemeinschaft. KG. v. 19. 10. 03, Hz. S. 492.

**66.** Vgl. §§ 1924, 1705, 1589 BGB.

**67.** a) Der Befreiung steht nicht entgegen, daß die Deszendenten Gegenleistungen zugunsten anderer Personen übernommen haben. KG. 5. 4. 99, Hz. S. 495.

Tritt in einem Gutsüberlassungsvertrage der Abgeber den vom Annehmer geschuldeten Kaufgelderrest an andere Kinder in Anrechnung auf deren künftigen Erbteil ab, so sollte nach FM. 12. 10. 04 III 13271 ein AbtretungsSt. nicht erfordert werden, da für schenkungsweise erfolgte Abtretung an erbschaftssteuerfreie Personen ein St. nicht verlangt werden könne. Nachdem T. 56 aufgehoben worden ist (s. dort), und da das REStG. nicht entgegensteht (s. §§ 59, 60 das.), wird die Erhebung des AbtretungsSt. jetzt zulässig sein. Übereinstimmend Mirre DNotV. 11 S. 412. Geb. S. 125. Abweichend U. Hoffmann REStG. II. Aufl. S. 515. Vgl. jedoch A. 7b zu T. 2.

b) Abänderungen und Ergänzungen von Verträgen zwischen Aszendenten und Deszendenten genießen ebenfalls die Befreiung; für die Aufhebung solcher Verträge ist aber zu unterscheiden, ob sie schon ausgeführt waren oder nicht. Im ersteren Falle kommt für die Rückübertragung T. 71 Ziffer 1 Abs. 2 zur Anwendung, wobei auf die Möglichkeit zur Ermäßigung des St.s gemäß Abs. 3 aufmerksam gemacht wird. In letzterem Falle ist ein WertSt. nicht zu erheben.

**Noch: Zu Tarifnummer 32.**

Tauschverträge zwischen Aszendenten und Deszendenten sind hinsichtlich der vom Aszendenten erworbenen Grundstücke stpflichtig. HSp. S. 827.

c) Bei Veräußerungsverträgen zwischen Aszendenten einerseits und Deszendenten und Nichtdeszendenten andererseits ist der St., soweit er die Nichtdeszendenten angeht, besonders, und zwar nach dem von den letzteren zu zahlenden Entgelt zu berechnen.

d) Die StFreiheit erstreckt sich nicht auf Ubertragsverträge, die zwischen Adoptiveltern und Adoptivkindern geschlossen werden. KG. 28. 4. 02, Joh. Bd. 24, S. B 44, auch nicht auf Stief- und Schwiegerkinder.

e) Ebenfalls nicht auf die Veräußerung eines zur Konkursmasse gehörigen Grundstücks durch den Konkursverwalter an einen Sohn des Gemeinschuldners. RG. 3. 5. 07, Entsch. Bd. 66 S. 113, ZBl. S. 212.

f) Auch nicht auf Zuschlagsbescheide, durch welche ein Grundstück einem Deszendenten des bisherigen Eigentümers zugeschlagen wird. KG. 26. 5. 09, Joh. Bd. 38 S. B 76.

g) Ein Vertrag, durch den ein Vater sein Grundstück in eine aus ihm und seinen Söhnen bestehende offene Handelsgesellschaft gegen Übernahme der Hypothekenschulden einbringt, fällt nicht unter diese Befreiungsvorschrift; er unterliegt vielmehr der T. 32, und zwar von dem Gesamtwerte des vereinbarten Entgelts. RG. 31. 3. 05, ZBl. S. 536, JMBl. S. 321. M, S und A P haben eine offene Handelsgesellschaft gegründet. Am 2. 11. 01 bringt A P, der Vater von M und S P, ein Grundstück in die Gesellschaft; als Entgelt hierfür übernimmt die Gesellschaft die Hypothekenschulden von 172000 *M*.: es war der KaufSt. von 1720 *M* fällig. A P stand bei der Übertragung des Grundstücks der Gesellschaft als Dritter gegenüber, und Erwerberin war die Gesellschaft in ihrer Totalität. Die Individualität der einzelnen Gesellschafter, das besondere verwandtschaftliche Verhältnis, kommt nicht in Betracht. Vgl. Entsch. Bd. 56 S. 206 und S. 430.

**68.** Vgl. §§ 91, 92 946ff. BGB.

**69.** a) Den drei Befreiungsvorschriften der Ziffer 3 ist gemeinsam, daß es sich um „Mengen" handeln muß.

Über den Begriff „Mengen" ist im FM. v. 17. 2. 00 III 1535 ausgeführt:

Nach den ergangenen vielfachen Entscheidungen des RG. (v. 24. 10. 98, Entsch. Bd. 42 S. 255; v. 3. 11. 98, JW. 1899 S. 19, 60; v. 24. 11. 98, JW. 1899 S. 83, 28; v. 20. 2. 99, a. a. O. S. 236, 38; v. 7. 2./3. 3. 99, a. a. O. S. 249, 73; v. 5. 5. 99, a. a. O. S. 382, 46; v. 1. 6. 00 a. a. O. S. 568) verbindet die Befreiungsvorschrift mit dem Ausdruck Mengen von Sachen oder Waren denselben Begriff, den die Anmerkung zu T. 4 B des RStG. v. 29. 5. 85 mit dem gleichen Ausdrucke verbunden hat. Unter diesem Begriff ist zu verstehen eine im Sprachgebrauch des Lebens als Menge bezeichnete größere Zahl von gleichartigen Sachen, die nach ihrer Beschaffenheit und dem Willen der Vertragschließenden als untereinander völlig gleichwertige und daher insoweit auch als vertretbare in Betracht kommen, ohne daß dabei auf das einzelne Stück an sich, als Individuum, irgendein Gewicht gelegt wird. Die Annahme einer Menge wird dadurch nicht ausgeschlossen, daß die Eigenschaft, die jedes Stück der zu liefernden Gattung haben soll, durch Beschreibung, Zeichnung u. dgl.

**Noch: Zu Tarifnummer 32.**

näher dargelegt wird. Auch bietet der Wortlaut der Befreiungsvorschrift keinen Anhalt für die Annahme, daß die Anwendbarkeit der Bestimmung nur auf Mengen solcher Sachen hat beschränkt werden sollen, die nach Zahl, Maß oder Gewicht gehandelt zu werden pflegen und deshalb allgemein vom Verkehr schlechthin als vertretbare (vertretbare Sachen im engeren Sinne) behandelt werden. Der Wortlaut des Gesetzes gestattet vielmehr die Auffassung, daß über eine „Menge" i. S. des Gesetzes auch dann kontrahiert wird, wenn es sich dabei um eine Menge anderer gleichartiger und gleichwertiger Sachen handelt, von denen nach dem Vertragswillen jedes einzelne Stück — eben wegen der bedungenen Gleichartigkeit und Gleichwertigkeit aller Stücke derselben Gattung — im Verhältnis zu jedem anderen Stück derselben Art unterschiedslos als vertretbar in Betracht kommen soll. Es fehlt ferner nach der Ansicht des RG. dafür, daß die Befreiungsvorschrift nur solche Sachen im Auge habe, die in größeren Mengen auf Vorrat hergestellt zu werden pflegen, an jeglichem Anhalt. Der Begriff der Menge ist aber ausgeschlossen, wenn es sich nicht um eine Vielheit von Gegenständen, sondern nur um ein Stück oder zwei Stück handelt; in einem Erkenntnis v. 19. 9./3. 10. 99, FM. S. 383 hat das RG. ausgesprochen, daß erst drei Stück eine Menge i. S. der Befreiungsvorschrift darstellen. Vgl. Verf. v. 12. 2. 00, MBl. d. i. V. S. 103 bei T. 75 A. 10.

b) Das Erfordernis der „Menge" wird durch eine auf der Anbringung rein äußerlicher Zutaten beruhende Verschiedenheit der Preise nicht ausgeschlossen, wofern nur die wirtschaftliche Bedeutung, welche jedes Stück vermöge seiner natürlichen Beschaffenheit und dem Willen der Vertragschließenden mit dem andern hat, dieselbe ist. RG. 6. 6. 02, JW. S. 408.

**70.** An Einzelentscheidungen seien folgende erwähnt: Als Mengen sind behandelt worden, sobald sie in der Mindestzahl von drei vorkamen,

a) Postwagen, die unter sich völlig gleichartig und gleichwertig waren, so daß einer durch den anderen ersetzt werden konnte; RG. 5. 5. 99, JW. S. 383;

b) Lokomotiven, Eisenbahnwagen, wenn die einzelnen zu liefernden Lokomotiven und Wagen nach dem Willen der Kontrahenten unterschiedslos lediglich als Repräsentanten einer bestimmten Gattung in Betracht kommen sollten; RG. 20. 2. 99, Entsch. Bd. 43 S. 290. In der Entscheidung vom 23. 2. 00 ZBl. S. 223 führt das Reichsgericht aus, daß die Gleichartigkeit der Wagen nicht ausgeschlossen würde, wenn einige mit Krammen zur Aufnahme von Postbriefkasten versehen seien;

c) ausgemusterte Eisenbahnwagen. Auf die Unterschiede in der Konstruktion, dem Ladegewicht usw. wird kein Gewicht zu legen sein, weil es sich um nicht mehr betriebsfähige Wagen handelt, bei denen die Unterschiede unwesentlich sind und die Gleichartigkeit der Güterwagen selbst nicht aufheben; Verf. d. Min. d. öffentl. Arb. v. 13. 9. 02, VK. 6. 02;

ferner

d) eine Akkumulatorenbatterie von 132 Elementen, weil sowohl die 132 Elemente, wie die 132 Holzkästen, in denen sich die Elemente

**Noch: Zu Tarifnummer 32.**

befinden, und die zur Aufstellung erforderlichen Gruppenverbindungen und Holzgestelle unter sich völlig gleichartig sind; FM. 24. 12. 00 III 14987;

e) eiserne Träger, die nach Länge und Stärke zwar verschieden sind, im Handelsverkehr nach feststehenden Summen und Gewicht veräußert werden; RG., JW. 91 S. 365, FM. 11. 4. 97 III 3465;

f) Holz auf dem Stamm, das die Forstverwaltung aufarbeitet und erst nach Aufarbeitung übergibt, und dessen Preisfestsetzung nach der Bearbeitung der Festmeterzahl entsprechend erfolgt. FM. 5. 3. 97 III 2159, MBl. d. i. V. S. 87.

71. Dagegen sind als Mengen nicht behandelt worden:

a) Kleidungsstücke für Postbeamte, weil jedem Beamten Maß zu nehmen war, die Stücke also untereinander nicht gleichartig waren; FM. 25. 10. 97 III 13273 — ebenso RG. 1. 6. 00, JW. S. 568;

b) Bäume auf dem Stamm; FM. 26. 5. 98 III 7400;

c) Eisenbahnwagen, welche teils für elektrische, teils für Gasbeleuchtung eingerichtet waren. Der Unterschied trat schon in dem um 12000 ℳ verschiedenen Preise zu Tage; FM. 19. 3. 07 III 4755.

Ein eingehendes Verzeichnis von Fällen aus der Praxis s. HSp. S. 839.

72. Das Wort „dieselben" bezieht sich nicht auf den abstrakten Begriff „Mengen", sondern auf die Worte „Sachen oder Waren". RG. 2. 7. 07, Entsch. Bd. 66 S. 255.

73. a) Von den drei Befreiungsvorschriften erfordert die erste zu ihrer Anwendung unmittelbaren Verbrauch im Gewerbe des Käufers. „Unmittelbarer Verbrauch" bedeutet nicht jeden Gebrauch als gewerbliches Betriebsmaterial, sondern nur einen solchen, der die Zerstörung der benutzten Sache zur Folge hat, so daß also nur solche Sachen darunter zu verstehen sind, deren Gebrauch in ihrem Verbrauch besteht. RG. 20. 10. 98, Entsch. Bd. 42 S. 233, ZBl. S. 440, RG. 9. 5. 99, JW. S. 427. Vgl. auch RG. 8. 10. 01, Entsch. Bd. 49 S. 303.

b) Es muß sich ferner um einen Verbrauch in einem Gewerbe des Käufers handeln. Als Gewerbebetrieb ist jede auf Erzielung von Gewinn gerichtete Tätigkeit anzusehen. RG. 10. 7. 09, Entsch. Bd. 71 S. 376. Wie weit die einzelnen Staatsbetriebe als Gewerbe anzusehen sind s. d. HSp. S. 846. In der Hauptsache kommen in Betracht:

die Reichs- und Staatseisenbahnen, auch die Militäreisenbahn; FM. 30. 3. 08 III 17006;

die staatlichen Berg-, Hütten- und Salzwerke.

Kein Gewerbebetrieb ist der staatliche Kanalbetrieb. RG. 29. 11. 04, Holdh. S. 154 v. 05.

c) Die Befreiungsvorschrift verlangt ferner, daß der Verbrauch unmittelbar im Gewerbe des Käufers stattfindet. Sie greift deshalb nicht Platz, wenn die Sachmengen Zwecken dienen sollen, die zwar den Gewerbebetrieb fördern und zu ihm in Beziehung stehen, aber außerhalb des eigentlichen Betriebes liegen und nicht notwendig zu ihm gehören. So besteht das Gewerbe der Eisenbahn in der entgeltlichen Beförderung von Personen und Gütern; jede Art von Tätigkeit, die diese Beförderung unmittelbar be-

**Noch: Zu Tarifnummer 32.**

zweckt, gehört zum Gewerbebetrieb selbst. Die hierfür zu liefernden Stoffe fallen unter die Befreiungsvorschrift. Zum unmittelbaren Gewerbebetrieb ist dagegen nicht zu rechnen die Werktätigkeit, die dazu dient, der Eisenbahn die zur Ausübung des Transportgewerbes nötigen Einrichtungen erst herzustellen, insbesondere der Bau der Bahnstrecken, die Errichtung von Gebäuden, die Fabrikation von Maschinen, Eisenbahnwagen, Apparaten, Geräten usw. Dasselbe gilt von der Unterhaltung, Ausbesserung und Wiederherstellung dieser Einrichtungen.

**74.** I. Unmittelbarer Verbrauch im Gewerbe liegt vor,

a) bei der Lieferung von Kohle und Brennholz zur Feuerung in den Lokomotiven der Staatsbahn;

b) bei der Lieferung von Kreide zum Beschreiben der Güterwagen; FM. 22. 11. 07 III 17006;

c) bei der Lieferung von Beleuchtungsmaterialien für Eisenbahnwagen. Vgl. RG. 29. 9. 08, JW. S. 663.

II. Als Verbrauch im Sinne der Befreiungsvorschrift ist nicht anzusehen:

a) Verwendung von Eisenbahnschwellen im Bahnbetriebe; RG. 20. 10. 98, Entsch. Bd. 42 S. 233, ZBl. S. 440, RG. 9. 5. 99, JW. S. 427, s. A. 73a;

b) Verwendung von Farbstoffen zum Anstreichen; RG. 22. 5. 03, JW. S. 216, ZBl. S. 247;

c) Verwendung von Grubenholz zum Abbau der Abbaustrecken und der Schächte; RG. 12./23. 12. 02, Entsch. Bd. 53 S. 214;

d) Verwendung von Mauersteinen zum Hausbau; RG. 2. 7. 07, Entsch. Bd. 66 S. 255);

(zu a—d liegt kein Verbrauch, sondern dauernder Gebrauch vor);

e) Verwendung von Petroleum zur Beleuchtung von Dienstwohnungen der Staatsbahnbeamten; RG. 12. 10. 06, JW. S. 725;

f) Verwendung von Kreide zum Gebrauch in den Büros der Staatsbahn.

(Zu e—f kein Verbrauch unmittelbar im Gewerbe.)

**75.** a) Die zweite Befreiungsvorschrift setzt voraus: Absicht der Wiederveräußerung der Sachmengen in derselben Beschaffenheit oder nach vorgängiger Be- oder Verarbeitung. Die Befreiungsvorschrift muß aus dem Urkundeninhalt hervorgehen. S. A. 63 u. 80 dieser T. Eine Wiederveräußerung ist nur dann als vorliegend anzusehen, wenn die Sache auch in der Hand des Erwerbers noch eine bewegliche Sache ist und Gegenstand des Handelsverkehrs sein kann. RG. 2. 7. 07, Entsch. Bd. 66 S. 255.

b) Die Befreiungsvorschrift kann auch auf den Kauf eines ganzen Warenlagers zur Wiederveräußerung angewendet werden, da das Lager aus den einzelnen Waren besteht. Im Einzelfall wird entscheidend sein, ob der Begriff der „Menge" erfüllt wird. Beim Verkauf eines Tuchlagers sind die Voraussetzungen gegeben, wohl auch beim Verkauf der Warenvorräte einer Apotheke oder einer Gastwirtschaft. Abgelehnt ist die Befreiungsvorschrift für den Verkauf eines Möbellagers. HSp. S. 836.

**76.** Die dritte Befreiungsvorschrift soll die inländische Produktion schützen: Abgabefrei ist der Verkauf von Sachmengen, die im Inland im Be-

**Noch: Zu Tarifnummer 32.**
triebe eines der Vertragschließenden erzeugt oder hergestellt sind.

**77.** a) Ein Selbstherstellen bedeutet nicht schon jede auch noch so geringe Bearbeitung, es kommt vielmehr alles auf die Art der Bearbeitung an. FM. 6. 3. 02 III 2933. Ein Bohren von Löchern in eiserne Träger oder Anbringung von Winkeln und Streichen ist z. B. eine verhältnismäßig zu geringfügige Arbeit, um ein Herstellen i. S. dieser Befreiungsvorschrift anzunehmen. FM. 23. 4. 02 III 5021. Notwendig ist vielmehr Herstellung von neuem Gut aus vorhandenem Rohmaterial. Eine neue Sache entsteht dann, wenn das Halbfabrikat eine vertretbare Sache darstellte, das Vollfabrikat aber eine Sache, der nach ihrer Form und Ausstattung ein individuelles Gepräge gegeben ist, das sie zur Verwendung für einen besonderen, genau bestimmten Zweck geeignet macht. Der Umstand, daß die neue Sache im Verkehr mit demselben Namen, wie vor der Umarbeitung bezeichnet wird, steht nicht entgegen. Bei Anwendung der Befreiungsvorschrift darf der Begriff der gewerblichen „Herstellung" nicht zu eng gefaßt werden. RG. 24. 11. 05, Entsch. Bd. 62 S. 90.

b) Hiernach ist als hinreichende Bearbeitung eiserner Träger anerkannt worden das Verkürzen und Zurechtschneiden zu den im Vertrage vorgeschriebenen Längen, das Anbringen von Löchern, die Entfernung von Rost und Hammerschlag und das Anstreichen von Rostschutzfarbe. Ebenso ist in dem Schlachten eines Viehstückes und dessen besonderer Zubereitung zu gebrauchsfähigem Schlachtfleisch die Hervorbringung eines neuen Verkehrsgutes, also ein Herstellen einer Sachmenge zu finden. Vgl. auch Ziffer 10 des Runderlasses vom 12. 2. 00 (T. 75 A. 10) in der Fassung vom 5. 9. 11 III 15134, MinBl. d. i. V. S. 275 und Auszug aus der Dienstanweisung für die Ortsbaubeamten der Staatshochbauverwaltung vom 1. 12. 10, § 215 JMBl. S. 40/41 v. 12.

**78.** a) Für die Herstellung im Betriebe eines der Vertragschließenden kommt es nicht darauf an, ob der Verkäufer Eigentümer der Betriebsstätte ist, sondern darauf, ob er der Geschäftsherr ist und der Betrieb für seine Rechnung geführt wird. RG. 30. 12. 04, Holdh. S. 153 v. 05. Die Gesellschaft A hatte Bleiweiß verkauft, das in einer dem B gehörigen Fabrik hergestellt war. B war ein Angestellter der Gesellschaft gegen Besoldung und hatte den Gebrauch der Fabrik der Gesellschaft A auf deren eigene Rechnung gegen einen Teil der ihm aus den Betriebsergebnissen zufließenden Beträge überlassen: Der Kaufvertrag ist stfrei gelassen. Es macht keinen Unterschied, ob der Betrieb im Eigentum einer physischen oder juristischen Person steht. FM. 29. 12. 04 III 16068. Daß die Herstellung in dem Betriebe des Veräußerers zu erfolgen hat, verlangt das Gesetz nicht. Zur Zeit der Erfüllung des Kaufvertrages muß freilich die Herstellung bei Anwendung der Befreiungsvorschrift bereits erfolgt sein. RG. 9. 7. 07, Entsch. Bd. 66 S. 292. Es handelte sich um Schlachtfleisch, das aus lebendem Vieh im Betriebe des Erwerbers gewonnen war.

**79.** Als Selbsthersteller sind aber nicht die Syndikate und andere Vereinigungen von Produzenten angesehen worden, die selbständige Rechtspersönlichkeiten neben ihren Mitgliedern haben. RG. 30. 12. 04, Holdh. S. 153 v. 05. So ist abgelehnt die BefrVorschr. für:

| Lfd. Nr. | Gegenstand der Besteuerung | Steuersatz v. H. | Steuersatz ℳ | Steuersatz ₰ | Berechnung der Stempelabgabe |
|---|---|---|---|---|---|
| 33. | **Konsolidationen von Bergwerkseigentum** (Vereinigung zweier oder mehrerer Bergwerke zu einem einheitlichen Ganzen), Bestätigungsurkunden darüber[1-2] ....... | — | 300 | — | |
| | Erreicht der Gesamtwert des konsolidierten Bergwerkseigentums nicht 10000 ℳ .... | — | 30 | — | |

**Noch: Zu Tarifnummer 32.**

a) Kohlenlieferungen des Rheinisch-Westfälischen Kohlensyndikats, RG. 29. 11. 04, Holdh. S. 151 v. 05;

b) Steinröhrenlieferungen einer Verkaufsvereinigung G. m. b. H., weil diese nicht selbst die Röhren herstellt, sondern die Mitglieder der Vereinigung. FM. 14. 10. 02 III 12850;

c) Verträge einer Molkereigenossenschaft über Lieferung von Vollmilch, wie sie solche von den Genossen erhält, weil die Milch kein Erzeugnis der Genossenschaft ist. RG. 19. 11. 96 JW. S. 15 v. 97.

d) Zwischen der Militärverwaltung und einer Tuchmacherinnung geschlossene Verträge über Tuchlieferung, weil die zu liefernden Tuchmengen von den Innungsmitgliedern verfertigt werden, die Innung aber eine von ihren Mitgliedern getrennte, selbständige Rechtspersönlichkeit bildet. FM. 10. 8. 03 III 10026.

e) Ebenso gelten von einer Gewerkschaft bezogene Gegenstände als von dieser geliefert und nicht etwa von dem Besitzer sämtlicher Kuxe, da die Gewerkschaft eine selbständige rechtliche Persönlichkeit bildet. FM. 8. 7. 04 III 9003.

**80.** Wenn ein Kaufvertrag sich zum Teil über steuerfreie, zum Teil über steuerpflichtige Mengen von Sachen verhält und nicht innerhalb der Frist des § 10 d. Ges. Preistrennung stattgefunden hat, so ist die StBerechnung verschieden, je nachdem die 1. und 2. oder die 3. BefrVorschr. der Ziff. 3 anzuwenden ist. Handelt es sich um Mengen von Sachen, die zum unmittelbaren Verbrauch in einem Gewerbe oder zur Wiederveräußerung usw. dienen „sollen", so muß die BefrVorschr. aus dem Urkundeninhalt hervorgehen; eine nachträgliche Preistrennung ist unzulässig. Handelt es sich um Mengen von Sachen, die im Deutschen Reiche im Betriebe eines der Vertragschließenden hergestellt „sind", so genügt nach der Fassung der Tarifstelle das tatsächliche Vorliegen der BefrVorschr. Es kann also auch später noch Preistrennung erfolgen. RG. 21. 4. 11, ZBl. S. 308. Vgl. A. 63 oben.

**81.** Gerichtlich aufgenommene Verträge, auf welche die Befr.-Vorschr. 2 oder 3 Anwendung finden, sind gänzlich stfrei; zu ihnen ist auch kein ProtokollSt. oder der allgemeine VertragsSt. zu verwenden. Dagegen würde der NotariatsurkundenSt. fällig sein. FM. 11. 2. 98 7324. — Vgl. A. 8 zu T. 45.

| Lfd. Nr. | Gegenstand der Besteuerung | Steuersatz v. H. | ℳ | ₰ | Berechnung der Stempelabgabe |
|---|---|---|---|---|---|
| 34. | **Kuxe**[1] (§ 101 des Allgemeinen Berggesetzes für die Preußischen Staaten vom 24. Juni 1865 — Gesetzsamml. S. 705 —)*) | | | | |
| | Kuxscheine, soweit solche vor dem 1. Juli 1900 ausgefertigt sind . . . . . . . . . | — | 1 | 50 | |
| | Schriftstücke über Übertragungen von Kuxen der bezeichneten Art . . . . . . . . . . . | 1/10 | — | — | des Wertes der Gegenleistung oder, wenn eine solche in der Urkunde nicht enthalten ist, des Wertes des abgetretenen Kuxes. |
| | Schriftstücke über Verpfändungen von Kuxen wie Sicherstellung von Rechten, s. diese. AB. 67. | | | | |

## Zu Tarifnummer 33.

1. Der hier vorgesehene StSatz umfaßt auch die Substanz des Bergwerks, nämlich die verliehenen Mineralien AH. S. 2320.

2. Neben dem St. für Bestätigung ist nicht noch der AusfertigungsSt. fällig. FM. 25. 7. 96 III 10310.

## Zu Tarifnummer 34.

1. Vgl. §§ 105, 231 Abs. 2 BergGes., Art. 37 XIII AG.BGB.

Die T. bezieht sich, wie die Bezugnahme auf § 101 ABG. zeigt, auf die Kuxe neuen Rechts, welche die Eigenschaft von beweglichen Sachen haben. Sie ist deshalb mit Ausnahme des letzten Absatzes als veraltet anzusehen. Denn der St. für Kuxscheine, die vor dem 1. 7. 1900 ausgefertigt sind, ist verjährt. Die Übertragung von Kuxen neuen Rechts, gleichgültig, ob sie vor oder nach dem 1. 7. 1900 ausgestellt sind, unterliegt der Reichsabgabe nach T. 4a RStG. und ist deshalb nach § 30 a. a. O. dem Landesstempel entzogen.

---

*) Die betreffenden Bestimmungen des BergGes. lauten:

**§ 101.** Die Zahl der gewerkschaftlichen Anteile — Kuxe — beträgt hundert. Durch das Statut kann die Zahl auf tausend bestimmt werden.

Die Kuxe sind unteilbar. Sie gehören zum beweglichen Vermögen.

**§ 103.** Über sämtliche Mitglieder der Gewerkschaft und deren Kuxe wird von der Gewerkschaft ein Verzeichnis — das Gewerkenbuch — geführt. Auf Grund desselben wird einem jeden Gewerken, welcher es verlangt, ein Anteilschein — Kuxschein — ausgefertigt.

Die Kuxscheine sind nach der Wahl des Gewerken über die einzelnen Kuxe oder über eine Mehrheit derselben auszustellen.

Die Kuxscheine dürfen nur auf einen bestimmten Namen, niemals auf den Inhaber lauten.

Die Erneuerung eines Kuxscheins ist nur gegen Rückgabe oder nach erfolgter Amortisation desselben zulässig.

| Lfd. Nr. | Gegenstand der Besteuerung | Steuersatz v. H. | Steuersatz ℳ | Steuersatz ₰ | Berechnung der Stempelabgabe |
|---|---|---|---|---|---|
| 35. | **Legalisation von Urkunden,**[1–2] sofern sie nicht auf der Urkunde selbst stattfindet . . . | — | 3 | — | |
| | sonst . . . . . . . . . . . . . . . . . . . . frei. | | | | |
| 36. | **Leibrenten- und Rentenverträge,**[1–4] wodurch zu gewissen Zeiten wiederkehrende Zahlungen von Geld für eine oder mehrere bestimmte Personen während der Lebensdauer derselben oder auf bestimmte oder unbestimmte Zeit gegen Entgelt erworben werden, mag die Gegenleistung in einer bestimmten Geldsumme oder in der Hingabe von Sachen oder in der Übernahme von Leistungen oder Verpflichtungen, oder aber in dem Aufgeben von Rechten bestehen, falls nicht die Tarifstelle „Versicherungsverträge"[5] zur Anwendung kommt . . . . . . . . . . . . . . . | 1 | — | — | des Kapitalwertes der Renten. |

## Zu Tarifnummer 35.

1. Man versteht unter Legalisationen Atteste darüber, daß eine amtliche Unterschrift mit amtlicher Befugnis ausgestellt worden bzw. der angebliche Aussteller einer amtlichen Urkunde seiner angegebenen Qualität zufolge oder nach der angegebenen Firma zur Ausstellung der Urkunde befugt gewesen ist. Die Legalisation wird von derjenigen Behörde erteilt, welcher die Beurteilung der amtlichen Qualität des Ausstellers gesetzlich beigelegt ist. (Zirkularerlaß des Finanzministers vom 16. 7. 1828 v. KA. Bd. 12 S. 659.) KB. S. 58. Da die Legalisationen stfrei sind, sofern sie auf der Urkunde selbst stattfinden, hat T. 35 nur geringe Bedeutung.

2. a) Wenn der Magistrat die Befugnis zur Ausstellung von Sparkassenurkunden für die Unterzeichner der Urkunden bescheinigt, so ist das eine Legalisation. FM. 1. 4. 96 III 4637. Ebenso

b) die von den Regierungspräsidenten auf Antrag von Ausländern erteilten Beglaubigungen zu Geburts-, Heirats- und Sterbeurkunden dahin, daß die Unterschriften die eigenhändigen der Standesbeamten seien, und die hierzu erteilten Bescheinigungen, daß die Urkunden den gesetzlichen Bestimmungen gemäß ausgestellt seien. FM. 10. 5. 00 III 3656, ZBl. S. 272.

## Zu Tarifnummer 36.

1. Vgl. §§ 759ff. BGB.

2. a) Für den Begriff des Rentenvertrages ist die Art des für die Rente gewährten Entgelts ohne Bedeutung; als das für den Vertrag Charakteristische wird gerade der Erwerb der Rente hingestellt. Der hauptsächliche Vertragszweck sind die wiederkehrenden Geldzahlungen, die Beschaffung der Rente muß den Hauptgegenstand des Vertrages bilden. Demgegenüber ist es

**Noch: Zu Tarifnummer 36.**

nicht entscheidend, daß für das Gebiet des Zivilrechts ein Dienstvertrag mit Pensionsabrede als Leibrentenvertrag angesehen und den geltenden Formvorschriften unterworfen wird.

b) Aus der Wahl des Wortes Leibrenten**vertrag** in der T. folgt ferner, daß diese nicht anwendbar ist, wenn die Verpflichtung zur Zahlung der Rente auf gesetzlicher Grundlage beruht (Renten auf Grund des Reichshaftpflichtgesetzes, der §§ 843, 844 BGB.). Werden über solche Renten Verträge abgeschlossen, so handelt es sich nur um die vergleichsmäßige Festsetzung der Höhe der Rente. Es kommt deshalb T. 67 zur Anwendung.

c) Nach dem Wortlaut der T. muß die Rente endlich eine **Geld**rente sein. Verpflegungsrenten fallen nicht darunter. Werden wahlweise Verpflegungs- oder Geldrenten geschuldet, so ist nach § 3 des Ges. der LeibrentenSt. fällig.

Umwandlung der Verpflegungsrente in eine Geldrente erfordert nur den allgemeinen VertragsSt.

3. Der LeibrentenSt. ist hiernach u. a. in folgenden Fällen für erforderlich erachtet:

a) Eine Mutter tritt ihr Recht auf Rückzahlung ihres in die Ehe eingebrachten Vermögens an ihre Kinder ab, wogegen letztere sich zur Zahlung einer bestimmten jährlichen Rente auf Lebenszeit der Mutter verpflichten. FM. 15. 1. 01 III 470;

b) Ein Sohn verzichtet auf sein gesetzliches Erbrecht am Nachlaß seiner Mutter und erhält dafür von der Mutter eine lebenslängliche Rente ausgesetzt. RG. 28. 9. 06, JW. S. 726, ZBl. S. 23 v. 07;

c) Inhaltlich des Vertrages in Scheidung stehender Eheleute erhält die Frau für den Fall der Scheidung gegen Verzichtleistung auf andere Ansprüche die feste Summe von 1000 ℳ jährlich, ohne daß die Zahlung davon abhängig ist, daß der Mann für den schuldigen Teil erklärt wird. Der Mann übernimmt eine Verpflichtung, zu der er nicht unbedingt — nach § 1578 BGB. — gehalten ist, falls die Frau für allein schuldig oder mitschuldig erklärt wird. Die Gegenleistung der Frau besteht darin, daß sie sich, auch wenn der Mann allein schuldig, mit der ausgesetzten Rente begnügen muß und auf eine etwaige höhere Rente verzichtet. FM. 26. 1. 05 III 787. Ebenso ist ein gleichliegender Fall vom RG. im Urteil v. 26. 5. 05, Entsch. Bd. 61 S. 26, ZBl. S. 533 entschieden. Ebenso RG. 3. 5. 07, Holdh. S. 223 v. 08. Die im Urteil v. 19. 5. 99, JW. S. 428 niedergelegte abweichende Auffassung ist nicht aufrechterhalten. Vgl. A. 2a zu T. 67.

4. a) Wenn der Käufer der Leibrente bestimmt, daß die Rente nach seinem Tode auf einen anderen übergehen soll, ist der LeibrentenSt. nur einmal fällig. Die Berechnung erfolgt nach dem Lebensalter der jüngsten Person. RG. 1. 3. 88, JW. S. 141, HSp. S. 163.

b) Werden als Gegenwert für die versprochene Leibrente Wertpapiere gegeben und diese auf einen bestimmten Wert veranschlagt, so sind der AnschaffungsSt. nach T. 4 RStG. und der LeibrentenSt. nebeneinander fällig. FM. 27. 5. 96 III 7465. Bilden die Wertpapiere die unmittelbare Gegenleistung für die Gewährung der Rente, so ist nur der ReichsSt. zu verwenden. Siehe T. 32 A. 30.

| Lfd. Nr. | Gegenstand der Besteuerung | Steuersatz v. H. | ℳ | ₰ | Berechnung der Stempelabgabe |
|---|---|---|---|---|---|
| 37. | **Leichenpässe,** s. Pässe. | | | | |
| 38. | **Lieferungsverträge,** s. Kaufverträge. LStV. § 1 Ziff. 7, § 12. | | | | |
| 39. | (1) **Lustbarkeiten,**[1. 3] Genehmigungen der Ortspolizeibehörden: | | | | |
| | a) zum Betrieb eines Zirkus, eines nicht mit menschlicher oder tierischer Kraft bewegten Karussells oder eines Kinematographen und dergleichen . . . . . . . . . | — | 10 | — | |
| | b) zur Veranstaltung von Musikaufführungen, Singspielen, Gesangs- und deklamatorischen Vorträgen, theatralischen Vorstellungen oder sonstigen Lustbarkeiten aller Art. . . | — | 5 | — | |
| | AB. 9 Abs. 5; 19; 68. | | | | |
| | (2) Bezüglich der Verpflichtung zur Entrichtung der Stempelsteuer macht es keinen Unterschied, ob die Lustbarkeiten von einzelnen Personen oder von öffentlichen, Privat- oder geschlossenen Gesellschaften dargeboten werden. | | | | |
| | (3) Bei Lustbarkeiten geringfügiger Art kann der Stempel auf 3, 2, 1 ℳ oder in ganz besonderen Fällen bis auf 0,50 ℳ ermäßigt werden. | | | | |
| | AB. 68 Abs. 2. | | | | |

**Noch: Zu Tarifnummer 36.**

c) Die durch Vermittelung der Generalkommissionen umgewandelten Renten haben an der Vergünstigung des § 4 d d. Ges. teil; wenn sonst Renten an Stelle von Hypotheken treten, ist der tarifmäßige LeibrentenSt. fällig. KB. S. 59.

5. Wenn ein Rentenvertrag einen Versicherungsvertrag darstellt, so ist er der Versteuerung nach T. 36 entzogen. Die Grenze zwischen beiden Geschäften ist sehr flüssig. Entscheidend müssen die Tatumstände des Einzelfalles sein. Beim Abschluß von Verträgen mit Versicherungsunternehmungen wird ein Versicherungsvertrag anzunehmen sein. Vgl. Greiff: Der Reichsversicherungsstempel S. 129. Statt der T. 70 LStG. tritt seit 1. 10. 13 Versteuerung nach T. 12 RStG. v. 3. 7. 13. Durch diese ist T. 70 LStG. ihrem ganzen Umfange nach aufgehoben worden, § 105 RStG.

## Zu Tarifnummer 39.

1. Grundlegend für den Begriff der Lustbarkeiten und die Notwendigkeit der Genehmigungen der Ortspolizeibehörden ist der gemeinschaftliche Erlaß

**Noch: Zu Tarifnummer 39.**

der Minister der Finanzen und des Innern v. 15. 11. 96, FM. III 15634, Min. d. J. I A 9079, ZBl. S. 648, MBl. S. 239, mit Abänderungen derselben Min. v. 6. 6. 98, ZBl. S. 280:

I. Begriff der Lustbarkeiten:

Lustbarkeiten im Sinne der T. 39 sind alle der Ergötzung und Unterhaltung dienenden Veranstaltungen und Vorführungen, bei denen ein höheres Interesse der Kunst oder Wissenschaft nicht obwaltet. Unerheblich für den Begriff der Lustbarkeiten ist der Zweck ihrer Veranstaltung, insbesondere, ob sie zu patriotischen, kirchlichen, gemeinnützigen, wohltätigen oder mildtätigen Zwecken stattfinden oder nicht, ferner, ob die Lustbarkeiten von einzelnen Personen oder ganzen Gesellschaften dargeboten werden, ob die Veranstaltung eine gewerbsmäßige ist oder nicht.

Als Lustbarkeiten im Sinne der Tarifstelle sind hiernach insbesondere zu erachten, sofern ein höheres Interesse der Kunst oder Wissenschaft dabei nicht obwaltet:

Die Veranstaltung von Tanzbelustigungen, Konzerten, Theatervorstellungen, Gesangs- oder deklamatorischen Vorträgen, Vorträgen auf dem Klavier, einem mechanischen oder anderen Musikinstrumente, Vorstellungen von Kunstreitern, Gymnastikern, Equilibristen, Ballett- und Seiltänzern, Taschenspielern, Zauberkünstlern, Bauchrednern, Kraftmenschen, das Halten von Karussels, Schaukeln, Würfel- oder Schießbuden, Marionettentheatern, das Schaustellen von Menschen und Tieren, das Vorzeigen von Panoramen, Wachsfigurenkabinetts, Museen, das Abbrennen von Feuerwerken, die Veranstaltung öffentlicher Aufzüge (Vereins- und Schüleraufzüge, Fackelzüge usw.), Musikaufführungen auf öffentlichen Straßen, Plätzen und Wegen u. dgl.

Dagegen sind die Darbietungen der Drehorgelspieler und anderer umherziehender Straßenmusikanten als unter den Begriff der T. 39 fallenden Lustbarkeiten nur insoweit anzusehen, als diese Personen Musikaufführungen in geschlossenen Räumen gegen Eintrittsgeld veranstalten.

II. Notwendigkeit der Genehmigungen der Ortspolizeibehörden.

1. Insoweit gewerbsmäßig veranstaltete Lustbarkeiten in Frage kommen, richtet sich die Genehmigungspflicht nach den Bestimmungen der RGewO. v. 1. 7. 1883 (RGBl. S. 177). Danach bedarf derjenige einer ortspolizeilichen Genehmigung, der gewerbsmäßig Musikaufführungen, Schaustellungen, theatralische Vorstellungen oder sonstige Lustbarkeiten, ohne daß dabei ein höheres Interesse der Kunst oder Wissenschaft dabei obwaltet,

a) im Gemeindebezirk seines Wohn- oder Niederlassungsorts von Haus zu Haus oder auf öffentlichen Wegen, Straßen, Plätzen (§ 33b RGO.),
b) im Umherziehen außerhalb seines Wohn- oder Niederlassungsorts an einem Orte von Haus zu Haus oder auf öffentlichen Wegen, Straßen, Plätzen oder an anderen öffentlichen Orten — z. B. in Gast- oder Schanklokalen — (§§ 55 Nr. 4 u. 60a RGO.)

veranstalten will.

Im übrigen entscheiden über die Genehmigungspflicht die landesrechtlichen Bestimmungen.

**Noch: Zu Tarifnummer 39.**

2. Die Frage, inwieweit nicht gewerbsmäßig veranstaltete öffentliche oder private Lustbarkeiten einer polizeilichen Genehmigungspflicht unterliegen, richtet sich nach den bestehenden Gesetzen und Polizeiverordnungen. Es gilt dies insbesondere von allen Lustbarkeiten, die von Privat- oder geschlossenen Gesellschaften veranstaltet werden, wenn zu ihnen auch andere Personen als die Mitglieder oder die von diesen eingeführten Gäste Zutritt haben.*)

3. Die Abhaltung von öffentlichen Tanzlustbarkeiten, auch den gewerbsmäßig veranstalteten (§ 33c RGO.), ist durch die darüber erlassenen Polizeiverordnungen überall von der Erlaubnis der Ortspolizeibehörde abhängig gemacht worden.

4. Unterliegt nicht die Veranstaltung der Lustbarkeit, sondern nur der Text der aufzuführenden Singspiele, Gesangs- oder deklamatorischen Vorträge, theatralischen Vorstellungen usw. der ortspolizeilichen Genehmigung, so findet T. 39 keine Anwendung.

2. Über den Begriff einer öffentlichen Tanzlustbarkeit, einer geschlossenen Gesellschaft und über den Begriff Gäste hat sich das KG. in der Entsch. v. 15. 11. 00, Joh. Bd. 20 S. C 112 dahin ausgesprochen:

a) Öffentlich ist eine Tanzlustbarkeit nur dann, wenn die Teilnahme einer nach Zahl, Art und Individualität unbestimmten Mehrheit von Personen freisteht.

b) Die Zulassung von Gästen macht die von geschlossenen Gesellschaften veranstalteten Tanzlustbarkeiten nicht zu öffentlichen.

c) Unter Gästen im Sinne der hierfür maßgebenden Vorschriften, insbesondere des Zirkular-Erlasses v. 26. 11. 1859, versteht man Personen, welche auf Grund persönlicher oder sachlicher Beziehungen von der veranstaltenden Gesellschaft oder von Mitgliedern derselben eingeladen oder von der Gesellschaft zugelassen oder von Mitgliedern eingeführt sind. Hierbei macht es keinen Unterschied, ob die Einladung an einzelne Personen oder an ganze individuell begrenzte Personengruppen, insbesondere andere geschlossene Gesellschaften, ergeht.

d) Eine „geschlossene Gesellschaft" ist ein nach außen hin abgeschlossener Kreis von Personen, welche nach innen miteinander verbunden sind. Diese innerliche Verbindung kann auf persönlichen Beziehungen beruhen, welche zwischen den Mitgliedern bereits bestehen oder durch die Vereinigung hergestellt werden sollen, oder aber auf der Gemeinsamkeit des sachlichen Zweckes.

e) Ein Kranken-Unterstützungsbund von Handwerkern sowie ein Gesangverein können ohne Rechtsirrtum als geschlossene Gesellschaften angesehen werden.

**3.** Nähere Vorschriften über

a) Form der Genehmigungen,

b) Einzelgenehmigungen, Genehmigungen für wiederkehrende Lustbarkeiten,

---

*) Die Schlußworte: „oder wenn die Gesellschaft ausschließlich zu dem Zwecke zusammengetreten ist, Lustbarkeiten der bezeichneten Art zu veranstalten" sind mit Rücksicht auf die entgegenstehende Rechtsprechung des Kammergerichts und Oberverwaltungsgerichts gestrichen. S. HSp. S. 885[10].

| Lfd. Nr. | Gegenstand der Besteuerung | Steuersatz v. H. | Steuersatz ℳ | Steuersatz ₰ | Berechnung der Stempelabgabe |
|---|---|---|---|---|---|
| 40. | **Mäkler, vereidigte,** Urkunden über die Bestätigung oder Anstellung derselben[1·2] . . . | — | 25 | — | |
| 41. | **Miet- und Aftermietverträge,** s. Pacht- und Afterpachtverträge.[1] | | | | |
| 42. | (1) **Namensänderungen,** Genehmigungen[1] zur Änderung des Familiennamens[2–4] . . . . . | — | 100 | — | |
| | sofern damit eine Namensvermehrung verbunden ist . . . . . . . . . . . . . . . . | — | 200 | — | |

**Noch: Zu Tarifnummer 39.**

c) persönliche und sachliche Stempelbefreiungen (§ 5 Abs. 1, § 4 Abs. 1a des Ges.),
d) Stempelermäßigungen,
e) Stempelerstatungen

s. AB. 68.

Die Regierungspräsidenten sind durch Erlaß des Min. d. J. v. 24. 11. 11 — MinBl. d. i. V. S. 365ff. — angewiesen worden, den Ortspolizeibehörden die Beachtung der Vorschriften über die Versteuerung von Lustbarkeiten zur Pflicht zu machen.

## Zu Tarifnummer 40.

**1.** Unter die Tarifstelle fallen:

a) die Bestallungsurkunden des RegPräs. (in Berlin des Oberpräsidenten) für die — zur Mitwirkung bei der amtlichen Festsetzung des Börsenpreises von Waren und Wertpapieren berufenen — **Kursmakler,** § 30 des Börsengesetzes vom 22. 6. 96;

b) die Ermächtigungsurkunden der RegPräs. oder, wenn die Ermächtigung von der Handelskammer erteilt ist, die Bestätigungsurkunden des Reg.-Präs. für die zu Verkäufen und Käufen öffentlich ermächtigten Handelsmakler.

Art. 13 Abs. 1 AG. z. BGB., §§ 385, 1221, 1235 BGB., §§ 373, 376, 379 u. a. HGB.

**2.** Auf die Bestallung der Stellvertreter von Kursmaklern findet die Tarifstelle keine Anwendung. Es kommt unter Umständen nur T. 10 in Frage. FM. 20. 9. 97 III 11371.

Vgl. jetzt § 93 HGB.

## Zu Tarifnummer 41.

Die T. 48 lautet jetzt Pacht- und Mietverträge. Afterverträge sind nicht mehr besonders erwähnt.

## Zu Tarifnummer 42.

Vgl. KabOrder v. 5. 4. 1822 (GS. S. 108).

| Lfd. Nr. | Gegenstand der Besteuerung | Steuersatz v. H. | M | Pf | Berechnung der Stempelabgabe |
|---|---|---|---|---|---|
| (42.) | (2) Bei nachgewiesener Bedürftigkeit oder aus Billigkeitsgründen kann der Stempel bis auf . . . . . . . . . . . . . . . . . . ermäßigt werden. | — | 5 | — | |
| | AB. 69. | | | | |
| | (3) Namensvermehrung und Namenswechsel bei adeligen Namen ein Viertel der Sätze der Tarifstelle 60 Buchstabe a. | | | | |
| | (4) Erfolgt die Namensvermehrung und der Namenswechsel in Verbindung mit einer Standeserhöhung, so kommt außerdem der für letztere in der vorerwähnten Tarifstelle verordnete Stempelbetrag zur Erhebung. | | | | |
| | (5) Befreit sind Namensänderungen, bei denen es sich um die Umwandlung eines fremdsprachigen in einen deutschen Namen handelt. | | | | |

**Noch: Zu Tarifnummer 42.**

**1.** Von der Gebühr sollen nur Namensänderungen betroffen werden, welche auf besonderen Antrag im Verwaltungsverfahren genehmigt werden, nicht auch diejenigen Fälle, wo die Namensänderung als Folge eines anderweiten Rechtsaktes eintritt, wie bei der Annahme an Kindes Statt oder der Legitimation wegen unehelicher Geburt (z. B. §§ 1706, 1758 BGB.). Mot. S. 50, FM. 23. 3. 00 III 3397.

**2.** Unter dem Familiennamen ist nicht derjenige Name zu verstehen, den die betreffende Person seit der Geburt geführt hat, sondern derjenige, den sie zu führen berechtigt und verpflichtet ist. OVG. 30. 6. 03, Arch. f. Strafrecht Jahrg. 50 S. 409.

**3.** Als eine Änderung des Familiennamens ist jede Änderung in der Schreibweise anzusehen, z. B. Schumann in Szumann, OVG. 30. 6. 03, Wötzel in Wetzel, FM. 15. 1. 97 III 356, KG. 12. 4. 00, Joh. Bd. 20 S. C 100. — Vgl. die BefrBest. der Tarifstelle.

**4.** Falls die Genehmigung zur Namensänderung durch einen Akt mehreren Personen erteilt wird, ist der St. nur einmal in Ansatz zu bringen, weil den Gegenstand der Besteuerung nicht die Namensänderung selbst, sondern der Akt der Genehmigung bildet. FM. 9. 3. 03 III 2949.

**5.** Es liegt keine Namensänderung vor, wenn der ursprüngliche, im Lauf der Zeit korrumpierte Name wieder hergestellt wird, oder wenn dem Familiennamen der Name des Gutes hinzugefügt wird. 10. KS. S. 10.

**6.** Genehmigungen zur Änderung des Vornamens sind nach dieser Tarifstelle nicht stpflichtig. FM. 10. 1. 99 III 17323, MBl. S. 34, ev. aber nach T. 10.

| Lfd. Nr. | Gegenstand der Besteuerung | Steuersatz v. H. | ℳ | ₰ | Berechnung der Stempelabgabe |
|---|---|---|---|---|---|
| 43. | (1) **Naturalisationsurkunden,**[1] mit Ausnahme derjenigen, welche für im Reichsdienst angestellte Ausländer ausgestellt werden[2,3] . . AB. 9 Abs. 6. | — | 150 | — | |
| | (2) Bei nachgewiesener Bedürftigkeit des zu Naturalisierenden kann der Stempel bis auf . . . . . . . . . . . . . . . . ermäßigt werden. AB. 70. | — | 5 | — | |
| 44. | **Nießbrauchsbestellungen,**[1–4] Anträge auf Eintragung eines Nießbrauches an im Inlande gelegenen unbeweglichen Sachen oder ihnen gleichgeachteten Rechten sowie Urkunden über die Bestellung eines Nießbrauchs an beweglichen Sachen oder Rechten LStV. § 1 Ziff. 2b, § 2 Ziff. 1c. | $^{3}/_{10}$ | — | — | des Kapitalwertes der nach dem Reinertrage des Nießbrauches zu berechnenden Nutzungen.[5] |

## Zu Tarifnummer 43.

**1.** Nach FM. 25. 8. 96 III 11538 unterlagen der Abgabe nur die Naturalisations- und Renaturalisationsurkunden (§§ 8, 21 Abs. 4 des Ges. v. 1. 6. 70), dagegen nicht die Aufnahme- und Wiederaufnahmeurkunden (§§ 7, 21 Abs. 5, 24 Abs. 1 eod.).

**2.** Ebenso war in den Mot. 95 S. 50 ausgesprochen, daß die im § 9 dess. Ges. aufgeführten Bestallungen für die in den unmittelbaren oder mittelbaren Staatsdienst oder in den Kirchen-, Schul- oder Kommunaldienst eines Bundesstaats aufgenommenen Ausländer der Abgabe nicht unterliegen sollten.

**3.** An Stelle des Gesetzes v. 11. 6. 1870 ist seit 1. 1. 14 das Reichs- und Staatsangehörigkeitsgesetz vom 22. 7. 13 getreten (RGBl. S. 583). Die Naturalisationsurkunden heißen jetzt „Einbürgerungsurkunden" (§ 16 d. Ges.). Für die Steuerpflicht ist jetzt § 38 d. Ges. maßgebend. Hiernach sind stfrei:

a) Aufnahmeurkunden (§ 7 des Ges.);
b) Einbürgerungsurkunden in den Fällen der §§ 10, 11, 12, 30, 31 des Ges.

## Zu Tarifnummer 44.

**1.** Siehe §§ 1030 ff. BGB.

**2.** Die Tarifvorschrift, welche 1909 neu geschaffen ist, bezieht sich auf die vertragsmäßige Nießbrauchsbestellung. Die StPflicht ruht bei der Bestellung des Nießbrauchs an inländischen Grundstücken oder ihnen gleichgeachteten Rechten auf der den Eintragungsantrag enthaltenden Urkunde, bei der Bestellung eines Nießbrauchs an beweglichen Sachen oder Rechten auf der Vertragsurkunde KB. S. 50, 51/09.

| Lfd. Nr. | Gegenstand der Besteuerung | Steuersatz v. H. | Steuersatz ℳ | Steuersatz ₰ | Berechnung der Stempelabgabe |
|---|---|---|---|---|---|
| 45. | [1]**Notariatsurkunden,**[2–8] welche die Stelle einer in diesem Tarife versteuerten Verhandlung vertreten, wie diese; sonst und in allen Fällen mindestens . . AB. 5 Abs. 5; 23 Abs. 5; 38 Abs. 1. | — | 3 | — | |
| 46. | **Notarielle Zeugnisse,** wie amtliche Zeugnisse, s. Zeugnisse. | | | | |
| 47. | **Offizierpatente,** wie Bestallungen, s. diese. AB. 9 Abs. 6. | | | | |

**Noch: Zu Tarifnummer 44.**

**3.** Entgegen T. 2 (5) und den entsprechenden Bestimmungen in T. 8 und 58 ist der St. für Nießbrauchsbestellungen an Grundstücken von der Eintragung des Nießbrauchs in das Grundbuch unabhängig. Er ist deshalb nicht erst zu den Gerichtskosten zu erheben, sondern bei not. Urkunden alsbald in natura zu verwenden (s. LStV. 2 Z. 1c).

**4.** Ist die Nießbrauchsbestellung Teil eines anderen Vertrags, behält z. B. in einem Überlassungsvertrag zwischen Vater und Sohn jener sich für gewisse Zeit den Nießbrauch am Grundstück vor, so kommt die Tarifvorschrift nicht in Betracht.

**5.** Bei der Berechnung des Kapitalwerts eines Nießbrauchs sind Verwaltungskosten, Abgaben, Versicherungsprämien u. dgl. abzugsfähig, da der Reinertrag für die StBerechnung maßgebend ist.

## Zu Tarifnummer 45.

**1.** Vgl. Art. 31 PFG.

**2.** J. S. dieser Tarifstelle ist Notariatsurkunde nur die Urschrift, nicht die Ausfertigung der Urkunde. RG. 5. 10. 07, Holdh. S. 284 v. 07.

**3.** Die über ein Vertragsangebot aufgenommene Notariatsurkunde erfordert den NotariatsurkundenSt. Zu der Annahmeerklärung ist der für das Geschäft erforderliche St. zu verwenden, und zwar mindestens 3 ℳ, wenn die Annahme notariell erfolgt. Eine Anrechnung des zur Angebotserklärung verwandten St. auf den GeschäftsSt. ist ausgeschlossen. Jede einzelne Notariatsurkunde erfordert 3 ℳ, sofern nicht ein höherer GeschäftsSt. erforderlich ist, so daß durch den GeschäftsSt. immer nur ein NotariatsurkundenSt. mit abgegolten wird. Vgl. FM. 14. 4. 05 III 4750 u. a. 11c bei § 16.

**4.** Sachliche und persönliche StBefreiungen schließen auch den Not.-UrkundenSt. aus (§§ 4, 5 d. Ges.). Steuerfrei sind auch Protokolle, die nur Miet- und Pachtverträge enthalten. Vgl. A. 9 bei T. 48.

**5.** Protokolle über nichtige Geschäfte sind stfrei, wenn die Nichtigkeit eintritt, weil zwingende Formvorschriften verletzt sind. Ist das beurkundete Geschäft materiell nichtig, so berührt das den Notariats-UrkundenSt. nicht, da dieser durch die Form der Beurkundung bedingt ist. Deshalb wird nach

| Lfd. Nr. | Gegenstand der Besteuerung | Steuersatz v. H. | Steuersatz M | Steuersatz ₰ | Berechnung der Stempelabgabe |
|---|---|---|---|---|---|
| 48. | **Pacht- und Mietverträge.**[1–3] | | | | |
| | I. 1. (1) Schriftliche oder mündliche Verträge über die Verpachtung oder Vermietung im Inlande gelegener unbeweglicher Sachen oder ihnen gleichgeachteter Rechte,[4–13] sofern der verabredete, nach der Dauer eines Jahres[14] zu berechnende Pacht- oder Mietzins beträgt: | | | | |
| | mehr als 360 M, aber nicht mehr als 400 M . . . . . . . . . . . . . | 1/10 | — | — | |
| | mehr als 400 M, aber nicht mehr als 500 M . . . . . . . | 2/10 | — | — | des Pacht- oder Mietzinses, wobei der Wert nicht in Geld bestehender Nebenleistungen dem Zinse nicht hinzuzurechnen ist,[28] AB. 75. |
| | mehr als 500 M, aber nicht mehr als 1000 M . . . . . . . . | 3/10 | — | — | |
| | mehr als 1000 M, aber nicht mehr als 2000 M . . . . . . . | 4/10 | — | — | |
| | mehr als 2000 M, aber nicht mehr als 3000 M . . . . . . . . | 5/10 | — | — | |
| | mehr als 3000 M, aber nicht mehr als 4000 M . . . . . . . . . . . | 6/10 | — | — | |
| | mehr als 4000 M, aber nicht mehr als 5000 M . . . . . . . | 7/10 | — | — | |

**Noch: Zu Tarifnummer 45.**

der Verwaltungsübung der Notariats-UrkundenSt. auch bei Erstattung aus § 25 Abs. 2 des Ges. innebehalten. Vgl. A. 15b zu § 25.

6. Notariats-Urkunden, welche nur nach T. 1 A. des RStG. abgabepflichtig sind (Gesellschaftsverträge), unterliegen dem LSt. nicht mehr. § 7 RStG. Ebenso Weinbach S. 26. Der gegenteiligen Ansicht von Greiff JW S. 25 p. 14 vermag ich nach dem Wortlaut des Gesetzes nicht zu folgen. Ist aber die Urschrift vom LSt. befreit, so können auch die Ausfertigungen zum LSt. nicht herangezogen werden, da § 9, T. 16 LStG. entgegenstehen.

7. Abweichend vom § 7 läßt § 30 RStG. den St. der Tarifstelle ausdrücklich für notarielle Aufnahmen von Geschäften zu, welche der T. 4 RStG. unterfallen. Auch § 60 RESt.G hebt nur Schenkungs- und Erbschaftssteuer auf. FM. 26. 6. 06, ZBl. S. 1308 Ziff. 4.

8. Die Befreiungsvorschriften des Tarifs treten hinter T. 45 zurück; so erfordern die nach T. 32 Abs. 10 vom Wertst. befreiten Verträge den Notariats-UrkundenSt. FM. 11. 2. 98 III 7324 A. 81 zu T. 32.

Auch wo der tarifmäßige St. im Einzelfall hinter 3 M zurückbleibt, sind bei notarieller Beurkundung 3 M fällig. Dies gilt z. B. für Abtretung von Rechten, kurzfristige Schuldverschreibungen, Eheverträge, durch welche über Gegenstände von nicht mehr als 6000 M verfügt wird. FM. v. 5 7. 11 III 11112. Vgl. T. 18 A. 7

| Lfd. Nr. | Gegenstand der Besteuerung | Steuersatz v. H. | ℳ | ₰ | Berechnung der Stempelabgabe |
|---|---|---|---|---|---|
| (48.) | mehr als 5000 ℳ, aber nicht mehr als 6000 ℳ | $^8/_{10}$ | — | — | wie vor. |
| | mehr als 6000 ℳ, aber nicht mehr als 7000 ℳ | $^9/_{10}$ | — | — | |
| | mehr als 7000 ℳ, aber nicht mehr als 8000 ℳ | 1 | — | — | |
| | mehr als 8000 ℳ, aber nicht mehr als 9000 ℳ | 1 $^1/_{10}$ | — | — | |
| | mehr als 9000 ℳ, aber nicht mehr als 10 000 ℳ | 1 $^2/_{10}$ | — | — | |
| | mehr als 10 000 ℳ, aber nicht mehr als 11 000 ℳ | 1 $^3/_{10}$ | — | — | |
| | mehr als 11 000 ℳ, aber nicht mehr als 12 000 ℳ | 1 $^4/_{10}$ | — | — | |
| | mehr als 12 000 ℳ, aber nicht mehr als 13 000 ℳ | 1 $^5/_{10}$ | — | — | |
| | mehr als 13 000 ℳ, aber nicht mehr als 14 000 ℳ | 1 $^6/_{10}$ | — | — | |
| | mehr als 14 000 ℳ, aber nicht mehr als 16 000 ℳ | 1 $^7/_{10}$ | — | — | |
| | mehr als 16 000 ℳ, aber nicht mehr als 18 000 ℳ | 1 $^8/_{10}$ | — | — | |
| | mehr als 18 000 ℳ, aber nicht mehr als 20 000 ℳ | 1 $^9/_{10}$ | — | — | |
| | mehr als 20 000 ℳ | 2 | — | — | |
| | insoweit nicht die Bestimmungen des Abs. 6 Ziffer 3 unter I dieser Tarifstelle zur Anwendung kommen. | | | | |
| | (2) Betrifft das Mietverhältnis Räume, die für gewerbliche oder berufliche Zwecke[15] bestimmt sind, so bleiben 50 vom Hundert der nach dem vorstehenden Absatze zu berechnenden Stempelabgabe unerhoben. | | | | |
| | (3) Betrifft ein Mietverhältnis zum Teil[16] Räume, die für gewerbliche oder berufliche Zwecke bestimmt sind, zum Teil andere Räume, so tritt die Ermäßigung des vorhergehenden Absatzes nur ein, wenn in dem im Abs. 8 unter I dieser Tarifstelle vorgeschriebenen Verzeichnis eine entsprechende Trennung des Mietzinses gemacht ist. Die Trennung kann auch nachträglich bis zum Ablaufe des Januar, in welchem das Verzeichnis einzureichen ist, | | | | |

| Lfd. Nr. | Gegenstand der Besteuerung | Steuersatz v. H. | M | Pf | Berechnung der Stempelabgabe |
|---|---|---|---|---|---|
| (48.) | von den hierzu Verpflichteten schriftlich oder zu Protokoll der Zollbehörde erklärt werden. Bei der nach dem Abs. 10 unter I dieser Tarifstelle gestatteten Vorausbezahlung der Abgabe kann die Trennung in der angegebenen Form innerhalb einer Frist von einem Monate nach der Versteuerung des Verzeichnisses noch nachträglich vorgenommen werden. Trägt die Zollbehörde Bedenken, die Trennung als richtig anzunehmen, so finden die §§ 6, 7 und 27 Abs. 3 dieses Gesetzes Anwendung. AB. 72 Abs. 3. | | | | |
| | 2. (4) Schriftliche oder mündliche Verträge über die Verpachtung der Jagd[17] auf inländischen Grundstücken (Jagdpachtverträge), wenn der verabredete, nach der Dauer eines Jahres zu berechnende Pachtzins beträgt: | | | | |
| | mehr als 300 M, aber nicht mehr als 500 M . . . . . . . . . . . . . . . | 2 | — | — | des Pachtzinses, wobei der Wert nicht in Geld bestehender Nebenleistungen dem Zinse nicht hinzuzurechnen ist.[18] |
| | mehr als 500 M, aber nicht mehr als 1500 M . . . . . . . . . . . . . . . | 3 | — | — | |
| | mehr als 1500 M, aber nicht mehr als 3000 M . . . . . . . . . . . . . . . | 5 | — | — | |
| | mehr als 3000 M, aber nicht mehr als 6000 M . . . . . . . . . . . . . . . | 7 | — | — | |
| | mehr als 6000 M, aber nicht mehr als 8000 M . . . . . . . . . . . . . . . | 9 | — | — | |
| | mehr als 8000 M . . . . . . . . . . . | 10 | — | — | |
| | Verträge über die Anpachtung von gemeinschaftlichen Jagdbezirken unterliegen jedoch, sofern der verabredete, nach der Dauer eines Jahres zu berechnende Pachtzins den Betrag von 1500 M nicht übersteigt, nur einem Stempel von . . . . . . . . . | $^{3}/_{10}$ | — | — | |
| | wenn als Pächter ausschließlich solche Inländer auftreten, welche im Gemeindebezirk ihren Wohnsitz haben und zu den Jagdgenossen des Jagdbezirkes gehören. | | | | |
| | Schriftliche oder mündliche Verträge über die Erlaubnis zum Abschusse jagdbarer Tiere auf inländischen Grundstücken gegen Entgelt[18] stehen den Jagdpachtverträgen | | | | |

| Lfd. Nr. | Gegenstand der Besteuerung | Steuersatz v. H. | Steuersatz M | Steuersatz ₰ | Berechnung der Stempelabgabe |
|---|---|---|---|---|---|
| (48.) | gleich mit der Maßgabe, daß das innerhalb des laufenden Kalenderjahres zu zahlende Entgelt an die Stelle des nach der Dauer eines Jahres zu berechnenden Pachtzinses tritt. Sie unterliegen indessen einem Mindeststempel von jährlich ....... | — | 15 | — | |
| | AB. 78; Beil. 3 §§ 5, 7.<br>(5) Enthält ein schriftlicher oder mündlicher Vertrag neben sonstigen Vereinbarungen auch Vereinbarungen über die Verpachtung der Jagd oder über Berechtigungen zum Abschusse jagdbarer Tiere gegen Entgelt, so ist der auf diese Vereinbarungen entfallende Teil des Entgelts nach den Vorschriften über Jagdpachtverträge zu versteuern. Trägt die Zollbehörde Bedenken, das Entgelt, das in das im Abs. 8 unter I dieser Tarifstelle vorgeschriebene Verzeichnis einzutragen ist, als richtig anzunehmen, so finden die §§ 6, 7 und 27 Abs. 3 dieses Gesetzes entsprechende Anwendung. | | | | |
| | 3. (6) Schriftliche oder mündliche Verträge über die Verpachtung im Inlande gelegener unbeweglicher Sachen zur land- und forstwirtschaftlichen Nutzung,[19] sofern der verabredete, nach der Dauer eines Jahres zu berechnende Pachtzins beträgt:<br>mehr als 300 M, aber nicht mehr als 3000 M ............... | 1/10 | — | — | wie vor. |
| | mehr als 3000 M, aber nicht mehr als 30 000 M ............... | 2/10 | — | — | |
| | mehr als 30 000 M .......... | 3/10 | — | — | |
| | (7) Befreiungen.<br>Befreit sind:<br>1. Pacht- und Mietverträge, bei denen der verabredete, nach der Dauer eines Jahres zu berechnende Pacht- oder Mietzins ausschließlich des Wertes nicht in Geld bestehender Nebenleistungen den Betrag von 360 M, beziehungsweise bei Jagdpachtverträgen und den im Abs. 6 bezeichneten Verträgen den Betrag von 300 M, nicht übersteigt;[14] | | | | |

| Lfd. Nr. | Gegenstand der Besteuerung | Steuersatz v. H. | ℳ | ₰ | Berechnung der Stempelabgabe |
|---|---|---|---|---|---|
| (48.) | 2. Mietverträge, durch die Gastwirte oder Zimmervermieter Fremde zur Beherbergung aufnehmen.[20]<br>(8) Die Versteuerung der Verträge erfolgt in der Art, daß jeder Verpächter[21] oder Vermieter verpflichtet ist, nach Schluß eines jeden Kalenderjahres die während dessen Dauer in Geltung gewesenen Verträge einzeln in ein Verzeichnis (Pacht- und Mietverzeichnis) einzutragen, das enthalten muß:<br>1. die Bezeichnung des Gegenstandes des Vertrages;<br>2. die Namen der Pächter und Mieter;<br>3. die Dauer des Vertragsverhältnisses während des Kalenderjahres;<br>4. den Pacht- und Mietzins;<br>5. den erforderlichen Stempelbetrag;<br>6. die Versicherung des Verpächters oder Vermieters, daß andere als die im Verzeichnis aufgeführten Pacht- und Mietverträge, an denen er als Verpächter oder Vermieter beteiligt gewesen sei, im Kalenderjahre nicht in Geltung gewesen seien;<br>7. die Namensunterschrift des Verpächters oder Vermieters.<br>AB. 71 Abs. 1.<br>(9) Das Verzeichnis über die während der Dauer des Kalenderjahres in Geltung gewesenen Verträge ist der zuständigen Zollstelle spätestens[22] bis zum Ablaufe des Januar des darauf folgenden Jahres unter Einzahlung des erforderlichen Stempelbetrages von dem Verpächter oder Vermieter einzureichen. Auf Antrag kann den Verpächtern oder Vermietern die Versteuerung der Verträge durch das Verzeichnis ohne amtliche Überwachung auf Widerruf gestattet werden; in diesem Falle ist das Verzeichnis unbeschadet der in den Abs. 12, 13 und 14 enthaltenen Verpflichtungen der Zollbehörde nur auf Verlangen einzureichen.<br>AB. 71; 72; 74.<br>(10) Die Vorausbezahlung der Abgabe auf einen über das Kalenderjahr hinaus- | | | | |

| Lfd. Nr. | Gegenstand der Besteuerung | Steuersatz v. H. | Steuersatz M | Steuersatz ₰ | Berechnung der Stempelabgabe |
|---|---|---|---|---|---|
| (48.) | gehenden Zeitraum ist zulässig; die Versteuerung der Verzeichnisse kann in diesen Fällen schon vor Beginn desjenigen Januar, in dem sonst die Versteuerung vorgenommen werden müßte, bewirkt werden. Die im § 11 des Gesetzes vorgeschriebene Abrundung auf 0,50 *M* findet unter Zugrundelegung des Gesamtbetrages der im voraus entrichteten Stempelabgabe statt.<br>(11) Die in den Verzeichnissen zu machenden Angaben können auf Verlangen bei der Zollbehörde zu Protokoll erklärt werden.<br>AB. 72.<br>(12) Die Verzeichnisse sind von den zu ihrer Führung verpflichteten Personen fünf Jahre lang aufzubewahren.[21] Auf Verlangen erfolgt die Aufbewahrung durch die Zollbehörde.<br>AB. 72 Abs. 5, 6.<br>(13) Verpächter und Vermieter, welche Verzeichnisse nicht eingereicht haben, sind verpflichtet, der Zollbehörde auf Verlangen darüber Auskunft zu geben, ob im vorangegangenen Kalenderjahre Pacht- oder Mietverträge, an denen sie als Verpächter oder Vermieter beteiligt waren, in Geltung gewesen sind.[23]<br>AB. 77.<br>(14) Die nach den vorstehenden Bestimmungen den Verpächtern und Vermietern obliegenden Verpflichtungen sind auch von deren Vertretern zu erfüllen.[24]<br>AB. 71 Abs. 7.<br>(15) Im Dezember jeden Jahres ist von den Hauptzollämtern auf die Bestimmungen über die Führung der Verzeichnisse und die Versteuerung durch Bekanntmachung in öffentlichen Blättern aufmerksam zu machen.<br>AB. 16; 76; 78 Abs. 5.<br>(16) Behörden sind berechtigt, die Versteuerung der von ihnen zu führenden Verzeichnisse selbst zu bewirken.<br>LStV. § 1 Ziff. 7.<br>AB. 73; 78 Abs. 3. | | | | |

| Lfd. Nr. | Gegenstand der Besteuerung | Steuersatz v. H. | Steuersatz ℳ | Steuersatz ₰ | Berechnung der Stempelabgabe |
|---|---|---|---|---|---|
| 48.) | (17) Wenn Pacht- oder Mietverträge vor Ablauf der vertragsmäßig festgesetzten Zeit ihr Ende erreichen, so ist der Stempel nur für die Zeit bis zur Beendigung der Verträge zu entrichten. | | | | |
| | AB. 28 Abs. 1; 71 Abs. 3. | | | | |
| | (18) Auf Verträge, bei denen der Jahreszins 360 ℳ, beziehungsweise auf Jagdpachtverträge und die im Abs. 6 bezeichneten Verträge, bei denen der Jahreszins 300 ℳ übersteigt, findet die Vorschrift des § 4 Buchstaben a dieses Gesetzes mit der Maßgabe Anwendung, daß ein Stempel nicht in Ansatz kommt, wenn der für die Gesamtdauer des Vertragsverhältnisses zu entrichtende Pacht- oder Mietzins den Betrag von 150 ℳ nicht übersteigt.[25] | | | | |
| | (19) Die Beurkundungen von Abtretungen der Rechte aus Verträgen dieser Tarifstelle unterliegen einer anderen als der nach den obigen Bestimmungen zu entrichtenden Stempelsteuer nicht.[26] | | | | |
| | (20) Wenn in einem Vertrage dieser Tarifstelle bestimmt ist, daß das Rechtsverhältnis unter gewissen Voraussetzungen als verlängert gelten soll, so kommen für die hiernach eintretenden Verlängerungen die vorstehenden Bestimmungen zur Anwendung. | | | | |
| | (21) Die durch Briefwechsel oder einen Austausch sonstiger schriftlicher Mitteilungen[27] zustande gekommenen Verträge sind hinsichtlich der Stempelpflicht wie förmliche schriftliche Verträge zu behandeln. | | | | |
| | AB. 71 Abs. 6. | | | | |
| | (22) Anmerkung. | | | | |
| | Mehrere zwischen denselben Vertragsbeteiligten innerhalb eines Jahres geschlossene Pacht- oder Mietverträge gelten hinsichtlich der Stempelpflichtigkeit als ein einheitlicher Pacht- oder Mietvertrag, wenn anzunehmen ist, daß der Abschluß der mehreren Verträge zur Vermeidung des | | | | |

| Lfd. Nr. | Gegenstand der Besteuerung | Steuersatz v. H. | M | ₰ | Berechnung der Stempelabgabe |
|---|---|---|---|---|---|
| (48.) | höheren Steuersatzes oder zur Erlangung der Steuerfreiheit gewählt worden ist. LStV. § 1 Ziff. 3, 7. | | | | |
| | II. Schriftliche Pacht- oder Mietverträge über außerhalb Landes gelegene Grundstücke oder ihnen gleichgeachtete Rechte sowie über Jagdberechtigungen an solchen Grundstücken | — | 1 | 50 | |
| | III. (1) Schriftliche Pacht- oder Mietverträge anderer als der unter I und II bezeichneten Art[29] . . . . . . . . . . . . . . . . | 3/10 | — | — | des Zinses, |
| | mindestens aber . . . . . . . . . . . . | — | 1 | 50 | |
| | (2) Der Stempel berechnet sich[30] nach der Dauer der bedungenen Vertragszeit; bei Verträgen auf unbestimmte Zeit ist der Versteuerung eine einjährige Dauer zugrunde zu legen. Bei Verträgen, die auf die Lebenszeit des Verpächters oder Pächters, des Vermieters oder Mieters geschlossen sind, kommt die Vorschrift des § 6 Abs. 10 des Gesetzes zur Anwendung.[30] | | | | |

## Zu Tarifnummer 48.

1. a) Literatur: Seitz, Der Mietstempel, II. Aufl.
   b) Vgl. §§ 535 ff., 581 ff., 549, 566 BGB.

**§ 535.** Durch den Mietvertrag wird der Vermieter verpflichtet, dem Mieter den Gebrauch der vermieteten Sache während der Mietzeit zu gewähren. Der Mieter ist verpflichtet, dem Vermieter den vereinbarten Mietzins zu entrichten.

**§ 581 Abs. 1.** Durch den Pachtvertrag wird der Verpächter verpflichtet, dem Pächter den Gebrauch des verpachteten Gegenstandes und den Genuß der Früchte, soweit sie nach den Regeln einer ordnungsmäßigen Wirtschaft als Ertrag anzusehen sind, während der Pachtzeit zu gewähren. Der Pächter ist verpflichtet, dem Verpächter den vereinbarten Pachtzins zu entrichten.

2. Die Tarifstelle enthielt im Gesetz von 1895 noch die sog. antichretischen Verträge, Pfandverträge, die den Gläubiger berechtigen, die ihm zum Pfande gegebene fruchttragende Sache zu verwalten, ihre Früchte und Nutzungen für sich einzuziehen und das Gewonnene zuerst auf die verabredeten Zinsen der Schuld und sodann auf das Kapital abzurechnen. (§§ 139 ff., 224 ff., ALR. I 20.) Dem BGB. sind Vorschriften über antichretische Pfandverträge an Grundstücken fremd. Es bleiben daher für die Versteuerung von Antichresen an diesen nur die vor dem 1. 1. 1900 im Grundbuch eingetragenen übrig. Denn diese bestehen nach der Regel des Art. 184 EG. z. BGB. noch fort. Solche Antichresen sind gegenwärtig, wenn überhaupt, so doch nur noch in geringer Zahl vorhanden. Ebenso sind die antichretischen Verträge an beweglichen

**Noch: Zu Tarifnummer 48.**

Sachen, welche das BGB. nach §§ 1213, 1214 noch kennt, nur von geringer steuerlicher Tragweite. Die antichretischen Verträge sind deshalb 1909 aus T. 48 überhaupt gestrichen worden. Begr. S. 15 (09). Wegen Versteuerung der den wirtschaftlichen Zweck der Antichrese erfüllenden Nießbrauchsbestellungen (§§ 1030ff. BGB.) s. T. 44.

**3.** Die Steuerpflicht ist durch die Novelle von 1909 auf mündliche Miet- und Pachtverträge ausgedehnt worden und auf Pachtverträge über den unbeweglichen Sachen gleichgestellte Rechte. (Begr. S. 16.)

**4.** Wesentlich ist den Miet- und Pachtverträgen die Verabredung eines Entgelts. Wird nur eine Anerkennungsgebühr festgesetzt, so unterliegt der Vertrag nicht der T. 48, sondern T. 71². RG. 30. 10. 06, Holdh. S. 284 v. 07.

**5.** Bei Verpachtungen auf Probe kommen hinsichtlich der Versteuerung dieselben Grundsätze wie bei Verträgen über Kauf auf Probe zur Anwendung, z. B. wenn es von anzustellenden Proben abhängen soll, ob ein Pachtvertrag — die Überlassung der Ausübung einer Lizenz — voll zur Ausführung kommen soll. FM. 13. 2. 04 III 1678. — Vgl. A. 7 und 27 bei T. 32.

**6.** a) Die in einem Mietvertrage enthaltenen Bestimmungen darüber, ob und unter welchen Bedingungen das Mietverhältnis von beiden Teilen oder von einem von ihnen gekündigt werden kann, sind als Teile des Mietvertrages und nicht als besonderer Vertrag zu betrachten, und zwar auch dann, wenn in einem für eine bestimmte Zeit geschlossenen Mietvertrage Vermieter das Recht haben soll, den Vertrag schon vorher nach bestimmt festgesetzter Kündigung gegen Zahlung einer Entschädigung an den Mieter nach der Räumung aufzuheben. FM. 7. 5. 02.

b) Über Vereinbarungen in Mietverträgen betr. das Recht des Vermieters an retinierten Sachen, die Verpfändung der inferierten Sachen und sonstige in Mietverträgen vorkommende Abreden s. FM. 2. 11. 97 bei T. 71 A. 12, aber auch A. 11c.

**7.** Die Frage, wie Verträge, in denen unbewegliche und bewegliche Sachen zusammen für einen einheitlichen Pachtzins verpachtet werden, zu versteuern sind, wird danach zu entscheiden sein, ob die verpachteten Gegenstände in der Hauptsache unbewegliche oder bewegliche Sachen sind. FM. 30. 12. 00 III 13333.

**8.** a) Als einheitlicher Mietvertrag ist die mietweise Überlassung von Kühlräumen angesehen worden. Hieran ändert nichts, daß die Parteien einen bestimmten Teil des Entgelts auf die Miete, den anderen Teil auf die Kühlung des Raumes verrechnen. RG. 25. 2. 13, ZBl. S. 183.

b) Das Gleiche gilt von einem Vertrag über die Vermietung von Räumen und die Lieferung von elektrischer und Dampfkraft, wenn die Lieferung des elektrischen Stromes und des Dampfes keine selbständige wirtschaftliche Bedeutung hat und ohne die Sachmiete nicht erfolgen kann. Ob für die Lieferung der Betriebskraft ein besonderes Entgelt festgesetzt ist, ob das Entgelt dafür den Mietwert der Räume übersteigt, oder ob die Betriebskraft nach Verhältnis des tatsächlichen Verbrauchs bezahlt wird, ist für die Selbständigkeit des Lieferungsvertrages nicht maßgeblich. FM. 28. 4. 11 III 7165, KG. 7. 2. 11.

**9.** Pacht- und Mietverträge über unbewegliche Sachen in notarieller oder Protokollform, sofern sie lediglich einen Pacht- oder Mietvertrag beur-

**Noch: Zu Tarifnummer 48.**

kunden, sowie in diese Form gekleidete Beurkundungen von Abtretungen der Rechte aus solchen Miet- und Pachtverträgen erfordern neben dem zum Mietverzeichnis zu verwendenden WertSt. nicht noch dem NotariatsurkundenSt. oder ProtokollSt. FM. 9. 9. 97 III 10360, ZBl. S. 361.

**10.** Verträge steuerfreier Personen oder Anstalten, in denen letztere als Verpächter erscheinen, erfordern den halben tarifmäßigen St., zu dessen Entrichtung dem Fiskus gegenüber auch der vom St. befreite Kontrahent verpflichtet ist, falls der Pächter nicht etwa auch Befreiung genießt. Der St. ist zu dem vom Vertreter der stfreien Anstalt aufzustellenden Verzeichnis zu kassieren und haben diese Vertreter stfreier Anstalten das Verzeichnis auch zur Versteuerung zu bringen. Nebenverträge sind auf Haupt- und Nebenexemplar besonders zu versteuern. FM. 27. 5. 96 III 7489. KG. 16. 12. 97, ZBl. S. 174 v. 98, RG. 19. 6. 00, ZBl. S. 432, Entsch. Bd. 46 S. 293.

**11.** Die Abänderung des Datums eines Mietvertrages ist Urkundenfälschung. Ist das Datum geändert, um eine vermeintlich drohende StStrafe zu vermeiden, so ist darin — entgegen der Ansicht in dem Urteil in Straff., Entsch. 2, 33 und 41 — die Absicht der Verschaffung eines Vermögensvorteils zu erblicken (§ 268 RStGB.). RG. 5. 7. 00, ZBl. S. 15 v. 01.

**12.** Unter T. 48 I 1 (1) fallen u. a.:

a) Verträge, durch welche einer Pferdebahngesellschaft gegen Entgelt städtische Straßen und Anlagen zur Benutzung behufs Betriebes eines Pferdebahn-Transport-Unternehmens eingeräumt werden. RG. 27. 3. 93, ZBl. S. 268.

Das Kleinbahngesetz v. 28. 7. 92 hat für die rechtliche Beurteilung von Verträgen dieser Art keine Änderung geschaffen. RG. 13. 12. 97.

b) Verträge über die Überweisung von Grund und Boden auf bestimmte Zeit zwecks Errichtung einer Restauration, in welchem die Gegenleistung u. a. darin besteht, daß das von dem Restaurateur zu errichtende Gebäude nebst Inventar nach Ablauf der bestimmten Zeit Eigentum des Überlassenden wird. RG. 23. 6. 99, JW. S. 506.

c) Verträge über Vergebung von Marktständen in städtischen Markthallen. FM. 7. 11. 11 III 17271.

d) Die Überlassung des Rechts auf Kohlengewinnung auf beschränkte Zeit in dem zu den vormals Königlich sächsischen Landesteilen gehörenden Gebiet der Lausitz — ohne den Grund und Boden, in dem die Kohlen anstehen — gegen Entgelt.

Zur rechtswirksamen Neubestellung einer selbständigen Kohlenabbaugerechtigkeit gehört nach § 3 des Ges. v. 22. 2. 69 in der Fassung des Art. 38 AG. BGB. gerichtliche Form. FM. 11. 7. 02 III 8818.

e) Ausbeuteverträge (Verträge über Ausbrechen von Steinen, Entnahme von Sand und Kies u. a.), wenn dem Berechtigten nicht nur die Nutzung, sondern auch der Besitz des auszubeutenden Grundstücks selbst überlassen worden ist. Der Annahme eines Pachtvertrages steht nicht entgegen, daß der Pächter auf eine gewisse Art des Gebrauchs des Grundstücks beschränkt ist, während der Verpächter die landwirtschaft-

**Noch: Zu Tarifnummer 48.**

liche Nutzung behalten hat. RG. 29. 6. 09, JW. S. 451, FM. v. 28. 4. 13 III 5574. Wegen Vorliegens eines Kaufvertrages s. T. 32 A. 26g.

**13.** Die Frage, wie die Überlassung von Dienstwohnungen zu versteuern ist, hängt von den Umständen des Falles ab. Liegt nur ein Anstellungsvertrag vor, nach welchem Gehalt und Wohnung zu gewähren ist, nicht ein eigentlicher Mietvertrag, so kommt T. 48 nicht zur Anwendung. Wird dagegen unabhängig von dem Anstellungsvertrage ein besonderer Mietvertrag verabredet oder wird die Wohnung anderweit zur Verfügung gestellt, so tritt Steuerpflicht ein. In den Kommissionsberatungen führte ein Abgeordneter aus, daß der letzte Fall regelmäßig bei den Landräten einträte. KB. S. 54 (09).

**14.** a) Gegenüber der gesetzlichen Bestimmung, daß der verabredete, nach der Dauer eines Jahres zu berechnende Mietzins maßgebend ist, kann eine Änderung auch dann nicht eintreten, wenn der Mietgegenstand niemals für ein ganzes Jahr vermietet wird: es werden z. B. Plätze auf einem Schützenplatz nur für die Dauer des eine Woche lang im Jahre gefeierten Schützenfestes an Budenbesitzer usw. vermietet, während eine Vermietung zu anderen Zwecken und zu anderer Zeit ausgeschlossen ist. FM. 19. 8. 13 III 12066.

b) Ist nur der Gesamtzins für mehrere Jahre bekannt, so ist der Jahrespachtzins nach der Hilfstabelle zu § 6 Abs. 12 zu berechnen. RG. 21. 6. 12, JW. S. 883. Siehe § 6 A. 11.

**15.** a) Der Abzug von 50 v. H. der StAbgabe findet nach der Fassung des Gesetzes auf Pachtverträge keine Anwendung. Denn die Ermäßigungsvorschrift spricht nur vom „Mietverhältnis", während in der T. sonst bei Vorschriften, die sowohl für Miete als auch für Pacht gelten sollen, beide Rechtsverhältnisse überall nebeneinander ausdrücklich aufgeführt worden sind. RG. 22. 10. 12, ZBl. S. 46 v. 13.

b) Durch diese Auslegung der Ermäßigungsvorschrift ist für die Anwendung der T. 48 der Unterschied zwischen Miete und Pacht wichtig geworden. Das Reichsgericht hat hierfür in mehreren Urteilen folgende Gesichtspunkte aufgestellt: Auszugehen ist von den Bestimmungen des BGB., daß die Miete den Gebrauch einer körperlichen Sache, die Pacht den Gebrauch eines Gegenstandes und den Genuß der Früchte gewährt, soweit sie nach den Regeln einer ordnungsmäßigen Wirtschaft als Ertrag anzusehen sind. (§§ 535, 581 BGB.) Wenn Räume zu gewerblichen Zwecken überlassen werden, muß deshalb unterschieden werden, ob die überlassenen Räume dem Inhaber als der örtliche Mittelpunkt seines Gewerbes dienen und ihm geeignete Gelegenheit geben sollen, seine gewinnbringende Tätigkeit auszuüben oder ob die Räume selbst als die eigentliche Quelle der mittelst ihrer zu erzielenden Erträge anzusehen sind, der gegenüber die zu dieser Erzielung mitwirkende Tätigkeit des Inhabers weniger wesentlich ist. In diesem Sinne bezeichnet auch der gewöhnliche Sprachgebrauch das entgeltliche Überlassen eines leeren, vom Übernehmer erst einzurichtenden Zigarren- oder Friseurladens als Vermieten, das Überlassen eines zum Betriebe schon durch das erforderliche Inventar eingerichteten Hotels als Verpachten, und zwar letzteres nicht nur dann, wenn mit den eingerichteten Räumen ein schon bestehendes Unternehmen, also ein an die Räume geknüpfter wirtschaftlicher Organismus, z. B. ein schon bestehendes Handelsgeschäft (§ 22

**Noch: Zu Tarifnummer 48.**

Abs. 2 HGB.), Hotelgeschäft, oder ein schon im Betriebe befindliches Theater zum Weiterbetrieb überlassen wird, sondern auch dann, wenn der Übernehmer diesen wirtschaftlichen Organismus erst durch eigene Tätigkeit und aus eigenen Mitteln zu schaffen hat. In letzterem Falle erfordert jedoch die Annahme eines Pachtvertrags so viel, daß die überlassenen Räume schon durch ihre bauliche Eigenart und ihre innere Einrichtung und Ausstattung im wesentlichen dazu geeignet sind, als die unmittelbare Quelle von Erträgen zu dienen.

c) Hiernach stellt die entgeltliche Überlassung von Räumen zum Betriebe einer Gast- oder Kaffeewirtschaft ein Verpachten dar, wenn die für das Verweilen der Gäste bestimmten Räume, also die Haupträume, nicht nur baulich, sondern auch hinsichtlich der sonstigen erforderlichen Ausstattung bei der Überlassung im wesentlichen schon derart eingerichtet sind, daß der Betrieb in ihnen beginnen kann. Der Annahme eines Pachtvertrages steht es dabei nicht entgegen, daß die Einrichtung der Haupträume nicht vollständig ist, vielmehr noch der Ergänzung durch den Unternehmer bedarf, und daß die Nebenräume, die nur mittelbar eine Quelle der zu erzielenden Erträge sind, z. B. Küchen, Keller und sonstige Wirtschaftsräume der inneren Einrichtung völlig ermangeln. Auch auf das Wertverhältnis der vom Überlasser mitgegebenen Einrichtung zu der vom Übernehmer zu beschaffenden kommt es hierbei nicht ausschlaggebend an. Vielmehr genügt die Anschaffung von Tischen und Stühlen in den Haupträumen durch den Überlasser, um einen Pachtvertrag anzunehmen. Der Beschaffung des gesamten erforderlichen Eß-, Trink- und Küchengeschirres durch den Übernehmer ist keine Bedeutung beizumessen. RG. in A. 15a v. 19. 11. 12, JW. S. 280 v. 13 u. 10. 6. 13, JW. S. 982.

d) Als Pachtvertrag ist ferner die entgeltliche Überlassung eines Theaters mit der vorhandenen Einrichtung angesehen worden, ohne Rücksicht darauf, daß es sich nicht um ein bereits im Betriebe befindliches Theaterunternehmen handelte, auch das vorhandene Inventar nur 1/10 des vom Pächter zu beschaffenden betrug. RG. 24. 10. 13, ZBl. S. 32.

e) Die Ermäßigung kommt nur den Berufen zu, die einen Erwerbszweck verfolgen. Beruf ist nicht in dem Sinne zu verstehen, daß er allgemein die Aufgaben erfaßt, zu deren Erfüllung jemand berufen ist. Die Hinzufügung der beruflichen zu den gewerblichen Zwecken hat nur dazu dienen sollen, außer den Gewerbetreibenden, die im Verkehr mit ihren Kunden Läden und Verkaufsräume zu Verfügung haben müssen, allen denjenigen eine Erleichterung zu verschaffen, die im Interesse ihres Fortkommens und ihres Erwerbes genötigt sind, noch besondere Aufwendungen an Mietzins für geschäftliche Zwecke zu machen, wie z. B. Anwälte und Ärzte. In Betracht kommen nur die sog. freien Berufe. FM. 28. 10. 11 III 17620. Die Ermäßigungsvorschrift ist deshalb nicht angewendet worden bei Vermietung an einen Ruderklub, ebensowenig für Verträge über Mieträume zur dienstlichen Benutzung von Beamten und Mietverträge, durch die eine Stadtgemeinde dem Reichsmilitärfiskus für seine Zwecke Kasernen, ein Proviantamt, ein Wagen- und Patronenhaus, sowie ein Waffen- und Patronenhaus überlassen hat. RG. 19. 4. 12, Entsch. Bd. 79 S. 261 und 3. 5. 12 ZBl. S. 275. Ebenso entschieden für Verträge des Postfiskus RG. 27. 6. 13, Recht S. 528.

**16.** a) Daß ein Mietverhältnis z. T. Räume betrifft, die für gewerbliche und berufliche Zwecke bestimmt sind, kommt häufig vor, z. B. bei Ärzten

**Noch: Zu Tarifnummer 48.**

oder Rechtsanwälten, die einen Teil ihrer Wohnung als Sprech- und Wartezimmer oder als Bureauräume verwenden.

b) Wird das Mietverzeichnis verspätet vorgelegt und der Vermieter bestraft, so entspricht es nicht der Absicht des Gesetzes, ihn für diese Verspätung noch ferner dadurch zu strafen, daß die Preistrennung nicht berücksichtigt wird. FM. 3. 7. 11 III 11059.

**17.** Für Preußen mit Ausnahme von Hannover, Hohenzollern und Helgoland gilt die Jagdordnung vom 15. 7. 07 (GS. S. 207), in Hannover die vom 11. 3. 59, Hannov. GesS. I S. 159.

**18.** Vgl. über die Entstehung der Vorschrift KB. S. 64 (09).

**19.** Ob für die Verpachtung von landwirtschaftlichen Grundstücken mit Wohngebäuden der St. aus T. 48 I (1) oder (3) zu erheben ist, kann nur nach Lage des einzelnen Falles entschieden werden. Wenn die Pachtung den Hauptgegenstand des Vertrages bildet und die Gewährung der Wohnung sich nur als Nebenleistung darstellt, ist der für Pachtverträge festgesetzte St. zu erheben. Liegt dagegen der Fall umgekehrt, so würde der MietSt. entrichtet werden müssen. KB. S. 54, 55 (09).

**20.** Bei der Anwendung der BefrVorschr. des Abs. 7 Nr. 2 ist zu berücksichtigen, daß

a) die Vermieter Personen sein müssen, welche die Aufnahme von Fremden zur Beherbergung gewerbsmäßig betreiben. Diese Auslegung ist hinsichtlich der Gastwirte bedenkenfrei; sie muß aber auch bezüglich der Zimmervermieter gelten, da diese in der BefrVorschr. den Gastwirten gleichgestellt und auch nach dem Sprachgebrauch und der Verkehrsanschauung unter Zimmervermietern nicht Personen zu verstehen sind, die gelegentlich und hin und wieder Zimmer vermieten, sondern Vermieter, die aus der Vermietung ein Gewerbe machen und sich daraus eine dauernde Einnahmequelle zu schaffen beabsichtigen, z. B. Pensionsinhaber;

b) die Wohnungsaufnahme auf Fremde beschränkt ist, so daß Aufnahmen ortsansässiger oder solcher Personen, die an dem Ort der Wohnungsgewährung zu einem längeren, wenn auch vorübergehenden Aufenthalt, z. B. zu Studienzwecken, sich befinden, nicht unter die Befr.-Vorschrift fallen;

c) die Aufnahme der Fremden zur Beherbergung erfolgen muß, und darunter ist sprachgebräuchlich im Gegensatz zu der auf eine dauernde Überlassung von Wohnräumen gerichteten Vermietung nur die Gewährung einer Unterkunft für einen kürzeren, vorübergehenden Zeitraum zu verstehen. Ob den Fremden lediglich Räume zu Wohnzwecken überlassen werden oder ob außerdem seitens der Gastwirte oder Zimmervermieter Beköstigung und Bedienung gewährt wird, macht keinen Unterschied, denn auch bloße Wohnungsüberlassungen fallen unter den Begriff der Beherbergung. Nach dem Gesagten sind die Vermietungen möblierter Zimmer oder Wohnungen nur dann stfrei, wenn die Räume von Gastwirten oder gewerbsmäßigen Zimmervermietern an Fremde auf kurze Zeit gegen Entgelt überlassen werden; in diesen Fällen wird ohnedies StFreiheit meistens auch

**Noch: Zu Tarifnummer 48.**

schon auf Grund des Abs. 18 der T. eintreten, da der zu entrichtende Mietzins meist 150 ℳ nicht übersteigen wird;

d) Vermietungen von Wohnungen in Badeorten und Sommerfrischen an Kurgäste, Sommerfrischler usw. sind stets stfrei, wie anläßlich der kommissarischen Beratung des Gesetzes im Hause der Abgeordneten ausdrücklich anerkannt ist. FM. 8. 12. 09 III 21101.

**21.** a) Mit dem Verzeichnis wird nur der Miet- oder Pachtvertrag versteuert. Der St. für Nebenabreden ist zum Mietvertrag selbst zu verwenden. AB. 75 Abs. 2.

b) Zur Aufstellung des Verzeichnisses ist nicht der Grundstückseigentümer als solcher, sondern nur der Vermieter verpflichtet. Dem Vermieter steht jedoch auch stempelrechtlich der Eigentümer des Grundstücks gleich, wenn er es von dem Vermieter erworben hat. Für den St. ist neben dem Vermieter der Mieter zahlungspflichtig, denn die Steuerpflicht ruht auf den Verträgen. Der Vermieter allein ist allerdings straffällig. Vgl. A. 10. Die Bestimmung, daß der Vermieter die Mietverzeichnisse 5 Jahre lang aufzubewahren hat, schließt für ihn nicht das Recht aus, sich zum Beweise der Zahlung der Steuer auch anderer Beweismittel als der Mietverzeichnisse zu bedienen. RG. 17. 5. 07, Holdh. S. 225 v. 08.

c) Jeder Vermieter haftet für die Steuer, die auf seine Vermieterzeit entfällt. Die Vorschrift, daß das Mietverzeichnis im Januar des folgenden Jahres aufzustellen ist, hat nicht etwa die Bedeutung, daß die Steuer demjenigen zur Last fällt, welcher im Januar Vermieter ist. RG. 22. 4. 13, DJZ. S. 979, 10. 2. 14, ZBl. S. 157. Vgl. wegen des Zwangsverwalters A. 6c zu § 12.

**22.** Das Mietverzeichnis darf nicht, wenn der 31. Januar auf einen Sonntag fällt, erst am 1. Februar eingereicht werden. KG. 18. 11. 97, Arch. Bd. 45 S. 455.

**23.** Die Verpächter und Vermieter sind verpflichtet:

a) Der Zollbehörde (StSteuerämtern und Hauptzollämtern, AB. 77) Auskunft zu geben, ob im vorangegangenen Kalenderjahr Pacht- oder Mietverträge in Geltung gewesen sind, an denen sie als Verpächter oder Vermieter beteiligt waren;

b) die von ihnen zu führenden Verzeichnisse den StSteuerämtern auf Verlangen einzureichen (§ 31 [3] d. Ges.).

**24.** a) Aus den Kommissionsverhandlungen (S. 70/09) ergibt sich, daß unter den Vertretern nicht nur gesetzliche Vertreter, sondern auch andere Bevollmächtigte zu verstehen sind. Eine Zahlungsverpflichtung soll jedoch aus der Bestimmung des Abs. 14 nicht hergeleitet werden. Die Vorschrift stellt sich daher nicht als eine Verpflichtung, sondern als eine Berechtigung der Vertreter dar. Soweit sie nicht für die Abgabe persönlich nach § 12 Abs. 1c d. Ges. haften, kann die Steuer weder von ihnen eingezogen werden, noch sind sie bei unterlassener Versteuerung straffällig. In diesem Sinne wird auch Nr. 71 (7) AB. z. LStG. zu verstehen sein.

b) Der Zwangsverwalter eines Hauses ist persönlich als Träger der Vermieterrechte und -Pflichten anzusehen. Er handelt, wie überhaupt, so auch bei Abschluß des Mietvertrages auf Grund der ihm vom Gesetz verliehenen Machtbefugnis und ist deshalb nach § 12 Abs. 1c des Ges. für den St. der Verträge

**Noch: Zu Tarifnummer 48.**

zahlungspflichtig, die er abschließt. RG. 22. 4. 13, DJZ. S. 979. Er haftet aber für den St., der auf die Dauer seiner Zwangsverwaltung entfällt, auch bei Verträgen, die er nicht selbst abgeschlossen hat. Voraussetzung ist, daß das Grundstück ausreichende Erträge ergeben hat. RG. 10. 2. 14, ZBl. S. 157.

25. Nach Abs. 18 tritt StFreiheit ein, wenn z. B. der Jahreszins 450 *M* beträgt, der Vertrag aber nur drei Monate in Kraft gewesen ist. Vgl. Begr. S. 17 (09). Da es auf den Pacht- oder Mietzins ankommt, welcher für die ganze Vertragsdauer zu entrichten ist, hat es keine Bedeutung, wieviel auf das Kalenderjahr entfällt. Ein Mietvertrag, der vom 1. 10. 13 ab auf drei Jahre läuft, ist deshalb für 1913 nicht etwa stfrei, weil bis zum 31. 12. 13 nur 150 *M* Miete zu zahlen sind.

26. a) Abs. 19 der T. setzt voraus, daß auch der ursprüngliche Pachtvertrag, aus dem die Rechte übertragen werden, nach dem 1. 4. 96 errichtet ist. FM. 28. 3. 99 III 17280. — Vgl. A. 12a bei T. 2.

b) Der Abs. 19 bezieht sich ferner nur auf die unter I behandelten Verträge über unbewegliche Sachen usw., nicht auch über bewegliche Sachen und ausländische Grundstücke (II, III). Abtretungen von Rechten aus Pachtverträgen über bewegliche Sachen und über ausländische Grundstücke fallen daher nicht unter diese T. KG. 6. 11. 06 II.

c) Über Abtretung der Rechte im Sinne der Tarifvorschrift geht es hinaus, wenn der Pächter sein Pachtrecht abtritt und der Verpächter dieser Zession unter ausdrücklicher Entlassung des Pachtzedenten aus den im ursprünglichen Pachtvertrage übernommenen Verpflichtungen beitritt. Es liegt vielmehr die Errichtung eines neuen Pachtvertrages unter Auflösung des alten vor. KG. 14. 3. 02.

27. Die Vorschrift sollte eine Lücke des Gesetzes von 1895 ausfüllen, nach welchem nur schriftliche und durch Briefwechsel, nicht auch durch Austausch sonstiger schriftlicher Mitteilungen zustandegekommene Mietverträge stpflichtig waren. Nachdem das Ges. v. 1909 alle schriftlichen und mündlichen Mietverträge für stpflichtig erklärt hat, dürfte der Bestimmung keine praktische Bedeutung mehr beizumessen sein.

28. a) Die Streitfrage des früheren Rechts, wie weit Nebenleistungen zu berücksichtigen seien, ist durch die Novelle von 1909 dahin entschieden worden, daß Naturalleistungen außer Betracht bleiben, in Geld bestehende Nebenleistungen dem Pacht- oder Mietzins hinzuzurechnen sind. Vgl. AB. 75 (1).

b) Eine stpflichtige Nebenleistung liegt z. B. vor, wenn Restaurateure als Mieter Gas oder Elektrizität nicht infolge eines von ihnen mit einem Gas- oder Elektrizitätswerk geschlossenen Lieferungsvertrages, sondern auf Grund der in einem Mietvertrage enthaltenen Nebenabrede vom Vermieter erhalten. Das an den Vermieter zu zahlende Entgelt für das Beleuchtungsmaterial ist ebenso wie der sonstige Mietzins dem MietSt. unterworfen. FM. 11. 6. 07 III 10530 und neuere Entscheidungen.

c) Für Domänenpachtverträge ist folgende Entscheidung ergangen: Die in Geld bestehenden Nebenleistungen, welche der Pächter vertragsmäßig übernommen hat, und welche das Entgelt für besondere, dem Verpächter gesetzlich zur Last fallende Verpflichtungen bilden, sind den stpflichtigen Pachtzinsen hinzuzurechnen. Gleichgültig ist dabei, daß einzelne bare Leistungen des Pächters, z. B. die Kosten für die Ersatzbauten nicht zu be-

**Noch: Zu Tarifnummer 48.**

stimmten Zeiten wiederkehren. Bare Leistungen des Pächters, die ihm schon gesetzlich obliegen, wie die Ausbesserungskosten im Sinne des § 582 BGB. sind dagegen als stpflichtige Nebenleistungen nicht anzusehen. Was im einzelnen dem Pachtzinse hinzuzurechnen ist, wird näher dargelegt im FM. 17. 3. 11 III 4383 und FM. 9. 11. 11 III 17861. Bezüglich der dem Pachtzinse hinzuzurechnenden Nebenleistungen ist zur Vereinfachung der StBerechnung nachgelassen, daß an Stelle dieser Nebenleistungen einschließlich der Meliorations- und Bauzinsen 33 1/3 % dem vereinbarten Pachtzinse hinzugerechnet werden. Die OZDir. haben aber die wahre Höhe der Nebenleistungen zu überwachen. Das Jagdpachtgeld unterliegt nach T. 48 I Abs. 4 und 5 der besonderen Versteuerung, sofern der nach der Dauer eines Jahres zu berechnende Pachtzins mehr als 300 ℳ beträgt. FM. 16. 3. 12 III 3962.

**29.** a) Die T. 48 III hat eine allgemeinere Fassung erhalten als die frühere T. 48 b, mit deren Inhalt sie sich im wesentlichen deckt. Sie hat hauptsächlich die Besteuerung der Mietverträge über bewegliche Sachen zum Gegenstande, z. B. Möbelleihverträge. Da aber nach § 581 BGB. Gegenstände aller Art verpachtet werden können, bezieht sich die T. außer auf körperliche Gegenstände — Sachen im Sinne des BGB. — auch auf unkörperliche. RG. 3. 6. 13, ZBl. S. 372, JW. S. 1113. So hat das KG. (21. 5. 97) als Pachtvertrag nach der damaligen T. 48b einen Vertrag über das Recht zum Anbringen von Geschäftsanzeigen in Straßen- oder Eisenbahnwagen angesprochen, das vorgenannte RGUrteil zählt Verträge dahin über die Verpachtung des öffentlichen Anschlagswesens einer Stadt. In Betracht kommen ferner Verträge über die nicht ausschließliche oder zeitliche Ausnutzung von Patenten, Begr. S. 17, 18 (09). Ebenso ist Pacht als möglich angenommen für die entgeltliche Überlassung der Ausübung beschränkt persönlicher Dienstbarkeiten, z. B. von Kaligewinnungsrechten alten Rechts. FM. 5. 3. 13 III 18896/12.

b) Von Einzelentscheidungen seien noch erwähnt:

Verträge über die Verpachtung der Fahrgeld- und Brückengelderhebung; auch dann, wenn zugleich Fähr- oder Brückenhäuser bzw. kleinere Grundstücke zur Mitverpachtung kommen, sofern der auf diese unbeweglichen Gegenstände entfallende Teil des Pachtzinses im Verhältnis zu demjenigen Teil der Pachtsumme, der die Vergütung für die Überlassung des Rechts zur Erhebung der Abgaben bildet, nur von nebensächlicher Bedeutung ist. FM. 30. 12. 00 III 13333.

Verträge über die Verpachtung des Kantinenbetriebes in der Kaserne, wie Verträge, durch die die Verwaltung des Theaters einem Buchhändler gegen eine Jahresvergütung das Recht einräumt, daß in dem Theater lediglich die von ihm hergestellten Theaterzettel, Programme und Textbücher zum Verkauf gelangen sollen. FM. 24. 3. 05 III 3619.

Verträge, durch welche der Verleger einer Zeitung einem andern gegen Entgelt und auf Zeit den Betrieb des Inseratenteils der Zeitung überläßt. RG. 30. 10. 08, Entsch. Bd. 70 S. 20.

**30.** Die Sondervorschriften aus T. 48 I Abs. 8 ff. über die Art der Stempelentrichtung bei Pacht- und Mietverträgen über unbewegliche Sachen finden für T. 48 III keine Anwendung.

| Lfd. Nr. | Gegenstand der Besteuerung | Steuersatz v. H. | Steuersatz ℳ | Steuersatz ₰ | Berechnung der Stempelabgabe |
|---|---|---|---|---|---|
| 49. | **Pässe** (Paßkarten) zu Reisen [1–3] in der Regel | — | 3 | — | |
| | für Handwerksburschen, Dienstboten, Lohnarbeiter und andere Personen ähnlichen Standes jedoch nur . . . . . . . . . . . . . | — | 1 | — | |
| | AB. 9 Abs. 5; 19; 79. | | | | |
| | zum Transport von Leichen wegen deren Beerdigung außer dem Kirchsprengel, worin der Todesfall sich ereignet hat . . . . . . . | — | 5 | — | |
| | bei nachgewiesener Bedürftigkeit kann der Stempel bis auf . . . . . . . . . . . . . . | — | 1 | 50 | |
| | ermäßigt werden. | | | | |
| | AB. 9 Abs. 6; 79 Abs. 4. | | | | |
| 50. | **Policen**, s. Versicherungsverträge. | | | | |
| 51. | (1) **Polizeistunde**, Genehmigungen der Verlängerung der Polizeistunde für einzelne Wirtshäuser und öffentliche Vergnügungsorte | — | 25 | — | |

## Zu Tarifnummer 49.

1. Verlängerungen der ursprünglich ausgestellten Reisepässe sind nicht mehr zugelassen. Die Pässe sind in der Regel auf 1 Jahr auszustellen, ausnahmsweise auf 2 Jahre. FM. 26. 10. 99 III 13350.

2. Wenn der die Ausfertigung der Pässe Veranlassende eine nach § 5 LStG. von der Entrichtung der StSteuer befreite Person ist, z. B. wenn von Behörden für Beamte im öffentlichen Interesse Pässe ausgestellt werden, so bedürfen solche weder des St. aus T. 49, noch ist für sie eine Ausfertigungsgebühr zu entrichten.

Anträge auf Verabfolgung ungestempelter Formulare zu diesen stfreien Pässen sind unmittelbar an das Hauptstempelmagazin zu richten. FM. 8. 6. 04 III 7015.

3. a) Für die StPflichtigkeit eines tatsächlich ausgestellten Leichenpasses ist es ohne Bedeutung, wenn die Ausfertigung eines solchen nicht erforderlich gewesen wäre. FM. 3. 4. 02 III 4029.

b) Alle von der zuständigen Behörde ausgehenden Erlaubniserteilungen zum Transport von Leichen, auch die in Gestalt einer einfachen Verfügung ergehenden, fallen unter diese Tarifstelle. FM. 3. 9. 97 III 10772.

c) Genehmigungen zur Überführung von Leichen nach den anatomischen Instituten der Landesuniversitäten sind stfrei. FM. 8. 3. 98 III 2760, MBl. S. 80, § 5 Abs. 1e in Vbdg. mit § 12 Abs. 1a d. Ges.

## Zu Tarifnummer 51.

1. Nach dem Wortlaut der Vorschrift sowie nach ihrem sozialen Anlaß und Zweck kann es zu ihrer Anwendung nicht genügen, daß die Genehmigung

| Lfd. Nr. | Gegenstand der Besteuerung | Steuersatz v. H. | Steuersatz M | Steuersatz Pf | Berechnung der Stempelabgabe |
|---|---|---|---|---|---|
| (51.) | (2) Genehmigungen auf die Dauer von weniger als einer Woche[1] . . . . . . . . . . | — | 1 | 50 | |
| | AB. 68 Abs. 2; 80. | | | | |
| 52. | **Proteste,**[1–4] Wechselproteste und Proteste anderer[5] Art, wenn der Wert des Gegenstandes beträgt | | | | |
| | mehr als 150 M, aber nicht mehr als 1000 M . . . . . . . . . . . . . . . . | — | 1 | 50 | |
| | mehr als 1000 M. . . . . . . . . . . . | — | 3 | — | |
| 53. | (1)[1] **Protokolle,** auch von den Parteien nicht unterschriebene, welche in Privatangelegenheiten von Behörden[2] und Beamten aufgenommen sind und die Stelle einer im gegenwärtigen Tarife besteuerten Verhandlung vertreten, wie diese, mindestens[3] aber . . . . . . . . . . . . . | — | 3 | — | |
| | (2) Protokolle, welche nicht die Stelle einer im Tarife besteuerten Verhandlung vertreten, sind stempelfrei. | | | | |
| | (3) Bei Protokollen, welche von Notaren aufgenommen sind, kommt die Tarifstelle „Notariatsurkunden" zur Anwendung. | | | | |

**Noch: Zu Tarifnummer 51.**

für eine Anzahl in beliebigen Abständen voneinander liegenden Tagen nachgesucht und erteilt wird, vorausgesetzt nur, daß es sich nicht um mehr als sechs Tage handelt. Als ihr wesentliches Tatbestandsmerkmal ist vielmehr ein Zeitraum, ein zusammenhängendes Maß an Zeit in der Ausdehnung von nicht mehr als sechs Tagen, anzusehen. Eine Genehmigung für den 25. und 26. Dezember, sowie den 1. Januar des folgenden Jahres ist jedoch nicht als eine Genehmigung für einen Zeitraum von mehr als sechs Tagen aufgefaßt worden, sondern die Versteuerung ist unter Zugrundelegung von zwei Genehmigungen von zwei und einem Tage angenommen worden und im ganzen zweimal 1,50 M, zusammen 3 M Stempel berechnet. RG. vom 5. 7. 12 Entsch. Bd. 80 S. 45.

## Zu Tarifnummer 52.

1. Für Aufnahme von Wechselprotesten sind zuständig Notare, Gerichtsbeamte (Art. 87 WO.) und Postbeamte (Ges. v. 30. 5. 08 betr. die Erleichterung des Wechselprotestes, RGBl. S. 321). Dieselben Beamten sind auch zur Aufnahme von Scheckprotesten zuständig (§ 16 Abs. 2 und § 30 Abs. 2 Scheckgesetz v. 11. 3. 08 RGBl. S. 71). Hinsichtlich des Umfanges, in welchem die Postverwaltung die Erhebung von Wechsel- und

| Lfd. Nr. | Gegenstand der Besteuerung | Steuersatz v. H. | Steuersatz M | Steuersatz ₰ | Berechnung der Stempelabgabe |
|---|---|---|---|---|---|
| 54. | (1) **Punktationen**[1] über einen zu errichtenden Vertrag, welche die Kraft eines Vertrages haben und demnach eine Klage auf Erfüllung begründen, sind wie Verträge über denselben Gegenstand und zwar auch dann zu versteuern, wenn darin die Aufnahme einer förmlichen Vertragsurkunde vorbehalten ist. (2) Zu einer Vertragsurkunde, welche auf Grund einer mit dem Wertstempel belegten Punktation demnächst aufgenommen wird und im wesentlichen denselben Inhalt hat wie | | | | |

**Noch: Zu Tarifnummer 52.**

Scheckprotesten übernommen hat, vgl. die Bekanntmachung vom 5. 8. 08 RGBl. S. 482. Die Versteuerung der Proteste liegt den Postbeamten ob.

Bezüglich der von den Notaren und Gerichtsbeamten (Amtsrichtern, Gerichtsschreibern, Gerichtsvollziehern) aufzunehmenden Wechsel- und Scheckproteste vgl. die AV. des JM. v. 16. 9. 08 (JMBl. S. 339).

2. Die StPflichtigkeit oder die StFreiheit der Proteste richtet sich nicht nach dem Betrage des Wechsels oder Schecks, sondern nach dem Werte des Wechsel- oder Scheckanspruchs, zu dessen Erhaltung der Protest aufgenommen ist. FM. 4. 11. 08 III 18223.

3. T. 45 findet keine Anwendung, da T. 52 eine selbständige Tarifvorschrift ist. FM. 20. 2. 14 III 2347.

4. Die beglaubigten Abschriften der Proteste für das Protestregister sind stfrei. Art. 62 PFG.

5. Vgl. z. B. §§ 571, 646, 689 HGB.

## Zu Tarifnummer 53.

1. Vgl. § 177 Satz 1 FG., Art. 55 Abs. 2 PFG., auch A. 81 zu T. 32.

2. Diesem St. unterliegen auch die vom Ritterschaftlichen Syndikus aufgenommenen Verhandlungen. FM. 17. 2. 98 III 886.

3. a) Zu einer gerichtlichen Schuldverschreibung ist der ProtokollSt. fällig, auch wenn bei Beurkundung in einfacher Schriftform nur 20 ₰ zu erfordern sein würden. KG. 12. 2. 00, Hz. S. 575. — Vgl. A. 11 zu T. 58.

b) Vgl. jedoch T. 8 (2): „Einem anderen St. als der Abgabe von 1 % unterliegen die Auflassungserklärungen der Eintragungsanträge nicht." Die Auflassung eines Grundstücks von 250 M Wert erfordert hiernach nur 2 M 50 ₰ LSt.

## Zu Tarifnummer 54.

1. Unter einer Punktation sind Urkunden über einen zu errichtenden Vertrag zu verstehen, welche die Kraft eines Vertrages haben und demnach eine

| Lfd. Nr. | Gegenstand der Besteuerung | Steuersatz v. H. | ℳ | ₰ | Berechnung der Stempelabgabe |
|---|---|---|---|---|---|
| (54.) | diese, kommt der zur Punktation verwendete Wertstempel in Anrechnung.[2–3] AB. 81. LStV. § 9 Ziff. 4. | | | | |
| 55. | **Registraturen,**[1] wenn sie die Stelle der Protokolle vertreten, wie diese. | | | | |
| 56. | Fällt aus.[1–2] AB. 23 Abs. 4. LStV. § 16 Ziff. 1, § 21. | | | | |

**Noch: Zu Tarifnummer 54.**

Klage auf Erfüllung begründen, d. h. auf Erfüllung nicht unmittelbar des später zu errichtenden, die Veräußerung selbst darstellenden Hauptvertrages, sondern auf Erfüllung der in der Punktation übernommenen Verpflichtung, den Veräußerungsvertrag auf Grund der in der Punktation vereinbarten Bedingungen zu errichten. Daß eine Einigung über die Naturalia des Geschäfts erst später erfolgen soll, ist ohne Bedeutung. Das BGB. hat hieran nichts geändert. RG. 4. 2. 10, Entsch. Bd. 73 S. 116.

2 a) Bei der Einstellung eines höheren Betrages in den auf Grund einer Punktation abgeschlossenen Kaufvertrag ist nur die Differenz zwischen dem in der Punktation und dem in dem Vertrage enthaltenen Kaufpreise für die Berechnung des zu entrichtenden VertragSt. maßgebend, sobald der St. nach dieser Tarifstelle richtig gezahlt ist. KB. S. 72.

b) Sowohl der Kauf- als auch der TauschSt. muß erfordert werden, sobald in einer Punktation ein Entgelt in bar, in dem Vertrage aber in Naturalien verabredet ist, weil zwei ganz verschiedenartige Rechtsgeschäfte, Kauf- und Tausch, zugrunde liegen. KB. S. 72.

**3.** Zu beachten ist, daß in T. 11a RStG. eine der T. 54 entsprechende Vorschrift nicht enthalten ist, Punktationen der Reichsabgabe aus T. 11a also nicht unterliegen.

## Zu Tarifnummer 55.

**1.** T. 55 „Registraturen" hat Anwendung gefunden im gemeinen Recht, und nachdem dieses im BGB. aufgegangen ist, hat diese Tarifstelle beinahe gar keine Bedeutung mehr. KB. S. 82 (09). — Vgl. auch § 177 Abs. 1 FG.

## Zu Tarifnummer 56. (Früher: Schenkungen unter Lebenden.)

**1.** Die preußischen Vorschriften über die Erhebung der Schenkungssteuer waren durch das RESt G. v. 3. 6. 06 zur Hauptsache außer Kraft getreten. Die Staatsregierung erklärte sich deshalb 1909 mit der völligen Streichung der T. 56 einverstanden, jedoch unter der Voraussetzung, daß die Tarifstelle bezüglich derjenigen Fälle bestehen blieb, in denen der Erwerb einer Zuwendung bereits vor dem Inkrafttreten des REStG. (1. 7. 06) begründet worden war (vgl. § 61 d. Ges.). Es gehören hierher insbesondere die aufschiebend bedingten Schenkungen, die vor dem 1. Juli 1906 beurkundet

| Lfd. Nr. | Gegenstand der Besteuerung | Steuersatz v. H. | M | ₰ | Berechnung der Stempelabgabe |
|---|---|---|---|---|---|
| 57. | [1]**Schiedssprüche,**[2–6] und zwar sowohl der ständigen Schiedsgerichte, als auch der zur Entscheidung für den einzelnen Fall berufenen Schiedsrichter . . . . . . . . . . . . . . . . | 1/10 | — | — | des Wertes des Streitgegenstandes,[7] |
| | jedoch mindestens . . . . . . . . . . . . | — | 2 | — | |
| | höchstens . . . . . . . . . . . . . . . . | — | 100 | — | |
| | ist der Wert des Streitgegenstandes unschätzbar . . . . . . . . . . . . . . . . | — | 10 | — | |

**Noch: Zu Tarifnummer 56.**

sind, bei denen die Erfüllung der Bedingung aber erst nach diesem Zeitpunkt eingetreten ist. Es unterliegen ferner die in der Praxis nicht selten vorkommenden Schenkungen nach wie vor der T. 56, die vor dem 1. Juli 1906 verlautbart sind, bei denen der Schenker aber sich oder einem andern den Nießbrauch vorbehalten, und der StPflichtige die Aussetzung der Versteuerung bis zur Vereinigung der Nutzung mit der Substanz beantragt hatte. § 27 EStG. KB. S. 83 (09).

2. Wird eine Schenkung notariell beurkundet, so ist der St. aus T. 45 zu erheben; dagegen sind gerichtliche Beurkundungen einer Schenkung nach T. 53 Abs. 2 stfrei, da die Schenkung nicht mehr zu den im Tarif besteuerten Verhandlungen gehört. AllgV. d. FM. u. JM. v. 26. 6. 06, JMBl. S. 174.

## Zu Tarifnummer 57.

**1.** Vgl. §§ 1025ff., insbesondere 1039 ZPO.

2. a) Die StPflichtigkeit bezieht sich nicht nur auf die Schiedssprüche schiedsrichterlicher Behörden, sondern auch auf die von Schiedsrichtern in Gemäßheit des § 1025 ZPO. gefällten Entscheidungen. RG. Bd. 30 S. 219. Mot. S. 52. (Über den Begriff des Schiedsvertrages im Sinne dieses Paragraphen vgl. auch RG. 12. 11. 07, JW. S. 16 v. 08.)

b) Es sind jedoch nur solche Schiedssprüche stpflichtig, die auf Grund gesetzlicher Vorschriften vollstreckbar, also geeignet sind, einen Rechtsstreit zu erledigen. Hierzu gehören nicht die von den Gewerbegerichten als Einigungsämtern nach § 67 d. Ges. v. 29. 7. 90 abzugebenden Schiedssprüche. FM. 23. 6. 96 III 8634, ZBl. S. 537.

c) Kann der Schiedsspruch durch Anrufung eines höheren Schiedsgerichts angefochten werden, oder ist er durch ein solches zu bestätigen, so ist die Anfechtungsfrist abzuwarten bzw. ist nur der Spruch des oberen Schiedsgerichts stpflichtig. FM. 17. 2. 08 III 3037.

So ist in Rennsachen nur der einmalige St. zu verwenden, auch wenn gegen die Entscheidung des Vereinsschiedsgerichts der Spruch des Großen Schiedsgerichts oder der Technischen Kommission angerufen wird. FM. 12. 4. 00 III 4402.

**3.** Gutachter, die nicht einen Rechtsstreit wie durch Richterspruch entscheiden, sondern nur über einzelne für ein Rechtsverhältnis erhebliche Tat-

| Lfd. Nr. | Gegenstand der Besteuerung | Steuersatz v. H. | ℳ | ₰ | Berechnung der Stempelabgabe |
|---|---|---|---|---|---|
| 58. | [1] **Schuldverschreibungen.**<br>I. (1) Schuldverschreibungen, hypothekarische und persönliche aller Art,[2–12] insoweit es sich nicht um der Reichsstempelabgabe unterworfene Wertpapiere handelt . . . .<br>Urkunden, in denen der Betrag der verschriebenen Schuld nur dem Höchstbetrage nach bestimmt ist, sind dem Stempel dieser Tarifstelle nicht unterworfen.[13] | 1/12 | — | — | des Kapitalbetrages der Schuldverschreibung. |
| | (2) Ermäßigungen:<br>a) Schuldverschreibungen über Kaufgelder,[14] Erbgelder oder sonstige Forderungen aus zweiseitigen Verträgen, falls diese Verträge gehörig versteuert sind und alle wesentlichen Bedingungen des Schuldverhältnisses enthalten, wie Nebenausfertigungen derselben (vgl. die Tarifstelle „Duplikate");<br>b) (1) [15]Schuldverschreibungen über Darlehen, welche innerhalb Jahresfrist oder in einem kürzeren Zeitraume[16] zurückzuzahlen sind<br>(2) So oft die Rückzahlungsfrist durch schriftliche Verabredungen über die Verlängerung der Darlehen oder durch Ausstellung neuer Schuldverschreibungen bis | 1/50 | — | — | der dargeliehenen Summe in Abstufungen von 20 ₰ für je 1000 ℳ oder einen Bruchteil dieses Betrages; |

**Noch: Zu Tarifnummer 57.**

fragen, z. B. über den Grad der verminderten Erwerbsfähigkeit eines Verletzten, einen Spruch abgeben, sind keine Schiedsrichter im Sinne dieser Tarifstelle. KG. 14. 12. 05, Joh. Bd. 31 S. C 10.

4. Die Kostenfestsetzungsbeschlüsse der Schiedsgerichte sind stfrei. Entscheidung der Oberzolldirektion Berlin, JW. 12 S. 1005.

5. Die persönlichen StSteuerbefreiungen (§ 5 d. Ges.) sind bei Schiedssprüchen nicht aus der Person der Schiedsrichter, welche bei der Angelegenheit sachlich unbeteiligt sind, sondern aus der Person derjenigen zu beurteilen, welche nach dem Schiedsspruch dessen Kosten zu tragen haben. FM. 24. 8. 99 III 10682, HSp. S. 1018. Die entgegengesetzte, von Hz. S. 593 vertretene Meinung hat wohl den Wortlaut des § 12 des Ges. für sich, führt aber zu durchaus unbefriedigenden Ergebnissen. Übereinstimmend mit der Verwaltungsübung jetzt auch Geb. S. 283.

6. Vgl. auch A. 4d bei T. 10.

7. Der Wert berechnet sich nach § 6 d. Ges. Maßgebend ist die Zeit der Beurkundung des Schiedsspruchs, namentlich auch für die Berücksichtigung etwaiger Nebenforderungen, wie Zinsen.

| Lfd. Nr. | Gegenstand der Besteuerung | Steuersatz v. H. | M | ₰ | Berechnung der Stempelabgabe |
|---|---|---|---|---|---|
| (58.) | zu einem Zeitraume von einem Jahre erweitert wird,[17] je . . . . . . . . . . . | 1/50 | — | — | wie vor. |
| | (3) jedoch für die ursprüngliche Verschreibung und sämtliche Verlängerungen nicht mehr wie . . . . . . . . . . . . | 1/12 | — | — | der dargeliehenen Summe; |
| | (4) Beurkundungen der Verlängerung der Rückzahlungsfrist über den Zeitraum von einem Jahre hinaus . . . . . . . . | 1/12 | — | — | wie vor, |
| | (5) jedoch unter Anrechnung der für die Beurkundungen der ursprünglichen Verschreibung und der früheren Verlängerungen bereits entrichteten Stempel. | | | | |
| | (6) Die Vorschriften der vorhergehenden Absätze finden entsprechende Anwendung auf nicht oder in nicht stempelpflichtiger Form beurkundete, tatsächlich eintretende Erweiterungen und Verlängerungen der Rückzahlungsfrist mit der Maßgabe, daß die Frist je für den Zeitraum eines Jahres als verlängert gilt, falls nicht erweislich ein längerer Zeitraum verabredet ist. Die Stempel, die in diesen Fällen nachträglich erforderlich werden, sind zu der ursprünglichen Urkunde binnen zwei Wochen nach dem Eintritte der Verlängerung zu verwenden. | | | | |
| | AB. 82 Abs. 1. | | | | |
| | (7) Die Anrechnung der früher gezahlten Stempel ist bei schriftlichen Verlängerungen nur zulässig, wenn auf den Schriftstücken über die Verlängerung vom Aussteller vermerkt ist, zu welchen Urkunden und zu welchen Beträgen die früher gezahlten Stempel verwendet sind.[18] | | | | |
| | (3) Befreiungen: | | | | |
| | a) Beurkundungen über die Verlängerung der Rückzahlungsfrist, wenn es sich um Schuldverschreibungen handelt, die mit einem Zwölftel vom Hundert des Kapitalbetrages bereits versteuert sind; | | | | |
| | b)[19] Beurkundungen von zinsbaren Darlehen, welche gegen spezielle Verpfändung[20] oder Hinterlegung von edlen Metallen, | | | | |

| Lfd. Nr. | Gegenstand der Besteuerung | Steuersatz v. H. | ℳ | ₰ | Berechnung der Stempelabgabe |
|---|---|---|---|---|---|
| (58.) | Waren, Wechseln oder Wertpapieren[21] gegeben werden (Lombarddarlehen) und innerhalb Jahresfrist oder in einem kürzeren Zeitraume zurückzuzahlen sind, vorausgesetzt, daß der Wert des hinterlegten Pfandes dem gewährten Darlehen mindestens gleichkommt;[22] | | | | |
| | c) Sparkassenbücher und Bescheinigungen über einzelne Einlagen seitens öffentlicher und solcher Sparkassen, welche gemeinnützige Zwecke verfolgen, insbesondere solcher, welche die Gewinnverteilung ausgeschlossen haben, sowie der Sparkassen derjenigen eingetragenen Erwerbs- und Wirtschaftsgenossenschaften (Reichsgesetz vom 1. Mai 1889, Reichs-Gesetzbl. S. 55), welche die Förderung des genossenschaftlichen Personalkredits bezwecken;[23] | | | | |
| | d) für Kommunalverbände, Kommunen oder Korporationen ländlicher oder städtischer Grundbesitzer oder Grundkredit- und Hypothekenbanken ausgestellte Schuldverschreibungen, auf Grund deren reichsstempelpflichtige Renten- und Schuldverschreibungen demnächst[24] ausgereicht werden; AB. 82 Abs. 2. LStV. § 10 Ziff. 3. | | | | |
| | e) Briefe oder sonstige schriftliche Mitteilungen im bankgeschäftlichen Verkehr über die Ausleihung von Geldern auf feste Termine oder auf Kündigung mit oder ohne Frist.[25] | | | | |
| | II. (1)[26] Kaufmännische, nicht auf Order ausgestellte Verpflichtungsscheine über Leistungen von Geld . . . . . . . . . . . . | 1/50 | — | — | des Kapitalbetrages der Scheine in Abstufungen von 20 ₰ für je 1000 ℳ oder einen Bruchteil dieses Betrages. |
| | (2) Die Befreiung zu I unter e findet Anwendung. | | | | |
| | (3) Für die Verlängerung der Rückzahlungsfrist gelten die Bestimmungen zu I unter Ermäßigungen zu b und Befreiungen zu a und e. | | | | |
| | III. (1)[27] Der Antrag auf Eintragung einer Hypothek oder Grundschuld oder einer wiederkehrenden Geldleistung im Grundbuch | | | | |

| Lfd. Nr. | Gegenstand der Besteuerung | Steuersatz v. H. | M | ₰ | Berechnung der Stempelabgabe |
|---|---|---|---|---|---|
| (58.) | oder in einem für solche Eintragungen bestimmten öffentlichen Buche . . . . . . . .<br>AB. 82 Abs. 3. | 1/12 | — | — | der einzutragenden Summe oder des Kapitalwertes der Geldleistung oder des Betrages der Ablösungssumme bei Rentenschulden; |
| | sowie der Antrag auf Eintragung der Verpfändung einer Hypothek oder Grundschuld oder einer wiederkehrenden Geldleistung durch den eingetragenen Gläubiger in Büchern der bezeichneten Art[28–29] . . . . | 1/12 | — | — | der Summe, für welche die Post verpfändet wird, wenn diese Summe geringer ist als die Summe oder der Kapitalwert oder die Ablösungssumme der verpfändeten Post, sonst der letzteren Summe oder des Kapitalwertes oder der Ablösungssumme. |
| | (2) Die Vorschriften der Tarifstelle „Abtretung von Rechten“ fünfter bis einschließlich achter Absatz finden sinngemäße Anwendung.<br>LStV. § 9 Ziff. 2.<br>(3) Die Abgabe wird bei einem Antrag auf Eintragung einer Hypothek für die Ansprüche aus Anleihe-Teilschuldverschreibungen nicht erhoben, wenn dem Grundbuchamt innerhalb einer Frist von einem Monat eine Bescheinigung der Zollbehörde darüber vorgelegt wird, daß die durch § 3*) des Reichsstempelgesetzes vorgeschriebene vorläufige Anmeldung der Versteuerung erfolgt ist, sofern innerhalb dreier Monate vom Tage der Vorlegung dieser Bescheinigung auf einem als beglaubigte Abschrift herzustellenden Formulare der Teilschuldverschreibungen seitens der zuständigen Steuerabstempelungsstelle die Vorlegung und die nach dem Reichsstempelgesetz erfolgte Versteuerung der sämtlichen, die Hypothek erschöpfenden Teilschuldverschreibungen bescheinigt ist und dem Grundbuchamte die Bescheinigung der Zollbehörde binnen weiterer vier Wochen vorgelegt wird.<br>AB. 82 Abs. 4.<br>LStV. § 1 Ziff. 2b, § 19. | | | | |

*) jetzt § 12 RStG. v. 3. 7. 13.

## Zu Tarifnummer 58.

1. Vgl. §§ 607 ff., 780 ff., 793 ff. BGB.

2. a) Unter Schuldverschreibung ist eine solche Urkunde zu verstehen, in welcher jemand gegenüber einem anderen die neue und selbständige Verpflichtung anerkennt oder übernimmt, ihm eine bestimmte oder durch Kapitalisierung feststellbare Geldsumme zu zahlen. Daher liegt eine stpflichtige Schuldverschreibung dann nicht vor, wenn in der Urkunde eine verbriefte Schuld nur nach irgendeiner Richtung modifiziert und deshalb erwähnt wird, sei es, daß ein neuer Schuldner in eine bestehende Schuld eintritt, oder die Zahlungs- usw. Bedingungen der Schuld abgeändert werden. RG. 27.10.98, Entsch. Bd. 42 S. 266. Vgl. unten A. 8f.

b) Eine Schuldverschreibung kann einseitig oder in Form eines Vertrages erklärt werden, das Zahlungsversprechen kann in Veranlassung einer schon nach dem Gesetz begründeten Verpflichtung abgegeben werden; das erklärte Schuldversprechen muß aber für sich den Gegenstand eines Rechtsgeschäfts bilden, nicht den unlöslichen Bestandteil eines zugleich geschlossenen und beurkundeten Rechtsgeschäfts. RG. 10. 2. 98, ZBl. S. 176 und RG. 6. 5. 04, Entsch. Bd. 58 S. 117. — Vgl. unten A. 14.

c) Mit dem Begriff der Schuldverschreibung ist es durchaus vereinbar, daß die Verbindlichkeit zur Zurückzahlung nur für den Fall der Gewährung der Valuta anerkannt und übernommen wird. RG. 24. 11. 99, Bd. 45 S. 232.

Ebenso sind Schuldverschreibungen stpflichtig, wenn sie vor Empfang des Darlehns und in Erwartung der rechtsverbindlich versprochenen Zahlung des Darlehns ausgestellt sind. RG. 27. 3. 00, JW. S. 405 und RG. 30. 5. 99, Entsch. Bd. 44 S. 221, ferner RG. 16. 9. 02.

Auch beurkundete Bedingungen eines erst künftig zu gebenden und anzunehmenden Darlehns sind dann als selbständige, für sich stpflichtige Schuldverschreibungen anzusehen, wenn aus ihnen ihrer Fassung nach unmittelbar die Pflicht zur Rückzahlung des Darlehns, nachdem es gezahlt worden sein wird, hergeleitet werden kann, und der erklärende zukünftige Darlehnsschuldner die Absicht gehabt hat, durch seine Erklärung die Rückzahlungspflicht zu begründen. RG. 13. 3. 03, JW. S. 277, u. 10. 5. 10, JW. S. 767. Vgl. dagegen unten A. 8a.

Ist ein Darlehnsvorvertrag derartig gefaßt, daß er die durch den Empfang des Darlehns bedingte Erstattungspflicht unmittelbar begründet, so unterliegt er dem Schuldverschreibungs- und außerdem dem allgemeinen VertragsSt. Joh. Bd. 30 S. B 63. Vgl. auch HSp. S. 1055.

d) Dagegen ist das Schreiben eines Darlehnsnehmers, in welchem er sich mit den ihm vom Darlehnsgeber schriftlich mitgeteilten Darlehnsbedingungen, insbesondere hinsichtlich der Verzinsung, Fälligkeit, Zahlung und Rückforderung des Darlehns einverstanden erklärt, nicht nach § 3 Abs. 2 u. 3 als bedingte Schuldverschreibung stpflichtig, wenn nach dem Inhalt des Schreibens vor der Gewährung des Darlehns die Ausstellung einer notariellen Schuldurkunde erfolgen soll (und diese erfolgt ist). RG. 22. 2. 07, Holdh. S. 141 v. 08.

e) Ein auf künftige Sicherstellung gerichteter Vertrag kann eine stpflichtige Schuldverschreibung in sich schließen; es muß aber dann ersichtlich sein, daß die Rückzahlungspflicht in Ansehung der zu sichernden Forderung selbständig hat beurkundet werden sollen. RG. 22. 3. 07, JW. S. 319.

**Noch: Zu Tarifnummer 58.**

3. Der St. ruht auf dem Schuldbekenntnis des Darlehnsempfängers, nicht auf dem Darlehnsvertrage als solchem.

Auf Schuldverschreibungen findet deshalb die Vorschrift des § 1 Abs. 3 d. Ges. keine Anwendung. RG. 9. 6. 99, ZBl. S. 205, Entsch. Bd. 44 S. 234. — Vgl. A. 9 bei § 1. — Nach der Person des Darlehnsnehmers sind auch die StBefreiungen aus § 5 d. Ges. zu beurteilen — s. A. 1 zu § 5 —, und es ist der SchuldverschreibungsSt. zu verwenden, wenn im StAuslande eine Bank sich verpflichtet, einer inländischen Stadtgemeinde ein Darlehn zu gewähren, die Vertreter der letzteren aber sich im Inlande zur Verzinsung und Rückzahlung verpflichten. § 2 d. Ges., FM. 25. 3. 07 III 5823.

4. a) Zur Begründung des St. muß die Verpflichtung zur Entrichtung einer bestimmten Geldsumme beurkundet sein; die Bezeichnung „etwa" reicht nicht aus. FM. 30. 3. 00 III 3409.

Ebensowenig genügt die Möglichkeit der Berechnung der Schuldsumme unter Zuhilfenahme außerhalb der Urkunde liegender Umstände, z. B. wenn bei einem Provisionsversprechen für Vermittlung eines Grundstückskaufs die Höhe der Provision sich nach der Zahl der vom Schuldner darauf zu errichtenden Gebäude bemißt.

Endlich genügt es nicht, wenn die Vereinbarung nur die Möglichkeit gewährt, daß künftig eine Schuld entstehen kann, aber nicht die Verpflichtung zur Entrichtung einer in sich bestimmten Schuldsumme begründet. RG. 23. 12. 97, JW. S. 95 v. 98.

Es ist deshalb die von dem Mitglied eines Vorschußvereins durch Unterschrift der Geschäftsbedingungen abgegebene Erklärung, daß er die im Kontogegenbuch künftig einzutragenden, zurzeit völlig ungewissen Beträge als von dem Verein empfangene Darlehen anerkenne, zwar eine auf die Zukunft gestellte Schuldverschreibung, welche jedoch mit Rücksicht auf die Unbestimmbarkeit der Höhe der künftigen Schuldbeträge der StPflicht nicht unterliegt. RG. 10. 1. 05, JW. S. 191.

b) Dagegen ist die erforderliche bestimmte Geldsumme zum Ausdruck gebracht in

α) schriftlichen Erklärungen, welche die Verpflichtung zur Entrichtung wiederkehrender Geldleistungen von unbestimmter Dauer enthalten. VZS. d. RG. v. 22. 5. 01, Entsch. Bd. 48 S. 351. FM. 14. 7. 01 III 8246, ZBl. S. 196, JMBl. S. 241. Im Sinne der T. 58 umfaßt der Begriff des Kapitalbetrages den des Kapitalwertes mit;

β) dem Versprechen des Vaters, der Frau einen bestimmten Kapitalbetrag als Mitgift zu gewähren, auch wenn Ehevertrag und Schuldverschreibung in einer Urkunde enthalten sind. KG. 9. 10. 99, Hz. S. 342;

γ) Sustentationserklärungen, in denen sich jemand zu einer bestimmten ziffermäßigen Beihilfe für eine bestimmte Zeit verpflichtet. Der Kapitalbetrag ist nach § 6 letzter Abs. d. Ges. zu berechnen. FM. 22. 2. 99 III 2185. Vgl. A. 5 zu § 4. Dagegen sind von Rechtskandidaten beizubringende Sustentationserklärungen stfrei, wenn das Versprechen der Gewährung einer bestimmten Geldsumme seitens der Eltern vermieden wird und die Urkunde sich nur, wie sonst

**Noch: Zu Tarifnummer 58.**

üblich, über Gewährung des standesgemäßen Unterhalts im Mindestwerte von 1500 ℳ auslässt. FM. 7. 8. 99 III 10151. Unter derselben Voraussetzung sind stfrei die für die verschiedenen Laufbahnen in der Kaiserlichen Marine vorgeschriebenen Sustentationserklärungen. FM. 24. 1. 05 III 721. — Vgl. A. 4f bei T. 77.

5. Als stpflichtige Schuldverschreibungen sind ferner u. a. angesehen worden:
   a) Die von den Seminaristen bei ihrem Eintritt in ein Schullehrer-Seminar auszustellenden Verpflichtungsscheine. Der Wert berechnet sich nach § 6 Abs. 12 LStG. FM. 29. 9. 05 III 11214.
   b) Einseitige Erklärungen über die Anerkennung der Vaterschaft unehelicher Kinder, welche zugleich ein Anerkenntnis der Verpflichtung zur laufenden Zahlung von Alimenten enthalten. JM. 8. 2. 99, JMBl. S. 70; FM. 15. 6. 99, ZBl. S. 144. — Vgl. A. 2b bei T. 67.
   c) Die einseitige schriftliche Erklärung bestimmter Personen, die noch nicht Mitglieder der Gesellschaft m. b. H. sind, einen bestimmten Teil von dem erhöhten, neu aufzubringenden Stammkapital als ihre Stammeinlage zu übernehmen. RG. 24. 4. 00, ZBl. S. 427, Entsch. Bd. 46 S. 256.
   d) Die einseitige Erklärung des A, von der Brauerei bestimmte Sachen leihweise erhalten und „darauf 175 ℳ angezahlt zu haben, so daß noch 525 ℳ verbleiben". A erklärt sich bereit, die Sachen durch eine Mehrzahlung von 4 ℳ pro Hektoliter von der Brauerei zu entnehmenden Bieres eigentümlich zu erwerben. Bis zur vollständigen Tilgung bleiben die Sachen Eigentum der Brauerei: Es ist der SchuldverschreibungsSt. von 50 ₰ erforderlich. RG. 7. 5. 04.
   e) Die vertragliche Übernahme der Verpflichtung seitens Gemeinden zu baren Zuschüssen gelegentlich der Errichtung von Haltestellen, FM. 24. 12. 97 III 15646, wie die in einem sog. Subventionsvertrage versprochene Zuwendung, die entweder zu dem bestimmten Endzweck der Erbauung der Bahn oder unter der Bedingung dieser Erbauung erfolgt. RG. 6. 5. 04, Entsch. Bd. 58 S. 112. — Vgl. A. 9 zu § 10.
   f) Urkunden, in welchen bei Herstellung neuer Ortsfernsprechnetze die Beteiligten der Reichstelegraphenverwaltung gegenüber auf die Dauer von fünf Jahren die Gewährleistung einer Mindesteinnahme für die zum Anschluß der Anlage an das allgemeine Fernsprechnetz erforderliche Leitung übernehmen: T. 59 trifft nicht zu, weil die Aussteller nicht für die Erfüllung eines Dritten bürgen, vielmehr sich dem Gläubiger als Hauptschuldner verpflichten (§ 765 BGB.). Dagegen liegen bedingte Schuldverschreibungen vor, zu denen der St. durch Kapitalisierung des gewährleisteten Jahresbetrages unter Zugrundelegung der Hilfstabelle (§ 6 d. Ges.), und zwar für jeden Aussteller besonders, zu ermitteln ist. FM. 26. 2. 07 III 3255.
   g) Die von Genossenschaften, Vereinen oder Privaten ausgefertigten Reverse, durch welche sie sich unter bestimmten Voraussetzungen zur Rückzahlung eines von der Landwirtschaftskammer zum Zwecke der Anschaffung eines Zuchtbullen empfangenen Betrages verpflichten. FM. 26. 6. 03 III 8340.

**Noch: Zu Tarifnummer 58.**

h) Sparkassenbücher, wenn aus dem Vordruck, der einen Teil der Urkunde bildet, hervorgeht, daß die Sparkasse verpflichtet ist, diejenigen Beträge, über deren Einzahlung sie im Buche quittiert hat, auf Verlangen zurückzuzahlen. FM. 18. 1. 00 III 1845. Vgl. jedoch Befr. c.

i) Das Bekenntnis der Schuldner in „Sparkassen-Quittungen", bestimmte Summen als Hypothekendarlehne erhalten zu haben, wobei gleichzeitig der Sparkasse zur Sicherheit der Darlehne anderweite Hypothekenforderungen in gleicher Höhe abgetreten werden. Vgl. FM. 28. 1. 05 III 997.

k) Die in einem Darlehnsvertrage von dem Schuldner erklärte Verpflichtung zur Zahlung einer Abschlußprovision. KG. 8. 10. 97.

l) Eine Erklärung nach der in einem Auseinandersetzungsvertrage der Vater der Erbschaft entsagt, den Nachlaß behält und sich in Höhe der ermittelten Muttererbteile der Kinder als deren Schuldner bekennt. KG. 15. 1. 84, Joh. Bd. 4 S. 224. — Vgl. A. 5 zu T. 20.

m) Die Umwandlung einer Grundschuld in eine Hypothek. FM. 15. 6. 97 III 5698, KG. 14. 4. 98. — Vgl. A. 9 bei T. 2.

n) Die nach vorhandenem Muster in der Form von Postkarten ausgestellten Schreiben, worin die landwirtschaftliche Zentral-Darlehnskasse für Deutschland Spar- und Darlehnskassenvereinen mitteilt, daß ihr von den Vereinen auf Grund besonderen Übereinkommens bestimmte Beträge, Zinstermin ...... 19 .. in laufender Rechnung gezahlt worden seien. FM. 31. 5. 02 III 4966.

6. Auch Urkunden folgenden Inhalts stellen stpflichtige Schuldverschreibungen dar:

a) „Von meinem Vater habe ich zur Beteiligung am Geschäft der Firma N. N. 1000 ℳ, verzinslich mit 3%, erhalten:" Aus dem angegebenen Zweck der Hingabe des Geldes folgt nicht die rechtliche Notwendigkeit, daß die Zurückforderung hat ausgeschlossen sein sollen. Ob ein Vorempfang auf künftiges Erbteil vorliegt oder Darlehn, ist Sache tatsächlicher Auslegung. RG. 28. 9. 97, JW. S. 583.

b) „Der Sparkasse verpfände ich wegen eines mit 4% von heute ab in Jahresraten verzinslichen und gegen halbjährliche Kündigung rückzahlbaren Darlehns von 10000 ℳ meine Grundstücke N. N. und bewillige und beantrage die Eintragung." RG. 20. 12. 97, Gruch. Jahrg. 42 S. 1005.

7. a) Derjenige Betrag, den in einem Tauschvertrage der Erwerber des wertvolleren Grundstücks über den Wert desselben hinaus leistet und zu dessen Erstattung durch Barzahlung sich der Erwerber des minder wertvollen Grundstücks behufs Ausgleichung der gegenseitigen Leistungen verpflichtet, unterliegt dem SchuldverschreibungsSt. RG. 29. 6. 96 u. 12. 12. 98, JW. S. 84 v. 99, ZBl. S. 102 v. 04. — Vgl. A. 43 bei T. 32.

b) Der Erhebung des SchuldverschreibungsSt. steht es nicht entgegen, wenn der Schuldner nach dem Inhalt der Urkunde das Darlehn durch Hingabe von Wertpapieren erhalten hat und für das Geschäft ein AnschaffungsSt. aus T. 4 RStG. zu verwenden ist.

**Noch: Zu Tarifnummer 58.**

c) Wenn jemand anerkennt, aus einem Wechsel eine bestimmte Summe zu schulden und Zahlung verspricht, ist der SchuldverschreibungsSt. fällig, falls bisher die Schuld nur in der Form des abstrakten Wechselgeschäfts beurkundet war. Durch das Anerkenntnis ist eine bis dahin nicht vorhandene, also neue Schuldverbindlichkeit geschaffen worden, welche neben und unabhängig von der Wechselschuld besteht, derart, daß sie geltend gemacht werden kann, auch wenn die Wechselschuld aus irgendeinem Grunde ungültig ist. Beide Verbindlichkeiten beruhen zwar auf abstraktem, aber von dem anderen verschiedenen Schuldgrunde. Die Schulderklärung ist eine neue, weil sie bis dahin in stpflichtiger Form noch nicht beurkundet war, sie ist eine selbständige, weil sie für sich allein geeignet und ausreichend ist, als Grundlage für eine anzustellende Schuldklage zu dienen. RG. 3. 11. 11, JW. 12 S. 97, Bd. 77 S. 373ff.

8. Der SchuldverschreibungsSt. ist nicht für erforderlich gehalten zu Erklärungen und Urkunden folgenden Inhalts:

a) Schreiben, in denen sich ein Dritter mit der Gewährung von Darlehen einer Bank zu den in einem bestätigten Schreiben der Bank angegebenen Verzinsungs-Fälligkeits- usw. Bestimmungen einverstanden erklärt, erfordern nicht den SchuldverschreibungsSt., denn es ist in den Einverständniserklärungen die Rückzahlungspflicht als solche nicht selbständig beurkundet. RG. 7. 6. 07, JW. S. 531. Vgl. dagegen A. 2c und d.

b) Nach den Bedingungen über den Kreditverkehr in laufender Rechnung erfolgt die Abrechnung zwischen einem Vorschußverein und den Kreditnehmern vierteljährlich und wird der sich danach ergebende Saldo als Kapital betrachtet und als solches auf neue Rechnung verzinslich vorgetragen; ferner wird statutgemäß jedem Kontoinhaber am Jahresschluß der Saldo seiner Rechnung aufgegeben und ist die Richtigkeit dieser Aufgabe von ihm schriftlich zu bestätigen: Diese Anerkennung der Aufgabe ist nicht schuldverschreibungsstpflichtig, hat vielmehr nur die Bedeutung des Einverständnisses mit der Aufnahme des Saldos in die neue Rechnung; eine Verpflichtung zur Zahlung eines bestimmten Kapitalbetrages ist darin nicht ausgesprochen. Ein Recht auf Zahlung hat der Verein vielmehr erst nach Kündigung des Kredits, und zwar auf Zahlung des sich dann ergebenden Saldo. FM. 25. 4. 00 III 4696. — Vgl. auch A. 6b bei T. 71 und A. 15 bei T. 59.

c) Von dem Vorschußverein zu N. E. G. m. u. H. wird den Mitgliedern in laufender Rechnung bis zu einem bestimmten Höchstbetrage ein Kredit eröffnet. Der Kreditnehmer erkennt dies an und unterwirft sich den diesbezüglichen Bestimmungen des Vereins. In besonderer Urkunde bescheinigt dann bei Inanspruchnahme des Kredits der Kreditnehmer, auf den bewilligten Kredit am ... 800 ℳ von dem Verein empfangen zu haben. FM. 23. 4. 03 III 5512. Hier tritt Steuerfreiheit aus demselben Grunde wie zu b ein.

Wird dagegen von Genossenschaften nach Gewährung des erbetenen Kredits und nach Ausstellung der Krediturkunde gelegentlich der Hin-

**Noch: Zu Tarifnummer 58.**

gabe der Geldbeträge der betreffende Betrag in die Tageskladde eingetragen und hier auch als „Darlehn" bezeichnet, so liegt eine stpflichtige Schuldverschreibung vor, wenn der Kreditnehmer über den Empfang des als Darlehn eingetragenen Betrages in der Kladde quittiert. FM. 7. 10. 01 III 12 289.

d) Das Versprechen des Gesellschafters einer offenen Handelsgesellschaft, eine bestimmte Geldeinlage zu machen, da nicht eine Verpflichtung zur Rückzahlung, sondern nur zur Berücksichtigung bei der zukünftigen Liquidation der offenen Handelsgesellschaft begründet wird (§ 155 HGB., HSp. S. 1049).

e) Die Kreditierung der Zessionsvaluta in einer Abtretungsurkunde und Abreden über deren Verzinsung usw., es sei denn, daß der Zessionar eine besondere Urkunde darüber ausstellt.

f) Wenn nach der Abtretung der Schuldner den Abtretungsempfänger als seinen nunmehrigen Gläubiger anerkennt. FM. 17. 2. 98 III 886.

g) Illatenbekenntnisse, d. i. Anerkenntnisse des Mannes, daß die Frau ein gewisses Kapital in die Ehe eingebracht habe: da sie nur die Grundlage für die ev. Auseinandersetzung über das eheliche Vermögen enthalten. Verpflichtet sich der Mann ausdrücklich zur Rückzahlung, so ist der SchulverschreibungsSt. erforderlich.

h) Sogenannte Quittungen, die Versicherungsgesellschaften von Versicherungsnehmern über empfangene Vorauszahlung mit ev. Zinsverpflichtung nach vorhandenem Muster erteilt zu werden pflegen. Die Rückzahlung der Vorauszahlung ist nur ein Recht, keine Pflicht des Versicherungsnehmers; macht er von seinem Recht keinen Gebrauch, so wird der Betrag der Vorauszahlung auf die später fällig werdende Versicherungssumme verrechnet. Auch die Übernahme der Verpflichtung zur Verzinsung der Vorauszahlung ist nicht schuldverschreibungspflichtig, da aus dem Inhalt der Urkunde „bei Meidung des Verlustes aller Ansprüche aus obiger Police" und den Policebedingungen entnommen werden muß, daß der Gesellschaft ein Klagerecht auf Zahlung der Zinsen nicht zustehen soll, sie sich vielmehr ev. nur aus der Police decken soll; die Zinszahlung ist ebenso wie die Zahlung der Prämie Bedingung für die spätere Erhebung der Versicherungssumme. FM. 20. 12. 05 III 16 473.

i) Festsetzung einer Konventionalstrafe neben Konstituierung einer obligatorischen Verpflichtung zur Verstärkung der letzteren. RG. 14. 1. 97, JW. 97 S. 160. — Vgl. A. 12c bei T. 71.

k) Angestellte der Gesellschaft verpflichten sich, innerhalb 10 Jahren nach ihrem Ausscheiden bei Vermeidung einer Konventionalstrafe an keinem Konkurrenzunternehmen teilzunehmen: Hierin liegt keine Schuldverschreibung, weil das Schuldversprechen nicht loslöslich von dem Hauptgeschäft ist. KG. 3. 1. 99, RG. 10. 2. 98. Vgl. jetzt aber das Wettbewerbsgesetz vom 10. 6. 14, RGBl. S. 200 ff.

l) Urkunden, in denen sich jemand verpflichtet, ein Grundstück zu beleihen und zu diesem Zweck bereits eingetragene Hypotheken im Wege der Zession zu erwerben, sind auch dann nicht als Schuldverschreibungen

**Noch: Zu Tarifnummer 58.**

zu versteuern, wenn der Beleiher und spätere Zessionar einerseits und der Grundstückseigentümer und Schuldner andererseits in dieser Urkunde die Bedingungen über die Rückzahlung und Verzinsung vereinbaren und die Bedingungen wechselseitig akzeptieren. KG. 22. 2. 98.

m) In Fällen, in denen der Ersteher eines Grundstücks im Zwangsverfahren vor dem Kaufgelderbelegungstermin mit dem eingetragenen Hypothekengläubiger über die Verzinsung, Kündigung, Fälligkeit und Zahlung von durch das Meistgebot gedeckten Forderungen neue Festsetzungen vereinbart und sich verbindlich macht, in dem Kaufgelderbelegungstermin die Eintragung zu bewilligen und zu beantragen. RG. 21. 1. 97, Gruch. Jahrg. 42 S. 716.

n) Bestellschreiben, in denen die Besteller zur Entrichtung eines ziffernmäßig bestimmten Preises für die bestellte Sache sich zwar verpflichten, die Annahme des Antrages aber der andern Vertragspartei ausdrücklich vorbehalten, sind als bloße Vertragsangebote dem SchuldverschreibungsSt. nicht unterworfen, da eine auch nur bedingt bestehende Schuld nicht verbrieft wird. RG. 20. 12. 07, ZBl. S. 161 v. 08, Entsch. Bd. 67 S. 266. — Vgl. T. 32 A. 52.

9. Das Anerkenntnis des Magistrats einer Stadtgemeinde, daß der Kämmereikasse von der städtischen Sparkasse ein Darlehn gewährt sei, ist nicht schuldverschreibungspflichtig, RG. 1. 10. 94, Entsch. Bd. 34 S. 3, weil Gläubiger und Schuldner dieselbe Rechtsperson sind.

10. Das Schuldanerkenntnis der Studierenden enthält so viele einzelne ev. stpflichtige Schuldverschreibungen, als Dozenten dem Studierenden Honorare gestundet haben. FM. 29, M. d. J. 20. 4. 97 III 5172. — Vgl. A. 12b bei T. 77 und A. 15h bei T. 59.

11. Eine gerichtliche Schuldverschreibung erfordert den ProtokollSt., auch wenn bei Beurkundung in einfacher Schriftform 20 Pfg. genügen würden. KG. 12. 2. 00, Hz. 575. — Vgl. auch A. 3a zu T. 53.

12. Der SchuldverschreibungsSt. ist nicht fällig, wenn die Schuldurkunde nicht ausgehändigt gewesen ist, das Schuldbekenntnis mithin nicht als dem Gläubiger gegenüber ausgesprochen angesehen werden kann. FM. 20. 11. 00 III 13197 und 15. 6. 05 III 7584.

13. a) Diese durch das Gesetz von 1909 geschaffene Bestimmung richtete sich gegen die Judikatur, welche, fiskalischer als die StSteuerverwaltung, dahin entschieden hatte, daß die sogenannten Kautionsinstrumente, namentlich die Höchstbetragshypotheken, mit dem höheren St. der Schuldverschreibungen zu besteuern seien.

b) Urkunden über Höchstbetragshypotheken sind auch für die Vergangenheit nach T. 59 zu versteuern. FM. 3. 7. 09 III 2599.

14. Wenn im Kaufvertrag Restkaufgelder vereinbart werden, so ist diese Abrede Teil des Kaufvertrags und unterliegt überhaupt nicht der Abgabe aus T. 58. Vgl. oben A. 2b.

Die Ermäßigungsvorschrift setzt eine besondere Urkunde neben dem Hauptvertrage voraus, wie sie z. B. in Schleswig-Holstein zur leichteren Verwertung der Restkaufgelderhypothek durch den Verkäufer üblich sind, s. HSp. S. 1057.

15. Vgl. §§ 607ff. BGB.

**Noch: Zu Tarifnummer 58.**

**16.** a) Die Ermäßigungsvorschrift 2b ist nach ihrem Wortlaut auf Schuldverschreibungen über Darlehen beschränkt, kann also z. B. nicht für Forderungen aus unerlaubten Handlungen angewendet werden.

b) Es muß ferner in der Urkunde zum Ausdruck gebracht sein, daß die Beträge innerhalb Jahresfrist zurückzuzahlen sind. RG. 30. 5. 99, Entsch. Bd. 44 S. 222.

c) Die Schuldverschreibung über ein Darlehn, welches zurückzuzahlen ist, sobald der Gläubiger die Zurückzahlung verlangt, unterliegt dem St. von $^1/_{12}$ %, nicht dem ermäßigten Steuersatz von $^1/_{50}$ %. KG. 30. 3. 05, Joh. Bd. 30 S. B 67. Der Schuldner hatte sich verpflichtet, das Darlehn dem Gläubiger sofort zurückzuzahlen. Die Ermäßigungsvorschrift ist für Fälle des § 609 BGB. nicht anwendbar. — Vgl. unten A. 19c$\beta$.

**17.** a) Die Urkunde über die verabredete Verlängerung ist stpflichtig, auch wenn sie nur die Unterschrift des Gläubigers oder Schuldners trägt. FM. 27. 8. 97 III 10749 u. 31. 5. 02 III 4966. — Vgl. A. 11 bei T. 59. Die Zweifel, welche früher gegen diese Entscheidung hinsichtlich der nur vom Gläubiger unterzeichneten Verlängerungen bestanden, sind jetzt hinfällig geworden, da nach Befr. 2 (6) auch mündliche Verlängerungen der Steuer unterworfen sind.

b) Der ermäßigte Steuersatz tritt nur ein, wenn die ursprüngliche Zahlungsfrist einschließlich der bisher schon stattgehabten Verlängerungen zusammen mit der neu beurkundeten Verlängerungsfrist den Zeitraum von einem Jahre nicht übersteigt. FM. 20. 5. 13 III 6810.

**18.** Die bei Gesuchen um Verlängerung eines Darlehns erfolgte Hinzufügung des Vermerks „zu dem Schuldschein Konto-Nr. . . . über ℳ . . ." ist nicht hinreichend, um die zulässige Anrechnung der früher gezahlten St. zu begründen; es müßte noch der Betrag des zu dem Schuldschein verwendeten St. mitangegeben werden, und bei Zwischenverlängerungen die Bezeichnung der darüber ausgestellten Urkunden und der zu ihnen verwendeten StBeträge hinzutreten.

Dagegen genügt die Beifügung eines von den Ausstellern unterzeichneten Vermerks dahin: „zu der zugehörigen Schuldurkunde vom . . . Konto Nr. . . . über ℳ . . . ist der Betrag von ℳ . . ., zu de . . . Verlängerung . . . der Rückzahlungsfrist vom . . . der Betrag von ℳ . . . als Stempel verwandt," vorausgesetzt, daß alle Verlängerungen mit ihren StBeträgen aufgeführt sind. FM. 20. 6. 01 III 7363.

**19.** a) Die Befreiungsvorschrift b trifft nur zu, wenn die Urkunde alle Merkmale des Lombard-Darlehns äußerlich erkennen läßt. FM. 30. 7. 98 III 9280 u. 3. 10. 04 III 12372. — Vgl. auch RG. 30. 5. 99, Entsch. Bd. 44 S. 222.

b) Auch Beurkundungen von zinsbaren Darlehen, welche gegen Verpfändung einer im Reichs- oder Staatsschuldbuch eingetragenen Forderung gewährt werden, sind vom SchuldverschreibungsSt. befreit, vorausgesetzt, daß die Darlehen innerhalb Jahresfrist oder in einem kürzeren Zeitraume zurückzuzahlen sind und der Wert der verpfändeten Forderung dem gewährten Darlehen mindestens gleichkommt. Art. II d. G. v. 22. 5. 10 (GS. S. 47) zur Abänderung d. G. v. 20. 7. 83 (GS. S. 120). FM. 21. 6. 10 III 12031, ZBl. S. 325.

**Noch: Zu Tarifnummer 58.**

c) Die Befreiungsvorschrift ist jedoch nicht anzuwenden auf Urkunden des Inhalts:

α) Von Herrn A empfing ich heute ein Lombarddarlehn von 10000 ℳ. Vgl. FM. 3. 10. 04 III 12372, weil die Voraussetzung, daß der Wert des Pfandes dem gewährten Darlehn mindestens gleichkommt, urkundlich nicht dargetan ist, und

β) auf Darlehen, deren Rückzahlung auf Kündigung gestellt ist (§ 609 BGB.). Vgl. oben A. 16c.

20. Mit „Hinterlegung" ist eine solche von pfandrechtlicher Wirkung gemeint, und aus dem Begriff des Pfandes folgt, daß, was als solches hingegeben wird, neben der persönlichen Darlehnsverpflichtung einen selbständigen für sich bestehenden Vermögenswert darstellen muß, aus dem sich der Pfandgläubiger ev. befriedigen kann. An diesem notwendigen Erfordernis des Lombarddarlehns fehlt es, wenn der Darlehnsnehmer dem Darlehnsgeber einen keine andere als lediglich seine eigene Wechselverbindlichkeit enthaltenden Solawechsel über dieselbe Darlehnsschuld hingibt. RG. 24. 5. 10, Entsch. Bd. 73 S. 420.

21. Unter Wertpapieren i. S. dieser Vorschrift werden nur solche Papiere verstanden, die als selbständige Träger der Forderung zu betrachten sind und in sich einen Geldwert haben; solche also, durch deren Veräußerung der Forderungsinhaber sich unmittelbar bezahlt machen kann. Ein Hypothekendokument hat aber nur die Bedeutung einer Beweisurkunde. FM. 10. 3. 04 III 3026. Auch Sparkassenbücher oder Lebensversicherungspolicen sind keine Wertpapiere im Sinne der Befreiungsvorschrift.

22. Uneigentliche Lombardgeschäfte, bei denen der Empfänger befugt ist, an Stelle der empfangenen Wertpapiere andere Wertpapiere gleicher Art zurückzugeben, erfordern als einheitliche Anschaffungsgeschäfte nicht den LandesSt. für Schuldverschreibungen, RG. 15. 12. 90, sondern sind reichsstpflichtig: vgl. Grundsätze des Bundesrats zur Auslegung des RStG. vom 23. 5. 12 II Ziff. 4 (2).

23. a) Die StFreiheit ist auf diejenigen Sparkassen beschränkt, welche mit genossenschaftlichen Einrichtungen zur Förderung des Personalkredits in Verbindung stehen. Diejenigen genossenschaftlichen Organisationen, welche sich mit Darlehnsgeschäften befassen, aber nicht sowohl die Förderung des Personalkredits, als ihre eigenen Erwerbsinteressen zum Gegenstand des Unternehmens haben (AH. S. 2347), sind von der Vergünstigung ausgeschlossen.

b) Die Befreiungsvorschrift findet deshalb nur auf solche Sparkassen Anwendung, deren Einrichtungen der Allgemeinheit zugute kommen, nicht nur einem bestimmt begrenzten Personenkreise. FM. 9. 9. 97 III 11461.

c) Es genügt jedoch, wenn die Genossenschaft tatsächlich die Beförderung des genossenschaftlichen Personalkredits bezweckt. Aus dem Statut braucht dieser Zweck nicht hervorzugehen, auch braucht dies nicht der einzige Zweck der Genossenschaft zu sein.

d) Eine Bescheinigung, die eine Depositenbank in einem Quittungsbuch über einen eingezahlten Betrag erteilt, ist stfrei, wenn das Quittungsbuch nur die Tatsache der Zahlung enthält. Sie wird aber stpflichtig, sobald die Einrichtung des Buches darüber hinaus die Verpflichtung zur Rückzahlung ergibt. Vgl. A. 26a.

**Noch: Zu Tarifnummer 58.**

**24.** a) Die Befreiungsvorschrift d findet nur Anwendung auf Schuldverschreibungen, die vor Ausreichung der reichsstpflichtigen Schuld- oder Rentenverschreibung ausgestellt sind. RG. 27. 3. 03, ZBl. S. 217, JMBl. S. 245. Das Wort „demnächst" in dieser Befreiungsvorschrift bedeutet einen im Gesetz nicht näher bestimmten späteren Zeitpunkt. Da in dem der Entscheidung zugrunde liegenden Falle die Pfandbriefe der Preußischen Hypothekenaktienbank, der die Hypothek zediert war und die das Dokument ihrem Treuhänder als Unterlage für die von ihr ausgegebenen Pfandbriefe übergeben hatte, bereits vorhanden gewesen waren, als die notarielle Schuldverschreibungsurkunde zu ihrer Deckung und Unterlage bestimmt war, konnte die Befreiungsvorschrift keine Anwendung finden.

b) Weitere Bedingungen, als daß demnächst reichsstpflichtige Schuld- oder Rentenverschreibungen ausgegeben werden, macht das Gesetz aber nicht. Es ist z. B. nicht erforderlich, daß bei Baugelderdarlehen die Unterlagefähigkeit der Schuldverschreibungen für Pfandbriefe schon z. Zt. der Ausstellung der ersteren vorliegt. Das Gesetz macht die Befreiung nur davon abhängig, daß demnächst, d. h. zu einem im Gesetz nicht näher bestimmten späteren Zeitpunkt, reichsstpflichtige Schuldverschreibungen ausgereicht werden. Die Ausgabe der Pfandbriefe aber muß auf Grund der Schuldverschreibung erfolgen; auch kann zugegeben werden, daß die Schuldverschreibung schon bei ihrer Ausstellung so beschaffen sein muß, daß sie geeignet ist, künftig auszugebenden reichsstpflichtigen Schuldverschreibungen als Unterlage zu dienen. Zur Ermittelung dieses Punktes muß man jedoch unterstellen, daß die Ausgabe von reichsstpflichtigen Schuldverschreibungen rechtlich zulässig wäre lediglich auf Grund einer vorausgehenden anderweitigen Schuldverschreibung, ohne jedes weitere Erfordernis. Zahlung der Valuta, Gewährung und Eintragung einer Hypothek, ein bestimmter Wert für letztere, Nichtüberschreitung einer gewissen Wertgrenze u. dgl. brauchen auch erst später erfüllt zu werden. Auch für den Fall ist die StBefreiung gegeben, wenn von Hypothekenbanken Darlehen gewährt werden zur Wegfertigung bereits bestehender Hypotheken derart, daß die Bankhypothek einstweilen zu einer nachfolgenden Stelle eingetragen wird und der Schuldner sich verpflichtet, das Grundstück binnen bestimmter Frist von den Vorhypotheken freizumachen. RG. 30. 12. 01 u. FM. 18. 2. 02 III 2053. Nach letzterem ist bei Gelegenheit der bei den Hypothekenbanken usw. vorzunehmenden StPrüfung durch probeweise Prüfung festzustellen, ob die Banken als Inhaber der Schuldverschreibungen über Baugelderdarlehen ihrer Verpflichtung zur nachträglichen Versteuerung derjenigen Schuldverschreibungen, auf Grund deren keine Hypothekenpfandbriefe ausgegeben werden, nachgekommen sind. ZBl. S. 56, JMBl. S. 65 v. 02.

**25.** Es handelt sich bei dieser, 1909 eingefügten Befreiungsvorschrift um die sog. Ultimogelder, Gelder, die auf kurze Frist gegeben werden. Bei solchen Geschäften ist ein SchuldverschreibungsSt. nicht am Platze. KB. S. 84 (09). Steuerfrei würden demnach jetzt nachstehende Schreiben einer Bank an ihre Geschäftsfreunde sein, die früher von RG. 5. 1. 99 u. 16. 9. 02 für schuldverschreibungsstpflichtig erklärt worden waren:

a) „Ich teile Ihnen mit, daß ich Sie für bis ult. nächsten Monats überlassene 1000 ℳ mit 5 Prozent verzinslich, erkannt habe".

**Noch: Zu Tarifnummer 58.**

b) α) Wir empfingen Ihr geehrtes Schreiben vom 25. cr. und erkannten Sie für die uns überlassenen ℳ 1000000 Ihrer Pfandbriefe mit 1010103 val. p. 26 cr. pp.

Laut Vereinbarung mit Herrn A bleibt von dem Erlös der Pfandbriefe der Betrag von 1000000 ℳ, unverzinslich bis 30. April und von da an mit 2 1/2 Prozent verzinsbar, bis 31. Mai uns überlassen ꝛc.

β) Wir bestätigen unsern heutigen Depeschenwechsel, demzufolge wir von Ihnen ℳ 200000 — Geld von ult. September bis ult. Oktober à 5 Prozent Netto Zinsen p. a. akzeptierten.

γ) Wir empfingen Ihr Geehrtes von gestern und werden Ihnen auf Grund des hierauf stattgefundenen Depeschenwechsels ℳ 500000 während des kommenden Monats mit 2 1/4 Prozent Netto verzinsen.

26. a) Die hier behandelten kaufmännischen Verpflichtungsscheine sind, weil sie nicht auf Order ausgestellt sein dürfen, keine Sonderheit des Handelsrechts, sondern stellen nur eine besondere Art der Schuldverschreibung dar. Ihre Eigenart liegt darin, daß in ihnen ein Kaufmann die Verpflichtung zur Zahlung einer Geldsumme übernimmt, ohne daß die Verpflichtung zur Leistung von einer Gegenleistung abhängig gemacht ist, und daß die Ausstellung sich als ein Handelsgeschäft darstellt. FM. 5. 5. 13 III 6715. Dem ermäßigten Satz von 1/50 % unterliegen daher — wenn überhaupt die Voraussetzungen einer Schuldverschreibung urkundlich gegeben sind — die Einlagebescheinigungen in den Sparbüchern einer Bank. Vgl. A. 23d.

b) Über den Rahmen eines kaufmännischen Verpflichtungsscheins im Sinne der Nr. II T. 58 geht es jedoch hinaus, wenn zugleich die Verpflichtung zur Hypothekbestellung oder die Eintragungsbewilligung beurkundet ist. KG. 24. 10. 04, Joh. Bd. 30 S. B 58. Dagegen ist die vom KG. an dieser Stelle weiter vertretene Meinung, daß die Zahlungsfrist innerhalb Jahresfrist liegen müsse, vom Reichsgericht angesichts des Wortlauts der Tarifvorschrift und ihrer Entstehungsgeschichte abgelehnt worden. RG. 19. 9. 11, ZBl. S. 433. Entsch. Bd. 77 S. 56ff.

27. Vgl. §§ 13, 15, 30 RGBO. — §§ 1113ff., 1191ff., 1199, 1273, 1274 BGB.

28. a) Unter diese Tarifvorschrift fallen die Anträge auf Eintragung einer Hypothek gemäß § 1113 wie auch von Sicherungshypotheken gemäß § 1184 BGB.

b) nicht aber der Antrag des Gläubigers auf Eintragung einer Hypothek auf Grund eines den Eigentümer verurteilenden Erkenntnisses (§ 894 ZPO.), oder der Antrag auf Eintragung einer Sicherungshypothek im Wege der Zwangsvollstreckung (§ 866 ZPO.), da nur die Umgehung des SchuldverschreibungsSt. bei hypothekarischen Darlehen durch den unmittelbaren Antrag auf Eintragung der Hypothek ohne Beurkundung der persönlichen Schuld verhütet werden soll.

29. a) Zu T. 58 III Abs. 2 hat das KG. im Beschlusse vom 29. 4. 01, Joh. Bd. 23 S. B 21, folgende Grundsätze ausgesprochen:

α) Wird bei dem Antrag auf Eintragung einer Hypothek zum Zwecke der StBefreiung die Urkunde über das dem Antrage zugrunde liegende

| Lfd. Nr. | Gegenstand der Besteuerung | Steuersatz v. H. | ℳ | ₰ | Berechnung der Stempelabgabe |
|---|---|---|---|---|---|
| 59. | (1)[1] **Sicherstellung von Rechten**, Beurkundungen[2–13] darüber, wenn der Wert[14] der sichergestellten Rechte | | | | |
| | 600 ℳ nicht übersteigt . . . . . . . . | — | — | 50 | |
| | 1 200 „ „ „ . . . . . . . . | — | 1 | — | |
| | 10 000 „ „ „ . . . . . . . . | — | 1 | 50 | |
| | bei einem höheren Betrage . . . . . . . . | — | 5 | — | |
| | (2) Auf Höchstbetragshypotheken im Sinne des § 1190*) des Bürgerlichen Gesetzbuchs | | | | |

**Noch: Zu Tarifnummer 58.**

Rechtsgeschäft überreicht, so erfordert die in T. 58 III Abs. 2 vorgeschriebene sinngemäße Anwendung der T. 2 Abs. 5—8, daß die Urkunde hinsichtlich aller für die Besteuerung von Schuldverschreibungen erheblichen Bestimmungen der Verabredung der Parteien entspricht. Bei Schuldverschreibungen über Darlehen kommt es also nicht ausschließlich darauf an, daß hinsichtlich des Wertes der Gegenleistung die Urkunde mit der Vertragsabrede übereinstimmt.

β) Hat eine Bank einem Schuldner offenen Kredit eingeräumt und der Schuldner auf den Kredit hin Geld entnommen, so ist dieser berechtigt, den Schuldschein über das Geld dahin auszustellen, daß er ein bares Darlehen empfangen habe.

γ) Entspricht die bei dem Antrage auf Eintragung einer Hypothek überreichte mit einem St. versehene Urkunde über das zugrunde liegende Rechtsgeschäft in einer für die Besteuerung von Schuldverschreibungen erheblichen Bestimmung nicht der wirklichen Verabredung der Parteien, so muß ungeachtet der Verstempelung jener Urkunde der volle St. für den Antrag auf Eintragung der Hypothek in Ansatz gebracht werden.

b) Unter der Urkunde über das dem Antrage zugrunde liegende Geschäft ist die Schuldurkunde über die persönliche Schuldverbindlichkeit zu verstehen. RG. 17. 12. 07, Holdh. S. 284 v. 08.

---

*) Die betreffende Bestimmung lautet:

**§ 1190 BGB.** Eine Hypothek kann in der Weise bestellt werden, daß nur der Höchstbetrag, bis zu dem das Grundstück haften soll, bestimmt, im übrigen die Feststellung der Forderung vorbehalten wird. Der Höchstbetrag muß in das Grundbuch eingetragen werden.

Ist die Forderung verzinslich, so werden die Zinsen in den Höchstbetrag eingerechnet.

Die Hypothek gilt als Sicherungshypothek, auch wenn sie im Grundbuche nicht als solche bezeichnet ist.

Die Forderung kann nach den für die Übertragung von Forderungen geltenden allgemeinen Vorschriften übertragen werden. Wird sie nach diesen Vorschriften übertragen, so ist der Übergang der Hypothek ausgeschlossen.

| Lfd. Nr. | Gegenstand der Besteuerung | Steuersatz v. H. | ℳ | ₰ | Berechnung der Stempelabgabe |
|---|---|---|---|---|---|
| (59.) | finden die vorstehenden Steuersätze gleichfalls Anwendung.<br>(3) Der Stempel darf in keinem Falle den für die Beurkundung des sicherzustellenden Rechtes zur Erhebung gelangenden Stempel übersteigen.[15]<br>(4) Ist der Wert der sichergestellten Rechte nicht schätzbar[16] . . . . . . . . . . . . . . . . | — | 1 | 50 | |
| | (5) Befreit sind:<br>a) Urkunden über Dienstkautionen der Beamten öffentlicher Behörden;[17]<br>b) in Schuldverschreibungen zur Sicherheit der Schuldverpflichtung vom Schuldner abgegebene Erklärungen;[18-19]<br>c) Urkunden über Sicherstellungen der Vormünder (§ 58 der Vormundschaftsordnung v. 5. Juli 1875, Gesetzsamml. S. 431).*) | | | | |

## Zu Tarifnummer 59.

**1.** Vgl. §§ 232ff., 765ff., 437, 438, 1204 Abs. 2, 1190 BGB.

**2.** Der Tarifstelle unterliegen urkundliche Erklärungen, welche die Sicherstellung von Rechten bezwecken. Voraussetzung ist das Bestehen einer rechtsgültigen Hauptverpflichtung, an deren Seite die Sicherstellung als Nebenverpflichtung tritt. Übernimmt z. B. jemand eine Schuld an Stelle eines anderen, so liegt keine Sicherstellung im Sinne der Tarifvorschrift vor.

Mittel der Sicherstellung sind nur Bürgschaft und Verpfändung.

**3.** Die Schriftlichkeit als Formvorschrift für die Bürgschaft wird nicht durch Briefwechsel ersetzt. RG. 8. 3. 04, JW. S. 232. Eine durch Briefwechsel zustandegekommene Bürgschaft würde daher auch nicht stpflichtig sein. Ebenso kann die bloße Namensunterzeichnung unter einem fremden Vertrage,

*) Jetzt — nach Art. 89 Ziff. 30 AG.BGB. und Art. 4 EG.BGB. — § 1844 BGB., welcher lautet:

Das Vormundschaftsgericht kann aus besonderen Gründen den Vormund anhalten, für das seiner Verwaltung unterliegende Vermögen Sicherheit zu leisten. Die Art und den Umfang der Sicherheitsleistung bestimmt das Vormundschaftsgericht nach seinem Ermessen. Das Vormundschaftsgericht kann, solange das Amt des Vormundes dauert, jederzeit die Erhöhung, Minderung oder Aufhebung der Sicherheit anordnen.

Bei der Bestellung, Änderung oder Aufhebung der Sicherheit wird die Mitwirkung des Mündels durch die Anordnung des Vormundschaftsgerichts ersetzt.

Die Kosten der Sicherheitsleistung sowie der Änderung oder der Aufhebung fallen dem Mündel zur Last.

**Noch: Zu Tarifnummer 59.**

der keine eigene Erklärung des Bürgen enthält, nach den §§ 766, 126 BGB. nicht als schriftliche Bürgschaftserklärung angesehen werden. RG. Entsch. Bd. 77 S. 378. Erklärung der Bürgschaftsübernahme in schriftlicher Form durch einen nur mündlich Bevollmächtigten ist rechtsgültig. RG. 27. 4. 03, DJZ. Nr. 15.

4. Die StPflicht knüpft sich lediglich an die rechtsgeschäftliche Erklärung der Einräumung der Sicherheit. Einer Beurkundung des Anerkenntnisses des Vertragschließenden, daß die Übergabe des Pfandes erfolgt sei, bedarf es zur Erhebung der Steuer nicht.

Die StPflicht trifft auch Sicherheitsbestellungen, die sich auf zukünftige Forderungen und auf zukünftig in den Besitz des Gläubigers gelangende Vermögensstücke beziehen.

5. Sicherungsübereignungen und Sicherungsabtretungen dienen wohl dem wirtschaftlichen Zweck der Sicherstellung, gehen aber über den Rahmen der T. 59 hinaus und unterliegen dem Stempel der T. 71 bzw. 2. Für Sicherungsübereignungen vgl. jedoch T. 32 Abs. 6.

6. Wenn die Sicherheit nicht sofort bestellt wird, jemand vielmehr sich zur künftigen Bestellung nur verpflichtet, so ist kein SicherstellungsSt. fällig. FM. 10. 11. 97 III 14290. Deshalb ist die in einem Anstellungsvertrage abgegebene Erklärung, „daß der Anzustellende zur Sicherung des Gegenkontrahenten eine Kaution von 3000 ℳ in einer noch zu zedierenden Police bestelle", erst ein pactum de cavendo, welches, besonders beurkundet, nach T. 71 Ziff. 2 stpflichtig sein würde, in Verbindung mit einem anderen Geschäft abgeschlossen, als Bestandteil des Hauptgeschäftes gilt und steuerfrei ist (§ 10 Abs. 3 d. Ges.).

7. In Fällen der Bestellung eines Faustpfandes an Gattungssachen kann der SicherstellungsSt. nur dann verlangt werden, wenn die in der Urkunde abgegebene Erklärung die bereits erfolgte oder gleichzeitig erfolgende Übergabe der ihrem Gegenstande nach zu bezeichnenden Sicherheit (Bargeld, Art der einzelnen Wertpapiere usw.) klar erkennen läßt. Entsch. d. Königl. Oberrechnungskammer vom 20. 3. 02.

8. a) Die Bewilligung einer Vormerkung zur Sicherung des Anspruchs auf Übertragung des Eigentums an einem Grundstück oder zur Sicherung des Rechts auf Löschung einer, der einzutragenden Hypothek vorgehenden Post, falls sie sich mit dem Eigentum vereinigen würde, unterliegen dem SicherstellungsSt. KG. 2. 5. 04, Joh. Bd. 28 S. B 54, FM. 1. 8. 04 III 9758.

b) Dagegen ist der Antrag des Gläubigers auf Eintragung einer Sicherungshypothek im Wege der Zwangsvollstreckung stfrei, § 866 ZPO., KG. 22. 8. 07, Joh. Bd. 35 S. B 38, da T. 59 eine rechtsgeschäftliche Grundlage verlangt. Vgl. A. 28 zu T. 58.

9. Eine steuerpflichtige Sicherstellung liegt vor, wenn die Verzinsungs- und Rückzahlungsbedingungen einer Hypothek unter Verpfändung des Grundstücks abgeändert werden, insbesondere wenn vereinbart wird, daß das Kapital bei nicht pünktlicher Zinszahlung sofort fällig sein soll. Die Erhöhung des Zinsfußes ist nach § 6 Abs. 9 des Ges. zu berechnen.

Geschieht die Änderung des Schuldverhältnisses einseitig, so beträgt der St., wenn der Wert der sichergestellten Rechte 10 000 ℳ übersteigt, 5 ℳ. Ist er unschätzbar, nach Abs. 4 1,50 ℳ. Ist das ganze Kapital jedoch nich

**Noch: Zu Tarifnummer 59.**
mehr als 1200 ℳ oder 600 ℳ, so kommen nur 1 ℳ bzw. 50 ₰ zur Hebung. FM. 7. 4. 98 III 3531.

Erfolgt die Änderung vertragsmäßig, so sind nach T. 71² für den Vertrag 3 ℳ St. zu verwenden; der SicherstellungsSt. beträgt statt 5 ℳ höchstens 3 ℳ und ermäßigt sich wie oben dargelegt auf 1,50 ℳ, 1 ℳ und 0,50 ℳ. Dabei bleibt die Steuerfreiheit aus § 4 Abs. 1a (Objekt nicht mehr als 150 ℳ) zu beachten.

Handelt es sich nur um Verringerung bereits sichergestellter Bedingungen, so ist der SicherstellungsSt. nicht zu verwenden.

**10.** a) Für die Frage, ob ein Anschreiben, mit dem ein Wechsel als Generalkaution überreicht ist, den SicherstellungsSt. erfordert oder nicht, kommt es darauf an, ob der Wechsel selbst als Kautionsinstrument anzusehen ist oder nicht. Wenn das Akzept aus Gefälligkeit gegeben und durch den Wechsel Bürgschaft geleistet wird, so ist dieser als Kautionsinstrument selbst anzusehen und das Überreichungsschreiben stfrei.

b) Sicherstellungs- und AbtretungsSt. sind fällig, wenn in einem Darlehnsschuldschein ein Beamter Sicherheit durch Einräumung eines Pfandes an der Empfangsbescheinigung über eine Dienstkaution bestellt und gleichzeitig alle aus der Kautionsbestellung erwachsenen Rechte abtritt. RG. 10. 1. 99, JW. S. 171, FM. 20. 8. 96 III 11333.

c) Falls als Sicherheit niedergelegte Wertpapiere wegen erfolgter Kündigung zurückgegeben werden müssen und an deren Stelle neue Wertpapiere treten, so liegt in der Niederlegung der neuen Wertpapiere eine neue Sicherstellung, die den St. von neuem erfordert. FM. 10. 1. 01 III 205.

d) Die Vereinbarung der Eisenbahnverwaltung in Arbeitsverträgen, wonach die von den Unternehmern hinterlegte Generalkaution auch für die Sicherstellung der durch die Verträge eingegangenen Verbindlichkeiten haften soll, erfordert den SicherstellungsSt. nicht, sofern die über die Bestellung der Generalkaution ausgestellte Urkunde vorschriftsmäßig versteuert ist, weil auf Grund der erwähnten Abrede nicht ein neuer Gegenstand als Pfand übertragen, sondern nur festgesetzt wird, in welcher Höhe die Generalkaution haften soll. FM. 2. 11. 01 III 13258.

Die Vorschrift, daß der Unternehmer mit seinem Guthaben und mit seinem sonstigen Vermögen hafte, ist rechtlich bedeutungslos.

e) Über Sicherstellungen in den Geschäftsbedingungen der Banken vgl. A. 9 zu § 1.

**11.** Einverständniserklärung des Bürgen in die Fristverlängerung zur Rückzahlung des Darlehns ist nicht stpflichtig. Anders dagegen, wenn der Bürge ursprünglich nur bis zu einer bestimmten Zeit oder bis zu einer bestimmten Höhe gehaftet hat und er weitere Haftung übernimmt. FM. 27. 8. 97 III 10749. Vgl. A. 17 bei T. 58.

**12.** Der SicherstellungsSt. ist u. a. nicht fällig:

a) für die, in den Fällen der Sicherstellung gestundeter Zoll- und Steuerbeträge durch Teilbürgschaften von den Teilbürgen auszustellenden Reverse. FM. 13. 1. 97 III 6494. Vgl. A. 4c § 4.

b) für die im Versteigerungstermin übernommene Bürgschaft für das Meistgebot, da im Zwangsversteigerungsverfahren nur die St. aus T. 32 erhoben werden. Joh. Bd. 28 S. B 22.

**Noch: Zu Tarifnummer 59.**

c) für die Übernahme der Gewähr seitens des Zedenten für die Sicherheit der abgetretenen Forderung, da hierin lediglich eine Abänderung der gesetzlichen Regelung — §§ 937, 438 BGB. — zu erblicken ist. FM. 29. 10. 95 III 15373.

**13.** a) Wenn mehrere Personen sich in einem Akt solidarisch für dieselbe Schuld verbürgen, ist der St. nur einmal fällig — FM. 10. 8. 85 III 10286 —, gibt dagegen jemand in einer Urkunde zwei voneinander unabhängige Bürgschaften für verschiedene Hauptschuldner ab, so ist der zweimalige St. zu erfordern. FM. 3. 9. 71 III 11996. HSp. S. 153.

Der zweimalige St. ist vom Reichsgericht Entsch. Bd. 77 S. 54 auch in folgendem Falle für erforderlich erklärt worden: Auf der Rückseite eines Schuldscheines fand sich folgende „Bürgschaftserklärung":

„Für die rechtzeitige Erfüllung der in dem vorliegenden Schuldschein übernommenen Verpflichtungen übernehme ich hiermit selbstschuldnerische Bürgschaft.

Danzig, 24. 12. 1909, Ludwig O.

Wulften, 27. 12. 1909, Marta W geb. W".

Das Darlehen wird hier nicht einheitlich durch eine gemeinschaftliche Erklärung der Mitbürgen, sondern mehrfach durch jeden der Bürgen sichergestellt, von denen jeder für sich örtlich und zeitlich von dem anderen getrennt, die Bürgschaft übernommen hat.

b) Die für eine Mehrzahl von Arbeitern ausgestellten Bürgschaften, wie solche in den östlichen Provinzen von Landwirten den Behörden gegenüber für ihre Arbeiter übernommen zu werden pflegen, erfordern nur einmal den St., wenn die Arbeiter nicht einzeln und namentlich, sondern nur der Anzahl nach aufgeführt werden. HSp. S. 1101. 19. KS. S. 10, KB. S. 79.

**14.** Bei einer Bürgschaft für Kapital nebst bedungenen Zinsen, Verzugszinsen und Kosten sind nach RG. 21. 3. 02, Entsch. Bd. 51 S. 123 die Zinsen für einen zukünftigen, in der Urkunde nicht begrenzten Zeitraum in die Berechnung der StAbgabe mit hineinzuziehen. Der Betrag der Zinsen ist nach § 6 Abs. 12 zu berechnen. Inwieweit auch die mitverbürgten Kosten zu berücksichtigen wären, ist unentschieden gelassen. — Vgl. A. 10a bei T. 73.

**15** a) Für Anwendung des Abs. 3 ist derjenige Betrag des St. maßgebend, welcher im Falle der Beurkundung des sicherzustellenden Rechts zur Erhebung gelangen würde. FM. 17. 2. 98 III 886, JM. 16. 10. 97 Nr. 5165.

Dieser Satz ist dahin aufzufassen, daß, wenn das sicherzustellende Recht nicht, oder nicht in stpflichtiger Form (z. B. nicht in Vertragsform, sondern in Form einer nicht stpflichtigen einseitigen Urkunde) beurkundet wird, der SicherstellungsSt. niemals denjenigen St. übersteigen darf, der zu einer in stpflichtiger Form vorgenommenen Beurkundung des sicherzustellenden Rechts zu erlegen gewesen wäre. FM. 20. 5. 01, ZBl. S. 160, 20. 2. 02 III 2085 u. 31. 5. 02 III 4966.

b) Liegen der Bürgschaft Kreditgeschäfte zugrunde, so macht es hiernach für die Forderung des BürgschaftsSt. keinen Unterschied, ob sie gemeinschaftlich vom Kreditnehmer und Kreditgeber in der Form zweiseitiger Verträge oder ob sie nur einseitig vom Kredit-

**Noch: Zu Tarifnummer 59.**

geber in der Form von Kreditversprechen oder vom Kreditnehmer in der Form von Kreditanträgen beurkundet sind oder ob eine Verlautbarung des Kreditgeschäfts überhaupt nicht stattgefunden hat.

Da Kreditverträge selbst nur dem allgemeinen VertragsSt. unterliegen, so erfordert die Beurkundung der Sicherstellung von Rechten aus Kreditverträgen nach T. 59 Abs. 3 einen St. von höchstens 3 ℳ.

c) Dasselbe gilt für Sicherstellungen aus Kreditanträgen oder einseitigen Kreditversprechen.

d) Beispiele: Verpfändungserklärungen folgenden Inhalts:

Der Vorschußverein zu ... E. G. m. u. H. ist mit mir in Geschäftsverbindung getreten und hat es übernommen, mir Vorschüsse gegen Wechsel zu gewähren. Zur Sicherheit verpfände ich dem genannten Verein 5000 ℳ Pfandbriefe der Hann. Hyp. Bank.

Datum Unterschrift

erfordern einen SicherungsSt. in Höhe von 1 ℳ 50 ₰, da der Wert der sichergestellten Rechte unschätzbar ist. Übersteigt der Wert der Pfandgegenstände jedoch den Betrag von 600 ℳ nicht, so beträgt der St. nur 50 ₰; übersteigt er 1200 ℳ nicht, so ist nur 1 ℳ erforderlich. Vgl. § 6 (6) d. Ges. HSp. S. 1101.

Lautet die Verpfändungserklärung dahin „.... und hat es übernommen, mir einen laufenden Kredit bis 20000 ℳ zu geben", so beträgt der SicherstellungsSt. 3 ℳ. Die nach Abs. 1 der T. erforderlichen 5 ℳ ermäßigen sich nach Abs. 3 a. a. O. auf den Betrag des allgemeinen VertragsSt. Sollen die zu gewährenden Vorschüsse den Höchstbetrag von 10000 ℳ, 1200 ℳ oder 600 ℳ nicht übersteigen, so bedarf es auch nur eines SicherungsSt. von 1,50 ℳ, 1 ℳ oder 0,50 ℳ. FM. 20. 5. 01 III 4037, ZBl. S. 160.

e) Die nach vorhandenem Formular (A Nr. 152) bei der Lombardierung des unter Mitverschluß der Steuerbehörde lagernden Branntweins ausgestellten Urkunden erfordern sowohl den ZeugnisSt. (FM. 26. 2. 97 III 2475), wie den SicherstellungsSt. FM. 14. 12. 05 III 14136. Das sichergestellte Recht bildet hier das Abkommen über das Lombarddarlehn, dessen Beurkundung nach T. 71 dem allg. VertragsSt. unterworfen sein würde. Daß in Wirklichkeit zu diesen Darlehnsverträgen gemäß § 1 Abs. 3 LStG. ein St. nicht erhoben wird, ist ohne Bedeutung.

f) Für die bei der Reichsbank üblichen Verpfändungserklärungen, welche sich auf die Sicherstellung von Wechselforderungen beschränken, sollte nach FM. 28. 8. 05 III 11030 ein St. aus T. 59 erforderlich sein. Dem steht jedoch Abs. 3 der Tarifstelle entgegen, da die Wechsel einem LSt. überhaupt nicht unterliegen. Übereinstimmend Hz. S. 645 und Greiff, Wechselstempelgesetz II. Auflage S. 175. Vgl. auch A. 15k.

g) Falls eine Schuldverschreibung einen St. von nur 20 ₰ erfordert, ist die darauf bezügliche Bürgschaftserklärung auch nicht höher zu stempeln.

h) Die StPflicht der Bürgschaft der Eltern unter dem Schuldanerkenntnis der Studierenden richtet sich nach der StPflichtigkeit der Schuldverschreibungen. — Vgl. A. 10 bei T. 58.

i) Kautionsbestellungen in stfreien Kauf- und Lieferungsverträgen sind nach Abs. 3 dieser Tarifstelle stfrei. FM. 13. 10. 96 III 14224.

**Noch: Zu Tarifnummer 59.**

Dies trifft insbesondere zu für die Sicherstellungen, welche von der preußischen Staatsforstverwaltung für gestundete Holzkaufgelder gefordert werden. Auf die Kaufverträge findet T. 32 Erm. u. Befr. 3 Anwendung, weil es sich stets um aufgearbeitetes Holz handelt. FM. 27. 12. 11 III 20262. Ebenso ist Beurkundung der Bürgschaft für ein Lombarddarlehn steuerfrei. FM. 5. 3. 97.

k) Zu trockenen Wechseln, in denen der Aussteller zur Sicherung des Wechselgläubigers eine Urkunde verpfändet, ist ein weiterer St. als der WechselSt. nicht fällig. FM. 7. 10. 98 III 13856. Ebenso sind Verpfändungserklärungen in unvollständigen, aber versteuerten Wechseln nicht mit dem LandesSt. zu belegen. FM. 28. 5. 97 III 2797. Vgl. jetzt übrigens § 2 WStG. Erklären aber die Wechselbürgen auf trockenen Wechseln noch über die Wechselverjährungsfrist hinaus auch im Fall der Prolongation haften zu wollen, so würde der SicherstellungsSt. an sich fällig sein, wenn nicht Abs. 3 der Tarifstelle entgegenstände. FM. 4. 10. 97 III 12488, § 28 WStG.

**16.** Unschätzbarkeit liegt u. a. dann vor, wenn es sich um Sicherstellung künftiger Forderungen handelt. FM. 25. 9. 97 III 12905.

**17.** Urkunden, in denen für einen Beamten durch Dritte Dienstkaution gestellt wird, sind stfrei. Diese Befreiungsvorschrift hat seit Erlaß des RGes. v. 20. 2. 98 und des PrGes. v. 7. 3. 98 an Bedeutung verloren.

**18.** a) Die Befreiungsvorschrift b bezieht sich nur auf Erklärungen, die im Falle des Nichtbestehens der Befreiungsvorschrift dem St. aus T. 59 unterliegen würden; sie kann sich dagegen nicht auf Rechtsgeschäfte erstrecken, die einem besonderen St. unterliegen, mögen sie auch dem Zwecke der Sicherstellung dienen. Daher sind z. B. in Schuldverschreibungen beurkundete Abtretungen, auch wenn sie zwecks Sicherstellung der Schuldverpflichtungen erfolgen, dem ZessionsSt. unterworfen. Denn Sicherstellungen durch Zession sind eben mehr als bloße Sicherstellungen, und Abtretungen fallen unter eine besondere Tarifstelle. Die Befreiungsvorschrift aus T. 59 kann aber nur eine Befreiung aus dieser Tarifstelle im Auge haben. RG. 10. 1. 99, FM. 28. 9. 05 III 12569 u. 5. 12. 05 III 15566.

Ebenso ist durch FM. v. 5. 4. 13 III 5172 für eine Erklärung folgenden Inhalts entschieden worden: Schuldner verpfändet eine ihm zustehende Grundschuld seinem Darlehnsgläubiger und tritt sie ihm nötigenfalls unbedingt ab. Der Gläubiger soll ohne seine Mitwirkung berechtigt sein, die Abtretung in das Grundbuch eintragen zu lassen. Im Falle der Einziehung soll dem Darlehnsschuldner das Recht auf den Überschuß zustehen. Er bewilligt, daß zunächst die Verpfändung und auf weiteren Antrag des Darlehnsgläubigers auch die Abtretung in das Grundbuch eingetragen werde.

b) Zu beachten ist ferner, daß die Sicherstellung in der Schuldverschreibung abgegeben werden muß. Nachträgliche Sicherstellungen sind also steuerpflichtig.

c) Die Erklärung muß vom Schuldner abgegeben sein. Bürgschaften in Schuldverschreibungen sind stpflichtig.

d) Es muß sich endlich um eine Schuldverschreibung handeln. Die Befreiungsvorschrift kann hiernach nicht angewendet werden für Verpfändungserklärungen in Anträgen auf Kredit in laufender Rechnung.

| Lfd. Nr. | Gegenstand der Besteuerung | Steuersatz v. H. | Steuersatz ℳ | Steuersatz ₰ | Berechnung der Stempelabgabe |
|---|---|---|---|---|---|
| 60. | **Standeserhöhungen und Gnadenerweise, landesherrliche.**[1] | | | | |
| | a) (1) Standeserhöhungen | | | | |
| | für die Verleihung der Herzogswürde . | — | 10000 | — | |
| | „ „ „ „ Fürstenwürde . . | — | 6000 | — | |
| | „ „ „ „ Grafenwürde . . | — | 3600 | — | |
| | „ „ „ „ Freiherrnwürde . | — | 2400 | — | |
| | „ „ „ des Adels . . . . . . | — | 1200 | — | |
| | (2) Wenn in obigen Verleihungen mehrere Seitenverwandte mit aufgenommen werden, so wird für jeden Seitenverwandten die volle Taxe besonders erhoben. | | | | |
| | (3) Die vorstehend festgesetzten Beträge werden auch erhoben, wenn eine Standeserhöhung aus Anlaß oder bei Gelegenheit einer Adoption oder Legitimation stattfindet. | | | | |
| | (4) Für Anerkennung und Bestätigung einer von einem auswärtigen Fürsten verliehenen Standeserhöhung eines Inländers werden die obigen Sätze erhoben. | | | | |
| | (5) Für die Verleihung des preußischen Adels qn einen ausländischen Adligen kommt die Hälfte des für die Verleihung der betreffenden Adelsstufe vorgeschriebenen Stempels in Ansatz. | | | | |
| | (6) Für sonstige nachträgliche Änderungen oder Ergänzungen der bezüglich einer Standeserhöhung getroffenen Bestimmungen wird, sofern keine anderen Vorschriften Anwendung finden, ein Fünftel des Steuersatzes für die betreffende Standeserhöhung in Ansatz gebracht; | | | | |

**Noch: Zu Tarifnummer 59.**

**19.** Wird in einem Grundstückskaufvertrage für das Restkaufgeld Hypothek an dem Kaufgrundstück bestellt, so ist anerkannten Rechts, daß eine stpflichtige Sicherstellung nicht vorliegt, weil diese Vereinbarung als Vertragsbedingung anzusehen ist. Dagegen wird noch der SicherstellungsSt. erfordert, wenn mit einem anderen Grundstück des Käufers Hypothek bestellt wird. Die Verpfändung des fremden Grundstücks geht über den Rahmen des Kaufgeschäfts hinaus. FM. 21. 12. 99 III 15690 u. 1. 8. 01 III 9338.

| Lfd. Nr. | Gegenstand der Besteuerung | Steuersatz v. H. | Steuersatz ℳ | Steuersatz ₰ | Berechnung der Stempelabgabe |
|---|---|---|---|---|---|
| (60.) | b) (1) Wappenvermehrungen und Wappenänderungen ein Achtel der Sätze zu a. (2) Erfolgt die Wappenvermehrung und Wappenänderung in Verbindung mit einer Standeserhöhung, so kommt außerdem der für letztere vorgesehene Stempelbetrag zur Erhebung;[2] | | | | |
| | c) Erhebung eines Inbegriffs von Gütern zu einer Standesherrschaft, einem Herzogtum oder Fürstentume | — | 12000 | — | |
| | d) Verleihung des Patents für einen Kammerjunker | — | 800 | — | |
| | " " Kammerherrn | — | 2400 | — | |
| | sofern letzterer vorher Kammerjunker war AB. 83 Abs. 1. | — | 1600 | — | |
| | e) für die Verleihung von Titeln an Privatpersonen[3] | | | | |
| | Geheimer Kommerzienrat | — | 5000 | — | |
| | Kommerzienrat | — | 3000 | — | |
| | Geheimer Kommissionsrat | — | 1000 | — | |
| | Kommissionsrat | — | 500 | — | |
| | im übrigen | — | 300 | — | |
| | AB. 83 Abs. 2. | | | | |

## Zu Tarifnummer 60.

**1.** Das Recht der Krone, den StBetrag im Wege der Gnade zu erlassen, bleibt unberührt. KB. 79, AH. S. 2486, 2490.

2. Bei gleichzeitiger Namensänderung, Verleihung des Adels und Wappenänderung wird nur der St. für Standeserhöhung und Wappenänderung zu erheben sein. 14. KS. S. 2.

**3.** a) Mit Rücksicht darauf, daß auch die nicht beamteten Ärzte nicht mehr als Privatpersonen i. S. des LStG. anzusehen sind, vielmehr anzunehmen ist, daß sie auf dem Gebiete der Gesundheitspflege eine eigenartige Stellung öffentlichrechtlichen Charakters bekleiden, ist bei der Verleihung des Titels „Sanitätsrat" und „Geh. Sanitätsrat" an nicht beamtete Ärzte von der Einziehung des St. dieser T. abzusehen. FM. 7. 9. 01 III 11238, ZBl. S. 219.

b) Gleiches gilt für die Verleihung des Titels Justizrat oder Geheimer Justizrat an Rechtsanwälte und sonst in ähnlichen Fällen. Nach der neueren Praxis findet T. 60e im wesentlichen nur noch Anwendung für die Verleihung des Titels (Geheimer) Kommerzienrat und (Geheimer) Kommissionsrat.

| Lfd. Nr. | Gegenstand der Besteuerung | Steuersatz v. H. | M | ₰ | Berechnung der Stempelabgabe |
|---|---|---|---|---|---|
| 61. | **Statuten** von Gesellschaften, Vereinen usw., s. Gesellschaftsverträge Buchstaben e. | | | | |
| 62. | **Strafbescheide** der Finanzbehörden,[1] sofern die Strafe, einschließlich des Wertes der eingezogenen Gegenstände, 15 M übersteigt . . | — | 1 | 50 | |
| 63. | **Tauschverträge**, s. Kaufverträge. | | | | |
| 64. | **Taxen von Grundstücken**,[1] insofern sie wegen eines Privatinteresses unter Aufsicht einer öffentlichen Behörde[2] aufgenommen werden LStV. § 2 Ziff. 1a. | — | 3 | — | |
| 65. | **Testamente**, s. Verfügungen von Todes wegen. | | | | |
| 66. | [1]**Verfügungen von Todes wegen**,[2–7] einschließlich der Erbverträge sowie der im § 2301 Abs. 1 des Bürgerlichen Gesetzbuchs*) bezeich- | | | | |

## Zu Tarifnummer 61.

Durch die Aufhebung der T. 25 im wesentlichen gegenstandslos s. T. 25e (2).

## Zu Tarifnummer 62.

1. Vgl. Nr. 44 der AusfB. z. VStrG. v. 26. 7. 97 und §§ 21 Abs. 1 und 47 Abs. 2 dieses letzteren Ges. für St. zu Straf- und Beschwerdebescheiden. § 9 des Gesetzes betr. Hinterziehung und Überhebung von Verkehrsabgaben vom 2. 5. 00 (GS. S. 123).

2. Beschwerdebescheide sind nach T. 10 zu versteuern und daher nur stpflichtig — aber mit 3 M — wenn die Strafe über 150 M beträgt.

## Zu Tarifnummer 64.

1. Vgl. AG.BGB. Art. 73. — Art. 110 PrFG.

2. Die zwecks Beleihung von Grundstücken durch die Kreissparkasse von Gemeindevorständen und 2 Schöffen aufgenommenen Taxen sind stpflichtig, da sie unter Aufsicht einer öffentlichen Behörde aufgestellt sind. Ob sich die Tätigkeit der Behörden dabei auf eine bloße Beaufsichtigung bei Aufnahme der Taxen beschränkt hat oder ob von denselben die Taxen selbst aufgenommen sind, ist belanglos. FM. 26. 1. 92 III 756.

---

*) Die betr. Bestimmung lautet:

**§ 2301 Abs. 1.** Auf ein Schenkungsversprechen, welches unter der Bedingung erteilt wird, daß der Beschenkte den Schenker überlebt, finden die Vorschriften über Verfügungen von Todes wegen Anwendung. Das gleiche gilt für ein schenkweise unter dieser Bedingung erteiltes Schuldversprechen oder Schuldanerkenntnis der in den §§ 780, 781 bezeichneten Art.

| Lfd. Nr. | Gegenstand der Besteuerung | Steuersatz v. H. | M | ₰ | Berechnung der Stempelabgabe |
|---|---|---|---|---|---|
| (66.) | neten Schenkungsversprechen, Schuldversprechen oder Schuldanerkenntnisse: | | | | |
| | 1. (1) wenn der Wert des Gegenstandes[9] beträgt: | | | | |
| | nicht mehr als 1000 M . . . . . . . . . | — | 3 | — | |
| | mehr als 1000 M, aber nicht mehr als 10000 M . . . . . . . . . . . . . . | — | 5 | — | |
| | mehr als 10000 M, aber nicht mehr als 20000 M . . . . . . . . . . . . . . | — | 10 | — | |
| | mehr als 20000 M, aber nicht mehr als 50000 M . . . . . . . . . . . . . . | — | 15 | — | |
| | mehr als 50000 M, aber nicht mehr als 200000 M . . . . . . . . . . . . . . | — | 20 | — | |
| | mehr als 200000 M, aber nicht mehr als 300000 M . . . . . . . . . . . | — | 30 | — | |
| | mehr als 300000 M, aber nicht mehr als 500000 M . . . . . . . . . . . | — | 40 | — | |
| | mehr als 500000 M . . . . . . . . . . | — | 50 | — | |
| | (2) Für die Stempelberechnung bei einer gemeinschaftlichen Verfügung ist der Gesamtbetrag des Wertes beider Verfügungen maßgebend. | | | | |
| | (3) Für die Wertberechnung ist der Zeitpunkt der Fälligkeit der Stempelsteuer maßgebend.[8] Soweit die Stempelverwendung unter amtlicher Überwachung stattfindet, sind der Wertberechnung die Angaben des Steuerpflichtigen zugrunde zu legen. Die Vorschriften des § 7 dieses Gesetzes finden vor Eröffnung der Verfügung keine Anwendung; | | | | |
| | 2. wenn die Verfügungen von Todes wegen lediglich Anordnungen nicht vermögensrechtlicher Art, Nachträge, Ergänzungen und Erläuterungen zu letztwilligen Verfügungen enthalten[10] . . . . . . . . . . | — | 3 | — | |
| | AB. 20; 84. — LStV. § 1 Ziff. 4, § 2 Ziff. 1d, § 6 Ziff. 5. | | | | |
| | Befreiungen: | | | | |
| | 1. Verträge und Erklärungen aller Art, die lediglich den Widerruf, die Zurücknahme oder die Aufhebung einer Verfügung von Todes wegen oder einzelner in solchen | | | | |

| Lfd. Nr. | Gegenstand der Besteuerung | Steuersatz v. H. | Steuersatz M | Steuersatz ₰ | Berechnung der Stempelabgabe |
|---|---|---|---|---|---|
| (66.) | Verfügungen enthaltenen Anordnungen betreffen; 2. die im § 2249, § 2250 oder § 2251 des Bürgerlichen Gesetzbuchs und im § 44 des Reichsmilitärgesetzes bezeichneten Testamente.*) | | | | |

## Zu Tarifnummer 66.

1. Vgl. §§ 1937 ff., 2232—2246, 2249, 2250, 2265 ff., 2346 ff. BGB., Art. 44 EG.BGB., § 176 FG., Art. 54 PrFG.

2. Die Tarifvorschrift bezieht sich auf die **nach** dem 1. Juli 1909 **errichteten** Testamente. Die **Eröffnung** des Testaments hat für die StPflicht an sich keine Bedeutung. Ein am 30. Juni 1909 errichtetes Testament, dessen Wert auf 100000 M angegeben worden ist, ist daher mit 1,50 M hinreichend versteuert, auch wenn es erst im Jahre 1912 eröffnet wird.

3. Das BGB. kennt:

a) ordentliche Testamentsform (§§ 2231 ff.): Errichtung vor einem Richter oder Notar, Errichtung durch eine vom Erblasser unter Angabe des Ortes und Tages **eigenhändig geschriebene** und **unterschriebene** Erklärung;

b) außerordentliche Testamentsform: Errichtung vor dem Gemeindevorsteher oder drei Zeugen unter den Voraussetzungen der §§ 2249—2251 das. Daneben bestehen sog. privilegierte militärische letztwillige Verfügungen. § 44 RMilGes. und Art. 44 EG.BGB.

4. Steuerpflichtig sind nur die **ordentlichen** Testamente. Für die außerordentlichen ist durch die Novelle von 1909 Steuerfreiheit nachgelassen worden. (Befr. 2.)

---

*) Es betreffen:

**§ 2249 BGB.** die Errichtung eines Testaments vor dem Gemeindevorsteher, falls zu besorgen ist, daß der Erblasser früher sterben werde, als die Errichtung eines Testaments vor einem Richter oder vor einem Notar möglich ist.

**§ 2250 BGB.** die Errichtung vor dem Gemeindevorsteher oder vor drei Zeugen im Falle des Aufenthalts an einem Ort, der infolge des Ausbruchs einer Krankheit oder in Folge sonstiger außerordentlicher Umstände derart abgesperrt ist, daß die Errichtung vor Richter oder Notar nicht möglich oder erheblich erschwert ist.

**§ 2251 BGB.** die Errichtung vor drei Zeugen während einer Seereise an Bord eines deutschen, nicht zur Kaiserlichen Marine gehörenden Fahrzeugs außerhalb eines inländischen Hafens.

**§ 44 RMilGes. v. 2. Mai 1874** die Errichtung in Kriegszeiten oder während eines Belagerungszustandes unter besonders erleichterten Formen (privilegierte militärische letztwillige Verfügungen). Vgl. auch Art. 44 EG.BGB.

**Noch: Zu Tarifnummer 66.**

5. Voraussetzung der Abgabepflicht ist Rechtsgültigkeit des Testaments. Von den zahlreichen höchstgerichtlichen Entscheidungen, welche hierzu ergangen sind, seien nur folgende erwähnt:

6. a) Ein gerichtliches oder notarielles Testament wird nicht dadurch nichtig, daß die erfolgte Vorlesung, Genehmigung und Vollziehung durch die Worte: „vorgelesen, genehmigt, unterschrieben" oder die Abkürzungen „v. g. u." beurkundet ist, sofern diese Formeln nach den Umständen des Falles keine Zweifel darüber lassen, daß die Vorlesung, Genehmigung und eigenhändige Unterzeichnung wirklich erfolgt ist. KG. 17. 11. 02, Joh. Bd. 25 S. A 53.

b) Ein eigenhändiges Testament ist auch dann rechtsgültig, wenn die Angabe des Orts und Tages der Unterschrift räumlich nachfolgt; es genügt, wenn das Datum je nach der Beschaffenheit des Falles zwar nicht mitunterschrieben, aber doch mit der unterschriebenen letztwilligen Erklärung in einen derartigen räumlichen Zusammenhang gebracht ist, daß seine Bedeutung als Datum der unterschriebenen Erklärung daraus ersichtlich wird. RG. 13. 10. 02, Entsch. Bd. 52 S. 277.

c) Über den Umfang der Ungültigkeit eines eigenhändigen Testaments, wenn ein Teil desselben nicht vom Testator geschrieben ist (§§ 2235 Nr. 2, 2085 BGB.), vgl. RG. 5. 3. 06, JW. S. 229.

d) Falsche Angabe des Ortes in einem Privattestament hat Nichtigkeit zur Folge. Die Ortsangabe „Bln." als Berlin genügt. RG. 14. 1. 07.

e) Bei einem in privatschriftlicher Form errichteten gemeinschaftlichen Testament wird von seiten des Ehegatten, welcher das Testament nicht ganz niederschreibt, dem Erfordernis der Unterzeichnung nicht dadurch genügt, daß er seinen Namen in den Text der eigenhändig geschriebenen Beitrittserklärung aufnimmt (BGB. § 2267). KG. 23. 6. 02, Joh. Bd. 24 S. A 180. Die Beitrittserklärung lautete:

Ich, Anna C geb. H erkläre, daß obiges Testament auch das meinige ist.

G., d. 27. 6. 01.

f) Die Zeitangabe „Ende August" genügt nach einer Entsch. des KG. nicht.

7. Wird ein Testament vor dem Notar durch Übergabe einer Schrift errichtet — §§ 2232, 2238, 2240 BGB. —, so ist das aufzunehmende Protokoll ein Bestandteil der Testamentsurkunde und unterliegt deshalb nicht noch dem besonderen FestSt. für notarielle Urkunden aus T. 45. Joh. Bd. 23 S. B 19.

8. a) Privatschriftliche Testamente werden mit der Errichtung stpflichtig, nicht erst mit der gerichtlichen Eröffnung. Ein Strafverfahren wegen Nichtversteuerung eines eigenhändigen Testaments soll jedoch nicht eingeleitet werden. Drucksachen 09 AH. S. 7092. Vgl. AB. 84 Abs. 2.

b) Werden gemäß § 2231 Ziff. 2 BGB. errichtete privatschriftliche Testamente, die nicht in amtliche Verwahrung gegeben und nicht versteuert sind, nach dem Tode des Errichters unversteuert gemäß § 2259 BGB. dem Gericht überliefert, so kann die Erhebung des St. als Gerichtsgebühr erfolgen. Schr. des Präs. des KG. v. 3. 10. 03, Gen. I T. 7. Der Überreicher ist als Inhaber i. S. des § 16 Abs. 2 LStG. nicht

| Lfd. Nr. | Gegenstand der Besteuerung | Steuersatz v. H. | Steuersatz ℳ | Steuersatz ₰ | Berechnung der Stempelabgabe |
|---|---|---|---|---|---|
| 67. | (1)[1] **Vergleiche**[2] . . . . . . . . . . . . . . . (2) Ist jedoch durch den Vergleich ein unter den Parteien bisher nicht in stempelpflichtiger Form zustande gekommenes Rechtsgeschäft anerkannt oder im wesentlichen aufrechterhalten oder ein anderweites Rechtsgeschäft neu begründet worden,[3] so[4] ist zu dem Vergleiche, wenn diese Geschäfte nach dem gegenwärtigen Tarif einem höheren als dem für Vergleiche verordneten Stempel unterworfen sind, dieser höhere Stempel zu verwenden. (3) Befreit sind die von Schiedsmännern und Gewerbegerichten aufgenommenen Vergleiche, sofern nicht die Voraussetzungen des vorhergehenden Absatzes Anwendung finden.[5] AB. 18. | — | 3 | — | |

**Noch: Zu Tarifnummer 66.**

zu erachten, weil er mit der Überreichung nur einer Pflicht genügt, selbst wenn er zu den im Testament Bedachten oder sonst zu den Erben des Errichters gehört. Dies wird auch bei der Übergabe eines gemeinschaftlichen Testaments seitens des überlebenden Ehegatten in Ansehung der letztwilligen Verfügung des Erstverstorbenen gelten.

**9.** Nach dem LStG. v. 1895 wurde gemäß § 1922 BGB. als Wert des Gegenstandes einer letztwilligen Verfügung, wenn diese sich nicht auf bestimmte Vermögensstücke bezog, das beim Tode des Verstorbenen vorhandene Vermögen angenommen. HSp. S. 1126, Hz. S. 659. Nach der klaren Bestimmung des Abs. 3 der T. ist jetzt für die Wertberechnung der Zeitpunkt der Fälligkeit des St. (§§ 15 und 16 d. Ges.) maßgebend. Wenn das Vermögen bei der Testamentserrichtung 50000 ℳ betrug, so kann ein St. nicht deshalb nachgefordert werden, weil es sich bis zum Tode des Erblassers auf 60000 ℳ vermehrt hat. Ebenso ist nach der Novelle von 09 ein Testament nach § 4 Abs. 1a steuerfrei, wenn das Vermögen des Erblassers zur Zeit der Fälligkeit des St. 150 ℳ nicht übersteigt. S. Hz. S. 1035.

**10.** Letztwillige Verfügungen der Verstorbenen, durch welche sie die Feuerbestattung angeordnet haben (§ 7 Ziff. 3 und § 9 Ziff. 1 des Feuerbestattungs-Ges.) unterliegen einem St. von 3 ℳ, wenn die Verfügungen in der Form selbständiger Einzelanordnungen beurkundet sind. Bilden sie den Bestandteil eines Testaments, eines Nachtrags, einer Ergänzung oder einer Erläuterung zu einer letztwilligen Verfügung, so gelten sie durch die Verwendung der in Ziffer 1 und 2 T. 66 angeordneten St. als mitversteuert. Gem. Erl. des Min. d. J. und des FM. vom 18. 1. 12, MBl. d. i. V. S. 33, FM. 16. 2. 12 III 2459 ZBl. S. 50. Vgl. T. 77 A. 5dd.

| Lfd. Nr. | Gegenstand der Besteuerung | Steuersatz v. H. | Steuersatz ℳ | Steuersatz ₰ | Berechnung der Stempelabgabe |
|---|---|---|---|---|---|
| 68. | (1) **Verleihungen des Bergwerkseigentums,** Urkunden darüber (§§ 22ff. des Allgemeinen Berggesetzes für die Preußischen Staaten vom 24. Juni 1865 — Gesetzsamml. S. 705 —)*) . . . . . . . . . . . . . . . . (2) Bei geringerem Werte des Bergwerkseigentums kann der Stempel bis auf 100 ℳ ermäßigt werden. AB. 85. | — | 500 | — | |
| 69. | **Verpflichtungsscheine,** kaufmännische, siehe Schuldverschreibungen II. | | | | |

## Zu Tarifnummer 67.

1. Vgl. § 779 BGB.: Vergleich ist ein Vertrag, durch den der Streit oder die Ungewißheit der Parteien über ein Rechtsverhältnis im Wege gegenseitigen Nachgebens beseitigt wird.

2. a) Vergleich ist u. a. in folgenden Fällen angenommen worden: Ein schuldiger geschiedener Ehemann verpflichtet sich seiner geschiedenen Frau gegenüber zur Zahlung einer jährlichen Rente auf deren Lebenszeit und zur weiteren Zahlung eines Kapitals an ihre demnächstigen Erben, während die

---

*) Die betr. Bestimmungen des BergGes. lauten:

**§ 22.** Die den gesetzlichen Erfordernissen entsprechende Mutung begründet einen Anspruch auf Verleihung des Bergwerkseigentums in dem im § 27 bestimmten Felde.

**§ 26.** Das Bergwerkseigentum wird für Felder verliehen, welche, soweit die Örtlichkeit es gestattet, von geraden Linien an der Oberfläche und von senkrechten Ebenen in die ewige Teufe begrenzt werden.

Der Flächeninhalt der Felder ist nach der horizontalen Projektion in Quadratmetern festzustellen.

**§ 30.** Liegen Einsprüche und Kollisionen mit den Rechten Dritter nicht vor und findet sich auch sonst gegen die Anträge des Muters gesetzlich nichts zu erinnern, so fertigt das Oberbergamt ohne weiteres die Verleihungsurkunde aus.

**§ 31.** Liegen Einsprüche oder Kollisionen mit den Rechten Dritter vor, oder kann aus anderen gesetzlichen Gründen den Anträgen des Muters gar nicht oder nicht in ihrem ganzen Umfange entsprochen werden, so entscheidet das Oberbergamt über die Erteilung oder Versagung der Verleihung durch einen Beschluß, welcher dem Muter und den beteiligten Dritten in Ausfertigung zugestellt wird.

Einsprüche und Ansprüche, welche durch den Beschluß des Oberbergamts abgewiesen werden, müssen, insofern wegen derselben der Rechtsweg zulässig ist, binnen drei Monaten, vom Ablaufe des Tages, an welchem der Beschluß,

**Noch: Zu Tarifnummer 67.**

Frau dagegen auf gesetzliche Abfindung verzichtet. RG. 10. 2. 98, ZBl. S. 178, JW. S. 212. Im Gegensatz hierzu ist ein Leibrentenvertrag anzunehmen, wenn der Mann vor rechtskräftiger Ehescheidung der Frau eine bestimmte Rente verspricht, und diese auf weitergehende Ansprüche verzichtet. Im erstgenannten Falle liegt nur vergleichsmäßige Festsetzung der gesetzlichen Ansprüche der Frau vor; im zweiten Falle Neubegründung eines Rechtsverhältnisses. S. Abs. 2 der T. und A. 3c zu T. 36.

b) Anerkennung der Vaterschaft und Übernahme der Verpflichtung zur Zahlung von Alimenten in Form eines Vertrages ist Vergleich, bei einseitiger Erklärung aber Schuldverschreibung. FM. 15. 6. 99, ZBl. S. 144. — Vgl. A. 5b bei T. 58.

c) A erkennt den von B erhobenen Anspruch auf Rückgängigmachung des früher zwischen ihnen abgeschlossenen Kaufvertrages zur Vermeidung eines Prozesses an, wogegen B auf Ersatz von Unkosten verzichtet: Der VergleichsSt. ist fällig, trotzdem nicht glaubhaft gemacht ist, daß der im Vergleich als Grund der Rückgängigmachung angegebene Wandelungsanspruch tatsächlich bestanden hat. FM. 20. 6. 99 III 7982. — Vgl. auch KG. 26. 3. 00, Hz. S. 666 über das Zustandekommen eines Vergleichs, wenn die Rechtsfolgen festgesetzt werden, die sich aus der Wandelung ergeben.

3. a) Die Bestimmung in Abs. 2 will verhüten, daß unter dem Deckmantel eines Vergleichs neue an sich stpflichtige Geschäfte abgeschlossen werden. Richtiger würde zu lesen sein:

... „Ist ein anderweites Rechtsverhältnis neu begründet", oder „ein anderweites Rechtsgeschäft neu abgeschlossen worden". Näheres s. bei HSp. S. 1132.

b) die Voraussetzung der Tarifvorschrift liegt z. B vor, wenn der Verkäufer eines Grundstücks, nach Ausführung eines Baues für den Käufer wegen vertragswidriger Bauausführung auf Schadensersatz belangt, mit dem Käufer einen Vergleich dahin schließt, daß er das Grundstück unter bestimmten Bedingungen zurückzunehmen sich verpflichtet. KG 31 1. 98, Hz. S. 667.

c) Unter stpflichtiger Form ist eine Form der Beurkundung zu verstehen, die dem durch das LStG. bestimmten LandesSt. unterworfen ist. Wenn in einem Vergleich jemand anerkennt, aus einem fälligen Wechsel

---

beziehungsweise der Rekursbescheid (§ 191) zugestellt ist, durch gerichtliche Klage verfolgt werden.

Wer von dieser Frist keinen Gebrauch macht, ist seines etwaigen Rechts verlustig.

Die in dem Verleihungsverfahren durch unbegründete Einsprüche entstehenden Kosten hat der Widersprechende zu tragen

**§ 32.** Sind die der Verleihung entgegenstehenden Hindernisse (§ 31) durch die Entscheidung der Bergbehörde oder durch Richterspruch beseitigt, so fertigt das Oberbergamt die Verleihungsurkunde aus.

**§ 33.** Bei Ausfertigung der Verleihungsurkunde werden die beiden Exemplare des Situationsrisses (§ 17) von dem Oberbergamte beglaubigt, erforderlichenfalls aber vorher berichtigt und vervollständigt.

Das eine Exemplar des Risses erhält der Bergwerkseigentümer, das andere wird bei der Bergbehörde aufbewahrt.

| Lfd. Nr. | Gegenstand der Besteuerung | Steuersatz v. H. | ℳ | ₰ | Berechnung der Stempelabgabe |
|---|---|---|---|---|---|
| 70. | (1) **Versicherungsverträge,** auch in der Form von Policen und deren Verlängerungen, wenn sie betreffen: | | | | |
| | a) (1) Lebens- und Rentenversicherungen, einschließlich der Versicherungen auf den Lebensfall (Altersversorgung, Aussteuer, Militärdienst und dergleichen), . . . . . . . . . . . . . . . . . | 1/20 | — | — | der versicherten Summe in Abstufungen von 10 ₰ für je 200 ℳ oder einen Bruchteil dieses Betrages. |
| | (2) Bei Rentenversicherungen wird der Kaufpreis und in Ermangelung eines solchen der zehnfache Betrag der Rente als Versicherungssumme angesehen.<br>(3) Werden bei Versicherungen gleicher Art von demselben Versicherer mehrere Urkunden für dieselbe Person ausgestellt, so berechnet sich die Stempelabgabe nach dem Gesamtbetrage der versicherten Summe.<br>(4) Befreit sind Versicherungen, bei welchen die versicherte Summe den Betrag von 3000 ℳ nicht übersteigt; | | | | |
| | b) (1) Unfall- und Haftpflichtversicherungen . . . | 1/2 | — | — | des Gesamtbetrages der verabredeten Prämien in Abstufungen von 10 ₰ für je 20 ℳ oder einen Bruchteil dieses Betrages. |
| | (2) Befreit sind Versicherungen, bei denen die verabredeten Jahresprämien den Betrag von 40 ℳ nicht übersteigen; | | | | |
| | c) (1) Versicherungen gegen andere Gefahren (Feuer-, Hagel-, Viehversicherungen usw.) für jedes Jahr der Versicherungsdauer . . . . . . | 1/1000 | — | — | d. i. 1 ₰ von 1000 ℳ der versicherten Summe in Abstufungen von 10 ₰ für je 10000 ℳ oder einen Bruchteil dieses Betrages. |
| | (2) Jeder Bruchteil eines Versicherungsjahres kommt bei der Versteuerung als ein volles Jahr in Betracht.<br>(3) Ist im Versicherungsvertrage bestimmt, daß die Versicherung, falls keine Kündigung erfolgt, sich für einen ferneren Zeitraum verlängert, so ist für die auf diese Weise eintretenden tatsächlichen Verlängerungen ebenfalls der in dieser Tarifstelle vorgeschriebene Stempel zu verwenden. Die Stempel, die in diesen Fällen nachträglich erforderlich werden, sind zu der | | | | |

**Noch: Zu Tarifnummer 67.**

eine Summe zu schulden und Zahlung verspricht, so ist der St. aus T. 58 I fällig. RG. 3. 11. 11, JW. 12 S. 97.

4. Von Prozeßbevollmächtigten bzw. den Parteien unterschriebene, dem Gericht eingereichte Anzeigen in Zivilprozeßsachen über die Beilegung des Rechtsstreites sind stfrei. Es kann darin weder die Beurkundung eines Vergleiches noch eines sonstigen Vertrages erblickt werden. FM. 8. 3. 05 III 2868.

5. a) Vgl. §§ 25—27 und 33ff. SchiedsmO. v. 29. 3. 79, sowie Ges. betr. die Gewerbegerichte v. 29. 7. 90.

b) In die T. sind die Grundsätze aufgenommen, die dem Rechtszustande bei der Vorlegung des Entwurfs von 1895 entsprachen, insbesondere auch die Grundsätze des § 40 der Schiedsmannsordnung vom 29. 3. 79. Es hat also den schiedsmännischen Vergleichen keine weitere StBefreiung eingeräumt werden sollen, als sie schon nach der Schiedsmannsordnung bestand.

| Lfd. Nr. | Gegenstand der Besteuerung | Steuersatz v. H. | Steuersatz M | Steuersatz Pf | Berechnung der Stempelabgabe |
| --- | --- | --- | --- | --- | --- |
| (70.) | ursprünglichen Urkunde oder einer Urkunde über Verlängerung des Versicherungsvertrages binnen zwei Wochen nach dem Eintritte der Verlängerung zu verwenden. Der Finanzminister ist ermächtigt, hinsichtlich der vor dem Inkrafttreten dieses Gesetzes errichteten Versicherungsverträge und Policen eine Fristverlängerung eintreten zu lassen.<br>AB 21 Abs. 4; 86.<br>(4) Die den öffentlichen Feuerversicherungsanstalten reglementsmäßig zustehenden Stempelsteuerprivilegien finden Anwendung auf alle Schriftstücke, welche sich auf den Eintritt der Versicherungsnehmer in diese Anstalten oder spätere Abänderungen der Versicherungen beziehen.<br>(5) Befreit sind:<br>1. Versicherungen, bei welchen die versicherte Summe den Betrag von 3000 M nicht übersteigt;<br>2. Versicherungen bei den auf Gegenseitigkeit gegründeten und nicht die Erzielung von Gewinn bezweckenden Versicherungsanstalten, deren Versicherungsbeiträge durch Umlage erhoben werden und deren Geschäftsbetrieb über den Umfang einer Provinz nicht hinausgeht.<br>(2) Befreit sind Verträge über Rückversicherungen und Transportversicherungen.<br>(3) Anmerkung.<br>Für die im Ausland errichteten Urkunden dieser Tarifstelle ist die Stempelsteuer, und zwar vor der Aushändigung der Urkunden an die Versicherungsnehmer, auch dann zu entrichten, wenn in den Fällen der Tarifstelle 70a und b der Versicherungsnehmer im Inlande wohnt und in den Fällen der Tarifstelle 70c die versicherten Gegenstände sich im Inlande befinden.<br>AB 20. | | | | |
| 71. | **Verträge,**<br>1. (1) durch welche ein früherer stempelpflichtiger Vertrag lediglich aufgehoben wird[1-2] | — | 3 | — | |
| | (2) Wenn jedoch die Verabredung über die Aufhebung oder Beseitigung des früheren Vertrages sich als eine in diesem Tarife besonders aufgeführte Verhandlung darstellt, so kommt derjenige Steuersatz zur Anwendung, welchem die Verabredung nach den Vorschriften dieses Tarifs unterliegt.[3]<br>(3) In besonderen Fällen kann der zu entrichtende Wertstempel aus Billigkeitsrücksichten bis auf 1/20 ermäßigt werden;[4]<br>AB. 28 Abs. 10. LStV. § 9 Ziff. 2. | | | | |

| Lfd. Nr. | Gegenstand der Besteuerung | Steuersatz v. H. | Steuersatz M | Steuersatz Pf | Berechnung der Stempelabgabe |
|---|---|---|---|---|---|
| (71.) | 2. (1) über sonstige vermögensrechtliche[5] Gegenstände, wenn keine andere Tarifstelle zur Anwendung kommt[6–9] . . . . . . . | — | 3 | — | |
| | sind die Verträge nur Nebenverträge eines Hauptvertrages und werden sie mit diesem zusammen in einer Urkunde beurkundet . . . . . . . . . . . . . . . . . | — | 1 | 50 | |
| | jedoch nicht über den zu dem Hauptvertrage selbst erforderlichen Stempel hinaus.[10–14]<br>(2) Ein auf unbestimmte Zeit oder auf Kündigung abgeschlossener Vertrag gilt in betreff der Stempelpflichtigkeit als ein auf ein Jahr abgeschlossener.<br>LStV. § 1 Ziff. 3.<br>(3) Befreiungen:<br>a) Lehrverträge;[16]<br>b) Verträge, durch welche Arbeits- und Dienstleistungen auf bestimmte oder unbestimmte Zeit gegen zu gewissen Zeiten wiederkehrendes Entgelt (Lohn, Gehalt und dergleichen) versprochen werden, wenn der Jahresbetrag der Gegenleistung 1500 M nicht übersteigt.[17] | | | | |

## Zu Tarifnummer 71.

**1.** T. 71 behandelt in Ziff. 1 die Wiederaufhebung früherer stpflichtiger Verträge. Ziffer 2 enthält den sog. allgemeinen VertragsSt.

**2.** a) Die Vorschrift in Ziff. 1 Abs. 1 greift nur gegenüber noch nicht ausgeführten Verträgen Platz, denn nur solche können „lediglich aufgehoben werden". Der St. von 3 M genügt daher, wenn ein durch Auflassung noch nicht erfüllter Grundstückskaufvertrag vertragsmäßig wieder aufgehoben wird. KG. 6. 4. 05, Joh. Bd. 30 S. B 47, FM. 13. 11. 06 III 18552. Vgl. dagegen A. 12d bei T. 32.

b) Ob ein Vertrag vorliegt, der einen früheren „lediglich aufhebt", ist ausschließlich nach dem Inhalt der auf ihre StPflichtigkeit zu prüfenden Urkunde zu entscheiden. KG. 21. 11. 04, Joh. Bd. 29 S. B 88.

c) Ein Vertrag, der einen früheren stfreien Vertrag lediglich aufhebt, ist völlig stfrei. KG. a. a. O.

**3.** Ähnlich wie in T. 67 beim Vergleich tritt an Stelle des FestSt. ein GeschäftsSt., wenn die Verabredung über die Aufhebung oder Beseitigung des früheren Vertrags sich als eine im Tarif besonders aufgeführte

**Noch: Zu Tarifnummer 71.**

Verhandlung darstellt. So findet T. 32 Anwendung, wenn bei Errichtung des Wiederaufhebungsvertrages der erste Vertrag bereits durch Übergabe und Auflassung der veräußerten Grundstücke usw. erfüllt war, und in dem zweiten Vertrage zugleich Bestimmungen über die Rückveräußerung getroffen worden sind.

4. Die Ermäßigung des St. in Abs. 3 der Tarifstelle ist davon abhängig gemacht worden, daß Billigkeitsgründe vorliegen. Es hat damit aber nur gesagt werden sollen, daß ohne solche Gründe die Ermäßigung nicht bewilligt werden darf, aber nicht, daß sie im entgegengesetzten Falle bewilligt werden müßte; aus dem Gebrauch des Wortes „kann" ergibt sich vielmehr zweifellos, daß es auch dann, wenn Billigkeitsgründe vorliegen, im völlig freien Ermessen der Behörde stehen soll, ob eine Ermäßigung zu bewilligen ist, und ebenso welche Ermäßigung innerhalb des gesetzlichen Rahmens. Hieraus folgt, daß vor dem Erlaß auch nicht ein bloß bedingter Rückzahlungsanspruch besteht und somit ein solcher Anspruch auch nicht in die Konkursmasse gelangen kann. RG. 8. 4. 10, JW. S. 593. Wegen der Pfändbarkeit der zu erstattenden Beträge s. A. 22 zu § 25 d. Ges.

5. a) Der „allgemeine VertragsSt." in T. $71^2$ ist in gleicher Weise für einseitig verpflichtende Verträge anzuwenden wie auf gegenseitige Verträge. RG. 18. 3. 10 Entsch. Bd. 73 S. 182. Der Ausdruck im Tarif „vermögensrechtlich" ist dabei in seiner weitesten Auslegung zu verstehen — RG. 30. 6. 03, JW. S. 349 JMBl. S. 276 — da er offenbar nur den Gegensatz zu einem Vertragsinhalt rein familienrechtlicher Art bezeichnen soll.

b) Es schließt den St. nicht aus, wenn in dem zwischen zwei Personen geschlossenen und beurkundeten Vertrage der mündliche oder stillschweigende Beitritt eines Dritten mit gewissen Rechten und Pflichten als Bedingung gesetzt ist. RG. 25. 1. 10 Entsch. Bd. 72 S. 373.

c) Die Tarifstelle findet namentlich Anwendung auf Veräußerungsgeschäfte, zu deren Abschluß der Veräußerer durch Gesetz oder Vertrag verpflichtet wird, z. B. wenn ein erfüllter Kaufvertrag wegen eines der Kaufsache anhaftenden, kraft Gesetzes zur Gewährleistung verpflichtenden Mangels vertragsmäßig rückgängig gemacht wird, oder wenn die Überlassung auf einem Gesellschaftsvertrag oder einem Auftragsverhältnis beruhte. Vgl. HSp. S. 734f., T. 32 A. 5b.

6. Beispiele für die Anwendung der Tarifstelle:

a) Sicherungsübereignungen, bei denen das Entgelt des Erwerbers aus dem Vertrage nicht hervorgeht. Vgl. A. 6 zu T. 32.

b) Kreditverträge, in denen sich der Kreditnehmer bedingt zur Rückzahlung eines nur dem Höchstbetrage nach zu ersehenden Saldos verpflichtet, ebenso wie Urkunden, in denen jemand vertraglich einem andern einen Kredit in laufender Rechnung bis zu einem Höchstbetrage zusagt.

c) Ein durch Eintragung im Grundbuch gesichertes Schuldverhältnis wird in seinen Nebenbestimmungen wesentlich geändert (Zinsfuß, Kündigungsbedingungen, Zahlungsort, Zinstermin), wobei Schuldner für die neuen Verpflichtungen das Grundstück verpfändet. FM. 7. 4. 98 III 3531, RG. 27. 10. 98 Entsch. Bd. 42 S. 264, JMBl. S. 45 v. 99, ZBl. S. 56 v. 99. — Vgl. A. 9 bei T. 59.

**Noch: Zu Tarifnummer 71.**

d) Verträge, in denen sich die Autoren zur Anfertigung und Lieferung schriftstellerischer Arbeiten, auch musikalischer Kompositionen, die Verleger zur Vervielfältigung und Verbreitung der letzteren in buchhändlerischer Weise verpflichten — also Verlagsverträge — unterliegen selbst dann, wenn man davon ausgeht, daß der Verlagsvertrag ein Veräußerungsgeschäft enthält und nur solche Schriftwerke betrifft, auf die sich der Schutz des Urheberrechts erstreckt, nicht T. 32c, sondern T. 71 Nr. 2 als Verträge über Handlungen. RG. 21. 6. 01, JW. S. 624, FM. 2. 7. 02 III 7265 und FM. 4. 9. 01 III 11086, ZBl. S. 220. Dagegen würde die Übertragung des einer Buchhandlung bereits zustehenden Verlagsrechts an eine andere Buchhandlung gegen Entgelt dem KaufSt. unterliegen. Vgl. FM. 7. 7. 00 III 8264. Vgl. A. 26f zu T. 32.

Ebenso unterliegt dem KaufSt. der in Verbindung mit dem Verkauf eines Grundstücks nebst Druckereigeschäft und Firma von dem Verkäufer gegen ein besonderes Entgelt ausgesprochene Verzicht auf ein Verlagsrecht. RG. 26. 1. 09, JW. S. 174.

e) Verträge der Brennereibesitzer, die unter Vermittelung einer Spiritusverwertungsgenossenschaft von der Preuß. Zentralgenossenschaftskasse in Berlin einen Kredit erlangen und der letzteren zu diesem Zwecke die ihnen im Laufe eines Betriebsjahres zustehenden Branntwein-Kontingentscheine überlassen wollen, mit der Zentralgenossenschaftskasse. FM. 9. 3. 01 III 906.

f) Verträge der Telegraphen- oder Postverwaltungen mit Gemeinden oder Privatpersonen über die unentgeltliche Benutzung von Grund und Boden zwecks Anlage von Telegraphenlinien oder Verträge mit Privatpersonen wegen unentgeltlicher Übernahme von amtlichen Verkaufsstellen für Postwertzeichen. FM. 23. 6. 97 III 7579.

g) Die urkundliche Erklärung, mittels deren der Alleinbesitzer aller Kuxe einer Gewerkschaft des neuen Rechts die Übereignung des gesamten gewerkschaftlichen Vermögens einschließlich der Passiva an sich selber ausspricht. KG. 26. 3. 00 Joh. Bd. 20 S. B 39.

h) Verträge über Einräumung des persönlichen und dinglichen Rechts, nach Kali-, Stein- und beibrechenden Salzen zu bohren und diese zu gewinnen. RG. 5. 5. 05, Holdh. S. 343 v. 07. Vgl. A. 9.

i) Verträge über die unentgeltliche Veräußerung eines vermögensrechtlich wertlosen Gegenstandes. RG. 7. 11. 05, Holdh. S. 343 v. 07.

k) Verträge über Errichtung einer stillen Gesellschaft. RG. 21. 10. 13, ZBl. S. 24 v. 14.

l) Tarifverträge (Arbeitsnormenverträge): „Verträge, die von einer Vereinigung von Arbeitgebern (oder auch von einem Arbeitgeber) einerseits mit einer Vereinigung von Arbeitnehmern andererseits über die Lohn- und Arbeitsbedingungen künftiger Einzelarbeitsverträge ihrer Mitglieder abgeschlossen werden." (Komm. der Reichsgerichtsräte A. 3 zu § 611 BGB.) Sie sind rechtsverbindlich und verpflichten sowohl nichtrechtsfähige Vereine als auch die für diese Vereine handelnden Personen nach § 54 BGB.). Vgl. RG. 20. 1. 10 VI 660/08 in „Gewerbe- und Kaufmannsgericht", Jahrgang 1910 S. 172ff., 182ff.

**Noch: Zu Tarifnummer 71.**

m) Verträge über das Heften von Akten: einheitliche, mit Materialbeschaffung verbundene Werkverträge, die aber nicht die Herstellung einer Sache, sondern einen anderen durch Arbeit herbeizuführenden Erfolg (das Geheftetsein der Akten) zum Gegenstande haben. Dasselbe gilt für Vereinbarungen über das Einbinden der Bücher. FM. 24. 6. 02 III 6730 u. 9. 9. 05 III 11785.

n) Über Verträge, welche nicht selbst Kaufverträge darstellen, sondern nur zu deren Abschluß führen sollen, vgl. A. 2 zu T. 32.

7. Übergangsfälle:

a) Löschungsfähige Quittungen, d. h. Quittungen, die zugleich die Löschungsbewilligung des bisherigen Gläubigers und den Löschungsantrag des bisherigen Schuldners enthalten, unterliegen dem VertragsSt. nicht. FM. 5. 8. 01 III 7702. Ebenso nicht Urkunden, in denen der Gläubiger einer verzinslichen Hypothek die Löschung eines Zinsprozents bewilligt und der Grundstückseigentümer die Löschung beantragt. KG. 22. 6. 03, Joh. Bd. 27 S. B 46. Dagegen sind Entpfändungserklärungen stpflichtig, wenn der Eigentümer des entpfändeten Grundstücks in derselben Urkunde ausdrücklich erklärt, daß er die Entpfändungserklärung des Gläubigers annehme.

b) Gibt bei Abtretung einer Post mit Zinsermäßigung seitens des eingetragenen Gläubigers der Schuldner keine ausdrückliche Erklärung ab, sondern beschränkt sich darauf, die Äußerung des Gläubigers mit zu unterschreiben, oder stellt der Schuldner im Anschluß an die Löschungsbewilligung des Gläubigers bezüglich einer Teilpost bei gleichzeitiger Zession der Restpost mit Zinsermäßigung lediglich den Löschungsantrag unter Übernahme der Kosten, so ist bei dem Mangel einer Beurkundung des Zinsermäßigungsvertrages der allg. VertragsSt. nicht besonders fällig. RG. 12. 6. 00, Entsch. Bd. 46 S. 291, FM. 24. 10. 00 III 12575. Sollte aber in einem besonders gestalteten Fall eine wirkliche Vereinbarung über die Kostenlast in der Urkunde enthalten sein und infolgedessen die Erhebung des allg. VertragsSt. in Frage kommen, so würde die StPflichtigkeit immer erst eintreten, wenn der Betrag der Kosten die Summe von 150 ℳ übersteigt.

c) Erfolgt die Einigung des Gläubigers und Schuldners über die Erteilung oder Ausschließung des Hypothekenbriefes (§ 1116 BGB.) gleichzeitig mit der Beurkundung des Schuldverhältnisses, so ist ein besonderer VertragsSt. nicht erforderlich (§ 10 Abs. 3 LStG.); dagegen müssen Vereinbarungen über die nachträgliche Aufhebung der Ausschließung der Erteilung eines Briefes (§ 1116 Abs. 3 BGB.) als Abänderungen des bestehenden Rechtsverhältnisses mit dem VertragsSt. belegt werden.

d) Wenn der Schuldner in der Abtretungsurkunde den Abtretungsempfänger als seinen neuen Gläubiger anerkennt, ist ein VertragsSt. nicht fällig. HSp. S. 152. — Vgl. 8f bei T. 58 und A. 21d bei T. 77.

8. Zu mehreren, in der nämlichen Urkunde enthaltenen Vereinbarungen zwischen denselben Personen, welche unter keine andere Tarifvorschrift fallen,

**Noch: Zu Tarifnummer 71.**

ist der allgemeine VertragsSt. nur einmal zu fordern, wenn es sich um einen einheitlichen Vertrag handelt, und die mehreren Vereinbarungen in rechtlicher, wirtschaftlicher oder sonst in tatsächlicher Beziehung miteinander im Zusammenhang stehen. RG. 20. 10. 98, Entsch. Bd. 42 S. 243.

**9.** Dagegen enthält eine Urkunde, in welcher mehrere Grundbesitzer in Ansehung ihrer Grundstücke einer Gewerkschaft gewisse Ausbeuterechte einräumen, so viele einzelne Verträge, als die Zahl der Grundbesitzer ausmacht, weil zwar eine Interessengemeinschaft der Grundbesitzer vorliegt, nicht aber eine rechtliche Einheit der Verträge (RG. 5. 5. 05). Ebenso erfordert ein zwischen zwei Gesellschaften einerseits und ihren Außenbeamten andererseits abgeschlossener Anstellungsvertrag den zweimaligen VertragsSt. FM. 12. 6. 06 III 8259.

**10.** Zufolge des Grundsatzes des § 10 Abs. 2 des Gesetzes ist häufig ein allgemeiner Vertrag neben einem Hauptgeschäft zu versteuern. In diesem Falle würde der St. für den allgemeinen Vertrag seit der Erhöhung auf 3 *M* (1909) unverhältnismäßig hoch wirken. Er ist deshalb für alle Fälle auf 1,50 *M* herabgesetzt, in denen der allgemeine Vertrag nur Nebenvertrag eines Hauptvertrages ist und mit diesem in einer Urkunde beurkundet wird. Er darf ferner den zu dem Hauptvertrage erforderlichen St. nicht übersteigen, fällt also in allen Fällen weg, in denen der Hauptvertrag stfrei ist, z. B. bei allen stfreien Lieferungsverträgen.

**11.** a) Streitig ist nun sowohl die Abgrenzung zwischen Vertragsbestandteil und allgemeinem Vertrag im Sinne der T. 71 Ziffer 2 Abs. 1 Satz 1, wie zwischen letzterem und den Nebenverträgen nach Satz 2 daselbst. Die Grenzen sind flüssig und in der Praxis viel umstritten.

b) Vertragsbestandteile sind dann anzunehmen, wenn die Abreden „zur näheren Bestimmung des seiner rechtlichen Natur nach unverändert bleibenden Hauptgeschäfts dienen". Dagegen liegt ein besonders zu versteuernder allgemeiner Vertrag vor, wenn die Abreden „außerhalb des Bereichs des Hauptgeschäfts liegen". (§ 10 Abs. 3 bzw. 2 des Ges.) HSp. S. 1183.

c) Für die Unterscheidung des allgemeinen Vertrags im Sinne der T. 71² Abs. 1 Satz 1 von dem erst 1909 geschaffenen Nebenvertrag (Satz 2 das.) hat sich eine feste Praxis nicht gebildet. Hat der allgemeine Vertrag selbständige wirtschaftliche Bedeutung, so ist der erhöhte St. erfordert. Ebenso wenn die Parteien der beiden in einer Urkunde verbundenen Verträge nicht dieselben sind. JM. v. 16. 8. 10, FM. 25. 8. 10 III 16128.

**12.** Folgende Einzelfälle mögen die derzeitige Praxis erläutern:

Als Vertragsbestandteile sind anzusehen und deshalb nicht besonders zu versteuern:

a) die in Mietverträgen vorkommenden Bestimmungen über das Recht des Vermieters, ev. die zurückbehaltenen Sachen freihändig zu veräußern und sich daraus bezahlt zu machen, oder die Verpfändung der eingebrachten Gegenstände während der Vertragsdauer;

b) eine im Kaufvertrage enthaltene Bestimmung über den Eintritt des Käufers in die bestehenden Mietverträge. FM. 2. 11. 97 III 13880, ZBl. S. 433, JMBl. 98 S. 33, FM. 8. 5. 93, ZBl. S. 180. — Vgl.

**Noch: Zu Tarifnummer 71.**

auch A. 6 bei T. 48 über in Mietverträgen vorkommende Nebenabreden;

c) die Festsetzung einer Konventionalstrafe zur Sicherung einer obligatorischen Verpflichtung. RG. 14. 1. 97, Gruch. Jahrgang 41 S. 1060. Vgl. A. 10b und 34a zu T. 32 und A. 8i zu T. 58.

**13.** Allgemeiner (mit 3 ℳ stempelpflichtiger) Vertrag liegt vor,

a) wenn anläßlich eines Ehevertrages die Eltern der Vertragschließenden auf ihren Pflichtteil verzichten. Die Verwaltungsübung erfordert für jede Elternseite einmal den Stempel. HSp. S. 582.

b) im Falle T. 75 (2). Vgl. A. 9a zu T. 75.

c) wenn zugleich mit einem Mietvertrage über einen Lagerplatz zwischen dem Eisenbahnfiskus und einer Privatperson, welcher bei einem Mietzinse von nicht mehr als 360 ℳ steuerfrei ist, ein Dienstvertrag über die Stellung oder Abholung von Eisenbahnwagen nach oder von dem Lagerplatze gegen eine bestimmte Gebühr für jeden Wagen beurkundet wird. Der Dienstvertrag steht zu dem Mietvertrage nur in äußerlichem und mittelbarem Zusammenhang und würde als Willenserklärung der Vertragschließenden auch für sich allein und unabhängig von dem Mietvertrage wirtschaftliche Bedeutung haben. Es liegen demnach zwei selbständige Hauptverträge im Sinne T. $71^2$ vor, so daß die StFreiheit des Mietvertrages nicht die StFreiheit des Dienstvertrages zur Folge hat. Da der Wert der Gegenleistung aus dem Dienstvertrage unbestimmt ist, ist zu der Vertragsurkunde der St. von 3 ℳ in darstellbarer Hälfte von 1,50 ℳ erforderlich.

**14.** An Beispielen für Nebenverträge seien folgende angeführt:

a) Entgeltlicher Verzicht auf die Apothekenkonzession und Aufgabe des Geschäftsbetriebes in Apothekenkaufverträgen. FM. 22. 12. 96 III 17156, 20. 9. 97 III 11991 u. 29. 6. 00 III 7462. — Vgl. A. 3 bei T. 22a. — Ebenso der entgeltliche Verzicht auf eine Schankwirtschaftskonzession in Verträgen über die Veräußerung von Schankwirtschaftsgrundstücken. Näheres A. 15a bei T. 32.

b) Die in steuerpflichtigen Lieferungsverträgen mit Behörden häufige Abrede

> für die aus dem Vertrage entspringenden Rechtsstreitigkeiten hat der Unternehmer bei dem für den Käufer zuständigen Gericht Recht zu nehmen

wenn auch durch die Abrede nur dasjenige bestätigt wird, was schon aus den gesetzlichen Vorschriften folgen würde; denn immerhin liegt eine von dem Hauptvertrage verschiedene Abrede vor, und dies genügt zur Erhebung des NebenvertragsSt., selbst wenn die Abrede überflüssig gewesen wäre. FM. 3. 7. 07 III 12020.

c) Schiedsvertrag in einem steuerpflichtigen Kaufvertrage, sowohl wenn ein eigentliches Schiedsgericht bestellt wird, als wenn Berufung auf Sachverständige über die vertragsmäßige Beschaffenheit der Ware vereinbart wird. Vgl. RG. 27. 6. 98, ZBl.

**Noch: Zu Tarifnummer 71.**

S. 393, JMBl. S. 548 v. 00; RG. 3. 11. 98, JW. 99 S. 19, RG. 2. 2. 99, JW. S. 199.

Sollen vertragsmäßig etwaige Streitigkeiten unter Ausschluß des Rechtswegs nach dem Ermessen des einen Kontrahenten entschieden werden, so liegt nur eine Vertragsbedingung vor.

Vereinbarungen über die zur Feststellung von Tatfragen zu berufenden Gutachter enthalten keinen Schiedsvertrag. RG. in Entsch. Bd. 24 S. 412, FM. 10. 11. 97 III 14290.

d) Vorkaufsrecht und Wiederkaufsrecht, in einem Kaufvertrage eingeräumt. RG. 20. 12. 97, JW. S. 94 v. 98. — Vgl. A. 5a zu T. 32 u. A. 8d bei T. 8, Begr. S. 19 (09).

Unter der Herrschaft des BGB. errichtete privatschriftliche Verträge, durch welche ein Vorkaufsrecht an einem Grundstück eingeräumt wird — vgl. § 313 BGB. —, sind nicht rechtswirksam und daher nicht stpflichtig. FM. 11. 2. 02 III 1617.

Auch das persönliche Vorkaufsrecht an einem Grundstück erfordert gerichtliche oder notarielle Beurkundung. Beschluß der Vereinigten Zivilsenate vom 24. 1. 10 Entsch. Bd. 72 S. 385.

Die Erklärung des Vorkaufsberechtigten wegen Ausübung des Vorkaufsrechts bedarf des KaufSt. nicht. FM. 28. 12. 00 III 15263; KG. 23. 11. 05, Joh. Bd. 32 S. B 49.

e) Die Vereinbarung in einem Kaufvertrage, keine gleiche Fabrik im Vertragsort zu errichten oder zu führen. RG. 6. 3. 94 Entsch. Bd. 25 S. 161, FM. 14. 4. 05 III 4750.

f) Die in Mietverträgen enthaltene besondere Vereinbarung eines Gerichtsstandes. Vgl. den Vordruck zum amtlichen Mietverzeichnis Z. 10 S. 454/455.

g) Ebenso damit verbundene Bierentnahmeverpflichtungen. FM. 9. 6. 08 III 5270.

h) Die Vereinbarung in Pachtverträgen, daß dem Pächter von einem bestimmten Zeitpunkt ab das Recht zustehen soll, das Pachtgut zu einem bestimmten Preise zu kaufen. FM. 22. 1. 96 III 17442.

i) Soweit es sich in einem Pachtabtretungsvertrage um Ackerarbeiten und um bereits in der Erde befindliche Saaten handelt, liegt nicht ein Kaufvertrag sondern ein unbenannter Vertrag über eine zu gewährende Entschädigung für Verwendungen zugunsten des neuen Pächters vor. FM. 7. 12. 07 III 19112. Hier kann zweifelhaft sein, ob Nebenvertrag oder allgemeiner Vertrag anzunehmen ist. Die Analogie des Gastwirtschaftskaufvertrages spricht für Annahme eines Nebenvertrags.

k) Leihabreden in Sicherungskaufverträgen zum Ersatz der Übergabe gemäß § 930 BGB. Die üblichen Schuldverschreibungen mit Sicherungskaufverträgen und Leihabreden erfordern mithin den St. aus T. 58, 32 und 71². Vgl. A. 6 zu T. 32. Leihabreden in Sicherungsübereignungen werden durch den einmaligen allgemeinen VertragsSt. abgegolten. Vgl. oben A. 6a und 8, A. 6 zu T. 32.

**Noch: Zu Tarifnummer 71.**

**15.** Die Unterscheidung zwischen Vertragsbestandteil und besonderem allgemeinen Vertrag wird auch zur Beantwortung der Frage heranzuziehen sein, wieweit bei reichsstempelpflichtigen Gesellschaftsverträgen (T. 1 A RStG.) angesichts des § 7 RStG. noch die Hebung eines preußischen Stempels aus T. 71² zulässig ist. Liegen Bestandteile des Gesellschaftsvertrages vor, so ist der LandesSt. ausgeschlossen. Vgl. oben A. 12b u. c. Sind aber selbständige Abreden anzunehmen, so steht der Anwendung der T. 71² nichts entgegen. Dagegen kann der NebenvertragSt. wieder nicht erhoben werden (da er über den zum Hauptvertrag erforderlichen St. nicht hinausgehen darf), wenn der Hauptvertrag landesstempelfrei ist. Für Steuerfreiheit des Nebenvertrags überhaupt Greiff, JW. 14 S. 25, Weinbach, RStG. 2. Aufl. S. 24.

**16.** Die Befreiungsvorschrift a bezieht sich auf die Annahme von Lehrlingen in Apotheken und in Handelsgeschäften. Mot. S. 59.

**17.** a) Die Befreiungsvorschrift b hat nur solche Verträge im Auge, die als Dienst- oder Arbeitsverträge sich darstellen, in denen es sich um ein Unterordnungsverhältnis handelt, wie dies aus den Worten „Lohn, Gehalt und dergleichen", auch aus der Begründung zum Gesetz, wo diese Befreiung sich der Befreiung für Lehrverträge „aus gleichen Gründen" anreiht, sich ergibt. FM. 13. 7. 03 III 9134. Deshalb fallen Verträge der Landwirtschaftskammer mit Polizeibehörden über Zahlung von Gebühren für Nahrungsmitteluntersuchungen nicht unter diese Befreiung. FM. 3. 10. 06 III 16282. Ebensowenig Werkverträge im Großbetriebe einer Genossenschaft, z. B. betr. staubfreien Abfuhr von Hausmüll. Vgl. A. 15a bei T. 73.

b) Die Befreiung findet keine Anwendung, wenn als Gegenleistung nicht lediglich ein zu gewissen Zeiten wiederkehrendes Entgelt, wie Gehalt, Lohn, sondern auch anderweite, zu unbestimmten Zeiten wiederkehrende unfixierte Vergütungen zugesichert sind. KG. 28. 11. 04, Joh. Bd. 28 S. C 55, ZBl. S. 92 v. 06. Daher sind für stpflichtig erklärt z. B. die Dienstverträge der bei den Meliorationsbauämtern und den Generalkommissionen beschäftigten Meliorationsbautechniker, weil diese bei der Erledigung von Dienstgeschäften außerhalb des Wohnorts als Ersatz für die damit verbundenen außerordentlichen Ausgaben Reisezulagen und Fahrkosten erhalten. (MinBl. f. Landwirtschaft pp. S. 285 v. 12.)

c) Ebenso fällt ein Engagementsvertrag nicht unter die Befreiungsvorschrift, wenn darin als Entgelt zwar ein Betrag vereinbart ist, der für das Jahr die Summe von 1500 ℳ nicht übersteigt, ihm aber der Zusatz „anfangs" hinzugefügt ist.

d) Unter wiederkehrendem Entgelt sind nicht nur solche Leistungen zu verstehen, die unter sich der Größe nach genau übereinstimmen. Die Befreiung erfordert nur, daß die Bezüge im wesentlichen in gleicher Höhe wiederkehren. RG. 5. 3. 12, Entsch. Bd. 79 S. 34.

Da die Befreiungsvorschrift im öffentlichen Interesse gegeben ist, soll es nach dem oben erwähnten Urteil genügen, daß ihre Erfordernisse sich objektiv feststellen lassen, mag sich auch ihr Vorhandensein nicht unmittelbar aus der Urkunde ergeben, sondern nur aus den tatsächlichen Umständen, unter denen sie errichtet ist. Vgl. A. 4 bei § 3.

| Lfd. Nr. | Gegenstand der Besteuerung | Steuersatz v. H. | Steuersatz ℳ | Steuersatz ₰ | Berechnung der Stempelabgabe |
|---|---|---|---|---|---|
| 72. | **Vokationen** der Geistlichen und Schullehrer, wie Bestallungen, s. diese. | | | | |
| 73. | (1)[1] **Vollmachten, Ermächtigungen und Aufträge** zur Vornahme von Geschäften rechtlicher Natur[2–9] für den Vollmachtgeber, wenn der Wert des Gegenstandes[10] der Vollmacht | | | | |
| | 500 ℳ nicht übersteigt . . . . . . . | — | — | 50 | |
| | 1 000 „ „ „ . . . . . . . | — | 1 | — | |
| | 3 000 „ „ „ . . . . . . . | — | 1 | 50 | |
| | 6 000 „ „ „ . . . . . . . | — | 3 | — | |
| | 10 000 „ „ „ . . . . . . . | — | 5 | — | |
| | 15 000 „ „ „ . . . . . . . | — | 7 | 50 | |
| | bei einem höheren Betrage . . . . . . . . | — | 10 | — | |
| | wenn die Vollmacht zur Vornahme aller oder gewisser Gattungen von Geschäften für den Vollmachtgeber ermächtigt (Generalvollmacht) und der Wert des Gegenstandes 50 000 ℳ übersteigt[11–13] . . . . . . . . . | — | 20 | — | |
| | (2) Steht der Bevollmächtigte in einem Dienstverhältnisse zu dem Vollmachtgeber, höchstens[14–15] . . . . . . . . . . . . . . . . | — | 1 | 50 | |
| | (3) Wenn der Wert des Gegenstandes der Vollmacht nicht schätzbar[16–17] ist, wenn es sich insbesondere um Vollmachten zur Ausübung des Stimmrechts[18] in Gesellschaften aller Art handelt . . . . . . . . . . . . . . . . | — | 1 | 50 | |
| | (4) Bei Prozeßvollmachten[19–24] treten an Stelle der Steuersätze des ersten Absatzes von 3, 5, 7,50, 10, die Steuersätze von 2, 3, 4, 5 ℳ. | | | | |
| | (5) Schriftstücke, in welchen jemand einem Dritten gegenüber erklärt, daß er einem anderen die Vornahme einer Angelegenheit rechtlicher Natur aufgetragen habe, sind dem Stempel nicht unterworfen, sofern nicht die Verkehrssitte eine Vollmacht in diesen Fällen erfordert und durch das Schriftstück die förmliche Vollmacht ersetzt werden soll.[25–27] | | | | |

## Zu Tarifnummer 72.

1. Unter den Vokationen dieser Tarifstelle sind die im ALR. II 11, § 374 genannten Schriftstücke zu verstehen. RG. 28. 1. 03, Entsch. Bd. 53 S. 373.

| Lfd. Nr. | Gegenstand der Besteuerung | Steuersatz v. H. | ℳ | ₰ | Berechnung der Stempelabgabe |
|---|---|---|---|---|---|
| (73.) | (6) Zu Vollmachten, in denen mehrere nicht in einer Erb- oder sonstigen Rechtsgemeinschaft stehende Personen einen Bevollmächtigten bestellen, ist der Vollmachtstempel so oft zu verwenden, als Vollmachtgeber vorhanden sind.[28–32]<br>(7) Wenn bei einer gerichtlichen oder notariellen Versteigerung durch die Kaufbedingungen oder durch besondere Erklärungen bestimmte Personen bevollmächtigt werden, nach erfolgtem Zuschlage für die Versteiglasser oder[33] für die Ansteigerer die Auflassungserklärung abzugeben und für die Ansteigerer die Eintragung der Steigpreise zu bewirken, so ist der Vollmachtstempel ohne Rücksicht auf die Anzahl der Beteiligten und der abzugebenden Erklärungen nur einmal in Ansatz zu bringen, sofern nach Inhalt des Protokolls die Vollmacht auf einen Zeitraum von längstens drei Tagen nach Ablauf des Tages, an welchem der Zuschlag erfolgt, beschränkt wird.<br>(8) Substitutionen bei einer Prozeßvollmacht, welche nicht in einer nach diesem Tarif einem besonderen Stempel unterliegenden Verhandlung ausgestellt werden, sind stempelfrei, sofern über die ursprüngliche Vollmacht eine vorschriftsmäßig versteuerte Urkunde vorhanden und dies entweder auf der Substitutionsvollmacht vermerkt ist oder die ursprüngliche Vollmacht sich bei den Gerichtsakten befindet.[33–37]<br>LStV. § 2 Ziff. 1a.<br>AB. 6 Abs. 4; 12 Abs. 3; 20; 87. | | | | |

**Zu Tarifnummer 73.**

1. Vgl. §§ 164ff. BGB. über Vollmachten, 662ff. über Aufträge.

a) Die Vollmachten sind im allgemeinen an keine Form gebunden. Ausnahmsweise ist Beglaubigung erforderlich für Vollmachten zu Anmeldungen behufs Eintragung ins Handelsregister (§ 12 Abs. 2 HGB.), zu Eintragungen im Grundbuch (§ 29 RGBO.), zur Abgabe von Geboten im Zwangsversteigerungsverfahren (§ 71 Abs. 2 ZVG.) und zur Ausschlagung einer Erbschaft (§ 1945 BGB.).

**Noch: Zu Tarifnummer 73.**

b) Vollmachten zum Verkauf von Grundstücken sind an sich formfrei. Ist jedoch die Vollmacht Bestandteil eines an sich formbedürftigen Kausalgeschäfts, so bedarf sie der für das Kausalgeschäft vorgeschriebenen Form und ist bei deren Fehlen nach § 139 BGB. nichtig. RG. 3. 12. 12, JW. S. 262 v. 13.

Das RG. hat ferner in den Urteilen vom 12. 4. 12 — Entsch. Bd. 79 S. 212 und 30. 6. 13, Gruch. 58 S. 176 — vgl. DNotV. S. 87 v. 14 — eine privatschriftliche Vollmacht zum Grundstückskauf bzw. Verkauf für nichtig erklärt, weil der Bevollmächtigte nur zur Beurkundung des bereits zwischen den Parteien vollständig festgelegten — privatschriftlichen Vertrags bevollmächtigt sein sollte, also nicht rechtsgeschäftlicher Vertreter war, sondern nur Werkzeug der Machtgeber. Es handelte sich im ersten Falle um eine von beiden Parteien der selben dritten Person unwiderruflich erteilte Vollmacht, im zweiten um eine Vollmacht, die der Käufer der vom Verkäufer mit dem Grundbesitzverkauf betrauten Güterbank erteilt hatte.

2. Den Gegenstand der Vollmacht im Sinne der Tarifstelle bilden alle Geschäfte rechtlicher Natur im Gegensatz zu bloß tatsächlichen Dienstleistungen ohne Beschränkung auf das privatrechtliche Gebiet. Mot. S. 59, JW. 1896 S. 276.

3. Deshalb sind (FM. 20. 11. 98 III 15731 und 2. 4. 00 III 3910) Vollmachten, die sich auf öffentlich-rechtliche Angelegenheiten beziehen, z. B. für Wahlen eines Gemeinde- oder Kreistagsverordneten stpflichtig, ebenso die im Verwaltungsstreitverfahren von den Parteien, auch wenn diese öffentliche Behörden sind, ausgefertigten Vollmachten, soweit die Partei nicht persönliche StFreiheit genießt. Der § 102 des Landesverwaltungsges. v. 30. 7. 83 bezieht sich auf die in diesem Verfahren überreichten Vollmachtsurkunden nicht. RG. 30. 1. 96, JW. S. 276. FM. 26. 6. 97 III 7277. — Vgl. A. 9f. unten, AB. Nr. 87.

4. In folgenden Fällen ist StPflichtigkeit angenommen, weil ein Geschäft rechtlicher Natur vorliegt:

a) Für eine Urkunde, in der der Kassierer des Kriegervereins zu dessen Vertretung auf dem Delegiertentage beauftragt wird. RG. 22. 10. 97, JW. S. 618.

b) Für die einem Versicherungs-Generalagenten in einem Anstellungsvertrage zugesprochene Berechtigung zur Vertretung der Gesellschaft Privaten und Behörden gegenüber. Erk. d. LG. I Berlin 23. 1. 00.

c) Für Urkunden, inhalts deren der Aussteller einem Auktionator oder Gerichtsvollzieher den Auftrag erteilt, bestimmt bezeichnete Sachen zu versteigern, d. h. nicht nur Gebote entgegenzunehmen, sondern auch den Zuschlag zu erteilen und Eigentum zu übertragen. FM. 6. 6. 04 III 7264.

d) Für die Ermächtigung zur Empfangnahme von Gegenständen, deren Herausgabe auf Grund eines vollstreckbaren Titels zu erfolgen hat.

**Noch: Zu Tarifnummer 73.**

e) Für Ergänzungserklärungen zu, der Reichsbank gegenüber ausgestellten Vollmachten, in denen der Niederleger von Wertpapieren, der durch eine früher ausgestellte Vollmacht einen Offizier zur Erhebung der Zinsen ermächtigt hat, nunmehr erklärt, daß im Fall der Behinderung des Offiziers an dessen Ehefrau die Zinsen gezahlt werden können. FM. 2. 10. 00 III 11763. — Vgl. auch A. 4b zu § 4.

f) Für die Vollmacht, alle mit der Post für die Berufsgenossenschaft eingehenden Sendungen in Empfang zu nehmen und darüber zu quittieren. § 145 UnfallversG. kommt nicht in Frage. FM. 7. 11. 97 III 13930. Ebenso für Prozeßvollmachten, die von Berufsgenossenschaften für ein Zwangsvollstreckungsverfahren behufs Beitreibung rückständiger Beiträge ausgestellt werden. KG. 19. 2. 09, Joh. Bd. 39 S. B 105.

g) Der Magistrat zu A beauftragt den Buchhalter B, die von dem Magistrat zurückgenommenen Anleihescheine über 1009 ℳ von der Seehandlung abzuheben. B ist zur Quittungsleistung berechtigt. (§ 368 BGB.) FM. 4. 11. 04 III 14347.

h) Das Direktorium der Feuerversicherungs-Genossenschaft A bestätigt, daß Herrn B. eine Agentur der Genossenschaft übertragen sei und B. berechtigt sein solle, Anträge für Versicherungen nach Maßgabe seiner Instruktion entgegenzunehmen, sowie Gelder gegen Quittung einzukassieren. FM. 12. 12. 04 III 15705. Vgl. Abs. 5 der Tarifstelle.

5. Dagegen sind als Vollmachten u. a. nicht zu verstempeln:

a) Schriftstücke, wie „ich bevollmächtige hiermit den Rechtsanwalt A in B“, weil sich nicht ersehen läßt, ob zu einem und zu welchem Geschäft rechtlicher Natur eine Ermächtigung erteilt werden soll.

b) Eine schriftliche selbst einem Rechtsanwalt erteilte Ermächtigung zur Einsichtnahme von Schriftstücken, weil kein Geschäft rechtlicher Natur in Frage kommt. KG. 31. 5. 06, ZBl. S. 1446, Joh. Bd. 32 S. B 63.

c) Eine Vollmacht zum Nachsuchen einer Abschrift des Grundbuchblatts, da sie den Bevollmächtigten noch nicht berechtigt, für den Machtgeber auf Grund der zu erteilenden Abschrift ein Rechtsgeschäft vorzunehmen, und der Antrag selbst, eine Abschrift zu erteilen, als Geschäft rechtlicher Natur nicht aufzufassen ist. — Vgl. unten A. 20 Abs. 3.

d) Die Bestellung von Testamentsvollstreckern in letztwilligen Verfügungen. Vgl. §§ 2197ff. BGB.

e) Folgende Erklärung der Zentrale für Spiritusverwertung:

An die Königliche Branntwein-Abfertigungsstelle
in
N. N.

„Wir ermächtigen hierdurch die Viktoria-Speicher-Gesellschaft — oder sind damit einverstanden — von unserem Lager . . . . . Faß . . . . Spiritus zum Abgabensatze von . . . . . abfertigen zu lassen.“

**Noch: Zu Tarifnummer 73.**

Das Verfügungsrecht über den in ihrem Lager niedergelegten Branntwein steht der Viktoriagesellschaft auf Grund der Lagerordnung schon als Lagerbesitzerin zu; Anträge auf Abfertigung von Branntwein aus ihrem Lager stellt sie im eigenen Namen. Vgl. Abs. 5 der Tarifstelle.

f) Die vom dritten Inhaber einer als Sicherheit für Abgabenstundungen zugunsten eines Zoll- und Steuerschuldners dem Hauptamte verpfändeten Reichs- oder Staatsschuldbuchforderung dahin auszustellenden Erklärungen, daß das Hauptamt ermächtigt werde und berechtigt sein solle, ohne seine (des Dritten) Mitwirkung lediglich auf Grund der amtlichen Feststellung, daß ein gestundeter Abgabenbetrag fällig geworden ist, die Löschung der im Reichsschuldbuch (Staatsschuldbuch) eingetragenen Forderung und die Ausreichung entsprechender Schuldverschreibungen bei der Hauptverwaltung der Staatsschulden (Reichsschuldenverwaltung) zu beantragen.

FM. 25. 7. 04 III 9532. Vgl. jetzt § 19 der Reichsabgabenstundungsordnung.

g) Das Gesuch, hinterlegte Gelder nicht an den zur Erhebung des Betrages gegenüber den übrigen Hinterlegungsbeteiligten legitimierten Empfangsberechtigten, sondern statt an ihn an einen beliebigen Dritten zu zahlen, insofern aus der Erklärung die Natur des zwischen dem eigentlichen Empfangsberechtigten und dem Dritten obwaltenden, dem Antrag auf Auszahlung zugrunde liegenden Rechtsverhältnisses, welches nicht notwendig ein Vollmachtsverhältnis zu sein braucht, nicht mit Sicherheit zu erkennen ist. FM. 5. 1. 01 III 15622. — Vgl. A. 8 b zu T. 2.

h) Schriftstücke, in denen die Aussteller ein Bankhaus als K o m m i s s i o n ä r ermächtigt, Wertpapiere für ihn anzukaufen oder zu verkaufen. Ebensowenig enthält die Ermächtigung zur Verfügung über die zu verkaufenden Papiere zum Ausgleich der etwaigen Forderungen des Kommissionärs eine stpflichtige Vollmacht. FM. 17. 5. 97 und 19. 7. 01 III 3325 und 8979.

6. Die Frist zur Verstempelung einer Vollmacht beginnt mit dem Tage der Unterschrift des Vollmachtgebers und nicht erst mit dem Tage, an welchem der Bevollmächtigte den Antrag annimmt. RG. 25. 4. 95, Joh. Bd. 16 S. 380. Bleibt die Vollmacht in der alleinigen Verfügungsgewalt des Ausstellers, so wird sie nicht stempelpflichtig. Vgl. A. 1 c zu § 1.

7. a) Eine wichtige Steuerbefreiungsvorschrift enthält § 31 RGBO.:

„Wird im Falle der A u f l a s s u n g eines Grundstücks sowie im Falle der Bestellung oder Übertragung eines Erbbaurechts die erforderliche Einigung des Berechtigten und des anderen Teiles durch Bevollmächtigte vor dem Grundbuchamt erklärt, so ist die V o l l m a c h t stempelfrei, wenn das der Einigung zugrunde liegende Rechtsgeschäft von einem Notar beurkundet und die Vollmacht in der Urkunde erteilt ist."

b) Aus der Fassung der Vorschrift, die als Ausnahme eng auszulegen ist, sind folgende Schlüsse gezogen worden:

Die Auflassungsvollmacht ist nur dann s t f r e i, wenn sie zur Auflassung vor dem G r u n d b u c h a m t — nicht vor einem Notar — ermächtigt. RG. 9. 7. 08, Joh. Bd. 36 S. B 66.

**Noch: Zu Tarifnummer 73.**

Nur dann ist sie ferner stfrei, wenn sie den Bevollmächtigten lediglich zu einer mit dem beurkundeten Veräußerungsgeschäft sich deckenden Auflassung ermächtigt. Auf die Vollmacht zur Auflassung auch an einen Rechtsnachfolger des Käufers findet die Befreiungsvorschrift keine Anwendung. KG. 12. 11. 08, Joh. Bd. 36 S. B 70; FM. 8. 9. 09 III 12235, ZBl. S. 334.

Ist die Auflassungsvollmacht in gerichtlich aufgenommenen Urkunden über das der Auflassung zugrunde liegende Veräußerungsgeschäft enthalten, so tritt StPflichtigkeit ein.

Geht eine Auflassungsvollmacht über den Rahmen einer solchen hinaus, ermächtigt sie „überhaupt zu Eintragungen aller Art in den Grundbüchern", so trifft die StFreiheit nicht mehr zu. RG. 4. 11. 04.

In einem solchen Falle ist als Wert nicht der vereinbarte Kaufpreis maßgebend, vielmehr ist der Wert in der Regel nicht schätzbar. Ist das Objekt — Höhe der Hypothek usw. — angegeben, so ist dieses maßgebend. FM. 27. 2. 02 III 2364. Im allgemeinen ist für Auflassungsvollmachten Objekt der gemeine Wert des Grundstücks. KG. 12. 6. 99, Hz. S. 709. Wegen des doppelten Stempels, wenn Veräußerer und Erwerber Auflassungsvollmacht erteilen, vgl. A. 30 unten.

8. Über Vollmachten in Enteignungssachen vgl. A. 8c bei § 4 d. G.

9. Bezüglich der Wertberechnung sind folgende Entscheidungen zu beachten:

a) Die Vollmacht zur Vertretung in einem Verfahren betreffend 1. das Aufgebot eines Hypothekenbriefes, 2. die Ausschließung eines Hypothekengläubigers nach § 1170 BGB. und 3. das Aufgebot eines Sparkassenbuches unterliegt, weil unschätzbar, dem FestSt., auch wenn die hypothekarisch gesicherte Forderung oder das Sparkassenguthaben nach ihrem Kapitalbetrage den Betrag von 150 ℳ nicht übersteigt. KG. 22. 1. 09, Joh. Bd. 38 S. B 72.

b) Bei Vollmachten für einen Auktionator zur Versteigerung bestimmt bezeichneter Sachen ist, falls die Vollmachten eine Wertangabe nicht enthalten, der gemeine Wert des Gegenstandes maßgebend.

c) Ermächtigt eine Vollmacht, eine gerichtliche Verfügung anzufechten, in welcher die Umschreibung einer Hypothek abgelehnt ist, so ist ihr Gegenstandswert nicht der Betrag der Hypothek, sondern sie ist als unschätzbar zu versteuern. KG. 21. 7. 00. — Vgl. unten A. 17c.

d) Bei Vollmachten für Nachlaßregulierungen ist der aliquote Anteil des Vollmachtgebers als Objekt anzunehmen. FM. 18. 10. 97 III 13105.

e) Die Vollmacht zur Vertretung eines Nachlaßgläubigers in dem Verfahren betreffend das Aufgebot der Nachlaßgläubiger ist stfrei, wenn die Forderung des Gläubigers den Betrag von 150 ℳ nicht übersteigt. KG. 22. 1. 09, Joh. Bd. 38 S. B 72.

f) Auf die Vollmachten im Verwaltungsstreitverfahren finden ebenfalls § 4 lit. a sowie § 4 Abs. 2 d. G. Anwendung.

Wird der Wert des Streitgegenstandes nach erfolgter StVerwendung auf 150 ℳ und weniger festgesetzt, so erfolgt Erstattung durch die Steuerbehörde.

**Noch: Zu Tarifnummer 73.**

Zur Entrichtung oder Nachbringung des St. ist der Aussteller, sowie jeder Inhaber oder Vorzeiger verpflichtet. — §§ 12b und 13 d. G.

Die Einziehung geschieht, wenn die Vollmachten innerhalb der St-Verwendungsfrist den Verwaltungsgerichten eingereicht werden, durch diese. Das Nähere s. A. B. 87.

g) Dagegen hat die Behörde den VollmachtSt. nicht zu erheben, wenn ein Rechtsanwalt in einem Beschwerdeverfahren dem Landrat eine Vollmacht einreicht. Bei nicht rechtzeitiger Kassierung des St. ist hier also der Rechtsanwalt strafbar, und zwar als Inhaber oder Vorzeiger (§ 16 Abs. 2). KG. 26. 8. 97.

h) Über Vollmachten zur Abgabe von Steuererklärungen s. A. 4b bei § 4 d. G.

**10.** a) Als „Gegenstand der Vollmacht" ist bei Prozeßvollmachten nach dem Sinne der Tarifstelle der Gegenstand des Prozesses anzusehen; für die Berechnung des Wertes dieses Gegenstandes sind nicht die Vorschriften der ZPO., sondern nur die des StSteuerges. selbst maßgebend. Bei Geldforderungen ist nach § 6 Abs. 3 d. G. der aus der stpflichtigen Urkunde ersichtliche Geldbetrag als Wert anzusehen. Ist in der Vollmacht „1000 *M*" als Gegenstand des Rechtsstreites bezeichnet, sind Zinsen aber nicht erwähnt, so ist lediglich der Betrag von 1000 *M* als Gegenstand der Vollmacht anzusehen. RG. 14. 3. 02, JW. S. 234. Dieser Entscheidung ist verwaltungsseitig Folge gegeben. FM. 12. 6. 02 III 7326. — Vgl. A. 14 bei T. 59.

b) Wenn dagegen die Prozeßvollmacht nur die für die Gebührenberechnung in Betracht kommende Wertklasse angibt, so ist ihr stempelrechtlicher Wert nach der Klageschrift zu bestimmen. Sind in diesem Falle in der Klageschrift neben dem Kapitale Zinsen für die Zeit von der Erhebung oder Zustellung der Klage an geltend gemacht, so ist der StBerechnung außer dem Kapitale das Zwölfeinhalbfache des einjährigen Zinsbetrages zugrunde zu legen. KG. 28. 3. 04, Joh. Bd. 28 S. B 29, JMBl. S. 3 v. 05. Geklagt war wegen 131 *M* nebst 4% Zinsen seit der Klagezustellung. Mit der Klageschrift überreicht war eine Prozeßvollmacht, in der „wegen 120—200 *M*" Vollmacht erteilt war. Mit den RG.-Urteilen v. 23. 3. 00 u. 14. 3. 02 (JW. S. 405 und Gruch. Bd. 47 S. 692) steht diese Entscheidung nicht im Widerspruch, weil in jenen Fällen in der Vollmacht der Kapitalbetrag angegeben war, im vorliegenden Falle die Vollmacht aber eine bestimmte Summe nicht enthält. S. auch RG. 11. 10. 10, JW. 1911 S. 121: Auch wenn Zinsen von einem vor Klagezustellung liegenden Termin ab gefordert werden, ist der Wert der Vollmacht nach § 6 Abs. 9 d. Ges. zu berechnen.

c) Der St. für die in einem Exmissionsprozeß ausgestellte Vollmacht ist nach den Vorschriften im letzten Absatz des § 6 LStG. zu ermitteln. KG. 27. 2. 99, Joh. Bd. 19 S. 202.

d) Fordert die Frau vom Manne im Wege der einstweiligen Verfügung die Gewährung von Unterhalt durch Entrichtung einer Geldrente für die Dauer des Ehescheidungsprozesses, so

**Noch: Zu Tarifnummer 73.**

ist das $12^1/_2$fache des einjährigen Betrages als stpflichtiger Wert anzusehen; jedoch darf der nach § 6 Abs. 10 LStG. für die Lebenszeit zu berechnende Wert nicht überschritten werden. RG. 3. 11. 02, Joh. Bd. 26 S. B 15.

e) Als stpflichtiger Wert einer Vollmacht zur Vertretung eines Konkursgläubigers im Konkursverfahren ist regelmäßig der aus der Vollmacht ersichtliche Geldbetrag der Konkursforderung, nicht der vermutlich zur Hebung gelangende Betrag, anzusehen. RG. 25. 1. 04, Joh. Bd. 28 S. B 34. Vorliegend lautete die Vollmacht „wegen meiner Darlehnsforderung von 8000 ℳ". Im Text der Vollmachtsurkunde stand: „Obj. c. 15—20 % meiner Forderung." Diese Angabe, also der mutmaßliche Wert der Forderung, kommt für die StBerechnung nicht in Betracht. Anders wäre es, wenn zur Zeit der Beurkundung der Vollmacht die Beschränkung der angemeldeten Forderungen auf bestimmte Prozentsätze bereits feststeht, wenn also z. B. für eine Abschlagszahlung der zu zahlende Prozentsatz gemäß § 159 KO. bestimmt und die Vollmacht auf die Vertretung bei dieser Verteilung gerichtet ist.

f) Für die Versteuerung von Vollmachten zum Abschluß von Zwangsvergleichen ist der ganze Betrag der Forderung maßgebend, wenn die Vollmacht schlechthin zur Vertretung des Gläubigers im Vergleichstermin ermächtigt, also sich nicht darauf beschränkt, den Bevollmächtigten zur Annahme eines bestimmten Vergleichsvorschlages zu ermächtigen.

Für die Versteuerung von Vollmachten zur Annahme eines von dem Gemeinschuldner gemachten bestimmten Vergleichsanerbietens kommt nur der nach dem Vergleichsanerbieten zu zahlende Bruchteil der Forderung in Betracht. FM. 14. 5. 10 III 9673.

g) Ist die Vollmacht zur Wahrnehmung des ersten Konkurstermins ausgestellt (Beibehaltung des Verwalters, Bestellung eines Gläubigerausschusses und ev. über die § 120 KO. bezeichneten Gegenstände), so ist nur ein St. von 1 ℳ 50 Pf. — Abs. 3: Ausübung des Stimmrechts — fällig. RG. 16. 1. 99, Joh. Bd. 18 S. 193; FM. 17. 2. 00.

h) Ist eine Vollmacht zur Vertretung im Zwangsversteigerungsverfahren wegen einer dem Betrage nach bezeichneten Hypothek erteilt und der Bevollmächtigte hierbei namentlich für befugt erklärt, für den Machtgeber mitzubieten und das Grundstück zu erstehen, so ist zufolge der letztgedachten Ermächtigung Gegenstandswert der Vollmacht mindestens der gemeine Wert des Grundstücks, nicht bloß der Betrag, welcher zum Herausbieten der Forderung geboten werden muß. RG. 6. 3. 99, Joh. Bd. 22 S. B 40. Hierbei kann zur Bemessung des Wertes des Grundstücks das erzielte Meistgebot als Grundlage dienen, wenn anzunehmen ist, daß Meistgebot und Grundstückswert ungefähr im Einklang stehen. FM. 9. 11. 01 III 13929. Sonst haben für die Bemessung des Grundstückswerts die allgemeinen Grundsätze des StSteuergeſ. zu gelten.

**11.** a) Von besonderer Bedeutung ist wegen des erhöhten Steuersatzes, sobald der Gegenstand 50000 ℳ übersteigt, der Begriff der Generalvollmacht. Das Gesetz selbst bestimmt ihn dahin: Vollmachten zur Vornahme aller oder gewisser Gattungen von Geschäften für die Vollmachtgeber.

**Noch: Zu Tarifnummer 73.**

Es fällt also zunächst darunter die im Sprachgebrauch des Lebens als Generalvollmacht bezeichnete Vollmacht zur Verwaltung des ganzen Vermögens des Machtgebers.

b) Eine Generalvollmacht im Sinne des StGesetzes liegt aber auch dann vor, wenn die Ermächtigung zur Besorgung aller Angelegenheiten des Vollmachtgebers sich auf einen bestimmten Teil des Vermögens, z. B. auf eine dem Vollmachtgeber angefallene Erbschaft oder auf ein von ihm betriebenes Handelsgeschäft beschränkt.

c) Die Tarifstelle begreift unter Generalvollmachten ferner Vollmachten, die nur zu gewissen Gattungen von Geschäften ermächtigen, sei es, daß diese beschränkte Vollmacht mit Bezug auf das ganze Vermögen des Machtgebers erteilt wird, oder wieder sich auf einen Vermögenskomplex beschränkt. RG. 9. 7. 03, JW. S. 319.

**12.** a) Generalvollmacht ist z. B. die Vollmacht, den Machtgeber hinsichtlich aller seiner in einem bestimmten Bezirk belegenen Grundstücke zu vertreten. HSp. S. 1205.

Ein häufiger Fall von Generalvollmacht ist auch die Erteilung von Prokura, §§ 48ff. HGB. Als Objekt gilt das im Handelsgewerbe angelegte Vermögen mit Ausnahme der Grundstücke. Der MindestSt. beträgt 1,50 *M*. Prokurenanmeldung zum Handelsregister ist in gerichtlicher Form stfrei, in notarieller Form als Notariatsurkunde stpflichtig. Vgl. noch Abs. 2 der Tarifvorschrift A. 15.

b) Dagegen liegt z. B. Spezialvollmacht vor, wenn eine Vollmacht zum parzellenweisen Verkaufe eines Gutes derart erteilt wird, daß der Bevollmächtigte berechtigt ist, mit allen Käufern vollgültige Kaufverträge in seinem Namen abzuschließen, sowie alles hierzu Gehörige zu vereinbaren und zu veranlassen: Eine Generalvollmacht liegt nicht vor, da der erteilte Auftrag sich auf die Vornahme einer bestimmten Kategorie gleichartiger Geschäfte beschränkt, die sich auf einen einheitlichen Gegenstand beziehen. FM. 22. 4. 97 III 2591.

c) Ebenso ist Spezialvollmacht anzunehmen, wenn ein Revisor ermächtigt wird, Kassengelder und Versicherungspapiere der Agenturen einer Gesellschaft innerhalb einer Provinz gegen Quittung in Empfang zu nehmen, denn die von dem Bevollmächtigten vorzunehmenden Rechtsgeschäfte gehören, obwohl sie die Abhebung von Kassengeldern und Versicherungspapieren sowie Quittungsleistung bei sämtlichen Agenturen der Provinz zum Gegenstande haben, inhaltlich einer bestimmten einzelnen Gattung von Geschäften an und verlieren diese Eigenschaft dadurch nicht, daß die Bevollmächtigung verschiedenen Dritten gegenüber wirksam werden kann. FM. 14. 10. 99 III 12849.

d) Die gemäß § 274 Abs. 1 Satz 2 HGB. dem Aufsichtsrat einer Aktiengesellschaft erteilte Ermächtigung, Änderungen des Gesellschaftsvertrages, welche nur die Fassung betreffen, vorzunehmen, ist als Generalvollmacht nicht anzusehen. LG. I Berlin 30. 4. 98, Hz. S. 711.

**13.** a) Eine Generalvollmacht ist, auch wenn der Gegenstandswert sich aus der Urkunde nicht ergibt oder er darin offenbar unrichtig bezeichnet wird, mit dem VollmachtSt. bis zum Höchstbetrage von 20 *M* nach dem Aktivvermögen des Vollmachtgebers zur Zeit der Ausstellung

**Noch: Zu Tarifnummer 73.**

der Vollmacht, mindestens aber mit 1 ℳ 50 ₰ zu besteuern. Ein Abzug der Schulden findet hierbei nicht statt. Mindestens aber sind 1,50 ℳ (Objekt unschätzbar, Abs. 3 der T.) erforderlich, da das zukünftige Vermögen unschätzbar ist. KG. 4. 12. 99, Joh. Bd. 19 S. 210. JM. 17. 10. 98, ZBl. S. 415.

b) Bei Nachlaßvollmachten bemißt sich der St. nach dem Rohnachlaß. Hier ist auch § 4 Abs. 1a anwendbar, da Unschätzbarkeit nicht vorliegt.

c) Entsprechend hat das Reichsgericht entschieden, daß Vollmachten, die zur Verfügung über das gegenwärtige und zukünftige Bankguthaben des Vollmachtgebers ermächtigen, als Mindeststempel 1,50 ℳ (unschätzbar) erfordern, und daß, sofern das der Bank anvertraute Vermögen des Kunden zur Zeit der Vollmachtsausstellung einen höheren St. ergibt, dieser St. zu erheben ist. RG. 7. 10. 13, JW. 108 v. 14.

**14.** Vgl. §§ 611 ff. BGB.

**15.** a) Mit dem Ausdruck „Dienstverhältnis" hat man die ihm nach dem Sprachgebrauch des Lebens zukommende Bedeutung zu verbinden. Ein Dienstverhältnis ist nicht jeder auf Leistung von Diensten oder auf Geschäftsbesorgung gerichtete Vertrag (§§ 611, 675 BGB.), sondern es muß sich um Dienstverträge von einer gewissen Dauer handeln, die zur Leistung wiederkehrender Dienste innerhalb eines bestimmten Geschäftskreises des Dienstherrn verpflichten. Man wird aber auch, um von einem Dienstverhältnis sprechen zu können, ein gewisses Maß von Abhängigkeit des Verpflichteten vom Berechtigten fordern müssen. In einem Dienstverhältnis steht derjenige, der die bedungene Tätigkeit nach den Weisungen und Anordnungen des Dienstherrn zu entwickeln hat. Auf die soziale Stellung des Verpflichteten kommt es nicht an. Die persönliche Unterordnung wird nur so zu verstehen sein, daß sie die Unterwerfung des Verpflichteten unter den Willen des Berechtigten in Beziehung auf die für diesen zu treffenden Maßnahmen bedeutet, womit nicht unvereinbar ist, daß innerhalb gewisser Grenzen der Angestellte in seinen Entschließungen selbständig ist. RG. 15. 6. 09, Entsch. Bd. 71 S. 334, FM. 3. 8. 09 III 12685. Vgl. A. 17 zu T. 71.

b) Unter „Dienstverhältnis" ist sowohl das privatrechtliche Dienstverhältnis wie das öffentlich-rechtliche Beamtenverhältnis zu verstehen, also auch dasjenige, in welchem ein Gemeindebeamter zur Gemeinde steht. RG. 10. 7. 00, JW. S. 681. FM. 26. 6. 97 III 7277 u. 28. 11. 02 III 14353.

c) Der ermäßigte Steuersatz wird überall da zur Anwendung zu bringen sein, wo es feststeht, daß ein Dienstverhältnis zur Zeit der Ausstellung der Vollmacht bestanden hat, selbst wenn dies aus der Urkunde nicht hervorgeht. Umgekehrt kann die StErleichterung nicht zur Anwendung kommen, wenn zwar in der Urkunde von dem Vorhandensein eines Dienstverhältnisses die Rede ist, ein solches aber in Wirklichkeit nicht bestanden hat. FM. 5. 7. 04 III 8945 u. 3. 10. 04 III 12372.

d) Beispiele: Die einem Gutsadministrator, mit dem ein Verwaltungsvertrag geschlossen ist, erteilte Vollmacht unterliegt dem geringeren St. des Abs. 2. KG. 29. 7. 98, Hz. S. 762.

Ebenso ist das Verhältnis zwischen dem Hauseigentümer und dem Hausverwalter als Dienstverhältnis anzusehen. RG. in A. 15a.

**Noch: Zu Tarifnummer 73.**

Dagegen ist das Verhältnis der Partei zu ihrem Prozeßvertreter kein Dienstverhältnis. Joh. Bd. 32 S. B 65

16. Der Begriff der Unschätzbarkeit hier und im § 4 Abs. 1 Buchstabe a ist der gleiche. FM 20 4. 04 III 4875.

17. Der Gegenstand der Vollmacht ist u. a. unschätzbar:

a) wenn der Aussteller noch kein Vermögen besitzt, sondern solches nur zu erwarten hat. 14. KS. S. 9, s. A. 13a;

b) bei Prozeßvollmachten in Ehesachen und in Privatklagesachen. FM. 11 2. 98 III 7324;

c) bei Vollmachten betreffend Rückkehr-, Besserungs- und Wiederaufnahmebefehle. — Vgl. oben A. 9c;

d) bei Vollmachten zur Anmeldung von Patenten und Warenzeichen, auch wenn deren Wert auf 150 *M* oder weniger angegeben wird. FM. v. 10. 5 13, JMBl. S. 164. Vgl. A. 1b zu § 4;

e) bei solchen für eine Strafsache, auch wenn das Vergehen nur mit einer Strafe von 150 *M* oder weniger bedroht ist. FM. 30. 6. 98 III 8951;

f) in Verwaltungsstreitsachen über die Erteilung von Schankerlaubnisscheinen. FM 14. 6. 04 III 7607;

g) für Vollmachten, welche in einer Grundbuchsache behufs Herbeiführung einer beanstandeten Eintragung erteilt werden. KG. 11 7 00, Hz. S 725;

h) bei Postvollmachten. FM 21 5 97 III 7277. — Vgl. A. 15 bei § 25;

i) bei Vollmachten für Aufgebot eines Hypothekendokuments. FM. 23. 11. 98 III 9747;

k) bei Vollmachten in einem Prozeß auf Herausgabe eines Hypothekenbriefes. KG 10. 7 99, Joh. Bd 19 S. 204;

18. Der Tarifvorschrift 73 Abs. 3 unterfallen ferner namentlich die in den Geschäftsbedingungen der Banken enthaltenen Vollmachten, Aktien jeder Art, die die Banken für die Banken in Depot haben, in den Generalversammlungen zur Ausübung des Stimmrechts zu benutzen, s. RG. 22. 10. 07, Holdh. S. 287 v 08; A. 9 zu § 1

Aber auch Vollmachten zur Ausübung des Stimmrechts bei öffentlichen Wahlen, z. B. Vollmachten zur Kommunalwahl und Vollmachten zur Ausübung des Stimmrechts auf Kreistagen, gehören zu den unschätzbaren Vollmachten. Es soll eine Urkunde zur allgemeinen Vertretung auf den Kreistagen genügen, so daß für jede einzelne Kreistagssitzung eine Vollmacht nicht ausgestellt zu werden braucht. FM. 1. 7. 98 III 7930.

19. a) Prozeßvollmacht ist diejenige Vollmacht, welche einen andern für einen nach der ZPO. zu verhandelnden bestimmten Rechtsstreit zu allen Prozeßhandlungen namens des Vollmachtgebers ermächtigt. In der Prozeßvollmacht dürfen auch diejenigen Befugnisse urkundlich besonders hervorgehoben werden, welche nach §§ 81, 82 ZPO. klar aus dem allgemeinen Auftrag zur Prozeßführung als Prozeßbevollmächtigter hervorgehen. KG. 13. 4. 98, JMBl. S. 250.

b) Als Prozeßvollmachten sind auch anzusehen die Vollmachten zur Vertretung im Konkurs- oder Zwangsversteigerungsverfahren, da die Vorschriften der ZPO. nach § 72 KO. auf das Konkursverfahren An-

**Noch: Zu Tarifnummer 73.**

wendung finden, und die Prozeßvollmacht nach § 81 ZPO. auch zu den durch die Zwangsvollstreckung veranlaßten Prozeßhandlungen ermächtigt.

20. Folgende in die Prozeßvollmacht aufgenommenen Ermächtigungen gehen nicht über den Rahmen einer Prozeßvollmacht hinaus:

a) zur Vertretung im Interventionsprozeß, im Verfahren behufs Eröffnung des Konkurses über das Vermögen des Gegners, im Konkurse selbst und den infolge desselben entstehenden Prozessen, zur Gewährung von Stundung. KG. 11. 11. 01, JMBl. S. 50 v. 02, Joh. Bd. 23 S. B 29; KG. 14. 3. 04, JMBl. S. 259.

b) Anträge auf Annahme und Ausreichung von Geldern, Wertpapieren und Dokumenten bei den Hinterlegungsstellen zu vollziehen, auf Rechtsmittel zu verzichten und solche zurückzunehmen, den Anspruch, auf den sich die Prozeßvollmacht bezieht, im Konkurse des Gegners zu verfolgen.

Vorausgesetzt wird hierbei, daß durch die erstere Ermächtigung die Prozeßbevollmächtigten nicht befugt sein sollen, Gelder usw. für die Machtgeber selbst in Empfang zu nehmen, welchenfalls eine Vollmacht i. S. des Abs. 1 vorhanden wäre, sondern die Bevollmächtigten an die Hinterlegungsstelle nur Anträge auf Auszahlung an die Machtgeber richten dürfen, und sich die Vollmacht nur auf Hinterlegungen bezieht, die in dem Prozesse selbst erfolgen oder erfolgt sind. KG. 14. 3. 04, JMBl. S. 259, Joh. Bd. 28 S. B 39.

Dagegen sind Ermächtigungen „aus den eingehenden Geldern einen Vorschuß zu entnehmen" oder „die aufgehobenen Handakten zu vernichten" überhaupt nicht nach T. 73 zu versteuern. KG. 11. 11. 01, Joh. Bd. 23 S. B 29.

21. a) Vollmachten in Prozessen, die den Bevollmächtigten nicht nur zu Prozeßhandlungen nach Maßgabe der §§ 81, 82 ZPO. und zur Empfangnahme der zu erstattenden Prozeßkosten, sondern auch ferner ermächtigen, den Streitgegenstand, sowie hinterlegte Gelder und Urkunden in Empfang zu nehmen, sowie für das Zwangsversteigerungsverfahren ausgestellte Vollmachten, die zum Empfange des Versteigerungserlöses ermächtigen, sind keine Prozeßvollmachten i. S. des Abs. 4 dieser Tarifstelle.

b) Ebenso geht die Vollmacht zur Abgabe von Geboten, zur Abtretung des Rechts aus dem Meistgebot, zur Abtretung der Forderung des Vollmachtgebers oder zur Weiterbelassung des beizutreibenden Kapitals an den Ersteher über den Rahmen der Prozeßvollmacht hinaus. KG. 12. 2. 00, Hz. S. 715.

22. Das Armenrecht (§ 115 ZPO.) deckt nur die Prozeßvollmacht. Darüber hinausgehende Vollmachten sind stpflichtig mit den Rechtsfolgen aus § 13 des Ges. für Inhaber und Vorzeiger. Vgl. A. 4a zu § 13 des Ges.

23. a) Eine von einem Ausländer im Auslande ausgestellte Vollmacht unterliegt der preußischen StSteuer, wenn das Geschäft, zu welchem der Bevollmächtigte durch die Vollmacht ermächtigt wird, von ihm im Inlande ausgeführt und dabei von der Vollmacht Gebrauch gemacht wird.

b) Eine Ausnahme bilden im StAuslande von Ausländern ausgestellte Vollmachten zur Führung eines Prozesses oder zur Vertretung in einem Konkursverfahren vor einem preußischen

**Noch: Zu Tarifnummer 73.**

Gericht. Diese unterliegen dem VollmachtSt. nicht, weil die Entstehung der StPflicht durch § 2 DGKG. ausgeschlossen wird. Das gilt auch von den im Prozeßverfahren eingereichten Vollmachten, die über den Rahmen einer Prozeßvollmacht hinausgehen. RG. 24. 4. (15. 5.) 03, Entsch. Bd. 54 S. 426, ZBl. S. 430, JMBl. S. 230.

c) Im Auslande von Ausländern ausgestellte Vollmachten zur Vertretung des Ausstellers in einem in Preußen schwebenden Grundstücks-Zwangsversteigerungsverfahren unterliegen dem preußischen VollmachtSt. KG. 29. 2. 04, ZBl. S. 100, JMBl. S. 151, Joh. Bd. 27 S. B 63. Durch § 2 Abs. 2 DGKG. wird der St. nicht ausgeschlossen.

**24.** Der Bevollmächtigte haftet für den VollmachtSt. jedoch nur dann, wenn er die Vollmacht im Inlande innegehabt oder vorgezeigt hat. KG. 13. 3. 99, Joh. Bd. 19 S. 213, FM. 30. 4. 99 III 4653. — Vgl. A. 8b bei § 16.

**25.** Vgl. §§ 167, 171 BGB.

**26.** a) Schriftstücke, in denen jemand einem Dritten mitteilt, daß er einen anderen zum Geschäftsabschlusse bevollmächtigt habe (§ 171 BGB.), sind zu unterscheiden von Mitteilungen, daß jemand einen anderen bevollmächtige (§ 167 BGB.). Nur auf die ersteren „Kundgebungen der bereits erteilten Vollmacht" (Hz. S. 733) bezieht sich die Sondervorschrift des Abs. 5, **daß StPflicht nur eintritt, wenn die Verkehrssitte eine Vollmacht in diesen Fällen erfordert und durch das Schriftstück die förmliche Vollmacht ersetzt werden soll.** Die letzterwähnten „Mitteilungen" stellen nur in Briefform gekleidete Vollmachten dar.

b) Steuerfreiheit tritt daher ein, wenn bei der Gemeindewahl eine grundbesitzende Frau ihren Vertreter in folgender Form namhaft macht (§ 45 Landgem.-Ordnung v. 3. 7. 91 für die sieben östlichen Provinzen):

„An
den Herrn Gemeindevorstand in K.
Hierdurch benachrichtige ich Sie, daß ich mit meiner Vertretung bei der Wahl zum Gemeindeverordneten Herrn H. bevollmächtigt habe.
Frau N N",

da es für die Vollmachten genügt, wenn die Vertreter in irgend einer Form zweifelsfrei bestellt werden. HSp. S. 1203. **Stpflichtig ist dagegen folgende Mitteilung:**

**„An usw.
Hierdurch benachrichtige ich Sie, daß ich zu meiner Vertretung bei der Wahl zum Gemeindeverordneten Herrn H Vollmacht erteile",**

**oder:**

**„An usw.
Hierdurch bevollmächtige ich Herrn M mit meiner Vertretung bei der Wahl zum Gemeindeverordneten",**

**oder:**

**„Herrn M
Hierdurch ersuche ich Sie, mich bei der Gemeindeverordneten-Wahl zu vertreten."**

**Daß der Ausdruck „ersuchen" gewählt ist, bleibt ohne Bedeutung.**

**Noch: Zu Tarifnummer 73.**

c) Ebenso tritt nach RG. 7. 10. 13, JW. S. 108 v. 14 Steuerpflicht dann ein, wenn Bankkunden formularmäßig ihrem Bankgeschäft Urkunden einreichen, in denen sie anzeigen, daß sie einer bestimmten Person Vollmacht zur uneingeschränkten und freien Verfügung über ihr Konto und Depot erteilt haben. Vgl. wegen der Höhe des Vollmachtstempels A. 13 c.

27. Stpflichtige Vollmachten sind nicht anzunehmen:

a) für die Erklärung, Bureaugehilfen könnten Zahlungen annehmen usw. Ein Rechtsanwalt hatte dem Amtsgericht angezeigt, daß er seinem Bureaupersonal die Ermächtigung erteilt hätte, in Zwangsvollstreckungssachen über Zahlungen der Schuldner zu quittieren; er traf dann auch die Einrichtung, am Schlusse jedes Zwangsvollstreckungsauftrages den Gerichtsvollzieher von den seinen Angestellten erteilten Befugnissen in Kenntnis zu setzen. Das RG. führte aus: Nach der Feststellung des Berufungsrichters seien die schriftlichen Erklärungen nur schriftliche Kundgebungen der bereits erteilten Vollmachten, und es bestehe im wesentlichen nicht eine Verkehrssitte dahin, daß in Fällen der vorliegenden Art eine Vollmacht erfordert werde. RG. 16. 10. 03 Entsch. Bd. 55 S. 375.

b) Für die nach § 32 Abs. 2 der Branntweinsteuer-Grundbestimmungen der Steuerbehörde einzureichenden Anzeigen. Die StPflicht ließe nur auf T. 73 Abs. 5 LStG. sich begründen. Da indessen im § 32 Abs. 2 l. c. nicht die Ausstellung einer förmlichen Vollmacht, sondern nur die Einreichung einer Anzeige verlangt wird, so läßt sich nicht behaupten, daß die Verkehrssitte eine Vollmacht erfordere und durch die Anzeige die Vollmacht ersetzt werden solle. FM. 27. 1. 03 III 833.

c) Ein Schriftstück folgenden Inhalts: „Ich zeige der Güterexpedition hiermit an, daß ich den ... mit der Empfangnahme der ankommenden Güter usw. und der Quittungsleistung beauftragt habe", ist stfrei, da die Verkehrssitte eine förmliche Vollmacht nicht erfordert. Hz. S. 735.

d) Eine Verkehrssitte, die im Verfahren vor Gewerbegerichten und Einigungsämtern die Ausstellung schriftlicher Vollmachten erfordere, besteht nicht. FM. 6. 3. 08 III 2997.

e) Im Strafverfahren bedarf es zur Bestellung eines Verteidigers seitens des Angeklagten keiner Vollmacht. Zu seiner Legitimation bei Gericht genügt es, daß der Angeklagte die Wahl des Verteidigers dem Gericht, auch mündlich, anzeigt (§ 217 StPO.). Solche Anzeige ist nicht stpflichtig. KG. 30. 11. 96, Joh. Bd. 17 S. 290.

Dagegen erfordert die Verkehrssitte für die Ermächtigung des Verteidigers zur Empfangnahme von Zustellungen an Stelle des Angeklagten und zur Zurücknahme von Rechtsmitteln eine Vollmacht. KG. 25. 6. 00, Joh. Bd. 21 S. B 16. Dies wird selbst dann zutreffen, wenn nur die Form des Ersuchens, dem Verteidiger das Urteil zuzustellen, gewählt ist.

In denjenigen Fällen, in welchen nach § 499 Abs. 2 StPO. die dem Angeschuldigten erwachsenen notwendigen Auslagen der Staatskasse auferlegt sind, ist der St. für die Vollmacht außer Ansatz zu lassen. JM. 29. 9. 06, JMBl. S. 291.

**Noch: Zu Tarifnummer 73.**

**28.** Mehrheit von Vollmachten.

Es ist zu unterscheiden zwischen der Vollmacht zu einem oder mehreren Geschäften, und der Vollmacht, die von mehreren ausgeht oder mehreren erteilt wird.

Vollmacht zu mehreren Geschäften begründet keinen mehrfachen Stempelansatz, es sei denn, daß es sich um eine Prozeßvollmacht und eine andere Vollmacht handelt. In letzterem Falle sind die St. aus Abs. 4 u. 1 der Tarifstelle nebeneinander zu verwenden. § 10 Abs. 2 u. 3 des Ges.

Über die Vollmacht mehrerer Personen auf einen Dritten trifft Abs. 6 der Tarifstelle besondere Bestimmungen. Die Vollmacht einer Person auf mehrere voneinander selbständige Bevollmächtigte ist in T. 73 nicht besonders geregelt, sondern richtet sich wie die Vollmacht zu einem oder mehreren Geschäften nach § 10 des Gesetzes.

**29.** a) Wenn mehrere Personen einen Bevollmächtigten bestellen, so genügt der einmalige Stempel, sobald die Machtgeber in einer Erb- oder sonstigen Rechtsgemeinschaft stehen. Eine Rechtsgemeinschaft liegt vor, wenn für die Beteiligten gemeinschaftliche, durch die Erteilung der Vollmacht betätigte gemeinschaftliche Rechte und Pflichten bestehen, mögen dieselben auf Vertrag oder Verfügung eines andern oder zufälliger Begebenheit beruhen. (Auszug aus dem Gutachten des KG. v. 10. 5. 97, JMBl. 1899 S. 151, §§ 6—8 ALR. I 17, Hz. S. 728.) Gemeinsamkeit der wirtschaftlichen Interessen ist nicht ausreichend.

b) Der einmalige St. genügt also namentlich für den Fall der sog. echten Streitgenossenschaft § 59 ZPO. Die „Rechtsgemeinschaft" ist jedoch nicht auf das zivilrechtliche Gebiet zu beschränken. KG. 2. 2. 05, Joh. Bd. 30 S. B 73.

c) Einzelfälle:

Bevollmächtigen 20 Anlieger der Straße A den Rechtsanwalt N, die nötigen Schritte zu unternehmen, und ev. auch die erforderlichen Rechtsmittel einzulegen, um die von der Stadtgemeinde beschlossene Erhebung von Beiträgen für die Verbreiterung der Straße zu verhindern, so liegt eine Rechtsgemeinschaft unter den Anliegern vor.

Für Vollmachten, in denen mehrere Gläubiger jemand bevollmächtigen, für sie in einem Konkursverfahren einem Zwangsvergleich zuzustimmen oder in einem Zwangsversteigerungsverfahren gegen einen angemeldeten Anspruch Widerspruch zu erheben, ist der VollmachtSt. nach Abs. 6 nur einmal zu erheben. FM. 31. 10. 00 I 5271, ZBl. S. 581. — Vgl. oben A. 9f.

Wird im Strafverfahren einem Rechtsanwalt von dem Angeklagten und dessen gesetzlichem Vertreter gemeinschaftlich eine Vollmacht ausgestellt, so liegt, wenn hinsichtlich des gesetzlichen Vertreters nur die ihm in der Strafprozeßordnung eingeräumte Mitwirkung am Strafverfahren in Frage kommen kann, eine Rechtsgemeinschaft zwischen dem Angeklagten und dem gesetzlichen Vertreter mit der Wirkung vor, daß der VollmachtSt. nur einmal zum Ansatz kommen darf. KG. 2. 2. 05, Joh. Bd. 30 S. B 73.

Eine Rechtsgemeinschaft besteht auch unter den Mitgliedern des nämlichen Vereins, die gemeinschaftlich eine Vollmacht ausgestellt haben, da in der Generalversammlung nur über Angelegenheiten dieses Vereins Beschluß gefaßt werden kann, solche Vollmacht sich mithin auf Gegenstände bezieht, in

**Noch: Zu Tarifnummer 73.**

bezug auf die zwischen den Ausstellern Rechtsgemeinschaft besteht. FM. 29. 9. 06 III 15189 u. a.

**30.** Dagegen ist der mehrfache St. u. a. in folgenden Fällen für erforderlich erklärt:

Wenn Veräußerer und Erwerber gemeinsam einen Dritten zur Erklärung der Auflassung bevollmächtigen. Eine Rechtsgemeinschaft zwischen Verkäufer und Käufer besteht bei Abschluß des Kaufvertrages nicht, sondern tritt erst bei der Auflassung ein. (§ 873 BGB.) Die Vollmacht wird aber bereits im Kaufvertrage erteilt. FM. 27. 9. 09 III 16212, ZBl. S. 369.

Eine von mehreren Mitangeklagten auf ihren gemeinschaftlichen Verteidiger ausgestellte Vollmacht bedarf des mehrfachen VollmachtSt. KG. 10. 5. 97, ZBl. v. 99 S. 54; JM. 15. 5. 99, JMBl. S. 151. Ebenso die auf eine Person in einer Urkunde von mehreren Privatklägern oder Privatbeklagten ausgestellte Vollmachtsurkunde. FM. 11. 2. 98 III 7324. — Vgl. jedoch oben A. 29c.

Klagen Frau A und ihre minderjährigen Kinder gegen den Ehemann und bzw. Vater auf Unterhalt, so besteht keine Rechtsgemeinschaft, weil jeder einen selbständigen Klageanspruch hat. KG. 19. 10. 05, Joh. Bd. 32 S. B 65.

A erhält von 20 Grundbesitzern ein Schürfrecht vertraglich eingeräumt. Wegen der zu zahlenden Entschädigung erteilen die Grundbesitzer dem jeweiligen Gemeindevorstand Vollmacht. Weiter bevollmächtigen sie den Landrat, die Rückzahlung der von dem Unternehmer hinterlegten Kaution zu veranlassen: Der VollmachtSt. ist für jede der beiden Vollmachten so oft zu verwenden, als Grundbesitzer vorhanden sind. RG. 9. 10. 08, Entsch. Bd. 70 S. 7.

**31.** Die Frage, ob die Erteilung einer Vollmacht an mehrere nicht zu gemeinschaftlicher Vertretung berufene Personen als eine Vollmacht zu versteuern ist, hängt davon ab, ob nach § 10 LStG. ein einheitliches Geschäft vorliegt. Dies wird nicht dadurch bedingt, daß dem Machtgeber nur eine einzelne Person als Bevollmächtigter gegenübersteht; es ist vielmehr nur aus der sachlichen Seite des durch die Bevollmächtigung begründeten Rechtsverhältnisses zu entnehmen, ob eine Vollmacht oder eine Mehrheit von solchen vorliegt.

a) Eine einheitliche Vollmacht ist z. B. anzunehmen, wenn der Machtgeber in derselben Urkunde zwei andere Personen ermächtigt, sei es gemeinschaftlich, sei es jeder für sich, dasselbe Grundstück aufzulassen. RG. 7. 2. 05, ZBl. S. 217, JW. S. 222.

b) Ebenso unterliegt eine Urkunde, in der mehreren zu gemeinsamer Ausübung ihres Berufes verbundenen Rechtsanwälten Prozeßvollmacht und Vollmacht zur Empfangnahme des Streitgegenstandes erteilt ist, dem VollmachtSt. selbst dann nur einmal, wenn die Bevollmächtigten den Vollmachtgeber auch einzeln vertreten können. KG. 4. 1. 05, Joh. Bd. 30 S. B 69.

**32.** a) Dagegen fehlt es an der Einheitlichkeit des Geschäfts, wenn die sämtlichen Mitglieder eines Grubenvorstandes drei von ihnen zu Substituten und Bevollmächtigten des Grubenvorstandes bestellen, und jeder der Bevollmächtigten befugt sein soll, nach außen hin selbständig ohne das

**Noch: Zu Tarifnummer 73.**
Einverständnis der übrigen rechtlich bindende Vertretungshandlungen vorzunehmen. RG. 7. 2. 05, JMBl. S. 373, ZBl. S. 217, FM. 23. 5. 05 III 5326.

b) Eine sachliche Mehrheit von Rechtsgeschäften ist auch bei den sogenannten Postvollmachten gegeben. Bevollmächtigt jemand mehrere seiner Angestellten, und zwar jeden für sich allein, alle mit der Post für den Machtgeber eingehenden Sendungen in Empfang zu nehmen und darüber zu quittieren, so ist der VollmachtSt. so oft zu verwenden, als Bevollmächtigte vorhanden sind. RG. 15. 10. 12, ZBl. S. 373, JMBl. S. 150.

**33.** Die Sondervorschrift aus Abs. 7 gilt nach dem Wortlaut nur für Vollmachten der Versteiglasser oder der Ansteigerer, wird aber auch dann angewandt, wenn die Vollmacht lautet, für die Versteiglasser und für die Ansteigerer die Auflassungserklärung abzugeben usw. KG. 4. 5. 05, Joh. Bd. 30 S. B 76.

**34.** Bei den Substitutions- (Unter-) Vollmachten sind zu unterscheiden Untervollmachten bei Prozeßvollmachten, bei gewöhnlichen Vollmachten und bei Generalvollmachten.

**35.** a) Untervollmachten bei einer Prozeßvollmacht sind nur dann stfrei, wenn über die ursprüngliche Vollmacht eine vorschriftsmäßig versteuerte Urkunde vorhanden und dies entweder auf der Untervollmacht vermerkt ist, oder die ursprüngliche Vollmacht sich bei den Gerichtsakten befindet, und zwar kann dann nur der Steuersatz des Abs. 4 zur Anwendung kommen. KG. 14. 11. 04, Joh. Bd. 29 S. B 55. — Sie sind nur dann stfrei, wenn aus dem Inhalt der Haupt- und Nachvollmacht diese Eigenschaft hervorgeht. KG. 8. 12. 98, Goltd. Jahrg. 46 S. 390.

Die Bestimmung, daß eine vorschriftsmäßig versteuerte Urkunde vorhanden sein muß, ist jedoch nicht wörtlich zu nehmen. Es genügt vielmehr, wenn die Hauptvollmacht in an sich stpflichtiger Form zu den Gerichtsakten zwecks Herbeiführung der Versteuerung eingereicht ist. FM. 14. 10. 98 III 13857, ZBl. S. 413, JM. v. 30. 9. 98 I 5508, JMBl. S. 248.

b) Ist die ursprüngliche Vollmacht stfrei, so steht dies der Zubilligung der StFreiheit für die Substitutionsvollmacht nicht entgegen, vorausgesetzt, daß die Hauptvollmacht in an sich stpflichtiger Form dem Gericht eingereicht ist. Dies trifft z. B. zu, wenn dem Aussteller der Hauptvollmacht für seine Person StFreiheit zusteht. JM. 17. 5. 99, ZBl. S. 109, JMBl. S. 135.

c) In Armenrechtsprozessen kommt die einstweilige Befreiung der Partei von der Entrichtung des VollmachtSt. dem Prozeßbevollmächtigten für eine von ihm ausgestellte Vertretungsvollmacht nur dann zustatten, wenn die Hauptvollmacht sich bereits bei den Gerichtsakten befindet. KG. 11. 10. 06, Joh. Bd. 33 S. B 40.

d) Die Bestellung eines Bevollmächtigten für die höhere Instanz durch den Prozeßbevollmächtigten der unteren Instanz ist eine stfreie Substitutionsvollmacht. JM. 14. 7. 99, JMBl. S. 250, § 81 ZPO.

Der Hauptbevollmächtigte darf auf Grund seiner Substitutionsbefugnis dem Substituten aber nicht weitergehende Befugnisse erteilen, als er selbst hat,

| Lfd. Nr. | Gegenstand der Besteuerung | Steuersatz v. H. | ℳ | ₰ | Berechnung der Stempelabgabe |
|---|---|---|---|---|---|
| 74. | [1] **Vorrechtseinräumungen** (Prioritätszessionen)[2–6] . . . . . . . . . . . . . . . . | — | 3 | — | |

**Noch: Zu Tarifnummer 73.**

wenn die Substitutionsvollmacht nicht den Anspruch auf StFreiheit verlieren soll. KG. 8. 12. 98, Goltd. Jahrg. 46 S. 390.

**36.** Substitutionen bei gewöhnlichen Vollmachten (Abs. 1) sind stfrei. KG. 14. 11. 04, Joh. Bd. 29 S. B 56.

**37.** Was Substitutionen bei Generalvollmachten anlangt, so hält Hz. S. 741 sie ebenfalls für stfrei, während HSp. S. 1237 die Steuerpflicht bejahen. Eine Mittelmeinung vertritt KG. 14. 11. 04, Joh. Bd. 29 S. B 55, JMBl. S. 116 v. 05, und ihr hat sich schließlich die Verwaltung angeschlossen, FM. 29. 8. 05 III 11261. Hiernach kommt es darauf an, ob der Generalbevollmächtigte „dem Vollmachtgeber in dessen Namen einen anderen Bevollmächtigten gibt" — stpflichtige Vollmacht — oder „ob er sich selbst im eigenen Namen einen Unterbevollmächtigten bestellt" — stfreie Substitutionsvollmacht — ein für die Praxis schwer verwertbarer Unterschied. Den letzteren steuerfreien Fall nimmt das KG. in dem vorerwähnten Beschlusse an, wenn ein Generalbevollmächtigter seine Vollmacht auf Grund der ihm hierzu erteilten Befugnis im vollen Umfange auf einen anderen überträgt. Die Unterscheidung geht darauf zurück, daß nach T. 73 Abs. 1 nur Vollmachten zur Vornahme von Geschäften für den Vollmachtgeber stpflichtig sind.

## Zu Tarifnummer 74.

**1.** Vgl. § 880 BGB. — §§ 19, 29 RGBO.

**2.** Zur Entstehung der StPflicht aus T. 74 genügt die bloße in grundbuchmäßiger Form abgegebene einseitige rechtsgeschäftliche Erklärung des zurücktretenden Gläubigers, daß er den Vorrang einräume.

Eine Vorrangseinräumung ist auch dann wirksam und stpflichtig, wenn sie für eine noch nicht zur Entstehung gelangte Hypothek erteilt wird. RG. 2. 10. 08, Entsch. Bd. 69 S. 326.

**3.** Dagegen ist T. 74 nicht anwendbar,

a) wenn bei der Abtretung des Teilbetrags einer hypothekarisch gesicherten Forderung dem einen Teil das Vorrecht vor dem andern gewährt wird. Hier liegt lediglich eine Bedingung der Abtretung vor:

b) wenn bei Eintragung von Hypotheken eine Abweichung von der gesetzlichen Rangordnung vereinbart wird (§ 879 BGB.);

c) wenn der Eigentümer bei Belastung des Grundstücks mit einem Rechte sich die Befugnis vorbehält, ein anderes, dem Umfange nach bestimmtes Recht mit dem Range vor jenem Recht eintragen zu lassen. § 881 BGB.

Zu b und c liegen nur Bedingungen der Eintragung vor.

**4.** Als Objekt bei Vorrechtseinräumungen ist der geringste der drei zwischen den beiden Forderungen und dem belasteten Grundstück bestehenden Werte anzusehen. FM. 15. 6. 97 III 5698.

| Lfd. Nr. | Gegenstand der Besteuerung | Steuersatz v. H. | Steuersatz M | Steuersatz Pf | Berechnung der Stempelabgabe |
|---|---|---|---|---|---|
| 75. | (1)[1] **Werkverdingungsverträge,** [2–5] inhalts deren der Übernehmer auch das Material für das übernommene Werk ganz oder teilweise anzuschaffen hat, sind, falls letzteres in der Herstellung beweglicher[6] Sachen besteht, wie Lieferungsverträge unter Zugrundelegung des für das Werk bedungenen Gesamtpreises zu versteuern.<br>(2) Handelt es sich bei dem verdungenen Werke um eine nicht bewegliche Sache, so ist der Werkverdingungsvertrag so zu versteuern, als wenn über die zu dem Werke erforderlichen, von dem Unternehmer anzuschaffenden beweglichen Gegenstände in demjenigen Zustand, in welchem sie mit dem Grund und Boden in dauernde Verbindung gebracht werden sollen, ein dem Steuersatze der Tarifstelle „Kauf- und Tauschverträge“ Buchstabe c oder der Ziffer 3 der „Ermäßigungen und Befreiungen“ dieser Tarifstelle unterliegender Lieferungsvertrag und außerdem hinsichtlich des Wertes der Arbeitsleistung ein dem Steuersatze der Tarifstelle „Verträge“ Ziffer 2 unterworfener Arbeitsvertrag abgeschlossen wäre.[7–10]<br>(3) Die Vorschrift des § 10 dieses Gesetzes findet entsprechende Anwendung dergestalt, daß, insoweit eine Trennung des Gesamtpreises nicht vorgenommen ist, der höchste Steuersatz zu entrichten ist.<br>AB. 7. | | | | |

**Noch: Zu Tarifnummer 74.**

5. Tritt ein Gläubiger mit seiner Hypothek hinter die Hypotheken mehrerer anderer Gläubiger zurück, so ist der St. so oft zu verwenden, als vortretende Gläubiger vorhanden sind. FM. 18. 4. 03 III 5287.

6. Die in der Kaufgelderbelegungsverhandlung von einem Realinteressenten abgegebene Erklärung, daß er aus seiner Post nicht liquidiere, vielmehr nacheingetragenen Berechtigten das Vorzugsrecht einräume, unterliegt keinem besonderen StAnsatz. Joh. Bd. 5 S. 226 und Bd. 28 S. B 22.

## Zu Tarifnummer 75.

1. Vgl. §§ 631 ff., 651 BGB.

**Noch: Zu Tarifnummer 75.**

2. Der Werkverdingungsvertrag der Tarifstelle deckt sich nicht mit dem Werkvertrage des bürgerlichen Rechts. Unter Werkverdingungsvertrag ist nach der Begriffsbestimmung des Tarifs ein Vertrag über die Herstellung einer beweglichen oder unbeweglichen Sache zu verstehen, inhalts dessen der Übernehmer auch das Material für das übernommene Werk ganz oder teilweise anzuschaffen hat.

3. Die Steuerpflicht ist verschieden geregelt, je nachdem es sich um bewegliche oder unbewegliche Sachen handelt.

a) Verträge zur Herstellung beweglicher Sachen werden wie Lieferungsverträge unter Zugrundelegung des für das Werk bedungenen Gesamtpreises versteuert;

b) Handelt es sich bei dem verdungenen Werk um eine unbewegliche Sache, d. h. ein Grundstück, so ist der Vertrag zu trennen in einen Kaufvertrag über die zu dem Werke erforderlichen, von dem Unternehmer anzuschaffenden beweglichen Gegenstände in dem Zustande, in welchem sie mit dem Grund und Boden in dauernde Verbindung gebracht werden sollen, und außerdem einen Arbeitsvertrag hinsichtlich des Wertes der Arbeitsleistung. Der erstere unterliegt der T. 32c, der letztere der T. 71[2]. In beiden Fällen finden für die Lieferungsverträge die Befreiungsvorschriften aus T. 32 Anwendung. RG. 19. 3. 07 u. 3. 5. 07, Holdh. S. 287 und JMBl. S. 515.

c) Ebenso ist aber auch § 5 Abs. 7 d. Ges. anzuwenden, wonach bei Verträgen über Lieferungen an den Fiskus des Deutschen Reiches und des Preußischen Staates sowie an alle öffentlichen Anstalten und Kassen, welche für Rechnung des Reiches oder des Preußischen Staates verwaltet werden oder ihnen gleichgestellt sind, der volle LieferungsSt. zu verwenden ist. Der gegenteiligen Ansicht von Hz. S. 747, daß nur T. 32 auf die Verträge der T. 75 anzuwenden sei, kann nicht beigetreten werden. In T. 75 Abs. 1 sind die Werkverdingungsverträge in bezug auf bewegliche Sachen allgemein den Lieferungsverträgen gleichgestellt, also auch hinsichtlich der allgemeinen Vorschriften des LStG. — Wenn es dann in Abs. 2 heißt: „ein dem Steuersatz der Tarifstelle Kauf- und Tauschverträge unterliegender Lieferungsvertrag", so kann daraus nicht geschlossen werden, daß hier eine andere Versteuerung als in Abs. 1, namentlich der Ausschluß des für Lieferungsverträge geltenden § 5 Abs. 7, beabsichtigt war. Übereinstimmend HSp. S. 1247, Geb. S. 133.

d) Bei beweglichen Sachen trifft T. 75 nur die Herstellung, da bei unbeweglichen eine derartige Einschränkung nicht getroffen wird, so ist die Tarifstelle bei diesen auch für Umänderung und Unterhaltung anwendbar.

4. Die Werkverdingungsverträge setzen, wie sich aus ihrer Entstehungsgeschichte ergibt, den Übergang des Eigentums an dem Werke auf den Besteller voraus. Ein Vertrag, in welchem ein Grundbesitzer sich verpflichtet, nach bestimmtem Plane ein Haus zu bauen und es dem Staate zu Beamtendienstwohnungen zu vermieten, unterliegt der Tarifstelle nicht.

5. Ein reiner, nur nach T. 71 zu versteuernder Arbeitsvertrag ist angenommen worden, wenn der Wert der von dem Unternehmer herzugebenden

**Noch: Zu Tarifnummer 75.**

Materialien gegenüber der aufzuwendenden Arbeit zu sehr in den Hintergrund tritt, FM. 29. 3. 94 III 2748, wie es z. B. bei Anfertigung von Modellen und bei der Herstellung von Gemälden der Fall ist.

6. Beispiele zu T. 75 Abs. 1:

a) Verträge über Herstellung von Privatanschlußgeleisen, FM. 17. 4. 11 III 2727 (Eisenbahn-NachrBl. Nr. 4 S. 24), ZBl. S. 88.

b) Ein Vertrag über Anfertigung und Lieferung eines Röhrendampfkessels, bei welchem der Besteller die Aufstellung und Einmauerung selbst bewirkt.

7. Hauptanwendungsfälle des Abs. 2 der Tarifvorschrift sind:

a) Verträge über Errichtung von Gebäuden oder anderen Bauwerken (z. B. Denkmälern);

b) Verträge über vollständige und betriebsfähige Herstellung und Ausrüstung einer Eisenbahn; RG. v. 6. 2. 99, JW. S. 197;

c) Übernahme der Abdeckungen der Böschungen an einem Kanalbett mit dem vom Unternehmer zu liefernden Material. RG. 28. 9. 97, JW. S. 582;

d) Die nach bestehendem Formular abgeschlossenen Verträge des Fiskus mit Domänenpächtern über Dränierung des domänenfiskalischen Landes. Verpflichtet sich daneben Pächter, die ihm vom Fiskus für die Dränierung bewilligte Kapitalsumme bis zum Ablauf der Pachtzeit zu verzinsen, so liegt hierin eine Erhöhung des Pachtzinses. FM. 8. 2. 99 III 1295;

e) Ein Vertrag, in welchem die Gemeinde A dem B das ausschließliche Recht erteilt und B die Pflicht übernimmt, eine Kanalisationsanlage für die Gemeinde nach Maßgabe eines beigefügten Projekts nebst Plänen zu erbauen und diese Anlage bis zu einem bestimmten Zeitpunkte zu betreiben, wenn dieselbe nicht gemäß einer besonderen, in den Vertrag aufgenommenen Abrede zu einem früheren Zeitpunkt von der Gemeinde übernommen werden sollte. RG. 17. 4. 00.

8. a) Die Abgrenzung zwischen Wert der Materialien und der Arbeit für Abs. 2 der Tarifvorschrift bereitet der praktischen Anwendung erhebliche Schwierigkeiten. Die Preistrennung ist auf den Zeitpunkt zu bestimmen, in welchem die beweglichen Sachen mit dem Grund und Boden verbunden werden. Daher rechnen alle Kosten zum Materialwert, die bis dahin entstanden sind, namentlich also die Transportkosten und die Kosten der unmittelbaren Vorbereitung der beweglichen Sachen zu ihrer Verbindung mit dem Grund und Boden, z. B. notwendiges Zurechtschneiden der Grassoden bei der Abdeckung der Kanalböschungen, der Faschinen beim Bau von Dämmen.

b) Nach dem Zeitpunkt der Verbindung ist auch zu entscheiden, ob die Befreiungsvorschrift T. 32 zu 3 angewendet werden kann. In diesem Augenblick müssen, die sonstigen Voraussetzungen unterstellt, Mengen — d. h. mindestens drei Stück gleichartige Sachen — vorhanden sein. Für einen Vertrag, der die Lieferung und Aufstellung der eisernen Trägerkonstruktionen und schmiedeeisernen Treppen eines Neubaues betrifft, ist die Befreiung vom LieferungsSt. anzuerkennen, wenn die einzelnen Teile zur Zeit der Einfügung in das Gebäude aus mehr als 2 untereinander gleichartigen, im Inland im

**Noch: Zu Tarifnummer 75.**

Betrieb der vertragschließenden Firma hergestellten Stücken bestehen. (Vgl. FM. 6. 2. 01 III 1092.)

9. a) Erreicht bei Werkverdingungen über nicht bewegliche Sachen weder der Lieferungsvertrag noch der Arbeitsvertrag stpflichtige Höhe, so ist er überhaupt nicht stpflichtig, weil eine Zusammenrechnung beider Objekte nicht stattfindet. FM. 5. 9. 97 III 11257.

Der Stempel zum Arbeitsvertrag beläuft sich auf 3 *M*, T. 71 Ziffer 2 Abs. 1; s. A. 13 b. Etwaige Nebenabreden sind damit abgegolten und nicht noch besonders zu versteuern.

b) Von dem Gesamtpreise ist der ProzentSt. eventuell auch dann zu berechnen, wenn nur einzelne Teile des Lieferungsgegenstandes von dem Unternehmer, die übrigen Materialien dagegen von dem Besteller geliefert werden. FM. 8. 7. 98 III 8735.

c) Zur Festsetzung des St. ist der dem Vertrage beigefügte Kostenanschlag zu berücksichtigen, wenn der Vertrag auf ihn Bezug nimmt.

d) Leistungen und Lieferungen, welche in den schriftlichen Abmachungen, zugehörigen Verdingungsanschlägen usw. nicht vorgesehen sind, kommen bei Berechnung des St. zu Werkverträgen nicht in Betracht. Dagegen unterliegen die in den Verdingungsanschlägen angenommenen Vordersätze denjenigen Feststellungen, welche bei der Bauausführung sich ergeben. Da der Unternehmer zu etwaigen erforderlich werdenden Mehrleistungen vertraglich verpflichtet ist, und deshalb seine Vergütung nach den wirklichen Leistungen und Lieferungen unter Zugrundelegung der vertragsmäßigen Einheitspreise berechnet wird, müssen die Mehrlieferungen und Mehrleistungen, die im Rahmen des Vertrages liegen, nachversteuert werden, soweit sie nicht durch den ArbeitsvertragsSt. gedeckt werden oder nicht gesetzliche Befreiungsgründe Platz greifen. FM. 15. 6. 01 III 7265. — Vgl. § 6 Abs. 2 d. Ges.

**10.** Zwecks Berechnung des WertSt. zu Verträgen über Ausführung von Hochbauten im Bereich der allgemeinen Bauverwaltung ist seitens der Herren Minister der Finanzen und der öffentlichen Arbeiten eine Verf. v. 12. 2. 00 — MBl. d. i. V. S. 103 —, der sich auch das Kriegsministerium angeschlossen hat, ergangen, aus der insbesondere entnommen wird:

1. Verträge der gedachten Art unterliegen der T. 75 Abs. 2 u. 3. Bei Feststellung des Begriffs der nicht beweglichen Sache bleibt der Umstand, daß die gelieferten Gegenstände nicht nur als Gesamtanlage, sondern auch in einzelnen Teilen wieder vom Grund und Boden getrennt und anderweit verwendet werden können, außer Betracht.

2. Bei Berechnung des stpflichtigen Materialwerts sind die zum Bau erforderlichen beweglichen Gegenstände mit demjenigen Wert in Ansatz zu bringen, welchen sie in dem Zustande besitzen, in dem sie mit dem Grund und Boden in dauernde Verbindung gebracht werden. Zum Materialienwert gehört somit der Wert derjenigen Arbeit, welche zur Errichtung der einzelnen Gegenstände bis zum Augenblick ihrer dauernden Verbindung erforderlich ist, ganz gleichgültig, wo diese Arbeit vorgenommen wird.

3. Für die Ermittelung des Wertes der Arbeitsleistung kommen nur die bei der Herstellung des Baues entstehenden Kosten für das Verbauen, Versetzen, Verlegen oder Anbringen der Materialien, die Aufstellung der

| Lfd. Nr. | Gegenstand der Besteuerung | Steuersatz v. H. | Steuersatz ℳ | Steuersatz ₰ | Berechnung der Stempelabgabe |
|---|---|---|---|---|---|
| 76. | **Wiederaufhebung** von Verträgen, s. Verträge Ziffer 1. | | | | |
| 77. | (1) **Zeugnisse,**[1-5] **amtliche in Privatsachen,**[2] innerhalb der Zuständigkeit[1] der ausstellenden Behörde oder des ausstellenden Beamten erteilte . . . . . . . . . . . . . . . . . . . . | — | 3 | — | |
| | LStV. § 1 Ziff. 2c, § 2 Ziff. 1a. | | | | |
| | (2) Beurkundungen der Gerichtsvollzieher nach § 17 der Hinterlegungsordnung vom 14. März 1879 (Gesetzsamml. S. 249)*) . . . . . . . . . . | — | — | 50 | |
| | (3) Befreit sind: | | | | |
| | a) Zeugnisse, auf Grund deren ein anderes amtliches Zeugnis oder ein Paß (Reise- oder Leichenpaß, Paßkarte) ausgestellt werden soll;[6-8] | | | | |
| | AB. 88 Abs. 1. — LStV. § 10 Ziff. 5. | | | | |

**Noch: Zu Tarifnummer 75.**

Konstruktionsteile, Befestigung der Beschläge und sonstiger Eisenteile usw. in Frage, wobei auch die damit verbundenen Kosten für Rüstungen und sonstige Nebenleistungen zu berücksichtigen sind.

Nachdem sodann unter Ziff. 4 u. 5 die Prozentsätze der Titelsummen der Kostenanschläge angegeben sind, welche in der Regel für die Ermittelung des Materialwerts in Betracht kommen werden, und unter Ziff. 6 bestimmt ist, daß die in T. 32 Befreiungen 3 bestimmten „Mengen" bei der Feststellung des Materialwerts zwar außer Betracht bleiben, in der Berechnung jedoch als solche zu bezeichnen sind, die vom Unternehmer selbst im Inland erzeugt und hergestellt sind, unter Ziff. 7 u. 8 endlich die Begriffsbestimmung für „Menge" gegeben ist — vgl. A. 69 bei T. 32 —, wird in Ziffer 9. bestimmt, daß zu den „Mengen" insbesondere rechnen:

a) Bruchsteine, Mauersteine, Kalk, Zement, Sand, Kies, Zementfässer usw.,

b) gewöhnliche Eisenbahnschienen, Draht und sonstige Eisen- und Blechwaren, soweit diese nicht besonderen Zwecken angepaßt und dafür besonders bearbeitet sind,

c) Maschinen und Maschinenteile, welche nicht eine für besondere Verhältnisse eingerichtete Bauart haben, sondern vom Unternehmer nach demselben Modell und in gleicher Art hergestellt zu werden pflegen,

d) Leucht-, Brenn- und ähnliche Stoffe,

e) land- und forstwirtschaftliche Erzeugnisse (Strauch, Rohr, Schilf).

**11.** Ziffer 10 ist abgeändert durch Allgem. V. v. 5. 9. 11 M. d. ö. A. III 1362 II CBA, FM. III 15134 (MBl. d. i. V. S. 275). Vgl. A. 77b zu T. 32.

*) Der bisherige Abs. 2 ist durch § 43 der Hinterlegungsordnung vom 21. 4. 13 (GS. S. 225) mit Wirkung v. 1. 4. 1914 aufgehoben worden.

| Lfd. Nr. | Gegenstand der Besteuerung | Steuersatz v. H. | M | ₰ | Berechnung der Stempelabgabe |
|---|---|---|---|---|---|
| (77.) | b) Zeugnisse aller Art, welche von Geistlichen in bezug auf kirchliche Handlungen erteilt werden, insbesondere Geburts-, Tauf-, Aufgebots-, Ehe-, Trau-, Toten- und Beerdigungsscheine; | | | | |
| | c) Zeugnisse, welche zum Nachweise der Berechtigung zum Genusse von Wohltaten, Stiftungen und anderen Bezügen für hilfsbedürftige Personen dienen sollen oder welche wegen Zahlung von Wartegeldern, Pensionen, Unterstützungsgeldern, Krankengeldern, Beerdigungskosten, Witwen- und Waisengeldern und ähnlichen Kosten und Geldern als Rechnungsbelege bei öffentlichen oder privaten Kassen und Anstalten eingereicht werden müssen; AB. 88 Abs. 1 LStV. § 10 Ziff. 5. | | | | |
| | d) (1) Führungszeugnisse,[9–11] insoweit sie nicht zur Erlangung der in den Tarifstellen „Erlaubniserteilungen"[12] und „Lustbarkeiten" aufgeführten Genehmigungen usw. erforderlich sind. (2) Den Führungszeugnissen stehen gleich Zeugnisse über geleistete Arbeiten in Anstalten, welche von unmittelbaren oder mittelbaren Staatsbehörden betrieben werden; | | | | |
| | e)[13–15] Beglaubigungen von Unterschriften unter Anträgen und Verhandlungen, die nach ihrem Inhalt ausschließlich zu einer Eintragung oder Löschung in öffentlichen, das Eigentum und die Belastung von Grundstücken und selbständigen Gerechtigkeiten feststellenden Büchern erforderlich sind, sowie die mit solchen Beglaubigungen verbundenen Zeugnisse über die Vertretungsbefugnis der Beteiligten;[16–22] AB. 88 Abs. 2. | | | | |
| | f) *) Beglaubigungen von Unterschriften der Anträge auf Herausgabe hinterlegter | | | | |

*) In der Fassung der Hinterlegungsordnung vom 21. 4. 13 s. Abs. 2 der Tarifstelle.

| Lfd. Nr. | Gegenstand der Besteuerung | Steuersatz v. H. | ℳ | ₰ | Berechnung der Stempelabgabe |
|---|---|---|---|---|---|
| (77.) | Sachen, der Bewilligungen der Herausgabe, der Anerkenntnisse der Berechtigung zum Empfang oder der Anträge auf Übersendung solcher Sachen durch die Post sowie Beurkundungen der Gerichtsvollzieher*) nach § 5 der Hinterlegungsordnung. LStV. § 2 Ziff. 1e. (4) In den unter a und c bezeichneten Fällen tritt die Stempelfreiheit nur dann ein, wenn der dieselbe begründende Zweck aus der Urkunde hervorgeht 7 u. 8 f. Wird von den Attesten zu anderen Zwecken nachträglich Gebrauch gemacht, so ist der Stempel nachzuverwenden. LStV. § 22 Ziff. 4. AB. 6 Abs. 3; 9 Abs. 5, 6; 19; 88. | | | | |

## Zu Tarifnummer 77.

1. a) Die Tarifstelle soll nur auf solche Zeugnisse Bezug haben, durch welche Tatsachen und Umstände von der „zuständigen“ Behörde oder dem „zuständigen“ Beamten bescheinigt werden. KB. S. 92.

Die Zuständigkeit zur Ausstellung eines Zeugnisses ist für jede unmittelbare und mittelbare Behörde nicht nur dann begründet, wenn sie auf einer ausdrücklichen Bestimmung des Gesetzes oder einer Verordnung beruht, sondern, da der Staat es seinen Wohlfahrtszielen entsprechend als Aufgabe seiner Organe betrachtet, den auf ihre Hilfe angewiesenen Personen in öffentlichen und privaten Rechtsangelegenheiten bei gegebenem Anlasse durch Ausstellung von Zeugnissen zur Seite zu treten, auch schon dann, wenn die Behörde kraft ihres Amtes von der Tatsache Kenntnis hat und ihr Zeugnis auf andere Weise nicht wohl ersetzt werden kann. Diese Befugnis der Behörde zur Ausstellung von Zeugnissen genügt zur Begründung der Zuständigkeit. RG. 13. 1. 03, ZBl. S. 135, Entsch. Bd. 53 S. 271.

Dieser Grundsatz erfährt eine Einschränkung, wenn besondere Behörden oder Beamte für gewisse Arten von Bescheinigungen durch Gesetz oder sonst allgemeine rechtsgültige Anordnungen ausschließlich für zuständig erklärt sind, z. B. Gerichte, Gerichtsschreiber (Gesetz vom 18. 3. 14, GS. S. 35) und Notare für Unterschriftsbeglaubigungen. FM. 27. 6. 99 III 7049. Reine Verwaltungsanordnungen der vorgesetzten Behörden an die nachgeordneten Dienststellen, die nur für diese verpflichtend sind, stellen solche allgemein gültige Verordnungen nicht dar. FM. 13. 12. 10 III 22746. — Über Unterschriftsbeglaubigungen s. unten A. 13ff.

*) § 5 das. lautet: die Gerichtsvollzieher sind zuständig, die Aufgabe der zu hinterlegenden Gegenstände zur Post zu beurkunden.

**Noch: Zu Tarifnummer 77.**

b) Die Polizeiverwaltung ist nicht zuständig zur Ausstellung eines Zeugnisses darüber, daß jemand an ansteckenden Krankheiten nicht gelitten habe und erbliche Belastung bei ihm nicht vorliege. FM. 14. 3. 07 III 4530.

2. Auch diejenigen Zeugnisse sollen von der StPflicht umfaßt werden, deren Ausstellung zum Teil aus Gründen des öffentlichen Wohles, zum Teil im Interesse Privater veranlaßt worden ist. Mot. S. 61. Vgl. FM. v. 31. 10. 11 III 16687, ZBl. S. 9 v. 12.

3. a) Die von Reichsbehörden ausgestellten Zeugnisse sind in Preußen nicht steuerpflichtig, da den Bundesstaaten nicht das Recht zusteht, an Hoheitsakte des Reiches die Erhebung einer Steuer zu knüpfen. Deshalb sind stfrei:

Die von der physikalisch-technischen Reichsanstalt zu Charlottenburg ausgestellten Prüfungsscheine und Beglaubigungen. FM. 28. 8. 02 III 10800.

Die auf Grund des § 75a des Krankenversicherungsgesetzes erteilten Bescheinigungen des Reichskanzlers. Vgl. FM. 14. 11. 02 III 14196, ZBl. S. 305.

b) Steuerfrei sind auch Zeugnisse ausländischer Behörden, s. § 2 A. 4.

4. Als amtliche Zeugnisse in Privatsachen i. S. dieser Tarifstelle sind u. a. anzusehen:

a) Die vom städtischen Inspektor des Schlachthauses ausgestellten Zeugnisse über die Untersuchung geschlachteten Viehes. FM. 30. 8. 96 III 12013. — Vgl. unten A. 5g;

b) Atteste der Polizeiverwaltungen über die Fähigkeit zur Übernahme größerer Lieferungen zwecks Zulassung zum Submissionstermin. FM. 16. 10. 96 III 11987;

c) Die zu den Anträgen im Branntweinlombardverkehr der Reichsbank nach Muster E 156 (Anträge auf ein weiteres Darlehn) erteilten Zeugnisse, wenn der Wert 150 ℳ übersteigt. FM. 1. 8. 07 III 9768. (Vgl. FM. 14. 12. 05 III 14138);

d) Bescheinigungen der Polizeibehörden, daß gewisse Posten in dem Pfandbuch des Pfandleihers N. als verfallen bezeichnet sind, und gegen den Verkauf der Sachen nichts einzuwenden ist. RG. 16. 12. 97, Entsch. Bd. 40 S. 386;

e) Die Bescheinigungen über den erfolgten Aushang einer Einladung zur Gewerkenversammlung (mangels eines öffentlichen Interesses), sofern nicht seitens der Revierbeamten in den Aushangsbescheinigungen das etwaige Vorhandensein des Befreiungsgrundes § 4a LStG. ersichtlich gemacht ist. FM. 14. 6. 05 III 7372.

Das mit dem Revisionsvermerk des Revierbeamten versehene und dem Mutenden zurückgegebene Duplikat der Mutung (BergGes. § 33). AH. S. 2366.

f) Die Bescheinigung der Polizeibehörde, daß eine im Polizeibezirk wohnhafte Person imstande ist, einen andern zu ernähren (Sustentationsattest). FM. 10. 9. 98 III 12664. — Vgl. A. 4b bei T. 58. Andererseits A. 5b zu § 4.

g) Die von Polizeibehörden oder Beamten auszustellenden Lebenszeugnisse auf Quittungen über Renten aus der Preuß. Renten-

**Noch: Zu Tarifnummer 77** (Anm. 4: Steuerpflichtige Zeugnisse).

Versicherungsanstalt. FM. 11. 2. 05 III 1472, ZBl. S. 38. StFreiheit tritt nur dann ein, wenn aus der Urkunde sich ergibt, daß es sich um einen Gegenstand im Werte von 150 ℳ oder weniger handelt.

h) Bescheinigungen des Landrats auf Grund amtlicher Feststellungen darüber, daß der zu A am ... geborene N N von ... bis ... in A ununterbrochen in C gemeldet gewesen und als unverheiratet verzeichnet ist. FM. 22. 12. 99 III 15802.

Bescheinigung des Meldeamts, daß die N'schen Eheleute während einer bestimmten Zeit in A gemeldet gewesen und daß während derselben Zeit ausweislich des Melderegisters Kinder aus der Ehe nicht zur Anmeldung gekommen sind. RG. 13. 1. 03, Entsch. Bd. 53 S. 271, ZBl. S. 135. Dabei ist ausgeführt, daß das Zeugnis nicht als bloße Auskunftserteilung zu betrachten sei und daß der Sekretär, welcher es unterschrieben, kraft des ihm erteilten allgemeinen Auftrages gehandelt habe.

Bescheinigungen der Magistrate, Landräte, Amtsvorsteher über die Vermögensverhältnisse der Eltern und Bedürftigkeit des Sohnes bei Stundung von Kollegienhonoraren und Bürgschaft der Eltern ohne Rücksicht auf die Höhe der gestundeten Honorare. — Erl. d. Min. der geistlichen usw. Angelegenheiten v. 20. 4. 97, ZBl. f. d. Unterrichtsverwaltung S. 245. — FM. 29. 4. 97 III 5172.

i) Die zu Anträgen auf Erteilung eines Jagdscheins zur Vermeidung zeitraubender Nachforschungen und zur schnelleren Erlangung eines Jagdscheines nachgesuchten Bescheinigungen der Jagd- oder Ortspolizeibehörden über die Zulässigkeit der Anträge.

Diese Zeugnisse sind auch keine Vorzeugnisse im Sinne der Befr.-Vorschr. Abs. 3a dieser Tarifstelle. Nachtrag B. V v. 28. 3. 12 zur Anweisung v. 29. 7. 07 zur Ausführung der Jagdordnung v. 15. 7. 07. — FM. 17. 7. 12 III 9507. Für Hannover insbes. FM. 4. 5. 07 III 8595.

Sollte die Polizeibehörde die an das Landratsamt gerichteten Ersuchen entgegengenommen und nach Beifügung ihres eigenen Attestes dem Landratsamt eingereicht haben, so würden die Vermerke als abgekürzte amtliche Berichte stfrei sein. FM. 9. 12. 99 III 14819.

Gleiche Grundsätze werden zu gelten haben, wenn zu Einbürgerungsanträgen gemäß § 8 Abs. 2 R. u. StAG. v. 22. 7. 13 Bescheinigungen der Gemeindebehörde des Niederlassungsorts nachgesucht werden. Vgl. T. 43 A. 3.

j) Bescheinigungen der Gemeindevorsteher über die erfolgte Umwandlung der nicht feuersicheren Bedachung in eine feuersichere. FM. 27. 6. 99 III 7049.

k) Heimatscheine, auch Staatsangehörigkeitsausweise und Entlassungsurkunden, insoweit nicht § 15 Abs. 1 des Ges. v. 1. 6. 70 zutrifft. FM. 8. 9. 96 III 12321, ZBl. S. 587. — Für die Zeit seit 1. 1. 14 vgl. § 38 R. u. StAG. (in A. i Abs. 3). — Vgl. unten A. 5 dd.

**Noch: Zu Tarifnummer 77** (Anm. 4: Steuerpflichtige Zeugnisse).

l) Zeugnisse der Regierungspräsidenten für Königliche Polizei-Subalternbeamte auf Grund der Prüfungsordnung, daß der Betreffende von der Kommission geprüft und mit — gut — ausreichend — bestanden habe. FM. 19. 11. 98 III 15455.

m) Folgende Zeugnisse im Lehrberuf:
Ergänzungsprüfungszeugnisse der Volksschullehrer über die bestandene Nachprüfung in Musik, weil ein Vorzeugnis nicht in Frage kommt, da solches zeitlich der Ausstellung des Hauptzeugnisses stets vorausgehen muß; auch Billigkeitsgründe sind nicht anwendbar, da es sich um eine einer ausdehnenden Auslegung nicht zugängliche Ausnahmevorschrift handelt. FM. 3. 4. 07 III 6052. — Vgl. unten A. 51.

Bescheinigungen über die Teilnahme an Ausbildungskursen für Fortbildungsschullehrer. FM. 8. 3. 11 III 1164, ZBl. S. 105.

Zeugnisse über das Bestehen der zweiten Volksschullehrerprüfung, Bescheinigungen über die Befähigung zur vorläufigen Verwaltung eines Schulamts, FM. v. 26. 10. 13 III 16784.

Prüfungszeugnisse für Lehrerinnen der weiblichen Handarbeiten und der Hauswirtschaftskunde. FM. 12. 12. 11 III 19136, ZBl. S. 8 v. 12.

n) Wiederholungszeugnisse über die nicht bestandene zweite ärztliche Wiederholungsprüfung; sie sind als stfreie Vorzeugnisse nicht anzusehen, weil die Studierenden zu einer weiteren Prüfung nicht zugelassen werden (§ 16 der Bekanntm. betr. die Prüfungsordnung für Ärzte v. 28. 5. 01). FM. 15. 6. 06 III 8909. — Vgl. unten A. 8b.

o) Die nach § 51 Abs. 1 der Dienstanw. für die Kreisärzte v. 23. 3. 01 auszustellenden Zulassungszeugnisse zum Apothekerberuf; das Zeugnis über das Bestehen der pharmazeutischen Prüfung wie der pharmazeutischen Vorprüfung; die Zeugnisse über die Tätigkeit als Gehilfe nach der Ablegung der pharmazeutischen Prüfung bei Beglaubigung durch den Kreisarzt und die Zeugnisse über die Führung während dieser Tätigkeit; die Approbation als Apotheker. FM. 3. 6. 07 III 10234. — Vgl. unten A. 8a über steuerfreie Zeugnisse für den Apotheker-Beruf.

p) Folgende von beamteten Ärzten ausgestellten Zeugnisse:
Gesundheitsatteste für Militäranwärter. FM. 6. 3. 97 III 16820, ZBl. S. 93. — Vgl. unten A. 5t.

Gesundheitszeugnisse für Kandidaten des höheren Schulamts behufs Eintritts in den Schuldienst. FM. 3. 7. 98 III 8840, ZBl. S. 319. — Vgl. Ges. v. 16. 9. 99 über die Dienststellung des Kreisarztes und die Bildung von Gesundheitskommissionen. Vgl. unten A. 51.

Fähigkeitszeugnisse behufs Teilnahme an einem Hebammenlehrkursus gemäß § 60 der Dienstanweisung für die Kreisärzte, dgl. das Zeugnis über die später bestandene Prüfung. FM. 11. 7. 02 III 8685. Ersteres ist nicht ein Vorzeugnis, auch im Privatinteresse ausgestellt.

Die nach Ziff. 3b der Zulassungs- und Ausbildungsbedingungen der Desinfektionsschule in Greifswald den Gesuchen um Zulassung

**Noch: Zu Tarifnummer 77** (Anm. 4: Steuerpflichtige Zeugnisse).

zu einem Kursus in dieser Schule beizufügenden Zeugnisse über die körperliche und geistige Befähigung des Bewerbers für den Beruf als Desinfektor. FM. 26. 7. 05 III 9015. Diese Zeugnisse sind keine Vorzeugnisse, da das spätere Prüfungszeugnis nicht auf Grund dieser Zeugnisse ausgestellt wird; sie dienen vielmehr zugleich dazu, dem Bewerber zu einer mit einem Einkommen verbundenen Stellung zu verhelfen, sind also überwiegend im Privatinteresse ausgestellt.

q) Bescheinigungen zum Zweck der Aufnahme in eine Unteroffiziervorschule oder die Schiffsjungen-Division. FM. 14. 3. 07 III 4530. Nicht steuerfrei nach § 4 Abs. 1 c s. A. 5 f das.

r) Bescheinigungen der Oberforstmeister über die Befähigung zum Eintritt in die Forstlehre auf Grund § 2 Abs. 5 des Regulativs v. 1. 10. 93, FM. 31. 8. 96 III 11735, ZBl. S. 604. — Vgl. unten A. 5 r.

Die gemäß § 7 Abs. 6 des Regulativs über Ausbildung, Prüfung und Anstellung für die unteren Stellen des Forstdienstes v. 1. 10. 93 auszustellenden Lehrzeugnisse (§ 4 lit. c LStG. trifft nicht zu). FM. 17. 2. 97 III 1035, ZBl. S. 91.

s) Abgangszeugnisse der Militärmusiker von der Königl. Akademischen Hochschule für Musik. FM. 10. 7. 97 III 7215. — Vgl. unten A. 5 p.

t) Die von dem Regierungspräsidenten in Potsdam auf Grund des § 70 der Vorschriften über die staatliche Prüfung von Krankenpflegepersonen v. 10. 5. 07 für die vom Frauenverein des Kreises Teltow beschäftigten Schwestern erteilten Ausweise über ihre staatliche Anerkennung als Krankenpflegerinnen. (Die Ausweise können auch nach dem Ausscheiden der Schwestern aus ihrem Dienst benutzt werden.) FM. 18. 6. 08 III 11062.

u) Die in Gemäßheit der Ausführungsbestimmungen B und E des Bundesrates zum FleischbeschauGes. erteilten Befähigungsausweise für Fleischbeschauer und Trichinenbeschauer (Unteranlagen zu BB, B und E), sowie die in den ministeriellen Ausführungsbestimmungen v. 20. 3. 03 betreffend die Schlachtvieh- und Fleischbeschau, einschließlich der Trichinenschau, bei Schlachtungen im Inlande vorgeschriebenen Befähigungsnachweise (Anlagen 1, 3, 4 und 5 daselbst). FM. 27. 5. 03 III 7107.

v) Die von den Sachverständigen für überwachungsbedürftige Anlagen (Ges. v. 8. 7. 05) ausgestellten Abnahmebescheinigungen, also die Bescheinigungen, die bei der ersten Prüfung vor der Inbetriebnahme der Anlagen zu erteilen sind (Aufzüge, Kraftfahrzeuge, Elektrizitätsanlagen, Azetylenanlagen usw.). Ebenso sind stpflichtig die Bescheinigungen über außerordentliche Prüfungen, welche von den Besitzern beantragt werden. Die in den Erl. v. 23. 9. 02 u. 6. 2. 04 anerkannte StFreiheit der ersten (Abnahme-) Bescheinigung für Fahrstühle und Kraftfahrzeuge und für die Prüfungszeugnisse der Fahrer läßt sich nicht mehr aufrechterhalten. FM. 9. 6. 08 III 10070, ZBl. S. 316. Der allg. Erl. v. 5. 12. 96 betr. die ststeuerliche

**Noch: Zu Tarifnummer 77** (Anm. 4: Steuerpflichtige Zeugnisse).

Behandlung der bei den Dampfkesseluntersuchungen auszustellenden Bescheinigungen wird durch das Ges. v. 8. 7. 05 nicht berührt. FM. 9. 6. 08 III 10070, ZBl. S. 316. — Vgl. unten A. 5u.

Die von Dampfkesselrevisoren auf Antrag des Kesselbesitzers auszustellenden Bescheinigungen über Untersuchungen, die in der Anweisung betr. die Genehmigung und Untersuchung der Dampfkessel v. 6. 5. 93 nicht vorgeschrieben sind, ferner die Abnahmebescheinigungen und die von den Beschlußbehörden auszustellenden Genehmigungsurkunden §§ 16, 18, 25 u. 27 der Anweisung. FM. 21. 12. 96 III 17029, ZBl. 97 S. 26. — Vgl. unten A. 5 lit. u.

w) Die Bescheinigungen (Führerzeugnisse), durch welche die Führer gemäß § 14 Abs. 3 der V. des BR. betr. die Regelung des Verkehrs mit Kraftfahrzeugen v. 3. 2. 10 den Nachweis der Erlaubnis zur Führung eines Kraftfahrzeuges zu erbringen haben; die gemäß § 6 Abs. 2 der V. v. 3. 2. 10 nach dem Muster 2 (RGBl. S. 407) auszufertigenden Bescheinigungen über die Zulassung des Kraftfahrzeuges zum Verkehr (vgl. Abs. 4 d. Allg.Verf. v. 9. 6. 08, ZBl. S. 316). FM. 12. 11. 10 III 20928, ZBl. S. 502. Wegen der amtsärztlichen Zeugnisse nach der Anlage B I Nr. 3 s. Anm. 8e.

Führerscheine, durch die Postunterbeamten die Erlaubnis zur Führung von Kraftfahrzeugen erteilt wird, erfordern mit Rücksicht auf § 5 Abs. 1b LStG. den ZeugnisSt. nicht, sofern sie mit einem ausdrücklichen Vermerk versehen sind, durch den ihre Gültigkeit auf den Reichspostdienst beschränkt wird. FM. 7. 12. 11 III 18318.

x) Bescheinigungen über den 44jährigen Besitz, sofern nicht aus dem Attest ein Objekt bis 150 *M* hervorgeht. FM. 7. 10. 97 III 12525.

Unschädlichkeitsatteste. Als Objekt gilt für sie der Kaufpreis für das betr. Trennstück bzw. der Wert desselben. Ein etwaiger Befreiungsgrund müßte in dem Attest selbst vermerkt werden. FM. 31. 1. 99 III 873, ZBl. S. 33.

Die Landschaftsdirektionen und Generalkommissionen haben die von ihnen ausgestellten Unschädlichkeitszeugnisse — vgl. Art. 20 AG. zur RGBO. — in allen Fällen zu verstempeln, in denen nicht aktenkundig ist oder dargetan wird, daß die Urkunde demnächst noch zur Erteilung der Verwendungsbescheinigung der Generalkommission eingereicht werden soll. Im letzteren Falle sind die Unschädlichkeitszeugnisse als Vorzeugnisse stfrei; es ist aber der Zweck, zu dem das Zeugnis ausgestellt wird, im Text desselben anzugeben. (AB. Nr. 88 und Abs. 4 T. 77).

Den Verwendungsbescheinigungen der Generalkommissionen steht StFreiheit aus § 4 Abs. 1 zu d LStG. nicht zu; eine nochmalige StVerwendung findet jedoch nicht statt, wenn der St. bereits zum Unschädlichkeitsattest verwendet ist. Die erfolgte Ver-

**Noch: Zu Tarifnummer 77** (Anm. 5: Steuerfreie Zeugnisse).

wendung des St. zum Unschädlichkeitsattest ist aber auf der Verwendungsbescheinigung zu vermerken. Min. f. Landwirtsch. v. 6. 12. 04 I Cb 6358, ZBl. S. 10 v. 05.

y) Folgende Zeugnisse im Zoll- und Steuerverkehr:

Musterpässe über Waren aus dem freien Verkehr des Zollvereins. FM. 17. 5. 97 III 3594, ZBl. S. 205.

Ursprungszeugnisse über nach dem Auslande auszuführenden Zucker. RG. 16. 6. 05, Entsch. Bd. 61 S. 117. FM. 1. 9. 05 III 11364, ZBl. S. 689. — Vgl. A. 15h bei § 25 u. unten A. 5v.

Von der Zollbehörde zum Zweck der Erteilung von Lombarddarlehen auf Spiritus für die Reichsbank ausgestellte Bescheinigungen. FM. 26. 2. 97 III 2475.

Ankaufserlaubnisscheine über Äther, sofern die dadurch erreichte Steuervergünstigung den Betrag von 150 ℳ übersteigt.

Äther-Verkaufserlaubnisscheine sind stets stpflichtig, da sie nicht über eine bestimmte Menge lauten.

z) Die von den gewerblichen Fortbildungs- und Fachschulen für die männliche und weibliche Jugend, einschließlich der Baugewerk-, Maschinenbau- und sonstigen Fachschulen für die Metallindustrie, der keramischen, der Fachschulen für Textilindustrie und der Handwerker- und Kunstgewerbeschulen den Schülern zu erteilenden Zeugnisse ausschließlich der Klassenzeugnisse und der beim Übertritt in eine andere Lehranstalt zu erteilenden Abgangszeugnisse. FM. 31. 10. 11 III 16687, ZBl. S. 9 v. 12 f. Anm. 5m.

**5.** Als Zeugnisse i. S. dieser Tarifstelle sind u. a. nicht anzusehen und daher stfrei:

a) Bescheinigungen der Polizeibehörden, daß der Auszahlung der Brandentschädigung keine polizeilichen Bedenken entgegenstehen, falls die Form eines Erlaubnisscheins mit dem Vermerk: „stempelfrei mangels Vorhandenseins einer Urschrift" gewählt wird. FM. 24. 9. 96 III 13434. — Vgl. A. 4 lit. x bei T. 10.

b) Polizeiliche Bescheinigungen über das Leerstehen der Wohnung zwecks Liquidierung der Wohnungsgeldentschädigung bei Versetzungen von Beamten. FM. 14. 11. 96 III 16008, ZBl. S. 635.

c) Die polizeilichen Bescheinigungen für die Schlafstellenvermieter. FM. 7. 2. 98 III 1400.

d) Die Bescheinigungen der Polizei- und Gemeindebehörden über das Vorliegen der Voraussetzungen der Befreiungsvorschrift 1 am Schlusse der Tarifnummer 11 RStG. nach § 4 Abs. 1 Buchst. b des Ges., da diese Vorschrift auch Anwendung findet, wenn die Urkunden dem Zwecke dienen, festzustellen, daß eine Abgabe nicht zu entrichten ist. FM. 21. 4. 10 III 8061. Vgl. A. 4a zu § 4 des Ges.

e) Polizeiliche Bescheinigungen über die Anmeldung von Versammlungen, in denen öffentliche Angelegenheiten erörtert oder beraten werden sollen, gleichviel ob die Bescheinigung beantragt ist oder nicht.

**Noch: Zu Tarifnummer 77** (Anm. 5: Steuerfreie Zeugnisse).

FM. 20. 5. 98 III 6775 u. 11. 8. 98 III 11407. Ebenso sind auch solche Bescheinigungen als ausschließlich im öffentlichen Interesse ausgestellt anzusehen, die den Veranstaltern einer nicht öffentlichen Lustbarkeit auf ihren Antrag über die Anmeldung von der Polizeibehörde erteilt wird, falls in Polizeiverordnungen die Anmeldung nicht öffentlicher Lustbarkeiten verlangt wird. FM. 29. 4. 00 III 5106.

Die gemäß § 7 Abs. 1 des ReichsvereinsGes. v 19. 4. 08 (RGBl. S. 151) erteilten polizeilichen Genehmigungen öffentlicher Aufzüge sind mit Rücksicht darauf, daß ihre Erteilung ausschließlich im öffentlichen Interesse erfolgt, in ststeuerlicher Hinsicht ebenso zu behandeln wie die nach derselben Bestimmung ausgestellten Genehmigungen von öffentlichen Versammlungen unter freiem Himmel, deren Steuerfreiheit durch RundErl. v. 13 8 08. — Min. d. J. IIc 2938, FM. III 14305 — bereits anerkannt ist. FM 10 6 09 III 6169, ZBl. S. 219. Vgl. A. 4m zu T 10

f) Wohnsitzbescheinigungen und andere zum Zweck der Benutzung beim Standesamt ausgestellte amtliche Zeugnisse. Es muß aber angegeben sein, daß sie nur zu dem bezeichneten Zweck bestimmt sind. FM 12. 6. 99 III 7340, MBl. S 104.

g) Die Bescheinigungen der beamteten Tierärzte über den seuchenfreien Zustand von aus dem Auslande eingeführten Tieren. FM. 9 4. 97 III 4145, ZBl. S 173. — Vgl. oben A. 4a.

h) Die durch landesherrliche Anordnung zur Abwehr von Viehseuchen vorgeschriebenen Bescheinigungen. FM 27. 3. 97 III 3126

i) Abgangszeugnisse der Studierenden von der Universität, ohne Rücksicht darauf, ob sie zwecks Immatrikulation auf einer anderen Universität oder zwecks Zulassung zur Prüfung erteilt werden. FM 11. 10. 96 III 14046.

k) Die den Kandidaten der Landmeßkunst zu erteilenden Semesterzeugnisbogen und Studienzeugnisse für die künftige Ablegung der kulturtechnischen Prüfung FM 6 2 97 III 16823, ZBl. S 60.

l) Zeugnisse über die wissenschaftliche Befähigung zum einjährig-freiwilligen Militärdienst, über die Prüfung der Abiturienten und Immatrikulanten, die quartaliter den Schülern erteilten Zeugnisse und die Abgangszeugnisse beim Übertritt auf eine andere Lehranstalt, die amtlichen Gesundheitszeugnisse für Schulamtspräparanden bei Beginn der Vorbereitung, sowie die für die Aufnahmeprüfung bei den Schullehrer-Seminaren von den Anwärtern beizubringenden Gesundheitsatteste u. dgl. Atteste für die Meldung zu Volksschullehrer- u. dgl. Prüfungen, endlich auch die für die Aufnahmeprüfungen bei den Schullehrer-Seminaren von den Anwärtern beizubringenden, ortsbehördlich bescheinigten Unterhaltserklärungen des Vaters bzw. des Nächstverpflichteten. Voraussetzung ist, daß bei allen diesen ärztlichen Zeugnissen der die StFreiheit begründende Zweck angegeben ist. FM. 3. 7. 98 III 8840, ZBl. S. 319. — Vgl. oben A. 4m u. p.

**Noch: Zu Tarifnummer 77** (Anm. 5: Steuerfreie Zeugnisse).

m) Die von den gewerblichen Fortbildungs- und Fachschulen für die männliche und weibliche Jugend, einschließlich der Baugewerk-, Maschinenbau- und sonstigen Fachschulen für die Metallindustrie, der keramischen, der Fachschulen für Textilindustrie und der Handwerker- und Kunstgewerbeschulen den Schülern zu erteilenden Klassenzeugnisse und die beim Übertritt in eine andere Lehranstalt auszustellenden Abgangszeugnisse, da ihre Ausstellung im Schulinteresse aus Gründen des inneren Schulbetriebes erfolgt, ferner die von Fortbildungsschulen sonst und gemäß § 131c Abs. 2 GewO. ausgestellten Abgangszeugnisse. Die im § 131c Abs. 4 GewO. vorgesehene StBefreiung erstreckt sich auch auf diejenigen Prüfungszeugnisse von Fachschulen und besonderen Prüfungsausschüssen, denen auf Grund des § 131 Abs. 2 a. a. O. in der Fassung des Gesetzes vom 30. Mai 1908 RGBl. S. 356 die Wirkung der Zeugnisse über das Bestehen der Gesellenprüfung beigelegt ist. FM. III 16687 v. 31. 10. 11, v. 27. 4. 12, III 5224, III 10062 v. 22. 6. 12, ZBl. S. 9, 180 u. 243 von 12. Vgl. A. 4z.

n) Die den Schülern einer Seemaschinistenschule von Amts wegen auszustellenden Schulzeugnisse. FM. 20. 10. 08 III 18184.

o) Bescheinigungen über die erfolgreiche Teilnahme von Lehrpersonen an den Kursen zur Fortbildung im Turnen und in der Erlernung von Turnunterricht, sowie zur Ausbildung in der Leitung von Volks- und Jugendspielen, weil vorwiegend im öffentlichen Interesse. FM. 29. 1. 09 III 1419.

p) Zeugnis des Armee-Musikinspizienten über die Dienstkenntnis in der Führung eines Musikkorps. FM. 10. 7. 97 III 7215. — Vgl. oben A. 4s.

q) Die Kalkulaturatteste des Regierungspräsidenten über Befähigung der Kalkulatur-Hilfsarbeiter zur selbständigen Bearbeitung von Rechnungssachen und die Zuverlässigkeit für solche Geschäfte. FM. 19. 11. 98 III 15455.

r) Äußerungen der Lehrherren über die Leistungen und die Ausbildung der Forstlehrlinge. FM. 21. 8. 99 III 10335. — Vgl. oben A. 4r.

s) Zeugnis über die Beschäftigung als Bureauanwärter. FM. 14. 8. 97 III 9971.

t) Die von Sanitätsoffizieren ausgestellten Zeugnisse über die körperliche Brauchbarkeit von Militäranwärtern für den Grenz- oder einen anderen Zivildienst. FM. 7. 8. 00 III 7241, ZBl. S. 427. — Vgl. oben A. 4p.

u) Die von Dampfkesselrevisoren auszustellenden Bescheinigungen über die Prüfung der Bauart, die erste Wasserdruckprobe, die regelmäßig wiederkehrenden technischen Untersuchungen und die Wasserdruckproben nach Hauptausbesserungen bei Dampfkesseln und ähnlichen Apparaten, sowie die nach § 11 der Anweisung, betreffend Genehmigung und Untersuchung der Dampfkessel, auszustellenden Prüfungsbescheinigungen über die Vollständigkeit der vom Kesselbesitzer ein-

**Noch: Zu Tarifnummer 77** (Anm. 5: Steuerfreie Zeugnisse).

gereichten Vorlagen zur Erlangung der Genehmigung eines Dampfkessels. FM. 21. 12. 96 III 17029, ZBl. S. 26 v. 97. — Vgl. A. 4h bei T. 10 und oben A. 4v.

Die Bescheinigungen, welche über die regelmäßig wiederkehrenden Prüfungen überwachungsbedürftiger Anlagen (Ges. v. 8. 7. 05) ausgefertigt werden, nicht die bei der ersten Prüfung erteilten. Ebenso sind stfrei die Bescheinigungen über außerordentliche Untersuchungen, die von den Polizeibehörden im öffentlichen Interesse angeordnet werden. FM. 9. 6. 08 III 10070, ZBl. S. 316. — Vgl. oben A. 4v.

v) Eingangspässe über ausländische Musterstücke, wenn aus ihnen hervorgeht, daß der Zollwert der Waren, über die der Musterpaß erteilt ist, 150 ℳ nicht übersteigt. FM. 17. 5. 97 III 3594, ZBl. S. 205.

Die von Ortsbehörden ausgestellten Ursprungszeugnisse, wenn der Unterschied im Zoll, welcher auf der Ware im Lande der Bestimmung ruht, je nachdem sie von einem Ursprungszeugnisse begleitet ist oder nicht, 150 ℳ nicht übersteigt. Dabei wird allerdings vorausgesetzt, daß aus dem Inhalt der Zeugnisse hervorgeht, daß sie zum Zwecke der Versendung der Waren nach einem bestimmten Lande und behufs Erlangung eines niedrigeren Zollsatzes im Bestimmungslande ausgestellt sind, und daß die betreffenden Behörden ev. von den Beteiligten in den Stand gesetzt werden, die Höhe des Zollunterschiedes zuverlässig festzustellen. Vgl. FM. 14. 5. 02 III 5797, ferner A. 15h bei § 25 u. oben A. 4y u. FM. 4. 7. 07 III 12017.

Die Beglaubigung der Ursprungserklärungen bezüglich deutscher zur Ausfuhr nach Spanien bestimmter Ware ist der Ortspolizeibehörde übertragen. Min. d. J. 18. 7. 86. Eine Übertragung dieser Befugnis auf die Vorstände der Polizeireviere in Berlin hat nicht stattgefunden.

Bescheinigungen über die Anmeldung des Kleinhandels mit denaturiertem Branntwein. FM. 14. 9. 98 III 12547.

Die von Ortspolizeibehörden behufs zollfreier Einfuhr von Heirats- oder Anzugsgut ausgestellten Anmeldungs- oder Niederlassungsbescheinigungen. FM. 15. 11. 00 III 13527.

Die im Branntweinlombardverkehr nach dem Muster D, 155 erfolgenden Mitteilungen der Steuerbehörden an die Reichsbank über die Verstärkung des Unterpfandes, weil sich die Schriftstücke nach ihrem Inhalt nicht als Zeugnisse darstellen, sondern als bloße Benachrichtigungen im inneren Verkehr zwischen den Steuerbehörden und der Reichsbank. FM. 1. 8. 07 III 9768.

w) Polizeiliche Bescheinigungen über das Nichtvorhandensein der im § 57 GewO. bezeichneten Versagungsgründe zum Zweck der Erlangung einer Gewerbe-Legitimationskarte oder eines Wandergewerbescheins, sofern der Zweck der Ausstellung gemäß Abs. 3 aus dem Zeugnis hervorgeht. FM. 27. 3. 00 III 3578, ZBl. S. 213.

Auf Grund des § 15 der GewO. von den zuständigen Landesbehörden zu erteilende Bescheinigungen über den Empfang der im § 14 GewO. vorgeschriebenen Anzeigen, betreffend den Beginn, die Auf-

**Noch: Zu Tarifnummer 77** (Anm. 5: Steuerfreie Zeugnisse).

gabe usw. der dort bezeichneten Gewerbe und Geschäfte. FM. 14. 9. 98 III 12547.

x) Die in Vereinsregistersachen für die nach § 66 BGB. erforderliche Beglaubigung der bei den Gerichtsakten verbleibenden Satzung. JM. 21. 9. 06, JMBl. S. 291.

y) Bescheinigungen über den Austritt aus der Landeskirche. Joh. Bd. 17 S. 303.

z) Auswanderungsbescheinigungen der Bezirkskommandos und Ersatzkommissionen auf Grund § 111 Nr. 16a Abs. 2 und § 27 Nr. 1 der Wehrordnung. FM. 4. 8. 97 III 9481, ZBl. S. 304 u. 10. 9. 00 III 10192, ZBl. S. 549.

aa) Die nach § 195 Abs. 2 Ziff. 5 HGB. von den Handelsvertretungsorganen behufs Eintragung einer Aktiengesellschaft in das Handelsregister darüber auszustellende Bescheinigung, daß eine Abschrift des Berichts eingereicht worden ist usw.

bb) Die nach Ziff. 43 Abs. 3 der AusfAnw. zur GewO. v. 9. 8. 99 den Ortspolizeibehörden zu übersendenden zweiten Ausfertigungen der auf Grund §§ 33 u. 33a erteilten Genehmigungsurkunden. FM. 18. 6. 00 III 3289, ZBl. S. 396. — Vgl. A. 4 lit. f bei T. 10.

cc) Die an Stelle der steuerpflichtigen Körscheine eingeführten, von dem Vorsitzenden der Kommission ausgestellten Deckbücher, die auf der ersten Seite den Vordruck enthalten:

„Der Stier darf zum Decken fremden Rindviehs bis zum . . . Termin . . . benutzt werden."

Auch als Ausfertigungen können diese Deckbücher nicht angesprochen werden, weil keine Urschriften vorhanden sind. FM. 16. 1. 03 III 16022.

Ebenso wie die an Stelle der Körscheine eingeführten Deckbücher sind auch die in einzelnen Kreisen üblichen Auszüge aus den Körprotokollen stfrei, sofern die Auszüge für die Stierbesitzer nicht auf ihr Ansuchen, sondern ohne Antrag von Amts wegen (T. 11) ausgefertigt werden. FM. 17. 9. 03 III 12997.

dd) Folgende zur Herbeiführung der polizeilichen Genehmigung der Feuerbestattung vorzulegenden Urkunden:

die amtsärztliche Bescheinigung der Todesursache,

die amtliche Bescheinigung, daß der Verstorbene die Feuerbestattung angeordnet hat,

die Bescheinigung der zuständigen Polizeibehörde, daß keine Bedenken gegen die Feuerbestattung bestehen,

die Bescheinigung des amtlich bestellten Leichenbeschauers über die vorschriftsmäßige Einsargung.

Gem. Verfg. des Min. d. J. u. des FM. v. 18. 1. 12, MBl. d. i. V. S. 33, ZBl. S. 50. Vgl. T. 66 A. 10.

Steuerfrei sind auch die polizeilichen Genehmigungen der Feuerbestattung selbst, weil sie ausschließlich im öffentlichen Interesse erteilt werden. M. d. J. u. FM. v. 7. 6. 13, ZBl. S. 320.

6. Die Befreiungsvorschrift des Abs. 3a enthält die sog. Vorzeugnisse: Zeugnisse, auf Grund deren ein anderes amtliches Zeugnis ausgestellt

**Noch: Zu Tarifnummer 77.**

werden soll. Aus dem Wort „soll" ergibt sich, daß StFreiheit eintritt ohne Rücksicht darauf, ob später ein Zeugnis ausgestellt wird oder nicht. FM. 3. 7. 98 III 8840, ZBl. S. 319.

7. Die Steuerfreiheit der Vorzeugnisse ist nach Abs. 4 der T. dadurch bedingt, daß der Verwendungszweck aus dem Zeugnis hervorgeht. Vgl. jedoch A. 8f.

8. An Einzelfällen seien erwähnt:

a) Das Zeugnis über die Tätigkeit als Apothekerlehrling und dessen amtliche Bestätigung durch den Medizinalbeamten; die Zeugnisse über die Tätigkeit als Gehilfe vor der Ablegung der pharmazeutischen Prüfung, und die über die Führung während dieser Zeit; die Zeugnisse über das Universitätsstudium. FM. 3. 6. 07 III 10234.

Die kreisärztlichen Beglaubigungen unter den Servierzeugnissen approbierter Apothekergehilfen, wenn sie sich nur über die Zeitdauer der Tätigkeit des Zeugnisinhabers in einer bestimmten Apotheke aussprechen; enthalten die Zeugnisse zugleich eine Bescheinigung über die Leistungen und ist die darunter befindliche kreisärztliche Bescheinigung ohne jede Beschränkung ausgestellt, so ist sie stpflichtig. FM. 5. 6. 08 III 9397. StPflichtige Zeugnisse im Apothekerberuf s. A. 4o.

b) Die nach § 17 Abs. 2 der Bek. betreffend die Prüfungsordnung für Ärzte v. 28. 5. 01 den Studierenden über die ärztliche Vorprüfung erteilten Zeugnisse, sofern in ihnen der die StFreiheit begründende Zweck der Ausstellung angegeben ist. FM. 15. 6. 06 III 8909. — Vgl. oben A. 4n.

c) Die nach den Diplomprüfungsordnungen der Technischen Hochschulen zu erteilenden Bescheinigungen über das Bestehen der Diplomvorprüfung, sofern sie lediglich als Ausweis für die Zulassung zur Diplomhauptprüfung verwendet werden. Wird von einer solchen Bescheinigung zu anderen Zwecken Gebrauch gemacht, so ist der tarifmäßige St. von 3 ℳ nachträglich zu verwenden.

Die den Studierenden auf Grund des § 31 des Verfassungsstatuts der Technischen Hochschule beim Verlassen der Hochschule zu erteilenden Abgangszeugnisse sind, wie bisher, stfrei auszufertigen.

Hinsichtlich der Abgangsbescheinigungen, welche den Hörern auf Grund des § 34 Abs. 3 des Verfassungsstatuts ausgestellt werden, ist künftig nach Maßgabe des Erl. des Herrn Unterrichtsministers v. 5. 11. 03 U I 2564, betreffend die Abgangsbescheinigungen der Hospitanten bei den Universitäten zu verfahren.

Hiernach sind die den Hospitanten auf ihren besonderen Antrag zu erteilenden Abgangsbescheinigungen stfrei, sofern sie die Grundlage für ein weiteres amtliches Prüfungszeugnis bilden und dieser Zweck in dem Zeugnis angegeben wird. Es sind deshalb die Hospitanten zu einer Angabe darüber zu veranlassen, zu welchem Zweck sie die Bescheinigungen gebrauchen wollen. FM. 11. 5. 10 III 9221.

**Noch: Zu Tarifnummer 77.**

d) Die nach dem amtlichen Vordruck (ZBl. für die ges. Unterrichtsverwaltung 1912 S. 510ff.) ausgestellten amtsärztlichen Zeugnisse für Bewerberinnen um Aufnahme in die Kurse zur Ausbildung von Turn- und Schwimmlehrerinnen an der königlichen Landesturnanstalt in Spandau. FM. 10. 10. 12 III 10888.

e) Desgl. die von beamteten Ärzten auszustellenden Zeugnisse über die körperliche Tauglichkeit des Bewerbers, die nach der Anlage B I Nr. 3 (Anweisung über die Prüfung der Führer von Kraftfahrzeugen) der Bundesratsverordnung vom 3. 2. 1910 dem Antrage auf Erteilung der Erlaubnis zum Führen eines Kraftfahrzeugs beizufügen sind. RG. 15. 11. 12, FM. III 1273 v. 7. 2. 13, ZBl. S. 91 v. 13. Entsch. Bd. 80 S. 419. In dem Erkenntnis nähere Ausführungen über den Begriff des Vorzeugnisses. Wegen der ststeuerlichen Behandlung der übrigen zur Führung eines Kraftfahrzeugs erforderlichen Zeugnisse s. A. 4w.

f) Die Sachverständigenbescheinigungen, die auf Grund des § 12 Abs. 2 der allgemeinen polizeilichen Bestimmungen über die Anlegung von Dampfkesseln v. 17. 12. 08 (RGBl. 09 S. 3) dem Kesselprüfer vor der Ausführung der Bauprüfung von neuen Dampfkesseln zwecks Nachweises dafür vorgelegt werden, daß der zu den Wandungen der Kessel verwendete Baustoff nach Maßgabe der Anlagen I und 1 zu den genannten Bestimmungen geprüft worden ist. Diese Bescheinigungen dienen nach der genannten Vorschrift den über die Bauprüfung auszustellenden Zeugnissen zur Grundlage, sind also Vorzeugnisse. Die StFreiheit der Vorzeugnisse ist allerdings nach Abs. 4 der T. 77 an die Voraussetzung geknüpft, daß der die Befreiung begründende Zweck aus der Urkunde hervorgeht. Es wird indes auch hiervon abgesehen werden können, da diese Bescheinigungen gleichwie die auf ihrer Grundlage ausgestellten Zeugnisse überwiegend im öffentlichen Interesse ausgefertigt werden. FM. 8. 1. 10 III 22290.

9. Unter den Führungszeugnissen sind alle Zeugnisse zu verstehen, die über das sittliche oder sonstige Verhalten des Zeugnisempfängers im allgemeinen, oder über dessen Verhalten, Fleiß und Leistungen während seiner Beschäftigung in einem Staatsbetriebe oder auf einem öffentlichen Bureau im besonderen ausgestellt werden.

10. Einzelfälle:

a) Die von Bewerbern um Katasterzeichnerstellen behufs ihrer Zulassung zur Zeichnerprüfung nach den Vorschriften v. 20. 3. 88 beizubringenden Zeugnisse über ihre bisherige Geschäftstätigkeit in der Katasterverwaltung. FM. 27. 7. 03 III 10638.

b) Die Bescheinigung einer Polizeiverwaltung, daß und wie lange jemand bei einem Gerichtsvollzieher und einem Rechtsanwalt als Schreiber beschäftigt gewesen sei. Über diesen Begriff geht aber die Bescheinigung hinaus, wenn darin gesagt ist, daß der Betreffende durch keinerlei Zivilverhältnisse und Lehrkontrakte gebunden sei. FM. 14. 3. 07 III 4530.

**Noch: Zu Tarifnummer 77.**

**11.** Die Behörden sind besonders angewiesen worden, nicht durch Wahl stfreier Schriftform die StPflichtigkeit sonst stpflichtiger Führungszeugnisse auszuschließen. FM. 16. 8. 97 III 10250, ZBl. S. 324, MBl. S. 174 u. 201.

Dagegen ist für die seitens der Ortspolizeibehörden in dem Schankkonzessionsverfahren gemäß § 33 Abs. 2 Nr. 1 GewO. abzugebenden Äußerungen der RundErl. v. 1. 11. 92, Min. d. J. II 13627, wieder in Kraft gesetzt, wonach dergleichen Äußerungen in Form eines Berichts oder eines Schreibens an die zuständige Behörde abzugeben sind. FM. 4. 1. 01 III 15623. — Würden derartige amtliche Äußerungen von den Gesuchstellern veranlaßt, den letzteren auch das Gesuch mit der Äußerung ausgehändigt sein, so würde der ZeugnisSt. fällig sein. FM. 13. 3. 00 III 2832.

**12.** Polizeiliche Führungszeugnisse, die von den Kandidaten der Medizin nach § 63 Abs. 1 der Prüfungsordnung für Ärzte v. 28. 5. 01 dem Antrage auf Erteilung der Approbation als Arzt beizufügen sind, sind stpflichtig, weil sie zur Erlangung einer Approbation, also einer Erlaubniserteilung i. S. der T. 22b erforderlich sind. FM. 18. 1. 07 III 847. — Vgl. oben A. 4n. Ebenso sind stpflichtig die entsprechenden Führungszeugnisse der Apotheker (T. 22b).

**13.** Über Unterschriftsbeglaubigungen vgl. § 129 BGB., §§ 167, 191 FG., Art. 115, 117, 122 PFG., §§ 1—4, 10, 12 V. v. 20. 12. 00 GS. S. 640. Auch Art. 35, 36, 58 PFG. — s. auch A. 1a oben.

**14.** a) Der ZeugnisSt. für Unterschriftsbeglaubigungen ist grundsätzlich nur dann fällig, wenn die Beglaubigungen entweder durch die Amtsgerichte, Gerichtsschreiber oder Notare erfolgen oder andere Behörden durch Gesetz oder rechtsgültige Verordnungen ausdrücklich zur Vornahme von Beglaubigungen für zuständig erklärt sind. FM. 18. 10. 96 III 13950, ZBl. S. 613. Rechtsgültige Verordnungen sind lediglich solche von der Staatsgewalt ohne Mitwirkung des Parlaments auf Grund der Verfassung oder auf Grund gesetzlicher Ermächtigung getroffene Anordnungen, welche allgemein gültige Normen aufstellen. FM. 6. 2. 97 III 825, ZBl. S. 61. — Vgl. oben A. 1a.

b) So sind für zuständig erklärt:

Polizeibehörden und Gemeindevorsteher für Beglaubigungen, die sich auf Anmeldungen zum Genossenschaftsregister beziehen. (§ 8 Abs. 1 der Bekanntmachung betr. Führung des Genossenschaftsregisters vom 1. 7. 1899 — RGBl. S. 347 — und die Anmeldungen zu diesem Register vom 1. Juli 1899). Zur Beglaubigung von Abschriften, soweit dies erforderlich, sind die Gemeindevorsteher und Polizeibehörden nicht zuständig. (§ 8 Abs. 2 das.)

Universitätsrichter für die Beglaubigung der Unterschrift des Studierenden unter dem Anerkenntnis über gestundete Honorare.

**15.** Deshalb tritt StFreiheit ein, wenn Polizeirevierbeamte oder Stadtbezirksvorsteher Vollmachten zur Empfangnahme von Postsendungen oder Erklärungen über deren Abholung beglaubigen, FM. 6. 7. 00 III 6550, ZBl. S. 409. — Vgl. A. 15i bei § 25. Die Anerkennung der Unterschrift-Beglaubigung beruht lediglich auf einer Anordnung der Postbehörde.

**Noch: Zu Tarifnummer 77.**

**16.** Die Befreiungs-Vorschrift zu 77e bezieht sich nur auf Beglaubigungen von

1. Erklärungen für das Grundbuch, oder wo dies noch nicht angelegt ist, die seine Stelle vertretenden öffentlichen Bücher;
2. Erklärungen, die nach ihrem Inhalt ausschließlich zu einer Eintragung oder Löschung darin erforderlich sind,

sowie die mit solchen Beglaubigungen verbundenen Zeugnisse über die Vertretungsbefugnis der Beteiligten.

**17.** Zu 1 der Anm. 16:

a) Rechtsprechung und Verwaltungsübung beschränken die Anwendbarkeit der Befreiungsvorschrift auf Eintragungen für preußische Grundbücher, RG. 12. 5. 05 Entsch. Bd. 60 S. 431, ZBl. S. 707.

b) Sie bezieht sich nach ihrem Wortlaut ferner nicht auf Eintragungen im Schiffsregister, FM. 6. 7. 97, und andern gerichtlichen Registern.

**18.** Erforderlich ist die Beglaubigung einer Unterschrift, so daß z. B. vom Notar gefertigte beglaubigte Abschriften von Erbbescheinigungen und Generalvollmachten nach T. 1 stpflichtig sind. FM. 4. 5. 97 III 4531. — Vgl. A. 5 bei T. 1.

Eine milde Verwaltungsübung hat jedoch nachgelassen, daß Beglaubigungen von Kaufverträgen, Schuldverschreibungen und ähnlichen Urkunden, die von den Notaren zur Aufbewahrung zu den Grundakten angefertigt und eingereicht werden, stfrei bleiben, weil ein öffentliches Interesse vorliegt. A. 7a zu T. 1.

**19.** a) Zu Ziffer 2 A. 16: Die Befreiungsvorschrift ist nicht dahin auszulegen, daß die Beifügung einer jeden Erklärung, welche zum Zweck der Herbeiführung einer Eintragung oder Löschung nicht notwendig ist, den Wegfall der StFreiheit zur Folge hat; vielmehr ist die Grenze für die Anwendung der Befreiungsvorschrift dahin zu ziehen, daß zwar die Aufnahme von Erklärungen, welche mit der Bewilligung einer Eintragung oder Löschung sachlich in keinem Zusammenhange stehen, der Gewährung der StFreiheit entgegensteht, daß aber die StFreiheit auch dann anerkannt werden kann, wenn die Beteiligten sich nicht auf die zur Eintragung oder Löschung unbedingt erforderlichen Erklärungen beschränkt haben, sondern zur näheren Bestimmung des dinglichen Rechtsverhältnisses dienliche Erklärungen beigefügt haben. JM. 10. 12. 01, JMBl. S. 309, ZBl. S. 31 v. 02.

b) Als eine solche Erklärung ist auch die Anerkennung der Forderung, für welche Hypothek bestellt werden soll, anzusehen. Ebenso findet die Befreiungsvorschrift Anwendung, wenn bei Eintragung einer Buchhypothek die beglaubigte Erklärung neben der Bewilligung der Eintragung einer Hypothek zugleich die Schuldurkunde enthält.

c) Auch folgende in einer Schuldverschreibungsurkunde mit Hypothekenbestellung enthaltenen Bestimmungen gehen über den für die Steuerfreiheit gezogenen Rahmen nicht hinaus:

Schuldner ist verpflichtet, die Gebäude in angemessener Feuerversicherung zu halten, darin keine Änderung ohne Zustimmung

**Noch: Zu Tarifnummer 77.**

des Gläubigers eintreten zu lassen. Im Fall Nichtzahlung der Versicherungsbeiträge durch den Schuldner und Einzahlung seitens des Gläubigers ist ersterer zur Erstattung und Verzinsung verpflichtet. Die verpfändeten Gebäude dürfen ohne Zustimmung des Gläubigers nicht abgebrochen werden.

Das Kapital soll ohne Kündigung bei Nichterfüllung dieser Abmachungen fällig sein. JM. 7. 9. 04, JMBl. S. 329, FM. 27. 3. 05, ZBl. S. 180.

Bei Kündigung seitens des Gläubigers ohne Vorlegung des Hypothekenbriefes ist der Eigentümer zur Zurückweisung der Kündigung nicht berechtigt.

Im Falle der Fälligkeit der Hypothek ist der Gläubiger verpflichtet, auf Verlangen die Hypothek an einen Dritten ohne Gewährleistung abzutreten. FM. 8. 8. 08 III 13748.

d) Ein häufiger Fall für die Anwendung der Befreiungsvorschrift ist die Beglaubigung der Auflassungsvollmacht. Steuerfrei ist auch die Beglaubigung der Verpfändung einer Hypothekenforderung. ZBl. S. 149 v. 11.

**20.** a) Die StFreiheit von Beglaubigungen ist nicht dadurch bedingt, daß die beantragte Eintragung für zulässig befunden wird und wirklich erfolgt. Sie ist vielmehr nur an die Voraussetzung gebunden, daß eine die Eintragung bezweckende Urkunde beglaubigt wird. Joh. Bd. 3 S. 221.

b) Wird dem beglaubigenden Notar nicht die Einsicht der Urkunde zur Feststellung etwaiger StFreiheit gewährt, so hat er in allen Fällen den BeglaubigungsSt. zu verwenden; wird die Beglaubigung stfrei erteilt, so muß der Notar den Befreiungsgrund in seinen Akten vermerken, und zwar derart, daß eine Nachprüfung der Frage der StFreiheit möglich ist; hierbei genügt die bloße Bezeichnung „Grundbuchsache“ nicht, wohl aber die Bezeichnung „Abtretung einer Hypothekenforderung“, „Auflassungsvollmacht“. JM. 21. 6. 97 I 2766, ZBl. S. 277, JMBl. S. 154, jetzt AB. 6 Abs. 3.

c) Beglaubigen die Notare nur eine von ihnen nicht entworfene Urkunde, so sind sie nur zur Verwendung des ZeugnisSt. verpflichtet. FM. 30. 6. 97 III 7992, ZBl. S. 277. Vgl. dagegen § 15 des Ges.

d) Die Unterschriftsbeglaubigung unter einer Erbschaftsausschlagungserklärung, in der angegeben ist, daß der Nachlaß überschuldet ist, ist stfrei. KG. 18. 4. 07, Joh. Bd. 36 S. B 48.

**21.** Dagegen ist der ZeugnisSt. u. a. erforderlich:

a) Zu der Beglaubigung eines Antrages auf Ergänzung des Hypothekenbriefes durch Eintragung der derzeitigen Bestandteile des Grundstücks und der Feuerversicherungssumme. FM. 26. 7. 01 III 9326.

b) Zu einer Klausel, die in eine mit Hypothekenbestellung verbundene Schuldverschreibung aufgenommen wird: Für alle Klagen aus dieser Urkunde ist das Amtsgericht in S zuständig. RG. 1. 10. 01, Entsch. Bd. 49 S. 299.

c) Falls die Schuldverschreibung oder die Urkunde über Bestellung einer Kautionshypothek die Übernahme der selbstschuldnerischen

| Lfd. Nr. | Gegenstand der Besteuerung | Steuersatz v. H. | Steuersatz ℳ | Steuersatz ₰ | Berechnung der Stempelabgabe |
|---|---|---|---|---|---|
| 78. | **Zuschlagsbescheide**, wie Kaufverträge, siehe diese. | | | | |

**Noch: Zu Tarifnummer 77.**

Bürgschaft seitens des Verpfänders enthält. FM. 24. 4. 99 III 4926 und 17. 10. 00 III 12290.

d) Wenn in der Zessionsurkunde Schuldner den Zessionar als seinen neuen Gläubiger anerkennt. FM. 28. 5. 98 III 7117. — Vgl. A. 8f bei T. 58 und A. 7d bei T. 71.

22. Von der Steuer befreit sind endlich (Art. II d. G. v. 22. 5. 10, GS. S. 47, zur Abänderung des Ges. v. 20. 7. 83, GS. S. 120, FM. 21. 6. 10, ZBl. S. 325) Anträge, Vollmachten und Genehmigungserklärungen, die nach ihrem Inhalt ausschließlich eine im Reichsschuldbuch oder im Staatsschuldbuch einzutragende oder eingetragene Forderung betreffen.

# Tabelle

über den gegenwärtigen Kapitalwert einer Rente oder Nutzung im Werte von 1 ℳ auf eine bestimmte Anzahl von Jahren behufs Berechnung der davon zu entrichtenden Stempelsteuer.

(Zu § 6 des Gesetzes.)

| Anzahl der Jahre | Kapitalwert ℳ | Kapitalwert ₰ | Anzahl der Jahre | Kapitalwert ℳ | Kapitalwert ₰ | Anzahl der Jahre | Kapitalwert ℳ | Kapitalwert ₰ |
|---|---|---|---|---|---|---|---|---|
| 1 | 1 | 0,0 | 30 | 17 | 98,4 | 59 | 23 | 43,0 |
| 2 | 1 | 96,2 | 31 | 18 | 29,0 | 60 | 23 | 52,8 |
| 3 | 2 | 88,6 | 32 | 18 | 58,9 | 61 | 23 | 62,4 |
| 4 | 3 | 77,5 | 33 | 18 | 87,4 | 62 | 23 | 71,5 |
| 5 | 4 | 63,0 | 34 | 19 | 14,8 | 63 | 23 | 80,3 |
| 6 | 5 | 45,1 | 35 | 19 | 41,1 | 64 | 23 | 88,7 |
| 7 | 6 | 24,2 | 36 | 19 | 66,5 | 65 | 23 | 96,9 |
| 8 | 7 | 00,2 | 37 | 19 | 90,8 | 66 | 24 | 04,7 |
| 9 | 7 | 73,3 | 38 | 20 | 14,3 | 67 | 24 | 12,2 |
| 10 | 8 | 43,5 | 39 | 20 | 36,8 | 68 | 24 | 19,4 |
| 11 | 9 | 11,1 | 40 | 20 | 58,5 | 69 | 24 | 26,4 |
| 12 | 9 | 76,0 | 41 | 20 | 79,3 | 70 | 24 | 33,0 |
| 13 | 10 | 38,5 | 42 | 20 | 99,3 | 71 | 24 | 39,5 |
| 14 | 10 | 98,6 | 43 | 21 | 18,6 | 72 | 24 | 45,6 |
| 15 | 11 | 56,3 | 44 | 21 | 37,1 | 73 | 24 | 51,6 |
| 16 | 12 | 11,8 | 45 | 21 | 54,9 | 74 | 24 | 57,3 |
| 17 | 12 | 65,2 | 46 | 21 | 72,0 | 75 | 24 | 62,8 |
| 18 | 13 | 16,6 | 47 | 21 | 88,5 | 76 | 24 | 68,0 |
| 19 | 13 | 65,9 | 48 | 22 | 04,3 | 77 | 24 | 73,1 |
| 20 | 14 | 13,4 | 49 | 22 | 19,5 | 78 | 24 | 78,0 |
| 21 | 14 | 59,0 | 50 | 22 | 34,2 | 79 | 24 | 82,7 |
| 22 | 15 | 02,9 | 51 | 22 | 48,2 | 80 | 24 | 87,2 |
| 23 | 15 | 45,1 | 52 | 22 | 61,8 | 81 | 24 | 91,5 |
| 24 | 15 | 85,7 | 53 | 22 | 74,8 | 82 | 24 | 95,7 |
| 25 | 16 | 24,7 | 54 | 22 | 87,3 | 83 | 24 | 99,7 |
| 26 | 16 | 62,2 | 55 | 22 | 99,3 | 84 | 25 | 00,0 |
| 27 | 16 | 98,3 | 56 | 23 | 10,9 | und mehr. | | |
| 28 | 17 | 33,0 | 57 | 23 | 22,0 | | | |
| 29 | 17 | 66,3 | 58 | 23 | 32,7 | | | |

# Ausführungsbestimmungen
zum
# Landesstempelgesetz.*)

Vom 16. August 1910.

(Beilage zu Nr. 20 des Zentralblatts. Abkürzung: AB. z. LStG.)

Zur Ausführung des am 1. Juli 1909 in Kraft getretenen Stempelsteuergesetzes in der Fassung der Bekanntmachung vom 30. Juni 1909 (GS. S. 535) werden vom Finanzminister im Einverständnis mit den Ministern der Justiz, der öffentlichen Arbeiten, für Handel und Gewerbe, der geistlichen, Unterrichts- und Medizinal-Angelegenheiten, für Landwirtschaft, Domänen und Forsten, sowie des Innern, unter Aufhebung der Bekanntmachung vom 13. Februar 1896 und der Dienstvorschriften vom 14. Februar 1896, betreffend die Ausführung des Stempelsteuergesetzes (Zentralblatt der Abgaben-Gesetzgebung und Verwaltung in den Königlich Preußischen Staaten S. 53 und 93), der diese Vorschriften abändernden Ausführungsbestimmungen vom 28. August 1900 (Zentralblatt usw. S. 477 und 492), der allgemeinen Verfügung des Finanzministers, betreffend die Buchführungsordnung für den Landesstempel vom 24. Februar 1909 (Zentralblatt usw. S. 76) und der allgemeinen Verfügung des Finanzministers und des Justizministers vom 6. Juli 1909, betreffend das gerichtliche Stempelwesen (Justizministerialblatt S. 239, Zentralblatt usw. S. 243) folgende am 1. Oktober 1910 in Kraft tretende Bestimmungen erlassen:

---

*) Die Ausführungsbestimmungen sind in den Regierungsamtsblättern mit Ausnahme des Amtsblattes der Regierung zu Sigmaringen und im „Zentralblatt der Abgaben-Gesetzgebung“ und Verwaltung vom 24. September 1910 Nr. 20 veröffentlicht.

Anm. des Herausgebers: Auszug s. JMBl. S. 183 von 1911.

# Landesstempelgesetz.

## I. Abschnitt.

## Von der Pflicht zur Entrichtung der Stempelsteuer.

### Zu §§ 2 und 5 des Gesetzes.

**Anrechnung ausländischer Stempel. Persönliche Stempelbefreiungen.**

1. (1) Über die Zulässigkeit der im § 2 Abs. 3 des Gesetzes erwähnten Anrechnung der in einem anderen Bundesstaat entrichteten Stempel und der im § 5 Abs. 2 und 3 a. a. O. erwähnten Stempelsteuerbefreiungen entscheidet der Finanzminister.

(2) Wegen der im § 5 Abs. 1g des Gesetzes vorgeschriebenen nachträglichen Einziehung von Stempelbeträgen ist das Erforderliche im § 5 Abs. 3 der allgemeinen Verfügung über gerichtliche Landesstempelsachen gesagt. Die einjährige Frist läuft von dem Tage ab, an dem das zuständige Stempelsteueramt vom Registergericht die angeordnete Mitteilung erhält.

(3) Jede Oberzolldirektion und jedes Stempelsteueramt führt über diejenigen Stiftungen des Geschäftsbereichs, die nach § 5 Abs. 1d des Gesetzes als milde anerkannt sind, ein Verzeichnis. Insoweit nach dem Ermessen der Oberzolldirektionen ein Bedürfnis vorhanden ist, bringen sie Stiftungen der bezeichneten Art in gewissen Zeitabschnitten zur Kenntnis der Hauptzollämter ihres Verwaltungsbezirks; es bleibt ihrer Entscheidung überlassen, ob es erforderlich ist, den Hauptzollämtern auch die früheren, seit dem 1. April 1896 anerkannten Stiftungen mitzuteilen.

### Zu § 3 des Gesetzes.

**Bedingte Rechtsgeschäfte.**

2. Behörden und Beamte, einschließlich der Notare, sind verpflichtet, zu Urkunden über bedingte Rechtsgeschäfte die tarifmäßigen Stempel innerhalb der Fristen des § 15 Abs. 1 des Gesetzes zu verwenden, und zwar selbst dann, wenn es wahrscheinlich ist oder innerhalb der gesetzlichen Stempelverwendungsfristen bereits feststeht, daß das beurkundete Geschäft nicht zur Ausführung kommen wird. Aus der Vorschrift des § 25 Abs. 2 des Gesetzes, wonach unter Umständen bei Nichtausführung des Geschäfts eine Stempelerstattung zulässig ist, ist keine Berechtigung zu entnehmen,

die fristzeitige Stempelverwendung zu unterlassen, da damit der Entscheidung der Oberzolldirektionen über die Stempelerstattung, die nicht ausnahmslos, sondern nur bei dem Vorhandensein von Billigkeitsgründen statthaft ist, vorgegriffen werden würde. Es wird besonders den Notaren zur Pflicht gemacht, zu Urkunden über bedingte Grundstückskaufverträge die gesetzlichen Stempel rechtzeitig — also regelmäßig vor der Aushändigung, spätestens binnen zwei Wochen nach der Aufnahme der Verträge — zu verwenden. Dies gilt namentlich für die über die Veräußerung von Schankgrundstücken geschlossenen Verträge, die vielfach unter der Bedingung geschlossen werden, daß sie erst gültig werden sollen, wenn die Erlaubnis zum Betriebe der Gast- und Schankwirtschaft erteilt ist oder daß sie ihre Gültigkeit verlieren sollen, wenn diese Erlaubnis nicht erteilt wird.

## Zu § 6 des Gesetzes.

**Stempelerstattungen bei unbestimmten Leistungen.**

3. (1) Für die Stempelerstattungen des Abs. 2 läuft die Frist des § 25 Abs. 1a des Gesetzes von dem Tage, an dem die wirkliche Leistung feststeht.

**Umrechnung fremder Währungen**

(2) Für die Umrechnung der in einer anderen als der Reichswährung ausgedrückten Summen sind für die nachstehenden Währungen folgende, vom Bundesrat festgesetzte Mittelwerte allgemein zugrunde zu legen:

| | | |
|---|---|---|
| 1 Pfund Sterling | = 20,40 | ℳ |
| 1 Frank, Lira, Peseta (Gold), Lëu, finnische Mark | = 0,80 | „ |
| 1 österreichischer Gulden (Gold) | = 2,00 | „ |
| 1 österreichischer Gulden (Währung) | = 1,70 | „ |
| 1 österreichisch-ungarische Krone | = 0,85 | „ |
| 1 Gulden holländischer Währung | = 1,70 | „ |
| 1 skandinavische Krone | = 1,125 | „ |
| 1 alter Goldrubel | = 3,20 | „ |
| 1 Rubel<br>1 alter Kreditrubel | = 2,16 | „ |
| 1 türkischer Piaster | = 0,18 | „ |
| 1 Peso (Gold) | = 4,00 | „ |
| 1 Dollar | = 4,20 | „ |
| 1 alter japanischer Goldyen | = 4,20 | „ |
| 1 japanischer Yen | = 2,10 | „ |
| 1 deutsch-ostafrikanische oder indische Rupie | = 1,35 | „ |
| 1 mexikanischer Golddollar | = 2,10 | „ |

## Zu § 7 des Gesetzes.

**Auskunfterteilung und Wertermittelung.**

4. (1) Wenn es für die Ermittelung der der Stempelberechnung zugrunde zu legenden Werte auf Umstände ankommt, die aus der Urkunde nicht ersichtlich sind, z. B. auf das Lebensalter einer Person, so sind die die Versteuerung vornehmenden Behörden und Beamten, einschließlich der Notare, verpflichtet, die Beteiligten über diese Umstände zu befragen und das Ergebnis auf der Urkunde zu vermerken. Sind besondere Ermittelungen erforderlich, so ist die Entstehung von Kosten tunlichst zu vermeiden; in jedem Falle ist darauf zu achten, daß nicht Kosten erwachsen, die zur Höhe des Stempelanspruches in keinem angemessenen Verhältnis stehen.

**Ordnungsstrafen.**

(2) Die Festsetzung und Einziehung der Ordnungsstrafen des zweiten Absatzes erfolgt nach fruchtloser Androhung im Wege der Verfügung durch die Hauptzollämter. In denjenigen Fällen, in denen das Ermittelungsverfahren vor den Stempelsteuerämtern schwebt, setzen diese die Ordnungsstrafen fest und überweisen sie den Hauptzollämtern zur Einziehung. Die im § 15 des Gesetzes erwähnten Behörden und Beamten haben unter Mitteilung der Verhandlungen das zuständige Hauptzollamt um Festsetzung der Ordnungsstrafen zu ersuchen. Sie sind von dem Ergebnis durch die Hauptzollämter zu benachrichtigen. Gegen die Straffestsetzungen findet Beschwerde an die Oberzolldirektion statt.

**Einigungen.**

(3) Einigungen zwischen den Zollbehörden und Steuerpflichtigen sind unter dem ausdrücklichen Vorbehalt der Abänderung durch die vorgesetzten Dienstbehörden zu treffen.

**Aussetzung der Einziehung streitiger Stempel.**

(4) Die Bestimmung über die Aussetzung der Zahlung des streitig gebliebenen Stempels infolge Beschreitung des Rechtsweges findet nur Anwendung auf diejenigen Beträge, welche wegen Meinungsverschiedenheiten zwischen den Zollbehörden und Steuerpflichtigen über die Höhe des Wertes des Gegenstandes streitig geblieben sind, nicht aber auf diejenigen Stempelbeträge, welche streitig sind, weil die Steuerpflichtigen ihre rechtliche Verpflichtung zur Zahlung überhaupt bestreiten.

## Zu § 8 des Gesetzes.

**Aussetzung der Versteuerung wegen Unbestimmtheit des Wertes des Gegenstandes.**

5. (1) Eine Aussetzung der Versteuerung wegen Unbestimmtheit des Wertes des Gegenstandes ist dann nicht zulässig, wenn es möglich ist,

den Wert des Gegenstandes des Geschäfts, wenn auch nur annähernd, sogleich festzustellen. Eine sofortige Versteuerung ist z. B. möglich, wenn in Verträgen über die Veräußerung eines Grundstücks nur ein Einheitspreis und die ungefähre Größe des Grundstücks angegeben ist.*) Nur wenn ein Geschäft seinem Inhalte nach so unbestimmt ist, daß sich sein Wert auch nicht annähernd schätzen läßt, ist die Erhebung des Stempels bis zur erfolgten Ausführung des Geschäfts auszusetzen oder, wenn es sich um fortlaufende oder zu gewissen Zeiten wiederkehrende Leistungen handelt, von Zeit zu Zeit — etwa alljährlich — vorzunehmen. Die Berechnung des Stempels bei Urkunden über Geschäfte der letzteren Art richtet sich nach dem Gesamtwerte des Gegenstandes, dergestalt, daß auch die bei Vornahme der einzelnen Versteuerungen 150 ℳ oder weniger betragenden Werte nicht außer Betracht bleiben dürfen, sondern den bereits versteuerten Werten behufs der Nachversteuerung hinzuzurechnen sind. Wenn beispielsweise bei einem Lieferungsvertrage der nach Ablauf des ersten Vertragsjahres auf 450 ℳ festgestellte Lieferungspreis mit 1/3 v. H. also mit 1,50 ℳ versteuert worden ist und sich nach Ablauf des zweiten Vertragsjahres ein Preis von 150 ℳ ergibt, so sind diese 150 ℳ nicht steuerfrei, sondern sie unterliegen einem Stempel von 50 ₰, weil der stempelpflichtige Gesamtpreis am Schluß des zweiten Jahres 600 ℳ (450 + 150 ℳ) und der davon zu entrichtende Stempel 2 ℳ beträgt.

(2) Zu Urkunden, aus welchen ein bestimmter Wert sogleich ersichtlich ist, in denen aber außerdem Leistungen von unbestimmten, erst später schätzbaren Werten ausbedungen sind, ist der Stempel von dem ersichtlichen Werte sogleich zu verwenden, die Beibringung des übrigen Stempels aber nach der Vorschrift des vorhergehenden Absatzes zu bewirken.

**Verfahren bei Urkunden, die von Behörden und Beamten, einschl. der Notare, aufgenommen sind.**

(3) Behörden und Beamte, einschließlich der Notare, haben innerhalb der Fristen des § 15 Abs. 1 des Gesetzes die Versteuerung der dort bezeichneten Verhandlungen und Urkunden, bei denen der Wert des Gegenstandes unbestimmt ist, bei den Hauptzollämtern zu beantragen, wenn sie es nicht vorziehen, die nachträgliche Versteuerung selbständig ohne Mit-

*) Anm. des Herausgebers: Durch diese Bestimmung hat die frühere Verwaltungsübung nicht geändert werden sollen. Die sofort zu bewirkende Versteuerung ist deshalb auch jetzt nur als vorläufige zu betrachten und die endgültige hat zu erfolgen, sobald der zunächst nur bestimmbare Preis in einer bestimmten Höhe festgesetzt worden ist. FM. III 1972 v. 14. 2. 13 in Verbindung mit III 11976 v. 22. 9. 03.

wirkung der Zollbehörden vorzunehmen. Zur Versteuerung zuständig ist der Regel nach dasjenige Hauptzollamt, in dessen Geschäftsbezirk die Urkunde errichtet ist. Die Urkunden können aber auch einem anderen Hauptzollamt zur Versteuerung überwiesen werden, wenn die Umstände die Annahme rechtfertigen, daß dieses letztere Amt für die Überwachung geeigneter ist und die Versteuerung sich bei ihm wird bequemer erreichen lassen. Unter Zustimmung der Steuerpflichtigen kann die Versteuerung auch von demjenigen Hauptzollamt, bei dem die Versteuerung beantragt ist, an ein anderes Hauptzollamt abgegeben werden, wenn nach den gemachten Wahrnehmungen oder infolge veränderter Umstände, z. B. des Wechsels des Wohnortes der Steuerpflichtigen, der Übernahme der Abrechnung durch eine andere Geschäftsstelle usw. sich durch die Überweisung an ein anderes Amt eine zweckentsprechendere Versteuerung erwarten läßt.

(4) Über die die Berechnung und Überwachung der später zu entrichtenden Stempel bedingenden Umstände sind die Beteiligten zu vernehmen und ihre Erklärungen zu den Akten zu vermerken. Bei Notaren hat diese Verpflichtung zur Voraussetzung, daß die tatsächlichen Verhältnisse, die für die Wertfestsetzung und die davon abhängige Stempelberechnung bestimmend sind, zur Zeit der notariellen Aufnahme oder Beglaubigung der Urkunde bereits bestanden haben oder binnen zwei Wochen nach dem Tage der Ausstellung der Urkunden eingetreten sind. Bestimmt sich der Wert des Gegenstandes nach dem Eintritt späterer Ereignisse oder läßt er sich zur Zeit der Beurkundung aus einem anderen Grunde nicht bemessen — beispielsweise der in einem Lieferungsvertrage vereinbarte Preis nach künftigen Marktpreisen oder bei Grundstücksveräußerungen der auch nicht ungefähr feststellbare Preis nach der erst später durch Vermessung festzustellenden Größe des Grundstücks — so liegt den Notaren die Beschaffung der für die Berechnung des Stempels erforderlichen Angaben nicht mehr ob. Dies ist alsdann Sache der Hauptzollämter.

(5) Die Erklärungen der Beteiligten sind dem Hauptzollamt mit einer entsprechenden Anzeige zu übersenden; die zu versteuernden Urkunden sind, soweit es angängig ist, in Urschrift oder in Abschrift beizufügen. Kann letzteres nicht geschehen und ergeben auch die Erklärungen der Beteiligten den Sachverhalt nicht zur Genüge, so ist das Hauptzollamt unter Mitteilung des Datums und Gegenstandes der Urkunde sowie der Beteiligten nach Namen, Stand und Wohnort vom Sachverhalt in Kenntnis zu setzen. Notare haben zu den Urschriften der Verhandlungen nach der Tarifstelle 45 den Notariatsurkundenstempel von 3 ℳ zu verwenden, falls nicht der Stempel einer anderen Tarifstelle beizubringen ist; der

Notariatsurkundenstempel kann auf den später im Wege der Nachversteuerung zu erhebenden Stempel angerechnet werden. Die Überweisung des Überwachungsfalles an das Hauptzollamt ist von der überweisenden Amtsstelle auf der Urschrift oder der Abschrift der Verhandlung oder, wo solche Urkunden nicht vorhanden sind, an geeigneter Stelle in den Akten zu vermerken. Die entstehenden Schreib- und Postgebühren fallen der Staatskasse zur Last.

(6) Das Hauptzollamt trägt den Überwachungsfall nach Prüfung des Sachverhalts in eine unter fortlaufender Nummer zu führende Überwachungsliste ein, die den Tag der Eintragung, die Bezeichnung der Urkunde nach Form, Art des beurkundeten Geschäfts, Ort und Tag, die Namen, den Stand und Wohnort der Steuerpflichtigen, den Wert des Gegenstandes, den Zeitpunkt der Fälligkeit des Stempels sowie den Vermerk der etwa hinterlegten Sicherheit und ihrer Buchung und der eingezogenen Stempelbeträge enthalten muß. Es bescheinigt der überweisenden Amtsstelle den Eingang der Überweisung unter Mitteilung der Nummer der Überwachungsliste und Beifügung der zurückverlangten Urkunden und veranlaßt das weitere wegen etwaiger Sicherheitsleistung, der Überwachung und der späteren Einziehung der Stempel. Die eingezahlten Beträge sind in Stempelzeichen zu entwerten. Die entwerteten Stempelzeichen sind zu den Akten zu nehmen. Die Beträge sind der überweisenden Amtsstelle mitzuteilen, welche die Mitteilung als Beleg zu den in den Akten befindlichen Vorverhandlungen zu entnehmen hat.

(7) Kommen in ein und demselben Geschäftsbetriebe zahlreiche, überwachungsbedürftige Verträge vor, deren jährlicher Einzelertrag gering ist, z. B. bei Lizenzvergebungen an kleine Bezirke, bei Verleihung des Aufführungsrechts an Bühnen durch Verlagsanstalten oder Agenturen, so kann auf Antrag statt der Versteuerung jedes einzelnen Vertrages die Versteuerung der gesamten, innerhalb eines bestimmten Zeitraumes abgeschlossenen Verträge durch Kontrollbücher gestattet werden. Die Steuerpflichtigen haben die Verträge sofort nach ihrem Abschluß in das Kontrollbuch einzutragen, sie mit der laufenden Nummer des Kontrollbuches zu versehen und das Kontrollbuch in gewissen Zeitabschnitten — viertel-, halb- oder alljährlich — den Hauptzollämtern zur Versteuerung einzureichen. Über die Zulassung zu dieser Versteuerung entscheiden die Hauptzollämter; sie bestimmen auch das Nähere wegen der Überwachung, besonders wegen der Anlegung des Kontrollbuches.

**Verfahren bei gerichtlichen Urkunden.**

(8) Wegen der Übersendung der gerichtlichen Urkunden an die Hauptzollämter ist das Erforderliche im § 11 der Verfügung über gerichtliche

Landesstempelsachen bestimmt. Für das weitere Verfahren findet der Abs. 6 sinngemäße Anwendung.

**Verfahren bei privatschriftlichen Urkunden.**

(9) Privatschriftliche Urkunden — zu denen auch die der Unterschrift nach gerichtlich oder notariell beglaubigten Urkunden, sowie diejenigen Urkunden gehören, bei denen die Notare die Unterschriften beglaubigt, die Entwürfe aber nicht selbst gefertigt haben — sind innerhalb der im § 16 bezeichneten Fristen den Hauptzollämtern zur Überwachung, Versteuerung und Erhebung des Stempels einzureichen. Das Hauptzollamt hat die Aussteller oder Vorzeiger der Urkunden nach Maßgabe des Abs. 4 zu vernehmen, den Überwachungsfall in die Überwachungsliste einzutragen, von der eingereichten Urkunde, insoweit ihr Inhalt für die Stempelpflichtigkeit von Belang ist, Abschrift zu fertigen und auf der Urkunde den Tag der Vorlegung, die Nummer der Überwachungsliste und den Zeitpunkt, zu dem die Urkunde zur Versteuerung wieder einzureichen ist, zu vermerken. Sodann ist die Urkunde dem Einsender oder Vorzeiger unter Hinweis auf die Strafbestimmungen der §§ 17 und 18 des Gesetzes wieder zuzustellen und das weiter Erforderliche wegen etwaiger Sicherheitsleistung, der Überwachung, sowie der Einziehung und Entwertung des Stempels nach Abs. 6 zu veranlassen. Der Abs. 7 dieser Nummer findet auf privatschriftliche Urkunden Anwendung. Die vorstehenden Bestimmungen gelten auch für Urkunden, zu denen Privatpersonen ohne amtliche Überwachung Stempel verwenden dürfen.

## Zu § 9 des Gesetzes.

**Versteuerung von Nebenausfertigungen als Hauptausfertigungen.**

6. (1) Wird den Zollbehörden oder Stempelverteilern eine stempelpflichtige Verhandlung mit dem Antrage vorgelegt, sie als Nebenausfertigung (Duplikat, Nebenexemplar) zu versteuern, so ist diesem Antrage nur dann zu entsprechen, wenn das Vorhandensein einer als Hauptausfertigung vorschriftsmäßig versteuerten Urkunde nachgewiesen ist. Kann ein solcher Nachweis nicht geführt werden, so ist die vorgelegte Verhandlung als die vorhandene einzige Ausfertigung anzusehen und zur Versteuerung zu ziehen. Der verwendete Stempel wird jedoch auf Antrag bis auf den zur Nebenausfertigung erforderlichen Betrag zurückgezahlt, sobald später die vorschriftsmäßig versteuerte Hauptausfertigung vorgelegt werden kann. Der Erstattungsantrag ist an das zuständige Stempelsteueramt zu richten. Wegen des Verfahrens, wenn die stempelpflichtige Urkunde wegen Vernichtung oder sonstigen Verlustes nicht vorgelegt werden kann, vgl. Nr. 15 Abs. 4 dieser Best.

**Stempelverwendungsvermerke auf Nebenausfertigungen, Abschriften usw.**

(2) Behörden und Beamte, einschließlich der Notare, sind verpflichtet, auf den von ihnen hergestellten Nebenausfertigungen (Duplikaten) sowie auf den von ihnen erteilten beglaubigten und einfachen Abschriften und beglaubigten Auszügen die zu den Hauptausfertigungen oder Urschriften verwendeten Stempelbeträge unter Angabe des Datums und der Amtsstelle und unter Beidrückung des Amtsstempels mit Namensunterschrift zu bescheinigen. Bei weiteren Ausfertigungen ist auf der Nebenausfertigung der zu dieser und der zur Hauptausfertigung oder Urschrift verwendete Stempel anzugeben. Vgl. auch Nr. 37 und 43 sowie wegen des Vermerks auf den Nebenausfertigungen Nr. 15 Abs. 3, Nr. 16 Abs. 4, und besonders wegen des Vermerks auf notariellen Nebenausfertigungen Nr. 17 Abs. 4 dieser Best.

**Stempelverwendungsvermerke bei notariellen Unterschriftsbeglaubigungen.**

(3) Wenn Notare den Entwurf von Urkunden anfertigen und nach Vollziehung durch die Beteiligten ~~die~~ Unterschriften oder Handzeichen beglaubigen, so haben sie die Verwendung des zu der Urkunde erforderlichen Stempels (§ 15 Abs. 1 des Gesetzes) auf den nach Art. 60 Abs. 2 des Preuß. Gesetzes über die freiwillige Gerichtsbarkeit vom 21. September 1899 (GS. S. 249) zurückzubehaltenden beglaubigten Abschriften durch eigenhändige Namensunterschrift zu vermerken. Beglaubigen die Notare von ihnen nicht entworfene Urkunden, so sind sie nur verpflichtet, den nach der Tarifstelle 77 erforderlichen Zeugnisstempel zu verwenden. Es empfiehlt sich aber, um die Beteiligten vor Stempelstrafen zu schützen, daß die Notare die Privatpersonen über die Stempelpflichtigkeit und die Höhe des erforderlichen Stempels belehren. Eine gleiche Belehrung der Beteiligten empfiehlt sich für Rechtsanwälte. Wenn die Beteiligten die Einsichtnahme in die beglaubigten Urkunden nicht gestatten, so sind die Notare verpflichtet, in allen Fällen den Zeugnisstempel zu verwenden; dagegen liegt es ihnen nicht ob, Angaben über die Versteuerung zu den Akten zu bringen. Nehmen die Notare jedoch nach Einsicht der Urkunde von der Verwendung des Zeugnisstempels Abstand, weil sie einen gesetzlichen Befreiungsgrund für gegeben erachten, so ist der Befreiungsgrund in den Akten zu vermerken. Dieser Vermerk muß den Inhalt der Urkunde so genau bezeichnen, daß eine Nachprüfung der Stempelbefreiung möglich ist. Allgemeine Bezeichnungen, z. B. „Grundbuchsache", sind nicht ausreichend; es muß vielmehr statt dessen gesagt werden: „Hypothekarische Schuldverschreibung", „Abtretung einer Hypothekenforderung", „Auflassungsvollmacht" u. dgl.

**Stempelverwendungsvermerke betreffend Urkunden, die nicht zu den Akten genommen werden.**

(4) Werden Behörden oder Beamten (Notaren) bei der Errichtung, Aufnahme oder öffentlichen Beglaubigung einer Urkunde von den Beteiligten andere Urkunden vorgelegt, die nicht zu den Akten genommen werden, so sind die zu diesen Urkunden verwendeten Stempelbeträge und der Tag der Entwertung zu den Akten zu vermerken. Dies gilt besonders von Vollmachten, die zu den von den Notaren über den Hergang in Generalversammlungen aufgenommenen Verhandlungen vorgelegt werden.

**Stempelberechnungsvermerke.**

(5) Wenn sich der Stempel nicht ohne weiteres aus dem Urkundeninhalt berechnen läßt, so ist von den Behörden und Beamten, einschließlich der Notare, auf den Urschriften oder Abschriften der Verhandlungen oder an einer sonst geeigneten Stelle in den Akten eine kurze Stempelberechnung unter Hinweis auf die angewendete Tarifstelle aufzustellen, auch die Berechnung auf den Ausfertigungen usw. zu vermerken. Bei Stempelbefreiungen und Stempelermäßigungen sind die Befreiungs- und Ermäßigungsgründe kurz anzugeben.

## Zu § 10 des Gesetzes.

**Angabe von Einzelwerten.**

7. (1) Wenn bei Rechtsgeschäften über mehrere, verschiedenen Steuersätzen unterliegende Gegenstände in der Urkunde das Entgelt ohne Angabe der Einzelwerte ungetrennt in einer Summe oder Leistung verabredet ist (also beispielsweise in einer den Verkauf eines Grundstücks nebst beweglichem Zubehör enthaltenden Kaufurkunde nicht besondere Werte für das Grundstück und die Zubehörstücke angegeben sind oder ein Werkverdingungsvertrag nichts darüber enthält, wieviel von dem bedungenen Gesamtpreise auf den Materialienwert und wieviel auf Arbeitsvergütung entfällt), so sind die die Versteuerung bewirkenden Behörden und Beamten, einschließlich der Notare, verpflichtet, die Steuerpflichtigen über die Höhe der Einzelwerte zu vernehmen. Kann eine Erklärung hierüber von den Steuerpflichtigen nicht abgegeben werden, so sind sie darüber zu belehren, daß sie berechtigt seien, auf der Urkunde die Einzelwerte innerhalb der Fristen des § 16 des Gesetzes noch nachträglich anzugeben und daß, wenn eine solche Angabe nicht erfolge, der höchste Steuersatz nach dem Gesamtwerte erhoben werde. Über die Belehrung ist ein Vermerk in die Urkunde aufzunehmen oder auf die Urkunde zu setzen. Der Stempel ist in der feststellbaren Höhe sogleich zu verwenden; der Eingang des etwa nachzubringenden Stempels ist zu überwachen.

(2) Die nachträgliche Werttrennung muß von den Urkundenausstellern oder einem von ihnen oder den von ihnen Bevollmächtigten unterschrieben sein. Nur von der Urkundsperson unterschriebene, außerhalb des eigentlichen Urkundentextes, z. B. in notariellen Randvermerken oder Kostenrechnungen, stehende Wertangaben sind nur dann zu berücksichtigen, wenn die Urkundsperson (das Gericht oder der Notar) zur Abgabe der Erklärungen von den Urkundenausstellern bevollmächtigt war und die Bevollmächtigung sich aus der Urkunde ergibt. Die Wertsonderungen müssen ferner auf die Urkunde selbst gesetzt sein; bei notariellen oder gerichtlichen Urkunden genügt es jedoch, wenn von den Urkundenausstellern oder auch nur von einem von ihnen innerhalb der gesetzlichen Stempelverwendungsfristen die Trennung zu Protokoll oder zu den Akten des Gerichts oder Notars erklärt oder schriftlich angezeigt ist.

(3) Wenn ein Kauf- oder Lieferungsvertrag teils auf Gegenstände der unter Ziffer 3 des Abs. 10 (Ermäßigungen und Befreiungen) der Tarifstelle 32 des Gesetzes bezeichneten Art, teils auf sonstige Gegenstände sich bezieht, ohne daß für beide Gruppen getrennte Preise angegeben sind, so können die Vertragschließenden auch nach Ablauf der im § 16 des Gesetzes bestimmten Fristen getrennte Preise mit der Wirkung angeben, daß dies für die Stempelberechnung zu berücksichtigen ist. Ferner ist in Fällen, in denen eine Trennung der Preise für unbewegliche und bewegliche Sachen urkundlich zum Ausdruck gebracht ist und nur rechtsirrtümlich gewisse Gegenstände zu den beweglichen Sachen anstatt zu den Grundstücken gerechnet sind, eine nachträgliche Angabe der Einzelwerte innerhalb einer von dem zuständigen Stempelsteueramt zu bestimmenden Frist zulässig.

**Berichtigung zweifelhafter Wertangaben.**

(4) Trägt die Zollbehörde Bedenken, die Wertangaben als richtig anzunehmen, so ist nach den §§ 6, 7 und 27 Abs. 3 zu verfahren.

## Zu § 13 des Gesetzes.

**Haftbarkeit der Beamten und Notare.**

8. Über die Frage, ob Beamten, einschließlich der Notare, ein Verschulden im Sinne des Abs. 2 zur Last fällt, entscheidet die zuständige Oberzolldirektion. Beschwerden gegen diese Entscheidungen sind an den Finanzminister zu richten.

## II. Abschnitt.

# Von der Erfüllung der Stempelpflicht und den Folgen der Nichterfüllung.

### Zu § 14 des Gesetzes.

Arten der Stempelzeichen.

**Arten.**

9. (1) Zur Erfüllung der Stempelpflicht werden Stempelzeichen ausgegeben, die entweder Stempelbogen (Stempelpapier) oder Stempelmarken oder gestempelte Vordrucke sind.

**Stempelbogen.**

(2) Die Stempelbogen lauten auf Wertbeträge von ½ ℳ; 1 ℳ; 1½ ℳ; 2 ℳ; 2½ ℳ; 3 ℳ; 100 ℳ; 150 ℳ; 200 ℳ; 300 ℳ; 400 ℳ; 500 ℳ; 600 ℳ; 700 ℳ; 800 ℳ; 900 ℳ und 1000 ℳ.*)

(3) Stempelbogen über Wertbeträge von mehr als 1000 ℳ werden auf besonderen schriftlichen Antrag von den Hauptzollämtern ausgefertigt und außerdem von Zollämtern, die von den Oberzolldirektionen besonders hierzu ermächtigt sind. Die Bogen sind mit folgendem Ausfertigungsvermerk zu versehen, dessen Vordruck auf lithographischem Wege herzustellen ist:

Nr. ....................

Gültig über ℳ .................... ₰ .................... Stempel

buchstäblich:

..........................................................................................

..........................................................................................

Ort und Datum (Tag, Monat, Jahr in Buchstaben).

Das .................... Zollamt.

Schwarzstempel. Unterschrift.

**Stempelmarken.**

(4) Die Stempelmarken lauten auf Wertbeträge von 10 ₰; 20 ₰; 40 ₰; 50 ₰; 80 ₰; 1 ℳ; 1½ ℳ; 2 ℳ; 2½ ℳ; 3 ℳ; 4 ℳ;

---

*) Außerdem können die zurzeit vorhandenen Stempelbogen im Werte von 3½ ℳ, 4 ℳ, 4½ ℳ, 5 ℳ, 6 ℳ und 10 ℳ und die Marken im Werte von 3½ ℳ, 4½ ℳ und 6 ℳ vorläufig noch weiter verwendet werden. Bis zum Aufbrauch der Bestände werden für diese Werte auch noch Spalten in den Vordrucken nach den Mustern zur Buchführungsordnung für den Landesstempel vorgesehen werden.

5 ℳ; 10 ℳ; 15 ℳ; 20 ℳ; 25 ℳ; 50 ℳ; 100 ℳ; 200 ℳ; 300 ℳ; 400 ℳ; 500 ℳ.

**Gestempelte Vordrucke.**

(5) Gestempelte, nur mit einem preußischen Wertstempel (kleineren Formats) in Schwarzdruck versehene Vordrucke werden abgegeben:

a) zu Legitimationskarten und Gewerbelegitimationskarten zum Werte von 1 ℳ (Tarifstelle 26 und Nr. 64 Abs. 1 und 2 dieser Best.);

b) zu Jagdscheinen, und zwar zu Inländer-Jahresjagdscheinen zum Werte von 7½ ℳ und zu Inländer-Tagesjagdscheinen zum Werte von 1½ ℳ (Tarifstelle 31 und Nr. 65 Abs. 1 dieser Best.);*)

c) zu ortspolizeilichen Genehmigungen von Lustbarkeiten (Tarifstelle 39 und Nr. 68 Abs. 1 dieser Best.):

1. zum Betriebe eines Zirkus usw. zum Werte von 10 ℳ und 3 ℳ;
2. zur Veranstaltung gewöhnlicher Lustbarkeiten zu Werten von 5 ℳ, 3 ℳ, 2 ℳ, 1 ℳ und ½ ℳ;
3. zur Veranstaltung von Tanzlustbarkeiten zu Werten von 5 ℳ, 3 ℳ, 2 ℳ, 1 ℳ und ½ ℳ;

d) zu Pässen zu Reisen zu Werten von 3 ℳ und 1 ℳ (Tarifstelle 49 und Nr. 79 Abs. 1 dieser Best.);

e) zu Paßkarten zum Werte von 3 ℳ und 1 ℳ (Tarifstelle 49 und Nr. 79 Abs. 1 dieser Best.);

f) zu Befähigungs- und Prüfungs-Zeugnissen für Seeschiffer, Seesteuerleute und Maschinisten auf See-Dampfschiffen zum Werte von 3 ℳ (Tarifstelle 77 und Nr. 88 Abs. 3 dieser Best.).

**Auf Antrag abgestempelte Vordrucke.**

(6) Auf Antrag von Behörden, von Gewerkschaften, Versicherungsgesellschaften und ähnlichen Privatunternehmungen werden Vordrucke bei dem Hauptstempelmagazin abgestempelt (vgl. Nr. 10 Abs. 3 dieser Best.). Abgestempelt können insbesondere werden Vordrucke für:

a) Bestallungen (Tarifstelle 12);

b) Approbationen (Tarifstelle 22b);

c) Genehmigungen zur Anlegung von Dampfkesseln oder Änderung der Dampfkesselanlagen, sowie Bewilligungen von Fristverlängerungen und Fristungen (Tarifstelle 22e);

d) Inländerjagdscheine (Tarifstelle 31);

---

*) Ebenso werden zu den stempelfreien Doppelausfertigungen solcher Jagdscheine (Tarifstelle 16 Abs. 2) Vordrucke abgegeben.

e) Naturalisationsurkunden (Tarifstelle 43);
f) Offizierpatente (Tarifstelle 47);
g) Pässe zum Transport von Leichen (Tarifstelle 49);
h) amtliche Zeugnisse in Privatsachen, Prüfungszeugnisse usw. (Tarifstelle 77).

(7) Die Abstempelung der im vorhergehenden Absatz bezeichneten Vordrucke erfolgt in der Regel durch Aufdruck des preußischen Wertstempels in Schwarzdruck und des Borussia-Trockenstempels, jedoch ohne den für das weiße Stempelpapier vorgeschriebenen farbigen Unterdruck. Die unter d aufgeführten Inländerjagdscheine sind nur mit dem kleinen Wertstempel in Schwarzdruck zu versehen.

## Vertrieb der Stempelzeichen.

**Stempelbogen und Stempelmarken.**

**10.** (1) Der Vertrieb der Stempelbogen und Stempelmarken erfolgt durch die Amtsstellen der Zollverwaltung (Hauptzollämter und Zollämter) und außerdem durch die Stempelverteiler, durch diese aber nur innerhalb der in ihren Anstellungsverfügungen vorgeschriebenen Erhebungsgrenzen. Der Verkauf von Stempelbogen über Wertbeträge von mehr als 1000 ℳ erfolgt auf schriftlichen Antrag durch diejenige Amtsstelle, von der die Bogen gemäß dem Abs. 3 der Nr. 9 dieser Best. ausgefertigt sind. Die Aushändigung der Bogen ist nur gegen vorherige Einzahlung des Stempelbetrages zulässig; die Übersendung geschieht auf Kosten des Antragstellers. Wird die Ausfertigung von Stempelbogen über Wertbeträge von mehr als 1000 ℳ bei einer zur Ausfertigung nicht befugten Amtsstelle beantragt, so ist der Antrag entgegenzunehmen und von Amts wegen der nächsten zur Ausfertigung befugten Amtsstelle zu übersenden.

**Gestempelte Vordrucke.**

(2) Die im Abs. 5 der Nr. 9 dieser Best. aufgeführten gestempelten Vordrucke werden von den Hauptzoll- und Zollämtern (die Vordrucke zu Prüfungs- usw. Zeugnissen für Seeschiffer, Seesteuerleute und Maschinisten auf See-Dampfschiffen aber nur von den in Nr. 88 Abs. 3 dieser Best. bezeichneten Zollbehörden) verkauft, die Vordrucke unter c (zu Genehmigungen der Veranstaltung von Lustbarkeiten) außerdem von den Stempelverteilern. Der Verkauf der Vordrucke zu a, b, d, e und f darf nur an die zur Ausfertigung der Urkunden befugten Behörden erfolgen; der Verkauf an Privatpersonen ist verboten. Dagegen dürfen Vordrucke zu c (zu Genehmigungen der Veranstaltung von Lustbarkeiten) auch an Privatpersonen abgegeben werden.

**Abstempelung von Vordrucken auf Antrag.**

(3) Die im Abs. 6 der Nr. 9 dieser Best. bezeichneten Vordrucke sind mit einer nach dem anliegenden Muster 1 doppelt ausgefertigten, mit der Bezeichnung des Orts, dem Datum und der Unterschrift des Antragstellers versehenen Anmeldung dem Hauptzollamt oder Zollamt des Bezirks vorzulegen. Für je 20 Stück der Vordrucke ist ein überschüssiges Stück als Ersatz für etwa bei der Stempelung verdorbene Stücke beizufügen. Nach Prüfung der Anmeldung setzt die Amtsstelle den Abgabebetrag fest, zieht ihn ein und gibt die eine Ausfertigung der Anmeldung, mit Quittung über den gezahlten Steuerbetrag versehen, dem Antragsteller zurück. Die andere Ausfertigung übersendet die Amtsstelle mit der Bescheinigung über die Zahlung des Abgabebetrages und den zugehörigen Vordrucken an das Hauptstempelmagazin, das nach Erledigung des Abstempelungsgeschäfts sämtliche Stücke mit den etwa verstempelten und unbrauchbar gemachten überschüssigen Stücken an die Amtsstelle zur Aushändigung an den Antragsteller zurücksendet. Für das Abstempelungsgeschäft selbst ist eine Gebühr nicht zu entrichten; der Antragsteller hat aber die Postgebühren zu tragen. Dagegen haben die Antragsteller die Herstellungskosten zu entrichten, wenn von dem Hauptstempelmagazin auf Verlangen die Vordrucke hergestellt werden sollen, wie es z. B. der Fall ist bei der Herstellung der Genehmigungen der Anlegung von Dampfkesseln (Tarifstelle 22e und Nr. 55 dieser Best.) oder bei der Herstellung von Inländerjagdscheinen (Tarifstelle 31 und Nr. 65 Abs. 4 dieser Best.).

## Urkundenprüfung.

**Prüfung der Stempelpflichtigkeit und Berechnung des Stempels.**

**11.** (1) Die mit dem Vertriebe der Stempelzeichen beauftragten Amtsstellen der Zollverwaltung und die Stempelverteiler haben sich der Prüfung der ihnen zur Versteuerung vorgelegten Urkunden hinsichtlich ihrer Stempelpflichtigkeit zu unterziehen und danach den Stempel zu berechnen und zu entwerten, und zwar ohne Rücksicht darauf, ob die Steuerpflichtigen oder die die Urkunde Vorlegenden eine Prüfung verlangen oder nicht. Wenn die Prüfung unterbleiben muß, weil der Vorleger der Urkunde die Einsichtnahme nicht gestattet, so ist die Weigerung durch die Worte „Einsicht der Urkunde verweigert“ auf der Urkunde ersichtlich zu machen. Entstehen über die Rechtmäßigkeit der Stempelforderung oder die Höhe des Stempels bei der die Entwertung vornehmenden Amtsstelle Zweifel, so hat sie den nach ihrer Ansicht zum mindesten erforderlichen Stempel zu erheben und zu entwerten und demnächst die Entscheidung des vorgesetzten Hauptzollamtes oder des zuständigen Stempelsteueramtes darüber einzuholen, ob der berechnete Betrag der richtige oder welcher andere Betrag zu verbrauchen sei. Hat nach dieser Entscheidung eine Überhebung von Stempelgebühren stattgefunden, so ist die Erstattung des zuviel geforderten Betrages in die Wege zu leiten, während zu wenig entrichtete Stempel einzuziehen und nachträglich zu entwerten sind, ohne daß bei inzwischen erfolgter Überschreitung der gesetzlichen Stempelverwendungsfristen ein Strafverfahren eingeleitet wird.

**Fremdsprachige Urkunden.**

(2) Werden Urkunden, die in einer anderen Sprache als der deutschen abgefaßt sind, zur Versteuerung vorgelegt, so empfiehlt es sich, daß die Beteiligten eine beglaubigte Übersetzung vorlegen. Läßt sich dies nicht ermöglichen und ist auch ein der fremden Sprache mächtiger Beamter bei der die Verstempelung vornehmenden Amtsstelle nicht vorhanden, so ist die Urkunde oder eine Abschrift der nächsthöheren Amtsstelle einzureichen. In Fällen, wo die Schriftstücke bis zur Oberzolldirektion gelangen, läßt diese durch einen der fremden Sprache kundigen Beamten ihres Verwaltungsbezirks eine Übersetzung fertigen. Fehlt es an einem solchen Beamten und ist auch auf anderem Wege eine kostenlose Übersetzung nicht zu erlangen, so kann die Übersetzung ausnahmsweise auf Kosten der Zollverwaltung beschafft werden, wenn wichtige steuerliche Interessen in Frage stehen.

## Zur Entwertung von Stempelzeichen verpflichtete und befugte Behörden und Beamten.

**Amtsstellen der Zollverwaltung.**

**12.** (1) Die mit dem Vertriebe der Stempelzeichen beauftragten Hauptzollämter, Zollämter und Stempelverteiler sind verpflichtet, zu Urkunden jeder Art die erforderlichen Stempelzeichen je nach den Wünschen der Steuerpflichtigen in Stempelbogen oder Stempelmarken, aber unter Berücksichtigung der für Stempelmarken in Nr. 14 Abs. 1 dieser Best. vorgeschriebenen Verwendungsgrenze, zu verwenden. Die Stempelverteiler dürfen Stempelzeichen nur bis zur Höhe bestimmter Beträge verwenden.

**Andere Behörden und Beamte.**

(2) Andere Behörden und Beamte, zu denen auch die Oberzolldirektionen und Stempelsteuerämter gehören, haben die gleiche Verpflichtung hinsichtlich aller von ihnen mit Privatpersonen abgeschlossenen Verträge und Verhandlungen und aller von ihnen erteilten Vollmachten, Ausfertigungen, Abschriften, Bescheinigungen usw. Außerdem sind diese Behörden und Beamten befugt, die tarifmäßigen Stempel zu allen von dritten

Personen ausgestellten Schriftstücken, die mit dem Geschäftsverkehr der Behörden und Beamten im Zusammenhange stehen und ihnen zu geschäftlichen Zwecken vorgelegt oder ausgehändigt werden, die tarifmäßigen Stempel zu verwenden. Es gilt dies besonders von den im Geschäftsverkehr der öffentlichen Sparkassen und der Post-Spar- und Darlehnsvereine ausgestellten Schuldscheinen und Bürgschaftserklärungen. Vgl. wegen der Vermerke bereits verstempelter Urkunden Dritter Nr. 6 Abs. 4 dieser Best.

**Notare.**

(3) Notare haben zu den von ihnen aufgenommenen Verhandlungen, einschließlich der von ihnen dem Inhalt nach anerkannten und innerhalb der gesetzlichen Stempelverwendungsfristen eingereichten Verhandlungen, ferner zu denjenigen Urkunden, bei denen sie den Entwurf anfertigen und nach Vollziehung durch die Beteiligten die Unterschriften oder Handzeichen beglaubigen, sowie zu allen von ihnen erteilten Ausfertigungen, Abschriften, Bescheinigungen usw. die erforderlichen Stempelzeichen zu verwenden. Außerdem sind die Notare befugt zur Verwendung von Stempeln zu Privaturkunden, zu denen sie die Entwürfe nicht angefertigt, die sie aber hinsichtlich der Unterschriften beglaubigt haben, ferner zu allen auf sie ausgestellten Vollmachten und zu Vollmachten, in denen dritte Personen als Bevollmächtigte bezeichnet sind, und die den Notaren vorgelegt werden, um auf Grund derselben rechtsgeschäftliche Beurkundungen vorzunehmen. Die Befugnis erstreckt sich insbesondere auf Vollmachten, die zu den von Notaren über den Hergang von Generalversammlungen aufgenommenen Verhandlungen von den Beteiligten vorgelegt werden. Vgl. wegen der Vermerke bereits verstempelter Vollmachten Nr. 6 Abs. 4 dieser Best.

**Schiedsmänner.**

(4) Schiedsmänner sind befugt, zu den den schiedsmannsamtlichen Verkehr betreffenden Urkunden Stempelzeichen zu verwenden; für die Richtigkeit der Stempelverwendung sind sie nicht verantwortlich.

## Verwendung und Entwertung von Stempelbogen.

**Verwendung.**

**13.** (1) Der Gebrauch von Stempelbogen ist für Urkunden jeder Art zulässig. Zu Urkunden, die einen Stempel von mehr als 500 ℳ erfordern, müssen Stempelbogen verwendet werden, insoweit der Betrag durch 100 teilbar ist, während für den überschießenden Betrag Marken zu entwerten sind. Zu Urkunden, die eines Stempels von mehr als 1000 ℳ bedürfen, ist nur die Verwendung der von den Hauptzollämtern und Zollämtern besonders ausgefertigten Stempelbogen (vgl. Nr. 9 Abs. 3 dieser Best.) gestattet; der erforderliche Stempelbetrag darf daher nicht durch Verwendung von Stempelbogen mit Wertbezeichnung (vgl. Nr. 9 Abs. 2 dieser Best.) und zur Ergänzung durch Verwendung von Stempelmarken erfolgen.

**Entwertung.**

(2) Soweit die stempelpflichtigen Erklärungen auf ganze Bogen niedergeschrieben werden, bedarf es einer Entwertung dieser Bogen nicht. Insoweit eine solche Niederschrift nicht stattgefunden hat, sind die zur Darstellung des gesetzlichen Betrages des Stempels erforderlichen Stempelbogen umzuschlagen und einzeln zu entwerten, d. h. mit einem Vermerk zu versehen, der die Bezeichnung des beurkundeten Geschäfts, das Datum der Urkunde, den Wert des Gegenstandes, sowie die Namen der Urkundenaussteller enthält, z. B.:

Entwertet zu dem am 1. Oktober 1910 zwischen dem ..................
.................................................. zu ..................................................
und dem .................................................. ebendaselbst
geschlossenen Kaufvertrage über das Grundstück ..................
..................................................................................

Berlin, den 1. Oktober eintausendneunhundert und zehn.

Amtsstelle.

Amtsstempel. Unterschrift.

oder:

Entwertet zu der von dem ..................................................
zu .................................................. am 1. Oktober 1910
ausgestellten Schuldurkunde über ein von dem ..................
..................................................................................
zu .................................................. erhaltenes Darlehn von
.................................................. ℳ

Berlin usw. wie vorstehend.

Das Umschlagen der Stempelbogen ist in der Weise zu bewirken, daß jeder Bogen mit der Verhandlung durch Zusammenheften und Einsiegeln der Fadenenden verbunden wird. Das Einsiegeln wird durch Aufkleben von Oblaten und eines mit dem Abdruck des Schwarz- oder Trockenstempels zu versehenden Stückes Papier in der Weise vorgenommen, wie es von den gerichtlichen Behörden bei der Besiegelung von Urkunden geschieht. Derart umgeschlagene Stempelbogen stehen dem im § 14 Abs. 1 Buchst. a des Gesetzes erwähnten gestempelten Papier gleich, auf das die stempelpflichtige Erklärung unmittelbar niedergeschrieben wird.

**Entwertung durch Schiedsmänner.**

(3) Soweit zu stempelpflichtigen Verhandlungen der Schiedsmänner der Stempel von den Parteien in Form von Stempelbogen beigebracht ist, hat der auf jeden einzelnen Bogen zu setzende Vermerk etwa wie folgt zu lauten:

Entwertet zu dem am 1. Oktober 1910 zwischen dem ..........................

.......................................... zu ..........................................

und dem .................................. zu ..........................................

Seite 80 Nummer 61 des Protokollbuches geschlossenen Vergleiche.

Berlin usw. wie oben.

Die entwerteten Stempelbogen sind von den Schiedsmännern zu besonderen Belegakten zu nehmen.

## Allgemeine Vorschriften über Verwendung und Entwertung von Stempelmarken.

**Verwendungsgrenze.**

**14.** (1) Der Gebrauch von Stempelmarken ist auf Urkunden beschränkt, die einem Stempel von nicht mehr als 500 *M* unterliegen. Zu solchen Urkunden können entweder nur Marken verwendet werden oder zum Teil Bogen, zum Teil Marken. Zu Urkunden, zu denen ein 500 *M* übersteigender Stempel erforderlich ist, dürfen Marken nur zur Ergänzung verwendet werden, und zwar nur für den überschießenden Betrag, insoweit er durch 100 nicht teilbar ist. Vgl. Nr. 13 Abs. 1 dieser Best.

**Art der Verwendung.**

(2) Der tarifmäßige Stempelbetrag ist durch die Verwendung einer möglichst geringen Anzahl von Marken darzustellen. Die Verwendung der Marken geschieht durch Aufkleben an einer in die Augen fallenden Stelle der Urkunde, am zweckmäßigsten auf der ersten Seite und, wenn diese nicht den genügenden Raum gewährt, auf den nächstfolgenden Seiten. Marken, durch deren Verwendung der Wert eines Stempelbogens auf den erforderlichen Betrag ergänzt werden soll, sind in derselben Art auf der ersten Seite des Bogens und erforderlichenfalls auf den nächstfolgenden Seiten aufzukleben. Zu den vor Notaren errichteten Testamenten sind die erforderlichen Marken ausschließlich auf dem als Teil der Urkunde anzusehenden Umschlage neben der Aufschrift zu verwenden. Die aufgeklebten Marken müssen mit der ganzen Rückseite auf der Unterlage haften und dürfen die Schrift nicht verdecken. Mehrere Marken sind in der Weise aufzukleben, daß jede einzelne unter genauer Beobachtung der für die Entwertung gegebenen Vorschriften entwertet werden kann.

Zwischen nebeneinander befestigten Marken muß daher ein so großer Zwischenraum gelassen werden, daß die Entwertungsvermerke seitwärts auf das Papier übergreifen können. Zwischen untereinander aufgeklebten Marken ist ein Zwischenraum nur dann freizulassen, wenn die Marken mit Stempelabdrücken versehen werden; der Zwischenraum muß alsdann so groß sein, daß der Abdruck auf der unteren Marke die obere Marke nicht berührt. Die nach der Nr. 15 zu entwertenden Marken sind ohne Zwischenräume aufzukleben.

**Entwertungsvermerke.**

(3) Die Entwertungsvermerke sind in allen ihren Teilen mit haltbarer Tinte in deutlichen Schriftzeichen (Buchstaben und Ziffern) ohne jede Rasur, Durchstreichung oder Überschrift niederzuschreiben; besonders muß der Name völlig ausgeschrieben, deutlich und lesbar sein. Die Durchkreuzung oder Durchstreichung der Marken sowie die Entwertung nicht völlig unversehrter Marken ist unzulässig. Stempelabdrücke sind mit haltbarer *schwarzer* Stempelfarbe herzustellen; die Anwendung von Anilinfarben oder anderen leicht verblassenden Farben ist nicht statthaft.

## Entwertung der Stempelmarken durch die Hauptzoll- und Zollämter und die Stempelverteiler.

**Stempelabdrücke.**

**15.** (1) Die Stempelmarken sind ohne Zwischenräume neben- oder untereinander aufzukleben. Jede einzelne Marke ist mit mehrmaligen Abdrücken des amtlichen Schwarzstempels zu versehen, dergestalt, daß die Abdrücke den größeren Teil der einzelnen Marke bedecken und auf das umgebende Papier oben und seitwärts übergreifen. Die mit schwarzer Farbe herzustellenden Stempelabdrücke müssen deutlich und erkennbar sein und besonders die Bezeichnung und den Ort der Amtsstelle klar ersehen lassen.

**Entwertungsvermerke.**

(2) Außerdem ist auf jeder Urkunde unter Angabe der Amtsstelle, mit Amtsstempel, Datum (der Monat in Worten) und Unterschrift zu vermerken, welcher Stempelbetrag im ganzen und welcher davon in Stempelbogen und in Marken entwertet worden ist. Wenn z. B. Marken zum Werte von 55 ℳ 50 ₰ auf einen Kaufvertrag geklebt und entwertet sind, muß der Vermerk lauten:

55 ℳ 50 ₰ in Marken entwertet.
Berlin, den 1. Oktober 1910.
Amtsstelle.

Amtsstempel. Unterschrift.

Wenn 110 *M* 50 ₰ in einem umgeschlagenen Stempelbogen von 100 *M*, einer Marke zu 10 *M* und einer Marke zu 50 ₰ verbraucht sind, hat der auf die Urkunde zu setzende Vermerk zu lauten:

110 *M* 50 ₰, und zwar 100 *M* in Bogen und 10 *M* 50 ₰ in Marken entwertet.

Berlin usw. wie oben.

Werden Marken aufgeklebt, um den Wert eines Stempelbogens, auf dem die Urkunde niedergeschrieben ist oder niedergeschrieben werden soll, auf den erforderlichen Betrag zu ergänzen, z. B. um den Wert eines Stempelbogens zu 150 *M* durch Aufkleben einer Marke zu 5 *M* auf 155 *M* zu erhöhen, so würde der Vermerk lauten:

Zur Ergänzung auf 155 *M* eine Marke zu 5 *M* entwertet.

Berlin usw. wie oben.

Wegen der Entwertung der Stempelmarken zu Pacht- und Mietverzeichnissen vgl. Nr. 72 Abs. 4 dieser Best.

(3) Die Versteuerung der Nebenausfertigungen erfolgt in der Weise, daß nach Entwertung der Stempelmarke auf der Nebenausfertigung auf letzterer vermerkt wird, welcher Stempel zur Nebenausfertigung und welcher Betrag zur Hauptausfertigung entwertet ist, z. B.:

Zur Nebenausfertigung 3 *M* entwertet. Zur Hauptausfertigung 105 *M* (in Worten) entwertet.

Berlin usw. wie oben.

(4) Ist die stempelpflichtige Urkunde vernichtet oder verloren gegangen oder kann sie aus irgendeinem anderen Grunde nicht vorgelegt werden, so ist der Inhalt der Urkunde amtlich zu ermitteln und der erforderliche Stempelbetrag auf einem besonderen Bogen zu entwerten. Diese Bogen können den Beteiligten auf Verlangen ausgehändigt werden. Zugleich ist zu prüfen, ob der Fall der Hinterziehung der Abgabe oder einer sonstigen Zuwiderhandlung vorliegt. Die Stempelverteiler haben deshalb in Fällen, wo ein solcher Verdacht besteht, dem Hauptzollamt Anzeige zu erstatten. Findet sich die stempelpflichtige Urkunde später wieder vor und wird sie der Zollbehörde oder dem Stempelverteiler eingereicht, so ist, sobald die Übereinstimmung ihres Inhalts mit dem ermittelten Inhalt festgestellt ist, auf der Urkunde die früher stattgefundene Stempelverwendung unter Angabe des Betrages zu vermerken.

(5) Es ist den Zollstellen und Stempelverteilern untersagt, von Privatpersonen etwa bereits aufgeklebte und mit irgendwelchen Vermerken versehene Marken abzustempeln. Sind die Marken dagegen unversehrt

und erregt ihre Beschaffenheit nicht den Verdacht, daß sie bereits auf einem anderen Schriftstück aufgeklebt gewesen sind, so sind die Marken zu entwerten.

## Entwertung der Stempelmarken durch andere Behörden und Beamte ausschließlich der Notare.

**Anwendungsbereich.**

**16.** (1) Die nachstehenden Bestimmungen finden Anwendung auf Entwertungen, die von anderen Behörden und Beamten als den Beamten der Hauptzollämter und Zollämter und den Stempelverteilern vorgenommen werden. Sie beziehen sich auch auf die Entwertungen der Oberzolldirektionen und Stempelsteuerämter sowie der Handwerks-, Handels- und Landwirtschaftskammern. Wegen der Stempelverwendungsvermerke auf Nebenausfertigungen, Abschriften usw. vgl. Nr. 6 Abs. 2 dieser Best.

**Entwertungsvermerke.**

(2) In jeder einzelnen der aufgeklebten Marken muß Tag, Monat und Jahr (der Tag und das Jahr mit arabischen Ziffern, der Monat mit Buchstaben, wobei allgemein übliche und verständliche Abkürzungen der Monatsbezeichnungen sowie die Weglassung der beiden ersten Zahlen der Jahresbezeichnungen zulässig sind, z. B. 10. Okt. 10, 12. Nov. 10) und der Ort der Verwendung und ferner die Geschäftsnummer ohne jede Auskratzung, Durchstreichung oder Überschreibung in dem unteren Teil der Marke niedergeschrieben werden, dergestalt, daß das Datum und die Geschäftsnummer in die Marke selbst einzutragen sind, der übrige Teil des Vermerks aber auf das die Marke umgebende Papier nach beiden Seiten übergreift. Beamte, die kein Geschäftsverzeichnis führen, haben statt der Geschäftsnummer ihren ausgeschriebenen Namen in den unteren Teil der Marke zu setzen. Der Entwertungsvermerk muß in allen seinen Teilen von dem für die Entwertung verantwortlichen Beamten eigenhändig geschrieben werden; eine Niederschrift des Vermerks oder eines Teiles des Vermerks durch dritte Personen ist unzulässig. Wegen der Entwertung der Stempelmarken auf Ausländerjagdscheinen vgl. Nr. 65 Abs. 2 dieser Best.

**Stempelabdrücke.**

(3) Außerdem haben die ein Amtssiegel führenden Behörden und Beamten jede einzelne der aufgeklebten Marken mit einem mit schwarzer Stempelfarbe hergestellten Abdruck des Amtsstempels dergestalt zu versehen, daß der Abdruck den oberen mit dem Entwertungsvermerke nicht

versehenen Teil der Marke bedeckt und auf das umgebende Papier übergreift. Zur Veranschaulichung dienen nachstehende Abdrucke:

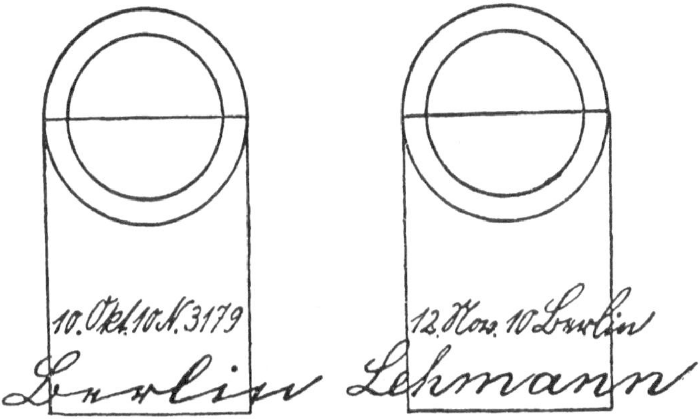


Behörden und Beamte, die keinen amtlichen Stempel führen, haben statt eines Stempelabdrucks die Amtsstelle auf dem oberen Teile der Marke und unter Mitbenutzung des die Marke umgebenden Papiers deutlich zu bezeichnen und mit Namensunterschrift zu versehen.

(4) Hinsichtlich der Versteuerung der Nebenausfertigungen finden die Vorschriften des Abs. 3 der vorhergehenden Nr. entsprechende Anwendung.

## Entwertung der Stempelmarken durch Notare.

**Verwendung der Marken.**

**17.** (1) Die Verwendung der Marken erfolgt bei notariellen Urkunden, also bei den von den Notaren aufgenommenen und bei den vor ihnen dem Inhalte nach anerkannten Verhandlungen, zur Urschrift, in den übrigen Fällen zu den Urkunden selbst oder bei der Erteilung von Ausfertigungen zu diesen. Wegen der Stempelverwendungsvermerke auf Nebenausfertigungen, Abschriften usw. vgl. Nr. 6 Abs. 2 dieser Best.

**Entwertungsvermerke.**

(2) Die Entwertung der Stempelmarken ist in derselben Weise vorzunehmen, wie sie für Beamte, die einen amtlichen Stempel, aber kein Geschäftsverzeichnis führen, in Nr. 16 Abs. 2 Satz 1 und 2 und Abs. 3 dieser Best. vorgeschrieben ist. Bei der Versteuerung solcher Urkunden, die nach den gesetzlichen Vorschriften in das Notariatsregister einzutragen sind, ist auch die Nummer des Notariatsregisters in die Marke einzutragen (Art. 95 des Preußischen Gesetzes über die freiwillige Gerichtsbarkeit

vom 21. September 1899, GS. 249). Nachstehender Abdruck veranschaulicht den Entwertungsvermerk:

(3)*) Bei den im vorhergehenden Absatze bezeichneten Entwertungsvermerken kann zur Übereinstimmung mit den für die Entwertung von Reichsstempelmarken gegebenen Vorschriften der Ort der Verwendung und der Name des Notars auch oberhalb und das Datum sowie die Geschäftsnummer darunter niedergeschrieben werden. Den Notaren ist es gestattet, im Entwertungsvermerke nur ihren Namen eigenhändig einzutragen; das Datum, die Geschäftsnummer und der Verwendungsort darf von ihren Gehilfen eingeschrieben werden. Außerdem haben die Notare bei allen Urkunden, die der Eintragung in das Notariatsregister bedürfen und zu denen ein Landesstempel oder ein Reichsstempel von je mehr als 25 ℳ erforderlich ist, auf Grund der Vergleichung der Urschriften der Verhandlungen im Notariatsregister (vgl. das durch Erlaß des Justizministers vom heutigen Tage (Just.-Min.-Bl. S. 80 eingeführte Muster) binnen drei Tagen nach der Entwertung der Stempelzeichen einzutragen, welcher Landes- und welcher Reichsstempelbetrag zu der Urschrift der Verhandlung entwertet ist. Die Richtigkeit der Eintragung hat der Notar durch seine Namensunterschrift in der im Register dafür vorgesehenen Spalte zu bescheinigen. So lange noch die bisherigen Notariatsregisterformulare benutzt werden, darf die Eintragung in der Spalte „Bemerkungen" dieses Formulars erfolgen, und zwar dergestalt, daß der Name des Notars unterhalb der Eintragung der Landes- und Reichsstempel-

*) Der jetzige Abs. 3 ist eingeführt durch FM. v. 2. 3. 12 III. 3637 JMBl. S. 83 ZBl. S. 81), in Kraft seit 1. 4. 12. (Anm. des Herausgebers.)

beträge zu setzen ist. Den Notaren wird zur Pflicht gemacht, mit besonderer Sorgfalt darauf zu achten, daß die zur Verwendung bestimmten Marken sich in unversehrtem Zustande befinden, die Markennummern mit den Notariatsregisternummern übereinstimmen und daß zu Verhandlungen, die einen Stempel von mehr als 500 ℳ erfordern, Stempelbogen verwendet werden (vgl. Nr. 13 Abs. 1 und Nr. 14 Abs. 1 dieser Best.).

(4) Auf der ersten Ausfertigung der Notariatsverhandlung ist ihre Stempelfreiheit sowie der zur Urschrift verwendete Stempel vom Notar durch eigenhändige Unterschrift zu bescheinigen, z. B.

Als erste Ausfertigung stempelfrei.
Zur Urschrift 500 ℳ (in Worten) entwertet.
Berlin, den 1. Oktober 1912.
Der Königliche Notar.
Stempel. Unterschrift.

Handelt es sich um die Versteuerung von weiteren Ausfertigungen, so entwertet der Notar zu diesen Ausfertigungen den Ausfertigungsstempel und bescheinigt auf ihnen durch eigenhändige Unterschrift den zur Urschrift verwendeten Stempel, z. B.

Zur Nebenausfertigung 3 ℳ entwertet.
Zur Urschrift 500 ℳ (in Worten) entwertet.
Berlin usw. wie vorstehend.

### Entwertung der Stempelmarken durch Schiedsmänner.

**Entwertung durch Schiedsmänner.**

18. Die Entwertung der Stempelmarken auf dem Protokoll erfolgt in derselben Weise, wie sie für Beamte, die einen amtlichen Stempel, aber kein Geschäftsverzeichnis führen, unter Nr. 16 Abs. 2 und 3 dieser Best. vorgeschrieben ist. Umstehender Abdruck veranschaulicht die Entwertung.

### Verwendung gestempelter Vordrucke.

**Versteuerung durch gestempelte Vordrucke.**

19. Die Versteuerung der in der Nr. 9 Abs. 5 dieser Best. bezeichneten Schriftstücke hat ausschließlich durch Verwendung der gestempelten Vordrucke zu erfolgen; eine Versteuerung durch Verwendung von Stempelbogen oder Stempelmarken ist nicht zulässig.

### Entwertung von Stempelmarken ohne amtliche Überwachung.

**Allgemein zugelassene Entwertungen.**

20. (1) Ohne amtliche Überwachung ist die Verwendung und Entwertung von Stempelmarken gestattet:

a) Auktionatoren für die Beurkundungen der von ihnen abgehaltenen Versteigerungen und der ihnen erteilten Versteigerungsaufträge (Tarifstellen 9 und 73). Auf die beeidigten Auktionatoren in Ostfriesland und Harlingerland sowie im Regierungsbezirk Osnabrück finden die Vorschriften der Nr. 16 Anwendung;

b) Ausstellern von eigenhändigen Testamenten (Tarifstelle 66);

c) Versicherungsunternehmungen,*) die im Stempelinlande ihren Sitz oder ihre ständige Vertretung haben für Versicherungsverträge, auch in der Form von Policen, und Verlängerungen (Tarifstelle 70);

d) Rechtsanwälten sowie Patentanwälten, die in Gemäßheit des Gesetzes betreffend die Patentanwälte vom 21. Mai 1900 (RGBl.

Verwendung gestempelter Vordrucke.

S. 233) in die bei dem Kaiserlichen Patentamt geführte Liste eingetragen sind, für die von ihnen und für sie ausgestellten Vollmachten (Tarifstelle 73).

(2) Die Befugnis zur Entwertung von Stempelmarken ohne amtliche Überwachung kann vom Finanzminister entzogen werden, wenn sich bei der Stempelverwendung Mißstände herausgestellt haben.

**Zulassung der Entwertung auf Antrag.**

(3) Außerdem kann Versicherungsunternehmungen*), die im Stempelinlande weder ihren Sitz, noch ihre ständige Vertretung haben, ferner

*) Die auf Versicherungsunternehmungen bezüglichen Vorschriften hier und in AB. 21 sind durch Wegfall der T. 70 hinfällig geworden. (Anm. des Herausgebers.)

Sparkassen, Gesellschaften, Genossenschaften, Banken, Kreditanstalten, gewerblichen Unternehmungen usw. auf Widerruf gestattet werden, zu gewissen in ihrem Geschäftsverkehr häufig wiederkehrenden, von ihnen selbst oder zu ihren Gunsten von dritten Personen ausgestellten Urkunden Stempelmarken ohne amtliche Überwachung zu verwenden und zu entwerten. Bezüglich der Versteuerung der Pacht- und Mietverzeichnisse ohne amtliche Überwachung (Tarifstelle 48 I Abs. 9) vgl. Nr. 74 dieser Best.

(4) Anträge auf Erteilung der Erlaubnis, in denen die Art der Urkunden genau zu bezeichnen ist und die Personen, denen die Erlaubnis zur Entwertung der Marken und Führung des Stempelsteuerbuches (Abs. 6 Buchst. c) nach ihrer Geschäftsstellung (z. B. Rendanten, Kassierer, Buchhalter) angegeben werden müssen, sind an diejenige Oberzolldirektion zu richten, in deren Verwaltungsbezirk der Antragsteller seinen Wohnsitz oder Sitz hat. Über Anträge stempelausländischer Versicherungsunternehmungen entscheidet diejenige Oberzolldirektion, die dem Sitze der Unternehmung am nächsten belegen ist. Gegen die Entscheidungen der Oberzolldirektionen findet Beschwerde an den Finanzminister statt.

(5) Die Erlaubnis wird unter dem Vorbehalt jederzeitigen Widerrufs erteilt und ist zurückzuziehen, wenn sich bei der Stempelverwendung Mißstände herausgestellt haben, insbesondere Zuwiderhandlungen gegen die stempelgesetzlichen Bestimmungen und die zum Stempelsteuergesetz ergangenen oder noch zu erlassenden Ausführungsvorschriften vorgekommen sind. Jedem zur Selbstversteuerung Zugelassenen ist von der Oberzolldirektion zugleich mit der Genehmigungsverfügung eine Anweisung zu behändigen, die in sinngemäßer Anwendung der in der allgemeinen Verfügung des Finanzministers vom 28. März 1896 III. 4376 erörterten Gesichtspunkte die Grundsätze zu enthalten hat, nach denen bei der Verwendung und Entwertung der Marken zu verfahren ist.

**Entwertungsgrenzen; Stempelsteuerbuch; Entwertungsvermerke; entwertungsberechtigte Personen.**

(6) Im einzelnen ist folgendes zu beachten:

a) die Befugnis zur Entwertung erstreckt sich nicht auf Urkunden, zu denen die in der Nr. 12 Abs. 2 dieser Best. bezeichneten Behörden und Beamten und die Notare die Stempel von Amts wegen zu verwenden und zu entwerten verpflichtet sind und ferner nicht auf Urkunden, zu denen die Stempel nach den für Gerichtsgebühren geltenden Vorschriften eingezogen werden;

b) die Entwertungsbefugnis ist auf Urkunden beschränkt, die einen Stempel von nicht mehr als 75 *M* erfordern. Die Oberzolldirektionen sind ermächtigt, die Genehmigung auch für höhere Beträge zu erteilen, wenn ein Bedürfnis hierzu vorhanden ist;

c) die zur Entwertung Berechtigten sind verpflichtet, über die Versteuerung der Urkunden, insoweit es sich nicht um Urkunden der im Abs. 1 unter b und d bezeichneten Art handelt, ein Stempelsteuerbuch nach dem anliegenden Muster 2 zu führen, in das alle zu den einzelnen Urkunden verwendeten Stempel nach der Reihenfolge der Verwendung (Haupt- und Nebenausfertigung unter einer Nummer) unter laufender, mit jedem Kalenderjahr von neuem mit 1 beginnenden Nummer von dem die Marken Entwertenden einzeln einzutragen sind. Versicherungsunternehmungen ist es gestattet, das Stempelsteuerbuch mit dem Versicherungsverzeichnis (Bordereau) zu verbinden, vorausgesetzt, daß das Versicherungsverzeichnis besondere Spalten für die laufende Nummer, unter welcher der verwendete Stempel im einzelnen einzutragen ist, sowie für den Betrag des verwendeten Stempels und für das Datum der Entwertung (Spalte 1, 6 und 8 des Musters 2) enthält und daß aus dem Verzeichnis hervorgeht, welche Stempelbeträge im einzelnen zu den Haupt- und Nebenausfertigungen (Duplikaten usw.) verwendet worden sind. Auch muß über jede der einzelnen Versicherungsarten (Feuer-, Hagel-, Lebens- usw. Versicherungen) ein besonderes Verzeichnis geführt werden. Die Stempelsteuerbücher sind von den zu ihrer Führung verpflichteten Personen fünf Jahre lang, von der letzten Eintragung an gerechnet, aufzubewahren und unterliegen der Einsichtnahme und Prüfung der Vorstände der Stempelsteuerämter. Stempelausländische Versicherungsunternehmen haben auf Erfordern von Zeit zu Zeit die von ihnen zu führenden Stempelsteuerbücher und deren Unterlagen (Akten, Bücher, Schriftstücke usw.) dem von der Oberzolldirektion zu bestimmenden Stempelsteueramt zur Prüfung einzureichen; auf Antrag kann die Prüfung auch in den Geschäftsräumen der Versicherungsgesellschaft durch Beamte des Stempelsteueramtes vorgenommen werden, falls der ausländische Staat hierzu seine Genehmigung erteilt. Wegen der Einholung dieser Genehmigung ist von der Oberzolldirektion an den Finanzminister zu berichten. Die Vordrucke für die Bücher können von allen Hauptzoll- und Zollämtern gegen Zahlung der Herstellungskosten bezogen werden;

d) bezüglich des Aufklebens der Marken finden die Vorschriften der Nr. 14 Abs. 2 dieser Best. entsprechende Anwendung. Die Entwertung der Marken ist in der Weise vorzunehmen, wie sie im ersten Satz der Nr. 16 Abs. 2 vorgeschrieben ist mit der Maßgabe, daß, insoweit ein Stempelsteuerbuch zu führen ist, an Stelle der Geschäftsnummer die laufende Nummer einzutragen ist, unter der die Entwertung im Stempelsteuerbuch vermerkt ist. Wenn kein Stempelsteuerbuch, aber ein Geschäftsverzeichnis geführt wird, ist die Geschäftsnummer einzutragen; wenn weder ein Stempelsteuerbuch noch ein Geschäftsverzeichnis geführt wird, genügt die Eintragung des Datums (des Monats in Buchstaben) und des Entwertungsortes. Außerdem ist auf dem oberen Teil der Marken der Gesellschafts- oder Geschäftsname in der Art handschriftlich einzutragen, daß die Schrift auf das die Marken umgebende Papier nach beiden Seiten übergreift. Die nachstehenden Abdrucke veranschaulichen die Entwertung:

1. Entwertung mit Eintragung der Stempelsteuerbuch- oder Geschäftsnummer:

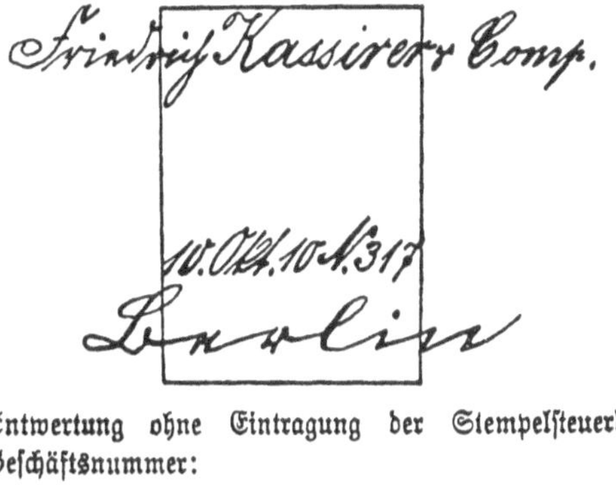

2. Entwertung ohne Eintragung der Stempelsteuerbuch- oder Geschäftsnummer:

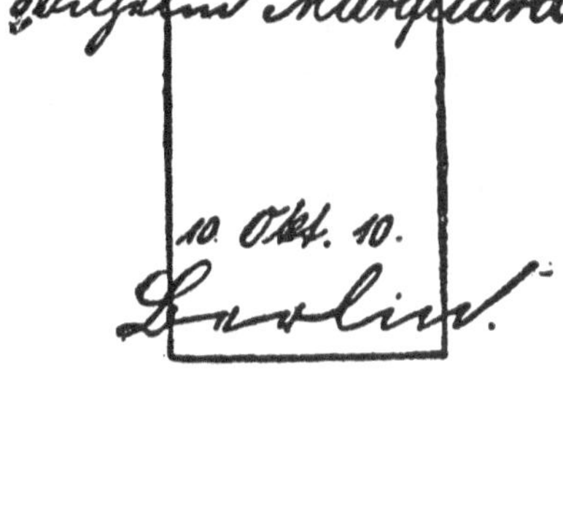

Versicherungsunternehmungen, öffentliche Sparkassen, Gewerkschaften und Genossenschaften sind befugt, statt der handschriftlichen Eintragung den Entwertungsvermerk ganz oder zum Teil — jedoch mit Ausnahme der laufenden Nummer des Stempelsteuerbuches oder der Geschäftsnummer — durch einen Stempelabdruck, zu dem nur schwarze Stempelfarbe verwendet werden darf, herzustellen. Der Abdruck des Gesellschafts- oder Geschäftsnamens muß teils auf dem oberen Teile der Marke, teils auf dem die Marke umgebenden Papier zu stehen kommen. Dieselbe Erlaubnis kann auch anderen Personen, Gesellschaften usw. auf Antrag von der Oberzolldirektion erteilt werden. Die Art der Entwertung ergibt der nachstehende Abdruck:

Hinsichtlich der Deutlichkeit der handschriftlichen Entwertungsvermerke und der Stempelabdrücke sind die Vorschriften der Nr. 14 Abs. 3 dieser Best. zu beachten; die Abdrücke müssen den Namen (bei Geschäften und Gesellschaften den Geschäftsnamen und Gesellschaftsnamen), das Datum, das Nummerzeichen (N.) und den Entwertungsort deutlich erkennen lassen;

e) bei Nebenausfertigungen (Duplikaten) stempelpflichtiger Urkunden wird der Nebenausfertigungsstempel zu der Nebenausfertigung entwertet und auf ihr vermerkt, welcher Stempel zur Neben- und Hauptausfertigung entwertet ist, z. B.:

Zur Nebenausfertigung 3 ℳ entwertet.
Zur Hauptausfertigung 5 ℳ (in Worten) entwertet.
Berlin, den 1. Oktober 1910.
(Unterschrift.)

f) in den Fällen des Abs. 1 dieser Nr. zu a und d darf die Entwertung der Stempelmarken nur durch die Auktionatoren, Rechtsanwälte und Patentanwälte vorgenommen werden, in dem Falle zu b nur durch die Aussteller der Verfügungen von Todes wegen. Bei Versicherungsunternehmungen sind außer den Inhabern und Geschäftsleitern auch die Versicherungsagenten (Generalagenten und Agenten) oder sonstige von den Geschäftsleitern mit der Markenentwertung beauftragte Geschäftsangestellte zur Entwertung und Führung des Stempelsteuerbuches ohne besondere Genehmigung befugt. In den Fällen des Abs. 3 dieser Nr. steht diese Befugnis nur denjenigen Personen zu, welchen die Erlaubnis besonders verliehen worden ist, bei ausländischen Versicherungsgesellschaften aber auch den vorbezeichneten Vertretern (Generalagenten und Agenten). Doch sind in allen Fällen die Vorstände der Unternehmungen, Gesellschaften, Genossenschaften, Banken usw. für die Entrichtung der Stempel und die verwirkten Strafen haftpflichtig.

**Urkunden dritter Personen.**

(7) Wenn von dritten Personen ausgestellte, nicht oder nicht genügend verstempelte Urkunden, zu denen die Marken ohne amtliche Überwachung entwertet werden dürfen, nach Ablauf der gesetzlichen Stempelverwendungsfristen vorgelegt werden, so können die Entwertungsberechtigten auch in diesen Fällen die nicht oder zu wenig verwendeten Stempelmarken zwar nachträglich entwerten, sie sind aber verpflichtet, dem zuständigen Hauptzollamt die Zuwiderhandlung anzuzeigen.

**Übergangsbestimmung.**

(8) Auf Berechtigungen zur Entwertung von Stempelmarken ohne amtliche Überwachung, die schon vor dem Inkrafttreten dieser Ausführungsbestimmungen allgemein zugelassen oder genehmigt worden sind, finden die Vorschriften der Abs. 1 bis 7 sinngemäße Anwendung.

## Versteuerung im Wege der Abfindung.

**Allgemeine Grundsätze.**

**21.** (1) Die Stempelpflicht wird, abgesehen von dem Verbrauch von Stempelbogen, Stempelmarken und gestempelten Vordrucken durch Barzahlung erfüllt, nämlich durch Zahlung jährlicher Abfindungssummen statt der Versteuerung im einzelnen (Aversionalversteuerung). Die Zahlung jährlicher Abfindungssummen statt der Einzelversteuerung ist nur zulässig, wenn es sich um die Besteuerung von Beurkundungen gleichartiger, häufig wiederkehrender Rechtsgeschäfte handelt, beispielsweise von Versicherungsverträgen, Policen usw., die Versteuerung von Automaten u. dgl. Da diese Versteuerungsart nur dem Zweck dient, den Steuerpflichtigen die Mühewaltungen und Umstände, wie sie mit der Einzelversteuerung verbunden sind, zu ersparen, nicht aber ihnen Vermögensvorteile durch Zahlung geringerer Stempelabgaben zuzuwenden, so muß bei der Versteuerung im Wege der Abfindung tunlichst derselbe Steuerbetrag erhoben werden, welchen der Steuerpflichtige bei der Einzelversteuerung zu zahlen haben würde. Der voraussichtliche Verbrauch an Stempeln bei der Zahlung dieser Abgabe im einzelnen hat daher für die Bemessung der jährlichen Abfindungssumme den entscheidenden Maßstab abzugeben.

(2) Sparkassen, Versicherungsunternehmungen,*) Genossenschaften usw. welche Stempelmarken ohne amtliche Überwachung entwertet und über den gesamten Stempelverbrauch das in der Nr. 20 Abs. 6 Buchst. c bezeichnete Stempelsteuerbuch ein Jahr lang geführt haben, kann nach Ablauf dieses Jahres die Zahlung jährlicher Abfindungssummen statt der Einzelversteuerung gestattet werden. Der aus dem Stempelsteuerbuch hervorgehende, während eines Jahres gezahlte Gesamtstempelbetrag bildet die Grundlage für die Berechnung der für die einzelnen Jahre zu zahlenden Abfindungssummen. Stellt sich nach Beendigung des einzelnen Jahres, für welches das Steuerabkommen läuft, heraus, daß der Gesamtwert der abgeschlossenen Geschäfte, d. h. der Wert der stempelpflichtigen und stempelfreien Geschäfte, ein höherer ist, als der Gesamtwert der Geschäfte desjenigen Jahres, in welchem die Anschreibungen im Stempelsteuerbuch erfolgt sind, so findet eine verhältnismäßige Erhöhung der zu zahlenden Summe statt. Sollen beispielsweise die Policen einer Feuerversicherungsgesellschaft mittels Abfindung versteuert werden und ergibt sich für die Dauer eines Jahres bei einer Gesamtversicherungssumme von 10 Millionen aus dem Stempelsteuerbuch ein Stempelverbrauch von 160 *M*, so würde dieser Betrag um ein Viertel — also um 40 *M* — zu erhöhen sein, wenn die Gesamtversicherungssummen während des Bestehens des Steuerabkommens jährlich die Summe von 10 Millionen um 2½ Millionen übersteigen. Ebenso findet eine Ermäßigung der zu zahlenden Abfindungsbeträge in demjenigen Verhältnis statt, in welchem sich der Gesamtwert der abgeschlossenen Geschäfte in den Jahren, in welchen das Steuerabkommen läuft, verringert.

(3) Die erörterten Grundsätze enthalten nur allgemeine Anhaltspunkte für die Bemessung der Abfindungssummen, so daß Abweichungen und Erleichterungen überall da zulässig sind, wo sie sich aus der Eigenart des in Betracht kommenden Geschäftsverkehrs und dem Vorhandensein besonderer Umstände rechtfertigen lassen. Im besonderen kann Sparkassen,

---

*) Vgl. Fußnote zu AB. 20.

Versicherungsunternehmungen, Genossenschaften usw. die Versteuerung durch Zahlung jährlicher Abfindungssummen gestattet werden, wenn sie die zur Ermittelung dieser Summen erforderlichen Unterlagen aus ihren Geschäftsberichten oder Geschäftsbüchern oder in irgendeiner anderen Weise als durch die Führung des Stempelsteuerbuches zu beschaffen vermögen.

**Erteilung der Genehmigung.**

(4) Über Anträge auf Genehmigung der Versteuerung im Wege der Abfindung entscheiden die Oberzolldirektionen; der Abs. 4 der Nr. 20 findet entsprechende Anwendung. Öffentlichen Feuerversicherungsanstalten ist die Versteuerung im Wege der Abfindung für die tatsächlichen Verlängerungen des Versicherungsverhältnisses (Tarifstelle 70c Abs. 3) allgemein gestattet; wegen der jährlichen Abfindungssummen und der Abfindungsnummer (vgl. Abs. 2 und 5) haben sie mit der zuständigen Oberzolldirektion das Erforderliche zu vereinbaren. Auch für private Versicherungsunternehmungen empfiehlt sich die Versteuerung der tatsächlichen Verlängerungen im Wege der Abfindung.

**Überwachung. Abfindungsvermerk.**

(5) Die zur Versteuerung im Wege der Abfindung Berechtigten haben ihre Geschäftsbücher und sonstigen Verhandlungen, welche für die Ermittelung der Abfindungssummen sowie für die amtliche Überwachung der Versteuerung von Bedeutung sind, den Beamten des zuständigen Stempelsteuer- oder Hauptzollamtes jederzeit zur Einsicht vorzulegen. Sie haben alle in ihrem Geschäftsverkehr errichteten, an sich stempelpflichtigen Urkunden, auf die sich die Abfindung erstreckt, mit einem die Abfindung erkennen lassenden kurzen Vermerk, z. B.: Stplfr. l. Abf. (statt: Stempelfrei laut Abfindung) mit einer ihnen von der Oberzolldirektion mitgeteilten Nummer sowie mit ihrem Vor- und Zunamen (Geschäfte, Gesellschaften usw. mit dem vollen Geschäfts-, Gesellschafts- usw. Namen) und der Bezeichnung des Wohnorts zu versehen. Dieser Vermerk kann, wenn er nicht niedergeschrieben wird, durch Stempelaufdruck mit schwarzer Stempelfarbe hergestellt werden, muß aber in jeder Form den Namen, die Firma den Ort und die Abfindungsnummer deutlich erkennen lassen. Zur Veranschaulichung dient nachstehender Abdruck:

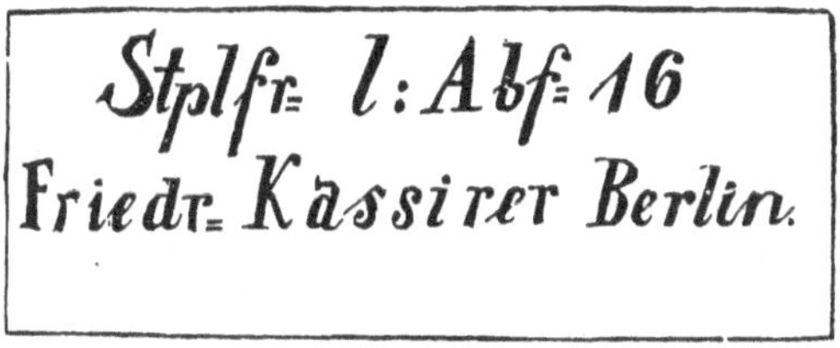

## Zu § 15 des Gesetzes.

**Zwangsweise Einziehung der Stempel.**

22. (1) Sind die Stempelgebühren nicht innerhalb der gesetzlichen Fristen (§ 15 des Gesetzes) gezahlt, so ist die zwangsweise Einziehung der Stempelbeträge nach der Verordnung, betreffend das Verwaltungszwangsverfahren wegen Beitreibung von Geldbeträgen vom $\frac{\text{15. November 1899}}{\text{18. März 1904}}$ (GS. $\frac{\text{S. 545}}{\text{S. 36}}$) und der dazu ergangenen Ausführungsanweisung vom $\frac{\text{28. November 1899}}{\text{4. Juli 1904}}$ (Zentralblatt der Abgaben- usw. Verwaltung $\frac{\text{1900 S. 44}}{\text{1904 S. 246}}$) zu veranlassen.*) Notare, sowie diejenigen Behörden oder Beamten, welchen die Einziehung der der Beitreibung im Verwaltungszwangsverfahren unterliegenden Geldbeträge nicht zusteht, haben den Antrag auf zwangsweise Einziehung des Stempels, für jeden stempelpflichtigen Akt besonders, bei dem Hauptzoll- oder Zollamt ihres Wohnsitzes oder ihrer Amtsstelle einzureichen;**) es empfiehlt sich, dem Antrage eine Abschrift der stempelpflichtigen Verhandlung beizufügen. Wird eine Abschrift nicht beigefügt, so ist in dem Antrage nicht nur diejenige Person anzugeben, die nach dem Inhalt der Urkunde die Zahlung des Stempels übernommen hat, sondern es sind sämtliche Personen zu benennen, denen nach dem Gesetz die Zahlung der Stempelabgabe obliegt. Der Antrag muß ferner, wenn eine Abschrift der Verhandlung nicht beiliegt, die Angabe enthalten, ob die Steuerpflichtigen im eigenen Namen oder als Vertreter anderer, z. B. als Vormünder, beteiligt sind, und außerdem ist das Datum, die Registernummer und die Gattung der Urkunde sowie der Betrag des beizutreibenden Stempels mitzuteilen. Die Beifügung von Belegen zur Prüfung und Begründung des Antrages ist nicht erforderlich. Die Zollstelle kann die Einziehung gegen alle Verpflichtete betreiben und ist hinsichtlich der Person der Zahlungspflichtigen oder der Höhe des beizutreibenden Stempels an den gestellten Antrag nicht gebunden. Es empfiehlt sich aber, zunächst denjenigen Steuerpflichtigen in Anspruch zu nehmen, der nach dem Urkundeninhalt die Stempelkosten übernommen hat, vorausgesetzt, daß sich von der Einziehung des Stempels von diesem Steuerpflichtigen ein Erfolg versprechen läßt. Die Zollstelle teilt das Ergebnis der Beitreibung der ersuchenden Stelle

*) Wegen Verteilung der eingezogenen Beträge, falls neben der Landesabgabe gleichzeitig eine Reichsabgabe einzuziehen ist, vgl. FM. 10. 12. 13 III 18937 ZBl. S. 5 v. 14. (Anm. d. Herausgeb.)

**) Diese Vorschrift gilt entsprechend für die Einziehung von Fehlbeträgen, welche gelegentlich der Stempelprüfungen der Stempelsteuerämter nachgefordert werden. (Anm. d. Herausgeb.)

mit, die, soweit die Einziehung ohne Erfolg geblieben ist, die Niederschlagung des Stempels bei der Oberzolldirektion beantragt. Beigetriebene Stempelbeträge hat die Zollstelle der ersuchenden Behörde in entwerteten Stempelzeichen zu übersenden, die neben der Verhandlung oder an geeigneter Stelle in den Akten einzuheften sind.

(2) Die Ausführung der Zwangsvollstreckung ist nach der allgemeinen Verfügung des Finanzministers vom 28. November 1900 (Zentralblatt der Abgaben- usw. Verwaltung S. 589, JMBl. S. 648) durch eigene Beamte der Zollverwaltung zu bewirken. Ist dies nicht angängig, so sind die Beitreibungen von den Zollstellen ausschließlich Gerichtsvollziehern zu übertragen.

(3) Notare dürfen den Stempel zu den von ihnen aufgenommenen Urkunden auch dann entwerten, wenn sie bereits die zwangsweise Einziehung beantragt haben. Die Notare haben den Grund der verspäteten Entwertung auf der Urkunde anzugeben und die Zollstelle, bei der sie die Einziehung beantragt haben, unverzüglich von der nachträglichen Einzahlung des Stempels in Kenntnis zu setzen.

**Verhandlungen der Schiedsmänner.**

(4) Schiedsmänner haben bei der Aufnahme stempelpflichtiger Verhandlungen die Parteien, namentlich wenn sie geschäftsunkundige Personen sind, auf die ihnen nach § 15 Abs. 3 des Gesetzes obliegende Verpflichtung der Beibringung des Stempels hinzuweisen. Nehmen die Schiedsmänner die Versteuerung selbst vor (Nr. 18 dieser Best.), so entsteht dadurch für sie keine Haftbarkeit, wenn die Stempelzeichen nicht ordnungsmäßig oder nicht ausreichend verwendet sind (§ 13 Abs. 2 des Gesetzes).

## Zu § 16 des Gesetzes.

**Fristbewilligungen und Teilzahlungen für fällige Stempelsteuern.**

23. (1) Privatpersonen haben innerhalb der im § 16 bestimmten Fristen für die Zahlung der tarifmäßigen Stempelabgaben und Entwertung dieser Beträge in Stempelzeichen Sorge zu tragen. Fristbewilligungen oder Abtragungen fälliger Steuerschulden in Teilzahlungen können nur in Ausnahmefällen bei nachgewiesenem dringlichen Bedürfnisse bewilligt werden und sind an die Bedingung zu knüpfen, daß

a) beim Ausbleiben einer Teilzahlung die zwangsweise Beitreibung des ganzen Restes erfolgt;

b) die eingehenden Beträge zunächst auf die rückständige Stempelsteuer, sodann auf die Geldstrafen und zuletzt auf die Kosten des Strafverfahrens verrechnet werden.

| Lfd. Nr. | Gegenstand der Besteuerung | Steuersatz v. H. | Steuersatz M | Steuersatz Pf | Berechnung der Stempelabgabe |
|---|---|---|---|---|---|
| (48.) | höheren Steuersatzes oder zur Erlangung der Steuerfreiheit gewählt worden ist. LStV. § 1 Ziff. 3, 7. | | | | |
| | II. Schriftliche Pacht- oder Mietverträge über außerhalb Landes gelegene Grundstücke oder ihnen gleichgeachtete Rechte sowie über Jagdberechtigungen an solchen Grundstücken | — | 1 | 50 | |
| | III. (1) Schriftliche Pacht- oder Mietverträge anderer als der unter I und II bezeichneten Art[29] . . . . . . . . . . . . . . . | 3/10 | — | — | des Zinses, |
| | mindestens aber . . . . . . . . . . . . | — | 1 | 50 | |
| | (2) Der Stempel berechnet sich[30] nach der Dauer der bedungenen Vertragszeit; bei Verträgen auf unbestimmte Zeit ist der Versteuerung eine einjährige Dauer zugrunde zu legen. Bei Verträgen, die auf die Lebenszeit des Verpächters oder Pächters, des Vermieters oder Mieters geschlossen sind, kommt die Vorschrift des § 6 Abs. 10 des Gesetzes zur Anwendung.[30] | | | | |

## Zu Tarifnummer 48.

1. a) Literatur: Seitz, Der Mietstempel, II. Aufl.
   b) Vgl. §§ 535 ff., 581 ff., 549, 566 BGB.

**§ 535.** Durch den Mietvertrag wird der Vermieter verpflichtet, dem Mieter den Gebrauch der vermieteten Sache während der Mietzeit zu gewähren. Der Mieter ist verpflichtet, dem Vermieter den vereinbarten Mietzins zu entrichten.

**§ 581 Abs. 1.** Durch den Pachtvertrag wird der Verpächter verpflichtet, dem Pächter den Gebrauch des verpachteten Gegenstandes und den Genuß der Früchte, soweit sie nach den Regeln einer ordnungsmäßigen Wirtschaft als Ertrag anzusehen sind, während der Pachtzeit zu gewähren. Der Pächter ist verpflichtet, dem Verpächter den vereinbarten Pachtzins zu entrichten.

2. Die Tarifstelle enthielt im Gesetz von 1895 noch die sog. antichretischen Verträge, Pfandverträge, die den Gläubiger berechtigen, die ihm zum Pfande gegebene fruchttragende Sache zu verwalten, ihre Früchte und Nutzungen für sich einzuziehen und das Gewonnene zuerst auf die verabredeten Zinsen der Schuld und sodann auf das Kapital abzurechnen. (§§ 139 ff., 224 ff., ALR. I 20.) Dem BGB. sind Vorschriften über antichretische Pfandverträge an Grundstücken fremd. Es bleiben daher für die Versteuerung von Antichresen an diesen nur die vor dem 1. 1. 1900 im Grundbuch eingetragenen übrig. Denn diese bestehen nach der Regel des Art. 184 EG. z. BGB. noch fort. Solche Antichresen sind gegenwärtig, wenn überhaupt, so doch nur noch in geringer Zahl vorhanden. Ebenso sind die antichretischen Verträge an beweglichen

zunächst nur den nach der Tarifstelle 45 alsbald fälligen Notariatsurkundenstempel von 3 *M* zu verwenden, dagegen die Verwendung des Geschäftsstempels zu unterlassen, solange ihnen nicht die Genehmigung oder der Beitritt nachgewiesen wird. Handelt es sich um Urkunden, die der gerichtlichen Genehmigung oder Bestätigung, insbesondere der Genehmigung des Vormundschaftsgerichts bedürfen, so erfolgt die Einziehung des Geschäftsstempels nach § 31 Preuß. Gerichtskostengesetzes durch das Gericht.

## Zu § 19 des Gesetzes.

**Strafanzeigen; Strafverfahren.**

24. (1) Strafanzeigen gegen Beamte und Notare, die sich einer Stempelübertretung bei ihrer Amtsverwaltung schuldig gemacht haben, und sonstige Verhandlungen, aus denen sich eine solche Übertretung ergibt, sind von den Hauptzollämtern den Stempelsteuerämtern zur weiteren Veranlassung zu übersenden, wenn die Hauptämter die Einleitung eines Strafverfahrens für angezeigt erachten. Die Vorstände der Stempelsteuerämter haben darüber zu befinden, ob sie von einem Strafverfahren absehen oder die Ahndung herbeiführen wollen.

(2) Die gegen Staatsbeamte und Notare auf Grund des § 19 des Gesetzes festzusetzenden Strafen sind nicht Disziplinar-, sondern eigentliche Stempelsteuerstrafen. Auf das Verfahren bei Festsetzung derselben finden die Vorschriften des Gesetzes, betreffend das Verwaltungsstrafverfahren bei Zuwiderhandlungen gegen die Zollgesetze und die sonstigen Vorschriften über indirekte Reichs- und Landesabgaben, sowie die Bestimmungen über die Schlacht- und die Wildbretsteuer vom 26. Juli 1897 (GS. S. 237) nach § 60 daselbst mit der Maßgabe Anwendung, daß die Untersuchung und die Festsetzung der Strafe durch die in dem genannten Paragraphen bestimmte Aufsichtsbehörde oder deren Vorsteher und die Entscheidung über Beschwerden durch den daselbst bezeichneten Minister erfolgt.

**Strafbescheid gegen Beamte mit Ausnahme der Gerichtsbeamten und Notare.**

(3) Der Strafbescheid ist nach dem Muster 3 zu erlassen. In dem Strafbescheide sind dem Beschuldigten die Kosten des Verfahrens aufzuerlegen (§§ 45 bis 47 des Gesetzes vom 26. Juli 1897). Als Kosten des Verfahrens kommen nach § 45 bare Auslagen nach Maßgabe des preußischen Gerichtskostengesetzes vom 25. Juni 1895, insbesondere Schreibgebühren und Postgebühren, zum Ansatz. Der Ausfertigungsstempel ist für Strafbescheide und Beschwerdebescheide nur zu erheben, wenn der Betrag der Strafe einhundertfünfzig Mark übersteigt. Der Strafbescheid ist durch Zustellung oder durch Verkündung (Eröffnung zu Protokoll)

bekanntzumachen. Für die Ausführung von Zustellungen finden die Bestimmungen der Zivilprozeßordnung über Zustellungen von Amts wegen entsprechende Anwendung.

(4) Die festgesetzten und eingezogenen Ordnungsstrafen sind von der Behörde, die den Strafbescheid erlassen hat, unter Angabe der Nummer der Strafsache, der Person des Bestraften und des Strafgrundes dem zuständigen Hauptzollamt zur Vereinnahmung zu überweisen.

**Verfahren gegen Gerichtsbeamte und Notare.**

(5) Wegen des Verfahrens gegen Gerichtsbeamte und Notare vgl. § 24 der allgemeinen Verfügung über gerichtliche Landesstempelsachen.

## Zu § 21 des Gesetzes.

**Ermittelung der persönlichen Verhältnisse des Beschuldigten.**

**25.** (1) Die Ermittelung der persönlichen Verhältnisse des Beschuldigten ist nur soweit auszudehnen, als es zur Feststellung und Festhaltung seiner Persönlichkeit oder für die Beurteilung seiner Strafbarkeit erforderlich ist. Sie soll umfassen:

1. Rufnamen (ausgeschrieben) und Zunamen, bei Ehefrauen und Witwen sowohl Rufnamen und Geburtsnamen dieser selbst wie Rufnamen und Zunamen ihrer Männer;
2. Stand oder Gewerbe (auch bei weiblichen Personen);
3. Wohnort (Kreis, in größeren Städten Straße und Hausnummer);
4. Vorstrafen wegen Zuwiderhandlungen gegen die Zoll- und Steuergesetze.

Soweit nötig, sind auch noch festzustellen:

5. Familienstand;
6. Tag und Ort der Geburt.

**Abgabenentrichtung.**

(2) Die Verpflichtung zur Nachentrichtung der Abgaben ist in der Entscheidungsformel des Strafbescheides nicht auszusprechen. Die Erhebung der vorenthaltenen Steuerbeträge erfolgt unabhängig vom Strafverfahren. Die Abgaben sind sofort, ohne den Ausgang der Untersuchung abzuwarten, — nötigenfalls schätzungsweise, unter Vorbehalt der Erstattung des etwa überhobenen Betrages — von der hierzu zuständigen Verwaltungsbehörde festzustellen und einzuziehen.

**Zur Festsetzung von Ordnungsstrafen zuständige Behörden.**

(3) Nach § 5 Nr. 1 des Verwaltungsstrafgesetzes erfolgt die Entscheidung bei allen Zuwiderhandlungen, welche lediglich Ordnungsstrafen nach sich ziehen, durch die Hauptzollämter.

**Strafniederschlagungen und Strafmilderungen.**

(4) Hinsichtlich der Strafniederschlagungs- und Strafmilderungsbefugnisse der Oberzolldirektionen, Vorstände der Stempelsteuerämter und Hauptzollamtsleiter kommen die Bestimmungen der allgemeinen Verfügung des Finanzministers vom 6. Oktober 1897 III 12757 (Zentralbl. der Abgaben- usw. Verwaltung S. 408) zur Anwendung*)

*) Jetzt vom 7. 10. 13 — III 11826. ZBl. S. 417.

I. Strafniederschlagung.

1. Die Oberzolldirektionen sind befugt, bei allen Zuwiderhandlungen gegen die Vorschriften über die Zölle und indirekten Reichs- und Landesabgaben, soweit die Entscheidung den Verwaltungsbehörden zusteht, im Wege der Nachsicht nach den Umständen des Falles die verwirkte Zoll- oder Steuerstrafe sowie ausnahmsweise auch die Kosten des Verfahrens völlig niederzuschlagen, und zwar, soweit die Sache von einem der Oberzolldirektion unterstellten Amte innerhalb seiner Zuständigkeit entschieden ist, auch nach Eintritt der Rechtskraft, im übrigen nur, solange ein Strafbescheid noch nicht bekannt gemacht worden ist.

2. Die Vorstände der Stempel- und Erbschaftssteuerämter oder ihrer Abteilungen sind ermächtigt, Zuwiderhandlungen gegen die Stempel- und Erbschaftssteuervorschriften im Wege der Nachsicht auf sich beruhen zu lassen, solange sie die Sache noch nicht zur Verfolgung an das zuständige Hauptzollamt abgegeben haben und dieses auch aus anderem Anlasse die Untersuchung noch nicht eröffnet hat.

3. Die Hauptzollämter sind berechtigt, alle Zuwiderhandlungen der in Nr. 1 bezeichneten Art, die lediglich Ordnungsstrafen nach sich ziehen, überhaupt und sonstige Zuwiderhandlungen dieser Art, wenn die in Frage kommenden Abgaben 3 ℳ nicht übersteigen, im Wege der Nachsicht straffrei zu lassen, und ausnahmsweise auch die Kosten des Verfahrens niederzuschlagen, solange der Strafbescheid noch nicht bekannt gemacht oder die Unterwerfungsverhandlung noch nicht genehmigt ist.

In Stempel- und Erbschaftssteueruntersuchungen, die auf Ersuchen der Stempel- und Erbschaftssteuerämter eingeleitet worden sind, darf diese Berechtigung nur im Einverständnis mit dem Vorstande des zuständigen Stempel- und Erbschaftssteueramtes oder der zuständigen Abteilung ausgeübt werden.

Die Vorschriften, durch die den Vorständen einzelner Zollämter oder Abfertigungsstellen die gleiche oder eine beschränkte Strafniederschlagungsbefugnis besonders eingeräumt worden ist, bleiben unberührt.

4. Von den in Nummer 1 bis 3 geregelten Befugnissen darf kein Gebrauch gemacht werden, wenn nachgewiesen oder nach den Umständen des Falles anzunehmen ist, daß eine absichtliche Abgabenverkürzung vorliegt.

II. Strafmilderung.

5. Die Oberzolldirektionen sind ermächtigt, bei allen Zuwiderhandlungen der in der Nr. 1 bezeichneten Art im Wege der Nachsicht geringere als die gesetzlichen Strafen festzusetzen, insbesondere auch von der Anordnung der an sich verwirkten Einziehung abzusehen, und zwar, wenn die Sache von einem der Oberzolldirektion unterstellten Amte innerhalb seiner Zuständigkeit ent-

**Ordnungsstrafen-Nachweisungen.**

(5) Zur Sicherung eines vorschriftlichen Verfahrens haben die Hauptzollämter alle Fälle, in denen die Hinterziehungsstrafe mehr als 300 ℳ betragen haben würde, an Stelle dieser Strafe aber eine Ordnungsstrafe festgesetzt ist, in zwei besondere Nachweisungen, von denen die eine die Stempel- und Erbschaftssteuersachen, die andere die übrigen Steuer- und die Zollsachen umfaßt, unter kurzer Angabe des Tatbestandes der Zuwiderhandlung und der Gründe für die Verhängung der Ordnungsstrafe einzutragen und diese Nachweisungen halbjährlich getrennt der Oberzolldirektion vorzulegen. In die Nachweisung sind diejenigen Fälle nicht aufzunehmen, in denen die Oberzolldirektion selbst die Festsetzung der Ordnungsstrafe angeordnet hat. Die Oberzolldirektion hat die Nachweisungen einer sorgfältigen Prüfung zu unterwerfen und, wo es ihr notwendig erscheint, die Belegakten einzufordern. Bei der Prüfung ist insbesondere darauf zu achten, daß in den einzelnen Hauptamtsbezirken nicht offenbare Ungleichheiten Platz greifen, indem in dem einen Bezirk ein sehr ausgedehnter,

---

schieden ist, auch nach Eintritt der Rechtskraft, im übrigen nur bei der Genehmigung von Unterwerfungsverhandlungen oder beim Erlaß von Strafbescheiden.

Von dieser Befugnis dürfen die Oberzolldirektionen bei absichtlichen Abgabenverkürzungen im Sinne der Nummer 4 nur dann Gebrauch machen, wenn bei Anwendung der gesetzlichen Vorschriften und nach den Umständen des Falles eine Geldstrafe von nicht mehr als 300 ℳ festgesetzt worden wäre.

6. Die Hauptzollämter sind ermächtigt, bei allen ihrer Entscheidung unterliegenden Zuwiderhandlungen der in Nr. 1 bezeichneten Art im Wege der Nachsicht geringere als die gesetzlichen Strafen festzusetzen, insbesondere auch von der Anordnung der an sich verwirkten Einziehung abzusehen, jedoch nur bei der Genehmigung von Unterwerfungsverhandlungen oder beim Erlaß von Strafbescheiden.

Von dieser Befugnis dürfen die Hauptzollämter bei absichtlichen Abgabenverkürzungen im Sinne der Nr. 4 nur dann Gebrauch machen, wenn die in Frage kommenden' Abgaben 3 ℳ nicht übersteigen.

Die Hauptzollämter haben alle Straffälle, in denen sie von ihrer Strafmilderungsbefugnis Gebrauch gemacht haben, in eine Nachweisung einzutragen, die ebenso zu behandeln ist wie die nach Nr. 4 Abs. 2 der Ausführungsvorschriften zum Verwaltungsstrafgesetz vom 26. Juli 1897 zu führende Nachweisung.

7. Wenn gegen einen Strafbescheid, in dem eine Strafmilderung gemäß Nr. 5 oder 6 ausgesprochen ist, auf gerichtliche Entscheidung angetragen und der Antrag nicht bis zum Beginn der Hauptverhandlung zurückgenommen wird, so tritt die Strafmilderung für den Antragsteller außer Kraft, und zwar ohne daß es eines Vorbehaltes hierüber im Strafbescheide bedarf.

III. Strafaufschub.

8. Die Oberzolldirektionen können die Bewilligung von Aufschub, Unterbrechung oder Teilung der Strafe (mit Einschluß der Werterfatz- und Kosten-

in dem anderen ein sehr beschränkter Gebrauch von den hierauf bezüglichen Vorschriften unter gleichartigen Verhältnissen gemacht wird. Die Nachweisungen sind von dem mit der Bearbeitung beauftragten Mitgliede der Oberzolldirektion mit der Bescheinigung der stattgefundenen Prüfung zu versehen.

**Einreichung von gerichtlichen Urteilen in Strafsachen.**

(6) Von allen in Untersuchungssachen wegen Zuwiderhandlungen gegen das Stempelsteuergesetz in der Revisionsinstanz ergehenden gerichtlichen Urteilen ist unter Darstellung des Sachverhältnisses und der Streitpunkte, die dadurch entschieden sind, Abschrift an den Finanzminister einzureichen.

## Zu § 22 des Gesetzes.

**Strafvollstreckung.**

**26.** (1) Die Vollstreckung der Straf- und der Beschwerdebescheide sowie der Kostenentscheidungen liegt den Hauptzollämtern ob, welche dabei nach

---

beträge) auf Grund der Nr. 2 des Allerhöchsten Erlasses vom 26. September 1897 (GS. S. 402) in geeigneten Fällen von der Leistung einer Sicherheit abhängig machen.

Die Bewilligung von Zahlungsaufschub oder Teilzahlungen ist stets an die Bedingung zu knüpfen, daß die eingehenden Beträge zunächst auf die etwa noch rückständigen Abgaben, sodann auf die Geldstrafen und die an Stelle der Einziehung festgesetzten Werterſatzbeträge und zuletzt auf die Kosten verrechnet werden und daß beim Ausbleiben einer Teilzahlung die Zwangsbeitreibung des ganzen noch rückständigen Restes unnachsichtlich erfolgen werde.

**9.** Die Hauptzollämter sind befugt, bei allen Zuwiderhandlungen gegen die Vorschriften über die Zölle und indirekten Steuern, soweit die Entscheidung von den Verwaltungsbehörden getroffen ist, die Strafvollstreckung aufzuschieben oder Strafteilung zu gewähren, jedoch nur bis zur Dauer eines Jahres nach dem Eintritt der Rechtskraft. Diese Befugnis erstreckt sich auch auf die an Stelle der Einziehung festgesetzten Wertersatzbeträge sowie auf die Kosten des Verfahrens.

Zur Ablehnung derartiger Gesuche sind die Hauptzollämter ohne Rücksicht auf die Dauer der darin erbetenen Vergünstigung befugt.

Im übrigen gelten die Vorschriften der Nummer 8 auch für die Hauptzollämter.

IV. Allgemeine Bestimmungen.

**10.** Die Vorschriften dieser Verfügung kommen nicht zur Anwendung bei Zuwiderhandlungen, die durch das Gesetz betreffend die Hinterziehung und Überhebung von Verkehrsabgaben vom 2. Mai 1900 (GS. S. 123) mit Strafe bedroht sind, und bei Ordnungsstrafen gegen Beamte und Notare, die sich bei ihrer Dienstverwaltung einer Übertretung der Landesstempelvorschriften schuldig gemacht haben. Insoweit bleibt es bei den bisherigen Bestimmungen und Gebräuchen.

**11.** Besondere Anordnungen von Bundesratsbeschlüssen bleiben unberührt.

Maßgabe der Bestimmungen über das Verwaltungszwangsverfahren zu verfahren haben (§ 54 Abs. 1 des Verwaltungsstrafgesetzes). Im übrigen finden betreffs der Strafvollstreckung die Vorschriften der §§ 52, 53 und 54 Abs. 2 des bezeichneten Gesetzes Anwendung.

(2) Die Vollstreckung gerichtlich oder im Verwaltungsstrafverfahren festgesetzter Strafen ist auszusetzen, sobald der Nachweis der Absendung eines Gesuches wegen gnadenweisen Erlasses oder gnadenweiser Ermäßigung einer solchen Strafe geführt ist. Die Zollbehörden haben nach Eingang des Gnadengesuches das Erforderliche wegen Aussetzung der Strafvollstreckung bis nach erfolgter Entscheidung über das Gnadengesuch unverzüglich zu veranlassen und, wenn es sich um gerichtliche Stempelstrafen handelt, an die zuständige Justizbehörde (Staatsanwaltschaft, Amtsrichter) das Ersuchen um vorläufige Abstandnahme von der Strafvollstreckung zu richten. In Fällen, in denen das Steuerinteresse gefährdet erscheint, sind daneben die erforderlichen Maßnahmen zur Sicherheit der Stempelsteuer, Strafe und Kosten zu treffen. Die Justizbehörden sind verpflichtet, dem Ersuchen der Zollbehörde um Aussetzung der Strafvollstreckung zu entsprechen (§ 25 der allg. Verf. über gerichtl. Landesstempelsachen).

## III. Abschnitt.

# Besondere Bestimmungen.

### Zu § 24 des Gesetzes.

**Ersatz verdorbener Stempelzeichen.***)

27. (1) Für vor dem Verbrauch verdorbene Stempelzeichen, zu denen nicht nur Stempelbogen und Stempelmarken, sondern auch die in Nr. 9 Abs. 5 und 6 dieser Best. aufgeführten gestempelten Vordrucke gehören, wird Ersatz durch Barzahlung geleistet, wenn die Stempelzeichen durch Zufall oder Versehen verdorben worden sind. Als verdorben vor dem Verbrauch gelten auch Stempelmarken auf Policen, die zwar mit der Prämienquittung versehen, infolge verweigerter Zahlung der Prämie dem Versicherungsuchenden aber nicht ausgehändigt worden sind, ferner Stempelbogen und entwertete Marken, wenn mit dem Beschreiben der Bogen oder des Papiers, auf dem sich die Marken befinden, zwar schon begonnen ist, stempelpflichtige Urkunden aber noch nicht zustande gekommen sind, weil der Name oder die Firma des Ausstellers im Sinne des § 1 Abs. 2 des

*) Wegen des rechnungsmäßigen Nachweises der StErst. hier und Ziffer 28 vgl. Allgem. Vfg. d. Oberrechnungskammer vom 27. 9. 10 ZBl. S. 478.

Gesetzes noch nicht unter die niedergeschriebenen Erklärungen gesetzt ist. Von Privatpersonen nicht in der vorgeschriebenen Weise verwendete Stempelmarken (§ 32 Abs. 2 des Gesetzes) werden als verdorbene nicht angesehen; sie sind nur nachträglich ordnungsmäßig zu entwerten.

(2) Der Antrag auf Ersatz ist bei dem Hauptzollamt des Bezirks einzureichen; dem Antrage sind die verdorbenen Stempelbogen, Stempelmarken, gestempelten Vordrucke oder die Policen beizufügen. Anträge auf Erstattung von Policenstempeln müssen innerhalb zweier Jahre nach der Entrichtung des Stempels angebracht werden; auch muß in den Anträgen bestätigt werden, daß die Policen den Versicherungssuchenden noch nicht ausgehändigt waren.*) Auf die Anträge entscheiden die Hauptzollämter. Entstehen bei dem Hauptzollamt Zweifel, ob die Stempel zu erstatten sind, so ist die Entscheidung der Oberzolldirektion einzuholen. Sie erteilt, wenn sie die Erstattung für zulässig erachtet, Zahlungsanweisung. Das gleiche gilt, wenn gegen den ablehnenden Bescheid eines Hauptzollamtes begründete Beschwerde erhoben worden ist. Der zu erstattende Betrag wird nach Bescheinigung seiner Richtigkeit festgesetzt und auf Anweisung gezahlt. Die verdorbenen Stempelmarken sowie die aus den Bogen und gestempelten Vordrucken herausgeschnittenen Stempelzeichen sind durch Zerschneiden oder in anderer, eine Wiederverwendung ausschließenden Weise zu vernichten. Daß dies geschehen, ist von zwei Beamten zu beurkunden.

**Ersatz vernichteter Stempelzeichen.**

(3) Für völlig vernichtete Stempelzeichen wird nur Ersatz geleistet, wenn sich die Vernichtung in zweifelsfreier Weise feststellen läßt. Über die Anträge entscheiden die Oberzolldirektionen.

## Zu § 25 des Gesetzes.

**Erstattungen auf Grund des § 25 Abs. 1 und des § 6 Abs. 2 des Ges.**

28. (1) Zu den nach § 25 Abs. 1 a zu erstattenden Stempeln gehören auch die nach § 6 Abs. 2 des Gesetzes (Nr. 3 Abs. 1 dieser Best.) und Abs. 17 der Tarifstelle 48 I (Nr. 71 Abs. 3 dieser Best.) zurückzuzahlenden Stempel. Auf letztere findet jedoch die Frist des § 25 Abs. 1 a keine Anwendung. Behörden und Beamte, einschließlich der Notare, haben sich der Verauslagung der Stempelgebühren tunlichst zu enthalten, weil für die Staatskasse Ausfälle entstehen, wenn die zur Zahlung verpflichteten Personen inzwischen zahlungsunfähig geworden sind und der Stempel gemäß § 25 Abs. 1 b des Gesetzes erstattet werden muß.

*) Hinfällig durch Wegfall von T. 70 LStG.

(2) Die Erstattung der verwendeten Stempel findet nur auf Antrag und nicht über den beantragten Betrag hinaus statt. Antragsberechtigt sind diejenigen Personen, welche die Stempelabgabe als Steuerschuldner an die Staatskasse abgeführt haben, nicht dritte Personen, z. B. diejenigen, von denen die Stempelschuldner das Geld zur Berichtigung der Stempel geliehen haben. Bevollmächtigte haben den Anträgen ordnungsmäßig versteuerte Vollmachten beizufügen; wird der Antrag von Behörden oder Beamten, einschließlich der Notare, gestellt, so genügt die Angabe, daß der Antragstellende von dem Empfangsberechtigten bevollmächtigt worden sei. Die Anträge auf Erstattung sind in den Fällen zu a und c innerhalb der dort angegebenen Fristen einzureichen. In den Fällen zu b sind die Anträge an keine Frist gebunden; veranlagte Stempel werden auch dann erstattet, wenn die Behörden oder Beamten, einschließlich der Notare, die im § 15 Abs. 1 des Gesetzes vorgeschriebene Frist von längstens 3 Wochen zur Beitreibung der Stempelbeträge nicht beobachtet haben. Die Antragsfrist gilt als gewahrt, wenn der Antrag bei einer unzuständigen Zollbehörde oder einem unzuständigen Stempelsteueramt rechtzeitig gestellt ist. Die unzuständigen Stellen sind verpflichtet, den Antrag an das zuständige Stempelsteueramt weiterzugeben und den Antragsteller von der Abgabe zu benachrichtigen.

(3) Über Anträge auf Erstattung von Stempeln auf Grund des § 25 Abs. 1 entscheiden die Stempelsteuerämter; zuständig ist dasjenige Stempelsteueramt, in dessen Bezirk der Stempel verwendet worden ist, oder, wenn der Stempel in dem Geschäftsbezirk eines anderen Stempelsteueramtes festgesetzt worden ist, das Amt dieses Bezirks. Über die Erstattung der im Auslande verwendeten Stempel entscheidet dasjenige Amt, dem die Stempelprüfung über die im Auslande befindliche Stelle zusteht oder in Ermangelung einer solchen Befugnis das Amt, in dessen Bezirk der Empfangsberechtigte wohnt. In Zweifelsfällen ist an die Oberzolldirektion zu berichten.

(4) Den Anträgen sind die Urkunden, auf denen die zu erstattenden Stempel entwertet sind, beizufügen; ist die Beifügung der Urkunden ausnahmsweise nicht angängig, so ist in anderweiter zweifelsfreier Weise der Inhalt der Urkunden und die Verwendung der Stempelzeichen darzutun. Bei Notariatsverhandlungen genügt jedoch*) statt der Vorlegung der Urschriften die Bescheinigung des Notars über den zu der Urschrift ver-

---

*) Zu ergänzen ist: Zum Nachweis der Versteuerung.
Der Inhalt der Notariatsverhandlung kann durch Übersendung einer Ausfertigung oder beglaubigten Abschrift nachgewiesen werden. Der Vorlage der Urschrift bedarf es nicht. (Anm. d. Herausg.).

wendeten Stempel, desgleichen bei letztwilligen Verfügungen die gerichtliche oder notarielle Bescheinigung über die gezahlten oder verwendeten Stempelbeträge. Bei Anträgen auf Erstattung verauslagter Stempel ist der Nachweis zu erbringen, daß die Einziehung von den zur Entrichtung des Stempels Verpflichteten unmöglich ist. Behörden und Beamte, einschließlich der Notare, sowie Rechtsanwälte haben die Anträge in der Form von Nachweisungen, welche die Bezeichnung der Urkunden nach Form und Art des beurkundeten Geschäfts (z. B. notarieller Grundstückskaufvertrag, privatschriftliche Schuldverschreibung) nach Datum, Namen und Vertragsstellung der Aussteller, ferner die Geschäfts- oder Notariatsregisternummer, den Namen desjenigen, welcher den Stempel gezahlt hat, den Betrag des verwendeten Stempels und den Tag seiner Entrichtung, die Erstattungsgründe und den Antrag auf Erstattung des zurückverlangten Betrages enthalten müssen, in einfacher Ausfertigung einzureichen. Auch für Privatpersonen empfiehlt es sich, die Erstattung in dieser Form zu beantragen.

(5) Entstehen bei dem Stempelsteueramt Zweifel, ob und zu welchem Betrage die Stempel zu erstatten sind oder ob die Erstattung auf Grund des Abs. 1 oder des Abs. 2 des § 25 anzuordnen ist, so ist die Entscheidung der Oberzolldirektion einzuholen. Sie erteilt, wenn sie die Erstattung für zulässig erachtet, Zahlungsanweisung. Das gleiche gilt, wenn gegen den ablehnenden Bescheid eines Stempelsteueramtes begründete Beschwerde erhoben worden ist. Ist der Stempel zum Teil auf Grund des Abs. 1, zum Teil auf Grund des Abs. 2 zu erstatten, so sind die Anträge stets der Oberzolldirektion zur Entscheidung einzureichen. Erachtet die Oberzolldirektion eine teilweise Erstattung auf Grund des Abs. 2 für gerechtfertigt, so hat sie zugleich den nach Abs. 1 zu erstattenden Stempelbetrag zur Zahlung anzuweisen. Wird die Erstattung ganz oder zum Teil für unbegründet erachtet, so sind die Antragsteller unter Angabe der Gründe zu bescheiden. Insoweit die Erstattung für gesetzlich gerechtfertigt gehalten wird, hat das Stempelsteueramt die eingereichte Stempelerstattungsnachweisung, falls sie ordnungsmäßig und richtig aufgestellt ist, mit der Richtigkeitsbescheinigung zu versehen, andernfalls die Nachweisung selbst aufzustellen. Die Erstattungsnachweisung ist mit Zahlungsanweisung und unter Beifügung der dem Antragsteller zurückzugebenden Urkunden und sonstiger Belege der Oberzollkasse zur weiteren Veranlassung zu übersenden. Die auf den Urkunden befindlichen Stempelzeichen sind von einem Beamten des Stempelsteueramtes in roter Tinte mit einem die Geschäftsnummer enthaltenden Vermerk über den zur Erstattung angewiesenen Stempelbetrag zu durchschreiben, beispielsweise in folgender Art:

Einhundertunddreißig Mark am 1. Oktober 1910 (Nr. 2301) erstattet.
Unterschrift des Beamten. Amtsbezeichnung.

Bei der Erstattung von Stempeln für privatschriftliche, noch nicht in den Rechtsverkehr getretene, einseitige Urkunden (Schuldscheine, Vollmachten usw.) ist in dem Erstattungsvermerk auch der Grund der Erstattung kurz anzugeben, und ferner darauf hinzuweisen, daß der gesetzliche Stempel von neuem zu verwenden ist, wenn die Urkunde später in den Verkehr gesetzt wird. In der Zahlungsanweisung ist zu erwähnen, daß die Erstattung auf den Urkunden in der vorgeschriebenen Art vermerkt ist.

(6) Wenn zu Notariatsverhandlungen (§ 9 Abs. 2 des Ges.) Stempel zu erstatten und den Erstattungsanträgen die Urschriften nicht beigefügt sind, so hat das Stempelsteueramt, bevor es die Reinschrift der Zahlungsanweisung vollzieht und deren Absendung anordnet, den Notar nach dem Muster 4 zu ersuchen, die Erstattung in der im vorhergehenden Absatz vorgeschriebenen Art auf der Urschrift zu vermerken und ihm von dem Geschehenen Mitteilung zu machen sowie gleichzeitig zu bestätigen, daß eine Stempelerstattung auf der Urkunde noch nicht vermerkt war. Die Notare haben diesem Ersuchen zu entsprechen oder dem Stempelsteueramt die Hinderungsgründe mitzuteilen. Die Stempelsteuerämter haben der Zahlungsanweisung die Bestätigung des Notars als Rechnungsbeleg beizufügen. In entsprechender Weise ist auch hinsichtlich anderer, mit den entwerteten Stempelzeichen versehenen Urkunden zu verfahren, die mit den Erstattungsanträgen nicht haben eingereicht werden können, sich aber im Besitz der Behörden und Beamten (Notare) befinden.

(7) In den Fällen des § 25 Abs. 1 c ist von den Stempelsteuerämtern zu prüfen, ob eine Wiedereinziehung des Stempels von demjenigen Vertragschließenden zu veranlassen sein wird, welcher bei der Beurkundung des Geschäfts von den seine Nichtigkeit oder Ungültigkeit bedingenden Umständen Kenntnis gehabt hat.*)

(8) Alle Behörden und Beamte, einschließlich der Notare, sind verpflichtet, von Doppelerstattungen, die zu ihrer Kenntnis gelangen den Stempelsteuerämtern Anzeige zu erstatten (vgl. Abs. 6).

**Erstattungen auf Grund des § 25 Abs. 2 des Ges., der Tarifstelle 32 Abs. 8 Satz 3 und der Tarifstelle 71 Nr. 1 Abs. 3.**

(9) Über Anträge auf Erstattungen auf Grund des § 25 Abs. 2 des Gesetzes, in denen die unterbliebene Ausführung oder die Rückgingig-

---

*) In den Zahlungsanweisungen ist zu bestätigen, daß eine Wiedereinziehung des Stempels nicht in Frage kommt, oder daß die Wiedereinziehung in die Wege geleitet ist. OVK. a. a. O. I c (Vgl. Fußnote bei Nr. 27).

machung des Geschäfts darzutun ist und die die Erstattung rechtfertigenden Billigkeitsgründe zu erörtern sind, entscheiden die Oberzolldirektionen. Die Aufstellung besonderer Erstattungsnachweisungen ist nicht erforderlich, sondern es genügt, die Erstattungsgründe und die erstatteten Stempelbeträge zu den Akten zu vermerken. Die Erstattungsanträge müssen innerhalb der Fristen des § 25 Abs. 2 des Gesetzes eingereicht werden. Im übrigen finden die Bestimmungen der Absätze 2 bis 8 sinngemäße Anwendung. In Fällen, wo bezüglich der Zuständigkeit Zweifel bestehen, ist an den Finanzminister zu berichten (vgl. Abs. 3).

(10) Nach der Vorschrift des vorhergehenden Absatzes sind auch Anträge auf Erstattung der Stempel aus Billigkeitsgründen in den Fällen der Tarifstelle 32 Abs. 8 Satz 3 und auf Rückzahlung von Stempeln infolge Ermäßigungen aus Billigkeitsgründen auf Grund der Tarifstelle 71 Nr. 1 Abs. 3 zu behandeln.

(11) Bis zum 20. April jeden Jahres ist von den Oberzolldirektionen dem Finanzminister anzuzeigen, welche Gesamtstempelbeträge gemäß § 25 Abs. 2 des Gesetzes, der Tarifstelle 32 Abs. 8 Satz 3 und der Tarifstelle 71 Nr. 1 Abs. 3 erstattet (niedergeschlagen) und ermäßigt worden sind und für welche Beträge die Erstattung und Ermäßigung abgelehnt worden ist. Diese Anschreibungen haben sich auch auf die von dem Finanzminister getroffenen Entscheidungen der bezeichneten Art zu erstrecken. Bei einer nachträglichen Änderung von Entscheidungen über solche Anträge, sei es durch den Finanzminister oder sei es durch die Oberzolldirektion selbst, sind auch die Anschreibungen entsprechend zu berichtigen. Der Gesamtbetrag ist für jede der vorbezeichneten Bestimmungen besonders anzuzeigen, getrennt nach Erstattungen (Niederschlagungen) und Ermäßigungen einerseits und nach Ablehnungen andererseits. Die Anzeigen sind in der Form von Nachweisungen ohne Anschreiben einzusenden.

**Stempelniederschlagungen.**

(12) Soweit in den Fällen des Absatzes 9 und 10 die Stempel noch nicht verwendet sind, können die Oberzolldirektionen auch deren Niederschlagung aus Billigkeitsgründen anordnen.

## Zu § 26 des Gesetzes.

**Prozeßführung.**

29. (1) Die Oberzolldirektionen sind befugt, sich in alle in ihrem Geschäftsbereiche entstehenden Rechtsstreitigkeiten ohne Anfrage nach ihrer pflichtmäßigen Überzeugung einzulassen und sie bis zum Ende fortzuführen oder aufzugeben (§ 5 Nr. 3 der Verwaltungsordnung vom 15. Januar 1908,*) Zentralbl. der Abgaben- usw. Verwaltung S. 183). Wegen der Verpflichtung der Oberstaatsanwälte, wegen der gegen den Justizfiskus angestrengten

*) Siehe unten S. 464.

Prozesse sich vor Einlassung in den Prozeß mit den Oberzolldirektionen in Verbindung zu setzen, vgl. § 7 der allg. Verf. über gerichtliche Landesstempelsachen.

(2) Von jedem reichsgerichtlichen sowie von jedem in die Rechtskraft übergegangenen sonstigen gerichtlichen Urteil, das in einem gegen den Steuer- oder Justizfiskus angestrengten Prozeß ergangen ist, haben die Oberzolldirektionen innerhalb einer Woche nach Eingang des Urteils mittels eines den Gegenstand der Klage und die Rechtsfrage erörternden Berichts dem Finanzminister eine Abschrift einzureichen.

(3) Die Oberzolldirektionen haben eine nach dem Muster 5 aufzustellende Nachweisung über alle, die Stempelsteuer sowie die Reichs- und preußische Erbschaftssteuer betreffenden, im vergangenen Rechnungsjahre im Verwaltungsbezirk anhängig gewesenen Prozesse, bei denen in Vertretung des Fiskus die Oberzolldirektion oder die Justizbehörde als Partei beteiligt gewesen war, alljährlich im Juni dem Finanzminister einzureichen, oder, wenn solche Prozesse nicht anhängig waren, eine Fehlanzeige zu erstatten. Die Prozesse gegen den Justizfiskus sind in einem besonderen Abschnitte aufzuführen. Bei denjenigen Prozessen, über die bereits früher berichtet worden ist, ist auf die früheren Berichte und die dazu ergangenen Entscheidungen hinzuweisen.

(4) Wegen der Erstattung der Prozeßkosten an die obsiegenden Gegner kommt die allgemeine Verfügung des Finanzministers vom 23. März 1883 III 1859 (Zentralbl. der Abgaben- usw. Verwaltung S. 92) zur Anwendung. Von einer Nachprüfung der Kostenrechnungen des obsiegenden Gegners hinsichtlich etwaiger Antragsschreibgebühren und Postgebührenauslagen ist abzusehen, wenn die hierauf sich beziehenden Ansätze unbedenklich sind und wenn der gegnerische Anwalt seine Handakten nicht freiwillig, also unaufgefordert, zur Verfügung stellt. Von den Beamten, denen die Prüfung der Kostenrechnungen obliegt, ist in ihren Bescheinigungen kurz zu vermerken, daß und unter welchen Voraussetzungen von der Nachprüfung der Schreibgebühren und Postgebührenauslagen abgesehen worden ist.

## Zu § 29 des Gesetzes.

**Postgebührenfreiheit.**

**30.** Postsendungen an die Prüfungsstellen im Stempelprüfungsverfahren einschließlich des Beschwerdeverfahrens sind postgebührenfrei abzulassen. Wegen der Postgebühren für Rücksendung der Pacht- und Mietverzeichnisse vgl. Nr. 72 Abs. 5 dieser Best.

## Zu § 30 des Gesetzes.

**Verwaltung des Stempelwesens.**

**31.** (1) Die Verwaltung des Stempelwesens wird durch die Stempelsteuerämter, die Hauptzollämter und die den letzteren untergeordneten Zollämter, ferner durch die Oberzolldirektionen und in höchster Instanz durch den Finanzminister geführt. Außerdem sind an geeigneten Orten mit dem Verkauf und der Entwertung von Stempelbogen und Stempelmarken bis zu bestimmten Beträgen, dem Verkauf von gestempelten Vordrucken zu Genehmigungen der Veranstaltung von Lustbarkeiten, sowie der unentgeltlichen Verabfolgung von Vordrucken zu Pacht- und Mietverzeichnissen und zu Jagdpachtverzeichnissen sowie zu Anmeldungen der durch Jahreskarten zu versteuernden Automaten und Musikwerke Stempelverteiler beauftragt. Auf ihre Anstellung und Geschäftsführung finden die Vorschriften der Beilage 1 und der zugehörigen Anlage Anwendung.

**Beschwerdegang.**

(2) In Stempelsteuersachen sind die im Verwaltungswege eingelegten Beschwerden gegen Verfügungen und Anordnungen

a) der Zollämter und der Stempelverteiler an das vorgesetzte Hauptzollamt,

b) der Stempelsteuer- sowie der Hauptzollämter an die Oberzolldirektion,

c) der Oberzolldirektionen an den Finanzminister

zu richten. Bezüglich der Anfechtung der Strafbescheide der Hauptzollämter und Oberzolldirektionen kommen die besonderen, für das Verwaltungsstrafverfahren geltenden Bestimmungen zur Anwendung.

**Auskunfterteilungen.**

**32.** (1) Alle Hauptzollämter sowie Stempelsteuerämter haben gegen Erstattung der ihnen an Schreib- und Postgebühren entstandenen Kosten den Steuerpflichtigen auf deren Anfragen über die Höhe des zu einer Urkunde zu verwendenden Stempels sowie darüber, ob eine Verpflichtung zur Entrichtung von Stempelgebühren überhaupt besteht, Auskunft zu erteilen. Die vorbezeichneten Behörden werden auf Grund der Allerhöchsten Kabinettsorder vom 24. Juli 1906 (zu vgl. allgemeine Verfügung des Finanzministers vom 19. Februar 1907 III 2577) ermächtigt, im einzelnen Falle von der Einziehung der Schreib- und Postgebühren abzusehen, wenn die Einziehung mit Kosten und Weiterungen für die Staatskasse verknüpft ist, die in keinem angemessenen Verhältnis zu der Höhe der Gebühren stehen.

(2) Die Anfragen sind an dasjenige Stempelsteuer- oder Hauptzollamt zu richten, in dessen Bezirk der Anfragende seinen Wohnort hat. Gesuche um Auskunfterteilung von Personen, welche nicht im Bezirke des Stempelsteuer- oder Hauptzollamtes wohnen, sind der zuständigen Behörde unter entsprechender Benachrichtigung des Gesuchstellers zur Erledigung zu überweisen. Auf Anfragen allgemeiner Art erstreckt sich die Pflicht zu einer amtlichen Belehrung nicht. Die vorbezeichneten Behörden sind vielmehr

mit Rücksicht auf den Grundsatz des § 3 Abs. 1 des Gesetzes, wonach die Stempelpflichtigkeit einer Urkunde sich nach ihrem Inhalt richtet, nur verbunden, auf Anfragen Auskunft zu geben, welche sich auf bestimmte, mit dem Antrage vorzulegende Urkunden beziehen. Behörden und Beamte, einschließlich der Notare, haben zugleich die Zweifel, welche zu der Anfrage Anlaß gegeben haben, zu erörtern. Auch kann den Hauptzoll- und Stempelsteuerämtern nicht zugemutet werden, für die Steuerpflichtigen zeitraubende und umständliche Berechnungen über den zu zahlenden Stempel aufzustellen, sondern es genügt, wenn sie den Anfragenden die allgemeinen Grundsätze angeben, nach welchen die Aufstellung der Berechnung vorzunehmen ist.

(3) Die Antworten auf Anfragen über den zu verwendenden Stempel sind des schleunigsten zu erteilen und müssen den Anfragenden tunlichst so zeitig zugehen, daß sie noch in der Lage sind, die tarifmäßigen Stempel innerhalb der zweiwöchigen Stempellösungsfrist beizubringen, vorausgesetzt, daß die Anfrage rechtzeitig, d. h. spätestens bis zum Ablauf der ersten Woche der zweiwöchigen Frist bei der Behörde eingereicht ist. Wenn die Anfrage rechtzeitig erfolgt ist, die Beantwortung sich aber aus irgendeinem Grunde verzögert hat, so ist ein Strafverfahren nicht einzuleiten, wenn die gesetzliche Stempellösungsfrist zwar überschritten, der Stempel aber bis zu einem bestimmten, von der Auskunftsbehörde anzugebenden Tage beigebracht ist.

**Mitwirkung der Staats- und Kommunalbehörden bei der Verwaltung der Stempelsteuer.**

**33.** (1) Von besonderer Wichtigkeit für die ordnungsmäßige Führung der Stempelsteuerverwaltung ist die gewissenhafte Erfüllung der den Behörden und Beamten mit richterlicher oder Polizeigewalt durch das Gesetz auferlegten Verpflichtung, auf Befolgung der Stempelgesetze zu halten und alle bei ihrer Amtsverwaltung bekannt gewordenen Zuwiderhandlungen behufs Einleitung des Strafverfahrens zur Anzeige zu bringen. Wegen der den Gerichten in dieser Hinsicht obliegenden Verpflichtungen vgl. § 22 der allg. Verf. über gerichtl. Landesstempelsachen.

**Gerichtsvollzieher.**

(2) Auch den Gerichtsvollziehern liegt als Organen der Gerichte die Pflicht ob, die Besteuerung der aus dienstlichem Anlaß in ihre Hände gelangten Urkunden, insbesondere der zu ihren Handakten eingereichten Vollmachten, zu prüfen. Die Gerichtsvollzieher haben, wenn die Stempelverwendungsfrist noch nicht abgelaufen ist, denjenigen, welcher die Urkunde eingereicht hat, zur nachträglichen — innerhalb jener Frist zu bewirkenden

— Beibringung der erforderlichen Stempelmarke aufzufordern und die Marke im Falle rechtzeitiger Einreichung vorschriftsmäßig zu entwerten. Die Aufforderung zur Beibringung der Stempelmarke unterbleibt, wenn davon wegen Kürze der Restfrist ein Erfolg nicht erwartet werden kann. Wird die Stempelmarke nicht rechtzeitig eingereicht, so haben die Gerichtsvollzieher die Zuwiderhandlung dem Hauptzollamt anzuzeigen. Dasselbe gilt, wenn die Urkunde in die Hände des Gerichtsvollziehers gelangt ist, nachdem die Stempellösungsfrist bereits abgelaufen war. Die Mitteilung erfolgt postgebührenfrei unter dem Vermerk: „Frei laut Ablösung."

## Zu § 31 des Gesetzes.

**Geschäftsbezirke der Vorstände der Stempelsteuerämter.**

**34.** (1) Die Geschäftsbezirke der Stempelsteuerämter gehen aus der Beilage 2 hervor. Die Stempelsteuerämter zerfallen in Abteilungen; Stempelsteuerämter ohne Abteilungen sind nur die Ämter der Rheinprovinz in Aachen, Coblenz, Elberfeld und Trier. Die Geschäftsbezirke der Stempelsteuerämter sind zugleich diejenigen der Erbschaftssteuerämter. Die Bezirke der Stempel- und Erbschaftssteuerämter in Altona und Frankfurt a. M.*) umfassen auch die Insel Helgoland und die Hohenzollernschen Lande, also diejenigen Gebietsteile der Monarchie, auf welche das Stempelsteuergesetz keine Anwendung findet. Jede Abteilung eines Stempelsteueramtes und, wo Abteilungen nicht bestehen, jedes Stempelsteueramt steht unter der Leitung eines Vorstandes, der die Stempelsteuerverwaltung nach der in der Beilage 3 enthaltenen Anweisung zu führen hat.

**Stempelprüfungsverfahren.**

(2) Zu den besonderen Obliegenheiten der Vorstände gehört die Vornahme der Stempelprüfungen innerhalb ihrer Geschäftsbezirke, bei welchen sich die Vorstände der Mithilfe ihrer Beamten bedienen können. Ob den Prüfungen, welche in der Regel an dem Ort, wo die zu prüfenden Behörden, Beamten, Gesellschaften usw. ihren Sitz haben und die stempelpflichtigen Verhandlungen sich befinden, vorzunehmen sind, eine Anmeldung vorauszugehen hat, bleibt dem Ermessen der Vorstände überlassen. Die prüfungspflichtigen Behörden, Beamten, Gesellschaften usw. haben, sobald sie von dem Vorstande des Stempelsteueramtes von der Abhaltung der Prüfung in Kenntnis gesetzt werden, dafür Sorge zu tragen, daß die Prüfung ohne allen Aufenthalt begonnen und vollständig ausgeführt werden kann. Zu diesem Zweck sind dem Vorstande alle Urkunden, Akten, Geschäftsbücher, Rechnungsabschlüsse, Jahresberichte sowie überhaupt alle Schriftstücke und Verhandlungen, welche für die Stempelprüfung von Belang

*) Statt Cassel. F.M. III. 6121 ZBl. S. 180 v. 08. (Anm. d. Herausg.)

sind, zur Einsicht vorzulegen, auch ist ihm und seinen Beamten jede gewünschte Auskunft zu erteilen und ein angemessener Raum für die Erledigung seiner Obliegenheiten zur Verfügung zu stellen. Urkunden, öffentliche Bücher, Akten usw., welche nicht von besonderem Werte sind und deshalb eine besondere Verwahrung nicht erfordern, sind dem Vorstande auf Verlangen auch in seine Wohnung zu verabfolgen und, falls sie nicht durch Beamte oder Angestellte der geprüften Stellen befördert werden können, vor der Verabfolgung zu versiegeln. Die Einsendung der Akten usw. zu Prüfungszwecken nach dem Amtssitz der Vorstände der Stempelsteuerämter darf nur insoweit beansprucht werden, als die Versendung ohne Nachteil für den Geschäftsgang bei der geprüften Stelle stattfinden kann.

(3) Über das Ergebnis der Prüfung ist nach dem Muster 6 eine Verhandlung aufzunehmen, in der die aufgestellten Erinnerungen unter Bezeichnung des Aktenstücks (Aktenzeichen und Seite) und der nicht ausreichend versteuerten Urkunden sowie der Angabe der für die einzelnen Stempelnachforderungen maßgebend gewesenen Gründe zusammenzustellen sind. Der geprüften Stelle ist eine Abschrift der von ihr nicht zu unterzeichnenden Verhandlung mit dem Ersuchen zuzustellen, die Abgabensumme der anerkannten Erinnerungen in vorschriftsmäßig entwerteten Stempelzeichen einzusenden und, wenn nur ein Teil der Erinnerungen anerkannt wird, die Nummern der anerkannten Erinnerungen sowie den auf die einzelne Erinnerung entfallenden Betrag besonders anzugeben. Die Entwertung der Stempelzeichen erfolgt nach den Vorschriften der Nr. 13 u. fg. dieser Best. Die geprüfte Stelle legt mit der Abschrift der Prüfungsverhandlung ein Aktenstück an und veranlaßt wegen der Nachbringung der nachgeforderten Stempelbeträge das Erforderliche. Behörden und Beamte, einschließlich der Notare, haben nötigenfalls die zwangsweise Einziehung der Stempel nach der Nr. 22 dieser Best. zu beantragen. Einwendungen gegen Prüfungserinnerungen sind zunächst bei dem Vorstande des Stempelsteueramtes anzubringen. Gegen die Entscheidung des Stempelsteueramts ist die Beschwerde bei der Oberzolldirektion und gegen deren Entscheidung die weitere Beschwerde bei dem Finanzminister einzulegen. Die bei der Oberzolldirektion oder dem Finanzminister eingelegte Beschwerde hemmt die zwangsweise Beitreibung der nachgeforderten Stempel. Die Vorstände der Stempelsteuerämter sind verpflichtet, auf eine schnelle und vollständige Erledigung der Prüfungserinnerungen zu halten und nötigenfalls die Einwirkung der vorgesetzten Behörde in Anspruch zu nehmen.

(4) Die Vorstände der Stempelsteuerämter haben der geprüften Stelle den Eingang der entwerteten Stempelzeichen, die bei den Akten der

Stempelsteuerämter verbleiben, sowie die Erledigung der Erinnerungen zu bescheinigen. Auf Grund dieser Bescheinigungen vermerken die Stellen auf den Urkunden, soweit sie in ihrem Besitz sind, die nachentrichteten Beträge.

(5) Wenn Akten, in denen sich entwertete Stempelzeichen befinden, vernichtet oder verkauft werden sollen, so sind die Stempelzeichen vorher herauszuschneiden und durch Zerschneiden oder in anderer, eine Wiederverwendung ausschließender Weise zu vernichten. Die Vernichtung ist in einer aufzunehmenden Verhandlung zu bescheinigen.

(6) Über die Stempelprüfungen bei den Gerichten ist im § 23 der allg. Verf. über gerichtl. Landesstempelsachen das Erforderliche bestimmt.

(7) Die im § 31 Abs. 2 des Gesetzes bezeichneten Prüfungsstellen sind regelmäßig im Laufe von drei Jahren mindestens einmal der Prüfung zu unterwerfen und die Reichs- und Landesstempelprüfungen an ein und demselben Ort, sofern er nicht der Amtssitz des Vorstandes des Stempelsteueramtes ist, gleichzeitig vorzunehmen. Hinsichtlich derjenigen Prüfungsstellen, bei welchen infolge geringen Geschäftsverkehrs stempelpflichtige Schriftstücke nur vereinzelt vorkommen, wie es beispielsweise bei Auktionatoren, kleineren Genossenschaften usw. der Fall ist, darf die Oberzolldirektion genehmigen, daß die Prüfungen in längeren Zwischenräumen erfolgen oder, falls die zu prüfenden Stellen einverstanden sind, auf die Einforderung der Verträge und sonstiger stempelpflichtiger Urkunden, Rechnungsabschlüsse usw. beschränkt werden oder ganz unterbleiben. Auch bleibt es dem Ermessen der Oberzolldirektionen überlassen, zu bestimmen, ob und inwieweit bei den örtlichen Behörden der Post-, Telegraphen- und Eisenbahnverwaltung Stempelprüfungen stattzufinden haben. Bei Schiedsmännern kann, falls nicht besondere Gründe entgegenstehen, von der Vornahme von Stempelprüfungen abgesehen werden, da die Schiedsmänner von den Präsidenten der Landgerichte im Stempelinteresse geprüft werden.

**Jahresberichte der Vorstände der Stempelsteuerämter.**

(8) Nach dem Schlusse des Geschäftsjahres hat der Vorstand des Stempelsteueramts einen für das Finanzministerium bestimmten Jahresbericht an die Oberzolldirektion einzureichen, worin eine Übersicht über seine Tätigkeit und die während des Jahres nach dem Geschäftsplan vorgenommenen Stempelprüfungen zu geben ist. In dem Jahresbericht können außerdem allgemeine Bemerkungen, Wahrnehmungen und Vorschläge in betreff der Stempelgesetze und deren Ausführung niedergelegt werden. Einer besonderen Erörterung bedürfen die bezüglich der Versteuerung der Pacht- und Mietverzeichnisse gesammelten Erfahrungen. Zu diesem Zweck ist anzuzeigen, wieviel Aufforderungen an die Verpächter,

die Verpächter von Jagden und die Vermieter — und zwar für jede der drei Vertragsarten besonders — auf Grund der Nr. 77 Abs. 2 und der Nr. 78 Abs. 6 dieser Best. erlassen und welche Wahrnehmungen dabei im einzelnen und überhaupt hinsichtlich der Beachtung der bestehenden Vorschriften gemacht sind. Dem Ermessen der Oberzolldirektionen bleibt es überlassen, ergänzende Anordnungen über die Einreichung und den Inhalt der Jahresberichte zu treffen. Es kann im besonderen bestimmt werden, daß den Berichten von den Vorständen Nachweisungen darüber beizufügen sind, in welchem Umfang die nach dem Geschäftsplan vorzunehmenden Stempelprüfungen ausgeführt worden sind, welche Stellen nicht geprüft sind und aus welchen Gründen die Prüfung unterblieben ist, welche Beträge im abgelaufenen Jahr zum Soll gestellt, wie diese verrechnet und welche Beträge davon als Reste in das folgende Jahr übertragen sind, ferner auf welche Beträge sich die aus früheren Jahren rückständig gebliebenen Stempelnachforderungen belaufen, aus welchen Ursachen ältere Rückstände noch nicht haben erledigt werden können u. a.

**Beschlagnahme oder Durchsuchung.**

**35.** Auf das Verfahren wegen Beschlagnahme oder Durchsuchungen bei Privatpersonen, welche im dringenden Verdacht der Verletzung eines Stempelgesetzes stehen, finden die §§ 94 u. fg. der Strafprozeßordnung Anwendung. Da die Aufforderung an die Privatperson zum Ausweis über die gehörige Beobachtung der Stempelgesetze und die Ausführung der Beschlagnahme oder Durchsuchung unmittelbar aufeinander folgen müssen, so darf die Aufforderung nicht vorher in schriftlicher Form erfolgen, sondern sie ist mündlich an die betreffende Privatperson zu richten. Im Falle ihrer Weigerung, sich auszuweisen, muß unverzüglich mit der Ausführung der Beschlagnahme oder Durchsuchung begonnen werden. Ihr hat der Vorstand des Stempelsteueramts oder ein mit seiner Vertretung beauftragter Beamter der Zollverwaltung beizuwohnen. Diese Beamten, welche dem Amtsgericht in dem einzureichenden Antrage namhaft zu machen sind, haben sich vorher mit den die Beschlagnahme oder Durchsuchung ausführenden Gerichtsbeamten über die nähere Art der Ausführung zu besprechen.

### Zu § 32 des Gesetzes.

**Von Privatpersonen nicht vorschriftsmäßig verwendete Stempelmarken.**

**36.** Die Bestimmung, wonach die von Privatpersonen nicht in der vorgeschriebenen Weise verwendeten Stempelmarken als nicht verwendet anzusehen sind, soll nicht eine Doppelversteuerung zur Folge haben, sondern es soll dadurch nur der Tatbestand einer unter Umständen nach den

§§ 17 u. fg. des Gesetzes zu ahndenden Zuwiderhandlung festgestellt werden. Abgesehen von der etwa erforderlich werdenden Einleitung eines Strafverfahrens bedarf es daher nur der nachträglichen ordnungsmäßigen Entwertung der Stempelmarken. Wenn diese infolge von Beschädigungen der Marken oder aus einem anderen Grunde nicht angängig ist, steht es den Steuerpflichtigen frei, die vorschriftsmäßige Verwendung neuer Marken herbeizuführen und die Erstattung des Wertes der alten Marken zu beantragen.

# Stempeltarif.

## Zur Tarifstelle 1.

**Stempelvermerke.**

37. Hinsichtlich der Angabe des die Stempelfreiheit der beglaubigten Abschriften bedingenden Zwecks auf der Abschrift und der mißbräuchlichen Benutzung stempelfrei erteilter beglaubigter Abschriften findet die Nr. 88 Abs. 1 dieser Best. sinngemäße Anwendung. Auf jeder amtlich beglaubigten und jeder einfachen Abschrift einer stempelpflichtigen Urkunde muß nach § 9 Abs. 3 des Gesetzes vermerkt werden, welcher Stempel zu der Hauptausfertigung oder Urschrift verwendet worden ist. Vgl. Nr. 6 Abs. 2 dieser Best. Der Vermerk wird beispielsweise lauten:

Beglaubigte Abschrift stempelfrei, weil wegen Zahlung eines Pensionsbetrages erteilt. Zur Urschrift (Ausfertigung) 300 *M* . (in Worten) verwendet.

Berlin, den 1. Oktober 1910.

Amtsstelle.

Schwarzstempel. Unterschrift.

oder:

Zur beglaubigten Abschrift 3 *M* entwertet.

Zur Urschrift usw. wie vor.

## Zur Tarifstelle 2.

**Versteuerung der Eintragungsanträge, Anrechnung des Antragstempels auf den Stempel zur nachträglichen Urkunde.**

38. (1) Wegen der Versteuerung der Anträge auf Eintragung der Abtretung einer Hypothek oder Grundschuld (Abs. 4 bis 8 der Tarifstelle) finden die Vorschriften der §§ 14 bis 16 der allg. Verfügung über gerichtliche Landesstempelsachen (vgl. auch § 19 Abs. 1 a. a. O.) und wegen der Anrechnung des zu dem Eintragungsantrage entrichteten Stempels auf denjenigen Stempel, welchem die nachträglich über das zugrunde liegende

Geschäft errichtete Urkunde unterliegt, finden die Vorschriften des § 18 derselben Verfügung (vgl. § 19 zu 3 a. a. O.) entsprechende Anwendung. Der feste Stempel, der zu dem Eintragungsantrage erforderlich gewesen sein würde, wenn der Antrag nicht des Wertstempels bedurft hätte (z. B. der Notariatsurkundenstempel der Tarifstelle 45 im Betrage von 3 ℳ zu einem notariellen Eintragungsantrage) darf nicht auf den Stempel zu der nachträglich errichteten Urkunde angerechnet werden. Es sind mithin bei einem in der Form einer Notariatsurkunde errichteten, mit einem Wertstempel von 30 ℳ versehenen Eintragungsantrage nur 27 ℳ auf den Stempel zu der späteren Urkunde anrechnungsfähig.

**Stempelbefreiung.**

(2) In betreff des Vermerks, mit dem die in der Befreiungsvorschrift erwähnten Abtretungsurkunden zu versehen sind, ist nach der Nr. 82 Abs. 2 dieser Best. zu verfahren.

## Zur Tarifstelle 4.

**Gerichtskostenstempel.**

**39.** Der tarifmäßige Stempel wird gemäß § 1754 Abs. 1 BGB. erst mit der Bestätigung fällig und ist bei den Gerichtskosten zu vereinnahmen (§ 2 Abs. 1f der allg. Verf. über gerichtl. Landesstempelsachen). Wird der Annahmevertrag vor einem Notar geschlossen, so ist zunächst nur der Notariatsurkundenstempel von 3 ℳ zu verwenden; dieser Betrag ist auf den später bei den Gerichtskosten zu vereinnahmenden Stempel anzurechnen. Über Stempelermäßigungen entscheidet der Gerichtsschreiber (§ 9 zu 3 der vorangef. Verf.).

## Zur Tarifstelle 8.*)

**Ermittelung der Grundstückswerte.**

**40.** Die für die Versteuerung der Auflassungen maßgebenden Grundsätze sind in den §§ 13 bis 18 der allg. Verfügung über gerichtl. Landesstempelsachen enthalten. Nach § 17 Abs. 5 dieser Verfügung haben die Hauptzollämter, insoweit ihnen Bedenken gegen die Angemessenheit der in den amtsgerichtlichen Listen der Auflassungen angegebenen Grundstückswerte entstehen, die Ermittelung des wirklichen gemeinen Wertes tunlichst kostenfrei vorzunehmen. Alle unmittelbaren Behörden und Beamten, insbesondere die Vorsitzenden der Einkommensteuer-Veranlagungskommissionen und die Behörden der Katasterverwaltung, sind verpflichtet, auf alle die Ermittelung von Grundstückswerten betreffenden Anfragen bereitwilligst Auskunft zu erteilen (§ 7 Abs. 5 des Gesetzes).

---

*) Wegen Erhebung der Reichsstempelabgabe zu Auflassungen usw. von im Inlande gelegenen Grundstücken usw. vgl. Tarifstelle 11d und § 90 des Reichsstempelgesetzes vom 15. Juli 1909 (jetzt T. 11b u. § 96 RStG. v. 3. 7. 13).

**Ermittelungsverfahren.**

**41.** (1) Zur Ermittelung des wirklichen gemeinen Wertes in zweifelhaften Fällen haben die Hauptzollämter die bei den Vorsitzenden der Einkommensteuer-Veranlagungskommissionen vorhandenen Schätzungen für die Erhebung der Ergänzungssteuer (allg. Verfügungen des Finanzministers vom 31. Januar 1896 — III 17804 95 — und vom 17. Januar 1903 — III 176 —) und ferner die bei den Kreis- und Gemeindebehörden für die Erhebung der nach dem gemeinen Wert bemessenen Grund- und Gebäudesteuer (Grundwertsteuer), der Umsatzsteuer und der Wertzuwachssteuer vorhandenen Schätzungsergebnisse festzustellen. Reichen diese Unterlagen zur Beurteilung des Wertes nicht aus, so haben die Hauptzollämter die Bezirksoberkontrolleure oder andere geeignete Beamte, die erforderlichenfalls die Hilfe des Katasteramtes in Anspruch nehmen können, zu beauftragen. Den Hauptzollämtern steht es frei, die Katasterämter unmittelbar um Auskunft anzugehen, wenn die Voraussetzungen dafür gegeben sind und sich auf diesem Wege eine Vereinfachung des Ermittelungsverfahrens erwarten läßt. Die Ermittelungen müssen tunlichst unter Vermeidung von Kosten vorgenommen werden. Wenn Grundstücke infolge räumlicher Verschiedenheit der hauptzollamtlichen und amtsgerichtlichen Geschäftsbezirke nicht zu dem Bezirk desjenigen Hauptzollamtes gehören, an das die Liste der Auflassungen von dem Amtsgericht eingesendet ist, so hat sich das Hauptzollamt auch bezüglich solcher Grundstücke der Wertermittelung zu unterziehen, wobei es ihm überlassen bleibt, die Mitwirkung des anderen beteiligten Hauptzollamtes in Anspruch zu nehmen.

(2) Die Oberzolldirektionen können im Einverständnis mit den Vorstandsbeamten der Oberlandesgerichte etwa erforderlich erscheinende nähere Ausführungsbestimmungen treffen. Von diesen Bestimmungen ist eine Abschrift an den Finanzminister einzureichen.

## Zur Tarifstelle 10.

**Begriff. Urschriften (Konzepte).**

**42.** (1) Die Stempelpflichtigkeit ist auf Ausfertigungen von bereits vorhandenen Schriftstücken beschränkt, so daß der Ausfertigungsstempel nur zu erheben ist, wenn ein Schriftstück (eine Urschrift, ein Konzept) vorhanden ist, von dem die Ausfertigung entnommen wird und die auf Grund dieser Urschrift (dieses Konzepts) gefertigte Urkunde die Form einer Ausfertigung hat. Für die Stempelpflichtigkeit ist es ohne Belang, ob die Urschrift (das Konzept) mit dem vollen Namen oder nur mit den Anfangsbuchstaben des Namens gezeichnet ist und ob sie bei den Akten als Konzept verbleibt oder eine selbständige Bedeutung haben soll.

**Vermerke.**

(2) Alle Behörden und Beamten, einschließlich der Notare, sind verpflichtet, auf den von ihnen erteilten Ausfertigungen, die von einer Urschrift nicht entnommen sind, den Grund der stempelfreien Ausfertigung zu bescheinigen, z. B. „Stempelfrei mangels Vorhandenseins einer Urschrift". Fallen die Ausfertigungen unter die Befreiungsvorschrift zu a und b der Tarifstelle oder sind sie aus irgendeinem anderen Grunde stempelfrei, so ist der Grund der Stempelbefreiung, wenn er sich nicht aus dem Urkundeninhalt ohne weiteres ergibt, ebenfalls auf der Ausfertigung zu vermerken.

## Zur Tarifstelle 11.

**Stempelvermerke.**

**43.** Bezüglich der auf die Auszüge zu setzenden Stempelvermerke findet die Nr. 37 entsprechende Anwendung.

## Zur Tarifstelle 11a.

**Zur Versteuerung verpflichtete Personen.**

**44.** (1) Nach der Nummer 4 der Tarifstelle sind zur Versteuerung die Eigentümer der Automaten oder Musikwerke verpflichtet, also diejenigen, welche die Apparate entweder für sich selbst hergestellt haben (die Automaten- usw. Fabrikanten oder Unternehmer) oder diejenigen, welche das Eigentum daran von den Herstellern oder anderen Personen erworben haben. Die Verpflichtung zur Versteuerung besteht aber für die Eigentümer nur hinsichtlich derjenigen Automaten usw., welche sie selbst ausnützen, indem sie die Erträge selbst vereinnahmen. In dieser Beziehung macht es keinen Unterschied, daß die Eigentümer der Automaten usw. denjenigen, in deren Wirtschaften oder Räumen die Apparate aufgestellt sind, als Entgelt für die Duldung der Aufstellung oder die Bedienung gewisse Bruchteile des Ertrages abgeben. Insoweit hiernach eine Versteuerung durch die Eigentümer nicht zu bewirken ist, liegt die Steuerpflicht denjenigen ob, welchen die Automaten oder Musikwerke leih- oder mietweise oder auf Grund irgendeines anderen Rechtsgeschäfts zur eigenen Ausnützung (also zur Vereinnahmung der Erträge) überlassen worden sind.

**Außer Betrieb gesetzte Automaten usw.**

(2) Automaten oder Musikwerke, die verschlossen und unbenützt an einem der in der Nummer 1 der Tarifstelle bezeichneten Orte und Plätze stehen, sind nicht abgabepflichtig. Ein amtlicher Verschluß ist nicht erforderlich, die Steuerpflichtigen dürfen vielmehr den Verschluß selbst vornehmen. Er muß aber ein derartiger sein, daß eine Benützung durch das Publikum ausgeschlossen wird; es empfiehlt sich beispielsweise ein Verlöten der Einwurfsöffnungen oder ein Versperren durch metallene, von innen zu befestigende oder von außen aufzuschraubende Plättchen oder durch An-

bringung von Bändern aus Eisenblech u. dgl. Eine Verschließung der Öffnungen durch Überkleben mit Papier oder Stoff, durch Einklemmen von Holzpflöckchen u. dgl. wird im allgemeinen nicht zuzulassen sein, da solche Verschlüsse jederzeit leicht wieder beseitigt werden können. Warenautomaten müssen vorher entleert werden; Automaten und Musikwerke, bei denen das Anbringen fester Verschlüsse nicht angängig ist oder aus irgendwelchen anderen Gründen unterbleiben soll, werden zweckmäßig durch Herausnahme von Teilen ihrer inneren Einrichtung oder durch Entfernung von sonstigen die Benützung ermöglichenden Gegenständen unbenützbar zu machen sein, z. B. Musikautomaten durch Herausnehmen der Walzen oder Platten oder durch Entfernen der Kurbeln, Schlüssel usw. An den Apparaten muß erkennbar gemacht sein, daß sie sich außer Betrieb befinden. Im übrigen bleibt es mit Rücksicht auf die Mannigfaltigkeit der Fälle den Zollstellen überlassen, geeignet erscheinende Anordnungen zu treffen, durch die eine mißbräuchliche Benutzung verhindert wird. Wo es notwendig erscheint, haben die Oberzolldirektionen den Zollstellen die erforderliche Anleitung zu geben. Wer einen versteuerten Apparat durch Anlegung eines Verschlusses oder auf andere Art außer Betrieb setzt, hat dies, wenn die Versteuerung durch Jahreskarten erfolgt, bis zum nächsten 1. Januar derjenigen Zollbehörde, bei welcher er die Jahreskarte gelöst hat, anzuzeigen. Die gleiche Anzeigepflicht liegt demjenigen ob, welcher einen Apparat von seinem Aufstellungsorte entfernt, ohne ihn an einem anderen Orte aufzustellen.*) Wegen der Anzeigen bei Versteuerungen im Wege der Abfindung vgl. Nr. 45 Abs. 3 am Schluß.

**Gegenstand der Stempelabgabe.**

(3) Die Stempelpflicht lastet auf dem Automaten oder Musikwerk, so daß ein Wechsel in der Person des Steuerpflichtigen oder eine Änderung des Standortes des Apparats innerhalb des versteuerten Zeitraumes die Steuerpflicht nicht von neuem begründet. Nur bei Versteuerungen im Wege der Abfindung (§ 14 Abs. 2 des Stempelsteuergesetzes) müssen diejenigen Automaten und Musikwerke, die im Laufe des versteuerten Zeitraumes von der zur Abfindungsversteuerung zugelassenen Person aus dem Betriebe gezogen und anderen Personen zur Ausnützung überlassen worden sind, von den neuen Inhabern wiederum versteuert werden. Ferner ist eine nochmalige Versteuerung nicht erforderlich, wenn Automaten oder Musikwerke im Laufe des bereits versteuerten Zeitraumes zwecks Ausbesserung oder zu anderen Zwecken vorübergehend von ihren Standorten entfernt und durch andere gleich große oder gleichwertige Apparate ersetzt

*) Die Unterlassung der Anzeige zieht nur eine Ordnungsstrafe nach sich, begründet aber nicht den Anspruch auf Weiterentrichtung der Steuer. FM. 4. 5. 11 III 4856.

werden oder wenn Automaten, um eine Unterbrechung des Warenverkaufs zu vermeiden, gegen neue gleich große Automaten umzutauschen sind.

**Versteuerung im Wege der Abfindung. Anmeldungen.**

**45.** (1) Für Automaten- usw. Unternehmer und -Fabrikanten, die meist eine große Anzahl von Apparaten selbst aufstellen und ausnützen, empfiehlt sich die Versteuerung im Wege der Abfindung (vgl. Nr. 21 dieser Best.). Wer diese Versteuerungsart wünscht, hat innerhalb eines Monats nach dem Tage der Inbetriebsetzung der Automaten usw. oder, wenn er bisher die Versteuerung durch Jahreskarten bewirkt hat und zur Abfindungsversteuerung übergehen will, innerhalb des Monats Januar des auf den Ablauf der Versteuerung folgenden Kalenderjahres einen entsprechenden Antrag bei derjenigen Oberzolldirektion zu stellen, in deren Verwaltungsbezirk sich seine Handelsniederlassung oder in Ermangelung einer solchen sein Wohnsitz befindet. In dem Antrage ist zu bemerken, auf welche Oberzolldirektionsbezirke sich die Versteuerung erstrecken soll. Befindet sich der Sitz des Automaten- usw. Unternehmens im Königreich Sachsen, so ist der Antrag an die Oberzolldirektion zu Breslau zu richten; andere stempelausländische Firmen haben den Antrag bei derjenigen Oberzolldirektion zu stellen, deren Sitz die Handelsniederlassung der Firma am nächsten belegen ist. Entstehen über die Zuständigkeit Zweifel, so haben sich die Oberzolldirektionen zu einigen, oder es ist die Entscheidung des Finanzministers nachzusuchen.

**Weiteres Verfahren.**

(2) Die Oberzolldirektion prüft den Antrag und benachrichtigt den Antragsteller, daß er seine weiteren Anträge binnen 14 Tagen nach Eingang der Verfügung an die von ihm benannten Oberzolldirektionen zu richten und jeder von ihnen eine nach dem Muster 7 aufzustellende Nachweisung einzureichen habe. Von diesen Mustern, die von den Oberzolldirektionen herzustellen sind, ist die erforderliche Anzahl den Antragstellern zuzusenden; die einzelnen Oberzolldirektionen erhalten Abschrift der Verfügung. Ist die Eintragung der Herstellungsfirma und der Fabrikmarke in Spalte 4 mit Schwierigkeiten verbunden, so kann sie unterbleiben, wenn die Nämlichkeit der Apparate bei Ausfüllung der sonstigen Spalten festgestellt werden kann.

(3) Die von den Antragstellern den einzelnen Oberzolldirektionen einzureichenden Nachweisungen, die alle in dem einzelnen Direktionsbezirk zur Zeit der Aufstellung der Nachweisung vorhandenen, von dem Unternehmer zu versteuernden Automaten oder Musikwerke enthalten müssen und von dem Unternehmer mit der Versicherung der Richtigkeit zu versehen

sind, bilden die Grundlage für die Berechnung der Stempelabgabe. Die Oberzolldirektionen treffen auf Grund dieser Nachweisungen die Entscheidung über die Zulassung zur Abfindungsversteuerung und benachrichtigen hiervon den Antragsteller unter gleichzeitiger Mitteilung der Abfindungssteuernummer und des nach den Vorschlägen des Steuerpflichtigen zu bestimmenden Hauptzollamtes, welches die Erhebung und Verrechnung der Abgabe zu übernehmen hat. Das mit der Versteuerung beauftragte Hauptamt, dem die von dem Unternehmer eingereichte Nachweisung von der Oberzolldirektion zuzufertigen ist, legt für jeden zur Abfindungsversteuerung zugelassenen Steuerpflichtigen ein besonderes Aktenstück an. Es setzt auf Grund der sachlich und rechnerisch zu prüfenden Nachweisung den für das einzelne Kalenderjahr zu entrichtenden Gesamtstempelbetrag fest, zieht ihn vom Steuerpflichtigen ein und veranlaßt das Weitere wegen der alljährlichen Nachversteuerung. Die Prüfung der Nachweisungen in sachlicher und rechnerischer Hinsicht ist von einem Zollsekretär oder von einem im Range höheren Beamten zu bewirken und zu bescheinigen. Zur Nachversteuerung ist die Nachweisung in gewissen Zeiträumen — halb- oder alljährlich — von dem Steuerpflichtigen durch Mitteilung der Zu- und Abgänge von Automaten oder Musikwerken zu ergänzen.

**Mitteilungen an die anderen Hauptämter und Zollstellen des Direktionsbezirks.**

(4) Zur Ermöglichung einer ordnungsmäßigen Überwachung hat das mit der Versteuerung beauftragte Hauptzollamt den übrigen Hauptämtern des Direktionsbezirks durch Auszüge aus der Nachweisung Mitteilung von den in den einzelnen Hauptamtsbezirken vorhandenen und versteuerten Automaten usw. zu machen, sie auch von den späteren Änderungen und Ergänzungen in Kenntnis zu setzen. Diese Hauptzollämter übersenden den Hebestellen ihres Bezirks die sie betreffenden Mitteilungen. Wo die Anzahl der zu versteuernden Apparate keine zu große ist, kann das mit der Erhebung der Abgabe beauftragte Hauptzollamt auch den einzelnen Zollstellen des Direktionsbezirks die Mitteilungen unmittelbar zugehen lassen. Die Bestimmung hierüber bleibt den Oberzolldirektionen überlassen.

**Steuerausweise.**

(5) Eine Ausfertigung von Jahreskarten und Entwertung von Stempelmarken findet bei Versteuerungen im Wege der Abfindung nicht statt; die Stempelpflicht wird lediglich durch Barzahlung erfüllt. Die Automaten- usw. Inhaber erhalten jedoch zum Nachweise der bewirkten Versteuerung für jeden einzelnen Apparat einen nach dem Muster 8 aufzustellenden Ausweis, den sie auf Erfordern dem revidierenden Bezirksaufsichtsbeamten vorzulegen haben. Die Muster sind von den Oberzoll-

direktionen herzustellen. Soweit es angängig ist, werden die Ausweise den Inhabern durch die Aufsichtsbeamten zuzusenden sein, die auf diese Weise gleichzeitig von der Versteuerung Kenntnis erhalten.

**Versteuerung durch Jahreskarten. Anmeldungen.**

46. (1) Insoweit eine Versteuerung im Wege der Abfindung nicht stattfindet, tritt Einzelversteuerung durch Erteilung von Jahreskarten ein. Wer diese Versteuerungsform wählt, hat die zu versteuernden Automaten und Musikwerke innerhalb eines Monats nach dem Tage ihrer Inbetriebsetzung bei der zuständigen Zollstelle nach dem Muster 9 zur Versteuerung anzumelden; bis spätestens Ende Januar jeden Kalenderjahres ist die erteilte Steuerkarte durch Wiedervorlegung an die zuständige Zollstelle zu erneuern. Die Anmeldung ist mit der Versicherung der Richtigkeit zu versehen. Ist die Eintragung der Herstellungsfirma und der Fabrikmarke mit Schwierigkeiten verbunden, so kann sie unterbleiben, falls die Nämlichkeit der Apparate bei Ausfüllung der sonstigen Spalten festgestellt wird. Die Anmeldungsmuster werden von den Oberzolldirektionen beschafft und können von allen Hauptzollämtern, Zollämtern und den Stempelverteilern unentgeltlich bezogen werden. Zuständig zur Einzelversteuerung ist diejenige Hebestelle (Hauptzollamt oder Zollamt), in deren Bezirk der Automat oder das Musikwerk aufgestellt ist. Ausnahmsweise kann auf Antrag die Einzelversteuerung auch durch die Hebestelle des Wohnorts des Automaten- usw. Inhabers vorgenommen werden, wenn für die Versteuerung bei dieser Hebestelle besondere Gründe vorliegen. In diesem Falle ist jedoch die Hebestelle des Wohnortes verpflichtet, der Hebestelle des Aufstellungsortes unter näherer Beschreibung des Automaten oder Musikwerks und Angabe des Aufstellungsortes Mitteilung zu machen. Die Stempelverteiler sind zur Vornahme der Einzelversteuerung nicht befugt.

**Weiteres Verfahren.**

(2) Die Hauptzollämter und Zollämter tragen die bei ihnen angemeldeten Automaten und Musikwerke unter fortlaufender Nummer in ein nach dem Muster 10 zu führendes Verzeichnis ein, erheben die vorgeschriebene Abgabe und erteilen dem Anmeldenden die mit dem Amtsstempelabdruck versehene Jahreskarte, deren Versteuerung für die folgenden Jahre durch Einziehung der gesetzlichen Stempelabgabe zu erneuern ist. Für jeden Automaten und jedes Musikwerk wird eine besondere Karte erteilt, die die Nummer des Verzeichnisses enthält, unter der die Eintragung erfolgt ist. Die Ausstellung von Gesamtkarten ist nicht zulässig, auch wenn sich mehrere Automaten usw. desselben Steuerpflichtigen an demselben Standorte befinden. Die Stempelmarken sind in die auf der vierten Seite

der Karte vorgesehenen Felder einzukleben und durch Aufdruck des amtlichen Schwarzstempels zu entwerten. Vorausversteuerung für mehrere Jahre ist zulässig. Spätere Änderungen, die für die Steuerpflichtigkeit von Belang sind (vgl. Abs. 4 dieser Nr.), sowie Wohnortsversteuerungen (vgl. den vorhergehenden Abs.) sind im Verzeichnis zu vermerken.

**Steuersatz. Anschaffungspreis.**

(3) Der Steuersatz für Musikautomaten oder mechanische Musikwerke ist in erster Linie nach dem Anschaffungspreis zu bemessen, also nach demjenigen Preise, den der Steuerpflichtige für den Erwerb des Automaten usw. gezahlt hat, gleichviel, ob die Automaten vom Fabrikanten, auf einer Auktion oder von einer dritten Person erworben sind. Der gezahlte Anschaffungspreis bleibt für die ganze Dauer der von derselben Person zu bewirkenden Versteuerung maßgebend, wobei Abnützung, Veralten oder sonstige wertmindernde Umstände nicht in Betracht kommen. Die Kosten für die Nachbeschaffung von Zubehörstücken, z. B. von Platten und Walzen, sind dem stempelpflichtigen Anschaffungspreis hinzuzurechnen, insoweit diese Gegenstände nicht den Ersatz für unbrauchbar gewordene Stücke bilden. Doch hat infolge solcher Neubeschaffungen eine Nachversteuerung für das laufende Kalenderjahr nicht stattzufinden. Der Wert (Marktwert) kommt nur dann für die Versteuerung in Betracht, wenn ein Anschaffungspreis nicht vorhanden ist, wenn also beispielsweise der Musikautomat dem Inhaber leih- oder mietweise zur eigenen Ausnützung überlassen ist.

**Anzeigen von Änderungen.**

(4) Die Steuerpflichtigen haben Änderungen der Automaten und Musikwerke, die für die Steuerpflichtigkeit von Belang sind, also namentlich Änderungen, welche den Aufstellungsort betreffen, innerhalb eines Monats der zuständigen Zollstelle anzuzeigen. Wegen der Anzeigen betreffend die Außerbetriebsetzung und die Einziehung von Automaten usw. vgl. Nr. 44 Abs. 2 am Schluß.

**Aufbewahrung und Vorzeigung der Jahreskarten.**

(5) Die Steuerpflichtigen haben die Jahreskarten aufzubewahren und sie auf Erfordern dem revidierenden Bezirksaufsichtsbeamten vorzulegen.

**Überwachungsverfahren.**

**47.** (1) Die Überwachung der Versteuerung erfolgt durch die Bezirksaufsichtsbeamten, denen die Steuerpflichtigen auf Erfordern die Ausweise über die Abfindungsversteuerung und die Jahreskarten vorzulegen haben (vgl. Nr. 45 Abs. 5 und Nr. 46 Abs. 5). Eine brauchbare Grundlage für eine wirksame Überwachung gewähren die Verzeichnisse und die dazugehörigen Anmeldungen und Nachweisungen (Muster 7, 9 und 10) und die diese Verzeichnisse ergänzenden nachträglichen Anzeigen der Steuerpflichtigen über Außerbetriebsetzungen, Einziehungen und Änderungen der Automaten (vgl. Nr. 44 Abs. 2, Nr. 45 Abs. 3, Nr. 46 Abs. 2 und 4). Zur besseren Übersicht sind die durch Abfindung versteuerten Automaten unter einem besonderen Abschnitt des Verzeichnisses (Muster 10) einzutragen. Die Anlegung eines nach der Buchstabenfolge geordneten Namenverzeichnisses wird das Auffinden erleichtern. Aus diesen Verzeichnissen sind von den Hebestellen den Aufsichtsbeamten (den Bezirksoberkontrolleuren und Zollaufsehern), die Unterlagen für die alljährlich mindestens einmal vorzunehmenden örtlichen Prüfungen zugänglich zu machen. Ob die Hebestellen die Unterlagen vermittelst Zustellung von Auszügen aus den Verzeichnissen den Aufsichtsbeamten zu liefern oder ob letztere die Unterlagen aus den Verzeichnissen der Hebestellen zu entnehmen haben, ist je nach den Umständen und örtlichen Verhältnissen zu bestimmen. Die Ausübung der Überwachung durch die Aufsichtsbeamten wird ferner in der Art erfolgen können, daß die Beamten auf den der Hebestelle abzugebenden Meldezetteln die Automaten, die sie gelegentlich oder aus dienstlichem Anlaß, z. B. bei den Revisionen der Zigaretten- und Branntweinhändler, sehen, nach bestimmten Kennzeichen (Aufstellungsort, Fabrikmarke oder Fabriknummer, Größenverhältnissen usw.) vermerken. Die Hebestellen prüfen diese Angaben nach dem geführten Verzeichnis und veranlassen nach Umständen das Weitere. Die Abgabe von Meldezetteln an die Hebestellen erscheint zweckmäßig, wenn Apparate aufgefunden werden, deren Versteuerung nicht nachgewiesen werden kann oder deren Nämlichkeit nach den Mitteilungen über die Versteuerung nicht bedenkenfrei ist. Die Inhaber von öffentlichen Lokalen, in denen Automaten usw. aufgestellt sind, haben die Verpflichtung, den Aufsichtsbeamten den Zugang zu den dem Publikum geöffneten Räumen zu gestatten.

(2) Die im vorhergehenden Absatz angeführten Gesichtspunkte sollen nicht die Bedeutung zwingender Anordnungen haben, sondern nur die allgemeinen Richtlinien für die Handhabung der Überwachung angeben, da die Wahl der in dieser Hinsicht zu treffenden Maßnahmen in den einzelnen Direktionsbezirken vielfach von ganz verschiedenen Voraussetzungen abhängig ist und die örtlichen und allgemeinen Verkehrsverhältnisse, die Zahl der zu revidierenden Automaten usw., die Geschäftslage und manche andere besondere Umstände es nicht angezeigt erscheinen lassen, für den gesamten Geltungsbereich der Tarifstelle ein einheitliches Verfahren vorzuschreiben. Es bleibt deshalb den Oberzolldirektionen überlassen, unter Berücksichtigung der erwähnten Verhältnisse zu bestimmen, welchem der vorgeschlagenen

Wege der Vorzug zu geben ist und wie das Überwachungsverfahren am zweckmäßigsten näher zu gestalten sein wird. Dabei ist auch zu erwägen, inwieweit bei der Beaufsichtigung die Hilfe der Beamten der Polizeiverwaltung (§ 30 Abs. 3 des Gesetzes), namentlich in den großen Städten und auf dem Lande in abgelegenen Orten, in Anspruch zu nehmen sein wird. Im allgemeinen ist mit Rücksicht auf die verhältnismäßig geringen Einnahmen aus der Tarifstelle darauf zu achten, daß besondere Kosten durch die Nachprüfungen nicht entstehen und die Arbeitskräfte der Aufsichtsbeamten nicht zu sehr und nur so weit in Anspruch genommen werden, als es das steuerliche Interesse unbedingt nötig macht.

**Bekanntmachungen.**

(3) Dem Ermessen der Oberzolldirektionen bleibt es überlassen, zu bestimmen, ob in ähnlicher Weise, wie bei den Pacht- und Mietverzeichnissen (vgl. Nr. 76 dieser Best.) öffentliche Bekanntmachungen über die Versteuerung der Automaten zu erlassen sind. Die Anordnungen über die Bekanntmachungen können auf die Hauptzollämter übertragen werden.

## Zur Tarifstelle 12.

**Versteuerung.**

48. Die Versteuerung der Bestallungen einschließlich der Offizierpatente erfolgt durch Verwendung von Stempelbogen oder Stempelmarken oder von gestempelten Vordrucken, die durch das Hauptstempelmagazin auf Antrag abgestempelt werden (vgl. Nr. 9 Abs. 6 zu a und f dieser Best.). Es ist zulässig, den Stempel statt zu der Ausfertigung zu den Akten zu verwenden.

## Zur Tarifstelle 18.

**Ermäßigter Steuersatz.**

49. Der ermäßigte Steuersatz von 1,50 *M* darf nur dann angewendet werden, wenn aus der Urkunde hervorgeht, daß durch die Eheverträge über Vermögensgegenstände von nicht mehr als 6000 *M* verfügt wird.

## Zur Tarifstelle 22.

**Form.**

50. (1) Den Steuersätzen der Tarifstelle 22 unterliegen die aufgeführten Erlaubnisscheine ohne Rücksicht auf die Form, in der sie erteilt sind, also einerlei, ob in der Form von Ausfertigungen, Protokollen, einfachen Bescheiden, Verfügungen usw.

**Anwendungsgebiet.**

(2) Die Tarifstelle 22 bezieht sich nur auf gewerbepolizeiliche Angelegenheiten, sie regelt aber die Besteuerung der Genehmigungen in diesen Angelegenheiten nicht erschöpfend, sondern nur für bestimmte Arten. Andere von der Tarifstelle nicht betroffene Genehmigungen, die auf Grund der

Reichsgewerbeordnung oder von anderen Gesetzen oder von Polizeiverordnungen erteilt werden, sind nicht stempelfrei, sondern unterliegen dem Ausfertigungsstempel von 3 *M*, falls die Voraussetzungen der Tarifstelle 10 vorhanden sind.

**Beglaubigte Abschriften. Weitere Ausfertigungen.**

(3) Beglaubigte Abschriften, sofern sie nicht selbst die Genehmigungsurkunden darstellen und weitere Ausfertigungen von Genehmigungsurkunden der Tarifstelle 22 sind nach den Taristellen 1 oder 16 zu versteuern, falls sie nicht von Amts wegen und aus Rücksichten des Dienstbetriebes erteilt und deshalb stempelfrei sind, wie z. B. die weiteren Ausfertigungen von Genehmigungsurkunden, welche die Ortspolizeibehörden, Gewerbeaufsichtsbeamten, Meliorationsbeamten, Bergbehörden und Dampfkessel-Überwachungsvereine erhalten (vgl. Nr. 55 Abs. 2 dieser Best.).

## Zur Tarifstelle 22a.

**Wertermittelung vererblicher und veräußerlicher Konzessionen.**

51. Zur Ermittelung des stempelpflichtigen Wertes vererblicher und veräußerlicher Konzessionen ist der die Konzession Nachsuchende zur Wertangabe und zur Vorlegung des über den Kauf der Apotheke etwa geschlossenen Vertrages aufzufordern. Aus dem Vertrage ist festzustellen, ob und was die Vertragschließenden über die Vergütung für den Übergang der Konzession auf den neuen Erwerber verabredet haben. Wird der angegebene Wert für zu niedrig erachtet und findet eine Einigung mit dem Steuerpflichtigen nicht statt, so ist der Wert, falls ihn die die Konzession erteilende Behörde nicht selbst zu begutachten vermag, nach der Vorschrift des § 7 Abs. 3 des Gesetzes und unter tunlichster Vermeidung von Kosten anderweitig zu ermitteln, wobei unter Umständen auch die in früheren Verträgen über das Entgelt für die betreffende Konzession getroffenen Vereinbarungen als Anhaltspunkte werden dienen können. Den die Konzessionen erteilenden Behörden bleibt es überlassen, zur Ermittelung der Konzessionswerte die Mitwirkung der Oberzolldirektionen in Anspruch zu nehmen. Insoweit der Wertstempel unstreitig ist, muß seine Verwendung auf der Konzessionsurkunde innerhalb der im § 15 Abs. 1 des Gesetzes angegebenen Frist erfolgen, während der Stempel für den etwaigen nachträglich ermittelten Mehrwert später auf der Urkunde zu entwerten ist.

## Zur Tarifstelle 22b.

**Versteuerung.**

52. Die Ausstellung der Approbationsscheine für Apotheker, Ärzte, Zahnärzte und Tierärzte erfolgt durch Verwendung amtlich vorgeschriebener

Vordrucke. Auf die Versteuerung dieser Vordrucke findet die Nr. 48 dieser Best. entsprechende Anwendung (vgl. auch wegen der Abstempelung der Vordrucke Nr. 9 Abs. 6 zu b dieser Best.).

## Zur Tarifstelle 22c.

**Sofortige Versteuerung.**

**53.** (1) Die Erlaubniserteilungen der Abs. 1 und 2 der Tarifstelle können vor der Aushändigung mit dem für gewerbesteuerfreie Betriebe verordneten Mindeststempel von 5 ℳ oder mit einem noch höheren Stempel versehen werden, sofern der die Erlaubnis Nachsuchende hiermit einverstanden ist. Erhebt er gegen die Erhebung eines Stempels von 5 ℳ oder eines noch höheren Stempels Widerspruch, so ist zunächst gemäß § 15 Abs. 2 des Gesetzes nur ein Stempel von 1,50 ℳ zu verwenden. Durch die Verwendung eines Stempels von 5 ℳ gilt die Versteuerung derjenigen Erlaubnisscheine als erledigt, welche zum Betriebe von Gewerben erteilt werden, bei denen von vornherein mit Sicherheit anzunehmen ist, daß weder der jährliche Ertrag 1500 ℳ, noch das Anlage- und Betriebskapital 3000 ℳ erreicht. Eine endgültige, sofortige Versteuerung kann ferner unter Zustimmung der Steuerpflichtigen in allen denjenigen Fällen vorgenommen werden, wo nach dem Ermessen der Behörde die Zugehörigkeit des betreffenden Betriebes zu einer bestimmten Gewerbesteuerklasse zweifelsfrei feststeht; es gilt dies namentlich dann, wenn es sich nur um einen Personenwechsel im Betriebe handelt, weil die für den Betrieb bereits feststehende Gewerbesteuerklasse durch den Personenwechsel keine Veränderung im laufenden Jahre erfährt.

**Aussetzung der Versteuerung.**

(2) Hinsichtlich aller übrigen Erlaubnisscheine, insoweit zu ihnen nicht der höchste Steuersatz von 500 ℳ sogleich entrichtet worden ist, bedarf es einer Überwachung der weiteren Versteuerung. Zu diesem Zweck ist dem Steuerpflichtigen die Wiedereinreichung der Urkunde nebst den im § 15 Abs. 2 des Gesetzes bezeichneten Schriftstücken innerhalb der dort bestimmten Fristen, und zwar unter Hinweis auf die Strafen des § 18 des Gesetzes für den Fall der unterlassenen oder nicht fristgerechten Wiedervorlegung des Erlaubnisscheines schriftlich aufzugeben. Auf dem Erlaubnisschein ist die vorläufige Versteuerung, die Geschäftsnummer, sowie die Frist zur Wiedervorlegung der Urkunde behufs endgültiger Versteuerung zu vermerken, z. B.

„Vorläufig versteuert mit 5 ℳ Nr. 8609. Wiedervorzulegen behufs endgültiger Versteuerung binnen zwei Wochen nach dem Tage der Rechtskraft der Zuschrift über das Ergebnis der Veranlagung zur

Gewerbesteuer oder der auf das eingelegte Rechtsmittel ergangenen Entscheidung oder, wenn eine Veranlagung nicht stattgefunden hat, binnen Jahresfrist.

Ort. Datum. Amtsstelle.

Unterschrift."

Nach Wiedereinreichung des Erlaubnisscheines ist die Nachverwendung des etwa nachzuzahlenden Stempels zu bewirken und die endgültige Versteuerung zu vermerken, z. B.

„Durch Nachzahlung von 45 ℳ Stempel endgültig versteuert.

Ort. Datum. Amtsstelle.

Unterschrift."

**Überwachung.**

(3) Die Überwachung der endgültigen Versteuerung der Erlaubnisscheine wird durch eine von Zeit zu Zeit — etwa alle Jahre — vorzunehmende Wiedervorlegung der Akten und Anfrage bei den Inhabern der Erlaubnisscheine erfolgen können; diejenigen Behörden, bei denen die bezüglichen Urkunden in größerer Anzahl — und zwar jährlich in einer etwa die Zahl 20 übersteigenden Menge — vorzukommen pflegen, haben die Überwachung durch Führung besonderer Verzeichnisse zu bewirken. Werden die Erlaubnisscheine zur endgültigen Versteuerung nicht vorgelegt, so ist durch Anfrage bei dem Vorsitzenden des Steuerausschusses der Klasse IV festzustellen, welcher Steuerklasse der Erlaubnisscheininhaber zugewiesen worden ist und die Nachversteuerung zu veranlassen.

**Sicherstellung.**

(4) Wegen des nachträglich zu entrichtenden Stempels kann Sicherstellung gefordert werden, wenn nach dem Ermessen der die Erlaubnis erteilenden Behörden Schädigungen der Staatskasse zu besorgen sind. Es gilt dies besonders für Genehmigungen an ausländische Schauspielunternehmer, ausländische Veranstalter von Singspielen usw., die sich häufig nur vorübergehend und oft nur während der kurzen Zeit eines Gastspieles im Inlande aufhalten. Die Aushändigung der Genehmigungsurkunden darf jedoch von der Leistung der Sicherstellung nicht abhängig gemacht werden.

**Fristverlängerungen und Fristungen.**

(5) Auf die Bewilligungen von Fristverlängerungen und Fristungen des Abs. 3 der Tarifstelle finden die vorstehenden Absätze entsprechende Anwendung.

**Gemeinnützige Unternehmen.**

(6) Werden Erlaubnisscheine für gemeinnützige Unternehmen stempelfrei ausgestellt, so müssen die Akten über die Gemeinnützigkeit Aufschluß geben. In Zweifelsfällen ist die Entscheidung der Oberzolldirektion einzuholen.

## Zur Tarifstelle 22d.

**Versteuerung.**

54. Der die Genehmigung Beantragende ist aufzufordern, den mutmaßlich entstehenden Kostenbetrag anzugeben und innerhalb vier Wochen nach Fertigstellung der Anlage unter Wiedereinreichung der Urkunde den wirklich gezahlten Kostenbetrag anzuzeigen, wobei er für den Fall der Nichtbeobachtung dieser Frist auf die Strafen des § 18 des Gesetzes hinzuweisen ist. Der Erlaubnisschein ist vorläufig mit einem dem mutmaßlichen Werte entsprechenden Stempel zu versteuern und mit einem Vermerk über die vorläufige Versteuerung, die Geschäftsnummer sowie über die Pflicht zur Wiedereinreichung zu versehen, z. B.

„Vorläufig versteuert mit 40 *M* Nr. 8609. Wiedervorzulegen behufs endgültiger Versteuerung binnen vier Wochen nach Fertigstellung der Anlage.

Ort. Datum. Amtsstelle.

Unterschrift."

Werden die Urkunden wieder vorgelegt, so ist wegen der Nachverwendung des Stempels und der Überwachung der endgültigen Versteuerung nach der Vorschrift des zweiten und dritten Absatzes der vorhergehenden Nr. dieser Best. zu verfahren. Geben die von den Steuerpflichtigen bezüglich des Kostenbetrages gemachten Angaben zu Bedenken Anlaß, so wird die Vorlegung der über den Kostenaufwand vorhandenen Belege (Kostenanschläge, Abrechnungen, Quittungen usw.) zu verlangen sein.

## Zur Tarifstelle 22e.

**Abstempelung der Vordrucke.**

55. (1) Für Genehmigungen der Anlegung von Dampfkesseln werden entweder auf den durch § 16 der Anweisung des Ministers für Handel und Gewerbe vom 16. Dezember 1909 (MBl. der H. u. GewVerw. S. 555) vorgeschriebenen Vordrucken Stempelmarken in dem vorgeschriebenen Betrage entwertet oder es werden abgestempelte Vordrucke verwendet. Die Abstempelung dieser Vordrucke wird auf Verlangen durch das Hauptstempelmagazin bewirkt. Ebenso stempelt das Hauptstempelmagazin für Genehmigungen zu Änderungen sowie für Bewilligungen von Fristverlängerungen und Fristungen auf Antrag und gegen Erstattung der Herstellungskosten Vordrucke zum Betrage von 5 *M* ab und versieht sie mit einem entsprechenden Aufdruck: „Genehmigung zur Änderung einer Dampfkesselanlage (§ 25 der Reichsgewerbeordnung)" oder „Bewilligung der Fristverlängerung für eine Dampfkesselanlage (§ 49 der Reichsgewerbeordnung)" oder „Be-

willigung der Fristung für eine Dampfkesselanlage (§ 49 der Reichsgewerbeordnung)". Vgl. auch Nr. 9 Abs. 6 zu c dieser Best.

**Zweite und weitere Ausfertigungen.**

(2) Nur die den Kesselbesitzern ausgehändigten Genehmigungsurkunden unterliegen dem Stempel der Tarifstelle; die zweiten und weiteren Ausfertigungen für die Ortspolizeibehörden, Bergbehörden und Dampfkessel-Überwachungsvereine sind stempelfrei.

## Zur Tarifstelle 22f.

**Versteuerung.**

**56.** (1) Hinsichtlich der sofortigen Versteuerung und der Überwachung der Versteuerung finden die Vorschriften der Abs. 1 bis 3 der Nr. 53 dieser Best. entsprechende Anwendung, jedoch mit der Maßgabe, daß unter Zustimmung der Steuerpflichtigen zu den Erlaubnisscheinen des ersten Absatzes der Tarifstelle sofort ein Stempel von 50 ℳ und im Falle der Anwendbarkeit des nächsten Absatzes ein solcher von 25 ℳ erhoben werden kann.

**Stempelermäßigung für Gesindevermieter.**

(2) Die Ermäßigung des Stempels bis auf 25 ℳ findet nur Anwendung, wenn die Erlaubniserteilung auf die Vermittelung von Stellen für Gesinde beschränkt ist. Sie darf nur auf Antrag und nur dann zugestanden werden, wenn durch ein ortspolizeiliches Zeugnis, das einer Stempelabgabe nicht unterliegt, oder durch eine sonstige amtliche Mitteilung der Ortspolizeibehörde dargetan ist, daß der Gesindevermieter sich in dürftigen Verhältnissen befindet. Der Betrag der Ermäßigung bestimmt sich nach dem Grade der Bedürftigkeit. Über den anzuwendenden Steuersatz befinden die die Erlaubnis erteilenden Behörden, vorbehaltlich der Nachprüfung durch die Zollbehörden. Das Zeugnis oder die amtliche Mitteilung oder Abschrift dieser Schriftstücke ist zu den Akten zurückzubehalten und der Betrag des verwendeten Stempels in den Akten zu vermerken.

## Zur Tarifstelle 22g.

**Steuerbefreiungen und -ermäßigungen.**

**57.** Die Steuerbefreiungen sowie die ermäßigten Sätze der Genehmigungen für Unternehmer von Versicherungsanstalten dürfen nur dann zur Anwendung kommen, wenn die gesetzlichen Voraussetzungen der Ermäßigungen und Befreiungen aus dem Inhalt der Genehmigungsurkunden hervorgehen. Entstehen darüber, ob die Zwecke der Versicherungsanstalt auf Gewinn gerichtet sind oder nicht, Zweifel, so bedarf es zur Entscheidung der Frage des Einverständnisses der Oberzolldirektion.

## Zur Tarifstelle 22k.

**Versteuerung.**

58. Hinsichtlich der sofortigen Versteuerung und der Überwachung der Versteuerung finden die Vorschriften der Nr. 54 dieser Best. (zur Tarifstelle 22d) Anwendung.

## Zur Tarifstelle 22l.

**Versteuerung.**

59. Hinsichtlich der sofortigen Versteuerung und der Überwachung der Versteuerung der Genehmigungen des zweiten, dritten und vierten Absatzes dieser Tarifstelle finden die Vorschriften der Abs. 1 bis 3 der Nr. 53 dieser Best. (zur Tarifstelle 22c) entsprechende Anwendung, jedoch mit der Maßgabe, daß der nach § 15 Abs. 2 des Gesetzes zunächst zu verwendende Stempel 3 *M* beträgt.

## Zur Tarifstelle 22m.

**Bemessung des Steuersatzes.**

60. Der höchste Steuersatz von 40 *M* ist nur dann zur Anwendung zu bringen, wenn der jährliche Gewerbeertrag auf etwa 3000 *M* zu veranschlagen ist; bei mutmaßlich niedrigeren Erträgen ist der Stempel entsprechend zu ermäßigen.

## Zu den Tarifstellen 23 und 24.*)

**Familienstiftungen.**

61. (1) Der Stempel für Familienstiftungsurkunden ist als Gerichtsgebühr zu vereinnahmen, da Familienstiftungen nach Art. 1 § 1 AusfG.-BGB. der Genehmigung des Amtsgerichts bedürfen. Die Nr. 39 dieser Best. findet entsprechende Anwendung.

**Fideikommißstiftungen.**

(2) Der Stempel für Fideikommißstiftungsurkunden ist als Gerichtsgebühr zu vereinnahmen, wenn die Stiftungsurkunde gerichtlich aufgenommen oder behufs Anerkennung des Inhalts bei Gericht eingereicht ist oder wenn sie ihre Gültigkeit erst durch die gerichtliche Bestätigung erlangt. In allen übrigen Fällen erfolgt die Erhebung des Stempels durch die Zollverwaltung.

**Anwachsen des Grundvermögens.**

(3) Ist bei Familien- und Fideikommißstiftungen von dem Stifter ein weiteres Anwachsen des Grundvermögens, sei es durch in Aussicht genommene Zuwendungen freigebiger Art, sei es durch eine angeordnete Zuschlagung von Zinsen zum Kapital vorgesehen, so erfolgt die Verein-

---

*) Anmerkung. Wegen Erhebung der Reichsstempelabgabe von Grundstücken, die auf Grund der landesgesetzlichen Vorschriften über Familienfideikommisse, Lehn- und Stammgüter gebunden sind, vgl. § 89 des Reichsstempelgesetzes vom 15. Juli 1909 (jetzt § 95 RStG. v. 3. 7. 13).

nahmung des später fällig werdenden Stempels bei den Gerichtsgebühren, wenn die Stiftungsurkunde gerichtlich aufgenommen oder behufs Anerkennung des Inhalts bei Gericht eingereicht oder gerichtlich bestätigt worden ist. Vgl. § 11 B der allg. Verf. über gerichtliche Landesstempelsachen. In den übrigen Fällen wird der Stempel nach näherer Bestimmung der Oberzolldirektionen erhoben. Zu diesem Zweck sind beglaubigte Abschriften oder beglaubigte Auszüge der Urkunden vor Ablauf der für die Verwendung des Urkundenstempels sonst vorgeschriebenen Frist derjenigen Oberzolldirektion mitzuteilen, in deren Bezirk die den Gegenstand der Stiftung bildenden Grundstücke belegen sind oder die Urkunde errichtet ist. Die Oberzolldirektion versieht nach Prüfung der in Betracht kommenden Umstände das zuständige Stempelsteueramt mit Anweisung, in welcher Weise die allmähliche Versteuerung des Zuwachses erfolgen soll. Die Vorschriften des Abs. 6 der Nr. 5 dieser Best. sind von den Stempelsteuerämtern entsprechend anzuwenden mit der Maßgabe, daß Sicherstellungen nicht zu fordern sind. Die Eintragung in die Überwachungsliste erfolgt unter einem besonderen Abschnitt B (vgl. Nr. 62 Abs. 2 dieser Best.).

**Verjährung.**

(4) In den Fällen des vorhergehenden Absatzes beginnt die Verjährungsfrist des § 27 Abs. 1 des Gesetzes mit dem Ablauf des Kalenderjahres, in dem der Stempel nach der Anordnung der für die Erhebung zuständigen Behörde zu zahlen ist. Wenn die Behörde überhaupt keine Bestimmung getroffen hat, so beginnt die Verjährung mit dem Ablauf des Kalenderjahres, in dem das Anwachsen des Grundvermögens eingetreten ist.

## Zur Tarifstelle 25.*)

**Versteuerung von Teilzahlungen auf das Gesellschaftskapital oder die Nachschüsse.**

62. (1) Gesellschaftsverträge und Gesellschaftsbeschlüsse der Aktiengesellschaften und Kommanditgesellschaften auf Aktien und der Gesellschaften mit beschränkter Haftung bedürfen, soweit das Grund- oder Stammkapital oder die Nachschüsse nicht sofort voll eingezahlt sind, der Nachversteuerung, die zu überwachen ist. Nach § 11 C der allg. Verf. über gerichtliche Landesstempelsachen haben hinsichtlich der gerichtlich aufgenommenen oder dem Inhalt nach gerichtlich anerkannten Gesellschaftsverträge und Gesellschaftsbeschlüsse die Gerichtsschreiber die Verpflichtung, den Stempelsteuer-

---

*) Anmerkung. Wegen Erhebung der Reichsstempelabgabe zu Gesellschaftsverträgen der in der Tarifstelle 25 c und d bezeichneten Art vgl. Tarifstelle 11 b und c des Reichsstempelgesetzes vom 15. Juli 1909 und wegen des Zuschlages zu dieser Abgabe vgl. § 90 dieses Gesetzes (vgl. jetzt A. 1 zu T. 25, T. 1 A d und e und § 96 RStG. v. 3. 7. 13).

ämtern beglaubigte Abschriften oder beglaubigte Auszüge einzusenden. Dieselbe Verpflichtung haben die Notare hinsichtlich der notariell aufgenommenen oder inhaltlich notariell anerkannten Verträge und Beschlüsse; doch genügen bei notariellen Verträgen oder Beschlüssen auch kurze Mitteilungen unter Angabe des Datums des Vertrages usw., der Registernummer, der Firma, der bereits versteuerten Kapitalbeträge und der Teilbeträge, die noch zur Versteuerung zu ziehen sind. Die Vorschriften des Schlußsatzes des Abs. 2 und des Abs. 3 des § 11 A der allg. Verf. über gerichtliche Landesstempelsachen gelten auch für notarielle Verträge und Beschlüsse. Wegen der Mitteilungen der Gerichtsschreiber der Registergerichte über nachträgliche Erhöhungen des Gesellschaftskapitals vgl. § 22 Abs. 3 der allg. Verf. über gerichtliche Landesstempelsachen.

(2) Die Stempelsteuerämter haben die Überwachung und spätere Einziehung der Stempel nach der Vorschrift des Abs. 6 der Nr. 5 dieser Best. vorzunehmen, die Eintragung in die Überwachungsliste erfolgt unter einem besonderen Abschnitt A (vgl. Nr. 61 Abs. 3 dieser Best.), unter dem auch die früher eingetretenen, laufenden Fälle aufzuführen sind. Einer Sicherstellung bedarf es nicht. Da die Überwachung dieser Fälle von besonderer Bedeutung ist, so haben die Vorstände der Stempelsteuerämter sich auf Grund der bei den Stempelprüfungen der Gesellschaften, der Gerichte und Notare gemachten Wahrnehmungen und insbesondere durch Vergleichung der Listen mit den ihnen seitens der Gerichtsschreiber gemachten Mitteilungen davon Überzeugung zu verschaffen, daß die Überwachungsliste vollständig und ordnungsmäßig geführt ist. Der Prüfungsbefund ist gelegentlich der Prüfung der Registergerichte in der Überwachungsliste zu vermerken; auch ist in den Verhandlungen, betreffend die Stempelprüfungen der Gesellschaften ein Vermerk darüber aufzunehmen, ob und welche nachträgliche Einzahlungen auf das ursprüngliche oder später erhöhte Kapital usw. stattgefunden haben und wie sie versteuert worden sind (vgl. auch § 5 Abs. 2 der Geschäftsanweisung für die Vorstände der Stempelsteuerämter, Beilage 3).

**Im Auslande geschlossene Gesellschaftsverträge. Gesellschaftsauseinandersetzungsverträge.**

(3) Wegen der im Auslande geschlossenen Gesellschaftsverträge (Tarifstelle 25a Abs. 5 — Anmerkung — und Tarifstelle 25b Abs. 2 Anmerkung Ziffer 3) vgl. § 2 Abs. 1g der allg. Verf. über gerichtliche Landesstempelsachen.

(4) Mit Rücksicht auf die mit besonderen Schwierigkeiten verbundene Stempelberechnung bei Gesellschaftsauseinandersetzungsverträgen ist es empfehlenswert, daß die Notare die für die Berechnung erforderlichen Unterlagen (Bilanzen usw.) zu ihren Notariatsakten nehmen. Es werden dadurch

spätere, erfahrungsmäßig sehr häufig erst nach Jahren infolge von Stempelprüfungen entstehende umständliche Erörterungen und Feststellungen vermieden.

**Auflassungsstempel.**

(5) Bezüglich der Erhebung des Auflassungsstempels bei Vorlegung der in der Tarifstelle 25 d bezeichneten Verträge vgl. § 14 Abs. 7 der allg. Verf. über gerichtliche Landesstempelsachen.

**Erstmalige Feststellung des Gewerkschaftsstatuts.**

**63.** (1) Für die erstmalige Feststellung der Satzung (des Statuts) einer Gewerkschaft bildet die Verwendung des Stempels von 500 *M* die Regel. Eine Ermäßigung des Stempels kann nur ausnahmsweise auf Antrag, der vor der Bestätigung der Satzung zu stellen ist, eintreten, wenn es sich nach dem pflichtmäßigen Ermessen der den Stempel verwendenden Behörde entweder um eine Gewerkschaft „mit geringerem Vermögen" handelt oder wenn „sonstige Gründe" die Anwendung eines geringeren Steuersatzes rechtfertigen. Eine Ermäßigung des Stempels von Amts wegen findet nicht statt.

(2) Allgemein gültige Gesichtspunkte für die Bewertung des Gesellschaftsvermögens lassen sich nicht aufstellen, vielmehr ist von Fall zu Fall zu prüfen, ob und in welcher Höhe mit Rücksicht auf die Vermögenslage der erstmalig die Satzung feststellenden Gewerkschaft ein Stempelnachlaß angemessen erscheint. Für den anzuwendenden Steuersatz wird als ungefährer Anhalt dienen können, daß der Höchststempel von 500 *M* bei einem Gewerkschaftsvermögen von mehr als 100000 *M* zu entrichten ist und daß Ermäßigungen nur bei Gewerkschaften mit geringerem Vermögen eintreten. Danach werden die Steuersätze ungefähr zu bemessen sein bei einem Gewerkschaftsvermögen von

| | | | | | |
|---|---|---|---|---|---|
| nicht mehr als | 25000 *M* | | | auf . . . . . . . . . . | 100 *M* |
| mehr als | 25000 *M* | aber nicht mehr als | 50000 *M* | auf | 200 „ |
| „ „ | 50000 „ | „ „ „ „ „ | 75000 „ | „ | 300 „ |
| „ „ | 75000 „ | „ „ „ „ „ | 100000 „ | „ | 400 „ |
| „ „ | 100000 „ | auf . . . . . . . . . . | | | 500 „ |

Der Wert des Gewerkschaftsvermögens ist von den Oberbergämtern festzustellen und nötigenfalls schätzungsweise zu ermitteln. Handelt es sich nicht nur um die Bewertung des Bergwerkseigentums, sondern auch anderer — namentlich den Zwecken bergbaulicher Nebenbetriebe dienender — Vermögensgegenstände (Fabrikanlagen, Grundstücke usw.), so sind, falls den Oberbergämtern für die Bewertung dieser Gegenstände geeignete Unterlagen nicht zur Verfügung stehen, die Bergrevierbeamten mit der Erhebung zuverlässiger Ermittelungen zu beauftragen. Erforderlichenfalls kann der Gewerkschaft von der Bergbehörde anheimgegeben werden, hinsichtlich dieser Vermögenswerte einen Vermögensnachweis beizubringen. Vermag die Bergverwaltung auf dem bezeichneten Wege zu einer sicheren Feststellung des Wertes dieser Vermögensstücke nicht zu gelangen, so haben die Oberbergämter die Oberzolldirektionen um die Vornahme weiterer Ermittelungen zu ersuchen.

(3) Nach § 94 Abs. 2 des Allgemeinen Berggesetzes bedarf die notariell oder gerichtlich zu errichtende Gewerkschaftssatzung der Bestätigung des Oberbergamts. Zu notariell aufgenommenen Satzungen ist daher nach der Tarifstelle 45 zunächst nur der Notariatsurkundenstempel von 3 *M* erforderlich, während gerichtlich verlautbarte Satzungen zunächst unversteuert bleiben. Der Stempel der Tarifstelle 25 Buchst. e Ziff. 1 wird für die notariellen und gerichtlichen Satzungen nach § 16 Abs. 3 des Gesetzes erst mit dem Tage fällig, an dem die Gewerkschaft von der Bestätigung Kenntnis erhalten hat. Diesen Stempel, auf den der verwendete Notariatsurkundenstempel von 3 *M* angerechnet werden kann, haben die Oberbergämter nach erfolgter Bestätigung von den Gewerkschaften zu erfordern und innerhalb der Fristen des § 15 Abs. 1 des Gesetzes zu der Bestätigungsurkunde zu verwenden. Erachtet das Oberbergamt nach pflichtmäßiger Überzeugung eine Stempelermäßigung für gerechtfertigt, so hat es den Stempel innerhalb des im Gesetz gegebenen Zwischenraums von 100 bis zu 500 *M* festzusetzen, jedoch stets nach vollen Hunderten. Die Festsetzung unterliegt der Nachprüfung der Zollbehörden; halten diese im Gegensatz zu der Ansicht des Oberbergamts eine Nachforderung von Stempeln für erforderlich, so ist von den Oberzolldirektionen an den Finanzminister zu berichten.

(4) Nur die erstmalige Feststellung eines Gewerkschaftsstatuts unterliegt dem Stempel der Tarifstelle 25 Buchst. e Ziff. 1; Verhandlungen und Beschlüsse über spätere Abänderungen oder Ergänzungen des ursprünglichen Statuts bedürfen, falls sie keine besonders stempelpflichtige Geschäfte enthalten, nur eines Stempels von 3 *M* nach der Tarifstelle 45 oder 53 oder 71 Ziff. 2 Abs. 1. Eine „erstmalige Feststellung der Satzung" ist in einer statutarischen Bestimmung lediglich des Inhalts, daß der Sitz der Gewerkschaft sich an dem Wohnort des Repräsentanten oder Grubenvorstands-Vorsitzenden befindet, nicht zu erblicken. Dagegen enthalten alle Gewerkenbeschlüsse, welche die Verfassung der Gewerkschaft neben oder entgegen den Normen der §§ 94ff. des Allgemeinen Berggesetzes regeln, die Feststellung einer Satzung, mögen die Beschlüsse auch nur Einzelheiten, wie die Vertretungsbefugnis des Repräsentanten oder Grubenvorstandes, die Ein-

ladungen zu den Gewerkenversammlungen u. dgl. betreffen. Jedoch wird bei statutarischen Einzelbestimmungen unter Umständen in Frage kommen, ob die Beschränkung des Umfangs als ein „sonstiger, die Anwendung eines geringeren Steuersatzes rechtfertigender Grund" im Sinne der Ermäßigungsvorschrift anzusehen ist. Das Oberbergamt wird daher je nach Lage des Falles über die Ermäßigung des Stempels zu befinden haben.

## Zur Tarifstelle 26.

**Vordrucke.**

**64.** (1) Für die Ausstellung von Legitimations- und Gewerbelegitimationskarten sind folgende Vordrucke vorgeschrieben:

1. Legitimationskarten für inländische Kaufleute und Handlungsreisende, gültig in dem Deutschen Reich (§§ 44, 44a Abs. 1 bis 5 Reichsgewerbeordnung). Vgl. auch Nr. 57 der Ausführungsanweisung vom 1. Mai 1904 zur Reichsgewerbeordnung;
2. Gewerbelegitimationskarten:
   a) für Handlungsreisende, gültig im Deutschen Reiche und in Luxemburg, in Belgien, Bulgarien, Italien, Österreich-Ungarn, Rumänien, Rußland, Schweden, in der Schweiz und in Serbien, sowie bis auf weiteres in Spanien und Portugal (vorgesehen in den Zollvereins- und Handelsverträgen);
   b) für ausländische Handlungsreisende, welche Staaten angehören, denen das Recht der Meistbegünstigung hinsichtlich des Gewerbebetriebes eingeräumt ist. Die Karten sind gültig in dem Deutschen Reich, vorbehaltlich der Entrichtung der Landessteuern (Bek. des Reichskanzlers vom 27. November 1896 II B Nr. 2 und Anl. I RGBl. S. 745 und Nr. 76 der Ausführungsanweisung vom 1. Mai 1904 zur Reichsgewerbeordnung);
   c) für Handlungsreisende, die nach dem in Art. 2 der Vereinbarung zwischen dem Deutschen Reiche und Frankreich über die gegenseitige Behandlung der Handlungsreisenden vom 2. Juli 1902 (RGBl. 1903 S. 47) vorgeschriebenen Vordruck ausgestellt werden (Zentralbl. der Abgaben- usw. Verwaltung 1903 S. 114). Die Karten sind gültig im Deutschen Reiche und in Luxemburg, in Frankreich, in Algerien und in Monaco.

**Vertrieb der Karten.**

(2) Die Ausstellung der im vorhergehenden Absatz unter 1 aufgeführten Legitimationskarten erfolgt durch die Ortspolizeibehörden, die Ausstellung der unter 2 aufgeführten Gewerbelegitimationskarten durch diejenigen Behörden, welche zur Ausstellung von Paßkarten befugt sind. Legitimations-

karten und Gewerbelegitimationskarten sind bei der Ausstellung mit dem Amtsstempel zu versehen. Die Behörden haben die zum Stempelbetrage von 1 ℳ abgestempelten Vordrucke der Legitimationskarten und Gewerbelegitimationskarten gegen Entrichtung des Stempelbetrages und unter Erteilung einer Empfangsbescheinigung von den Hauptzoll- und Zollämtern zu beziehen. Ein Verkauf der Karten an Privatpersonen ist unzulässig. Vgl. Nr. 10 Abs. 2 dieser Best. Am Schlusse des Kalenderjahres unverwendet gebliebene Vordrucke sind bis zum 20. Januar des folgenden Jahres gegen neue gestempelte Vordrucke umzutauschen. Die Kosten für die Vordrucke sind bei Kapitel 95 Titel 5 des Etats für die Verwaltung des Innern zu verrechnen (Nr. 57 der Ausf.-Anw. vom 1. Mai 1904 zur Reichsgewerbeordnung).

**Erstattung.**

(3) Für Vordrucke, die bei der Ausfertigung verdorben oder sonst unbrauchbar geworden sind, wird der Stempelwert gemäß § 24 des Gesetzes und der Nr. 27 dieser Best. erstattet.

## Zur Tarifstelle 31.

**Inländerjagdscheine.**

65. (1) Die Versteuerung der Inländerjahresjagdscheine und der Inländertagesjagdscheine erfolgt durch Verwendung von Vordrucken, die zu den Steuersätzen von 7,50 ℳ und 1,50 ℳ abgestempelt und auf Kosten der Staatskasse nach den in der Nr. 25 I Abs. 1 unter a und b der zur Jagdordnung vom 15. Juli 1907 erlassenen Ausführungsanweisung vom 29. Juli 1907 (MBl. d. Handels- und GewVerw. S. 297, MBl. f. d. L. S. 279) vorgeschriebenen Mustern hergestellt werden. Die Namen des Kreises und des Ausstellungsortes sowie die Firma der Ausstellungsbehörde, die in den von den Kreisen hergestellten Vordrucken gedruckt sind, müssen mangels eines solchen Vordrucks künftig handschriftlich eingerückt werden. Die Rückseite des Jagdscheinvordrucks enthält das vorgeschriebene Muster für die Jagd- und Schonzeit des Wildes (Anlage II zur Ausf.-Anweisung); auf einem Anhange sind die für das Verhalten der Schützen auf Treibjagden zu beobachtenden Hauptregeln abgedruckt. Die noch nicht aufgebrauchten alten Vordrucke können bis Ende März 1911 unter Verwendung von Stempelmarken weiter benutzt werden.

**Ausländerjagdscheine.**

(2) Die Versteuerung der Ausländerjagdscheine erfolgt in der Weise, daß von den die Jagdscheine erteilenden Behörden die erforderlichen Stempelmarken auf der Vorderseite der Jagdscheine aufgeklebt und nach der Vorschrift der Nr. 16 Abs. 2 dieser Best. entwertet werden. Eines besonderen Stempelabdrucks bedarf es für die Entwertung der Marken nicht; statt dessen hat der für die Entwertung verantwortliche Beamte seinen ausgeschriebenen Namen in den unteren Teil der Marken einzutragen.

**Abrechnungsverfahren.**

(3) Den die Jagdscheine ausstellenden Behörden wird auf Antrag ein Vorrat von Stempelvordrucken der in Abs. 1 dieser Nr. bezeichneten Art sowie von Stempelmarken von den Hauptzoll- und Zollämtern ohne sofortige Barzahlung des Wertbetrages nur gegen Empfangsbescheinigung überlassen. Der Vorrat (eiserne Bestand) ist etwa nach dem durchschnittlichen Bedarf eines Monats zu bemessen. Im Laufe des Rechnungsjahres sind die zur Auffüllung dieses Bestandes erforderlichen Stempelzeichen gegen bare Bezahlung des Wertbetrages bei den vorbezeichneten Zollbehörden anzukaufen und dort sofort endgültig zu verausgaben, während am Schluß des Rechnungsjahres die Abrechnung zu erfolgen hat, in der Art, daß gegen Ablieferung des dann noch vorhandenen Geldbetrages für verkaufte Stempelzeichen der im Stempellagerbuch ein für allemal vorgetragene eiserne Bestand wieder für das folgende Rechnungsjahr zu ergänzen ist.

**Herstellung von Vordrucken durch das Hauptstempelmagazin.**

(4) Zur Vermeidung der durch die handschriftliche Eintragung der Namen der Kreise, des Ausstellungsortes und der Firma der Ausstellungsbehörde entstehenden Umstände ist es den Ausstellungsbehörden gestattet, sich den ganzen Vordruck für die Inländerjagdscheine nach dem vorgeschriebenen Muster durch das Hauptstempelmagazin herstellen und abstempeln zu lassen (vgl. Nr. 9 Abs. 6 zu d dieser Best.). Für diese Vordrucke darf ein beliebiges Format, auf dem ein genügender Raum für den Stempelaufdruck vorhanden sein muß, gewählt werden, beispielsweise das in manchen Kreisen gebräuchliche Geldtäschchenformat, das mit dem Abdruck der „Hauptregeln für das Verhalten der Schützen auf Treibjagden" ebenfalls versehen werden kann. Die Ausstellungsbehörden haben die für die Herstellung der Vordrucke entstehenden Kosten sowie die Postgebühren zu tragen und den Wert der bestellten Stempelzeichen im voraus zu entrichten.

**Stempelermäßigungen für Ausländer.**

(5) Die im Absatz 1 der Tarifstelle zugelassene Ermäßigung des Stempels bis auf den Satz für Inländer für Personen, die weder Angehörige eines deutschen Bundesstaates sind, noch in Preußen einen Wohnsitz oder einen Grundbesitz mit einem Grundsteuerreinertrage von 150 *M* haben, wird den Angehörigen der Staaten Dänemark, Griechenland, Italien, Luxemburg, Österreich-Ungarn, Rußland, Schweden, Serbien und der Türkei zugebilligt.*) Die gleiche Ermäßigung gilt für Angehörige

*) Die Vergünstigung für Schweizer ist durch FM. III 5745 v. 2. 5. 14 gestrichen worden.

der außereuropäischen Staaten Argentinien, Chile, Japan, Mexiko und Paraguay.

**Stempelfreie Doppelausfertigungen.**

(6) Nach der Tarifstelle 16 Abs. 2 sind Doppelausfertigungen (Duplikate) von Jagdscheinen stempelfrei. Vordrucke für Doppelausfertigungen von Inländerjagdscheinen (Abs. 1 dieser Nr.) können die Ausstellungsbehörden von den Hauptzoll- und Zollämtern kostenfrei beziehen. Doppelausfertigungen von Ausländerjagdscheinen (Abs. 2 dieser Nr.) sind von den Ausstellungsbehörden als „stempelfreie Doppelausfertigung" zu bezeichnen und mit einem Vermerk darüber zu versehen, welcher Stempelbetrag zur Hauptausfertigung verwendet worden ist.

**Stempeleintragungsvermerke in den Kontrollisten.**

(7) Die Ausstellungsbehörden sind verpflichtet, in die nach der Nr. 25 II der Ausführungsanweisung zur Jagdordnung zu führenden Kontrollisten den Betrag der zu den einzelnen Jagdscheinen verwendeten Stempel und bei Stempelermäßigungen und -befreiungen den Ermäßigungs- oder Befreiungsgrund einzutragen.

**Stempelerstattungen für unbrauchbare Formulare.**

(8) Für Vordrucke, die bei der Ausfertigung verdorben oder sonst unbrauchbar geworden sind, wird der Stempel gemäß der Nr. 27 dieser Best. erstattet.

## Zur Tarifstelle 32.*)

**Zwangsversteigerungen.**

**66.** (1) Wegen der Ermittelung des Werts für Zuschlagsbeschlüsse im Zwangsversteigerungsverfahren vgl. § 6 Abs. 3 der allg. Verf. über gerichtliche Landesstempelsachen.

**Stempelerstattungen.**

(2) Über Anträge auf Erstattung des Wertstempels oder auf Abstandnahme von seiner Einziehung in den Fällen des Abs. 7 und Abs. 8 Satz 1 und 2 entscheiden die Stempelsteuerämter. Für Anträge auf Erstattung der Wertstempel in diesen Fällen finden die Vorschriften der Nr. 28 Abs. 2 bis 6 und Abs. 8 dieser Best. entsprechende Anwendung. Wegen der Stempelerstattungen in den Fällen des Abs. 8 Satz 3 der Tarifstelle vgl. Nr. 28 Abs. 10 dieser Best.

## Zur Tarifstelle 34.

**Reichsstempelabgabe; Verpfändung von Kuxen.**

**67.** Wegen der Erhebung der Reichsstempelabgabe zu Kuxen, die nach dem 30. Juni 1900 ausgefertigt worden sind, und zu Kauf- und sonstigen

*) Anmerkung. Wegen Erhebung der Reichsstempelabgabe zu Kauf- und Tauschverträgen usw. über im Inlande gelegene Grundstücke usw. vgl. Tarifstelle 11a und § 90 des Reichsstempelgesetzes v. 15. Juli 1909 (jetzt § 96 RStG. v. 3. 7. 13).

Anschaffungsgeschäften über Kuxe der bezeichneten Art vgl. Tarifstelle 1c und 4a³ und § 57 des Reichsstempelgesetzes vom 14. Juni 1900 (Tarifstelle 1d und 4a² des Reichsstempelgesetzes vom 15. Juli 1909).*) Schriftstücke über Verpfändungen von Kuxen unterliegen dem Stempel der Tarifstelle 59, auch wenn sie nach dem 30. Juni 1900 ausgestellt sind.

## Zur Tarifstelle 39.

**Form der Genehmigungen.**

68. (1) Die Versteuerung der ortspolizeilichen Genehmigungen von Lustbarkeiten erfolgt durch Verwendung der in der Nr. 9 Abs. 5 zu c dieser Best. aufgeführten gestempelten Vordrucke; diese Vordrucke werden von den Hauptzoll- und Zollämtern und Stempelverteilern nicht nur an Behörden, sondern auch an Privatpersonen verkauft. Die Erteilung der Genehmigung in irgendeiner anderen Form, namentlich in nicht schriftlicher Form, oder durch Eintragung in sog. Kontrollbücher, oder durch Genehmigungen auf Schriftstücken, zu denen Stempelmarken entwertet sind, ist unzulässig.

**Ermäßigungen.**

(2) Die Anwendung der Steuersätze von 10 M (Abs. 1a der Tarifstelle) und von 5 M (Abs. 1b der Tarifstelle) bildet die Regel; diese Sätze sind gewöhnlich dann gerechtfertigt, wenn größere Lustbarkeiten nicht von Einzelunternehmern, sondern von Personenmehrheiten (Gesellschaften, Vereinen usw.) veranstaltet werden. Die geringeren Sätze von 3 M, 2 M, 1 M und 0,50 M können nur ausnahmsweise und wenn besondere Gründe zu einer Ermäßigung vorliegen, zugelassen werden. Die ermäßigten Sätze werden hauptsächlich nur dann angewendet werden dürfen, wenn bei gewerbsmäßigen Veranstaltungen von Lustbarkeiten der zu erwartende Geschäftsgewinn für den Unternehmer voraussichtlich nur ein geringfügiger sein wird oder wenn angenommen werden kann, daß an der Lustbarkeit nur eine beschränkte Personenzahl teilnehmen wird und die Teilnehmer den weniger leistungsfähigen Volksklassen angehören. Unter diesen Voraussetzungen sind auch bei Tanzlustbarkeiten die geringeren Steuersätze zulässig. Für die Abstufung der Steuer bei diesen Lustbarkeiten kann unter Umständen die Unterscheidung von Bedeutung sein, ob es sich nur um eine zur vorübergehenden Belustigung der Teilnehmer dienende Gelegenheitstanzlustbarkeit oder um eine eigentliche Tanzlustbarkeit handelt, zu der die Teilnehmer zum Zwecke des Tanzens eigens zusammentreten. Andere Umstände, z. B. der Zweck der Veranstaltung, ob die Lustbarkeit in der Stadt oder auf dem platten Lande stattfindet, bei Tanzlustbarkeiten die Größe des Tanzlokals, die Anzahl der zum

---

*) Anm. d. Herausgeb.: Jetzt T. 1B u. 4a² RStG. v. 3. 7. 13.

Tanz aufspielenden Musiker, die Dauer der Tanzbelustigung (ob bis 12 Uhr nachts und darüber) werden für die Bemessung des Steuersatzes in der Regel eine ausreichende Grundlage kaum abgeben können. Für Genehmigungen zum Betriebe eines Zirkus usw. (Abs. 1a der Tarifstelle) darf, wenn es sich um geringfügige Darbietungen handelt, ein ermäßigter Satz von 3 ℳ zur Anwendung kommen (vgl. Nr. 9 Abs. 5c Ziff. 1 dieser Best.). Ist mit der Genehmigung einer Lustbarkeit bis zu einer die Polizeistunde überschreitenden Zeit gleichzeitig eine Verlängerung der Polizeistunde verbunden, so ist nur der Stempel der Tarifstelle 39, aber im Mindestbetrage von 1,50 ℳ zu verwenden; der Stempel der Tarifstelle 51 kommt daneben nicht zur Erhebung. Im übrigen lassen sich mit Rücksicht auf die Mannigfaltigkeit der Lustbarkeiten und die Verschiedenartigkeit der in Betracht kommenden örtlichen und sonstigen Verhältnisse erschöpfende Merkmale, nach denen die ermäßigten Sätze einzutreten haben, nicht geben; die Bestimmung des Steuersatzes ist vielmehr von der Prüfung aller im Einzelfalle für die steuerliche Beurteilung maßgebenden Umstände, und namentlich der wirtschaftlichen und sonstigen Bedeutung der einzelnen Unternehmung abhängig zu machen. Die Gründe, die für die Zulassung ermäßigter Steuersätze bestimmend gewesen sind, müssen nicht nur auf den Genehmigungen, die zu diesem Zweck mit einem entsprechenden Vordruck versehen sind, sondern auch in den Akten an gehöriger Stelle oder, wenn Kontrollisten geführt werden, in diesen vermerkt werden. Hinsichtlich der Ermäßigungen steht den Zollbehörden das Recht der Nachprüfung und unter Umständen der anderweiten Festsetzung zu.

**Einzelgenehmigungen. Genehmigungen für wiederkehrende Lustbarkeiten.**

(3) Als Regel ist festzuhalten, daß jede einzelne Lustbarkeit auch einer besonderen Genehmigung bedarf. Es ist deshalb im allgemeinen nicht zulässig, für gewisse in regelmäßiger Folge wiederkehrende Lustbarkeiten, namentlich für Tanzbelustigungen, die Genehmigung für einen längeren Zeitraum im voraus, z. B. für sämtliche Sonntage eines Monats, durch e i n e Genehmigung zu erteilen. Nur wenn von demselben Unternehmer an demselben Ort an aufeinanderfolgenden Tagen aus bestimmten Anlässen Lustbarkeiten während längerer Zeiträume dargeboten werden, ist es statthaft, zu solchen Veranstaltungen nur e i n e Genehmigung zu erteilen, und zwar auch dann, wenn während des Zeitraums, für den die Genehmigung gewährt ist, an dem einen oder dem anderen Tage Unterbrechungen eintreten. Einheitliche Genehmigungen dürfen hiernach erteilt werden zu Lustbarkeiten für die ganze Dauer eines Jahrmarktes oder

Schützenfestes, zu einer mehrtägigen Kirmeß, zu Kurkonzerten, Theateraufführungen usw., für die Dauer einer Badesaison, zu Promenadenkonzerten, die von Ortsvereinen für einen längeren Zeitraum veranstaltet werden, zu Theater- und Schauvorstellungen, die von Theater- und Artistengesellschaften in kleineren Städten für kürzere Zeit veranstaltet werden u. a. Auch kann zuverlässigen Wirten für die Dauer eines Monats eine einheitliche Genehmigung zur Veranstaltung solcher Tanzlustbarkeiten widerruflich erteilt werden, bei denen nicht mehr als zwei Personen, z. B. ein Klavier- und ein Violinspieler, die Tanzmusik ausführen, vorausgesetzt, daß der geringen Zahl der Musiker entsprechend auch die Lustbarkeiten selbst nur zu den geringfügigeren zu rechnen sind. Wo hiernach einheitliche Genehmigungen für längere Zeiträume ausnahmsweise gewährt werden dürfen, wird fast immer die Erhebung des Höchstsatzes gerechtfertigt sein. Dasselbe wird gelten müssen, wenn derselbe Unternehmer mit einer Tanzlustbarkeit noch andere Belustigungen verbindet, z. B. Tanzlustbarkeiten in Sommerlokalen mit Preisschießen, Preiskegeln, Blumentombola, Karussellbelustigungen usw. Auch in solchen Fällen ist eine Genehmigung und eine einmalige Stempelverwendung statthaft; jedoch wird regelmäßig der Höchstsatz zu erheben sein.

**Begriff der Lustbarkeiten. Notwendigkeit der Genehmigungen.**

(4) Über den Begriff der Lustbarkeiten im Sinne der Tarifstelle 39 und die Notwendigkeit der Genehmigungen der Ortspolizeibehörden ist zu vergleichen die allgemeine Verfügung des Finanzministers und des Ministers des Innern vom 15. November 1896 zu I und II (Zentralbl. der Abgaben- usw. Verwaltung S. 649; Min.-Bl. S. 239) und die abändernde allgemeine Verfügung derselben Minister vom 6. Juni 1898 (Zentralbl. S. 280). Die unter das Vereinsgesetz vom 19. April 1908 fallenden Genehmigungen öffentlicher Aufzüge sind stempelfrei.

**Persönliche und sachliche Stempelbefreiungen.**

(5) Der Stempel der Tarifstelle ist nicht zu entrichten, wenn die Veranstalter der Lustbarkeiten zu den steuerfreien Personen im Sinne des § 5 Abs. 1 des Gesetzes gehören, z. B. wenn einem Truppenteil die Genehmigung zur Abhaltung einer militärischen Festlichkeit oder einer öffentlichen Schule die Genehmigung zur Veranstaltung einer Schulfestlichkeit erteilt wird. Genehmigungen für Privatschulen sind stempelpflichtig.

(6) Die sachlichen Befreiungen des § 4 Abs. 1 des Gesetzes kommen nicht in Betracht, auch nicht diejenige des § 4a, weil bei Lustbarkeiten der Wert des Gegenstandes nach Geld nicht abschätzbar ist. Darbietungen der Drehorgelspieler und anderer umherziehender Straßenmusikanten sind jedoch

regelmäßig stempelfrei; die Tarifstelle kommt nur dann zur Anwendung, wenn diese Personen Musikaufführungen in geschlossenen Räumen veranstalten.

**Stempelerstattungen.**

(7) Ist eine ortspolizeiliche Genehmigung nach den bestehenden Gesetzen und Verordnungen nicht erforderlich und hat die Polizeibehörde dessenungeachtet die Genehmigung auf Grund einer bloßen Anmeldung erteilt, so wird der Stempel gemäß § 25 Abs. 1a auf Antrag erstattet. Ist die Ausführung einer genehmigten Lustbarkeit ohne Verschulden desjenigen, dem die Genehmigung erteilt ist, unterblieben, so kann der Stempel gemäß § 25 Abs. 2 des Gesetzes erstattet werden. Für Vordrucke, die bei der Ausfertigung verdorben oder sonst unbrauchbar geworden sind, wird der Stempelwert gemäß § 24 des Gesetzes und der Nr. 27 dieser Best. erstattet.

## Zur Tarifstelle 42.

**Bedürftigkeit.**

69. (1) Die für den Fall der Bedürftigkeit vorgesehenen Steuerermäßigungen bis auf den Betrag von 5 ℳ dürfen nur auf Antrag und nur dann zugestanden werden, wenn durch ein ortspolizeiliches Zeugnis, das einer Stempelabgabe nicht unterliegt, oder durch eine sonstige amtliche Mitteilung der Ortspolizeibehörde dargetan ist, daß diejenige Person, für welche die Genehmigung erteilt werden soll, sich in dürftigen Verhältnissen befindet. Der Betrag der Ermäßigung bestimmt sich nach dem Grade der Bedürftigkeit. Über den anzuwendenden Steuersatz befinden die ausfertigenden Behörden, vorbehaltlich der Nachprüfung durch die Zollbehörden. Das Zeugnis oder die amtliche Mitteilung oder Abschrift dieser Schriftstücke ist zu den Akten zurückzubehalten und der Betrag des verwendeten Stempels in den Akten zu vermerken.

**Billigkeitsgründe.**

(2) Stempelermäßigungen aus Billigkeitsgründen werden ebenfalls nur auf Antrag gewährt. Über das Vorhandensein solcher Gründe entscheiden die Regierungspräsidenten, vorbehaltlich der Nachprüfung durch die Zollbehörden. Zur Vermeidung von Erinnerungen der Zollverwaltung empfiehlt es sich, daß in zweifelhaften Fällen die Regierungspräsidenten die Zustimmung der Oberzolldirektion zu der Ermäßigung einholen. Billigkeitsgründe liegen vor, wenn der Übernehmer eines Hofes oder Gutes bei der Übernahme seinem Namen den Hof- oder Gutsnamen hinzufügt, wie es in einzelnen Provinzen, z. B. in Westfalen üblich ist.*) Inwieweit im übrigen

*) Anmerkung. Verhandl. des Hauses der Abgeordneten, Sitzung vom 24. Mai 1909. Stenographische Ber. S. 7059, 7060.

Billigkeitsgründe anzunehmen sind, die eine Ermäßigung des Stempels rechtfertigen, richtet sich nach den Umständen des Einzelfalles. Die Billigkeitsgründe und die verwendeten Stempelbeträge sind in den Akten zu vermerken.

## Zur Tarifstelle 43.

**Bedürftigkeit.**

**70.** Bezüglich der Steuerermäßigungen in den Fällen der Bedürftigkeit findet der erste Absatz der Nr. 69 dieser Best. entsprechende Anwendung. Wegen der Abstempelung der Vordrucke durch das Hauptstempelmagazin vgl. Nr. 9 Abs. 6 zu e dieser Best.

## Zur Tarifstelle 48 I.

### A. Pacht- und Mietverträge mit Ausnahme der Jagdpachtverträge.

**Vordrucke.**

**71.** (1) Die Versteuerung der Pacht- und Mietverträge hat nach dem in der Beilage 4 enthaltenen Muster vermittelst des Verzeichnisses (Pacht- und Mietverzeichnisses) zu erfolgen. Die Vordrucke für diese Verzeichnisse nebst Einlagebogen können von allen Hauptzoll- und Zollämtern und den Stempelverteilern unentgeltlich bezogen werden, falls die Steuerpflichtigen die Formulare nicht selbst mit der Feder anlegen wollen.

**Zeitpunkt der Versteuerung. Vorausversteuerung.**

(2) Das Verzeichnis über die während der Dauer des Kalenderjahres in Geltung gewesenen Verträge ist der zuständigen Zollstelle (Hauptzollamt, Zollamt, Stempelverteiler) spätestens bis zum Ablaufe des Januar des darauf folgenden Jahres unter Einzahlung des erforderlichen Stempelbetrages einzureichen; die Steuerpflichtigen sind jedoch berechtigt, die Versteuerung des Verzeichnisses schon vor Beginn des Januar zu jeder beliebigen anderen Zeit und im voraus für mehrere Kalenderjahre vorzunehmen. Die Zollstellen sind verpflichtet, jederzeit solche Versteuerungen vorzunehmen.

**Stempelerstattungen.**

(3) Erreichen Verträge vor Ablauf der vertragsmäßig festgesetzten Zeit ihr Ende, so ist der Stempel gemäß Abs. 17 dieser Tarifstelle nur für die Zeit bis zur Beendigung der Verträge zu entrichten. Der etwa zuviel gezahlte Stempel wird auf Antrag gemäß § 25 Abs. 1 a des Gesetzes erstattet; der Erstattungsantrag ist unter Beifügung der mit den entwerteten Stempelzeichen versehenen Verzeichnisse an dasjenige Stempelsteueramt zu richten, in dessen Bezirk der Stempel verwendet worden ist. Auf das Erstattungsverfahren finden die Vorschriften der Nr. 28 dieser Best. ent-

sprechende Anwendung; die zweijährige Frist des § 25 Abs. 1a des Gesetzes ist erst vom Tage der Auflösung des Mietverhältnisses ab zu berechnen.

**Zuständige Zollstellen.**

(4) Zuständig zur Versteuerung sind je nach der Wahl der Verpächter oder Vermieter die Hauptzollämter, Zollämter oder Stempelverteiler in demjenigen Oberzolldirektionsbezirk, in dem die Grundstücke belegen sind oder der Verpächter oder Vermieter seinen Wohnort hat. Die Stempelverteiler sind befugt, zu den Verzeichnissen ohne Rücksicht auf die ihnen für andere Schriftstücke vorgeschriebenen Verwendungsgrenzen die Stempel in voller Höhe des gesetzlich erforderlichen Betrages zu verwenden.

**Eintragung in die Verzeichnisse.**

(5) Die von einem Verpächter oder Vermieter zu versteuernden Verträge sind tunlichst in ein Verzeichnis einzutragen, auch wenn die Verträge sich auf mehrere Grundstücke beziehen, sofern nur diese Grundstücke zu dem Bezirke derselben Oberzolldirektion gehören. Sind die mehreren Grundstücke in verschiedenen Direktionsbezirken belegen, so muß für jeden Bezirk ein besonderes Verzeichnis geführt werden. Werden in einem Verzeichnis die Verträge über mehrere Grundstücke nachgewiesen, so sind die mehreren Verträge, die ein und dasselbe Grundstück betreffen, zusammenhängend je in besonderen Abschnitten einzutragen. Die einzelnen Grundstücke sind in der Überschrift näher zu bezeichnen; in der Spalte 13 des Verzeichnisses ist der Betrag des Stempels aufzurechnen. Es steht den Steuerpflichtigen frei, für jedes Kalenderjahr ein besonderes Verzeichnis zu führen oder, was zweckmäßiger ist, die Versteuerungen für die einzelnen aufeinanderfolgenden Kalenderjahre in demselben Verzeichnis zu bewirken.

**Gegenstand der Eintragung.**

(6) Der Eintragung in das Verzeichnis unterliegen sowohl **mündliche** als auch schriftliche Pacht- und Mietverträge, die innerhalb eines Kalenderjahres in Geltung gewesen sind, sofern der nach der Dauer eines Jahres berechnete Zins bei den in Ziffer 1 (Abs. 1) der Tarifstelle bezeichneten Verträgen mehr als 360 ℳ und bei den Verträgen der Ziffer 3 (Abs. 6) der Tarifstelle mehr als 300 ℳ beträgt und der für die Gesamtdauer des Vertragsverhältnisses zu entrichtende Zins den Betrag von 150 ℳ übersteigt. Unter den gleichen Voraussetzungen unterliegen der Eintragung in das Verzeichnis die durch Briefwechsel oder einen Austausch sonstiger schriftlicher Mitteilungen zustande gekommenen Verträge sowie die nach dem Ablaufe der ursprünglichen Pacht- oder Mietzeit fortgesetzten Verträge, also die Verträge, welche unter gewissen Voraussetzungen, z. B. unter der

Voraussetzung der nicht erfolgten Kündigung bis zu einem bestimmten Zeitpunkt, als verlängert gelten sollen (Abs. 21 und 20 der Tarifstelle).

**Beauftragte und Vertreter.**

(7) Die Aufstellung und Versteuerung der Verzeichnisse durch Beauftragte und Vertreter ist zulässig; doch sind die eigentlich Verpflichteten (die Verpächter und Vermieter) für die gesetzlichen Stempelabgaben sowie für die verwirkten Strafen haftpflichtig.

**Versteuerung der Verzeichnisse.**

**72.** (1) Die Stempelpflicht wird dadurch erfüllt, daß der zur Führung des Verzeichnisses Verpflichtete oder dessen Vertreter einer der zuständigen Zollbehörden (Hauptzollamt, Zollamt) oder einem Stempelverteiler (vgl. Abs. 4 der vorhergehenden Nr.) das Verzeichnis ausgefüllt und mit der unmittelbar hinter den Eintragungen abzugebenden Versicherung (vgl. am Schluß der Beilage 4) versehen unter Einzahlung des Stempelbetrages entweder einreicht oder durch die Post mittels eingeschriebenen Briefes, für den der Einsender die Postgebühr trägt, einsendet. Wo der Wortlaut der Richtigkeitsbescheinigung nicht völlig zutrifft, z. B. bei Vorausversteuerungen oder wenn der Verpächter oder Vermieter mehrere Verzeichnisse aufgestellt hat, ist die Versicherung entsprechend abzuändern. Die in den Verzeichnissen zu machenden Angaben können auf Verlangen bei den Hauptzollämtern und Zollämtern auch zu Protokoll erklärt werden; die Stempelverteiler sind zur Entgegennahme protokollarischer Erklärungen nicht ermächtigt. Im Interesse möglichster Vereinfachung und schleuniger Erledigung des Versteuerungsgeschäfts empfiehlt es sich, wenn seitens der Verpächter und Vermieter von der Abgabe protokollarischer Erklärungen kein zu weitgehender Gebrauch gemacht wird und dieses Verfahren im allgemeinen auf Fälle beschränkt bleibt, in denen für die Steuerpflichtigen wegen mangelnder Geschäftsgewandtheit die selbständige Ausfüllung der Verzeichnisse mit Schwierigkeiten verbunden ist. Wenn die Hauptzoll- und Zollämter im Januar wegen Geschäftsüberlastung nicht imstande sind, die Erklärungen sofort aufzunehmen, so sind zunächst nur die Anträge entgegenzunehmen und die endgültigen Versteuerungen auf einen späteren Zeitpunkt zu vertagen. Die bei Einreichung der Anträge angebotenen Stempelbeträge sind anzunehmen und endgültig oder vorläufig zu vereinnahmen.

**Verfahren der Zollstellen.**

(2) Die eingegangenen Verzeichnisse sind in rechnerischer Hinsicht von den Zollstellen zu prüfen. Insoweit die Verzeichnisse augenscheinliche Unrichtigkeiten enthalten oder ihr Inhalt bei der Durchsicht den Zoll-

stellen auf Grund ihrer Kenntnis der örtlichen und persönlichen Verhältnisse oder sonst zu Bedenken Anlaß gibt, sind die gemachten Angaben durch Verhandlungen mit den Steuerpflichtigen richtig zu stellen und auf Grund dieser Ermittelungen die Stempel anderweit zu berechnen; auch sind, sofern Zuwiderhandlungen vorliegen, die erforderlichen Anordnungen wegen Einleitung des Strafverfahrens zu treffen. Dem pflichtmäßigen Ermessen der Hauptzoll- und Zollämter sowie der Stempelverteiler bleibt es überlassen, die Verzeichnisse hinsichtlich der sachlichen Richtigkeit der gemachten Angaben einer weiteren Prüfung zu unterziehen, soweit es der Dienstbetrieb gestattet.

**Trennung des Mietzinses.**

(3) Die im Abs. 3 der Tarifstelle vorgesehene Trennung des Mietzinses, je nachdem er auf Räume für gewerbliche oder berufliche Zwecke oder auf andere Räume entfällt, ist, wenn sie nachträglich erfolgt, bei derjenigen Zollstelle (Hauptzollamt, Zollamt, Stempelverteiler) schriftlich einzureichen oder zu Protokoll zu erklären, welche die Versteuerung des Verzeichnisses bewirkt hat. Ist die Erklärung bei einer unzuständigen Zollstelle abgegeben, so hat diese die Erklärung an die zuständige Zollstelle abzugeben. Die für die Erklärung der Trennung vorgeschriebenen Fristen gelten durch die fristzeitige Abgabe der Erklärung bei einer unzuständigen Zollstelle als gewahrt. Das Ermittelungsverfahren im Sinne des letzten Satzes des Abs. 3 der Tarifstelle liegt den Hauptzoll- oder Zollämtern ob; die Stempelverteiler haben, wenn sie die angegebenen Werte beanstanden, die Erklärungen an das vorgesetzte Hauptzollamt zur Wertermittelung abzugeben.

**Entwertung der Stempelmarken.**

(4) Die Stempelmarken sind von den Zollbehörden und Stempelverteilern nach der Vorschrift der Nr. 15 Abs. 1 dieser Best. unmittelbar hinter der Eintragung oder, wenn die betreffende Seite keinen genügenden Raum bietet, auf der folgenden Seite oder, wenn eine solche Seite nicht vorhanden ist, auf einem mit dem Verzeichnis in festen Zusammenhang zu bringenden Blatt zu entwerten. Des im zweiten Absatz der Nr. 15 vorgeschriebenen Verwendungsvermerks bedarf es nicht, jedoch ist das Datum der Verwendung beizufügen. Übliche Abkürzungen (wie 8. Jan. 11) und die Verwendung von Datumstempeln sind hierbei zulässig. Sind die Verzeichnisse erst nach Ablauf des Januar eingereicht, so ist außerdem der Tag der Einreichung zu vermerken, unter Umständen auch der Tag der Rückgabe zwecks Abänderung und der Tag der Wiedereinreichung. Sollen die Verzeichniseintragungen zu Protokoll erklärt werden, so ist hierzu der vorgeschriebene Vordruck zu benutzen und hinter der Versicherung

von dem Beamten ein von dem Steuerpflichtigen zu unterschreibender Vermerk über die Protokollierung aufzunehmen, z. B.:

Vorstehende, zu Protokoll erklärte Angaben nach Vorlesung g. u. u.
Namensunterschrift, Stand und Wohnort des Steuerpflichtigen.
Ort, Datum. Amtsstelle.
Name des Beamten.

**Rücksendung und Aufbewahrung der Verzeichnisse.**

(5) Die durch die Post eingesendeten Verzeichnisse sind dem Steuerpflichtigen, wenn er nicht die amtliche Aufbewahrung beantragt hat, mit den entwerteten Stempelzeichen ohne Anschreiben wieder zuzustellen, nachdem über die stattgefundene Entwertung ein Vermerk zu den Akten gemacht ist. Die Rücksendung erfolgt mittels eingeschriebenen, unfreien Briefes nur auf ausdrücklichen Wunsch der Einsender, in allen anderen Fällen aber unter der Bezeichnung „Portopflichtige Dienstsache" „unfrei". Wird die amtliche Aufbewahrung verlangt, so ist der Antragsteller von der Entwertung zu benachrichtigen.

(6) Die zur Aufbewahrung übergebenen Verzeichnisse sind von den Hauptzoll- und Zollämtern in übersichtlicher Weise und in einer sich entweder aus den Namen der Verpächter oder Vermieter oder aus der ortsüblichen Bezeichnung der Grundstücke (Straße, Hausnummer usw.) ergebenden Reihenfolge oder in irgendeiner anderen bestimmten Ordnung 5 Jahre lang aufzubewahren, so daß jedes einzelne Verzeichnis ohne Schwierigkeit und Zeitverlust aufgefunden werden kann. Über die Hinterlegung der Verzeichnisse ist den Steuerpflichtigen auf Verlangen eine Empfangsbescheinigung auszustellen. Die Stempelverteiler haben die ihnen zur Aufbewahrung übergebenen Verzeichnisse an das vorgesetzte Hauptzollamt abzugeben; letzteres setzt die Verpächter usw. hiervon in Kenntnis.

**Versteuerung der Verträge der Behörden und Beamten.**

**73.** Behörden und Beamten steht es frei, diejenigen Verträge, die sie als Verpächter oder Vermieter abgeschlossen haben, durch Verzeichnis selbständig und ohne Mitwirkung der Zollverwaltung zu versteuern. Wegen der von den Justizbehörden als Verpächtern oder Vermietern abgeschlossenen Verträge vgl. § 1 Abs. 7 der allg. Verf. über gerichtliche Landesstempelsachen. Haben Behörden usw. die Verträge als Pächter oder Mieter abgeschlossen, so sind sie verpflichtet, demjenigen Stempelsteueramt, in dessen Bezirk der Vertrag errichtet ist, eine Abschrift einzusenden oder die für die Versteuerung wesentlichen Vereinbarungen mitzuteilen. Die Entwertung der Stempelbogen und Stempelmarken zu den zu versteuernden Verzeichnissen erfolgt nach den Vorschriften der Nr. 13 und 16 Abs. 2 und 3 dieser Best.

**Verzeichnisversteuerung ohne amtliche Überwachung.**

**74.** (1) Den im § 31 Abs. 2 des Gesetzes bezeichneten Gesellschaften, Genossenschaften und Gewerkschaften, die den regelmäßigen Stempelprüfungen unterliegen, kann auf Antrag die Erlaubnis erteilt werden, die Verzeichnisversteuerung derjenigen Verträge, die sie als Verpächter oder Vermieter abgeschlossen haben, selbständig und ohne amtliche Überwachung der Zollverwaltung vorzunehmen; anderen Verpächtern oder Vermietern darf diese Erlaubnis nur ausnahmsweise bei dem Vorhandensein besonderer Gründe erteilt werden. Zuständig zur Erteilung der Erlaubnis ist dasjenige Hauptzollamt, in dessen Bezirk die Grundstücke belegen sind oder der Verpächter oder Vermieter seinen Wohnort hat. Die Erlaubnis ist nur unter dem Vorbehalt jederzeitigen Widerrufs zu erteilen und zurückzuziehen, wenn sich bei der Stempelverwendung Mißstände herausgestellt haben, insbesondere Zuwiderhandlungen gegen die stempelgesetzlichen Bestimmungen und die zum Stempelsteuergesetz ergangenen oder noch zu erlassenden Ausführungsvorschriften oder gegen die im nachstehenden Absatz unter a bis e aufgeführten Bedingungen und Anordnungen vorgekommen sind. Jedem zur Selbstversteuerung Zugelassenen ist zugleich mit der Genehmigungsverfügung eine Anweisung zu behändigen, welche die für die Versteuerung der Verzeichnisse maßgebenden Grundsätze und namentlich die Vorschriften, nach denen bei der Verwendung und Entwertung der Stempelmarken zu verfahren ist, sowie die Strafbestimmungen zu enthalten hat. Jede Oberzolldirektion hat für ihren Geschäftsbezirk eine solche Anweisung aufzustellen und sie den Hauptzollämtern nach Bedarf mitzuteilen.

(2) Im einzelnen sind für die Selbstversteuerung folgende Gesichtspunkte zu beachten:

a) Diejenigen Verpächter oder Vermieter, welche nicht den regelmäßigen Stempelprüfungen (§ 31 Abs. 2 des Gesetzes) unterworfen sind, müssen damit einverstanden sein, daß die von ihnen zu führenden Verzeichnisse an Ort und Stelle — in den Geschäftsräumen der Steuerpflichtigen — von Beamten des Stempelsteueramtes oder des Hauptzollamtes des Bezirks, in dem die Grundstücke belegen sind, nachgeprüft werden, unbeschadet der Verpflichtung, den Vorständen des Stempelsteueramtes die Verzeichnisse auf Verlangen an Amtsstelle einzureichen (§ 31 Abs. 3 des Gesetzes; Abs. 9 der Tarifstelle);

b) die Befugnis zur Selbstversteuerung ist auf schriftliche oder mündliche Pacht- oder Mietverträge beschränkt, die einen in Stempelmarken verwendbaren Stempel von nicht mehr als 500 *M* erfordern. Sind in schriftlichen Verträgen dieser Art noch besonders stempelpflichtige Erklärungen und Verabredungen, namentlich stempelpflichtige Nebenverträge im Sinne der Tarifstelle 71 Nr. 2 Abs. 1 enthalten (z. B. die häufig vorkommenden Nebenabreden, daß die Entscheidung entstehender Streitigkeiten einem Schiedsgericht übertragen werden solle oder für solche Entscheidungen ein an sich unzuständiges Gericht zuständig sein solle), so ist insoweit der Vertrag nebst etwa vorhandenen Nebenexemplaren in der üblichen Weise zu versteuern, also einem Hauptzoll- oder Zollamt oder einem Stempelverteiler zur Versteuerung innerhalb der im § 16 des Gesetzes angeordneten Fristen vorzulegen;

c) der Führung eines Stempelsteuerbuches bedarf es nicht;

d) die Stempelmarken sind in der in der Nr. 20 Abs. 6 Buchst. d dieser Best. vorgeschriebenen Weise zu entwerten, jedoch mit der Maßgabe, daß die Nummer des Stempelsteuerbuches in Wegfall kommt. Außerdem ist ein Stempelverwendungsvermerk hinzuzufügen, der beispielsweise zu lauten hat:

30 *M* in Marken entwertet.
Berlin, den 11. Januar 1911.
Firma. Unterschrift.

e) die Entwertung der Stempelmarken darf nur durch diejenigen Personen vorgenommen werden, denen die Erlaubnis erteilt ist. Die Entwertung durch Vertreter (Bevollmächtigte) ist nur zulässig, wenn ihnen die Befugnis durch das Hauptzollamt besonders verliehen ist. Für die gesetzlichen Stempelabgaben und für die verwirkten Strafen sind jedoch die eigentlich verpflichteten Verpächter und Vermieter haftpflichtig.

**Nebenleistungen.**

75. (1) Nur diejenigen Nebenleistungen sind dem Pacht- oder Mietzinse nicht hinzuzurechnen, deren Wert nicht in Geld besteht. Die in Geld vereinbarten Vergütungen des Pächters oder Mieters für besondere Leistungen des Verpächters oder Vermieters, z. B. für die Reinigung der Schornsteine, die Müllabfuhr, die Beleuchtung der Treppen und Flure, die Hausreinigung, die Warmwasserversorgung usw. müssen daher den Pacht- oder Mietzinsbeträgen bei der Versteuerung hinzugerechnet werden.

**Nebenverträge.**

(2) Wenn schriftliche Pacht- oder Mietverträge noch besondere Nebenverträge enthalten, die in der Regel den Stempel der Tarifstelle 71 Nr. 2

Abs. 1 erfordern, so darf die Versteuerung dieser Nebenverträge nicht durch das Verzeichnis erfolgen, sondern die Stempel sind insoweit in der allgemein vorgeschriebenen Weise und innerhalb der Fristen des § 16 des Gesetzes, also regelmäßig binnen zwei Wochen nach dem Tage der Ausstellung zu den Vertragsurkunden zu verwenden.

**Abrundungen des Stempels.**

(3) Der Stempel ist für jeden einzelnen, im Verzeichnis aufgeführten Vertrag nach § 11 des Gesetzes auf 50 ₰ abzurunden. Es sind jedoch nicht die einzelnen Teilbeträge des Stempels, die auf die verschiedenen Zeitabschnitte und die verschiedenen Gegenstände entfallen und deren Zusammenrechnung den Gesamtstempel ergibt, abzurunden, sondern es ist bei jedem einzelnen Vertrage nur eine einmalige Abrundung des Gesamtstempels vorzunehmen. Entsprechend sind bei Vorausversteuerungen auf mehrere Kalenderjahre (Abs. 10 der Tarifstelle) die Stempel für den Gesamtbetrag der im voraus entrichteten Stempelabgabe abzurunden und nicht für die auf die einzelnen Kalenderjahre entfallenden Stempelbeträge.

**Nebenausfertigungen.**

(4) Werden Pacht- und Mietverträge in mehreren Ausfertigungen errichtet, so ist für die Nebenausfertigungen (Duplikate usw.) ein Stempel nicht zu entrichten. Enthalten die Pacht- und Mietverträge jedoch noch besonders stempelpflichtige Nebenverträge (vgl. Abs. 2 dieser Nr.), so sind die Nebenausfertigungen nach der Tarifstelle 16 zu versteuern.

**Öffentliche Bekanntmachungen.**

76. Hinsichtlich der öffentlichen Bekanntmachungen der Bestimmungen über die Führung der Verzeichnisse und die Versteuerung gemäß Abs. 15 der Tarifstelle ordnen die Oberzolldirektionen das Nähere an; es ist ihrem Ermessen überlassen, ob sie selbst neben den Bekanntmachungen der Hauptzollämter noch Veröffentlichungen veranlassen und ob sie die Anordnungen über die Bekanntmachungen auf die Hauptzollämter übertragen wollen.

**Überwachungsmaßnahmen.**

77. (1) Zur wirksamen Überwachung der ordnungsmäßigen Versteuerung der Verzeichnisse dienen folgende Verpflichtungen der Verpächter, Vermieter und Behörden:

a) Die Pacht- und Mietverzeichnisse sind gemäß Abs. 12 der Tarifstelle von den zu ihrer Führung verpflichteten Verpächtern oder Vermietern oder von den Hauptzoll- und Zollämtern (vgl. Nr. 72 Abs. 6) 5 Jahre lang aufzubewahren;

b) auf Verlangen der Stempelsteuerämter und Hauptzollämter sind Verpächter und Vermieter, welche Verzeichnisse nicht eingereicht haben, verpflichtet, darüber Auskunft zu geben, ob im vorangegangenen Kalenderjahre Verträge, an denen sie als Verpächter oder Vermieter beteiligt waren, in Geltung gewesen sind (Abs. 13 der Tarifstelle);

c) alle Gemeinde- und Polizeibehörden sind verpflichtet, in tatsächlicher Hinsicht über die in ihren Verwaltungsbezirken bestehenden Pacht- und Mietverhältnisse Auskunft zu geben (§ 30 Abs. 3 des Gesetzes);

d) die Einkommensteuer-Veranlagungskommissionen sind verpflichtet, den Beamten der Stempelsteuerämter und der Hauptzoll- und Zollämter die Einsicht der Personenstandsaufnahmen-Listen (Art. 40 der Anweisung des Finanzministers vom 25. Juli 1906 zur Ausführung des Einkommensteuergesetzes usw.), soweit sie über die Höhe der Mietzinsen und die sonstigen für die Versteuerung der Mietverträge in Betracht kommenden Verhältnisse Aufschluß geben, zu gestatten;

e) die Hauptzollämter haben bis zum 1. Mai jeden Jahres den Stempelsteuerämtern ihres Bezirks diejenigen Fälle mitzuteilen, die sie nach ihrer Kenntnis der persönlichen und örtlichen Verhältnisse zur Einforderung von Verzeichnissen (§ 31 Abs. 3 des Gesetzes) für besonders geeignet erachten. Die näheren Bestimmungen über diese Verpflichtung, namentlich über den Umfang der zu machenden Mitteilungen, treffen die Oberzolldirektionen;

f) bei gerichtlichen Pacht- oder Mietverträgen sind die Gerichte verpflichtet, die Beteiligten nach der für Notare gegebenen Vorschrift unter g zu belehren;

g) Notare haben die Verpflichtung, von allen von ihnen aufgenommenen stempelpflichtigen Pacht- und Mietverträgen sowie von Verträgen dieser Art, bei denen sie den Entwurf anfertigen und nach Vollziehung durch die Beteiligten die Unterschriften beglaubigen, in betreff des Datums, der Namen der Vertragschließenden und des Gegenstandes des Vertrages dem Stempelsteueramt, in dessen Bezirk sie ihren Amtssitz haben, Mitteilung zu machen. Den Notaren bleibt es überlassen, diese Mitteilungen von Fall zu Fall oder in der Form vierteljährlicher Nachweisungen zu machen. Ferner sind die Notare verbunden, die Beteiligten bei der Aufnahme der Verträge über ihre Verpflichtung zur Versteuerung durch das Verzeichnis und zur Einreichung des Verzeichnisses bis zum Ablauf des Januar bei einer Zollstelle zu belehren. Daß die Belehrung stattgefunden hat, ist auf den bei den Akten verbleibenden Verhandlungen zu vermerken.

(2) Die Vorstände der Stempelsteuerämter müssen in jedem Geschäftsjahr eine Anzahl von Verpächtern und Vermietern auf Grund des § 31 Abs. 3 des Gesetzes und des Abs. 13 der Tarifstelle auffordern, innerhalb einer bestimmten Frist die von ihnen geführten Verzeichnisse vorzulegen oder mitzuteilen, von welcher Zollbehörde sie aufbewahrt werden, oder anzuzeigen, daß im vorangegangenen Kalenderjahre Verträge, an denen sie als Verpächter oder Vermieter beteiligt waren, nicht in Geltung gewesen sind. Die Richtigkeit der Verzeichnisse und der Versicherung ist auf Grund der in dem vorhergehenden Absatz erwähnten Mitteilungen und Nachweisungen, der Adreßbücher sowie der sonstigen zur Kenntnis der Stempelsteuerämter gelangten Tatsachen und insbesondere auf Grund der amtlichen Auskunft der das polizeiliche Meldewesen handhabenden Behörden zu prüfen. Die erforderlichen Aufklärungen werden seitens der Beamten der Stempelsteuerämter oder der Beamten der ersuchten Hauptzoll- und Zollämter möglichst im Wege persönlicher Erkundigungen bei den Ortspolizeibehörden eingeholt werden müssen. Letztere sind verpflichtet, den Beamten der Zollverwaltungen bei ihren Ermittelungen die förderſamste Unterstützung zuteil werden zu lassen und ihnen bereitwilligst über alle an sie gerichteten, die Versteuerung der Verträge betreffenden Fragen Auskunft zu erteilen. Den Oberzolldirektionen bleibt es überlassen, über die Art und den Umfang der Einforderung der Verzeichnisse sowie überhaupt hinsichtlich der Überwachung unter Berücksichtigung der örtlichen Verhältnisse und der Bedürfnisse in ihren Bezirken ergänzende Bestimmungen zu erlassen.

## B. Jagdpachtverträge.

**Vordrucke.**

78. (1) Die Versteuerung der Jagdpacht- und Abschußverträge hat nach dem in der Beilage 5 enthaltenen Muster vermittels des Verzeichnisses (Jagdpachtverzeichnisses) zu erfolgen; wegen der Beschaffung der Vordrucke gilt das in der Nr. 71 Abs. 1 dieser Best. Gesagte.

**Versteuerung.**

(2) Hinsichtlich der Versteuerung der Verzeichnisse, der Stempelerstattungen, des von den Zollbehörden bei der Versteuerung zu beobachtenden Verfahrens, der Aufbewahrung der Verzeichnisse usw., finden die Nummern 71 bis 73 und 75 dieser Best. entsprechende Anwendung. Die Zuständigkeit der Stempelverteiler ist auf die Versteuerung von Verzeichnissen beschränkt, die einen Stempel von nicht mehr als 100 *M* erfordern. Vgl. auch die Bemerkungen der Beil. 5 Ziff. 5.

**Versteuerung durch Jagdvorsteher.**

(3) Den Jagdvorstehern als Behörden steht es nach Abs. 16 der Tarifstelle 48 I frei, die Versteuerung der von ihnen zu führenden Ver-

zeichnisse selbständig ohne amtliche Überwachung der Zollverwaltung zu bewirken. In der Provinz Hannover, wo die Jagdvorstände die Eigenschaft von Behörden nicht besitzen,*) kann die Versteuerung durch Jagdvorsteher erfolgen, insoweit sie gleichzeitig Gemeindevorsteher sind. Bezüglich der Verwendung der Stempelbogen und Stempelmarken wird auf die Nummern 13 und 16 dieser Best. verwiesen. Der Gebrauch von Stempelmarken ist auf Verzeichnisse beschränkt, die einen Stempel von nicht mehr als 500 ℳ erfordern. Über diesen Betrag hinaus müssen Stempelbogen verwendet werden; zu Verzeichnissen, die einen Stempel von mehr als 1000 ℳ erfordern, ist die Ausfertigung der Stempelbogen bei den Hauptzoll- und Zollämtern besonders zu beantragen. Vgl. Nr. 13 und 14 dieser Best. Die Normalpachtverträge sind mit einem Zusatz über die Stempelpflichtigkeit der Verträge und die Art der Versteuerung zu versehen.

**Versteuerung durch die Zollbehörden.**

(4) Wenn die Versteuerung nicht durch die Jagdvorsteher vorgenommen wird, also namentlich bei Verpachtungen in Eigenjagdbezirken, haben die Verpächter die Verzeichnisse den zuständigen Zollstellen (Hauptzoll- und Zollämtern und Stempelverteilern) fristzeitig einzureichen. Vgl. Bemerkung 5 der Beilage 5.

**Öffentliche Bekanntmachungen.**

(5) In betreff der öffentlichen Bekanntmachungen der Bestimmungen über die Führung der Verzeichnisse usw. findet die Nr. 76 dieser Best. entsprechende Anwendung. Ob es solcher Bekanntmachungen bei Jagdpachtverzeichnissen überhaupt bedarf, entscheiden die Oberzolldirektionen, die in Zweifelsfällen sich mit den Regierungspräsidenten in Verbindung setzen.

**Überwachungsmaßnahmen.**

(6) Wegen der Überwachungsmaßnahmen finden die Vorschriften der Nr. 77 Abs. 1 a, b, c, e und g und Abs. 2 entsprechende Anwendung. Bei der Verpachtung des Jagdrechts auf Eigenjagdbezirken (§§ 4 ff. der Jagdordnung vom 15. Juli 1907 GS. S. 207 und § 2 der Hannoverschen Jagdordnung vom 11. März 1859 — Hannov. GS. I S. 159 —) wird die Überwachung der Versteuerung hauptsächlich dadurch zu bewirken sein, daß die Vorstände der Stempelsteuerämter von den Verpächtern auf Grund des § 31 Abs. 3 des Gesetzes die Jagdpachtverzeichnisse einfordern. Jagdpachtverzeichnisse über die Verpachtung der Jagd in gemeinschaftlichen Jagdbezirken sind vornehmlich gelegentlich der bei den Jagdvorstehern vor-

*) Bestrafung der Jagdvorsteher erfolgt also hier gegebenenfalls nach §§ 17 und 18 des Gesetzes durch die Zollbehörden, nicht wie in den anderen Provinzen gemäß § 19 durch ihre vorgesetzte Dienstbehörde (Anm. des Herausg.).

zunehmenden regelmäßigen Stempelprüfungen einer Nachprüfung zu unterwerfen (vgl. § 5 Abs. 1 der Geschäftsanweisung für die Vorstände der Stempelsteuerämter, Beilage 3).

## Zur Tarifstelle 49.

**Reisepaß- und Reisepaßkarten-Vordrucke.**

79. (1) Die Versteuerung der Reisepässe und Reisepaßkarten erfolgt durch Verwendung von Vordrucken, die zu den Steuersätzen von 3 ℳ und 1 ℳ abgestempelt und nur für die die Pässe ausfertigenden Behörden bei den Hauptzoll- und Zollämtern zum Verkauf gestellt werden. Der Verkauf an Privatpersonen ist nicht gestattet (vgl. Nr. 9 Abs. 5 zu d und e und Nr. 10 Abs. 2 dieser Best.).

**Ermäßigter Steuersatz.**

(2) Zu den Personen, denen Pässe und Paßkarten zu dem ermäßigten Satze von 1 ℳ erteilt werden dürfen, gehören außer den in der Tarifstelle bezeichneten auch unselbständige Handwerker, z. B. Handwerksgehilfen, dagegen nicht selbständige Handwerker, es sei denn, daß sie ohne Gesellen arbeiten und sich in dürftiger Lage befinden. Bei Ausfertigungen von Pässen und Paßkarten zu 1 ℳ ist im Paßjournal der Stand, Beruf oder das Gewerbe des Antragstellers, bei weiblichen Personen auch der Stand usw. des Vaters oder Ehemannes, zu vermerken.

**Ausfertigungsgebühr.**

(3) Nach § 8 des Gesetzes über das Paßwesen vom 12. Oktober 1867 (BGBl. S. 33) dürfen für Pässe und sonstige Reisepapiere an Stempelabgaben und Ausfertigungsgebühren nicht mehr als höchstens 3 ℳ erhoben werden. Nachdem der Steuersatz von 1,50 ℳ auf 3 ℳ erhöht und nur für gewisse Ausnahmefälle ein Satz von 1 ℳ anzuwenden ist, kommt die Erhebung einer Ausfertigungsgebühr (allg. Erlaß vom 10. Dezember 1857 Min.-Bl. S. 203 zu B, vom 30. Dezember 1867 Min.-Bl. 1868 S. 4 und vom 21. Mai 1896 FM. I 8947, III 6347 M. d. J. II 6209) insoweit in Wegfall, als der Stempel von 3 ℳ zum Ansatz gelangt.

**Leichenpässe.**

(4) Leichenpässe sind durch Entwertung von Stempelmarken auf den vorgeschriebenen Vordrucken zu versteuern; die Versteuerung kann auch in der Weise erfolgen, daß die Vordrucke auf Ansuchen von dem Hauptstempelmagazin abgestempelt werden (vgl. Nr. 9 Abs. 6 zu g und Nr. 10 Abs. 3 dieser Best.). Bezüglich der Ermäßigung des Steuersatzes bis auf den Betrag von 1,50 ℳ findet die Nr. 69 Abs. 1 dieser Best. entsprechende Anwendung. Die Frage der Bedürftigkeit ist nach der Person derjenigen zu beurteilen, in deren Interesse der Leichentransport stattfinden soll, also, wenn die Ausfertigung des Leichenpasses von Vertretern beantragt wird,

nach der Person der Vertretenen. Pässe, für die ein ermäßigter Steuersatz in Anspruch genommen wird, sind vorläufig zu dem beantragten ermäßigten Satze auszufertigen, falls keine Bedenken gegen die beantragte Ermäßigung obwalten. Wenn die Vermögensverhältnisse der Personen, für die der Paß ausgefertigt werden soll, der Behörde nicht bekannt sind, haben die Beteiligten ihre Bedürftigkeit durch eine amtliche Bescheinigung der Ortspolizeibehörde, die einer Stempelabgabe nicht unterliegt, binnen zwei Wochen nachzuweisen. Wird der Nachweis innerhalb dieser Frist nicht erbracht, so ist der Fehlbetrag nachzuerheben.

## Zur Tarifstelle 51.

**Versteuerung durch Verwendung von Stempelmarken.**

80. Genehmigungen der Verlängerung der Polizeistunde sind stets schriftlich und unter dem Vorbehalt des jederzeitigen Widerrufs zu erteilen; ob die Genehmigungen zeitlich zu begrenzen sind, bleibt dem Ermessen der Behörden überlassen. Die Versteuerung der Genehmigungen erfolgt durch Verwendung von Stempelmarken nach der Vorschrift der Nr. 16 dieser Best. Der Betrag des verwendeten Stempels ist in den Akten zu vermerken. Wegen des Zusammentreffens der Genehmigung einer Lustbarkeit (Tarifstelle 39) mit der Genehmigung der Verlängerung der Polizeistunde vgl. Nr. 68 Abs. 2 dieser Best.*)

## Zur Tarifstelle 54.

**Stempelanrechnung.**

81. Wegen der Anrechnung des zu einer Punktation verwendeten Wertstempels auf denjenigen Stempel, welchem eine auf Grund der Punktation aufgenommene, mit ihr im wesentlichen übereinstimmende Vertragsurkunde unterliegt, findet der § 9 zu 4 der allg. Verf. über gerichtliche Landesstempelsachen entsprechende Anwendung.

## Zur Tarifstelle 58.

**Verlängerungen kurzfristiger Darlehen.**

82. (1) Nach Abs. 2 unter b, Abs. 6 der Tarifstelle 58 I sind auch tatsächlich eintretende Erweiterungen und Verlängerungen der Rückzahlungsfrist kurzfristiger Darlehen zu versteuern; der nachträglich erforderlich werdende Stempel ist zu der ursprünglichen Urkunde binnen zwei Wochen nach dem Eintritt der Verlängerung zu verwenden. Inhaber solcher Schuldurkunden, die nach § 13 Abs. 1c des Gesetzes für die Nachbringung des Stempels

*) Die Befugnis der Polizeibehörden, die Genehmigung allgemein und in der Form öffentlicher Bekanntmachungen zu erteilen, wird durch die stempelsteuerlichen Bestimmungen nicht ausgeschlossen. Genehmigungen dieser Art sind nicht stempelpflichtig. M. d. J. u. FM. v. 30. 6. 13. MBl. d. i. V. S. 161.

haften, sind deshalb verpflichtet, für die Nachversteuerung Sorge zu tragen; im besonderen werden hierauf Sparkassen, Gesellschaften, Genossenschaften, Banken, Bankhäuser, Kreditanstalten usw. zu achten haben, in deren Geschäftsverkehr Schuldurkunden der bezeichneten Art häufig vorzukommen und aufbewahrt zu werden pflegen. Erlangt das Gericht von einer Verlängerung einer hypothekarischen Schuldverschreibung Kenntnis, so ist das zuständige Hauptzollamt zwecks Einziehung des Stempels zu benachrichtigen, falls nicht der Stempel bei den Gerichtskosten vereinnahmt wird.

**Stempelfreiheit der Schuldverschreibungen auf Grund der Erhebung der Reichsstempelabgabe.**

(2) Die für Kommunalverbände, Kommunen usw. ausgestellten Schuldverschreibungen, auf Grund deren reichsstempelpflichtige Renten- und Schuldverschreibungen ausgereicht werden (Befreiungsvorschrift Abs. 3 unter d der Tarifstelle 58 I), müssen mit dem im § 10 zu 3 der allg. Verf. über gerichtliche Landesstempelsachen vorgeschriebenen Vermerk versehen sein. Dieser Vermerk ist von dem Verbande, der Körperschaft oder der Bank, zu deren Gunsten die Schuldverschreibung lautet, unterschriftlich zu vollziehen; statt des Vermerks kann der Schuldurkunde auch eine besondere, vorschriftsmäßig vollzogene Bescheinigung beigelegt werden. Fällt der Befreiungsgrund fort, so ist der Verband, die Körperschaft oder die Bank verpflichtet, dem zuständigen Hauptzollamt Anzeige zu machen, das den Fehlstempel einzuziehen hat.

**Anträge auf Eintragung einer Hypothek usw.**

(3) Wegen der Versteuerung der Anträge auf Eintragung einer Hypothek oder Grundschuld oder einer wiederkehrenden Geldleistung und auf Eintragung der Verpfändung einer Hypothek oder Grundschuld oder einer wiederkehrenden Geldleistung sowie wegen der Anrechnung des zu solchen Anträgen entrichteten Stempels auf denjenigen Stempel, welchem die nachträglich über das zugrunde liegende Geschäft errichtete Urkunde unterliegt, ist nach der Nr. 38 Abs. 1 dieser Best. zu verfahren.

**Anleihe-Teilschuldverschreibungen.**

(4) Wegen der Außeransatzlassung des Stempels bei Anträgen auf Eintragung einer Hypothek für die Ansprüche aus Anleihe-Teilschuldverschreibungen vgl. § 19 zu 2 der allg. Verf. über gerichtliche Landesstempelsachen.

## Zur Tarifstelle 60.

**Einziehung und Verrechnung der Stempel.**

83. (1) Die unter dieser Tarifstelle a bis d und Tarifstelle 42 Abs. 3 für Namensvermehrung und Namenswechsel bei adeligen Namen und für landesherrliche Standeserhöhungen und Gnadenerweise vorgeschriebenen Stempel werden, soweit die Bearbeitung der Angelegenheiten dem Königlichen Heroldsamte obliegt, von diesem eingezogen, bei der Kasse des Heroldsamts in

Sollausgabe gestellt und vor dem Schlusse eines jeden Rechnungsjahres mittels Nachweisung dem Finanzministerium überwiesen, welches wegen Ausfertigung, Entwertung und Aushändigung der Stempelbogen und wegen Vereinnahmung des Geldbetrages das Erforderliche verfügt.

(2) In den Fällen der Tarifstelle e sind die tarifmäßigen Stempel von der mit der Aushändigung der stempelpflichtigen Urkunde beauftragten Provinzialbehörde (Regierung, Polizeidirektion usw.) einzuziehen, die Stempelzeichen anzukaufen und solche, ordnungsmäßig entwertet, bei ihren Akten aufzubewahren hat.

## Zur Tarifstelle 66.

**Gerichtskostenstempel. Wertermittelungen. Eigenhändige und notarielle Testamente. Stempelerstattungen.**

84. (1) Wegen Vereinnahmung des Stempels bei den Gerichtskosten vgl. § 1 Abs. 4 und § 2 Abs. 1 zu d der allg. Verf. über gerichtliche Landesstempelsachen, und wegen der Wertbeanstandungen und Wertermittelungen vgl. § 6 Abs. 5 und § 1 Abs. 4 daselbst. Wegen der Selbstversteuerung eigenhändiger Testamente vgl. Nr. 20 Abs. 1 zu b und Abs. 6 zu d und f, wegen der Entwertung der Stempelmarken auf notariellen Testamenten vgl. Nr. 14 Abs. 2, und wegen der Stempelerstattungen vgl. Nr. 28 Abs. 4 dieser Best.

**Gemeinschaftliche Testamente.**

(2) Ergibt sich bei der Eröffnung eines gemeinschaftlichen Testaments (§ 2273 BGB.), daß es nicht oder nicht ausreichend versteuert ist, so ist von der Einleitung eines Strafverfahrens gegen die überlebenden Ehegatten Abstand zu nehmen.

## Zur Tarifstelle 68.

**Stempelermäßigung.**

85. (1) Die Verwendung des Stempels von 500 ℳ bildet die Regel. Eine Ermäßigung ist nur ausnahmsweise dann zuzulassen, wenn sie ausdrücklich beantragt ist und wenn besondere Umstände für die Annahme eines geringeren Wertes des Bergwerkseigentums vorliegen. Der Antrag ist stets vor Erteilung der Verleihung zu stellen, und zwar von dem Muter oder seinem Bevollmächtigten. Eine Ermäßigung des Stempels von Amts wegen findet nicht statt.

(2) Allgemeine Gesichtspunkte für die Bewertung des Bergwerkseigentums lassen sich nicht aufstellen. Es bleibt vielmehr, wenn ein Ermäßigungsantrag gestellt ist, der Prüfung und Entscheidung des Oberbergamts als Verleihungsbehörde in jedem einzelnen Falle überlassen, ob und in welcher Höhe eine Ermäßigung des Stempels zu bewilligen ist. Hierbei ist erforderlichenfalls der Wert des Bergwerkseigentums

schätzungsweise zu ermitteln, und zwar nach solchen Gesichtspunkten, wie sie bereits bisher bei Angaben über den Wert verliehenen Bergwerkseigentums gegenüber Gerichten oder Steuerbehörden zugrunde gelegt worden sind. Stehen dem Oberbergamte anderweitige Unterlagen nicht zur Verfügung, so ist der mit der Instruktion der Mutung beauftragte Bergrevierbeamte anzuweisen, den Wert des zu verleihenden Bergwerkseigentums nach geeigneten Merkmalen — Art des Minerals, Beschaffenheit des Fundes, geologische und Abbauverhältnisse, Größe des Feldes, Absatzmöglichkeit u. dgl. — zu prüfen und sich über das Ergebnis sowie über die Höhe des zu verwendenden Stempels bei Vorlegung der Akten an das Oberbergamt gutachtlich zu äußern. Kommt das Oberbergamt nach pflichtmäßiger Prüfung der Unterlagen zu der Überzeugung, daß eine Ermäßigung am Platze ist, so hat es den Stempel innerhalb des im Gesetz gegebenen Zwischenraums von 100 bis zu 500 *M* festzusetzen, jedoch stets nach vollen Hunderten. Die Festsetzung unterliegt der Nachprüfung der Zollbehörden; erachten diese im Gegensatz zu der Ansicht des Oberbergamts eine Nachforderung von Stempeln für erforderlich, so ist von den Oberzolldirektionen an den Finanzminister zu berichten.

## Zur Tarifstelle 70.*)

**Stillschweigende Verlängerungen.**

86. (1) Nach Abs. 3 der Tarifstelle 70c sind auch tatsächliche oder stillschweigende Verlängerungen eines Versicherungsverhältnisses stempelpflichtig; solche Verlängerungen sind aber nach § 8 des Gesetzes über den Versicherungsvertrag vom 30. Mai 1908 (RGBl. S. 263) insoweit nichtig und deshalb auch nicht stempelpflichtig, als sich die jedesmalige Verlängerung auf mehr als ein Jahr erstrecken soll.

**Versteuerung durch Abfindung.**

(2) Für diejenigen Versicherungsgesellschaften, bei denen solche Verlängerungen in großer Anzahl vorkommen, empfiehlt sich die Versteuerung im Wege der Abfindung (Nr. 21 dieser Best.). Sind Versicherungsgesellschaften zu dieser Versteuerung bereits hinsichtlich der ursprünglichen Versicherungsurkunden zugelassen, so erstreckt sich die Genehmigung ohne weiteres auf die stillschweigenden Verlängerungen.

**Einzelversteuerung.**

(3) Soweit von der Versteuerung im Wege der Abfindung kein Gebrauch gemacht wird, tritt Einzelversteuerung ein, und zwar in der Weise,

*) Durch Wegfall der Tarifstelle 70 hinfällig geworden. Vgl. A. 1 zu T. 70 (Anm. d. Herausg.).

daß der Stempel von den Versicherungsunternehmern zu der ursprünglichen Urkunde oder zu den Prämienquittungen oder zu besonders über die Verlängerung des Versicherungsvertrages zu errichtenden Schriftstücken beigebracht wird. Solche besonderen Schriftstücke können auch in der Form von Nachweisungen ausgestellt werden. In die Nachweisungen sind sämtliche stempelpflichtige Verlängerungen binnen zwei Wochen nach Eintritt der Stempelpflichtigkeit unter Angabe der Nummern der Versicherungsscheine (Policen) und der Versicherungsdauer einzutragen, auch ist bei jeder Verlängerung der fällige Stempel zu vermerken. Die Verwendung der Stempelmarken kann in gewissen Zeitabschnitten — etwa alle zwei Wochen — unter Zusammenrechnung der einzelnen Stempelbeträge erfolgen; die Richtigkeit der Eintragungen ist in der Nachweisung vierteljährlich vom Versicherungsunternehmer oder seinem Vertreter zu bescheinigen.

**Fristverlängerungen.**

(4) Die im Abs. 3 der Tarifstelle 70c dem Finanzminister eingeräumte Ermächtigung, hinsichtlich der vor dem 1. Juli 1909 errichteten Versicherungsverträge und Policen eine Fristverlängerung eintreten zu lassen, wird auf die Oberzolldirektionen übertragen.

**Versteuerung der Verlängerungen der Hagelversicherungen.**

(5) Beim Abschluß von Verträgen über von Jahr zu Jahr fortlaufende und mehrjährige oder mangels Kündigung stillschweigend sich verlängernde Hagelversicherungen stehen die für die Versicherung wesentlichen Bedingungen meistens nur für das erste Jahr fest, und nur dieses ist zunächst der Versteuerung zugrunde zu legen, während es sich für die weiteren Jahre nicht schon um einen eigentlichen Versicherungsvertrag, sondern um eine vorläufige, nicht stempelpflichtige Abmachung handelt. Für das zweite und jedes weitere Jahr wird von dem Versicherungsnehmer in der Regel ein neuer Versicherungsantrag — die Deklaration der für das betreffende Jahr zu versichernden Bodenerzeugnisse und der dem Versicherungsvertrage zugrunde zu legenden Versicherungssumme — eingereicht und auf Grund dieses Antrages (Deklaration) von der Versicherungsgesellschaft ein besonderer Versicherungsschein (die Jahrespolice) ausgestellt. Bei diesem Verfahren läßt sich die Versteuerung in der im Abs. 3 angeordneten Weise nicht bewirken; sie ist daher durch Entwertung von Stempelmarken auf den Versicherungsscheinen (Jahrespolicen) vorzunehmen. Sofern Jahrespolicen nicht ausgestellt werden, weil die Deklaration nicht fristgemäß eingegangen ist, hat der Versicherungsnehmer der Gesellschaft gewöhnlich den vollen Betrag der letztjährigen Prämie als Entschädigung für die bis dahin ge-

tragene Gefahr zu zahlen, während die Versicherung selbst erlischt. Insoweit hiernach noch ein Stempel fällig wird, hat die Versteuerung binnen zwei Wochen nach dem Erlöschen der Versicherung durch Verwendung von Stempelmarken nach der Vorschrift des Abs. 3 dieser Nummer zu erfolgen. Wird die Versicherung in Fällen dieser Art nicht ohne weiteres als erloschen angesehen, vielmehr dem säumigen Versicherungsnehmer noch eine Nachfrist gestellt, so ist die zweiwöchige Versteuerungsfrist von dem Zeitpunkte ab zu rechnen, zu dem die Versicherungsgesellschaft das Versicherungsverhältnis als erloschen ansieht; jedoch muß die Versteuerung spätestens bis zum Ablaufe des August des betreffenden Jahres bewirkt sein. Geht die Deklaration innerhalb der Nachfrist vor dem 1. September ein, so bewendet es bei der vorgesehenen Versteuerung der auf Grund der Deklaration auszustellenden Jahrespolice. Nach denselben Grundsätzen sind auch die sogenannten Interimspolicen zu behandeln, wenn sie laut „provisorischen Versicherungsantrages" auf mehrere Jahre ausgestellt sind.

## Zur Tarifstelle 73.

**Vollmachten im Verwaltungsstreitverfahren und im Verfahren vor den Gewerbe- und Kaufmannsgerichten.**

87. Wenn zum Gebrauch im Verwaltungsstreitverfahren und im Verfahren vor den Gewerbe- und Kaufmannsgerichten bestimmte Vollmachten ohne den vorgeschriebenen Stempel bei den genannten Behörden eingereicht werden, so haben ihn die Behörden einzuziehen und zu den Akten zu entwerten. Die Aussteller der Vollmachten sind von Stempelstrafe frei, wenn die Urkunden innerhalb der Stempelverwendungsfristen des § 16 des Gesetzes eingereicht sind. Ist diese Frist bei der Einreichung bereits überschritten, so haben die bezeichneten Gerichte das zuständige Hauptzollamt von der vorgekommenen Zuwiderhandlung zu benachrichtigen.

## Zur Tarifstelle 77.

**Angabe des Zwecks bei stempelfreien Zeugnissen.**

88. (1) Alle Behörden und Beamte sind verpflichtet, bei der Erteilung amtlicher Zeugnisse, welche ihres besonderen Zwecks wegen (s. Abs. 3 Buchst. a und c der Befreiungen dieser Tarifstelle) dem sonst zu entrichtenden Stempel nicht unterliegen, in dem Zeugnis — und zwar in dem Text des Zeugnisses und nicht in Vermerken, die außerhalb dieses Textes stehen und durch die Unterschrift des Beamten nicht gedeckt werden — den Zweck bestimmt anzugeben, zu welchem das Zeugnis ausgestellt wird. Unterbleibt eine solche Angabe, so unterliegt das Zeugnis in allen Fällen und ohne Rück-

sicht darauf, ob es tatsächlich zu einem Stempelfreiheit genießenden Zweck gebraucht worden ist oder nicht, dem tarifmäßigen Stempel von 3 ℳ (vgl. Abs. 4 dieser Tarifstelle). Wird ein entgegen der vorgedachten Vorschrift stempelfrei erteiltes amtliches Zeugnis bei einer Behörde zur Begründung irgendeines Antrages vorgelegt, so hat diese Behörde den fehlenden Stempelbetrag von dem Vorzeiger oder Inhaber oder von derjenigen Person, auf deren Veranlassung das Zeugnis erteilt ist, einzuziehen und den Sachverhalt der vorgesetzten Behörde des Beamten, von dem das Zeugnis ausgestellt ist, anzuzeigen. Ist der die Stempelfreiheit rechtfertigende Zweck bestimmt bezeichnet, von dem Zeugnis aber zu einem anderen als dem aus der Urkunde hervorgehenden Zwecke Gebrauch gemacht, ohne daß der Inhaber oder Vorzeiger die Versteuerung bewirkt hat, so haften diese Personen nicht bloß für den tarifmäßigen Stempel (§ 13 Abs. 1 Buchst. c des Gesetzes), sondern sie verfallen unter Umständen auch in eine dem vierfachen Betrage des Stempels gleichkommende Strafe (§ 17 Abs. 1 des Gesetzes). Wegen der bei Gerichten eingereichten Zeugnisse vgl. § 22 Abs. 4 der allg. Verf. über gerichtliche Landesstempelsachen.

**Notarielle Unterschriftsbeglaubigungen.**

(2) Bezüglich der Stempelverwendungen bei notariellen Unterschriftsbeglaubigungen vgl. Nr. 6 Abs. 3 dieser Best.

**Befähigungs- und Prüfungszeugnisse für Seeschiffer usw.**

(3) Für nachstehende Befähigungs- und Prüfungszeugnisse werden für die Ausstellungsbehörden von den Zollbehörden, in deren Hebebezirk der Sitz der ausstellenden Behörde*) gelegen ist, abgestempelte Vordrucke (Formulare)

---

*) A. Zur Ausstellung der Befähigungszeugnisse für Seeschiffer und Seesteuerleute sind zuständig:
1. für Schiffer auf großer Fahrt
die Regierungspräsidenten in Danzig, Stettin, Stralsund, Schleswig, Stade, Aurich und Osnabrück,
2. für Schiffer auf kleiner Fahrt und für Seesteuerleute
der Regierungspräsident in Königsberg und die zu 1. genannten Regierungspräsidenten,
3. für Schiffer auf Küstenfahrt
der Regierungspräsident in Köslin und die zu 2. genannten Regierungspräsidenten.

B. Zur Ausstellung der Befähigungszeugnisse für Seemaschinisten und Schiffsingenieure sind zuständig:
1. für Seemaschinisten IV. und III. Klasse
die Regierungspräsidenten in Königsberg, Danzig, Stettin, Schleswig und Stade,

zu Verkauf gestellt und gegen Erstattung des Stempels von 3 *M* abgegeben:

a) Befähigungszeugnisse für Seeschiffer und Seesteuerleute (Vordrucke E, F, G und H der Bek. des Reichskanzlers vom 30. April 1904, Zentralbl. f. d. D. Reich S. 125);

b) Befähigungszeugnisse für Maschinisten und Schiffsingenieure auf Seedampfschiffen (Vordrucke C, D, E, F, G, und H der Bek. des Reichskanzlers vom 30. März 1910, Zentralbl. f. d. D. Reich S. 100);

c) Zeugnisse über die Prüfung in der Schiffsdampfmaschinenkunde für Seeschiffer (Erlaß des Ministers für Handel und Gewerbe vom 10. April 1889 und vom 10. Dezember 1907, Min.-Bl. der Handels- und Gewerbe-Verw. 1907 S. 413, 414).

Berlin, den 16. August 1910.

**Der Finanzminister.**

---

2. für Seemaschinisten II. und I. Klasse
   die Regierungspräsidenten in Danzig, Stettin und Schleswig,
3. für Schiffsingenieure, an bisherige Maschinisten I. Klasse gemäß § 45 Abs. 3 der Bek. des Herrn Reichskanzlers vom 7. 1. 09 (RGBl. S. 210)
   die Regierungspräsidenten in Königsberg, Danzig, Stettin und Schleswig, im übrigen der Regierungspräsident in Stettin.

C. Zur Ausstellung der Zeugnisse über die Prüfung in der Schiffsdampfmaschinenkunde sind die Prüfungskommissionen für Seeschiffer auf großer Fahrt in Danzig, Stettin, Stralsund, Barth, Flensburg, Altona, Geestemünde, Leer und Papenburg zuständig. Die Vordrucke werden, wie bisher, durch die Navigationsschuldirektoren in Danzig, Geestemünde und Altona oder durch von diesen damit beauftragte Navigationslehrer angefordert.

Zum Verkauf der StVordrucke zu diesen Zeugnissen ist nur dasjenige Hauptzollamt oder Zollamt befugt, in dessen Hebebezirk eine zur Ausstellung des betreffenden Zeugnisses befugte Behörde ihren Sitz hat. Die StVordrucke zu C sind, solange sie nur durch die Navigationsschuldirektoren in Danzig, Geestemünde und Altona oder durch deren Beauftragte angefordert werden, nur an diesen Orten zum Verkauf bereit zu halten. FM. 21. 2. 11 III 2629. ZBl. S. 89.

**Muster 1.**

(Zu § 14 des Gesetzes und Nr. 10 Abs. 3 der AusfBest.)

# Anmeldung zur Abstempelung von Vordrucken.

| Lfd. Nummer | Bezeichnung der abzustempelnden Vordrucke | Stückzahl der abzustempelnden Vordrucke | Stückzahl der überschüssigen Vordrucke | Stempelbetrag für das einzelne Stück | | Stempelbetrag im ganzen | | Bemerkungen (insbesondere über die Herstellung eines Aufdrucks oder Vordrucks auf den abzustempelnden Bogen). |
|---|---|---|---|---|---|---|---|---|
| | | | | ℳ | ₰ | ℳ | ₰ | |
| 1 | 2 | 3 | 4 | 5 | | 6 | | 7 |
| | | | | | | | | |

**Muster 2.**

(Zu § 14 des Gesetzes und Nr. 20 Abs. 6 Buchst. c der AusfBest.)

## Stempelsteuerbuch de .................... in ....................

betreffend die Verwendung und Entwertung von Stempelmarken ohne amtliche Überwachung.

| Lfd. Nummer | Name, Stand und Wohnort der Aussteller | Art des beurkundeten Geschäfts | Datum der Urkunde | Wert des Gegenstandes ℳ | ₰ | Betrag des verwendeten Stempels ℳ | ₰ | Tarifstelle | Datum der Entwertung | Namenszeichnung des Entwertenden |
|---|---|---|---|---|---|---|---|---|---|---|
| 1 | 2 | 3 | 4 | 5 | | 6 | | 7 | 8 | 9 |
| | | | | | | | | | | |

Amtsstelle.

**Muster 3.**

(Zu § 19 des Gesetzes und Nr. 24 Abs. 3 der AusfBest.)

Ort, Datum.

# Strafbescheid.

In der Stempelstrafsache

gegen

wird gegen den Beschuldigten auf Grund des § 19 des Stempelsteuergesetzes in der Fassung der Bekanntmachung vom 30. Juni 1909 (GS. S. 535) eine Ordnungsstrafe von .................. Mk., in Buchstaben: „.................................... Mark" festgesetzt. Der Beschuldigte hat die Kosten des Verfahrens zu tragen.

Gründe.*)

Gegen diesen Strafbescheid steht dem Beschuldigten offen, nach seiner Wahl

entweder

den Antrag auf gerichtliche Entscheidung

oder

die Beschwerde an ..............................................

binnen einer Woche nach der Bekanntmachung dieses Strafbescheides bei mir oder bei der Behörde, welche den Strafbescheid bekanntgemacht hat, anzubringen. Die Ergreifung des einen Rechtsmittels hat den Ausschluß des andern zur Folge.

Wird keines der bezeichneten Rechtsmittel rechtzeitig an zuständiger Stelle eingelegt, so wird der Strafbescheid vollstreckbar. Die Strafe mit den sich aus anliegender Berechnung ergebenden Kosten des Verfahrens ist binnen einer Woche nach Eintritt der Vollstreckbarkeit, bei Vermeidung der Zwangsvollstreckung, an .................. .......................................... zu zahlen.

Berechnung:

Es sind zu zahlen:

| | | | | |
|---|---|---|---|---|
| 1. Strafe | | | ........ ℳ | ........ ₰ |
| 2. Kosten: | | | | |
| a) Stempel | ........ ℳ | ........ ₰ | | |
| b) Postgebühren | ........ „ | ........ „ | | |
| c) Schreibgebühren | ........ „ | ........ „ | | |
| d) Sonstige Auslagen | ........ „ | ........ „ | | |
| zusammen | | | ........ ℳ | ........ ₰ |
| Summe | | | ........ ℳ | ........ ₰ |

*) In den Gründen sind auch die Beweismittel anzugeben.

**Königliches Stempelsteueramt**

Abt. ..........

Nr. ......................

**Muster 4.**

(Zu § 25 des Gesetzes und Nr. 28 Abs. 6 der AusfBest.)

........................................, den ........................................ 19........

Urschriftlich

an den Königlichen Notar Herrn ........................................

in

fr. d. A. 21. ........................................................

Zu der Notariatsverhandlung vom ........................................................ 19........ — Nr. .............. Ihres Notariatsregisters für 19......... — (*........................................ ........................................................................................) ist von dem verwendeten Stempel von .............. *M* ein Betrag von .............. *M* auf Grund des § 25 Abs. 1 LStG. zur Erstattung angewiesen worden.

Ich ersuche, die Urschrift der Verhandlung in der in Ziffer 28 Abs. 5 der Ausführungsbestimmungen zum LStG. vorgeschriebenen Art mit einem Vermerk über die Höhe des zur Erstattung angewiesenen Stempelbetrages zu versehen, mir auf dem untenstehenden Vordruck von dem Geschehenen Mitteilung zu machen und zu bestätigen, daß auf der Urschrift der Verhandlung eine Stempelerstattung noch nicht vermerkt war.

Es wird ersucht, dieses Schreiben der Notariatsverhandlung beizufügen.

*) Bezeichnung der Urkunde, z. B. Kaufvertrag zwischen Schulze und Müller.

---

........................................, den ........................................ 19........

Urschriftlich

an das Königliche Stempelsteueramt Abt. .......

in

........................................................

Auf Grund des Ersuchens vom ...................... Mts. — Nr. ......... — habe ich auf der Urschrift der Notariatsverhandlung vom ............................ 19......... — Nr. ......... meines Notariatsregisters für 19......... — in der vorgeschriebenen Art vermerkt, daß .................... *M* Stempel zur Herauszahlung angewiesen worden sind.

Eine Stempelerstattung war auf der Urkunde noch nicht vermerkt.

Königlicher Notar.

**Muster 5.**

(Zu § 26 des Gesetzes und Nr. 29 Abs. 3 der AusfBest.

# Zivil-Prozeß-Nachweisung.

| Lfd. Nummer | Nummer der vorjährigen Nachweisung | Bezeichnung der Parteien | Jahr des Prozeßanfangs | Gegenstand der Klage und Erörterung der Rechtsfrage | Gericht, bei welchem der Prozeß anhängig oder entschieden ist, und Tag der Verhandlung | Nachrichten über den Stand der Streitsache |
|---|---|---|---|---|---|---|
| 1 | 2 | 3 | 4 | 5 | 6 | 7 |
| | | | | | | |

**Muster 6.**

(Zu § 31 des Gesetzes und Nr. 34 Abs. 3 der AusfBest.)

**Stempelprüfungsverhandlung.**

(Erste Seite — Titelblatt.)

## Verhandlung

über die in der Zeit vom ........................ bis ........................
abgehaltene Prüfung betreffend den Stempelverbrauch bei ........................

........................................................................

........................ zu ........................
während des Zeitraums vom ........................ bis ........................

---

(Zweite und folgende Seiten.)

| Lfd. Nummer | Benennung der Akten (Aktenzeichen und Seite der Akten), Bezeichnung der stempelpflichtigen Verhandlung und Begründung der Erinnerung | Betrag des erforderlichen Stempels | | Betrag des verwendeten Stempels | | Betrag des nachzubringenden Stempels | |
|---|---|---|---|---|---|---|---|
| | | M | ₰ | M | ₰ | M | ₰ |
| 1 | 2 | 3 | | 4 | | 5 | |
| | | | | | | | |

Eingegangen am .................... 19___

Abfindungssteuer-Nr. .............

Verzeichnis Abschnitt B Nr. ...... bis .....

**Muster 7.**

(Zur Tarifstelle 11 a und Nr. 45 der AusfBest.)

# Nachweisung

der im Wege der Abfindung zu versteuernden Automaten und Musikwerke de..........................................

zu ..........................................

Bezirk der Oberzolldirektion ..........................................

Hauptzollamt*) ..........................................

---

**Zur Beachtung für den Gebrauch.**

Die den Oberzolldirektionen einzureichenden Nachweisungen müssen alle in dem in Betracht kommenden Oberzolldirektionsbezirk zur Zeit der Aufstellung der Nachweisung vorhandenen und vom Unternehmer zu versteuernden Automaten und Musikwerke enthalten und von dem Unternehmer mit der Versicherung der Richtigkeit versehen sein.

*) Es ist das Hauptzollamt anzugeben, das die Erhebung und Verrechnung der Abgabe übernehmen soll.

| Laufende Nummer | Automaten | | | Musikwerke | | | Erkennungs- | |
|---|---|---|---|---|---|---|---|---|
| | Waren-automaten (Zahl der Waren-behälter) | Stereoskop-, Schau- oder Scherz-automaten | Automaten anderer Art | Musik-automaten | Mechanische Musikwerke | An-schaffungs-preis oder Wert ℳ | Herstellungsfirma | Fabrik-marke und -nummer |
| 1 | 2 | | | 3 | | | 4 | |
| | | | | | | | | |

| merkmale | | | Aufstellungsort (Bezeichnung nach Ort, Straße, Hausnummer u. dgl.) | Zu versteuernder Zeitraum | Betrag des Stempels | | Bemerkungen |
|---|---|---|---|---|---|---|---|
| Größenverhältnisse | | | | | | | |
| Höhe | Breite | Tiefe | | | | | |
| cm | cm | cm | | | ℳ | ₰ | |
| | | | 5 | 6 | 7 | | 8 |
| | | | | | | | |

**Muster 8.**
(Zur Tarifstelle 11a und Nr. 45 der AusfBest.)

# Ausweis

über die

## Abfindungsversteuerung von Automaten und Musikwerken.

---

Von de...... zur Abfindungsversteuerung unter Nummer ..........................
zugelassenen ..........................................................................................
..........................................................................................................
zu .......................................................................... ist die Stempelsteuer
von .................... ℳ für den in ..........................................................
..........................................................................................................
aufgestellten ...................................... Automaten für das Jahr 19......... entrichtet.

Kennzeichen des Automaten oder Musikwerks:
(Herstellungsfirma, Fabrikmarke oder -nummer usw.)

Diesen Ausweis hat der Inhaber zum Nachweise der bewirkten Versteuerung dem revidierenden Bezirksaufsichtsbeamten auf Erfordern vorzulegen.

......................................, den ........................................... 19.........

Königliches Hauptzollamt.

(Amtsstempelabdruck)

Verzeichnis Abschnitt B Nr. ..............

Eingegangen am .................... 19..........
Verzeichnis Abschnitt A Nr. .... bis Nr. ....
(Amtsstempelabdruck.)

**Muster 9.**
(Zur Tarifstelle 11a und Nr. 46 der AusfBest.)

# Anmeldung

de.... durch Jahreskarte..... zu versteuernden Automaten und Musikwerke....

de........................................................ zu ........................................................

**Erläuterungen.**

1. Die Anmeldung hat spätestens innerhalb eines Monats nach dem Tage der Inbetriebsetzung zu erfolgen und ist von dem Anmeldenden mit der Versicherung der Richtigkeit der in den Spalten 1 bis 5 gemachten Angaben zu versehen. Bis spätestens Ende Januar jeden Kalenderjahres ist die erteilte Steuerkarte durch Wiedervorlegung an die zuständige Zollstelle zu erneuern.
2. Zuständig für die Erteilung der Steuerkarte ist das Hauptzoll- oder Zollamt, in dessen Bezirk der Apparat aufgestellt ist. Auf Antrag kann ausnahmsweise die Versteuerung auch bei der Zollstelle des Wohnortes des Automaten- usw. Inhabers erfolgen.
3. Warenautomaten sind solche, die für den Einwurf von Geld eine Ware, wenn auch in scherzhafter Form, verabfolgen (z. B. die sog. Hennenautomaten).
   Scherzautomaten sind solche, deren unmittelbarer Zweck der Erregung der Heiterkeit, der Kurzweil und der Unterhaltung dient (z. B. Schieß-, Kegelspielautomaten, Kraftmesser, Elektrisierapparate, Wahrsageautomaten usw.). Automaten, die an sich zu dieser Gattung gehören, sind jedoch dann nicht abgabepflichtig, wenn sich ihr Betrieb als strafbare Glücksspielveranstaltung darstellt.
   Musikwerke sind automatische Spielwerke, die Musikstücke zu Gehör bringen und ohne Aufwendung einer kunstfertigen Behandlung lediglich durch einen äußeren Vorgang (Einwurf eines Geldstücks, Anwendung eines Hebeldrucks oder von Schlüsseln, Drehen einer Kurbel u. dgl.) in Bewegung gesetzt werden (z. B. Kurbelklaviere, Drehorgeln usw., sofern sie an öffentlichen Orten z. B. in Karussells im Betriebe sind).
   Automaten anderer Art sind solche, bei denen es sich überwiegend um gemeinnützige und wirtschaftlich nützliche Zwecke handelt.
4. Als „Anschaffungspreis" für Musikautomaten und Musikwerke gilt nicht nur der für das Werk, sondern auch der für die Zubehörstücke (Platten, Walzen usw.) gezahlte Preis. Die Kosten für die Nachbeschaffung von Walzen und Platten, insoweit die Platten und Walzen nicht den Ersatz für unbrauchbar gewordene Stücke bilden, sind dem stempelpflichtigen Anschaffungspreis hinzuzurechnen. Doch hat infolge solcher Neubeschaffungen eine Nachversteuerung für das laufende Kalenderjahr nicht stattzufinden.

Seite 2 des Musters 9.

| Laufende Nummer | Automaten | | | Musikwerke | | | Erkennungs- | |
|---|---|---|---|---|---|---|---|---|
| | Waren-automaten (Zahl der Waren-behälter) | Stereoskop-, Schau- oder Scherz-automaten | Automaten anderer Art | Musik-automaten | Mechanische Musikwerke | An-schaffungs-preis oder Wert ℳ | Herstellungsfirma | Fabrik-marke und -nummer |
| 1 | 2 | | | 3 | | | 4 | |
| | | | | | | | | |

Seite 3 des Musters 9.

| merkmale | | | Aufstellungsort (Bezeichnung nach Ort, Straße, Hausnummer u. dgl.) | Versteuerter Zeitraum (bei Vorausversteuerungen Angabe des Zeitraums im ganzen) | Nummer der Jahreskarte | Stempelbetrag | Stempelgeldeinnahmebuch | | Bemerkungen*) |
|---|---|---|---|---|---|---|---|---|---|
| Größenverhältnisse | | | | | | | | | |
| Höhe cm | Breite cm | Tiefe cm | | | | M | Nr. | eingetragen am | |
| | | | 5 | 6 | 7 | 8 | 9 | | 10 |
| | | | | | | | | | |

*) Die Spalten 1 bis 5 sind von den Anmeldenden, die Spalten 6 bis 9 von der Hebestelle auszufüllen. Die Spalte 10 dient zur Aufnahme von Bemerkungen des Anmeldenden und der Hebestelle.

Hauptzollamt ........................................

Zollamt ........................................

**Muster 10.**

(Zur Tarifstelle 11a und Nr. 46 der AusfBest.)

# Verzeichnis

der

## zu versteuernden Automaten und Musikwerke.

Geführt von

Name ........................................

Diensteigenschaft ........................................

**Zur Beachtung.**

1. In diesem Verzeichnis sind in besonderen Abschnitten
   A. die durch Jahreskarte,
   B. die im Wege der Abfindung
   zu versteuernden Automaten und Musikwerke nachzuweisen.
2. Die Eintragung eines jeden Automaten und Musikwerkes hat unter einer besonderen Nummer zu erfolgen (Spalte 1), die auf der Jahreskarte oder dem Ausweis zu vermerken ist.
3. In Spalte 9 ist anzugeben, unter welcher Nummer und an welchem Tage der Stempelbetrag (Spalte 8) im Stempelgeldeinnahmebuch vereinnahmt ist.
4. Die Anmeldungen und Nachweisungen der Automaten und Musikwerke sind geordnet nach Abschnitt und Nummer mit diesem Verzeichnis aufzubewahren.

| Lfde. Nr. der Automaten und Musikwerke | Tag der Anmeldung | Vor- und Zuname, Stand oder Gewerbe, Wohnort und Wohnung des Anmeldenden | Automaten | | | Musikwerke | | | Erkennungs- | |
|---|---|---|---|---|---|---|---|---|---|---|
| | | | Warenautomaten (Zahl der Warenbehälter) | Stereoskop-, Schau- oder Scherzautomaten | Automaten anderer Art | Musikautomaten | Mechanische Musikwerke | Anschaffungspreis oder Wert ℳ | Fabrikmarke und -nummer | Herstellungsfirma |
| 1 | 2 | 3 | 4 | | | 5 | | | 6 | |
| | | | | | | | | | | |

| merkmale | | | Aufstellungsort (Bezeichnung nach Ort, Straße, Hausnummer u. dgl.) | Stempelbetrag | Die Versteuerung ist erfolgt für das Kalenderjahr | | | | | | | | Tag der Abmeldung |
|---|---|---|---|---|---|---|---|---|---|---|---|---|---|
| Größenverhältnisse | | | | | | | | | | | | | |
| Höhe | Breite | Tiefe | | | 1910 | 1911 | 1912 | 1913 | 1914 | 1915 | 1916 | 1917 | |
| cm | cm | cm | | M | | | | | | | | | |
| | | | 7 | 8 | 9 | | | | | | | | 10 |
| | | | | | | | | | | | | | |

**Beilage 1.**

(Zu § 30 des Gesetzes und Nr. 31 Abs. 1 der AusfBest.)

# Bestimmungen
## wegen Anstellung von Stempelverteilern.

1. An Orten, an denen ein Hauptzoll- oder Zollamt sich nicht befindet oder der Ankauf und die Entwertung von Stempelzeichen wegen zu weiter Entfernung der zunächst belegenen Zollstelle mit Umständen verbunden ist, sind mit dem Verkauf und der Entwertung von Stempelbogen und Stempelmarken bis zu bestimmten Beträgen, dem Verkaufe von gestempelten Vordrucken zu Genehmigungen der Veranstaltung von Lustbarkeiten sowie der unentgeltlichen Verabfolgung von Vordrucken zu Pacht- und Mietverzeichnissen und zu Jagdpachtverzeichnissen sowie zu Anmeldungen der durch Jahreskarten zu versteuernden Automaten und Musikwerke zuverlässige und geeignete Privatpersonen oder Beamte (Stempelverteiler) zu beauftragen.

2. Die Neueinrichtung von Stempelverteilungsstellen unterliegt der Genehmigung des Finanzministers. Die Auswahl der Personen der neu anzustellenden Stempelverteiler und ihrer Geschäftsnachfolger ist von den Oberzolldirektionen zu treffen. Wo die Verkehrsverhältnisse den Verkauf und die Entwertung von Stempelzeichen während der ganzen Tageszeit bedingen, werden in der Regel Geschäfts- oder Gewerbetreibende (Ladeninhaber usw.) als Stempelverteiler anzustellen sein; wo dagegen der Verkehr ein geringerer ist und es genügt, wenn der Verkauf und die Entwertung der Stempelzeichen während bestimmter Stunden am Tage stattfindet, können vorzugsweise Beamte (insbesondere Lehrer usw.) mit den Geschäften eines Stempelverteilers betraut werden.

3. Die Stempelverteiler haben, insoweit sie als solche tätig sind, die Eigenschaft von öffentlichen Beamten. Die Befugnis, Stempelzeichen zu entwerten, ist von ihnen persönlich auszuüben; einer anderen Person darf die Befugnis nicht übertragen werden. Stempelverteiler, denen der Umfang ihrer eigentlichen Geschäfte nicht die fortwährende Anwesenheit in den Geschäftsräumen gestattet, kann aber in der Person eines ihrer Geschäftsgehilfen ein Stempelverteiler-Stellvertreter durch die Oberzolldirektion bestellt werden. Der Stempelverteiler bleibt jedoch der Zollverwaltung gegenüber für die Verrichtungen seines Stellvertreters verantwortlich.

4. Die Befugnis der Stempelverteiler zum Verkauf und zur Entwertung von Stempelzeichen erstreckt sich bis zum Höchstbetrage von hundert Mark für den Einzelfall. Mit Genehmigung der Oberzolldirektion kann im Bedürfnisfalle die Befugnis auch für höhere Beträge erteilt werden. Zu Pacht- und Mietverzeichnissen — mit Ausnahme der Jagdpachtverzeichnisse — dürfen die Stempelverteiler die Stempel in voller Höhe des gesetzlich erforderlichen Be-

trages verwenden. Die Verwendung von Stempelzeichen zu Jahreskarten für Automaten und Musikwerke ist den Stempelverteilern nicht gestattet.

5. Die Stempelverteiler haben ihren Bedarf an Stempelzeichen und an Vordrucken zu Pacht- und Mietverzeichnissen und zu Jagdpachtverzeichnissen sowie zu Anmeldungen der durch Jahreskarten zu versteuernden Automaten und Musikwerke bei der Amtsstelle zu entnehmen, in deren Bezirk sie wohnen. Die Entnahme der Stempelzeichen erfolgt in der Regel gegen bare Zahlung des Wertbetrages; bei nachgewiesenem Bedürfnis kann die Oberzolldirektion mit Genehmigung des Finanzministers von der Verpflichtung zur sofortigen Barzahlung des Wertbetrages der empfangenen Stempelzeichen ausnahmsweise absehen. Der Betrag der vom Stempelverteiler abzuführenden Stempelsteuer richtet sich in diesem Falle nach der Menge der abgesetzten Stempelzeichen. Für die Verabfolgung der zum Verkaufe bestimmten Stempelzeichen ohne sofortige Barzahlung des Wertbetrages haben die Stempelverteiler in der Regel Sicherheit zu leisten, deren Art und Höhe die Oberzolldirektion bestimmt, und die bei der Oberzollkasse aufzubewahren ist.

6. Die Stempelverteiler erhalten für die mit den Stempelverteilungsgeschäften verbundenen Leistungen eine Entschädigung von zwei vom Hundert des für die entnommenen Stempelzeichen gezahlten Betrages und, wenn deren Wert in einem Jahre 60000 ℳ übersteigt, eine Entschädigung von Einem vom Hundert des Mehrbetrages. Im Falle des Bedürfnisses, insbesondere zur Erhaltung bestehender, im steuerlichen Interesse notwendiger Stellen, können jedoch die Oberzolldirektionen nach ihrem Ermessen den Stempelverteilern ausnahmsweise eine Entschädigung bis zu fünf vom Hundert bewilligen. Für den einzelnen Stempelverteiler wird die Höhe des Entschädigungssatzes von der Oberzolldirektion in der Geschäftsanweisung bestimmt. Die Zahlung der Entschädigung erfolgt für Rechnung der Oberzollkasse von der Zollkasse der Amtsstelle, bei der der Stempelverteiler seine Stempelzeichen zu entnehmen hat, in der Regel am Schlusse des Rechnungsvierteljahres. Ausnahmsweise kann dem Stempelverteiler, sofern er die Stempelzeichen bar bezahlt, von der Oberzolldirektion gestattet werden, die Entschädigung sogleich bei der jedesmaligen Entnahme von Stempelzeichen von dem Wertbetrage der letzteren in Abzug zu bringen.

7. Die Stempelverteiler sind nicht zu vereidigen, sondern durch Handschlag auf die gewissenhafte Erfüllung ihrer amtlichen Obliegenheiten von dem Leiter des zuständigen Hauptzollamts oder dem von diesem beauftragten Bezirksoberkontrolleur zu verpflichten. Über die Verpflichtung ist eine von dem Stempelverteiler zu unterschreibende Verhandlung aufzunehmen.

8. Die Stempelverteiler erhalten von der Oberzolldirektion, von der sie bestellt werden, einen Abdruck des Stempelsteuergesetzes nebst Ausführungsbestimmungen und eine Anweisung für ihre Geschäftsführung nach Maßgabe der Anlage. Wenn besondere örtliche Verhältnisse es angezeigt erscheinen lassen, kann diese Anweisung von der Oberzolldirektion abgeändert und ergänzt werden. Eine zweite Ausfertigung der Anweisung ist dem zuständigen Hauptzollamt mitzuteilen. Die Hauptzollämter sind verantwortlich für die Geschäftsführung der Stempelverteiler und haben die Pflicht, sich in geeigneter Weise von der ordnungsmäßigen Stempelverwaltung in steter Überzeugung zu erhalten.

**Anlage zur Beilage 1.**

(Zu § 30 des Gesetzes und Nr. 31 Abs. 1 der AusfBest.)

# Geschäftsanweisung für Stempelverteiler.

§ 1.

(1) Der Stempelverteiler hat seinen Bedarf an Stempelzeichen und an Vordrucken zu Pacht- und Mitverzeichnissen und zu Jagdpachtverzeichnissen sowie zu Anmeldungen der durch Jahreskarten zu versteuernden Automaten und Musikwerke von dem .......................... Amt in .......................... zu entnehmen. (Den Wertbetrag der entnommenen Stempelzeichen hat der Stempelverteiler bar zu zahlen; über den unentgeltlichen Empfang der Vordrucke hat er Quittung zu leisten.)*) Der Ankauf von Stempelzeichen von einer anderen Amtsstelle als der vorher bezeichneten oder von dritten Personen (Privatleuten, Notaren, Gesellschaften, Genossenschaften, Sparkassen usw.) ist dem Stempelverteiler untersagt.

(2) Der Stempelverteiler muß stets mit einem hinreichenden Vorrat aller Gattungen von Stempelzeichen bis einschließlich .................. ℳ versehen sein, um allen Ansprüchen sofort genügen zu können. Die Stempelzeichen müssen in sicherer, trockener und reinlicher Verwahrung gehalten werden. Für Stempelzeichen, die durch Verschulden des Stempelverteilers unsauber und unbrauchbar werden, wird Ersatz nicht geleistet.

(3) Der Stempelverteiler hat die von ihm vorrätig zu haltenden Vordrucke zu Pacht- und Mietverzeichnissen und zu Jagdpachtverzeichnissen sowie zu Anmeldungen der durch Jahreskarten zu versteuernden Automaten und Musikwerke auf Verlangen den Steuerpflichtigen unentgeltlich zu verabfolgen. Eine Veräußerung der Vordrucke gegen Entgelt ist ihm untersagt.

§ 2.

Für die mit den Stempelverteilungsgeschäften verbundenen Leistungen wird dem Stempelverteiler eine Entschädigung von .................. vom Hundert des für die entnommenen Stempelzeichen gezahlten Betrages und, wenn deren Wert in einem Jahre 60000 ℳ übersteigt, eine Entschädigung von Einem vom Hundert des Mehrbetrages gewährt. (Die Zahlung der Entschädigung

*) Anmerkung. Ist für die entnommenen Stempelzeichen sofortige Barzahlung nicht zu leisten, so ist statt der eingeklammerten Stelle einzufügen:

„Die Verabfolgung der entnommenen Stempelzeichen erfolgt gegen Quittungsleistung ohne sofortige Barzahlung; der Stempelverteiler hat hierfür eine Sicherheit in Höhe von .............. (i. W. .......................) ℳ durch Hinterlegung von ..........
..........................................................................................
zu leisten, die bei der Oberzollkasse zu .......................................... aufzubewahren ist. Den Betrag der von dem Stempelverteiler abzuführenden Stempelsteuer hat der Bezirksoberkontrolleur am Schlusse jedes Rechnungsvierteljahres festzustellen. Nach dem vorgefundenen Bestande an Stempelzeichen wird die Menge der ausgegebenen Stempelzeichen ermittelt und danach der zu zahlende Geldbetrag berechnet. Dieser Betrag wird dem Stempelverteiler von dem Bezirksoberkontrolleur sofort mitgeteilt und muß binnen drei Tagen nach der Bestandsaufnahme gegen Quittung an die Amtsstelle bar eingezahlt werden.“

erfolgt am Schlusse des Rechnungsvierteljahres gegen Quittung durch das ..............................amt in ............................................ )*)

§ 3.

Die Stempelverteiler, insoweit sie als solche tätig sind, haben die Eigenschaft öffentlicher Beamter. Die Befugnis, Stempelzeichen zu entwerten, ist von ihnen persönlich auszuüben; einer anderen Person darf die Befugnis nicht übertragen werden. Stempelverteiler, denen der Umfang ihrer eigentlichen Geschäfte nicht die fortwährende Anwesenheit in den Geschäftsräumen gestattet, kann aber in der Person eines ihrer Geschäftsgehilfen ein Stempelverteiler-Stellvertreter durch die Oberzolldirektion bestellt werden. Der Stempelverteiler bleibt jedoch der Zollverwaltung gegenüber für die Verrichtungen seines Stellvertreters verantwortlich.

§ 4.

(1) Dem Stempelverteiler ist nur gestattet, Stempelzeichen bis zum Werte von .............................. ℳ einschließlich zu verkaufen. Die Entwertung von Stempelzeichen ist ihm bis zu demselben Betrage für den einzelnen Fall gestattet. Zu Pacht- und Mietverzeichnissen — mit Ausnahme der Jagdpachtverzeichnisse — darf der Stempelverteiler die Stempel in voller Höhe des gesetzlich erforderlichen Betrages verwenden. Die Verwendung von Stempelzeichen zu Jahreskarten für Automaten und Musikwerke ist dem Stempelverteiler nicht gestattet.

(2) Wenn Stempelzeichen von höherem Werte als .............................. ℳ ohne das Verlangen der Entwertung begehrt werden, oder wenn eine Urkunde, zu der ein Stempel zum Betrage von mehr als .............................. ℳ erforderlich ist, behufs Entwertung des Stempels vorgelegt wird, darf der Stempelverteiler diesen höheren Wert oder Betrag nicht durch Zusammenlegung oder Entwertung mehrerer einzelner Stempelwertzeichen darstellen, sondern er muß den Käufer an die zuständige Zollbehörde verweisen. Zu Urkunden, deren Verstempelung der Stempelverteiler innerhalb der ihm zustehenden Befugnis bewirken kann, ist der tarifmäßige Stempelbetrag durch Verwendung einer möglichst geringen Anzahl von Stempelzeichen darzustellen.

§ 5.

(1) Die dem Stempelverteiler beim Verkauf und der Entwertung von Stempelzeichen obliegenden Verpflichtungen ergeben sich aus dem Stempelsteuergesetz in der Fassung der Bekanntmachung vom 30. Juni 1909 und den zu diesem Gesetz erlassenen Ausführungsbestimmungen. Im besonderen wird dem Stempelverteiler die genaueste Beachtung der Ausführungsbestimmungen der Nummern 13, 14 und 15 über die Verwendung und die Entwertung von Stempelbogen und Stempelmarken, der Nummern 71, 72 und 75 über die Versteuerung der Pacht- und Mietverzeichnisse und der Nr. 78 über die Versteuerung der Jagdpachtverzeichnisse zur Pflicht gemacht.

---

*) Anmerkung. Wird der sofortige Abzug der Entschädigung von dem Wertbetrage der entnommenen Stempelzeichen gestattet, so ist statt der eingeklammerten Stelle einzufügen:

„Die Zahlung der Entschädigung erfolgt bei der jedesmaligen Entnahme der Stempelzeichen durch Abzug von ihrem Wertbetrage. Über den Betrag der in Abzug gebrachten Entschädigung hat der Stempelverteiler Quittung zu leisten."

(2) Der Stempelverteiler hat sich nicht auf die Verabfolgung und Verwendung des verlangten Stempels zu beschränken, sondern er hat in allen Fällen eine selbständige und sorgfältige Prüfung der ihm zur Versteuerung vorgelegten Urkunden hinsichtlich ihrer Stempelpflichtigkeit vorzunehmen und danach den Stempel zu berechnen und zu entwerten, wenn die Entwertung innerhalb seiner Zuständigkeit liegt. Verweigert der Vorleger der Urkunde die Einsichtnahme, so muß die Prüfung unterbleiben. In diesem Falle sind auf der Urkunde die Worte „Einsicht der Urkunde verweigert" zu vermerken. Entstehen über die Höhe des Stempels Zweifel, so hat der Stempelverteiler den nach seiner Ansicht zum mindesten erforderlichen Stempel zu entwerten, wenn die Entwertung innerhalb seiner Zuständigkeit liegt; demnächst hat er dem vorgesetzten Hauptzollamt von dem Sachverhalt unter kurzer Darlegung der Zweifel und Angabe der Namen und des Wohnorts der Steuerpflichtigen Anzeige zu machen.

(3) Wird dem Stempelverteiler eine stempelpflichtige Verhandlung mit dem Antrage vorgelegt, sie als Nebenausfertigung (Duplikat, Nebenexemplar) zu versteuern, so ist nach der Nr. 6 Abs. 1 der Ausführungsbestimmungen zu verfahren.

(4) Wird dem Stempelverteiler eine stempelpflichtige Urkunde vorgelegt, zu welcher der erforderliche Stempel innerhalb der gesetzlichen Frist nicht beigebracht ist, so ist diese Urkunde in Urschrift oder in Abschrift dem vorgesetzten Hauptzollamt zur weiteren Veranlassung zu übermitteln. Kann die Urkunde in Urschrift oder Abschrift nicht eingereicht werden, so genügt eine kurze Angabe des Sachverhalts. Liegt die Versteuerung der Urkunde innerhalb der Zuständigkeit des Stempelverteilers, so hat er die Versteuerung vorher zu bewirken, andernfalls aber, wenn es tunlich ist, den hinterzogenen Stempelbetrag an das vorgesetzte Hauptzollamt abzuliefern.

(5) Verdorbene Stempelmaterialien dürfen auf anderweit zu entnehmende Stempelwertzeichen nicht in Zahlung genommen werden, sondern die den Ersatz Verlangenden sind gemäß der Nr. 27 der Ausführungsbestimmungen wegen ihrer Ansprüche an das zuständige Hauptzollamt zu verweisen.

§ 6.

(1) Nach § 1 Abs. 1 des Stempelsteuergesetzes unterliegen der Stempelsteuer nur Urkunden; mündlich verabredete Geschäfte und Verträge sind nicht stempelpflichtig mit alleiniger Ausnahme der in der Tarifstelle 481 erwähnten mündlichen Verträge über die Verpachtung oder Vermietung im Inlande gelegener unbeweglicher Sachen oder ihnen gleichgeachteter Rechte.

(2) Nur diejenigen Urkunden sind nach § 1 Abs. 2 des Gesetzes stempelpflichtig, welche mit dem Namen oder der Firma des Ausstellers unterzeichnet sind. Den unterschriftlich vollzogenen Urkunden stehen diejenigen gleich, unter welchen der Name oder die Firma des Ausstellers in seinem Auftrage unterschrieben oder mit seinem Wissen oder Willen durch Stempelaufdruck, Lithographie oder in irgendeiner anderen Art mechanisch hergestellt ist.

(3) Die Stempelpflichtigkeit einer Vertragsurkunde wird dadurch nicht ausgeschlossen, daß beide Vertragsteilnehmer nicht ein und dieselbe Schrift unterschriftlich vollzogen haben. Ein stempelpflichtiger Vertrag kann vielmehr auch dadurch zustande kommen, daß er in zwei Exemplaren errichtet wird und jeder Vertragsteilnehmer nur das dem anderen übergebene Vertrags-

exemplar allein und einseitig unterzeichnet hat. Diese beiden Schriftstücke bilden nur in Verbindung miteinander eine stempelpflichtige Urkunde und stehen in Beziehung auf die Stempelpflichtigkeit zueinander nicht in dem Verhältnis von Haupt- und Nebenausfertigung. Verträge sind nur dann stempelpflichtig, wenn sie mit der Unterschrift der sämtlichen Vertragschließenden versehen sind; Beurkundungen von Veräußerungen beweglicher Sachen sind jedoch nach der Tarifstelle 32 Abs. 5 der Stempelpflicht auch dann unterworfen, wenn sie nur von einem der Vertragschließenden unterzeichnet und dem anderen Vertragschließenden ausgehändigt sind.

§ 7.

(1) Für die Stempelpflichtigkeit einer Urkunde ist die Hinzufügung von Bedingungen ohne Bedeutung. Die Stempelpflichtigkeit einer Urkunde wird durch ihre Vernichtung, auch wenn diese innerhalb der gesetzlichen Stempelverwendungsfrist erfolgt, nicht beseitigt, ebensowenig wie die Wiederaufhebung eines Geschäfts die Stempelpflichtigkeit der über das Geschäft errichteten Urkunde in Wegfall zu bringen vermag (§ 3 des Stempelsteuergesetzes). Die Stempelpflichtigkeit der Verträge beruht deshalb auf ihrem schriftlichen Abschlusse, unabhängig davon, ob und unter welchen Bedingungen sie zur Ausführung kommen.

(2) Urkunden über Rechtsgeschäfte, aus deren Inhalt hervorgeht, daß sie der Genehmigung oder des Beitritts einer Behörde oder eines Dritten bedürfen, werden nach § 16 Abs. 3 des Gesetzes erst durch diese Genehmigung oder den Beitritt rechtswirksam und somit stempelpflichtig. Zu Urkunden, denen die erforderliche Genehmigung oder der Beitritt versagt ist, bedarf es daher keines Stempels.

(3) Enthält eine Urkunde verschiedene steuerpflichtige Geschäfte, welche sich nicht als Bestandteile eines einheitlichen, nach dem Tarif steuerpflichtigen Rechtsgeschäfts darstellen, so ist nach § 10 Abs. 2 des Gesetzes der Betrag des Stempels für jedes Geschäft besonders zu berechnen und die Urkunde mit der Summe dieser Stempelbeträge zu belegen.

§ 8.

Zur Darstellung der für die Entwertung von Stempelzeichen vorgeschriebenen Schwarzstempelabdrücke wird dem Stempelverteiler ein Amtsstempel (Schwarzstempel) und ein Schwärzungsapparat von dem vorgesetzten Hauptzollamt unentgeltlich verabfolgt; die erforderliche Stempelfarbe ist von dem gedachten Amt gegen Erstattung der Anschaffungskosten zu beziehen. Den Amtsstempel und den Schwärzungsapparat hat der Stempelverteiler bei seinem Ausscheiden dem Hauptzollamt zurückzugeben.

§ 9.

Der Stempelverteiler ist verpflichtet, sich zu jederzeit einer von Amts wegen vorzunehmenden Prüfung seiner Geschäftsführung zu unterwerfen. Bei Verletzung der vorstehenden Vorschriften hat er Rügen sowie den Verlust der Stempelverteilungsstelle zu gewärtigen.

Ort, Datum.

**Der Präsident der Königlichen Oberzolldirektion.**

Unterschrift.

**Beilage 2.**
(Zu § 31 des Gesetzes und Nr. 34 Abs. 1 der AusfBest.)

# Geschäftsbezirke der Stempelsteuerämter.

Für die Stempelsteuerämter bestehen die nachstehend angegebenen Geschäftsbezirke:

I. Provinz Ostpreußen:
das Stempel- und Erbschaftssteueramt Abteilung I, II, III in Königsberg für die Provinz Ostpreußen.

II. Provinz Westpreußen:
das Stempel- und Erbschaftssteueramt Abteilung I, II in Danzig für die Provinz Westpreußen.

III. Provinz Brandenburg:
das Stempel- und Erbschaftssteueramt Abteilung I—XII in Berlin für den Stadtkreis Berlin und die Provinz Brandenburg.

IV. Provinz Pommern:
das Stempel- und Erbschaftssteueramt Abteilung I, II, III in Stettin für die Provinz Pommern.

V. Provinz Posen:
das Stempel- und Erbschaftssteueramt Abteilung I, II, III in Posen für die Provinz Posen.

VI. Provinz Schlesien:
das Stempel- und Erbschaftssteueramt Abteilung I, II, III, IV, V, VI in Breslau
für die Provinz Schlesien.

VII. Provinz Sachsen:
das Stempel- und Erbschaftssteueramt Abteilung I, II, III, IV in Magdeburg
für die Provinz Sachsen, die zu den Provinzen Hannover und Hessen-Nassau gehörigen Kreise Ilfeld und Schmalkalden, sowie die preußischen Stempelprüfungsstellen im Großherzogtum Sachsen, in den Herzogtümern Braunschweig, Sachsen-Meiningen, Sachsen-Altenburg, Sachsen-Coburg-Gotha und Anhalt, in den Fürstentümern Schwarzburg-Sondershausen, Schwarzburg-Rudolstadt, Reuß älterer und jüngerer Linie und in der Stadt Leipzig.

VIII. Provinz Schleswig-Holstein:
das Stempel- und Erbschaftssteueramt Abteilung I, II, III in Altona für die Provinz Schleswig-Holstein.

IX. Provinz Hannover:
das Stempel- und Erbschaftssteueramt Abteilung I, II, III, IV in Hannover
für die Provinz Hannover, mit Ausnahme des dem Stempel- und Erbschaftssteueramte in Magdeburg unterstellten Kreises Ilfeld,

sowie die preußischen Stempelprüfungsstellen im Großherzogtum Oldenburg und in Bremen.

X. Provinz Westfalen:

das Stempel- und Erbschaftssteueramt Abteilung I, II, III, IV, V, VI in Münster

für die Provinz Westfalen und den zu der Provinz Hessen-Nassau gehörigen Kreis Grafschaft Schaumburg.

XI. Provinz Hessen-Nassau:

1. das Stempel- und Erbschaftssteueramt Abteilung I, II, III in Cassel

für den Regierungsbezirk Cassel mit Ausschluß der dem Stempel- und Erbschaftssteueramte in Magdeburg bzw. in Münster unterstellten Kreise Schmalkalden und Grafschaft Schaumburg, für den Regierungsbezirk Wiesbaden mit Ausnahme des Stadt- und Landkreises Frankfurt a. M. und für den zur Rheinprovinz gehörigen Kreis Wetzlar;

2. das Stempel- und Erbschaftssteueramt Abteilung I, II in Frankfurt a. M.

für den Stadt- und Landkreis Frankfurt a. M.

XII. Rheinprovinz:

1. das Stempel- und Erbschaftssteueramt in Aachen

für den Regierungsbezirk Aachen;

2. das Stempel- und Erbschaftssteueramt in Coblenz

für den Regierungsbezirk Coblenz mit Ausschluß des dem Stempel- und Erbschaftssteueramte in Cassel unterstellten Kreises Wetzlar;

3. das Stempel- und Erbschaftssteueramt Abteilung I, II in Cöln

für die Kreise Bergheim, Bonn Stadt und Land, Cöln Stadt und Land, Euskirchen, Mülheim a. Rhein Stadt und Land, Rheinbach und den Siegkreis des Regierungsbezirkes Cöln, sowie die Kreise Crefeld Stadt und Land, Grevenbroich, Kempen, München-Gladbach Stadt und Land, Neuß und Rheydt des Regierungsbezirkes Düsseldorf;

4. das Stempel- und Erbschaftssteueramt Abteilung I, II in Düsseldorf

für die Kreise Cleve, Dinslaken, Duisburg, Düsseldorf Stadt und Land, Essen Stadt und Land, Geldern, Mörs, Mülheim a. d. Ruhr Stadt und Land, Oberhausen und Rees des Regierungsbezirkes Düsseldorf;

5. das Stempel- und Erbschaftssteueramt in Elberfeld

für die Kreise Barmen, Elberfeld, Lennep, Mettmann, Remscheid und Solingen Stadt und Land, des Regierungsbezirkes Düsseldorf, sowie die Kreise Gummersbach, Waldbroel und Wipperfürth des Regierungsbezirkes Cöln;

6. das Stempel- und Erbschaftssteueramt in Trier

für den Regierungsbezirk Trier.

---

Die Einteilung des Stempelsteueramts nach Abteilungen hat nur Bedeutung für den inneren Dienst.

**Beilage 3.**

(Zu § 31 des Gesetzes und Nr. 34 Abs. 1 der AusfBest.)

# Geschäftsanweisung
für die
# Vorstände der Stempelsteuerämter.

§ 1.

Die Aufsicht über die Befolgung des Stempelsteuergesetzes wird von den Vorständen der Stempel- und Erbschaftssteuerämter wahrgenommen, zu deren besonderen Obliegenheiten die Vornahme der Stempelprüfungen innerhalb der ihnen zugewiesenen Geschäftsbezirke gehört. Sie haben innerhalb ihres Geschäftsbereichs die Verwaltung nach den vom Finanzminister zu erlassenden Dienst- und Geschäftsanweisungen und nach den Anordnungen der Oberzolldirektion selbständig und unter eigener Verantwortung zu leiten.

§ 2.

Für jeden Geschäftsbezirk ist ein vollständiges, von der Oberzolldirektion zu genehmigendes Verzeichnis der von dem Vorstande zu prüfenden Stellen anzulegen und unter Berücksichtigung der im Laufe der Zeit eintretenden Änderungen (Zu- und Abgänge) fortzuführen. Auf der Grundlage dieses Verzeichnisses hat der Vorstand alljährlich und zwar spätestens im Monat März einen Geschäftsplan über die vorzunehmenden Stempelprüfungen zu entwerfen und dem Präsidenten zur Genehmigung vorzulegen. Für die Aufstellung dieses Planes sind die Bestimmungen der Nr. 34 Abs. 7 der Ausführungsbestimmungen maßgebend.

§ 3.

(1) Die Oberzolldirektionen haben Vorsorge zu treffen, daß die Geschäftsführung der Stempelsteuerämter nicht während der Dienstreisen oder anderweiter dauernder Behinderung der Vorstände unterbrochen wird und die dieserhalb erforderlichen Anordnungen zu erlassen.

(2) Der Abteilungsvorstand eines Stempelsteueramtes wird während seiner Abwesenheit oder Behinderung durch einen anderen Abteilungsvorstand oder den Justitiar der Oberzolldirektion vertreten; wo Abteilungen nicht bestehen, kann die Vertretung des Vorstandes einem der ihm unterstellten Beamten und zwar, wenn nicht besondere Umstände zu einer anderen Auswahl nötigen, dem im Dienste ältesten übertragen werden, wobei der Vertreter bezüglich des Umfanges der von ihm wahrzunehmenden Geschäfte des Vorstandes mit der erforderlichen Anweisung zu versehen ist. Diese Vertretung sowie die Wahl des für die Vertretung in Aussicht genommenen Beamten bedarf der Genehmigung der Oberzolldirektion.

(3) Zur Vermeidung von Störungen im Geschäftsgange ist darauf hinzuwirken, daß die Vorstände zur Vornahme auswärtiger Stempelprüfungen nicht Reisen von längerer Dauer unternehmen, sondern, wenn auch öfter, jedesmal nur auf kürzere Zeit ihren Amtssitz verlassen. Das Ziel und die voraussichtliche

Dauer jeder Reise ist der Oberzolldirektion anzuzeigen. Der Antritt der Reise darf nicht eher erfolgen, als bis sich die Oberzolldirektion mit ihr einverstanden erklärt und die Vertretung sowie die Wahl des für die Vertretung in Aussicht genommenen Beamten genehmigt hat.

§ 4.

(1) Die Vorstände haben sich bei Beginn der Stempelprüfung zunächst eine allgemeine Kenntnis von der Art und dem Umfange des Geschäftsverkehrs der zu prüfenden Stellen zu verschaffen und zu diesem Zweck bei Gesellschaften, Genossenschaften und Gewerkschaften die Geschäftsberichte, Rechnungs- und Vermögensabschlüsse (Bilanzen), Satzungen und ähnliche Hilfsmittel, bei Behörden und Beamten die Jahresrechnungen und die Verzeichnisse über die im einzelnen geführten Akten (Repertorien) einzusehen. Auf Grund dieser Durchsicht müssen in erster Linie diejenigen Akten und Verhandlungen einer genauen Prüfung unterworfen werden, welche in stempelsteuerlicher Hinsicht von besonderer Wichtigkeit sind.

(2) Die Prüfung hat sich sowohl auf die allgemeinen, den zu prüfenden Stellen hinsichtlich der Anwendung der Stempelgesetze obliegenden Verpflichtungen, als auf die vorschriftsmäßige Versteuerung der stempelpflichtigen Verhandlungen und Urkunden im einzelnen zu erstrecken. Ob und inwieweit zur Erreichung dieses Zwecks die Einsicht des Schriftwechsels, der Kassen- und Rechnungsbelege usw. und namentlich der Geschäftsbücher erforderlich ist, bleibt dem pflichtmäßigen Ermessen der Vorstände überlassen. Die Prüfung ist auch auf die vorschriftsmäßige Versteuerung der im Stempelsteuerinteresse geführten Verzeichnisse (der Verzeichnisse, betreffend die Verwendung von Stempelmarken ohne amtliche Überwachung, die Versteuerung von Erlaubniserteilungen usw.), der Jagdscheinkontrollisten und auf die Feststellung der Unterlagen für die Versteuerung durch Zahlung jährlicher Abfindungssummen auszudehnen.

§ 5.

(1) Schriftliche oder mündliche Verträge über die Verpachtung der Jagd (Tarifstelle 48 I Nr. 2) bedürfen mit Rücksicht auf ihre finanzielle Bedeutung sorgfältiger Überwachung. Deshalb sind bei den Jagdvorstehern, welche diese Verträge als Verpächter abschließen und die Eigenschaft von Behörden haben,*) auf Grund des § 31 Abs. 2 des Stempelsteuergesetzes regelmäßige Stempelprüfungen abzuhalten und bei diesem Anlaß die Jagdpachtverträge in bezug auf ihre ordnungsmäßige Versteuerung zu prüfen (§§ 20 u. ff. der Jagdordnung vom 15. Juli 1907, GS. S. 207 und Nr. 16ff. der Ausführungsanweisung zur Jagdordnung vom 29. Juli 1907, MBl. d. Handels- u. GewVerw. S. 297, MBl. f. Landw., Domänen usw. S. 279; vgl. auch Nr. 78 Abs. 6 der AusfBest. zum Stempelsteuergesetz).

(2) Bei den Stempelprüfungen der Aktiengesellschaften, Kommanditgesellschaften auf Aktien und Gesellschaften m. b. H. ist ein besonderes Augenmerk auf die nachträgliche Versteuerung der auf das ursprüngliche und später erhöhte Grund- oder Stammkapital oder die Nachschüsse geleisteten Teilzahlungen (Tarif-

*) Anmerkung. In der Provinz Hannover haben die Jagdvorsteher die Eigenschaft von Behörden nur, soweit sie gleichzeitig Gemeindevorsteher sind. Nur insoweit unterliegen daher in dieser Provinz die Jagdvorsteher den regelmäßigen Stempelprüfungen.

stelle 25a Abs. 3) und auf die Nachversteuerung infolge späterer Erhöhungen (Tarifstelle 25a Abs. 2) zu richten. — In den diese Gesellschaften betreffenden Stempelprüfungsverhandlungen ist deshalb zu vermerken, ob und welche Teilzahlungen vorgekommen und ob sie vorschriftsmäßig versteuert worden sind (vgl. Nr. 62 Abs. 2 der Ausführungsbestimmungen). Haben nachträgliche Erhöhungen des Grund- oder Stammkapitals stattgefunden, die nach der Tarifstelle 25a Abs. 2 eine Nachentrichtung von Stempelabgaben erforderlich machen, so ist zu vermerken, ob die Nachversteuerung bewirkt ist.

§ 6.

Wiederholt vorgekommene mißbräuchliche Benutzungen entwerteter Stempelmarken, die von den Urkunden, zu denen sie gehören, abgelöst und unter Änderung der Entwertungsvermerke zu anderen Schriftstücken verwendet worden sind, lassen es notwendig erscheinen, die bei den Stempelprüfungen vorgefundenen Urkunden auch daraufhin zu prüfen, ob die verwendeten Marken sich auf ihnen noch in unversehrtem Zustande befinden. Dies gilt namentlich für diejenigen Prüfungsstellen, bei denen Schriftstücke mit entwerteten Stempelzeichen in Mengen aufbewahrt werden, wie es bei den Notaren und Versicherungsgesellschaften der Fall ist. Wo wegen der Kürze der zur Verfügung stehenden Zeit eingehende Prüfungen nicht durchführbar sind, müssen wenigstens probeweise Prüfungen vorgenommen werden. In den Verhandlungen, betreffend die Stempelprüfungen bei Notaren und Versicherungsgesellschaften, ist zu vermerken, für welchen Zeitraum solche Prüfungen stattgefunden und zu welchem Ergebnis sie geführt haben.

§ 7.

Bei den Stempelprüfungen der Zollbehörden haben die Vorstände insbesondere die Verzeichnisse über die Versteuerung der Automaten und Musikwerke (Tarifstelle 11a des Gesetzes) und die von den Zollbehörden aufbewahrten Pacht- und Mietverzeichnisse (Tarifstelle 48 I des Gesetzes) nachzuprüfen.

§ 8.

Um übersehen zu können, welche Akten der geprüften Stelle bereits geprüft sind, hat der Vorstand auf jedes von ihm geprüfte Aktenstück die Worte: „Gepr. bis Bl. . . . . .“, seinen Namen oder dessen Anfangsbuchstaben und das Datum zu setzen. Ferner sind alle im Stempelinteresse zu führenden Verzeichnisse (Stempelsteuerbücher, Verzeichnisse, betreffend die Überwachung der Versteuerung von Erlaubnisscheinen, Jagdscheinkontrollisten usw.) vom Vorstande mit Datum, Unterschrift und Prüfungsvermerk zu versehen.

§ 9.

Wegen der Aufstellung und Abwickelung der Prüfungserinnerungen haben die Vorstände nach der Vorschrift des zweiten bis vierten Absatzes der Nr. 34 der Ausführungsbestimmungen zu verfahren.

§ 10.

Die den Oberzolldirektionen alljährlich zugehenden Berichte der Rechnungs-Revisoren über die Prüfung des Stempelansatzes bei den Gerichten (§ 23 Abs. 1 der allg. Verf. über gerichtl. Landesstempelsachen) sind seitens der Vorstände mit Rücksicht auf die Übereinstimmung der von beiden Verwaltungszweigen über die Urkundenbesteuerung zu beobachtenden Grundsätze zu prüfen.

§ 11.

Die Vorstände sind verpflichtet, in Gemäßheit der Anordnung der Nr. 77 Abs. 2 und Nr. 78 Abs. 6 der Ausführungsbestimmungen alljährlich eine Anzahl von Pacht-, Jagdpacht- und Mietverzeichnissen einzufordern und zu prüfen.

§ 12.

Wegen der Befugnis der Vorstände, von Privatpersonen die Vorlegung stempelpflichtiger Verhandlungen zu verlangen, wird auf den § 31 Abs. 4 des Stempelsteuergesetzes und die Nr. 35 der Ausführungsbestimmungen verwiesen.

§ 13.

Zur Niederschlagung begründeter Prüfungserinnerungen und gesetzlich gerechtfertigter Stempelsteuern sind die Vorstände der Stempelsteuerämter nicht befugt. Wenn jedoch der Betrag der nachgeforderten Stempelbeträge in keinem angemessenen Verhältnis zu den mit der Einziehung verbundenen Weiterungen und Kosten steht, so kann auf Grund der allgemeinen Verfügung des Finanzministers vom 19. Februar 1907 III 2577 von der Einforderung Abstand genommen werden. In solchen Fällen genügt es, wenn in der Stempelprüfungsverhandlung die zu geringe Stempelverwendung nachrichtlich vermerkt wird.

§ 14.

(1) Die Registratur der Stempelsteuerämter ist ordnungsmäßig und nach einem bestimmten Plane zu führen, dessen Entwerfung den Vorständen überlassen bleibt.

(2) Zum Gebrauch in Dienstangelegenheiten werden die Vorstände mit einem Dienstsiegel versehen.

**Beilage 4.**

(Zur Tarifstelle 48 I Nr. 1 und 3 und Nr. 71 Abs. 1 der AusfBest.)

# Pacht- und Mietverzeichnis

## für d...... Kalenderjahr... 19......

betreffend..... Grundstück....

in .................................... Nummer ........ d .................................... Straße (Platzes)

„ .................................... „ ........ „ .................................... „ „

„ .................................... „ ........ „ .................................... „ „

„ .................................... „ ........ „ .................................... „ „

„ .................................... „ ........ „ .................................... „ „

---

**Bemerkungen.**

1. Vom 1. Juli 1909 ab sind nicht nur schriftliche, sondern auch mündliche Verträge über die Verpachtung oder Vermietung im Inlande gelegener unbeweglicher Sachen oder ihnen gleichgeachteter Rechte stempelpflichtig, falls der jährliche Pacht- oder Mietzins mehr als 360 ℳ und bei der Verpachtung von unbeweglichen Sachen zur land- und forstwirtschaftlichen Nutzung mehr als 300 ℳ beträgt. Ein Stempel kommt jedoch nicht in Ansatz, wenn der für die Gesamtdauer des Vertragsverhältnisses zu entrichtende Pacht- oder Mietzins den Betrag von 150 ℳ nicht übersteigt.

2. (a) Für schriftliche oder mündliche Verträge über die Verpachtung oder Vermietung im Inlande gelegener unbeweglicher Sachen oder ihnen gleichgeachteter Rechte sind, insoweit nicht die Vorschrift unter Nr. 3 dieser Bemerkungen über die Verpachtung unbeweglicher Sachen zur land- und forstwirtschaftlichen Nutzung Anwendung findet, an Stempel zu entrichten, wenn der verabredete, nach der Dauer eines Jahres zu berechnende Pacht- oder Mietzins (dem die in Geld vereinbarten Vergütungen des Pächters oder Mieters für besondere Leistungen des Verpächters oder Vermieters z. B. für die Reinigung der Schornsteine, die Müllabfuhr, die Beleuchtung der Treppen und Flure, die Hausreinigung, die Warmwasserversorgung usw. hinzuzurechnen sind) beträgt:*)

---

*) Anmerkung. Bezüglich der vor dem 1. Juli 1909 errichteten schriftlichen Pacht- und Mietverträge finden die unter Ziffer 2 und 3 dieser Bemerkungen aufgeführten Steuersätze hinsichtlich der über den 30. Juni 1909 hinaus sich erstreckenden Pacht- und Mietdauer mit der Maßgabe Anwendung, daß ein Drittel des Stempelbetrages für die ursprüngliche Gültigkeitsdauer des Vertrages unerhoben bleibt.

**Mustereintragungen siehe Seite 458 u. 459.**

K 15. (früher K o.) Pacht- und Mietverzeichnis. (Titel.)

| | | | | | |
|---|---|---|---|---|---|
| mehr als | 360 M, | aber nicht mehr als | 400 M | $^{1}/_{10}$ v. H. |
| „ „ | 400 | „ „ „ „ „ | 500 „ | $^{2}/_{10}$ v. H. |
| „ „ | 500 | „ „ „ „ „ | 1000 „ | $^{3}/_{10}$ v. H. |
| „ „ | 1000 | „ „ „ „ „ | 2000 „ | $^{4}/_{10}$ v. H. |
| „ „ | 2000 | „ „ „ „ „ | 3000 „ | $^{5}/_{10}$ v. H. |
| „ „ | 3000 | „ „ „ „ „ | 4000 „ | $^{6}/_{10}$ v. H. |
| „ „ | 4000 | „ „ „ „ „ | 5000 „ | $^{7}/_{10}$ v. H. |
| „ „ | 5000 | „ „ „ „ „ | 6000 „ | $^{8}/_{10}$ v. H. |
| „ „ | 6000 | „ „ „ „ „ | 7000 „ | $^{9}/_{10}$ v. H. |
| „ „ | 7000 | „ „ „ „ „ | 8000 „ | 1 v. H. |
| „ „ | 8000 | „ „ „ „ „ | 9000 „ | $1^{1}/_{10}$ v. H. |
| „ „ | 9000 | „ „ „ „ „ | 10000 „ | $1^{2}/_{10}$ v. H. |
| „ „ | 10000 | „ „ „ „ „ | 11000 „ | $1^{3}/_{10}$ v. H. |
| „ „ | 11000 | „ „ „ „ „ | 12000 „ | $1^{4}/_{10}$ v. H. |
| „ „ | 12000 | „ „ „ „ „ | 13000 „ | $1^{5}/_{10}$ v. H. |
| „ „ | 13000 | „ „ „ „ „ | 14000 „ | $1^{6}/_{10}$ v. H. |
| „ „ | 14000 | „ „ „ „ „ | 16000 „ | $1^{7}/_{10}$ v. H. |
| „ „ | 16000 | „ „ „ „ „ | 18000 „ | $1^{8}/_{10}$ v. H. |
| „ „ | 18000 | „ „ „ „ „ | 20000 „ | $1^{9}/_{10}$ v. H. |
| „ „ | 20000 | . . . . . . . . . . . . . . | | 2 v. H. |

(b) Betrifft das Mietverhältnis Räume, die für gewerbliche oder berufliche Zwecke bestimmt sind, so bleiben 50 vom Hundert der nach den vorstehenden Sätzen zu berechnenden Stempelabgabe unerhoben.

(c) Betrifft ein Mietverhältnis zum Teil Räume, die für gewerbliche oder berufliche Zwecke bestimmt sind, zum Teil andere Räume, so tritt die Ermäßigung von 50 v. H. nur ein, wenn in dem unter Ziffer 6 dieser Bemerkungen angeführten Verzeichnis eine entsprechende Trennung des Mietzinses gemacht ist. Die Trennung kann auch nachträglich bis zum Ablauf des Januar, in welchem das Verzeichnis einzureichen ist, von den hierzu Verpflichteten schriftlich oder zu Protokoll der Zollbehörde erklärt werden. Bei Vorausbezahlung der Abgabe (vgl. Ziff. 7 dieser Bemerkungen) kann die Trennung in der angegebenen Form innerhalb einer Frist von einem Monat nach der Versteuerung des Verzeichnisses noch nachträglich vorgenommen werden. Trägt die Zollbehörde Bedenken, die Trennung als richtig anzunehmen, so finden die §§ 6, 7 und 27 Abs. 3 des Stempelsteuergesetzes Anwendung.

(d) Stempelpflichtig sind auch schriftliche oder mündliche Verträge über die Vermietung möblierter Zimmer; steuerfrei sind dagegen Mietverträge, durch die Gastwirte oder Zimmervermieter Fremde zur Beherbergung aufnehmen.

3. Für schriftliche oder mündliche Verträge über die Verpachtung im Inlande gelegener, unbeweglicher Sachen zur land- und forstwirtschaftlichen Nutzung sind an Stempel zu entrichten, wenn der verabredete, nach der Dauer eines Jahres zu berechnende Pachtzins (dem der Wert in Geld vereinbarter Nebenleistungen hinzuzurechnen ist) beträgt:*)

---

*) Vgl die Anm. auf der vorigen Seite.

| | | |
|---|---|---|
| mehr als 300 ℳ, aber nicht mehr als 3000 ℳ, | $^1/_{10}$ v. H. |
| „ „ 3000 „ „ „ „ „ „ 30000 „ | $^2/_{10}$ v. H. |
| „ „ 30000 „ . . . . . . . . . . . . | $^3/_{10}$ v. H. |

4. Wenn Pacht- oder Mietverträge vor Ablauf der vertragsmäßig festgesetzten Zeit ihr Ende erreichen, ist der Stempel nur für die Zeit bis zur Beendigung der Verträge zu entrichten.

5. Mehrere zwischen denselben Vertragsbeteiligten innerhalb eines Jahres geschlossene Pacht- oder Mietverträge gelten hinsichtlich der Stempelpflichtigkeit als ein einheitlicher Pacht- oder Mietvertrag, wenn anzunehmen ist, daß der Abschluß der mehreren Verträge zur Vermeidung des höheren Steuersatzes oder zur Erlangung der Steuerfreiheit gewählt worden ist.

6. Die Versteuerung der schriftlichen oder mündlichen Pacht- oder Mietverträge erfolgt in der Art, daß jeder Verpächter oder Vermieter nach Schluß eines jeden Kalenderjahres die während dessen Dauer in Geltung gewesenen Verträge einzeln in ein nach dem umseitigen Muster aufzustellendes Verzeichnis einträgt, die Richtigkeit der Eintragungen nach Maßgabe der am Schluß des Musters vorgeschriebenen Erklärung versichert und das Verzeichnis spätestens bis zum Ablauf des auf das Kalenderjahr folgenden Januar je nach seiner Wahl einem Hauptzollamt, Zollamt oder Stempelverteiler in demjenigen Oberzolldirektionsbezirk, in dem die verpachteten oder vermieteten unbeweglichen Sachen (Grundstücke) belegen sind oder der Verpächter oder Vermieter seinen Wohnort hat, unter Einzahlung des erforderlichen Stempelbetrages zur Versteuerung vorlegt. Versteuerungen schon vor Beginn des Januar sind zulässig und müssen von den Zollstellen jederzeit entgegengenommen werden. Auf Antrag kann den Verpächtern oder Vermietern die Versteuerung der Verträge durch das Verzeichnis ohne amtliche Überwachung auf Widerruf gestattet werden. Über den Antrag entscheidet dasjenige Hauptzollamt, in dessen Geschäftsbezirk die Grundstücke belegen sind.

7. Die Vorausbezahlung der Stempelabgabe auf einen über das Kalenderjahr hinausgehenden Zeitraum ist zulässig; die Versteuerung kann schon vor Beginn desjenigen Januar, in dem sonst die Versteuerung vorgenommen werden müßte, bewirkt werden. Die im § 11 des Stempelsteuergesetzes vorgeschriebene Abrundung auf 0,50 ℳ findet unter Zugrundelegung des für jeden Pacht- oder Mietvertrag erforderlichen Gesamtbetrages der im voraus entrichteten Stempelabgabe statt. Die infolge vorzeitiger Beendigung der Verträge zuviel entrichteten Stempel werden auf Antrag erstattet.

8. Die in den Verzeichnissen zu machenden Angaben können auf Verlangen bei den Hauptzoll- und Zollämtern zu Protokoll erklärt werden; die Stempelverteiler sind zur Entgegennahme protokollarischer Erklärungen nicht ermächtigt.

9. Die Verzeichnisse sind 5 Jahre lang aufzubewahren. Auf Verlangen erfolgt die Aufbewahrung durch die Zollbehörde.

10. Sind in schriftlichen Pacht- oder Mietverträgen noch andere besonders stempelpflichtige Geschäfte (§ 10 Abs. 2 des Gesetzes) beurkundet, z. B.

Vereinbarungen, inhalts deren die Entscheidung etwaiger Rechtsstreitigkeiten durch Schiedsrichter oder durch ein an sich unzuständiges Gericht erfolgen soll, so sind die Vertragsurkunden innerhalb der im § 16 des Gesetzes bestimmten Frist von zwei Wochen einer Zollstelle zur Versteuerung dieser noch besonders stempelpflichtigen Geschäfte vorzulegen. Die Verpflichtung zur Verzeichnisversteuerung der Pacht- oder Mietverträge (der Hauptverträge) wird hierdurch nicht berührt.

11. Wer den Vorschriften bezüglich der Verpflichtung zur Entrichtung der Stempelsteuer für Pacht- oder Mietverträge zuwiderhandelt, hat eine Geldstrafe verwirkt, welche dem zehnfachen Betrage des hinterzogenen Stempels gleichkommt, mindestens aber 30 ℳ beträgt. Ergibt sich aus den Umständen, daß eine Steuerhinterziehung nicht beabsichtigt worden ist, so tritt eine Ordnungsstrafe bis zu 300 ℳ ein.

| Laufende Nummer | Name und Stand des Pächters oder Mieters | Tag des Vertragsabschlusses. Schriftlicher oder mündlicher Abschluß? | Zeitpunkt, bis zu dem die Vertragschließenden am **30. Juni 1909** an den Vertrag (Spalte 3) gebunden waren (nur auszufüllen **bei schriftlichen** vor dem 1. Juli 1909 errichteten Verträgen) | Dauer des Vertragsverhältnisses während des abgelaufenen Kalenderjahres; bei Vorausversteuerung Angabe des zu versteuernden Zeitraumes | **Pachtverträge** | | | | | |
|---|---|---|---|---|---|---|---|---|---|---|
| | | | | | Jährlicher Pachtzins (vgl. Bemerk. 2 a) | | Zu versteuernder Pachtzins (nach den Spalten 5 und 6) | | | |
| | | | | | | | Land- und forstwirtschaftliche Nutzung | | Nutzung anderer Art | |
| | | | | | ℳ | ₰ | ℳ | ₰ | ℳ | ₰ |
| 1 | 2 | 3 | 4 | 5 | 6 | | 7 | | 8 | |

| Mietverträge | | | | | | | | Betrag des Stempels. (Der Stempel ist aufzurechnen) | | Berechnung des Stempels. (Zur Ausfüllung der Spalte 14 sind die Aussteller der Verzeichnisse nicht verpflichtet) |
|---|---|---|---|---|---|---|---|---|---|---|
| Jährlicher Mietzins | | | | Zu versteuernder Mietzins | | | | | | |
| Im ganzen (vgl. Bemerk. 2a) | | Davon für gewerbliche oder berufliche Zwecke | | Im ganzen (nach den Spalten 5 und 9) | | Davon für gewerbliche oder berufliche Zwecke (nach den Spalten 5 und 10) | | | | |
| ℳ | ₰ | ℳ | ₰ | ℳ | ₰ | ℳ | ₰ | ℳ | ₰ | |
| 9 | | 10 | | 11 | | 12 | | 13 | | 14 |
| | | | | | | | | | | |
| | | | | | | | | | | |
| | | | | | | | | | | |
| | | | | | | | | | | |
| | | | | | | | | | | |

Daß außer den vorstehend aufgeführten Pacht- und Mietverträgen, an denen ich als Verpächter oder Vermieter beteiligt gewesen bin, keine anderen Verträge im abgelaufenen Kalenderjahre in Geltung gewesen sind, die in dieses Verzeichnis einzutragen gewesen wären, versichere ich.

(Ort) ........................................, den ..........ten ....................19........

(Vor- und Zuname sowie Stand des Verpächters oder Vermieters ........................................

**Muster-**

| Laufende Nummer | Name und Stand des Pächters oder Mieters | Tag des Vertragsabschlusses. Schriftlicher oder mündlicher Abschluß? | Zeitpunkt, bis zu dem die Vertragschließenden am **30. Juni 1909** an den Vertrag (Spalte 3) gebunden waren (nur auszufüllen bei **schriftlichen**, vor dem 1. Juli 1909 erricht. Verträgen) | Dauer des Vertragsverhältnisses während des abgelaufenen Kalenderjahres; bei Vorausversteuerung Angabe des zu versteuernden Zeitraumes | **Pachtverträge** | | | | | |
|---|---|---|---|---|---|---|---|---|---|---|
| | | | | | Jährlicher Pachtzins (vgl. Bemerk. 2a) | | Zu versteuernder Pachtzins (nach den Spalten 5 u. 6) | | | |
| | | | | | | | Land- und forstwirtschaftliche Nutzung | | Nutzung anderer Art | |
| | | | | | M | Pf | M | Pf | M | Pf |
| 1 | 2 | 3 | 4 | 5 | 6 | | 7 | | 8 | |
| *1* | *Schmidt, Gastwirt* | *1. 10. 08 schriftlich* | *30. 9. 10* | *1. 1. bis 30. 9. 10* | *4000* | — | — | — | *3000* | — |
| *2* | *Lange, Gutsbesitzer* | *1. 4. 08 schriftlich* | *30. 9. 10* | *1. 1. bis 30. 9. 10* | *4000* | — | *3000* | — | — | — |
| *3* | *Wende, Kaufmann* | *1. 10. 08 schriftlich* | *30. 9. 10* | *1. 1. bis 30. 9. 10* | — | — | — | — | — | — |
| *4* | *Müller, Rentier* | *1. 4. 09 mündlich* | — | *1. 1. bis 31. 12. 10* | — | — | — | — | — | — |
| *5* | *Schulz, Fabrikant* | *1. 4. 10 schriftlich* | — | *1. 7. bis 31. 12. 10* | — | — | — | — | — | — |
| *6* | *Sperling, Kapitän* | *1. 4. 10 schriftlich* | — | *1. 4. 10 bis 31. 12. 12 (Vorausversteuerung)* | — | — | — | — | — | — |

## eintragungen

| Mietverträge | | | | | | | | Betrag des Stempels. (Der Stempel ist aufzurechnen) | | Berechnung des Stempels. (Zur Ausfüllung der Spalte 14 sind die Aussteller der Verzeichnisse nicht verpflichtet) |
|---|---|---|---|---|---|---|---|---|---|---|
| Jährlicher Mietzins | | | | Zu versteuernder Mietzins | | | | | | |
| Im ganzen (vgl. Bemerk. 2 a) | | Davon für gewerbliche oder berufliche Zwecke | | Im ganzen (nach den Spalten 5 und 9) | | Davon für gewerbliche oder berufliche Zwecke (nach den Spalten 5 und 10) | | | | |
| ℳ | ₰ | ℳ | ₰ | ℳ | ₰ | ℳ | ₰ | ℳ | ₰ | |
| 9 | | 10 | | 11 | | 12 | | 13 | | 14 |
| — | — | — | — | — | — | — | — | *12* | — | *$^{6}/_{10}$ v. H. von 3000 Mk. = 18 Mk. weniger $^{1}/_{3}$ (Bem. 2 Anmerkung) . . . . . . . . . 6 „ bleiben 12 Mk.* |
| — | — | — | — | — | — | — | — | *4* | — | *$^{2}/_{10}$ v. H. von 3000 Mk. = 6 Mk. weniger $^{1}/_{3}$ (Bem. 2 Anmerkung) . . . . . . . . . 2 „ bleiben 4 Mk.* |
| *2400* | — | *2000* | — | *1800* | — | *1500* | — | *3* | *50* | *$^{5}/_{10}$ v. H. von 1800 Mk. = 9 Mk. Von diesen 9 Mk. gehen ab 50 v. H. des auf die gewerbliche Miete entfallenden Stempels ($^{5}/_{10}$ v. H. von 1500 Mk. = 7,50 Mk.) mit 3,75 Mk., so daß verbleiben 5,25 Mk. Von diesem Betrage ist weiter $^{1}/_{3}$ mit 1,75 Mk. zu kürzen (Bem. 2 Anmerkung), so daß verbleiben 3,50 Mk.* |
| *2500* | — | — | — | *2500* | — | — | — | *12* | *50* | *$^{5}/_{10}$ v. H. von 2500 Mk. = 12,50 Mk. (Die Anmerkung der Bemerk. 2 findet auf mündliche Verträge keine Anwendung.)* |
| *10000* | — | *10000* | — | *5000* | — | *5000* | — | *30* | — | *1 $^{2}/_{10}$ v. H. von 5000 Mk. = 60 Mk., davon ab 50 v. H. = 30 Mk., bleiben 30 Mk.* |
| *900* | — | — | — | *2475* | — | — | — | *7* | *50* | *$^{3}/_{10}$ v. H. von 2475 Mk. = 7,43 Mk. abgerundet auf 7,50 Mk.* |
| | | | | | | | | *69* | *50* | |

*Daß außer den vorstehend aufgeführten Pacht- und Mietverträgen, an denen ich als Verpächter oder Vermieter beteiligt gewesen bin, keine anderen Verträge im abgelaufenen Kalenderjahre in Geltung gewesen sind, die in dieses Verzeichnis einzutragen gewesen wären, versichere ich.*

**Berlin,** *den 4. Januar 1911.* **Richard Müller,** *Kaufmann.*

**Beilage 5.**

(Zur Tarifstelle 481 Nr. 2 und Nr. 78 Abs. 1 der AusfBest.)

# Jagdpachtverzeichnis

## für d...... Kalenderjahr.... 19.......

betreffend

die Verpachtung der Jagd auf den Grundstücken d...............................................

..........................................................................................

..........................................................................................

..........................................................................................

---

**Bemerkungen.**

1. Vom 1. Juli 1909 ab sind nicht nur schriftliche, sondern auch **mündliche** Jagdpachtverträge oder mündliche Verträge über die Erlaubnis zum Abschusse jagdbarer Tiere gegen Entgelt der Stempelsteuer unterworfen, falls der jährliche Pachtzins oder das jährliche Entgelt mehr als 300 *M* beträgt. Ein Stempel kommt jedoch nicht in Ansatz, wenn der für die Gesamtdauer des Vertragsverhältnisses zu entrichtende Pachtzins oder das für diesen Zeitraum zu entrichtende Entgelt den Betrag von 150 *M* nicht übersteigt.

2. (a) An Stempel sind zu entrichten, wenn der verabredete, nach der Dauer eines Jahres zu berechnende Pachtzins oder das Entgelt (wobei die in Geld vereinbarten Vergütungen für besondere Leistungen hinzuzurechnen sind) beträgt:*)

| | | | |
|---|---|---|---|
| mehr als 300 *M*, | aber nicht mehr als | 500 *M* | 2 v. H. |
| „ „ 500 „ | „ „ „ „ | 1500 „ | 3 v. H. |
| „ „ 1500 „ | „ „ „ „ | 3000 „ | 5 v. H. |
| „ „ 3000 „ | „ „ „ „ | 6000 „ | 7 v. H. |
| „ „ 6000 „ | „ „ „ „ | 8000 „ | 9 v. H. |
| „ „ 8000 „ | . . . . . . . . . . . . . | | 10 v. H. |

(b) Verträge über die Pachtung von gemeinschaftlichen Jagdbezirken unterliegen jedoch, sofern der verabredete, nach der Dauer eines

**Mustereintragungen siehe Seite 466 u. 467.**

Jahres zu berechnende Pachtzins den Betrag von 1500 *M* nicht übersteigt und als Pächter ausschließlich solche Inländer auftreten, welche im Gemeindebezirk ihren Wohnsitz haben und zu den Jagdgenossen des Jagdbezirks gehören, nur einem Stempel von $^{3}/_{10}$ v. H. des Pachtzinses.*)

(c) Schriftliche oder mündliche Verträge über die Erlaubnis zum Abschusse jagdbarer Tiere gegen Entgelt stehen den Jagdpachtverträgen gleich, mit der Maßgabe, daß das innerhalb des laufenden Kalenderjahres zu zahlende Entgelt an die Stelle des nach der Dauer eines Jahres zu berechnenden Pachtzinses tritt. Sie unterliegen indessen einem Mindeststempel von jährlich 15 *M*.

(d) Enthält ein schriftlicher oder mündlicher Vertrag neben sonstigen Vereinbarungen auch Vereinbarungen über die Verpachtung der Jagd oder über Berechtigungen zum Abschusse jagdbarer Tiere gegen Entgelt, so ist der auf diese Vereinbarungen entfallende Teil des Entgelts nach den Vorschriften über Jagdpachtverträge zu versteuern. Das Entgelt ist in das unter Ziffer 5 dieser Bemerkungen angeführte Verzeichnis einzutragen. Trägt die Zollbehörde Bedenken, dieses Entgelt als richtig anzunehmen, so finden die §§ 6, 7 und 27 Abs. 3 des Stempelsteuergesetzes entsprechende Anwendung.

3. Wenn Jagdpacht- oder Abschußverträge vor Ablauf der vertragsmäßig festgesetzten Zeit ihr Ende erreichen, ist der Stempel nur für die Zeit bis zur Beendigung der Verträge zu entrichten.

4. Mehrere zwischen denselben Vertragsbeteiligten innerhalb eines Jahres geschlossene Jagdpacht- oder Abschußverträge gelten hinsichtlich der Stempelpflichtigkeit als ein einheitlicher Vertrag, wenn anzunehmen ist, daß der Abschluß der mehreren Verträge zur Vermeidung des höheren Steuersatzes oder zur Erlangung der Steuerfreiheit gewählt worden ist.

5. Die Versteuerung der schriftlichen oder mündlichen Jagdpacht- oder Abschußverträge erfolgt in der Art, daß jeder Verpächter (Erlaubniserteiler) nach Schluß eines jeden Kalenderjahres die während dessen Dauer in Geltung gewesenen Verträge einzeln in ein nach dem umseitigen Muster aufzustellendes Verzeichnis einträgt, die Richtigkeit der Eintragungen nach Maßgabe der am Schluß des Musters vorgeschriebenen Erklärung

---

*) Anmerkung. Bezüglich der vor dem 1. Juli 1909 errichteten schriftlichen Jagdpachtverträge finden die unter Ziffer 2 dieser Bemerkungen aufgeführten Steuersätze hinsichtlich der über den 30. Juni 1909 hinaus sich erstreckenden Pachtdauer mit der Maßgabe Anwendung, daß ein Drittel des Stempelbetrages für die ursprüngliche Gültigkeitsdauer des Vertrages unerhoben bleibt.

versichert und das Verzeichnis **spätestens** bis zum Ablauf des auf das Kalenderjahr folgenden Januar je nach seiner Wahl einem Hauptzollamt oder Zollamt desjenigen Oberzolldirektionsbezirks, in dem die verpachteten Grundstücke belegen sind oder der Verpächter (Erlaubniserteiler) seinen Wohnort hat, unter Einzahlung des erforderlichen Stempelbetrages zur Versteuerung vorlegt. Die Vorlegung der Verzeichnisse kann auch bei einem Stempelverteiler des Oberzolldirektionsbezirks erfolgen, jedoch sind die Stempelverteiler nur zur Versteuerung von Verzeichnissen befugt, die einen Stempel von nicht mehr als 100 ℳ erfordern. Versteuerungen schon vor Beginn des Januar sind zulässig und müssen von den Zollbehörden und Stempelverteilern jederzeit entgegengenommen werden. Statt die Versteuerung durch die Zollbehörden vornehmen zu lassen, steht es den Jagdvorstehern (in der Provinz Hannover, soweit sie gleichzeitig Gemeindevorsteher sind) als Behörden nach Abs. 16 der Tarifstelle 48 I auch frei, die Versteuerung der von ihnen zu führenden Verzeichnisse selbst zu bewirken.

6. Die Vorausbezahlung der Stempelabgabe auf einen über das Kalenderjahr hinausgehenden Zeitraum ist zulässig; die Versteuerung der Verzeichnisse kann schon vor Beginn desjenigen Januar, in dem sonst die Versteuerung vorgenommen werden müßte, bewirkt werden. Die im § 11 des Stempelsteuergesetzes vorgeschriebene Abrundung auf 0,50 ℳ findet unter Zugrundelegung des für jeden Pacht- oder Abschußvertrag erforderlichen Gesamtbetrages der im voraus entrichteten Stempelabgabe statt. Die infolge vorzeitiger Beendigung der Verträge zuviel entrichteten Stempel werden auf Antrag erstattet.

7. Die in den Verzeichnissen zu machenden Angaben können auf Verlangen bei den Hauptzoll- und Zollämtern zu Protokoll erklärt werden; die Stempelverteiler sind zur Entgegennahme protokollarischer Erklärungen nicht ermächtigt.

8. Die Verzeichnisse sind fünf Jahre lang aufzubewahren. Auf Verlangen erfolgt die Aufbewahrung durch die Zollbehörde.

9. Sind in schriftlichen Jagdpacht- oder Abschußverträgen noch andere besonders stempelpflichtige Geschäfte (§ 10 Abs. 2 des Gesetzes) beurkundet, z. B. Vereinbarungen, inhalts deren die Entscheidung etwaiger Rechtsstreitigkeiten durch Schiedsrichter oder durch ein an sich unzuständiges Gericht erfolgen soll, so sind die Vertragsurkunden innerhalb der im § 16 des Gesetzes bestimmten Frist von zwei Wochen einer Zollstelle zur Versteuerung dieser noch besonders stempelpflichtigen Geschäfte vorzulegen. Die Verpflichtung zur Verzeichnisversteuerung der Jagdpacht-

oder Abschußverträge (der Hauptverträge) wird hierdurch nicht berührt. Enthält ein Abschußvertrag zugleich einen Mietvertrag, so ist letzterer zusammen mit dem Abschußvertrage durch das Jagdpachtverzeichnis zu versteuern.

10. (a) Wer den Vorschriften bezüglich der Verpflichtung zur Entrichtung der Stempelsteuer für Jagdpacht- und Abschußverträge zuwiderhandelt, hat eine Geldstrafe verwirkt, welche dem zehnfachen Betrage des hinterzogenen Stempels gleichkommt, mindestens aber 30 ℳ beträgt. Ergibt sich aus den Umständen, daß eine Steuerhinterziehung nicht beabsichtigt worden ist, so tritt eine Ordnungsstrafe bis zu 300 ℳ ein.

(b) Beamte, welche den ihnen durch das Stempelsteuergesetz oder den zu dessen Ausführung erlassenen Vorschriften zuwiderhandeln, sind mit einer Ordnungsstrafe bis zum Betrage des nicht verwendeten Stempels, jedoch nicht über 150 ℳ, zu belegen.

| Laufende Nummer | Name und Wohnort des Pächters oder Abschußberechtigten | 1. Eigen- oder gemeinschaftlicher Jagdbezirk? 2. Letzterenfalls Angabe, ob Pächter im Gemeindebezirk wohnt und Jagdgenosse ist | Tag des Vertragsabschlusses. Schriftlicher oder mündlicher Abschluß? | Zeitpunkt, bis zu dem die Vertragschließenden am **30. Juni 1909** an den Vertrag (Spalte 4) gebunden waren (nur auszufüllen bei **schriftlichen** vor dem 1. Juli 1909 errichteten Jagdpachtverträgen) | Art des Vertrages (Jagdpacht- oder Abschußerlaubnisvertrag) | Dauer des Vertragsverhältnisses während des abgelaufenen Kalenderjahres; bei Vorausversteuerung Angabe des zu versteuernden Zeitraums | Jagdpachtzins | | | |
|---|---|---|---|---|---|---|---|---|---|---|
| | | | | | | | Jährlicher | | zu versteuernder | |
| | | | | | | | ℳ | ₰ | ℳ | ₰ |
| 1 | 2 | 3 | 4 | 5 | 6 | 7 | 8 | | | |
| | | | | | | | | | | |
| | | | | | | | | | | |
| | | | | | | | | | | |
| | | | | | | | | | | |
| | | | | | | | | | | |
| | | | | | | | | | | |
| | | | | | | | | | | |
| | | | | | | | | | | |

| Zu versteuerndes Abschußentgelt | | | | | | Betrag des Stempels. (Der Stempel ist aufzurechnen) | | Berechnung des Stempels. (Zur Ausfüllung der Spalte 11 sind die Aussteller der Verzeichnisse nicht verpflichtet) |
|---|---|---|---|---|---|---|---|---|
| Gesamtentgelt | | Davon entfällt auf | | | | | | |
| | | Abschußentgelt | | sonstige Vereinbarungen | | | | |
| ℳ | ₰ | ℳ | ₰ | ℳ | ₰ | ℳ | ₰ | |
| 9 | | | | | | 10 | | 11 |
| | | | | | | | | |
| | | | | | | | | |
| | | | | | | | | |
| | | | | | | | | |

Daß außer den vorstehend aufgeführten Jagdpacht- und Abschußerlaubnisverträgen, an denen ich als Verpächter oder Erlaubniserteiler beteiligt gewesen bin, keine anderen Verträge im abgelaufenen Kalenderjahre in Geltung gewesen sind, die in dieses Verzeichnis einzutragen gewesen wären, versichere ich.

(Ort) ................................, den ........ten .................. 19......

(Vor- und Zuname sowie Stand des Verpächters — Erlaubniserteilers —:) ..........................................

**Muster-**

| Laufende Nummer | Name und Wohnort des Pächters oder Abschußberechtigten | 1. Eigen- oder gemeinschaftlicher Jagdbezirk? 2. Letzterenfalls Angabe, ob Pächter im Gemeindebezirk wohnt und Jagdgenosse ist | Tag des Vertragsabschlusses. Schriftlicher oder mündlicher Abschluß? | Zeitpunkt, bis zu dem die Vertragschließenden am **30. Juni 1909** an den Vertrag (Spalte 4) gebunden waren (nur auszufüllen bei **schriftlichen** vor d. 1. Juli 1909 errichtet. Jagdpacht-Verträgen) | Art des Vertrages (Jagdpacht- oder Abschußerlaubnisvertrag) | Dauer des Vertragsverhältnisses während des abgelaufenen Kalenderjahres; bei Vorausversteuerung Angabe des zu versteuernden Zeitraumes |
|---|---|---|---|---|---|---|
| 1 | 2 | 3 | 4 | 5 | 6 | 7 |
| *1* | *Karl Neumann zu X.* | *zu 1. Gemeinschaftlicher Bezirk; zu 2. nein!* | *1. 7. 03 schriftlich* | *30. 9. 10* | *Jagdpacht* | *1 1. 10 bis 30. 9. 10* |
| *2* | *Johann Wende zu X.* | *zu 1. Gemeinschaftlicher Bezirk; zu 2. ja!* | *1. 7. 03 schriftlich* | *30. 9. 10* | *Jagdpacht* | *1. 1. 10 bis 30. 9. 10* |
| *3* | *Ernst Höpfner zu X.* | *zu 1. Gemeinschaftlicher Bezirk; zu 2. nein!* | *1. 7. 10 mündlich* | — | *Miete und Abschuß* | *1. 7. 10 bis 30. 11. 10* |
| *4* | *Georg Bender zu X.* | *zu 1. Gemeinschaftlicher Bezirk zu 2. nein!* | *1. 7. 10 mündlich* | — | *desgl.* | *1. 7. 10 bis 30. 11. 10* |
| *5* | *Heinrich Jaeger zu X.* | *zu 1. Gemeinschaftlicher Bezirk; zu 2. ja!* | *1. 7. 10 mündlich* | — | *Abschuß* | *1. 7. 10 bis 30. 11. 10* |

## eintragungen

| Jagdpachtzins | | | | Zu versteuerndes Abschußentgelt | | | | | | Betrag des Stempels (Der Stempel ist aufzurechnen) | | Berechnung des Stempels. (Zur Ausfüllung der Spalte 11 sind die Aussteller der Verzeichnisse nicht verpflichtet) |
|---|---|---|---|---|---|---|---|---|---|---|---|---|
| Jährlicher | | zu versteuernder | | Gesamtentgelt | | Davon entfällt auf: Abschußentgelt | | Davon entfällt auf: sonstige Vereinbarungen | | | | |
| M | Pf | M | Pf | M | Pf | M | Pf | M | Pf | M | Pf | |
| 8 | | | | 9 | | | | | | 10 | | 11 |
| 8000 | — | 6000 | — | — | — | ... | — | — | — | 360 | — | *9 v. H. von 6000 Mk. (Bem. 2 Buchst. a) = 540 Mk. davon ab 1/3 (Bem. 2 Anmerk.) . . . . . 180 „*<br>*360 Mk.*<br>*Der Stempel ist derselbe bei der Verpachtung des Eigenjagdbezirkes oder im Falle der Bejahung der Frage 2 in Spalte 3.* |
| 1500 | — | 1125 | — | — | — | — | — | — | — | 2 | 50 | *3/10 v. H. von 1125 Mk. (Bem. 2 Buchst. b) = 3,38 Mk. davon ab 1/3 (Bem. 2 Anmerk.) . . . . . . 1,13 „*<br>*2,25 Mk.*<br>*abgerundet gemäß § 11 Stempelsteuerges. auf 2,50 Mk.* |
| — | — | — | — | 450 | — | 350 | — | 100 (Miete) | — | 15 | — | *Mindeststempel (Bemerkung 2 Buchst. c).*<br>*(Der Mietvertrag ist steuerfrei — Tarifstelle 48 I Abs. 7 Ziffer 1 und Abs. 18 des Stempelsteuergesetzes).* |
| — | — | — | — | 710 | — | 510 | — | 200 (Miete) | — | 16 | — | *3 v. H. von 510 Mk. (Bemerk. 2 Buchst. a, c u. d) = 15,30 Mk. abgerundet gemäß § 11 Stempelsteuerges. auf . . . 15,50 Mk., 2/10 v. H. von 200 Mk. (Miete) = 40 Pf., abgerundet auf . . . . . 0,50 „*<br>*16,— Mk.* |
| — | — | — | — | 600 | — | 600 | — | — | — | 18 | — | *3 v. H. von 600 Mk. = 18 Mk. (Bemerk. 2 Buchst. a u. c; die Ermäßigung Bemerk. 2 Buchst. b findet auf Abschußverträge keine Anwendung)* |
| | | | | | | | | | | 411 | 50 | |

*Daß außer den vorstehend aufgeführten Jagdpacht- und Abschußerlaubnisverträgen, an denen ich als Verpächter oder Erlaubniserteiler beteiligt gewesen bin, keine anderen Verträge im abgelaufenen Kalenderjahre in Geltung gewesen sind, die in dieses Verzeichnis einzutragen gewesen wären, versichere ich.*

**Bersenbrück,** *den 4. Januar 1911.* **Karl Schroeder,** *Gutsbesitzer.*

# Allgemeine Verfügung des Justizministers und des Finanzministers über gerichtliche Landesstempelsachen vom 28. Juli 1910.*)

(JMBl. S. 299.)

An Stelle der Allgemeinen Verfügung vom 6. Juli 1909 (JMBl. S. 239) treten vom 1. Oktober 1910 ab folgende Vorschriften:

## I. Einziehung der Stempel als Gerichtskosten.

### § 1. Gerichtliche Urkunden.

Soweit nach den Vorschriften der §§ 2, 101 DGKG. (RGBl. 1898 S. 659) und des § 29 PrGKG. für gerichtliche Urkunden Stempel zu erheben sind, sind sie nicht in Natur zu verwenden, sondern nach den für Gerichtsgebühren geltenden Vorschriften (§§ 30, 118 PrGKG.) einzuziehen.

2. Stempel sind zu erheben:

a) für die im zweiten Abschnitte des ersten Teiles des PrGKG. bezeichneten gerichtlichen Urkunden (§ 56 PrGKG.); der auf dem Geschäfte ruhende Stempel wird für die Urschrift erhoben; die erste Ausfertigung ist stempelfrei, für weitere Ausfertigungen wird der Stempel nach der Tarifstelle 16 (Duplikate) LStG. erhoben.

Wegen des Stempelansatzes für gerichtliche Beurkundungen, die aus Anlaß des Ersuchens eines anderen Gerichts erfolgen, gilt die Allgemeine Verfügung vom 6. Januar 1905 (JMBl. S. 8);

b) für Auflassungen und Anträge auf Eintragung der Begründung oder Übertragung von Erbbaurechten oder sonstigen Rechten, welche ein Grundbuchblatt erhalten können, sowie für Anträge auf Umschreibung von Gesellschaftseigentum auf den Namen eines Gesellschafters in den Fällen, in denen nach den Vorschriften des bürgerlichen Rechtes eine Auflassung nicht erforderlich ist — Tarifstelle 8 LStG. —, für Anträge auf Eintragung einer Hypothek oder

*) Abgekürzt: LStV. Vgl. Allgem. Vfgg. des JM. und des FM. vom 14. 3. 12 über die Einziehung der Reichsstempelabgabe für Grundstücksübertragungen zu den Gerichtskosten JBl. S. 74.

Grundschuld (Rentenschuld) oder wiederkehrenden Geldleistung — Tarifstelle 58 III daselbst —, der Abtretung einer Hypothek oder Grundschuld — Tarifstelle 2 Abs. 4 daselbst —, der Verpfändung einer Hypothek oder Grundschuld oder wiederkehrenden Geldleistung — Tarifstelle 58 III daselbst — und eines Nießbrauchs an unbeweglichen Sachen oder ihnen gleichgeachteten Rechten — Tarifstelle 44 daselbst — (§ 70 PrGKG.);

c) für Bescheinigungen oder beglaubigte Abschriften aus gerichtlichen Registern, soweit für die Erteilung eine Gebühr nicht bestimmt ist (§ 109 Abs. 2 PrGKG.); hiernach ist ein Stempel zu erheben für Bescheinigungen und beglaubigte Abschriften aus den Genossenschaftsregistern, den Schiffsregistern, den Registern für Wassergenossenschaften und den Vorrechtsregistern, dagegen ist kein Stempel zu erheben für Bescheinigungen und beglaubigte Abschriften aus den Handelsregistern, den Vereinsregistern, den Güterrechtsregistern, den Standesregistern oder Kirchenbüchern und den Musterregistern. Die nach § 11 Abs. 4 des Genossenschaftsgesetzes vom 20. Mai 1898 (RGBl. S. 810) auf die der Genossenschaft zurückzugebende Abschrift des Statuts zu setzende Bescheinigung der erfolgten Eintragung ist stempelfrei, weil diese Bescheinigung von Amts wegen, nicht auf Veranlassung der Genossenschaft (§ 12a LStG.) erteilt wird; stempelfrei ist auch die nach der angeführten Bestimmung des Genossenschaftsgesetzes erfolgende gerichtliche Beglaubigung der Abschrift des Statuts. In Vereinsregistersachen ist für die nach § 66 BGB. erforderliche Beglaubigung der bei den Gerichtsakten verbleibenden Satzung ein Stempel nicht anzusetzen;

d) für Ausfertigungen oder beglaubigte Abschriften stempelpflichtiger Urkunden in Angelegenheiten der freiwilligen Gerichtsbarkeit, welche gemäß § 113 Abs. 2 PrGKG. dem tarifmäßigen Stempel unterliegen;

e) für den Beschluß, durch welchen im Verfahren der Zwangsversteigerung der Zuschlag erteilt wird (§ 126 a. a. O.).

3. Der Stempel für die zu gerichtlichem Protokoll erklärten oder ihrem Inhalte nach anerkannten Pacht- und Mietverträge ist nicht als Gerichtsgebühr zu berechnen; die Versteuerung dieser Verträge erfolgt in Gemäßheit der Tarifstelle 48 I LStG. mittels des dort vorgeschriebenen Pacht- und Mietverzeichnisses. Sind dagegen in den genannten Verträgen noch besondere Nebenverträge enthalten, welche den Stempel der Tarifstelle 71 Nr. 2 Abs. 1 erfordern, so sind diese Stempel als Gerichtsgebühr zu berechnen.

4. Bei Verfügungen von Todes wegen, die in der Weise errichtet werden, daß der Erblasser dem Richter eine Schrift übergibt (§ 2238 Abs. 1 BGB.), werden die Stempel in demselben Umfange zu den Gerichtsgebühren eingezogen wie bei gerichtlich aufgenommenen Testamenten. Dies gilt auch dann, wenn die Schrift verschlossen übergeben wird. Der für den Stempelansatz erforderlichen Wertberechnung sind die Angaben des Steuerpflichtigen zugrunde zu legen. Die Vorschriften des § 7 LStG. finden in Ansehung des Testamentsstempels vor Eröffnung der Verfügung keine Anwendung (Tarifstelle 66 Nr. 1 Abs. 3 LStG.). Die Verjährungsfristen der Abs. 1 und 3 des § 27 LStG. beginnen für den nach Tarifstelle 66 zu entrichtenden Stempel erst nach Ablauf des Kalenderjahrs, in welchem die Eröffnung der Verfügung erfolgt (§ 27 Abs. 4 LStG.).

5. Wegen der Versteuerung gerichtlicher Urkunden in den Fällen, in denen auf Grund stempelgesetzlicher Vorschriften eine Stundung eintritt, wird auf den Abschnitt II (§§ 11 und 12) dieser Verfügung verwiesen.

6. Für Auflassungen und Eintragungsanträge kommen die Vorschriften unter I nur insoweit zur Anwendung, als nicht ein anderes besonders bestimmt ist (vgl. hierzu Abschnitt III).

7. Für die in Angelegenheiten der Justizverwaltung errichteten Urkunden (z. B. Lieferungsverträge, Bestallungen) ist der Stempel nicht in Natur zu verwenden, sondern bei den Gerichtskosten zu vereinnahmen. Dies gilt insbesondere auch von den gemäß Tarifstelle 48 I zu versteuernden, von den Justizbehörden als Verpächter oder Vermieter abgeschlossenen Pacht- und Mietverträgen.

## § 2. Außergerichtliche Urkunden.

(1) Die im § 30 PrGKG. für die Versteuerung gerichtlicher Urkunden gegebenen Vorschriften finden gemäß § 31 zur Erleichterung der Rechtsuchenden auf eine Reihe außergerichtlicher Urkunden Anwendung, wenn diese Urkunden unversteuert oder nicht genügend versteuert bei Gericht eingereicht werden. Danach wird die Stempelsteuer, wie bei gerichtlichen Urkunden, in folgenden Fällen als Gerichtsgebühr vereinnahmt:

a) wenn zum Gebrauche bei Gericht bestimmte Vollmachten (Tarifstelle 73), amtliche Zeugnisse (Tarifstelle 77), Schätzungen von Grundstücken, insofern sie wegen eines Privatinteresses unter Aufsicht einer öffentlichen Behörde aufgenommen werden (Tarifstelle 64), und Vermögensverzeichnisse, welche zum Gebrauche bei stempelpflichtigen Urkunden dienen (Tarifstelle 30), ohne den vorgeschriebenen Stempel bei Gericht eingereicht werden.

Sind gemäß § 499 Abs. 2 StrPO. die Kosten der Verteidigung des Angeschuldigten der Staatskasse auferlegt, so ist ein Stempel für die Vollmacht nicht anzusetzen;

b) wenn behufs Ausschließung des Auflassungsstempels oder des für die Eintragung, Abtretung oder Verpfändung einer Hypothek oder Grundschuld (Rentenschuld) zu entrichtenden Wertstempels die Urkunden über das der Auflassung oder Eintragung zugrunde liegende Rechtsgeschäft ohne den vorgeschriebenen Stempel vorgelegt werden; wegen der Stempelpflicht privatschriftlicher Verträge über die Veräußerung von Grundstücken sind die allgemeinen Verfügungen des Finanzministers vom 12. Februar 1900 und des Justizministers vom 2. März 1900 (ZBl. S. 97, JMBl. S. 63) zu beachten.

Die Vereinnahmung eines zur Urschrift einer notariellen Urkunde zu wenig verwendeten Stempels zu den Gerichtskosten ist auch dann zulässig, wenn dem Gerichte nur eine Ausfertigung oder eine beglaubigte Abschrift der Urkunde vorgelegt wird (AVf. vom 7. Mai 1901 — JMBl. S. 115, ZBl. S. 144 —). Die Zuständigkeit der Gerichtsbehörden zur Nachforderung der Stempel zu solchen Urkunden ist indessen keine ausschließliche. Auch der Zollbehörde — und namentlich den Vorständen der Stempelsteuerämter bei der Stempelprüfung — steht die Befugnis zu, zu wenig verwendete Stempel einzuziehen und in Natur zu entwerten, selbst wenn feststeht, daß die Urkunden dem Gerichte vorgelegen haben (AVf. vom 3. Oktober 1904 — JMBl. S. 265 —, FME. vom 17. September 1904 — ZBl. S. 229 —);

c) wenn Anträge auf Eintragung eines Nießbrauchs an unbeweglichen Sachen ohne den vorgeschriebenen Stempel vorgelegt werden;

d) wenn Verfügungen von Todes wegen zur amtlichen Verwahrung*) überreicht werden;

e) wenn Urkunden zur gerichtlichen Vollziehung, Anerkennung des Inhalts oder Sicherstellung der Zeit der Ausstellung bei Gericht eingereicht werden; werden Urkunden zur Anerkennung oder Beglaubigung einer Unterschrift oder eines Handzeichens vorgelegt, so ist ein von der Urkunde zu erhebender Stempel zu den Gerichtskosten nur einzuziehen, wenn die Beteiligten damit einverstanden sind, daß das Gericht von dem Inhalte der Urkunde Kenntnis nimmt;

f) wenn privatschriftliche und notarielle Urkunden, welche ihre Gültigkeit erst durch die gerichtliche Genehmigung oder Bestätigung erlangen, insbesondere Verträge über die Annahme an Kindes Statt,

---

*) oder Eröffnung. Vgl. A 8b zu T. 66.

zur Erteilung dieser Genehmigung oder Bestätigung bei Gericht eingereicht werden. Werden Urkunden dieser Art, welche bereits von den Gerichten genehmigt sind, bei denen aber die Einziehung des Stempels bei den Gerichtskosten versehentlich unterlassen ist, einer Zollstelle zur Besteuerung vorgelegt, oder erhält diese auf anderem Wege Kenntnis von solchen Urkunden, so wird dem zuständigen Gericht Anzeige erstattet werden, welches die Nachversteuerung durch die Gerichtsschreiberei zu veranlassen hat;

g) für die im Auslande geschlossenen Gesellschaftsverträge, welche die Errichtung gleicher oder ähnlicher Gesellschaften, wie die in Tarifstelle 25a und b bezeichneten, zum Gegenstande haben, sofern die Gesellschaften ihren Sitz im Inlande nehmen oder im Inland eine Zweigniederlassung errichten, und für die im Auslande geschlossenen Verträge über Erhöhungen des Grund- oder Stammkapitals solcher Gesellschaften. Im Falle der Errichtung einer Zweigniederlassung berechnet sich der Stempel nach dem Werte des Anlage- und Betriebskapitals der inländischen Zweigniederlassung, im Falle der Erhöhung des Grund- oder Stammkapitals nach demjenigen Betrage, der zu dem Betrage der Erhöhung des Kapitals in demselben Verhältnisse steht, wie der Wert des inländischen Anlage- und Betriebskapitals zu dem Werte des gesamten Anlage- und Betriebskapitals (Tarifstelle 25a Abs. 5 und Tarifstelle 25b Abs. 2 a). Der Stempel wird nur erhoben, wenn eine Eintragung in das Handelsregister erfolgt ist;

h) wenn Satzungen ohne den vorgeschriebenen Stempel zu einem gerichtlichen Register überreicht werden hinsichtlich des nach der Tarifstelle 25b Nr. 2 und e Nr. 2 zu erhebenden Feststempels von fünf Mark.

2. Bei gerichtlich genehmigten Urkunden ist die Einziehung des Stempels zu den Gerichtskosten schon vor dem Beginne der im § 16 Abs. 3 LStG. bestimmten Frist zulässig (AVf. vom 3. Oktober 1904 — JMBl. S. 265 —, FME. vom 17. September 1904 — ZBl. S. 229 —).

3. Wenn ein Rechtsgeschäft von mehreren Vormundschaftsgerichten, insbesondere auch von außerpreußischen Vormundschaftsgerichten zu genehmigen ist, so ist der Stempel bei demjenigen Gericht anzusetzen, welches zuletzt seine Genehmigung ausspricht. Wird die letzte Genehmigung von einem außerpreußischen Gericht erteilt, so muß die Vorschrift des § 31 PrGKG. außer Anwendung bleiben, und es ist der Stempel in Stempelzeichen zu verwenden; für den Beginn der Verwendungsfrist ist in diesem Falle die Vorschrift des § 16 Abs. 3 LStG. maßgebend.

4. In den Fällen zu a bis e und zu h hat die Gerichtsschreiberei, wenn die Einreichung der stempelpflichtigen Schriftstücke nicht innerhalb der gesetzlichen Stempellösungsfristen (§ 16 LStG.) erfolgt ist, eine Abschrift der Urkunde oder ihres für die Stempelpflichtigkeit in Betracht kommenden Teiles oder eine den wesentlichen Inhalt der Urkunde enthaltende Mitteilung unter Benachrichtigung von dem bei den Gerichtskosten in Rechnung gestellten oder vereinnahmten Stempelbetrage dem zuständigen Hauptzollamte zugehen zu lassen. Dasselbe gilt im Falle zu f, wenn die Urkunde das Erfordernis der gerichtlichen Genehmigung nicht erkennen läßt und infolgedessen die Stempelpflicht schon vor Erteilung der gerichtlichen Genehmigung begründet ist.

5. Der Stempel für Auflassungen und für die im § 1 bezeichneten Eintragungsanträge wird auch dann unter Beachtung der Vorschriften des Abschnitts III dieser Verfügung bei dem das Grundbuch führenden Gerichte zu den Gerichtskosten vereinnahmt, wenn die Auflassung oder der Eintragungsantrag nicht von diesem Gerichte beurkundet ist.

6. Werden fehlende Stempel zu notariellen Urkunden nach den für die Gerichtsgebühren geltenden Vorschriften eingezogen, so hat der Gerichtsschreiber den Notar, welcher die Urkunde aufgenommen hat, hiervon zu benachrichtigen. Die Mitteilung erfolgt bei Aufstellung der Kostenrechnung durch frankierte Postkarte. Der Notar hat einen entsprechenden Vermerk auf die Urkunde zu setzen.

## § 3. Verfahren bei der Einziehung des Stempels im allgemeinen.

Die Berechnung und Einziehung der als Gerichtsgebühr zu behandelnden Stempelbeträge erfolgt wie die Berechnung und Einziehung der Gerichtsgebühren nach den Vorschriften der Kassenordnung.

## § 4. Zahlungspflicht.

Die Vorschriften der §§ 1 und 2 PrGKG. finden nach § 30 daselbst auf die Stempelabgaben keine Anwendung. An die Stelle dieser Vorschriften treten die §§ 12, 13 LStG. Daneben bleiben aber in Geltung die Bestimmungen der §§ 3 (Entnahme aus der Masse), 4 (freiwillige Übernahme) und 5 (Haftung Dritter) des PrGKG.

## § 5. Befreiungen.

1. Für die sachlichen und persönlichen Befreiungen von der Stempelsteuer kommen nicht § 7 und § 8 PrGKG., sondern die §§ 4 und 5 LStG. zur Anwendung. Dagegen erstreckt sich die den Gerichten und den Aufsichtsbehörden in § 10 PrGKG. beigelegte Befugnis zur Niederschlagung von

Gerichtskosten und Gewährung von Gebühren- und Auslagenfreiheit auch auf die Stempelabgaben.

2. Bei jedem Oberlandesgericht ist ein Verzeichnis derjenigen Stiftungen zu führen, welche als milde Stiftungen anerkannt sind. Zu diesem Zwecke wird die Geheime Kalkulatur des Justizministeriums von jeder Anerkennung einer milden Stiftung der Gerichtsschreiberei des Oberlandesgerichts, in dessen Bezirke die Stiftung ihren Sitz hat, Nachricht geben.

3. Wenn ein Registergericht Kenntnis davon erhält, daß eine der in § 5 Abs. 1g LStG. aufgeführten Gesellschaften oder Genossenschaften ihr Statut und damit auch zugleich ihre Zwecke in der Weise ändert, daß die Voraussetzungen für die Befreiung von der Stempelsteuer nicht mehr zutreffen, so hat es dem zuständigen Stempelsteueramte hiervon Mitteilung zu machen. Dieses stellt auf Grund der von der Gesellschaft oder Genossenschaft geführten Akten die fehlenden Stempelbeträge fest und teilt sie, soweit sie nach den bestehenden Vorschriften zu den Gerichtskosten einzuziehen und noch nicht verjährt sind, dem Amtsgerichte mit, welches die Einziehung zu veranlassen hat.

4. Über die Zulässigkeit der in § 2 Abs. 3 LStG. erwähnten Anrechnung der in einem anderen Bundesstaat entrichteten Stempel und der in § 5 Abs. 2 und 3 a. a. O. erwähnten Stempelsteuerbefreiungen entscheidet, insoweit als Gerichtsgebühr einzuziehende Stempel in Frage kommen, der Justizminister.

### § 6. Berechnung und Ermittelung des für den Stempelansatz maßgebenden Wertes.

1. Die materiellen Grundsätze für die Wertberechnung enthalten das Stempelsteuergesetz, insbesondere § 6 dieses Gesetzes, und der Stempeltarif.

2. Bei der Berechnung des Wertstempels für Veräußerungsgeschäfte (Tarifstelle 32) ist zu beachten, daß, wenn auf dem veräußerten Gegenstand ein Nießbrauchsrecht lastet, zu dessen Beseitigung der Veräußerer nicht verpflichtet ist (Nr. 4 Abs. 2 a. a. O.), der Stempel von dem Werte des veräußerten Gegenstandes zu berechnen ist, sofern dieser Wert den nach dem ersten Absatze der Tarifstelle 32 zu berechnenden Betrag der Gegenleistung übersteigt. Diese Bestimmung findet jedoch nur auf Nießbrauchsrechte, nicht auf sonstige dingliche Lasten (Altenteile, Vorkaufsrechte) Anwendung, zu deren Beseitigung der Verkäufer nicht verpflichtet ist. Werden derartige, zur Zeit der Veräußerung bereits auf dem veräußerten Grundstücke haftende Lasten von dem Käufer übernommen, so vermindert sich der Wert des Gegenstandes in Höhe des Wertes der übernommenen Last.

3. Für die Ermittelung des Wertes des Gegenstandes, nach welchem gemäß Tarifstelle 32 Abs. 2 Nr. 2 der Stempel für den Zuschlagsbeschluß im Zwangsversteigerungsverfahren zu berechnen ist, gelten folgende besondere Vorschriften:

a) Soweit für den Stempel zum Zuschlagsbeschlusse der Wert des Gegenstandes in Betracht kommt, wird er in der Regel nach dem Ermessen des Vollstreckungsgerichts ohne eine Inanspruchnahme der Zollverwaltung festgesetzt.

Das Vollstreckungsgericht wird in den meisten Fällen selbst in der Lage sein, den Wert des Gegenstandes in einer für die Stempelberechnung ausreichenden Weise zu bestimmen. Als Unterlagen für eine Wertfestsetzung können die aus den Grundakten ersichtlichen letzten Erwerbspreise, die mit dem Versteigerungsantrag eingereichten Katasterauszüge und etwaige von anderen Behörden einzuholende kurze Auskünfte tatsächlicher Art dienen. Insbesondere kann das Gericht den Vorsitzenden der Einkommensteuerveranlagungskommission um Auskunft über die Einschätzung des Grundstücks zur Ergänzungssteuer ersuchen. Für die Anfrage ist das sinngemäß abzuändernde Formular I dieser Verfügung (zu § 17) zu benutzen. Hat der Vorsitzende der Kommission aus besonderen Gründen Bedenken gegen die Richtigkeit der in den Schätzungsbogen enthaltenen Wertangabe, z. B. weil die Veranlagung vor geraumer Zeit stattgefunden hat oder der Grundstückswert sich infolge von Bebauungen, Teilungen oder anderen Umständen geändert hat, so wird er die Bedenken in seinem Antwortschreiben zum Ausdrucke bringen.

Die für die Wertfestsetzung erforderlichen Maßnahmen sind frühzeitig zu treffen und tunlichst zu beschleunigen. Es ist zu beachten, daß eine rechtzeitige Ermittelung des Wertes des Gegenstandes auch im Interesse des Kostenansatzes notwendig ist, weil der Gebührenberechnung aus § 125 Nr. 1, 2, 3 PrGKG. ein höherer Wert als der bei Berechnung des geringsten Gebots angenommene nur dann zugrunde gelegt werden darf, wenn er spätestens im Versteigerungstermine bekannt gemacht worden ist.

Der Betrag, auf welchen der Wert des Gegenstandes festgesetzt worden ist, ist in den Akten zu vermerken. Auf Verlangen ist er den Beteiligten bekannt zu machen.

b) Erachtet das Gericht ausnahmsweise eine Nachprüfung des von ihm ermittelten und der Berechnung der Kosten zugrunde gelegten

Wertes im Stempelinteresse für geboten, so kann es nach Erlaß des Zuschlagsbeschlusses das Hauptzollamt um die erforderlichen Ermittelungen ersuchen. Von einem solchen Ersuchen ist ohne Rücksicht auf die Höhe des Wertgegenstandes allgemein abzusehen, wenn die dem Kostenansatze zugrunde gelegte Wertfestsetzung dem Gerichte bedenkenfrei erscheint; übersteigt der von dem Gericht angenommene Wert des Gegenstandes in Städten über 20000 Einwohner 30000 ℳ, im übrigen 15000 ℳ nicht, so ist das Hauptzollamt nur dann zu ersuchen, wenn ausnahmsweise ganz besondere Gründe dies angezeigt erscheinen lassen. Das Ersuchen muß die Angaben des Formulars I dieser Verfügung enthalten und darüber Aufschluß geben, welche Maßnahmen zwecks Wertermittelung bisher getroffen sind, welches Ergebnis sie gehabt haben und welche Bedenken gegen die Richtigkeit des Ergebnisses bestehen.

c) Sobald aus irgendeinem Grunde ein an das Hauptzollamt gerichtetes Ersuchen um Wertermittelung sich erledigt, ist der ersuchten Behörde hiervon unverzüglich Mitteilung zu machen.

d) Die Zuständigkeit für die gerichtliche Wertfestsetzung bestimmt sich nach § 9 Nr. 1a dieser Verfügung.

Die Bestimmung darüber, ob zwecks Ermittelung des Wertes des Gegenstandes die Hilfe des Hauptzollamts in Anspruch zu nehmen ist, steht nur dem Richter zu.

e) Bei der gerichtlichen Wertermittelung sind Auslagen tunlichst zu vermeiden; falls solche entstehen, fallen sie der Staatskasse zur Last, soweit sich nicht aus § 24 Abs. 2 PrGKG. etwas anderes ergibt.

4. Wenn der Wert des Gegenstandes eines Vertrags sich nach dem Lebensalter einer Person berechnet, so ist das Alter in der Verhandlung zu vermerken.

5. Die Beanstandung der Angaben der Steuerpflichtigen über den Wert des Gegenstandes eines Geschäfts ist binnen einer dreijährigen Frist nach der Beurkundung zulässig (§ 27 Abs. 3 LStG.). Wegen des Beginns der Frist für die nach Tarifstelle 66 zu entrichtenden Stempel wird auf § 1 Nr. 4 dieser Verfügung verwiesen.

6. Der § 12 PrGKG., betreffend die Zulässigkeit der Nachforderung von Gerichtskosten, findet auf die als Gerichtsgebühr zu vereinnahmenden Stempel keine Anwendung.

## § 7. Rechtsweg.

1. Über die Verpflichtung zur Entrichtung einer Stempelabgabe ist gemäß § 26 LStG. der Rechtsweg zulässig. Die Klage ist gegen die zur Vertretung des Fiskus in Angelegenheiten der Justizverwaltung bestimmte Behörde zu richten (§ 26 Satz 3 das.), d. h. nach dem Gesetze vom 14. März 1885 (GS. S. 65) und Nr. 1 und 2 der Allgemeinen Verfügung vom 23. März 1885 (JMBl. S. 119) gegen die Staatsanwaltschaft bei demjenigen Oberlandesgericht, in dessen Bezirke der Stempel angesetzt ist.

2. Zur Aufrechterhaltung der Einheitlichkeit in der Anwendung der gesetzlichen Vorschriften haben sich die Oberstaatsanwälte, bevor sie sich auf einen Prozeß wegen Stempelabgaben einlassen, mit den Oberzolldirektionen bezüglich der Streitfrage und der weiteren Behandlung des Prozesses in Verbindung zu setzen, ihnen auch Abschrift der rechtskräftig gewordenen gerichtlichen Urteile mitzuteilen. An den Justizminister haben die Oberstaatsanwälte über Rechtsstreitigkeiten vor oder nach deren Anhängigwerden nur dann zu berichten, wenn dies nach ihrem Ermessen wegen der besonderen Bedeutung der Angelegenheit erforderlich erscheint.

## § 8. Stundungen, Teilzahlungen und Niederschlagungen.

1. Die Vorschriften über das Armenrecht (Reichsgesetz über die Angelegenheiten der freiwilligen Gerichtsbarkeit — RGBl. 1898 S. 771 — § 14, Preußisches Gesetz über die freiwillige Gerichtsbarkeit — GS. 1899 S. 249 — Artikel 1, Kassenordnung vom 28. März 1907 — JMBl. S. 127 — § 19) finden auch auf die nach den Vorschriften über Gerichtsgebühren einzuziehenden Stempel Anwendung. Ebenso sind die Vorschriften der §§ 16 Abs. 3, 18 PrGKG. und der §§ 20, 31 der Kassenordnung über die Stundung und Niederschlagung der Kosten, insbesondere im Falle der Armut des Zahlungspflichtigen, auch für Stempel maßgebend. Wegen der Fälle, in welchen nach den Vorschriften des Stempelsteuergesetzes eine Stundung des Stempels eintritt, vergleiche die Bestimmungen in den §§ 11, 12 dieser Verfügung.

2. Auf die Niederschlagung von Stempeln wegen unrichtiger Behandlung der Sache oder wegen Unkenntnis der Beteiligten findet der § 10 PrGKG. Anwendung. Sollen in Fällen, in welchen das Gesetz die Erstattung bereits gezahlter Stempel zuläßt, noch rückständige Stempel niedergeschlagen werden, so sind die Vorschriften im § 9 dieser Verfügung entsprechend anzuwenden.

### § 9. Beschwerdeverfahren in Stempelsteuersachen, Erstattung, Ermäßigung sowie Anrechnung von Stempeln.

1. Für Einwendungen und Beschwerden gelten in Stempelsachen folgende Vorschriften:

a) Die Festsetzung des für den Stempelansatz maßgebenden Wertes des Gegenstandes geschieht gemäß § 24 PrGKG. Hiernach wird der Wert des Gegenstandes regelmäßig von dem Gerichtsschreiber festgesetzt. Nur dann setzt das Gericht durch gebührenfreien Beschluß den Wert fest, wenn der Stempelschuldner dies beantragt oder das Gericht es für angemessen erachtet. Einwendungen des Steuerpflichtigen gegen den Wertansatz des Gerichtsschreibers gelten als Anträge auf gerichtliche Wertfestsetzung im Sinne des § 24 PrGKG.

Über Beschwerden gegen gerichtliche Wertfestsetzungsbeschlüsse im Sinne des § 24 PrGKG. wird im Aufsichtsweg entschieden. Zuständig zur Entscheidung ist der Präsident des Landgerichts, in dessen Bezirke der Wertfestsetzungsbeschluß erlassen worden ist. Für den Bezirk des Amtsgerichts Berlin-Mitte entscheidet der Amtsgerichtspräsident. Gegen die Entscheidung des Landgerichtspräsidenten (Amtsgerichtspräsidenten) findet Beschwerde im Aufsichtswege statt.

Die besonderen Vorschriften für die Wertfestsetzung bei Auflassungen (§ 17 dieser Verfügung) werden durch diese Bestimmungen nicht berührt.

b) Einwendungen des Steuerpflichtigen gegen den Ansatz von Stempelbeträgen, welche nicht die Festsetzung des Wertes des Gegenstandes betreffen, erledigt das Gericht, in dessen Geschäftsbereiche der Stempel angesetzt worden ist.

Auf das Beschwerdeverfahren finden die unter a gegebenen Vorschriften entsprechende Anwendung.

c) Die im § 10 Abs. 2 Satz 1 PrGKG. den Gerichten gewährte Befugnis zur Niederschlagung von Kosten wegen unrichtiger Behandlung der Sache gilt auch in Stempelsachen. Beschwerden gegen gerichtliche Entscheidungen, welche die Niederschlagung anordnen oder ablehnen, sind jedoch unter entsprechender Anwendung der Vorschriften unter a im Aufsichtswege zu erledigen.

In allen Fällen (a, b und c) ist die Dienststelle, gegen deren Stempelberechnung oder sonstige Entscheidung sich eine Einwendung oder Beschwerde richtet, befugt, selbst Abhilfe zu schaffen, wenn sie die Einwendung oder Beschwerde für begründet hält.

2. Für die Rückerstattung und Ermäßigung von Stempelabgaben und die Abstandnahme von der Einziehung gelten § 6 Abs. 2, § 25 LStG. und Nr. 4 Abs. 2, Nr. 32 Abs. 4, 6 bis 8, Nr. 71 Nr. 1 Abs. 3 des Stempeltarifs.

Für das Verfahren gelten folgende Vorschriften:

a) Anträge auf Erstattung von Stempelbeträgen in den Fällen des Abs. 6 der Tarifstelle 2, des Abs. 3 der Tarifstelle 8 und des Abs. 2 der Tarifstelle 58 III oder wegen unrichtigen Ansatzes sowie auf Abstandnahme von der Einziehung von Stempeln im Falle des Abs. 8 Satz 2 der Tarifstelle 32 sind ebenso zu behandeln wie Einwendungen und Beschwerden gegen den Stempelansatz (Nr. 1 b dieses Paragraphen).

b) Über Anträge

1. auf Erstattung des Stempels zu Urkunden über nichtige oder infolge einer Anfechtung als von Anfang an nichtig anzusehende oder durch rechtskräftiges Urteil für nichtig erklärte Geschäfte (§ 25 Abs. 1 c LStG.);
2. auf Erstattung des Wertstempels in den Fällen des § 6 Abs. 2 und der Tarifstelle 32 Abs. 4 LStG. sowie des Abs. 8 Satz 1 derselben Tarifstelle;
3. auf Erstattung oder Ermäßigung von Stempeln aus Billigkeitsrücksichten (§ 25 Abs. 2 LStG., Tarifstelle 32 Abs. 8 Satz 3 und Tarifstelle 71 Nr. 1 Abs. 3 a. a. O.)

entscheidet der Präsident desjenigen Landgerichts, in dessen Bezirke der Stempel erhoben ist. Für den Bezirk des Amtsgerichts Berlin-Mitte entscheidet der Amtsgerichtspräsident. Im Falle der Rückerstattung des Stempels auf Grund des § 25 Abs. 1 c und Abs. 2 LStG. hat der Landgerichtspräsident (Amtsgerichtspräsident) gleichzeitig zu bestimmen, ob der Stempel von demjenigen Vertragschließenden wieder einzuziehen ist, welcher bei der Beurkundung von den die Nichtigkeit oder Ungültigkeit des Geschäfts bedingenden Umständen Kenntnis gehabt oder die unterbliebene Ausführung oder die Wandelung verschuldet hat (§ 25 Abs. 3 a. a. O.).

Gegen die Entscheidung des Landgerichtspräsidenten (Amtsgerichtspräsidenten) findet Beschwerde im Aufsichtswege statt.

3. Ob für einen Vertrag über eine Annahme an Kindes Statt (Tarifstelle 4) der volle oder der ermäßigte Stempel zum Ansatze zu bringen ist, hat der zur Berechnung des Stempels berufene Gerichtsschreiber zu entscheiden. Der ermäßigte Steuersatz darf von dem Gerichtsschreiber nur dann zugestanden werden, wenn der Annehmende ein von der obrigkeitlichen Behörde seines Wohnorts ausgestelltes stempelfrei auszufertigendes Zeugnis darüber bei-

bringt, daß er sich in bedürftigen Vermögensverhältnissen befindet. Dieses Zeugnis ist in Urschrift oder Abschrift bei den Akten zurückzubehalten.

Gegen eine die Ermäßigung des Stempels ganz oder zum Teil ablehnende Entscheidung des Gerichtsschreibers können Einwendungen gemäß Nr. 1b erhoben werden.*)

4. Wenn die Anrechnung des zu einer Punktation verwendeten Wertstempels auf den Stempel verlangt wird, welchem eine auf Grund der Punktation aufgenommene, mit ihr im wesentlichen übereinstimmende Vertragsurkunde unterliegt, so ist von dem Steuerpflichtigen die mit dem Wertstempel versehene Punktation (bei notariellen Punktationen die mit der Bescheinigung des zur Urschrift verwendeten Stempels versehene Ausfertigung) vorzulegen. Auf das weitere Verfahren finden die Vorschriften im § 18 dieser Verfügung entsprechende Anwendung. Da die Anrechnung sich nur auf den zur Punktation verwendeten Wertstempel bezieht, so bleiben die festen Stempel, welche die Punktation, wenn sie nicht mit dem Wertstempel versteuert wäre, mit Rücksicht auf die besondere Form ihrer Errichtung erfordern würde (z. B. Notariatsurkundenstempel) oder welche zu ihr wegen der darin enthaltenen Nebenverträge (vgl. Tarifstelle 71 Nr. 2 Abs. 1) noch besonders verwendet worden sind, von der Anrechnung ausgeschlossen.

§ 10. Vermerk des Stempels auf den Urkunden.

1. Auf den von den Gerichtsbehörden zu erteilenden Ausfertigungen und Abschriften ist der für die Urschrift oder die Ausfertigung etwa zum Ansatze gekommene und als Gerichtsgebühr berechnete Betrag des Stempels zu vermerken. Mit dem gleichen Vermerke sind die zu den Akten eingereichten außergerichtlichen Schriftstücke zu versehen, bei denen die Berechnung des Stempels als Gerichtsgebühr stattgefunden hat. Auf der ersten Ausfertigung einer gerichtlichen Urkunde, auf welche der zweite Abschnitt des ersten Teiles des PrGKG. Anwendung findet, ist deren Stempelfreiheit sowie der für die Urschrift berechnete Stempel zu vermerken, z. B.:

Als erste Ausfertigung stempelfrei. Für die Urschrift 500 *M* (in Worten) Stempel berechnet.

2. Bei weiteren Ausfertigungen ist auf der Nebenausfertigung der zu dieser und der zur Urschrift berechnete Stempel getrennt anzugeben, z. B.:

3,00 *M* Stempel zur Nebenausfertigung,
30,00 „ Stempel zur Urschrift,
zusammen 33,00 *M* (in Worten) sind als Gerichtsgebühr berechnet.

*) In diesem Verfahren kann der Nachweis der Bedürftigkeit auf jede Weise geführt werden. Eine milde Auslegung des Begriffs der Bedürftigkeit entspricht der Übung der Zentralinstanz JM. v. 14. 2. 13; JMBl. S. 150.

3. Die zugunsten von Kommunalverbänden, Kommunen oder Korporationen ländlicher oder städtischer Grundbesitzer oder Grundkredit- und Hypothekenbanken ausgestellten Schuldverschreibungen, welche auf Grund der demnächstigen Ausreichung reichsstempelpflichtiger Renten- und Schuldverschreibungen nach der Befreiung d unter I der Tarifstelle 58 von der Entrichtung des landesgesetzlichen Schuldverschreibungsstempels frei sind, müssen mit einem den Grund der Stempelfreiheit ergebenden Vermerke versehen sein, z. B.:

Stempelfrei, da auf Grund dieser Verschreibung reichsstempelpflichtige Pfandbriefe neu ausgegeben werden.

Die gleichen Bestimmungen finden auf die in der Befreiung am Schlusse der Tarifstelle 2 erwähnten Abtretungsurkunden Anwendung.

4. Die Vermerke über den Stempelansatz sind von dem Gerichtsschreiber mit Datum und Unterschrift zu versehen. Die Verpflichtung zur Ausstellung dieser Vermerke liegt dem Beamten ob, welcher bei Ausfertigungen und beglaubigten Abschriften den Ausfertigungs- oder Beglaubigungsvermerk unterschreibt oder im Falle der Erteilung einer einfachen Abschrift die Abschrift der Kanzlei abnimmt. Schriftstücke, für welche ein Stempel zu den Gerichtskosten zu berechnen ist, dürfen zur Herstellung einer Ausfertigung oder Abschrift erst dann zur Kanzlei gegeben werden, wenn die Berechnung des Stempels erfolgt und der berechnete Betrag auf der Urschrift vermerkt ist. Erscheint es in einzelnen Fällen aus besonderen Gründen zweckmäßig, die Ausfertigung oder Abschrift schon vor erfolgter Stempelberechnung anfertigen zu lassen, so ist auf die Urschrift vor der Abgabe an die Kanzlei ein in die Ausfertigung oder Abschrift nicht zu übernehmender Vermerk zu setzen, daß die Berechnung des Stempels vorbehalten sei. In diesem Falle darf die Aushändigung der Ausfertigung oder Abschrift erst erfolgen, nachdem die Stempelberechnung nachgeholt und die Ausfertigung oder Abschrift mit der vorgeschriebenen Bescheinigung versehen ist.

5. Bei der Erteilung amtlicher Zeugnisse, welche ihres besonderen Zweckes wegen (vgl. Tarifstelle 77 Buchstabe a und c) stempelfrei sind, ist in dem Texte des Zeugnisses der Zweck bestimmt anzugeben, zu welchem das Zeugnis ausgestellt wird. Unterbleibt eine solche Angabe oder befindet sie sich außerhalb des Textes, so daß sie durch die Unterschrift des Beamten nicht gedeckt wird, so unterliegt das Zeugnis in allen Fällen und ohne Rücksicht darauf, daß es tatsächlich zu einem die Stempelfreiheit genießenden Zwecke gebraucht worden ist, dem tarifmäßigen Stempel von 3,00 M. Diese Vorschrift findet auf beglaubigte Abschriften (Tarifstelle 1) entsprechende Anwendung.

## II. Verfahren im Falle der Stundung von Stempeln nach stempelgesetzlichen Vorschriften.

### § 11. Fälle, in denen eine gesetzliche Stundung des Stempels eintritt und Verfahren bei Erhebung gesetzlich gestundeter Stempelbeträge.

Die Versteuerung ist nach dem Stempelsteuergesetz in folgenden Fällen auszusetzen:

A. Bei Geschäften, bei denen der Wert des Gegenstandes dergestalt unbestimmt ist, daß er von vornherein auch nicht annähernd festgestellt oder geschätzt werden kann (§ 8 LStG.).

In Fällen dieser Art haben, soweit nicht der § 12 dieser Verfügung Platz greift, die Zollbehörden das Erforderliche wegen der Überwachung, Sicherstellung und nachträglichen Zahlung der Stempelsteuer zu veranlassen (vgl. Nr. 5 Abs. 1 bis 8 der Ausführungsbestimmungen des Finanzministers zum Stempelsteuergesetze). Der Gerichtsschreiber hat zu diesem Zwecke die Ausfertigung der vom Gericht aufgenommenen Urkunde, oder wenn es sich um eine Urkunde handelt, welche dem Gerichte zum Zwecke der Anerkennung des Inhalts eingereicht worden ist, diese Urkunde demjenigen Hauptzollamt, in dessen Geschäftsbezirke die Gerichtsbehörde ihren Sitz hat, zu übersenden und die Übersendung auf der Urschrift oder auf der Verhandlung über die Anerkennung des Inhalts zu vermerken. Die an Schreibwerk und Porto entstehenden Auslagen fallen der Staatskasse zur Last.

Zur Vermeidung unnötigen späteren Schreibwerkes haben die Gerichte tunlichst bei Aufnahme der Urkunden die Parteien über solche Umstände zu hören, welche für die Berechnung und Überwachung der zu stundenden Stempel wesentlich sind; die Angaben sind dem Hauptzollamte mitzuteilen.

B. Bei Familien- und Fideikommißstiftungen (Tarifstellen 23 und 24), für welche von dem Stifter ein weiteres Anwachsen des Grundvermögens, sei es durch in Aussicht genommene Zuwendungen freigebiger Art, sei es durch eine angeordnete Zuschlagung von Zinsen zum Kapitale, vorgesehen worden ist.

In Fällen dieser Art ist der Stempel, wenn die Stiftungsurkunde gerichtlich aufgenommen oder behufs Anerkennung des Inhalts eingereicht oder gerichtlich bestätigt worden ist, als Gerichtsgebühr zu vereinnahmen. Der Eintritt der Fälligkeit des Stempels ist durch den Gerichtsschreiber zu überwachen.

In den übrigen Fällen wird der Stempel durch die Zollbehörden erhoben (vgl. Nr. 61 der Ausführungsbestimmungen des Finanzministers zum Stempelsteuergesetze). Die geschäftliche Behandlung solcher Fälle durch die Gerichtsbehörden richtet sich nach den unter A Abs. 2 und 3 getroffenen Vorschriften.

C. Bei Gesellschaftsverträgen von Aktiengesellschaften, Kommanditgesellschaften auf Aktien und Gesellschaften mit beschränkter Haftung sowie bei Beschlüssen über Erhöhung des Gesellschaftskapitals solcher Gesellschaften, soweit das Kapital nicht sofort voll eingezahlt wird (Tarifstelle 25a Abs. 3).*)

In Fällen dieser Art liegt die Überwachung der Fälligkeit des Stempels und seine Vereinnahmung den Zollbehörden ob (vgl. Nr. 62 der Ausführungsbestimmungen des Finanzministers zum Stempelsteuergesetze). Auf die geschäftliche Behandlung durch die Gerichtsbehörden sind die unter A Abs. 2 und 3 getroffenen Vorschriften mit der Maßgabe entsprechend anzuwenden, daß die Gesellschaftsverträge und Gesellschaftsbeschlüsse dem Stempelsteueramt in beglaubigter Abschrift oder in beglaubigtem Auszuge zu übersenden sind.

§ 12. Verfahren bei Erhebung gesetzlich gestundeter Stempelbeträge für von den Justizbehörden abgeschlossene Verträge.

Die in den Fällen des § 11 A dieser Verfügung zu stundenden Stempel für die von den Justizbehörden in Angelegenheiten des eigenen dienstlichen Bedarfs abgeschlossenen Lieferungsverträge und Dienstverträge sind, sobald sie fällig werden, zu den Gerichtskosten zu vereinnahmen. Der Eintritt der Fälligkeit des Stempels ist durch den Gerichtsschreiber zu überwachen.

## III. Stempel für Auflassungen und Eintragungsanträge, für Zuschlagsbeschlüsse im Zwangsversteigerungsverfahren und für Schenkungen.

### A. Auflassungen.

§ 13. Allgemeine Grundsätze. Wertberechnung.

1. Auflassungserklärungen sind wie gegenseitige Verträge zu behandeln; insbesondere gelten auch die sachlichen und persönlichen Stempelsteuerbefreiungen der §§ 4 und 5 LStG. Für Anträge auf Umschreibung von Gesellschaftseigentum auf den Namen eines Gesellschafters ist der Auflassungsstempel auch dann zu erheben, wenn nach den Vorschriften des bürgerlichen Rechtes eine Auflassung nicht erforderlich ist (Tarifstelle 8 Abs. 1).

*) Vgl. jetzt Allgem. Vfgg. des JM. und FM. über gerichtliche Reichsstempelsachen vom 22. 9. 13 (RStV.) JMBl. S. 335.

2. Die Wertstempelabgabe berechnet sich gemäß § 6 LStG. nach dem gemeinen Werte des veräußerten Gegenstandes zur Zeit des Eigentumswechsels. Die für besondere Zwecke vorgeschriebenen Abschätzungsgrundsätze, insbesondere also auch die Schätzungsgrundsätze ritterschaftlicher Kreditanstalten finden keine Anwendung. Der Wert des mitveräußerten Beilasses bleibt außer Betracht. Der mündlich verabredete Kaufpreis oder die sonst mündlich verabredete Gegenleistung sind, sofern sie niedriger sind als der gemeine Wert, für die Berechnung des Wertstempels nicht maßgebend. Wenn jedoch der Kaufpreis oder der Gesamtwert der Gegenleistung unter Hinzurechnung des Wertes der ausbedungenen Leistungen oder vorbehaltenen Nutzungen den gemeinen Wert übersteigt, so ist der Wertstempel vom Kaufpreis oder vom Gesamtwerte der Gegenleistung zuzüglich des Wertes der ausbedungenen Leistungen und vorbehaltenen Nutzungen zu entrichten (§ 17 Abs. 3a LStG.).

### § 14. Vorlegung einer Urkunde über das Rechtsgeschäft.

1. Die Wertstempelabgabe für Auflassungen bleibt unerhoben, wenn bei Aufnahme oder Einreichung der Auflassungserklärung die Urkunde über das zugrunde liegende Veräußerungsgeschäft (z. B. Kauf, Tausch, Schenkung) versteuert oder unversteuert in Urschrift, Ausfertigung oder beglaubigter Abschrift vorgelegt wird, vorausgesetzt, daß es sich nicht um einen der im Abs. 4 Nr. 1 bis 4 der Tarifstelle 8 aufgeführten Fälle handelt.

2. Die vorzulegenden Urkunden müssen in an sich stempelpflichtiger Form abgefaßt sein; es genügt also nicht die Beibringung eines steuerfreien Briefwechsels. Privatschriftliche Grundstücksveräußerungsverträge sind trotz § 313 BGB. in an sich stempelpflichtiger Form abgefaßte Urkunden, da sie gültig und stempelpflichtig werden, sobald die Auflassung und Eintragung erfolgt ist.

3. Der Grundbuchrichter ist verpflichtet, die Versteuerung der ihm vorgelegten Urkunden sorgfältig zu prüfen. Ist eine die Erhebung des Wertstempels ausschließende Urkunde nicht oder nicht ausreichend versteuert, so hat er zunächst auf Grund des § 58 Nr. 7 PrGKG. zu bestimmen, ob und in welcher Höhe Sicherheit zu leisten ist, und nötigenfalls die Sicherstellung nach der Allgemeinen Verfügung vom 15. September 1895 (JMBl. S. 272) zu veranlassen. Der zu der Urkunde nicht oder zu wenig verwendete Stempel ist in Gemäßheit des § 31 Abs. 1 PrGKG. nach den für Gerichtskosten geltenden Vorschriften einzuziehen. Wenn die Einreichung der nicht oder nicht genügend versteuerten Urkunde bei Gericht erst nach Ablauf der im § 16 des Stempelsteuer-

gesetzes angegebenen Fristen stattgefunden hat, so ist zugleich unter Mitteilung des Eingangstags und einer Abschrift der Urkunde dem zuständigen Hauptzollamt Anzeige zu machen, welches das Weitere wegen einer etwa erforderlich erscheinenden Einleitung des Strafverfahrens herbeizuführen hat.

4. Wenn die vorgelegte Urkunde das Rechtsgeschäft nicht so enthält, wie es unter den Beteiligten hinsichtlich des Wertes der Gegenleistung verabredet ist und einem geringeren Stempel unterliegt, als die Beurkundung des wirklich verabredeten Rechtsgeschäfts erfordern würde, so ist die Urkunde oder eine einfache Abschrift von ihr dem zuständigen Hauptzollamte wegen der vorgekommenen Steuerhinterziehung zur weiteren Veranlassung nach § 17 Abs. 2 und 3b LStG. zu übersenden. Steht der nach Inhalt der vorgelegten Urkunde verabredete Kaufpreis zu dem gemeinen Werte in einem so offenbaren Mißverhältnisse, daß der Verdacht der Stempelsteuerhinterziehung gerechtfertigt erscheint, so hat der Grundbuchrichter von den Parteien eine nähere Erklärung über die Gründe, welche für die Festsetzung des Kaufpreises maßgebend gewesen sind, zu erfordern. Ergeben die Angaben der Parteien keine genügende Aufklärung, so sind diese Fälle so zu behandeln, als wenn eine Urkunde überhaupt nicht vorgelegt worden wäre (§ 16 dieser Verfügung und Abs. 4 Nr. 1 der Tarifstelle 8).

5. Ist in der vorgelegten Urkunde das Entgelt für die Grundstücksveräußerung in ausländischen Banknoten, ausländischem Papiergeld, ausländischen Geldsorten oder in Wertpapieren der unter Nummer 1, 2 und 3 des Tarifs zum Reichsstempelgesetze vom 15. Juli 1909 (RGBl. S. 833)*) bezeichneten Art verabredet, so ist insoweit die Urkunde dem Reichsstempel für Anschaffungsgeschäfte nach der Tarifnummer 4 des Reichsstempelgesetzes unterworfen, dagegen nach § 24 des bezeichneten Gesetzes vom Landesstempel befreit. An Stelle des wegfallenden landesgesetzlichen Urkundenstempels der Nummer 32 des Stempeltarifs ist aber, wenn der Auflassung die Urkunde zugrunde gelegt wird, nach der Vorschrift des Abs. 4 Nr. 2 der Tarifstelle 8 der Auflassungsstempel zu erheben, insoweit nicht die Voraussetzungen der Nr. 1 und 2 der Ermäßigungen und Befreiungen der Tarifstelle 32 vorhanden sind (Abs. 4 Nr. 2 der Tarifstelle 8).

6. Enthält eine Urkunde eine Veräußerung eines Grundstücks durch einen Bevollmächtigten, so hat der Grundbuchrichter zu prüfen, ob die Veräußerung für Rechnung des Bevollmächtigten erfolgt ist, sofern die aus der Urkunde ersichtlichen oder ihm sonst bekannten Umstände des

*) Vgl. die neue Fassung der T. 4 im Reichsstempelgesetz vom 3. 7. 13 in der Fußnote zu T. 32.

Falles einen Anlaß dazu bieten. Die Prüfung hat sich auch auf solche Umstände zu erstrecken, die aus der Urkunde nicht hervorgehen. Die zu diesem Zwecke erforderlichen Ermittelungen hat der Grundbuchrichter in der ihm geeignet erscheinenden Weise zu veranlassen. Insbesondere ist er auch befugt, hierzu die Hilfe der Hauptzollämter in Anspruch zu nehmen. Die Hauptzollämter haben derartigen Ersuchen ungesäumt zu entsprechen. Gelangt der Grundbuchrichter zu der Überzeugung, daß die Veräußerung für Rechnung des Bevollmächtigten geschehen ist, so hat er den Steuerpflichtigen von dem Ergebnisse seiner Ermittelungen zu benachrichtigen und die Erhebung des Auflassungsstempels zu veranlassen (Abs. 4 Nr. 3 der Tarifstelle 8).

7. Bei der Vorlegung der in der Tarifstelle 25 d bezeichneten Verträge wird der Auflassungsstempel insoweit erhoben, als nicht zu dem Vertrag ein Wertstempel von 1 v. H. zu entrichten ist. Es ist z. B. ein Auflassungsstempel von $1/2$ v. H. zu erheben, wenn ein nach Tarifstelle 25 d Nr. 2 Abs. 1 zu berechnender Vertragsstempel nach dem zweiten Absatze derselben Bestimmung zur Hälfte außer Ansatz bleibt. Der Auflassungsstempel wird jedoch nicht erhoben, wenn die vorgelegte Vertragsurkunde enthält:

a) die Überlassung von Rechten an dem Gesellschaftsvermögen an Personen, welche nach den Vorschriften des Gesetzes, betreffend die Erbschaftssteuer, vom 30. Mai 1873/19. Mai 1891 von der Zahlung der Erbschaftssteuer befreit sind;

b) die Rückgewähr der von einem Gesellschafter eingebrachten unbeweglichen Sachen oder ihnen gleichgeachteten Rechte an diesen Gesellschafter oder dessen Erben oder dessen Ehefrau, welche mit ihm in Gütergemeinschaft gestanden hat (Abs. 4 Ziffer 4 der Tarifstelle 8).

### § 15. Erklärung des Rechtsgeschäfts zum Protokolle.

Ist eine Urkunde zwar nicht eingereicht, von den Beteiligten aber das der Auflassung zugrunde liegende Veräußerungsgeschäft vor dem Grundbuchrichter zugleich in der Auflassungsverhandlung zu Protokoll erklärt, so finden die Bestimmungen des § 14 dieser Verfügung entsprechende Anwendung. Der erforderliche Stempel wird zu dem in der Auflassungsverhandlung enthaltenen Veräußerungsgeschäft erhoben.

### § 16. Verfahren bei Nichtvorlegung einer Urkunde.

1. Wird eine das Veräußerungsgeschäft enthaltende Urkunde nicht vorgelegt und das Veräußerungsgeschäft auch nicht bei der Auflassung proto-

kollarisch aufgenommen, so hat der Grundbuchrichter die Beteiligten darüber zu vernehmen, ob sie eine Urkunde überhaupt nicht vorlegen wollen, und sie über die Folgen der Nichtvorlegung, insbesondere auch darüber zu belehren, daß der Entrichtung des Auflassungsstempels ungeachtet zu einer etwaigen Urkunde der gesetzlich erforderliche Stempel beizubringen ist. Es ist Pflicht des Grundbuchrichters, zu prüfen, ob im Falle der Beurkundung des Abkommens der Urkundenstempel niedriger sein würde als der Auflassungsstempel. Das ist beispielsweise der Fall bei Tauschverträgen, bei Kaufverträgen, in welchen eine Leistung an Erfüllungs Statt vereinbart ist, bei Verträgen zwischen Teilnehmern an einer Erbschaft zum Zwecke der Teilung und bei Verträgen, durch welche Grundstücke von Aszendenten auf Deszendenten oder eingekindschaftete Kinder übertragen werden (Tarifstelle 32 Abs. 2 Nr. 1 und 3 und Ermäßigungen und Befreiungen Nr. 1 und 2). Bei Schenkungen ist den Parteien in allen Fällen zu empfehlen, eine Urkunde über die Schenkung einzureichen, da die Reichsschenkungssteuer auch dann fällig wird, wenn eine Beurkundung nicht stattgefunden hat, und die Nichteinreichung einer Urkunde zur Folge hat, daß neben der etwaigen Schenkungssteuer der Auflassungsstempel zu erheben ist. Als Schenkungsurkunde genügt eine privatschriftliche Erklärung des Schenkers. Die Belehrung des Grundbuchrichters und die Erklärung der Beteiligten über die Vorlegung oder Nichtvorlegung der das Veräußerungsgeschäft enthaltenden Urkunde müssen in das Protokoll aufgenommen werden.

2. Wenn der Auflassung ein Kauf- oder Tauschgeschäft oder überhaupt ein entgeltliches Veräußerungsgeschäft im Sinne der Tarifstelle 32 LStG. zugrunde liegt, so muß das Protokoll ferner eine Belehrung der Beteiligten darüber enthalten, daß der anzugebende Wert nicht geringer sein darf, als der nach dieser Tarifstelle zu berechnende Betrag der vom Erwerber übernommenen Lasten und Leistungen mit Einschluß des Preises und unter Hinzurechnung der vorbehaltenen Nutzungen ausschließlich des für den beweglichen Beilaß festgesetzten Preises, und daß eine Zuwiderhandlung gegen diese Bestimmung nach § 17 Abs. 3a LStG. eine Geldstrafe in Höhe des zehnfachen Betrags des hinterzogenen Stempels nach sich zieht.

3. Der Grundbuchrichter hat sodann wegen einer etwa erforderlich werdenden Sicherheitsleistung Bestimmung zu treffen (§ 14 dieser Verfügung), den Veräußerer und Erwerber zur Angabe des Wertes des veräußerten Gegenstandes aufzufordern und die gemachten Angaben im Protokolle zu vermerken.

4. Sind dem Grundbuchrichter die Bedingungen des Veräußerungsgeschäfts glaubwürdig bekannt geworden, und übersteigt der aus diesen Bedingungen sich ergebende Wert den von den Beteiligten angegebenen, so ist der Auflassungsstempel von dem aus dem Veräußerungsgeschäfte sich ergebenden Werte einzuziehen, vorausgesetzt, daß dieser nicht niedriger ist, als der gemeine Wert des veräußerten Gegenstandes. Dem zuständigen Hauptzollamt ist behufs Erwägung, ob nach § 17 Abs. 2 und 3a LStG. ein Strafverfahren einzuleiten ist, von dem Sachverhalt Anzeige zu machen.

5. In allen anderen Fällen veranlaßt der Grundbuchrichter, wenn er Bedenken trägt, die gemachten Wertangaben als richtig anzunehmen, die Wertermittelung in Gemäßheit des § 7 Abs. 3 LStG. nach seinem Ermessen, erforderlichenfalls durch Vernehmung von Sachverständigen oder in sonst geeigneter Weise. Die Hauptzollämter haben etwaigen Ersuchen der Grundbuchrichter um Ermittelung des Wertes ungesäumt zu entsprechen.

6. Wird nachträglich die Urkunde über das Veräußerungsgeschäft vorgelegt, so ist nach § 14 dieser Verfügung zu verfahren mit der Maßgabe, daß die Prüfung der Urkunde dem Gerichtsschreiber obliegt. Dieser hat die Aussetzung der Zwangsbeitreibung und unter Umständen die Niederschlagung des Stempels herbeizuführen. Ist die Zahlung des Auflassungsstempels bereits erfolgt, so ist für das Verfahren § 9 Nr. 2a dieser Verfügung maßgebend.

7. Behufs Überwachung, ob die von den Parteien zur Ausschließung des Auflassungsstempels bei den Gerichten eingereichten Urkunden in vorschriftsmäßiger Weise versteuert worden sind, haben die Amtsgerichte eine stempel- und kostenfreie beglaubigte Abschrift der Urkunde fertigen zu lassen.

Diese Abschriften sind, sofern sie nicht mit Rücksicht auf § 9 GBO. den Grundakten einzuverleiben sind, zu den diesen beigefügten Sonderheften oder zu Sammelakten zu nehmen. Ob Sammelakten anzulegen sind, bestimmt der aufsichtführende Amtsrichter.

In den Grundakten ist auf der zugehörigen Verhandlung kurz zu vermerken, wo sich die Abschrift befindet; auf der Abschrift ist Band- und Blattzahl der Grundakten anzugeben.*)

## § 17. Überwachung der Stempelerhebung.

1. Mit Rücksicht auf die nach § 27 Abs. 3 LStG. für die Beanstandung des Wertes des veräußerten Gegenstandes bestimmte dreijährige Frist haben die Amtsgerichte dem Hauptzollamt, in dessen Bezirke sie ihren Sitz haben, über die Fälle, in denen die Versteuerung einer Auflassung auf

*) Vgl. Allg. V. v. 2. 4. 1912 JMBl. S. 140, ZBl. S. 181.

Grund einer Wertangabe (T. 8 Abs. 1 und 2, § 16 dieser Verfügung) stattgefunden hat, vierteljährlich ohne Anschreiben unter Briefumschlag eine von dem Gerichtsschreiber der Richtigkeit nach zu bescheinigende Liste nach dem anliegenden Muster zu übersenden. In die Liste der Auflassungen sind nur solche Auflassungen aufzunehmen, bei denen die Versteuerung lediglich auf Grund der von den Beteiligten gemachten Wertangaben erfolgt ist; von der Aufnahme auszuschließen sind solche Auflassungen, bei denen der Stempel auf Grund einer gerichtlichen Festsetzung des Wertes berechnet ist. Die Spalten 1 bis 15 der Liste enthalten eine Abschrift der Eigentumsveränderungsliste (AVf. vom 25. März 1890 — JMBl. S. 109 —). Die Angaben in Spalte 16 sind den Spalten 16 und 17 der Eigentumsveränderungsliste, diejenigen in den Spalten 17 bis 19 dem Grundbuch oder den Grundakten zu entnehmen. Den Oberzolldirektionen ist überlassen, mit den Oberlandesgerichtspräsidenten in Verbindung zu treten, falls etwa nach den örtlichen Verhältnissen die Mitteilung noch weiterer, für die Beurteilung der Wertangaben wichtiger Umstände erforderlich erscheinen sollte. Zu diesen Mitteilungen kann die Spalte „Bemerkungen" benutzt werden.

2. Um die Absendung der Eigentumsveränderungsliste an das Katasteramt nicht aufzuhalten, sind die für die Liste der Auflassungen erforderlichen Angaben alsbald in diese aufzunehmen. Zur Anfertigung der Liste der Auflassungen kann die Hilfe der Kanzlei in Anspruch genommen werden. Ihre Absendung erfolgt bis zum letzten Tage des Monats, welcher auf den von der Liste umfaßten Zeitraum folgt. Geht nach der Absendung der Liste bezüglich einer in diese aufgenommenen Auflassung die Urkunde über das Veräußerungsgeschäft ein, so daß ein Auflassungsstempel nicht zu erheben ist, so hat der Gerichtsschreiber dem Hauptzollamte hiervon Mitteilung zu machen.

3. In die Liste sind diejenigen Auflassungen nicht aufzunehmen, bei welchen der angegebene Grundstückswert in Städten mit über 20000 Einwohnern 30000 *M*, im übrigen 15000 *M* nicht übersteigt. Die Grundbuchrichter haben jedoch auch in diesen Fällen gemäß § 16 Nr. 5 ihr Augenmerk darauf zu richten, ob die Wertangabe dem wirklichen Werte entspricht und, falls sich Bedenken ergeben, den wirklichen Wert entweder selbst oder durch das zuständige Hauptzollamt zu ermitteln. Auch die Stempelprüfungspflicht der Rechnungsrevisoren und der Vorstände der Stempelsteuerämter bleibt unberührt.

4. Sind während eines Vierteljahrs Auflassungen auf Grund einer Wertangabe nicht zur Versteuerung gekommen, so hat das Amtsgericht dem Hauptzollamte hiervon Mitteilung zu machen.

5. Die Hauptzollämter haben, insoweit sie Bedenken gegen die Angemessenheit der Werte haben, die Ermittelung des wirklichen gemeinen

Wertes tunlichst kostenfrei vorzunehmen. Alle unmittelbaren und mittelbaren Behörden und Beamten, insbesondere auch die Behörden der Katasterverwaltung, sind verpflichtet, auf alle die Ermittelung von Grundstückswerten betreffenden Anfragen bereitwilligst Auskunft zu erteilen (§ 7 Abs. 5 LStG.).

6. Die Liste der Auflassungen eines Vierteljahrs nebst den entstandenen Verhandlungen wird von dem Hauptzollamte spätestens bis zum Ablaufe des dritten Monats nach dem Tage des Einganges dem zuständigen Stempelsteueramt übersandt, welches die weitere Prüfung der Verhandlungen vornehmen läßt, die zu entrichtenden Stempelbeträge, wenn es die angegebenen Werte für zu niedrig erachtet, anderweit festsetzt und wegen der von dem Amtsgerichte zu bewirkenden Einziehung des Mehrbetrags das Weitere veranlaßt.

7. Die Beschwerde gegen die Festsetzungsverfügung ist zunächst an die Oberzolldirektion und gegen deren Entscheidung an den Finanzminister zu richten, welcher im Einverständnisse mit dem Justizminister die weitere Entscheidung trifft. Wird gegen diese Entscheidungen der Rechtsweg beschritten, so ist die Klage gegen den durch den Oberstaatsanwalt vertretenen Justizfiskus zu erheben.

8. Den Oberzolldirektionen bleibt es überlassen, etwa erforderlich erscheinende nähere Ausführungsbestimmungen im Einverständnisse mit den Präsidenten der Oberlandesgerichte zu treffen. Von derartigen Bestimmungen ist von den Präsidenten der Oberlandesgerichte eine Abschrift an den Justizminister und von den Oberzolldirektionen eine Abschrift an den Finanzminister einzureichen.

9. Eine Abänderung einer gerichtlichen Entscheidung über die Wertfestsetzung bei der Auflassung kann nur durch die Justizbehörden im Aufsichtswege gemäß § 30 PrGKG. erfolgen. Der Zollbehörde steht in diesen Fällen die Befugnis, eine anderweite Wertfestsetzung zu treffen, nicht zu. Falls sie auf Grund anderweit erhaltener Kenntnis zur Ermittelung eines höheren Wertes gelangen sollte, hat sie dem zuständigen Landgerichtspräsidenten hiervon Kenntnis zu geben; die Vorschriften in § 23 Nr. 5, 6 dieser Verfügung finden entsprechende Anwendung.

## § 18. Anrechnung des Auflassungsstempels auf den Stempel einer nachträglich errichteten gerichtlichen Urkunde.

Soll in Gemäßheit der Tarifstelle 8 Abs. 5 LStG. die Anrechnung des für eine Auflassung gezahlten Stempels auf den Wertstempel von 1 v. H. erfolgen, welcher zu einer nachträglich vor Gericht errichteten oder ihrem Inhalte nach anerkannten Urkunde über das der Auflassung zugrunde liegende Rechtsgeschäft erforderlich ist, so ist die Bescheinigung über die Zahlung des Stempels vorzulegen. Der Gerichtsschreiber hat alsdann zu prüfen, ob das beurkundete Rechtsgeschäft mit dem der Auflassung zugrunde liegenden übereinstimmt. Ergeben sich keine Bedenken, so wird auf der Urkunde die Entrichtung des Auflassungsstempels bescheinigt und nur der etwa überschießende Betrag als Gerichtsgebühr eingezogen. Auf der Ausfertigung ist der Betrag des angerechneten Stempels und des außerdem zu den Gerichtskosten berechneten Stempels in getrennten Beträgen nach Vorschrift des § 10 dieser Verfügung zu vermerken. Die beigebrachte Bescheinigung über die Bezahlung des Wertstempels ist zu den Akten zu nehmen.

## B. Stempel für Eintragungsanträge.

### § 19. Anwendung der Vorschriften unter A.

1. Auf die Versteuerung der Anträge auf Eintragung einer Hypothek oder Grundschuld oder einer wiederkehrenden Geldleistung sowie auf Eintragung der Verpfändung oder Abtretung einer Hypothek oder Grundschuld (Tarifstelle 58 III und 2 Abs. 4 bis 8) finden die Vorschriften der §§ 14 bis 16 dieser Verfügung Anwendung. Der § 13 der Kassenordnung (Zurückbehaltung von Urkunden) erstreckt sich insbesondere auch auf die als Gerichtsgebühr zu berechnenden Stempel.

2. Nach Tarifstelle 58 III Abs. 3 bleibt der Stempel des Abs. 1 daselbst bei einem Antrag auf Eintragung einer Hypothek für die Ansprüche aus Anleiheteilschuldverschreibungen unerhoben, wenn

a) dem Grundbuchamt innerhalb eines Monats vom Tage des Einganges des Eintragungsantrags ab die Bescheinigung der Zollbehörde darüber vorgelegt wird, daß die durch § 3 des Reichsstempelgesetzes vorgeschriebene vorläufige Anmeldung der Versteuerung erfolgt ist,

b) innerhalb einer Frist von drei Monaten vom Tage der Vorlegung der zu 1 bezeichneten Bescheinigung auf einem als beglaubigte Abschrift herzustellenden Formulare der Teilschuldverschreibungen von der zuständigen Steuerabstempelungsstelle die Vorlegung und die nach dem Reichsstempelgesetz erfolgte Versteuerung der **sämtlichen** die Hypothek erschöpfenden Teilschuldverschreibungen bescheinigt ist, und

c) die zu 2 bezeichnete Bescheinigung der Steuerabstempelungsstelle innerhalb vier Wochen nach dem Tage des Ablaufs der dreimonatigen Frist dem Grundbuchamte vorgelegt wird.

Die Einforderung des Stempels ist im Geschäftskalender zu überwachen. Zu diesem Zwecke ist zunächst eine Frist von einem Monat und nach Vorlegung der Bescheinigung über die vorläufige Anmeldung der Versteuerung eine Frist von vier Monaten zu notieren.

Ist die Frist von einem Monat verstrichen, ohne daß die Bescheinigung über die vorläufige Anmeldung der Versteuerung erfolgt ist, so ist der Stempel einzuziehen. Ebenso ist zu verfahren, wenn die Bescheinigung der Steuerabstempelungsstelle nicht innerhalb der dreimonatigen Frist ausgestellt oder die Einreichungsfrist von vier Wochen nicht innegehalten worden ist.

3. Hinsichtlich der Anrechnung des zu einem Eintragungsantrag entrichteten Stempels auf denjenigen Stempel, welchem die nachträglich über das zugrunde liegende Geschäft errichtete Urkunde unterliegt, ist gemäß § 18 dieser Verfügung zu verfahren.

## C. Stempel für Zuschlagsbeschlüsse im Zwangsversteigerungsverfahren.

### § 20. Belehrung der Parteien.

1. Im Verfahren der Zwangsversteigerung hat der Richter in den Fällen, in denen voraussichtlich ein erheblicher Teil des Kaufpreises nicht auf das Grundstück, sondern auf Gegenstände entfällt, deren Veräußerung einem geringeren als dem einprozentigen Stempel unterliegt, zugleich mit der Verkündung des Schlusses der Versteigerung (§ 73 Abs. 2 des Gesetzes über die Zwangsversteigerung) den Ersteher darauf hinzuweisen, daß er berechtigt sei, binnen zwei Wochen nach der Verkündung des Zuschlagsbeschlusses oder, falls der Zuschlag durch Beschluß des Beschwerdegerichts erteilt werde, nach der Zustellung des Beschlusses an den Ersteher zum Zwecke der Stempelberechnung gesonderte Werte für das Grundstück und die mitversteigerten beweglichen Sachen dem Gerichte schriftlich anzuzeigen. Zugleich ist der Ersteher darüber zu belehren, daß, wenn eine solche Anzeige nicht erfolgt, der Stempel von 1 v. H. nach dem ganzen Betrage des Meistgebots oder dem Werte des Gegenstandes erhoben wird. Über die erfolgte Belehrung ist ein Vermerk in das Protokoll aufzunehmen. Falls gegen die innerhalb der Frist angezeigten Einzelwerte Bedenken nicht bestehen, sind diese der Stempelberechnung zugrunde zu legen.

2. Bei Beginn des Versteigerungstermins hat der Richter die Beteiligten ferner darauf hinzuweisen, daß der Stempel für die Beurkundung einer etwaigen Abtretung der Rechte aus dem Meistgebot oder der Erklärung des Meistbietenden, daß er für einen anderen geboten habe, 1 v. H. be-

trage und sich nur dann auf 3 ℳ ermäßige, wenn die Abtretung der Rechte aus dem Meistgebot oder die Erklärung, für einen anderen geboten zu haben, in dem Versteigerungstermin erfolge, oder wenn ein Gläubiger Meistbietender sei, welchem eine durch ein geringeres Gebot nicht oder nicht völlig gedeckte Hypothek, Grundschuld oder Rentenschuld zustehe (Tarifstelle 32 Abs. 9).

3. Wegen der Berechnung des Stempels und der Gerichtsgebühren für Zuschlagsbeschlüsse im Zwangsversteigerungsverfahren vgl. § 6 Nr. 3 dieser Verfügung.

### D. Stempel für Schenkungen.

§ 21.

Für die Versteuerung von Schenkungen bleiben, soweit es sich um einen vor dem 1. Juli 1906 begründeten Erwerb handelt, die bisherigen Vorschriften maßgebend. Im übrigen findet eine Vereinnahmung von Schenkungsstempeln zu den Gerichtskosten nicht statt (vgl. AVf. vom 26. Juni 1906 — JMBl. S. 174, ZBl. S. 1207 —).

## IV. Prüfung des Stempelansatzes.

§ 22. Prüfungspflicht der Gerichte.

1. Die Gerichte haben die besondere Verpflichtung, auf Befolgung der Stempelgesetze zu halten und amtlich zu ihrer Kenntnis gekommene Zuwiderhandlungen zur Anzeige zu bringen (§ 30 Abs. 3 LStG.).*) Müssen in den Terminen vorgelegte Urkunden sofort zurückgegeben werden, so kann die Prüfung dem Gerichtsschreiber übertragen werden. Nicht oder nicht ausreichend versteuerte Urkunden dürfen den Beteiligten erst zurückgegeben werden, wenn die Nachprüfung erfolgt und ihr Ergebnis vermerkt worden ist.

2. Der Gerichtsschreiber hat auch die zu den Akten gelangten oder auf der Gerichtsschreiberei niedergelegten oder sonst amtlich zu seiner Kenntnis gelangten Urkunden auf ihre Stempelpflichtigkeit zu prüfen. Über etwaige Erinnerungen ist ein kurzer Vermerk aufzunehmen, welcher bei den Amtsgerichten dem aufsichtführenden Amtsrichter, bei dem Amtsgericht Mitte in Berlin dem Amtsgerichtspräsidenten und bei den übrigen Gerichten den Präsidenten zur Kenntnis und Übersendung an die Zollbehörde vorzulegen ist.

3. Über nachträgliche Erhöhungen des Grund- oder Stammkapitals von Aktiengesellschaften und Kommanditgesellschaften auf Aktien oder von Gesellschaften mit beschränkter Haftung hat der Gerichtsschreiber des Registergerichts dem zuständigen Stempelsteueramt unter Bezeichnung der Firma und unter Angabe des Betrags, um welchen das Kapital nachträglich erhöht worden ist, eine kurze Mitteilung zu machen.

---

*) Die Anzeige ist an das Hauptzollamt zu richten.

4. Wird ein nach dem letzten Absatze der Tarifstelle 77 LStG. stempelfrei ausgestelltes amtliches Zeugnis bei Gericht zu einem anderen als dem aus der Urkunde hervorgehenden Zwecke vorgelegt, so hat das Gericht hiervon dem zuständigen Hauptzollamte zum Zwecke der Einziehung des Stempels Mitteilung zu machen. Diese Bestimmung findet auf beglaubigte Abschriften (Tarifstelle 1) entsprechende Anwendung.

§ 23. Stempelprüfung.

1. Die Aufsicht über das gerichtliche Stempelwesen durch die Vorstände der Justizbehörden und die Prüfung des Stempelansatzes durch die Rechnungsrevisoren erfolgt gemäß der Allgemeinen Verfügung des Justizministers vom 28. Februar 1885 (JMBl. S. 90, ZBl. S. 82). Eine Beteiligung der Staatsanwaltschaft im Sinne des § 15 der genannten Verfügung erübrigt sich, da der Landgerichtspräsident kraft der Dienstaufsicht den Stempelansatz im Verwaltungswege berichtigen kann.*) Die nach den §§ 11 bis 13 der Verfügung von den Präsidenten der Oberlandesgerichte den Oberzolldirektionen mitzuteilenden Berichte der Rechnungsrevisoren über die Prüfung des Stempelansatzes überweisen die Oberzolldirektionen zunächst den Vorständen der Stempelsteuerämter zur Prüfung und senden sie sodann mit ihren gutachtlichen Bemerkungen den Präsidenten der Oberlandesgerichte zurück. Diese haben die von ihnen erteilten Weisungen den Oberzolldirektionen mitzuteilen. Entstehen über Fragen von grundsätzlicher Bedeutung Meinungsverschiedenheiten, so haben die Präsidenten der Oberlandesgerichte an den Justizminister zu berichten. Nach Vereinbarung kann der Bericht auch von den Oberzolldirektionen an den Finanzminister erstattet werden.

2. Im übrigen liegt die nähere Aufsicht über die gehörige Beobachtung des Stempelsteuergesetzes den Vorständen der Stempel- und Erbschaftssteuerämter ob.

3. Über das Verfahren bei Stempelprüfungen durch die Vorstände der Stempelsteuerämter trifft die Nr. 34 der Ausführungsbestimmungen des Finanzministers zum Stempelsteuergesetze nähere Vorschriften.

4. Die bei den Gerichten abzuhaltenden Stempelprüfungen haben die daselbst vorgefundenen außergerichtlichen Urkunden, insoweit zu ihnen der Stempel nicht bei den Gerichtskosten zu verrechnen war, zum Gegenstande. Die Abwicklung der gezogenen Erinnerungen erfolgt ohne Mitwirkung der Gerichte. Nur wenn die Herausgabe der den Gegenstand der Erinnerungen bildenden Urkunden aus Anlaß von Beschwerden oder aus

*) Allgem. Verfügg. des Justizministers und des Finanzministers vom 29. November 1912 (JMBl. S. 388, ZBl. S. 13).

anderen Gründen im Laufe des Prüfungsverfahrens erforderlich wird, haben die Gerichte diese Urkunden an die Zollbehörde abzugeben. Nach Einziehung und Verwendung der nachgeforderten Stempel teilen sie der Gerichtsbehörde die zu den einzelnen Urkunden eingezogenen Stempelbeträge mit, wobei die gerichtlichen Akten und die Blätter, welche die Urkunden in ihnen einnehmen, zu bezeichnen sind. Die Gerichtsschreiber haben zu jeder einzelnen Urkunde den nachträglich eingezogenen Betrag unter Hinweis auf die Nummer des Schreibens des Vorstandes des Stempelsteueramts zu vermerken.

5. Die Vorstände der Stempelsteuerämter sind verpflichtet, Unrichtigkeiten, die sie gelegentlich der Prüfungen bei dem Ansatze der als Gerichtskosten zu erhebenden Stempelbeträge bemerken, dem Präsidenten des Landgerichts — bei dem Amtsgerichte Mitte in Berlin dem Amtsgerichtspräsidenten — und, wenn die Stempel von dem Gerichtsschreiber des Oberlandesgerichts in Ansatz gebracht sind, dem Präsidenten des Oberlandesgerichts zur weiteren Veranlassung mitzuteilen. Den Vorständen der Stempelsteuerämter ist von dem, was auf ihre Bemerkungen veranlaßt worden ist, Kenntnis zu geben.

6. Wird von den Vorständen der Stempelsteuerämter den Bemerkungen eine besondere Wichtigkeit beigelegt, so ist den Präsidenten keine Mitteilung zu machen, sondern nur der Oberzolldirektion Anzeige zu erstatten. Dieser bleibt überlassen, die Bemerkungen dem Präsidenten des Oberlandesgerichts zur Kenntnisnahme und weiteren Veranlassung zu übersenden oder, wenn die Bemerkungen Fragen von grundsätzlicher Bedeutung zum Gegenstand haben, mit der Übersendung das Ersuchen um Benachrichtigung von der getroffenen Entschließung zu verbinden. Die Präsidenten haben bei der Mitteilung ihrer Entschließung im Falle einer abweichenden Auffassung auch deren Gründe anzugeben. Über die Punkte, bei denen ein Einverständnis nicht erreicht wird, ist von der Oberzolldirektion an den Finanzminister zu berichten.

## § 24. Strafverfahren.

1. Auf Grund des § 19 LStG. finden die Vorschriften des Verwaltungsstrafgesetzes vom 26. Juli 1897 (GS. S. 237) auch auf die Festsetzung der Stempelstrafen gegen Gerichtsbeamte und Notare durch die Aufsichtsbehörden mit der Maßgabe Anwendung, daß, soweit nicht eine dem Landgerichtspräsidenten vorgesetzte Behörde als Aufsichtsbehörde zuständig ist, die Untersuchung und die Festsetzung der Strafe durch den Präsidenten des Landgerichts und die Entscheidung über Beschwerden durch den Justizminister erfolgt (§ 60 des Verwaltungsstrafgesetzes vom 26. Juli 1897).

2. Der Strafbescheid ist nach anliegendem Muster zu erlassen. In dem Strafbescheide sind dem Beschuldigten die Kosten des Verfahrens aufzuerlegen (§§ 45 bis 47 des Gesetzes vom 26. Juli 1897). Als Kosten des Verfahrens kommen nach § 45 bare Auslagen nach Maßgabe des PrGKG. vom 25. Juni 1895, insbesondere Schreibgebühren und Postgebühren, zum Ansatze; bare Auslagen sind auch für die von Amts wegen erfolgenden Zustellungen anzusetzen, da § 118 a. a. O. nicht für anwendbar erklärt ist. Das PrGKG. in seiner vom 1. Oktober 1910 ab geltenden Fassung findet in Verwaltungsstrafverfahren keine Anwendung. Der Ausfertigungsstempel für Strafbescheide und Beschwerdebescheide ist nur zu erheben, wenn der Betrag der Strafe 150 ℳ übersteigt.

3. Der Strafbescheid ist durch Zustellung oder durch Verkündung (Eröffnung zum Protokolle) bekannt zu machen.

4. Für die Ausführung von Zustellungen gelten die Bestimmungen der Zivilprozeßordnung über Zustellungen von Amts wegen.

5. Die festgesetzten Ordnungsstrafen nebst den Kosten des Verfahrens, einschließlich des Ausfertigungsstempels und der dem Beschwerdeführer im Beschwerdebescheide zur Last gelegten Kosten, werden von der Gerichtskasse vereinnahmt.

6. Die Landgerichtspräsidenten werden ermächtigt, von der Festsetzung einer Ordnungsstrafe abzusehen, wenn nach den Umständen des Falles, insbesondere bei Zweifeln über die Verpflichtung zur Entrichtung eines Stempels, die Zuwiderhandlung gegen die Vorschriften des Stempelsteuergesetzes nach ihrem pflichtmäßigen Ermessen als entschuldbar erscheint. Hat der Vorstand des Stempelsteueramts bei einer zu seiner Kenntnis gelangten Zuwiderhandlung von Stellung eines Strafantrags Abstand genommen, so hat die Festsetzung einer Ordnungsstrafe zu unterbleiben.

## § 25. Strafvollstreckung.

Der Finanzminister und die Oberzolldirektionen sind nach Nr. 2 des Allerhöchsten Erlasses vom 26. September 1897 (GS. S. 402) befugt, nach ihrem pflichtmäßigen Ermessen im Wege der Nachsicht die verwaltungsseitige und die gerichtliche Strafvollstreckung bei Zuwiderhandlungen gegen die Stempelgesetze auszusetzen sowie Strafunterbrechung und Strafteilung zu gestatten. Diese Befugnis erstreckt sich zugleich auf die Kosten des Verfahrens. Die beteiligten Justizbehörden haben ihren desfallsigen Anträgen Folge zu leisten.

Berlin, den 28. Juli 1910.

**Der Justizminister.**
Dr. Beseler.

**Der Finanzminister.**
Im Auftrage:
Köhler.

**Formular 1** (zu § 17).

Königliches Amtsgericht ..................
Gerichtsschreiberei Abt. ..........

An
das Königliche Haupt-Zollamt
zu
..............................

# Liste

der

in dem .........ten Vierteljahr 19......... erfolgten Auflassungen*)

(Allgemeine Verfügung des Justizministers und des Finanzministers vom 28. Juli 1910 — JMBl. S. 299).

Die Richtigkeit bescheinigt.

..............................., den .................... 19.......

*) In die Liste sind nur solche Auflassungen aufzunehmen, bei welchen der angegebene Wert für Grundstücke in Städten mit über 20000 Einwohnern 30000 Mk., im übrigen 15000 Mk. übersteigt.

| Laufende Nummer | Bezeichnung der Grundstücke und Gebäude, in betreff deren eine Eigentumsveränderung eingetreten ist | | | | | | | | | | | | | | | | |
|---|---|---|---|---|---|---|---|---|---|---|---|---|---|---|---|---|---|
| | Name des Gemeinde- oder selbständigen Gutsbezirkes | Des Grundbuchs | | Artikel der Mutterrolle | Des bisherigen Eigentümers Name, Vorname, Stand, Wohnort und Hausnummer | Gemarkung | Nummer | | Der Gebäudesteuerrolle | | Bezeichnung der Lage | Kulturart oder nähere Bezeichnung der Parzelle, Gattung des Gebäudes | Flächeninhalt | | | Reinertrag der Liegenschaften oder Nutzungswert der Gebäude | |
| | | Band | Blatt | | | | des Kartenblatts (oder Flur) | der Parzelle | Nr. | Litt. | | | ha | a | qm | Taler ℳ | 1/100 ₰ |
| 1 | 2 | 2a | | 3 | 4 | 5 | 6 | | 7 | | 8 | 9 | 10 | | | 11 | |
| | | | | | | | | | | | | | | | | | |

| Eingetragen im Grundbuche | | Artikel der Mutterrolle | Der Gebäudesteuerrolle | | Des neuen Eigentümers Name, Vorname, Stand, Wohnort und Hausnummer | Tag a) der Auflassung, b) der Umschreibung im Grundbuche | Angegebener Grundstückswert | Betrag des angesetzten Auflassungsstempels (falls unter 1 Prozent Angabe des Grundes) | | a) Letzter Erwerbspreis, b) Abschätzungswert, c) Feuerversicherungssumme, darunter in Klammern das Jahr, für welches die Angaben gelten (falls das Grundbuch oder die Grundakten hierüber Auskunft geben) | Bemerkungen |
|---|---|---|---|---|---|---|---|---|---|---|---|
| Band | Blatt | | Nr. | Litt. | | | ℳ | ℳ | ₰ | ℳ | |
| 12 | | 13 | 14 | | 15 | 16 | 17 | 18 | | 19 | 20 |
| | | | | | | | | | | | |

Formular 2 (zu § 24).

Der Landgerichtspräsident.

.........................., den ..........................

# Strafbescheid.

In der Stempelstrafsache ..........................
gegen ..........................
wird gegen den Beschuldigten auf Grund des § 19 des Stempelsteuergesetzes vom 31. Juli 1895 in der Fassung der Bekanntmachung vom 30. Juni 1909 (Gesetzsamml. 1909 S. 535) eine Ordnungsstrafe von ............ Mark, in Buchstaben: „.......................... Mark" festgesetzt.

Der Beschuldigte hat die Kosten des Verfahrens zu tragen.

## Gründe.*)

..........................

Gegen diesen Strafbescheid steht dem Beschuldigten offen, nach seiner Wahl entweder

den Antrag auf gerichtliche Entscheidung oder
die Beschwerde an den Herrn Justizminister

binnen einer Woche nach der Bekanntmachung dieses Strafbescheids bei mir oder bei der Behörde, welche den Strafbescheid bekanntgemacht hat, anzubringen. Die Einlegung des einen Rechtsmittels hat den Ausschluß des andern zur Folge.

Wird keines der bezeichneten Rechtsmittel rechtzeitig an zuständiger Stelle eingelegt, so wird der Strafbescheid vollstreckbar. Die Strafe mit den sich aus anliegender Berechnung ergebenden Kosten des Verfahrens

*) In den Gründen sind auch die Beweismittel anzugeben.

ist binnen einer Woche nach Eintritt der Vollstreckbarkeit, bei Vermeidung der Zwangsvollstreckung, an die Gerichtskasse in .................................. zu zahlen.

Berechnung:

Es sind zu zahlen:

| | | | | | |
|---|---|---|---|---|---|
| 1. Strafe . . . . . . . . . . . . . . . . . . . . . | | | ........... | M | —— ₰. |
| 2. Kosten: | | | | | |
| a) Stempel . . . . . ............... | M | ........ ₰ | | | |
| b) Postgebühren . . ............... | " | ...... " | | | |
| c) Schreibgebühren . ............... | " | ...... " | | | |
| d) Sonstige Auslagen ............. | " | ....... " | | | |
| zusammen . . . . | | | ............... | " | ...... " |
| Summe . . . . | | | ............... | M | —— ₰. |

# Verwaltungsordnung für die Königlich Preußischen Zollbehörden v. 15. Januar 1908.

(GS. S. 66.)

**§ 1.** Die Verwaltung der Zölle und der indirekten Reichs- und Landessteuern erfolgt unter der oberen Leitung des Finanzministers durch die Königlichen Oberzolldirektionen.

Den Oberzolldirektionen sind die Stempel- und Erbschaftssteuerämter sowie die Hauptzollämter nebst den unteren Hebestellen und den Beamten des örtlichen Aufsichtsdienstes unterstellt.

**§ 2.** 1. Die Oberzolldirektionen führen innerhalb des ihnen zugeteilten Bezirks die Geschäfte mit den den Provinzialbehörden zustehenden Rechten und Pflichten.

2. Die Oberzolldirektionen sind dem Finanzminister unmittelbar unterstellt; für ihr Verhältnis zu den Oberpräsidenten bleiben die Bestimmungen im § 4 der Instruktion für die Oberpräsidenten vom 31. Dezember 1825 (GS. von 1826 S. 1) maßgebend.

3. Der Sitz der Oberzolldirektionen wird vom Könige bestimmt. Die Abgrenzung der Bezirke im einzelnen ist dem Finanzminister überlassen.

**§ 3.** 1. Die Oberzolldirektionen bestehen aus dem Präsidenten, den mit der ständigen Vertretung des Präsidenten beauftragten Mitgliedern (Oberregierungsräten) und der erforderlichen Zahl von weiteren Mitgliedern. Der Präsident wird vom König ernannt.

2. Die Präsidenten sind befugt, nach näherer Bestimmung des Finanzministers ihre ständige Vertretung durch die Oberregierungsräte ohne Einschränkung auf Fälle der Abwesenheit oder Behinderung zu regeln und den übrigen Mitgliedern dauernd, den Hilfsarbeitern zeitweise bestimmte Geschäfte zur selbständigen Erledigung zu übertragen.

3. Für die Verbindlichkeit der von den Oberzolldirektionen abzugebenden schriftlichen Erklärungen genügt die Unterschrift des Präsidenten oder eines Mitglieds.

4. Jede Geldanweisung ist von dem bei der Oberzolldirektion angestellten Rechnungsdirektor oder einem anderen mit Genehmigung des Finanzministers für bestimmte Geschäftszweige hierzu ermächtigten Bureaubeamten der Oberzolldirektion mitzuzeichnen.

§ 4. 1. Die Präsidenten sind, soweit nicht auf Grund besonderer Bestimmungen die Haftung andere Beamten trifft, verantwortlich für die ordnungsmäßige und wirtschaftliche Erledigung der Aufgaben der Oberzolldirektion, für die Regelung des Geschäftsganges, für die sachgemäße Verteilung der Geschäfte und für alle Verfügungen und Erklärungen, die sie zeichnen.

Die gleiche Verpflichtung tragen die Mitglieder und Hilfsarbeiter hinsichtlich der ihnen zur selbständigen Erledigung überwiesenen Geschäfte. Hinsichtlich der übrigen ihnen zugewiesenen Geschäfte sind sie für die sachgemäße und rechtzeitige Bearbeitung verantwortlich.

2. Die Präsidenten der Oberzolldirektionen sind befugt, die ihnen unterstellten Beamten bis zur Dauer von sechs Wochen zu beurlauben.

Die Beurlaubung des Präsidenten erfolgt durch den Finanzminister, der auch die weiteren Bestimmungen über die Selbstbeurlaubung des Präsidenten und längere Beurlaubung der übrigen Beamten regelt.

3. Die Mitglieder der Oberzolldirektion bilden für nachstehende Angelegenheiten eine Spruchbehörde, deren Beschlüsse nach unbedingter Stimmenmehrheit mit der Maßgabe gefaßt werden, daß bei gleicher Stimmenzahl die Stimme des Vorsitzenden den Ausschlag gibt:

a) für die Entscheidung in Disziplinarsachen, in denen die Provinzialbehörden die entscheidende Disziplinarbehörde erster Instanz sind;
b) für die Kündigung der nur auf Zeit oder Widerruf angestellten Beamten, wenn die Entlassung wegen mangelhafter Führung unfreiwillig erfolgen soll.

4. Über die Erledigung aller anderen zu dem Geschäftsbereiche der Oberzolldirektionen gehörigen Angelegenheiten bestimmen die Präsidenten oder ihre Vertreter selbständig nach den von dem Finanzminister zu erteilenden Geschäftsanweisungen.

5. Für die Bearbeitung der nicht nach Abs. 3 zur Zuständigkeit der Spruchbehörde gehörigen Sachen hat der Präsident vorbehaltlich der von dem Finanzminister erteilten Anweisungen einen Geschäftsplan aufzustellen. Dem Präsidenten bleibt es überlassen, die Sachen zu bestimmen, die er sich zur Bearbeitung vorbehalten will, und im einzelnen Falle Ausnahmen von dem Geschäftsplane zu machen.

§ 5. 1. Die Oberzolldirektionen haben die richtige Anwendung und Ausführung der in ihr Bereich fallenden Gesetze innerhalb ihres Verwaltungsbezirkes zu überwachen sowie ferner alle hierzu erforderlichen Anordnungen zu treffen, insoweit nicht diese Befugnis in den Gesetzen oder

Ausführungsbestimmungen der obersten Landesfinanzbehörde vorbehalten ist, oder der Finanzminister sie sich im Einzelfalle vorbehält.

Die Oberzolldirektionen entscheiden über die Beschwerden, die gegen die Verfügungen und Anordnungen der Stempel- und Erbschaftssteuerämter und der Hauptzollämter oder der ihnen unterstellten Amtsstellen und Beamten erhoben werden, vorbehaltlich der weiteren Beschwerde an den Finanzminister.

3. Die Oberzolldirektionen*) vertreten in allen Angelegenheiten ihres Geschäftsbereichs den Staat in vermögensrechtlicher Beziehung, so daß sie durch ihre Rechtshandlungen, Verträge, Vergleiche, Anerkenntnisse, Verzichtleistungen usw. für den Staat Rechte erwerben oder aufgeben und Verpflichtungen übernehmen können. Sie sind befugt, alle in ihrem Geschäftsbereich entstehenden Rechtsstreitigkeiten ohne Anfrage nach ihrer pflichtmäßigen Überzeugung anhängig zu machen oder sich darauf einzulassen und sie bis zum Ende fortzuführen oder aufzugeben.

4. Der Umfang, in dem die Oberzolldirektionen selbständig Verträge abschließen dürfen, wird vom Finanzminister bestimmt.

5. In wichtigeren Bausachen hat die Staatsbauverwaltung die Entwürfe und Kostenanschläge nach dem von der Oberzolldirektion entworfenen Bauprogramm auszuarbeiten und die Bauten bis zur Kostenberechnung auszuführen. Welche Bausachen in dieser Beziehung zu den wichtigeren zu zählen sind, wird von dem Finanzminister im Einvernehmen mit dem Minister der öffentlichen Arbeiten bestimmt.

6. Herauszahlungen und Vergütungen auf erhobene Einnahmen sowie die Niederschlagung zum Soll gestellter Einnahmebeträge kann die Oberzolldirektion verfügen, wenn der Anspruch darauf in den Gesetzen oder in den dazu erlassenen Verwaltungsvorschriften begründet ist. Weitergehende Befugnisse können den Oberzolldirektionen auf Grund besonderer Ermächtigung von dem Finanzminister beigelegt werden.

7. Die Befugnis der Oberzolldirektion zur Verwendung der etatsmäßigen Ausgabemittel und der etatsmäßigen Beamtenstellen, zur Anstellung, Versetzung und Entlassung von Beamten und zur Regelung der Besoldungsverhältnisse wird vom Finanzminister bestimmt. Bei Stellenerledigungen und besonderen Vorkommnissen hat die Oberzolldirektion nötigenfalls vorläufige Anordnungen zu treffen, damit die Geschäfte gehörig wahrgenommen werden können.

---

*) Nicht der Präsident. RG. v. 18. 10. 10, Entsch. Bd. 74 S. 289.

8. Die Befugnisse der Oberzolldirektion zur Niederschlagung und Milderung der Strafen in Zoll- und Steuersachen regeln sich nach besonderer Allerhöchster Ermächtigung.

**§ 6.** Bei der Ordnung des Geschäftsganges der Oberzolldirektionen ist durch Anweisung des Finanzministers dafür zu sorgen, daß der Oberpräsident von den wichtigeren Sachen Kenntnis erhält.

**§ 7.** Die zur allgemeinen Bekanntmachung geeigneten Verfügungen sind in den Amtsblättern der Regierungen zu veröffentlichen.

**§ 8.** 1. Die örtliche Ausführung der Zoll- und Steuergesetze und die örtliche Aufsicht über deren Befolgung wird von den Stempel- und Erbschaftssteuerämtern und den Hauptzollämtern wahrgenommen. Den Hauptzollämtern sind die unteren Hebestellen und die Beamten des örtlichen Aufsichtsdienstes unterstellt.

2. Sitz und Bezirk der Stempel- und Erbschaftssteuerämter und der Hauptzollämter wird von dem Finanzminister bestimmt.

3. Die Vorsteher der Stempel- und Erbschaftssteuerämter sind zugleich Mitglieder der Oberzolldirektion.

**§ 9.** 1. Die Vorsteher der Stempel- und Erbschaftssteuerämter und der Hauptzollämter haben innerhalb ihres Geschäftsbereichs den Dienst nach den vom Finanzminister zu erlassenden Dienst- und Geschäftsanweisungen und nach den Anordnungen der Oberzolldirektion selbständig und unter eigener Verantwortung zu leiten.

2. Den Vorstehern der Stempel- und Erbschaftssteuerämter und der Hauptzollämter und anderen Dienstvorstehern kann von dem Finanzminister die Befugnis zur Ausstellung von Kassenanweisungen, zur Beurlaubung der unterstellten Beamten und zum selbständigen Abschlusse von Verträgen erteilt werden.

3. Die den Vorstehern der Stempel- und Erbschaftssteuerämter und der Hauptzollämter zustehenden Befugnisse zur Niederschlagung und Milderung der Strafen in Zoll- und Steuersachen werden auf Grund besonderer Allerhöchster Ermächtigung vom Finanzminister bestimmt.

**§ 10.** 1. Die für die Verwaltung der Zölle und indirekten Steuern anzunehmenden Personen werden nach den vom Finanzminister festzustellenden Grundsätzen in dem Verhältnis unmittelbarer Staatsbeamten angestellt oder auf Grund eines Dienstvertrags beschäftigt. Die Anstellung kann zunächst auf Probe oder auf Kündigung erfolgen.

2. Der Verleihung etatsmäßiger Stellen hat die Erfüllung der vorgeschriebenen Bedingungen, besonders die Ablegung der vorgeschriebenen Prüfungen, voranzugehen. Bis zur etatsmäßigen Anstellung werden die

Beamten, soweit nicht Ausnahmen durch den Finanzminister angeordnet sind, gegen feste, monatlich zu zahlende Entschädigungen beschäftigt.

3. Diener, Schiffer, Matrosen und andere Unterbeamte in ähnlicher Stellung werden nur im Kündigungsverhältnis etatsmäßig angestellt. Die Anstellung auf Kündigung kann für diese Beamten nach Bestimmung des Finanzministers in eine unkündbare Anstellung umgewandelt werden, wenn der Beamte eine etatsmäßige Stelle bekleidet und sein Amt wenigstens fünf Jahre in befriedigender Weise versehen hat.

**§ 11.** 1. Die Anstellung als Mitglied einer Oberzolldirektion setzt neben der gesetzlich erforderlichen Befähigung für den höheren Justiz- oder Verwaltungsdienst die Erfüllung der von dem Finanzminister zu stellenden besonderen Bedingungen voraus.

2. Die Besetzung der Beamtenstellen, die nach den bestehenden Vorschriften Zivilanwärtern verliehen werden können, erfolgt nach den über die Annahme von Zivilsupernumeraren überhaupt und der für die Verwaltung der Zölle und indirekten Steuern von dem Finanzminister besonders erlassenen Bestimmungen.

3. Für die Besetzung der Beamtenstellen, die den Militäranwärtern oder den Inhabern des Anstellungsscheins ausschließlich oder teilweise vorbehalten sind, bleiben die über die Versorgung der Militäranwärter und der Inhaber des Anstellungsscheins erlassenen allgemeinen Vorschriften maßgebend.

4. Wenn auf die hierfür vorgeschriebene Weise festgestellt ist, daß für die den Militäranwärtern und den Inhabern des Anstellungsscheins vorbehaltenen Stellen geeignete versorgungsberechtigte Anwärter nicht vorhanden sind, oder daß es für die Besetzung der den Zivilanwärtern zugänglichen Stellen an Ersatz dieser Art fehlt, so können nach der Bestimmung des Finanzministers auch andere Bewerber zur Anstellung zugelassen werden.

5. Die Besetzung der Beamtenstellen, für die es einer besonderen wissenschaftlichen oder technischen Vorbildung bedarf, wird durch die von dem Finanzminister hierüber zu erlassenden Vorschriften geregelt.

6. Die bei der Verwaltung der Zölle und indirekten Steuern anzustellenden Beamten dürfen beim Eintritt in den Dienst das vierzigste Lebensjahr noch nicht vollendet haben. Ausnahmen unterliegen der Genehmigung des Finanzministers.

**§ 12.** Die Regelung der Voraussetzungen für die Anstellung und Beförderung der Beamten, der Amtsbezeichnung der Beamten, deren Ernennung der Allerhöchsten Bestimmung nicht unterliegt, die Ordnung des

Prüfungswesens, die Bestimmung über die Verpflichtung zum Tragen einer mit Königlicher Genehmigung eingeführten Dienstbekleidung und alle übrigen, die Rechte und Pflichten der Beamten betreffenden allgemeinen Vorschriften bleiben, soweit sie nicht gesetzlich geregelt sind, der Bestimmung des Finanzministers vorbehalten.

**§ 13.** 1. Diese Verwaltungsordnung findet auf alle preußischen Gebietsteile Anwendung, soweit nicht durch gesetzliche Vorschriften oder durch bestehende Staatsverträge Abweichungen bedingt werden. Sie findet auch Anwendung auf nichtpreußische Gebietsteile, in denen durch Staatsvertrag die Erhebung der Zölle und indirekten Steuern preußischen Behörden übertragen ist.

2. Die Verwaltung der Zölle und indirekten Steuern in den Hohenzollernschen Landen wird von dem Finanzminister mit der Maßgabe geregelt, daß, solange die Aufsicht über die Zölle und indirekten Steuern in Hohenzollern einer Oberzolldirektion noch nicht zugewiesen ist, die nach dieser Verwaltungsordnung den Oberzolldirektionen zugeteilten Geschäfte von der Königlichen Regierung in Sigmaringen wahrgenommen werden.*)

*) OZD. Kassel. FM. III 6121, ZBl. S. 180 von 1908.

# Tabelle I.

## Stempelabgabe zu 1/50 vom Hundert

a) für Schuldverschreibungen über Darlehen, welche innerhalb Jahresfrist oder in einem kürzeren Zeitraum zurückzuzahlen sind gemäß T. 58 Ermäßigungen b (1) und für die Erweiterung der Rückzahlungsfrist gemäß Abs. 2 und 6 daselbst;

b) für kaufmännische, nicht auf Order ausgestellte Verpflichtungsscheine über Leistungen von Geld (T. 58 II).

| Wert des Gegenstandes ℳ | Stempelabgabe ℳ | ₰ |
|---|---|---|
| bis 150 | — | — |
| über 150 bis 1 000 | — | 20 |
| „ 1 000 „ 2 000 | — | 40 |
| „ 2 000 „ 3 000 | — | 60 |
| „ 3 000 „ 4 000 | — | 80 |
| „ 4 000 „ 5 000 | 1 | — |
| „ 5 000 „ 6 000 | 1 | 20 |
| „ 6 000 „ 7 000 | 1 | 40 |
| „ 7 000 „ 8 000 | 1 | 60 |
| „ 8 000 „ 9 000 | 1 | 80 |
| „ 9 000 „ 10 000 | 2 | — |
| „ 10 000 „ 11 000 | 2 | 20 |
| „ 11 000 „ 12 000 | 2 | 40 |
| „ 12 000 „ 13 000 | 2 | 60 |
| „ 13 000 „ 14 000 | 2 | 80 |
| „ 14 000 „ 15 000 | 3 | — |
| „ 15 000 „ 16 000 | 3 | 20 |
| „ 16 000 „ 17 000 | 3 | 40 |
| „ 17 000 „ 18 000 | 3 | 60 |
| „ 18 000 „ 19 000 | 3 | 80 |
| „ 19 000 „ 20 000 | 4 | — |
| „ 20 000 „ 21 000 | 4 | 20 |
| „ 21 000 „ 22 000 | 4 | 40 |
| „ 22 000 „ 23 000 | 4 | 60 |
| „ 23 000 „ 24 000 | 4 | 80 |
| „ 24 000 „ 25 000 | 5 | — |
| „ 25 000 „ 26 000 | 5 | 20 |
| „ 26 000 „ 27 000 | 5 | 40 |
| „ 27 000 „ 28 000 | 5 | 60 |
| „ 28 000 „ 29 000 | 5 | 80 |
| „ 29 000 „ 30 000 | 6 | — |
| „ 30 000 „ 31 000 | 6 | 20 |
| „ 31 000 „ 32 000 | 6 | 40 |
| „ 32 000 „ 33 000 | 6 | 60 |
| „ 33 000 „ 34 000 | 6 | 80 |
| über 34 000 bis 35 000 | 7 | — |
| „ 35 000 „ 36 000 | 7 | 20 |
| „ 36 000 „ 37 000 | 7 | 40 |
| „ 37 000 „ 38 000 | 7 | 60 |
| „ 38 000 „ 39 000 | 7 | 80 |
| „ 39 000 „ 40 000 | 8 | — |
| „ 40 000 „ 41 000 | 8 | 20 |
| „ 41 000 „ 42 000 | 8 | 40 |
| „ 42 000 „ 43 000 | 8 | 60 |
| „ 43 000 „ 44 000 | 8 | 80 |
| „ 44 000 „ 45 000 | 9 | — |
| „ 45 000 „ 46 000 | 9 | 20 |
| „ 46 000 „ 47 000 | 9 | 40 |
| „ 47 000 „ 48 000 | 9 | 60 |
| „ 48 000 „ 49 000 | 9 | 80 |
| „ 49 000 „ 50 000 | 10 | — |
| „ 50 000 „ 51 000 | 10 | 20 |
| „ 51 000 „ 52 000 | 10 | 40 |
| „ 52 000 „ 53 000 | 10 | 60 |
| „ 53 000 „ 54 000 | 10 | 80 |
| „ 54 000 „ 55 000 | 11 | — |
| „ 55 000 „ 56 000 | 11 | 20 |
| „ 56 000 „ 57 000 | 11 | 40 |
| „ 57 000 „ 58 000 | 11 | 60 |
| „ 58 000 „ 59 000 | 11 | 80 |
| „ 59 000 „ 60 000 | 12 | — |
| „ 60 000 „ 61 000 | 12 | 20 |
| „ 61 000 „ 62 000 | 12 | 40 |
| „ 62 000 „ 63 000 | 12 | 60 |
| „ 63 000 „ 64 000 | 12 | 80 |
| „ 64 000 „ 65 000 | 13 | — |
| „ 65 000 „ 66 000 | 13 | 20 |
| „ 66 000 „ 67 000 | 13 | 40 |
| „ 67 000 „ 68 000 | 13 | 60 |
| „ 68 000 „ 69 000 | 13 | 80 |

| Wert des Gegenstandes ℳ | | | | | Stempelabgabe ℳ | ₰ | Wert des Gegenstandes ℳ | | | | | Stempelabgabe ℳ | ₰ |
|---|---|---|---|---|---|---|---|---|---|---|---|---|---|
| über | 69 000 | bis | 70 000 | | 14 | — | über | 86 000 | bis | 87 000 | | 17 | 40 |
| „ | 70 000 | „ | 71 000 | | 14 | 20 | „ | 87 000 | „ | 88 000 | | 17 | 60 |
| „ | 71 000 | „ | 72 000 | | 14 | 40 | „ | 88 000 | „ | 89 000 | | 17 | 80 |
| „ | 72 000 | „ | 73 000 | | 14 | 60 | „ | 89 000 | „ | 90 000 | | 18 | — |
| „ | 73 000 | „ | 74 000 | | 14 | 80 | „ | 90 000 | „ | 91 000 | | 18 | 20 |
| „ | 74 000 | „ | 75 000 | | 15 | — | „ | 91 000 | „ | 92 000 | | 18 | 40 |
| „ | 75 000 | „ | 76 000 | | 15 | 20 | „ | 92 000 | „ | 93 000 | | 18 | 60 |
| „ | 76 000 | „ | 77 000 | | 15 | 40 | „ | 93 000 | „ | 94 000 | | 18 | 80 |
| „ | 77 000 | „ | 78 000 | | 15 | 60 | „ | 94 000 | „ | 95 000 | | 19 | — |
| „ | 78 000 | „ | 79 000 | | 15 | 80 | „ | 95 000 | „ | 96 000 | | 19 | 20 |
| „ | 79 000 | „ | 80 000 | | 16 | — | „ | 96 000 | „ | 97 000 | | 19 | 40 |
| „ | 80 000 | „ | 81 000 | | 16 | 20 | „ | 97 000 | „ | 98 000 | | 19 | 60 |
| „ | 81 000 | „ | 82 000 | | 16 | 40 | „ | 98 000 | „ | 99 000 | | 19 | 80 |
| „ | 82 000 | „ | 83 000 | | 16 | 60 | „ | 99 000 | „ | 100 000 | | 20 | — |
| „ | 83 000 | „ | 84 000 | | 16 | 80 | usw. von jeden angefangenen 1000 ℳ 20 ₰ mehr. | | | | | | |
| „ | 84 000 | „ | 85 000 | | 17 | — | | | | | | | |
| „ | 85 000 | „ | 86 000 | | 17 | 20 | | | | | | | |

# Tabelle II.

## Stempelabgabe zu 1/25 vom Hundert:

Für Erbrezesse, — T. 20 — Mindestbetrag 1,50 ℳ (Erbrezesse über erbschaftssteuerfreie Erbschaften stets nur 1,50 ℳ).

| Wert des Reinnachlasses ℳ | | | | Stempelabgabe ℳ | ₰ | Wert des Reinnachlasses ℳ | | | | Stempelabgabe ℳ | ₰ |
|---|---|---|---|---|---|---|---|---|---|---|---|
| | | bis | 150 | — | — | über | 20 000 | bis | 21 250 | 8 | 50 |
| über | 150 | bis | 3 750 | 1 | 50 | „ | 21 250 | „ | 22 500 | 9 | — |
| „ | 3 750 | „ | 5 000 | 2 | — | „ | 22 500 | „ | 23 750 | 9 | 50 |
| „ | 5 000 | „ | 6 250 | 2 | 50 | „ | 23 750 | „ | 25 000 | 10 | — |
| „ | 6 250 | „ | 7 500 | 3 | — | „ | 25 000 | „ | 26 250 | 10 | 50 |
| „ | 7 500 | „ | 8 750 | 3 | 50 | „ | 26 250 | „ | 27 500 | 11 | — |
| „ | 8 750 | „ | 10 000 | 4 | — | „ | 27 500 | „ | 28 750 | 11 | 50 |
| „ | 10 000 | „ | 11 250 | 4 | 50 | „ | 28 750 | „ | 30 000 | 12 | — |
| „ | 11 250 | „ | 12 500 | 5 | — | „ | 30 000 | „ | 31 250 | 12 | 50 |
| „ | 12 500 | „ | 13 750 | 5 | 50 | „ | 31 250 | „ | 32 500 | 13 | — |
| „ | 13 750 | „ | 15 000 | 6 | — | „ | 32 500 | „ | 33 750 | 13 | 50 |
| „ | 15 000 | „ | 16 250 | 6 | 50 | „ | 33 750 | „ | 35 000 | 14 | — |
| „ | 16 250 | „ | 17 500 | 7 | — | „ | 35 000 | „ | 36 250 | 14 | 50 |
| „ | 17 500 | „ | 18 750 | 7 | 50 | „ | 36 250 | „ | 37 500 | 15 | — |
| „ | 18 750 | „ | 20 000 | 8 | — | „ | 37 500 | „ | 38 750 | 15 | 50 |

| Wert des Reinnachlasses ℳ | | | | Stempelabgabe ℳ | ₰ | Wert des Reinnachlasses ℳ | | | | Stempelabgabe ℳ | ₰ |
|---|---|---|---|---|---|---|---|---|---|---|---|
| über | 38 750 | bis | 40 000 | 16 | — | über | 71 250 | bis | 72 500 | 29 | — |
| „ | 40 000 | „ | 41 250 | 16 | 50 | „ | 72 500 | „ | 73 750 | 29 | 50 |
| „ | 41 250 | „ | 42 500 | 17 | — | „ | 73 750 | „ | 75 000 | 30 | — |
| „ | 42 500 | „ | 43 750 | 17 | 50 | „ | 75 000 | „ | 76 250 | 30 | 50 |
| „ | 43 750 | „ | 45 000 | 18 | — | „ | 76 250 | „ | 77 500 | 31 | — |
| „ | 45 000 | „ | 46 250 | 18 | 50 | „ | 77 500 | „ | 78 750 | 31 | 50 |
| „ | 46 250 | „ | 47 500 | 19 | — | „ | 78 750 | „ | 80 000 | 32 | — |
| „ | 47 500 | „ | 48 750 | 19 | 50 | „ | 80 000 | „ | 81 250 | 32 | 50 |
| „ | 48 750 | „ | 50 000 | 20 | — | „ | 81 250 | „ | 82 500 | 33 | — |
| „ | 50 000 | „ | 51 250 | 20 | 50 | „ | 82 500 | „ | 83 750 | 33 | 50 |
| „ | 51 250 | „ | 52 500 | 21 | — | „ | 83 750 | „ | 85 000 | 34 | — |
| „ | 52 500 | „ | 53 750 | 21 | 50 | „ | 85 000 | „ | 86 250 | 34 | 50 |
| „ | 53 750 | „ | 55 000 | 22 | — | „ | 86 250 | „ | 87 500 | 35 | — |
| „ | 55 000 | „ | 56 250 | 22 | 50 | „ | 87 500 | „ | 88 750 | 35 | 50 |
| „ | 56 250 | „ | 57 500 | 23 | — | „ | 88 750 | „ | 90 000 | 36 | — |
| „ | 57 500 | „ | 58 750 | 23 | 50 | „ | 90 000 | „ | 91 250 | 36 | 50 |
| „ | 58 750 | „ | 60 000 | 24 | — | „ | 91 250 | „ | 92 500 | 37 | — |
| „ | 60 000 | „ | 61 250 | 24 | 50 | „ | 92 500 | „ | 93 750 | 37 | 50 |
| „ | 61 250 | „ | 62 500 | 25 | — | „ | 93 750 | „ | 95 000 | 38 | — |
| „ | 62 500 | „ | 63 750 | 25 | 50 | „ | 95 000 | „ | 96 250 | 38 | 50 |
| „ | 63 750 | „ | 65 000 | 26 | — | „ | 96 250 | „ | 97 500 | 39 | — |
| „ | 65 000 | „ | 66 250 | 26 | 50 | „ | 97 500 | „ | 98 750 | 39 | 50 |
| „ | 66 250 | „ | 67 500 | 27 | — | „ | 98 750 | „ | 100 000 | 40 | — |
| „ | 67 500 | „ | 68 750 | 27 | 50 | usw. von jeden angefangenen 1250 ℳ 50 ₰ mehr. | | | | | |
| „ | 68 750 | „ | 70 000 | 28 | — | | | | | | |
| „ | 70 000 | „ | 71 250 | 28 | 50 | | | | | | |

# Tabelle III.

**Stempelabgabe zu 1/20 vom Hundert:**

Für Abtretungen von Rechten, T. 2, Mindestbetrag 1,50 ℳ.

| Wert des Gegenstandes ℳ | | | | Stempelabgabe ℳ | ₰ | Wert des Gegenstandes ℳ | | | | Stempelabgabe ℳ | ₰ |
|---|---|---|---|---|---|---|---|---|---|---|---|
| | | bis | 150 | — | — | über | 9 000 | bis | 10 000 | 5 | — |
| über | 150 | bis | 3 000 | 1 | 50 | „ | 10 000 | „ | 11 000 | 5 | 50 |
| „ | 3 000 | „ | 4 000 | 2 | — | „ | 11 000 | „ | 12 000 | 6 | — |
| „ | 4 000 | „ | 5 000 | 2 | 50 | „ | 12 000 | „ | 13 000 | 6 | 50 |
| „ | 5 000 | „ | 6 000 | 3 | — | „ | 13 000 | „ | 14 000 | 7 | — |
| „ | 6 000 | „ | 7 000 | 3 | 50 | „ | 14 000 | „ | 15 000 | 7 | 50 |
| „ | 7 000 | „ | 8 000 | 4 | — | „ | 15 000 | „ | 16 000 | 8 | — |
| „ | 8 000 | „ | 9 000 | 4 | 50 | „ | 16 000 | „ | 17 000 | 8 | 50 |

| Wert des Gegenstandes ℳ | Stempelabgabe ℳ | ₰ | Wert des Gegenstandes ℳ | Stempelabgabe ℳ | ₰ |
|---|---|---|---|---|---|
| über 17 000 bis 18 000 | 9 | — | über 40 000 bis 41 000 | 20 | 50 |
| „ 18 000 „ 19 000 | 9 | 50 | „ 41 000 „ 42 000 | 21 | — |
| „ 19 000 „ 20 000 | 10 | — | „ 42 000 „ 43 000 | 21 | 50 |
| „ 20 000 „ 21 000 | 10 | 50 | „ 43 000 „ 44 000 | 22 | — |
| „ 21 000 „ 22 000 | 11 | — | „ 44 000 „ 45 000 | 22 | 50 |
| „ 22 000 „ 23 000 | 11 | 50 | „ 45 000 „ 46 000 | 23 | — |
| „ 23 000 „ 24 000 | 12 | — | „ 46 000 „ 47 000 | 23 | 50 |
| „ 24 000 „ 25 000 | 12 | 50 | „ 47 000 „ 48 000 | 24 | — |
| „ 25 000 „ 26 000 | 13 | — | „ 48 000 „ 49 000 | 24 | 50 |
| „ 26 000 „ 27 000 | 13 | 50 | „ 49 000 „ 50 000 | 25 | — |
| „ 27 000 „ 28 000 | 14 | — | „ 50 000 „ 51 000 | 25 | 50 |
| „ 28 000 „ 29 000 | 14 | 50 | „ 51 000 „ 52 000 | 26 | — |
| „ 29 000 „ 30 000 | 15 | — | „ 52 000 „ 53 000 | 26 | 50 |
| „ 30 000 „ 31 000 | 15 | 50 | „ 53 000 „ 54 000 | 27 | — |
| „ 31 000 „ 32 000 | 16 | — | „ 54 000 „ 55 000 | 27 | 50 |
| „ 32 000 „ 33 000 | 16 | 50 | „ 55 000 „ 56 000 | 28 | — |
| „ 33 000 „ 34 000 | 17 | — | „ 56 000 „ 57 000 | 28 | 50 |
| „ 34 000 „ 35 000 | 17 | 50 | „ 57 000 „ 58 000 | 29 | — |
| „ 35 000 „ 36 000 | 18 | — | „ 58 000 „ 59 000 | 29 | 50 |
| „ 36 000 „ 37 000 | 18 | 50 | „ 59 000 „ 60 000 | 30 | — |
| „ 37 000 „ 38 000 | 19 | — | usw. von jeden angefangenen 1000 ℳ 50 ₰ mehr. | | |
| „ 38 000 „ 39 000 | 19 | 50 | | | |
| „ 39 000 „ 40 000 | 20 | — | | | |

# Tabelle IV.

**Stempelabgabe zu 1/12 vom Hundert:**

Für Schuldverschreibungen (vgl. Tabelle I.) T. 58.

| Wert des Gegenstandes ℳ | Stempelabgabe ℳ | ₰ | Wert des Gegenstandes ℳ | Stempelabgabe ℳ | ₰ |
|---|---|---|---|---|---|
| bis 150 | — | — | über 6 000 bis 6 600 | 5 | 50 |
| über 150 bis 600 | — | 50 | „ 6 600 „ 7 200 | 6 | — |
| „ 600 „ 1 200 | 1 | — | „ 7 200 „ 7 800 | 6 | 50 |
| „ 1 200 „ 1 800 | 1 | 50 | „ 7 800 „ 8 400 | 7 | — |
| „ 1 800 „ 2 400 | 2 | — | „ 8 400 „ 9 000 | 7 | 50 |
| „ 2 400 „ 3 000 | 2 | 50 | „ 9 000 „ 9 600 | 8 | — |
| „ 3 000 „ 3 600 | 3 | — | „ 9 600 „ 10 200 | 8 | 50 |
| „ 3 600 „ 4 200 | 3 | 50 | „ 10 200 „ 10 800 | 9 | — |
| „ 4 200 „ 4 800 | 4 | — | „ 10 800 „ 11 400 | 9 | 50 |
| „ 4 800 „ 5 400 | 4 | 50 | „ 11 400 „ 12 000 | 10 | — |
| „ 5 400 „ 6 000 | 5 | — | „ 12 000 „ 12 600 | 10 | 50 |

| Wert des Gegenstandes ℳ | | | Stempelabgabe ℳ | ₰ | Wert des Gegenstandes ℳ | | | Stempelabgabe ℳ | ₰ |
|---|---|---|---|---|---|---|---|---|---|
| über 12 600 | bis | 13 200 | 11 | — | über 39 600 | bis | 40 200 | 33 | 50 |
| „ 13 200 | „ | 13 800 | 11 | 50 | „ 40 200 | „ | 40 800 | 34 | — |
| „ 13 800 | „ | 14 400 | 12 | — | „ 40 800 | „ | 41 400 | 34 | 50 |
| „ 14 400 | „ | 15 000 | 12 | 50 | „ 41 400 | „ | 42 000 | 35 | — |
| „ 15 000 | „ | 15 600 | 13 | — | „ 42 000 | „ | 42 600 | 35 | 50 |
| „ 15 600 | „ | 16 200 | 13 | 50 | „ 42 600 | „ | 43 200 | 36 | — |
| „ 16 200 | „ | 16 800 | 14 | — | „ 43 200 | „ | 43 800 | 36 | 50 |
| „ 16 800 | „ | 17 400 | 14 | 50 | „ 43 800 | „ | 44 400 | 37 | — |
| „ 17 400 | „ | 18 000 | 15 | — | „ 44 400 | „ | 45 000 | 37 | 50 |
| „ 18 000 | „ | 18 600 | 15 | 50 | „ 45 000 | „ | 45 600 | 38 | — |
| „ 18 600 | „ | 19 200 | 16 | — | „ 45 600 | „ | 46 200 | 38 | 50 |
| „ 19 200 | „ | 19 800 | 16 | 50 | „ 46 200 | „ | 46 800 | 39 | — |
| „ 19 800 | „ | 20 400 | 17 | — | „ 46 800 | „ | 47 400 | 39 | 50 |
| „ 20 400 | „ | 21 000 | 17 | 50 | „ 47 400 | „ | 48 000 | 40 | — |
| „ 21 000 | „ | 21 600 | 18 | — | „ 48 000 | „ | 48 600 | 40 | 50 |
| „ 21 600 | „ | 22 200 | 18 | 50 | „ 48 600 | „ | 49 200 | 41 | — |
| „ 22 200 | „ | 22 800 | 19 | — | „ 49 200 | „ | 49 800 | 41 | 50 |
| „ 22 800 | „ | 23 400 | 19 | 50 | „ 49 800 | „ | 50 400 | 42 | — |
| „ 23 400 | „ | 24 000 | 20 | — | „ 50 400 | „ | 51 000 | 42 | 50 |
| „ 24 000 | „ | 24 600 | 20 | 50 | „ 51 000 | „ | 51 600 | 43 | — |
| „ 24 600 | „ | 25 200 | 21 | — | „ 51 600 | „ | 52 200 | 43 | 50 |
| „ 25 200 | „ | 25 800 | 21 | 50 | „ 52 200 | „ | 52 800 | 44 | — |
| „ 25 800 | „ | 26 400 | 22 | — | „ 52 800 | „ | 53 400 | 44 | 50 |
| „ 26 400 | „ | 27 000 | 22 | 50 | „ 53 400 | „ | 54 000 | 45 | — |
| „ 27 000 | „ | 27 600 | 23 | — | „ 54 000 | „ | 54 600 | 45 | 50 |
| „ 27 600 | „ | 28 200 | 23 | 50 | „ 54 600 | „ | 55 200 | 46 | — |
| „ 28 200 | „ | 28 800 | 24 | — | „ 55 200 | „ | 55 800 | 46 | 50 |
| „ 28 800 | „ | 29 400 | 24 | 50 | „ 55 800 | „ | 56 400 | 47 | — |
| „ 29 400 | „ | 30 000 | 25 | — | „ 56 400 | „ | 57 000 | 47 | 50 |
| „ 30 000 | „ | 30 600 | 25 | 50 | „ 57 000 | „ | 57 600 | 48 | — |
| „ 30 600 | „ | 31 200 | 26 | — | „ 57 600 | „ | 58 200 | 48 | 50 |
| „ 31 200 | „ | 31 800 | 26 | 50 | „ 58 200 | „ | 58 800 | 49 | — |
| „ 31 800 | „ | 32 400 | 27 | — | „ 58 800 | „ | 59 400 | 49 | 50 |
| „ 32 400 | „ | 33 000 | 27 | 50 | „ 59 400 | „ | 60 000 | 50 | — |
| „ 33 000 | „ | 33 600 | 28 | — | „ 60 000 | „ | 60 600 | 50 | 50 |
| „ 33 600 | „ | 34 200 | 28 | 50 | „ 60 600 | „ | 61 200 | 51 | — |
| „ 34 200 | „ | 34 800 | 29 | — | „ 61 200 | „ | 61 800 | 51 | 50 |
| „ 34 800 | „ | 35 400 | 29 | 50 | „ 61 800 | „ | 62 400 | 52 | — |
| „ 35 400 | „ | 36 000 | 30 | — | „ 62 400 | „ | 63 000 | 52 | 50 |
| „ 36 000 | „ | 36 600 | 30 | 50 | „ 63 000 | „ | 63 600 | 53 | — |
| „ 36 600 | „ | 37 200 | 31 | — | „ 63 600 | „ | 64 200 | 53 | 50 |
| „ 37 200 | „ | 37 800 | 31 | 50 | „ 64 200 | „ | 64 800 | 54 | — |
| „ 37 800 | „ | 38 400 | 32 | — | „ 64 800 | „ | 65 400 | 54 | 50 |
| „ 38 400 | „ | 39 000 | 32 | 50 | „ 65 400 | „ | 66 000 | 55 | — |
| „ 39 000 | „ | 39 600 | 33 | — | „ 66 000 | „ | 66 600 | 55 | 50 |

| Wert des Gegenstandes ℳ | Stempelabgabe ℳ | ₰ | Wert des Gegenstandes ℳ | Stempelabgabe ℳ | ₰ |
|---|---|---|---|---|---|
| über 66 600 bis 67 200 | 56 | — | über 71 400 bis 72 000 | 60 | — |
| „ 67 200 „ 67 800 | 56 | 50 | „ 72 000 „ 72 600 | 60 | 50 |
| „ 67 800 „ 68 400 | 57 | — | „ 72 600 „ 73 200 | 61 | — |
| „ 68 400 „ 69 000 | 57 | 50 | „ 73 200 „ 73 800 | 61 | 50 |
| „ 69 000 „ 69 600 | 58 | — | „ 73 800 „ 74 400 | 62 | — |
| „ 69 600 „ 70 200 | 58 | 50 | „ 74 400 „ 75 000 | 62 | 50 |
| „ 70 200 „ 70 800 | 59 | — | usw. von jeden angefan- | | |
| „ 70 800 „ 71 400 | 59 | 50 | genen 600 ℳ 50 ₰ mehr. | | |

# Tabelle V.

**Stempelabgabe 1/3 vom Hundert:**

a) für Auktionen T. 9;

b) für Kauf- und Tauschverträge und andere lästige Veräußerungsgeschäfte enthaltende Verträge über Gegenstände aller Art — ausgenommen Grundstücke und ihnen gleichgeachtete Rechte — T. 32 c;

c) für schriftliche Pacht- und Mietverträge, soweit sie sich nicht auf Grundstücke, ihnen gleichgeachtete Rechte oder Jagden beziehen, T. 48 III.

| Wert des Gegenstandes ℳ | Stempelabgabe ℳ | ₰ | Wert des Gegenstandes ℳ | Stempelabgabe ℳ | ₰ |
|---|---|---|---|---|---|
| bis 150 | — | — | über 3 000 bis 3 150 | 10 | 50 |
| über 150 bis 300 | 1 | — | „ 3 150 „ 3 300 | 11 | — |
| „ 300 „ 450 | 1 | 50 | „ 3 300 „ 3 450 | 11 | 50 |
| „ 450 „ 600 | 2 | — | „ 3 450 „ 3 600 | 12 | — |
| „ 600 „ 750 | 2 | 50 | „ 3 600 „ 3 750 | 12 | 50 |
| „ 750 „ 900 | 3 | — | „ 3 750 „ 3 900 | 13 | — |
| „ 900 „ 1 050 | 3 | 50 | „ 3 900 „ 4 050 | 13 | 50 |
| „ 1 050 „ 1 200 | 4 | — | „ 4 050 „ 4 200 | 14 | — |
| „ 1 200 „ 1 350 | 4 | 50 | „ 4 200 „ 4 350 | 14 | 50 |
| „ 1 350 „ 1 500 | 5 | — | „ 4 350 „ 4 500 | 15 | — |
| „ 1 500 „ 1 650 | 5 | 50 | „ 4 500 „ 4 650 | 15 | 50 |
| „ 1 650 „ 1 800 | 6 | — | „ 4 650 „ 4 800 | 16 | — |
| „ 1 800 „ 1 950 | 6 | 50 | „ 4 800 „ 4 950 | 16 | 50 |
| „ 1 950 „ 2 100 | 7 | — | „ 4 950 „ 5 100 | 17 | — |
| „ 2 100 „ 2 250 | 7 | 50 | „ 5 100 „ 5 250 | 17 | 50 |
| „ 2 250 „ 2 400 | 8 | — | „ 5 250 „ 5 400 | 18 | — |
| „ 2 400 „ 2 550 | 8 | 50 | „ 5 400 „ 5 550 | 18 | 50 |
| „ 2 550 „ 2 700 | 9 | — | „ 5 550 „ 5 700 | 19 | — |
| „ 2 700 „ 2 850 | 9 | 50 | „ 5 700 „ 5 850 | 19 | 50 |
| „ 2 850 „ 3 000 | 10 | — | „ 5 850 „ 6 000 | 20 | — |

| Wert des Gegenstandes ℳ | | | | Stempelabgabe ℳ | ₰ |
|---|---|---|---|---|---|
| über | 6 000 | bis | 6 150 | 20 | 50 |
| „ | 6 150 | „ | 6 300 | 21 | — |
| „ | 6 300 | „ | 6 450 | 21 | 50 |
| „ | 6 450 | „ | 6 600 | 22 | — |
| „ | 6 600 | „ | 6 750 | 22 | 50 |
| „ | 6 750 | „ | 6 900 | 23 | — |
| „ | 6 900 | „ | 7 050 | 23 | 50 |
| „ | 7 050 | „ | 7 200 | 24 | — |
| „ | 7 200 | „ | 7 350 | 24 | 50 |
| „ | 7 350 | „ | 7 500 | 25 | — |
| „ | 7 500 | „ | 7 650 | 25 | 50 |
| „ | 7 650 | „ | 7 800 | 26 | — |
| „ | 7 800 | „ | 7 950 | 26 | 50 |
| „ | 7 950 | „ | 8 100 | 27 | — |
| „ | 8 100 | „ | 8 250 | 27 | 50 |
| „ | 8 250 | „ | 8 400 | 28 | — |
| „ | 8 400 | „ | 8 550 | 28 | 50 |
| „ | 8 550 | „ | 8 700 | 29 | — |
| „ | 8 700 | „ | 8 850 | 29 | 50 |
| „ | 8 850 | „ | 9 000 | 30 | — |
| „ | 9 000 | „ | 9 150 | 30 | 50 |
| „ | 9 150 | „ | 9 300 | 31 | — |
| „ | 9 300 | „ | 9 450 | 31 | 50 |
| „ | 9 450 | „ | 9 600 | 32 | — |
| „ | 9 600 | „ | 9 750 | 32 | 50 |
| „ | 9 750 | „ | 9 900 | 33 | — |
| „ | 9 900 | „ | 10 050 | 33 | 50 |
| „ | 10 050 | „ | 10 200 | 34 | — |
| „ | 10 200 | „ | 10 350 | 34 | 50 |
| „ | 10 350 | „ | 10 500 | 35 | — |
| „ | 10 500 | „ | 10 650 | 35 | 50 |
| „ | 10 650 | „ | 10 800 | 36 | — |
| „ | 10 800 | „ | 10 950 | 36 | 50 |
| „ | 10 950 | „ | 11 100 | 37 | — |
| „ | 11 100 | „ | 11 250 | 37 | 50 |
| „ | 11 250 | „ | 11 400 | 38 | — |
| „ | 11 400 | „ | 11 550 | 38 | 50 |
| „ | 11 550 | „ | 11 700 | 39 | — |
| „ | 11 700 | „ | 11 850 | 39 | 50 |
| „ | 11 850 | „ | 12 000 | 40 | — |
| „ | 12 000 | „ | 12 150 | 40 | 50 |
| „ | 12 150 | „ | 12 300 | 41 | — |
| „ | 12 300 | „ | 12 450 | 41 | 50 |

| Wert des Gegenstandes ℳ | | | | Stempelabgabe ℳ | ₰ |
|---|---|---|---|---|---|
| über | 12 450 | bis | 12 600 | 42 | — |
| „ | 12 600 | „ | 12 750 | 42 | 50 |
| „ | 12 750 | „ | 12 900 | 43 | — |
| „ | 12 900 | „ | 13 050 | 43 | 50 |
| „ | 13 050 | „ | 13 200 | 44 | — |
| „ | 13 200 | „ | 13 350 | 44 | 50 |
| „ | 13 350 | „ | 13 500 | 45 | — |
| „ | 13 500 | „ | 13 650 | 45 | 50 |
| „ | 13 650 | „ | 13 800 | 46 | — |
| „ | 13 800 | „ | 13 950 | 46 | 50 |
| „ | 13 950 | „ | 14 100 | 47 | — |
| „ | 14 100 | „ | 14 250 | 47 | 50 |
| „ | 14 250 | „ | 14 400 | 48 | — |
| „ | 14 400 | „ | 14 550 | 48 | 50 |
| „ | 14 550 | „ | 14 700 | 49 | — |
| „ | 14 700 | „ | 14 850 | 49 | 50 |
| „ | 14 850 | „ | 15 000 | 50 | — |
| „ | 15 000 | „ | 15 150 | 50 | 50 |
| „ | 15 150 | „ | 15 300 | 51 | — |
| „ | 15 300 | „ | 15 450 | 51 | 50 |
| „ | 15 450 | „ | 15 600 | 52 | — |
| „ | 15 600 | „ | 15 750 | 52 | 50 |
| „ | 15 750 | „ | 15 900 | 53 | — |
| „ | 15 900 | „ | 16 050 | 53 | 50 |
| „ | 16 050 | „ | 16 200 | 54 | — |
| „ | 16 200 | „ | 16 350 | 54 | 50 |
| „ | 16 350 | „ | 16 500 | 55 | — |
| „ | 16 500 | „ | 16 650 | 55 | 50 |
| „ | 16 650 | „ | 16 800 | 56 | — |
| „ | 16 800 | „ | 16 950 | 56 | 50 |
| „ | 16 950 | „ | 17 100 | 57 | — |
| „ | 17 100 | „ | 17 250 | 57 | 50 |
| „ | 17 250 | „ | 17 400 | 58 | — |
| „ | 17 400 | „ | 17 550 | 58 | 50 |
| „ | 17 550 | „ | 17 700 | 59 | — |
| „ | 17 700 | „ | 17 850 | 59 | 50 |
| „ | 17 850 | „ | 18 000 | 60 | — |

usw. von jeden angefangenen 150 ℳ 50 ₰ mehr.

# Tabelle VI.

**Stempelabgabe zu 3 vom Hundert:**

für Familien- und Fideikommißstiftungen, T. 24.

| Wert des Gegenstandes | Stempelabgabe | | Wert des Gegenstandes | Stempelabgabe | |
|---|---|---|---|---|---|
| ℳ | ℳ | ₰ | ℳ | ℳ | ₰ |
| bis 150 | — | — | über 600 bis 616⅔ | 18 | 50 |
| über 150 bis 166⅔ | 5 | — | „ 616⅔ „ 633⅓ | 19 | — |
| „ 166⅔ „ 183⅓ | 5 | 50 | „ 633⅓ „ 650 | 19 | 50 |
| „ 183⅓ „ 200 | 6 | — | „ 650 „ 666⅔ | 20 | — |
| „ 200 „ 216⅔ | 6 | 50 | „ 666⅔ „ 683⅓ | 20 | 50 |
| „ 216⅔ „ 233⅓ | 7 | — | „ 683⅓ „ 700 | 21 | — |
| „ 233⅓ „ 250 | 7 | 50 | „ 700 „ 716⅔ | 21 | 50 |
| „ 250 „ 266⅔ | 8 | — | „ 716⅔ „ 733⅓ | 22 | — |
| „ 266⅔ „ 283⅓ | 8 | 50 | „ 733⅓ „ 750 | 22 | 50 |
| „ 283⅓ „ 300 | 9 | — | „ 750 „ 766⅔ | 23 | — |
| „ 300 „ 316⅔ | 9 | 50 | „ 766⅔ „ 783⅓ | 23 | 50 |
| „ 316⅔ „ 333⅓ | 10 | — | „ 783⅓ „ 800 | 24 | — |
| „ 333⅓ „ 350 | 10 | 50 | „ 800 „ 816⅔ | 24 | 50 |
| „ 350 „ 366⅔ | 11 | — | „ 816⅔ „ 833⅓ | 25 | — |
| „ 366⅔ „ 383⅓ | 11 | 50 | „ 833⅓ „ 850 | 25 | 50 |
| „ 383⅓ „ 400 | 12 | — | „ 850 „ 866⅔ | 26 | — |
| „ 400 „ 416⅔ | 12 | 50 | „ 866⅔ „ 883⅓ | 26 | 50 |
| „ 416⅔ „ 433⅓ | 13 | — | „ 883⅓ „ 900 | 27 | — |
| „ 433⅓ „ 450 | 13 | 50 | „ 900 „ 916⅔ | 27 | 50 |
| „ 450 „ 466⅔ | 14 | — | „ 916⅔ „ 933⅓ | 28 | — |
| „ 466⅔ „ 483⅓ | 14 | 50 | „ 933⅓ „ 950 | 28 | 50 |
| „ 483⅓ „ 500 | 15 | — | „ 950 „ 966⅔ | 29 | — |
| „ 500 „ 516⅔ | 15 | 50 | „ 966⅔ „ 983⅓ | 29 | 50 |
| „ 516⅔ „ 533⅓ | 16 | — | „ 983⅓ „ 1000 | 30 | — |
| „ 533⅓ „ 550 | 16 | 50 | usw. von jeden angefangenen 1000 ℳ 30 ℳ mehr. | | |
| „ 550 „ 566⅔ | 17 | — | | | |
| „ 566⅔ „ 583⅓ | 17 | 50 | | | |
| „ 583⅓ „ 600 | 18 | — | | | |

# Sachregister.

(Die Zahlen bedeuten die Seiten.)

## A.

**Abänderung** einer Satzung 28, 29, 35, 322, 474; — der Kaufverträge 200; — eines Namens, bei adeligen Namen 214; — des Datums 226; — einer Standeserhöhung 260; — der Verzinsungs- und Rückzahlungsbedingungen von Darlehen 272, 274.

**Abbruch,** Kaufvertrag über Gebäude zum — 183.

**Abfindungsversteuerung,** Gestattung der — 53, 82; allgemeine Grundsätze 351 ff.; Berechnung der Abfindungssumme 352; Genehmigung der — 353, 419; Überwachung der — 353; Abfindungsvermerk 352; — bei Automaten 351, 379, 380.

**Abgaben,** öffentliche, Urkunden darüber 24, 25, 26.

**Abgabepflicht,** Entstehung der — für Automaten 117.

**Abgangszeugnisse** der Studierenden 310; — der Abiturienten, Schüler 310.

**Abhanden** gekommene Urkunden 53.

**Abholzung,** Verpachtung von Grundstücken zur — und Verwertung des darauf stehenden Holzbestandes 183, 184.

**Abiturientenzeugnisse** 310

**Abkürzungen** 8.

**Ablösung** von StMarken 450.

**Ablösungssumme** der Rentenschuld 91, 97

**Abnahmebescheinigungen** über überwachungsbedürftige Anlagen 307, 308.

**Abrechnungsverfahren** für Jagdscheine 398.

**Abrundung** der StBeträge 48; — bei Pacht- usw. Verträgen 411. Siehe auch Abstufung.

**Abschätzungen** s. Taxen.

**Abschlußprovision,** Verpflichtung zur Zahlung derselben 189, 245.

**Abschriften,** aus Karten usw. der Katasterverwaltung 25, 27; StVerwendungsvermerk auf den — 43, 329, 375; Aushändigung der — nach Zahlung des St. 51; Vermerk der StBerechnung auf gerichtlichen — 480; Aushändigung der — vor Versteuerung der Urschrift 51, 331.

**Abschriften, beglaubigte,** 89, 375, 422, 469; StVerwendungsvermerk auf den — 43, 329, 375, 480; Verpflichtung zur Zahlung der StSteuer für — 48; Haftbarkeit für die StSteuer 51; Zeit der StVerwendung für — 54; von Rechtsanwälten im Prozeßverfahren — 89; — sind stpflichtig, auch wenn die Urschrift stfrei ist 89; einmalige Beglaubigung hinter mehreren Abschriften 89; von Schulanstalten erteilte — 89; von einem Gemeindevorstande oder von einer Polizeibehörde erteilte — 89; von einem zuständigen Beamten gefertigte — zu Löschungszwecken 89; — aus Grundakten zu Aufgebotsakten 89; — der für das Grundbuch, Handels- oder Güterrechtsregister bestimmten Urkunden 90, 488; — der vor Urkundsbeamten errichteten Verträge 90; — des Hypothekenbriefes und der

Schuldurkunde für Teilhypothekenbriefe 89, 90; — von Urkunden im Erbbescheinigungsverfahren 90; von Notaren gefertigte — von Bescheinigungen aus dem Handelsregister 90; — von Generalvollmachten 90; — von Protesten 235; Vermerk des Grundes der StFreiheit auf — 375, 421, 481; mißbräuchliche Benutzung stfrei erteilter — 375; — von Erlaubniserteilungen und Genehmigungen 386; — aus gerichtlichen Registern 469; — in Angelegenheiten der freiwilligen Gerichtsbarkeit 469; von Kesselvereinen — 140; — von Materialprüfungsbescheinigungen 140.

**Abschußverträge** 219, 220, 229, 413. Siehe auch Pachtverträge.

**Absicht** der Beurkundung eines Geschäfts 15, 17, 22; — einer Abtretung 91.

**Abstandnahme** von der Einziehung des Wertst. 170, 198, 367, 399, 479; desgl. der GerichtskostenSt. 479.

**Abstempelung** von Vordrucken 333, 334, 385, 386, 387, 398, 404, 415.

**Abstufung** der StSteuer 48; — bei Schuldverschreibungen, bei Pachtverträgen 411.

**Abtretung von Rechten** 91ff., 375, 376, 469; im Auslande beurkundete — von im Inlande befindlichen Forderungen 20; ausländische Urkunden über — an inländischen Buchhypotheken 21; Indossamente 91, 93; StBefreiungen 91, 92, 96, 97, 376, 416; schriftliche Benachrichtigungen von — 91; Anträge auf Umschreibung von Namenaktien 91, 97; Anträge auf Eintragung der — 92, 375, 468; Anrechnung des St. bei Eintragungsanträgen 92, 375, 376; Berechnung der StAbgabe 91, 97; — aus einem künftig erst abzuschließenden Vertrage 93; — künftiger Forderungen 93; entgeltliche Übertragung von Forderungen nur als — zu versteuern 93; — des Anspruchs auf Rückgabe einer Amtskaution 93; — einer Forderung an mehrere Personen zu bestimmten Anteilen 94; — verschiedener Forderungen an verschiedene Personen 94; — der Anteile an einer Forderung seitens mehrerer Gläubiger an eine Person 94; — mehrerer Forderungen seitens eines Gläubigers an eine Person 94; — einer gemeinschaftlichen Forderung mehrerer Gläubiger an eine Person 94; — seitens des Eigentümers eines Kapitals und des daran Zinsberechtigten 94; — verschiedener Forderungen mehrerer Gläubiger gegen denselben Schuldner an eine Person 94; — einer Forderung seitens des Ehemannes für sich und gleichzeitig in Vollmacht seiner Frau 94; — von Forderungen zur Belegung des Kaufgeldes und Hingabe an Zahlungs Statt 47, 94; — in einem Erbrezeß 94, 95; Vereinbarung über Zahlung des Kaufpreises an einen Dritten ist keine stpflichtige — 95; — aus Frachtbriefen 95; — aus Begleitscheinen und Ladeverzeichnisauszügen 95; — einer in eine Hypothek umgewandelten Grundschuld 95; Blankoabtretung einer verbrieften Grundschuld 96; — an dem Reserve- und Amortisationsfonds 96; — aus vor dem 1. 4. 96 errichteten Pachtverträgen 96; — aus Versicherungsurkunden 96; — des Kaufpreises seitens eines Testamentsvollstreckers an die Erben 96, 200; entgeltliche — aus einem Vermächtnis 96, 195; Antrag auf Umschreibung eines Anteilscheines 96; — zwecks Sicherstellung einer Schuldverpflichtung 93; — in Geschäftsbedingungen einer Bank 94; Berechnung des St. bei — 97;

Berücksichtigung von Zinsen bei Abtretung von Forderungen 97; — an Gesellschaftsvermögen 152, 153; — aus Veräußerungsgeschäften 170, 195ff.; — aus dem Meistgebot 170, 198ff., 492; Sicherungszession 176, 255, 259; — von Kuxen 207; — aus Pacht- und Mietverträgen 96, 223, 231.

**Abzahlungsgeschäfte**, Berechnung des St. bei — 189.

**Ackerbauschule**, 34.

**Adel**, Verleihung des — 260, 417.

**Adoption**, Adoptionsvertrag, s. Annahme an Kindes Statt; Standeserhöhung gelegentlich einer — 260, 417.

**Adoptiveltern** und -kinder, Kaufverträge zwischen — 201.

**Aftermiet- und Afterpachtverträge** 97, 213. Siehe Pachtverträge.

**Agenten**, Urkunden über Anstellung von — 19; Erlaubnisscheine zur Bestellung von — ausländischer Versicherungsanstalten 135, 140; Genehmigungen zum Gewerbebetriebe der Auswanderungs- — 135, 140.

**Agenturen**, Versteuerung von Verträgen über Aufführungsrechte durch Kontrollbücher 327.

**Akkumulatorenbatterie**, Lieferungsvertrag über — 202, 203.

**Akten**, Vorlegung der — bei der StPrüfung 81, 371, 449; Auszüge aus — 116; Bescheinigung des verwendeten St. in den — 329; StBerechnung in den — 330; Vermerk der Befreiungs- und Ermäßigungsgründe in den — 329; Vernichtung der StZeichen beim Verkauf der — 373; Aufschluß der — über die Gemeinnützigkeit bei Erlaubniserteilungen 388; Prüfungsvermerke auf den — 450; beglaubigte Abschriften zu den Grundakten 488.

**Aktienbuch**, Anträge auf Umschreibung von Namenaktien im — 91, 97.

**Aktiengesellschaften**, Unterschriften für — 16; StFreiheit der — 28, 34, 35; ausländische — 29, 30, 321, 322, 474; StNachforderungen bei Satzungsänderungen von — 28, 321, 322, 474; Haftbarkeit für die StSteuer 50; Zeit der StVerwendung für Verträge, betr. die Errichtung von — 57, 356, 392, 449, 483; Rechtswirksamkeit der vom Vorstande von — abgeschlossenen Verträge 59; Festsetzung von Geldstrafen 60; desgl. von Ordnungsstrafen 62; StPrüfung 81, 449; Erwerb des Vermögens einer — durch eine andere — 104; Verträge über Errichtung von — 148, 154—156, 356, 392, 449, 483; Erhöhung des Aktienkapitals 148, 154, 356, 392, 449, 483; Teilzahlungen auf das Gesellschaftskapital 149, 356, 392, 449, 483; zu gemeinnützigen Zwecken 149, 156; im Auslande geschlossene Verträge, betr. — 149, 156, 393, 472; Einbringen von Vermögen in — 151; Entwertung von StZeichen ohne amtliche Überwachung 346ff.; Versteuerung im Wege der Abfindung 351ff.

**Aktienkapital**, Erhöhung des — 148, 154, 483; Teilzahlungen auf das — 149, 356, 392, 449, 483; Prüfung der nachträglichen Versteuerung der Teilzahlungen 449, 450.

**Alimente**, Verpflichtung zur Zahlung derselben 244, 268.

**Allgemeine Verträge** 270ff.

**Allgemeine Verfügung** über gerichtliche LandesStSachen 468ff.; Rechtswirksamkeit 88.

**Altenteil**, keine ausbedungene Leistung 187; — -rechte bei Berechnung des St. für Zuschlagsbescheide 193, 474.

**Ältere Bestimmungen,** deren Aufrechterhaltung und Aufhebung 84.

**Altersversicherungskassen,** Satzung der — 154.

**Altmaterialien,** Verkauf von — durch die Eisenbahnverwaltungen 185; Auktionen von — 110.

**Amortisationsfonds,** Abtretung des — 96.

**Amtliche,** — Ermittelung 40, 324; Versteuerung — Schriftstücke 48, 49; — Zeugnisse in Privatsachen 301 ff.

**Amtsgerichte** s. Gericht.

**Amtsstellen,** Verwendung von St-Zeichen durch die — 53, 336, 342.

**Anatomien,** Pässe zur Überführung von Leichen nach — 233.

**Änderung** s. Abänderung, Veränderung.

**Androhung** von Ordnungsstrafen 40, 324.

**Anerbe,** Kaufvertrag des — mit einem anderen Erben über den Hof 200.

**Anerkennung** des neuen Gläubigers bei Abtretungen 247, 274; — einer Standeserhöhung 260, 417; Verträge über — der Vaterschaft 244, 268.

**Anerkennungsgebühr** für Gebrauchsüberlassung 225.

**Anfechtbare** Geschäfte 66, 69, 363, 479.

**Anfertigung** von StZeichen 82, 83.

**Anfragen** über die Höhe des St. 79, 369.

**Angabe** der Einzelwerte mehrerer Geschäfte in einer Urkunde 44, 330; Beanstandung der — über den Wert des Gegenstandes eines Geschäfts 40, 44, 77, 324, 331.

**Angebot** s. Vertragsangebot.

**Angestellte,** Vollmacht für — des Vollmachtgebers 288, 289.

**Anlagen,** gewerbliche Genehmigung zur Errichtung — 131, 132, 139; Bescheinigungen über Abnahmen und Prüfungen überwachungsbedürftiger — 307, 312; Überwachung der endgültigen Versteuerung der Genehmigungsurkunden von — 389.

**Anlegung** von Pachtverzeichnissen 82.

**Anleihe-Teilschuldverschreibungen,** Antrag auf Eintragung einer Hypothek für Ansprüche aus — 241.

**Anmeldung** zur Abstempelung von Vordrucken 335; Muster dazu 424; — zur Versteuerung der Automaten durch Jahreskarte 382; Muster dazu 434; unentgeltliche Abgabe des Vordrucks zu dieser — 382, 440.

**Annahme** an Kindes Statt 97, 98, 376, 471; StErmäßigung 98, 376, 479; gemeinschaftliche — von Eheleuten 98; — von zwei Personen in einem Vertrage 98; St. ist in Preußen Gerichtskosten-St. 98; Standeserhöhungen gelegentlich einer — 260, 417.

**Annahmeerklärung,** notarielle Beurkundung einer — 216.

**Anordnungen,** letztwillige, nicht vermögensrechtlicher Art 263.

**Anrechnung** des St., bei Doppelversteuerungen 20, 22, 322, 474; — bei Anträgen auf Eintragung der Abtretung einer Hypothek oder Grundschuld 92, 97, 375; — bei Auflassungserklärungen 100, 108; — bei Punktationen 235, 236, 480; — bei Schuldverschreibungen 239; — des NotariatsurkundenSt. 327, 376; — des GerichtskostenSt. 479, 490.

**Anschaffungsgeschäfte** 166, 167, 168; gerichtliche oder notarielle Aufnahmen oder Beglaubigungen 217; — in Veräußerungsverträgen 99, 485; — in Gesellschaftsverträgen 158 ff.; — in Rentenverträgen 209.

**Anschaffungspreis** für Musikautomaten usw. 117, 121.

**Anschlagswesen**, Verpachtung des öffentlichen — 232.

**Anschlußbahn** 141.

**Ansiedlungskommission** für Posen und Westpreußen 30.

**Anstalten**, StFreiheit der öffentlichen — 28, 30; dgl. der ausländischen — 29, 321, 474; Lieferungsverträge mit — 29; Satzung — 154.

**Anstellung** von Agenten für Versicherungsanstalten 19, 135; — der Mäkler 213; — der StVerteiler 440; — der Beamten der Steuerbehörden 505ff.

**Anteilschein**, Umschreibung eines — im Gewerkenbuch 96.

**Antichretische Verträge**, seit 1. 1. 00 fortgefallen 224.

**Anträge** auf StErstattung 37, 66, 323, 328, 362ff., 397, 399, 403, 479; — auf zwangsweise Einziehung des St. 54, 354; — auf Beschlagnahme 81, 374; — auf Umschreibung von Namenaktien 21, 91, 96; — auf Eintragung der Abtretung einer Hypothek oder Grundschuld 92, 93, 375, 468, 479, 481, 491; — auf Umschreibung eines Anteilscheines im Gewerkenbuch 96; — auf Eintragung der Begründung oder Übertragung von Erbbaurechten oder sonstigen Rechten, welche ein Grundbuchblatt erhalten können 98, 468, 473, 486; — auf Umschreibung von Gesellschaftseigentum 98, 468, 473, 483, 486; — auf Umschreibungen in öffentlichen Büchern bei noch nicht angelegtem Grundbuch 100; — auf Abstandnahme von der Einziehung des St. zu Veräußerungsverträgen 170, 367, 399, 479; — auf Eintragung eines Nießbrauchs 215, 468, 471; — auf Eintragung einer Hypothek usw. 240, 252, 416, 468, 491; — auf Eintragung der Verpfändung einer Hypothek usw. 240, 252, 468, 491; — auf Versteuerung durch Kontrollbücher 327; — auf Ausfertigung von StBogen über 1000 ℳ und mehr 332; — auf Abstempelung von Vordrucken 330, 331; — auf Zulassung der Selbstentwertung von Marken 345ff.; — auf Genehmigung der Abfindungsversteuerung 351ff.

**Antragsteller**, Verpflichtung des — zur Zahlung der StSteuer 48.

**Anweisung**, Geschäfts- — für StVerteiler 442; dgl. für die Vorstände der StSteuerämter 448.

**Anzeigen** von Zuwiderhandlungen, wohin sie zu richten sind 80.

**Anzeigepflicht** der Behörden und Beamten 80, 366, 370, 493.

**Apotheken**, Erstattung des Konzessionsurkunden St. aus Billigkeitsgründen 72, 98; Konzessionen zum Betriebe einer —, zur Errichtung einer Zweig- —, zur Verlegung einer — 128, 136, 137; stfreie Konzessionen 128, 137; Ermäßigungen und Befreiungen 128; Wertermittelung bei vererblichen und veräußerlichen Konzessionen 128, 386; Veräußerung von — 136, 137, 180; Verzicht auf Konzession 180, 276.

**Apotheken-Privilegium**, Veräußerung eines — 136, 137, 180, 182.

**Apotheker**, Approbationen 128, 333, 386, 387; Zeugnisse für — 306, 314.

**Approbationen** für Apotheker und Ärzte 128, 137; Vordrucke für — 333; Versteuerung der — 386, 387.

**Approbationsscheine** 98.

**Arbeiten**, Vergebung einzelner — 19.

**Arbeitsanstalten**, öffentliche, deren StFreiheit 28, 31; ausländische — 29, 322, 474.

**Arbeitsleistung** bei Werkverdingungsverträgen 300.

**Arbeitsnachweisgeschäft**, Erlaubniserteilungen zum Betriebe des — 135.

**Arbeitsverträge** 278; — in Werkverdingungsverträgen 297.

**Argentinien,** Jagdscheine für Angehörige von — 164, 399.

**Armenangelegenheiten,** StFreiheit in — 28, 37; dgl. in ausländischen — 29, 322, 474.

**Armenanstalten,** öffentliche 28, 31; — ausländische 29, 322, 474.

**Armenrecht** deckt nur die Prozeßvollmacht 52, 296; nachträgliche Entziehung des — 52, 290; Anwendung der Vorschriften über das — auf den GerichtskostenSt. 477.

**Ärzte,** Approbationen 128, 333, 386; Mietverträge der — 228; Verleihung des Titels Sanitätsrat an — 261; Zeugnis über die ärztliche Vorprüfung und Wiederholungsprüfung 306, 314.

**Arten** der StZeichen 332ff.

**Aszendenten,** Übertragsverträge mit Deszendenten 106, 107, 171, 200, 201; Nießbrauchsbestellungen in — 216.

**Äther,** Ver- und Ankaufserlaubnisscheine für — 309.

**Atteste** s. Zeugnisse.

**Aufbewahrung** einer ausländischen Urkunde im Inlande 58; — der Pacht- und Mietverzeichnisse 222, 408, 413; — der StSteuerbücher 348.

**Aufdruck** auf Briefbogen 16.

**Aufforderung** zur Auskunft über den Wert 40, 324; — zur Zahlung unterbricht die Verjährung 77; — zum Ausweis über Beobachtung des StGesetzes 81, 374.

**Aufführungsrechte,** Versteuerung von Verträgen über — durch Kontrollbücher 327.

**Aufgabe von Rechten** als Gegenleistung 208, 209.

**Aufgebotssachen,** Vollmachten in — 284.

**Aufgebotsscheine,** von Geistlichen ausgestellte — 302.

**Aufhebung** älterer st.rechtlicher Bestimmungen 84, 321; — von Verträgen 22, 174, 270, 271; — einer letztwilligen Verfügung 263.

**Auflassungen,** 98ff., 376, 483ff.; Zuwiderhandlungen bei — 60, 61, 485; — von inländischen Grundstücken 98, 100, 468, 483, 486; Eintragung von Erbbau- und sonstigen Rechten 98, 101, 468; Umschreibung von Gesellschaftseigentum 98, 103, 468, 483; Erhebung des St. nur im Falle der erfolgten Eintragung der — 98; Nichterhebung oder Erstattung des St. für — 99, 103 bis 106, 479; Erhebung des St., wenn der Inhalt der vorgelegten Urkunde den Parteiabreden nicht entspricht 61, 99, 106, 485; desgl., wenn der Veräußerungsvertrag nach ReichsStGesetz landesstfrei ist 99, 106, 107, 485; desgl., wenn die Veräußerung durch einen Bevollmächtigten für eigene Rechnung erfolgt 99, 100, 107, 485; desgl. bei Veräußerung von Gesellschaftseigentum 100, 107, 108, 394, 486; Anrechnung des St. für — auf nachträglich errichtete Urkunden 100, 108, 488, 490; AuflassungsSt. bei Anträgen auf Umschreibungen in öffentlichen Büchern 100; Berechnung der StAbgabe 98, 108, 109, 484; sonstige Rechte, welche ein Grundbuchblatt erhalten können 100, 101; freiwillige Veräußerung muß den — zugrunde liegen 101; — infolge rechtskräftiger Verurteilung 102; Rückauflassung infolge Gewährsmangels 102; — auf Grund eines Vergleichs 102, 103; Übernahme eines Grundstückes eines Landkreises durch eine ausscheidende Stadtgemeinde 102; bergrechtliche Grundbuchabtretung 102; — seitens Miterben an einen mit einem Grundstück letztwillig bedachten Erben 102; — infolge Ausübung des Vorkaufsrechts 102, 174, 277; — bei Rückgewähr eines gütergemeinschaftlichen Grundstücks 103; — ohne Wechsel des Eigentums 102; Eintragung eines Grundstücks als Gesamtgut der Fahrnisgemeinschaft 102; — seitens eines Mitinhabers einer Gesellschaft an die Gesellschaft 101; — bei offenen Handelsgesellschaften 101, 108; — bei Umwandelung einer Gesellschaft in eine andere 101; was als Veräußerungsurkunde anzusehen ist 103; Vorlegung mehrerer Urkunden 103; — eines Grundstücks an gütergemeinschaftliche Ehegatten 103; — beim Erwerb des gesamten Vermögens einer Aktiengesellschaft durch eine andere Aktiengesellschaft 104; — eines Bergwerks an den Erwerber sämtlicher Kuxe 104; — von Bergwerkseigentum an eine zu bildende Gewerkschaft 104; Ersatz der Auflassungserklärung durch rechtskräftiges Urteil 104; — eines nachträglich bebauten Grundstücks bei Vorlegung des Kaufvertrages über das unbebaute Grundstück 105; Veräußerung von auf dem Grundstück stehendem Holz und später des Grund und Bodens selbst 109; — auf Grund privatschriftlicher Verträge 104; Bedeutung des Ausdrucks „in an sich stpflichtiger Form" 106; — von vertauschten Grundstücken ohne Vorlegung des Tauschvertrages 106; — bei Verträgen zwischen Aszendenten und Deszendenten 106; maßgebend für die Berechnung des St. ist der gemeine Wert des Gegenstandes 108, 484; beweglicher Beilaß ist nicht zu berücksichtigen 108, 484; Eintragung des Rechts auf — 151, 158; Ermittelung des Grundstückswerts bei — 376, 483 ff.; Ermittelungsverfahren 377, 488 ff.; sachliche und persönliche StSteuerbefreiungen 109, 483; — auf Grund der vorgelegten Veräußerungsurkunde 484 ff.; Prüfung durch den Grundbuchrichter 484; Erklärung des Rechtsgeschäfts zum Protokoll 486; — ohne Vorlegung einer Urkunde 486 ff.; Belehrung durch den Grundbuchrichter 487; Auflassungsliste 489 ff.; anderweite Wertfestsetzung 490; Beschwerde und Klage dagegen 490; Abänderung der Wertfestsetzung im Aufsichtswege 490; Anrechnung des —-St. auf den St. einer nachträglich errichteten gerichtlichen Urkunde 490, 491.

**Auflassungsliste** 489 ff., 497 ff.

**Auflassungsvollmacht** 283.

**Auflösung** von Lehnverbänden 143, 147.

**Aufnahme**, gerichtliche oder notarielle — von Kauf- oder Anschaffungsgeschäften 172; —-Urkunden 215; Vorlegung anderer Urkunden bei — von Urkunden 330.

**Aufrechterhaltung** älterer Bestimmungen 84.

**Aufrechnung** mit StForderungen im Rechtsstreite 76.

**Aufsichtsbehörde**, Festsetzung von Ordnungsstrafen gegen Beamte und Notare 63, 357, 495; Vereinnahmung der festgesetzten Ordnungsstrafen 358, 496.

**Aufsichtsführung** über das StWesen 81, 371; — über das gerichtliche StWesen 488 ff.

**Aufstellung** von Automaten 119, 120.

**Aufträge** zur Unterzeichnung oder Unterstempelung einer Urkunde 15, 16; — zur Vornahme von Geschäften rechtlicher Natur 279, 281.

**Aufzüge**, Bescheinigungen über die Anlage von — 307, 312; Genehmigungen öffentlicher — 310, 402.

**Augenärzte**, Approbationen für — 128, 333, 386.

**Auktionatoren**, Haftbarkeit der — für den St. 51; — unterliegen der StPrüfung 81; Versteigerungen durch gewerbsmäßige — 109; Entwertung von StMarken durch — 346.

**Auktionen** 109; Haftbarkeit für die StSteuer 51; — durch öffentliche Beamte 109, 110; — durch gewerbsmäßige Auktionatoren 109; Berechnung der StAbgabe 109, 111; Tarifvorschrift „Protokolle" findet keine Anwendung 110; — von „Mengen" 110; — von Wertpapieren durch Gerichtsvollzieher 110; — von Altmaterialien der Eisenbahnverwaltung 110, 185; — für den Fiskus 110; Eigentümer als Meistbietender bei freiwilligen — 111; Kosten der Aufbewahrung und des Transportes 111; Vollmachten zur Abhaltung von — 281.

**Ausbeuteverträge** 226.

**Ausbeuterechte,** Einräumung von — 275.

**Auseinandersetzungsbehörden,** Urkunden und Verhandlungen der — 24, 26.

**Auseinandersetzungsverträge** zwischen Gesellschaftern 152, 159 ff., 393; — zwischen Erben 199, 200; — zwischen gütergemeinschaftlichen Ehegatten 174.

**Ausfertigungen** 111 ff., 377; Begriff 111, 377; Versteuerung von Haupt- und Neben- — 42, 43, 328, 480; die erste — einer notariellen oder gerichtlichen Verhandlung ist stfrei 43, 44, 480; aber nicht die von Verträgen der Urkundsbeamten 43, 112, 113; Bescheinigung des zur Urschrift verwendeten St. auf — 43, 44, 329, 378, 480 ff.; Zeitpunkt der Errichtung von Haupt- und Neben- — ist gleichgültig 43; mehrere gleiche Verträge zwischen denselben Personen zu verschiedenen Zeiten 42—44; Änderungen im Gegenstande des Vertrages und im Preise 43; Zahlungspflicht für den St. 48; Haftbarkeit für den St. 50, 51; desgl. der Beamten (Notare) bei Aushändigung der — vor Versteuerung der Urschrift 51, 331, 337; St. für — von Schriftstücken der Behörden, Beamten, Notare und Schiedsmänner 111, 377, 469; St.-Freiheit der Bescheide in Privatangelegenheiten und der Genehmigungen in Bausachen 112; desgl. der — von Urkunden bis zum Werte von 150 ℳ 112; im öffentlichen Interesse erteilte — 113; stfreie —, Genehmigungen, Bescheinigungen usw. 113, 114; Bescheide gemäß Ziffer 26 Abs. 3 Satz 3 und 4 der AusfAnw. z. GewO., Erlaubnisscheine für die Überbeschäftigung gewerblicher Arbeiter 115; Erlaubnisscheine, Genehmigungen und Bescheinigungen im Geschäftsverkehr der Zoll- und Steuerbehörden 115; zweite und weitere — von Erlaubniserteilungen, Genehmigungen, Konzessionen 386, 390; — von Bestätigungsurkunden über Konsolidation von Bergwerkseigentum 207; — in Angelegenheiten der freiw. Gerichtsbarkeit 469. Siehe auch Erlaubniserteilungen, Genehmigungen, Konzessionen.

**Ausführung** dieses Gesetzes durch den Finanzminister 88; unterbliebene — eines Geschäfts 22, 67, 70—72, 322, 366, 479; — eines Geschäfts 70.

**Ausführungsbestimmungen** 321 ff.; Ordnungsstrafen wegen Zuwiderhandlungen gegen die — 63; weitere — betreffend den AuflassungsSt. 377, 490; desgl. betreffend die Einforderung von Pacht- und Mietverzeichnissen 413.

**Aushändigung,** StVerwendung vor der — 51, 54, 57; StVermerk auf gerichtlichen Urkunden vor der — 481.

**Auskunfterteilung,** Verpflichtung der Privatpersonen usw. zur — 40, 324; — durch den Grundbuchrichter und das Grundbuchamt 42; — über die Höhe des St. 79, 369; keine —

bei Vorlegung von Entwürfen 80, 369, 370.

**Ausland,** St.- — 14; Verhältnis zum Inlande 20, 322; im — errichtete Urkunden 20 ff.; Anrechnung des im — verwendeten St. 20, 22, 322, 474; Gebrauch von ausländischen Urkunden im Inlande 20, 58; im — ausgestellte Lebensbescheinigungen und Beglaubigungen von Unterschriften unter Quittungen 20; im — errichteter Gesellschaftsvertrag über einzubringende inländische Gegenstände 21; im — geschlossene Gesellschaftsverträge, sofern die Gesellschaften ihren Sitz im Inlande nehmen oder im Inlande eine Zweigniederlassung errichten 21, 149, 393, 472, 493; im — geschlossener Vertrag über inländische Patente, Forderungen 20; Erfüllungsort bei gegenseitigen Verträgen zwischen — und Inland 23; im — beurkundete Abtretung inländischer Buchhypotheken 21; von Ausländern im — ausgestellte Vollmachten 21, 58, 291; im — ausgestellte Anträge auf Umschreibung von Namenaktien 21; StSteuerbefreiung für Staatsoberhäupter, Fiskus, öffentliche Anstalten und Kassen, Chefs der Missionen, Anstalten, Stiftungen, Vereine des — 29, 322, 474; Selbstentwertungsbefugnis im — 345 ff.; Zeit der Versteuerung der im — errichteten Urkunden 57, 58; Vertrag über ein ausländisches Patent 59; Fideikommißstiftungen, betr. ausländischer Grundstücke 143; Einbringen ausländischer Grundstücke in Aktiengesellschaften usw. 151, 152; Überlassung ausländischer, zum Gesellschaftsvermögen gehöriger Grundstücke 153; Kaufverträge über im — befindliche unbewegliche Sachen 166, 183; Tausch inländischer gegen ausländische Grundstücke 168; Kaufverträge über im — befindliche bewegliche Sachen 183; schriftliche Pacht- und Mietverträge über ausländische Grundstücke, sowie über Jagdberechtigungen daran 224; Verleihung des preußischen Adels an einen ausländischen Adligen 260, 417.

**Ausländer,** von — im Auslande errichtete Urkunden 20, 21; Anrechnung des im Auslande verwendeten St. 20, 22, 322, 474; von — mit Inländern geschlossener Vertrag über inländische Gegenstände 20; von — im Auslande ausgestellte Vollmachten 21, 58, 291; Wohnsitz ist für den Begriff — maßgebend 20; Jagdscheine für — 164, 397, 398; Naturalisationsurkunden für — 215; Adelsverleihung an — 260, 417.

**Ausländische** Anstalten, Stiftungen, Vereine usw. 29, 322, 474; Agenten — Versicherungsgesellschaften 135, 140; — Grundstücke, die zum Fideikommißvermögen gehören 143; — Geld 323.

**Ausländische** St., Anrechnung 20, 22, 322, 474.

**Auslegung** einer Urkunde 22.

**Auslieferungsscheine,** Übertragung von — 91.

**Ausschließung** des LandesSt. durch den ReichsSt. 91.

**Aussetzung** der Zahlung eines streitig gebliebenen St. 41, 324; — der Versteuerung wegen Unbestimmtheit des Wertes 42, 324 ff., 356, 482; — der Versteuerung der Erlaubniserteilungen 54, 387, 388, 390, 391; desgl. bei Fideikommißstiftungen 143, 356, 391, 482; desgl. bei Gesellschaftsverträgen 149, 356, 392, 449; desgl. bei Schenkungen 356, 493; — der Strafvollstreckung 362, 496; — der zwangsweisen StEinziehung 372, 488.

**Aussteller,** Unterschrift der — unter stpflichtigen Urkunden 14, 15; Angabe der Einzelwerte durch die —

44, 331; — der Urkunde ist zur Zahlung der StSteuer verpflichtet 48, 49, 58; Zeit der Verwendung des St. durch den — 57; den — einer Urkunde trifft die verwirkte Geldstrafe für StHinterziehung 60; Versteuerung letztwilliger Verfügungen durch die — 346ff.

**Aussteuerkassen, Aussteuerversicherung** 140, 269.

**Austausch** schriftlicher Mitteilungen zwecks Einigung über ein Geschäft 16; — von Feldesteilen angrenzender Bergwerke 176.

**Austritt** aus der Landeskirche, Bescheinigung über den — 114, 313.

**Auswanderungsagenten,** Genehmigungen zum Gewerbebetriebe der — 135, 140.

**Ausweis** der Privatpersonen über Beobachtung des StSteuergesetzes 81, 374, 451; — über die staatliche Anerkennung als Krankenpflegerin 307; — über im Wege der Abfindung versteuerte Automaten 351ff., 380.

**Außergerichtliche** Urkunden, zu denen der St. unter den Gerichtskosten zu berechnen ist 470ff.

**Auszüge** aus Karten der Katasterverwaltung 25, 27; StVerwendungsvermerk auf amtlich beglaubigten — 43; — aus den Akten usw. 116; — aus Körprotokollen 313.

**Automaten** 83, 116ff., 378ff.; Übergangsbestimmungen 83; Versteuerung durch Jahreskarten oder im Wege der Abfindung 116, 380, 382, 430ff.; Aufstellungsorte für — 116, 119; Waren-, Stereoskop-, Glücksspiel- usw. — 116, 118, 120, 121; mechanische Musikwerke 116, 121; Anschaffungspreis oder Wert als Grundlage für den Steuersatz 117, 121, 383; St. fällig, auch wenn der Wert oder Anschaffungspreis des — unter 150 M beträgt 117; — anderer Art 117; Entstehung der Abgabepflicht nach dem 30. Juni eines Jahres 117, 121; — zu Betriebszwecken öffentlicher Behörden 117, 121, 122; — zur Verabreichung von Speisen und Getränken in Restaurationen, zur Abgabe von Gas und Elektrizität 117, 122; zur Versteuerung verpflichtete Personen 117, 122, 378; Frist zur Versteuerung 117; Begriff „öffentliche Orte“ und Aufstellung 119, 120, 121, 122; automatisches Restaurant 122; Begriff „Speisen“ 122; Bücherautomaten 120; Billard- — 121; — -Restaurations-Grundstück 182; außer Betrieb gesetzte — 378; Gegenstand der StAbgabe, Wechsel in der Person des Steuerpflichtigen oder Änderung des Standortes 379, 383; Ersatz durch andere — 379, 380; Mitteilungen der Hauptämter usw. über die Versteuerung der — 381; Steuerausweise 381, 433; Anzeigen von Änderungen 383, Aufbewahrung und Vorzeigung der Jahreskarten 383; Verfahren bei der Überwachung der Versteuerung 383, 384; öffentliche Bekanntmachungen über die Versteuerung der — 385

**Aversionalversteuerung** s. Abfindungsversteuerung.

**Aversionierungsvermerk** auf Dienstbriefen einzelner Beamten usw. 79

**Azetylenanlagen,** Bescheinigungen über die Abnahme und Prüfung von — 307.

## B.

**Badeorte,** Vermietung von Wohnungen in — 230.

**Badischer Fiskus** 35; Badische Anstalten 35.

**Bahneinheit,** Kaufvertrag über eine — 182; desgl. über ein Bahnunternehmen 182.

**Bahnhöfe,** Automaten auf — 116.

**Banken, Bankhäuser,** in den Geschäftsbedingungen der — enthaltene Pfandbestellungen und Vollmachten 46, 47; Selbstentwertung von St.-Marken 346ff.; Nachversteuerung kurzfristiger Darlehen 416; Schuldverschreibungen für — 417.

**Bankiervertrag** 46, 47.

**Banknoten,** Entgelt in ausländischen — 99, 485.

**Baptistengemeinden** 31.

**Barzahlung** der StAbgabe 53; Abgabe von Vordrucken zu Jagdscheinen ohne — 398; Entnahme von St.-Zeichen durch die StVerteiler gegen und ohne — 441.

**Baugelderdarlehen** 251.

**Baugesellschaften,** gemeinnützige 28, 35; Satzungsänderungen der — 28, 29, 322, 474.

**Baumbestand,** Vorbehalt der Abholzung des — im Kaufvertrage 189; Kaufvertrag über — 203.

**Bausachen,** Genehmigungen in — 112.

**Beamte,** Pflicht zur Auskunfterteilung 40; Befugnisse der — im Ermittelungsverfahren 40; Unbestimmtheit des Wertes bei von — aufgenommenen Urkunden 42, 325; Bescheinigung der StVerwendung auf Ausfertigungen, begl. Abschriften und Auszügen 43; — Haftbarkeit für die StSteuer 51, 52, 331; Zeit der StVerwendung bei den von — aufgenommenen Verhandlungen 54; Festsetzung von Ordnungsstrafen gegen — 63, 357, 495; mittelbare — haben bei Auskunfterteilungen Schreibgebühren und Porto zu zahlen 79, 80; — haben Zuwiderhandlungen zur Anzeige zu bringen 80; — unterliegen der StPrüfung 81; Patente über Titel- und Charakterverleihungen an — 123; Bestallungen für — 123, 124, 385; Dienstkaution der — 254, 259; Entwertung von StZeichen durch — 336, 342; von — abgeschlossene Pacht- und Mietverträge 408, 413; — der Steuerbehörden, Anstellung usw. 505ff.

**Beanstandung** der Wertangaben 40, 44, 46, 77, 324, 331; — der Trennung des Mietzinses bei Benutzung von Räumen zu gewerblichen oder beruflichen Zwecken 218, 407; desgl. des Entgelts für Jagdpacht- und sonstige Vereinbarungen in einem Vertrage 220.

**Beauftragter** s. Vollmachtsauftrag; — eines Verpächters oder Vermieters 222, 230, 231, 406.

**Bedingte Rechtsgeschäfte** 22, 23, 322.

**Bedingungen** sind ohne Einfluß auf die StPflichtigkeit 22, 172, 173, 177; auflösende und aufschiebende — 23; uneigentliche — 23.

**Bedürfnisanstalten,** Automaten in — 121.

**Bedürftigkeit,** Begriff der — bei Annahme an Kindes Statt 98.

**Bedürftigkeitszeugnis** bei Annahme an Kindes Statt 97, 376, 479, 480; — bei Erlaubniserteilung für Gesindevermieter 134, 390; — bei Namensänderungen 214, 403; — bei Naturalisationsurkunden 215, 404; — bei Leichenpässen 233, 415, 416.

**Beerdigungskosten,** Zeugnis wegen Zahlung von — 302, 421, 481.

**Beerdigungsscheine,** von Geistlichen ausgestellte — 302.

**Befähigungszeugnisse** für Seeschiffer usw. 333, 422, 423; zur Ausstellung der — zuständige Behörden 422.

**Befreiung,** Urkunden über — vom Heeresdienst und Übungen 24; — von Strafe, wenn rechtzeitige Versteuerung unmöglich 58. Siehe auch StSteuerbefreiungen.

**Befugnis,** den Umfang einer Leistung zu bestimmen 37; — zur Milderung und Niederschlagung von Strafen 65; — zur Selbstentwertung von StMarken 345 ff.

**Beglaubigung** von Handzeichen 16; — für das Inland bestimmter Quittungen im Ausland 20; stfreie — einer Unterschrift unter einer Erbschaftsausschlagungserklärung bei Überschuldung des Nachlasses 25; — von Sustentationserklärungen für Einj.-Freiwillige und für Reserve-Offizier-Aspiranten 26; — durch einen Rechtsanwalt 89; — der Unterschrift unter Urkunden über Abtretung von Rechten 94; — von Kauf- u. Anschaffungsgeschäften 172, 206; — der Regierungspräsidenten zu Geburts- usw. Urkunden 208; — von Unterschriften 302, 316. Siehe auch Abschriften, beglaubigte, und Zeugnisse.

**Begleitscheine,** Abtretung aus — 95.

**Behörden,** Verträge zwischen — und Privatpersonen 29; Pflicht zur Auskunfterteilung 40, 324; Befugnisse der — im Ermittelungsverfahren 40; Unbestimmtheit des Wertes bei von — aufgenommenen Verhandlungen 42, 325; Zeit der StVerwendung bei den von — aufgenommenen Verhandlungen 54; Genehmigung oder Beitritt der — zu Rechtsgeschäften 57, 58, 59, 356, 471 ff.; mittelbare — haben bei Auskunfterteilungen Schreibgebühren und Porto zu zahlen 79, 80; — haben Zuwiderhandlungen zur Anzeige zu bringen 80, 81, 370, 493; — unterliegen der StPrüfung 81; Automaten zu Betriebszwecken öffentlicher — 117, 121, 122; Erlaubniserteilungen der — 128 ff.; Entwertung von StZeichen durch — 336, 342; — sind zur Versteuerung der von ihnen zu führenden Pacht- und Mietverzeichnisse berechtigt 222, 408, 413; StFreiheit von Zeugnissen ausländischer — 20.

**Beihilfe,** Gewährung einer — 243.

**Beilegung,** Anzeige über — eines Rechtsstreits ist kein Vergleich 269.

**Beitrag** zum Bau einer Bahn, einer Haltestelle, bei Herstellung neuer Ortsfernsprechnetze 244.

**Beitreibung** s. Einziehung.

**Beitritt** einer Behörde oder eines Dritten zu Rechtsgeschäften 57, 58, 59, 356, 470 ff.

**Bekanntmachung** der Bestimmungen über die Versteuerung der Automaten 385; desgl. der Pacht- usw. Verzeichnisse 222, 411, 414.

**Belegung** des Kaufpreises durch Hingabe an Zahlungs Statt 47, 94.

**Belehrung** durch die Notare und Rechtsanwälte 329; — durch den Richter 486, 487, 492, 493.

**Beleuchtungsanlage,** elektrische — eines Hotels 182.

**Beleuchtungsstoffe,** Lieferungsverträge über — 204.

**Benachrichtigung,** schriftliche, von der Abtretung eines Rechts 91; — von einem Vollmachtsauftrage 279, 291.

**Berechnung** des Wertes von Wertpapieren, des Kapitalwerts von Nutzungen und Leistungen 37, 38; — fremder Geldsorten 37, 323; — der Fristen 78; — des St. bei Nachversteuerung 325; desgl. bei Versteuerung von Urkunden durch die Amtsstellen 335; Tabellen zur — der StAbgabe 508 ff., des Kapitalwertes 320.

**Bergbehörden,** für — bestimmte Ausfertigungen und beglaubigte Abschriften von Erlaubniserteilungen und Genehmigungen 386, 390; erstmalige Feststellung des Gewerkschaftsstatuts 394 ff.; Verleihung von Bergwerkseigentum 418.

**Bergrechtliche** Grundbuchabtretung 27, 102.

**Bergwerke,** Betrieb staatlicher — als Gewerbe 203.

**Bergwerkseigentum,** Auflassung von — 101, 104; Konsolidation von — 206, 207; Verleihungen des — 267, 268, 418.

**Berichtigung** einer mißverständlich abgefaßten Urkunde 23; zweifelhafter Wertangaben 46, 331.

**Berufsvereine,** Erlaubniserteilungen an — 134.

**Bescheide,** Ausfertigung von — 111; —, Gegensatz zu Ausfertigungen 111.

**Bescheinigungen** der Katasterverwaltung 25, 27; — der StVerwendung auf Nebenausfertigungen, begl. Abschriften und Auszügen 43, 329, 341, 342, 345, 350, 375, 480; Verpflichtung zur Zahlung des St. für — 48; — über die Zeit der StVerwendung 54; — über Austritt aus der Landeskirche 114, 313; — der Zoll- und Steuerbehörden 115ff.; — über Sparkasseneinlagen 240, 245; — über die Vernichtung von StZeichen 363; — über Erledigung der Prüfungserinnerungen 372, 373; — aus gerichtlichen Registern 469; Materialprüfungs- —, beglaubigte Abschriften von — 140; Siehe auch Zeugnisse.

**Beschlagnahme** beim Verdacht einer StHinterziehung 81, 374, 451.

**Beschlüsse** über Erhöhung des Aktien- usw. Kapitals 148, 149, 154, 356, 392, 449, 483.

**Beschwerdebescheide,** Vollstreckbarkeit der — 65; St. zu — 262, 357; Vollstreckung der — 361.

**Beschwerden** bei Strafbescheiden gegen Beamte (Notare) 63, 357, 426, 495, 500; — gegen Ordnungsstrafen bei Wertermittelungen 324; — gegen Entscheidungen der Oberzolldirektionen über die Haftbarkeit von Beamten (Notaren) 331; Entscheidungen über — durch die Oberzolldirektion 504; — gegen Entscheidungen über Anträge auf Selbstentwertung und Abfindung 347, 353; — im Erstattungsverfahren 363, 365; Gang der — in StSteuersachen 369; — gegen Prüfungserinnerungen 372; — gegen den gerichtlichen StAnsatz 478; — gegen die Festsetzung eines höheren Wertes bei Auflassungen 490.

**Beschwerdeverfahren** in StSteuersachen 369, 478.

**Beseitigung** des früheren Vertrages 270, 271.

**Besitz,** Wert des — einer Sache 37, Bescheinigungen über 44jährigen — 308.

**Besitzveränderungen** aus Gründen des öffentlichen Wohls, Urkunden darüber 24, 26, 27.

**Besserungsanstalten,** öffentliche — 28, 31; ausländische — 29, 321, 474.

**Bestallungen** der Stellvertreter von Kursmaklern 114, 213; — für Beamte 122, 124, 385; — für unmittelbare Reichsbeamte 123; — für Ausländer 215; — für Offiziere (Offizierpatente) 216, 334, 385; Vordrucke zu — 334, 385.

**Bestandteile** des Hauptgeschäfts 44ff., 242; wesentlicher — eines Kaufvertrages 181; desgl. eines Grundstücks 181ff.

**Bestätigungsurkunden** über Konsolidation von Bergwerkseigentum 206, 207; — für Mäkler 213; — über eine Standeserhöhung 261, 417, 418.

**Bestellschreiben** 248; — bei der Staatsbahnverwaltung 19.

**Beteiligungsanteil** an einem Syndikat 183.

**Betriebsmaterialien,** gewerbliche — 202ff.

**Betriebsstätte,** Begriff 139.

**Betriebszwecke,** Automaten zu — öffentlicher Behörden 117, 121, 122.

**Beurkundung,** wiederholte — desselben Geschäfts 15; Absicht der — eines Geschäfts 22ff.; unrichtige — eines Geschäfts 23.

**Bevollmächtigter** als Aussteller der Urkunde 49; Veräußerung von Grundstücken durch einen — für eigene Rechnung 99, 107; Erlaubniserteilungen an — juristischer Personen 130, 138, 139; desgl. an — von Gemeinden und anderen Kommunalverbänden, Handelskammern, Landwirtschaftskammern, Innungen, Innungsausschüssen, Innungsverbänden, Handwerkskammern, Berufsvereinen, Gewerbevereinen und sonstigen Vereinen und Körperschaften 134; Verpflichtung des — zur Zahlung des AuflassungsSt. 107; — eines Verpächters oder Vermieters 222, 230, 231, 406.

**Bewegliche Vermögensgegenstände, Sachen,** Einbringen in eine Aktiengesellschaft usw. 151, 152, 158; Überlassung der zum Gesellschaftsvermögen gehörigen — 153; Kaufverträge über — 166, 183ff.

**Beweiserhebung** über den Urkundeninhalt 22.

**Beweislast** des Fiskus im Prozesse 76.

**Bewilligung** von Stundung unterbricht die Verjährung 77.

**Bezirks-Oberkontrolleur,** Mitwirkung des — bei Wertermittelungen 376, 377.

**Bezugnahme** auf eine andere Urkunde 15.

**Bierentnahme,** Verpflichtung zur — in Mietverträgen 277.

**Billardautomaten** 121.

**Billettverkaufsautomaten** der Untergrundbahn 122.

**Billigkeitsgründe,** Erstattung und Niederschlagung von St. aus — 67, 70 73, 323, 367, 403, 479; Ermäßigung des St. für Namenänderungen aus — 214, 403; Ermäßigung des WertSt. aus — bei Aufhebung des Vertrages 270, 272, 367, 479.

**Blankoabtretung** 96.

**Bottiche einer Brauerei,** Kaufvertrag über — 182.

**Bohrberechtigungsverträge** 274.

**Brandentschädigungsgelder,** Genehmigung der Auszahlung von — 114, 309.

**Branntwein,** Erlaubniserteilung zum Kleinhandel mit — 120, 312; Lombardierung von — 258, 304, 309, 312.

**Brauerei,** Tanks und Bottiche einer — sind Zubehör 182; Abzahlungen auf die von der — verliehenen Sachen 244; Verpflichtung zur Entnahme von Bier aus einer — 277.

**Brennstoffe,** Lieferungsverträge über — 204.

**Briefbogen,** Aufdruck auf — 16.

**Briefform,** in — abgefaßte Verträge 15ff.

**Briefliche** Bestätigung eines mündlich oder telephonisch abgeschlossenen Geschäfts 16.

**Briefwechsel,** Einigung über ein Geschäft durch — 16ff.; durch — geschlossene Pacht- und Mietverträge 223, 231, 405.

**Brückengelderhebung,** Pachtvertrag über — 232.

**Buchdruckereigeschäft,** Kaufvertrag über ein — 180.

**Bücher,** Umschreibung in öffentlichen — 92, 100; Auszüge aus amtlich geführten — 116; Vorlegung der — bei StPrüfungen 81, 371.

**Bücherautomaten** 120.

**Buchhypotheken** 21.

**Bundesrat,** vom — festgesetzte Mittelwerte zur Umrechnung fremder Währungen 37, 323.

**Bundesstaat,** Anrechnung der in einem anderen — entrichteten St. 20, 22, 322, 474.

**Bürgschaften** s. Sicherstellung von Rechten.

## C.

Siehe auch Z und K.

**Cessionsinstrumente** s. Abtretung von Rechten.

**Charakterverleihungen,** Patente über — 114.

**Charité** in Berlin 30.

**Chile,** Jagdscheine für Angehörige von — 164, 399.

**Chinesisches** Reich, Fiskus 35.

## D.

**Dampfkessel,** Ausfertigungen der Dampfkessel-Genehmigungs-Urkunden usw. für Ortspolizeibehörden, Bergbehörden, Dampfkessel-Überwachungsvereine 113, 386, 390; Genehmigungen zur Anlegung von — 133, 139, 140, 389; Turbinen 139; Zeugnisse der Dampfkesselrevisoren 308, 311.

**Dampfschiffahrtsunternehmen,** Genehmigung zum Betriebe 135, 141, 391.

**Dänemark,** Jagdscheine für Angehörige von — 164, 398.

**Darlegungspflicht** des Fiskus im Prozesse 76.

**Darlehen,** Schuldverschreibungen über — 238 ff.; Verlängerungen kurzfristiger — 238, 416.

**Darlehnsvertrag, Darlehnsvorvertrag** 242.

**Datum,** Änderung des — in Urkunden 226.

**Deckbücher** 313.

**Deichverbände,** Genehmigung der Beschlüsse der — 114.

**Deklamatorische Vorträge,** Erlaubniserteilung zur gewerbsmäßigen Veranstaltung von — 129, 387; ortspolizeiliche Genehmigung zur Veranstaltung von — 210, 333, 400; Vordrucke zu Erlaubniserteilungen und Genehmigungen 333, 345, 400.

**Depositenbanken,** Bescheinigung der — im Quittungsbuch 250.

**Desinfektionsschule,** Zeugnisse, betr. die — 306.

**Deszendenten,** Übertragsverträge mit Aszendenten 106, 107, 171, 200, 201; Zuschlagsbescheid an einen — des bisherigen Eigentümers 201; Nießbrauchsbestellungen in Übertragsverträgen mit — 216.

**Deutscher** Flottenverein, — Mutoskop-G. m. b. H., Mutoskope des (der) — 121.

**Deutsches Reich** s. Fiskus.

**Dienstboten,** Pässe für — 233.

**Dienstkautionen** 254, 259.

**Dienstpässe** siehe Pässe.

**Dienstverhältnis,** Begriff 288; Vollmacht für Personen, die im — zum Vollmachtgeber stehen 279, 288, 289; — zwischen Hauseigentümer und Hausverwalter 288.

**Dienstverträge** 278.

**Dienstwohnungen,** Mietverträge über — 227, 228.

**Dingliche** Rechte sind keine ausbedungenen Leistungen 187.

**Diplomvorprüfung,** Zeugnisse über das Bestehen der — 314.

**Domänenpachtverträge** 231, 232.

**Doppelausfertigungen,** von Jagdscheinen 124, 399; Vordrucke dazu 333, 399; Vermerk des zur Hauptausfertigung verwendeten St. auf den — 399.

**Doppelerstattungen,** Anzeigepflicht der Behörden, Beamten, Notare bei — 366.

**Doppelversteuerung**, Anrechnung des St. zur Vermeidung von — 20, 21, 322; keine — bei nicht vorschriftlicher Verwendung von St-Marken 82, 374, 375.

**Dränierung** von Land, Verträge über — 299.

**Drehorgeln** als mechanische Musikwerke 121.

**Drehorgelspieler**, Genehmigungen für — stfrei 402, 403.

**Dritter**, Rechtsgeschäfte, die der Genehmigung oder des Beitritts eines — bedürfen 57 ff., 356, 471 ff., 472; Kaufvertrag über einem — gehörige Gegenstände 177.

**Druckereigebäude**, Schnellpresse in einem — 182.

**Druckformulare** s. Vordrucke.

**Duplikate** 124, s. Doppel- und Nebenausfertigungen.

**Durchsuchung** beim Verdacht der St-Hinterziehung 81, 374.

## E.

**Edle Metalle**, Verpfändung von — für kurzfristige Darlehen 239.

**Ehegatte**, Auflassung von Grundstücken an —, die in allgemeiner Gütergemeinschaft leben 103; — als Teilnehmer an einer Erbschaft 152, 171; Verträge zwischen in Scheidung lebenden — 209; Vergleiche geschiedener — 267, 268; kein Strafverfahren gegen den überlebenden — bei gemeinschaftlichen Testamenten 418; Auseinandersetzungsverträge zwischen gütergemeinschaftlichen — 174, 175.

**Ehesachen**, Vollmachten in — 289.

**Eheschеine**, von Geistlichen ausgestellte — 302.

**Eheversprechen** 124.

**Eheverträge** 124, 125, 385; Zuwendungen in — unter der Bedingung der Eheschließung 125; letztwillige Anordnungen in — 125; Erklärung von Vorbehaltsgut in — 125; — und Auseinandersetzungsverträge in einer Urkunde 125; Voraussetzungen für die Höhe des Steuersatzes 126, 385; Mindest-St. bei — in notarieller Form 126.

**Eigenhändiges** Testament 264, 265; Versteuerung — 346.

**Eigentumswechsel** ist Vorbedingung für Erhebung des Auflassungs-St. 101.

**Einäscherung** des Körpers, letztwillige Verfügungen über — 266.

**Einbringen** von Vermögen in eine Aktiengesellschaft usw. 151, 158 ff.; — von Nachlaßgegenständen in eine G. m. b. H. der Erbschaftsteilnehmer 152, 159 ff.

**Einbürgerungsurkunden** 215.

**Eingangspässe** über Musterstücke 309, 312.

**Eingekindschaftete Kinder**, Übertragungen an — 171; 200, 201.

**Eingetragene Genossenschaften** s. Genossenschaften.

**Einheitliche Rechtsgeschäfte** 15, 47 ff.

**Einigung** über ein Geschäft durch Briefwechsel oder Austausch schriftlicher Mitteilungen 15 ff., 223, 405; — über den Wert des Gegenstandes 40, 324, 386.

**Einigungsämter**, Schiedssprüche der Gewerbegerichte als — 237.

**Einjährig-freiwilliger** Militärdienst, Zeugnisse für den — 310; Sustentationserklärungen 243, 304.

**Einkommensteuer - Veranlagungskommissionen**, Verpflichtung zur Auskunfterteilung 41, 377, 412, 475.

**Einlage**, Erhöhung der — bei Gesellschaften 151, 155 ff.

**Einlagebescheinigungen** der Sparkassen 240, 250.

**Einrede** wegen Ablaufs der Klagefrist 75; — der Verjährung 75.

**Einreichung** stpflichtiger Urkunden zur Versteuerung 53, 325 ff.

**Einsichtnahme**, Verweigerung der — in Urkunden 335.

**Eintragung**, zwangsweise, von Geldstrafen im Grundbuche 65; Anträge auf — der Abtretung einer Hypothek oder Grundschuld 92, 375, 468; desgl. auf — der Begründung oder Übertragung von Erbbaurechten usw. 98, 101, 468; desgl. auf — eines Nießbrauchs 216, 468, 469, 471; desgl. auf — einer Hypothek usw. oder Verpfändung einer Hypothek usw. 240, 241, 417, 468, 469, 491; Unterschriftsbeglaubigungen unter Eintragungsanträgen 302, 328, 329.

**Eintritt** neuer Gesellschafter in eine bestehende Gesellschaft 151, 155 ff.

**Einwendungen** gegen den gerichtlichen StAnsatz 478 ff.

**Einzelgenehmigungen** beweglicher Dampfkessel 133, 139, 140; — von Lustbarkeiten 401.

**Einzelwerte**, unterbliebene Angabe der — 44, 330; nachträgliche Angabe der — 44, 330; Angabe der — soll keine Erhöhung des St. herbeiführen 45; Beanstandung der — 77, 331, 407.

**Einziehung** des St. bei Fortfall der Voraussetzung der StSteuerbefreiung 28, 322, 474; Aussetzung der — streitiger St. 42, 324 ff.; zwangsweise — des St. 54, 354; Abstandnahme von der — der dem Staate zustehenden Einnahmen 56; — der Vorräte bei unbefugtem Handel mit St.Zeichen 83; Abstandnahme von — des St. bei Veräußerungsverträgen 170, 367, 399, 479; — der St. als Gerichtskosten 468 ff.

**Eisenbahn**, Verstaatlichungsverträge 36; Vertrag über Herstellung einer — 299.

**Eisenbahndienst**, Bestallungen im — 123.

**Eisenbahnschwellen**, Lieferungsvertrag über — 204.

**Eisenbahnunternehmen**, Genehmigung zum Betriebe eines — 135, 141, 391; Kaufvertrag über — 182; — ist Gewerbebetrieb 203; Überlassung des Betriebes des — 226.

**Eisenbahnverwaltung**, Verträge der — 19, 185; StPrüfung bei den örtlichen Stellen der — 373.

**Eisenbahnwagen**, Lieferungsvertrag über — 202; Verträge über Anbringung von Geschäftsanzeigen in — 232.

**Elektrische** Anlage, Bestandteil eines Hotels, einer Fabrik 182; Mietvertrag über — Kraft 231; Bescheinigungen über die Abnahme und Prüfung — 307.

**Elektrisierautomaten** 120.

**Elektrizitätswerk** nebst Leitungsnetz, Kaufvertrag über — 182.

**Elementarlehrer**-Witwen- und Waisenkassen 30.

**Elsaß-Lothringischer** Fiskus 35.

**Emanzipationserklärungen** 126.

**Empfangsbescheinigung** über Gewerbelegitimationskarten 397; — über Hinterlegung von Pacht- usw. Verzeichnissen 408.

**Engagementsverträge** 278.

**Entbindungsanstalten**, private, 128, 129, 137, 138, 388.

**Enteignungen**, Urkunden über — aus Gründen des öffentlichen Wohls 24, 26, 27; — Kaufvertrag über ein der Enteignung unterworfenes Grundstück 27.

**Entgelt**, ungetrennt, für mehrere Gegenstände 44 ff., 330 ff.

**Entlassungsurkunden** 305.

**Entrichtung der StSteuer,** Pflicht zur — 14, 48, 322ff.; Befreiungen von der — 28ff.; Haftbarkeit für die 50ff.

**Entschädigung** der StVerteiler 441.

**Entwertung,** — von StZeichen und StBogen durch Amtsstellen der Zollverwaltung, andere Behörden und Beamte, Notare, Schiedsmänner 336ff.; — ohne amtliche Überwachung 345ff., 409, 410; nachträgliche ordnungsmäßige — von StZeichen 374, 375; — der StMarken auf Jahreskarten für Automaten 382, 389; desgl. auf Ausländerjagdscheinen 397, 398; — der StMarken zu Pacht- und Mietverzeichnissen 407ff.; desgl. zu Jagdpachtverzeichnissen 413.

**Entwertungsbefugnis,** allgemein zugelassene und auf Antrag genehmigte — 345, 409, 413, 414; Selbstentwertungsbefugnis im Auslande 346; Grenze der — bei Selbstentwertung 347, 409, 410, 413, 414; desgl. der St.Verteiler 405, 413, 440, 441.

**Entwertungsvermerk** durch StAufdruck 349, 350.

**Entwürfe,** keine Auskunft über die Höhe des St. bei Vorlegung von — 80.

**Erbanspruch,** Kauf über — 185.

**Erbauseinandersetzung** 126, 127.

**Erbbaurecht,** Anträge auf Eintragung der Begründung oder Übertragung von — 98, 101, 468; Vertrag über die Bestellung eines — gegen Entgelt 182.

**Erbengemeinschaft** 171, 199ff.; — in bezug auf Vollmachten 280, 293.

**Erbgelder,** Schuldverschreibungen über — 238.

**Erbpachtskanon** keine übernommene Leistung 187, 193.

**Erbrechte,** Festsetzung der — in Eheverträgen 124ff.

**Erbrezesse** 126; Abtretungen in einem — 94, 95; Beteiligung des märkischen Ehegatten an einem — 127; Überlassung von nicht zum Nachlasse gehörenden Gegenständen in einem — 127; Verpflichtung zur Zahlung bestimmter Geldsummen in einem — 127; Berechnung des St. 127; Abtretungen in einem — 127; Zuwendungen an eine letztwillig errichtete Familienstiftung in einem — 127.

**Erbschaft,** Teilnehmer an einer — 152, 159, 171, 199, 200.

**Erbschaftsausschlagungserklärung,** Beglaubigung der Unterschrift unter einer — 25.

**Erbschaftskauf,** Erbteilskauf 184, 185.

**Erbschaftssteuerämter** 371, 446, 504, 505.

**Erbteilungsverträge** s. Erbrezesse.

**Erbverträge** 126, 262, 263.

**Erfüllung** von Geschäften im Inlande 21; — der StPflicht 53, 332ff.

**Erfüllungsort** 21.

**Erfüllungsstatt,** Leistungen an — s. Leistungen.

**Ergänzung** von Kaufverträgen zwischen Aszendenten und Deszendenten 200; — einer Standeserhöhung 261ff., 417; — von letztwilligen Verfügungen 263; von StBogen durch StMarken 337; — der Ausführungsbestimmungen 385, 414, 489.

**Ergänzungsprüfungszeugnisse** für Volksschullehrer über die Nachprüfung in Musik 306.

**Erhebung** von GerichtskostenSt. 464ff.

**Erhöhung** des Aktienkapitals usw. 148, 154, 156, 356, 392, 449, 450, 483.

**Erinnerungen** gegen den gerichtlichen StAnsatz 494, 495.

**Erklärungen**, einseitige stfrei, wenn sie vor der Aushändigung vernichtet werden 15; — nicht unterschriebene 16.

**Erlaß**, bedingter, des Kaufgeldrestes 178.

**Erlaubniserteilungen** 128 ff., 385 ff., Frist zur Beibringung des St. in den Fällen der TarifSt. 22c, f u. l 54, 387, 390, 391; — in gewerbepolizeilichen Angelegenheiten 128 ff., 385 ff.; — für Privat-Kranken-, Entbindungs- und Irrenanstalten 128, 129, 138, 387, 388; — für das Gewerbe als Schauspielunternehmer 129, 387; — zum ständigen Betriebe der Gast-, Schankwirtschaft und des Kleinhandels mit Branntwein oder Spiritus 129, 138, 387; — zur gewerbsmäßigen öffentlichen Veranstaltung von Singspielen, Gesangs- und deklamatorischen Vorträgen, Schaustellungen von Personen, theatralischen Vorstellungen 129, 387; — an Vertreter oder Bevollmächtigte juristischer Personen 130, 138, 139, 387; Fristverlängerungen gemäß § 49 GewO. 130, 388; stfreie — für gemeinnützige Unternehmungen 130, 388; — zum Betriebe des Pfandleih-, Pfandvermittler-, Gesindevermieter- u. Stellenvermittlergeschäfts 133, 134, 140, 390; StErmäßigung für Gesindevermieter 134, 390; — der Ortspolizeibehörden an Gesinde- und Stellenvermittler zur Beherbergung und Speisung Stellensuchender 134; — an Vertreter oder Bevollmächtigte von Gemeinden usw. zum Betriebe des Stellungsvermittlungs- und Arbeitsnachweisgeschäfts 134, 135; — zur Bestellung von Agenten ausländischer Versicherungsanstalten 135, 140; Zusammentreffen eines nicht konzessionspflichtigen Betriebes mit einem konzessionspflichtigen Gewerbe 137, 138; stfreie Veränderungsgenehmigungen 138; Kantine in den Fabrikräumen für die Arbeiter 138; Schankerlaubnis für eine offene Handelsgesellschaft 138; — zum Transport von Leichen 233; StPflicht der — unabhängig von der Form 385; StPflichtigkeit von —, die nicht unter Tarifstelle 22 fallen, 385, 386; beglaubigte Abschriften, weitere Ausfertigungen von — 386; desgl. zu Dienstzwecken 386; sofortige Versteuerung und Aussetzung der Versteuerung der — 387; Überwachung der endgültigen Versteuerung der — 388; Sicherstellung der nachträglich zu entrichtenden St. 388. Siehe auch Approbationen, Genehmigungen, Konzessionen.

**Erlaubnisscheine** der Zoll- und Steuerbehörden 115; — zur Bestellung von Agenten von Versicherungsanstalten 135, 140.

**Erläuterung** des Wortlauts einer Urkunde 22 ff.; — zu letztwilligen Verfügungen 263.

**Ermächtigungen** 279 ff.

**Ermäßigung** von Ordnungsstrafen gegen Beamte und Notare 63, 357 ff., 495; — des St. bei Annahme an Kindes Statt 97, 376, 471, 479; — des St. für Erlaubniserteilungen 134, 390; — des St. für Gesellschaftsverträge 149; — des St. für die Satzung einer Gewerkschaft 154, 394; — des St. für Jagdscheine 164, 398; — des St. für Abtretungen aus dem Meistgebot 170, 171, 492, 493; — der StAbgabe für Kauf- und Tauschverhandlungen 171, 199 ff.; — des St. für Lustbarkeiten 210, 400; — des St. für Namensänderungen 214, 403; — des St. für Naturalisationsurkunden 215, 404; — des St. für Pacht- und Mietverträge 218, 407; — des St. für Pässe 233, 415; — des SchuldverschreibungsSt. 238; — des St. für Verleihung von Bergwerkseigentum 267, 418, 419; — des WertSt. bei Aufhebung eines

Vertrages 270, 367, 479; — gerichtlicher StAbgaben 478 ff.

**Ermittlung** des Werts eines Gegenstandes 37 ff., 324, 376, 474 ff., 488; — der persönlichen Verhältnisse des Beschuldigten im Strafverfahren 358; — des Werts für Zuschlagsbeschlüsse 399, 475.

**Ermittlungsverfahren,** amtliches 40, 324, 377, 468, 474 ff., 488.

**Errichtung** förmlicher schriftlicher Verträge gemäß Verkehrssitte 19; — von Aktien- usw. Gesellschaften 148 ff.

**Ersatz** vor dem Verbrauch verdorbener StZeichen 66, 362, 397, 399, 403; — für PolicenSt. 362; — vernichteter StZeichen 363.

**Erstattung** bei unbestimmten Leistungen 37, 68, 323, 363; — von Kosten des amtlichen Ermittlungsverfahrens 40; — zur Staatskasse vereinnahmter Beträge 56; — vor dem Verbrauche verdorbener oder vernichteter StZeichen und Vordrucke 66, 362, 363, 397, 399, 403; — unverdorbener StZeichen 66; — verlorener StZeichen 66; bereits verwendeter St. 66 ff., 363 ff.; gesetzlich nicht erforderlicher St. 66, 67—69, 363 ff.; — von Behörden oder Beamten (Notaren) verauslagter St. 66, 363 ff.; — bei Nichtigkeit des Geschäfts 66, 69, 70, 363 ff.; — aus Billigkeitsgründen 67, 70—73, 323, 367, 403; Einbehaltung des NotariatsurkundenSt. bei — 70, 71; — des St. für Eintragung der Abtretung einer Hypothek oder Grundschuld 92, 375, 479; — des AuflassungsSt. 99, 100, 479, 488; — bei Aufhebung eines Zuschlagsurteils 169, 479; — bei Übertragung der Rechte aus Veräußerungsgeschäften 170, 366, 367, 399, 479; — von St. für Lustbarkeitsgenehmigungen 210, 403; — des im vorausgezahlten Pacht- und MietSt. 68, 223, 363, 404; — des St. für Eintragung einer Hypothek, Grundschuld oder wiederkehrenden Geldleistung 241, 479; — des St. zu nicht eingelösten Policen 362; — von GerichtskostenSt. 68, 478, 479; — des St. bei eingetretener Verjährung des St. 68; — Rechtsweg wegen — "Anspruches 70, 73; — bei vorläufiger Versteuerung 68; Beginn des Fristlaufes 68, 73, 323; Unterbrechung der Erstattungsfrist 68; nichtige und anfechtbare Geschäfte 69; Ausführung eines Geschäfts 70, 71; — der St. zu einer Apothekerkonzession, zu Standeserhöhungen, zu Ursprungszeugnissen, zu Postvollmachten 72; — bei Wandelung 73; Verfahren bei dem Ersatz von StZeichen 362, 363; desgl. bei Erstattung 363 ff., 504; — von St. zu Notariatsverhandlungen 366, 427; Anzeige von Doppelerstattungen 366; — der Prozeßkosten 368; — von GerichtskostenSt. 479.

**Erweiterung** der Rückzahlungsfrist für kurzfristige Darlehen 238, 239, 249, 416.

**Erzbischöflicher Stuhl,** dessen St.-Freiheit 31.

**Erziehungsanstalten** für verwahrloste Kinder 31.

## F.

**Fabrikgrundstück** nebst elektrischer Anlage, Kaufvertrag über — 182.

**Fährgelderhebung,** Pachtvertrag über — 232.

**Fahrlässigkeit** bei Steuerhinterziehungen nicht erforderlich 61.

**Fahrnisgemeinschaft,** Grundstück als Gesamtgut der — 102.

**Fahrstühle,** Bescheinigungen über die Anlage usw. von — 307.

**Familiennamen,** Änderung der — 213; Begriff 214.

**Familienstiftungen** 32, 142, 391; Frist zur Beibringung des St. 142, 376, 391; Begriff 144; — unterliegen der Genehmigung des Amtsgerichts 144, 391; St. ist GerichtskostenSt. 145; gemischte — 145; eine neue selbständige — ist Voraussetzung der StPflicht 145; Anwachsen des Grundvermögens 391, 482; Verjährungsfrist 392, vgl. auch Fideikommißstiftungen.

**Farbstoffe,** Lieferungsverträge über — 204.

**Faustpfand,** Bestellung eines — 255.

**Feldesteile,** Austausch von — 176.

**Festsetzung** von Geldstrafen 60, 485; — von Ordnungsstrafen gegen Privatpersonen 40, 62, 63, 324; — von Ordnungsstrafen gegen Beamte 63, 64, 357 ff., 495; anderweite — des AuflassungsSt. 490.

**Feststellung,** erstmalige, einer Satzung (Statut) von Gesellschaften usw. 150, 154; desgl. von Gewerkschaften 154, 394.

**Feststellungsklage** 75.

**Feuerbestattung,** letztwillige Verfügungen über — 266; Urkunden zur Herbeiführung der Genehmigung der — 313.

**Feuersichere** Bedachung, Bescheinigungen über — 305.

**Feuerversicherungen** 96; 269 ff., 352, 353, 419 ff.

**Feuerversicherungsanstalten** 269 ff.; Abfindungsversteuerung der — 352, 353.

**Fideikommißstiftungen** 142, 145, 146, 356, 391, 482; Frist zur Beibringung des St. 142, 376, 391; Haftbarkeit für den St. 142; weiteres Anwachsen des Grundvermögens der — 143, 145, 356, 391, 482; — über ausländische Grundstücke 143; Umwandlung von Lehen in — 143, 148; Erweiterung der — 145; SchuldverschreibungsSt. neben dem FideikommißSt. 146; Einverleibung von Verbesserungen in — 146; Vermehrung einer Bibliothek 146; Versteuerung des vor dem Inkrafttreten des LStG. angeordneten Fideikommißzuwachses 147; Verwendung von Versicherungsgeldern zur Wiederherstellung von Gebäuden 146; Aufnahme amortisierbarer Darlehen 147; Abzug der Schulden 147; Bewertung des Fideikommißvermögens 148; Verjährung des St. für den Zuwachs 392.

**Filialapotheken,** Konzession zur Anlegung von — 128, 137.

**Finanzbehörden,** Strafbescheide der — 262.

**Finanzminister,** Entscheidung über Anrechnung von St. 20, 321, 414; desgl. über StFreiheit ausländischer Staatsoberhäupter usw., Anstalten usw. 29, 321, 414; Ermäßigung und Niederschlagung von Strafen 64, 357, 359, 496; Leitung des StWesens durch den — 79, 368, 369, 502, 504; Anordnungen des — wegen Anfertigung, Verkauf und Verwendung von StZeichen usw. und Anlegung der Pacht- und Mietverzeichnisse 82, 321 ff.; Entscheidung auf Beschwerden über die Frage der Haftbarkeit von Beamten (Notare) für die StSteuer 331; Entziehung der Befugnis zur Selbstentwertung 346; Entscheidung über die Ablehnung eines Antrages auf Selbstentwertung 347; Genehmigung des — zur Vornahme einer StPrüfung im Auslande 348; Entscheidung über die Ablehnung eines Antrages auf Abfindungsversteuerung 362; Bewilligung von Fristen oder Teilzahlungen 356; Einreichung von Urteilen in Straf- und Zivilprozessen an den — 361, 368; Nachweisung des Heroldsamtes an den — über die St. zu Gnadenerweisen 418;

Genehmigung des — zur Neueinrichtung von StVerteilungsstellen 440; desgl. zur Abgabe von St-Zeichen an die StVerteiler ohne sofortige Barzahlung 441; Entscheidung des — auf Beschwerden über die anderweite Festsetzung des AuflassungsSt. 490; Mitwirkung des — bei Erinnerungen gegen den gerichtlichen StAnsatz 495.

**Firma** des Ausstellers unter stpflichtigen Urkunden 15; Aufdruck der — auf Briefbogen 16; — der Kaufleute usw. 16; Zeichnung durch den Prokuristen 16; Übertragung der — 180.

**Firmenzeichnung** 16.

**Fiskus,** Befreiung von der StSteuer 28, 30; desgl. ausländischer Staaten 29, 321, 474; Mitbeteiligung des — an Verträgen 29, 35, 36; — der Schutzgebiete 30; Klagen wegen Ansprüche gegen den — 41, 74ff., 367, 477; der — in Prozessen 76; Auktionen für den — 110.

**Fleischbeschauer,** Befähigungsausweise für — 307.

**Fluchtliniengesetz** 26, 27.

**Forderungen,** Wert 37; Hingabe von — an Zahlungs Statt 47; im Auslande beurkundete Abtretungen inländischer — 20; Abtretung von — 94, 95; desgl. nebst Zinsen 97; künftige — 93, 255; Einbringen in eine Aktiengesellschaft usw. 151, 158ff.; Überlassung der zum Gesellschaftsvermögen gehörigen — 152; Austausch von — 190; Schuldverschreibung über — aus zweiseitigen Verträgen 238.

**Form,** in an sich stpflichtiger —, Begriff 106; für die StPflichtigkeit der Erlaubniserteilungen ist die — nebensächlich 385; — der Genehmigungen von Lustbarkeiten 400.

**Forstbeamte,** Jagdscheine für — 164, 165.

**Forstlehre,** Zeugnisse über den Eintritt in die — 307; Lehrzeugnisse 306.

**Fortbildungsschullehrer,** Bescheinigungen für — über die Teilnahme an Ausbildungskursen 306.

**Frachtbriefzessionen** 95.

**Frachtführer,** Übertragung der Ladescheine der — 91.

**Fraudulöse** Rechtsgeschäfte, Kaufverträge — Charakters 179.

**Freiheitsstrafe,** Unzulässigkeit der Umwandlung einer Geldstrafe in — 65.

**Freiherrnwürde,** Verleihung der — 260, 417.

**Freiwillige** Veräußerungsgeschäfte aus Gründen des öffentlichen Wohls 24; — Veräußerung bei Auflassungen 98, 102, 103.

**Fremde** Währung 37, 323.

**Fremder Grund** und Boden, Gebäude auf — 181, 182, 226.

**Fremdsprachige Urkunden** 336.

**Frist** zur Nachforderung des St. bei Satzungsänderungen gemeinnütziger Baugesellschaften 28, 29, 322, 474; — zur Vorlegung der Urkunden bei Unbestimmtheit des Wertes 42, 324ff., 356, 482, 483; — für die Angabe von Einzelwerten 46, 330; — für den Antrag auf zwangsweise Einziehung des St. 54, 354ff.; — für die StVerwendung 54, 56, 322, 324ff., 354, 386, 387; — für StErstattung 37, 39, 66, 67—69, 92, 99, 323, 363, 367; — zur Klageerhebung 75; — der Verjährung der Strafvollstreckung und Strafverfolgung 65; desgl. der St.-Steuer 77, 392; — zur Beanstandung der Wertsangaben 77, 476, 488ff.; Berechnung der — 78; — für Vermerk der Anrechnung des AbtretungsSt. 92; — für Beibringung des Fideikommiß-St. 142; — zum Antrage auf Abstandnahme von Erhebung des Kauf-St. bei Veräußerungsgeschäften auf Grund eines Vollmachtauftrages 170; — für Versteuerung und Aufbewahrung der Pacht- usw. Verzeichnisse 222; — zur Bekanntmachung der Bestimmungen über die Pacht- usw. Verzeichnisse 222; — zur Vorlegung der StSteuer-Kontrollbücher 327; — zur Aufbewahrung des StSteuerbuches 348; — zur Einreichung der Nachweisungen der Hauptämter über verhängte Ordnungsstrafen 360; — zur Einreichung der Nachweisungen über erstattete, niedergeschlagene und ermäßigte St. an den Finanzminister 367; — zur Einreichung der Urteile an den Finanzminister 368; — zur Vornahme von StPrüfungen 373; — zur Wiedervorlegung von Erlaubniserteilungen 387 ff.; — zum Nachweise der Bedürftigkeit bei Ausstellung von Leichenpässen 416; — für die Vorlegung des Geschäftsplanes über die StPrüfungen 448; — zur Einsendung der Auflassungsliste 488.

**Fristbewilligungen** für fällige St.-Steuern 356.

**Fristverlängerungen** von Erlaubniserteilungen 130, 133, 136; — von Versicherungsverträgen 269, 270, 420.

**Führerscheine** für Kraftwagenführer 308.

**Führungszeugnisse** 302, 315, 316. Siehe auch Zeugnisse.

**Fürsten**, Bestätigung der von einem auswärtigen — verliehenen Standeserhöhung 260, 417.

**Fürstentum**, Erhebung von Gütern zum — 261, 417.

**Fürstenwürde**, Verleihung der — 260, 417.

## G.

**Gas**, Lieferungsvertrag über — 231.

**Gäste**, Begriff 212.

**Gasthofsgrundstück**, Kaufvertrag über ein — 179, 180, 323.

**Gastwirte**, Mietverträge der — 220, 227.

**Gastwirtschaft**, bedingte Rechtsgeschäfte über —-Grundstücke 22, 323; Erlaubniserteilung zum Betriebe der — 129, 130, 138, 387; Veränderungsgenehmigungen 138; Automaten in einer — 116, 117; Überlassung einer — mit oder ohne Inventar 227, 228.

**Gebäude** auf fremdem Grund und Boden 181, 182, 226; Maschinen als Bestandteile eines — 181, 182; Kaufvertrag über — zum Abbruch 183.

**Gebrauch** von im Auslande errichteten Urkunden im Inlande 21; — einer Urkunde, Begriff 58; — von Sachen 203.

**Gebrauchsmusterrechte**, Einbringen von — in Aktiengesellschaften usw. 151, 158.

**Gebrauchsüberlassung** gegen Anerkennungsgebühr 225.

**Gebühren**, keine — für Abstempelung von Vordrucken auf Antrag 334.

**Geburtshelfer**, Approbationen für — 128, 333, 386.

**Geburtsscheine**, von Geistlichen erteilte — 302.

**Gefahrenversicherungen** 269.

**Gegenseitige** Verträge, Erfüllungsort bei — 21.

**Gegenseitigkeit**, Genehmigung der Versicherungsanstalten auf — 135, 140, 390; Versicherungsanstalten auf — 270.

**Gegenseitigkeitsverhältnis** zwischen Preußen und den anderen Bundesstaaten, sowie dem Auslande 20, 29, 322, 474.

**Gegenstand** der StSteuer 14; Geschäfte über im Inlande befindliche — 20; Unbestimmtheit des Wertes des — 42, 46, 324; mehrere Urkunden über denselben — 42, 328 ff.; mehrere — in derselben Urkunde 44 ff., 330; gemeiner Wert des — bei Auflassungen 108, 484; Gesamtwert des — bei wiederkehrenden Leistungen 325; Wert des — bei Eheverträgen auf Einführung der allgemeinen Gütergemeinschaft 126.

**Gegenstände** aller Art, Kauf- usw. Verträge über — 166, 183 ff.

**Geistliche,** Bestallungen für — 123; von — in bezug auf kirchliche Handlungen erteilte Zeugnisse 302.

**Geldforderungen,** Wert 37, 39; täglich rückzahlbare — 249.

**Geldleistung, wiederkehrende,** Antrag auf Eintragung einer — und Antrag auf Eintragung der Verpfändung einer — 240, 417, 468, 469, 491; Schuldurkunde über — 243.

**Geldsorten,** fremde 323.

**Geldstrafen** gegen Privatpersonen 60; Betrag der — 60 ff.; — gegen Aktiengesellschaften und Genossenschaften 60; Beitreibung von — 65; keine Umwandlung einer — in eine Freiheitsstrafe 65; Zwangsversteigerung eines Grundstücks wegen einer — 65; Verjährung der — 65; — für unbefugten Handel mit St.-Zeichen 83; Verrechnung von Teilzahlungen auf — 355.

**Gelegenheitsgesellschaften,** Verträge über Errichtung von — 150; Eintritt neuer Gesellschafter in — 151; Erhöhung der Einlagen bei — 151; Überlassung der Rechte an dem Vermögen der — 152.

**Geltungsbereich** des StSteuergesetzes 20, 22.

**Gemälde,** Vertrag über Herstellung eines — 299.

**Gemeinden, Verbände von —,** deren StSteuerbefreiung in Armen-, Schul- und Kirchenangelegenheiten 28, 34; desgl. ausländische — 29, 322, 474; Pflicht zur Auskunfterteilung 42, 377, 412; Erlaubniserteilungen an Vertreter oder Bevollmächtigte von — 134; Jagdpachtverträge der — mit Gemeindeangehörigen 219.

**Gemeinnützige Zwecke,** Baugesellschaften zu — 28, 29, 35, 322, 474; Privat-, Kranken-, Irren-, Entbindungsanstalten zu — 130, 388; Versicherungsanstalten zu — 135, 390; Gesellschaften zu — 149, 156; Sparkassen zu — 240, 245, 250.

**Gemeinschaftliche,** Geldstrafen gegen — Kontrahenten 60; — Testamente 262 ff., 418, 470, 471; — Versicherungsverträge 269.

**Gemischte** Stiftung 145.

**Genehmigungen,** Verpflichtung zur Zahlung des St. für — 48; — aller Art, Zeit der StVerwendung 54; — von Rechtsgeschäften durch Behörden oder Dritte 57, 58, 59, 356; — in Bausachen 112; stfreie — 113 ff.; — zur Über- und Sonntagsarbeit 115; — in gewerbepolizeilichen Angelegenheiten 128 ff., 385 ff.; — zur Errichtung von Anlagen nach § 16 GewO. 131, 132, 133, 139, 389; — zu Veränderungen in der Betriebsstätte oder in dem Betriebe 132, 139, 389; — von Fristverlängerungen und Fristungen 133; — zur Anlegung von Dampfkesseln usw. und weitere Ausfertigungen davon 133, 139, 389, 390; — für Unternehmer von Versicherungsanstalten 135, 140, 390; — zum Gewerbebetrieb der Auswanderungsagenten 135, 140; — zum Betriebe von Privatanschlußbahnen 135, 141, 391; — zum Betriebe eines Eisenbahn-, Dampfschiffahrts- oder Kleinbahnunternehmens 135, 136, 141, 391; — der Ortspolizeibehörden zum Betriebe der Personen- und Güterbeförderung 136, 391; stfreie — 135, 136, 390; Gegenstand der Wertbemessung bei konzessionspflichtigen Anlagen 139; — für Sterbe-, Aussteuer- u. dgl. Kassen auf Gegenseitigkeit 140; — von Lustbarkeiten 210, 333, 400ff.; der Namensänderungen 214; — der Verlängerung der Polizeistunde 233, 416; Form der — 385; Versteuerung 389, 391; Abstempelung von Vordrucken 389; StBefreiungen und -Ermäßigungen 390. Siehe auch Approbationen, Ausfertigungen, Erlaubniserteilungen, Konzessionen.

**Generalkaution** 256.

**Generalkommissionen,** durch Vermittelung der — umgewandelte Renten 210; Verwendungsbescheinigungen der — 308.

**Generalversammlung,** Vollmachten für — 281, 290, 335.

**Generalvollmacht,** begl. Abschrift einer — 90; Steuersatz 279, 288; Vorliegen einer — 287, 288; Substitutionsvollmacht eines Generalbevollmächtigten 295.

**Genossenschaften,** eingetragene, Zeichnung der Firma von — 16; —, die von der StSteuer befreit sind 28, 34, 35; ausländische — 29, 322, 474; Haftbarkeit für die StSteuer 50; Geldstrafen gegen — 60; Ordnungsstrafen gegen — 62; — unterliegen der StPrüfung 81; Verträge über Errichtung von — 150; Satzung eingetragener — 154, 469; Genehmigung der Selbstentwertung und Abfindungsversteuerung für — 346, 353; Nachversteuerung von Schuldverschreibungen 416.

**Genossenschaftsregister,** Auszüge aus dem — 116; Bescheinigungen oder beglaubigte Abschriften aus dem — 469.

**Gerechtigkeiten,** selbständige, Auflassung 98, 100.

**Gericht,** Verträge der — mit Dritten 28, 29, 470; Änderungen der Satzungen gemeinnütziger Baugesellschaften 28, 474; Wertermittelung 36ff., 474ff.; Erstattung bei Leistungen bis zu einer bestimmten Höhe 37, 479; amtliches Wertermittelungsverfahren und Beanstandung der Wertangaben 40, 474ff.; Unbestimmtheit des Wertes des Gegenstandes 42, 482; Versteuerung von Haupt- und Nebenausfertigungen 42, 480; Versteuerung von Urkunden mit Angabe von Einzelwerten 44, 484, 492; Erhebung des St. durch Barzahlung 53, 468, 470, 473; Ordnungsstrafen gegen Gerichtsbeamte 63, 64, 358, 495; Strafvollstreckung 65, 496; Erstattung von St. 66, 479; Rechtsweg 74, 477; Verpflichtung zur Prüfung der Urkunden und Anzeige von Zuwiderhandlungen 80, 483, 494; StPrüfung bei den — 80, 81, 494; Anordnung der Durchsuchung und Beschlagnahme 81; gerichtliche, außergerichtliche Urkunden 468, 470; Einziehung der St. 473; Niederschlagungsbefugnis 473, 474; Stundungen, Teilzahlungen und Niederschlagungen von St. 477; Beschwerden gegen den StAnsatz, Erstattung, Ermäßigung und Anrechnung von St. 478ff.; Vermerk des St. auf den Urkunden 480; amtliche Zeugnisse der — 481; Verfahren bei gesetzlicher Stundung von St. 482; Erhebung des St. in solchen Fällen für von den — abgeschlossenen Verträge 483; StErhebung bei Auflassungen 483ff.; Auflassungsliste 488ff.; Anrechnung des Auflassungs-St. 490; St. für Eintragungsanträge, Zuschlagsbeschlüsse und Schenkungen 491ff.

**Gerichtlich** aufgenommene Verträge über Mengen usw. 206; desgl. Schuldverschreibungen 235, 248; Schenkungsurkunden 236, 237.

**Gerichtliches Stempelwesen,** Allgemeine Verfügung, betreffend das — 468ff.

**Gerichtsbeamte,** Ordnungsstrafen gegen — 63, 64, 358, 495.

**Gerichtsferien,** Einfluß der — auf die Klagefrist 75.

**Gerichtskassen,** Vereinnahmung der Ordnungsstrafen durch — 496.

**Gerichtskostenstempel,** Barzahlung 53; — bei vormundschaftsgerichtlicher Genehmigung einer Urkunde 57, 471; Klage wegen — 74, 477; — für gerichtliche Urkunden 468; — für außergerichtliche Urkunden 376, 470; Zahlungspflicht 473; Befreiungen vom — 473, 474; Wertberechnung von — 474, 478; Stundungen, Teilzahlungen, Niederschlagungen von — 477; Erstattung, Ermäßigung und Anrechnung gezahlter — 67, 68, 478; Vermerk des — auf den Urkunden 480; Verfahren im Falle der Stundung von — 482; — für Auflassungen, Eintragungsanträge und Zuschlagsbeschlüsse 483 ff.; — für Schenkungen 493.

**Gerichtsschreiber,** Ordnungsstrafen gegen — 63, 64, 358, 495; StPrüfung durch die — 493.

**Gerichtsstand,** Vereinbarungen über — 276.

**Gerichtsvollzieher,** Ordnungsstrafen gegen — 63, 64, 358, 495; Versteigerungsprotokolle der — über Wertpapiere 110; StVerwendung zu den Versteigerungsprotokollen der — 110; Beurkundungen der — nach § 17 der Hinterlegungsordnung 301; Beauftragung der — mit der zwangsweisen Einziehung von St. 355; Prüfung stpflichtiger Urkunden durch — 370, 371.

**Gesamtbetrag** der Hypotheken bei Feststellung des MeistgebotsSt 194.

**Gesamtgut** der Fahrnis-, Gütergemeinschaft, Grundstück als — 102.

**Gesamtschuldner** der StSteuer 48, 50; — der Geldstrafe 60.

**Gesamtwert,** Versteuerung nach dem — mangels Angabe der Einzelwerte 44, 330; — des Gegenstandes bei wiederkehrenden Leistungen 325.

**Gesangsvorträge,** Erlaubniserteilung zur gewerbsmäßigen öffentlichen Veranstaltung von — 129, 387; ortspolizeiliche Genehmigungen zur Veranstaltung von — 210, 333, 400 ff.

**Gesangverein** ist geschlossene Gesellschaft 212.

**Geschäfte,** Einigung über — durch Briefwechsel 16 ff.; Begriff 20; bedingte — 22, 23, 322; unterbliebene Ausführung des — 22, 67, 70 ff., 322, 366, 403, 479; nur zur Verdeutlichung erwähnte — 22; Absicht der Beurkundung eines — 22; Wert des Gegenstandes der — 36, 40, 41, 324, 474; verschiedene — in einer Urkunde 44; infolge Wandelung rückgängig gemachte — 67, 73, 366; nichtige, anfechtbare — 23, 66, 69, 70; Ausführung eines — 70—72.

**Geschäftsanweisung** für StVerteiler 442 ff., — für die Vorstände der StSteuerämter 448 ff.

**Geschäftsanzeigen,** Verträge über Anbringung von — 232.

**Geschäftsbezirke** der StSteuerämter 371, 446.

**Geschäftsführer** der Ges. m. b. H. 16, 59; Geldstrafen gegen — 60. Siehe auch Gesellschaften m. b. H.

**Geschäftsführung** ohne Auftrag 170, 198.

**Geschäftsplan** über die vorzunehmenden StPrüfungen 448.

**Gesellschaften** des bürgerlichen Rechtes, Verträge über Errichtung von — 150; Eintritt neuer Gesellschafter in — 151, 156 ff.; — zu gemeinnützigen Zwecken 149, 156; Erhöhung der Einlagen bei — 151, 156; Überlassung der Rechte an dem Vermögen der — 101, 152 ff., 160 ff.; — aller Art, Feststellung der Satzung

154; Begriff der geschlossenen — 212.

**Gesellschaften m. b. H.,** Beschaffenheit der Unterschriften für — 16; St.-Steuerbefreiung für — 28, 34, 35; Satzungsänderung von — 28, 474; Haftbarkeit für die StSteuer 50; Rechtswirksamkeit der vom Geschäftsführer der — abgeschlossenen Verträge 59; Geldstrafen gegen — 60; Ordnungsstrafen gegen — 62; — unterliegen der StPrüfung 81, 449; Verträge über Errichtung der — 148, 154; Erhöhung des Stammkapitals 148, 154, 356, 392, 483; Nachversteuerung bei Erhöhung 149, 156; — zu gemeinnützigen Zwecken 149, 156; Einbringen von Vermögen in — 151, 152, 158, 159; StBefreiung für das Einbringen von Nachlaßgegenständen in eine — 152, 159, 160.

**Gesellschafter,** Geldstrafen gegen — bei Kommandit- und offenen Handelsgesellschaften 60; Überlassung eines Grundstücks an einen — 177.

**Gesellschaftseigentum,** AuflassungsSt. bei Anträgen auf Umschreibung von — 98, 103, 468, 483 ff.

**Gesellschaftskapital,** Teilzahlungen auf das — oder Nachschüsse 149, 155, 156, 356, 392, 483.

**Gesellschaftsvermögen,** Antrag auf Umschreibung von — 98, 103, 468, 483 ff.; Überlassung der Rechte am — 152, 160 ff., 486; Überlassung von — zum Sondereigentum 153, 393, 394, 486.

**Gesellschaftsverträge** 148 ff., 392 ff.; Zeit ihrer Versteuerung 57, 356, 392, 483; Auflassungen auf Grund von — 100, 107, 108, 394, 486; Verhältnis zum Reichsstempelgesetz vom 3. 7. 1913 154—155; Verträge oder Beschlüsse über die Errichtung von Aktiengesellschaften, Kommanditgesellschaften auf Aktien und von Gesellschaften m. b. H. sowie über die Erhöhung des Aktien- oder Stammkapitals (Nachschüsse) 148, 154—156; Nachentrichtung der StAbgabe infolge Erhöhung des Kapitals 149, 156; — wenn das Kapital nicht sofort voll eingezahlt wird 149, 155, 356, 392, 483, 493; Ermäßigung des St. für — 149, 156; im Auslande geschlossene — 149, 156, 393, 472; Steuersatz und Eintritt der Stempelpflichtigkeit bei ausländischen, im Auslande errichteten Gesellschaften 156; Errichtung von offenen Handelsgesellschaften, Kommanditgesellschaften, Kolonialgesellschaften, Gesellschaften des bürgerlichen Rechts, Genossenschaften, Gelegenheitsgesellschaften 150; desgl. erstmalige Feststellung der Satzung 150; Verträge über den Eintritt neuer Gesellschafter oder über die Erhöhung der Einlagen 151, 156, 157; Einbringen von Vermögen in eine Aktiengesellschaft, Kommanditgesellschaft auf Aktien oder Gesellschaft m. b. H. 151, 152, 158, 159; desgl. von Nachlaßgegenständen in eine von den Teilnehmern an einer Erbschaft gebildete Gesellschaft m. b. H. 152, 159, 160; Überlassung der Rechte am Gesellschaftsvermögen 152, 160; Befreiungen bei Überlassung von Rechten am Gesellschaftsvermögen 152; Überlassung von Sachen oder Rechten zum Sondereigentum 153, 160 ff., 393, 394; Rückgewähr von Gesellschaftsvermögen an den Gesellschafter, seine Erben oder seine Ehefrau 153, 154; Feststellung der Satzung einer Gewerkschaft 154, 394; desgl. einer Gesellschaft, Körperschaft, Stiftung, Verein und Anstalt 154; Satzungen von Kranken-, Unfall-, Alters- und Invaliditäts-Versicherungs- u. Unterstützungskassen, sowie von eingetragenen Genossenschaften 154, 163, 472; vor dem 1. 7. 1909 bzw. 1. 4. 1896 erfolgte Errichtung des

Gesellschaftsvertrages und Beurkundung der Kapitalserhöhung (Nachschüsse) 155, 156; Begriff der gemeinnützigen Gesellschaften 156; Berechnung der StAbgabe bei Kapitalserhöhungen von Aktiengesellschaften und Gesellschaften m. b. H. 156; Begriff der — 156; Eintritt eines Gesellschafters im Wege der Abtretung von Gesellschaftsanteilen 157; Errichtung von stillen Gesellschaften 157; Übernahme der Schulden bei offenen Handelsgesellschaften 157; Einbringen von unbeweglichen und beweglichen Sachen, Patentrechten, Mutungsrechten, von Rechten aus Veräußerungsverträgen, von Rechten auf Auflassung, von ausländischen beweglichen Sachen, von Forderungsrechten, Abrede über die Fortführung einer Firma 157 ff.; Umfang der Tarifstelle 25c 158; gemischte Geschäfte 157; Einbringen von Grundstücken und Übernahme von Hypotheken 157; Umwandlung einer Aktiengesellschaft in eine Gesellschaft m. b. H. 157; desgl. einer offenen Handelsgesellschaft in eine Gesellschaft m. b. H. 157, 158; LandesSt. neben ReichsSt. 158, 159; AuflassungsSt. nicht fällig bei Vorlegung eines — 159, 394, 486; Verschmelzung von Aktiengesellschaften 159; Berechnung des Stempels beim Einbringen 159; Eigenschaft der eingebrachten Nachlaßgegenstände und Kreis der Teilnehmer an einer Erbschaft bei Bildung einer Gesellschaft m. b. H. 159, 160; Auseinandersetzungsverträge 160 ff.; Unterschied zwischen T. 25d Ziff. 1 und 2 160; Auflösung einer aus zwei Personen bestehenden offenen Handelsgesellschaft 160; Anwendung der T. 25d Ziff. 2 (Absatz 2) 160 ff.; Zuschlag eines Grundstücks durch den Liquidator an einen bisherigen Gesellschafter 162; Bewertung des Vermögens von Gewerkschaften und Bemessung der StSätze 394; — in notariellen Urkunden 217.

**Gesindevermietergeschäft,** Erlaubniserteilung zum Betriebe des — 133, 134, 390.

**Gestempeltes** Papier 53.

**Gesuch** des Schuldners um Verlängerung der Rückzahlungsfrist 249.

**Gesundheitszeugnisse** 306.

**Gewerbe,** unmittelbarer Verbrauch im — 172, 203 ff.; Begriff des — 203.

**Gewerbeaufsichtsbeamte,** für — bestimmte Ausfertigungen von Erlaubniserteilungen 386.

**Gewerbegerichte,** Schiedssprüche der — 114, 233; Vergleiche vor — 266; Vollmachten im Verfahren vor den — 421; Anzeigepflicht der — 421.

**Gewerbelegitimationskarten** 163, 312; AusfertigungsSt. wird nicht neben dem St. für — erhoben 163; Vordrucke zu — 333, 396; Versteuerung nur durch Vordrucke 345; Vertrieb der — 396; Erstattung von St. 397. Siehe auch Legitimationskarten.

**Gewerbepolizeiliche** Angelegenheiten, Erlaubniserteilungen in — 128 ff., 385 ff.; Veränderungsgenehmigungen 132, 135, 139, 141; Form der Erlaubnisscheine auf die StPflichtigkeit ohne Einfluß 385; andere desgl. als die in Tarifstelle 22 aufgeführten 385, 386; beglaubigte Abschriften, weitere Ausfertigungen der — 386; sofortige Versteuerung und Aussetzung der Versteuerung 387; Überwachung 388; Sicherstellung des St. 388.

**Gewerbesteuer,** Veranlagung 54.

**Gewerbesteuerklassen** 130, 134, 136.

**Gewerbevereine,** Erlaubniserteilungen an — 134.

**Gewerbliche Anlagen,** Genehmigungen von — 131 ff.; Veränderungsgenehmigungen 132 ff.; Gegenstand der Wertbemessung 139.

**Gewerbliche Schutzrechte,** Einbringen in Aktiengesellschaften usw. 151, 158.

**Gewerkenbuch,** Antrag auf Umschreibung eines Anteils im — 57, 62, 96.

**Gewerkschaften,** Haftbarkeit für die StSteuer 50; Geldstrafen gegen — 60; Ordnungsstrafen gegen — 62; — unterliegen der StPrüfung 81; Feststellung der Satzung 154, 394; Lieferungsverträge der — 206; Übereignung des Vermögens der — an den Besitzer aller Kuxe 273.

**Gläubiger,** Meistgebot eines — bei einer Zwangsversteigerung 170, 171, 492, 493; Anerkennung des neuen — in Zessionen 247, 274, 319.

**Gleichartigkeit** und Gleichwertigkeit von Sachen 201.

**Glücksspielautomaten** 118, 119.

**Gnadenerweise** s. Standeserhöhungen; gnadenweiser StErlaß 261.

**Gnadengesuche** in StStrafsachen 362, 496.

**Grafenwürde,** Verleihung der — 260, 417.

**Grammophone** s. Automaten.

**Griechenland,** Jagdscheine für Angehörige von — 164, 398.

**Großherzog** von Hessen 35.

**Grubenholz,** Lieferungsverträge über — 204.

**Grubenvorstände,** Geldstrafen gegen — 60; Ordnungsstrafen gegen — 62.

**Grundakten,** beglaubigte Abschriften aus — zu Aufgebotsakten 89; desgl. für die — 488.

**Grundbesitzer,** Abtretung an Korporationen ländlicher oder städtischer — 93, 376, 481; Schuldverschreibungen zugunsten von —korporationen 240, 251, 417, 481.

**Grundbuchabtretung,** bergrechtliche — 27, 102.

**Grundbuchamt,** Pflicht zur Auskunfterteilung 40.

**Grundbuchblatt,** Antrag auf Erteilung von Abschriften des — 40; Rechte, die ein — erhalten können 98, 100, 101.

**Grundbuchrichter,** Pflicht zur Auskunfterteilung 42; Pflicht zur Prüfung der vorgelegten Urkunden 484 ff.; Erklärung des Veräußerungsgeschäfts zum Protokoll vor dem — 486; Verfahren des — bei Nichtvorlegung einer Urkunde 486 ff.

**Grundbuchsachen,** Unterschriftbeglaubigungen in — 302, 316 ff.

**Grunddienstbarkeit,** Wert der — 37, 39.

**Grundkapital,** Erhöhung des — 148, 154—156, 392, 449, 483.

**Grundkreditbanken,** Abtretung von Forderungen an — 93, 376, 481; Schuldverschreibungen für — 240, 251, 417, 481.

**Grundschuld,** Antrag auf Eintragung der Abtretung einer — 92, 375, 491; Umwandlung einer — in eine Hypothek 95, 245; Blankoabtretung einer — 96; Antrag auf Eintragung einer — und Antrag auf Eintragung der Verpfändung einer — 240, 252, 417, 491.

**Grundschuldgläubiger,** Zuschlag an einen — 168, 193, 475, 492; Abtretung aus dem Meistgebot an einen — 170, 171, 198, 199, 492, 493.

**Grundstücke,** Erwerb von — zu Schulzwecken 34; keine Versteigerung von — zur Beitreibung von Geldstrafen 65; Auflassung von — 98 ff.; Rückgewähr eines gütergemeinschaftlichen — 102; — als Gesamtgut der Fahrnisgemeinschaft 102; Auflassungen gütergemeinschaftl. — 103; Fideikommißstiftungen über ausländische — 143; Einbringen von — in Aktiengesellschaften usw. 151 ff.,

159ff.; Überlassung von —, die zum Gesellschaftsvermögen gehören 155, 160ff.; Kauf- und Tauschverträge über — 58, 104, 166ff., 178; Zwangsversteigerung von — 166; Teilung eines zu Miteigentum erworbenen Grundstücks 174, 190; wesentliche Bestandteile eines — 181ff.; Übereignung eines — an Erfüllungs Statt 194; Abtretung der Rechte aus Grundstückskaufverträgen 195ff.; Pachtverträge über — 217ff.; desgl. zur Abholzung 183, 184; Taxen von — 262, 470; Vorverkaufsrecht an — 277; Ermittelung des Wertes eines — 376, 483, 484, 489.

**Grundstückseigentümer**, Kaufverträge zwischen — und Vorkaufsberechtigtem 174.

**Gründungsverträge** s. Gesellschaftsverträge.

**Gutachter** 237, 277.

**Gültigkeitsdauer**, ursprüngliche, von Pacht- und Mietverträgen 83, 84.

**Gütergemeinschaft**, Grundstücke als Gesamtgut der — 103; Aufhebung der — in Eheverträgen 125; Auseinandersetzungsverträge zwischen gütergemeinschaftlichen Ehegatten 125, 126.

**Gutsadministrator**, Vollmacht für einen — 288.

**Güterrechtsregister**, Bescheinigungen oder beglaubigte Abschriften aus dem — 469.

**Güterverkehr**, Genehmigungen zum Betriebe des — 136.

**Gutsbezirke**, StFreiheit der — 28.

**Gutsüberlassungsvertrag** zwischen Aszendenten und Deszendenten 200, 486.

**Gymnasien**, Erwerb von Grundstücken zur Errichtung von städtischen — 34; Lieferungsverträge mit — staatlichen Patronats 36.

## H.

**Haftbarkeit** für die StSteuer 50, 331, 355, 406; — für den VollmachtSt. 51, 52, 289ff.; — für die Geldstrafen 60; — für den FideikommißSt. 142; für die Abwicklung der Geschäfte 503.

**Haftpflichtversicherungen** 269, 419.

**Haftung** mehrerer Zahlungspflichtiger 48.

**Hagelversicherungen** 269; Versteuerung der Verlängerungen der — 420.

**Haltestelle**, Zuschuß zur Errichtung einer — 244.

**Hamburg**, St-Freiheit gemäß § 5 Abs. 1 d—g 35.

**Handel**, unbefugter, mit StZeichen 83.

**Handelsgeschäft**, Kaufvertrag über — 180, 204.

**Handelsgesellschaften**, offene, Zeichnung der Firma von — 16; Geldstrafen gegen — 60; Ordnungsstrafen gegen — 62; Auflassung von Grundstücken an eine — 101; desgl. von einer — an eine Kommanditgesellschaft 101; Verträge über Errichtung von — 150, 156, 157; Verträge über Eintritt eines neuen Gesellschafters, Erhöhung der Einlage 151, 156; erstmalige Feststellung der Satzung von — 150; Auflösung der — 153ff., 160ff.

**Handelskammern** 116; Erlaubniserteilungen an Vertreter oder Bevollmächtigte von — 134; Entwertung von StZeichen 342.

**Handelsmakler**, Bestellungen der — 213.

**Handelsregister**, Bescheinigungen oder beglaubigte Abschriften aus dem — 90, 469.

**Handelsverkehr** s. Verkehrssitte.

**Handwerksburschen**, Pässe für — 233.

**Handwerkskammern,** Erlaubniserteilungen an — 134; Entwertung von StZeichen 342.

**Handzeichen** statt der Unterschrift 16.

**Hansestädte,** Gesandte und Minister der — 35.

**Hauptausfertigung,** Verwendung des St. zur — 42, 328; Versteuerung von Nebenausfertigungen nur nach Vorlegung der versteuerten — 43, 328; — von Notariatsverhandlungen 43, 343; StBerechnungsvermerke auf — 329, 480.

**Hauptgeschäft,** Bestandteile des — 44ff., 242.

**Hauptstempelmagazin,** Abstempelung von Vordrucken durch das — 333, 334, 385, 386, 387, 389, 397, 415.

**Hauptzollämter,** Verwaltungsordnung 502, 505; Festsetzung und Einziehung von Ordnungsstrafen im Wertermittelungsverfahren 40, 324; Beanstandung der Wertangaben und Einigung mit den Parteien über die Werte 40, 44, 77, 219, 220, 324, 331, 407, 413, 418; Kosten der Wertermittelung 40, 324; Versteuerung bei Unbestimmtheit des Wertes 42, 324ff.; Versteuerung von Haupt- und Nebenausfertigungen 42, 328, 335; Verkauf und Verwendung von StZeichen 53, 332, 334, 336, 337, 340; zwangsweise Einziehung von St. 54, 353; Strafanzeigen gegen Beamte und Notare 63, 357; Festsetzung von Ordnungsstrafen im Strafverfahren, Strafniederschlagungen und Strafmilderungen, Ordnungsstrafen-Nachweisungen 64, 358, 359; Strafvollstreckung 65, 361; Zuständig für Ersatz (Erstattung) verdorbener StZeichen 66, 362, 363; Verwaltung des StWesens 79, 368, 369; — sind zur Auskunfterteilung über die Höhe des St. verpflichtet 79, 369; Ermittelung des Grundstückwertes bei Auflassungen 376, 488ff.; Versteuerung von Automaten 378ff.; Versteuerung der Pacht-, Miet- und Jagdpachtverzeichnisse 406ff., 413; desgl. ohne amtliche Überwachung 409, 413; Bekanntmachung der Bestimmungen über die Versteuerung von Pacht- usw. Verzeichnissen 411, 414.

**Hausapotheken,** Erlaubnis zur Führung von — 137.

**Hauseigentümer,** Dienstverhältnis der Hausverwalter zum — 288.

**Hausiergewerbescheine** 163.

**Hausmüll,** Verträge über die staubfreie Abfuhr von — 278.

**Hausverwalter,** Vollmacht für den — 288; Dienstverhältnis der — zum Eigentümer 288.

**Hebammen** bedürfen keiner Approbation 137; Fähigkeits-, Prüfungszeugnis für — 306.

**Hebammen**-Lehranstalten, Provinzial-, öffentliche Schulen 34.

**Hebestellen** 502, 504, 505.

**Heeresdienst,** auf — gerichtete Urkunden 24, 26.

**Heeresverwaltung,** Zeit der Versteuerung der mit Privatpersonen für den Fall der Mobilmachung abgeschlossenen Verträge 57.

**Heimatscheine** 305.

**Heiratsgenehmigung,** gerichtliche — 114; — für Beamte und Militärpersonen 164.

**Heiratsgut,** Bescheinigungen über zollfreie Einfuhr von — 312.

**Helgoland** gehört nicht zum Geltungsbereich des LStG. 14.

**Herbergen** zur Heimat 32.

**Heroldsamt** unterliegt nicht der St.-Prüfung 81; Einziehung der St. für Standeserhöhungen 417.

**Herstellung** s. Selbstherstellen.

**Herzogswürde,** Verleihung der — 260, 417.

**Herzogtum**, Erhebung von Gütern zum — 261, 417.

**Hessischer** Staat 35.

**Hilfstabelle**, Ermittelung des Wertes nach der — 38, 320.

**Hingabe an Zahlungs Statt** durch Abtretung einer Forderung zwecks Belegung des Kaufpreises 47, 94; Verträge über — 164, 194, 486, 487.

**Hingabe von Sachen** in Leibrentenverträgen 208, 209.

**Hinkende** Verträge 173.

**Hinterlegung** bei Lombarddarlehen, Begriff 250.

**Hinterlegungsordnung**, Beurkundungen der Gerichtsvollzieher nach § 17 der — 301; Unterschriftbeglaubigungen unter Gesuchen um Auszahlung hinterlegter Gelder 302, 471.

**Hinterziehung** s. StHinterziehung.

**Hinweis**, Urkunden mit — auf die Abfindungsversteuerung 53, 351ff.

**Höchstbetragshypotheken** bei gerichtlichen Zwangsversteigerungen 193; — im Sinne des § 1190 BGB., keine stpflichtigen Schuldverschreibungen 238, 248; — unterliegen dem SicherstellungsSt. 253, 254.

**Höchstmöglicher** Wert eines Gegenstandes 37, 38; Erstattung 37, 324, 363ff., 479.

**Hohenzollernsche Lande** gehören nicht zum Geltungsbereich des LStG. 14; — Zoll- und Steuerverwaltung 507.

**Holzbestand** (Wald), Kaufvertrag über — 184, 203; Vorbehalt der Abholzung des — 189.

**Honorare**, Schuldverschreibungen über gestundete — 248; Bürgschaften der Eltern 258; Unterschriftsbeglaubigungen durch den Universitätsrichter 316.

**Hospitäler**, vom Staate genehmigte — 28, 31; ausländische — 29, 322, 474; — der Gemeinden 34.

**Hotel** nebst elektrischer Beleuchtungsanlage, Kaufvertrag über — 182; Mietverträge im Hotelverkehr 221, 229.

**Hüttenwerke**, Betrieb staatlicher — als Gewerbe 203.

**Hypothek**, Antrag auf Eintragung der Abtretung einer — 92, 375, 468; Verzicht auf eingetragene, nicht zu Recht bestehende — in einem Kaufvertrage 187; — bei Feststellung des MeistgebotsSt. 194; Höchstbetragshypothek 193, 238, 248, 253, 254; Antrag auf Eintragung einer — und Antrag auf Eintragung der Verpfändung einer — 241, 417, 471, 491.

**Hypothekarische** Schuldverschreibungen s. Schuldverschreibungen.

**Hypothekenbanken**, Abtretung von Forderungen an — 93, 97, 376, 481; Schuldverschreibungen für — 240, 251, 417, 481.

**Hypothekenbrief**, beglaubigte Abschrift des — 89, 90; Vereinbarungen über Erteilung oder Ausschließung des — 274.

**Hypothekengläubiger**, Zuschlag an einen — 168, 193, 194, 475, 492; Abtretung aus dem Meistgebot an einen — 171, 199, 492, 493.

## J.

**Jagdabschlußverträge** s. Pacht- und Mietverträge.

**Jagdpachtverträge** s. Pacht- und Mietverträge.

**Jagdpachtverzeichnisse** s. Jagdpachtverträge und Pacht- und Mietverträge.

**Jagdscheine** 164, 397; Duplikate von — 124, 399; Inländer- — 164, 397; Ausländer- — 164, 397, 398; — für Forstbeamte 164, 165; Zeugnisse zur Erlangung von — 305; Vordrucke zu — 333, 397ff.;

Überlassung von Vordrucken ohne sofortige Barzahlung und Abrechnungsverfahren 398; StEintragungsvermerke in die Kontrolllisten 399; StErstattungen für unbrauchbare Vordrucke 399.

**Jagdvorsteher,** Versteuerung der Pachtverzeichnisse durch die — 413, 414; StPrüfung bei — 414, 449.

**Jahresberichte** der StSteuerämter 373.

**Jahreskarten** für Automaten 116.

**Japan,** Jagdscheine für Angehörige von — 164, 399.

**Inbetriebsetzen** von Automaten 117.

**Indossamente** 91, 93.

**Inhaber** einer Urkunde, Haftbarkeit für den St. 51, 52; Verpflichtung zur Versteuerung der Urkunde durch den — 57, 58; — bleiben straffrei beim Abschluß von Verträgen mit Behörden 63.

**Inhalt** der Urkunde ist maßgebend für ihre StPflichtigkeit 23, 25, 245 ff., 312, 385, 390.

**Inkrafttreten** des StGesetzes 83; Kapitalserhöhungen vor dem — 154.

**Inland,** St.- — 14, 20, 22, Verhältnis des Auslandes zum — 20; Geschäfte über im — befindliche Gegenstände 20 ff.; Erfüllung von Geschäften im — 20—22; Anrechnung der in einem anderen Bundesstaate verwendeten St. 20, 22, 322, 474; im Auslande beurkundete Abtretung von im — eingetragenen Buchhypotheken 21; Erlaubnisscheine für im — tätige Agenten ausländischer Versicherungsanstalten 135, 140; im Auslande errichtete Gesellschaftsverträge von Gesellschaften mit dem Sitz oder einer Zweigniederlassung im — 149, 393, 472, 493; im Auslande errichtete Versicherungsurkunden, wenn der Versicherte im — wohnt oder die versicherten Gegenstände sich im — befinden 347.

**Inländer,** von — im Auslande errichtete Urkunden 20, 21; von — mit Ausländern errichtete Verträge über inländ. Gegenstände 20, 21; Zeit der Versteuerung der von — im Auslande errichteten Urkunden 57; Wohnsitz für den Begriff — maßgebend 20, 58; Jagdscheine für — 164, 397; Jagdpachtverträge mit 219; Standeserhöhung eines — durch einen auswärtigen Fürsten 261, 417.

**Inländische** Anstalten, Stiftungen, Vereine usw., StSteuerbefreiung der — 28, 29.

**Innungen,** Innungsausschüsse, Innungsverbände, Satzung der — 113; Erlaubniserteilungen an — 134.

**Inseratenpachtverträge** 232.

**Invaliditätsversicherungskassen,** Satzung der — 154.

**Inventarien** zum Gebrauche bei stpflichtigen Urkunden 164, 470; Begriff der — 165; zu den Konkursakten eingereichte — 165; —, die Notariatsverhandlungen beigefügt sind 165.

**Irrenanstalten,** private 128, 129, 137, 138, 388.

**Irrtum** befreit nicht von Strafe 62; aus — erstatteter St. ist wieder einziehbar 67.

**Italien,** Jagdscheine an Angehörige von — 164, 398.

**Juristische Personen,** Erlaubniserteilungen, Genehmigungen usw. an — 130, 492, 493; Hausverwaltungen durch — 288.

**Justizbehörden,** Aussetzung der Strafvollstreckung durch die — auf Ersuchen der Zollbehörden 362, 496. Siehe auch Justizfiskus.

**Justizfiskus,** Klage wegen StAbgaben gegen — 74, 367, 368, 477; Versteuerung der mit dem — geschlossenen Verträge 470, 483.

**Justizminister** entscheidet über Anrechnung der in anderen Bundesstaaten verwendete St. und über StSteuerbefreiungen für ausländ. Staatsoberhäupter usw. 20, 29, 474; Mitteilungen an die Oberlandesgerichte von der Anerkennung einer milden Stiftung 474; Einsendung der Urteile in Prozessen an den — 477; Entscheidung des — im Beschwerdeverfahren 478; desgl. bei Erstattungen 479; Mitwirkung des — bei Beschwerden 490; Berichte der Oberlandesgerichte an den — über Ergänzung der Ausführungsbestimmungen 490; desgl. bei Meinungsverschiedenheiten über St.-Fragen 494; Entscheidung des — über Beschwerden im Strafverfahren gegen Beamte und Notare 495.

**Justizrat,** Verleihung des Titels — 261.

## K.

**Kabinettsorder,** Aufhebung älterer — 84 ff.

**Kalenderjahr,** Versteuerung der im — bestandenen Pacht- und Mietverträge 220 ff., 411.

**Kaligewinnungsrechte,** Überlassung von — 232.

**Kalkulaturatteste** 311.

**Kammerherr,** Kammerjunker, Verleihung des Patents eines — 261, 417.

**Kanalbetrieb,** staatlicher, kein Gewerbebetrieb 203.

**Kanalisationsanlage,** Werkverdingungsvertrag über — 299.

**Kantine,** Genehmigung der — einer Fabrik 138; Pachtvertrag über Kantinenbetrieb 232.

**Kanzleibeamte,** Bestallungen für — 123.

**Kapitalserhöhung** der Aktiengesellschaften und G. m. b. H. 148, 154, 356, 392, 449, 483.

**Kapitalversicherung** 263.

**Kapitalwert,** Berechnung des — von Nutzungen und Leistungen 37 ff., 320, 474, 478.

**Kapläne,** Ernennung von — 123.

**Kartierungskosten,** Übernahme der — im Kaufvertrage 188.

**Karussell,** Genehmigung zum Betrieb eines — 210, 333, 400.

**Kasernen,** mietweise Überlassung von — 228.

**Kassen,** öffentliche 28, 29; Lieferungsverträge mit — 29; Zeugnisse als Rechnungsbelege bei — 302, 421.

**Katasterverwaltung,** Abschriften usw. aus Karten usw. der — 25, 27; Verpflichtung zur Auskunftserteilung 376, 377, 489.

**Kauf** auf Probe 176; — oder Lizenz 184; — oder Miete 183, 184; Begriff des — 190; doppelter —, nicht Tausch 191—193.

**Kaufangebot,** Annahme des —, Versteuerung 59; Annahme eines — unter Bedingungen 172; Abtretungen aus — 195 ff.

**Kaufgeld,** Belegung des — durch Hingabe an Zahlungs Statt 47, 94, 194; Abtretung des — an Miterben 200; Schuldverschreibungen über — 238; Sicherstellung des — mit einem nicht verkauften Grundstück 260.

**Kaufgeschäfte,** reichsstpflichtige 167, 172.

**Kaufleute,** Firma der — 16.

**Kaufmännische** Verpflichtungsscheine 18, 240, 252, 416.

**Kaufmannsgerichte,** Vollmachten im Verfahren vor den — 421; Anzeigepflicht der — 421.

**Kaufverträge** 166 ff., 399; Begriff 172, 173; Annahme eines Angebots unter Bedingungen 172; bedingter

**Kaufverträge**
— 173; hinkende — 173; Verpflichtung zum Rückkauf 173; Vollmachtskaufverträge 173; nur frei gewollte Veräußerungen sind stpflichtig 173—176; — zwischen Grundstückseigentümer und Vorkaufsberechtigtem — 102, 174; Anerkennung des Anspruchs der Wandlung kein — 174; Wiederaufhebung eines — ohne gesetzlichen Anspruch 174; Teilung eines zu Miteigentum erworbenen Grundstücks 174; Rückgewähr von gütergemeinschaftlichem Vermögen an den Ehegatten, der es in die Ehe gebracht hat 174, 175; Kauf im Unterschied von einer Schenkung unter einer Auflage 175, 176; — über einem Dritten gehörige Gegenstände 177; — Rücktritt gegen Erlegung einer Konventionalstrafe 177; — (Werkvertrag) über ein Grundstück mit darauf zu erbauendem Hause 177; — über den Austausch von Feldesteilen 176; Wechsel im Schiffseigentum 176; Kauf auf Probe 176; Sicherungsübereignung und Sicherungszession 176.

*Andere lästige Veräußerungsgeschäfte*, — fraudulösen Charakters, lästige Rückveräußerungsgeschäfte 166, 179; Begriff der lästigen Veräußerungsgeschäfte 177; Form der Grundstücksveräußerungsgeschäfte 178; desgl. bei Rentengutsverträgen 178; Verzicht auf Gewerbe-Konzession 179, 180; Veräußerung eines Geschäfts mit Kundschaft und Firma 180.

— *über inländische unbewegliche Sachen und Rechte* 166, 181; eingebaute Automaten, Stahlkammeranlage, elektrische Beleuchtungsanlage usw. 182; *den unbeweglichen Sachen gleichgeachtete Rechte*: Apothekenprivilegien, Kuxe alten Rechts, Kohlen- und Salzabbaugerechtigkeiten 182. Zündwarenkontingente 183; Begriff der unbeweglichen Sachen 181; — über eine Bahneinheit (Privat-, Kleinbahn) 182; Vertrag über die Bestellung eines Erbbaurechts 182; — Syndikats-Beteiligungsanteil keine unbewegliche Sache 183;

— *über ausländische unbewegliche und bewegliche Sachen* (Zubehör) 166, 183.

— *über Gegenstände aller Art* 166, 183ff.; — ausländische bewegliche Sachen 183; über Mutungsrechte, Patentrechte, Recht der Ausnutzung eines noch zu erteilenden Patents 183; — über Gebäude auf fremdem Grund und Boden 183; — über superinventarische Gebäude 183; — über Gebäude ohne Grund und Boden, über Gebäude zum Abbruch 183; — über ein Verlagsrecht 183; — über Holzbestand 184; — über Eisenbahn-Altmaterialien 185; Kauf und Lizenz 184; Erbschaftskauf, von Erbteilen durch einzelne Miterben, über einen Erbanspruch an einzelnen Teilen des Nachlasses 184, 185; — wenn Wertpapiere als Gegenleistung gewährt werden 186.

— *mit ausbedungenen Leistungen* 166, 186ff.; Altenteile, Rentenbankrenten oder sonstige dingliche Rechte sind keine ausbedungenen Leistungen 187; Erbpachtskanon, Einräumung einer Wegegerechtigkeit 187, 188; Beitrag zu den Pflasterkosten 187; Übernahme der Verbindlichkeiten (Passiven) 188; — Verzicht auf wertlose Hypotheken 189; Zahlung eines Teiles des Mehrerlöses an den Verkäufer 189; Zahlung der Auktionskosten und einer Provision 188; Maklerprovision 188; Vermessungs- und Kartierungskosten, Straßenregulierungskosten 188; Konventionalstrafe, Kosten des Vertrages, der Auflassung, des WertSt. und der Umsatzsteuer, Erstattung einer Abschluß-

**Kaufverträge**
provision, Baugeld sind keine ausbedungenen Leistungen 189; Amortisationsguthaben 189.
Vorbehaltene Nutzungen 186; Wohnungsrecht für Verkäufer, Vorbehalt der Abholzung und Nutzung des Baumbestandes 189.
Berechnung des Stempels 189; — bei Abzahlungsgeschäften 189; Bedeutung der Kostenanschläge für die — 190.
ReichsSt. für Kauf- und Anschaffungsgeschäfte 167, 168.
Tauschverträge 168, 190ff.; Begriff des Tausches 190; Berechnung des St. nach dem Werte 190; Austausch von Forderungsrechten keine Tauschverträge 190; Teilungsverträge zwischen Miteigentümern von Grundstücken 190, 191; Tauschvertrag oder doppelter Kauf 191—193; Schuldverschreibungen in Tauschverträgen 193;
Gerichtliche Zwangsversteigerungen 168, 193, 194, 399, 475, 492; WertSt. fällig, wenn der bisherige Eigentümer Ersteher ist 193; Höchstbetragshypothek bei Berechnung des Meistgebots 193; Zwangsversteigerung eines Rentengutes 193; Berechnung von Altenteilsrechten und Grunddienstbarkeiten 193; Wert des versteigerten Gegenstandes 194; Gesamtbetrag der vorausgehenden Forderungen 194; Grundlage für die StErhebung 194, 475, 492;
Verträge über Leistung an Erfüllungs Statt 169, 194; Hingabe an Zahlungs Statt 194; Übernahme eines Grundstücks an Erfüllungs Statt 194;
Nießbrauchsrecht auf dem veräußerten Gegenstand 169, 194, 195;
Versteigerung zwecks Auseinandersetzung der Miteigentümer 169, 195;
Aufhebung eines Zuschlagsurteils 169, 479;
— über bewegliche Sachen 169, 195; Kommissionsnoten 169, 195; desgl. Begriff 195;
— Übertragungen von Rechten aus Veräußerungsgeschäften 170, 195ff.; Form der Verträge bei — 195; auf Grund eines Auftragsverhältnisses 195; Übertragungen auf Grund letztwilliger Verfügungen 195; einseitige Abtretungsurkunden 196; Anwendung der Ermäßigungs- und Befreiungsvorschriften 196; Abtretungen aus Vertragsanträgen und Angebotsverträgen 196, 197; Erwerb auf Grund eines Vollmachtsauftrages, einer Geschäftsführung, negotiorum gestio 197, 198.
Abtretung der Rechte aus dem Meistgebot 170, 171, 198, 199, 492;
Ermäßigungen und Befreiungen, die Voraussetzungen brauchen, abgesehen von einem Fall, nicht aus dem Urkundeninhalt hervorzugehen 199;
— zwischen Teilnehmern an einer Erbschaft 171, 199, 200; Miteigentum zur gesamten Hand und nach Quoten 200; Nachlaßverwalter und Testamentsvollstrecker an einen Miterben 200; — zwischen Miterben und einer dritten Person 200; Verkauf von Erbschaftsgegenständen und Abtretung von Teilen des Kaufpreises 200;
— des Anerben mit einem anderen Erben über den Hof 200;
— zwischen Aszendenten und Deszendenten 171, 200, 201; Gegenleistungen zugunsten anderer Personen 200; Überweisung des Restkaufgeldes; Aufhebung solcher Verträge 200; Tauschverträge zwischen Aszendenten und Deszendenten 201; — und Nichtdeszendenten 201;

**Kaufverträge**
Übertragsverträge zwischen Adoptiveltern und Adoptivkindern 201; desgl. zwischen Stiefeltern und Stiefkindern, sowie Schwiegereltern und Schwiegerkindern 201; Konkursverwalter an einen Sohn des Gemeinschuldners 201; Zuschlagsbescheide an Deszendenten 201; Einbringung eines Grundstücks seitens des Vaters in eine aus ihm und seinen Söhnen bestehende offene Handelsgesellschaft 201;
— und Lieferungsverträge über Mengen von Sachen usw. 172, 201ff.; Begriff „Mengen" 201, 202; Gleichartigkeit und Gleichwertigkeit 201; Postwagen, Lokomotiven, Eisenbahnwagen, ausgemusterte Eisenbahnwagen, Akkumulatorenbatterie 202, 203; Kleidungsstücke an Postbeamte, eiserne Träger, Holz auf dem Stamm nach Aufarbeitung, Eisenbahnwagen, die teils für elektrische, teils für Gasbeleuchtung eingerichtet sind 203; unmittelbarer Verbrauch, Verbrauch im Gewerbe, Unterschied zwischen Verbrauch und Gebrauch 203; Verbrauch in einem Gewerbe 203; Staatsbetriebe als Gewerbe 203; Reichs- und Staatseisenbahn, Berg-, Hütten- und Salzwerke 203; Kanalbetrieb 203; Verbrauch unmittelbar im Gewerbe 203ff.; Wiederveräußerung, Verkauf eines Warenlagers 204; Begriff der Selbstherstellung 204, 205; Ort der Selbstherstellung 205; Verträge über Lieferung von Syndikaten und Vereinigungen 206;
gerichtlich oder notariell aufgenommene — 172, 206.
auf Grund von Punktationen aufgenommene — 235, 236;
Rückgängigmachung eines — 102, 268, 270ff.; Kautionsbestellungen in stfreien — und Lieferungsverträgen 258, 259; — in Werkverdingungsverträgen 297.

**Kaution** s. Sicherstellung von Rechten.

**Kegelspielautomaten** 120.

**Kinematograph,** Genehmigung zum Betriebe eines — 210, 333, 400.

**Kirchen,** Befreiung von der StSteuer 28, 30, 31.

**Kirchenangelegenheiten,** StFreiheit der Gemeinden in — 28, 34.

**Kirchenbücher,** Auszüge aus — 116, 378; Bescheinigungen oder beglaubigte Abschriften aus — 469.

**Klage** auf Rückforderung oder auf Feststellung der Verpflichtung zur Zahlung einer StAbgabe 74ff., 367, 477, 490; Klagefrist 74, 75; Beschwerde, Aufforderung zur Rückzahlung vor der Klageerhebung 75; Leistungs-, Wider-, Feststellungswiderklage 75; — wegen Zinsen 76; Aufrechnung im Wege der — 76.

**Kleidungsstücke,** Lieferung über — 203.

**Kleinbahn,** Genehmigung zum Betriebe einer — 135, 141, 391; Kaufvertrag über eine — 182.

**Kleinhandel** mit Branntwein oder Spiritus, Erlaubniserteilung zum Betriebe des — 129, 387, 388.

**Kleinkinderbewahranstalten,** Vereine für die — 28, 31; ausländische — 29, 322, 474.

**Knappschaftsvereine** 31, 32.

**Kohlen,** Lieferungsvertrag über — 204; Vertrag über Gewinnung, Abbau von — 226.

**Kohlenabbau-Gerechtigkeiten,** Eintragung der Begründung oder Übertragung von — 98, 100, 182.

**Kolonialgesellschaften,** Verträge über Errichtung von — 150; Eintritt neuer Gesellschafter in — 151; Erhöhung der Einlagen bei — 151, 156, 356, 392, 483; Überlassung der Rechte an dem Vermögen der — 152, 160.

**Kommanditgesellschaften**, Geldstrafen gegen — 60; Ordnungsstrafen gegen — 62; Auflassung eines Grundstücks an eine — 93; Verträge über Errichtung von — 150; erstmalige Feststellung der Satzung der — 150; Verträge über Eintritt eines neuen Kommanditisten, Erhöhung der Einlage 151, 156; im Auslande errichtete Gesellschaftsverträge der — 149, 156, 393; Überlassung der Rechte an dem Gesellschaftsvermögen der — 152, 160.

**Kommanditges. auf Aktien**, Haftbarkeit für die StSteuer 50; Geldstrafen gegen — 60; Ordnungsstrafen gegen — 62; — unterliegen der StPrüfung 81, 449; Errichtung von Verträgen über — 148, 154, 156; Erhöhung des Aktienkapitals 148, 154, 156; im Auslande errichtete Gesellschaftsverträge der — 149, 393; gemeinnützige — 149, 156; Einbringen von Vermögen in — 151, 158.

**Kommerzienrat**, Verleihung des Titels als — oder als Geheimer — 261, 418.

**Kommissionsnoten** 169, 195.

**Kommissionsrat**, Verleihung des Titels als — oder als Geheimer 261, 418.

**Kommunalbehörden**, Pflicht zur Auskunftserteilung 41; — haben Zuwiderhandlungen zur Anzeige zu bringen 80, 370.

**Kommunalfriedhof**, Anlegung eines — 34.

**Kommunalverbände**, StFreiheit der — 28, 34; Abtretung von Forderungen an — 93, 97, 376, 481; Erlaubniserteilungen an — 134; Schuldverschreibungen für — 240, 251, 417, 481.

**Kommunen**, StFreiheit der — 28, 34; Pflicht zur Auskunfterteilung 41; Abtretung von Forderungen an — 93, 97, 376, 481; Erlaubniserteilungen an — 134; Jagdpachtverträge der — 219; Schuldverschreibungen für — 240, 251, 417, 481.

**König, Königin**, Befreiung von der StSteuer 28, 30.

**Königliche** Prinzen genießen beschränkte StFreiheit 30.

**Königliche Witwen**, Befreiung von der StSteuer 28, 30.

**Königliches Hausfideikommiß** 30.

**Konkursverfahren**, Inventarien im — 165; Vollmachten im — 286, 289 ff.

**Konkursverwalter**, Kaufvertrag mit dem Sohn des Gemeinschuldners 201.

**Konnossemente**, Übertragung von — 91.

**Konsense** 124.

**Konsolidation** von Bergwerkseigentum 206, 207.

**Kontrahenten**, unrichtige Beurkundung entgegen dem Willen der — 23; minderjährige — 23; Haftung gemeinschaftlicher — für Strafen 60.

**Kontrollbücher**, Versteuerung von Lizenzverträgen und Verträgen über Aufführungsrechte durch — 327; Genehmigung von Lustbarkeiten durch Eintragung in — verboten 400.

**Kontrollisten**, Vermerk der zu Jagdscheinen verwendeten St. in den — 399; Vermerk für die Ermäßigung des St. für Lustbarkeiten in den — 401.

**Konventionalstrafe** in Kaufverträgen usw. 177, 182, 248, 276.

**Konvikt** zur Vorbildung der Geistlichen 31.

**Konzept** einer Ausfertigung 377.

**Konzert**, Kurkonzert, als Lustbarkeit 211.

**Konzessionen,** — zum Betriebe einer Apotheke, zur Errichtung einer Zweigapotheke, zur Verlegung einer Apotheke 128, 136, 137; StFreiheit der vererblichen und veräußerlichen — 128, 137; Verzicht auf — zu einer Apotheke 180, 276; — zum Betriebe einer Gast-, Schankwirtschaft 129, 138, 387ff.; Verzicht darauf 179; Form der — 385; Wertermittelung einer veräußerlichen und vererblichen — 386. Siehe auch Approbationen, Erlaubniserteilungen und Genehmigungen.

**Körperschaften** s. Korporationen.

**Korporationen** (Körperschaften), Abtretung von Forderungen an — ländlicher und städtischer Grundbesitzer 93, 97, 376, 481; Versteigerungen beweglicher Sachen durch Vertreter von — 109; Erlaubniserteilungen an — 134, 390; Feststellung der Satzung 150, 163, 469; Schuldverschreibungen für — von Grundbesitzern 240, 251, 417, 481.

**Korrespondenzverträge** 16.

**Kosten** des Ermittelungsverfahrens 40, 324, 476, 489; — der Verhandlungen in StSteuerangelegenheiten 79, 368; — im Strafverfahren 79; — bei Auskunfterteilungen 79, 369; abzugsfähige — bei Auktionen 109, 111; — von gewerbepolizeilich zu genehmigenden Anlagen 131, 135, 139, 141, 391; — für die Abstempelung von Vordrucken 335; — für Übersetzung fremdsprachiger Urkunden 336; Verrechnung von Teilzahlungen auf — 353; — im Strafverfahren gegen Beamte 357, 495, 496; Erstattung der Prozeßkosten 368.

**Kostenanschläge,** im Vertrage angezogene — 190; — zu Werkverdingungsverträgen 299.

**Kostenfestsetzungsbeschlüsse** 238.

**Kraftfahrzeuge,** Bescheinigungen über die Prüfung usw. der — 307, 308.

**Kraftmesserautomaten** 120.

**Krankenanstalten,** öffentliche 28; ausländische — 27, 322, 474; private — 128, 129, 138, 388.

**Krankengelder,** Zeugnisse zum Bezuge von — 302, 421, 481.

**Krankenkassen,** Satzung der — 154.

**Krankenpflegerinnen,** Ausweise über die staatliche Anerkennung als — 307.

**Kreditanstalten,** Entwertung von St-Marken durch — 53, 347; Anzeigen von Zuwiderhandlungen 351; Schätzungsgrundsätze ritterschaftlicher — 484.

**Kreditverträge,** Kreditversprechen, Sicherstellung von Rechten aus — 257, 258; — unterliegen nicht dem SchuldverschreibungsSt. 257, 258; s. auch 272.

**Kreide,** Lieferungsverträge über — 204.

**Kreisbehörden,** Verpflichtung zur Auskunfterteilung 41, 376, 377, 489, 490.

**Kreissynodalverbände** 31.

**Kriegervereine,** Genehmigung der Satzung der — 114, 163.

**Kühlräume,** Überlassung von — 225.

**Kündigung,** Verträge auf — 271; Verträge über Abänderung der — 272.

**Kundschaft,** Übertragung des Rechts zum Fortbetriebe eines Apothekengeschäfts mit der — 180; Übertragung eines Geschäfts mit der — 180.

**Künftige** Forderungen, Sicherstellung — 259.

**Kurbelklaviere** 121.

**Kursmakler,** Bestallungen der — 213; desgl. der Stellvertreter der — 114, 213.

**Kurswert** der Wertpapiere 37, 323.

**Kurzfristige** Darlehen, Schuldverschreibungen über — 238, 239, 249, 416.

**Kuxe** 207, 399; Zeit der StVerwendung bei Übertragungen von — 57, 58; Ordnungsstrafen bei Umschreibung von — vor der Versteuerung 62; — alten Rechts gelten als unbeweglich 182; Übertragung von — 207; Schriftstücke über Verpfändung von — 207, 400; Übereignung des gewerkschaftlichen Vermögens an den Besitzer aller — 273; Reichsst.abgabe für — 207, 399.

## L.

**Ladescheine,** Übertragung von — der Frachtführer 91.

**Ladeverzeichnisse,** Abtretungen aus — 95.

**Lagerbuch,** Ergänzung des im — vorgetragenen eisernen Bestandes von Jagdscheinen 398.

**Lagerplatz,** Mietvertrag über — 276.

**Lagerscheine,** Übertragung von — 91.

**Landesherrliche Privilegien,** durch — bewilligte StFreiheit 25, 29.

**Landeskirche,** Bescheinigung über Austritt aus der — 114, 313.

**Landgerichte,** Zuständigkeit für Klagen wegen Ansprüche gegen den Fiskus 76.

**Landgerichtspräsident,** Zuständigkeit für die Entscheidung von Beschwerden 478; für Anträge auf Erstattung von GerichtskostenSt. 479; — für die Straffestsetzung und Abstandnahme davon gegen Gerichtsbeamte und Notare 495, 496.

**Landmeßkunst,** Zeugnisse für Kandidaten der — 310.

**Landräte,** Ordnungsstrafen gegen — 64.

**Landwehrübungen,** auf Befreiung von — gerichtete Urkunden 24.

**Landwirtschaftliche** Winterschule 34; Verpachtung von Grundstücken zur — Nutzung 220, 229.

**Landwirtschaftskammern,** Erlaubniserteilungen an — 134, 390; Entwertung von StMarken durch die — 342.

**Lästige** Veräußerungsgeschäfte, Verträge über — 166, 177ff.

**Lazarette** der Knappschaftsvereine 31.

**Lebensalter,** Feststellung des — 38, 39, 324, 476.

**Lebensbescheinigungen,** ausländische 20.

**Lebensversicherungen,** Abtretung einer —-Police 96.

**Lebenszeugnisse** 304.

**Leerstehen** der Wohnung, Bescheinigung über — 309.

**Legalisation** von Urkunden 208; Begriff der — 208; — von Magistraten und Regierungspräsidenten 208.

**Legitimation,** Standeserhöhung gelegentlich einer — 260, 417.

**Legitimationskarten** 163, 333, 396; Vertrieb der — 396, 397; Erstattung verdorbener oder unbrauchbar gewordener — 397. Siehe auch Gewerbelegitimationskarten.

**Lehen,** Umwandlung in Fideikommißstiftungen 143, 147, 391.

**Lehngut,** Umwandlung in ein Fideikommiß 148.

**Lehnverbände,** Erhebung des FideikommißSt. bei Auflösung der — 143, 147, 391.

**Lehrer,** Vokationen der — 123, 279, 385.

**Lehrverträge** 271, 278.

**Leibrentenverträge** 208; Begriff 208, 209; Wertpapiere als Gegenwert für die Leibrente 209; durch Generalkommissionen umgewandelte Renten, Renten an Stelle von Hypotheken 210; Verträge zwischen Eheleuten für den Scheidungsfall 209; Übergang einer Rente nach dem Tode des Berechtigten auf einen Dritten 209.

**Leichenpässe** 210. Im übrigen s. Pässe und Zeugnisse.

**Leihabreden** 277.

**Leistungen,** Urkunden wegen — an den Fiskus 24, 25, 26; Wertermittlung 37, 39, 40, 324; StErstattung bei unbestimmten — 37, 39, 323; — einer Rente 39; ausbedungene — 151ff., 166, 186ff.; Verträge über — an Erfüllungs Statt 169, 487.

**Leistungsklage** 75.

**Leitungsnetz** eines Elektrizitätswerks als Zubehör eines Grundstückes 182.

**Lieferungsübernahmen,** Zeugnisse zur Fähigkeit von — 304.

**Lieferungsverträge** 166ff.; — zwischen einer inländischen und einer ausländischen Firma 20ff.; — mit dem Fiskus 29, 36, 470, 483; — deren Wert unbestimmt ist 37, 42, 324ff., 363, 482, 483; — mit Universitäten und Gymnasien 36; — mit der Heeresverwaltung für den Fall der Mobilmachung 57, 58; im übrigen s. Kaufverträge. Kautionsbestellung in stfreien — 258, 259; Kompromißvertrag, Schiedsvertrag in — 276; — in Werkverdingungsverträgen 297ff.

**Liste der Auflassungen** 489ff.

**Lithographie,** Herstellung der Unterschrift durch — 15.

**Lizenzverträge** 184, 232; Versteuerung durch Kontrollbücher 327.

**Lohnarbeiter,** Pässe für — 233.

**Lokale** siehe Erlaubniserteilungen, Schankwirtschaft.

**Lokomobile,** Zubehör eines Grundstücks 182.

**Lokomotiven,** Verkäufe alter — 185; Lieferungsvertrag über — 202.

**Lombarddarlehen,** innerhalb Jahresfrist rückzahlbare — 239, 240; Quittung über „Lombard" 239; Lombardvorschuß gegen diverse Effekten 250; — gegen Kündigung 250; Bürgschaft für — 258, 259.

**Lombardgeschäfte,** uneigentliche 250.

**Löschungsanträge,** Beglaubigung von Unterschriften unter — 302, 316ff.

**Löschungsfähige** Quittungen 274.

**Lustbarkeiten** 210ff., 333, 400ff.; polizeiliche Genehmigungen zu — 210, 211 (s. daselbst zahlreiche Beispiele), 401; von Einzelpersonen, öffentlichen, Privat- oder geschlossenen Gesellschaften veranstaltete — 210; Ermäßigungen des St. 210, 400, 401; Notwendigkeit der Genehmigungen des Textes der Vorträge, Vorstellungen usw. 212.

Tanzlustbarkeiten 210, 212, 400ff.; Begriff der Öffentlichkeit 212; Zulassung von Gästen 212; Begriff der geschlossenen Gesellschaft 212; Form und nähere Bestimmungen der Genehmigungen usw. 400ff.

**Luxemburg,** Jagdscheine f. Angehörige von — 164, 398.

## M.

**Magistrate,** Anzeigepflicht bei Zuwiderhandlungen 80.

**Mäkler,** Bestätigung usw. der — 213; Kurs- und Handelsmakler 213; Stellvertreter der Kursmakler 114, 213.

**Maklerprovision** als ausbedungene Leistung 189.

**Marken** s. StMarken.

**Marktstände,** Überlassung von — in Markthallen 226.

**Maschinen** als Bestandteile eines Gebäudes 181.

**Maschinisten** auf Seedampfschiffen, Vordrucke zu Befähigungs- und Prüfungszeugnissen s. — 333, 423.

**Materialprüfungsbescheinigungen**, beglaubigte Abschriften von — 140.

**Materialwert**, Berechnung des — in Werkverdingungsverträgen 300.

**Mauersteine**, Kauf- und Lieferungsverträge über — 204.

**Mechanische** Herstellung der Namensunterschrift unter Urkunden 15; — Musikwerke s. Automaten.

**Mehrere**, inhaltlich im Zusammenhange stehende Urkunden 15; — Gegenstände in einer Urkunde 44, 330; — Urkunden über denselben Gegenstand 42, 328ff., 480; — zur Zahlung der StSteuer Verpflichtete 48; — Urkundenaussteller als gemeinschaftliche Kontrahenten 60; — Betriebe derselben Person 138; — zwischen denselben Vertragsbeteiligten innerhalb eines Jahres geschlossene Pacht- und Mietverträge 223, 224; Bürgschaft für — Personen 257; — Versicherungen für dieselbe Person 269; — Vereinbarungen (allgemeine Verträge) in einer Urkunde 274, 275; Vollmachten — Personen 280; Vollmachten für — Personen 293.

**Mehrleistungen** in Werkverdingungsverträgen 300.

**Mehrlieferungen**, Vereinbarung von in Werkverdingungsverträgen 300.

**Meistgebot** bei Versteigerungen 168, 169, 170, 171, 193, 194, 399, 475, 492; Abtretung von Rechten aus dem — 170, 171, 198, 199, 492; Bürgschaft für das — 256.

**Meldeamt**, Bescheinigungen des — 305.

**Meliorationsbeamte**, Werkverträge mit — 278; für — bestimmte Ausfertigungen von Erlaubniserteilungen 386.

**Meliorationsgenossenschaften**, Genehmigung der Beschlüsse der — 114.

**Mengen** von Sachen oder Waren, Kauf- und Lieferungsverträge über — 172, 201ff.; Begriff 201, 202; — in Werkverdingungsverträgen 299, 300.

**Metalle**, edle, Verpfändung von — für kurzfristige Darlehen 239.

**Mexiko**, Jagdscheine für Angehörige von — 164, 399.

**Miete** oder Kauf 183, 184.

**Mietverträge** s. Pacht- und Mietverträge.

**Mietverzeichnisse** s. Pachtverzeichnisse.

**Mietzins**, Trennung des — für Räume zu gewerblichen oder beruflichen Zwecken und zu anderen Zwecken 218, 407.

**Milch**, Lieferungsvertrag über — 206.

**Milderung** von Strafen 65, 359ff.

**Milde Stiftungen** 28, 32ff.; ausländische — 29, 322, 474; Verzeichnis der — 322, 474. Siehe auch Stiftungen.

**Mildtätigkeit**, Begriff 32.

**Militäranwärter**, Gesundheitszeugnisse für — 306, 311.

**Militärdienst**, Zeugnisse für den einjährig-freiwilligen — 310.

**Militärdienstversicherungen** 269.

**Militäreisenbahn**, Betrieb der — als Gewerbe 203.

**Militärmusiker**, Zeugnisse betr. — 307.

**Militärperson**, Konsens zur Übernahme einer Vormundschaft seitens einer — 124; Heiratsgenehmigungen für — 164; Testamente von — 264.

**Minderjähriger** als Kontrahent 23.

**Mindestbetrag** der StSteuer 48, 238ff., 267; — der Strafe 60, 62; — des Stempels bei Notariatsurkunden 217.

**Ministerium** s. Finanz- und Justizminister.

**Missionen**, Chefs der bei dem Deutschen Reiche oder preußischen Staate beglaubigten — 29.

**Missionsgesellschaften** 32.

**Mißverständnis** des Notars bei Errichtung einer Urkunde 23.

**Mieteigentümer,** Auseinandersetzung zwischen — im Wege der Versteigerung 169, 195; Teilungsverträge zwischen — von Grundstücken 174, 190; Abtretung des Kaufgeldes an — 200.

**Mitgift,** Versprechen der Gewährung einer — 243.

**Mitteilungen,** schriftliche, zwecks Einigung über ein Geschäft 16.

**Mittelbare** Beamte 43, 61, 63, 123; — Behörden s. Behörden.

**Mittelwerte** der fremden Währungen 37, 323.

**Mittlere** Beamte, Bestallungen für — 124.

**Möbelleihverträge** 169, 195, 232.

**Mobilmachung,** Zeit der Versteuerung der für den Fall der — abgeschlossenen Verträge 57, 58.

**Modell,** Vertrag über Herstellung eines — 299.

**Molkereigenossenschaft,** Lieferungen seitens einer — 206.

**Monat** kommt als Zeitraum von 30 Tagen in Betracht 75.

**Mündliche Nebenabreden** s. Nebenabreden.

**Mündliche Verträge** 14, 217.

**Musikaufführungen,** Genehmigung von — 210. Siehe auch Lustbarkeiten.

**Musikautomaten,** s. Automaten.

**Muster,** Anmeldung zur Abstempelung von Vordrucken 414; — für das StSteuerbuch 425; Strafbescheid 426, 500; Erstattungsvermerke der Notare 427; Zivilprozeßnachweisung 428; StPrüfungsverhandlung 429; Nachweisung der im Wege der Abfindung zu versteuernden Automaten usw. 430ff.; Ausweis über die Abfindungsversteuerung von Automaten usw. 433; Anmeldung der durch Jahreskarte zu versteuernden Automaten usw. 434ff.; Verzeichnis der zu versteuernden Automaten usw. 437ff.; Pacht- und Mietverzeichnis 452ff.; Jagdpachtverzeichnis 460ff.; Auflassungsliste 497.

**Musterpässe** 309, 312.

**Musterregister,** Bescheinigungen oder beglaubigte Abschriften aus dem — 469.

**Mutoskope** 121.

**Mutung,** Duplikat der — 304.

**Mutungsrechte** 183.

## N.

**Nachforderung** der GerichtskostenSt. 476; — auf Grund der StPrüfungen 495.

**Nachlaßgegenstände,** Einbringen von — in eine Ges. m. b. H. 152, 159.

**Nachlaßregulierungen,** Vollmacht für — 284.

**Nachlaßverwalter,** Kaufvertrag des — mit einem Miterben 200.

**Nachlaßvollmachten** 288.

**Nachprüfung** des Steuersatzes durch die Zollbehörden bei Erlaubnisscheinen für Gesindevermieter 390; bei Gewerkschaftssatzungen 395; bei Namensänderungen 403; bei Naturalisationsurkunden 404; bei Leichenpässen 415; bei Verleihungen von Bergwerkseigentum 419.

**Nachschüsse,** Erhöhung des Kapitals usw. 148, 154—156, 356, 392, 483; Begriff der — 156.

**Nachtrag** 47; — zu einer letztwilligen Verfügung 263.

**Nachträgliche** Angabe der Einzelwerte 44; — Einziehung von StAbgaben 29, 42, 54.

**Nachversteuerung** bei Erhöhung des Grund- oder Stammkapitals von

Gesellschaften 148, 154, 356, 392, 483.
**Nachweisungen** der Hauptämter über Ordnungsstrafen 360; StErstattungs- — 365; — der erstatteten usw. GesamtStBeträge 367; — über Zivilprozesse 368; — der zu versteuernden Automaten 380, 430.
**Namen** unter stpflichtigen Urkunden 15; — des Vertretenen 15; — der rechtsfähigen Vereine und Firma der Kaufleute usw. 16.
**Namensaktien,** im Auslande ausgestellte Umschreibungsanträge 21; Anträge auf Umschreibung vor dem 1. 10. 1881 ausgestellter — 91, 97; Indossamente auf — 93.
**Namensänderungen** 213, 403; Genehmigungen zu — 213, 214; — und -vermehrung 213; StErmäßigung bei Bedürftigkeit oder aus Billigkeitsgründen 214, 403; — bei adligen Namen 214, 261; — in Verbindung mit Standeserhöhungen 214; StFreiheit bei — 214; Begriff des Familiennamens 214; — für mehrere Personen 214; wann eine — vorliegt 214; Änderungen des Vornamens 214; Nachweis der Bedürftigkeit 403; Nachprüfung des ermäßigten St. durch die Zollbehörden 403; Verfahren bei der Ermäßigung aus Billigkeitsgründen 403.
**Namensunterschrift,** gültige 15.
**Namensvermehrung** 214, 417.
**Namenswechsel** 214, 417.
**Naturalisationsurkunden** 215, 404; StErmäßigung bei Bedürftigkeit 215, 404; Bestallungen für Ausländer 215; — heißen jetzt Einbürgerungsurkunden 215.
**Naturalstempel** statt GerichtskostenSt. 59.
**Nebenabreden,** mündliche — 22, 42; — in Pacht- usw. Verträgen s. Nebenverträge.
**Nebenapotheken,** Erlaubnis zur Anlegung von — 128, 137.
**Nebenausfertigung,** Versteuerung der — 42, 124, 329, 341, 342; — von Jagdscheinen 124, 399; — von Schuldverschreibungen 238; Versteuerung der — als Hauptausfertigung 328; StVerwendungsvermerke auf — 329; von Pacht- usw. Verträgen 411.
**Nebenleistungen** in Pachtverträgen 231, 232, 410.
**Nebenverträge** in Pacht- usw. Verträgen 226, 277, 410; — eines Hauptvertrages 276 ff.
**Negotiorum gestio** 170, 198.
**Neubauten,** Vergebung von — 19.
**Nichterfüllung** der StPflicht 54, 60, 62, 332 ff., 485.
**Nichtigkeit** des Geschäfts 23, 69; Erstattung des St. bei — 66, 69, 363 ff., 479.
**Niederschlagung** von Defekten 56; — von StSteuern 56, 367, 479, 504; — von Strafen 65, 355, 496; — begründeter Prüfungserinnerungen 451; — von GerichtskostenSt. 479, 488, 490, 492.
**Nießbrauchsbestellungen** an unbeweglichen und beweglichen Sachen oder Rechten 215; Gegenstand der Besteuerung 215, 216; — in Verträgen zwischen Aszendenten und Deszendenten 216; Berechnung des Reinertrages des Nießbrauchs 216.
**Nießbrauchsrecht,** StBerechnung bei Veräußerung eines mit einem — belasteten Gegenstandes 169, 194, 195.
**Notare,** rechtzeitige Versteuerung bedingter Rechtsgeschäfte 22, 23, 322; Mißverständnis des — bei Errichtung einer Urkunde 23; Verwechselung von Urkunden durch den — bei der Versteuerung 23; Mitwirkung bei der Wertfeststellung 40,

324; Unbestimmtheit des Wertes bei von — aufgenommenen Urkunden 42, 325; Verwendung des St. zur Urschrift 43, 337, 343; Versteuerung der von — erteilten Ausfertigungen usw. 42, 329, 337, 375; StVerwendungsvermerk auf den Ausfertigungen usw. 43, 329, 330, 375; Angabe der Einzelwerte 44, 330; Haftbarkeit für die St.-Steuer 51, 52, 331; Entwertung von StBogen und StMarken durch die — 53, 337, 343 ff.; Zeit der StVerwendung durch die — und Antrag auf zwangsweise Einziehung des St. 54, 354 ff.; Versteuerung von Rechtsgeschäften, die der Genehmigung oder des Beitritts eines Dritten bedürfen 57, 356; Ordnungsstrafen gegen — 63, 64, 357, 358, 495; Erstattungsanträge der — 66, 363 ff.; Erstattungsvermerk, Anzeige von Doppelerstattungen 66, 363 ff., 366, 426; — bei Erhebung von StAbgaben nicht Vertreter des Fiskus 76; — haben für Auskunftserteilungen Schreibgebühren zu zahlen 80; StPrüfung der Verhandlungen der — 81, 371; die zu prüfenden — dem Landgerichtspräsidenten namhaft zu machen 82; Entwurf von Urkunden und Unterschriftsbeglaubigungen durch — 329; Vermerk des verwendeten St. 329; StBerechnungsvermerke auf den Verhandlungen oder in den Akten 330; Angabe des Grundes der stfreien Erteilung einer Ausfertigung 378; Mitteilung der von den — aufgenommenen stpflichtigen Pacht- und Mietverträge an das StSteueramt 412; Angabe des Befreiungsgrundes bei stfreien Zeugnissen und Unterschriftsbeglaubigungen 421, 422.

**Notariatsurkunden,** der St. ist zur Urschrift zu verwenden 43; die erste Ausfertigung ist stfrei 43; der Genehmigung eines Dritten bedürfende — 59; — über reichsstpflichtige Kauf- und Anschaffungsgeschäfte 217; Steuersatz für — 216; — über nichtige Geschäfte 216; über Miet- und Pachtverträge, Vertragsangebote, Annahmeerklärungen 216; Befreiungen aus §§ 4 und 5 bei — 216; —, in denen Gesellschaftsverträge, Anschaffungsgeschäfte oder Schenkungen enthalten sind 217; Anrechnung des St. für — auf den St. zu der späteren Urkunde 216, 376; StErstattung zu — 216, 217; — über nach T. 32 Abs. 10 stfreie Geschäfte 217; MindestSt. bei — 217.

**Notarielle Zeugnisse** 216. Siehe amtliche Zeugnisse.

**Nottestamente** 264.

**Nutzungen** 37—39; einjähriger Wert von — 37, 39; Wert immerwährender — 37, 39; Wert bei — von unbestimmter oder bestimmter Dauer 37, 39; Wert von — auf Lebenszeit 37—39; vorbehaltene — 151 ff., 166; Wegegerechtigkeit 187, 188; Wohnungsrecht 189; — von Rechten 184, 232.

## O.

**Oberbergamt,** Bewertung des Gewerkschaftsvermögens 394; desgl. des Bergwerkseigentums 418.

**Oberlandesgerichte,** Ergänzungen der Ausführungsbestimmungen 377, 490; Führung eines Verzeichnisses der milden Stiftungen bei den — 474; Beschwerden gegen Entscheidungen der — 478, 479; Berichte der — bei Meinungsverschiedenheiten 494; StPrüfungen bei den — 495; Strafverfahren gegen Gerichtsbeamte und Notare 495.

**Oberstaatsanwälte** sind Vertreter des Justizfiskus in Prozessen 67, 477, 490; Verhandlungen mit der Oberzolldirektion 477; Mitteilung von Urteilsabschriften an die Oberzolldirektion 477; Bericht an den Justizminister 477.

**Oberzolldirektionen,** Verwaltungsordnung 502ff.; Verzeichnis der milden Stiftungen 32, 322; Entscheidung auf Beschwerden über Ordnungsstrafen im Wertermittelungsverfahren 40, 324; Einigung über den Wert unter Vorbehalt der Zustimmung der — 40, 324; Entscheidung über ein Verschulden der Beamten und Notare 51, 331; Verwendung von StZeichen durch die — 53, 336, 342; Genehmigung der Befugnis zur Selbstentwertung 53, 347ff.; desgl. zur Versteuerung im Wege der Abfindung 53, 353ff., 380; Fristbewilligungen u. Teilzahlungen 57, 355; Strafniederschlagungen, Prüfung der Ordnungsstrafen u. dgl. 63, 64, 358, 359, 360; Entscheidung in Erstattungssachen und Niederschlagungen 66, 67, 363ff., 399; Klagen gegen die —, Erstattung der Prozeßkosten u. dgl. 74, 367, 368; Verwaltung des StWesens 79, 368; Beschwerdeverfahren 79, 369, 372; Ergänzungen der Bestimmungen über die Jahresberichte der StSteuerämter 374; desgl. über die Wertermittelungen bei Auflassungen 377; StVermerke auf den Ausfertigungen 378; Herstellung von Versteuerungsausweisen; Beschaffung der Muster für Anmeldungen u. dgl. für Automaten 381ff., 384ff.; Mitwirkung der — bei Ermittelung des Konzessionswertes von Apotheken 386; Entscheidung der — über die Gemeinnützigkeit von konzessionspflichtigen Unternehmen und von Versicherungsanstalten 388, 390; Überwachung des Anwachsens von Fideikommißvermögen 392; Nachforderung von St. bei Feststellung des Gewerkschaftsstatuts 395; Zustimmung zur Ermäßigung des St. für Namensänderungen 403; Anweisung für Versteuerung von Pacht- usw. Verzeichnissen 409, 411, 413; desgl. für Jagdpachtverzeichnisse 414; Nachforderung von St. bei Verleihung des Bergwerkseigentums 419; Mitwirkung bei der Anstellung von St.-Verteilern, Geschäftsanweisung der — für die StVerteiler 440ff., 442ff.; Aufsicht über die StSteuerämter und das Prüfungsverfahren 448ff.; Prüfung der Klagen gegen den Justizfiskus 477; Entscheidung über Beschwerden wegen Nachforderung von AuflassungsSt. 490; Prüfung der Berichte der Rechnungsrevisoren 494; Erinnerungen der StSteuerämter bei der StPrüfung der Gerichte 495; Aussetzung der Strafvollstreckung usw. 496.

**Oberzollkasse,** Zahlungen erstatteter StBeträge durch die — 365; Zahlung der Entschädigung an die StVerteiler 441.

**Öffentliche Abgaben,** Urkunden über — 24—26.

**Öffentliche Anstalten** 28, 30.

**Öffentliche Bekanntmachung** der Bestimmungen über die Versteuerung von Automaten 385; desgl. von Pacht- usw. Verzeichnissen 411.

**Öffentliche Orte, Plätze,** Automaten an — 116, 119.

**Öffentliches Interesse,** Genehmigungen im — 113ff.; Ausfertigungen im — 113ff.; Zeugnisse im Privat- und — 304.

**Öffentliche Schulen** 28, 34; ausländische — 29, 319, 474.

**Österreich-Ungarn,** Jagdscheine für Angehörige von — 164, 398.

**Offerte** s. Vertragsangebot, Vertragsanträge.

**Offiziere,** Patente der — 216, 334, 385.

**Ordnungsstrafen,** — für verweigerte Auskunfterteilung 40, 324; mehrfache Erhebung von — 41; Festsetzung von — 62, 63, 324, 357ff., 495; — Mindestbetrag 62; — gegen Beamte 62, 63, 357ff., 495; Verjährung der — 65; Vereinnahmung der — 358, 496; zur Festsetzung von — zuständige Behörden 358, 359; — Nachweisung 360.

**Orte, öffentliche,** Begriff 119.

**Ortsfernsprechnetze,** Gewährleistungen bei der Herstellung von — 244.

**Ortspolizeibehörden,** Pflicht zur Anzeige von Zuwiderhandlungen 80, 81, 370, 412; StPrüfung bei den — 81, 371; Erlaubniserteilungen der — an Gesinde- und Stellenvermittler 134; Genehmigungen der — zum Betriebe von Gewerben, die dem Personen- oder Güterverkehr dienen 136; Genehmigungen der — zu Lustbarkeiten 210, 333, 345, 400ff.; Mitwirkung der — bei der Überwachung der Versteuerung von Automaten 385; für — bestimmte Ausfertigungen und beglaubigte Abschriften von Erlaubniserteilungen 386, 390.

**Ottomanische Regierung** 35.

## P.

**Pacht- und Mietverträge** 82, 217ff., 404ff.; stpflichtig sind schriftliche und mündliche — 217; ursprüngliche Gültigkeitsdauer der vor dem 1. 7. 1909 errichteten — 83, 84; vor dem 1. 4. 1896 errichtete — 83; — über inländische unbewegliche Sachen 20, 217, 224ff.; Abstufungen des Pacht- und Mietzinses 217, 218, 411; Nebenleistungen 217, 231, 410; — über Räume für gewerbliche oder berufliche Zwecke 218, 227, 228; — teils über Räume für gewerbliche oder berufliche Zwecke, teils über andere Räume 218, 228, 229, 407; Trennung des Preises in diesem Falle 218, 219, 229, 407; Frist zur Trennung 218, 219, 407; Beanstandung der Trennung 219, 407;

Jagdpachtverträge, schriftliche und mündliche, über inländische Grundstücke 219ff., 413, 414, 449, 450; — über Anpachtung von gemeinschaftlichen Jagdbezirken 219; Jagdabschußverträge 219, 229; — in Gemeinschaft mit anderen Vereinbarungen 220;

— über unbewegliche Sachen zur land- und forstwirtschaftlichen Nutzung 220, 229;

StSteuerbefreiungen für — bei einem Zinse von 360 ℳ oder 300 ℳ und für — der Gastwirte und Zimmervermieter 220, 227; 221, 229, 230;

Versteuerung der — durch das Pacht- und Mietverzeichnis 221ff., 404ff.; Muster dazu 452ff., 460ff.; Vordrucke können unentgeltlich bezogen werden 404, 413; Vorlegungsfrist 57, 221, 230, 404, 413; Versteuerung ohne amtliche Überwachung 221, 409, 410, 413, 414; Vorausbezahlung der Abgabe und Abrundung des St. 221, 411; Erklärung der Angaben in den Verzeichnissen zu Protokoll 222, 406; desgl. bei Geschäftsüberlastung der Zollbehörden 406; Aufbewahrung der Verzeichnisse 222, 408, 413; Verpflichtung der Verpächter und Vermieter zur Auskunfterteilung über das Bestehen von — 222, 230, 411; Versteuerung durch Vertreter der Verpächter und Vermieter 222, 230, 231, 406; jährliche Bekanntmachungen der Versteuerungsbestimmungen 222, 411, 414; Versteuerung der Pacht- und Mietverzeichnisse durch Behörden, Beamte, Jagdvorsteher, Gerichtsbehörden 222, 406, 408, 413, 414, 469, 470; Berechnung des St. bei vorzeitiger Beendigung der Vertragsfrist 223; Erstattung des St. bei desgl. 68, 359, 404; Erstattung des St. bei unrichtiger Berechnung 68; wenn der Pacht- oder Mietzins den Betrag

von 150 ℳ nicht übersteigt 223, 231, 405; Überwachungsmaßnahmen 411, 412, 414;
Abtretungen aus — 96, 223, 231.
Verlängerungen von — 223, 405;
durch Briefwechsel oder einen Austausch sonstiger schriftlicher Mitteilungen zustande gekommene — 223, 231, 405;
Abschluß mehrerer — zwischen denselben Personen innerhalb eines Jahres 223, 224;
schriftliche — über ausländische Grundstücke und Jagdberechtigungen 224;
schriftliche — anderer Art 224, 232; Berechnung des St. für desgl. 224, 232;
Rechte, die Gegenstand eines Pachtvertrages sein können 224, 225; Verpachtungen auf Probe 225; Überlassung von Kühlräumen 225; Vertrag über Vermietung von Räumen und Lieferung von elektrischer und Dampfkraft 225; — in notarieller oder Protokollform 225, 226; — mit steuerfreien Personen oder Anstalten 226; — über unbewegliche und bewegliche Gegenstände für einen einheitlichen Pachtzins 225; Abänderung des Datums eines — ist Urkundenfälschung 226; Gebrauchsüberlassung ohne Entgelt gegen Anerkennungsgebühr 225; Dienstwohnungen von Beamten und Privatbeamten 227; — über Anbringung von Geschäftsanzeigen in Bahnwagen 232; — über die Benutzung der Straßen durch ein Transport-Unternehmen 226; Überweisung von Grund und Boden zwecks Errichtung einer Restauration 226; Vergebung von Marktständen in städtischen Markthallen 226; Überlassung des Rechts auf Kohlengewinnung 226; Ausbeuteverträge 226; Unterschied zwischen Miete und Pacht (Überlassung von Gastwirtschaften, eines Theaters mit oder ohne Inventar) 227, 228; Begriff der gewerblichen und beruflichen Zwecke (Vermietung von Räumen an einen Ruderklub, an Beamte zu Dienstwohnungen, Überlassung von Kasernen seitens einer Stadtgemeinde u. dgl.) 228; Verpachtung von landwirtschaftlichen Grundstücken mit Wohngebäuden 229; Vermietung möblierter Zimmer 229; desgl. von Wohnungen in Badeorten und Sommerfrischen 230; Haftung des Zwangsverwalters für den St. 230, 231; Nebenleistungen (Lieferung von Gas und Elektrizität seitens des Vermieters an den Mieter, Domänenpachtverträge) 231, 232; Verpachtung des öffentlichen Anschlagswesens einer Stadt 232; Ausnutzung von Patenten, Überlassung von Kaligewinnungsrechten 232; — über die Verpachtung der Fährgeld- und Brückengelderhebung 232; Verpachtung des Kantinenbetriebes, des Verkaufs von Theaterzetteln u. dgl. 232; Überlassung des Inseratenteils einer Zeitung 232; Nebenverträge in — 230.

**Pachtverzeichnisse** s. Pacht- und Mietverträge.

**Papier,** gestempeltes 53.

**Paraguay,** Jagdscheine f. Angehörige von — 164, 399.

**Parzellierungsverträge** 99, 107.

**Pässe, Paßkarten** 233, 415; Musterpässe 309, 312; — für Handwerksburschen usw. 233, 415; Leichenpässe 233, 415; StErmäßigung im Bedürftigkeitsfalle 233, 415; keine Verlängerung der Reisepässe 233; Dienstpässe 233; — zur Überführung von Leichen nach den Universitätsanatomien 233; Zeugnisse, auf Grund deren Pässe ausgestellt werden 301; Vordrucke zu — 333, 334, 415; Ausfertigungsgebühr für

— 415; Nachprüfung der bewilligten StErmäßigung durch die Zollbehörden 415.

**Passiva** s. Schulden, Verbindlichkeiten.

**Patentamt** unterliegt nicht der St.-Prüfung 81.

**Patentanwälte**, Entwertung des VollmachtsSt. durch — 346.

**Patente**, Verträge im Auslande über inländ. — 20; desgl. über ausländ. — 59; Verträge über Ausnutzung von — 232; — über Titel- und Charakterverleihungen an Beamte 123; — für Oberzahlmeister, Offiziere des Beurlaubtenstandes, aktive Offiziere, Beamte 124, 216, 385; Ausnutzung von — 232; Überlassung eines — 184; — für Kammerherren und Kammerjunker 261, 417.

**Patentrechte**, Einbringen in Aktiengesellschaften usw. 151, 158; Veräußerungen von — 183.

**Pensionen**, Zeugnisse zum Bezuge von — 302, 421, 481.

**Personalkonzession** s. Konzessionen.

**Personenstandsregister**, Auszüge aus — 116.

**Personenverkehr**, Genehmigung des dem — dienenden Gewerbes 136.

**Persönliche** StSteuerbefreiungen 28 ff., 322, 402, 473, 474, 483; — Schuldverschreibungen 238 ff., 242 ff.

**Petroleum** für Dienstwohnungen der Staatsbahnbeamten, Lieferungsverträge über — 204.

**Pfändbarkeit** zu erstattender Beträge 74.

**Pfandbestellungen**, — in den Bedingungen einer Bank enthalten 46, 47.

**Pfandleihgeschäft**, Erlaubniserteilung zum Betriebe des — 133, 140, 390; polizeiliche Bescheinigungen über verfallene Pfänder der — 304.

**Pfandrecht**, Wert des — 37, 39.

**Pfandvermittlergeschäft**, Erlaubniserteilung zum Betriebe des — 133, 140, 390.

**Pfarrer**, Ernennung von — 123.

**Pferdebahngesellschaft**, Benutzung der Straßen durch eine — 226.

**Pferdebahnwagen**, Vertrag über Anbringung von Geschäftsanzeigen in — 232.

**Pflasterkosten**, Übernahme der — im Kaufvertrage 187.

**Pflicht** zur Entrichtung der StSteuer 14, 322 ff.

**Pflichtteil**, Verzicht der Eltern auf den — 276.

**Phonographen** s. Automaten.

**Physikalisch**-technische Reichsanstalt, Prüfungsscheine der — 304.

**Plakate**, Verträge über Anbringung von — 232.

**Plätze**, öffentliche Automaten auf — 116, 119.

**Polizeistunde**, Genehmigung der Verlängerung der — 233, 234, 401, 416.

**Polizeiverwaltung**, Zuständigkeit der — für Ausstellung von Zeugnissen 304, 305, 307, 309, 312.

**Porto**, — bei den Verhandlungen mit den Stpflichtigen und im StPrüfungsverfahren 79, 368; — bei Auskunfterteilung 79, 369; — bei Überweisung eines Überwachungsfalles 327; — bei Übersendung von St.-Bogen von mehr als 1000 Mk. 334; — bei Abstempelung von Vordrucken auf Antrag 335; in Prozessen 368; — bei Rücksendung der Pacht- und Mietverträge 408.

**Postgebührenfreiheit** 368.

**Postkarten** der landw. Zentral-Darlehnskasse als Schuldverschreibungen 245.

**Postsendungen** 72, 368; Postvollmachten 72, 282, 289, 295, 316.

**Post-Spar- und Darlehnsverein**,

Versteuerung der für — ausgestellten Schuldscheine und Bürgschaftserklärungen 337.

**Postverwaltung,** Verträge der — über Verkaufsstellen für Postwertzeichen 273; StPrüfungen bei den örtlichen Behörden der — 373.

**Postvollmachten** 72, 282, 289, 295, 316.

**Postwagen,** Lieferungsvertrag über — 202.

**Präklusivfrist** 75.

**Preistrennung** 44ff., 330.

**Preußen,** Gegenseitigkeitsverhältnis zu anderen Staaten 20, 28, 322, 474.

**Preußischer Staat** s. Fiskus.

**Preußische** Zentral-Genossenschaftskasse 30.

**Prinzen,** Königliche 30.

**Prioritätszessionen** 296.

**Privatanschlußbahnen,** Genehmigungen zum Betriebe von — 135, 141, 391.

**Privatanschlußgleise,** Verträge über Herstellung von — 299.

**Privateisenbahn,** Kaufvertrag über — 182.

**Privat-Entbindungs-, -Irren-, -Krankenanstalten,** Erlaubniserteilungen für — 128, 137, 138, 387, 388.

**Privatklageverfahren,** Haftbarkeit des Armenanwalts im — für den VollmachtsSt. 47; Vollmachten im — 289.

**Privatpersonen,** Verträge von — mit stfreien Personen usw. 29, 36; Lieferungsverträge von — mit dem Fiskus usw. 29, 36, 470, 473; Verpflichtung der — zur Auskunfterteilung 40, 324; amtliches Ermittelungsverfahren 40, 324; Aussetzung der Versteuerung wegen Unbestimmtheit des Wertes, Fristbewilligungen, Teilzahlungen 42, 324ff., 355, 356, 482, 483; Zeit der StVerwendung zu Verhandlungen der — 56, 355; Festsetzung von Geldstrafen gegen — 60; desgl. von Ordnungsstrafen 62; — bleiben straffrei beim Abschluß von Verträgen mit Behörden usw. 63; — haben auf Erfordern sich über Beobachtung der StGesetze auszuweisen 81, 374, 451; von — nicht vorschriftsmäßig entwertete StMarken 82, 363, 374, 375; Auszüge aus Akten usw. für — 116; Verleihung von Titeln an — 261; Entwertung von — aufgeklebter St.-Marken 341; Entwertung von St.-Marken durch — 345ff.

**Privatsachen,** Zeugnisse in — 301ff. Siehe Zeugnisse.

**Privatschriftliche,** Unbestimmtheit des Wertes bei — Urkunden 42, 328; — Tausch- und Kaufverträge über Grundstücke 58, 104, 166ff., 178; — Testamente 265, 266.

**Privilegien,** durch landesherrliche — bewilligte StFreiheit 25, 29; Apotheken — 136, 137.

**Probe,** Kauf auf — 176; Verpachtung auf — 225.

**Programme,** Pachtvertrag über Vertrieb von Theaterzetteln, Programmen und Textbüchern in Theatern 232.

**Prokura,** Erteilung einer — 287.

**Prokurist** einer Firma, Unterschrift des — 16.

**Proteste,** Wechselproteste 234; zuständige Beamte 234, 235; Wert des Gegenstandes bei — 235.

**Protokolle** über Auktionen 109, 110, 111; — über Pacht- usw. Verträge 225, 469; — in Privatangelegenheiten, die von Beamten oder Behörden aufgenommen werden 234; StFreiheit von — 234; von Notaren oder vom Ritterschaftlichen Syndikus aufgenommene 234, 235; gerichtliche Schuldverschreibung 235; Bekanntmachung des Strafbescheides zu — 357, 496. Siehe auch Verhandlungen.

**Proviantamt**, mietweise Überlassung eines — 228.
**Provinzialbehörden**, Einziehung der St. bei Titelverleihungen 418.
**Provision**, Verpflichtung zur Zahlung einer — 188, 245.
**Prozeß**, s. Rechtsweg.
**Prozeßbevollmächtigter**, Haftbarkeit für den VollmachtsSt. 51, 52, 290.
**Prozeßkosten**, Erstattung der — 368.
**Prozeß-Nachweisung** 368.
**Prozeßverfahren**, beglaubigte Abschriften der Rechtsanwälte im — 89.
**Prozeßvertreter** steht in keinem Dienstverhältnis zur Partei 289.
**Prozeßvollmachten**, — im Enteignungsverfahren 27; im Auslande ausgestellte — 21, 58, 291; St. zu — 279, 282, 285ff., 289ff.; Substitutionen zu — 280, 295; Wert der — 285; Unschätzbarkeit des Werts 289; Begriff 289; — im Konkurs- oder Zwangsversteigerungs-Verfahren 286, 289ff.; — mit Ermächtigung zur Empfangnahme von Geld usw. 290; — im Armenrecht 290; und Vollmacht zur Auflassung 283ff.
**Prüfung** der ordnungsmäßigen Versteuerung vorgelegter Urkunden durch Behörden und Beamte 80, 370, 493; — vorgelegter Urkunden behufs Versteuerung 335; — der StSteuerbücher 348; — der Nachweisungen der Hauptämter über Ordnungsstrafen 360; — der Pacht- und Mietverzeichnisse 413, 414; — der Auflassungslisten 488ff. Siehe auch StPrüfung.
**Prüfungserinnerungen** s. StPrüfung.
**Prüfungsstellen** s. Stellen.
**Prüfungszeugnisse** s. Zeugnisse.
**Punktationen** 235, 416; Verpflichtung zur Zahlung des St. 48; Begriff 235; Anrechnung des zu einer — verwendeten WertSt. 230, 416, 480.

## Q.

**Quittungen**, löschungsfähige 274.

## R.

**Rechnungen**, Auszüge aus amtlichen — 116.
**Rechnungsrevisoren**, Prüfungsverhandlungen der — 494.
**Rechte**, Abtretung von — 91ff.; sonstige —, welche ein Grundbuchblatt erhalten können 98, 100; Übertragung der — der Erwerber aus Veräußerungsgeschäften 170, 195ff., 367, 399; Einbringen von — in Aktiengesellschaften usw. 151, 158; Überlassung der — an dem Gesellschaftsvermögen 152ff., 160ff.; Abtretung von — aus dem Meistgebot 170, 198; dingliche — sind keine ausbedungene Leistung 187; Nießbrauchsbestellungen an — 215; Sicherstellung von — 253ff.
**Rechtliches Interesse** am Gegenstande der Urkunde 51, 57.
**Rechtsanwälte**, Haftbarkeit für den Vollmachtst. 51, 52, 285, 291; Beglaubigung durch — 89; Mietverträge der — 228; Belehrung der Privatpersonen über die Stpflichtigkeit von Urkunden durch die — 329; Entwertung des VollmachtSt. durch — 345.
**Rechtsgemeinschaft** in bezug auf Vollmachten 280, 293ff.
**Rechtsgeschäfte**, bedingte 22, 322; — einheitliche 47; — über mehrere Gegenstände 44ff.; Urkunden über —, die der Genehmigung bedürfen 57ff., 356.
**Rechtsgültige** Verordnungen 88, 316.
**Rechtskandidaten**, Sustentationserklärungen von — 243.
**Rechtsweg**, — gegen die Wertermittelung der Steuerbehörden 41, 324; — in Beziehung auf die Verpflichtung zur Entrichtung einer

StAbgabe 74, 367, 368, 477; — ist der Gegensatz zu Verwaltungsweg 74; — zulässig bei § 25 Abs. 1a, unzulässig bei § 25 Abs. 1c, 69, 70; — bei § 25 Abs. 3 73.

**Rechtswirksamkeit** von Urkunden durch Genehmigung Dritter 57, 58, 59.

**Rechtzeitige** Versteuerung, Unmöglichkeit der — 58.

**Register,** Auszüge aus amtlichen — 116, 378; Bescheinigungen usw. aus gerichtlichen — 469.

**Registergericht,** Bescheinigungen usw. aus Registern 469; Verfahren des — bei Satzungsänderungen gemeinnütziger Baugesellschaften 474.

**Registraturen** 236.

**Reichsbank** unterliegt nicht der St.-Prüfung 81; Sicherstellungen für die — 258.

**Reichsbeamte,** StStrafen gegen — 51; Bestallungen der unmittelbaren — 123; desgl. der mittelbaren — 123.

**Reichsbehörden,** Versteuerung durch — 55.

**Reichseisenbahn,** Betrieb der — als Gewerbe 203.

**Reichs-Post- und Telegraphenverwaltung,** Schuldverschreibungen für die — bei Herstellung neuer Ortsfernsprechnetze 244; Verträge der — über Telegraphenlinien und Verkaufsstellen für Postwertzeichen 273; Post-, Spar- und Darlehnsvereine 337; StPrüfungen bei den örtlichen Behörden der — 373.

**Reichsschuldbuch,** Verpfändung einer —-Forderung für ein Darlehn 239, 249.

**Reichsstempel** schließt den LandesSt. aus 91, 99, 106; — neben Landes-St. fällig 158.

**Reichsstempelpflichtige** Renten- und Schuldverschreibungen 93, 97, 240, 251, 417.

**Reisepässe, Reisepaßkarten** 233, 333, 415.

**Rekurs** s. Strafbescheide.

**Religionsgesellschaften,** deutsche — mit Rechtspersönlichkeit, StFreiheit der — 28, 31.

**Renaturalisationsurkunden** 215.

**Rennsachen,** Schiedssprüche in — 237.

**Renten,** Wertermittelung 37ff.; auf Rentengütern 193; Verträge über den Erwerb von — 208ff.

**Rentenbankrente,** keine ausbedungene Leistung 187.

**Rentengut,** Verträge über — 178; Zwangsversteigerung eines — 193.

**Rentenschuld,** Ablösungssumme der — 91, 97.

**Rentenverschreibungen,** reichsstpflichtige 93, 97, 240, 251, 417.

**Rentenversicherungen** 269.

**Rentenverträge** s. Leibrentenverträge.

**Repräsentanten,** Geldstrafen und Ordnungsstrafen gegen — von Gewerkschaften 60.

**Reservefonds,** Abtretung des — 96.

**Reserveübungen,** auf Befreiung von — gerichtete Urkunden 24.

**Resolutivbedingungen** 23.

**Ressortchefs,** Ermächtigung der — zur Abstandnahme von Einziehungen und zur Niederschlagung 56.

**Restaurant,** automatisches 117, 122; Automaten-Restaurationsgrundstück 182; Überweisung von Grund und Boden zwecks Errichtung eines — 226.

**Restkaufgeld,** Zahlung in Jahresraten 190; Schuldverschreibung über — 238, 248.

**Retinierte** Sachen, Vereinbarungen über das Recht des Vermieters an — 225, 275.

**Rettungsanstalten** 31.

**Reunions** als Lustbarkeit 212.

**Reverse,** bei Gewährung von Steuer- und Zollkrediten 26, 256; — über Rückzahlung eines Betrages 244.

**Revision** siehe StPrüfung.

**Revision** bei Klagen 76.

**Revisionserinnerungen** s. StPrüfung.

**Revisionsstellen** s. Stellen.

**Revisionsverhandlungen** s. StPrüfungsverhandlungen.

**Reziprozität** s. Gegenseitigkeitsverhältnis.

**Richter,** Pflicht der —, auf die Angabe von Einzelwerten aufmerksam zu machen 44. Siehe auch Gerichte, Grundbuchrichter.

**Ritterschafts-Syndikus,** Verhandlungen des — 235.

**Rotes Kreuz,** Berliner Verein vom —, Versteuerung der Verträge für den Mobilmachungsfall 58.

**Rückauflassung** auf Grund eines rechtskräftigen Urteils oder Vergleichs 102.

**Rückgängigmachung** eines Geschäfts auf Grund der Wandelung 67, 73, 366; — eines Kaufs 102, 174, 268, 270ff., 479.

**Rückgewähr** eines gütergemeinschaftlichen Grundstückes 103; — des von einem Gesellschafter eingebrachten Vermögens 153, 162.

**Rückgriffsrecht** der für den St. Verhafteten 50ff.

**Rückkaufhändler** 133, 140.

**Rückkaufrecht** 174.

**Rücksendung** der Pacht- usw. Verzeichnisse 408.

**Rücktritt** vom Kaufvertrage gegen Erlegung einer Konventionalstrafe 177.

**Rückversicherungen** 270.

**Rückvergütungen** und Herauszahlungen durch die Oberzolldirektion 504.

**Rückzahlungsbestimmungen** 255, 272.

**Rückzahlungsfrist,** Erweiterung und Verlängerung der — für kurzfristige Darlehen 238, 239, 249, 416; desgl. für kaufmänn. Verpflichtungsscheine 240, 416.

**Ruderklub,** Verpachtung an einen — 228.

**Rußland,** Jagdscheine für Angehörige von — 164, 398.

## S.

**Sachen,** Wert des Besitzes einer — 37; unbewegliche 151—153, 158, 166, 181ff.; bewegliche — 151 bis 153, 158, 181ff.; Überlassung von — zum Sondereigentum 153ff.; Mengen von — 172, 201ff., 297, 301; Unterschriftsbeglaubigung der Anträge auf Herausgabe hinterlegter — 302, 303.

**Sachliche** StSteuerbefreiungen 24, 402.

**Sachverständige,** Zuziehung von — im amtlichen Ermittelungsverfahren 40; Bescheinigungen von — 307, 315.

**Sächsischer** Fiskus 22, 35.

**Sägereianwesen,** Kaufvertrag über ein — 182.

**Saldo** aus laufender Rechnung, Anerkennung des — 246.

**Salz-Abbaugerechtigkeiten** gelten als unbeweglich 182.

**Salzwerke,** Betrieb staatlicher — als Gewerbe 203.

**Sammelakten,** Anlegung von — 488.

**Sanitätsrat,** Verleihung des Titels — 261.

**Satzung,** Änderung der — einer gemeinnützigen Baugesellschaft 28, 29, 322, 474; Sparkassen- — 113; — von Innungen, Handwerkskammern, Innungsausschüssen und

Innungsverbänden 113; — von Kriegervereinen 114, 163; erstmalige Feststellung der — von Gesellschaften usw. 150, 163, 469; desgl. von Gewerkschaften 154, 394.

**Schankkonzessionen** s. Erlaubniserteilungen; Führungszeugnisse. zur Erlangung von — 302, 316.

**Schankwirtschaft,** Automaten in einer — 116; Erlaubniserteilung zum Betriebe der — 129, 138, 387; — in einer Fabrik 138; Verzicht auf Konzession 179, 276; bedingter Kaufvertrag über ein Grundstück mit — 322.

**Schätzbarkeit** im st.rechtlichen Sinne 25; — des Wertes 42, 324.

**Schätzungen** s. Taxen.

**Schauautomaten** s. Automaten.

**Schauspielunternehmer,** Erlaubniserteilung zum Betriebe des Gewerbes als — 129, 387.

**Schaustellungen,** Erlaubniserteilung zur gewerbsmäßigen Veranstaltung von — 129, 387.

**Scheckproteste** 234, 235.

**Schenkungen,** vor und nach dem 1. 7. 1906, notariell und gerichtliche beurkundete — 236, 237; — in notariellen Urkunden 217.

**Schenkungsversprechen,** schenkungsweise Schuldversprechen oder Schuldanerkenntnisse 263.

**Scherzautomaten** s. Automaten.

**Schiedsgericht,** Vereinbarung eines — 186; großes, in Rennsachen 237.

**Schiedsmänner,** stfreie Verfügungen und Verhandlungen der — 25; — sind nicht für den St. haftbar 51, 355; Frist zur Versteuerung der stpflichtigen Verhandlungen der — 55; Vergleiche vor — 25, 55, 266; Entwertung von StZeichen durch — 336ff.; Prüfung der — 373.

**Schiedsrichter,** Entscheidungen von — 237; Gutachter sind keine — 237, 238.

**Schiedssprüche** 114, 237; — als Grundlage für eine Auflassung 104.

**Schiedsvertrag** 186, 276.

**Schiffsingenieure,** Befähigungszeugnisse für — 333, 422, 423.

**Schiffsjungen-Division,** kein Teil des stehenden Heeres 26; Zeugnisse zum Eintritt in die — 307.

**Schiffsregister,** Beglaubigungen für das — 317; Bescheinigungen oder beglaubigte Abschriften aus dem — 469.

**Schlachtfleisch,** Herstellen von — 205.

**Schlachthausinspektor,** Zeugnisse des — 304.

**Schlafstellenvermieter,** polizeiliche Bescheinigungen für — 309.

**Schlußbestimmung** 88.

**Schnellpresse** in einem Druckereigebäude 182.

**Schreiber,** Zeugnisse über die Beschäftigung als — 315.

**Schreibgebühren** bei Auskunftserteilungen sind zu erstatten 79, 80, 369; bei Überweisung von Überwachungsfällen 327, 482; — in Prozeßsachen 368.

**Schriftliche** Mitteilungen, die sich als förmliche Vertragsurkunden darstellen 16, 223, 231, 238, 249; — Benachrichtigung von der Abtretung eines Rechts 91, 96.

**Schriftstücke,** Vorlegung von — zur StPrüfung 81, 371.

**Schulangelegenheiten,** StFreiheit der Gemeinden in — 28, 29, 34, 322, 474; Zeugnisse in — 310, 311.

**Schuldanerkenntnisse,** Schuldurkunden s. Schuldverschreibungen; schenkungsweise — 263.

**Schulden,** Übernahme der — bei Einbringen von Vermögen in eine

Aktiengesellschaft usw. 151ff.; desgl. im Kaufvertrage 187, 188. Siehe auch Verbindlichkeiten.

**Schuldverschreibungen** 238ff., 416, 417, 491; — sind einseitige Erklärungen 18; reichsstpflichtige — 93, 97; — im Tauschvertrage 193, 245; gerichtlich aufgenommene — 235, 248.

— hypothekarische und persönliche aller Art 238; Begriff der — 242; „einseitige" oder in Form von Verträgen 242; — unter Vorbehalt der notariellen Beurkundung 242; beurkundete Bedingungen über ein künftiges Darlehn 242; auf künftige Sicherstellung gerichtete Verträge 242; § 1 Abs. 3 findet auf — keine Anwendung 243; im StAusland errichtete — 243; Verpflichtung zur Entrichtung einer bestimmten Geldsumme begründet die StPflicht 243; Verpflichtung zur Entrichtung einer bestimmten Geldsumme, wiederkehrender Geldleistungen, Sustentationserklärungen u. dgl. st.-pflichtige 243, 244, 245, 246; nicht stpflichtige 246, 247, 248;

— der Kämmereikasse über Sparkassendarlehen 248; Schuldanerkenntnisse der Studierenden enthalten mehrere — 248; gerichtliche — 248; nicht ausgehändigte Schuldurkunden 248;

Höchstbetrags- 238, 248; Höchstbetragshypotheken 248;

— über Restkauf-, Erbgelder oder sonstige Forderungen aus zweiseitigen Verträgen 238, 248;

— über kurzfristige Darlehen 238, 239, 249, 416, 417; Lombarddarlehen 239, 240, 250;

Sparkassenbücher, Einlagebescheinigungen öffentlicher, gemeinnütziger u. dgl. Sparkassen 240, 250; Bescheinigung einer Depositenbank in einem Quittungsbuch 250;

— für Kommunalverbände, Kommunen, Korporationen und Banken 240, 251, 417, 481;

Briefe und schriftliche Mitteilungen im Bankverkehr über Ultimogelder 240, 251;

kaufmännische Verpflichtungsscheine 18, 240, 252, 416; Verlängerung der Rückzahlungsfrist 240;

Anträge auf Eintragung einer Hypothek, Grundschuld oder wiederkehrenden Geldleistung oder deren Verpfändung 240, 241, 252, 417, 479, 491; desgl. auf Grund eines Urteils 252;

Sicherstellungen in — 254, 259, 260; Abtretungen in — 256, 259; Kreditverträge, Kreditversprechen 257, 275; Beglaubigung von — mit Hypothekenbestellung 317.

**Schuldversprechen,** schenkungsweise 263.

**Schulen,** öffentliche 28, 34; ausländische — 29, 322, 474; Zeugnisse der — 310, 311.

**Schutzgebiete,** Fiskus der — 30.

**Schutzrechte,** gewerbliche, Einbringen von — in Aktiengesellschaften usw. 151, 158.

**Schwarzburg-Sondershausen,** Fürst und Staat 35.

**Schweden,** Jagdscheine für Angehörige von — 164, 398.

**Schweiz,** Jagdscheine für Angehörige der — 398.

**Schwiegereltern u. Schwiegerkinder,** Kaufverträge zwischen — 201.

**Seemaschinistenschule,** Schulzeugnisse der — 311.

**Seeschiffer,** Konnossemente der — 91; Befähigungs- und Prüfungszeugnisse für — 333, 422, 423.

**Seesteuerleute, Seemaschinisten,** Befähigungs- und Prüfungszeugnisse für — 333, 422, 423.

**Seitenverwandte,** Standeserhöhung der — 260, 417.

**Selbstentwertung** s. Entwertungsbefugnis.

**Selbstherstellen,** Begriff 204, 205.

**Selbstschuldnerische Bürgschaft,** Unterschriftbegl. unter einer hypothekar. Schuldverschreibung nebst — 318.

**Selbstversteuerung** von Pacht- und Mietverzeichnissen 221, 347, 409; — von Auktionsprotokollen, Testamenten, Versicherungsverträgen, Vollmachten u. a. Urkunden 346.

**Seminaristen,** Verpflichtungsscheine der — 244.

**Serbien,** Jagdscheine für Angehörige von — 164, 398.

**Servierzeugnisse** der Apothekergehilfen 306, 314.

**Sicherstellung der Stempelsteuer,** bei Unbestimmtheit des Wertes 42, 322 ff., 356; bei Fristbewilligungen 355; bei Erlaubniserteilungen 388; bei Erhebung zu den Gerichtskosten 484, 487.

**Sicherstellung von Rechten** 253 ff.; des Steuer- und Zollkredits 26, 256; Wert der Sicherstellung einer Forderung 37; Höchstbetragshypotheken 253, 254; Dienstkautionen 254; — in Schuldverschreibungen 254; — der Vormünder 254; Form der Bürgschaftserklärung 254, 255; Sicherungsübereignungen und Sicherungsabtretungen 255; zukünftige Sicherstellung 255; Bestellung eines Faustpfandes an Gattungssachen 255; Bewilligung der Eintragung einer Vormerkung zur Eigentumssicherung 255; Eintragung einer Sicherungshypothek im Wege der Zwangsvollstreckung 255; Verpfändung eines Grundstücks für neue Verzinsungs- und Rückzahlungsbestimmungen 255; Verringerung sichergestellter Rechte 256; Wechsel als Generalkaution 256; Verpfändung des Pfandscheins über eine Dienstkaution 256; Ersatz für gekündigte Wertpapiere 256; Generalkaution in Arbeitsverträgen mit der Eisenbahnverwaltung 256; Sicherstellungen in den Geschäftsbedingungen der Banken 256; Einverständniserklärung des Bürgen in die Fristverlängerung zur Rückzahlung eines Darlehns 256; Bürgschaft für das Meistgebot 256; Gewährsübernahme des Zedenten für die Sicherheit 257; Bürgschaft mehrerer Personen für dieselbe Schuld, zwei Bürgschaften einer Person für zwei Gläubiger 257; Bürgschaften für eine Mehrzahl von Arbeitern 257; Bürgschaft für Kapital und Zinsen, Verzugszinsen und Kosten 257; — aus Kreditverträgen, aus einseitigen Kreditversprechen, für Vorschüsse gegen Wechsel 257, 258; — bei Lombardierung von Branntwein 258; Verpfändungserklärungen der Reichsbank 258; — aus einer Schuldurkunde, Bürgschaft der Eltern unter dem Schuldanerkenntnis d. Studierenden 258; Kautionsbestellungen in Kaufverträgen, Bürgschaft für Lombarddarlehen, Verpfändungserklärungen auf Wechseln 258, 259; — künftiger Forderungen, Bestellung einer Dienstkaution durch Dritte, Abtretungen in Schuldverschreibungen zwecks — 259.

**Sicherungsabtretungen** 255.

**Sicherungshypothek,** Bestellung einer — 255.

**Sicherungsübereignung,** Sicherungszession 176, 255, 272.

**Sicherungszession** 176.

**Singspiele,** Erlaubniserteilung und Genehmigung zur Veranstaltung von — 129, 210, 333, 387, 400 ff.

**Solidarhaft** mehrerer Personen für die StSteuer 48, 49, 473; — für Strafen 60; — für dieselbe Schuld 257.

**Sondereigentum,** Überlassung von

Gesellschaftsvermögen zum — 153, 393, 394, 486.

**Sonntagsarbeit,** Genehmigungen zur — 115.

**Sparkassen,** gemeinnützige, der Erwerbs- u. Wirtschaftsgenossenschaften, Bescheinigungen der — über Spareinlagen 240, 245, 250; Entwertung von StZeichen durch öffentliche — 337; desgl. ohne amtliche Überwachung 347ff.; Versteuerung im Wege der Abfindung 352ff.; Anzeigepflicht bei Zuwiderhandlungen 351; Nachversteuerung der Verlängerungen kurzfristiger Darlehen 417.

**Sparkassenbücher** öffentlicher usw. Sparkassen 240, 250; stpflichtige — 245.

**Speisenautomaten** 117, 122.

**Spiritus,** Erlaubniserteilung zum Kleinhandel mit — 129; Bescheinigungen, betr. Lombarddarlehen auf — 304, 309.

**Sprachen,** Urkunden in fremden — 336.

**Staatsangehörigkeit** ist für den Begriff „Inländer", „Ausländer" nicht maßgebend 20; Ausweise über die — 305.

**Staatsbehörden** s. Behörden.

**Staatseisenbahn,** Betrieb der — als Gewerbe 203.

**Staatshaushaltsgesetz** 356.

**Staatsoberhaupt ausländ. Staaten,** StFreiheit der — 29, 35, 322, 474.

**Staatsschuldbuch,** Verpfändung einer —-Forderung für ein Darlehn 239, 249.

**Stadtbahn,** Anbringung von Geschäftsanzeigen in Wagen der — 232.

**Stadtgemeinde,** StFreiheit der — 25, 31, 34; der ausländischen — 29, 322, 474; Ausscheiden einer — aus dem Landkreise 102.

**Stahlkammeranlage eines Bankgrundstücks** 182.

**Stammeinlage,** Verpflichtung zur Zahlung einer — 244.

**Stammkapital,** Erhöhung des — 148, 154, 356, 392, 483.

**Standesamt,** Bescheinigungen zwecks Benutzung beim — 310.

**Standeserhöhungen** 260ff., 417; Namensvermehrung oder Namenswechsel in Verbindung mit einer — 214, 417; Verleihung der Herzogs-, Fürsten-, Grafen- oder Freiherrnwürde, des Adels 260, 417; bei Aufnahme von Seitenverwandten 260, 417; gelegentlich einer Adoption oder Legitimation, von einem auswärtigen Fürsten verliehene —, Änderungen oder Ergänzungen der Bestimmungen über eine — 260; Wappenänderungen, Erhebung von Gütern zu einer Standesherrschaft, einem Herzogtum oder Fürstentum, Verleihung des Patents für einen Kammerjunker, Kammerherrn, Verleihung von Titeln an Privatpersonen 261, 417, 418; Einziehung des St. für — 417; Nichterstattung des St. aus Billigkeitsgründen 72.

**Standesherrschaft,** Erhebung von Gütern zur — 261, 417.

**Standesregister,** Auszüge aus — 116; Bescheinigungen oder beglaubigte Abschriften aus — 469.

**Statuten** s. Satzung.

**Stellen,** zu prüfende, Bezeichnung der — 81; Verzeichnis der Notare 82; Benachrichtigung der — von der StPrüfung 371; Pflichten der — bei der StPrüfung 371; Zeitraum, in welchem die — zu prüfen sind 373; Verzeichnis der — 448; Prüfung der — durch die Vorstände der StSteuerämter 449.

**Stellenvermittlergeschäft,** Erlaubniserteilungen zum Betriebe des — 133, 140, 390.

**Stempelabdrücke** 340ff.; — bei der Abfindungsversteuerung 353.

**Stempelabgabe** s. StSteuer.

**Stempelanfragen** 79, 369.

**Stempelansatz,** Beschwerden gegen den gerichtlichen — 478.

**Stempelaufdruck,** Herstellung der Unterschrift durch — 15; Entwertungsvermerk durch — 342ff.

**Stempelbefreiung** s. StSteuerbefreiung.

**Stempelberechnung** bei unrichtiger Beurkundung infolge Irrtums 23; — bei Berichtigung infolge Mißverständnisses des Notars 23; Vermerk der — 330.

**Stempelbogen,** Niederschrift auf — 53; Ersatz für verdorbene — 66; Anordnungen wegen Anfertigung, Verkauf und Verwendung von — 82, 337; unbefugter Handel mit — 83; Sorten 322; Entwertung 338.

**Stempelermäßigung** s. Ermäßigung.

**Stempelerstattung** s. Erstattung.

**Stempelfreiheit,** durch frühere Gesetze oder landesherrliche Privilegien bewilligte — 25, 29; — im Enteignungsverfahren 27. Siehe auch StSteuerbefreiungen.

**Stempelhinterziehung,** Strafe für — 60ff.; Vorsatz, Fahrlässigkeit 61; Beschlagnahme, Durchsuchung beim Verdacht der — 81, 374.

**Stempelinland** 20.

**Stempellagerbuch,** Ergänzung des eisernen Bestandes an Jagdscheinen 398.

**Stempelmarken,** Verwendung von — 53; vorschriftswidrige Verwendung oder Entwertung 63, 81, 363, 374, 375; Ersatz verdorbener — 66, 362, 397, 399, 403; Ersatz unverdorbener oder verlorener — 66; Anordnungen wegen Anfertigung, Verkauf und Verwendung von — 82, 83; unbefugter Handel mit — 83; Sorten 332; Verkauf von — 334; Entwertung der — 339ff.; Verwendung von — bei Versteuerung von Automaten 382, Ausländerjagdscheinen 397, Pachtverzeichnissen 407, 413.

**Stempelnachforderungen** auf Grund der StPrüfungen 372.

**Stempelpapier** s. Stempelbogen.

**Stempelpflicht,** Art der Erfüllung der — 53, 332ff.; desgl. betr. der GerichtskostenSt. 468ff.; desgl. durch Zahlung jährlicher Abfindungssummen 53, 351, 380, 419.

**Stempelpflichtigkeit** der Urkunden 15; Grundsätze über — 22; — bei Hinzufügung von Bedingungen, Vernichtung der Urkunde 22; Einfluß von außerhalb der Urkunde liegenden Tatsachen auf die — 22; bei Minderjährigkeit eines Kontrahenten 23; vor dem 1. 7. 1909 eingetretene — 83; Prüfung der — durch die Amtsstellen und StVerteiler 335.

**Stempelprüfung,** der unterliegende Stellen 81, 82, 373; — der Pacht- und Mietverzeichnisse 81, 373, 413, 414, 451; Postsendungen der St.-Steuerämter infolge der — 368; — durch die Vorstände der St.-Steuerämter 371ff., 449, 450; — bei den Gerichten 494, 495.

**Stempelprüfungsakten** der Prüfungsstellen 372; — der StSteuerämter 373.

**Stempelprüfungsverhandlungen** der StSteuerämter 370, 428, 449, 450; — der Rechnungsrevisoren 450, 451, 494.

**Stempelsteuer,** Pflicht zur Entrichtung der — 14, 322ff.; Gegenstand der — 14; Anrechnung der — 20, 22, 322, 474; Befreiung von der — 24ff., 28ff.; Berechnung der — nach dem höchstmöglichen Werte 37, 324, 363; Tabellen zur Berechnung der — 508ff.; Aussetzung der Einziehung streitiger — 41, 324; Überwachung, Sicherstellung und Einziehung der — bei Unbestimmtheit des Wertes 42, 324, 356, 482, 483; Mindestbetrag und Abstufung der — 48, 334, 385ff., 398, 404, 411, 415; Verpflichtung zur Zahlung der — 48; Haftbarkeit für die — 50, 331, 355; Barzahlung der — 53, 468ff.; zwangsweise Einziehung der — 54, 354; Zuwiderhandlung gegen Verpflichtung zur Entrichtung der — 60ff.; Abstandnahme von Entrichtung der — 170, 198, 367, 399, 479; Niederschlagung der — 367; Rechtsweg wegen der — 74, 367; Verjährung der — 77; Verwaltung der — 79, 368; Fristbewilligungen, Teilzahlungen fälliger — 355, 477.

**Stempelsteuerämter,** Verwaltungsordnung 502; Befugnis zur Festsetzung von Ordnungsstrafen 64, 324; Verwaltung der StSteuer durch die — 79, 368; Auskunfterteilung 79, 369; Aufsichtführung 81, 371ff.; — Beantragung von Beschlagnahme und Durchsuchung 81, 374; Nennung der zu revidierenden Notare 82; Verzeichnis der milden Stiftungen 322; Einigungen über den Wert 324; Aussetzung der Einziehung streitiger St. 324; Entwertung von StZeichen und StBogen 336ff.; Prüfung der StSteuerbücher 348; desgl. der Geschäftsbücher usw. bei der Abfindungsversteuerung 353; Strafanzeigen, Strafverfahren gegen Beamte und Notare 357, 358, 495; Strafniederschlagungen und Strafmilderungen 359; StErstattungen aus § 25 Abs. 1 LStG. und Tarifstelle 32, 364ff., 399; Geschäftsbezirke 371, 446; StPrüfungsverfahren 371ff.; Jahresberichte 373, 374; Nachprüfung der für Gesindevermieter gewährten Ermäßigung 390; Überwachung von Teilzahlungen auf das Gesellschaftskapital oder von Nachschüssen 393, 449, 450; Nachprüfung der für Lustbarkeiten gewährten Ermäßigungen 400, 401; desgl. bei Namensänderungen 403; desgl. bei Naturalisationen 404; Prüfung der Pacht- und Mietverzeichnisse 411, 413, 414, 449, 451; Nachprüfung der Ermäßigung für Leichenpässe 415; Geschäftsanweisung für die Vorstände der — 448ff.; Prüfung der Auflassungsliste 490; StPrüfung bei den Gerichten 494.

**Stempelsteuerangelegenheiten,** Verhandlungen in — sind kostenfrei 79, 368.

**Stempelsteuerbefreiungen,** sachliche 24ff., 402, 473, 483; durch frühere Gesetze und Privilegien bewilligte — 25, 29; Voraussetzung der — aus dem Urkundeninhalt nicht ersichtlich 25ff.; persönliche — 28ff., 322, 402, 473, 474, 483; Fortfall d. — d. Satzungsänderungen gemeinnütziger Baugesellschaften 28, 29, 322, 474; — für ausländische Anstalten usw. 29, 322, 474; — bei Lieferungsverträgen 29; — der beglaubigten Abschriften 89; — der Abtretungsurkunden 91, 92, 96, 97, 376, 416; — der Ausfertigungen 112, 378; — der Auszüge 116, 378; — der Automaten 117; — der Bestallungen für unbesoldete Beamte 122; — der Duplikate von Jagdscheinen 124, 399; — der Erlaubniserteilungen 128ff., 388, 390; — der Gesellschaftsverträge 152, 153; — der Satzungen von Kranken- usw. -kassen 154; — der Heiratsgenehmigungen für Beamte und Militärpersonen 164; — der Jagdscheine 164, 165; — der Kauf- und Tauschverträge 171; — der Konsense zur Übernahme einer Vormundschaft 124; — der Legalisation von Urkunden 208; — der Lustbarkeitsgenehmigungen 210, 402; — der Namensänderungen 213; — der Pacht- und Mietverträge 220; — der Protokolle 234; — der Schuldverschreibungen 239ff., 417, 481; — der Urkunden über Sicherstellung von Rechten 254; — der Verfügungen von Todes wegen 263; — der Vergleiche 266; — der Versicherungsurkunden 270; — der Lehr-, Arbeits- und Dienstverträge 271; — der Substitutionsvollmachten 280; — der Zeugnisse 301 ff., 421, 422, 470, 481, 494; — bei gerichtlichen Urkunden 473.

**Stempelsteuerbuch**, Führung des — im Falle der Selbstentwertungsbefugnis 348 ff.; Muster zum — 424.

**Stempelsteuernachforderungen** auf Grund der StPrüfungen 372, 450.

**Stempelsteuerprivilegien** 25, 29; — der öffentlichen Feuerversicherungsanstalten 270.

**Stempelstrafen** s. Geldstrafen und Ordnungsstrafen.

**Stempeltarif** 89 ff.

**Stempelung** von Vordrucken durch das HauptStMagazin 333 ff., 389, 398.

**Stempelverkaufsstellen** 334, 440.

**Stempelverteiler**, Portokosten der — für Dienstsendungen 79; Verkauf von StZeichen durch — 334; Verpflichtung und Befugnis der — zur Entwertung von StZeichen 336; Entwertung von StBogen 338; Entwertung von StMarken durch — 340; Beschwerden über — 369; — sind zur Vornahme der Einzelversteuerung von Jahreskarten für Automaten nicht befugt 382; Versteuerung der Pacht- und Mietverzeichnisse durch — 405, 413; Bestimmungen wegen Anstellung von — 440 ff.; Anweisung für die Geschäftsführung der — 442 ff.

**Stempelverteilungsstellen**, Neueinrichtung von — 440.

**Stempelverwendung**, vom Notar unterlassene — 323; Zeit der — 54, 56, 354, 355; Vermerk über die — auf Nebenausfertigungen, Abschriften, bei notariellen Unterschriftsbeglaubigungen 329, 375, 378; Bescheinigung der — in den Akten 330; — durch Notare bei Testamenten 339; — bei Versteuerung der Automaten 378 ff.; — bei Bestallungen 385; — bei Ausländerjagdscheinen 397; — bei Pacht- und Mietverzeichnissen 406, 409; — bei Jagdpachtverträgen 413, 414; Vermerk der — auf gerichtlichen Urkunden 480.

**Stempelvordrucke** s. Vordrucke.

**Stempelzeichen**, Ersatz vor dem Verbrauche verdorbener, verlorener, vernichteter oder unverdorbener — 66, 362, 363, 397, 399, 403; Erstattung bereits verwendeter — 66 ff., 363 ff., 403, 479; Anfertigung, Verkauf und Verwendung von — 82, 83, 334, 374; von Privatpersonen nicht vorschriftsmäßig verwendete StMarken 82, 374, 375; unbefugter Handel mit — 83; Arten der — 332 ff.; Entwertung der — 336 ff.; Verwendung von — ohne amtliche Überwachung 345 ff.; Bezug von — durch die StVerteiler 441.

**Stempelwesen**, Verwaltung des — 79, 368.

**Sterbekassen**, Genehmigungen 140.

**Steuerausschuß**, Ermittelung der Steuerklasse durch Anfrage bei dem — 388.

**Steuerausweise** für Automaten 381; Muster für — 432.

**Steuerfreiheit** s. StSteuerbefreiungen.

**Steuerhinterziehung** s. StHinterziehung.

**Steuerklasse**, Versteuerung von Erlaubniserteilungen nach der — 128 ff.; Ermittelung der — zwecks Versteuerung der Erlaubnisscheine 388.

**Steuerkredit**, dessen Sicherstellung durch Bürgen 26, 256.

**Steuerpflichtige,** Verpflichtung der — zur Auskunfterteilung 40, 324; — desgl. zur Tragung des Portos 79. Siehe auch Privatpersonen.

**Stiefeltern und Stiefkinder,** Kaufverträge zwischen — 201.

**Stiftungen,** StFreiheit der als milde anerkannten — 28, 32ff.; desgl. der ausländischen 29, 322, 474; Anerkennung als milde — 32; Familien-— 32, 142, 144, 391; Fideikommiß-— 142ff., 356, 391; gemischte — 145; Feststellung der Satzung 154; Zeugnisse zum Genusse von — 302, 421, 481; Verzeichnis der milden — 322, 474.

**Stipendienstiftungen** 32.

**Strafanzeigen** gegen Beamte und Notare 357.

**Strafbescheide** gegen Beamte und Notare 63, 357ff., 495, 496, Anwendung der Vorschriften des Verwaltungsstrafgesetzes auf — 64ff.; Vollstreckbarkeit der — 65; Erlaß des — unterbricht die Verjährung 65; — der Finanzbehörden 262; Versteuerung von Beschwerdebescheiden 262; Vollstreckung der — 361; Muster 426, 500.

**Strafen** s. Geld- und Ordnungsstrafen.

**Straffestsetzung** s. Festsetzung.

**Straffreiheit** 58, 61, 64.

**Strafniederschlagungs-** und Strafmilderungsbefugnis 359ff., 505.

**Strafsachen,** Einreichung gerichtlicher Urteile an den Finanzminister 361.

**Strafverfahren** 64, 357, 358, 495; Vollmacht im — 289; Fristbewilligungen und Teilzahlungen im — 355; Erhebung der StAbgabe erfolgt unabhängig vom — 358; Strafniederschlagungen und Strafmilderungen 359; kein — bei verzögerter Auskunfterteilung auf Anfrage 370; kein — gegen den überlebenden Ehegatten bei gemeinschaftlichen Testamenten 418.

**Strafverfolgung,** Verjährung der — 65; Abstandnahme von der — 357ff., 496.

**Strafvollstreckung** 65, 361, 496; Verjährung der — 65; Aussetzung der — 362, 496.

**Straßen,** Verträge über Benutzung von — durch Bahnen 226.

**Straßenbahn,** Kaufvertrag über — 181; Verträge über Anbringung von Geschäftsanzeigen in Wagen der — 232; Verträge über die Benutzung der Straßen durch die — 226.

**Straßenmusikanten,** Genehmigungen für — stfrei 402, 403.

**Straßenregulierungskosten,** Übernahme der — im Kaufvertrage 188.

**Studierende,** Schuldanerkenntnisse — 248; Bürgschaft der Eltern unter solchen Anerkenntnissen 258; Beglaubigung der Unterschrift der — unter Anerkenntnissen über gestundete Honorare 316; Abgangszeugnisse der — 310.

**Stundung** eines streitigen St. 41, 324; — bei Unbestimmtheit des Werts 42, 324ff., 356, 482; — der StSteuer unterbricht die Verjährung 77; — bei Fideikommißstiftungen 143, 356, 391, 482; — bei Gesellschaftsverträgen 149, 356, 392, 449, 483; — bei Schenkungen 236, 356, 493; — der StSteuer 355, 477; Genehmigung durch den Finanzminister 355, 356; — von GerichtskostenSt. 477.

**Stundungsverzeichnis** s. Überwachungsliste.

**Subsidiäre Haftung** der Beamten und Notare 52.

**Substitutionsvollmachten** 280, 295, 346, 421, 470.

**Subventionsvertrag** 244.

**Suspensivbedingungen** 23.

**Sustentationserklärungen** 26, 243; Sustentationszeugnisse 304.

**Süßstoffbezugsscheine** 114.

**Synagogengemeinden** 31.

**Syndikat,** Lieferungen seitens eines — 206.

**Syndikats-Beteiligungsanteil** 183.

**Syndikus,** ritterschaftlicher, Verhandlungen des — 235.

## T.

**Tabelle** für Kapitalwertberechnung 320; — zur StAbgabeberechnung 508 ff.

**Tagebuchauszüge** der Grundbuchführer s. Auflassungsliste.

**Tägliches** Geld, Schuldverschreibung über — 249.

**Tanks einer Brauerei,** Kaufvertrag über — 182.

**Tanzlustbarkeiten** 210; öffentliche —, Begriff 212, 402; Ausstellung einer Genehmigung für mehrere — 401; Vordrucke zur Veranstaltung von — 333, 400; Verkauf an Privatpersonen 334; Ermäßigungen des St. bei — 400; Genehmigung einer — in Verbindung mit Verlängerung der Polizeistunde 401; persönliche und sachliche StBefreiungen 402; St.-erstattungen 403.

**Tarif** 89 ff.

**Tarifverträge** 273.

**Taufscheine,** von Geistlichen ausgestellte — 302.

**Tausch,** Begriff des — 190; — von Forderungsrechten 190; doppelter Kauf, nicht — 191—193.

**Tauschverträge** 166 ff., 190 ff., s. auch Kaufverträge; — zwischen Teilnehmern an einer Erbschaft 171; — über Feldesteile angrenzender Bergwerke 176; Berechnung des St. bei — 168, 190 ff.; Schuldverschreibungen in — 193; — zwischen Aszendenten und Deszendenten 201; auf Grund von Punktationen aufgenommene — 236.

**Taxen** — von Grundstücken 262, 470.

**Technische** Kommission in Rennsachen, Spruch der — 237.

**Teilbeträge,** Einklagung von — 77.

**Teilbürgschaften** 256.

**Teilhypothekenbriefe** 89.

**Teilnehmer** an Verträgen sind zur Zahlung der StSteuer verpflichtet 48, 49; Straffestsetzungen gegen — 60; — an einer Erbschaft 152, 159, 171, 199, 200; Ehegatte als — an einer Erbschaft 152, 171.

**Teilschuldverschreibungen,** reichsstpflichtige, Antrag auf Eintragung einer Hypothek für die Ansprüche aus Anleihe-— 241, 417, 491.

**Teilungsverträge** zwischen Miteigentümern von Grundstücken 174, 190, 191.

**Teilzahlungen** bei Errichtungen von Gesellschaftsverträgen 149, 155 ff., 356, 483; — zur Abtragung einer StSchuld 355, 477.

**Telegramme,** durch — geschlossene Pacht- und Mietverträge 223, 231.

**Telegraphenverwaltung,** Verträge der — über Telegraphenlinien 273; StPrüfungen bei den örtlichen Behörden der — 373.

**Testamente** s. Verfügungen von Todes wegen; Not-—, — von Militärpersonen 264.

**Testamentsvollstrecker,** Abtretung des Kaufpreises an die Erben durch den — 96; Kaufvertrag des — mit einem Erben 200; Vollmacht im Testament für den — 282.

**Textbüchervertrieb,** Pachtvertrag über — 232.

**Theater,** Überlassung eines — mit oder ohne Inventar 227, 228.

**Theatervorstellungen,** Erlaubniserteilung zur gewerbsmäßigen Veranstaltung von 129, 387, 392; ortspolizeiliche Genehmigungen zur Veranstaltung von — 210, 333, 400ff.

**Theaterzettelvertrieb,** Pachtvertrag über — 232.

**Tierärzte,** Approbationen für — 128, 333, 386, 387; Bescheinigungen von — 310.

**Titel,** Verleihung von — an Privatpersonen 261, 418.

**Totenscheine,** von Geistlichen ausgestellte — 302.

**Träger,** Lieferungsverträge über — 203, 205.

**Transportversicherungen** 270.

**Trauscheine,** von Geistlichen ausgestellte — 302.

**Trennung** der Preise der verschiedenen Steuersätzen unterliegenden Geschäfte 44, 330, 331; — des Mietzinses für Räume zu gewerblichen oder beruflichen und anderen Zwecken 218, 407; — des Entgelts bei Verträgen mit Vereinbarungen über Jagdverpachtung usw. 220; — des Gesamtpreises in Werkverdingungsverträgen 297ff.; — des Meistgebots nach dem Werte des Grundstücks und der mitversteigerten beweglichen Sachen 492.

**Trichinenbeschauer,** Befähigungsausweise für — 307.

**Trinkbecherautomaten** 122.

**Tuch,** Lieferungsvertrag über — seitens einer Tuchmacherinnung 206.

**Türkei,** Jagdscheine für Angehörige der — 164, 398.

**Turbinen,** Genehmigung 139.

**Turnunterricht,** Bescheinigungen über die Teilnahme am — 311.

## U.

**Überarbeit,** Genehmigungen zur — 115.

**Überführung** von Leichen 210, 233, 333, 415.

**Übergangsbestimmungen** 83, 84.

**Überlassung** von Gesellschaftsvermögen 101, 152, 153, 160ff., 393, 394, 486.

**Übernahme** von Schulden bei Einbringen von Vermögen in eine Aktiengesellschaft 151ff.; — des Meistgebots 170, 198, 199; — von Schulden in Kaufverträgen 187, 188.

**Übersetzung** von Urkunden fremder Sprache 336.

**Übersicht** der StPrüfungsstellen im Jahresbericht 373.

**Übertragsverträge** zwischen Aszendenten und Deszendenten 106, 107, 171, 200, 201, 486, 487.

**Übertragung** von Kuxen 57, 207; — von Wertpapieren 91; — von Konnossementen, Ladescheinen, Auslieferungsscheinen 91; — von Erbbaurechten 98, 468; — der Rechte aus Gesellschaftsverträgen 152, 153; — der Rechte der Erwerber aus Veräußerungsgeschäften über unbewegliche oder bewegliche Sachen 170, 195ff., 367, 399; — der Rechte aus Pacht- und Mietverträgen 223.

**Überwachung** bei Unbestimmtheit des Wertes 42, 324ff., 482; — der Versteuerung von Urkunden über Rechtsgeschäfte, die der Genehmigung bedürfen 57; Entwertung von St.-Marken ohne amtliche — 345ff., 409, 410; — der Versteuerung der Automaten 383ff.; — der endgültigen Versteuerung der Erlaubniserteilungen 388, 389, 391; — der Erhebung des St. bei Fideikommißstiftungen 391, 392, 482, 483; — der Versteuerung von Teilzahlungen auf das Gesellschaftskapital und von Nachschüssen 392, 393, 449, 450, 483; — der Versteuerung der Pacht-

usw. Verzeichnisse 411, 414; — der Gesetzesanwendung durch die Oberzolldirektion 503.

**Überwachungsliste** 392, 393.

**Ultimogelder,** Schuldverschreibungen über — 240, 252.

**Umrechnung** fremder Währungen 37, 323.

**Umsatzsteuer,** Übernahme der — in Kaufverträgen 189; Erhebung von — 377.

**Umschreibungen,** Anträge auf — von Namensaktien 21, 91, 97; — von Kuxen im Gewerkenbuche 57, 62, 96; unrichtige Wertangabe bei — 60, 485; — von Gesellschaftseigentum 98, 103, 468, 473, 483ff.; — in öffentlichen Büchern bei noch nicht angelegtem Grundbuch 100.

**Umtausch** unversehrter StZeichen gegen andere 66; — von am Jahresschlusse unverwendbar gewordenen StVordrucken 397.

**Umwandlung** einer Geldstrafe in Freiheitsstrafe unzulässig 65; — einer Grundschuld in eine Hypothek 95, 96, 245; — eines fremdsprachigen in einen deutschen Namen 214.

**Unbefugter** Handel mit StZeichen 83.

**Unbestimmte Leistungen,** Erstattung bei — 37, 68, 323, 363.

**Unbestimmte Zeit,** Verträge auf — 271.

**Unbestimmtheit** des Werts 42, 46, 324ff., 356, 482, 483; — des Geldbetrags in einer Schuldurkunde 238, 248.

**Unbewegliche** Sachen oder Rechte, die ein Grundbuchblatt erhalten können 98, 100, 101; — in Aktiengesellschaften usw. 151ff., 158; Kauf- usw. Verträge über — 166; Begriffsbestimmung 181ff.; Nießbrauchsbestellungen an — 215, 469; Pacht- usw. Verträge über — 217ff.

**Uneigentliche** Bedingungen 23; — Lombardgeschäfte 250.

**Uneinziehbare** StSteuern, Niederschlagung — 56, 355.

**Unfallkassen** 154.

**Unfallversicherungen** 269.

**Ungarn,** Jagdscheine für Angehörige von — 164, 398.

**Ungetrenntes** Entgelt für mehrere Geschäfte 44ff., 330ff.

**Ungültigkeit** eines Geschäfts 23; Wiedereinziehung des wegen — erstatteten St. 67, 366.

**Universitäten** 28; ausländische — 29, 322, 474; Lieferungsverträge mit — 36.

**Universitätsrichter,** Beglaubigungszeugnisse der — 316.

**Unmittelbare** Beamte 43, 62, 123; — Behörden s. Behörden.

**Unmittelbarer** Verbrauch von Mengen von Sachen oder Waren in einem Gewerbe 172, 201ff.

**Unmöglichkeit** rechtzeitiger Versteuerung 58.

**Unrichtige** Beurkundung eines Geschäfts 23; — Wertangabe 40, 44, 46, 60, 77, 218, 324, 330, 331, 407, 413, 485.

**Unschädlichkeitszeugnisse** 308.

**Unschätzbar** 25, 42, 91, 279, 289.

**Unterbeamte,** Bestallungen für — 123.

**Unterbliebene Ausführung** des Geschäfts 22, 67, 70ff., 322, 366, 403, 479.

**Unterbrechung** der Verjährung 65, 77.

**Unternehmungen,** Erlaubnisscheine für gemeinnützige — 130, 388; Selbstentwertungsbefugnis für gewerbliche — 345ff.

**Unteroffizierschulen** 24, 26.

**Unteroffiziervorschulen,** kein Teil des stehenden Heeres 26; Zeugnisse zum Eintritt in die — 307.

**Unterschrift** der Aussteller unter stpflichtigen Urkunden 14, 15; — mittels Handzeichen 16; — deckt nur das darüber Stehende 16; Beglaubigung der — 20, 302, 303, 316ff.; 329, 422.

**Unterstützungsgelder,** Zeugnisse zum Bezuge von — 302, 421, 481.

**Unterstützungskassen** 154.

**Unterzeichner** einer Urkunde 60.

**Urheberrechte** aller Art, Einbringen von — in eine Aktiengesellschaft usw. 151, 158.

**Urkunden,** die den StAbgaben unterliegen 15; Unterschrift unter — 14, 15; Aufdruck der Firma auf — 16; im Auslande errichtete — 20ff.; Anrechnung des für — in anderen Bundesstaaten entrichteten St. 22, 322, 474; Inhalt der — maßgebend für die StPflichtigkeit 22ff.; Vernichtung der — 22, 341; Erwähnung eines Geschäfts zur Verdeutlichung oder Begründung 22; Absicht der Beurkundung eines in der — erwähnten Geschäfts 22; zur Übung oder zum Scherze entworfene — 22; Inhalt der — maßgebend für die Anwendung der Befreiungsvorschriften 23, 25, 245ff., 312; desgl. der ermäßigten StSätze 386, 390; gerichtliche Beweiserhebung über Sinn und Gehalt der in — abgegebenen Erklärungen 22; außerhalb der — liegende Tatsachen 22; vom Wortlaute einer — abweichender Sinn 23; — über von Anfang an nichtige Geschäfte 23; irrtümliche Beurkundung 23; desgl. Versteuerung 23; Nichtangabe der Minderjährigkeit, des Vollmachtsverhältnisses, des ehelichen Güterrechts in einer — 23; Nichtversteuerung einer — durch den Notar 23; — in der auf eine andere — Bezug genommen ist 15; mehrere —, die inhaltlich miteinander in untrennbarem Zusammenhange stehen 15; — deren Wert 150 *M* nicht übersteigt 24, 112; — über öffentliche Abgaben und Leistungen 24 bis 26; — zur Heeresergänzung und Befreiung vom Heeresdienst sowie Übungen 24, 26; — der Auseinandersetzungsbehörden 24, 26; — wegen Besitzveränderungen 24, 26, 27; StFreiheit von — infolge früherer Gesetze oder landesherrlicher Privilegien 25; Ermittelung des Wertes des Gegenstandes einer — 36ff., 40, 324, 474; Aussetzung der Versteuerung von — wegen Unbestimmtheit des Wertes 42, 324ff., 356, 482, 483; Versteuerung mehrerer über denselben Gegenstand ausgestellter — 42, 328ff., 480; Versteuerung mehrerer Gegenstände in einer — 44, 330; Aushändigung der — vor vollständiger Versteuerung 51; Erfüllung der StPflicht 53, 332ff.; Zeit der StVerwendung 54, 56, 57, 354ff.; — über Rechtsgeschäfte, die der Genehmigung bedürfen 57, 356; ausländische, im Wege der Rechtshilfe in das Inland gelangende — 58; Gebrauch einer —, Begriff 58; vor 1. 7. 09 ausgestellte stpflichtige — 83; Legalisation von — 208; — in fremder Sprache 336; Versteuerung von — dritter Personen 351, 416; gerichtliche, außergerichtliche 468ff.; — zur Herbeiführung der Genehmigung der Feuerbestattung 313.

**Urkundsbeamte** (Urkundspersonen), Versteuerung der von ihnen aufgenommenen Urkunden 43; Ausfertigung der Urkunden der — 112, 113.

**Urschrift,** bei Notariatsverh. und gerichtlichen Urkunden ist der St. zur — zu verwenden 43, 343, 468; StBerechnungsvermerke auf der — 330; — bei Ausfertigungen 377.

**Ursprungszeugnisse** 309, 312.

**Urteile,** rechtskräftige — als Grundlage für die Auflassung 102, 103; in StStrafsachen in der Revisionsinstanz sind dem Finanzminister einzureichen 361; desgl. rechtskräftige — in StSteuersachen 368; Übersendung der — seitens der Oberstaatsanwälte an die Oberzolldirektionen 477.

## V.

**Väterliche Gewalt,** Entlassung aus der — 126.

**Vaterschaft,** Anerkennung der — 244.

**Veränderungsgenehmigungen** für gewerbl. Betriebe 132, 135, 139, 141.

**Veranlasser** im Sinne des § 12 des Ges. 49.

**Verauslagung** der StGebühren durch Behörden und Beamte 66, 364.

**Veräußerung,** freiwillige, bei Auflassungen 98, 102, 103; — für Rechnung der Bevollmächtigten 99, 107, 485; einseitig beurkundete — beweglicher Sachen 169, 195.

**Veräußerungsgeschäfte,** freiwillige — aus Gründen des öffentl. Wohls 24; — die der Auflassung zugrunde liegen 98, 102, 103; das — enthaltende Urkunden 103, 106, 108, 484 ff.; Einbringen von Rechten aus — 151, 158; Verträge über lästige — 177; einseitig unterschriebene — über bewegliche Sachen 169, 195; Übertragung der Rechte der Erwerber aus — 170, 195; — für einen Dritten 170, 195; — auf Grund eines Vollmachtsauftrages oder einer Geschäftsführung ohne Auftrag 170, 197, 198, 399, 479; lästige — 177.

**Verbände** von Gemeinden, StFreiheit der — 28, 34; ausländische — 29, 322, 474.

**Verbindlichkeiten,** Übernahme von — in Kaufverträgen 187, 188.

**Verbrauch,** unmittelbarer, von Mengen von Sachen oder Waren in einem Gewerbe 172, 203 ff.

**Verdeutlichung,** Erwähnung zwecks — 22.

**Verdorbene Stempelzeichen,** Ersatz vor dem Verbrauche — 61, 358, 397, 399, 403.

**Vereidigung** der StVerteiler erfolgt nicht 441.

**Vereine,** Namen der rechtsfähigen — 16; — für Kleinkinderbewahranstalten 28, 31; desgl. ausländische 29, 322, 474; Feststellung der Satzung 154; Erlaubniserteilungen an — 135; Beglaubigungen in Vereinsregistersachen 313.

**Vereinsregister,** Beglaubigungen für das — 313; Bescheinigungen oder beglaubigte Abschriften aus dem — 469.

**Verfahren** in StStrafsachen s. Strafverfahren; — bei Erstattungen 67.

**Verfügungen von Todes wegen** 262 ff., 418, 470, 471; — sind auch Erbverträge, Schenkungsversprechen, Schuldversprechen und Schuldanerkenntnisse 262, 263; StBerechnung bei gemeinschaftlichen — 263; Wertberechnung bei Eintritt der Stpflicht, Frist zur Beanstandung der Wertangabe, Verjährung der StSteuer 77, 263, 418, 470; Anordnungen nicht vermögensrechtlicher Art, Nachträge, Ergänzungen und Erläuterungen zu — 263; StBefreiungen 263, 264; Formen der Testamentserrichtung 264; Beispiele für rechtsgültige und rechtsungültige Testamente 265; vor dem Notar durch Übergabe einer Schrift errichtete — 265; Erhebung des St. als Gerichtsgebühr 265, 266; —, durch welche die Feuerbestattung angeordnet wird 266; StVerwendung zu — durch Notare 339; desgl. ohne amtliche Überwachung 345; kein Strafverfahren gegen den überlebenden Ehegatten bei gemeinschaftlichen — 418.

**Vergleiche** 266, 267, 268; von Schiedsmännern und Gewerbegerichten aufgenommene — 25, 55, 266; — als Grundlage für Auflassungen 102, 103; — zwischen geschiedenen Eheleuten 267, 268; — über Zahlung von Alimenten, — über Rückgängigmachung eines Kaufvertrags, — über die Beilegung eines Rechtsstreits 268, 269.

**Verhältnis** des Auslandes zum Inlande s. Ausland.

**Verhandlungen** der Auseinandersetzungsbehörden 24, 26; — der Urkundsbeamten 43; — der Behörden und Beamten 54, 322, 323, 325ff., 336, 363; Zeit der Versteuerung der für den Mobilmachungsfall abgeschlossenen — 57; — der Schiedsmänner 25, 51, 55; — der Privatpersonen 57, 58, 328; Auszüge aus öffentlichen — 58, 116. Siehe auch Protokolle.

**Verjährung** der Strafvollstreckung und Strafverfolgung 65; Unterbrechung der — 65, 77; Einrede der — 75; — der StSteuer 77; — vor dem 1. 4. 96 fälliger St. 77; — des FideikommißSt. beim Anwachsen des Grundvermögens 392.

**Verkauf** von Altmaterial durch die Eisenbahnverwaltungen 110, 185; — von StZeichen 82, 83, 334.

**Verkaufsofferte** s. Vertragsangebot, Vertragsanträge.

**Verkaufsvereinigung,** Lieferung seitens einer — 206.

**Verkehrssitte,** betreffend Errichtung förmlicher schriftlicher Verträge 19; Begriff der — 19; — in bezug auf Errichtung von Abtretungsurkunden 91; — bezüglich der Vollmachten 279, 291, 292.

**Verkündung** des Strafbescheides 357, 496.

**Verlängerungen** von Lieferungsverträgen 185; — von Pacht- usw. Verträgen 223; — von Reisepässen 233; — der Polizeistunde 233, 401, 416; — der Rückzahlungsfrist für kurzfristige Darlehen 238, 239, 249, 416; desgl. für kaufmännische Verpflichtungsscheine 240.

**Verlagsanstalten,** Kontrollbücher der — über Versteuerung von Verträgen über Aufführungsrechte 327.

**Verlagsrecht** 180, 273; Kaufvertrag über das einer Buchhandlung bereits zustehende — 183.

**Verlagsverträge** 273.

**Verlegung** einer Apotheke, Konzession zur — 128, 137.

**Verleihungen des Bergwerkseigentums** 267; StErmäßigung 268, 418.

**Verlorene Stempelzeichen,** Ersatz — 66.

**Vermerk** über die StVerwendung, StBefreiung, StErmäßigung auf Abschriften, in den Akten usw. 329, 330, 375, 378, 399, 415, 480; — über die erfolgte StPrüfung 450.

**Vermessungskosten,** Übernahme der — im Kaufvertrage 188.

**Vermieter** s. Verpächter.

**Vermietung** s. Pachtverträge.

**Vermögensanzeigen,** Vollmachten zur Abgabe von — 26, 285.

**Vermögensrechtliche** Gegenstände, Verträge über — 271ff.

**Vermögensverzeichnisse** s. Inventarien.

**Vernichtung** der Urkunde 22, 53; — von StZeichen und deren Ersatz 66, 363; — der StPrüfungsakten 373.

**Verordnungen,** rechtsgültige 88, 316.

**Verpächter, Vermieter,** Zuwiderhandlungen der — gegen Entrichtung der StSteuer 60ff., 230; zur Vorlage der Pacht- und Mietverzeichnisse 81, 82; im übrigen s. Pacht- und Mietverträge.

**Verpachtung** s. Pacht- und Mietverträge.

**Verpfändung** von Kuxen 207, 399; — von edlen Metallen, Waren, Wechseln oder Wertpapieren für

Darlehen 239, 240, 250; Antrag auf — einer Hypothek usw. 241, 417, 469, 491; — von Wechseln 256. Siehe auch Sicherstellung.

**Verpflichtung** zur Auskunfterteilung über den Wert 49, 324; desgl. der Behörden auf Anfragen 80, 369; — zur Zahlung der StSteuer 48, 473.

**Verpflichtungserklärungen,** einseitige in einem Brief 18.

**Verpflichtungsscheine,** kaufmännische 240, 267; — sind einseitige Erklärungen 18; St. für — 240, 252, 416; — der Studierenden 243; der Seminaristen 244.

**Versammlungen,** Bescheinigung über die Anmeldung von — 114, 309.

**Verschiedene** stpflichtige Geschäfte in einer Urkunde 44, 330.

**Verschulden** der Beamten und Notare 51, 52, 331.

**Versicherungsanstalten,** Genehmigungen für Unternehmer von — 135, 390; — auf Gegenseitigkeit 135, 140, 390; Bestellung inländischer Agenten von ausländischen — 135, 140; Satzungen für — 154.

**Versicherungsgesellschaften** unterliegen der StPrüfung 81, 450; Quittungen der Versicherungsnehmer über Vorauszahlungen der — 247; Selbstentwertungsbefugnis für inländische und ausländische — 345 ff.; Abfindungsversteuerung 351 ff., 419.

**Versicherungsurkunden,** Abtretung der Rechte aus — 96; Entwertung der StMarken zu — 345 ff.; Versteuerung der — im Wege der Abfindung 351 ff.; StErstattung zu — 362.

**Versicherungsverträge** 269 ff., 419 ff.

**Versorgungsanstalten,** vom Staate genehmigte 28, 31; ausländische — 29, 322, 474.

**Verstaatlichungsverträge,** Eisenbahn- — 36.

**Versteigerungen** beweglicher Sachen, Haftbarkeit für den St. 50; St. für — 109 ff.; Selbstentwertung des St. durch Auktionatoren 346.

**Versteigerungen** v. Grundstücken zwecks Beitreibung von Geldstrafen 65; — zwecks Auseinandersetzung unter Miterben oder Miteigentümern 169. Siehe auch Zwangsversteigerung.

**Versteuerung,** Verwechselung von Urkunden bei der — 23; vom Notar unterlassene — 23, 323; — bei Unbestimmtheit des Werts 42, 324, 356, 482; mehrerer Urkunden über denselben Gegenstand 42, 328 ff.; — der Verträge der Urkundsbeamten 43; — mehrerer Gegenstände in einer Urkunde 44, 330; — vernichteter oder abhanden gekommener Urkunden 53, 341; — durch Abfindung 53, 351, 419; — der Verhandlungen der Behörden und Beamten 54, 322, 323, 325 ff., 336, 363; — der Verhandlungen der Privatpersonen 57, 58, 328; — von Urkunden über Rechtsgeschäfte, die der Genehmigung bedürfen 57 ff., 356; Unmöglichkeit rechtzeitiger — 58; Aussetzung der — 42, 324 ff., 356, 391, 482; Zeitpunkt der — und — von Pacht-, Miet- und Jagdpachtverträgen 404, 406, 409, 413.

**Verteidiger,** Haftbarkeit für den VollmachtsSt. 52.

**Verträge** 270 ff.; mündliche 14, 217, 405; Errichtung förmlicher schriftlicher — nach Verkehrssitte 16 ff.; formell gültige — 16; durch Briefwechsel zustande gekommene — 16; in Briefform beurkundete — 17; — durch Austausch von Urkunden 16, 17; im Auslande errichtete — 20 ff.; Erfüllungsort bei gegenseitigen — 21; unrichtig beurkundete — 23; — mit Minderjährigen 23; — mit Ehefrauen 23; — zwischen stfreien und stpflichtigen Personen usw. 29; — über Lieferungen an den Fiskus 29, 36; mehrere — über denselben Gegenstand 42; privatschriftliche Kaufverträge 58, 104, 178, 484; Rechtswirksamkeit der von Aktienges. und Ges. m. b. H. abgeschlossenen — 59; vor dem 1. 7. 09 abgeschlossene — 83; Ehe-, Erb-, Gesellschafts-, Kauf- und Tausch-, Leibrenten- und Renten-, Pacht- und Mietverträge, auf Grund von Punktationen aufgenommene Verträge, Versicherungsverträge s. diese Stichworte; — durch die ein früherer, noch nicht ausgeführter Vertrag aufgehoben wird 270; — über sonstige vermögensrechtliche Gegenstände 271 ff.; — auf unbestimmte Zeit oder auf Lebenszeit oder auf Kündigung 271; Lehrverträge, — über Arbeits- und Dienstleistungen 271, 278; — unter Vorbehalt des Eintritts eines Dritten 272; Ermäßigung aus Billigkeitsrücksichten 272; einseitig verpflichtende — 272.

**Vertragsstempel,** allgemeiner 272, 273, 274.

Übergangsfälle 274, 275.

**Vertragsbestandteile** 275, 276.

Nebenverträge 277, 278.

**Vertragsangebot,** notarielle Beurkundung eines — 216; Bestellschreiben 248.

**Vertragsanträge,** Abtretungen aus — 170, 196.

**Vertretbarkeit** der Sachen 201 ff.

**Vertreter** als Aussteller der Urkunde 49; Erlaubniserteilungen an — juristischer Personen 130, 138, 139; desgl. an — von Gemeinden, Handelskammern, Innungen und sonstigen Vereinen und Körperschaften 134; Verpflichtungen der — von Vermietern und Verpächtern 222, 230, 231, 406.

**Vertretungsbefugnis,** Notare haben bei Erhebung von St. keine — des Fiskus 76; Zeugnis über die — in Unterschriftbeglaubigungen 302, 303.

**Vertrieb** von StZeichen 334.

**Verwaltung** der StSteuer 79, 368, 369, 448 ff.

**Verwaltungsgericht,** Anzeigepflicht bei Zuwiderhandlungen 80; — unterliegt der StPrüfung 82; Vollmachten zum Gebrauch vor dem — 421.

**Verwaltungsordnung** für die Königl. preuß. Zollbehörden 502 ff.

**Verwaltungsstrafgesetz** 64, 65, 357 ff., 362, 495.

**Verwaltungsstreitverfahren,** Erkenntnisse im — 114; Vollmachten im — 284, 285, 421.

**Verwaltungsweg** 66, 74.

**Verwaltungszwangsverfahren** 75.

**Verwechselung** von Urkunden bei der Versteuerung 23.

**Verwendung** von StBogen, St.-Marken und gestempelter Vordrucke 53, 82, 83, 337 ff.

**Verwendungsbescheinigungen** der Generalkommissionen 308.

**Verzeichnisse** s. Pachtverzeichnisse; — der milden Stiftungen 322, 474; — der Automaten usw. 383 ff., 430 ff.; — zur Überwachung von Erlaubniserteilungen 388.

**Verzicht** auf die Apothekenkonzession, Schankwirtschaftskonzession 179, 180, 276; — auf ein Vertragsrecht 179, 180, 273.

**Verzinsung** gestundeter St. 356.

**Verzinsungsbestimmungen,** Sicherstellung neuer — 255.

**Verzugszinsen** bei Rückforderung von St. 76; — bei Fristbewilligungen 356.

**Vieh,** Versicherungen von — 269, 419; Zeugnisse über die Untersuchung von — 304, 310.

**Vokationen** s. Bestallungen.

**Vollmachten** 279ff., 421; im Auslande ausgestellte — 21, 54; — aus deren Inhalt der Gegenstandswert nicht ersichtlich 25, 27; — zur Stellung eines Antrags auf St.-Erstattung, zur Abgabe von Vermögensanzeigen usw. 26, 285; in den Geschäftsbedingungen der Banken enthaltene — 46, 47; Erstattung von St. zu Postvollmachten 72;

Ermächtigungen, Aufträge 279, 281, 421; stpflichtige 281, 282; nichtstpflichtige 282—284; Substitutionen von — 295, 296.

Wert des Gegenstandes einer — 25, 279, 284—286.

Generalvollmacht 279, 287; beglaubigte Abschrift einer — 90; Vollmacht zum parzellenweisen Verkauf eines Gutes, zur Revision von Agenturen und Empfangnahme von Kassengeldern und Versicherungspapieren, für den Aufsichtsrat zur Änderung des Gesellschaftsvertrages, Erteilung von Prokura 287; St. richtet sich nach dem Wert des Aktivvermögens 288; Nachlaßvollmachten, Vollmachten zur Verfügung über das gegenwärtige und zukünftige Bankguthaben 288; Substitution bei — 296;

Dienstverhältnis 279, 288; Partei zum Prozeßvertreter kein — 289; — zwischen Hauseigentümer und Hausverwalter 288;

Unschätzbarkeit des Wertes 279, 284, 289;

zur Ausübung des Stimmrechts 279, 289;

Prozeßvollmachten 52, 279, 282, 285ff., 289ff.; im Auslande ausgestellte — 21, 58, 290, 291; — im Enteignungsverfahren 27; — für den Armenanwalt 51, 290; Haftbarkeit und Straffälligkeit des Rechtsanwalts 51, 52, 285, 291; „Gegenstand der Vollmacht" bei —, st.rechtlicher Wert der — 285; Vollmachten für ein Konkurs- und Zwangsversteigerungsverfahren sind — 286, 289ff.; Wert unschätzbar 289; Begriff 289; — mit Ermächtigung zur Empfangnahme von Geldern und Urkunden, zur Abgabe von Geboten, zur Abtretung von Rechten u. dgl. 290; Ermächtigungen, die nicht über den Rahmen einer — hinausgehen 290; Substitutionen bei — 280, 295; desgl. in Armenrechtsprozessen 290;

Mitteilungen von der Bevollmächtigung jemandes 279, 291, 292;

Erb- oder Rechtsgemeinschaft 280, 293; Vollmacht mehrerer 293, 294; Erteilung einer Vollmacht an mehrere 294, 295; Ermächtigung zur Auflassungserklärung für Versteiglasser und Ansteigerer 295.

**Vollmachtsauftrag,** Veräußerungsgeschäft auf Grund eines — 170, 197, 198, 399, 479.

**Vollmilch,** Lieferungsverträge über — 206.

**Vollstreckung** von StStrafen 65, 361; Verjährung der — 65; Aussetzung der — 362, 496.

**Vorausbezahlung** des Pacht- usw. St. 221, 404, 413.

**Vorbehalt** bei Zahlung der Abgabe nicht erforderlich 74; — bei Einigung über den Wert 324.

**Vorbehaltene** Nutzungen s. Nutzungen.

**Vordrucke,** gestempelte — zu Legitimationskarten, Jagdscheinen, Genehmigungen von Lustbarkeiten, Pässen, Befähigungs- und Prüfungszeugnissen 333, 334, 422, 423; auf Antrag abgestempelte — für Bestallungen, Approbationen, Genehmigung zur Anlegung von Dampfkesseln usw., Inländerjagdscheine, Naturalisationsurkunden, Offizierpatente, Leichenpässe und

Zeugnisse 334, 335, 391, 397; Verwendung gestempelter — 343, 385, 397, 400, 415; — für das StSteuerbuch 348, 349, 425; Erstattung verdorbener oder unbrauchbar gewordener — 66, 397, 399, 403; — für Doppelausfertigungen von Jagdscheinen 399; — für Pacht- und Mietverzeichnisse 404, 452ff.; — für Jagdpachtverträge 413, 460ff.

**Vorkaufsrecht**, Ausübung des, Auflassung infolge — 102; Kauf zwischen Grundstückseigentümer und dem Vorkaufsberechtigten 174; Einräumung des — 277; — bei Berechnung des WertSt. für Veräußerungsgeschäfte und Zuschlagsbeschlüsse 474, 493.

**Vorlegung**, Verweigerung der — von Urkunden 41; — von Urkunden zur Versteuerung 42, 53, 336.

**Vormerkung**, Bewilligung der Eintragung einer — 255.

**Vormünder**, Sicherstellungen der — 254.

**Vormundschaft**, Konsense zur Übernahme einer — 124.

**Vormundschaftsgerichtliche** Genehmigung einer Urkunde 54, 59, 357, 471, 472; — Heiratskonsens 114.

**Vornamen**, Änderung der — 214.

**Vorrechtseinräumungen** 296; Vorliegen einer —, Beispiele für Nichtanwendbarkeit der Tarifstelle, Objekt bei — 296, mehrere —, — in einer Kaufgelderbelegungsverhandlung 297.

**Vorrechtsregister**, Bescheinigungen oder beglaubigte Abschriften aus dem — 469.

**Vorsatz** ist bei StHinterziehungen nicht erforderlich 61.

**Vorstände** der StSteuerämter s. St.-Steuerämter.

**Vorstandsmitglieder** der Aktiengesellschaften, Zeichnung der — für die Gesellschaften 16; Rechtswirksamkeit der von — der Aktiengesellschaften abgeschlossenen Verträge 59; Geld- und Ordnungsstrafen gegen — der Aktiengesellschaften 60, 62; desgl. der Genossenschaften 60, 62.

**Vorstellungen**, theatralische, Erlaubniserteilung zu — 129, 387; ortspolizeiliche Genehmigungen zu — 210, 333, 400ff.

**Vorträge**, deklamatorische, Erlaubniserteilung zu — 129, 387; ortspolizeiliche Genehmigungen zu — 210, 333, 400ff.

**Vorzeiger** einer Urkunde, Haftbarkeit für den St. 51, 52, 328; Verpflichtung des — zur Versteuerung der Urkunde 57ff.

**Vorzeugnisse**, auf Grund deren ein amtliches Zeugnis oder Paß ausgestellt werden soll 301, 313ff., 421, 481.


## W.


**Wahlrecht**, den Umfang der Leistung zu bestimmen 37, 324.

**Währung**, Umrechnung fremder — 37, 323.

**Wahrsageautomaten** 120.

**Waisengelder**, Zeugnisse zum Bezuge von — 302, 421, 481.

**Waisenhäuser**, öffentliche — 28, 31; ausländische — 29, 322, 474.

**Waldeck und Pyrmont**, Fiskus 35.

**Wandelung**, StErstattung infolge — 67, 73, 366, 367; Anerkennung des Anspruchs der — kein Kaufvertrag 174.

**Wandergewerbescheine** 163, 312.

**Wappen**vermehrungen und Wappenänderungen 261, 417.

**Waren**, Mengen von — s. Mengen;

Verpfändung von — für Darlehen 239, 240, 250.

**Warenautomaten** 116, 120. Siehe auch Automaten.

**Warenlager,** Kaufvertrag über 172, 204.

**Warrants,** Übertragung von — 91.

**Wartegelder,** Zeugnisse zum Bezuge von — 302, 421, 481.

**Wassergenossenschaften,** Bescheinigungen oder beglaubigte Abschriften aus dem Register der — 469.

**Wassergesetz,** durch das preußische Wassergesetz eingeführte StSteuern 142.

**Wechsel,** im Eigentum 101; Verpfändung von — für kurzfristige Darlehen 239, 240, 250; Sicherstellung mit einem — 256; Verpfändungserklärungen auf -- 259.

**Wechselproteste** 234, 235.

**Wegegerechtigkeit,** Einräumung einer — als Kaufbedingung bzw. vorbehaltene Nutzung oder ausbedungene Leistung 187, 188.

**Werkverdingungsverträge** 297ff.; Trennung des Wertes der Materialien und der Arbeitsleistung 46; — für den Fall einer Mobilmachung 57; Mengen von Sachen in — 299, 300; — über Herstellung eines Gemäldes, Modells 299; Herstellung von Privatanschlußgeleisen 299; Aufstellung eines Röhrendampfkessels 299; Errichtung von Gebäuden und anderen Bauwerken, Herstellung und Ausrüstung einer Eisenbahn 299; Herstellung der Abdeckungen von Kanalböschungen und Lieferung des Materials 299; — über Dränierung von Land, über eine Kanalisationsanlage 299; Lieferung und Aufstellung eiserner Trägerkonstruktionen und schmiedeeiserner Treppen 299, 300; — wenn weder Lieferungs- noch Arbeitsvertrag die stpflichtige Höhe erreichen 300; Höhe des St. zum Arbeitsvertrag 300; Berechnung des St. vom Gesamtpreise 44, 300, 330; Berücksichtigung des Kostenanschlages 300; im Vertrage nicht vorgesehene Leistungen und Lieferungen 300; Mehrleistungen und Mehrlieferungen 300; Berechnung des Materialwerts 300; Ermittlung des Werts der Arbeitsleistung 300.

**Werkverträge** 271ff., 297ff.

**Wert,** Begriff 38, 190, 194; wenn der — 150 *M* nicht übersteigt 24, 25; gemeiner — 36; höchstmöglicher 37, 324, 363; bei Geldforderungen, Wertpapieren, Summen in fremder Währung 37, 323; — des Besitzes 37; — des Pfandrechts oder der Sicherstellung einer Forderung 37; — einer Grunddienstbarkeit 37; — von Nutzungen und Leistungen 37, 38; unschätzbarer — 38, 289; Verpflichtung zur Auskunfterteilung über den — 40, 324; Beanstandung der Angaben über den — 40, 44, 46, 77, 218, 220, 324, 331, 407, 413; Einigung über den — 40, 324; Unbestimmtheit des — 42, 324ff., 356, 482, 483; —-Trennung 44, 218, 330, 331, 407, 413; Angabe eines geringeren — bei Auflassungen und Umschreibungsanträgen 60, 485; — bei Auflassungen 376, 377, 483ff.; — bei Zwangsversteigerungen 399, 469, 475, 492; Wert des Gegenstands — bei Verfügungen von Todes wegen 470; Berechnung des — bei GerichtskostenSt. 474ff.

**Wertangabe,** unrichtige — 40, 46, 60, 324, 330, 485; Beanstandung der — 40, 44, 77, 218, 331, 407, 413.

**Wertbeanstandung** 40, 46, 77, 218, 324, 330, 331, 407, 413.

**Wertermittlung** 36, 40, 324; — auf Kosten Säumiger 40; Einigung über das Ergebnis der — 40, 324; Rechtsweg gegen die — der Steuerbehörden 41, 324; — bei Auflassungen 376, 488ff.; — vererblicher und veräußerlicher Apothekenkonzessionen 386; — bei erstmaliger Feststellung des Gewerkschaftsstatuts 394ff.; — bei Zwangsversteigerungen 399, 475; — bei Verleihung des Bergwerkseigentums 418, 419.

**Wertpapiere**, Berechnung des Wertes der — 37; Anschaffungsgeschäfte über — sind vom LandesSt. befreit 106; — als Entgelt in Veräußerungsverträgen 186, 485; — als Gegenwert für Leibrente 209; Verpfändung von — für kurzfristige Darlehen 239, 250.

**Werttrennung** 44, 218, 330, 331, 407, 413.

**Widerruf** einer letztwilligen Verfügung 263.

**Wiederaufhebung** des Geschäfts ist ohne Einfluß auf die StPflichtigkeit 22; — eines Kaufvertrages ohne gesetzlichen Anspruch 174; — von Verträgen 270, 301.

**Wiederaufnahmeurkunden** 215.

**Wiedereinziehung** von St., die infolge Nichtigkeit, Anfechtbarkeit oder aus Billigkeitsgründen erstattet sind 67, 366.

**Wiederholungszeugnisse** über die ärztliche Wiederholungsprüfung 306.

**Wiederkaufsrecht** 277.

**Wiederkehrende Geldleistung**, Antrag auf Eintragung einer — und auf Eintragung der Verpfändung einer — 240, 417, 468, 469, 491; Schuldurkunde über — 243.

**Wiederveräußerung**, Verträge über — von Mengen von Sachen oder Waren 172, 204; Begriff 204.

**Winterschule**, landwirtschaftliche 34.

**Wirtschaftskonzession**, Verzicht auf — 179, 180, 276.

**Witwengelder**, Zeugnisse zum Bezuge von — 302, 421, 481.

**Wohltätigkeit**, Begriff 32.

**Wohltaten**, Zeugnisse zum Bezuge von — 302, 421, 481.

**Wohnsitz** ist für die Begriffe „Inländer", „Ausländer" maßgebend 20.

**Wohnungsrecht**, vorbehaltenes — im Kaufvertrage 189.

**Württemberg**, König und Staat 35.

**Wundärzte**, Approbationen für — 128, 333, 386, 387.

## Z.

**Zahlungsaufforderung**, Unterbrechung der Verjährung durch — 77.

**Zahlungsbedingungen**, Abänderung der — 272, 274.

**Zahlungspflicht** 48, 473.

**Zahlungs Statt**, Hingabe an — durch Abtretung einer Forderung zwecks Belegung des Kaufpreises 47, 94; Verträge über Hingabe an —, Leistung an Erfüllungs Statt 164, 169, 194, 486, 487.

**Zahnärzte**, Approbationen für — 128, 333, 386.

**Zeit**, der StVerwendung 54, 56, 322, 324ff.; desgl. — bei Automaten usw. 117; desgl. — bei Familien- und Fideikommißstiftungen 142, 381, 482; desgl. — bei Pacht-, Miet- und Jagdpachtverträgen 221, 404; Verträge auf unbestimmte — 271.

**Zentralbehörden** unterliegen nicht der StPrüfung 81.

**Zessionsinstrumente** s. Abtretung von Rechten.

**Zeugnisse, amtliche, in Privatsachen** 301ff., 421, 422, 469, 470, 481, 494; — ausländische 20; Nichterstattung des St. aus Billigkeitsgründen 72; Beurkundungen der Gerichtsvollzieher nach § 17 der Hinterlegungsordnung 301; Vorzeugnisse 301ff., 313ff.; Geburts-, Tauf-, Aufgebots-, Ehe-, Trau-,

Toten- und Beerdigungsscheine 302; — zum Nachweise der Berechtigung zum Genusse von Wohltaten usw., wegen Zahlung von Wartegeldern, Pensionen, Unterstützungsgeldern usw. 302, 421, 481; Führungszeugnisse 302, 315, 316; Zuständigkeit zur Ausstellung eines Zeugnisses 303, 304; über ansteckende Krankheiten und erbliche Belastung u. dgl. 304; — der Physikalisch-Technischen Reichsanstalt 304; Bescheinigungen des Reichskanzlers auf Grund des Krankenversicherungsgesetzes 304.

Amtliche Zeugnisse in Privatsachen 304, 305, 306, 307, 308, 309.

Keine amtlichen Zeugnisse 309—313.

Vorzeugnisse 314, 315.

Führungszeugnisse 315, 316.

Unterschriftbeglaubigungen 302ff., 316ff., 471; stfreie 318; stpflichtige — 318, 319.

Befähigungs- und Prüfungszeugnisse 333, 422.

Angabe des Zwecks bei stfreien Zeugnissen 421, 481; Bescheinigungen aus gerichtlichen Registern 469; Einziehung des St. zu den Gerichtskosten 470.

**Zimmervermieter,** Mietverträge der — 221, 229.

**Zinsen** aus einer zurückgeforderten StAbgabe 76; Verzugszinsen 76, 356; Abtretung von Forderungen nebst — 97; Verträge über Zinsänderungen 274; Berücksichtigung der — bei der Versteuerung von Prozeßvollmachten 285.

**Zinsermäßigung,** Abreden über — 274.

**Zinsfuß** für Wertberechnungen 37; — für Verzugszinsen 76.

**Zirkus,** Genehmigung zum Betriebe eines — 210, 333, 343, 400.

**Zivilprozesse,** Nachweisung der — 368, 428.

**Zollamt,** Wertermittelungsverfahren 40, 324; Vorlegung von Urkunden bei den — wegen Unbestimmtheit des Wertes 42, 324ff.; Versteuerung von Haupt- und Nebenausfertigungen 43, 328ff.; Beanstandung der Angaben von Einzelwerten 44, 331; Entwertung von StBogen und St.-Marken durch die — 53, 336ff., 407; zwangsweise Einziehung v. St. 54, 354; Verwaltung der StSteuer durch die — 79, 368ff.; StPrüfungen des — 81, 371ff., 450; Vertrieb der StZeichen 334ff.; Abstempelung von Vordrucken auf Antrag 334; Prüfung der StPflichtigkeit von Urkunden und Berechnung des St. 335; fremdsprachige Urkunden 336; Verfahren bei Außerbetriebsetzung von Automaten 378, 379; Versteuerung von Automaten durch Jahreskarten 382ff.; Vordrucke von Jagdscheinen an Behörden 398; Abgabe von stfreien Doppelausfertigungen von Jagdscheinen 399; Verkauf von Vordrucken von Lustbarkeitsgenehmigungen 400; Abgabe der Vordrucke für Pacht- usw. Verzeichnisse 404; Vorlegung der Pacht- usw. Verzeichnisse zur Versteuerung 404; Zuständigkeit für die Versteuerung von Pacht- usw. Verzeichnissen 405; Versteuerung von desgl. 406; Verfahren des — dabei 406, 407; Trennung des Mietzinses, Beanstandung der Wertangaben 407; Rücksendung und Aufbewahrung der Verzeichnisse 408, 411; Befähigungs- und Prüfungszeugnisse für Seeschiffer usw. 333, 422.

**Zoll- und Steuerbehörden,** Verwaltungsordnung 502ff.; Erlaubnisscheine, Genehmigungen und Bescheinigungen der — 115. Siehe auch Zollamt.

**Zolleinfuhrscheine** betr. Heirats- oder Anzugsgut 312.

**Zollkredit,** Sicherstellung des — durch Bürgen 26, 256.

**Zollverwaltung,** Verwendung von StZeichen durch die Amtsstellen der — 53, 336 ff.

**Zubehör** eines Grundstücks 181.

**Zulassung** der Selbstentwertung auf Antrag 345 ff.

**Zulassungsbescheinigungen** für Kraftfahrzeuge 308.

**Zulassungszeugnisse** zum Apothekerberuf 306.

**Zulässigkeit** des Rechtsweges 74 ff.

**Zündwarenkontingente** gelten als bewegliche Sachen 183.

**Zurücknahme** einer letztwilligen Verfügung 263.

**Zuschlag** bei Liquidation einer Handelsgesellschaft an einen bisherigen Gesellschafter 162; — bei Zwangsversteigerungen 168, 169, 399, 469, 475, 492; — bei Versteigerungen zwecks Auseinandersetzung unter Miterben oder Miteigentümern 169, 195.

**Zuschlagsbescheide, Zuschlagsbeschlüsse** 45, 168 ff., 193 ff., 201, 319, 399, 469, 475, 479, 492, 493.

**Zuschlagsurteil,** Aufhebung des — 169, 479.

**Zuständigkeit** der Landgerichte wegen Ansprüche gegen den Fiskus 76; — der Behörden und Beamten zur Ausstellung eines Zeugnisses 89, 301, 303, 304.

**Zustellung** der Klage an einen nicht legitimierten Vertreter des Fiskus 75; — des Strafbescheides 357, 496.

**Zuwachs** bei Fideikommißstiftungen 143, 356, 391, 392, 482.

**Zuwendungen** zu milden Zwecken 32 ff.

**Zuwiderhandlungen** gegen Verpflichtung zur Entrichtung der Steuer 60 ff, 230, 485; — die mit keiner besonderen Strafe bedroht sind 62; Verjährung der Strafverfolgung von — 65; Anzeigepflicht der Behörden und Beamten 80, 370, 421, 493; desgl. der Banken usw. 351.

**Zwangsversteigerung** von Grundstücken wegen Geldstrafen unzulässig 65; — beweglicher Sachen 109; gerichtliche — 166 ff., 399; Berechnung des St. für gerichtliche — 168, 193, 194, 399, 469, 475, 492; Erbpachtskanon, Höchstbetragshypothek, Teil des geringsten Gebots 193; — eines Rentenguts 193; Altenteilsrechte und Grunddienstbarkeiten bei — 193; Begriff des Grundstückswertes bei — 194; Feststellung des Gesamtbetrages der Hypotheken 194; Grundlage für die Höhe des St. 194; Abtretung der Rechte aus dem Meistgebot und Meistgebot namens eines Dritten 170, 194; Vollmachten im Verfahren der — 286 ff., 289 ff.; Ermittlung des Werts für Zuschlagsbeschlüsse 399, 475.

**Zwangsverwalter,** Verpflichtung der — zur Zahlung des St. 50; desgl. bei Mietverträgen 230, 231.

**Zwangsvollstreckung,** Einziehung des St. im Wege der — 54, 354; — unterbricht Verjährung 77.

**Zwangsweise** Einziehung der St. 54, 354; — Eintragung von Geldstrafen im Grundbuche 65.

**Zweigapotheke,** Konzession zur Errichtung einer — 128, 137; Erlaubnis der Fortführung der — 137.

**Zweighypothekenbrief** 90.

**Zweigniederlassung,** im Auslande errichtete Gesellschaftsverträge der Gesellschaften mit Sitz oder — im Inlande 149, 472.

Herrosé & Ziemsen, G. m. b. H., Wittenberg.

Kolibri 360 GmbH
Ferdinand-Jühlke-Straße 7
99095 Erfurt, Deutschland
produktsicherheit@kolibri360.de